クラウス・ロクシン 刑法総論
第1巻 ［基礎・犯罪論の構造］
【第4版】［翻訳第1分冊］

〈監訳〉山中敬一

Claus Roxin
Strafrecht
Allgemeiner Teil

Band I
Grundlagen · Der Aufbau
der Verbrechenslehre
4.Auflage

信山社
SHINZANSHA

Originally Published in Germany by C. H. Beck, München
under the title of
Strafrecht: Allgemeiner Teil, Band I
Grundlagen · der Aufbau der Verbrechenslehre, 4., volständig
neu bearbeitete Auflage von Dr. Dr. h.c. mult. Claus Roxin
© C. H. Beck'sche Verlagsbuchhandlung, München 2006
All rights reserved
Japanese Translation Rights © Keiichi Yamanaka, 2019

クラウス・ロクシン博士

Jorge de Figueiredo Dias
sowie
meinen Kollegen und Schülern in Coimbra und Lissabon
in dankbarer Verbundenheit
gewidmet

ホルヘ・デ・フィゲイレド・ディアス
ならびに
コインブラとリスボンの同僚達と弟子達に
感謝の気持ちを込めて
捧げる

第4版への序文

この第4版の刊行は遅くなりすぎた．というのは，第3版はかなり前から絶版となっていたからである．遅れた原因は，私がとりわけ「総論」の第2巻をまず完成させたかったことにある．

ここに上梓する第1巻の第4版は，判例は2004年末まで，文献はさらに2005年中ごろまで考慮した．本書の分量は，前の版までと比べると150頁ほど増えた．なぜなら，新しい多くの論点が組み入れられたからである．（例えば，法益論における）自らの構想の進化，（例えば，懲戒権，航空安全法，刑法のヨーロッパ化および国際刑法における）立法運動の記述と評価，（仮定的同意，および，傷害における「倫理違反」に見出せるような）判例における新たなアプローチ，その他の多数の重要な裁判例，新たな注釈，学説の紹介，研究書，本格的論文，論説および評釈における文献の意見表明のまさしく洪水のごとき氾濫がそうである．フランクフルト拷問事件のような劇的な事件も，学問的議論を推し進めた．

本書では，専門文献からのさまざまな刺激を含めたこの広範な素材を記録し，スムーズに読むことができるテキストに埋め込むというだけではなく，また，紙幅の許す限り，論じられるべき論拠の比較衡量を行いつつ自身の意見をまとめるべく試みた．重要で役に立つ判例については，その事案も紹介し，肯定的なあるいは批判的な対決の対象とした．

本版で初めて（とくにスペイン，イタリアおよびポルトガル語の）外国語の文献を文献資料と記述の中に取り込んだ．もちろん，ミュンヘン大学の──現在，増設中の──外国文献図書室と私自身の蔵書が可能とする限りのことではあるが．刑法の分野，とくにその「一般理論」における常に密となっていく国際的共同研究の時代において，刑法の刑事政策的・解釈学的基礎の記述は，もはや一国の文献に限定しえない．とりわけ，多くの外国の教科書やモノグラフィーにおいては，ドイツ文献の考慮が今日すでに自明のこととなっているからである．私のブラジル人研究協力者であるLuis Greco氏には，外国文献の収録と評価にあたって貴重な助力をいただいた．その点，心から感謝申し上げる．

vii

第 4 版への序文

　そのほか，Michael Vollmar 博士と Felicitas von Roennebeck さんにも，執筆の各局面においてテキストの最新化にあたって援助いただいたことに感謝する．すでに初版の清書をしていただいた私の秘書の Marlies Kottig さんには，とくに謝意を表したい．彼女は，私の無数の手書きのカードを印刷可能なテキストにしてくれ，書籍とコピーの山を家まで運んでくれた．また，さもなくば助手によってなされる多くの仕事をも引き受けてくれた．例えば，版ごとの比較，相互の文献参照の組み換え，索引の見直し，そして校正にあたっての協力である．彼女の熱心な支援がなければ，新版を完成することはできなかったであろう．

　Beck 社にも，その十分な協力と，奇麗に刷り上がった見映えのする書物を完成していただいたことに感謝申し上げる．私の「総論」の第 1 巻は，この間，（Luzón Peña, Diaz y Garcia Conlledo そして Vicente Remesal 教授の翻訳において）1997 年以来，すべてのスペイン語圏の諸国において広く読まれた．（Wang 教授・北京による）中国語訳は，2005 年夏に出版された．日本語においては，2003 年に（平野，町野，吉田宣之教授の監修下に）1 巻の第 1 分冊が出版された．第 2 分冊が直ぐに続くはずである．

　願わくば，本書の以前の版が得ることのできた好意的な評価が，この抜本的に改訂された新版にも与えられんことを．

　ミュンヘン　2005 年 10 月

クラウス・ロクシン

Claus Roxin

第4版[翻訳第1分冊]へのはしがき

　ここに，拙著『刑法総論』の教科書（日本語版）第1巻第1分冊の上梓をもって著作の全体が日本語で提供されることになったことを喜ばしく存じます．拙著・刑法『総論』は，刑法という法領域の最も包括的な叙述ともいうべきものですので，これによって日本とドイツの間の学問上の協力関係に実り多き貢献をもたらすよう祈念しています．

　山中敬一（名誉）教授とその翻訳チーム全員に対して，日本の法律家に，今やドイツ刑法の諸々の原則に対する広範な手がかりとなる門戸を開くことになった本書の翻訳という大作業をしていただいたことに私の深甚なる謝意を表したいと存じます．

　同じく，出版をお引き受け頂いている信山社にも，拙著を，素晴らしい形で発行していただき深謝に堪えません．

2018年2月

クラウス・ロクシン
Claus Roxin

第 1 版への序文
（前版より転載）

　本書は，我々の刑法典の総則について叙述したもので，全 2 巻を予定していますが，その第 1 巻です．本書の，第 1 章から第 7 章には，その基礎が記されておりますが，そこでは，とりわけ刑法の概念と任務，諸々の刑罰論およびそれらの刑事政策的背景，1871 年以後の刑法史と刑法改正ならびに刑法解釈論と刑法体系の発展と意義が取り扱われています．続く第 8 章から第 24 章では，犯罪論の構造について叙述されており，それは行為から構成要件論，違法性および答責性，さらには，その他の可罰条件および過失犯にまで及んでいます．第 2 巻では，特に，可罰行為の特別の現象形態（未遂，共犯，不作為）ならびに量刑および制裁制度について論究する予定です．

　私は，本書の目的が何によって —— 少なくとも，私の意図するところによれば —— 我々がすでに享受している数々の卓越した著書との間に一線を画することになるのかについて，読者に一言申し上げなければならないと思います．いうまでもなく，私は，まず最近 30 年間に刑法の一般的理論を高めたものとして私が記した多くの論文を統合し，かつ，さらに発展させようとしましたし，それに加えて，私が今までに取り扱ったことのないテーマについても学問的に貢献しようと努力しました．それとならんで，学習過程にある学生やすでに刑法を学び，それに精通した読者，また新たに加わった東ドイツ諸州の法律家にとって理路整然とした，そしてできれば本当に興味深く読むことができる叙述をすることに上述の学問的目的に対するのと同じくらい，力を尽くしたつもりです．そのことから，文章は，明らかに論理の一貫性と発展的思考方法が示されるモノグラフ的性質を持つことになりました．そして，また，このことから，百科事典のように網羅的なものにしようとする野心のないことが，明らかになっていると思います．私は，確かに，著書，論文および判決（1990 年迄）の重要なものをすべて用いようとはしましたが，他の場所で容易に得られるような典拠までも絶対的に完備しようとはしませんでした．また，現行法を論証的にかつ教育的に詳細に表現することに意を注いだために，大規模な歴史的および比較法的説明を付け加えることは断

念せざるをえませんでした．さもなければ，それは本書の分量に負担をかけすぎることになるだろうと思われたからです．

　私は，本書ができるまで，長年に亘って私を助けてくださった，すべての方々にお礼を申し上げたいと思います．全文の校正と困難な最終編集に際して，献身的に私の力になってくださった助手の Manfred Heinrich 氏のほか，Dr. Aristotelis Charalambakis 氏，Manuel Cortes Rosa 氏，Harald Niedermair 氏，Hans Neft 氏，Hans Schlüter 氏，Christian Jäger 氏に特に感謝しています．そして，最後になりましたが，決して軽んずべきでないのは私の秘書である Marlies Kotting 女史で，彼女にも厚くお礼申し上げます．彼女のコンピュータによる目覚ましい働きがなかったならば，印刷可能なタイプ原稿を急いで作成することも，また，新刊書を絶え間なく追加することも不可能であったでしょう．

　ミュンヘン　1991 年 1 月

クラウス・ロクシン
Claus Roxin

目　　次

第1巻（第4版）［翻訳第1分冊］　目　次

第4版への序文
第4版［翻訳第1分冊］へのはしがき
第1版への序文

◆　第1編　基　礎　◆

［ ］は欄外番号

第1章　形式的意義における刑法定義と限界 *1*

　　A．刑法の形式的定義基準としての制裁（刑罰および処
　　　　分）ならびに制裁体系の二元主義 *1* [1]
　　B．公法としての刑法，非刑法的制裁としての懲戒処分
　　　　・過料および秩序処分 *4* [5]
　　C．特　別　刑　法 *4* [7]
　　D．全刑法学の一部としての実体刑法・その様々な分野 *5* [8]
　　E．実体刑法総則 *8* [15]

第2章　実質的犯罪概念 —— 補充的法益保護としての刑罰お
　　　　よび刑罰類似制裁との内容的境界 *9*

　　A．実質的犯罪概念 *16* [1]
　　B．法益概念をめぐる争い *17* [2]
　　C．刑法の任務からの法益概念の演繹 *20* [7]
　　　　第1節　恣意的な，純粋にイデオロギー的に動機づ
　　　　　　　　けられた，または，基本権に違反する刑罰法
　　　　　　　　規は，法益を保護しない *23* [13]
　　　　第2節　法的な目的観念を言い換えても，構成要件
　　　　　　　　を正当化する法益を根拠づけることはない *23* [14]
　　　　第3節　行為の不道徳，非倫理性またはその他の非
　　　　　　　　難は，それ自体，まだ法益侵害を根拠づけない *23* [17]

xiii

目　　次

第4節　自らの人間の尊厳または「人間存在の尊厳」
　　　　に対する違反は，処罰にとってまだ十分な根
　　　　拠とはいえない　　　　　　　　　　　　　　　*25* [20]

第5節　脅威感においてのみ，感情の保護を法益と
　　　　認めることができる　　　　　　　　　　　　*27* [26]

第6節　意識的自傷行為，それを可能とする行為，
　　　　そしてそれを支援する行為は刑罰威嚇を正当
　　　　化しない　　　　　　　　　　　　　　　　　*29* [32]

第7節　象徴性が優る刑法規範は否定されなければ
　　　　ならない　　　　　　　　　　　　　　　　　*31* [37]

第8節　タブーは法益ではない　　　　　　　　　　*33* [43]

第9節　捉えきれない抽象的なものに関する保護客
　　　　体は法益ではない　　　　　　　　　　　　　*34* [46]

第10節　ま　と　め　　　　　　　　　　　　　　　*35* [50]

D．法益保護を超えた刑法上の規定領域の拡張　　　　*36* [51]

E．法益保護と秩序違反法　　　　　　　　　　　　　*38* [60]

F．法益概念の変遷可能性　　　　　　　　　　　　　*40* [63]

G．法益と行為客体　　　　　　　　　　　　　　　　*41* [65]

H．法益，抽象的危険犯および集合的法益　　　　　　*42* [68]

I．法益保護と憲法　　　　　　　　　　　　　　　　*49* [86]

J．立法者には法益侵害の処罰の義務を負わせられうるか？　*53* [95]

K．法益保護の補充性　　　　　　　　　　　　　　　*55* [97]

L．学界における異なる見解　　　　　　　　　　　　*59* [103]

第1節　Jescheck/Weigend, Zipf　　　　　　　　　*59* [104]

第2節　Welzel　　　　　　　　　　　　　　　　　*59* [105]

第3節　Lenckner　　　　　　　　　　　　　　　　*60* [107]

第4節　Jakobs　　　　　　　　　　　　　　　　　*61* [109]

第5節　Amelung　　　　　　　　　　　　　　　　*63* [116]

第6節　Stratenwerth　　　　　　　　　　　　　　*64* [117]

第7節　要　約　　　　　　　　　　　　　　　　　*65* [120]

xiv

		目 次
M．	加 害 原 理	*66* [123]
N．	対敵刑法？	*68* [126]
O．	刑罰と刑罰類似の制裁との内容上の区別	*70* [130]

第 1 節　秩序違反法における過料との区別　*70* [130]

第 2 節　懲戒処分との区別　*73* [134]

第 3 節　訴訟法およびそれに類する法律における秩
序・強制処分との区別　*76* [138]

第 4 節　民事罰との区別　*76* [140]

第 3 章　刑罰と処分の目的と正当化　*79*

A．刑罰の目的 —— 刑罰論　*87* [1]

第 1 節　応報刑論（正義論，贖罪論）　*88* [2]

第 2 節　特別予防論　*92* [11]

第 3 節　一般予防論　*98* [21]

第 4 節　応報的統合論　*105* [33]

第 5 節　予防的統合論　*107* [37]

1　刑罰の一元的予防目的　*107* [37]

2　応報の全面的放棄　*111* [44]

3　侵害を制限する手段としての責任主義　*116* [51]

4　ま と め　*121* [59]

B．処分の目的と限界，刑罰と処分の関係　*122* [63]

C．刑法の第 3 の軌道としての損害回復？　*127* [72]

第 4 章　1871 年以降のドイツ刑法改正　*133*

A．1871 年のライヒ刑法　*137* [1]

B．第 1 次世界大戦までの発展　*138* [3]

C．ワイマール共和国における改正作業　*140* [7]

D．ナチス時代　*143* [12]

E．改正作業の再開　*145* [15]

F．1962 年草案と対案　*147* [17]

G．1975 年の新しい総則について　*150* [24]

xv

目　次

第1節	懲役刑の廃止	*150*	[25]
第2節	6月未満の自由刑の制限	*151*	[27]
第3節	刑 の 免 除	*153*	[30]
第4節	刑の執行猶予の拡大	*153*	[31]
第5節	新しい罰金制度	*154*	[34]
第6節	行 状 監 視	*155*	[37]
第7節	社会治療施設	*156*	[38]

H．1969年から今日に至るまでの改正立法 … *157* [41]

Ｉ．刑法のヨーロッパ化 … *161* [45]

Ｊ．国際文化間刑法 … *167* [51]

Ｋ．国 際 刑 法 … *168* [52]

第5章　刑法の解釈および時間的効力と関連する罪刑法定主義 *173*

Ａ．法律なければ犯罪なし，刑罰なし … *178* [1]

　第1節　法律なければ犯罪なし … *179* [2]

　第2節　法律なければ刑罰なし … *180* [4]

Ｂ．罪刑法定主義の四つの効果 … *182* [7]

　第1節　類推禁止（厳格な法律なければ犯罪なし，刑

　　　　罰なし） … *182* [8]

　第2節　刑を創出しまた刑を加重する慣習法の禁止

　　　　（成文の法律なければ犯罪なし，刑罰なし） … *182* [9]

　第3節　遡及効の禁止（予め定められた法律なければ

　　　　犯罪なし，刑罰なし） … *183* [10]

　第4節　不明確な刑法および刑罰の禁止（明確な法

　　　　律なければ犯罪なし，刑罰なし） … *183* [11]

Ｃ．罪刑法定主義の歴史および国際的効力 … *183* [12]

Ｄ．罪刑法定主義の今日まだ妥当する国家論的および刑

　法的な根拠 … *187* [18]

　第1節　政治的自由主義 … *187* [19]

　第2節　民主主義および三権分立 … *188* [20]

　第3節　一 般 予 防 … *188* [22]

目　次

第4節　責任主義　189 [24]

E．解釈および類推禁止　190 [26]
第1節　刑法における解釈の限界　190 [26]
1　解釈の限界としての可能な日常用語的語義　190 [26]
2　判　例　195 [33]
3　学界における異説　198 [36]
第2節　類推禁止の妥当範囲　201 [40]
1　各則および刑罰威嚇におけるその妥当性　201 [40]
2　総則におけるその妥当性　202 [41]
3　手続法における類推禁止？　203 [43]
4　行為者に有利な類推　204 [44]

F．刑罰を根拠づける慣習法と刑罰を加重する慣習法の
禁止　204 [45]

G．遡及禁止と刑法の時間的適用範囲　207 [51]
第1節　遡及禁止の根拠　207 [51]
第2節　行為時に効力のある法律　207 [52]
第3節　可罰性の要件における遡及禁止と，処分に
対する原則的な不適用　211 [55]
第4節　遡及禁止と手続法　213 [57]
第5節　遡及禁止と判例　215 [61]
第6節　行為者に有利な遡及　217 [62]
第7節　限　時　法　219 [66]

H．不明確な刑法と刑罰の禁止　220 [67]
第1節　可罰性の要件の明確性　220 [67]
第2節　犯罪に対する効果の領域における明確性の
原則　226 [80]

第6章　行為刑法と行為者刑法　229

A．概念的明確化：現行法における支配的傾向としての
行為刑法　230 [1]

B．Franz v. Liszt とその後継者達における行為刑法と

xvii

目　次

　　　　行為者刑法　　　　　　　　　　　　　　　　231 [4]

C．30 年代の行為者刑法的傾向：行状責任 ── 犯罪学的
　　および規範的行為者類型　　　　　　　　　　　233 [6]

　第 1 節　Erik Wolf　　　　　　　　　　　　　233 [7]

　第 2 節　1933 年の常習犯罪者法　　　　　　　234 [8]

　第 3 節　戦時立法と規範的行為者類型　　　　236 [10]

D．現行法における行為刑法と行為者刑法　　　239 [13]

　第 1 節　行為者刑法の刑の加重的影響　　　　239 [14]

　　　1　各則における行為者刑法的構成要件？　239 [15]

　　　2　総則における行為者刑法の影響？　　241 [18]

　　　3　量刑における行為者刑法の影響？　　243 [21]

　第 2 節　行為者刑法の減軽的影響　　　　　　243 [22]

　第 3 節　行為者刑法的思想の表現としての処分　244 [23]

第 7 章　刑法解釈学と刑法体系 ── 一般的犯罪論の基本問題　　245

A．刑法の解釈学と体系論の任務　　　　　　　250 [1]

B．刑法体系の基本概念　　　　　　　　　　　252 [4]

　第 1 節　行　為　　　　　　　　　　　　　253 [5]

　第 2 節　構成要件該当性　　　　　　　　　253 [6]

　第 3 節　違 法 性　　　　　　　　　　　　253 [7]

　第 4 節　責　任　　　　　　　　　　　　　254 [8]

　第 5 節　その他の処罰条件　　　　　　　　254 [9]

　第 6 節　全刑法学の体系化について　　　　255 [10]

C．最近の犯罪論の史的展開について　　　　　256 [12]

　第 1 節　諸々の基本概念の発見　　　　　　256 [12]

　第 2 節　立法者によるその受容　　　　　　257 [13]

　第 3 節　犯罪体系論の史的発展段階　　　　258 [14]

　　　1　古典的犯罪体系　　　　　　　　　259 [15]

　　　2　新古典的体系　　　　　　　　　　259 [16]

　　　3　目的的行為論　　　　　　　　　　260 [18]

　第 4 節　古典的体系から目的主義的体系への展開の

xviii

	精神史的・哲学的基礎		*261*	[19]
第5節	現在の支配的な犯罪理論の新古典的・目的主義的統合		*262*	[23]
第6節	目的合理的（機能的）刑法体系		*264*	[26]

D. 伝統的刑法体系論の功績と限界，刑法解釈論における体系思考と問題思考　　*271* [37]

第1節	体系思考の利点		*272*	[38]
	1	事例検討の容易化	*273*	[39]
	2	斉一的かつ細分化的法適用の前提としての体系秩序	*273*	[40]
	3	法の簡易化とより優れた運用可能性	*274*	[41]
	4	法の継続的展開のための道しるべとしての体系連関	*274*	[42]
第2節	体系思考の危険性		*276*	[43]
	1	個別事案の公正の軽視	*276*	[44]
	2	問題解決の可能性の縮減	*277*	[47]
	3	刑事政策的に正当化不可能な体系的演繹	*278*	[48]
	4	抽象的すぎる概念の使用	*280*	[51]
第3節	問 題 思 考		*282*	[54]

E. 目的論的・刑事政策的体系構想の基礎　　*284* [57]

第1節	評価志向的な体系の構想について		*284*	[57]
	1	行　為	*286*	[60]
	2	構 成 要 件	*286*	[61]
	3	不　法	*287*	[64]
	4	答 責 性	*291*	[71]
	5	その他の処罰条件	*292*	[73]
第2節	刑法解釈論と刑事政策		*292*	[75]
第3節	判断の観点としての犯罪論の諸カテゴリー		*296*	[82]
第4節	目的論的・刑事政策的犯罪論と体系形成および概念形成の方法		*298*	[86]

xix

目　次

◆　第2編　行為，軽罪，重罪　◆

第8章　行　為　　　　　　　　　　　　　　　　　　　*303*

A．行為概念の任務　　　　　　　　　　　　　　　*305* [1]

B．刑法解釈学の展開における行為概念 —— その叙述と
　批判　　　　　　　　　　　　　　　　　　　　*308* [7]

　第1節　前古典的行為概念　　　　　　　　　　　*308* [7]

　第2節　古典的体系の自然的（自然主義的，因果的）
　　　　　行為概念　　　　　　　　　　　　　　　*310* [10]

　第3節　目的的行為概念　　　　　　　　　　　　*313* [17]

　第4節　社会的行為論　　　　　　　　　　　　　*319* [27]

　第5節　消極的行為概念　　　　　　　　　　　　*322* [33]

　第6節　行為の構成要件への吸収　　　　　　　　*328* [42]

C．人格的行為論　　　　　　　　　　　　　　　　*329* [44]

　第1節　人格の発露としての行為　　　　　　　　*329* [44]

　第2節　これに近い見解　　　　　　　　　　　　*330* [46]

　第3節　基本要素としての人格的行為概念　　　　*334* [51]

　第4節　結合要素としての人格的行為概念　　　　*335* [54]

　第5節　限界要素としての人格的行為概念　　　　*337* [58]

　第6節　人格的行為概念の本質　　　　　　　　　*347* [74]

第9章　軽罪と重罪　　　　　　　　　　　　　　　　*349*

A．区別の歴史について　　　　　　　　　　　　　*349* [2]

B．現行法における規則と実践的意味　　　　　　　*351* [5]

C．現行法における「抽象的」理論の実現と罪刑法定主
　義におけるその根拠づけ　　　　　　　　　　　*352* [9]

D．区別の問題　　　　　　　　　　　　　　　　　*355* [15]

目　次

◆　第3編　構 成 要 件　◆

第10章　構成要件論　*357*

A. 体系構成要件，保障構成要件，錯誤構成要件　*360* [1]
B. 体系的カテゴリーとしての構成要件の発展について　*362* [7]
　　第1節　Beling による客観的・没価値的構成要件　*362* [7]
　　第2節　主観的構成要件の発展　*363* [8]
　　第3節　違法構成要件としての体系構成要件の特徴　*364* [10]
C. 構成要件と違法性の関係　*367* [13]
　　第1節　消極的構成要件要素の理論　*367* [13]
　　第2節　二段階の犯罪構造か三段階の犯罪構造か？　*368* [16]
　　第3節　特殊な見解　*374* [27]
　　第4節　刑罰規定における違法性の指示；消極的に
　　　　　　理解される構成要件要素　*376* [30]
D. 社会的相当性と構成要件阻却　*378* [33]
E. 開かれた構成要件と全体的行為評価要素　*385* [43]
　　第1節　開かれた構成要件　*386* [43]
　　第2節　全体的行為評価要素　*388* [45]
F. 客観的構成要件と主観的構成要件　*392* [53]
　　第1節　客観的構成要件　*394* [54]
　　　　1　客観的構成要件の構造と内容　*394* [54]
　　　　2　記述的構成要件要素と規範的構成要件要素　*396* [57]
　　第2節　主観的構成要件　*398* [61]
　　　　1　構成要件的故意　*398* [62]
　　　　2　主観的構成要件要素およびそれと責任要素との
　　　　　　区別　*402* [70]
　　　　3　心 情 要 素　*406* [78]
　　　　4　主観的要素を伴う構成要件の体系化について　*409* [83]
G. 構成要件における行為無価値と結果無価値　*410* [88]

xxi

目　次

H．構成要件の種類　　　　　　　　　　　　　　　　　　　*421* [102]

　第1節　結果犯と挙動犯　　　　　　　　　　　　　　　　*423* [102]

　第2節　継続犯と状態犯　　　　　　　　　　　　　　　　*424* [105]

　第3節　結果的加重犯　　　　　　　　　　　　　　　　　*425* [108]

　　1　規定と法政策的評価　　　　　　　　　　　　　　　*425* [108]

　　2　基本犯と結果との関係　　　　　　　　　　　　　　*427* [111]

　　3　類似の構成要件形式　　　　　　　　　　　　　　　*432* [119]

　　4　歴史について　　　　　　　　　　　　　　　　　　*433* [122]

　第4節　侵害犯と危険犯　　　　　　　　　　　　　　　　*433* [123]

　第5節　企行構成要件　　　　　　　　　　　　　　　　　*434* [125]

　第6節　単一犯と結合犯　　　　　　　　　　　　　　　　*434* [126]

　第7節　一行為犯と多行為犯　　　　　　　　　　　　　　*435* [127]

　第8節　普通犯と身分犯　　　　　　　　　　　　　　　　*435* [129]

　第9節　基本犯，変型構成要件，独立犯　　　　　　　　　*436* [132]

第11章　客観的構成要件への帰属　　　　　　　　　　　*441*

A．因果関係論　　　　　　　　　　　　　　　　　　　　*451* [3]

　第1節　因果概念の自然科学的および哲学的問題性

　　　　について　　　　　　　　　　　　　　　　　　　*451* [3]

　第2節　等価説（条件説）　　　　　　　　　　　　　　　*453* [6]

　第3節　等価説の個別の諸問題　　　　　　　　　　　　　*463* [20]

　第4節　統計的および確率的因果関係モデル　　　　　　　*473* [35]

　第5節　相当性説および重要性説　　　　　　　　　　　　*475* [39]

B．客観的構成要件へのその他の帰属　　　　　　　　　　　*478* [44]

　第1節　侵　害　犯　　　　　　　　　　　　　　　　　　*478* [44]

　　1　序　論　　　　　　　　　　　　　　　　　　　　　*478* [44]

　　2　許されない危険の創出　　　　　　　　　　　　　　*484* [53]

　　　a）危険減少の場合の帰属阻却　　　　　　　　　　　*484* [53]

　　　b）危険創出がない場合の帰属阻却　　　　　　　　　*486* [55]

　　　c）危険の創出と仮定的因果経過　　　　　　　　　　*488* [58]

　　　d）許された危険の事案における帰属阻却　　　　　　*492* [65]

xxii

目　　次

3　許されない危険の実現	*495* [69]
a）　危険の実現がない場合の帰属阻却	*495* [69]
b）　許されない危険の実現がない場合の帰属阻却	*498* [73]
c）　注意規範の保護目的によって覆われない結果 　　における帰属阻却	*503* [84]
d）　適法な代替行為と危険増加論	*506* [88]
e）　危険増加論と保護目的論との組み合わせに 　　ついて	*516* [104]
4　構成要件の射程	*518* [106]
a）　故意の自己危殆化に対する関与	*519* [107]
b）　合意による他者の危殆化	*530* [121]
c）　他人の答責領域への帰属	*540* [137]
d）　その他の事案	*546* [145]
第2節　危　険　犯	*546* [146]
1　具体的危険犯	*548* [147]
2　抽象的危険犯	*552* [153]
a）　古典的な抽象的危険犯	*554* [154]
b）　大量行為（特に，道路交通の場合）	*558* [160]
c）　「精神化された中間法益」をもつ犯罪	*558* [161]
d）　抽象的適性犯	*559* [162]

第12章　故意と構成要件的錯誤
── 因果逸脱における故意への帰属　　　　*561*

A．故意の基礎と現象形態	*565* [1]
第1節　意　　図	*568* [7]
第2節　直　接　故　意	*576* [18]
第3節　未必の故意（dolus eventualis）	*577* [21]
1　可能な法益侵害を是とする決断としての未必の 　　故意	*577* [21]
2　類似の見解および異なる見解	*587* [35]
a）　認容または認諾説	*587* [36]

xxiii

目　次

	b）	無 関 心 説	*589* [40]
	c）	表象説ないし可能性説	*590* [41]
	d）	蓋 然 性 説	*593* [45]
	e）	Puppe の「故意危険」説	*594* [47]
	f）	回避意思不発動理論	*596* [53]
	g）	フランクの公式	*598* [55]
	h）	諸々の組合せ説	*599* [57]
	i）	Wolfgang Frisch の危険説	*600* [58]

j）　Jakobs の蓋然性がないとはいえない結果発
　　生と危険馴化の理論　　　　　　　　　　*602* [62]

	k）	Herzberg の無防備な危険の理論	*604* [65]
	l）	Ulrich Schroth の不法構成的要素掌握理論	*607* [70]
	m）	総括的考察	*608* [72]
	n）	未必の故意と認識ある過失の同等の取り扱い	*610* [74]
	3	最近の判例の展開	*611* [75]

第4節　故意の時間的次元（事前の故意と事後の故
　　　　意）　　　　　　　　　　　　　　　　*622* [89]

第5節　故意の構成要件関連性と択一的故意　　*623* [92]

B．構成要件の錯誤　　　　　　　　　　　　　　*626* [95]

第1節　行為事情の認識と不認識　　　　　　　*629* [95]

　1　構成要件的錯誤と禁止の錯誤の区別　　*631* [100]

　2　行為事情の「認識」における意識の明確性　*646* [122]

第2節　構成要件的故意の対象 ── 16条の直接適用
　　　　および類推適用　　　　　　　　　　　*654* [132]

　1　16条1項の法律上の構成要件の事情　*654* [132]

　2　16条2項による刑の減軽事情に関する錯誤　*657* [138]

　3　16条の類推適用　　　　　　　　　　*657* [140]

　4　その他の規定によって取り扱われるべき錯誤　*661* [148]

C．因果の逸脱の場合における故意の帰属　　　　*662* [151]

第1節　通常の因果の逸脱　　　　　　　　　　*665* [151]

xxiv

	目　次

第2節　打撃の錯誤　　　　　　　　　　　　　　*671* [160]

第3節　故意の転換（行為客体の転換）　　　　*677* [171]

第4節　「概括的故意」と類似の事例　　　　　*679* [174]

第5節　客体の錯誤（もしくは人の錯誤）　　　*689* [193]

第13章　同　意　　　　　　　　　　　　　　　　*697*

A．同意論の状況について　　　　　　　　　　　*702* [1]

第1節　歴史について　　　　　　　　　　　　*702* [1]

第2節　合意と同意　　　　　　　　　　　　　*703* [2]

第3節　区別から導かれる差異　　　　　　　　*704* [4]

第4節　区別の否定とその帰結　　　　　　　　*707* [11]

B．構成要件阻却事由としての同意　　　　　　　*709* [12]

第1節　構成要件阻却の根拠としての同意者の行動
　　　　の自由　　　　　　　　　　　　　　　*709* [12]

第2節　有効な同意がある場合には犯罪類型実現は
　　　　ない　　　　　　　　　　　　　　　　*713* [19]

第3節　たんなる正当化に反対する論拠としての利
　　　　益衡量は不要である　　　　　　　　　*715* [22]

第4節　二分説を貫徹する可能性はない　　　　*716* [24]

第5節　228条は反対の論拠ではない　　　　　*720* [29]

第6節　「侵襲を緩和する同意」の正当化力は反対の
　　　　根拠ではない　　　　　　　　　　　　*720* [30]

第7節　諸構成要件の個別的構造の推論結果として
　　　　の有効な同意の種々の条件　　　　　　*721* [32]

C．同意の可能性がなく，あるいは制限された構成要件　*722* [33]

第1節　公共の法益の場合　　　　　　　　　　*722* [33]

第2節　法益主体の保護に資する構成要件の場合　*724* [36]

第3節　傷害罪の場合　　　　　　　　　　　　*725* [38]

　　　1　自説の展開　　　　　　　　　　　　*725* [38]

　　　2　学説の最近の立場　　　　　　　　　*731* [50]

　　　3　最近の判例　　　　　　　　　　　　*733* [56]

xxv

目　次

4　法律上および理論上の特別の解決方法	*737*	[67]
5　228条の法思考は他の構成要件に転用できない	*738*	[70]
D．同意の告知・対象・時期および取消し	*739*	[71]
第1節　有効な同意の条件としての告知	*739*	[71]
第2節　同意の対象としての行為と結果	*742*	[78]
第3節　同意の時期と取消し可能性	*742*	[79]
E．弁　識　能　力	*743*	[80]
F．同意における代理	*751*	[92]
G．同意における意思の欠缺	*754*	[97]
第1節　欺　罔	*754*	[97]
第2節　錯　誤	*763*	[111]
第3節　脅迫と強制	*765*	[113]
H．同意の存否に関する錯誤	*767*	[118]
I．仮定的同意	*768*	[119]

あ と が き（山中敬一）

第1巻（第4版）［翻訳第2分冊］　目　次

◆　第4編　違　法　性　◆

［　］は欄外番号

第14章　不法論の基本問題 ……………………………………………………… *1*

A　違法性と不法 ……………………………………………………… *7* [1]

B　形式的違法性と実質的違法性 ………………………………… *9* [4]

C　被害者解釈学と実質的不法 …………………………………… *13* [15]

D　不法と法的に自由な領域 ……………………………………… *19* [26]

E　違法性と法秩序の統一性 ……………………………………… *23* [31]

F　正当化事由の体系化について ………………………………… *26* [38]

G　正当化事由の競合 ………………………………………………… *30* [45]

H　正当化における錯誤の問題 …………………………………… *34* [52]

　　第1節　不　法　故　意 …………………………………………… *34* [52]

　　　　1　学説の状況 (34) [52]

　　　　　a）消極的構成要件要素の理論 (35) [54]

　　　　　b）制限責任説 (35) [55]

　　　　　c）法律効果指示責任説 (36) [57]

　　　　　d）法律効果独立責任説 (37) [59]

　　　　　e）厳格責任説 (38) [61]

　　　　　f）判　例 (38) [62]

　　　　2　本書の立場 (40) [64]

　　　　　a）制限責任説 (40) [64]

　　　　　b）厳格責任説 (41) [65]

　　　　　c）消極的構成要件要素の理論 (44) [72]

　　　　　d）法律効果指示責任説 (44) [73]

　　　　　e）法律効果独立責任説 (47) [78]

　　　　3　許容構成要件の錯誤と禁止の錯誤の区別 (47) [79]

xxvii

目　次

第2節　正当化事由における調査義務？ ………………*49* [83]

第3節　不確かな，あるいは将来の事情に基づく正当化

　　　　要素 ……………………………………………*52* [88]

第4節　正当化事由の存在に関する不確実性 …………*53* [90]

第5節　主観的正当化要素 ………………………………*56* [94]

　　1　主観的正当化要素の必要性 (57) [96]

　　2　主観的正当化要素の内容的要件 (58) [97]

　　3　主観的正当化要素が欠如する場合の未遂の肯定 (61) [104]

I　正当化事由の効果 ………………………………………*63* [107]

J　正当化事由における客観的帰属？ ……………………*66* [113]

K　個々の正当化事由の説明と分類 ………………………*67* [116]

第15章　正　当　防　衛 ……………………………………*69* [1]

A　正当防衛権の基本原理 …………………………………*75* [1]

B　正当防衛権の歴史的展開 ………………………………*78* [4]

C　正当防衛における攻撃 …………………………………*79* [6]

D　攻撃の違法性 ……………………………………………*84* [14]

E　攻撃の現在性 ……………………………………………*89* [21]

F　正当防衛可能な財 ………………………………………*94* [30]

G　防衛の必要性 ……………………………………………*100* [42]

H　正当防衛の被要請性 ……………………………………*111* [55]

第1節　責任なき，または責任が著しく低減された

　　　　攻撃 ……………………………………………*114* [61]

第2節　被攻撃者によって違法に挑発された攻撃 ……*116* [65]

第3節　軽微な攻撃 ………………………………………*127* [83]

第4節　保障関係内攻撃 …………………………………*133* [93]

第5節　脅迫による恐喝的攻撃…………………………*137* [100]

第6節　緊急救助として行われた拷問や脅迫は正当化

　　　　されうるか？ …………………………………*139* [103]

I　高権的行為と正当防衛権…………………………………*142* [108]

J　緊　急　救　助………………………………………………*148* [116]

xxviii

目　次

K　正当防衛の攻撃者ないし攻撃者の法益への制限⋯⋯⋯⋯*153*[124]

L　主観的正当化要素としての防衛の意思？⋯⋯⋯⋯⋯⋯*156*[129]

第 16 章　正当化的緊急避難と類例の諸問題 ⋯⋯⋯⋯⋯⋯⋯⋯*159*

A　34 条という基本的規定 ⋯⋯⋯⋯⋯⋯⋯⋯⋯⋯⋯⋯⋯*164*[1]

第 1 節　現行の緊急避難法の展開 ⋯⋯⋯⋯⋯⋯⋯⋯⋯*164*[1]

第 2 節　緊急避難の危険 ⋯⋯⋯⋯⋯⋯⋯⋯⋯⋯⋯⋯*170*[12]

第 3 節　対立する利益の衡量 ⋯⋯⋯⋯⋯⋯⋯⋯⋯⋯*179*[26]

1　衡量の観点 (179) [26]

a）法定刑の比較 (180) [27]

b）法益の価値の高低 (181) [29]

c）法益侵害の強度 (183) [32]

d）生命対生命の衡量の禁止 (184) [33]

e）切迫する危険の程度 (189) [43]

f）自律性原理 (191) [46]

g）法律上の規定 (194) [51]

h）緊急状態の自招性 (200) [60]

i）特別の義務的地位 (204) [65]

j）不法の側に立っての行為 (205) [67]

k）回避された損害と惹起された損害の当事者に
おける個人的意味付け (208) [71]

l）危険が被侵害者の領域に由来する場合 (208) [72]

2　保全利益の本質的優越 (219) [89]

第 4 節　相当性条項 ⋯⋯⋯⋯⋯⋯⋯⋯⋯⋯⋯⋯⋯⋯*220*[91]

第 5 節　正当化的緊急避難のその他の諸問題⋯⋯⋯⋯⋯*226*[101]

1　同一法益主体内における利益衝突 (226) [101]

2　高権の担い手 (Hoheitsräger) の緊急避難権 (227) [103]

3　主観的正当化要素 (229) [105]

B　民法上の攻撃的緊急避難，民法 904 条⋯⋯⋯⋯⋯⋯*230*[107]

C　民法上の防御的緊急避難，民法 228 条⋯⋯⋯⋯⋯⋯*232*[111]

xxix

目　次

　　D　正当化的義務衝突 ·· *234* [115]

　　E　緊急避難類似状況 ·· *240* [126]

　　F　基本法20条4項の抵抗権 ······································ *242* [129]

第17章　職権と強制権，官庁の許可 ······························ *245*

　A　公務担当者の介入権 ··· *245* [1]

　B　違法な拘束的命令 ··· *253* [15]

　C　当局に代わって行う行為 （Das Handeln pro magistratu） ··· *258* [22]

　　第1節　仮　逮　捕 ··· *259* [23]

　　第2節　自　救　権 ··· *264* [29]

　D　懲戒権なる違法阻却事由はもはや存在しない ··········· *265* [32]

　　第1節　教育権者による懲戒 ···································· *266* [32]

　　　　1　現行法およびその歴史的背景 （266）[32]

　　　　2　法規定の社会政策的問題性 （267）[35]

　　　　3　学説によるさまざまな解決案，および現行法

　　　　　による結論 （268）[37]

　　　　4　法政策的評価および立法論的考慮 （273）[47]

　　第2節　教師による懲戒 ·· *274* [52]

　　第3節　その他の者による懲戒 ·································· *276* [56]

　E　官庁の許可 ··· *277* [58]

第18章　許された危険による正当化事由 ·························· *287*

　A　推定的同意 ·· *288* [3]

　　第1節　正当化事由の構造 ······································· *290* [3]

　　第2節　推定的同意の補充性 ···································· *294* [10]

　　第3節　利己的行為における推定的同意？ ················· *297* [15]

　　第4節　推定的意思確定の基準 ·································· *299* [19]

　　　　1　他人の利益のための行為 （299）[19]

　　　　a）事実に結びついた決定 （299）[19]

　　　　b）人格に結びついた決定 （300）[21]

　　　　c）生存に関する決定 （301）[23]

xxx

2 自己の利益のための行為 (304) [27]

第5節 錯誤と調査義務 (305) [29]

B 正当な利益の擁護 ………………………………………………306 [31]

第1節 193条の構造について ………………………………307 [31]

第2節 正当化事由としての正当な利益の擁護 ………309 [35]

第3節 侮辱構成要件を越えて193条を適用しては

ならない …………………………………………………311 [39]

第4節 正当な利益の擁護の個々の要件 ……………312 [40]

C 芸術の自由 ……………………………………………………316 [49]

第1節 独自の正当化事由としての芸術の自由 ………317 [49]

第2節 基本法5条3項による正当化事由の要件 ……318 [51]

◆ 第5編 責任と答責性 ◆

第19章 答責性論の基本問題 ………………………………………321

A 責任および刑法的答責性の要件としての予防の必要性 …327 [1]

B 心理的責任概念から規範的責任概念……………………332 [10]

C 規範的責任概念の批判について……………………………336 [15]

D 刑法における責任の内容的確定（実質的責任概念)……337 [18]

第1節 「他行為可能性」としての責任 ………………338 [20]

第2節 法的に非難される心情としての刑法…………340 [23]

第3節 自己の性格への保証義務としての責任 ………342 [27]

第4節 一般予防の必要の承認としての責任 …………345 [33]

第5節 規範に応答可能にもかかわらず不法な行為

をしたこととしての責任………………………………348 [36]

第6節 責任主義の反対者達…………………………………356 [51]

E 刑法を根拠づける責任と刑を量定する責任 …………359 [54]

F 責任阻却事由か免責事由か …………………………………360 [56]

G Maurach の行為答責論………………………………………361 [58]

H 行為責任と行状責任 …………………………………………362 [62]

目　　次

第20章　責任能力 ……………………………………………… *365*

A　成人の責任能力 …………………………………… *372* [1]
第1節　法的規制の基礎 ………………………… *372* [1]
第2節　生物学的・心理的な関連所見 ………… *376* [8]
　　1　病的な精神障害（376）[8]
　　2　根深い意識障害（379）[13]
　　3　精神薄弱（385）[22]
　　4　重いその他の精神的偏倚（386）[24]
第3節　弁識能力と抑制能力 …………………… *389* [28]
第4節　著しく限定された責任能力 …………… *392* [33]
　　1　刑法21条の条件（392）[33]
　　2　刑の任意的減軽（397）[37]
　　3　軍刑法7条における特例（403）[48]
B　児童と少年の責任能力 ………………………… *404* [50]
C　原因において自由な行為 ……………………… *407* [56]

第21章　禁止の錯誤 …………………………………………… *421*

A　禁止の錯誤の規定．理論史的発展と法政策的問題性 … *424* [1]
B　不法の意識の対象 ……………………………… *431* [12]
C　不法の意識の現象形態 ………………………… *437* [20]
第1節　禁止の存在に関する錯誤 ……………… *437* [21]
第2節　正当化事由の存在または限界に関する錯誤 … *438* [22]
第3節　あてはめの錯誤 ………………………… *439* [23]
第4節　有効性の錯誤 …………………………… *440* [25]
D　禁止の錯誤の諸々の意識形態 ………………… *441* [27]
E　未必の不法の意識 ……………………………… *442* [29]
F　禁止の錯誤の回避可能性 ……………………… *446* [35]
第1節　有責行為の前提としての禁止の錯誤の回避
　　　　可能性 …………………………………… *446* [35]
第2節　刑法上の答責性が阻却される場合としての

xxxii

目　　次

　　　　錯誤の免責可能性 ……………………………………*447* [38]

　第3節　不法の認識を獲得するための手段 …………*451* [46]

　第4節　禁止の錯誤の回避可能性は行為責任か

　　　　行為者責任か？ ………………………………*452* [47]

　第5節　回避可能性の個別的要件 ……………………*454* [52]

　　　1　確認の「契機」 (455) [53]

　　　2　確認のための努力の必要程度 (459) [62]

　　　3　努力が不十分であった場合における不法の認識

　　　　の獲得可能性 (465) [69]

G　禁止の錯誤の法律効果 …………………………………*466* [70]

H　禁止の錯誤に関する特別規定 ………………………*467* [73]

第22章　答責性を阻却する緊急避難およびこれに類する場合 ……*469*

A　35条の緊急避難 …………………………………………*471* [1]

　第1節　規定の体系的地位と目的論的内容 …………*471* [1]

　第2節　他の方法では回避不可能な，現在の危険 ……*478* [15]

　第3節　緊急避難の可能な法益 ………………………*482* [22]

　第4節　緊急避難の認められる人的範囲 ……………*486* [30]

　第5節　危険回避のための行為 ………………………*487* [32]

　第6節　35条1項2文による答責性阻却の否定 ………*489* [35]

　　　1　例外の根拠について (489) [35]

　　　2　特別な法的関係 (491) [39]

　　　3　自招危難 (493) [44]

　　　4　危険の受忍が期待可能であるその他の事例 (498) [52]

　　　5　危険の受忍が期待可能な場合における量刑 (500) [56]

　第7節　緊急避難状況の誤想 …………………………*501* [59]

　第8節　避難行為に対する共犯 ………………………*504* [66]

B　33条の過剰防衛 …………………………………………*506* [68]

　第1節　規定の体系的地位と目的論的内容 …………*506* [68]

　第2節　答責性を阻却する情動 ………………………*510* [75]

　第3節　意識的な過剰防衛と無意識的な過剰防衛 ……*514* [82]

xxxiii

目　　次

第4節　質的（intensiv）過剰防衛と量的（extensiv）
　　　過剰防衛 ……………………………………………*515* [84]
第5節　無関係の第三者の侵害 ………………………*518* [91]
第6節　正当防衛状況を意図的に惹起した後の過剰
　　　防衛 ……………………………………………………*519* [93]
第7節　誤想過剰防衛 …………………………………………*521* [94]
第8節　他の正当化事由における過剰に対する
　　　33条の類推適用？ ………………………………………*523* [97]

C　良心的行為（Gewissentat）………………………………*524* [100]
第1節　刑法的評価の基礎としての基本法4条………*526* [100]
第2節　良心的行為の可罰性についての結論…………*529* [109]
第3節　不可罰の良心的行為の体系的地位……………*534* [120]

D　市民的不服従………………………………………………*538* [130]

E　各論における答責性阻却事由……………………………*540* [134]
第1節　個別の諸事例…………………………………………*541* [134]
　　1　139条3項1文における親族の不告発 (541) [135]
　　2　173条3項における未成年者の近親相姦 (542) [136]
　　3　258条5項における他者のためであると同時に
　　　自分自身のために行われる処罰妨害
　　　（Strafvereitelung）(543) [138]
　　4　258条6項における近親者のための処罰妨害 (543) [139]
第2節　これらの諸事例の解釈論上の扱い……………*544* [140]

F　超法規的答責性阻却………………………………………*545* [142]
第1節　超法規的免責事由としての期待可能性？……*546* [142]
第2節　答責性阻却事由としての危険共同体…………*548* [146]
　　1　超法規的答責性阻却の基礎付け (548) [146]
　　2　超法規的責任阻却に関する通説 (552) [154]
　　3　刑罰阻却事由の承認 (553) [157]
　　4　減軽事由の承認 (554) [159]
　　5　禁止の錯誤の承認 (554) [160]

xxxiv

目　　次

第3節　殺人における答責性阻却事由としてのより
　　　少ない害の選択？……………………………………*555* [161]
第4節　人命救助のための拷問又はその命令を，超
　　　法規的答責性阻却により不処罰とすることは
　　　できるか？……………………………………………*558* [166]

◆　第6編　その他の処罰前提　◆

第23章　客観的処罰条件と処罰阻却事由 ……………………………*561*

A　答責性を越えた処罰条件　問題提起と事例　……………*563* [1]
B　通説における第4番目の犯罪カテゴリーの肥大化　……*565* [6]
　第1節　構成要件要素としての仮象的な処罰条件　……*565* [7]
　第2節　正当化事由としての仮象的処罰阻却事由 ……*568* [14]
　第3節　答責性阻却事由としての仮象的処罰阻却
　　　　事由 ………………………………………………*569* [16]
C　刑法外の目的設定が優越する場合としての客観的処罰
　条件と処罰阻却事由 ………………………………………*570* [21]
　第1節　指導的観点 …………………………………………*570* [21]
　第2節　学説上の諸見解 ……………………………………*572* [27]
　第3節　実際上の結論 ………………………………………*574* [30]
D　その他の諸構想 ……………………………………………*574* [31]
　第1節　第4番目の犯罪カテゴリーの拒否 ……………*574* [31]
　第2節　第4番目の犯罪カテゴリーの基準としての
　　　　当罰性 ………………………………………………*576* [34]
　第3節　第4番目の犯罪カテゴリーの基準としての
　　　　処罰の必要性（要罰性）……………………………*577* [37]
E　処罰条件および処罰阻却事由と訴訟条件との区別 ……*579* [41]
　第1節　限界設定の論争性と困難性 ……………………*579* [41]
　第2節　実体法の「刑罰害悪相当性」への方向づけ …*581* [45]
　第3節　実体法と形式法の区別の基準としての刑事

xxxv

目　次

　　　　　訴訟の仮定的消去 ……………………………………*582*[48]

　　　第4節　実体法への所属の基準としての行為との直

　　　　　接関連性 …………………………………………………*583*[51]

　F　展望 ―― 訴訟法における刑法的および刑法外的目的

　設定 …………………………………………………………………*585*[54]

◆　**第7編　過　　失**　◆

第24章　過　　失　……………………………………………………*589*

　序　　論

　A　構 成 要 件　………………………………………………………*596*[3]

　　第1節　責任形式から構成要件的犯罪類型へ　…………*596*[3]

　　第2節　過失行為の基準　……………………………………*598*[8]

　　第3節　許されない危険創出の具体化について　………*601*[14]

　　　1　法規範　(601)[15]

　　　2　社会生活上の規範　(603)[18]

　　　3　信頼の原則　(604)[21]

　　　　a）　道路交通の場合　(604)[21]

　　　　b）　分業的共同作業の場合　(606)[25]

　　　　c）　他人の故意犯罪の場合　(607)[26]

　　　4　類型的基準人　(611)[34]

　　　5　調査義務と不作為義務　(612)[36]

　　　6　利益と危険の衡量　(613)[39]

　　第4節　構成要件の保護範囲の具体化について　………*614*[41]

　　第5節　「許されざる危険創出」に替えて法益侵害

　　　の予測の「説得的な動機づけ」を基準とすべ

　　　きか？　…………………………………………………………*616*[47]

　　第6節　過失の基準の一般化か個別化か？　……………*619*[53]

　　第7節　認識なき過失と認識ある過失　…………………*625*[66]

　　第8節　過失犯の客観的構成要件と主観的構成要件　…*628*[73]

xxxvi

第9節　不法と責任の段階化としての故意，軽率性，
単純で軽微な過失　……………………………………*630* [77]

　　　1　故意と過失　(630) [77]

　　　2　軽率性　(632) [81]

　　　3　軽微な過失　(636) [92]

第10節　過失犯と罪刑法定主義　………………………*637* [94]

B　違　法　性　………………………………………………*639* [98]

第1節　基本的な問題点　………………………………*639* [98]

第2節　正当防衛………………………………………………*640* [100]

第3節　緊急避難………………………………………………*642* [104]

第4節　推定的承諾および承諾………………………………*643* [107]

C　責任と答責性………………………………………………*644* [109]

第1節　一般的責任阻却事由…………………………………*644* [109]

第2節　その他の責任阻却事由………………………………*646* [114]

　　　1　個人的無能力　(646) [114]

　　　2　期待不可能性　(649) [122]

あ と が き（山中敬一）

────────────────

事項索引（第1分冊［第3版］・第2分冊［第4版］共通）
　〔邦語→独語／独語→邦語〕（巻末）

略　号

a. A.	anderer Ansicht
a. a. O.	am angegebenen Ort
AbfG	Gesetz über die Vermeidung und Entsorgung von Abfällen (Abfallgesetz) vom 27. 8. 1986 (BGBl. I, 1410)
abl.	ablehnend
Abs.	Absatz
abw.	abweichend
ADPCP	Anuário de derecho penal y ciencias penales
AE	Alternativ-Entwurf eines Strafgesetzbuches, Allgemeiner Teil, 1966 (^{2}1969)
AE BT (Person I)	Alternativ-Entwurf eines Strafgesetzbuches, Besonderer Teil, Straftaten gegen die Person, Erster Halbbd., 1970
AE BT (Sexualdelikte)	Alternativ-Entwurf eines Strafgesetzbuches, Besonderer Teil, Sexualdelikte – Straftaten gegen Ehe, Familie und Personenstand – Straftaten gegen den religiösen Frieden und die Totenruhe, 1968
a. E.	am Ende
AE WGM	Alternativ-Entwurf Wiedergutmachung
ähnl.	ähnlich
a. F.	alte Fassung
AG	Amtsgericht
AIDP	Association Internationale de Droit Penale
AIFO	AIDS-FORSCHUNG
AK-[Bearbeiter]	Kommentar zum Strafgesetzbuch (in der „Reihe Alternativkommentare"), Bd. 1, 1990; Bd. 3, 1986
allg.	allgemein
Anh.	Anhang
Anm.	Anmerkung
AO	Abgabenordnung vom 16. 3. 1976 (BGBl. I, 613)
AöR	Archiv des öffentlichen Rechts
ARSP	Archiv für Rechts- und Sozialphilosophie
Art.	Artikel
AT	Allgemeiner Teil
AT 1975	Allgemeiner Teil des StGB von 1975
Aufl.	Auflage
AuslG	Ausländergesetz vom 9. 7. 1990 (BGBl. I, 1354)
BA	Blutalkohol, Wissenschaftliche Zeitschrift für die medizinische und juristische Praxis
BAK	Blutalkoholkonzentration
Baumann/Weber/ Mitsch, AT[11]	Jürgen Baumann/Ulrich Weber/Wolfgang Mitsch, Strafrecht, Allgemeiner Teil, [11]2003
BayObLG	Bayerisches Oberstes Landesgericht
BayObLGSt	Entscheidungen des Bayerischen Obersten Landesgerichts in Strafsachen
BBG	Bundesbeamtengesetz i. d. F. der Bekanntmachung vom 27. 2. 1985 (BGBl. I, 479)
Bd.	Band
Bde.	Bände
Bespr.	Besprechung

xxxviii

略　号

BewHi.	Bewährungshilfe
BGB	Bürgerliches Gesetzbuch vom 18. 8. 1896 (RGBl., 195)
BGBl.	Bundesgesetzblatt
BGH	Bundesgerichtshof
BGH-FS	Claus Roxin/Gunter Widmaier (Hrsg.), 50 Jahre Bundesgerichtshof. Festgabe aus der Wissenschaft. Bd. IV. Strafrecht, Strafprozessrecht, 2000
BGHR	BGH-Rechtsprechung Strafsachen, hrsg. von Richtern des Bundesgerichtshofs (abgekürzt zitiert nach Paragraph des StGB, Stichwort und Nummer)
BGHSt	Entscheidungen des Bundesgerichtshofs in Strafsachen
BGHZ	Entscheidungen des Bundesgerichtshofs in Zivilsachen
Binding, Handbuch StrafR	Karl Binding, Handbuch des Strafrechts, Bd. I, 1885
Binding, Lehrbuch BT	Karl Binding, Lehrbuch des gemeinen deutschen Strafrechts, Besonderer Teil, Bd. I, ^{2}1902
Binding, Normen	Karl Binding, Die Normen und ihre Übertretung, Bd. I, ^{4}1922; Bd. II, Hälfte 1 (S. 1–629), ^{2}1914; Bd. II, Hälfte 2 (S. 630 ff.), ^{2}1916; Bd. III, 1918; Bd. IV, 1919. Neudruck aller 4 Bde. 1991
BJagdG	Bundesjagdgesetz i. d. F. der Bekanntmachung vom 29. 9. 1976 (BGBl. I, 2849)
Blei, AT	Hermann Blei, Strafrecht I, Allgemeiner Teil, ^{18}1983
Bockelmann, AT^3	Paul Bockelmann, Strafrecht, Allgemeiner Teil, ^{3}1979
Bockelmann/Volk, AT^4	Paul Bockelmann/Klaus Volk, Strafrecht, Allgemeiner Teil, ^{4}1987
Bringewat, Grundbegriffe	Peter Bringewat, Grundbegriffe des Strafrechts. Grundlagen – Allgemeine Verbrechenslehre, 2003
BRRG	Rahmengesetz zur Vereinheitlichung des Beamtenrechts (Beamtenrechtsrahmengesetz) i. d. F. der Bekanntmachung vom 27. 2. 1985 (BGBl. I, 462)
Bruns, StrafZumR	Hans-Jürgen Bruns, Strafzumessungsrecht, Allgemeiner Teil, ^{2}1974
BSG	Bundessozialgericht
Bsp.	Beispiel
BT	Besonderer Teil
BtMG	Gesetz über den Verkehr mit Betäubungsmitteln (Betäubungsmittelgesetz) vom 28. 7. 1981 (BGBl. I, 681)
BT-Drucks.	Drucksachen des Deutschen Bundestages
BVerfG	Bundesverfassungsgericht
BVerfGE	Entscheidungen des Bundesverfassungsgerichts
bzw.	beziehungsweise
Cobo del Rosal/ Vives Antón, PG^5	Manuel Cobo del Rosal/Tomás Vives Antón, Derecho penal, Parte general, Valencia, ^{5}1999
Coimbra-Symposium	Schünemann (Hrsg.), Bausteine des europäischen Strafrechts, Coimbra-Symposium für Roxin, 1995
DAR	Deutsches Autorecht
DAV	Deutscher Anwaltverein
ders.	derselbe
d. h.	das heißt
dies.	dieselbe
Diss.	Dissertation
DJ	Deutsche Justiz. Rechtspflege und Rechtspolitik. Amtliches Organ des Reichsministers der Justiz
DJT	Deutscher Juristentag

xxxix

略　　号

DÖV	Die Öffentliche Verwaltung
DR	Deutsches Recht
DRiG	Deutsches Richtergesetz i. d. F. der Bekanntmachung vom 19. 4. 1972 (BGBl. I, 713)
DRiZ	Deutsche Richterzeitung
DStR	Deutsches Strafrecht
DStZ	Deutsche Strafrechts-Zeitung
dt.	deutsch

E	– Entwurf – Entscheidungssammlung des vorgenannten Gerichts
E 1958	Entwurf des Allgemeinen Teils eines Strafgesetzbuchs, 1958
E 1962	Entwurf eines Strafgesetzbuches 1962 (= BT-Drucks. IV/650)
Ebert, AT³	Udo Ebert, Strafrecht, Allgemeiner Teil, ³2001
EG	Europäische Gemeinschaft(en)
EGStGB	Einführungsgesetz zum Strafgesetzbuch vom 2. 3. 1974 (BGBl. I, 469)
EGV	Vertrag zur Gründung der Europäischen Gemeinschaft
Einl.	Einleitung
Eser/Burkhardt I⁴	Albin Eser/Björn Burkhardt, Juristischer Studienkurs, Strafrecht I, ⁴1992
Eser, StrafR II³	Albin Eser, Juristischer Studienkurs, Strafrecht II, ³1980
etc.	et cetera
EU	Europäische Union
EuGH	Gerichtshof der Europäischen Gemeinschaften

f.	– folgende, folgender – für
FamRZ	Ehe und Familie im privaten und öffentlichen Recht, später: Zeitschrift für das gesamte Familienrecht
FAZ	Frankfurter Allgemeine Zeitung
ff.	folgende
Figueiredo Dias, PG	Jorge de Figueiredo Dias, Direito penal, Parte Geral, Tomo I, Coimbra, 2004
Frank, StGB	Reinhard Frank, Das Strafgesetzbuch für das Deutsche Reich, ¹¹/¹⁴1919 ¹⁸1931/1936
FS	Festschrift, Festgabe
Fn.	Fußnote
FPR	Familie, Partnerschaft, Recht
Freund, AT	Georg Freund, Strafrecht Allgemeiner Teil. Personale Straftatlehre, 1998

G	Gesetz
GA	Goltdammer's Archiv für Strafrecht
gem.	gemäß
GerS	Der Gerichtssaal
GeschlKrG	Gesetz zur Bekämpfung der Geschlechtskrankheiten vom 23. 7. 1953 (BGBl. I, 700)
GG	Grundgesetz für die Bundesrepublik Deutschland vom 23. 5. 1949 (BGBl. I, 1)
ggf.	gegebenenfalls
grds.	grundsätzlich
Gropp, AT²	Walter Gropp, Strafrecht, Allgemeiner Teil, ²2001
Grundlagenprobleme	Claus Roxin, Strafrechtliche Grundlagenprobleme, 1973
GS	Gedächtnisschrift
GVBl.	Gesetz- und Verordnungsblatt (Bayern; Hessen)
GVG	Gerichtsverfassungsgesetz i. d. F. der Bekanntmachung vom 9. 5. 1975 (BGBl. I, 1077)

xl

略　　号

h. A.	herrschende Ansicht
Haft, AT[9]	Fritjof Haft, Strafrecht, Allgemeiner Teil, [9]2004
Halbbd.	Halbband
Hassemer, StrafR[2]	Winfried Hassemer, Einführung in die Grundlagen des Strafrechts, [2]1990
HeilpraktikerG	Gesetz über die berufsmäßige Ausübung der Heilkunde ohne Bestallung (Heilpraktikergesetz) vom 17. 2. 1939 (RGBl. I, 251)
HESt	Höchstrichterliche Entscheidungen in Strafsachen. Sammlungen von Entscheidungen der Oberlandesgerichte in Strafsachen
HGB	Handelsgesetzbuch vom 10. 5. 1897 (RGBl., 219)
Hillenkamp, Probleme	Thomas Hillenkamp, 32 Probleme aus dem Strafrecht, Allgemeiner Teil, [11]2003 (zit. nach Nr.)
v. Hippel, StrafR I	Robert v. Hippel, Deutsches Strafrecht, Bd. I: Allgemeine Grundlagen, 1925 (Neudruck 1971)
h. L.	herrschende Lehre
h. M.	herrschende Meinung
Hoyer, AT I	Andreas Hoyer, Strafrecht, Allgemeiner Teil I, Studienskript, 1996
HRR	Höchstrichterliche Rechtsprechung
hrsg.	herausgegeben
Hrsg.	Herausgeber
Hruschka, StrafR	Joachim Hruschka, Strafrecht nach logisch-analytischer Methode, Systematisch entwickelte Fälle mit Lösungen zum Allgemeinen Teil, [2]1988
i. d. F.	in der Fassung
i. d. R.	in der Regel
i. E.	im Einzelnen
i. e. S.	im engeren Sinne
IKV	Internationale Kriminalistische Vereinigung
insb.	insbesondere
i. S. d.	im Sinne des, im Sinne der
i. V. m.	in Verbindung mit
JA	Juristische Arbeitsblätter
Jäger, AT	Christian Jäger, Examens-Repetitorium Strafrecht Allgemeiner Teil, 2003
Jakobs, AT	Günther Jakobs, Strafrecht, Allgemeiner Teil, Die Grundlagen und die Zurechnungslehre, [2]1991
JBl.	Juristische Blätter
Jescheck/Weigend, AT[5]	Hans-Heinrich Jescheck und Thomas Weigend, Lehrbuch des Strafrechts, Allgemeiner Teil, [5]1996
JGG	Jugendgerichtsgesetz i. d. F. der Bekanntmachung vom 11. 12. 1974 (BGBl. I, 3427)
JK	Jura-Rechtsprechungskartei, Beilage der Zeitschrift Juristische Ausbildung (Jura)
Joecks[5]	Wolfgang Joecks, Strafgesetzbuch, Studienkommentar, [5]2004
JR	Juristische Rundschau
JRE	Jahrbuch für Recht und Ethik
jur.	juristisch
Jura	Juristische Ausbildung
JuS	Juristische Schulung
JW	Juristische Wochenschrift
JZ	Juristenzeitung
KastrG	Gesetz über die freiwillige Kastration und andere Behandlungsmethoden vom 15. 8. 1969 (BGBl. I, 1143)

xli

略　　号

KG	Kammergericht
Kindhäuser, AT	Urs Kindhäuser, Strafrecht Allgemeiner Teil, 2005
Kindhäuser, StGB[2]	Urs Kindhäuser, Strafgesetzbuch, Lehr- und Praxiskommentar, [2]2005
KJ	Kritische Justiz
KK-StPO[5]–[Bearbeiter]	Karlsruher Kommentar zur Strafprozeßordnung und zum Gerichtsverfassungsgesetz (mit Einführungsgesetz), hrsg. v. Gerd Pfeiffer, [5]2003
KMR-[Bearbeiter]	Kommentar zur Strafprozeßordnung, begründet von Th. Kleinknecht, H. Müller und L. Reitberger, 7. Aufl. neubearbeitet von H. Müller, W. Sax und R. Paulus, ab 1981; 8. Aufl. neubearbeitet von Gerhard Fezer und Rainer Paulus, ab 1990; nunmehr hrsg. von B. v. Heintschel-Heinegg und H. Stückel (bis 38. Lieferung)
Köhler, AT	Michael Köhler, Strafrecht, Allgemeiner Teil, 1997
Kohlrausch/Lange, StGB	Eduard Kohlrausch/Richard Lange, Strafgesetzbuch mit Erläuterungen und Nebengesetzen, [43]1961
Krey, AT/1[2]	Volker Krey, Deutsches Strafrecht, Allgemeiner Teil. Studienbuch in systematisch-induktiver Darstellung, Bd. 1: Grundlagen, Tatbestandsmäßigkeit, Rechtswidrigkeit, Schuld, [2]2004
Krey, AT/2[2]	Volker Krey, Deutsches Strafrecht, Allgemeiner Teil. Studienbuch in systematisch-induktiver Darstellung, Bd. 2: Täterschaft und Teilnahme, Unterlassungsdelikte, Versuch und Rücktritt, Fahrlässigkeitsdelikte, [2]2005
Krey, BT/1[12]	Volker Krey, Strafrecht Besonderer Teil, Studienbuch in systematisch-induktiver Darstellung, Bd. 1: Besonderer Teil ohne Vermögensdelikte, [12]2002
Krey/Hellmann, BT/2[13]	Volker Krey, Uwe Hellmann, Strafrecht, Besonderer Teil. Studienbuch in systematisch-induktiver Darstellung, Bd. 2: Vermögensdelikte, [13]2002
krit.	kritisch
KritJ	Kritische Justiz
KrimJ	Kriminologisches Journal
KritV	Kritische Vierteljahresschrift für Gesetzgebung und Rechtswissenschaft
Kühl, AT[4]	Kristian Kühl, Strafrecht Allgemeiner Teil, [4]2002
Lackner/Kühl[25]	Karl Lackner/Kristian Kühl, Strafgesetzbuch mit Erläuterungen, [25]2004
lat.	lateinisch
LB	Lehrbuch
LG	Landgericht
v. Liszt, StrafR	Franz v. Liszt, Lehrbuch des deutschen Strafrechts, [2]1884; [4]1891; [21/22]1919
v. Liszt/Schmidt, StrafR	Franz v. Liszt/Eberhard Schmidt, Lehrbuch des deutschen Strafrechts, [25]1927; [26]1932
Lit.	Literatur
LK-[Bearbeiter]	Strafgesetzbuch, Leipziger Kommentar, [6]1944, hrsg. von J. Nagler; [8]1957/58, hrsg. von H. Jagusch und E. Mezger; [9]1970–1974, hrsg. von P. Baldus und G. Willms; [10]1978–1989, hrsg. von H.-H. Jescheck, W. Ruß und G. Willms; [11]ab 1992, hrsg. von B. Jähnke, H. W. Laufhütte und W. Odersky
LM	Entscheidungen des Bundesgerichtshofes im Nachschlagewerk des Bundesgerichtshofes, hrsg. von Lindenmaier, Möhring u. a., ab 1951
L./R.[25]-[Bearbeiter] ..	Löwe/Rosenberg, Die Strafprozessordnung und das Gerichtsverfassungsgesetz, Großkommentar, 25. Aufl., ab 1999, hrsg. von Peter Rieß

xlii

略　　号

Luzón Peña, PG	Diego Luzón Peña, Curso de derecho penal, Parte General, Bd. I, Madrid, 1996
m.	mit
Marinucci/Dolcini, PG	Giorgio Marinucci/Emilio Dolcini, Manuale di diritto penale, Parte Generale, Mailand, 2004
Marxen, AT	Klaus Marxen, Kompaktkurs Strafrecht Allgemeiner Teil, 2003
MatStrRef.	Materialien zur Strafrechtsreform, 15 Bände, 1954–1962
Maunz/Dürig-[Bearbeiter], GG	Grundgesetz, 9. Aufl., ab 1976, hrsg. von Th. Maunz, G. Dürig, R. Herzog, R. Scholz u. a.; Stand: 43. Lieferung 2004
Maurach/Zipf, AT/1[8]	Reinhart Maurach/Heinz Zipf, Strafrecht, Allgemeiner Teil, Teilband 1, [8]1992
Maurach/Gössel/Zipf, AT/2[7]	Reinhart Maurach/Karl Heinz Gössel/Heinz Zipf, Strafrecht, Allgemeiner Teil, Teilband 2, [7]1989
Maurach/Schroeder/Maiwald, BT/1[9]	Reinhart Maurach/Friedrich-Christian Schroeder/Manfred Maiwald, Strafrecht, Besonderer Teil, Teilband 1, [9]2003
Maurach/Schroeder/Maiwald, BT/2[8]	Reinhart Maurach/Friedrich-Christian Schroeder/Manfred Maiwald, Strafrecht, Besonderer Teil, Teilband 2, [8]1999
H. Mayer, LB AT	Hellmuth Mayer, Strafrecht, Allgemeiner Teil, 1953
H. Mayer, StuB AT ..	Hellmuth Mayer, Strafrecht, Allgemeiner Teil, 1967
M. E. Mayer, AT	Max Ernst Mayer, Der Allgemeine Teil des deutschen Strafrechts, 1915; [2]1923 (unverändert)
MDR	Monatsschrift für Deutsches Recht
MDR (D)	Monatsschrift für Deutsches Recht, bei Dallinger
MDR (H)	Monatsschrift für Deutsches Recht, bei Holtz
m. E.	meines Erachtens
MedKlin	Medizinische Klinik, Wochenschrift für Klinik und Praxis
MedR	Medizinrecht
Merkel, StrafR	Adolf Merkel, Lehrbuch des deutschen Strafrechts, 1889
Mezger, StrafR	Edmund Mezger, Strafrecht, [3]1949 (textidentisch mit der 2. Aufl. 1933)
MfS	Ministerium für Staatssicherheit
Mir Puig, PG[5]	Santiago Mir Puig, Derecho penal, Parte General, Barcelona, [5]1998
MRK	Konvention vom 4. 11. 1950 zum Schutze der Menschenrechte und Grundfreiheiten (BGBl. 1952 II, 686, 953)
MSchrKrim	Monatsschrift für Kriminologie und Strafrechtsreform
MK-(Bearbeiter)	Münchener Kommentar zum Strafgesetzbuch, Bd. 1, §§ 1–51, 2003
Muñoz Conde/García Aran, PG[3]	Francisco Muñoz Conde/Mercedez García Aran, Derecho penal, Parte general, 3. Aufl., Valencia, 1998
m. w. N.	mit weiteren Nachweisen
Nachw.	Nachweise
n. F.	neue Fassung
NiedStrKomm	Niederschriften über die Sitzungen der Großen Strafrechtskommission, Bd. 1, 1956; Bde. 2–6, 1958; Bde. 7–12, 1959; Bde. 13, 14, 1960
NJ	Neue Justiz
NJW	Neue Juristische Wochenschrift
NK	Neue Kriminalpolitik (zitiert nach Jahrgang, Heft und Seite)
NK-[Bearbeiter]	Nomos Kommentar zum Strafgesetzbuch, ab 1995
Nr.	Nummer
NStE	Neue Entscheidungssammlung für Strafrecht, hrsg. von Rebmann/Dahs/Miebach, seit 1987

xliii

略　　号

NStZ	Neue Zeitschrift für Strafrecht
NStZ-RR	NStZ-Rechtsprechungs-Report
NVwZ	Neue Zeitschrift für Verwaltungsrecht
NZV	Neue Zeitschrift für Verkehrsrecht
NZWehrR	Neue Zeitschrift für Wehrrecht
o.	oben
o. ä.	oder ähnliches
OGHSt	Entscheidungen des Obersten Gerichtshofes für die Britische Zone in Strafsachen
ÖJZ	Österreichische Juristen-Zeitung
ÖRiZ	Österreichische Richterzeitung
österr.	österreichisch
ÖstZStr	Österreichische Zeitschrift für Strafrecht
OLG	Oberlandesgericht
OLGSt	Entscheidungen der Oberlandesgerichte zum Straf- und Strafverfahrensrecht
Otto, AT	Harro Otto, Grundkurs Strafrecht, Allgemeine Strafrechtslehre, [7]2004
OWiG	Gesetz über Ordnungswidrigkeiten i. d. F. der Bekanntmachung vom 19. 2. 1987 (BGBl. I, 602)
Preisendanz[30]	Holger Preisendanz, Strafgesetzbuch, [30]1978
ProtSondBT	Protokolle des Sonderausschusses des Deutschen Bundestages für die Strafrechtsreform, zitiert nach Wahlperiode (bis VI. Wp. in römischen, ab 7. Wp. in arabischen Zahlen) und Seite
Puppe, AT/1	Ingeborg Puppe, Strafrecht Allgemeiner Teil im Spiegel der Rechtsprechung, Band 1, 2002
RBCC	Revista Brasileira de Ciências Criminais
RdJB	Recht der Jugend und des Bildungswesens
RG	Reichsgericht
RGBl.	Reichsgesetzblatt
RGRspr.	Rechtsprechung des Deutschen Reichsgerichts in Strafsachen
RGSt	Entscheidungen des Reichsgerichts in Strafsachen
RIDPP	Rivista Italiana di Diritto e Procedura Penale
Rn.	Randnummer
ROW	Recht in Ost und West. Zeitschrift für Rechtsvergleichung und interzonale Rechtsprobleme
Roxin, AT/2	Claus Roxin, Strafrecht, Allgemeiner Teil, Band II, Besondere Erscheinungsformen der Straftat, 2003
Roxin, HRR AT	Claus Roxin, Höchstrichterliche Rechtsprechung zum Allgemeinen Teil des Strafrechts: 100 Entscheidungen mit Fragen und Antworten, 1998
Roxin, Täterschaft	Claus Roxin, Täterschaft und Tatherrschaft; [7]2000
Roxin/Schünemann/ Haffke, Klausurenlehre	Claus Roxin, Bernd Schünemann und Bernhard Haffke, Strafrechtliche Klausurenlehre mit Fallrepetitorium, [4]1982
Rspr.	Rechtsprechung
R & P	Recht und Psychiatrie
S.	Seite, Satz
Samson, StrafR I[7]	Erich Samson, Strafrecht I, [7]1988
Schaffstein/Beulke, JugendstrafR[14]	Friedrich Schaffstein/Werner Beulke, Jugendstrafrecht, [14]2002
SchlHA	Schleswig-Holsteinische Anzeigen
Schlüchter, AT[3]	Ellen Schlüchter, Strafrecht Allgemeiner Teil in aller Kürze, [3]2000

xliv

略　号

Schmidhäuser, LB AT	Eberhard Schmidhäuser, Strafrecht, Allgemeiner Teil, Lehrbuch, 21975
Schmidhäuser, StuB AT²	Eberhard Schmidhäuser, Strafrecht, Allgemeiner Teil, Studienbuch, 21984
Schmidhäuser, StuB BT²	Eberhard Schmidhäuser, Strafrecht, Besonderer Teil, Grundriß, 21983
Sch/Schröder	Adolf Schönke/Horst Schröder, Strafgesetzbuch, Kommentar, 171974
Sch/Sch/[Bearbeiter]	Schönke/Schröder, Strafgesetzbuch, Kommentar, 26. Aufl. 2001 des von Adolf Schönke begründeten, von Horst Schröder zwischenzeitlich fortgeführten und von Theodor Lenckner, Peter Cramer, Albin Eser, Walter Stree, Günther Heine, Walter Perron und Detlev Sternberg-Lieben neubearbeiteten Werkes
SchwZStr	Schweizerische Zeitschrift für Strafrecht
scil.	scilicet (lat.: nämlich)
SGB	Sozialgesetzbuch
SJZ	Süddeutsche Juristen-Zeitung
SK-[Bearbeiter]	Hans-Joachim Rudolphi, Eckhard Horn, Erich Samson, Hans-Ludwig Günther, Andreas Hoyer, Gereon Wolters und (bis zur 2. Aufl.) Hans-Ludwig Schreiber, Systematischer Kommentar zum Strafgesetzbuch, Bd. I, Allgemeiner Teil (§§ 1–79 b), 6. Aufl. ab 1992, 7. Aufl. ab1998; 8. Aufl. ab 2001; Bd. II, Besonderer Teil (§§ 80–358); 5. u. 6. Aufl. ab 1993; 7. Aufl. ab 2000; 8. Aufl. ab 2004
sog.	sogenannt
SoldG	Gesetz über die Rechtsstellung der Soldaten i.d.F. der Bekanntmachung vom 19. 8. 1975 (BGBl. I, 2273)
Sp.	Spalte
st. Rspr.	ständige Rechtsprechung
StGB	Strafgesetzbuch i.d.F. der Bekanntmachung vom 13. 11. 1998 (BGBl. I, 945)
StGB/DDR	Strafgesetzbuch der DDR i.d.F. der Bekanntmachung vom 14. 12. 1988 (GBl. I 1989, 33)
StPO	Strafprozessordnung i.d.F. der Bekanntmachung vom 7. 4. 1987 (BGBl. I, 1074)
str.	strittig
StraFo	Strafverteidiger Forum
StrafR	Strafrecht
Str.Abh.	Strafrechtliche Abhandlungen
StrÄG	Strafrechtsänderungsgesetz
Stratenwerth/Kuhlen, AT⁵	Günter Stratenwerth/Lothar Kuhlen, Strafrecht, Allgemeiner Teil I, Die Straftat, 52004
StrRG	Gesetz zur Reform des Strafrechts: 1. StrRG vom 25. 6. 1969 (BGBl. I, 645); 2. StrRG vom 4. 7. 1969 (BGBl. I, 717); 3. StrRG vom 20. 5. 1970 (BGBl. I, 505); 4. StrRG vom 23. 11. 1973 (BGBl. I, 1725); 5. StrRG vom 18. 6. 1974 (BGBl. I, 1297)
StrS	Strafsenat
StrV	Strafverteidiger
StuB	Studienbuch
StVG	Straßenverkehrsgesetz vom 19. 12. 1952 (BGBl. I, 837)
StVO	Straßenverkehrsordnung vom 16. 11. 1970 (BGBl. I, 1565)
StVollzG	Gesetz über den Vollzug der Freiheitsstrafe und der freiheitsentziehenden Maßregeln der Besserung und Sicherung (Strafvollzugsgesetz) vom 16. 3. 1976 (BGBl. I, 581)
StVollzÄndG	Gesetz zur Änderung des Strafvollzugsgesetzes vom 20. 12. 1984 (BGBl. I, 1654)

xlv

略　　号

StVZO	Straßenverkehrszulassungsordnung i. d. F. der Bekanntmachung vom 28. 9. 1988 (BGBl. I, 1793)
Teilbd.	Teilband
TierSchG	Tierschutzgesetz i. d. F. der Bekanntmachung vom 17. 2. 1993 (BGBl. I, 254)
Tröndle/Fischer[52]	Herbert Tröndle/Thomas Fischer, Strafgesetzbuch und Nebengesetze, [52]2004
u.	– unten – und
u. a.	– und andere – unter anderem
u. ä.	und ähnlich
ungedr.	ungedruckt
usw.	und so weiter
u. U.	unter Umständen
UZwG	Gesetz über den unmittelbaren Zwang bei Ausübung öffentlicher Gewalt durch Vollzugsbeamte des Bundes vom 10. 3. 1961 (BGBl. I, 165)
v.	von, vom
v. a.	vor allem
VDA	Vergleichende Darstellung des deutschen und ausländischen Strafrechts, Allgemeiner Teil, Bd. I–VI, 1908
VersG	Gesetz über Versammlungen und Aufzüge (Versammlungsgesetz) i. d. F. der Bekanntmachung vom 15. 11. 1978 (BGBl. I, 1790)
vgl.	vergleiche
VO	Verordnung
VOR	Zeitschrift für Verkehrs- und Ordnungswidrigkeitenrecht
Voraufl.	Vorauflage
VRS	Verkehrsrechts-Sammlung
VStGB	Völkerstrafgesetzbuch
VVDStRL	Veröffentlichungen der Vereinigung deutscher Staatsrechtslehrer
WaffG	Waffengesetz i. d. F. der Bekanntmachung vom 8. 3. 1976 (BGBl. I, 432)
Welzel, StrafR[11]	Hans Welzel, Das Deutsche Strafrecht. Eine systematische Darstellung, [1]1947; [2]1949; [11]1969
Wessels/Beulke, AT[34]	Johannes Wessels/Werner Beulke, Strafrecht, Allgemeiner Teil, Die Straftat und ihr Aufbau, [34]2004
WDO	Wehrdisziplinarordnung i. d. F. der Bekanntmachung vom 4. 9. 1972 (BGBl. I, 1665)
WiKG	Gesetz zur Bekämpfung der Wirtschaftskriminalität: 1. WiKG vom 29. 7. 1976 (BGBl. I, 2034); 2. WiKG vom 15. 5. 1986 (BGBl. I, 721)
wistra	Zeitschrift für Wirtschaft, Steuer, Strafrecht
WK-[Bearbeiter]	Wiener Kommentar zum Strafgesetzbuch, hrsg. von E. Foregger und F. Nowakowski, ab 1977
WRV	Verfassung des Deutschen Reiches vom 11. 8. 1919 (sog. „Weimarer Reichsverfassung"), RGBl., 1383
WStG	Wehrstrafgesetz vom 24. 5. 1974 (BGBl. I, 1213)
ZAkDR	Zeitschrift der Akademie für Deutsches Recht
z. B.	zum Beispiel
ZBR	Zeitschrift für Beamtenrecht
ZfRV	Zeitschrift für Rechtsvergleichung
ZPO	Zivilprozessordnung i. d. F. vom 12. 9. 1950 (BGBl. I, 533)

xlvi

略　　号

ZRP	Zeitschrift für Rechtspolitik
ZStaatsW	Zeitschrift für die gesamte Staatswissenschaft
ZStW	Zeitschrift für die gesamte Strafrechtswissenschaft
z. T.	zum Teil
zust.	zustimmend
zutr.	zutreffend
ZVR	Zeitschrift für Verkehrsrecht (Österreich)

第 1 編　基　礎

第 1 章　形式的意義における刑法定義と限界

文献：*Marxen*, Straftatsystem und Strafprozeß, 1984; *Wolter/Freund* (Hrsg.), Straftat, Strafzumessung und Strafprozeß im gesamten Strafrechtssystem, 1996; *Sieber*, Die Kollision von materiellem und prozessualem Strafrecht – Ein Grundlagenproblem des Strafrechtssystems, Roxin-FS, 2001, 1113; *Freund*, Materiellrechtliche und prozessuale Facetten des gesamten Strafrechtssystems, GA 2005, 321; *Hassemer*, Konturen einer Gesamten Strafrechtswissenschaft heute, Eser-FS, 2005, 115.

A．刑法の形式的定義基準としての制裁（刑罰および処分）ならびに制裁体系の二元主義

1　刑法は，刑罰または改善・保安処分によって威嚇されている行為の要件または効果を定めるすべての規定の総体からなる．とりわけ，殺人（211 条以下＊），傷害（223 条以下），窃盗（242 条以下）等といった犯罪行為の記述は要件に含まれるが，犯罪の記述に該当する行為がいつ刑法上制裁を加えられるかを個別的に明らかにするような，例えば，錯誤（16 条以下），責任能力（19 条以下），正当防衛（32 条）等の規定も要件に属する．刑罰の量もしくは態様または処分の言渡しおよび執行に関する 38 条から 76 条 a の制裁規定すべてが効果である．

2　したがって，刑罰および処分は，すべての刑法上の規定にわたる共通項である．それは，形式的意義における刑法がその制裁によって限界づけられることを意味する．ある規定が刑法に属するというのは，その規定が命令または禁止の違反を規範化している――多くの民法上の規定および行政法上の規定もそれ

＊　法律名なき条文は刑法典からのものである．項はローマ数字で（原書），文はアラビア数字で記す．

第1編　基　礎

を行っている——からではなく，これに違反すると，刑罰または処分という制裁が加えられるからである．

　刑法典には，二つの**主刑**，すなわち，38条から43条にその形態が詳細に述べられている自由刑および罰金刑，ならびに，**付加刑**である運転禁止（44条）がある．主刑と付加刑との相違は，主刑は各々それ自体単独で科すことができるのに対し，付加刑は主刑の宣告と同時にしか科せられないという点にある．したがって，交通犯罪を行ったとき，何人も運転禁止のみを科せられることはなく，運転禁止を科す際は，同時に，自由刑または罰金刑が宣告されなければならない．主刑は刑法典には二つしかなく，軍刑法ではその他になお刑事拘禁（Strafarrest）（軍刑法9条）が付け加わるのに対し，61条は6種類の改善および保安の処分を列挙しており，その態様は62条から72条の規定に詳細に定められている．

3　現代刑法を理解するには，その二つの法律効果を区別することが重要である．刑罰および処分の機能に関する争点（これに関しては3章）はすべてひとまずおき，この相違を最も簡潔に表せば次のようになる．すべての刑罰は過去の行為の実行に際して行為者の責任を前提とするのに対し，すべての処分は将来に対して行為者の危険性が継続することを前提とする．「行為者の責任は，刑の量定の基礎である」と46条1項1文は述べている．したがって，例えば，精神障害（20条）または回避不可能な禁止の錯誤（17条）のために責任が欠如するならば，行為者の処罰は排除される．それに対し，責任が欠如していても，行為者が自らの状態の結果，「公共にとって危険である」（63条1項）場合，処分を課すことはもとより可能である．例えば，精神病である殺人者は，責任が欠如していた場合，処罰することはできず，それゆえ，可罰的な殺人罪を行ったという起訴に関して，無罪が宣告されなければならない．その代わり，63条の要件から，「精神病院収容」という処分を彼に課すことができる．しかし，刑罰および処分は，お互い必ずしも択一関係にあるのではなく，しばしば併科（併課）されることもある．例えば，有責に交通犯罪を行った際，行為者は「自動車の運転に不適当である」（69条1項1文）ということが諸事情から明らかな場合，自由刑または罰金刑を科す他に，運転免許取消の処分が彼に対して課せられる（この処分は，運転禁止という上述の付加刑と混同してはならない）．したがって，確かに，責任は処分の条件ではないが，処分を妨げるものでもない．むしろ，

第1章　形式的意義における刑法定義と限界

刑罰の前提としての責任と処分の前提としての危険性は，お互い，二つの重なり合う円の関係にあり，その結果，刑罰および処分は，法律効果として，各々それ自体単独で科（課）することができるが，併科（課）することもできる．

4　以上のことから，一般に定着している「刑法」という名称は本来ならば不正確であることが明らかとなった．より厳密には，「刑法および処分法」といわなければならないであろう．本書も便宜上使用しているが，「刑法」という限定的な名称を用いるのは，歴史的に説明すると，処分が比較的遅い時期，すなわち1933年11月24日の法律によって初めて1871年の旧刑法に導入されたからである．したがって，それ以前は，刑罰が法律上唯一の制裁であった．処分を導入して以降，ドイツ刑法は ── 刑罰のみか処分のみかという一元主義体系とは異なり（3章 Rn. 71 参照），「二元主義体系」[1]と呼ばれている．刑事政策的には，処分は，刑罰が責任に拘束されているために社会保護という任務を十分に果たしえないということに基づいている．責任はないが危険な行為者を処罰することはできないが，国民のため，── すなわち，処分を課すことによって ── 新たな犯罪行為の実行を防ぐことができなければならない．責任が減少している場合，確かに，（46条に応じて軽い）刑罰がまだ可能であるが，行為者が発する危険を防ぐにはしばしば十分でない．その場合，法律に規定されている処分の一つによって危険を防止しなければならない．したがって，処分は，拒みがたい社会の欲求に応じるものである．それゆえにまた，処分は，1933年に導入されたにもかかわらず，ナチスの思想にではなく，それ以前の何十年もの準備作業に基づいており，刑法改正においても維持され，拡充された．たいていの現代刑法典は，今日，二元主義の原則に基づいている．

---

(1)　二元主義は，それを（1893年以降の）自らの（スイス）刑法草案に要求した，スイスの刑法学者 *Carl Stooss*（1849-1934）にまでさかのぼる（Stooss について詳しくは，*Kaenel*, Die kriminalpolitische Konzeption von Carl Stooss im Rahmen der geschichtlichen Entwicklung von Kriminalpolitik und Strafrechtstheorien, 1981）．ドイツにおいては，特に，偉大な刑事政策家 *Franz v. Liszt*（彼については，3章 Rn. 12 参照）がその先駆者であった．

第1編　基　礎

B．公法としての刑法，非刑法的制裁としての懲戒処分・過料および秩序処分

5　刑法は，民法のような平等秩序原則ではなく，個人の（刑罰規範を通じてその個人に命令的に対峙している）国家権力への従属原則に基づいているため，公法の一部である．それにもかかわらず，法の素材が，一般に，民法，公法および刑法という三大領域に区分される場合，刑法は，伝統的な理由からおよびその特別な重要性のゆえに，狭義の公法から分離，独立させられる．もっとも，それにより，刑法が広義の公法に体系的に属することに何ら変わりはない．

6　規範違反行為を刑事刑法におけるのとは異なる制裁で威嚇する規定は，刑法ではなく，狭義の公法に属する．そのため，違反に対する懲戒罰は刑法38条以下の刑罰ではないため，いくつかの職業的身分（例えば公務員）の懲戒規定は刑法ではない．同様に，刑法の規定と一部類似していたり同じである秩序違反法は，その構成要件が「過料による処罰」しか認めていない（秩序違反法1条1項）ため，まさに刑法ではない．また，例えば，裁判所に対する不服従または侮辱の罪で課せられる制裁は，たとえそれが自由剥奪または金銭の支払いであるとしても，刑法の意味における刑罰ではない．それゆえ，立法者は，これらかつていわゆる「秩序罰」と呼ばれていたものを，誤解を避けるために，今日では単に「秩序処分」（「秩序拘留」および「秩序金」．裁判所構成法177条，178条参照）と呼んでいる．全く一般的に，立法者は，自由刑，拘留刑，秩序罰および罰金刑の概念を犯罪行為の制裁に対してのみ用いるよう義務づけられている（刑法施行法5条）．

C．特　別　刑　法

7　他方，刑法の範囲は刑法典よりはるかに広い．法秩序の全領域において，記述されている一定の規定に違反した場合を処罰する非常に多くの法律が存在する．刑法典以外で特別法に含まれているすべての刑罰規定は「特別刑法」[2]と

---

(2)　特別刑法は，*Erbs/Kohlhaas* のコンメンタール Strafrechtliche Nebengesetze（定期的に補充されるルーズリーフ版）に収容されている．

第1章　形式的意義における刑法定義と限界

呼ばれる．特別刑法は，一般に，大学では特別講義の対象ではない．しかし，本書で扱う刑法総則は，刑法各則における犯罪記述に対するのと同様，特別刑法に対しても妥当する（刑法施行法1条参照）．

D．全刑法学の一部としての実体刑法・その様々な分野

8　刑法は，刑罰によって威嚇された行為態様をそれらの要件と効果において扱う．したがって，刑法は，刑事司法の本来の対象，すなわち「実体」に関わり，それゆえ，「実体刑法」とも呼ばれている．刑法と相まって初めて刑事司法の全領域を法律上規制し，行為，行為者および刑事訴追を立法者と学問の努力を向ける対象とする近接法領域から，この実体刑法は区別されなければならない．これら隣接する法領域の中で最も重要なものは，刑事手続法，量刑法，行刑法，少年刑法および犯罪学である．

9　I．**刑事手続法**（刑事訴訟法ともいう）は，犯罪捜査および国家刑罰権の実行を定める規定を含む．その主な法律上の根拠は，1877年2月1日の刑事訴訟法（StPO）および1877年1月27日の裁判所構成法（GVG）である．

　　文献：Alternativkommentar zur Strafprozeßordnung, Bd. 1（Ein1.-§ 93）, 1988; Bd. 2, Teilbd. 1（§§ 94-212 b）, 1992; Teilbd. 2（§§ 213-275）, 1993; Bd. 3（§§ 276-477）, 1996; *Beulke*, Strafprozeßrecht, [8]2005; *Fezer*, Strafprozeßrecht, Juristischer Studienkurs [2]1995; Heidelberger Kommentar zur Strafprozeßordnung, [3]2001; *Hellmann*, Strafprozeßrecht, 1998; Karlsruher Kommentar, Strafprozeßordnung Gerichtsverfassungsgesetz [5]2003; KMR Loseblattkommentar zur Strafprozeßordnung [8]1990ff.; *Kramer*, Grundbegriffe des Strafverfahrensrechts, [5]2002; *Krey* Strafverfahrensrecht, Bd. 1, 1988; Bd. 2, 1990; *Kühne*, Strafprozeßrecht, [6]2003; *Löwe/Rosenberg*, Die Strafprozeßordnung und das Gerichtsverfassungsgesetz mit Nebengesetzen, Großkommentar, [25]1999ff.; *Meyer-Goßner*, Strafprozeßordnung, [48]2005; *Pfeiffer*, Grundzüge des Strafverfahrensrechts [3]1998; *Ranft*, Strafprozeßrecht [3]2005; *Roxin*, Prüfe dein Wissen: Strafprozeßrecht, [15]1997; *ders.*, Strafverfahrensrecht [25]1998; *Rüping*, Das Strafverfahren [3]1997; *G. Schäfer*, Die Praxis des Strafverfahrens, [6]2000; *Schlüchter*, Das Strafverfahren [3]1999; *Schroeder*, Strafprozeßrecht, [3]2001; Systematischer Kommentar zur Strafprozeßordnung und zum Gerichtverfassungsgesetz Lòseblatt-Kommentar, 1986-2005; *Volk*, Grundkurs StPO [4]2005.

10　II．これに対して**量刑法**は，科されるべき刑罰の種類と量にとって重要なすべての規準を含む．量刑法は，ここ数十年の間に，学問的に十分独立した法分野へと成長したが，実体刑法が可罰的行為の効果を詳細に定めているため，体

5

第 1 編　基　礎

系的にはそこに属している．それゆえ，当然，量刑に関する法規定は，刑法典
（46 条から 51 条）の中にある．

　　文献：*Bruns* Strafzumessungsrecht. Gesamtdarstellung, [2]1974; *ders.*, Das Recht der Strafzumessung, [2]1985; *ders.*, Neues Strafzumessungsrecht?, 1988; *Frisch*, Gegenwärtiger Stand und Zukunftsperspektiven der Strafzumessungsdogmatik, ZStW 99 (1987), 349, 751; *Köhler* Über den Zusammenhang von Strafrechtsbegründung und Strafzumessung, 1983; *Meier*, Strafrechtliche Sanktionen, Teil 4: Strafzumessung, 2001; *Montenbruck*, Strafrahmen und Strafzumessung, 1983; *ders.*, Abwägung und Umwertung, 1989; *G. Schäfer*, Praxis der Strafzumessung, [3]2001; *Streng* Strafzumessung und relative Gerechtigkeit, 1984; *ders.*, Strafrechtliche Sanktionen, [2]2002.

11　Ⅲ．**行刑法**は，犯罪行為，刑事訴訟および量刑と接しており，自由刑ならび
に自由剥奪処分の執行に関するすべての法規定を含む．行刑法は，1976 年 3
月 16 日の行刑法（StVollzG）において初めて，法律上の規定を得た．

　　文　献：*Böhm*, Strafvollzug [3]2003; *Calliess/Müller-Dietz*, StVollzG, [10]2005; *Driebold* (Hrsg.), Strafvollzug. Erfahrungen, Modelle, Alternativen, 1983; *Eisenberg*, Kriminologie, Jugendstrafrecht, Strafvollzug, [7]2004; *Eisenhardt*, Strafvollzug, 1978; *Hauf*, Strafvollzug, 1994; *Jung*, Fälle zum Wahlfach Kriminologie, Jugendstrafrecht, Strafvollzug, [2]1988; *Kaiser/Schöch*, Kriminologie, Jugendstrafrecht, Strafvollzug, [5]2001; *Kaiser/Schöch*, Strafvollzug [5]2002; *Laubenthal*, Strafvollzug, [3]2003; *Müller-Dietz /Kaiser/Kerner* Einführung und Fälle zum Strafvollzug, 1985; *Schwind/Blau*, Strafvollzug in der Praxis, [2]1988; *Schwind / Böhm* (Hrsg.), StVollzG [3]1999 ; *Solbach/Hofmann*, Einfiihrung in das Strafvollzugsrecht, 1982; *Walter*, Strafvollzug, 1991; *Wassermann* (Hrsg.) AK-StVollzG [3]1990.

12　Ⅳ．**少年刑法**は，扱われる規範領域によってではなく，行為者の特別な性質
により独自の法領域となっている．少年刑法は，（14 歳から 18 歳の）少年の犯罪
行為およびその（部分的にのみ刑法上の）効果を扱う．その規定は，1953 年 8 月
4 日の少年裁判所法（JGG）に見出される．少年裁判所法は，少年に対する（一
部 18 歳から 21 歳の年長少年に対しても）実体法上，訴訟法上，量刑法上および行
刑法上の特別規定を含んでおり，したがって，法体系的に，上述の全分野に分
割して分類されうる．

　　文献：*Albrecht*, Jugendstrafrecht, [3]2000; *Böhm/Feuerhelm*, Einführung in das Jugendstrafrecht, [4]2004; *Brunner/Dölling*, JGG, [11]2002; *Diemer/Schoreit/Sonnen*, JGG, [4]2002; *Eisenberg*, JGG, [10]2004; *ders.*, Kriminologie, Jugendstrafrecht, Strafvollzug, [7]2004; *Herz*, Jugendstrafrecht, [2]1987; *Jung*, Fälle zum Wahlfach Kriminologie, Jugendstrafrecht, Strafvollzug, [2]1988; *Kaiser/Schöch*, Kriminologie, Jugendstrafrecht, Strafvollzug, [5]2001; *B.-D. Meier/Rössner/Schöch*, Jugendstrafrecht, 2003; *Nix* (Hrsg.), JGG, 1994; *Ostendorf*, JGG, [6]2003; *Schaffstein/Beulke*, Jugendstrafrecht, [14]2002.

第1章　形式的意義における刑法定義と限界

13　Ⅴ．これまで述べた五つすべての領域（刑法，刑事訴訟法，量刑法，行刑法および少年刑法）は規範学，すなわち，法規定およびその適用と関わるのに対し，事実学としての**犯罪学**がこれらと対峙する．犯罪学は，包括的に記述するなら[3]，「犯罪，法律違反者，否定的な社会的異常およびこの行為のコントロールに関する経験知のすべてを整理したもの」である．犯罪学は，学問的に，上述の全法分野の経験的側面を述べるものである．

　　文献：*P. A. Albrecht*, Kriminologie, [2]2000; *Eisenberg*, Kriminologie, Jugendstrafrecht, Strafvollzug, [7]2004; *ders.*, Kriminologie, [6]2005; *Göppinger*, Kriminologie, [5]1997; *Jung*, Fälle zum Wahlfach Kriminologie, Jugendstrafrecht, Strafvollzug, [2]1988; *Kaiser*, Kriminologie. Ein Lehrbuch, [3]1996; *ders.*, Kriminologie. Eine Einführung in die Grundlagen, [10]1997; *Kaiser/Schöch*, Kriminologie, Jugendstrafrecht, Strafvollzug, [5]2001; *Kunz*, Kriminologie, [3]2001; *Lüderssen*, Kriminologie, 1984; *B.-D. Meier*, Kriminologie, 2003; *Mergen*, Die Kriminologie, [3]1995; *H. J. Schneider*, Kriminologie für das 21. Jahrhundert, 2001; *Schwind*, Kriminologie, [15]2005.

14　実体刑法に欄外番号9から13で述べた法領域を付け足すならば，それらの内容の総体は「全刑法学」[4]と呼ぶことができる．実体刑法は，この全刑法学の領域の内，限られた一部にすぎない．それゆえ，刑事司法を学問的に理解するためには，実体刑法を知ることだけでは決して十分ではないということを自覚していなければならない．刑法は，どのような行為が刑法上禁止され，それがどのような刑罰または処分によって威嚇されているかを述べているにすぎない．しかし，これを知っていても，国家刑罰権が実行可能か否か，どのような要件で可能か，万一刑罰を科すならばどのような観点から量定されなければならないか，刑罰はどのように執行されうるのか，犯罪の真の原因はどこにあるのか，および，どのようにして行為者をなるべく合法性へと帰還させることができるのかを知らない者には，あまり役に立たない．また，ある領域（例えば実体刑法）における法的な問題解決は，他の領域（例えば訴訟に関する事実または犯罪学的理解）を認識しているか否かに左右されるということもある．本書の中でこの点にたびたび立ち入らなければならないであろう．現代刑法は，「全刑法学」における個別分野のすべてと常にかつ密接に協力しなければ，考えられ

　（3）　*Kaiser*, Kriminologie. Ein Lehrbuch, 1996, §1 Rn. 1.
　（4）　それゆえ，最も著名な刑法の専門誌（*Franz v. Liszt* と *Adolf Dochow* により1881年に創刊）は，„Zeitschrift für die gesamte Strafrechtswissenschaft"（= ZStW）というタイトルである．

7

第1編 基 礎

ない．もちろん，実体刑法は，全法領域のいわば基礎学問といえる．というの
は，そもそも，刑法の規定によって定められうる行為の可罰性 —— それは，本
質的に，たいていの著者によって幾分広く理解された犯罪学の対象領域に対し
ても当てはまる（Rn. 13 参照）—— を前提として，刑事司法に資するその他の学
問が事件と関わりをもつことができるからである．

E．実体刑法総則

15　本書の対象である刑法「総則」は，またもや，実体刑法の一部にすぎない[5]．
総則は刑法典 1 条から 79 条 b に定められているのに対し，80 条から 358 条に
は「各則」が記されている．刑法典が我々に示す素材の区分けは，「各則」が
個々の犯罪を記述し，各犯罪に対して法定刑を述べるというものである[6]．し
たがって，故殺（212 条），傷害（223 条以下），窃盗（242 条），詐欺（263 条）等に
ついて知りたい者は，常に各則に当たってみなければならない．それに対して，
「総則」は，可罰的行為の要件および効果に関して，すべての犯罪に共通して
妥当する規定となっている．したがって，そこでは，一方で，正当防衛（32 条），
錯誤（16 条，17 条），未遂（22 条以下），正犯と共犯（25 条以下），責任能力（19 条
から 21 条）等といった法制度が扱われる．他方，総則には，行為の法律効果も，
したがって，とりわけ，いくつかの刑罰（38 条以下）および処分（61 条以下）が
詳細に定められている．したがって，刑法典総則は抽象的概念の産物である．
総則は，可罰的行為の要件および効果の内，各則に記述された個々の犯罪をく
くったカッコの前に置くことのできるすべてのものである．そこから，この素
材領域の基本的性格が明らかとなる．それに応じて，刑法の機能および刑罰目
的に関する理論のように，刑法理論の中心的問題も，従来通り —— そして本書
もまた —— 総則の枠内で検討する．

（5）　それに対して，*Naucke* は，「刑罰の真の総則について一般に熟考すること」を提案
する（*Naucke*, Lücken im Allgemeinen Teil des Strafrechts, in: Lathi/Nuotio［Hrsg.］,
Strafrechtstheorie im Umbruch, 1992, 269 ff.［278］）．この新刑罰総則は，「実体法，
手続法，裁判所構成法，執行法，行刑法，憲法および国際法における一般的刑法理論
を統合でき」（S. 277）なければならない．その主張は正しい．しかし，その場合，本
書が取り組む実体刑法総則の問題ではない．

（6）　総則と各則の関係について，さらに，7 章 Rn. 3 参照.

第2章 実質的犯罪概念 ── 補充的法益保護としての刑罰および 刑罰類似制裁との内容的境界

文献：*Birnbaum*, Über das Erfordernis einer Rechtsverletzung zum Begriff des Verbre-chens usw., Archiv des Criminalrechts, Neue Folge, Bd. 15（1834）, 149; *v. Liszt*, Der Begriff des Rechtsguts im Strafrecht und in der Enzyklopädie der Rechtswissenschaft, ZStW 8（1888）, 133; *Oetker*, Rechtsgüterschutz und Strafe, ZStW 17（1897）, 493; *Hirschberg*, Die Schutzobjekte des Verbrechens, Str. Abh. 113, 1910; *Honig*, Die Einwilligung des Verletzten, 1919; *Mezger*, Vom Sinn der strafrechtlichen Tatbestände, Traeger-FS, 1926, 187; *Grünhut*, Methodische Grundlagen der heutigen Strafrechtswissenschaft, Frank-FS, Bd. I, 1930, 1; *Schwinge*, Teleologische Begriffsbildung im Strafrecht, 1930; *Schaffstein*, Das Verbrechen als Pflichtverletzung, in: Grundfragen der neuen Rechtswissenschaft, 1935, 108; *ders.*, Das Verbrechen eine Rechtsgutsverletzung?; DStR 1935, 97; *Gallas*, Zur Kritik der Lehre vom Verbrechen als Rechtsgutsverletzung, Gleispach-FS, 1936, 50; *Klee*, Das Verbrechen als Rechtsguts- und Pflichtverletzung, DStR 1936, 1; *Schaffstein*, Der Streit um das Rechtsgutsverletzungsdogma, DStR 1937, 335; *Schwinge/Zimmerl*, Wesensschau und konkretes Ordnungsdenken, 1937; Eb. *Schmidt*, NiedStrKomm. 1, 1956, 333; *Jäger*, Strafgesetzgebung und Rechtsgüterschutz bei Sittlichkeitsdelikten, 1957; *Bettiol*, Das Problem des Rechtsguts in der Gegenwart, ZStW 72（1960）, 276; *Jescheck*, Die Entwicklung des Verbrechensbegriffes in Deutschland seit Beling im Vergleich mit der österreichischen Lehre, ZStW 73（1961）, 179; *Bockelmann*, Bespr. v. Jäger, Strafgesetzgebung und Rechtsgüterschutz bei Sittlichkeitsdelikten（1957）, ZStW 74（1962）, 311; *Sina*, Die Dogmengeschichte des strafrechtlichen Begriffs ‚Rechtsgut', 1962; *Michels*, Strafbare Handlung und Zuwiderhandlung, 1963; *Gallas*, Gründe und Grenzen der Strafbarkeit, 1965; *Hommel*, Des Herrn Marquis von Beccaria unsterbliches Werk von Verbrechen und Strafen, 1966; *Roxin*, Sinn und Grenzen staatlicher Strafe, JuS 1966, 377（= Grundlagenprobleme, 1）; *Bockelmann*, Bemerkungen über das Verhältnis des Strafrechts zur Moral und zur Psychologie, RadbruchGS, 1968, 252; *Gallas*, Gründe und Grenzen der Strafbarkeit, in: Beiträge zur Verbrechenslehre, 1968, 1; *Noll*, Begriff und Funktion der guten Sitten im Strafrecht, OLG Zweibrücken-FS, 1969, 206; *Zipf*, Kriminologischer und strafrechtlicher Verbrechensbegriff, MDR 1969, 889; *Rudolphi*, Die verschiedenen Aspekte des Rechtsgutsbegriffs, Honig-FS, 1970, 151; *Otto*, Rechtsgutsbegriff und Deliktstatbestand, in: Müller-Dietz（Hrsg.）, Strafrechtsdogmatik und Kriminalpolitik, 1971, 1; *Amelung*, Rechtsgüterschutz und Schutz der Gesellschaft, 1972; *ders.*, Bespr. v. Marx, Zur Definition des Begriffs „Rechtsgut" （1972）, ZStW 84（1972）, 1015; *Cramer*, Ahndungsbedürfnis und staatlicher Sanktionsanspruch, Maurach-FS, 1972, 487; *Maiwald*, Zum fragmentarischen Charakter des Strafrechts, Maurach-FS, 1972, 9; *Marx*, Zur Definition des Begriffs „Rechtsgut", 1972; *Sax*, Grundsätze der Strafrechtspflege, in: Bettermann/ Nipperdey/Scheuner（Hrsg.）, Die

第1編 基 礎

Grundrechte, Bd. III, Halbbd. 2, ²1972, 909; *R. Schmitt*, Strafrechtlicher Schutz des Opfers vor sich selbst?, Maurach-FS, 1972, 113; *Hassemer*, Theorie und Soziologie des Verbrechens – Ansätze zu einer praxisorientierten Rechtsgutslehre, 1973; *Leferenz*, Wilhelm Gallas' „Gedanken zum Begriff des Verbrechens" aus kriminologischer Sicht, Gallas-FS, 1973, 65; *Zielinski*, Handlungs- und Erfolgsunwert im Unrechtsbegriff, 1973; *Calliess*, Theorie der Strafe im demokratischen und sozialen Rechtsstaat, 1974, 143; *Engisch*, Logische Überlegungen zur Verbrechensdefinition, Welzel-FS, 1974, 343; *Arth. Kaufmann*, Subsidiaritätsprinzip und Strafrecht, Henkel-FS 1974, 89; *Klose*, „Ius puniendi" und Grundgesetz, ZStW 86 (1974), 33; *Lampe*, Rechtsgut, kultureller Wert und individuelles Bedürfnis, WelzelFS, 1974, 151; *Amelung*, Bespr. v. Hassemer, Theorie und Soziologie des Verbrechens (1973), ZStW 87 (1975), 132; *Hassemer*, Bespr. v. Amelung, Rechtsgüterschutz und Schutz der Gesellschaft (1972), ZStW 87 (1975), 146; *Stratenwerth*, Zur Relevanz des Erfolgsunwertes im Strafrecht, Schaffstein-FS, 1975, 177; *Arth. Kaufmann*, Tendenzen im Rechtsdenken der Gegenwart, 1976; *Müller-Emmert*, Sozialschädlichkeit und Strafbarkeit, GA 1976, 291; *Sax*, Tatbestand und „Rechtsgutsverletzung", JZ 1976, 9, 80; *Matussek*, Zum Inhalt des gegenwärtigen Verbrechensbegriffs, Kriminalistik 1977, 335; *Müller-Dietz*, Zur Problematik verfassungsrechtlicher Pönali sierungsgebote, Dreher-FS, 1977, 97; *Vogler*, Möglichkeiten und Wege einer Entkriminalisierung, ZStW 90 (1978), 132; *Amelung*, Strafrechtswissenschaft und Strafgesetzgebung, ZStW 92 (1980), 19; *Neumann/U. Schroth*, Neuere Theorien von Kriminalität und Strafe, 1980; *Zipf*, Kriminalpolitik, ²1980; *Arzt*, Probleme der Kriminalisierung und Entkriminalisierung sozialschädlichen Verhaltens, Kriminalpolitik 1981, 117; *Balog*, Rechtsgüter in Theorie und Praxis, in: Kriminalsoziologische Bibliographie 1981, 51; *Noll*, Symbolische Gesetzgebung, Zeitschrift für Schweizerisches Recht 100 (1981), 347; *Roos*, Entkriminalisierungstendenzen im Besonderen Teil des Strafrechts, 1981; *Kaiser*, Kriminalisierung und Entkriminalisierung in Strafrecht und Kriminalpolitik, Klug-FS, 1983, 579; *Arm. Kaufmann*, Die Aufgabe des Strafrechts, 1983; *A. Papageorgiou*, Schaden und Strafe, 1983; *Baumann*, Strafrecht als soziale Aufgabe, Noll-GS, 1984, 27; *Kunz*, Das strafrechtliche Bagatellprinzip, 1984; *Naucke*, Über deklaratorische, scheinbare und wirkliche Entkriminalisierung, GA 1984, 199; *Rudolphi*, Der Zweck staatlichen Strafrechts und die strafrechtlichen Zurechnungsformen, in: Schünemann (Hrsg.), Grundfragen des modernen Strafrechtssystems, 1984, 69; *Gössel*, Das Rechtsgut als ungeschriebenes strafbarkeitseinschränkendes Tatbestandsmerkmal, Oehler-FS, 1985, 97; *Jakobs*, Kriminalisierung im Vorfeld einer Rechtsgutsverletzung, ZStW 97 (1985), 751; *Kratzsch*, Verhaltenssteuerung und Organisation im Strafrecht, 1985; *Naucke*, Die Wechselwirkung zwischen Strafziel und Verbrechensbegriff, 1985; *Volk*, Entkriminalisierung durch Strafwürdigkeitskriterien jenseits des Deliktsaufbaus, ZStW 97 (1985), 871; *Beck*, Risikogesellschaft, 1986; *Kuhlen*, Der Handlungserfolg der strafbaren Gewässerverunreinigung (§ 324 StGB), GA 1986, 389; *Weigend*, Über die Begründung der Straflosigkeit bei Einwilligung des Betroffenen, ZStW 98 (1986), 44; *P. A. Albrecht*, Das Strafrecht auf dem Weg vom liberalen Rechtsstaat zum sozialen Interventionsstaat, KritV 1988, 182; *Brandt*, Die Bedeutung des Subsidiaritätsprinzips für Entpoenalisierungen im Kriminalrecht, 1988;

10

第2章　実質的犯罪概念

Calliess, Strafzwecke und Strafrecht, NJW 1989, 1338; *Hassemer*, Symbolisches Strafrecht und Rechtsgüterschutz, NStZ 1989, 553; *ders.*, Grundlinien einer personalen Rechtsgutslehre, in: Scholler/Philipps (Hrsg.), Jenseits des Funktionalismus, 1989, 85; *Hassemer/Meinberg*, Umweltschutz durch Strafrecht, NK 1989, 46; *Kratzsch*, Prävention und Unrecht－eine Replik, GA 1989, 49; *Kuhlen*, Fragen einer strafrechtlichen Produkthaftung, 1989; *Lenckner/Schittenhelm*, Gründe und Grundlagen des strafrechtlichen Verbots, in: Eser/Kaiser (Hrsg.), Viertes deutsch-sowjetisches Kolloquium über Strafrecht und Kriminologie, 1989, 17; *Müller-Dietz*, Instrumentelle vs. sozialethische Funktionen des Strafrechts, in: Scholler/Philipps (Hrsg.), Jenseits des Funktionalismus, 1989, 95; *Voß*, Symbolische Gesetzgebung, 1989; *Hassemer*, Das Schicksal der Bürgerrechte im „effizienten" Strafrecht, StrV 1990, 328; *Kareklas*, Die Lehre vom Rechtsgut und das Umweltstrafrecht, Diss. Tübingen 1990; *Suhr*, Zur Begriffsbestimmung von Rechtsgut und Tatobjekt im Strafrecht, JA 1990, 303; *Zaczyk*, Der Begriff „Gesellschaftsgefährlichkeit" im deutschen Strafrecht, in: Lüderssen u. a. (Hrsg.), Modernes Strafrecht und ultima-ratioPrinzip, 1990, 113; *Amelung*, Rechtsgutsverletzung und Sozialschädlichkeit, in: Jung u. a. (Hrsg.), Recht und Moral, 1991, 269; *Beste/Wagner*, Strafrecht, gesellschaftliche Sicherheit und demokratische Teilhabe, KrimJ 1991, Beiheft 3, 24; *Haffke*, Symbolische Gesetzgebung? Das Wirtschaftsstrafrecht in der Bundesrepublik Deutschland, KritV 1991, 165; *Hassemer*, Sozialtechnologie und Moral; Symbole und Rechtsgüter, in: Jung u. a. (Hrsg.), Recht und Moral, 1991, 329; *Herzog*, Gesellschaftliche Unsicherheit und strafrechtliche Daseinsvorsorge, 1991; *Hohmann*, Das Rechtsgut der Umweltdelikte, 1991; *Prittwitz*, Funktionalisierung des Strafrechts, StrV 1991, 435; *Rengier*, Überlegungen zu den Rechtsgütern und Deliktstypen im Umweltstrafrecht, in: Schulz (Hrsg.), Ökologie und Recht, 1991, 33; *Runte*, Die Veränderung von Rechtfertigungsgründen durch Rechtsprechung und Lehre, 1991; *Seelmann*, Neue Unübersichtlichkeit im Strafrecht?, BewHi 1991, 123; *Tiedemann*, Verfassungsrecht und Strafrecht, 1991; *Albrecht* u. a. (Hrsg.), Strafrecht－ultima ratio, 1992; *Greive* (Hrsg.), Was taugt das Strafrecht heute?, 1992; *Hassemer*, Kennzeichen und Krisen des modernen Strafrechts, ZRP 1992, 378; *Herzog*, Grenzen der strafrechtlichen Kontrolle gesellschaftlicher Risiken, in: Lahti/Nuotio (Hrsg.), Strafrechtstheorie im Umbruch, 1992, 367; *Kindhäuser*, Sicherheitsstrafrecht. Gefahren des Strafrechts in der Risikogesellschaft, Universitas 1992, 227; *Köhler*, Freiheitliches Rechtsprinzip und Betäubungsmittelstrafrecht, ZStW 104 (1992), 3; *ders.*, Rechtsgut, Tatbestandsstruktur und Rechtswidrigkeitszusammenhang, MDR 1992, 739; *Kühl*, Naturrechtliche Grenzen strafwürdigen Verhaltens, Spendel-FS, 1992, 75; *Lampe*, Gedanken zum materiellen Straftatbegriff, Rud. Schmitt-FS 1992, 77; *Müller-Dietz*, Aspekte und Konzepte der Strafrechtsbegrenzung, Rud. Schmitt-FS 1992, 95; *Nuotio*, Das Bild des Strafrechts im Zeitalter der Risikogesellschaft, in: Lahti/Nuotio (Hrsg.), Strafrechtstheorie im Umbruch, 1992, 175; *Paulduro*, Die Verfassungsgemäßheit von Strafrechtsnormen, insbes. der Normen des StGB im Lichte der Rspr. des BVerfG, 1992; *Seelmann*, Risikostrafrecht. Die „Risikogesellschaft" und ihre „symbolische Gesetzgebung" im Umwelt- und Betäubungsmittelstrafrecht, KritV 1992, 452; *Tönnies*, Symbolische Gesetzgebung: Zum Beispiel § 175 StGB, ZRP 1992, 411; *P. A. Albrecht*, Ero-

11

第1編 基 礎

sionen des rechtsstaatlichen Strafrechts, KritV 1993, 163; *Baratta*, Jenseits der Strafe –
Rechtsgüterschutz in der Risikogesellschaft, Arth. Kaufmann-FS, 1993, 393; *Bleckmann*,
Die Überlagerung des nationalen Strafrechts durch das Europäische Gemeinschaftsrecht,
Stree/Wessels-FS, 1993, 107; *Dölling*, Die Behandlung der Kleinkriminalität in der BRD,
in: Lampe (Hrsg.), Deutsche Wiedervereinigung, Arbeitskreis Strafrecht, Bd. I, 1993, 1;
Frisch, An den Grenzen des Strafrechts, Stree/Wessels-FS, 1993, 69; *Herzog*, Über die
Grenzen der Wirksamkeit des Strafrechts, KritV 1993, 247; *Hilgendorf*, Gibt es ein „Straf-
recht der Risikogesellschaft?", NStZ 1993, 10; *ders.*, Strafrechtliche Produzentenhaftung in
der „Risikogesellschaft", 1993; *Jäger*, Irrationale Kriminalpolitik, Schüler-Springorum-FS,
1993, 229; *Lampe*, Ein neues Konzept für die Kleinkriminalität usw., in: Lampe (Hrsg.),
Deutsche Wiedervereinigung, Arbeitskreis Strafrecht, Bd. I, 1993, 55; *Lewisch*, Verfassung
und Strafrecht, 1993; *J. C. Müller*, Die Legitimation des Rechtes durch die Erfindung des
symbolischen Rechtes, KrimJ 1993, 82; *Naucke*, Schwerpunktverlagerung im Strafrecht,
KritV 1993, 135; *Prittwitz*, Strafrecht und Risiko, 1993; *Schöch*, Entkriminalisierung, Ent-
pönalisierung, Reduktionismus, SchülerSpringorum-FS, 1993, 245; *Stratenwerth*, Zukunfts-
sicherung mit den Mitteln des Strafrechts, ZStW 105 (1993), 679; *ders.*, Das Strafrecht in
der Krise der Industriegesellschaft, 1993; *Tiedemann*, Strafrecht in der Marktwirtschaft,
Stree/Wessels-FS, 1993, 527; *Wolter*, Verfassungsrecht im Strafprozeß- und Strafrechts-
system, NStZ 1993, 1; *Hohmann/Matt*, Drogen und Verfassungswidrigkeit, NK 1994, H. 2,
40; *Kuhlen*, Zum Strafrecht der Risikogesellschaft, GA 1994, 347; *Lehne*, Symbolische Poli-
tik mit dem Strafrecht, KrimJ 1994, 210; *Merkel*, Strafrecht und Satire im Werk von Karl
Kraus, 1994; *Müssig*, Schutz abstrakter Rechtsgüter und abstrakter Rechtsgüterschutz,
1994; *Papageorgiou*, Schaden und Strafe, 1994; *Braun*, Grundgesetzinterpretation und
Strafrecht, KritV 1995, 371; *Haffke*, Drogenstrafrecht, ZStW 107 (1995), 761; *Hirsch*, Straf-
recht als Mittel zur Bekämpfung neuer Kriminalitätsformen, in: Kühne/Miyazawa
(Hrsg.), Neue Strafrechtsentwicklungen im deutsch-japanischen Vergleich, 1995, 11; *Insti-
tut für Kriminalwissenschaft* Frankfurt a. M. (Hrsg.), Vom unmöglichen Zustand des
Strafrechts, 1995; *Jakobs*, Das Strafrecht zwischen Funktionalismus und „alteuropäischem"
Prinzipiendenken, ZStW 107 (1995), 843; *Jescheck*, Grundsätze der Kriminalpolitik in
rechtsvergleichender Sicht, MiyazawaFS, 1995, 363; *Kargl*, Rechtsgüterschutz durch
Rechtsschutz, in: Institut für Kriminalwissenschaften Frankfurt a. M. (Hrsg.), Vom un-
möglichen Zustand des Strafrechts, 1995, 53; *Kühl*, Anthropozentrische oder nichtanthro-
pozentrische Rechtsgüter im Umweltstrafrecht?, in: NidaRümelin/v. d. Pfordten (Hrsg.),
Ökologische Ethik und Rechtstheorie, 1995, 245; *Lewisch*, Recht auf Leben (Art. 2 EMRK)
und Strafgesetz, Platzgummer-FS, 1995, 381; *Lüderssen*, Abschaffen des Strafens?, 1995;
Roxin, Schlußbericht, in: Kühne/Miyazawa (Hrsg.), Neue Strafrechtsentwicklungen im
deutsch-japanischen Vergleich, 1995, 407; *Schick*, Sittlichkeit – Sexualmoral – Strafrecht.
Der österreichische Wege einer Entmoralisierung des Strafrechts, Geerds-FS, 1995, 175;
Schünemann, Kritische Anmerkungen zur geistigen Situation der deutschen Strafrechts-
wissenschaft, GA 1995, 201; *Vormbaum*, „Politisches" Strafrecht, ZStW 107 (1995), 734; *P.
A. Albrecht*, Entkriminalisierung als Gebot des Rechtsstaates, KritV 1996, 330; *Androula-*

第 2 章 実質的犯罪概念

kis, Uber den Primat der Strafe, ZStW 108（1996）, 300; *Frehsee*, Die Strafe auf dem Prüfstand, StrV 1996, 222; *Hefendehl*, Zur Vorverlagerung des Rechtsgutsschutzes am Beispiel der Geldfälschungstatbestände, JR 1996, 353; *Huster*, „Das Verbot der Auschwitzlüge", die Meinungsfreiheit und das BVerfG, NJW 1996, 487; *Lagodny*, Strafrecht vor den Schranken der Grundrechte, 1996; *Müller-Dietz*, Gibt es Fortschritt im Strafrecht?, Triffterer-FS, 1996, 677; *Vogel*, Strafrechtsgüter und Rechtsgüterschutz usw., StrV 1996, 110; *Weigend*, Bewältigung von Beweisschwierigkeiten durch Ausdehnung des materiellen Strafrechts?, Triffterer-FS, 1996, 695; *Hassemer*, Warum und zu welchem Ende strafen wir?, ZRP 1997, 316; *Kurze*, Täter-OpferAusgleich und Allgemeines Strafrecht, 1997; *Manoledakis*, „Menschenwürde": Rechtsgut oder absolute Grenze der Gewaltausübung?, Bemmann-FS, 1997, 67; *Sander*, Ist eine Strafbarkeit exhibitionistischer Handlungen gerechtfertigt?, ZRP 1997, 447; *Sternberg-Lieben*, Die objektiven Schranken der Einwilligung im Strafrecht, 1997; Appel, Verfassung und Strafe, 1998; *Kindhäuser*, Rationaler Rechtsgüterschutz durch Verletzungs- und Gefährdungsverbote, in: Lüderssen（Hrsg.）, 1998, Bd. I, 263; *Robbers*, Strafpflichten aus der Verfassung?, in: Lüderssen（Hrsg.）, 1998, Bd. I, 147; *Lüderssen*（Hrsg.）, Aufgeklärte Kriminalpolitik oder Kampf gegen das Böse?, 5 Bde, 1998（dazu *Kaiser*, MSchKrim 1999, 441; *Laubenthal/Baier*, GA 2001, 1）,（einzelne Aufsätze aus diesem Werk werden auch gesondert genannt）; *Neumann*, Die Tyrannei der Würde, ARSP, 1998, 153; *Prittwitz/Manoledakis*, Strafrecht und Menschenwürde, 1998; *Rönnau*, Der neue Straftatbestand des Versicherungsmißbrauches－eine wenig geglückte Gesetzesregelung, JR 1998, 441; *Scheerer*, Die Ohnmacht der Rechtsgutidee und die Dominanz der Problemdefinition. Über soziale Probleme, Gesetzgebung und Rechtsgüter am Beispiel des Kokainverbots, in: Lüderssen（Hrsg.）, 1998, Bd. I, 179; *L. Schulz*, Strafrecht als Rechtsgüterschutz, Probleme der Mediatisierung am Beispiel „ökologischer" Güter, in: Lüderssen（Hrsg.）, 1998, Bd. I, 208; *Seelmann*, Gefährdungs- und Gefühlsschutzdelikte an den Rändern des Lebens, E.-A. Wolff-FS, 1998, 481; *Sessar*, Zum Verbrechensbegriff, Kaiser-FS, 1998, 427; *Stächelin*, Strafgesetzgebung im Verfassungsstaat, 1998; *Staechelin*, Interdependenzen zwischen der Rechtsgutstheorie und den Angriffswegen auf die dadurch bestimmten Güter, in: Lüderssen（Hrsg.）, 1998, Bd. I, 239; *Stratenwerth*, Zum Begriff des „Rechtsgutes", Lenckner-FS, 1998, 377; *Zieschang*, Die Gefährdungsdelikte, 1998; *Harzer*, Die tatbestandsmäßige Situation der unterlassenen Hilfeleistung gemäß § 323 c StGB, 1999; *Höffe*, Gibt es ein interkulturelles Strafrecht?, 1999; *Korioth*, Zum Streit um den Begriff des Rechtsguts, GA 1999, 561; *Lampe*, Strafphilosophie. Studien zur Strafgerechtigkeit, 1999; *Lüderssen*, Die Wiederkehr der „Befreiung des Strafrechts vom zivilistischen Denken"－eine Warnung, Hanack-FS, 1999, 487; *MüllerDietz*, Verfassungsrechtliche Schutz- und Pönalisierungspflichten, Zipf-GS, 1999, 123; *Schlehofer*, Die Menschenwürdegarantie des Grundgesetzes － absolute oder relative Begrenzung staatlicher Strafgewalt?, GA 1999, 357; *Weigend*, Der Grundsatz der Verhältnismäßigkeit als Grenze staatlicher Strafgewalt, Hirsch-FS, 1999, 917; *Eser*, „Menschgerechte" Strafjustiz im Zeitalter von Europäisierung und Globalisierung, Waltos-FS, 2000, 169; *Hassemer*, Strafen im Rechtsstaat, 2000; *Kaiser*, Brauchen wir in Europa neue Konzepte der Kriminalpolitik?, ZRP 2000, 151; *Krüger*, Die

13

第1編 基 礎

Entmaterialisierungstendenz beim Rechtsgutsbegriff, 2000; *Naucke*, Über die Zerbrechlichkeit des rechtsstaatlichen Strafrechts, 2000; *Neubacher*, Materieller Rechtsgutsbegriff und Rechtsgutsverletzung – Die Rechtsgüterlehre J.M. F. Birnbaums (1797-1877) und die moderne Strafrechtsschule, Jura 2000, 514; *Ostendorf*, Wie viel Strafe braucht die Gesellschaft? Plädoyer für eine soziale Strafrechtspflege, 2000; *Paeffgen*, Betäubungsmittelstrafrecht und der Bundesgerichtshof, BGH-FS 2000, 695; *H. Schneider*, Das Haschischverbot. Neue Forschungsergebnisse werfen die Frage der Verfassungsmäßigkeit wieder auf, StrV 2000, 230; *Seher*, Liberalismus und Strafe, 2000; *Wandres*, Die Strafbarkeit des Auschwitzleugnens, 2000; *Wohlers*, Deliktstypen des Präventionsstrafrechts, 2000; *Castaldo*, Welches Strafrecht für das neue Jahrtausend?, Roxin-FS, 2001, 1095; *Diez Ripollés*, Symbolisches Strafrecht und die Wirkungen der Strafe, ZStW 113 (2001), 516; *Haffke*, Die Legitimation des staatlichen Strafrechts zwischen Effizienz, Freiheitsverbürgung und Symbolik, Roxin-FS, 2001, 965; *Herdegen*, Die Menschenwürde im Fluß des bioethischen Diskurses, JZ 2001, 773; *Kühl*, Die Bedeutung der Rechtsphilosophie für das Strafrecht, 2001; *Hassemer*, Freiheitliches Strafrecht, 2001; *ders.*, Das Symbolische am symbolischen Strafrecht, Roxin-FS, 2001, 1001; *Hirsch*, Die aktuelle Diskussion über den Rechtsgutsbegriff, Spinellis-FS, 2001, 425; *J. Ipsen*, Der „verfassungsrechtliche Status" des Embryos in vitro, JZ 2001, 989; *Miehe*, Das Ende des Strafrechts, in: Müller-Graff/Roth (Hrsg.), Recht und Rechtswissenschaft, 2001, 251; *Moccia*, Das korrumpierte Strafrechtssystem, Roxin-FS, 2001, 1487; *Ostendorf* Chancen und Risiken von Kriminalprävention, ZRP 2001, 151; *Schmitz*, Zur Legitimität der Kriminalstrafe, 2001; *Schreiber*, Recht als Grenze der Gentechnologie, Roxin-FS, 2001, 891; *U. Schroth*, Das Organhandelsverbot, Roxin-FS, 2001, 869; *Schünemann*, Die deutsche Strafrechtswissenschaft nach der Jahrtausendwende, GA 2001, 205; *Chr. Calliess*, Sicherheit im freiheitlichen Rechtsstaat, ZRP 2002, 1; *Dreier*, Stufungen des vorgeburtlichen Lebensschutzes, ZRP 2002, 377; *Eser*, Welches Strafrecht braucht und verträgt der Mensch?, Lüderssen-FS, 2002, 195; *K. Günther*, Die symbolisch-expressive Bedeutung der Strafe, Lüderssen-FS, 2002, 205; *Hansen/Otto*, Das Freiheitsprinzip als Grenze inflationärer Strafnormenschaffung, ZRP 2002, 318; *Hassemer*, Welche Zukunft hat das Strafrecht?, SchlüchterGS, 2002, 133; *Hefendehl*, Kollektive Rechtsgüter im Strafrecht, 2002; *ders.*, Die Materialisierung von Rechtsgut und Deliktsstruktur, GA 2002, 21; *von Hirsch*, Der Rechtsgutsbegriff und das „Harm Principle", GA 2002, 2; *von Hirsch/Wohlers/Hefendehl*, GA 2002, 2 (Vorspann); *Manes*, Der Beitrag der italienischen Strafrechtswissenschaft zur Rechtsgutslehre, ZStW 114 (2002),720; *Schünemann*, „Das Menschenbild des Grundgesetzen" in der Falle der Postmoderne und seine überfällige Ersetzung durch den „homo oecologicus", in: Schünemann/Müller/ Philipps (Hrsg.), Das Menschbild im weltweiten Wandel der Grundrechte, 2002; *ders.*, Das System des strafrechtlichen Unrechts: Rechtsgutsbegriff und Viktimodogmatik, in: Schünemann (Hrsg.), Straftechtssystem und Betrug, 2002, 51; *Seibert*, Plädoyer für symbolisches Strafrecht, Lüderssen-FS, 2002, 345; *Stratenwerth*, „Wahres" Strafrecht?, Lüderssen-FS, 2002, 373; *Wohlers*, Rechtsgutstheorie und Deliktsstruktur, GA 2002, 15; *P.-A. Albrecht*, Die vergessene Freiheit. Strafrechtsprinzipien in der europäischen Sicherheitsdebatte, 2003;

Androulakis, Über die dritte Art der Rechtsgüterbeeinträchtigung, Schreiber-FS, 2003, 13; *Bottke*, Das Straftaterfordernis der Rechtsgutsverletzung, Lampe-FS, 2003, 463; *Hassemer*, Strafrechtlicher Rechtsgüterschutz unter der Verfassung, Androulakis-FS, 2003, 207; *Hefendehl/von Hirsch/Wohlers*, Die Rechtsgutstheorie, 2003; *Hilgendorf*, Rechtswissenschaft, Philosophie und Empirie, Lampe-FS, 2003, 285; *Jakobs*, Was schützt das Strafrecht: Rechtsgüter oder Normgeltung?, Saito-FS, 2003, 17; *ders.*, Bürgerstrafrecht und Feindstrafrecht, Hung-GS, 2003, 41; *Klimpel*, Bevormundung oder Freiheitsschutz, Kritik und Rechtfertigung paternalistischer Vorschriften über das Leben, den Körper und die Sexualität im deutschen Strafrecht, 2003; *Kühl*, Auschwitz-Leugnen als strafbare Volksverhetzung?, in: Bernsmann/Ulsenheimer (Hrsg.), Bochumer Beiträge zu aktuellen Strafrechtsthemen, 2003, 103; *ders.*, Der Zusammenhang von Strafe und Strafrecht, Lampe-FS, 2003, 439; *ders.*, Strafrecht und Moral – Trennendes und Verbindendes, Schreiber-FS, 2003, 959; *Maiwald*, Recht und Macht, JZ 2003, 1073; *Newig*, Symbolische Umweltgesetzgebung, 2003; *U. Schroth*, Organhandel und Strafrecht, Androulakis-FS, 2003, 671; *Schünemann*, Das Strafrecht im Zeichen der Globalisierung, GA 2003, 299; *Seelmann*, Menschenwürde zwischen Person und Individuum, Lampe-FS, 2003, 300; *Hufen*, Erosion der Menschenwürde?, JZ 2004, 313; *Jung*, Organtransplantation im Licht der ethischen Herausforderungen, JZ 2004, 559; *Kühl*, Die ethisch-moralischen Grundlagen des Strafrechts. Eine Vergewisserung anhand des „Lehrbuchs des Strafrechts. Allgemeiner Teil" von Hans-Heinrich Jescheck, ZStW 116 (2004), 870; *Kunz*, Muß Strafe wirklich sein?, in: Radtke u. a. (Hrsg.), Muß Strafe sein?, 2004, 71; *Lüderssen*, Das moderne Strafrecht, StrV 2004, 97; *Spendel*, Der Begriff des Unrechts im Verbrechenssystem, U. Weber-FS, 2004, 3; *Anastasopoulou*, Deliktstypen zum Schutz kollektiver Rechtsgüter, 2005; *Herzog*, Risikogesellschaft, Risikostrafrecht, Risikoregulierung – Über das Strafrecht hinausweisende Perspektiven, in: Neumann/Prittwitz (Hrsg.), Kritik und Rechtfertigung des Strafrechts, 2005, 117; *von Hirsch*, Fairneß, Verbrechen und Strafe: Strafrechtstheoretische Abhandlungen, 2005; *ders.*, Belästigendes Verhalten: Gibt es ein strafrechtliches Belästigungsprinzip?, Eser-FS, 2005, 189; *Hörnle*, Grob anstößiges Verhalten. Strafrechtlicher Schutz von Moral, Gefühlen und Tabus, 2005 (im Text nicht mehr verarbeitet); *Möller*, Paternalismus und Persönlichkeitsrecht, 2005; *Prittwitz*, Risikogesellschaft und Strafrecht, in: Neumann/ Prittwitz (Hrsg.), Kritik und Rechtfertigung des Strafrechts, 2005, 131; *Roxin*, Schlußbericht, in: Neumann/ Prittwitz (Hrsg.), Kritik und Rechtfertigung des Strafrechts, 2005, 175; *Seelmann* (Hrsg.), Menschenwürde als Rechtsbegriff, ARSP-Beiheft 101, 2005.

　外国語文献：*Polaino Navarrete*, El bien juridico en derecho penal, Sevilla, 1974; *Mir Puig*, Introducción a las bases del derecho penal, Barcelona, 1976; *Cuello*, Presupuestos para una teoria del bien juridico protegido en derecho penal, ADPCP 34 (1981), 461; *Angioni*, Contenuto e funzioni del concetto di bene giuridico, Mailand, 1983; *Acutis/Palombarini* (Hrsg.), Funzioni e limiti del diritto penale, Padova, 1984; *Bricola*, Tecniche di tutela penale e tecniche alternative di tutela, ebda., 3; *ders.*, Carattere sussidiario del diritto penale e oggetto della tutela, Delitala-GS, Bd. I, Mailand, 1984, 99; *Feinberg*, The Moral Limits of the Criminal Law, 4 Bände, 1984-1988; *Fiandaca*, Problematica dell'osceno e tutela del

第1編 基 礎

buon costume, Padova, 1984; *Pagliaro*, Sulla tutela penale dell'ordine publico nella legislazione di emergenza, Delitala-GS, Bd. II, Mailand, 1984, 1031; *Pulitano*, Obblighi costituzionali di tutela penale?, ebda., 1237; *Marinucci/Dolcini* (Hrsg.), Diritto penale in trasformazione, Mailand, 1985; *Paliero*, „Minima non curat praetor", Padova, 1985; *Stile* (Hrsg.), Bene giuridico e riforma della parte speciale, Neapel, 1985; *Fiandaca*, La tipizzazione del pericolo, in: Beni e tecniche della tutela penale, Mailand, 1987, 49; *Manna*, Benè della personalità e limiti della protezione penale, Padova, 1989; *Parodi Giusino*, I reati di pericolo tra dogmatica e politica criminale, Mailand, 1990; *Costa Andrade*, Consentimento e acordo em direito penal, Coimbra, 1991; *Silva Sanchez*, Aproximación al derecho penal contemporàneo, Barcelona, 1992; *Fiandaca/Musco*, Perdita di legittimazione del diritto penale?, RIDPP 1994, 23; *Marinucci/Dolcini*, Costituzione e politica dei beni giuridici, RIDPP 1994, 333; *Mir Puig*, Función de la pena y teoría del delito en el estado social y democrático de derecho, in: El derecho penal en el estado social y democrático de derecho, Barcelona, 1994, 29; *ders.*, Bien juridico y bien jurídico-penal como limites del ius puniendi, ebda., 159; *Moccia*, De la tutela de. bienes a la tutela de funciones, in: Política criminal y nuevo derecho penal, Barcelona, 1997, 113; *Díez Ripollés*, La contextualización del bien juridico protegido en un derecho penal garantista, in: Teorias actuales en el derecho penal, Buenos Aires, 1998, 433; *Ferrajoli*, Diritto e ragione, Rom, ⁵1998; *Palazzo*, Offensività e raggionevolezza nel controllo di costituzionalità sul contenuto delle leggi penali, RIDPP 1998, 350; *Figueiredo Dias*, O comportamento criminal e sua definição: o conceito material de crime, in: Questões fundamentais de direito penal revisitadas, São Paulo, 1999, 51; *ders.*, Do direito penal administrativo ao direito de mera ordenação social: das contravenções às contraordenações, ebda., 163; *Marinucci/Dolcini*, Diritto penale ‚minimo' e nuove forme di criminalità, Pisapia-GS, Bd. I, Mailand, 2000, 211; *Sousa Mendes*, Vale a pena o direito penal do ambiente?, Lisabon, 2000; *Stella*, Giustizia e modernità, Mailand, 2001; *Podval* (Hrsg.), Temas de direito penal econômico, São Paulo, 2001; Tavares, Teoria do injusto penal, Rio de Janeiro, ²2002; *Gracia Martín*, Prolegómenos para la lucha por la modernización y expansion del derecho penal y para la crítica del discurso de resistencia, Valencia, 2003; *Pozuelo Pérez*, De nuevo sobre la denominada „expansión" del derecho penal, in: El funcionalismo en derecho penal, Bd. II, Bogotá, 2003, 107; *Greco*, Princípio da ofensividade e crimes de perigo abstrato, RBCC 49 (2004), 89; *Sporleder de Souza*, Bem jurídico-penal e engenharia genética humana, São Paulo, 2004.

A. 実質的犯罪概念

1　そもそも，刑罰を法定する立法者の権利，すわなち刑罰権（ius puniendi）は，基本法74条1号から読み取ることができる．というのは，そこでは〔連邦とラントの〕競合的立法領域[(1)]に刑法を割り当てていることから，憲法制定者

第2章　実質的犯罪概念

が国家刑罰権の存在を前提にしていることが認識できるからである[2]．しかしそれと同時に，国家に行為に対する処罰権を付与するためには，その行為がどのような性質をもつものでなければならないのかは，まだ何も述べられていない．これは「実質的犯罪概念」[3]，すなわち，可罰的行為の内容に関する質の問題である．可罰的行為は，本書1章で論じた「形式的犯罪概念」[4]によれば，実定法の範囲内での一定義を行うにすぎないのに対し，実質的犯罪概念は，その時々に編纂された刑法の背景にまでさかのぼり，可罰的行為の実質的基準を問う．したがって，実質的犯罪概念は刑法典に先行し，立法者に，何を処罰してよく，何を不可罰とすべきなのかに対する刑事政策的基準を提供する．その範囲の限定は刑法の任務から行われるのであり，本書ではその任務を「**補充的法益保護**」と理解する．しかし，ここで述べたことに確実で十分明確な意味をもたせることができるようになるには，うっそうたる争点のジャングルを通り抜けなければならない．

B．法益概念をめぐる争い

2　困難の原因となる事情は二つある．第1は，これまで，何が法益であると理解されうるかに関して，おおよその一致さえ得ることができなかったからである．そして第2は，法益概念は解釈の補助手段としてしか役立ちえないのか，あるいは，法益概念はその介入権の限界を立法者に示すのにふさわしいのかが，依然として争われているからである．

---

(1)　連邦の立法者が自らの規則制定権を広く行使したため，刑事立法にとってラント法は今日もうほんのわずかな意味しかない．連邦刑法とラント刑法の関係について刑法施行法1条から4条，ならびに，*Maurach/Zipf*, AT/1⁸, 8/12 ff. および *Sch/Sch/Eser*²⁶, vor § 1 Rn. 36 ff. 参照．他方，ますます，「EU法が国内刑法に覆い被さって」きているのは確かである．それに関して4章Jのところを参照．

(2)　反対説として *Klose*, ZStW 86 (1974), 33 ff. 彼はこの権限規定を，不当にも，「権限付与の根拠」として十分であるとせず，それゆえ，純粋な「処分権」であると主張する．

(3)　それに関して *Zipf*, ²1980, 106 ff. 参照．犯罪学における犯罪概念について *Sessar*, Kaiser-FS, 1998, 427.

(4)　「犯罪」という用語は，ここでは広義であり，12条の「軽罪」をも含んだ意味で用いる．

17

第1編　基　礎

3　Ⅰ．法益とは何であるかは，以下のように，実に色々と述べられている[5]．それは，「特別な…自由の存在およびその存在条件と関連する法的な行為規範の総体」[6]としてであり，「社会における関与の機会」[7]として，「侵害可能で保護可能な状態」[8]として，「法的に少なくとも保護に値する財」[9]として，「外部的な生活の現実の価値ある状態」[10]として，「刑法的に保護された利益」[11]として，「精神的観念的価値」[12]として，「社会秩序の法的に保護された抽象的価値」[13]としてであり，または，「もしそれがなければ，我々の国家社会が具体的な形で存在できないような」社会的「機能統一」[14]としてである．これら異なる特徴はお互いどのような状態にあるのか，どこから著者は自分達の多様な概念を決めたのか，および，そこから一体何が演繹されうるのかは分かりづらい．この限りで，法益概念の有益性に疑いの目を向けることは理由がないことではない．

4　Ⅱ．構成要件を解釈する際にはそれぞれの保護法益に目を向けなければならない，ということに関しては広く一致している．法益概念の意義がこの機能に限定されるならば，それは「方法的法益概念」と呼ばれる．その場合，法益は，「個々の刑法命題の意味と目的」[15]に対する統合的思考形式，「目的思考を短縮したもの」[16]，すなわち個々の構成要件の法理[17] (ratio legis) にすぎない．しかし，このように解すると，実質的犯罪概念にとって，法益概念の意味は完全に犠牲にされる．というのは，立法者はそれぞれの規定によって何らかの目的

---

(5)　本書が引用している *Stratenwerth*, Lenckner-FS, 1998, 378 の一覧のみ参照．

(6)　*Köhler*, AT, 25.

(7)　*Callies*, 1974, 143; 賛成する者として *Mir Puig*, 1976, 137; *ders.*, Función de la pena, 1994, 37.

(8)　*Köhler*, AT, 25.

(9)　MK-*Freund*, vor § 13 Rn. 43.

(10)　*H. Mayer*, LB AT, 53.

(11)　*Maurach/Zipf*, AT/1⁸, §19 Rn. 4.

(12)　*Baumann/Weber/Mitsch*, AT¹¹, §3 Rn. 18.

(13)　*Jescheck/Weigend*, AT⁵, 257.

(14)　*Rudolphi*, 1970, 163.

(15)　*Honig*, 1919, 30.

(16)　*Grünhut*, Frank-FS, Bd. Ⅰ, 1930, 8.

(17)　*Schwinge*, 1930, 25.

を追求しているのはもちろんであるから，法益侵害なき構成要件など最初から存在しえないからである．そのような概念には，もはや目的論的解釈の手段としての機能および各則の体系的分類にとっての機能しかないが，それは，刑事政策的には無意味である．法益概念が純粋に解釈学的に理解されなければならないのか，それとも，法益概念に刑事政策的任務も付与されるのかは，そもそも何が法益と理解されるべきなのかという問題と同様，争われているため，この点も議論の状況を見通しが悪く分かりにくいものにしている．

5　以下で詳細に述べる見解によれば，純粋に解釈学的法益概念を守るために，刑事政策的法益概念を排除するのであれば不十分であろう．というのは，一方で，「方法的」「解釈学的」法益概念は，目的論的解釈の原則を越えることはないからである[18]．そして他方で，刑事政策的議論の背後にある事実問題により，内容的に説得力があり，刑法を制限する法益概念を得ようと努力し続けることが正当化されるからである．

6　もっとも，*Birnbaum*[19]を創始者とみなす法益概念は，それが成立した19世紀，すでに可罰性を制限する自由主義的な内容であったのかが争われているのと同じように，可罰性を「社会的損害」に限定しようとし，そこからすでにまた，単なる道徳違反を処罰しないという要求を導き出した啓蒙思想の刑法と法益論との関連がしばしば主張されたが，その関連も争われている[20]．しかし，この点は本書との関連で重要ではない．なぜなら，法益概念は，いずれにしろ，現在の議論がそこにつなげられていなければならない最近の改正論議の中で，この機能を受け継いだからで

---

(18)　その際，一定の攻撃方法に対してのみ立法者はたいていの法益を保護しているということが十分考慮されない場合，「保護法益により」という解釈すら誤ったものとなる．

(19)　*Birnbaum*, Über das Erfordernis einer Rechtsverletzung zum Begriff des Verbrechens usw., in: Archiv des Criminalrechts, Neue Folge, Bd. 15 (1834), 149 ff.

(20)　*Amelung*, 1972 はそのような見方をしておらず，とりわけ *Sina*, 1962 と彼に従う者達を攻撃する．*Schünemann*, in: Hefendehl/von Hirsch/Wohlers（Hrsg.），2003, 137 ff. は，今再び，社会損害論と法益原則との近親性を支持する．最近，*Amelung* は同書 159 ff. でそれに反対する．*Spendel*, U. Weber-FS, 2004, 3 は，法益概念が法治国家的自由主義的内容であることを強く擁護し，不法を決定するために行為無価値と義務違反性に特別な意義を認めるとの考えに対しては，しばしば，まだ，前世紀30年代の考えが今でも影響していることを示した．*Lüderssen*, Hanack-FS, 1999, 490 ff. はそれを同じように判断している．これらすべてのことは細分化して判断しなければならないであろう（異なる見解について Rn. 103 以下参照）．

第1編 基 礎

ある．

C．刑法の任務からの法益概念の演繹

7 刑法の任務は，憲法が担保しているすべての基本権を保障したうえで，国民の自由かつ平穏な共同生活を守ることにある[21]．この任務をまとめて法益保護と呼ぶならば，**個人の自由な発展，個人の基本権の実現およびこの目標像に基づく国家体系の機能化にとって必要なすべての所与または目的設定を法益と理解することができる**．この表現が「所与および目的設定」を基礎とすることで，法益概念は，法によってすでに見出されていた状態ならびに法によって創造された規範遵守義務（例えば国税負担）を含む，したがって前者の選択肢に限定されない，ということをこの表現は表している．

8 それは自由主義的法益概念であり，その概念は，もちろん，現代社会における個人の生活条件から導かれなければならないとしても，その精神史上の根本を啓蒙主義時代（したがって，主に18世紀後半）にもつ．この啓蒙思想により，（その歴史的誕生に関して実にさまざまに答えることのできる問題とは関係なく），国家の基礎に契約という思考モデルが置かれるようになった．したがって，一定領域にいる全住民は，自分達の共同生活の安全を一定の機関に託す協定を結ぶという仮定を出発点とする．彼らは，組織，すなわち国家を創設し，刑罰法規およびその他の規則を公布することで国民の保護を達成する権利を国家に与える．しかし，刑罰法規は個人の行為の自由を制限するため，平穏かつ自由な共存を

---

(21) この考えは，„Sinn und Grenzen staatlicher Strafe", JuS 1966, 377 ff., 381 f. (= Grundlagenprobleme, 1 ff., 12 f.) の中で私が最初に述べた見解を発展させたものである．賛成するのは *Merkel*, 1994, 297 f. および *Schöch*, Schüler-Springorum-FS, 1993, 253. 似たような法益構想が見られるのは *Hassemer*, 1973; *ders.*, 2000, 160; *ders.*, NK vor § 1 Rn. 295 ff.; *ders.*, in: Hefendehl/von Hirsch/Wohlers (Hrsg.), 2003, 57; *Hefendehl*, 2002; *Kindhäuser*, AT, § 2 Rn. 6; *Krey*, AT/1², § 1 Rn. 7; *Marx*, 1972; *Rudolphi*, Honig-FS, 1970, 151; *Schünemann*, in: Hefendehl/von Hirsch/Wohlers (Hrsg.), 2003, 133.

(22) まったく同じなのは *Shünemann*, in: Hefendehl/von Hirsch/Wohlers (Hrsg.), 2003, 137であり，彼は，法益保護原則を「社会契約の考えから演繹される刑法の限界という基本思考」に基づかせている．*Hefendehl*, 2002, 61/62 も，「人間の尊厳から憲

第 2 章　実質的犯罪概念

達成するために必要なこと以外は禁止されてはならない[22]．その際，人間の尊厳，平等および人間のその他の基本権が尊重されなければならないということは，同じく，啓蒙思想の結果であり，これらを保障することが人間の自由の本質的条件である．

9　上述の基準を元にするならば，すべての国で同一のまたは類似の形で妥当するたいていの本質的構成要件は，何の苦もなく説明がつく．殺人，傷害，窃盗および詐欺は処罰されなければならない．なぜなら，そのような行為が犯罪として禁止されなければ，平穏な人的共同生活はありえないだろうからである．しかしまた，例えば，機能的司法，健全な通貨または税の徴収がなければ，現代社会は存立しえない．そこから，生命，健康，所有権および財産といった個人的法益の他に，司法，通貨または国の課税権といった公共の法益も登場しなければならず，したがってその結果，裁判所での虚偽の供述，通貨偽造および租税逋税は当然処罰されるということが明らかとなる．

10　もちろん，公共の法益（普遍的法益）は，いまだ決着のついていない批判的な議論の的である[23]．しかし，その批判は，公共の法益そのものにではなく，この概念の濫用に向けられうるだけである．そのような濫用は，とりわけ，漠然とした公共概念によって，公共の法益が作り上げられるという点にあるが，そこでは，本来保護されなければならない個人的財は当罰的方法で侵害されていない．例えば，表向き，麻薬刑法の根底に「国民の健康」という法益がある場合，個人的法益が侵害されていなかったり危殆化されていないところでも処罰が可能である（Rn. 34 以下参照）．現実的な意味において，「国民の健康」など存在しないため，そのやり方は不当である．保険詐欺の予備の未遂を処罰する265 条も同様である．このように可罰性を早期化することは個人的法益保護の原則と一致しえないため，「保険経済の給付能力」という法益がすぐに見出さ

法および国家活動を形成・運用し…基本法によってあらかじめ型づけされた自由主義的国家構想」を法益構想の根拠とする．契約論モデルおよびそれに伴う法益概念にすら *Harzer*, 1999 は反対するが，その代わり彼女は「権利の侵害」概念を出発点とする．適切にも *Otto*, JZ 1999, 668 はそれに反対している：権利の侵害と義務違反は密接に関連している．30 年代に，犯罪は義務違反であると過剰解釈することで，個人の自由な領域を今にも取り除こうとしていたとき，まさに法益論がこの領域を守った．

(23)　本書は *Zieschang*, 1998; *Wohlers*, 2000; *Hefendehl*, 2002; *Anastasopoulou*, 2005 のモノグラフィーを基本とする．

第 1 編 基 礎

れ，その抽象的危殆化に可罰性が求められた (Rn. 75 以下参照)．そのような「み
せかけの法益」を除去することが各則解釈の任務である．それは，公共の法益
の正当性を何ら変えるものではない．

11 *Marx*[24] および *Hassemer*[25] によって展開された「人的法益概念」も，普遍
的法益の正当性を争わない．この概念は，そのような法益も，結局，個々の国
民のためのものでなければならない，すなわち，「法益は個人の —— 個人に
よって媒介された —— 利益として示されうる」[26] ということを要求するにすぎ
ない．基本的にそれに賛成である．国家は個人のために存在しているというこ
とは，啓蒙的な伝統を背景とし，本書で展開した法益概念の元にもなっている
自由主義的な国家の理解にふさわしい．しかし，秩序のある司法および安定し
た通貨が社会における個人の自由な発展にとって必要であるということは容易
に理解できる．国民にしばしば嫌われる納税義務ですら，国家ではなく，税に
よって資金調達された国家の働きを頼みとする個人を充実させるのに役立つ．

12 本書で展開した法益概念が，「方法的」法益概念 (Rn. 4, 5) のように，構成要
件を「体系内在的」に解釈する際の補助手段であるばかりでなく，刑罰権を行
使する際に立法者に限界を設定しようとする限りで，その概念は「体系批判
的」である[27]．以下では，そのような法益概念が実際どのような結論になる
のか，若干の例をもとに示すとしよう．その際，提唱される基準は，さしあた
り，たんに刑事政策的方針[28] であると理解されなければならない．それゆえ，
ここでの要求に適さない刑罰規定が無効であるのかは，容易に答えることので
きない憲法上の問題であるが，それを以下でまだ若干詳しく検討する予定であ

---

(24) *Marx*, 1972.

(25) *Hassemer*, 1973; *ders.*, 2000, 160.

(26) *Hassemer*, 2000, 166. *Hefendehl*, 2000, 60 も「個人と関連しない公共の法益は存在
しない」としてこれに賛成する．同様に *Weigend*, Triffterer-FS, 1996, 771 は，普遍的
法益が「少なくとも間接的に，個人のためでも…ある」限りでのみ，この法益を守ろ
うとする．

(27) 体系内在的法益概念と体系批判的法益概念との相違は，*Hassemer*, 1973 に由来す
る．ひょっとしたら，「体系批判的」の代わりに，「立法批判的」と呼んだ方がより適
切かもしれない．というのは，この法益概念は，我々の憲法上の体系の中で展開され
るが，立法者の介入権に限界を設定しようとするものだからである．

(28) 全く同様なのは *Sternberg-Lieben*, in: Hefendehl/von Hirsch/Wohlers, 2003, 79:
「刑事政策的道標」; *Schünemann*, 同書 137:「規範的方針」.

第 2 章　実質的犯罪概念

る（Rn. 86 以下）.

第 1 節　恣意的な，純粋にイデオロギー的に動機づけられた，または，基本権に違反する刑罰法規は，法益を保護しない

13　この種の，例えば平等命題，表現の自由または信教の自由に違反する刑罰法規が非合法であることについては，即座に一致が得られるであろう．しかし，このような極端な場合は，法治国家においてはまれである．法益保護構想の反対者といえども，（たいてい，憲法に直接遡及することで）同じ結論に至るであろう．

第 2 節　法的な目的観念を言い換えても，構成要件を正当化する法益を根拠づけることはない

14　保護法益は「薬物のない社会の存在」であるという理由から，自己消費のためのハシシュの取得および所持を —— 極めて争いがあるが —— 処罰すること（麻薬法 29 条）が正当化されることもまれではない．しかし，そのような形で処罰を根拠づけることはできない．というのは，犯罪化された行為によって人間の平穏な共同生活が侵害され，損害が惹起されるのかという重要な問題は，依然として答えられないままだからである．

15　同じように，「臓器提供を商業的な思惑から守ること」を保護法益と説明することで，ドイツ移植法が定める人間の身体器官の売買を例外なく処罰すること（17 条 1 項 1 文，18 条）は理由がない．というのは，例えば，自分の遺族に役立てるべく，ある者が死後に臓器提供する対価として相当な報酬を要求することが，ここでも，どのような人的および社会的損害を生じさせているのかは，いまだ解決していないからである．

16　そのように法益を構成すること（社会における薬物ゼロ，臓器提供の非商業化）は，法の目的を言い換えたにすぎず，それにより，「方法的」「体系内在的」法益概念にはふさわしい（Rn. 4, 12）．しかし，その構成は，刑法を限定する「体系批判的」法益概念には適さない．

第 3 節　行為の不道徳，非倫理性またはその他の非難は，それ自体，まだ法益侵害を根拠づけない

17　さらに，上述のような考え方から，行為の不道徳または倫理的非難は，それ

23

第 1 編　基　礎

によって平穏な共同生活の前提が侵害されない限り，刑罰による威嚇を正当化できないということが推論される[29]．典型的な例は同性愛であり，それを実際に行うことはドイツでは 1969 年まで常に処罰されており，1962 年草案もその処罰を維持しようとした．その理由は，法益が侵害されなくても，「倫理的に特に非難すべきで，一般人の信念によれば破廉恥な行為である」一定の場合を処罰することを立法者は妨げられていないというものである[30]．同性愛は，本書で唱えた立場からは不可罰でなければならない．なぜなら，プライベートな領域で，当事者の合意に基づいて行われた行為は，何人の自由も安全も侵害していないからである．可罰性の撤廃は，刑法改正の最終段階で法益論が得た最大の勝利であった[31]．

18　確かに，そのような考えに対して法益論反対者は，同性愛の不処罰は法益論ではなく，社会道徳の変化に基づいていると異議を唱える[32]．十分な理由から，すでに同性愛が非難すべきものであることを疑い，それを倫理的に中立な別種の性的傾向と捉えることができる点は正しい．しかし，上述のことは，同様に，配偶者交換，獣姦およびその他の倒錯といった，今日の道徳的見解によっても不快な行為に対して妥当する．立法者は，やはり，法益論に基づいて批判を受けているという印象を抱いたこともあって，性犯罪を完全に刷新し[33]，それを —— 若干一貫性を欠いている点は措くとして —— 性的自己決定の侵害および少年保護に制限することにした．かつて「風俗に対する重罪および軽罪」と書かれていた各則 13 章の見出しを，立法者が「性的自己決定に対する罪」と変更したのは，この領域において可罰性を法益保護に限定することを意図したということをはっきりと示している．

19　本書で性刑法を展開するために例証したことは，刑法の他の領域にとっても同じく重要である．移植医療や遺伝子工学という現在最もホットな問題が重要

---

(29)　同様なのは *Hefendehl*, 2002, 52:「純粋な不道徳を処罰することは，民主主義原則および法治国家原則という形での憲法の根本原理に反する」．*Krey*, AT/1², § 1 Rn. 12 f.

(30)　1962 年草案，BT-Drucks. IV/650, 376.

(31)　その際，性刑法を法益侵害に限定することを支持した対案各則（性犯罪），1968 が特に影響した．

(32)　*Stratenwerth*, Lenckner-FS, 1998, 398 ff.; *Hirsch*, Spinellis-FS, 2001, 432.

(33)　とりわけ，1973 年 11 月 23 日の第 4 次刑法改正法による．

であるとしても，倫理的な原則を引き合いに出すだけでは，まだその処罰化に対する十分な論拠とはいえない（Rn. 20 以下も参照）．

第4節　自らの人間の尊厳または「人間存在の尊厳」に対する違反は，処罰にとってまだ十分な根拠とはいえない

20　近年，ドイツにおいて，そして，また国際的な議論においても，刑罰による威嚇を正当化するために好んで用いられる手法として役立てられているのは，「人間の尊厳」である．それは，本書で唱えた考え方によっても，他人の人間の尊厳に対する抵触に関する限りで，正当である．他人の人間の尊厳を侵害する者，例えば，供述を得るために人を拷問にかける者，医学実験のために人を利用したり，暴行を加える者は，自由な共同生活という本質的なルールに反している．この限りで，私の挙げる例において，他の法益（身体の完全性，性的自己決定）侵害そのものが処罰を根拠づけるとしても，人間の尊厳は最も重要な法益の一つである（上述 Rn. 8 参照）．

21　しかし，自分自身の人間の尊厳を侵害することができると考え，それを処罰の根拠とみなす場合，見え方が変わってくる．その場合，人間の尊厳に対する抵触は，人間の尊厳がかつてもっていた「非難すべきこと」または「非倫理性」と同じような意味をもつことになる（3節 Rn. 17 以下参照）．例えば，獣姦は，それを行った者の人間の尊厳に抵触しているということができる．しかし，それはまだ処罰理由ではない．というのは，すでに述べたように，刑法は社会的に有害な行為を防止することのみを任務とするからである．人間自らの品格を落とさないようにすることは，そこに含まれない．例えば，自殺は自分の人間の尊厳を無視することであるとみなされようとも，この観点を自殺未遂の処罰根拠として引き合いに出してはならないであろう．

22　上述のような行為について，「人間存在の尊厳」に対する抵触を認め，可罰性をこの観点に基づかせようとする場合にも，同様のことが妥当するであろう[34]．というのは，安全および自由の侵害は，そこから生じないからである．

23　法益として「尊厳」がふさわしくないことを，なお二つの特にホットな事例で明らかにしよう．移植法 17 条 1 項 1 文は，「治療行為用の臓器の売買」を禁

---

(34)　それに関して有益なのは，参考文献の多い *Neumann*, 1998, 153.

第1編　基　礎

止している．18条はそのような行為を5年以下の自由刑または罰金刑をもっ
て処罰する．その規定は，すでにその表題からして，「生物学および医学の応
用に関する人間の尊厳」を保護しようとする国際協定に基づいており，ドイツ
の立法手続においても，倫理および人間の尊厳に対する抵触が可罰性の根拠と
みなされた[35]．しかし，正当にも，例えば，ある者が金銭的補償から死後に
臓器提供する場合（上記 Rn. 15 参照），誰が損害を加えられたのかが問われなけ
ればならない．提供者に対する金銭的動機づけがないため，移植のための臓器
が自由に手に入らず，その結果，今日，多くの者が死亡せざるをえなくなって
いる．それは受け容れがたい結果である．法律上定められ，健康保険組合から
支払われうる報酬を見込むならば —— その際，健康保険組合は多額で別の治療
費を免れるであろう ——，貧しい被提供者が食いものにされたり，裕福な被提
供者が特権を享受するであろうという危険も取り除かれるであろう．したがっ
て，ここでは，「人間の尊厳」という偽の「法益」は，不必要な処罰につなが
るばかりでなく，まさに合理的規制の妨げとなっている．

24　同じような問題は，生殖系細胞への侵襲にも生じる．胚保護法5条により，
「ヒトの胚細胞の遺伝情報を人為的に変更した」者は，5年以下の自由刑また
は罰金刑に処せられる．それは基本的に正しい．というのは，個人の自由から，
自らの遺伝情報を他人の思うままに決めさせる必要はないからである．人は，
一定の性質をもった人間へと育て上げられる場合，設計できない自らの発達の
自由が制約される．そこにあるのは他人のための利用であり，その点に，法益
保護の観点からも処罰が必要な人間の尊厳に対する違反がある．

25　しかし，子に重い遺伝性疾患を免れさせるためというだけの理由で，人の生
殖系細胞を侵襲する場合はどうなるのか．そのような技術は今日まだ成功する
に至っていないからといって，この問題の理論的で将来の実際的な意義は何ら
変わらない．ドイツ法はこの場合も処罰する．人間の遺伝質に対する侵襲は，
人間性への侵襲であるが，この人間性は人間の尊厳を構成するものだというの
である[36]．しかしそれにより，法益保護の原則を放棄したことになる．とい
うのは，重い遺伝性疾患を取り除くことは，決してその人に損害を与えたりそ

---

(35)　全体的な問題について詳しくは，参考文献の多い *U. Schroth*, Roxin-FS, 2001, 869.

(36)　詳しくは *Neumann*, 脚注 34 と同所.

第 2 章　実質的犯罪概念

の人の自由を制限するものと感じられるものではなく，単に自由を拡張し，生活を改善するものと感じられうるからである．Neumann[37]は，「その侵襲は将来の人間を道具として利用することを意味するのか，または，その侵襲はまさにその人の将来の人格を尊重することから行われるのかが重要である」というが，正当である．かくして，ここでも，ドイツの立法者は，人間の尊厳を不当に引き合いに出すことにより，刑事政策的に合理的な刑罰の限界を超えたのである．

第 5 節　脅威感においてのみ，感情の保護を法益と認めることができる

26　否定的感情（嫌な気持ち）を国民から遮断することは，基本的に刑法の任務たりえない．「刑法の任務は，人間の共感ではなく，人間の共存を維持することである」[38]．多元的で多文化的な社会における平穏な共同生活の前提として，まさに，自らの価値観と異なる行為態様に対して寛容であることが必要である．

27　しかし，私は，個人が一定の行為態様によって自らの安心感が侵害されたと感じたところに限界を設けたい[39]．というのは，平穏かつ自由な共同生活は，他人を恐れる必要はないとか，彼らから差別を受けることを要しないということを前提とするからである．それゆえ，名誉毀損罪（185 条以下）は当然処罰される．しかし同じことは，犯罪行為への扇動（111 条）または犯罪行為への使嗾（130 条 a）および一定の重大な犯罪行為に対する報奨と認容（140 条）ならびに信条や宗教団体および世界観にもとづく団体への冒瀆（166 条）といった構成要件に対しても妥当する．

28　ここでは，望まれてはいない感情を守ることだけが問題ではない．というのは，犯罪行為へと扇動され，使嗾されまたはこれを認容することが許されている国家に暮らしている者は，国家がその保護任務を果たしていないことを認めなければならないからである．他人の宗教または信条を意味なく冒瀆してもよ

---

(37)　*Neumann*, 脚注 34 と同所．*Schreiber*, Roxin-FS, 2001, 891（901）も，ドイツの立法者のように，「すべての生殖系細胞への侵襲を完全に否定することに拘束される」べきでない．「むしろ，そのような侵襲は重い遺伝性疾患を克服するために…許されるべきである」ことを強調する．

(38)　*Amelung*, 1972, 347.

(39)　一部論述が異なっているものの，「感情の保護」に関して詳しくは *Hörnle*, in: Hefendehl/von Hirsch/Wohlers, 2003, 268.

第1編 基 礎

いというところでは，信仰の自由および信教の自由の行使は，威圧および差別
によって，基本法4条に反する方法で侵害される．「公の平穏」（これにつき，9
節参照）という法益について争いがあることは別としても，ここでは，刑罰威
嚇は，基本権を保障する共同生活の前提であるということから正当化すること
ができる[40]．いわんやそのことは167条〔宗教的行事の妨害〕に対して妥当
する．

29　安心という観点から，── 告訴要件によって制限された上で ── 露出症的行
為は処罰される（183条）が，この場合困惑した女性に性的侵害の恐れが生じる
という事情が必要である．さもなければ，秩序違反として扱う方がより相当で
あろう[41]．

30　これに対して，真正の感情犯といえるのは，公憤の惹起である（183条a）.
というのは，ある者が他人の性行為を観察しなければならない場合，これは確
かに彼にとっていやなものということができるからである．しかしその人が不
安を感じる必要はない．自分の生活の自由および安全はそれとは関係ない．そ
れゆえ，ここでは，「例外的場合」において，すなわち，「社会に根づいた同質
の価値観または行動観念の違反を処罰する」場合，法益侵害がなくても処罰を
肯定するときのみ，可罰性を根拠づけることができる[42]．しかし，そのよう
な ── 加えて実際上は稀有な ── 場合は，警察法または秩序違反法に委ねた方
がより適切であろう．

31　他方また，168条（死者の安息の妨害）の場合は若干異なる．ここでは，通説
により，「故人に対する敬虔の情および故人の墓」[43]が保護されているものと
みなす場合，我々が目のあたりにするのは，純粋な感情保護犯罪である．それ
を処罰することは，最初に（Rn. 26）述べた基本的な理由からばかりでなく，敬
虔の念の侵害は，様々な別の関係においても生じるが，他のどこでも処罰して
いないという理由からも，問題であろう．しかし，処罰根拠は，人は自分の死

---

(40)　それに対して *Hörnle*, 脚注39と同所，は，140条は「道徳保護および感情保護と
　　関連しなければ」説明できないと考えている（277）．彼女は166条も「単なる感情保
　　護構成要件」とみなしている．

(41)　詳しくは *Sander*, ZRP 1997, 447.

(42)　この意味において *Hefendehl*, in: Hefendehl/von Hirsch/Wohlers, 2003, 128.

(43)　*Lackner/Kühl*[25], § 168 Rn. 1.

第 2 章　実質的犯罪概念

後もまだ敬意を払われ，威厳ある扱いを受ける権利を有するということから生じる[44]．人は，死後，自分の墓が汚されたり，自分の死体が盗まれたり，または，それにより屈辱的な乱暴狼藉が加えられることを覚悟しなければならないならば，すでに存命中に自分自身の尊厳が侵害されていることになるであろう．したがって，国家が故人に対する敬意をも保護するということは，ある意味では社会契約の一部である．

第 6 節　意識的自傷行為，それを可能とする行為，そしてそれを支援する行為は刑罰威嚇を正当化しない

32　自らを危険にさらす者は多い．誤った食習慣，喫煙，飲酒，その他健康に悪い生活によることもあれば，スピードの速い車の走行または危険な種目のスポーツによることもある．これらの行動自体も，他人によってそれらの行動が奨励されることも，刑法の正当な対象ではない．というのは，刑法の任務は，人が自らの意思に反して損害を加えられるのを防止することだけだからである．損害を加えられた者の意思によって生じるものは，法益侵害ではなく，自らの自己実現の一部をなすものであり，国家とは何の関係もない．

33　もちろん，国際的な法理論的議論において，国家のパターナリズム，したがって個人を自分自身から刑罰によって保護すること，がどの程度許されるのかについては，極めて争われている[45]．しかし，刑法を法益保護に限定するなら，国家の後見は，関係者自身の自律性に不備がある場合（したがって，精神障害または心的障害，強制，錯誤およびこれに類するものの場合）のみ，または，同じく責任が限定されていることを根拠にする少年保護のためにのみ許すことがで

---

(44)　類似しているが同じではないのは *Hörnle*, 脚注 39 と同所，276.

(45)　*U. Schroth*, Roxin-FS, 2001, 875 ff. のみ参照．パターナリズム論争について，「自律性志向的パターナリズム」を主張する *Klimpel*, 2003 が包括的で有益である．それによれば，自律的決定の拘束力は，「関係者の個人的自律性が破壊されるか後々まで侵害」されることになる場合，限界に達する．「自律性志向的パターナリズムはそのような自己破壊的行為に向けられ」（a.a.O., 17），このようにして，例えば，嘱託による殺人の可罰性を正当化することができる．*Möller*, 2005 は，そのテーマに関するアングロアメリカの学説を整理し，関係者が自己危殆化の決定によって彼自身の価値観と矛盾する場合，基本法は国家のパターナリズム的介入を許容しているという結論に達した．もちろん，このことがまさに刑法の介入を正当化するのかは別問題である．

第1編　基　礎

きる．その際，ある程度の決定の裁量の余地がぜひとも立法者に認められなければならない．例えば，自殺の極めて重要でもはや元には戻れない性質に鑑み，自殺意思の真摯性および任意性が自らの手による自殺によってのみ十分明確に表明されうるということを出発点とする場合，法政策的に議論の余地ある216条は維持することができる．その場合，この範囲において，他人の生命への介入をタブー視することにつき公的に関心をもつことも正当である．

34　自己危殆化の領域に属する国際的に最も議論され，かつ最も困難な問題は，薬物刑法である．本書では，例えば，ソフトな薬物（したがって，ハシシュまたは他の大麻製品）の入手および所持という最も議論されている事例のみを検討しよう．完全に答責的な大人が少量のハシシュをもっぱら個人的に消費するために購入する場合，その人はせいぜい自分自身を傷つけるだけで，それ以外の誰も傷つけていない．したがって，法益侵害が欠けている結果，刑罰権を十分な根拠をもって否定することができる．

35　それにもかかわらず，ドイツ刑法は，各種薬物の入手および所持を処罰しており（麻薬法29条1項），その際，射程範囲と義務の強さが細部で争われているものの，国際法協定に拠り所を求めることができる[46]．しかし，近年の認識によれば，ソフトな薬物の消費は，依存性も生じず，それによりハードな薬物へのくら替えすら促されないため，決して，飲酒や喫煙より有害であるとはいえないから，十分な処罰根拠は明らかでない．特に，薬物を消費する者は，それが罰せられていることによって，犯罪的環境へと押しやられ，それによって，それを入手するための犯罪がはじめて引き起こされることもしばしばありうるからである．

36　連邦憲法裁判所は，詳細な決定の中でその問題と取り組み[47]，軽微な事案については，訴追の免除を命じた．それは，問題意識を明示しているが，重大な法的不安定をもたらしたのみならず，処罰の余地をもそのまま残した．その中で，法益保護論を思い起こしていれば，もっと明確に解決することができたであろう．

---

(46)　膨大な数の文献から，――それぞれ参考文献の多い――*Haffke*, ZStW 107 (1995), 761; *Paeffgen*, BGH-FS, 2000, 695; *Schünemann*, in: Hefendehl/von Hirsch/Wohlers, 2003, 145 ff. のみ参照．

(47)　BVerfGE 90, 145-226 (1994).

第2章　実質的犯罪概念

第7節　象徴性が優る刑法規範は否定されなければならない

37　いわゆる象徴的刑法も現代刑事立法の弱点である[48]．この概念によって特
徴づけられている刑罰法規は，まず第1に，具体的保護効果を発揮するのでは
なく，一定の価値に対する好意的信条を示し，または，有害とみなされた行為
への嫌悪を示すことによって，政治的または世界観的集団の自己演出に役立つ
ような法規である．効果のないことが予見できる法律によっても，望ましくな
い状態および行為を抑制するために何かが行われているという印象が呼び起こ
されうるのであるから，それによって，有権者の気持ちを慰めることだけでも
目的とされる．

38　象徴的立法の要素をどのように正当化するかという問題は細かく分けて答え
ることができる．というのは，もちろん，すべての刑罰規定は，具体的犯罪の
防止と処罰を達成したいばかりでなく，一般人の法意識にも影響を及ぼしたい
からである．国家は，生命，身体の完全性，所有権等の保護を標榜することで，
国民の中でこれらの価値への尊重をも強化しようとする．それに関して懸念す
べきことは何もない[49]．むしろ，このいわゆる積極的一般予防は，刑法にお
いて認められた目的の一つである（3章 Rn. 26 以下参照）．

39　本書で展開した見解によれば，「象徴的」立法の傾向の正当性・不当性は，
規定が，その意識形成的目的や，価値態度に関する信条吐露とならんで，平穏
な共同生活を現実に保護するためにも実際に必要であるのかによる[50]．それ
を，一つの規定，すなわち民衆の扇動の構成要件（130条）のみを用いて明らか

---

(48)　モノグラフィーとして *Voß*, 1989; 論文の中から広く紹介したものとして *Hasse-mer*, Roxin-FS, 2001, 1001; *Haffke*, Roxin-FS, 2001, 965; *Diez Ripollés*, ZStW 113
（2001），516 のみ参照．

(49)　*Hassemer*, Roxin-FS, 2001, 1010 ff. は，この限りで，「象徴的」刑法の概念をさら
に批判的な意味で用いようとするため，「コミュニケーション的」刑法と呼んでいる．

(50)　類似するのは，*Hassemer*, Roxin-FS, 2001, 1117: 象徴的刑法は，「その潜在的機能
が，その明白な機能に覆い被さっている刑法の類型」である．刑罰の「表現豊かで融
和をもたらす（expressivintegrativ）」（したがって，国民の価値の調整を目標とする）
効果から，正当な効果と不当な効果とを区別する *Diez Ripollés*, ZStW 113（2001）も
同様である．彼は，「まず最初に立法者の肯定的イメージを…描こ…うとする，同じく
メディアや圧力団体の運動によって生じる，最後に公式に述べられたものとは明らか
に異なる目的を追求する」規定に対して懸念を抱いている．

第1編 基 礎

にしよう．

40　130条1項は，法益保護の観点からも，そしてまさにその観点から，必要な刑罰規定である．そこに記されている行為態様は，関係者の人的不可侵性を直接侵害する．当該規定の2項で述べられる人間の尊厳も，ここでは，当然，可罰性を根拠づけるために考慮に入れることができる．というのは，その構成要件に述べられた方法で威嚇され，差別された「一部の住民」は，社会の中で，もはや自由かつ平穏に生活できないばかりでなく，常に用心しつつ，また恐れと不安の中でしか生活できないからである．しかし，刑法は，個人の安全で，かつそのような圧迫に悩む必要のない生活を配慮しなければならない．立法者がここで寛容と人道性を同時に表明しないからといって，規定の正当性は減少しない．

41　しかし，ナチス政権の国際刑法犯罪を「公にまたは集会で是認し，否定しまたは過小評価した」者も処罰されるとすることで，130条3項はさらに一歩進める．ここでは，「アウシュビッツのうそ」のことを言っている．ナチスによる殺戮をうそであると否認したり，過小評価することは不適当であり，賛成に値しないものの，だからといって，刑罰威嚇を認めることは問題である[51]．この殺戮を是認する者，または，例えば，この殺戮はドイツ人を物笑いの種にするためにユダヤ人によって創作されたものだと主張する者は，人種間憎悪を煽ったという理由で，130条1項により処罰することができる．しかし，「扇動的な性格もなしに歴史的事実を単に否定すること」[52]や，同じように過小評価すること（その犯罪は主張されているほど重大なものではなかったということ）も，人間の自由な共同生活をまだ侵害していない[53]．というのは，そのようなうその主張と逆のことが歴史的に証明されており，一般にも認められている結果，否定者または過小評価者は共感を得られず，おろかで悪意ある狂信者として公衆に嘲られるからである．そのうえ，処罰することで，行為者は殉教者として

（51）　モノグラフィーとして *Wandres*, 2000. 最も時宜にかなった論文を提供するのは，参考文献の多い *Kühl*, in: Bernsmann/Ulsenheimer, 2003, 103.

（52）　*Kühl*, 脚注51と同所．

（53）　BGH NJW 2002, 2115 は異なる見解であり，「平穏な共同生活に対する危殆化」を認める．ここでは何が問題であるかが認識されている．しかし，危殆化は認めたものの根拠づけがないため，単なる主張だとして反論されうる．

演出され，真実を隠蔽するために刑法が利用されたという口実となりうる．このようなうその発言を公に論争することの方が，処罰よりも即座にかつ確実に発言を無害化するであろう[54].

42 したがって，アウシュビッツのうそという構成要件は，象徴的法律の要素の強いものである．その法律は法益保護にとって必要ではないが，その法律によりドイツは，ナチス支配の犯罪を打消したり秘匿したりせず，今日，平和で少数民族を尊重する社会を具現する，浄化された国家であることが表される．それは立派な心情を示すものである．しかし，それを表明し実行することにとって，法益保護のために介入することが不可欠であるというのでなければ，刑法は適切な手段とはいえない．

第8節　タブーは法益ではない

43 その犯罪化された行為は，確かに広く国民において受け容れがたいものとみなされてはいるが，処罰するための十分な法益保護要求が見られない場合，その刑罰規定はタブーを保護することになる．最も明白な例は近親相姦である．確かに，「近親相姦」は，我々の文化圏では，太古の昔から伝承されてきたタブーに違反するが，それによって誰がまたは何が，損害を受けたのかは明らかでない．立法者および判例によって述べられた理由は，その規定の文言によって含意されていない合理化だからである．というのは，表向き，その構成要件が家庭崩壊的な作用を防止するというのは，すでに適切なものたりえないからである．なぜなら，親族という家族共同体は一般に要件とされておらず，他方，家族共同体が存在する場合，血縁関係にない者（例えば，継娘と継父）の性交は捕捉されないからである．また，例えば，姦通行為は完全に家庭崩壊的作用をもちうるが，処罰されていない．「近親相姦」による遺伝性疾患の可能性を指摘する論証も支持できない．なぜなら，近親相姦によって子供を出産するのはまれな例外的事例においてしかない．通常，そのような子供は遺伝的に疾患がない．そしてその他の点でも，我々の法秩序によって，遺伝性疾患のある子供

---

(54)　意見が一致するのは *Kühl*, 脚注51と同所，113, 118. 実際に適用することが困難であることについて，*Streng* ならびに *Stegbauer*, JR 2001, 37 の注釈付き BGHSt 46, 36（大量殺戮の過小評価）; *Stegbauer* の注釈付き BGH JR 2003, 72.

第1編 基　礎

を防ぐことを刑法という手段によって達成するものではないからである.

44　その問題は，啓蒙時代にすでに認識されていた．すでに *Beccaria* の翻訳家 *Hommel* は，次のように述べていた[55].「妹と結婚することはキリスト教徒には罪であるが，民事上不法ではない．というのは，犯罪または不法は，私が誰かを侮辱することのみを意味するからである．単にこれのみが民事的刑事法の対象である」．事実，対案は近親相姦を不可罰とした[56]．それは改正立法者に強い印象を与えなかった．しかし，合理的刑事政策を目指すのであれば，その規定はさらにまた問題とされなければならないであろう.

45　以上により，すでに論じた130条3項は，それをタブー保護規定と解釈したとしても，維持することはできない[57]．それに対して，86条a（憲法に違反する組織の標識の使用）は「現代のタブー」[58]ではなく，抽象的危険犯の形で民主主義的法治国家を保護するものであるということを認めなければならないであろう．というのは，そのような標識を身に着けることにより，我々の自由な社会体系にとって危険な憲法違反の組織の拡大が促進されるからである.

第9節　捉えきれない抽象的なものに関する保護客体は法益ではない

46　実際，個人的法益の保護のみが重要なところでは，結局，法益につき抽象概念を説くことは正当ではない．それはとりわけ，麻薬法により表向き保護法益としてすでに言及した「国民の健康」に対して当てはまる（Rn. 10 参照）.「国民」は現実の肉体を有していないため，言葉の厳密な意味において，「国民の健康」といった何らかのものは存在しえない．しかし，刑罰威嚇の拠り所を虚構の法益の保護に求めることはできない．実際のところは，多くの個々の国民の健康のことを言っているにすぎない．しかし，この健康は，自己危殆化が不可罰であるという点を考慮したうえでのみ，刑法上保護されてもよい（Rn. 32 以下参照）．したがって，その他にそれに加えられる処罰根拠は，「国民の健康」保護からは導き出すことはできない.

47　同じように「公の平穏」は不明確な法益であり，その攪乱を，立法者は，す

---

(55)　*Hommel*, 1966, 15.

(56)　対案各則，性犯罪等，1968, 59 f.

(57)　この意味において *Hörnle*, in: Hefendehl/von Hirsch/Wohlers, 2003, 278 f.

(58)　そう考えるのは *Hörnle*, 脚注57と同所.

第2章　実質的犯罪概念

でに言及した130条，166条（Rn. 40以下，28）および若干のその他の刑罰威嚇において防止しようとする[59]．しかし，傷害や窃盗等に対する刑罰威嚇のように，他のすべての刑罰威嚇も，そのような行為を黙認すれば攪乱されるような公の平穏を保護しているのだということをよく考えてみなければならない．しかし，これらの刑罰威嚇がこれを行うのは，（身体の完全性や所有権といった）極めて多くのより具体的な法益の保護の結果として，間接的にのみであって，また，同胞の共同生活が，刑罰規範に反する行為によって侵害される限りでのみである．したがって，法益に保護財として公の平穏を引っ張り出す必要はなく，また，これを行ってもいない．

48　しかし，平穏で基本権を保障する共同生活の侵害が明らかでない場合，公の平穏を攪乱するに適していることをどのように観念すべきかは，依然不明確である．他人の批判的意見または身勝手な自己演出に若干の者が憤慨するということでは，公の平穏という観点からも，可罰性を根拠づけることはできない（感情保護に関しては，上述 Rn. 26 以下参照）．というのは，そのような行為は基本権によって保障されているからである（基本法5条，2条）．

49　それゆえ，行為が公の平穏を攪乱するに適しているということに刑罰威嚇の拠り所を求めることは放棄されるべきである．130条1項，166条の例で示したように（Rn. 40, 28），平穏な共同生活や国民の妨げられない信教の自由に対する危険は，この基準を引用しなくても存在する．あるいは，本書で唱えられた見解によれば，アウシュビッツのうそ場合がそうであるように（Rn. 41以下），この危険は存在しない．その場合，公の平穏を指摘するだけでは，もはや刑罰威嚇を正当化することもできない．

第10節　まとめ

50　この — やむなく，単に例を用いた断片的にすぎない — 分析の結果，法益保護の原則は，これに反対する者は，国家刑法を制限する適性を否定しているにもかかわらず，十分その役に立つ．ただし，それが役立つのは，社会契約に基づき，それを刑法の任務から演繹し，憲法上の基本権および自由権の保護をそのような考え方に組み込む場合である．その場合，確かに，刑法上の構成要

---

(59)　平穏保護犯罪について詳しくは *Hefendehl*, 2002, 284 ff.

第1編　基　礎

件を正当化する問題に対して最良の解決策は生まれないとしても，相当具体的
な論証方針が生じるのであって，その方針により，国家刑罰権について合理的
に議論することが可能となり，処罰による介入を法治国家に反して過度に拡張
することを防止するに役立ちうるのである．

D．法益保護を超えた刑法上の規定領域の拡張

51　もちろん，法益保護にもっぱら制限されるだけでは，もはや現代刑法への要
求に完全に対応できるわけではない．この構想の精神的基礎が啓蒙時代にあっ
たということ，したがって，まもなく300年になり，すでにそれゆえ，学問，
技術および産業のその後の発展が生み出したすべての問題を解決できるわけで
はないということを考えるなら，それは，不思議なことでもない．そこから，
刑法にも，少なくともまだ指摘しておかなければならない新たな，そしてさら
に進んだ任務が生じる．

52　Ⅰ．第1の領域は，胚の保護に関するものである．ドイツでは，確かに，す
でに1991年以降，胚保護法が通用している．しかし，開発が進むに連れ，そ
の法律は繰り返し改正されなければならないであろう．今日，胚を研究目的の
ために作成し，使用することができる．同じことは，おそらく近いうちに，遺
伝性疾患の治療のためにも可能となるであろう．胚の段階で遺伝性疾患を識別
することができ，胚の処分が許されるとみなされる限りで，これを行うことが
できる．ひょっとすると，将来，すでに生きている人間と同じ遺伝情報をもつ
人間を作り出すことができるかもしれない．

53　これらの可能性は，かつては考えることができず，伝統的法益概念はこれ以
上役立たない．胚はまだ人間でないため，すでに生きている人間の共存は，胚
に対して行いうることから直接影響を受けない．しかし他方，胚は人命の原形
としてある程度までその保護領域に属するため，胚を刑法上保護しないでおく
ことはできない．ここで，どこに限界を設けることができるかは，これまで，
法的，倫理的および医学的に収拾のつかないほどに争われている．

54　それゆえ，胚の存在を，生まれたヒトの生命に近い法益と理解し，研究およ
び重病治療に対する欲求と同様，出生前の生命権にできる限り対処するという
方法で胚の保護を形成することは，刑法にとってさらにまだ解決されなければ

36

ならない新たな任務である．その際，極端な解決策は存在しえないであろう．
胚は潜在的な人間であるため，── もちろんまったく異なった方法で ── 堕胎
法においてこれまでずっと行われていたように，母体外でも，法益保護を早期
化することによって胚を操作から守らなければならないであろう．しかし，原
理主義的思潮が望んでいるような，胚をすでに生きている人間と同様に扱うこ
ともできないであろう[60]．というのは，そこには，生まれた人間の人として
の性質が欠けており，それが存在する権利と他の重要な利益との衡量は避ける
ことができないであろうからである．

55　II．動物および植物，いや，被造物そのものの保護を刑法の可能な任務とす
ることができる点でも，伝統的な法益保護構想を超越する必要性は一層明らか
であろう．確かに，被造物の多くの要素は，例えば環境刑法の対象である限り
で，すでに，保障された人的共同生活の前提であり，その限りで伝統的法益保
護によって捉えられている．しかし，絶滅の危機に瀕している多くの動物およ
び希少植物がもはや存在しない場合でも，人間はまだ邪魔されずに共同生活を
送ることができる．というのは，我々は，「被造物の主」であり，それゆえ，
動植物に対して責任も負うべきだからである．かつてそれはまだ問題ではな
かった．なぜなら，多くの分野の被造物を破壊することは，今日では，人間に
それが可能であるが，当時まだほとんど考えることができなかったからである．

56　したがって，国家は，動物および植物が人間の社会的生存にとって利益とな
らない場合でも，それらを刑法による保護に加えることができる．法益論に
とってこれまでずっと難問であった刑法上の動物保護は，そのような考え方に
自然に適合するであろう．国家は「動物…も」保護するとしている基本法20
条aにより，たとえこれまで部分的領域においてのみであったとしても，刑法
上の保護領域をこのように拡張することは憲法上も正当と認められるであろう．

57　III．最後に，将来の世代の生存に法益保護の考え方を拡張することができる
であろう．我々が地球資源を浪費する場合，すなわち，我々は自分たちの経済

---

(60)　有益なのは *J. Ipsen*, JZ 2001, 989. 当然，*Dreier*, ZRP 2002, 377 は，「生きている者
の厳格な生命権と段階的に（『増加的に』）保護される出生前の生命との間にカテゴ
リー的相違が存在する」ということを強調する．同様に，*M. Herdegen*, JZ 2001, 773 は，
「成長に応じて保護の強さを段階づけることにより，人間の尊厳を人命開始まで時間的
に延ばすこと」を支持する．

第1編 基　礎

的繁栄のために世界に有害物質を排出し，森林を伐採し，長期的に気候を破壊する場合，現役世代はまだ直接損害を受けないかもしれない．しかし，それは将来の世代から生活の基盤を奪い去る．我々の子孫との連帯および彼らに対する我々の保護義務から，我々は，彼らにも人間に値する生活条件を引き続き受けられるよう責任を引き受けなければなければならない．ここには，刑法にとっての新たな研究分野もあるということが，ようやく徐々に認識されるようになった．

58　それでも，ドイツ語圏において，*Stratenwerth*[61]がすでに1993年に「刑法という手段による将来の保障」を要求していた．彼は，「将来に関連する行為規範」を「個人的利益に再び関連させること」なく刑法上保護しようとする，したがって，法益保護構想をこの領域に対しては放棄しようとする．彼とは無関係に，*Schünemann*[62]は，生態学的に強調された人間の将来の保護を現代刑法の主な任務であると述べ，将来の世代にまで社会契約を拡張することを要求した．したがって，彼の考え方によれば，本書で唱えた見解によりよく適合しているが，法益保護の原則を放棄したのではなく，拡張したにすぎないことになる．もちろん，彼は，「環境保護義務」を「普遍的な根本規範」にしようとし，そこに，現役世代の個人的利益より優先権を認めようとする．ここではむしろ，個々の場合において期待することのできる効果を衡量することが基礎とされるべきであろう．

59　ここでも，憲法立法者は，上述の新たな発展をすでに取り入れた．というのは，基本法20条aはすでに動物保護も憲法の目的にまで引き上げており，そこでは「国家は将来の世代に対する責任においても，自然的な生活の基盤を保護する…」と述べられているからである．そのような基本方針を具体的な刑法上の規定案の形に変えることは，将来挑戦しなければならない課題である．

E．法益保護と秩序違反法

60　法益保護論は，別の限界にも遭遇する．法益保護論によって犯罪行為と秩序

---

(61)　*Stratenwerth*, ZStW 105 (1993), 679 (692).

(62)　*Schünemann*, in: Schünemann/Müller/Philipps (Hrsg.), 2002, 3 (15, 12).

違反をお互い分け隔てることはできない．その際，秩序違反法を学問的に以前から研究していた者たち（とりわけ *James Goldschmidt*, *Erik Wolf* および *Eberhard Schmid*）[63]が皆考えていたのは，刑法はあらかじめ決められた法益（したがって，とりわけ，国家とは無関係な個人的法益という古典的規準）を保護しなければならないものであるのに対して，すでに存在している財を保護するのではなく，単に公の秩序任務および福祉任務のために出された国家命令に違反することは倫理的に無色な不服従行為として，すなわち単なる秩序違反として非刑事的制裁で処罰されるべきであるということである．したがって例えば，この考え方によれば，身体の完全性または所有権の侵害は，その本質上，犯罪行為である．それに対して，車の違法駐車または届出規定違反は実質的犯罪概念に該当しない．なぜなら，そもそも，禁止または命令の対象は国家によって初めて創り出されたものであり，したがって，あらかじめ決められたものではなく，この限りで法益ではないからである．

61　立法者は，戦後，刑事刑法とは区別された秩序違反法の創設という要求をますます考慮するようになった．まず初めに，1949年の経済刑法，その後1952年の秩序違反法，そして最後に，1968年の包括的で全面改正された秩序違反法においてである．1975年1月1日以降，以前500マルク以下の罰金刑または6週間以下の拘留により処罰されていたかつての軽犯罪もすべて，刑法典（旧360条以下）から削除され，大部分は秩序違反に変わった．

62　しかし，秩序違反は法益を保護しないという認識は誤っている．静寂を破る騒音（秩序違反法117条）は，人間の共同生活を十分侵害し，したがって法益を侵害しているが秩序違反である．他方，納税義務は国家によって初めて創設されているが，国家の実行力にとって不可欠である．それゆえ，租税逋脱は法益を侵害し，当然，刑罰によって威嚇される．駐車禁止ですら，道路の閉塞を防止し，それによって自由な日常生活を保障するという目的がある．したがって，違法駐車を秩序違反とする場合，それは，法益との関連が欠如しているからではなく，この行為が非刑事法的制裁によっても根絶することができるからであ

---

(63)　*Goldschmidt*, 1902; *E. Wolf*, Frank-FS, Bd. II, 1930, 516; *Eb. Schmidt*, Nied-StrKomm. 1, 1956, 333. まとめているのは *Michels*, 1963; ポルトガルの立場から *Figueiredo Dias*, 1999, 163 ff.

第1編　基　礎

る．したがって，秩序違反法は，補充性原則（Rn. 98参照）および法益侵害が軽微であることのおかげで存在しているのであって，それらが欠けているからではない．

F．法益概念の変遷可能性

63　確かに，上述のような法益論は規範的なものである．しかし，それは，静的なものではなく，憲法に合致した目的設定の範囲内で，歴史的変遷および経験的認識の進展に委ねられている[64]．したがって，例えば，露出症的行為の処罰（183条）が許されているのは，このような行為態様が性的侵害の恐れを起こさせる（Rn. 29参照）からである．しかし，時が経つにつれ，そのような行為は公衆にとって危険でない精神的障害の徴候にすぎないという考えが国民の間に広く根づいたというのであれば，その処罰はもはや法益保護ではなく，単なる道徳違反の防止に役立つにすぎず，処罰される必要はないであろう．刑罰権がその時々の経験的認識状況と結び付いていることは，例えば，ポルノの扱い（184条）をみれば明らかである．本書で唱えた法益論に沿って，立法者は大人へのポルノ譲渡を基本的に不可罰とした．なぜなら，道徳的にどう判断しようとも，そのような文書を私的に見たり読んだりすることは社会的に害はなく，そのうえ，多くの場合，精神的緊張を緩和することができると立法者が考えたからである．しかし，もしポルノの需要または個々のポルノの現象形態により，性犯罪がより頻繁に行われたということが明らかになったというのであれば，刑法を法益保護に限定しているからといって，もうそれ以上処罰を妨げることはないであろう．

64　遺伝子工学，移植医学またはデータ処理といった，科学研究によって生まれた研究分野も，人間の共同生活に影響を及ぼし，新たな法益を創出し，それにより，新たな犯罪構成要件につながる．もちろん，これらの構成要件も伝統的構成要件と同じ基準によって判断することができなければならない．これが常に考慮されるわけではないということは，すでに若干の例で示した（Rn. 23, 24以下）．

---

(64)　それに関して特に *Hassemer*, 1973.

40

第 2 章　実質的犯罪概念

G．法益と行為客体

65　法益は具体的な行為客体と区別されなければならない．例えば，窃盗（242
条）の行為客体は「他人の動産」であるが，保護法益は所有権および占有であ
る．個別的には，法益と行為客体との関係はさまざまたりうる[65]．第 1 の可
能性は，両者は重なるというものである．詐欺の場合，財産は，行為者によっ
て行われた損害の対象であるばかりでなく，保護法益でもある．したがって，
ここでは，行為客体と法益は形式的および内容的に一致する．第 2 の可能性は，
内容的には同一であるが，形式的同一性が存在しないというものである．212
条（故殺）の行為客体は「人」であり，保護法益は「生命」である．第 3 の可
能性は，窃盗において示したように，法益と行為客体との不一致である．別の
例を提供するものとして文書犯罪があり，そこでは，行為客体は偽造された文
書であるが，保護法益は証拠の流通である．

66　まず最初に *Binding*[66]および *Welzel*[67]が明らかにしたように，法益は何か
現実的なものであって単なる観念上の産物ではないということが顧慮されなけ
ればならない[68]．法益は確かに物質的実体はないが，危殆化されたり侵害さ
れうるため，侵害可能な現実を有していなければならない．したがって，名誉
（185 条以下）は確かに全く実体的でないが，社会的現実を有しており，侮辱，
悪評の流布および不実の誹謗によって効果的に侵害することができる．証拠の
流通（267 条）は確かに物質的対象ではないが，実際に生じている社会的相互行
為事象であり，それは，偽造文書が行使されることによって後々まで妨害され
うる．法益としての「所有権」に関していえば，この法益は，単なる思考上の
構築物ではなく ―― そもそも，「権利」としての所有権は窃盗によって侵害不
可能である ――，十分侵害されうる法的・社会的な処分可能性である．

67　これに対して，しばしば，法益は，単なる抽象的概念であり，思考上の構築

---

(65)　例えば *Hefendehl*, in: Hefendehl/von Hirsch/Wohlers, 2003, 120 のみ参照．

(66)　*Binding*, Normen I, 346 ff., 340 も；Handbuch I, 170.

(67)　*Welzel*, StrafR[11], 4:「法益とは，法が侵害から守ろうとするすべての望ましい社会
的状態である」．

(68)　適切にも *Hefendehl*, 2002, 28 ff.

41

第1編 基 礎

物であり，または観念的価値であると理解される．法益は「社会秩序の法的に
保護された抽象的価値」[69]，「観念的社会的価値」[70]，「外界の具体的な何か」
ではなく「…思考上の構築物…」[71]であり，法益は「精神化された観念的価
値」[72]等である．この「観念的法益概念」は否定されなければならない[73].
というのは，法益を侵害または危殆化から保護する点に刑法の任務が見いださ
れる場合，観念的価値として侵害できない法益に依拠することは矛盾している
からである．さらに，観念的法益概念により，現実的内容なき一般的概念を法
益と称する傾向が助長される．それにより，法益概念の刑法限定力は空洞化さ
れ，したがって法益概念の能力は価値がないものとなる．

H. 法益，抽象的危険犯および集合的法益

68　刑法を法益保護と結び付けるからといって，法益**侵害**の場合だけ可罰性が生
じるということは要求されない．具体的危険犯（例えば315条 c：道路交通に対す
る危害行為）の場合，法益が危殆化されることで十分であり，その危殆化が構
成要件自体から可罰性の要件とされるのに対し，抽象的危険（例えば316条：
交通における酩酊）の場合，保護法益（ここでは，生命，身体，有価物）は構成要件
に全く述べられておらず，刑罰規定創設に対する動機を形成するにすぎな
い．　　その語の意味するように，行為客体の侵害が生じていない　　未遂の
可罰性も，法益保護の理論と矛盾しない．この理論によれば，可罰性の前提と
して，客観的または主観的傾向から判断して，行為が法益の侵害に向けられて
いるということ以上のものは要求されない[74].　さらに，刑法は禁止によって
（生命，他人の所有権等の尊重といった）行為価値を保護しようとしていることが強

---

(69)　*Jescheck/Weigend*, AT[5], 257.

(70)　*Wessels/Beulke*[34], § 1 Rn. 8.

(71)　*Sch/Sch/Lenckner*[26], vor §§ 13 ff. Rn. 9.

(72)　*Baumann/Weber/Mitsch*, AT[11], § 3 Rn. 18.

(73)　それに関して，かつて私も主張していたこの見解への正当な批判を伴う *Amelung*,
in: Hefendehl/von Hirsch/Wohlers, 2003, 167 も参照.

(74)　*Kratzsch*, GA 1989, 56 は，刑法規範の任務を，差し迫った法益侵害を「適時防止
すること」に見出している．これは，（例えば抽象的危険犯による）偶然に左右される
事象経過の支配を含む．*ders.* 1985, 119, 詳しくは 257 ff.

調されたからといって，法益保護の要求は放棄されない．それは，行為価値の維持が関連する法益保護に役立つ限りで，全く正しい．その侵害が法益と関連していないような，「宙に浮いた」行為価値および心情価値を保護することが禁止されているにすぎない．

69 それでも，保護財がますます捉えにくくなっていることから，刑法を危殆化の領域にまで拡張することにより，処罰が一層大幅に早期化されるところでは，そのような拡張に懸念がないわけではない．それゆえ，*Herzog* は，彼の „Studien zur Vorverlegung des Strafrechtsschutzes in den Gefährdungsbereich"[75] の中で，「危険刑法による刑法の危殆化」と呼んでいる．彼の懐疑は若干見当はずれである．というのは，禁止された危険行為がはっきりと限定され，その法益関連性がはっきりしており，責任主義にも反していないところでは（それについて，11章 Rn. 153 以下），抽象的危険犯ですら問題ないからである．それゆえ，これらの要件を充足する「交通における酩酊」（316条）のような構成要件を放棄することはできないであろう．他方，麻薬法29条1項1号が「麻薬の取引」を処罰し，判例がそれを「売り上げに向けられたすべての営利的な活動」と理解する場合[76]，薬物入手を約束したが，供給者を見つけられなかった者は，すでに既遂犯によって処罰される．その場合，ここでは，不明確な法益（「国民の健康」）に最初から漠然と関連づけられたにすぎない行為が，単に意図を表明するだけで，既遂刑を科せられる．それは，法益を志向する刑法構想ともはや一致することはできず，憂慮すべきことに，心情刑法に近づく．*Herzog*[77] が264条，324条に対して行ったように，すべての抽象的危険犯を詳細に研究すれば，それらの多くは法治国家的に保持できないということが明らかにされるであろう．処罰の早期化と，輪郭のはっきりした法益への置き換えが，訴訟上の証明困難を克服するために濫用されるのも不当である[78]．

70 抽象的危険犯への概括的な批判に対して，*Kuhlen* および *Schünemann* が原則的に反論した．*Kuhlen*[79] は，「後に生じるかもしれない結果に先行する行為が著しく危険な」場合，「大きな危険」を制圧し始めなければならないと考えている．彼は，抽象的危険構成要件の予防効果についても確信している様子を見せている．

---

(75)　これは彼の著書 „Gesellschaftliche Unsicherheit und strafrechtliche Daseinsvorsorge", 1991 の副題である．引用は S. 70. *Müller-Dietz* によれば，「危険刑法は危険社会の特徴」（Rud. Schmitt-FS, 1992, 104）である．

(76)　*Roxin* の注釈付き BGH StrV 1992, 516 および517 のみ参照．

(77)　*Herzog*, 1991, 109 ff.

(78)　それに関して適切なのは *Weigend*, Trifferter-FS, 1996, 695.

(79)　*Kuhlen*, GA 1994, 362 ff.（363）．

第1編 基 礎

Schünemann[80]は，今日しばしば，加害の「因果連鎖が大衆社会の匿名性の中に消失する」と説明する．「それにもかかわらず，それらの条件の下で，まだ法益保護が維持されるべきであるならば，堪え難い程危険な行為それ自体に，刑法という手段が…投入されなければならない」．しかし，両著者は，本書でも行ったように，個々の危険犯の正当性を「問題の特殊性を顧慮したうえで分析し，評価する」[81]，ということを要求する．*Jakobs* も，細部において，さらに分類を加えているものの，抽象的危険犯の正当性を認めている[82]．

71 同じような関連にあるのは，社会学者 *Beck* の „Risikogesellschaft"（1986）と題する著書によって関心が起こされ，„Strafrecht und Risiko"（1993）と題する *Prittwitz* の著作の中で初めてモノグラフィーとして取り上げられた「危険刑法」をめぐる最近の議論である[83]．その際，とりわけ法益概念をも含んでいる，伝統的で法治国家的自由主義的な手段によって，（例えば，原子力的，化学的，生態学的または遺伝子工学的種類の）現代的な生存の危険を，刑法がどの程度防止することができるのかという問いかけが重要である．この問いかけはしばしば否定され，そのような危険の社会的発生原因を除去する必要性が指摘されている．もちろん，それは常に限定的にしかできないため，この分野で刑法の投入を完全に放棄できるわけではないであろう．しかし，刑法によって危険を抑え込む場合でも，法益関連性およびその他の法治国家的帰属原則は維持されなければならない．それができなければ，刑法を投入してはならない．「刑法のための場所は，危険に向かう決断が個人に正しく帰属されうるところだけである」[84]．

72 *Herzog* および *Prittwitz* のテーゼを受け入れ，かつ一部急進化したうえで，「フランクフルト学派」の他の主唱者達（*Hassemer, Naucke, P. A. Albrecht*）[85]も，現代社会の諸問題（「環境，経済，データ処理，薬物，税金，貿易，一般的には組織犯罪」[86]）を予防刑法によって抑え込もうとすることに反対する．その背景には，この分野で刑法を効果的に投入した場合，本質的で法治国家的な保障が犠牲にされなければならな

---

(80)　*Schünemann*, GA 1995, 210 ff. (212).

(81)　*Kuhlen*, GA 1994, 367; 全く一致しているのは *Schünemann*, GA 1995, 213 f. 彼は，抽象的危険犯を正当化するために四つの「検討段階」の概要を述べている．

(82)　*Jakobs*, ZStW 107（1995），855 ff.

(83)　さらなる文献として *P. A. Albrecht*, KritV 1988, 182; *Beste/Wagner*, KrimJ 1991, Beiheft 3, 24; *Calliess*, NJW 1989, 1338; *Frehsee*, StrV 1996, 222; *Greive*, 1992; *Hassemer*, NStZ 1989, 553; *ders.*, StrV 1990, 328; *ders.*, AK, vor § 1 Rn. 480; *Hassemer/Meinberg*, NK 1989, 46; *Hilgendorf*, 1993; *ders.*, NStZ 1993, 10; *Kindhäuser*, Universitas 1992, 227; *Kuhlen*, GA 1994, 347（Hilgendorf および Prittwitz の著書に関する非常に優れた，好意的で批判的な書評）; *Prittwitz*, StrV 1991, 435; *Seelmann*, BewHi 1991, 123; *ders.*, KritV 1992, 452.

いであろうという懸念がある．それゆえ，*Hassemer*[87]は，刑法を「中核刑法」に限定することを提案し，上述の「現代的」諸問題を，「刑法と秩序違反法との間で，民法と公法との間に位置しており，刑法と比べれば保障も手続的規制も厳格でないものの，個人に対するそれほど厳しくない制裁をも備えている」「介入法」によって解決しようとする．同様に，*Naucke*[88]は，「法治国家的刑法から強力な社会統制」へと重点が移っていることをはっきりと述べ，「予防を犠牲にしてでも法治国家的刑法を」無条件に「採用すること」を主張する．*P. A. Albrecht*[89]は，「法治国家的刑法の浸食」と判断し，「すべてを包括する予防の操縦要求から刑法を退却させること」，およびそれと同時に，「民法，公法および社会法を用いた…相当な操縦形態に」目を向けることを主張する．外国では，これらの考えは広く共感を得た[90]．

73 しかし，*Hassemer* および *Naucke* に対して *Lüderssen*[91]は，当然，刑法を昔からの伝統的犯罪という「中核領域」に限定することは「階級刑法」への回帰を意味するであろうと指摘する．窃盗犯は刑罰を受けなければならないのに対し，裕福な経済犯罪者および環境犯罪者は介入法のより軽い制裁を加えられるにすぎない．*Schünemann*[92]はもっと広範で非常に懸念すべき観点から批判する．「今日，生産のために天然資源が絶えず乱獲されているこの大量のゴミの時代において，フランクフルト学派が宣伝しているように，財産犯を刑法の中核領域に据えると同時に，たいていの環境犯罪を秩序違反領域に移すことは，まさに先祖返りといわなければならない」．

74 他方，現代刑法を度を越して拡張することに対する批判は，刑法という手段が適していないにもかかわらず，これによって社会的問題を解決しようとする傾向に対

---

(84)　*Prittwitz*, 1993, 384.

(85)　2000 年 4 月，トレドでの国際会議は主に「フランクフルト学派」というテーゼを扱った．ドイツ語の論文は Neumann/Prittwitz（Hrsg.), Kritik und Rechtfertigung des Strafrechts, 2005 に見出だされる．そこでは，特に，*Herzog*（117）および *Prittwitz*（131）の二つの論文が危険刑法に費やされている．„Schlussbericht"(175) の中で，*Roxin* は，批判的に検討した態度を表明している．

(86)　*Hassemer*, ZRP 1992, 381; *ders.*, 1991, 329 も参照．

(87)　*Hassemer*, ZRP 1992, 383.

(88)　*Naucke*, KritV 1993, 135, 158, 161. 彼の弟子である *Runte* は，die Veränderung von Rechtsfertigungsgründen, 1991 に関する彼の研究の中で，この種の展開を至る所で批判している．

(89)　*P. A. Albrecht*, KritV 1993, 163, 180; *ders.*, 2003.

(90)　例えば *Moccia*, 1997, 113 ff.; *Stella*, 2001, 387 f.; *Sousa Mendes*, 2000, 31 ff.

(91)　*Lüderssen*, 1995, 11; さらに Hassemer に反対するのは *Hirsch*, 1995, 11 ff.

(92)　*Schünemann*, GA 1995, 201 ff., 207.

第1編 基 礎

して向けられている限り，正しい．むしろ，ずっと以前から認められていた補充性原則（Rn. 97 以下）から明らかになることは，「社会政策的予防措置に関する練り上げられた計画を示すこと」を立法者に絶えず要求することであり，「そこに我々の時代の任務があるのであって，効果のない犯罪化にあるのではない」[93]．*Lüderssen*[94] は，そこからさらに，刑罰 ——「我々の時代の時代錯誤」—— の緩やかな廃止，および，「他の法領域による刑法の任務の引き受け」を要求する．非刑罰的予防措置および被害回復を刑法と完全に取り換えることは，もちろん，ほとんど実現できないであろう．人類史上，発展した国家はまだ一度も刑罰なしでは済まなかった．しかし，刑法をできる限り広く抑制するという要請には，大きな将来の展望が開けている．

75 しかし，処罰の早期化は，法治国家的に問題であり，これが公衆の漠然とした利益を引き合いに出すことによって隠蔽されることが稀ではないという点でも，現代危険刑法への批判は正しいと認めなければならない．この表向きの公衆の利益を法益と説明することで，早期犯罪化（Vorfeldkriminalisierung）の領域において，法益概念の可罰性限定機能は効力を失う．しかし，「法益概念における非物質化傾向」[95] が法益論に反対するのではなく，その濫用が克服されなければならないのである[96]．

76 私が以前の説明に一部関連づけることのできた三つの事例によって，この濫用が裏づけられるであろう[97]．

1. 自己危殆化およびそれに対する協力は，それ自体明らかに不可罰である．法益保護から演繹することのできるこの結論を回避したければ，自己消費のために軽い薬物を入手および所持する場合がそうであるように（Rn. 34 以下参照），「国民の健康」という集合的法益を考え出し，その抽象的危殆化が可罰性を正当化することになる．

---

(93) *Roxin*, 1995, 411. 犯罪予防について詳しくは *Kaiser*, ZRP 2000, 151; *Ostendorf*, ZRP 2001, 151.

(94) *Lüderssen*, 1995, 7 および 410 ff. *Lüderssen* について 3 章 Rn. 72, Fn. 111 も参照．それに対して *K. Günther*, Lüderssen-FS, 2002, 205 は，「刑罰の象徴的表現的意味」に固執しようとする，すなわち，彼は「侵害は個人的に責任を負わなければならない不法であり，この不法は公衆から受け入れられないという公的宣言」（a.a.O., 218）を要求する．しかし，彼は，それ以外にさらなる刑事制裁は必要なく，損害補償で十分とする点で *Lüderssen* に従う．それに関して詳しくは 3 章 Rn. 46.

(95) それは *Krüger*, 2000 のモノグラフィーのタイトルである．

(96) *Hassemer*, in: Hefendehl/von Hirsch/Wohlers, 2003, 57 も全く同様であり，その結果，「漠然としていると同時に極端に一般化された法益を用いることによって，法益に関する伝統的な考え方も被害を受け」る．

(97) 詳しくは *Anastasopoulou*, 2005, 237 ff. 参照．

第 2 章　実質的犯罪概念

77　2.　ある者が自分の物を他人に引き渡した，または，引き渡そうとしただけだったが，その際，その物が盗まれたと保険会社に届け出ようという悪い考えを抱いていた場合，これは犯罪的心情を現すものである．しかし，物を人に渡すことは所有権者の当然の権利であるため，客観的にはまだ何も生じていない．それにもかかわらず，そのような行為は保険の濫用の既遂または未遂として処罰される（265条）．請求されることになっている保険会社の財産のことを考えると，そのように早い前段階での処罰を正当化することはできないであろう．なぜなら，とりわけ，この処罰は，263条に述べられている，財産上の損害を基本とする立法者の評価と著しく矛盾するからである．それゆえ，「保険制度の給付能力」という集合的法益が，前面に出てその抽象的危殆化が処罰される．

78　3.　財産という法益は，刑法典の根底にある処罰原則により，過失による危殆化または侵害に対して保護されない．しかし，264条は，一定の補助金交付に際し，すでにそのような損害の過失予備さえも処罰する（4項）．個人保護の観点から正当化することのできないことを，それにもかかわらず可能とするため，漠然とした普遍的法益を再び呪文のように呼び出さなければならない．補助金制度自体がそれであり，その抽象的危殆化が処罰される．

79　この種のすべての法益は，多くの個人的法益の総計（多くの個人の健康ならびにさまざまな保険会社および補助金交付者の財産）から成り立っているにすぎず，したがって，独自の普遍的法益では全くない．抽象的危険犯を支える考え，すなわち，行為者の行為は危険であり，その結果，法益が侵害されたかもしれないという考えも，ここでは適切ではない．ソフトな薬物の個人消費，保険金もしくは補助金詐欺またはその予備さえも，想定された普遍的法益を一度も —— 抽象的にも —— 危殆化することはできない．しかし，伝統的カテゴリーが貫徹できないということは，それが役に立たないということではなく，逆に，そのような刑罰威嚇の不当性を証明する．

80　まず最初に *Kuhlen*[98] によって展開され，その間，*Wohlers*[99] および *Hefendehl*[100] のモノグラフィーでさらに練り上げられたことによって，ほとんどすでに，新たな形の普遍的法益の意義を得たいわゆる累積犯の形態も懸念を生じさせる．その形態はその起源を河川の汚染（324条）にもつ．それ自体ま

---

(98)　*Kuhlen*, GA 1986, 389.

(99)　*Wohlers*, 2000.

(100)　*Hefendehl*, 2002.

第1編　基　礎

だ本質的でない河川の汚染も可罰的でなければならない．なぜなら，さもなければ，他の者が同じことを行い，それらの寄与がすべて集まると重大な環境破壊を惹き起こすであろうからである．

81　この考えは多くの他の真正の，または誤解された普遍的法益に転用することができ，それにより，新たな形態の集合的法益となりうる．偽造された50ユーロ札により，貨幣制度自体が危殆化されるのではない．しかし，すべての者または非常に多くの者が偽札で支払った場合，それによって極めて否定的な影響が及ぼされるであろう．虚偽の供述により，司法機能が侵害されるのではない．しかし，すべての者または著しく多くの者が偽って供述した場合，それによって司法は著しく傷つけられるであろう．同じように，先に非難した見せかけの法益の場合，個々の保険金または補助金詐欺が，その都度，保険経済または補助金システムに目立った損害を加えているわけではないと論証することができる．しかし，そのような行為態様が多数現れるならば，これらの経済領域は著しく侵害されるであろう．

82　しかし，そのようにして可罰性を根拠づけることは認めることができない[101]．第1に，この根拠づけは，第三者の不正による（ex iniuria tertii）処罰につながる，すなわち，個人は自ら惹起した法益侵害のゆえではなく，他人の行為のゆえに処罰されることになる．第2に，いつ法益を著しく侵害するのに十分な他人の累積的寄与の数となると予想されるのかは，はっきりと明言することができない．そして第3に，それにより，先に（Rn. 76-78）言及した偽りの法益に，本来なら値しない正当性が付与される．

83　正しくは，次のように，言わなければならないであろう．真正の普遍的法益の場合，個々の「部分的な」侵害を確認することができる場合もすでに法益侵害が存在するのであり，全体系が侵害される必要はない．証拠の流通性の全体，または，司法の機能力は侵害されないとしても，立証の純粋性は，一回の個別の偽造文書の使用によってすでに侵害され，司法は一回の虚偽の供述によってすでに侵害されている．同様に，一定領域において，構成要件的に重大な限界を超えて水が汚染されることで十分である．湖全体の生態系が破壊されることまでは必要ない．この限りで，個人的法益の場合と同じである．被害者の身体

（101）　詳しくは *Anastasopoulou*, 2005, 151 ff., 183 ff. 参照．

第 2 章 実質的犯罪概念

的全体系が一回の平手打ちによって目立つほどには侵害されていなくても，これは傷害（223 条）である．そして，1 ユーロに関する詐欺的損害は，被害者の財産がそれによって付随的に被害を受けたにすぎず，全体として損なわれていないとしても，依然として詐欺である．

84 とりわけ *Hefendehl*[(102)] によって喧伝された，公衆の法益の基礎としての「信頼という法益」も，納得できない[(103)]．それによれば，例えば，146 条以下においては金銭の安全性への信頼が，331 条以下においては公務員機構の不可買収性への信頼が，保護法益の本質的要素ということになる．しかし，そのような社会心理学的見解はあまりに漠然としているため，法益としての質をそこに認めることはできない．また，この見解は裁判上確認されず，その確認のために国民アンケートを根拠とすることはできない．そして最後に，この種の行為が気づかれない場合，または，国民が公務員機構の不可買収性への信頼をすでに失っていた場合，法益侵害は疑問視されなければならないであろう．刑法はまず第 1 に，「心的精神状態や権利主体」を保護するのではない．「人的存在の基盤は，一定の機能連関への信頼ではなく，その機能力それ自体である」．

85 したがって，買収可能性に関するすべての個別事件は「職務執行の純粋性」に，すべての貨幣犯罪は金銭の適正な流通に，すなわち貨幣制度に，損害を加えるということが出発点とされるべきであろう．個人的法益ならびに普遍的法益の場合，法益は全体として機能しなくなる必要はなく，部分的な損害で十分であるということはすでに示した．

Ⅰ．法益保護と憲法

86 連邦憲法裁判所は，法益論をこれまで受け容れてこなかったのであり，したがって，法益保護の有用性を刑罰規定の実効要件にしようとは全く考えていない[(104)]．連邦憲法裁判所の決定的な検討基準は，法治国家原則から演繹される

---

(102) *Hefendehl*, 2002, 124 ff., 255 ff.; *ders.*, in: Hefendehl/von Hirsch/Wohlers, 2003, 127, 301.

(103) 批判について *Anastasopoulou*, 2005, 171 ff., 178: 節の最後で引用 ; *Hassemer*, in: Hefendehl/von Hirsch/Wohlers, 2003, 300 参照．

(104) *Palazzo*, RIDPP 1998, 350 は，イタリアでは，憲法裁判所（Corte Costituzionale）

49

第1編 基 礎

比例性原則である[105]．それは，追求された目的を達成するための手段の適性[106]，負担の少ない手段がほかにないことにかからせられる必要性[107]，そして，相当性（過剰の禁止と解釈される狭義の比例性）という三つの要素からなる．

87 しかし，これらの諸基準は極めて大まかに解釈されるため，立法者の裁量は実際には狭められない．「その処分が…法律公布の時点で，明らかに目的に役立たないと確かめられうる」[108]場合に初めて，刑罰規定は不適切とみなされる．必要性は，補充性原則（Rn. 98 参照）とより一層関係し，その枠内で立法者に広範な裁量の余地が認められる．そして，刑罰威嚇は，「全くの不相当というほどではない」場合，すでに相当とみなされる．「各々の状況を考慮したうえで，可罰的行為の領域を一つ一つ丁寧に確定することは，原則的に立法者の責務」（BVerfGE 90, 173）である．*Stächelin* は，憲法判例は「広く自制することによって，…過剰禁止への目配りの点で」傑出しているということを確認したが，正当である[109]．

88 学界は，後になってはじめて刑法の憲法上の限界と取り組み，最初はまず連邦憲法裁判所にほとんど無批判に従った[110]．*Paulduro*[111]は，比例性原則に完全に依拠してはいるが，連邦憲法裁判所は個人的法益の場合よりもむしろ普遍的法益の場合に憲法違反という結論を導いている，という思い違いを出発点としている[112]．*Lagodny*[113]は，刑事立法者に前置され，かつ刑事立法者を拘束する法益概念の存在を認めず，さらに，実体刑法は実に見事な方法で憲法のコントロールから逃れているという．*Appel*[114]は，「民主主義的憲法国家に

の表現は異なっているものの，基本的に状況が異なっているようにはみえないということを示している．

(105) BVerfGE 23, 127, 133; 61, 126, 134; 69, 1 f., 35; 76, 256, 359; 80, 109, 120.「憲法の消極的限界」としての比例性原則について *Hefendehl*, 2002, 83 ff.

(106) とりわけ BVerfGE 90, 145, 172 ff.; *Stächelin*, 1998, 123 ff.

(107) BVerfGE 90, 145, 172 ff.; 詳しくは *Lagodny*, 1996, 179 ff.; *Stächelin*, 1998, 126 ff.

(108) BVerfGE 39, 210, 230.

(109) *Stächelin*, 1998, 161 f.

(110) 本文で言及するモノグラフィーの他にも *Vogel*, StrV 1996, 110; *Weigend*, Hirsch-FS, 1999, 917 参照.

(111) *Paulduro*, 1992.

(112) *Krüger*, 2000, 87 f. 参照.

(113) *Lagodny*, 1996, 143 ff., 536.

(114) *Appel*, 1998, 390, 597.

おいては…刑法の法益論は刑罰限定機能という点でその意味を失った」と述べている．しかし彼は，刑事立法者を他の制限にも従わせようとしない．「刑罰による補強に関する政治的決定は…憲法からの演繹によってではなく，民主主義的意思形成という開かれた過程の中で下されなければならない」という．*Stächelin*[115]も，「法益論は，それ自体をみれば，立法者に何ら制約を加えていない」と述べる．しかし彼は，少なくとも，憲法上の過剰禁止を法益論の成果と結び付けようとし，それにより，憲法の基本権解釈学が「過剰禁止に関する刑法規範固有の具体化をこれまで提供してこなかった」という不都合を除去しようとする[116]．

89 最近になってようやく，連邦憲法裁判所の判例は活発な批判の的となった．実際，意外なことであるが，連邦憲法裁判所は，行政機関，裁判所および立法を含めた他の分野での決定をこと細かくかつ時には広範な効果を伴って再検討したが，よりにもよって，最も厳しい国家介入としての刑罰威嚇は，憲法によるコントロールをほとんど免れている．

90 そのため，*Schünemann*[117]は，連邦憲法裁判所に対し，基本法が完全に法益保護原則を受け入れる根拠となっているにもかかわらず，「この原則の批判力をはねつけ」たと批判する．第1に，法益保護原則は，基本法によっても前提とされ，その歴史的土台を形成する「社会契約の構想上の基盤」に根源を求めうる[118]．第2に，ナチス時代に法益保護原則が抑圧されたことが，まさに，その自由主義的な衝撃方向を，憲法解釈の有益な道具として登場させる．そして第3に，単純な基本権の制限と比較して刑法の投入が意味する「質的飛躍」も，法益侵害的な，したがって「重大な逸脱行為」を可罰性の必要的条件として登場させる．連邦憲法裁判所は，「結果的に，刑法理論を啓蒙以前の水準に引き戻」したというのである[119]．

91 *Hassemer*[120]も，「基本権と刑法の伝統を相互に…関連づけ」ようとし，法

---

(115) *Stächelin*, 1998, 67.

(116) *Stächelin*, 1998, 163-165.

(117) *Schünemann*, in: Hefendehl/von Hirsch/Wohlers, 2003, 142 ff. (145).

(118) *Schünemann*, 脚注 117 と同所，143 f.

(119) *Schünemann*, 脚注 117 と同所．「法益論を解禁した結果，思想的および法治国家的明確さ喪失の全容」(146) は，その後，連邦憲法裁判所のカンナビス決定（Bd. 90, 145 ff.）で明らかになる．

第1編　基　礎

益は「この文脈に比較的よく」なじむと考えている．*Stächelin* と同様に，彼は，
刑法の法益は「憲法の過剰禁止と自然に調和する．それどころか，法益という
考え方がなければ，過剰禁止を刑法的に再構成することは全く不可能であろう
ということができる…」というテーゼ[121]を主張する．*Hassemer* にとって，
法益は「行為の禁止を正当化する核心」である．「刑法上の一定の行為の禁止
が，それは一般に認められた目的をしかるべく追求するものだということを拠
り所にしえない場合，その禁止は ―― 刑罰威嚇の形では…正当化することがで
きない」．この一般に認められた目的は，「刑法によってもたらされた，侵害お
よび危殆化からの法益保護と何ら異なるものではない」．彼の説明の最高峰は
次の文である[122]．「刑罰威嚇の下，法益に拠り所を求めることのできない行
為の禁止は，国家テロであろう」．*Bottke*[123]も，「法益侵害の要求」を比例性
の要請から演繹することで，その要求を，「法的な刑罰威嚇の下で行為を調整
できる」憲法上の前提の一つにしようとする．イタリアでは，すでに以前，憲
法ランクの財のみが刑法上保護されてもよいという意味で，憲法から刑法の限
界を演繹しようとしていた[124]．

92　傾向として言えば，法益概念および過剰禁止に対するその意義の，憲法への
継受を支持する者に賛同することができる．というのは，本書で行ったように，
我々の憲法の社会契約的および基本権的要素の基盤から展開される刑法の任務
から法益概念が演繹されるなら，この処罰根拠から国家刑罰権の限界も明らか
にならなければならないからである．法益を保護しない刑罰規定は不相当であ
り，国民の自由への過剰な介入である．

93　もちろん，それを，上述のところで法益論から下された結論のすべてが，憲
法上拘束力あるものとみなされるべきであるかのごとく考えてはならない．そ
れは二つの理由から思い上がりであろう．第1に，前述の基盤から形成されう
る法益概念に関する刑法上の議論において，少なくとも原則的な一致が得られ

---

(120)　*Hassemer*, in: Hefendehl/von Hirsch/Wohlers, 2003, 59; *ders.*, Androulakis-FS,
　　　 2003, 217 ff.:「法益保護原則を過剰禁止という憲法上の伝統にぴったりと」はめ込む．
(121)　*Hassemer*, 脚注 120 と同所，60.
(122)　*Hassemer*, 脚注 120 と同所，64.
(123)　*Bottke*, Lampe-FS, 2003, 488.
(124)　*Bricola*, 1984, 4; *Angioni*, 1983, 175 参照.

なければならないであろう．最初に述べたように（Rn. 2, 3），この概念が全く恣意的に定義される限り，裁判所はこの概念で何をすればいいのか分からないであろう．しかし第2に，かなり広範な判断の裁量が立法者に認められなければならないであろう．ある行為が平穏かつ自由な共同生活にとってどのような結果となりうるか，および，そのような有害な結果発生の危険がどの程度高いのかは，しばしば，異なって判断されることがあり，その場合，立法者によって決定されなければならない．

94　それゆえ，たいていの場合，法益論から演繹される結果は憲法上基礎づけられた刑事政策的要請であり，立法者はその要請を尊重しなければならないものの，強制はされないということは今後も変わらない（前掲 Rn. 12 参照）[125]．*Lagodny*[126] のように本来，法益に対する懐疑主義者ですら，今では，「基本権の刑事政策的方向づけ機能」を口にし，容認している．「刑法上，法益を議論する功績は，立法者を少なくとも理論的に論証する必要性へと追いやることのできる基本的思想を見出した点にある」．すでにそれが，国家刑罰権を合理的に議論することに本質的に寄与している．しかし，すでに，目下の議論状況によれば，刑罰規定が法益保護に役立つという認識を全く支持できないところでは（例えば Rn. 23, 25, 34 以下参照），我々の連邦憲法裁判所は，同じ結論に至るならば，そのような規定を違憲と宣告することを憚らないであろう．

Ｊ．立法者には法益侵害の処罰の義務を負わせられうるか？

95　さらに，法益侵害行為の処罰を立法者に義務づけることができるのか，および場合によっては，どのような要件の下でこれができるのかも，同じく未解決の問題である．ここでは，過少禁止（Untermaßverbot）が問題になっている．通常の場合，基本法26条1項[127]を超える憲法上の刑罰化の要請は確かに存

（125）　*Sternberg-Lieben*, in: Hefendehl/von Hirsch/Wohlers, 2003, 79 f. もそのようにいう．

（126）　*Lagodny*, in: Hefendehl/von Hirsch/Wohlers, 2003, 87.

（127）　基本法26条1項：「諸国民の平和な共同生活を妨げ，特に侵略戦争の遂行を準備するのに役立ち，かつ，そのような意図でなされる行為は違憲である．かかる行為は，これを処罰するものとする」．多くの外国憲法は明文で刑罰化の要請を規定しているため，ドイツ以外では，この種の規定の詳細な意味をめぐって激しく議論されている．

第1編 基 礎

在しない．むしろ，対立する個人の自由権に境界を設けることと同様，公共の
福祉と個人の自由とを衡量することは立法者の務めであり，立法者が決定する
余地は，立法者を拘束している領域よりはるかに大きい．また，立法者が法益
を刑法的に保護しようとするのか，民法的および公法的手段によって保護しよ
うとするのかは，十分にその裁量の問題である．そのうえ，非刑罰法規によっ
て十分効果的に保護できるならばそれが優先されるべきである（それについて，
Rn. 97 以下参照）．例えば，物の奪取の意思，すなわち領得の意思なしに他人の
物を窃取することは，ドイツ法によれば，通常，不可罰である（しかし，民法
858 条 1 項の禁止された専断的占有妨害として違法であり，場合によっては損害賠償の義務
を負う）．したがって，重要なコンサートの前にヴァイオリン奏者から，その人
が唯一練習を重ねていた楽器を窃取したが，その後すぐそれを返そうとする者
は，これに関して不可罰である．そのような場合，処罰が相当でないのかを争
うことはできる．しかし，立法者がそのような規定を設けるべく強いられてい
ると主張することはできない．

96 それにもかかわらず，連邦憲法裁判所は，堕胎立法に関する周知の係争にお
いて，いわゆる期間解決方式（すなわち，妊娠三ヶ月以内の堕胎の不処罰）を違憲と
宣告し，その理由を，立法者は刑法的保護を完全に放棄してよいわけではない
ということに求めた．立法者は，「最悪の場合，すなわち，憲法によって要請
される保護が他のいかなる方法によっても達成できない場合…生成中の生命を
保護するため刑法という手段を投入する義務を負わせられ」（BVerfGE 39, 1, 45）
うる．それに対しては，基本的な法益が侵害された事例については，上述のよ
り狭く解された要件の下で賛成しなければならないであろう[128]．さもなけれ
ば，国家は，国民の平穏な共存を保障するという自らの任務から免れてもよい

Marinucci/Dolcini, RIDPP 1994, 350 ff.; *Pultiano*, Delitala-GS, 1984, 1237 のみ参照．

（128） そのテーゼは刑法を超えており，今日国法上認められた国家の基本権保護義務と
の関連でのみ，包括的に扱われうる．最近の国法上の文献から *Isensee*, Das Grund-
recht auf Sicherheit, 1983; *Alexy*, Theorie der Grundrechte, 1985; *Hermes*, Das Grund-
recht auf Schutz von Leben und Gesundheit, 1987; *Robbers*, Sicherheit als Menschen-
recht, 1987; *E. Klein*, Grundrechtliche Schutzpflicht des Staates, NJW 1989, 1633;
Hofmann, Die Pflicht des Staates zum Schutz menschlichen Lebens, F. -W. Krau-
se-FS, 1990, 115; *Kriele*, Die nicht-therapeutische Abtreibung vor dem Grundgesetz,
1992.

ことになり，それにより，自分自身でその存在を放棄することになってしまうであろう[129]．*Robbers*[130]も同じようなことを述べている．「憲法上の保護財は…やむを得ない場合，多数意見に反してでも守られなければならない．刑法によってのみこれを行うことができ，保護財に目を向け，刑罰を行為者に要求することもできるということが証明される場合，この手段も投入されなければならない」．もちろん，堕胎の場合，刑法以外の手段でも生成中の生命を保護することができないのか，あるいはそれ以上にうまく保護することができないのかは，依然争われている．今では，連邦憲法裁判所も，生成中の生命を，立法者が刑法以外の手段で保護できることを認めている（BVerfGE 88, 203）．新218条aは，正当化的，医学的・精神的および犯罪学的適応以外に，その他の場合として，義務的助言を伴う期間解決方式による構成要件阻却を用意している[131]．

K．法益保護の補充性

97 すでに上述のことから，法益保護は刑法によってのみ実現されるのでなく，全法秩序を利用することによってそれに寄与しなければならないということが明らかとなった．そのうえ，刑法は，問題になっているすべての保護処分の中で最後のものにすぎない，すなわち，―― 民事訴訟，警察法上または営業法規上の命令，非刑罰法規的制裁等といった ―― 社会的問題を解決する他の手段が役立たない場合のみ，刑法は投入されてもよい．それゆえ，刑罰は「社会政策

（129）　*Hassemer*, Androulakis-FS 2003, 222 は，適切にも，「過少禁止も法益のことを考えなければ構成することはできない」と述べている．

（130）　*Robbers*, in: Lüderssen（Hrsg.）, 1998, Bd. Ⅰ, 155.

（131）　非常に対立している文献から，参考文献の多い *Rüpke*, Schwangerschaftsabbruch und Grundgesetz, 1975; *Müller-Dietz*, Dreher-FS, 1977, 97; *Arndt/Erhardt/Funke*, Der § 218 StGB vor dem Bundesverfassungsgericht, 1979; *Badura*, Die verfassungsrechtliche Pflicht des gesetzgebenden Parlaments zur Nachbesserung von Gesetzen, Eichenberger-FS, 1982, 481; *Driendl*, Zur Notwendigkeit und Möglichkeit einer Strafgesetzgebungswissenschaft in der Gegenwart, 1983; *v. Mangoldt/Klein/Starck*, Das Bonner Grundgesetz, Bd. Ⅰ, ³1985, 60; 期間解決方式を人権および基本的自由の保護に関する協定2条（生命権）違反とみなす *Lewisch*, Platzgummer-FS, 1995, 394 ff. 参照.

第1編　基　礎

の最後の手段」と呼ばれ，その任務は**補充的**法益保護と定義される⁽¹³²⁾．刑法が一部の法益のみを保護し，しかもこれを常に一般的にではなく，（財産のように）しばしば若干の攻撃方法に対してのみ保護する限り，刑法の「断片的」性格とも呼ばれる⁽¹³³⁾．

98　補充性原則も，憲法上保障された比例性原則から演繹することができる（Rn. 86参照）．国家がそれほど過重でない手段によって法益を保護することができるならば，刑法の投入は必要ない．例えば，通常の契約違反は，民事訴訟および強制執行処分によって十分清算することができる．ここで刑法を投入することは不相当であろう．ある者が，違法な利得のために欺罔によって自分のビジネスパートナーに損害を与えた場合に初めて，個人的財産という法益が持続的に侵害され，刑法の詐欺構成要件（263条）が介入する．詐欺師は，しばしば，損害賠償を履行することができないうえ，その意思もなく，おまけに，債権者の追跡をたいてい逃れるであろうから，ここでは，刑罰威嚇によってのみ法益を効果的に保護することができる．同様のことは，通常の窃盗の場合に妥当する（限定的分野における例外の可能性について Rn. 99参照）．

99　犯罪行為と秩序違反との境界という刑事政策的問題もここに分類することができる．刑法の法益保護の補充性のゆえに，立法者により追求された目的が非刑法的制裁によって充分保障されるところでは，立法者は秩序違反として制定すべきである．軽微な法益侵害にすぎない犯罪については，大抵はそうすべき

---

(132)　参照するものとして *Roxin*, JuS 1966, 382（= Grundlagenprobleme, 13 f.）; *Arth. Kaufmann*, Henkel-FS, 1974, 89 ff. 比較法的には *Jescheck*, Miyazawa-FS, 1995, 363. 補充性概念の限界について詳しくは *Jakobs*, AT², 2/26 ff.;「非刑罰化のための補充性原則の意義」について *Brandt*, 1988; *P. A. Albrecht*, 1992. *Vormbaum*, ZStW 107（1995）, 746 f. は，刑法学は「刑罰限定学」であるとの考えを展開する．彼は，「政治の犯罪化願望」に対して，「疑わしきは自由の利益に（in dubio pro libertate）」という原則を表すものとして，「疑わしきは犯罪の不利益に（in dubio contra delictum）」という原則を反論として持ち出そうとする．*Kunz*, 2004, 80 f. も「最小限の刑事政策」に賛成する．経済刑法に対する補充性原則からの推論につき *Haffke*, KritV 1991, 165. *Ostendorf*, 2000 も刑罰の制限に賛成する：「法治国家の質は，刑罰の強さではなく，できる限り小さな刑罰で国民を保護する点に示される」．*P. A. Albrecht*, KritV 1996, 330 は「法治国家の要請としての非犯罪化」を要求する．

(133)　その表現は一般に *Binding*, Lehrbuch BT, Bd. Ⅰ, ²1902, 20 ff. に由来する．それに関して詳しくは *Maiwald*, Maurach-FS, 1972, 9 ff.（一部結論が異なる）．

第2章　実質的犯罪概念

である．それゆえ，立法者は，新総則を創設する際，かつての違警罪を正当に
も廃止し，大部分を秩序違反に変更した（秩序違反法111条以下参照）．しかし，
行為が，時として法益に著しい損害を加えるにもかかわらず，社会倫理的無価
値内容がわずかであるにすぎなければ，秩序違反の創設が考えられなければな
らない．したがって，今日しばしば，犯罪的不法行為として処罰される軽過失
の場合，秩序違反として制裁を加えることで同じ保護機能を充足することがで
きるであろう．とりわけ，そこでは，民法上の損害賠償義務によって大いに予
防効果が発揮されているからである．他の場合 —— 例えば環境有害行為のいく
つかの形態の場合 ——，刑事手続では個人責任を明らかにするのがしばしば困
難であるため，それよりも，営業法規上の賦課金および制裁の方がしばしば効
果的たりえよう．刑法による解決を民法による解決と取り換えても，法政策的
にまだまだ手段は尽くされてはいない．したがって，店主に金銭の弁済をする
ことで，ちょっとした万引きを償うことは —— 繰り返される累犯の場合を除い
て —— 意味があろう[134]．企業内での窃盗に対しては，刑事司法に委ねる代わ
りに，今日すでに —— もっとも，十分な法的保障はないが —— 多くの場合で行
われているように，内部的「企業内司法」に対する法的規定が用いられるべき
であろう[135]．

100　議論の中でこれまでほとんど考慮に入れられなかったが，補充的法益保護
の別の可能性が，その他にもまだ存在する．そうだとすると，法益侵害がそれ
ほど重大でない場合，損害とは関係なく被害者に金銭を支払うことで処罰に替
えるということが考えられうる．例えば，他人を侮辱している（185条）—— 186
条，187条は評判を毀損することを要し異なる —— 者が，侮辱された者に，（い
わば精神的慰謝料として）多額の金銭を支払わなければならないならば，それに
よって，たいした成果が期待できない告発または私訴という困難な方法を彼に
示すよりも，国民の社会的敬意の要求はおそらくもっとよく保護されるであろ

（134）　万引き法対案，1974参照．DJT 1976の対象でもあった非常に議論の余地ある問
　　　題について．さらに，参考文献の多い *Meurer*, Bekämpfung des Ladendiebstahls, 1976
　　　および *Schoreit* (Hrsg.), Problem Ladendiebstahl, 1979のみ参照．それ以外の関連文
　　　献はRn. 140の前に挙げた．

（135）　多くの文献の中から，企業内司法規定対案，1975および *Kaiser/Metzger-Pregi-*
　　　zer, Betriebsjustiz, 1976の著作集のみ参照．それ以外の関連文献はRn. 140の前に挙げ
　　　た．この種の分野別解決法に否定的なのは，参考文献の多い *Dölling*, 1993, 19 ff.

第1編　基　礎

う．補充性原則の領域においては，極めて建設的で社会政策的な想像力が要求
されるが，立法および学問にそれが欠けていることが極めて多い．

101　もちろん，補充性原則という考え方は，立法者に，法益保護原則（Rn. 92-94
参照）よりはるかに大きな裁量の余地を残している．確かに，比例性原則は憲
法上拘束力があり，その結果，刑法を過度に投入することは無効となることも
ありえよう．しかし，実際，立法者がわずかな違反に対してそれにふさわしい
軽い刑罰を科す限り，憲法違反を否定することができる．より緩やかな手段
（例えば，単なる民事制裁）によって十分な成果が上がるのかが不確実な場合，そ
の上立法者には評価するという特権が与えられる[136]．それゆえ，補充性原則
は，拘束力ある規定というよりもむしろ刑事政策的な要請である．立法者がど
の程度犯罪行為を秩序違反に変更するか，または，例えば店内もしくは企業内
での窃盗を非犯罪化することが，どの程度合目的的とみなされるのかは，社会
政策的決定の問題である．ともかく，この限りでも，実質的犯罪概念は，確か
な立法批判を可能にするが，これは刑法の進歩にとって不可欠である．

102　—— とりわけ経済の領域において —— 刑法の拡張を支持する者たちによっ
て[137]，（包括的な届け出義務，承認義務および監査義務といった）行政法上の処分は，
刑法的制裁よりも重い負担を課することが多いと指摘され，補充性原則がさら
に相対化されることも頻繁にある．しかし，もしそうだとすると，より緩やか
な規制の可能性はなく，したがって，補充性原則が刑罰威嚇の導入を妨げてい
るわけではない．もちろん，介入の重大性を判断する際，関係者の金銭面や組
織面の負担にのみ留意してはならないということをよく考えてみなければなら
ない．この負担は —— 実際，刑事訴訟法153条aの扱いからも明らかなよう
に —— 刑法的に有罪判決を下された場合の職業的および社会的不利益と比較し
て，通常，依然として，より軽いものと感じられ，そうだとすると，刑罰制裁
の方が重いといえよう．

---

(136)　BVerfGE 37, 104 (118)；43, 291 (347)；BVerfG NStZ 1989, 478; 詳 し く は
Kuhlen, 1989, 184 ff.

(137)　この方向に対する例として *Tiedemann*, Stree/Wessels-FS, 1993, 527 ff., 530 f. は
「市場経済における刑法」に賛成する．

第2章　実質的犯罪概念

L．学界における異なる見解

103　法益概念の刑法限定機能に否定的または懐疑的な論者達は，それにもかかわらず，刑事立法者の介入権に何らかの限界を設けるか，または，少なくとも，可罰性の実質的内容に関して説明する必要性を一貫して認める．若干の例によってそれを明らかにしたい．

第 1 節　Jescheck/Weigend, Zipf

104　*Jescheck/Weigend*[138]は，今日，法益概念は刑法を共同体にとって有害な（単に不快なというのではない）行為の処罰に制限するのにしばしば役立つが，刑事政策的問題にとっては「法益の概念から何も演繹することはできない．決定的なのは法政策決定であるが，その決定に対して基本法は若干の規準（国家の保護義務，刑法の補充性）を含んでいる」と考えている．同じように，*Zipf*[139]は，法益保護の考え方に遡ることなく，「実質的犯罪概念」は，「憲法秩序および刑罰論によってあらかじめ形成され」ていると述べる．「その際，特に，多元的な国家像および社会像に関する信条に…意義がある．我々の目下の社会秩序においては，犯罪は，異なる世界観または異なる道徳的立場からは生じえない」．これらすべてのことは，本書でも主張した理論の本質的要素を含んでいる．しかし，この要素を補充的法益保護論に分類することにより，多くの刑事政策的成果を具体的に演繹することができる（Rn. 13-49 参照）のに対し，上述の見解は依然として，キーワードを並べたようなもので，しかも拘束力はない．

第 2 節　Welzel

105　*Welzel*[140]は，刑法の「中心的任務」は法益保護ではなく，「他人の生命，健康，自由，所有権等の尊重というような積極的社会倫理的行為価値の妥当性」を保護することにあるという見解を唱える．「刑法の第 1 の任務」は，「法

（138）　*Jescheck/Weigend*, AT⁵, § 26 Ⅰ 2.
（139）　*Zipf*, ²1980, 107.
（140）　*Welzel*, StrafR¹¹, 2.

第1編　基　礎

的心情という行為価値」の遵守を「保障すること」[141]である．しかし，彼は，
「個々の法益保護」は本質的心情価値の優先的保護の中に「含まれている」[142]
とみている．

106 この見解に対し，これは行為刑法から離れ，心情刑法につながるとしばし
ば批判されている．しかし，おそらく不当である．というのは，*Welzel* は，
刑法によって任意の「積極的」心情を認めさせようとするのではなく，刑法典
で保護される法益を尊重し，規範を承認しようとしているにすぎないからであ
る．しかし，その点に，*Welzel* が手段と目的を取り違え，結論としては，本
書で主張した理論とほとんど相違ないということも示される．というのは，一
般人の意識に規範を根づかせることは，いわゆる「積極的一般予防」として明
らかに刑法の任務の一つであり（詳しくは3章 Rn. 26 以下参照），*Welzel* が述べて
いることと同じことになるからである．しかし，他人の生命，所有権等を尊重
する意識を作り出すことは，もちろんそれ自体が目的ではなく，法益侵害を防
止するためである．それにより，これは法益を保護するための手段にすぎない．

第3節　Lenckner

107 *Lenckner*[143]によれば，犯罪は法益侵害ばかりでなく，「同時に義務違反」
でもある．というのは，不能未遂のように，法益の侵害または危殆化が欠ける
場合があるからである．他方，法益侵害が存在する場合でも，── 例えば完璧
に正しく走行する運転手によるなら ── その他の「本質的犯罪要件」は存在し
えない．したがって，義務違反は，場合によっては法益侵害を補うことができ
るが，場合によっては法益侵害に付け加わらなければならないということにな
る．

108 しかし，一見しただけで，その点に，本書で唱えた考え方との相違がある．
というのは，不能未遂も，おおかた，保護法益にとって危険だからである
（*Roxin*, AT/2, 29 章 Rn. 11 参照）．しかし，立法者が例外的に危険のない未遂を処
罰するところでは，そこにある「法を震撼させる規範違反」を処罰することに

---

(141)　*Welzel*, StrafR[11], 3.

(142)　*Welzel*, StrafR[11], 4.

(143)　*Sch/Sch/Lenckner*[26], vor §§ 13 ff. Rn. 11.

第2章 実質的犯罪概念

よって，その侵害が規範によって禁止された法益の保護に役立つ（AT/2, 29章Rn. 12参照）．その他，「犯罪」が法益侵害以上のものであること，すなわち，構成要件該当，違法および有責な法益侵害であるということは，言うまでもないことである．しかし，それによって，その処罰が法益保護に役立つことには，何ら変わりがない．

第4節 Jakobs

109 *Jakobs* にとって，法益保護は刑法の任務ではなく，規範妥当性の侵害の防止がそれである[144]．それによれば，刑罰は「犯罪行為者による規範の否認」であり，「行為者の主張は一般的な基準とはならず，規範は依然として妥当し続ける」[145]という意味をもつ．「この観点からは，刑罰を執行することで，刑罰目的は常に達成されている．社会のあり方が確認されている」[146]．

110 それは社会理論的構成であり，Hegel の刑罰論（「法の否定の否定」としての刑罰）との類似性は一目瞭然である．しかし，この見解は賛成に値しない．というのは，社会システムは，そのもの自体のためではなく[147]，各々社会の中で生活している人のために維持されるべきものだからである．仮にそうでなくても，それを維持することができるのは，意味を付与することによってではなく，刑罰威嚇および刑の執行をも含む社会システムのコントロールの運用が現実に有効に機能することによってであろう[148]．

111 しかし，これらの批判はさておいても，規範も，国民の服従のみを目的としうるわけではない．規範は常に作為または不作為，したがって一定の状態を作り出すことに向けられなければならない．しかしこの状態は，私が手本にしていた法治国家的民主主義，すなわち，社会構成員の平穏かつ自由で，人権を尊重する共同生活の中でのみ存在することができる．それに対して*Jakobs* は，

---

(144) 私は，本書では，Saito-FS, 2003, 17 におけるそのテーマの最後かつ詳細な彼の論述に限定する．

(145) *Jakobs*, Hung-GS, 2003, 42.

(146) *Jakobs*, Saito-FS, 2003, 34.

(147) 同じように批判するのは *Mir Puig*, GA 2003, 866:「目的によって正当化されなければならない道具から，規範はそれ自体正当化される目的となる」．

(148) 2004 年に公刊された刑罰の目的と意義に関する著書において，*Jakobs* はそれを自らも認めている（3章 Rn. 31 参照）．

61

第1編　基　礎

規範内容の正当性または不当性に関する言明を学問的でないと明言することで，それに関するあらゆる発言を意図的に避けている．彼は次のように考えている[149]．すなわち，規範の保護においても，「人々の自由な生活を規制する規範が政治的に選択されて」もよく，その場合，「法益保護論が自慢する同じ批判的出発点」を有する「が，それは政治的出発点であって，学問的出発点ではない．それに関してこれ以上言うことはない」．

112　ここでは，学問に関する概念が狭いことから，法律家は立法者に任意および恣意を提供することになる．確かに，刑事政策自体はまだ学問ではない．しかし，法治国家的・自由主義的憲法秩序の刑事政策的規準から，刑事立法の内容的限界を展開することは，十分に法律学の学問的任務であり，それが学説の域内で展開されるのか憲法裁判権の域内で展開されるのかはどうでもよい．

113　その後，*Jakobs* は，とりわけ，私が[150]最初に展開し，特に職務における犯罪行為を含む義務犯について，それは法益侵害に由来しうるということに異議を唱えている．例えば，裁判官による枉法[151]は，法益侵害としてではなく，義務違反としてのみ正しく理解される[152]．私はそれに反論する．裁判官が意図的に誤った判決を宣告した場合，法益としての性格が明らかな司法は最も重大な損害を被る．それに対して，構成要件固有の義務違反は，正犯性の要素にすぎない．教唆者および幇助者は，たとえ彼らが裁判官でなくても，同じ規定によって，減軽されるものの，処罰される．すでに法益侵害によって可罰性が根拠づけられなければ，それは不可能であろう．

114　さらに，*Jakobs* は，法益概念は「真に自由主義的な内容」も「ない」[153]と考えている．したがって例えば，同性愛処罰は，プロイセン軍の場合のような「男性の階級によって形成された社会」において法益を保護していた．なぜなら，「基本的に階級に跨る種類」の性的関係は社会有害的に作用するからであろう[154]．同様に，かつて，近親相姦は「家族の明確な構造形成」という財を

---

(149)　*Jakobs*, Saito-FS, 2003, 31.

(150)　*Roxin*, Täterschaft, 352 ff.; *ders.*, AT/2, 25 章 Rn. 267 ff.

(151)　刑法 339 条.

(152)　*Jakobs*, Saito-FS, 2003, 21.

(153)　*Jakobs*, Saito-FS, 2003, 27.

(154)　*Jakobs*, Saito-FS, 2003, 26.

侵害していた[(155)].

115 これらの大胆なテーゼから，上述の規定が，遠い過去にかつて，法益を保護していたということを根拠づけることができるのかは，どうでもよい[(156)]．法益は自然法のように永遠に妥当するものではなく，憲法的基盤および社会関係の変化に従う．*Jakobs* も認めているように，彼がこれらの「財は時代遅れである」[(157)]と述べる場合，今日，ここでは，いずれにせよ，もはや法益が重要ではない．しかし，法治国家的議会制民主主義における今日の刑法だけが，上で支持された法益論に裏づけられている．この限りで，*Jakobs* は，「時代遅れ」規定の放棄を勧めることで，結局，実際，本書で唱えた考え方に近づく．さらに，上述の例から明らかなように，かなりの刑罰規定は最初から正しく機能していないということが認識さえすればよい．

第 5 節　Amelung

116 *Amelung*[(158)]は，実質的犯罪概念を，——刑罰威嚇によって防止することのできる——社会損害の理論に基づかせようとする．しかし，彼は，それを内容的に一層明確に述べるために，法益論ではなく[(159)]，とりわけ *Parsons* によって仕上げられた形であるとしても，——*Jakobs* と同様に——社会システム論を引き合いに出す．しかし，このように行為のシステム機能性を基礎とすることにより，人は自分自身のためにではなく，社会のためにのみ保護される[(160)]，したがって，社会の全体系が侵害されずにすめば人を犠牲にしてよいということになるであろう．法益思考の自由主義的衝撃方向とは真逆であるこの結論を回避するため，*Amelung* は，自らの考えを基本法の基本的価値決定（とりわけ基本法 1 条および 2 条）によって制限しようとする[(161)]．かくして，彼は，本書

---

(155)　*Jakobs*, Saito-FS, 2003, 27.

(156)　仮に *Jakobs* に従うとしても，どのみち，それはプロイセン軍の同性愛をおそらく処罰しないであろう．「家族の明確な構造形成」は法益ではなく，単に立法の目標設定を記述しているにすぎない．

(157)　*Jakobs*, Saito-FS, 2003, 27.

(158)　*Amelung*, 1972, 330 ff.

(159)　それを彼はすでに啓蒙主義の社会損害論と一致できないものと考えている．それに関してすでに Rn. 6 の脚注 20 参照.

(160)　*Amelung*, 1972, 389.

第 1 編　基　礎

で唱えたのと同じような結論に至ることができる．しかし，―― 事柄上必要
な ―― 制限は出発点と矛盾し，国家は個人のために存在するという理解を覆い
隠してしまう．個人は，社会の全体系の一部としてのみ保護されるのではなく，
自分自身のために保護されなければならないからである(162).

第6節　Stratenwerth

117　*Stratenwerth*(163)は，法益論および社会理論的アプローチを等しく否定する．
法益概念は非常に不明確である．さらに，すべての人的集団には，「『財』…を
重要としない文化的に形成された行為規範」が必要である．「それゆえにすで
に，一定の法益を保護しない刑罰法規は不当であるという教義は，維持するこ
とができない」(164). 社会理論的アプローチは，せいぜい，「非常に抽象的な仮
説」(165)を提供するにすぎない．「犯罪の定義に対する批判的基準は，ここから
は生じない」という．

118　したがって，*Stratenwerth* にとって，刑法は，結局，それ以上説明できな
い行為規定に基づいている．「出発点の基本的相違により，犯罪行為の法益志
向的ならびにシステム志向的定義は…事実上見出しうる社会的行動規則と関係
しなければならず，この行動規則は規則の側で合理的に広く根拠づけることが
できないということを何ら…変更するものではない」．彼はもっと先鋭化して
述べているが(166)，「一定の規範を保持したい，または他方，行為を全く望ま
ないという，社会的なかつ立法者に認められた基本的態度が決定的である」こ
とが認識されなければならない．

119　しかし，立法者または多数の国民が何かを「望まない」ということが刑罰
威嚇にとって十分であるなら，我々の刑法の自由でリベラルな基盤は放棄され
る．なぜなら，その基礎には，まさに，個人は議会の多数によっても勝手に自
由が制限されてはならない（平穏かつ自由な共存にとって不可欠なものの範囲内におい

---

(161)　*Amelung*, 1972, 390; しかし，著者は，憲法は立法者をほんのわずかしか拘束し
　　　ないとも述べている（1991, 269, 278).

(162)　*Hassemer*, ZStW 87 (1975), 161 ff. による批判参照．

(163)　*Stratenwerth/Kuhlen*, AT5, § 2 Rn. 5 ff., 13 ff.

(164)　*Stratenwerth/Kuhlen*, AT5, § 2 Rn. 8.

(165)　*Stratenwerth/Kuhlen*, AT5, § 2 Rn. 14.

(166)　*Stratenwerth*, in: Hefendehl/von Hirsch/Wohlers, 2003, 299 f.

てのみ制限される）ということがあるからである[167]．*Stratenwerth*[168]が，130条3項，166条，168条，173条，183条，183条aのような規定は法益侵害を基礎とした場合説明できないと考えているなら，彼は，これらの規定の正当性に関する疑いがまさにそこに大いにあるということを看過している（Rn. 26 以下参照）．法益思想と決別するならば，同時に，法治国家的立法批判の決定的潜在力を放棄することになる．

第7節　要　約

120　その他にも，法益概念には刑法限定能力がないとされるこもあり，その作業遂行能力に疑いの目が向けられる[169]．他方また，法益保護は刑法の中心的任務としてしばしば擁護される[170]．しかし，その擁護者はたいてい守勢に立たされる．── 特に *Hassemer* および *Schünemann* の理論における ── 若干の例外は別として，自由主義的法益論を基本的に否定しない多くの者にも，ある種の法益に対する倦怠感が支配的である．それは，一部は法益の概念および機能に関して述べられた見解の相違に基づいており，一部は憲法裁判所判例による法益論の採用および処理がこれまで欠如していたことに基づいており，一部はおそらく啓蒙的自由主義的な刑法の伝統が薄れていることにも基づいてい

---

(167)　批判について Hefendehl/von Hirsch/Wohlers, 2003 における以下の意見も参照．*Wohlers* は「決定があるため，それを保護に値するものと認めることはできない」（284），*Hassemer* は連邦憲法裁判所が検討するために，「批判的な刑法理論による基準」が必要である（300），*Schünemann* は「自然主義的に誤った推論」と呼んでいる（301）．

(168)　*Stratenwerth*, Lenckner-FS, 1998, 388 ff.

(169)　最近の議論から *Appel*, 1998, 336 ff.; *Frisch*, Stree/Wessels-FS, 1993, 71 ff.; *ders.*, in: Hefendehl/von Hirsch/Wohlers（Hrsg.）, 2003, 215; *Hirsch*, Spinellis-FS, 2001, 425; *Korioth*, GA 1999, 576; *Krüger*, 2000, 62 ff.; *Lagodny*, 1996, 21 f.; *ders.*, in: Hefendehl/von Hirsch/Wohlers（Hrsg.）, 2003, 83; *Papageorgiou*, 1994, 92 ff.; *Sternberg-Lieben*, 1997, 362 ff.; *Vogel*, StV 1996, 110 ff.; *Wohlers*, 2000, 218 ff.; *ders.*, in: Hefendehl/von Hirsch/Wohlers（Hrsg.）, 2003, 281 参照.

(170)　最近の文献から *Hassemer*, in: Hefendehl/von Hirsch/Wohlers, 2003, 57; *ders.*, NK, vor § 1 Rn. 255 ff.; *Hefendehl*, 2002; *ders.*, GA 2002, 21 ff.; *ders.*, in: Hefendehl/von Hirsch/Wohlers, 2003, 119; *Müssig*, 1994; SK⁶-*Rudolphi*, vor § 1 Rn. 3 ff.; *Schulz*, *Stächelin*, *Kindhäuser*, in: Lüderssen（Hrsg.）, 1998, 208 ff., 239 ff., 263 ff.; *Stächelin*, 1998, 30 ff. のみ参照.

第1編 基 礎

る.

121 しかし，諦めるに十分な理由はない．本書での描写において，法益保護原則との一致が問題とされた規定をよく見てみると（Rn. 13 以下），個々の規定の解釈者間で，その正当性がその都度非常に争われているということに気づくであろう．その疑念の真相を究明する場合，規定の法益に関する問いの根底には，全くばらばらに表現された懸念があるということが明らかになる．すでにそこに，この思考アプローチの作業遂行能力が明らかになる．

122 刑法の啓蒙的自由主義的基盤を擁護することは，決して余計なことではない．当然，*Schünemann*[171]は，個々の国家刑事司法の「相互承認」というスローガンの下，刑法のヨーロッパ化は「国家介入権の最適化」につながるということを指摘する．この展開に対抗するためには，法益保護原則を「自由主義的思考の，したがって正義の強固な岩盤」[172]として効果的に機能させることが，ぜひとも必要である．

M. 加 害 原 理

123 ヨーロッパ大陸の伝統の中で発展した刑法制限的法益論は，アングロ・アメリカの法律圏において，同じような努力を見て取れる．確かに，この法律圏には「法益」概念は知られていないが，すでに 1859 年，*John Stuart Mill* の著書 „On Liberty" の中で根拠づけられた加害原理（侵害原則）がそこでは同じような働きをする．というのは，その原理は，*Mill* が充分に知っていた啓蒙の社会損害論に広く合致するからである[173].

124 アメリカの法哲学者 *Feinberg* は，前世紀の 80 年代，浩瀚な著書[174]の中で，

---

(171)　*Schünemann*, in: Hefendehl/von Hirsch/Wohlers, 2003, 154.

(172)　*Schünemann*, a.a.O. 同様にイタリアの見地から *Moccia*, Roxin-FS, 2001, 1487 は，人間の尊厳の尊重，比例性，補充性，法律の明確性，法益侵害の必要性および責任主義を示唆し，「刑法の範囲を制限するという観点を追求する」(1504). 憲法上保護された法益へと結び付いたうえで，同じ傾向をもっているのは *Castaldo*, Roxin-FS, 2001, 1095.

(173)　*Stratenwerth*, in: Hefendehl/von Hirsch/Wohlers, 2003, 255 は，*Mill* が W. von Humboldt の „Ideen zu einem Versuch, die Grenzen der Wirksamkeit des Staates zu bestimmen"をしばしば引用し，すばらしいと称賛したということを指摘する.

第2章 実質的犯罪概念

加害原理を詳細に練り上げた．その際，「どのような種類の行為がその状態を正しく犯罪としていいのか」という彼の最初の疑問は[175]，補充的法益保護の考え方によっても提起されかつ答えられるのと同じ疑問である．*Feinberg* が展開した考えは，次第に，ドイツでも採り上げられ，検討されるようになった[176]．その結論は人的法益保護論に近いため[177]，かくして，この見解に「英語法律圏から…望まざる援助が」[178]与えられた．このことは，ドイツにおいても，立法批判的法益論に再び新たな活力を与えることができたであろう．

125 この考え方により，侵害は他人の利益の加害として理解される．その際，集合的法益も認められるが，これも結局人の保護に役立たなければならない．「したがって，例えば，税制が刑法上保護されるべき根拠は，国民の生活の質を保障するため，社会福祉国家において税金の徴収に与えられる意義から演繹される」[179]．*Feinberg* は，法益保護論も行っているように，単なる道徳違反ならびに自己侵害およびそれへの関与も不可罰にしようとする．彼は，侵害原則の他に，侵害の限度には達しない迷惑行為を捉えることになる独自の妨害原則（攻撃原理）を立てる点で，法益保護論と異なる．*Feinberg* によれば，このような迷惑行為は特に加重された要件の下でのみ処罰されてもよい[180]．この区分も，上で（Rn. 26 以下）感情保護の観点から検討したものに近い．それゆえ，法益保護論をさらに練り上げるため，アングロ・アメリカにおける同じような展開を議論に採り入れなければならないであろう．

---

(174) *Feinberg*, The Moral Limits of the Criminal Law, 4 Bände, 1984-1988.

(175) 第1巻3頁．

(176) *A. Papageorgiou*, 1983; *von Hirsch*, GA 2000, 2; *Seher*, 2000; *Wohlers*, 2000, 254 ff. Hefendehl/von Hirsch/Wohlers, 2003 の論集の中で，*von Hirsch*, 13; *Kahlo*, 26（31）; *Seher*, 39; *Wittig*, 239; *Seelmann*, 261 および Diskussionsbericht 291 は加害原理と詳細に取り組んでいる．

(177) したがって *von Hirsch*, GA 2002, 2（7 ff.）は，体系批判的自由主義の法益概念は侵害原則を考慮することによって一層精確になりうるであろうと考えている．*Seher*, in: Hefendehl/von Hirsch/Wohlers, 2003, 47 は，侵害原則は「少なくとも，人的法益論にとって適切な専門的選択肢」を提供すると述べている．

(178) *Hefendehl/von Hirsch/Wohlers*, GA 2002, 2（前書き）．

(179) *von Hirsch*, in: Hefendehl/von Hirsch/Wohlers, 2003, 19.

(180) 詳しくは *von Hirsch*, 2005, 109（= Eser-FS, 2005, 189）．

第1編　基　礎

N. 対敵刑法？

126　*Jakobs* が展開した「対敵刑法」という考え方は，本書で擁護し，法益保護的で法治国家的自由主義的行為刑法の考え方の対極に位置している．一般的理解により正当な「市民刑法」だけが，被疑者をも，あらゆる法的保障を与えられた「人格」として扱うのに対して，対敵刑法にとって被疑者は「非人格」であり[(181)]，その非人格を制圧する際には，「野生動物の場合のように，危険源を安全化すること」が重要である[(182)]．*Jakobs* は，1985 年にこの概念を初めて展開した際，対敵刑法にかなり批判的態度を取り[(183)]，せいぜい，「例外的に妥当する緊急避難的刑法として」正当化できると考えていたが，その後，彼は肯定的に判断するようになった．「対敵刑法に関して，今日明白な対案はない」と，2000 年に彼は述べている[(184)]．2003 年，それを次のように根拠づけた[(185)]．「人の行為に対して十分な安全性を保障しない者は，まだ人格として扱われるということを期待できないばかりか，国家は彼をもはや人格としても扱ってはならない．なぜなら，さもなければ，彼は他人の安全権を侵害するであろうからである」．

127　対敵刑法を市民刑法の正当な対案として構築しようとすることは，広く国際的に議論されるようになり[(186)]，圧倒的に拒否された．しかし，対敵刑法に関して，別々に判断され，それゆえ区別されるべき三つの異なる概念が存在する[(187)]．第 1 に，その点に，ドイツ刑法と国際刑法における一定の展開を描き出すのに役立ちうる記述的概念を見出すことができる．しかし，第 2 に，この用語を，法治国家に反する刑法上の行為態様を弾劾することになる弾劾的・批判的概念としても理解することができる．第 3 に，それとは対照的に，そのよ

---

(181)　*Jakobs*, 2000, 53.

(182)　*Jakobs*, 2004, 41.

(183)　*Jakobs*, 1985, 784.

(184)　*Jakobs*, 2000, 53.

(185)　*Jakobs*, 2003, 56.

(186)　本節の最後に挙げた文献一覧を参照．

(187)　私はこの違いにおいて，その点で *Greco*, GA, Anfang 2006 の基本的研究に依拠する．

うな規定を正当化し，是認する概念を正統的・肯定的に使用することが考えられうる．最後に述べた意味がますます前面に出て，しかも最も強く否定されたとしても，*Jakobs* には三つすべての意味が見られる．しかし，その概念は，彼の三つのありうる意味のどれにも役立たず，その結果，その概念を完全に放棄するのがより適切である[188]．

128　対敵刑法のような情緒的に占められたキャッチフレーズは，冷静な記述には，およそ適していない．それを弾劾的・批判的に使用することも勧めることはできない．というのは，これを現行法に適用しようとしたとき —— 例えば，可罰性をはるかに早期化した事件に，危険性のない未遂の処罰に，保安拘禁または訴訟上の保障の制限に —— ，我々は多くの手段によって細かく批判するのに対して，「対敵刑法」として一括して拒否することは，論証に関してほとんど説得力がないからである．

129　最後に，対敵刑法のカテゴリーを正統的・肯定的に用いることは，法的に不可能である．—— テロリストや危険な常習犯であるとしても —— ，人格としての地位が否定された一定の人的集団に対する特別刑法は，多くの重要な憲法の原則，すなわち，人間の尊厳，責任主義，（法の下での平等な扱いを含む）法治国家原則，行為主義（というのは，対敵刑法は行為者刑法だからであろう）および無罪の推定に反するであろう．非常に濫用されるおそれが生じるであろう．というのは，誰が「敵」であるかを権力者が定義するため，国民の自由は権力者の思いのままであり，したがって，刑法は犯罪のマグナカルタとしてのその自由主義的機能を失うであろうからである．何人もそれを望むことはできない．

　　文献：*Gropp*, Diskussionsbeiträge der Strafrechtslehrertagung 1985 in Frankfurt a. M., ZStW 97 (1985), 919; *Jakobs*, Kriminalisierung im Vorfeld einer Rechtsgutsverletzung, ZStW 97 (1985), 751; *Dencker*, Gefährlichkeitsvermutung statt Tatschuld? Tendenzen der neueren Strafrechtsentwicklung, StrV 1988, 262 ff.; *Kindhäuser*, Gefährdung als Straftat, 1989; *Hassemer*, Das Schicksal der Bürgerrechte im „effizienten" Strafrecht, StrV 1990, 328 ff.; *Beck*, Unrechtsbegründung und Vorfeldkriminalisierung, 1992; *Frehsee*, Die Strafe auf dem Prüfstand. Verunsicherungen des Strafrechts angesichts gesellschaftlicher Modernisierungsprozesse, StrV 1996, 222; *Jakobs*, Norm, Person, Gesellschaft, ²1999; *Eser*, Schlußbetrachtungen, in: Eser/Hassemer/Burkhardt (Hrsg.), Die deutsche Strafrechtswissenschaft vor der Jahrtausendwende, 2000, 437; *Jakobs*, Das Selbstverständnis der Strafrechtwissenschaft vor den Herausforderungen der Gegenwart (Kommentar), in:

　（188）　しかるべき論証を伴った *Greco*, GA, Anfang 2006 もそう考える．

第1編　基　礎

Eser/Hassemer/Burkhardt（Hrsg.）, Die deutsche Strafrechtswissenschaft vor der Jahrtausendwende, 2000, 47; *Lüderssen*, Verdeckte Ermittlungen im Strafprozeß, BGH-FS, 2000, 883; *Jakobs*, Personalität und Exklusion im Strafrecht, Spinellis-FS, Bd. 1, 2001, 447; *Schulz*, „Die deutsche Strafrechtswissenschaft vor der Jahrtausendwende", ZStW 112 (2000), 653; *Prittwitz*, Nachgeholte Prolegomena zu einem künftigen Corpus Juris Criminalis für Europa, ZStW 113 (2001), 774; *Schneider*, Bellum Justum gegen den Feind im Inneren?, ZStW 113 (2001), 499; *Schünemann*, Die deutsche Strafrechtswissenschaft nach der Jahrtausendwende, GA 2001, 205; *Aponte*, Krieg und Feindstrafrecht, 2002; *Prittwitz*, Krieg als Strafe – Strafrecht als Krieg, Lüderssen-FS, 2002, 499; *Düx*, Globale Sicherheitsgesetze und weltweite Erosion von Grundrechten, ZRP 2003, 189; *Jakobs*, Bürgerstrafrecht und Feindstrafrecht, in: Yu-hsiu Hsu (Hrsg.), Foundations and Limits of Criminal Law and Criminal Procedure – An anthology in memory of Professor Fu-Tsen Hung, Taipei, 2003, 41; *Lüderssen*, Europäisierung des Strafrechts und gubernative Rechtssetzung, GA 2003, 71; *Ambos*, Der allgemeine Teil des Völkerstrafrechts, ²2004; *Cancio Meliá*, Feind„strafrecht"?, ZStW 117 (2005), 267.

外国語文献：*Silva Sánchez*, La expansión del derecho penal, Madrid, ²2001; *Cancio Meliá*, „Derecho penal" del enemigo?, in: Derecho penal del enemigo, Madrid, 2003, 7; *Jakobs*, Personalid y exclusión en derecho penal, in: Montealegre Lynett (Hrsg.), El funcionalismo en derecho penal. Libro homenaje a Jakobs, Bogotá, 2003, 73 (deutsche Fassung in der Spinellis-FS, 2001, vgl. den Literaturblock S. 56); *Muñoz Conde*, El derecho penal del enemigo, México D.F., 2003; *Prittwitz*, Derecho penal del enemigo: análisis crítico o programa del derecho penal?, in: Mir Puig/Corcoy Bidasolo (Hrsg.), La política criminal en Europa, Madrid, 2003, 107; *Demetrio Crespo*, Del „derecho penal liberal" al „derecho penal del enemigo ", in: Nueva Doctrina Penal, Buenos Aires, 2004/A, 47; *Portilla Contreras*, Fundamentos teóricos del derecho penal y procesal-penal del enemigo, in: Jueces para la democracia 49, (2004), 43.

O．刑罰と刑罰類似の制裁との内容上の区別[189]

第1節　秩序違反法における過料との区別

文　献：*Frank*, Die Uberspannung der staatlichen Strafgewalt, ZStW 18 (1898), 733; *J. Goldschmidt*, Das Verwaltungsstrafrecht, 1902; *E. Wolf*, Die Stellung der Verwaltungsdelikte im Strafrechtssystem, Frank-FS, Bd. II, 1930, 516; *Lange*, Ordnungswidrigkeiten als Vergehen, GA 1953, 3; *ders.*, Der Strafgesetzgeber und die Schuldlehre, JZ 1956, 73; *ders.*,

---

(189)　*Jung*, 2002 は、「刑罰と損害賠償」、「刑罰と処分」、「教育か刑罰か」、「刑罰と秩序違反」、「EU 刑罰」、「柔軟な制裁」、「懲戒処分，企業内処罰，団体処罰」というテーマに関する刺激的な「エッセイ」を提供する．

第 2 章　実質的犯罪概念

Die Magna Charta der anständigen Leute, JZ 1956, 519; *ders.*, Nur eine Ordnungswidrigkeit?, JZ 1957, 233; *Jescheck*, Das deutsche Wirtschaftsstrafrecht, JZ 1959, 457; *Eser*, Die Abgrenzung von Straftaten und Ordnungswidrigkeiten, Diss. Würzburg, 1961; *Danschacher*, Die theoretischen Grundlagen einer Abgrenzung zwischen krimineller Straftat und Ordnungsverstoß, Diss. Hamburg, 1963; *Michels*, Strafbare Handlung und Zuwiderhandlung, 1963; *Krümpelmann*, Die Bagatelldelikte, 1966; *Göhler*, Das neue Gesetz über Ordnungswidrigkeiten, JZ 1968, 583, 613; *Eb. Schmidt*, Straftaten und Ordnungswidrigkeiten, Amdt-FS, 1969, 415; *Tiedemann*, Tatbestandsfunktionen im Nebenstrafrecht, 1969; *Mattes*, Die Problematik der Umwandlung der Verkehrsübertretungen in Ordnungswidrigkeiten, ZStW 82 (1970), 25; *R. Schmitt*, Ordnungswidrigkeitenrecht, 1970; *Cramer*, Grundbegriffe des Rechts der Ordnungswidrigkeiten, 1971; *Tiedemann*, Verwaltungsstrafrecht und Rechtsstaat, OJZ 1972, 285; *Rotberg*, Kommentar zum Gesetz über Ordnungswidrigkeiten, [5]1975; *Tiedemann*, Wirtschaftsstrafrecht und Wirtschaftskriminalität, Bd. 1, 1976, 115; *Mattes*, Untersuchungen zur Lehre von den Ordnungswidrigkeiten, Halbbd. 1, Geschichte und Rechtsvergleichung, 1977; *Knapp*, Das Recht der Ordnungswidrigkeiten, JuS 1979, 609; *Hirsch*, Zur Behandlung der Bagatellkriminalität in der Bundesrepublik Deutschland, ZStW 92 (1980), 218; *U. Weber*, Die Überspannung der staatlichen Bußgeldgewalt, ZStW 92 (1980), 313; *Mattes*, Untersuchungen zur Lehre von den Ordnungswidrigkeiten, Halbbd. 2, Geltendes Recht und Kritik, 1982; *Bohnert*, Die Entwicklung des Ordnungswidrigkeitenrechts, Jura 1984, 11; *Delmas-Marty*, Die juristischen und praktischen Probleme der Unterscheidung von kriminellem Strafrecht und Verwaltungsstrafrecht, ZStW 98 (1986), 794; *Müller-Dahlhoff*, Zur Abgrenzung von Straftaten und Ordnungswidrigkeiten am Beispiel des Lebensmittelrechts, 1993; *Mitsch*, Recht der Ordnungswidrigkeiten, 1995; *Bohnert*, Grundriß des Ordnungswidrigkeitenrechts, 1996; *Boujong* (Hrsg.), Karlsruher Kommentar zum Gesetz über Ordnungswidrigkeiten, [2]2000; *Göhler*, Gesetz über Ordnungswidrigkeiten, [13]2002; *Rebmann/Roth/Herrmann*, Kommentar zum Gesetz über Ordnungswidrigkeiten, [3]2002; *Rosenkötter*, Das Recht der Ordnungswidrigkeiten, [6]2002.

130　実質的犯罪概念に関する論述によってすでに，犯罪行為と秩序違反は，法益侵害の存否によって区別されるのではないということが明らかとなった（Rn. 60 ff.）．というのは，両者とも法益を侵害するからである．それに対して，同じくすでに述べたように（Rn. 99），補充性原則が内容的な区別基準となる．立法者は，秩序違反および過料が，（自由刑および少なくとも「前科」を回避するため）それほど負担とはならない秩序違反法の制裁を用いることで，刑罰を用いる場合より社会の撹乱をよりよく，または同程度に取り除くことができる場合，犯罪化および刑罰の代わりに，秩序違反および過料を用いるべきである．時として，制裁としての刑罰は最初から排除される．刑罰は人に対してのみ科すことができるため（詳しくは 8 章 Rn. 58 以下参照），法人および人的団体に —— 場合によっては非常に高額な —— 過料のみ課すことができる（秩序違反法 30 条）．しか

71

第1編　基　礎

し，確かに法律違反に対しては国家による反応が必要であるが，その社会的危険性がより小さいためすでに刑事罰は必要ない場合，たいてい，行為は秩序違反として処分されることになる（秩序違反法111条以下の場合を参照）．したがって，例えば，官庁への虚偽の氏名申告（秩序違反法111条），軍事施設への禁止違反の侵入（秩序違反法114条），許容できない騒音の惹起（秩序違反法117条）または公衆へのその他極めてけしからぬ迷惑行為（秩序違反法118条）は，そのまま甘受されえないことである．しかし，この種の行為を防止するには過料で十分である．

131　そこから，犯罪行為と秩序違反との間には区別可能な質的相違は存在しないということが明らかとなる（すでに Rn. 60, 97 以下参照）．確かに，BGHSt 11, 264 は，*Goldschmidt* および *Erik Wolf*（Rn. 60）を引き合いに出し，学界は「これら二種類の不法の間に実質的な違いがあることを見出した．刑事不法は特別な倫理的無価値判断を免れず，行政不法は行政命令に対する単なる不服従で十分である」とまだ考えていた．しかし，道路交通法の秩序違反（道路交通規則49条，道路交通許可規則69条 a）は，仮に抽象的危険犯という形であるとしても，その大部分は，生命および健康を保護しており，決して「行政命令に対する」単なる「不服従」ではないということは容易に理解できる．他方，多くの環境犯罪は「行政命令」違反であるが，だからといって犯罪的性格を欠いているわけではない．刑事犯罪行為はもとより倫理的に非難すべきものであるのに対して，秩序違反は倫理的に中立的であろうということもできない．というのは，例えば，道路交通において，左車線を使用したり制限速度を意図的に超過した（道路交通規則2条，3条，49条1項2号，3号）者は，社会倫理的に決して非難の余地がないわけではないからである．むしろ，犯罪行為と比較してその社会的危険性が弱まる分だけ，秩序違反における倫理的無価値判断はより小さい．

132　したがって，犯罪行為と秩序違反との相違は，質的というよりは主に量的なものである．それは —— その相違が本来依拠していた想定とは異なり —— 今日全くの通説である[190]．もっとも，限界はあり，それを超えたとき，量が質に変わる．例えば，謀殺，人質または銀行強盗を単に秩序違反として処罰することは問題外である．刑法の中核領域において，補充的法益保護の必要性から，

---

(190)　脚注 194 参照．

若干の重要犯罪の場合，当然，刑罰化が必要である[191]．しかし，たとえ，窃盗および詐欺のような行為態様を基本的に「中核領域」に含め，それゆえ刑法に割り当てるとしても，（例えば，今日では248条aにおいて親告罪として修正された形で規定されているかつての「盗み食い」といった）この領域における些細な事件を秩序違反とすることは何も問題ない[192]．

133 そこから明らかになることは，確かに，補充性原則を適用する場合つねにそうであるように，──限界領域が広い中で，犯罪行為と秩序違反との区別は立法者の裁量に任され（Rn. 101 参照），内容的に必然的に法則性には従わないが，犯罪の中核領域における重大犯罪の場合，処罰は内容的基準によって完全にあらかじめ示されているということである[193]．それゆえ，内容的に区別する際，量的考察方法の代わりに，質と量を混合した考察方法をもっと主張すべきであろう[194]．

第2節　懲戒処分との区別

文献：*Stock*, Entwicklung und Wesen des Amtsverbrechens, 1932; *Eb. Schmidt*, Strafrecht und Disziplinarrecht, Deutsche Landesreferate zum III. Internationalen Kongress für Rechtsvergleichung 1950, 859; *Thieme*, Vom Wesen des Disziplinarrechts, Deutsches Verwaltungsblatt, 1957, 769; *Kugler*, Ist das Disziplinarrecht verfassungswidrig?, ZBR 1960, 33; *Behnke*, Disziplinarrecht und Strafrecht, ZBR 1963, 257; *Baumann*, Kritische Gedanken zur Disziplinarstrafe, JZ 1964, 612; *Hagedorn*, Verbot der Doppelbestrafung nach Wehrdisziplinarrecht und（Wehr-)Strafrecht?, NJW 1964, 902; *Wiese*, Der Verfassungs-

---

(191)　そのように考える者として，例えば*Jakobs*, AT², 3/10; MK-*Joecks*, Einl. Rn. 20 ff.; *Maurach/Zipf*, AT/1⁸, 1/35 もそうである．

(192)　とりわけ，この領域において見解が異なる*Jakobs*, AT², 3/10 によれば，「所有権保護および財産保護の原則が中核領域に含められるべきである限り」，「ささいな所有権犯罪および財産犯を秩序違反の領域に移すことは」禁止される．

(193)　この意味において BVerfGE 167 (171)；27, 18 (28)；45, 272 (289) も同様．

(194)　混合された質的・量的考察に賛成する者として*Göhler*, ¹³2002, vor § 1 Rn. 6; *Jakobs*, AT², 3/9; *Jescheck/Weigend*, AT⁵, § 7 V 3 b; *Lang-Hinrichsen*, H. Mayer-FS, 1996, 61; *Maurach/Zipf*, AT/1⁸, 1/35; *Rebmann/Roth/Herrmann*, ³2002, vor § 1 Rn. 8; *Sch/Sch/Stree*²⁶, vor § 38 Rn. 35. 量的理論に賛成する者として*Baumann/Weber/Mitsch*, AT¹¹, § 4 Rn. 16; *Krümpelmann*, 1996, 166; *Schmidhäuser*, LB AT², 8/107; *Stratenwerth/Kuhlen*, AT⁵, § 1 Rn. 48. 質的理論に賛成する者として*Bohnert*, in: Karlsruher Kommentar zum Gesetz über Ordnungswidrigkeiten, ²2000, Einl. Rn. 110; *Rosenkötter*, ⁶2002 Rn. 2.

第 1 編 基 礎

satz ne bis in idem – Art. 103 III GG – und das Verhältnis von Kriminalrecht und Dienst-
strafrecht, Verwaltungsarchiv, Zeitschrift für Verwaltungslehre, Verwaltungsrecht und
Verwaltungspolitik 56 (1965), 203, 354; *Arndt*, Der Zweck der Disziplinarstrafe, DOV
1966, 809; *Baumann*, Der Lichtblick im Disziplinarrecht, JZ 1967, 657; *Ostler*, Neues im
Disziplinarrecht, NJW 1967, 2033; *Arndt*, Der disziplinarrechtliche Grundtatbestand, DÖV
1968, 39; *Dau*, Der Begriff des Dienstvergehens und sein Verhältnis zum Straftatbestand,
Deutsches Verwaltungsblatt, 1968, 62; *Fliedner*, Die „Straf"-zwecke der Disziplinarmaß-
nahmen, ZBR 1969, 208; *Barth*, Dienstbegriff und außerdienstliches Verhalten im Wehr-,
Disziplinar- und Strafrecht, Honig-FS, 1970, 1; *Behnke*, Bundesdisziplinarordnung, ²1970;
Ukena, Disziplinarrecht und Verbot der Doppelbestrafung, ZBR 1987, 208; *Fleig*, Das Ver-
bot der Doppelbestrafung im Disziplinarverfahren, Verwaltungsblatt für Baden-Württem-
berg, 1989, 86; *Claussen/Janzen*, Bundesdisziplinarordnung, ⁸1996; *Dau*, Wehrdisziplinarord-
nung, ⁴2002.

134　懲戒処分は，特に重要な国家機関（とりわけ公務員，連邦国防軍および行刑といっ
た機関）ならびに職業による社会的身分（例えば弁護士および医師）の機能性に役
立つ．その際，懲戒規定は，各機関および各職業的身分ごとに区分されており，
各々別々に規定されている結果，本書では，法的根拠をある程度でも列挙する
ことすらできない．そこで，若干の重要な例のみ挙げる．1967 年 7 月 20 日に
公布され，懲戒規定上の制裁（戒告，過料，減給，転属，解職，年金の減額および剥
奪）ならびに手続きを定める連邦懲戒規則が，連邦公務員に対して適用される
のに対して，懲戒処罰となる職務上の軽微違反は，連邦公務員法 52 条以下お
よび公務員大綱法 35 条以下に規定されている．1972 年 9 月 4 日の軍懲戒規則
（WDO）は軍人に適用されるのに対して，服務規律違反自体の概念は軍人法 23
条に規定されている．単なる懲戒処分は，戒告，厳重戒告，懲戒金，外出制限，
懲戒拘禁（軍懲戒規則 18 条）である．裁判官に対しては裁判官法 63 条以下を，
受刑者に対しては行刑法 102 条以下（1 章 Rn. 11 参照）を援用することができる．

135　懲戒不法は，例外なく，「犯罪的不法と比べて単にマイナスのもの」ではな
く，「基本的に別物」とみなされる[195]．「刑事罰とは対照的に，懲戒処分は行
われた行為に対する応報であってはならず…矯正処分および保護措置にすぎな
い」．しかし，刑罰と懲戒処分との併存を正当化し，二重処罰の禁止（基本法
103 条 3 項）を回避しようとするこの構成は，刑罰も応報と理解してはならない
ため（詳しくは 3 章 Rn. 8 以下），すでに破綻している[196]．実際，逸脱行為の対

---

　　(195)　全員の代わりに *Maurach/Zipf*, AT/1⁸, 1/17 f. 参照.

象との区別は，むしろ量的なものであり，補充性原則に従う．組織内もしくは
職業的身分内での軽微違反が，刑事罰で対処しなければならないほど公衆の心
を動かしたのか，または，内々の懲戒というより穏やかな手段で済ますことが
できるのかが重要である．例えば，袖の下のきく公務員が国家行政の信用性に
対する公衆の信頼を大いに震撼させた場合，そのような行為は刑事罰によって
処罰されなければならない．それに対して，他の服務規律違反は公衆の利益と
ほとんど関係ないため，内部の懲戒処分で十分とすることができる．

136 もちろん，形態という点において，懲戒規定は，厳格に記述された構成要
件を広く放棄し，「行為者志向的」であることから，刑法とは異なる．例えば，
連邦公務員法54条は，公務員は「献身的に自らの職務に専念しなければなら
ず，自らの公務を私心なく誠実に遂行しなければならない．職務内外における
自らの行為は，その職務が必要とする敬意および信頼に応えなければならな
い」と定めているのだが，この規定に反する行為は，基本法103条2項により
犯罪構成要件に必要とされるであろうほどには，厳密に記述されていない．ま
た，懲戒処分は行為者にのみ影響するのに対して（特別予防），刑事罰は，本質
的に，公衆への影響をも目的とする（一般予防）．

137 基本法103条3項は，行為が「一般刑法によって何度も処罰さ」れること
を禁止しているにすぎないため，現行法上，刑罰と懲戒処分を併科することが
できる．それには多くの点で不満である．なぜなら，事物の本質上，それはや
はり二重処罰になってしまうからである．それゆえ，BVerfGE 21, 379 ff. は，
少なくとも，懲戒的な自由剥奪（軍人への懲戒拘禁）を自由刑に算入しなければ
ならないと決定した．軍懲戒規則8条は，逆の場合に対して，今では，「懲戒
拘禁を課す」場合，「…他の自由剥奪を計算に入れ」なければならないという
強行規定を定めている．その他にも，刑罰と同時に，「単なる懲戒処分ならび
に減給および年金の減額は，これが軍規を維持するため追加で必要である場合，
または，連邦軍の名声が著しく傷つけられた場合のみ，課される」ことになっ
ている．連邦公務員懲戒規則14条にも同じような規定がある．

---

(196) 通説に対して批判的なのはとりわけ *Jakobs*, AT², 3/11 ff.

第1編 基 礎

第3節 訴訟法およびそれに類する法律における秩序・強制処分との区別

138 秩序処分は，訴訟法に反する行為のゆえに課される制裁である．したがって，例えば，無断で出頭しなかったり，供述または宣誓を拒否した証人に対して，秩序金および場合によっては秩序拘禁を課すことができる（例えば，刑事訴訟法51条，70条1項，77条，民事訴訟法380条，390条，409条参照）．さらに，一定の行為を強要することになる強制処分がある．したがって，証言を強制するために，勾留を命じることができる（刑事訴訟法70条2項，民事訴訟法390条2項）．代理できない行為をさせるため，強制賦課金および強制拘禁によって債務者を勾留することができる（民事訴訟法888条）．刑事訴訟においては，物件の提出を強制処分によって達成することができる（刑事訴訟法95条2項）等．（例えば，たとえ証人が遅れて姿を現したり，供述したとしても）秩序手段は常に執行されなければならないのに対し，強制処分は，強制されなければならない行為が遂行されたり，または不必要となった場合，直ちに取り消されなければならない．

139 秩序処分のみが刑罰と多少類似しているのに対して，強制処分は，もっぱら将来に向けられているため，むしろ，刑法の処分と対比されうる．それに対して，秩序処分は，禁止された行為に反応する制裁である．例えば，裁判所構成法178条1項によれば，「公判中に，法廷侮辱を犯した者」に対して「…刑事裁判上の訴追を留保して，1000ユーロ以下の秩序金または1週間以下の秩序拘留を課し，直ちに執行する」ことができる．可罰的行為との内容的な相違は，ここでも，補充性原則から明らかになる．立法者は，非刑法的制裁という，より穏やかな手段によっても，手続を規則通りに経過させることができると考えている．もちろん，法廷侮辱が犯罪行為に該当する場合，懲戒罰の場合のように，二重処罰の問題が生じる．裁判所構成法178条3項において，立法者は，「同一行為に対して後に刑罰が科せられるならば，秩序金または秩序拘留を刑罰に算入しなければならない」という形で解決した．

第4節 民事罰との区別

文 献：*Grossfeld*, Privatstrafe, 1961; *Baur*, Betriebsjustiz, JZ 1965, 163; *Franzheim*, Die Verfassungsmäßigkeit der sogenannten Betriebsjustiz, JZ 1965, 459; *Kienapfel*, Betriebskriminalität und Betriebsstrafe, JZ 1965, 599; *Lange*, Gesellschaftsgerichte in Ost und

76

第 2 章　実質的犯罪概念

West, H. Mayer-FS, 1966, 497; *Meyer-Cording*, Betriebsstrafe und Vereinsstrafe im Rechtsstaat, NJW 1966, 225; *Ernst*, Die Ausübung der Vereinsgewalt, Diss. Köln, 1969; *Flume*, Die Vereinsstrafe, Bötticher-FS, 1969, 101; *Weitnauer*, Vereinsstrafe, Vertragsstrafe und Betriebsstrafe, Reinhardt-FS, 1972, 179; *Westermann*, Zur Legitimität der Verbandsgerichtsbarkeit, JZ 1972, 537; *Feest*, Betriebsjustiz: Organisation, Anzeigebereitschaft und Sanktionsverhalten der formellen betrieblichen Sanktionsorgane, ZStW 85 (1973), 1125; *Arzt u. a.*, Entwurf eines Gesetzes gegen den Ladendiebstahl, Recht und Staat, Heft 439, 1974; *Kramer*, Ladendiebstahl und Privatjustiz, ZRP 1974, 62; *Arzt u. a.*, Entwurf eines Gesetzes zur Regelung der Betriebsjustiz, Recht und Staat, Heft 447/448, 1975; *Carstens*, Zivilrechtliche Sanktionen gegen Ladendiebe, ZRP 1975, 268; *Ulr. Luhmann*, Betriebsjustiz und Rechtsstaat, 1975; *Arzt*, Offener oder versteckter Rückzug des Strafrechts vom Kampf gegen den Ladendiebstahl, JZ 1976, 54; *Kaiser/Metzger-Pregizer*, Betriebsjustiz, 1976; *Meurer*, Die Bekämpfung des Ladendiebstahls, 1976; *Naucke/Deutsch*, Gutachten D und E zum 51. DJT, 1976; *Rössner*, Strafrechtsreform durch partielle Entkriminalisierung, ZRP 1976, 141; *Schoreit*, Strafrechtlicher Eigentumsschutz gegen Ladendiebe, JZ 1976, 49, 167; *Kuhlmann*, Betriebsjustiz und Werkschutz, ZRP 1977, 298; *Lohse*, Grundgesetz und Betriebsgerichtsbarkeit, Klein-GS, 1977, 288; *Schoreit* (Hrsg.), Problem Ladendiebstahl, 1979; *Wagner*, Staatliche Sanktionspraxis beim Ladendiebstahl, 1979; *Rosellem/Metzger-Pregizer*, Betriebsjustiz und Strafjustiz als alternative Formen der Normdurchsetzung, in: Blankenburg u. a. (Hrsg.), Alternative Rechtsformen und Alternativen zum Recht, 1980; *Zipf*, Kriminalpolitik, ²1980, 122; *Burgstaller*, Der Ladendiebstahl und seine private Bekämpfung, 1981; *Rehbinder*, Ordnungsstrafen im schweizerischen Arbeitsrecht, Noll-GS, 1984, 257; *Dölling*, Die Behandlung der Kleinkriminalität in der BRD, in: Lampe (Hrsg.), Deutsche Wiedervereinigung, Arbeitskreis Strafrecht, Bd. I, 1993, 1; *Hamm*, Eigentum im Wandel der Zeiten, KritV 1993, 213; *Lampe*, Ein neues Konzept für die Kleinkriminalität usw., in: Lampe (Hrsg.), Deutsche Wiedervereinigung, Arbeitskreis Strafrecht, Bd. I, 1993, 55; *Krüger*, Entkriminalisierung, Kriminalistik 1995, 306; *Tilp*, Das Recht der Vertragsstrafe, Jura 2001, 441; *Ebert*, Pönale Elemente im deutschen Privatrecht, 2004.

140　民事罰は，関係者が任意にしたがっているという点で，刑事罰と異なる．古典的な例は民法 339 条の違約罰である．「債務者が，自らの債務を履行しないまたはしかるべき形で履行しない場合，債権者に対して罰として金銭の支払いを約束したならば，彼が遅滞したときは罰が課せられる」．多くの団体規約に規定され，構成員が加入を通じて受け入れを承認した団体による罰も，民事罰である．民事罰には基本法 92 条違反はない．なぜなら，民事罰を課すことは司法の行為ではないからである．

141　民事罰の実際上の意義は高まっている．その際，民事罰が多くの領域で刑事罰に取って代わっているということは，刑事政策的に注目すべきことである．

第1編　基　礎

それは，とりわけ，経営体内部の合意に基づく企業内司法に対して当てはまっており，それを通じて，企業内の些細な犯罪行為は，刑事裁判官を排除したうえで，企業内規則に服する．万引きの場合も，しばしば，いわゆる身柄確保に対する割増金を加算した総額の損害賠償請求が，この領域においてほとんど効果のなかった刑事手続の代わりを務める．基本的に，そのような「領域的」非犯罪化は，補充性原則の適用領域をさらに広げるため，歓迎することができる．しかし，濫用防止のため，具体的な法的枠組み条件が作り出され，法治国家的保障が加えられなければならないであろう．そのような試みとして，対案の教授陣（4章 Fn. 39 参照）によって公表された万引き防止法草案（1974 年），および，企業内司法規定に関する法律草案（1975 年）がある．それに対して，共同研究グループ「ドイツ法統一の回復：刑法」は，軽微犯罪における訴訟処理に関して，過料手続と刑事手続との間に位置する軽微違反手続（Verfehlungsverfahren）というものを提言した（*Lampe*, 1993, 55 ff. 参照）．しかし，今日まで，このおよびこれに類する尽力が立法者を行動に移させるには至っていない．

第 3 章　刑罰と処分の目的と正当化

　次の文献一覧は，膨大な文献の中から比較的最近の重要文献を示したものである．
ここには量刑を主とする文献は含まれていない．刑法改正や刑罰と処分の基本問題
に関する文献は，4 章で紹介している．

　文献：*v. Liszt*, Der Zweckgedanke im Strafrecht (= sog. „Marburger Programm ")
ZStW 3 (1883), 1 (= Strafrechtliche Vorträge und Aufsätze, Bd. 1, 1905 [Reprint 1970],
126); ein Neudruck dieser Arbeit ist 2002 mit einer Einführung von *M. Köhler* erschienen;
Nagler, Die Strafe, 1918; *Bockelmann*, Strafe und Erziehung, Gierke-FS, 1950, 27; *Preiser*,
Das Recht zu Strafen, Mezger-FS, 1954, 71; *Eb. Schmidt*, Vergeltung, Sühne und Spezial-
prävention, ZStW 67 (1955), 177; *Nowakowski*, Freiheit, Schuld, Vergeltung, Rittler-FS,
1957, 55; *Bockelmann*, Schuld und Sühne, ²1958; *Hartmann*, P. J.A. Feuerbachs politische
und strafrechtliche Grundanschauungen, 1958; *Stratenwerth*, Schuld und Sühne, in: Evan-
gelische Theologie, 1958, 337; *Maurach*, Vom Wesen und Zweck der Strafe, in: Freuden-
feld (Hrsg.), Schuld und Sühne, 1960; *Piontkowski*, Hegels Lehre über Staat und Recht
und seine Strafrechtstheorie, 1960; *Bockelmann*, Vom Sinn der Strafe, Heidelberger Jahr-
bücher 1961, 25; *Naucke*, Kant und die psychologische Zwangstheorie Feuerbachs, 1962;
Noll, Die ethische Begründung der Strafe, 1962; *Bockelmann*, Willensfreiheit und Zurech-
nungsfähigkeit, ZStW 75 (1963), 372; *H. Kaufmann*, Gramaticas System der Difesa Soci-
ale und das deutsche Schuldstrafrecht, v. Weber-FS, 1963, 418; *Nowakowski*, Zur Rechts-
staatlichkeit der vorbeugenden Maßnahmen, v. Weber-FS, 1963, 98; *Rebhan*, Franz v.
Liszt und die moderne défense sociale, 1963; *Badura*, Generalprävention und Würde des
Menschen, JZ 1964, 337; *Frey* (Hrsg.), Schuld, Verantwortung, Strafe, 1964; *Naucke*, Die
Reichweite des Vergeltungsstrafrechts bei Kant, Sch1HA 1964, 203; *Baumann*, Der
Schuldgedanke im heutigen deutschen Strafrecht und vom Sinn staatlichen Strafens, in:
Kleine Streit-schriften zur Strafrechtsreform, 1965, 135; *Engisch*, Die Lehre von der Wil-
lensfreiheit in der strafrechtsphilosophischen Doktrin der Gegenwart, ²1965; *Bianchi*,
Ethik des Strafens, 1966; *Bockelmann*, Schuld, Schicksal und Verantwortung des Men-
schen, 1966; *Naegeli*, Das Böse und das Strafrecht, 1966; *Roxin*, Sinn und Grenzen staatli-
cher Strafe, JuS 1966, 377 (= Grundlagenprobleme, 1); *Arth. Kaufmann*, Dogmatische und
kriminalpolitische Aspekte des Schuldgedankens im Strafrecht, JZ 1967, 553; *Klug*, Ab-
schied von Kant und Hegel, in: Baumann (Hrsg.), Programm für ein neues Strafgesetz-
buch, 1968, 36; *Roxin*, Strafzweck und Strafrechtsreform, in: Baumann (Hrsg.), Programm
für ein neues Strafgesetzbuch, 1968, 75; *Baumann*, Schuld und Sühne als Grundprobleme
heutiger Strafrechtspflege?, in: Weitere Streitschriften zur Strafrechtsreform, 1969, 110;
Bitter (Hrsg.), Verbrechen – Schuld oder Schicksal?, 1969; *Henkel*, Die „richtige" Strafe,
1969; *H. Mayer*, Kant, Hegel und das Strafrecht, Engisch-FS, 1969, 54; *Noll*, Strafe ohne

第1編 基 礎

Metaphysik, in: Baumann (Hrsg.), Mißlingt die Strafrechtsreform?, 1969, 48; *Roxin*, Franz v. Liszt und die kriminalpolitische Konzeption des Alternativentwurfs, ZStW 81 (1969), 613 (= v. Liszt-GS, 1969, 69 = Grundlagenprobleme, 32); *Ellscheid/Hassemer*, Strafe ohne Vorwurf, Civitas – Jahrbuch für Sozialwissenschaften, Bd. 9, 1970, 27 (= Lüderssen/Sack [Hrsg.], Abweichendes Verhalten, Bd. 2, 1975, 266); *Hoerster*, Zur Generalprävention als dem Zweck staatlichen Strafens, GA 1970, 272; *Melzer*, Die neue Sozialverteidigung und die deutsche Strafrechtsreformdiskussion, 1970; *Danner*, Tatvergeltung oder Tätererziehung?, ²1971; *H. L. A. Hart*, Prolegomena zu einer Theorie der Strafe, in: Hoerster (Hrsg.), Recht und Moral, 1971, 58; *Schmidhäuser*, Vom Sinn der Strafe, ²1971 (Nachdruck 2004m. Einl. *Hilgendorf*, V–XVII); *Volk*, Der Begriff der Strafe in der Rechtsprechung des Bundesverfassungsgerichts, ZStW 83 (1971), 405; *Hoerster*, Aktuelles in Schopenhauers Philosophie der Strafe, ARSP 1972, 555; *Lenckner*, Strafe, Schuld und Schuldfähigkeit, in: Göppinger/Witter (Hrsg.), Handbuch der forensischen Psychiatrie, Bd. I, Teil A, Die rechtlichen Grundlagen, 1972, 3; *Melzer*, Chancen und Möglichkeiten der Sozialverteidigung in Deutschland, ZStW 84 (1972), 648; *Simson*, Behandlung statt Strafe, ZRP 1972, 262; *Müller-Dietz*, Strafe und Staat, 1973; *Roxin*, Kriminalpolitische Überlegungen zum Schuldprinzip, MSchrKrim 56 (1973), 316 (= Madlener u. a. [Hrsg.], Strafrecht und Strafrechtsreform, 1974, 281); *Calliess*, Theorie der Strafe im demokratischen und sozialen Rechtsstaat, 1974; *Eser*, Resozialisierung in der Krise? Peters-FS, 1974, 505 (= Lüderssen/Sack [Hrsg.], Abweichendes Verhalten, Bd. 3, 1977, 276); *Gössel*, Über die Bedeutung des Irrtums im Strafrecht, Bd. 1, 1974; *Plack*, Plädoyer für die Abschaffung des Strafrechts, 1974; *Flechtheim*, Hegels Strafrechtstheorie, ²1975; *Haffke*, Wird das materielle Strafrecht von dem geplanten Strafvollzugsgesetz unterlaufen?, MSchrKrim 58 (1975), 40; *ders.*, Gibt es ein verfassungsrechtliches Besserungsverbot?, MSchrKrim 58 (1975), 246; *Arzt*, Der Ruf nach Recht und Ordnung, 1976; *Engelhardt*, Psychoanalyse der strafenden Gesellschaft, 1976; *Haffke*, Tiefenpsychologie und Generalprävention, 1976; *Jakobs*, Schuld und Prävention, 1976; *Arth. Kaufmann*, Das Schuldprinzip, ²1976; *ders.*, Schuldprinzip und Verhältnismäßigkeitsgrundsatz, Lange-FS, 1976, 27; *Haffke*, Hat emanzipierende Sozialtherapie eine Chance?, in: Lüderssen/Sack (Hrsg.), Abweichendes Verhalten, Bd. 3, 1977, 291; *Kaiser*, Resozialisierung und Zeitgeist, Würtenberger-FS, 1977, 359; *Weigend*, Entwicklungen und Tendenzen der Kriminalpolitik in den USA, ZStW 90 (1978), 1083; *Jescheck*, Die Krise der Kriminalpolitik, ZStW 91 (1979), 1037; *Hassemer/Lüderssen/Naucke*, Hauptprobleme der Generalprävention, 1979; *Lange*, Ist Schuld möglich?, Bockelmann-FS, 1979, 261; *Stratenwerth*, Strafrecht und Sozialtherapie, Bockelmann-FS, 1979, 901; *Roxin*, Zur jüngsten Diskussion über Schuld, Prävention und Verantwortlichkeit im Strafrecht, Bockelmann-FS, 1979, 279; *Seelmann*, Hegels Strafrechtstheorie in seinen „Grundlinien der Philosophie des Rechts", JuS 1979, 687; *Jescheck*, Der Einfluß der IKV und der AIDP auf die internationale Entwicklung der modernen Kriminalpolitik, ZStW 92 (1980), 997; *Neumann/Schroth*, Neuere Theorien von Kriminalität und Strafe, 1980; *Pothast*, Die Unzulänglichkeit der Freiheitsbeweise, 1980; *Streng*, Schuld, Vergeltung, Generalprävention, ZStW 92 (1980), 637; *Kaenel*, Die kriminalpolitische Konzeption von Carl Stooss im Rah-

80

men der geschichtlichen Entwicklung von Kriminalpolitik und Strafrechtstheorien, 1981; *Zaczyk*, Das Strafrecht in der Rechtslehre J. G. Fichtes, 1981; *Frisch*, Das Marburger Programm und die Maßregeln der Besserung und Sicherung, ZStW 94 (1982), 565; *Müller-Dietz*, Das Marburger Programm aus der Sicht des Strafvollzuges, ZStW 94 (1982), 599; *Naucke*, Die Kriminalpolitik des Marburger Programms 1882, ZStW 94 (1982), 525; *Niemöller/Folke Schuppert*, Die Rechtsprechung des Bundesverfassungsgerichts zum Strafverfahrensrecht, AöR 107 (1982), 387; *Otto*, Generalprävention und externe Verhaltenskontrolle, 1982; *Schild*, Strafe – Vergeltung oder Gnade, SchwZStr 99 (1982), 364; *Schöch*, Das Marburger Programm aus der Sicht der modernen Kriminologie, ZStW 94 (1982), 864; *Schreiber*, Widersprüche und Brüche in heutigen Strafkonzeptionen, ZStW 94 (1982), 279; *Vanberg*, Verbrechen, Strafe und Ab-schreckung, 1982; *Weigend*, Neoklassizismus – ein transatlantisches Mißverständnis, ZStW 94 (1982), 801; *Anttila*, Neue Tendenzen der Kriminalpolitik in Skandinavien, ZStW 95 (1983), 739; *Burgstaller*, Sinn und Zweck der staatlichen Strafe, in: Porstner (Hrsg.), Strafrecht, Vergeltung oder Versöhnung, 1983; *Arm. Kaufmann*, Die Aufgabe des Strafrechts, 1983; *Köhler*, Über den Zusammenhang von Strafrechtsbegründung und Strafzumessung, 1983; *Mir Puig*, Die Funktion der Strafe und Verbrechenslehre im sozialen und demokratischen Rechtsstaat, ZStW 95 (1983), 413; *Kaiser*, Zweckstrafrecht und Menschenrechte, Schweizerische Juristenzeitung, 1984, 329; *Luzón*, Generalprävention, Gesellschaft und Psychoanalyse, GA 1984, 392; *Müller*, Der Begriff der Generalprävention im 19. Jahrhundert, 1984; *Schünemann*, Die Funktion des Schuldprinzips im Präventionsstrafrecht, in: Schünemann (Hrsg.), Grundfragen des modernen Strafrechtssystems, 1984, 153; *Albrecht*, Spezialprävention angesichts neuer Tätergruppen, ZStW 97 (1985), 831; *Bae*, Der Grundsatz der Verhältnismäßigkeit im Maßregelrecht des StGB, 1985; *Müller-Dietz*, Integrationsprävention und Strafrecht, Jescheck-FS, Bd. 2, 1985, 813; *Scheffler*, Kriminologische Kritik des Schuldstrafrechts, 1985; *Schöch*, Empirische Grundlagen der Generalprävention, Jescheck-FS, Bd. 2, 1985, 1081 ff.; *Schultz*, Krise der Kriminalpolitik?, Jescheck-FS, Bd. 2, 1985, 791; *Simson*, Hugo Grotius und die Funktion der Strafe, Blau-FS, 1985, 651; *E. A. Wolff*, Das neuere Verständnis von Generalprävention und seine Tauglichkeit für eine Antwort auf Kriminalität, ZStW 97 (1985), 786; *Albrecht*, Prävention als problematische Zielbestimmung im Kriminaljustizsystem, KritV 1986, 55; *Backes*, Kriminalpolitik ohne Legitimität, KritV 1986, 315; *Frehsee*, Verhaltenskontrolle zwischen Strafrecht und Zivilrecht, KritV 1986, 105; *Griffel*, Prävention und Schuldstrafe. Zum Problem der Willensfreiheit, ZStW 98 (1986), 28; *Grimm*, Verfassungsrechtliche Anmerkungen zum Thema Prävention, KritV 1986, 38; *Arth. Kaufmann*, Über die gerechte Strafe, H. Kaufmann-GS, 1986, 425; *Köhler*, Der Begriff der Strafe, 1986; *Kunz*, Prävention und gerechte Zurechnung, ZStW 98 (1986), *H. Schäfer*, Die Prädominanz der Prävention, GA 1986, 49; *Baurmann*, Zweckrationalität und Strafrecht, 1987; *Dreher*, Die Willensfreiheit, 1987; *Ebert*, Talion und Spiegelung im Strafrecht, Lackner-FS, 1987, 399; *Frommel*, Präventionsmodelle in der deutschen Strafzweck-Diskussion, 1987; *Hassemer*, Prävention im Strafrecht, JuS 1987, 257; *Herzog*, Prävention des Unrechts oder Manifestation des Rechts, 1987; *Köhler*, Strafbegründung im konkreten

第1編 基 礎

Rechtsverhältnis, Lackner-FS, 1987, 11; *Löfmarck,* Neo-Klassizismus in der nordischen Strafrechtslehre und -praxis: Bedeutung und Auswirkungen, in: Eser/Cornils (Hrsg.), Neuere Tendenzen der Kriminalpolitik, 1987, 15; *Roxin,* Was bleibt von der Schuld im Strafrecht übrig?, SchwZStr 104 (1987), 356; *Scheffler,* Grundlegung eines kriminologisch orientierten Strafrechtssystems, 1987; *Backes,* Strafrecht und Lebenswirklichkeit, Maihofer-FS, 1988, 41; *Ebert,* Das Vergeltungsprinzip im Strafrecht, in: Krummacher (Hrsg.), Geisteswissenschaften – wozu, 1988, 35; *Frister,* Schuldprinzip, Verbot der Verdachtsstrafe und Unschuldsvermutung als materielle Grundprinzipien des Strafrechts, 1988; *Gössel,* Wesen und Begründung der strafrechtlichen Sanktionen, Pfeiffer-FS, 1988, 3; *Hartmann,* Prävention und Strafe unter besonderer Berücksichtigung der Verkehrskriminalität, Pfeiffer-FS, 1988, 137; *Schüler-Springorum,* Die Resozialisierung des normalen erwachsenen Straftäters, Maihofer-FS, 1988, 503; *Tiemeyer,* Zur Möglichkeit eines erfahrungswissenschaftlich gesicherten Schuldbegriffs, ZStW 100 (1988), 527; *Zipf,* Neue Entwicklungen bei der Lehre von den Strafzwecken, in: Strafrechtliche Probleme der Gegenwart, 1988, 143; *Bertel,* Die Generalprävention, Pallin-FS, 1989, 31; *Calliess,* Strafzwecke und Strafrecht, NJW 1989, 1338; Diskussionsbeiträge der Strafrechtslehrertagung 1989 in Trier, ZStW 101 (1989), 908; *Fletcher,* Utilitarismus und Prinzipiendenken im Strafrecht, ZStW 101 (1989), 803; *Griffel,* Widersprüche um die Schuldstrafe – Willensfreiheit und Recht, GA 1989, 193; *Moos,* Positive Generalprävention und Vergeltung, Pallin-FS, 1989, 283; *Platzgummer,* Strafe, Schuld und Persönlichkeitsadäquanz, Pallin-FS, 1989, 319; *Schumann,* Positive Generalprävention, 1989; *Streng,* Schuld ohne Freiheit? Der funktionale Schuldbegriff auf dem Prüfstand, ZStW 101 (1989), 273; *Zipf,* Die Integrationsprävention (positive Generalprävention), Pallin-FS, 1989, 479; *Baurmann,* Strafe im Rechtsstaat, in: Baurmann/Kliemt (Hrsg.), Die moderne Gesellschaft im Rechtsstaat, 1990, 109; *Bielefeldt,* Strafrechtliche Gerechtigkeit als Anspruch an den endlichen Menschen. Zu Kants kritischer Begründung des Strafrechts, GA 1990, 108; *Bock,* Kriminologie und Spezialprävention, ZStW 102 (1990), 504; *Burgstaller,* Kriminalpolitik nach 100 Jahren IKV/AIDP, ZStW 102 (1990), 637; *Dölling,* Generalprävention durch Strafrecht: Realität oder Illusion?, ZStW 102 (1990), 1; *Foth,* Bemerkungen zur Generalprävention, NStZ 1990, 219; *Frisch,* Die Maßregeln der Besserung und Sicherung im strafrechtlichen Rechtsfolgensystem, ZStW 102 (1990), 343; *Henke,* Utilitarismus und Schuldprinzip bei der schuldunabhängigen Strafe im angelsächsischen Rechtskreis, Diss. Bonn, 1990; *Kahlo,* Das Problem des Pflichtwidrigkeitszusammenhanges bei den unechten Unterlassungsdelikten, 1990; *Kaiser,* Befinden sich die kriminalrechtlichen Maßregeln in der Krise?, 1990; *Kargl,* Instrumentalität und Symbolik der positiven Generalprävention, Kriminalsoziologische Bibliographie 1990, Heft 66/67, 105; *Küpper,* Schopenhauers Straftheorie und die aktuelle Strafzweckdiskussion, in: Schopenhauer-Jahrbuch 1990, 71. Bd., 207; *Mir Puig,* Die begründende und die begrenzende Funktion der positiven Generalprävention, ZStW 102 (1990), 914; *Schöch,* Zur Wirksamkeit der Generalprävention, in: Frank/Harrer (Hrsg.), Der Sachverständige im Strafrecht/Kriminalitätsverhütung, Forensia-Jahrbuch, Bd. 1, 1990, 95; *Vilsmeier,* Empirische Untersuchung der Abschreckungswirkung strafrechtlicher Sanktionen, MSchrKrim 1990, 273;

第 3 章　刑罰と処分の目的と正当化

Bock, Ideen und Chimären im Strafrecht, Rechtssoziologische Anmerkungen zur Dogmatik der positiven Generalprävention, ZStW 103 (1991), 636; *Bönitz,* Strafgesetze und Verhaltenssteuerung. Zur generalpräventiven Wirksamkeit staatlicher Strafdrohung, 1991; *Ebert,* Talion und Vergeltung im Strafrecht, in: Jung u. a. (Hrsg.), Recht und Moral, 1991, 249; *K. Günther,* Möglichkeiten einer diskursethischen Begründung des Strafrechts, in: Jung u. a. (Hrsg.), Recht und Moral, 1991, 205; *Haffke,* Zur Ambivalenz des § 21 StGB, R & P 1991, 94; *v. Hirsch / Jareborg,* Strafmaß und Strafgerechtigkeit, 1991; *Klesczewski,* Die Rolle der Strafe in Hegels Theorie der bürgerlichen Gesellschaft, 1991; *Kühl,* Die Bedeutung der kantischen Unterscheidungen von Legalität und Moralität sowie von Rechtspflichten und Tugendpflichten für das Strafrecht, in: Jung u. a. (Hrsg.), Recht und Moral, 1991, 139; *Lampe,* Recht und Moral staatlichen Strafens, in: Jung u. a. (Hrsg.), Recht und Moral, 1991, 305; *Roxin,* Zur neueren Entwicklung der Kriminalpolitik, Gagnér-FS, 1991, 341; *Endres,* Einstellung zu Straf- und Sanktionszwecken und ihre Messung, MSchrKrim 1992, 309 ff.; *ders.,* Sanktionszweckeinstellungen im Rechtsbewußtsein von Laien, 1992; *Hart-Hönig,* Gerechte und zweckmäßige Strafzumessung. Zugleich ein Beitrag zur Theorie positiver Generalprävention, 1992; *Hoffmann,* Zum Verhältnis der Strafzwecke Vergeltung und Generalprävention in ihrer Entwicklung und im heutigen Strafrecht, Diss. Göttingen 1992; *Lampe,* Unrecht und Schuld, Sühne und Reue, Baumann-FS, 1992, 21; *Schulz,* Ou est la neige d' antan oder die Strafrechtsreformer von gestern heute, Baumann-FS, 1992, 431; *Werner,* Die ökonomische Analyse des Rechts im Strafrecht: Eine modernistische Variante generalpräventiver Tendenzen?, KritV 1992, 433; *J.-C. Wolf,* Verhütung oder Vergeltung, 1992; *Frister,* Die Struktur des „voluntativen Schuldelements", 1993; *Frommel,* Umrisse einer liberal-rechtsstaatlichen Normverdeutlichung durch Strafrecht, Schüler-Springorum-FS, 1993, 257; *Küper,* Paul Johann Anselm Feuerbach als Zeitgenosse, 140 Jahre GA, 1993, 131; *Lampe* (Hrsg.), Deutsche Wiedervereinigung, Arbeitskreis Strafrecht, Bd. I: Vorschläge zur prozessualen Behandlung der Kleinkriminalität, 1993; *Landau,* Die rechtsphilosophische Begründung der Besserungsstrafe. Karl Christian Friedrich Krause und Karl David August Röder, Arth. Kaufmann-FS, 1993, 473; *Lüderssen,* Alternativen zum Strafen, Arth. Kaufmann-FS, 1993, 487; *H. Peters* (Hrsg.), Muß Strafe sein?, 1993; *Prittwitz,* Strafrecht und Risiko, 1993, *Radzinowicz,* Rückschritte in der Kriminalpolitik, ZStW 105 (1993), 247; *Roxin,* Das Schuldprinzip im Wandel, Arth. Kaufinann-FS, 1993, 519; *Seelmann,* Wechselseitige Anerkennung und Unrecht. Strafe als Postulat der Gerechtigkeit?, ARSP 1993, 228; *Baurmann,* Vorüberlegungen zu einer empirischen Theorie der positiven Generalprävention, GA 1994, 368; *Bock,* Prävention und Empirie, JuS 1994, 89; *Hettinger,* Besprechung von Roxin, AT/1, 1992, JR 1994, 437; *Hassemer,* Einige Bemerkungen über „positive Generalprävention", Buchala-FS, 1994, 133; *Hirsch,* Das Schuldprinzip und seine Funktion im Strafrecht, ZStW 106 (1994), 746; *Kuhlen,* Zum Strafrecht der Risikogesellschaft, GA 1994, 347; *Lesch,* Über den Sinn und Zweck staatlichen Strafens, JA 1994, 510, 590; *Papageorgiou,* Schaden und Strafe, 1994; *Bottke,* Assoziationsprävention, 1995; *Cornel u. a.,* Handbuch der Resozialisierung, 1995; *Costa Andrade,* Strafwürdigkeit und Strafbedürftigkeit als Referenzen einer zweckratio-

第 1 編 基 礎

nalen Verbrechenslehre, Coimbra-Symposium, 1995, 121; *Frommel,* Zur Wiederkehr der Sicherungsstrafe in der gegenwärtigen Diskussion, KJ 1995, 226; *Hartwig,* Der Einfluß der „allgemeinen" Strafzwecke im Strafvollzug, 1995; *Hörale/von Hirsch,* Positive Generalprävention und Tadel, GA 1995, 261; *Jakobs sowie Lüderssen,* Das Strafrecht zwischen Funktionalismus und „alteuropäischem" Prinzipiendenken, ZStW 107 (1995), 843 und 877; *Jescheck,* Grundsätze der Kriminalpolitik in rechtsvergleichender Sicht, Miyazawa-FS, 1995, 363; *Kammeier,* Maßregelvollzugsrecht, 1995; *Kargl,* Die Funktion des Strafrechts in rechtstheoretischer Sicht, 1995; *Kim,* Grenzen des funktionalen Schuldbegriffs, Diss. Saarbrücken 1995; *Kindhäuser,* Rechtstreue als Schuldkategorie, ZStW 107 (1995), 701; *Koriath,* Über Vereinigungstheorien als Rechtfertigung staatlicher Strafe, Jura 1995, 625; *Lüderssen,* Abschaffen des Strafens?, 1995; *Sack,* Prävention — ein alter Gedanke in neuem Gewand, in: Gössner (Hrsg.), Mythos Sicherheit, 1995, 429; *Scheffler,* Prolegomena zu einer systematischen Straftheorie, JRE 1995, 375; *Schild,* Anmerkungen zur Straf- und Verbrechensphilosophie Immanuel Kants, Gitter-FS, 1995, 831; *Schünemann,* Kritische Anmerkungen zur geistigen Situation der deutschen Strafrechtswissenschaft, GA 1995, 201; *Seelmann,* Anerkennungsverlust und Selbstsubsumtion. Hegels Straftheorien, 1995; *ders.,* Die Berücksichtigung der Natur im Rahmen der Straftheorien, in: Nida-Rümelin/v. d. Pfordten (Hrsg.), Ökologische Ethik und Rechtstheorie, 1995, 281; *Stratenwerth,* Was leistet die Lehre von den Strafzwecken?, 1995; *Wolfslast,* Staatlicher Strafanspruch und Verwirkung, 1995; *Buchala,* Schuld und Strafe, Strafzwecke und Strafzumessung, Triffterer-FS, 1996, 561; *Jehle* (Hrsg.), Kriminalprävention und Strafjustiz, 1996; *Kammeier,* Maßregelrecht. Kriminalpolitik, Normgenese und systematische Struktur einer schuldunabhängigen Gefahrenabwehr, 1996; *Hassemer,* Warum und zu welchem Ende strafen wir?, ZRP 1997, 318; *Kaiser,* Strafen statt Erziehen?, ZRP 1997, 451; *Burkhardt,* Freiheitsbewußtsein und strafrechtliche Schuld, Lenckner-FS, 1998, 1; *Cremer-Schäfer/Steinert,* Straflust und Repression, 1998; *Curti,* Abschreckung durch Strafe, 1998; *Frisch,* Individualprävention und Strafbemessung, Kaiser-FS, 1998, 765; *Kargl,* Friede durch Vergeltung. Über den Zusammenhang von Sache und Zweck im Strafbegriff, GA 1998, 53; *Kunz,* Liberalismus und Kommunitarismus in Straftheorie und Kriminalpolitik, Kaiser-FS, 1998, 859; *Lüderssen* (Hrsg.), Aufgeklärte Kriminalpolitik oder Kampf gegen das Böse?, 5 Bde, 1998 (dazu *Kaiser,* MSchKrim 1999, 441; *Laubenthal/Baier,* GA 2001, 1), (einzelne Aufsätze aus diesem Werk werden auch gesondert genannt); *Müller-Tuckfeld,* Integrationsprävention, 1998; *Prittwitz /Manoledakis,* Strafrecht und Menschenwürde, 1998; *Schild,* Strafbegriff und Grundgesetz, Lenckner-FS, 1998, 287; *Schmidhäuser,* Über Strafe und Generalprävention, E.A. Wolff-FS, 1998, 443; *Schünemann/von Hirsch/Jareborg,* Positive Generalprävention, 1998; *Stratenwerth,* Kritische Anfragen an eine Rechtslehre nach „Freiheitsgesetzen", E. A. Wolff-FS, 1998, 495; *Zaczyk,* Über Begründung im Recht, E.A. Wolff-FS, 1998, 509; *Curti,* Strafe und Generalprävention, ZRP 1999, 234; *Donna,* Schuldfrage und Präsention, Zipf-GS, 1999, 197; *Hörnle,* Tatproportionale Strafzumessung, 1999; *H. Kaiser,* Widerspruch und harte Behandlung. Zur Rechtfertigung von Strafe, 1999; *Lampe,* Strafphilosophie. Studien zur Strafgerechtigkeit, 1999; *Lüderssen,* Opfer im Zwielicht, Hirsch-FS, 1999,

第3章　刑罰と処分の目的と正当化

879; *Naucke*, Konturen eines nachpräventiven Strafrechts, KritV 1999, 336; *Puppe*, Strafrecht als Kommunikation, Grünwald-FS, 1999, 469; *Roxin*, Hat das Strafrecht eine Zukunft?, Zipf-GS, 1999, 135; *Schwind*, Kriminologische Lagebeurteilung und kriminalpolitische Aktivitäten: Geht die innere Sicherheit unseres Landes verloren?, ZRP 1999, 107; *H. A. Wolff*, Der Grundsatz „nulla poena sine culpa" als Verfassungsrechtssatz, AöR 124 (1999), 55; *Kaiser*, Brauchen wir in Europa neue Konzepte der Kriminalpolitik?, ZRP 2000, 151; *Kalous*, Positive Generalprävention durch Vergeltung, 2000; *Lampe*, Strafphilosophie, 2000; *Naucke*, Über die Zerbrechlichkeit des rechtsstaatlichen Strafrechts, Materialien zur neueren Strafrechtsgeschichte, 2000; *Prittwitz*, Positive Generalprävention und „Recht des Opfers auf Bestrafung des Täters"?, KritV, Sonderheft zum 60. Geburtstag von W. Hassemer, 2000, 162; *W. Stein*, Täter-Opfer-Ausgleich und Schuldprinzip, NStZ 2000, 393; *Ambos /Steiner*, Vom Sinn des Strafens auf innerstaatlicher und supranationaler Ebene, JuS 2001, 9; *Baratta*, Resozialisierung oder soziale Kontrolle, Müller-Dietz-FS, 2001, 1; *Britz*, Strafe und Schmerz – eine Annäherung, Müller-Dietz-FS, 2001, 73; *Calliess*, Die Strafzwecke und ihre Funktion, Müller-Dietz-FS, 2001, 99; *Duttge*, Unterdrückung archaischer Urtriebe mittels Strafrecht?, JR 2001, 181; *Eser*, Maßregeln der Besserung und Sicherung als zweite Spur im Strafrecht, Müller-Dietz-FS, 2001, 213; *Kaiser*, Kriminalpolitik in der Zeitenwende, Roxin-FS, 2001, 989; *Kühl*, Die Bedeutung der Rechtsphilosophie für das Strafrecht, 2001; *Maultzsch*, Hegels Rechtsphilosophie als Grundlage systemtheoretischer Strafbegründung, Jura 2001, 85; *B.-D. Meier*, Strafrechtliche Sanktionen, 2001; *Miehe*, Das Ende des Strafrechts, in: Müller-Graff/Roth (Hrsg.), Recht und Rechtswissenschaft, 2001, 249; *Ostendorf*, Chancen und Risiken von Kriminalprävention, ZRP 2001, 151; *Rössner*, Die besonderen Aufgaben des Strafrechts im System rechtsstaatlicher Verhaltenskontrolle, Roxin-FS, 2001, 977; *Roxin*, Wandlungen der Strafzwecklehre, Müller-Dietz-FS, 2001, 701; *Schmitz*, Zur Legitimität der Kriminalstrafe, 2001 (dazu *Jakobs*, GA 2003, 174); *Schüler-Springorum*, Von Spuren keine Spur, Roxin-FS, 2001, 1021; *Schwind*, Bevölkerungsumfragen zur Akzeptanz des Resozialisierungsgedankens im Langzeitvergleich (1976-1987-1999), Müller-Dietz-FS, 2001, 841; *Seelmann*, Hegel und die Zurechnung von Verantwortung, Müller-Dietz-FS, 2001, 857; *Walter*, Abkehr von der Resozialisierung im Strafvollzug?, Müller-Dietz-FS, 2001, 961; *Baurmann*, Recht und intrinsische Motivation, Lüderssen-FS, 2002, 17; *Eser*, Welches Strafrecht braucht und verträgt der Mensch?, Lüderssen-FS, 2002, 195; *Frisch,* Sicherheit durch Strafrecht?, Schlüchter-GS, 2002, 669; *K. Günther*, Die symbolisch-expressive Bedeutung der Strafe – eine neue Straftheorie jenseits von Vergeltung und Prävention?, Lüderssen-FS, 2002, 205; *Hassemer*, Darf der strafende Staat Verurteilte bessern wollen? Resozialisierung im Rahmen positiver Generalprävention, Lüderssen-FS, 2002, 221; *Hassemer/Reemtsma* (Hrsg.), Verbrechensopfer, Gesetz und Gerechtigkeit, 2002; *Hoffmann-Riem*, Freiheit und Sicherheit im Angesicht terroristischer Anschläge, ZRP 2002, 497; *Kubink*, Strafen und ihre Alternativen im zeitlichen Wandel, 2002; *Leyendecker*, (Re-) Sozialisierung und Verfassungsrecht, 2002; *Lombardi Vallauri*, Ästhetik und Vergeltung, Lüderssen-FS, 2002, 97; *Naucke*, J. P.A. Feuerbachs Begriff der Strafrechtskritik, Lüderssen-FS, 2002, 297; *Schild,*

85

第 1 編　基　礎

Verbrechen und Strafe in der Rechtsphilosophie Hegels und seiner „Schule", Zeitschrift für Rechtsphilosophie, 2002, 30; *Schünemann*, Aporien der Straftheorie in Philosophie und Literatur – Gedanken zu Immanuel Kant und Heinrich von Kleist, Lüderssen-FS, 2002, 327; *Velten*, Normkenntnis und Normverständnis, 2002; *Zihlmann*, Macht Strafe Sinn?, 2002 (dazu *Kudlich*, GA 2004, 317); *Altenhain*, Die Begründung der Strafe durch Kant und Feuerbach, Keller-GS, 2003, 1; *Dölling*, Zur spezialpräventiven Aufgabe des Strafrechts, Lampe-FS, 2003, 597; *Jakobs*, Der Zweck der Vergeltung. Eine Untersuchung anhand der Straftheorie Hegels, Androulakis-FS, 2003, 251; *Kühl*, Der Zusammenhang von Strafe und Strafrecht, Lampe-FS, 2003, 439; *Mir Puig*, Wertungen, Normen und Strafrechtswidrigkeit, GA 2003, 863; *Rössner*, Die unverzichtbaren Aufgaben des Strafrechts im System der Verhaltenskontrolle, Keller-GS, 2003, 213; *Schmidtchen*, Prävention und Menschenwürde. Kants Instrumentalisierungsverbot im Lichte der ökonomischen Theorie der Strafe, Lampe-FS, 2003, 245; *Schünemann*, Das Strafrecht im Zeichen der Globalisierung, GA 2003, 299; *Seelmann*, Menschenwürde zwischen Person und Individuum, Lampe-FS, 2003, 300; *Wassermann*, Paradigmenwechsel im Strafvollzug?, ZRP 2003, 327; *Dessecker*, Gefährlichkeit und Verhältnismäßigkeit. Eine Untersuchung zum Maßregelrecht, 2004; *Jakobs*, Staatliche Strafe: Bedeutung und Zweck, 2004; *Jung*, Was ist eine gerechte Strafe?, JZ 2004, 1155; *Kaiser*, Strafrecht und Kriminologie ohne Berührungsfurcht, ZStW 116 (2004), 855; *Koriath*, Zum Streit um die positive Generalprävention – Eine Skizze, in: Radtke u. a. (Hrsg.), Muß Strafe sein?, 2004, 49; *Kühl*, Die ethisch-moralischen Grundlagen des Strafrechts. Eine Vergewisserung anhand des „Lehrbuchs des Strafrechts. Allgemeiner Teil" von Hans-Heinrich Jescheck, ZStW 116 (2004), 870; *Lüderssen*, Das moderne Strafrecht, StrV 2004, 97; *Momsen/Rackow*, Die Straftheorien, JA 2004, 336; *Montenbruck*, Religiöse Wurzeln des säkularen Strafens und Zivilisation der Aggression, U. Weber-FS, 2004, 193; *Pawlik*, Person, Subjekt, Bürger. Zur Legitimation von Strafe, 2004; *ders.*, Kritik der präventionstheoretischen Strafbegründungen, Rudolphi-FS, 2004, 213; *Radtke u. a.* (Hrsg.), Muß Strafe sein?, 2004; *Wacke*, Zwecke der Kriminalstrafe nach römischen Rechtsquellen, U. Weber-FS, 2004, 155; *Weigend*, Resozialisierung – die gute Seite der Strafe?, in: Radtke u. a. (Hrsg.), Muß Strafe sein?, 2004, 181; *von Hirsch*, Die Existenz der Institution Strafe: Tadel und Prävention als Elemente einer Rechtfertigung, in: Neumann/Prittwitz (Hrsg.), Kritik und Rechtfertigung des Strafrechts, 2005, 57; *Kühl*, Zum Mißbilligungscharakter der Strafe, Eser-FS, 2005, 149; *Neumann*, Alternativen zum Strafrecht, in: Neumann/Prittwitz (Hrsg.), Kritik und Rechtfertigung des Strafrechts, 2005, 89; *Zaczyk*, Zur Begründung der Gerechtigkeit menschlichen Strafens, Eser-FS, 2005, 207.

外国語文献： *Gramatica*, Principi di difesa sociale, 1961 (dt.: Grundlagen der Défense Sociale, 1965); *Beristain*, Fines de la pena, Madrid, 1962; *Ancel*, La défense sociale nouvelle, ²1966 (dt.: Die neue Sozialverteidigung, 1970); *Martinson*, What works? Questions and Answers about Prison Reform, 1974; *Bergalli*, Readaptación social por medio de la ejecución penal?, Madrid, 1976; *Mir Puig*, Introducción a las bases del derecho penal, Barcelona, 1976; *García-Pablos*, La supuesta función resocializadora del derecho penal, ADPCP 32 (1979), 645; *Romano/Stella* (Hrsg.), Teoria e prassi della prevenzione generale dei reati,

86

第3章　刑罰と処分の目的と正当化

Bologna, 1980; *Militello*, Prevenzione generale e commisurazione della pena, Mailand, 1982; *Muñoz Conde*, La resocialización del delincuente. Análisis y crítica de un mito, in: Política criminal y reforma del derecho penal, Bogotá, 1982, 131; *Acutis/Palombarini* (Hrsg.), Funzioni e limiti del diritto penale, Padova, 1984; *Monaco*, Prospettive dell' idea dello „scopo" nella teoria della pena, Neapel, 1984; *Eusebi*, La nuova retribuzione, Diritto penale in trasformazione, Mailand, 1985, 93; *Luzón Peña*, Estudios penales, Barcelona, 1991; *Moccia*, Il diritto penale tra essere e valore, Neapel, 1992; *Silva Sanchez*, Aproximación al derecho penal contemporáneo, Barcelona, 1992; *Fornari*, Misure di sicurezza e doppio binario: un declino inarrestabile?, RIDPP 36 (1993), 569; *v. Hirsch*, Censure and Sanctions, 1993; *Mir Puig*, Función de la pena y teoría del delito en el estado social y democrático de derecho, El derecho penal en el estado social y democrático de derecho, Barcelona, 1994, 29; *Péirez Manzano*, Aportaciones de la prevención general positiva a la resolución de las antinomias de los fines de la pena, in: Política criminal y nuevo derecho penal, Barcelona, 1997, 73; *Alcácer Guirao*, Los fines del derecho penal, ADPCP 51 (1998), 365; *Ferrajoli*, Diritto e ragione, Rom, ⁵1998; *Demetrio Crespo*, Prevención general y individualición de la pena, Salamanca, 1999; *Figueiredo Dias*, Fundamentos, sentido e finalidade da pena criminal, Questões fundamentais de direito penal revisitadas, São Paulo, 1999, 87; *ders.*, Fundamentos, sentido e finalidade da medida de segurança criminal, ebda., 137; *Morillas Cueva*, Derecho Penal, Parte General, Madrid, 2004.

A．刑罰の目的 —— 刑罰論

1　刑法の任務，すなわち刑罰規定の任務と，具体的な事例において科すべき刑罰の目的は，分けて考えなければならない．仮に刑法が第1に補充的法益保護，個々人の自由な発展，およびこの原則に基礎を置く社会秩序の維持に寄与すべきものであるとするならば，この任務を設定する際には，はじめに，どのような行為に対して国家は刑罰による威嚇をすることができるのかを決定することのみを決めることが許される．しかし，このことによって，刑法の任務を充たすために刑罰がどのような方法で作用すべきであるのかが直ちに決定されるわけではない．この問いに対して答えるのが，刑罰目的に関する学説である．—— 刑罰目的は，しばしば見逃されがちではあるものの —— 当然いつもその背後に控える刑法の目的と関連づけられていなければならない⁽¹⁾．古代⁽²⁾

---

(1)　*Calliess*, NJW 1989, 1338 は，この見解に反対である．彼は，刑罰目的と刑罰論に関して討論することは全くの無駄であるとし，「憲法を具体化したものとして刑罰を位

87

第1編　基礎

より，刑罰目的に関しては三つの見解が争われており（後述1節から3節），今日でも種々の組み合わせで（後述，4節，5節）議論されている(3)．

第1節　応報刑論（正義論，贖罪論）

2　応報刑論は，刑罰の意義を何らかの社会的に役立つ目的(4)を追求することにではなく，害悪を与えることを通して，行為者が自らの行為によって負うことになった罪に対して，公正な方法で報復し，埋め合わせをさせ，贖罪させることに見出している．この説は，この説が刑罰の意義を社会に及ぼす効果には依拠せずに，「切り離して」考えているために（ラテン語の absolutus ＝切り離す）「絶対」論と呼ばれている．刑罰をつり合いのとれた応報と考える構想は，古代から知られていたことで，法的な素人の意識下でもある種自明のことのように脈打っているものである．刑罰は公平なものでなければならず，その期間と重さに関して自らが行った害悪の重さに相当する限りで，それを清算することを要件としている．この応報刑論の背後にあるのは，古くからある同害報復の原理(5) —— 目には目を，歯には歯を —— である．この説は，歴史的に見ても，国家による刑罰が文化的発展の中で，私的な復讐，家族のそして氏族の私闘を排斥し，応報の権利を形式的な規則で処理し，中立的かつ平和的解決をもたらすお上の裁判所に委ねていく運びとなった刑罰の発展を完全に正しく表してい

　置付けるべきである」(S. 1342) と主張した．この点につきさらに，*Calliess*, 1974. 刑罰の意義に関する司法批判については，*Zihlmann*, 2002.

(2)　刑罰論の歴史に関しては，*v. Hippel*, StrafR I, 1925, 459 ff, *Nagler*, 1918. 比較的新しいものとしては，*Kaenel*, 1981, 28-77, *Formmel*, 1987. 啓蒙期の刑法や Kant と Feuerbach の刑法論に有益なのは，*Naucke*, 2000, 1-220,「時代の変遷の中での」刑事政策の発展について包括的なのは，*Kubink*, 2002（これに関する評論は，*Vormbaum*, ZStW 116〔2004〕, 195）.

(3)　学生にとってのよい入門書となるのは，*Momsen/Rackow*, JA 2004, 336.

(4)　この説による公正な応報を刑罰の「目的」としてよいのかについては争われている．しばしば，応報刑は「目的をもたないもの」と言われており，責任清算にのみ，その「意味」や「本質」があるとされる．この問いに対する決定は，目的概念を単に社会的で経験則的な目的としてのみ捉えるのか，（公正さという）観念の実現にも用いてよいと捉えるのかということにかかっている．単なる専門用語の問題である第2の選択肢を肯定するのならば，絶対説は，刑罰の目的を公正な応報に求めていると異議なく言うことができるであろう．

(5)　同害報復と応報の関係については，*Ebert*, 1991, 249.

第3章　刑罰と処分の目的と正当化

る.

3　しかしながら，応報刑論が長きにわたりこのような絶対的な影響力を保持していたのは，歴史的な尊厳や日常の知恵による道理によるというよりは，ドイツ観念論の哲学によるところが大きい．この意義は，刑法の精神史上の発展を語る上で評価してもしすぎることはない．*Kant*[6]は，「人倫の刑而上学」（1798年）において，応報と正義の理念を確固不動の法則として位置付け，すべての功利的な見解に対してかなり徹底的にそれを貫徹しようとした（同，§ 49 E I）．「すなわち，殺人を実行した，または命じられた，または協力した者がいる限り，そのすべての者がその死に苛まれなければならない．つまり，司法の権能の理念としての正義は一般的に原則的に法に由来するものでなければならない」のである．さらに，「刑法は定言命法である」．すなわち，悪行をした者に対して何らかの一時的な目的によって「刑罰や，あるいは，ただその一等」を免じた者に対しても，*Kant* は「苦痛」を与えた．というのは，「正義が機能しないのならば，人が地球に存在することにも価値がなくなってしまうからである」．実に，*Kant* にとって刑罰は，たとえ国家や社会が存在しなくなったとしても，つまり，これらが解散されたとしても，なくてはならないもので，彼によると「すべての者が，自身の行為に値するものを自らが受け，そして殺人の罪の責任を，この者の処罰を最後まで貫き通すことのなかった国民に負わせないようにするためにも，監獄に残った最後の殺人者もその前に処刑されなければならない」のである．

4　*Hegel*[7]は，今日に至るまで法哲学のテキストの中でもっとも重要なものの

---

(6)　Kant の説の入門として有益なのは，*Naucke*, 1962, *ders.*, SchlHA 1964, 203, *H. Mayer*, Engisch-FS, 1969, 74 ff, *Köhler*, 1983, *ders.*, 1986, *E. A. Wolff*, ZStW 97 (1985), 786 ff., *Bielefeldt*, GA 1990, 108, *Kühl*, 1991, *Schild*, Gitter-FS, 1995, 831. *Altenhain*, Keller-GS, 2003, 1 は，Kant を Feuerbach に近づけた．Feuerbach の心理強制説は，Kant に依拠する刑罰論を継続発展させるものであると言われている（同，10）．彼は，Kant を絶対説の代表者とはみなさなかった．── 本文における引用が明確にこのことに反対してはいるものの ── 仮にこのことが正しかったとしても，それによって Kant の説が継受の歴史から見て，その影響力を，絶対説として展開させたことに変わりはない．

(7)　Hegel に関してためになるのは，*Piontkowski*, 1960, *Flechtheim*, ²1975, *Kescewski*, 1991, *Seelmann*, JuS 1979, 687 は，当然 ── 継受の歴史とは矛盾するが ── Hegel の一般予防的な意味を強調した．*ders.*, ARSP 1993, 228 参照．*Seelmann*, 1995

第 1 編　基　礎

一つとされる「法哲学 (綱要)」(1821 年) の中で，以下の似たような結論を導き出している．彼は，犯罪を法の否定と捉え，刑罰を「さもなければ有効とされてしまう犯罪の止揚」として，そして「法の回復」として (同，§ 99)，法の否定に対する否定⁽⁸⁾と捉えている．彼は，以下のように言う (同，§ 101)．「犯罪の止揚は，概念的に侵害に対する侵害である限りにおいて回復である」．彼は，*Kant* とは異なり，実際に同害報復の原理を実行することができない場合は，犯罪と刑罰の価値の等価値性の考えによって補おうとした．そして，応報刑論は，この形でもって後の 150 年の間，継承されていくこととなった．しかしながら，*Hegel* も *Kant* と完全に同様に威嚇や改善のような予防目的を刑罰目的として取り入れることはなかった．「すなわち」と彼は続ける (同，§ 99 の補足)．「このような方法で刑罰を理由付けするならば，犬に対して棒を振り上げるようなもので，人が，名誉と自由に基づいて扱われなければ，犬として扱われるようなものである」．

5　教会の両宗派⁽⁹⁾も，戦後しばらくは，正義の実現を神の戒律として，科刑を神の審判の代理的な執行と捉えることで，応報刑論を有力的に支持していた．

6　判例において，応報刑論は今日に至るまで大きな役割を果たしてきた．「すべての犯罪に対する刑罰は，害悪を課すことによる応報を本質としている」と BVerfGE 22, 132 は述べており，他の憲法裁判所の判決においても，威嚇と改善と並んで応報を刑罰の本質または目的としている⁽¹⁰⁾．連邦裁判所の判決に

　　は，上記のものに加え，五つのさらなる「Hegel の刑罰論」についての論文をまとめたもので，これによると，Hegel がそのつどにおいて異なる刑罰の正当性という観点を求めていたことがわかる．

(8)　Hegel の刑罰論の特徴として何度も用いられている，刑罰は，法の「否定の否定」であるという標語的な決まり文句は，Hegel の「法の哲学」のテキストでは明確に探し当てることができない．このことが書いてあるのは，「§ 97 の補足」においてのみで，そこからは，Hegel の弟子の *Gans* が *Hotho* の講義ノートからこの文句を抜き出し，テキストに書き込んだことがわかる．

(9)　*Jescheck/Weigend*, AT⁵, § 8 III 3 の文献参照．少なくともドイツプロテスタント教会の「刑罰」に関する覚書 (1990, 57 ff., 77 ff.) は，すべての応報に対する反対を表明している．

(10)　*Volk*, ZStW 83 (1971), 405 のまとめ，および，Rn. 14 と Rn. 34 の文献参照．「刑罰概念と基本法」に関しては，*Schild*, Lenckner-FS, 1998, 287 も参照．

おいても，応報の概念は圧倒的に多く登場している．例えば，BGHSt 24, 134 によると「公正な責任の清算のためには刑罰は内容的に責任を上回ってはならないし，下回ってもならない」とされている．これに相応して，立法においても応報原理が用いられた．刑法46条1項1文は，「行為者の責任は，刑罰の量定の基礎である」とされ，この文言は，応報刑論の意義で解釈されなければならないわけではないが，このような解釈を認めないものでもない．

7　応報刑論の長所は，社会心理的な感銘力と，これが刑罰の重さを決定する基準となる点にある．刑罰が責任の大きさに「相応」しなければならないのならば，わずかな罪過に対して徹底的な処罰をすることを見せしめとしてはならない．応報の概念は，国家の刑罰権の行使に対して限界を示し，その限りにおいて，リベラルで自由を保障する機能を有している．どの刑罰が責任の重さに相応するかにつき，数学的に詳細に決定することはできないが，法律上の量刑に関するルール（46条）と学術的に洗練された量刑理論を用いれば，ある程度は刑罰の重さを知ることが可能となる．

8　それにもかかわらず，応報刑論は，今日では学術的には維持できないものとなっている．というのは先述したように，刑法の任務を第1に法益保護とするのならば，この任務を遂行するためにすべての社会的な目的を明確に除外している刑罰を用いることはできないからである．応報の理念は，法益保護上必要でないにもかかわらず，刑罰を求めるからである（Rn. 3参照）．そうすると刑罰は刑法の任務の遂行には役立たなくなり，社会的な正当性を失うこととなる．言い換えるならば，形而上学的な正義の理念を実現するためには，国家は人間特有に備わったものとしての能力も権限も有していないのである．市民の意思が，国家に対して，他人との共存が平和で自由なものであることを保障する義務を課しているのである．国家の任務はこのような保護に限定されているのである．害悪（犯罪行為）をさらなる害悪（刑罰による苦痛）を与えることで清算したり，止揚したりできるとする考えは，国家が，神によってではなく，国民によって権力を授与されて以降，国家は誰をも義務づけることはできないという信念に基づいてのみ可能となるものである[11]．清算されるべき「責任」

---

(11)　*Kindhäuser*, ZStW 107 (1995), 730 は，「なぜ，そして，どのようにこの悪の意思を刑罰でもって再び世界から片付けることができるのか，または，認知によって法の

第1編 基礎

を認めることによるだけでは，刑罰を説明し切れない．個々の責任は，自由意思が存在することと結びついており，この自由意思の存在が実証不能なものであるために，責任のみを国家的な侵害の根拠とすることを不適切としているのである．

9 社会政策的に望ましくない結果となることも，応報刑論が反対される理由である．害悪の賦課の原則に基づく刑罰の執行は，しばしば犯罪行為を行う原因となる社会化の障害となるものを克服するものではなく，したがって，犯罪防止に適した手段ともならないのである．ドイツにおける刑罰の執行が，1977年までどの法的根拠も持たない時代遅れなものであった本質的な要因には，応報刑論が長年にわたり独占的な影響力を有していたことがある．

10 仮に「贖罪説」と改名したところで，責任清算論は支持することができない．このことは，周知の言語の使い方によると，「贖罪」という概念は，「応報」の別名であると理解されていることからも自明のことである．しかしながら，しばしば「贖罪」とは，行為者が刑罰を正当な責任清算として内心で受け止め，自らの犯罪行為を精神的に消化し，自己を浄化し，このような贖罪によって人間的で社会的な不可侵性を取り戻すことであるとされている．これらは当然望ましいことではある．しかし，このことが応報刑法を正当化することにはつながらない．というのは，現実的にはほぼありえないこのような贖罪経験は，人格に基づく自発的で道徳的な行為を表すのであって，強制的に負わされることでできるものではないし，通常，応報的ではなく，支援を与えるような刑罰によってできることが多いものだからである．

第2節 特別予防論

11 応報刑論に対する極端な反対論は，行為者が将来的に犯罪行為を行わないようにすることのみを刑罰の任務とする．この考えによると，刑罰の目的は，個々の（個別の）行為者に相応した事前の防止（予防）であるとされる．この見解からは，刑罰の目的は「特別予防」であるということになる．特別予防論は，「絶対的な」応報刑法の概念とは異なり，犯罪の予防を目的とするために（「相対的」は，ラテン語の referre ＝関連づけるによる）「相対的な」学説である．この立

有効性を再構築できるのか，謎である」と述べている．

第3章　刑罰と処分の目的と正当化

場も，刑法的な思想の初期に遡って存在するものである．すでに *Seneca*（紀元
後 65 年没）が，とりわけ *Platon*（紀元前 427 から 347 年）によって伝えられた
Protagoras（紀元前 485 ～およそ 415 年）の見解を引用する形ですべての予防論の
古典的な定式を示している．「Nam, ut Plato ait: ‚nemo prudens punit, quia
peccatum est, sed ne peccetur …」（「というのは，プラトンが述べるように『賢人は，
罪を犯したことを理由に処罰するのではなく，罪を犯さないように裁く…』からであ
る」）.(12)

12　このテーゼは，啓蒙時代に積極的に特別予防的な学説として発展を遂げ，後
　　に応報刑論によって抑圧されたが，19 世紀の終わり頃から今日に至るまで「社
　　会学刑法学派」によって，甚大な影響力でもって巻き返しがはかられた．この
　　説の主唱者は，ドイツの刑事政策学者の中でもっとも重要な人物である *Franz
　　v. Liszt*（1851 - 1919 年）である．彼の構想によると特別予防は次の三つの形態
　　で実現することが可能である．犯罪行為者を閉じ込めることによって一般社会
　　を保護すること，刑罰によって行為者にさらなる犯罪行為を行わないように**威
　　嚇する**こと，そして，**改善する**ことによって再犯を防止することである．これ
　　に相応する形で，*Liszt* は，のちの彼の業績の基礎となるいわゆるマールブル
　　ク綱領(13)（1882 年）の中で，犯罪人の類型ごとに異なる治療について説いてい
　　る．威嚇による効果や改善の余地のない常習犯罪人には無害化を，単なる機会
　　犯には威嚇を，改善することができる者には改善を．とりわけ，三つ目の特別
　　予防的な作用可能性である改善は，専門用語では，社会復帰や社会化と呼ばれ
　　るものであるが，戦後も重要な役割を果たしていた（Rn. 13 および 4 章 Rn. 15 以
　　下参照）．1889 年に *Liszt* とベルギー人 *Prins* とオランダ人 *van Hamel* によっ
　　て設立された国際刑事学協会（Internationale Kriminalistische Vereinigung（IKV））が
　　この新しい刑事政策的な概念を広めることに大いに貢献した．1924 年には，
　　今日でも存在する Association Internationale de Droit Penale（AIDP）も設立

---

(12)　*Seneca*, De ira, liber I, XIX-7．彼は，Platon, Gesetze, 934a に関連づけている．

(13)　「刑法における目的思想」というタイトルで，ZStW 3（1883），1，（＝ Strafrecht-
　　　liche Vorträge und Aufsätze, Bd. 1, 1905〔再版 1970〕，126 ff.）．Liszt の思想への入門
　　　と彼の今日における意義が分かるものとして，彼の死後 50 日後に公刊された論文集
　　　「Franz von Liszt zum Gedächtnis」，1969（＝ ZStW 81〔1969〕，Heft 3〔S. 541-829〕），
　　　さらには，ZStW 94（1982）にマールブルグ綱領生誕 100 周年のために寄せられた論
　　　文：*Naucke*,（525 ff.），*Frisch*,（565 ff.），*Müller-Dietz*,（599 ff.）．

第 1 編　基　礎

された[(14)]．IKV のドイツ国グループは，1937 年に当時の権力者によって解散
させられた．戦後，とりわけ 1947 年に設立された社会防衛のための国際協会
[(15)]が Liszt の作業をさらに発展させた．また，西ドイツの刑法学者（本書の著
者もこの中に入っている）によって 1966 年に公刊された「刑法対案（代案）」（＝
AE）は，連邦の刑法改正に著しい影響を与えたものであるが（この点につき 4 章
Rn. 20 以下），特別予防論──したがって，とりわけ *Franz v. Liszt*[(16)]と社会防
衛の思想[(17)]にかなりの恩恵を受けている．

13　特別予防的な目標設定は，とりわけ 1969 年以降の連邦における改正立法に
おいても多様な形で表れている[(18)]．新総則の刑法 46 条 1 項 2 文では，量刑に
関して以下のように書かれている．「行為者の将来の社会生活で作用するであ
ろう刑罰の効果は，考慮に入れなければならない」．西ドイツの改正立法（詳
細は，4 章 Rn. 24 以下）における多数の制裁制度における新規定には，新行刑法
2 条にも「執行の目的」として掲げられている社会復帰という目的が設定され
ることとなった．「自由刑の執行にあたっては，受刑者に，将来的に犯罪行為
を行わない人生を送れるような社会的責任を身に付けさせなければならない」．

14　この改正における上記のような印象の一方で，比較的新しい判例においても
社会復帰の思想が以前よりも着目されるようになってきた．連邦憲法裁判所
（E 35, 202, 235 f.=Lebach 判決）は下記のように述べている．「人間の尊厳とそれを
守るために保障されている基本権の担い手として，有罪判決を受けた犯罪行為
者には，刑罰の執行を終えた後は，再び社会に戻るチャンスが与えられなけれ
ばならない．行為者の立場から見ると，このような社会復帰への関心は，基本
法 2 条 1 項および基本法 1 条によって保障された基本権から生じるものである．
社会的に見ると，社会国家原理によって国家に将来に向けての事前配慮と社会
福祉を求めることとなる[(19)]」．終身刑においても執行猶予を可能とした決定

---

(14)　詳細は，*Jenscheck*, ZStW 92（1980），997 ff.「IKV/AIDP 設立 100 年後の刑事政
策」に関する現状調査は，*Burgstallelr*, ZStW 102（1990），673.

(15)　*Gramatica*, 1961, *H. Kaufmann*, v. Weber-FS, 1963, 418, *Rebhan*, 1963, *Ancel*,
²1966, *Melzer*, 1970.

(16)　この点につき，特に，*Roxin*, ZStW 81（1969），613.

(17)　この点につき，*Melzer*, 1970, 102 ff., *ders.*, ZStW 84（1972），648 ff..

(18)　刑法典，基本法および国際的な法的基礎と特別予防の結びつきについて詳細は，
Dölling, Lampe-FS, 2003, 598 ff.

第3章 刑罰と処分の目的と正当化

(BVerfGE 45, 187, 239) においても，「社会復帰を望むこと」は認められ，受刑者に対して報奨金を支払う判決 (BVerfGE 98, 169, 201) においても「立法者は，効果的な社会復帰の構想を発展させ，それに基づいて刑を執行しなければならない」[20]という社会復帰の要請が示された．連邦裁判所も，刑法改正の発展を援用する中で次のように述べている「刑罰には，おのれ自身のために[21]責任を清算するという任務はなく，同時に刑法の予防的な保護という任務を果たすために必要な手段として用いられる場合にのみ，責任の清算が正当化されることとなる」．法律上の量刑に関する条文における特別予防の条項においては，「新しく特別予防の観点に重要な意味を与えるようになった」と認識されている (BGHSt 24, 40〔42〕)．たとえば，連邦裁判所 (StrV 2003, 222) は，若い被告人に長期の自由刑を科すことを「（そこには）自立的な生活を送るために社会に再び受け入れられるように努めるという観点が全く欠けるという危険性があるために」不適切としている．

15 特別予防論の支持者が今日もっとも重要視している社会復帰〈再社会化〉原理に，特別予防論が則っている限り，理論的にも実務的にもこの説は支持されるであろう．この説は，個人と社会を保護することのみに責任を負っている一方で，行為者を追放したり，ラベリングしたりせずに，行為者を再統合しようとする点で行為者の助けとなっており，そのために社会国家原理に他のどの学説よりも忠実であるために圧倒的に支持されている．この説が，社会性を身に付ける練習とそれを助ける治療を目標とする執行計画に挑む限りにおいて，この説は建設的な改革を可能としているし，応報原理が実務上は生産的でないという事態を克服しているといえる．

16 しかしながら，特別予防の観点を実施するには問題もある．これは以前より知られていたものであるが，改正ののち数年が経って，この説に対してより疑義が強まったのである[22]．この説においてもっとも欠けていることは，この

---

(19) 同意義として，BVerfGE 36, 174 (188), 45, 187 (239).

(20) 「（再）社会化と憲法」に関する詳細は，*Leyendecker*, 2002.

(21) 文法的に正しくは，seiner（訳者注：引用元では ihre となっている）．

(22) 社会復帰の思想に関する問題については，*Lüderssen*, 1995, 132 ff. しかしながら，彼はそれでも社会復帰の支持者となった．特別予防を唯一の刑罰目的とする立場として，*Calliess*, Müller-Dietz-FS, 2001, 99.「刑法上の制裁の特別予防的な効果」についての最新の展望については，*Böhm*, in: Jehle, 1996, 263. 批判は，*Garda-Pablos*, AD

95

第 1 編　基　礎

説が，応報刑論とは異なり刑罰の重さを決定する原理ではない点である．この説は，有罪宣告を受けた者が社会復帰するまでの間，拘束するというのがその帰結となる．このことは，不定期刑[23]による有罪宣告の導入と，ひょっとすると，軽微な犯罪を行っただけにもかかわらず，行為者に根深い人格障害の症状があるような場合に，長期間の自由刑を科すようなことにもつながりかねない．確かに，ある者の犯罪傾向がかなり強い場合には，これまでに証明できるような具体的な犯罪行為を行っていなかったとしても，（再）社会化のための治療は考慮されるべきではある．しかし，これは，応報刑論で認められた刑罰の重さをはるかに超える害悪の付与である．この説は，リベラルな法治国家には不適切で認められている限度を超えて個人の自由をより制限してしまっている．

17　さらに，特別予防論は，いかなる権限を持って国が成人に対して教育や治療を施すことを認めるのかという問いに対する答えを持ち合わせていない．*Kant* と *Hegel* はここに人権侵害があるという（Rn. 4 の *Hegel* の引用のみを参照）．連邦裁判所（BGH）（E 22, 219）もまた，一度次のように述べている．「国家は，国民を『改善する』という任務は負っていない」．基本法 1 条 1 項は，不可侵性が保障されている成人の人格の中核に対しては，いかなる強制的な教育を施すことも禁止している．

18　実際に，およそ 1975 年以降は，国際的な刑事政策学は，これまで優勢であった社会復帰の概念とは距離を置き，応報刑論に立ち戻るか，一般予防（Rn. 21 ff.）に重きを置くようになった[24]．このような，とりわけアメリカとスカンジナビアで影響力の強かった「新古典主義」の名をもつ治療刑法に対峙する学

　　PCP 32（1979），645 ff., *Muñoz Conde*, 1982, 131 ff., *Pawlik*, Rudolphi-FS, 2004, 219 ff..

（23）　このようなことを少年裁判所法 19 条は想定していたが，1990 年 8 月 30 日の少年裁判所法の第 1 改正法によって，刑事政策上，教育上の，憲法上の異議を理由に廃止された，BT-Drucks. 11/5829 参照.

（24）　「刑事政策における後退」と国際的な司法の権威主義的なモデルの普及に関する印象的に陰鬱なイメージについては，*Razinowicz*, ZStW 105（1993），247. 刑罰の執行における社会復帰からの転向の傾向については，*Walter*, Müller-Dietz-FS, 2001, 961. *Wassermann*, ZRP 2003, 327. 少年刑法における「教育よりも処罰か」というテーマに関しては，*Kaiser*, ZRP, 1997, 451. 国民の間で弱まった社会復帰の受容については，*Schwind,*, Müller-Dietz-FS, 2001, 841.

派は，とりわけ，不定期刑とこれまでこれらの国でも犯罪治療目的のために認められていた強制治療に反対した[25]．

19　特別予防のさらなる弱点は，社会復帰を必要としない行為者に対しては，何もできないところにある．この問題は，多くの過失犯や微罪を行う機会犯の場合にのみ当てはまるのではなく，重大な犯罪行為を行ったにもかかわらず，一度きりの葛藤状態から行われたり，時勢が変わったために再犯が不可能となったりすることで，再犯の危険性のない者に対しても当てはまる．たとえば，今日では危険性がなくなり，特に問題なく社会生活を送っているナチス下の権力犯罪者を処罰することを，特別予防の観点からどのように正当化できるというのだろうか．

20　最終的には，いかに努力しても国内外を問わず，今日に至るまで犯罪者の社会化の効果的な構想の基礎を広く発展させられなかったという状況が，特別予防に対する熱を冷ますことにつながった．応報刑そのものが，目的を内包しているために，いかなる「結果」にも左右されないのに対して，特別予防の観点からの目標設定は，長期にわたり結果が出ない場合には，たとえ理論的には正しいと主張したとしても無意味になってしまうからである．少なくとも，社会復帰計画の実用的な実現の妨げとなるような困難が，自らへの悪影響，すなわち，やる気の減退につながっていることも少なくない．「nothing works」[26]（何もかも助けにならない）というスローガンの下にこの傾向は，世界的に強烈なインパクトを与えた．ドイツにおける比較的新しい犯罪学の業績も，治療成果の可能性に関して再び慎重で楽観的となり，*Weigend*[27]は，もしかすると「（高すぎた期待のための）失望のどん底から，再び抜け出した」と表現している．*Dölling*[28]は，刑法典，少年裁判所法，基本法および国際的な法的基盤における特別予防の法的基礎を次のように要約している (609)．「経験則的および規

---

(25)　スカンジナビアについては，*Anttila*, ZStW 95 (1983), 739 ff. と *Löfmarck*, 1987, 15 ff., アメリカについては，*Weigend*, ZStW 90 (1978), 1116 f. と ZStW 94 (1982), 801 ff. 参照．このような国際的な傾向と反対意見に対する社会復帰思想の防衛については，*Roxin*, Gagnér-FS, 1991, 341.

(26)　*Martinson* が彼の著作「Whats works? Questions and Answers about Prison Reform」, 1974 において提唱したテーゼの簡略版のことである．

(27)　さらなる参照文献付きの *Weigend*, 2004, 183.

(28)　*Dölling*, Lampe-FS, 2003, 597.

第1編 基 礎

範的な観点からは，刑法に特別予防の任務を与えることにはもっともな理由が
ある…特別予防の巻き返しをはかるための刑事政策的なきっかけがない．それ
どころか，この刑罰目的が適切な変換を遂げるためにより尽力されることが望
まれている」．

第3節 一般予防論

21 伝統的な刑罰論の三番目には，刑罰の目的を応報にも犯罪者への影響にも求
めずに，刑罰による威嚇と刑罰の執行によって法が規定する禁止を教え，違反
から距離を置かせることによって一般人を感化するものである．この説も，事
前の犯罪予防を目的とする（したがって予防的で相対的な）学説であるが，刑罰は，
有罪判決を受けた者に対して**個別**に作用するものではなく，**一般的**に一般人に
作用すべきものである．ここから，一般予防論と呼ばれている．

22 歴史的に見ると，この説は，近代ドイツ刑法学の祖とされる *Paul Johann
Anselm v. Feuerbach* (1775-1833 年) によって最も印象深く展開された[29]．
Feuerbach は，彼によって展開されたいわゆる「心理強制説」(psychologische
Zwangstheorie) (言語的に正確には，心理的強制の説〈Theorie der psychologischen
Zwang〉．これにつき，5 章 Rn. 22 以下も参照) から一般予防論を導き出した．彼は，
犯罪を行おうとする誘惑に陥っている潜在的犯罪者の心を，犯罪へと向かわせ
る動機とそれに逆らう動機の葛藤の場と捉えた．その揺れ動いている人の心理
状況の中で刑罰による威嚇を行うことによって，不快感を引き起こし，それが，
犯罪の実行に逆らう努力の方が勝るようにしなければならず，そして，このよ
うな方法で行為を行わないように「心理強制」することができるのだという．
Feuerbach の教科書[30]は，第 13 章で，この合理主義的で決定論的な構想を詳

---

(29) *Feuerbach* は，哲学の父である Ludwig v. Feuerbach (1804-1872 年) の父であり，
画家の Anselm v. Feuerbach (1820-1880 年) の祖父である．学生も一読の価値があ
るものとして：*Radbruch*, P. J. A. Feuerbach, ein Juristenleben, 1934, ²1957, ³1969 (3.
Aufl. hesg. v. E Wolf). さらに，*Kipper*, P. J. A. Feuerbach. Sein Leben als Denker,
Gesetzgeber und Richter, ²1989, *Naucke*, Paul Johann Anselm von Feuerbach, ZStW
87 (1975), 861 ff., *Küper*, 140 Jahre GA, 1993, 131.

(30) *P. J. A. v. Feuerbach*, Lehrbuch des gemeinen in Deutschland geltenden pein-
lichen Rechts, 1. Aufl. 1801. ここで引用されたのは，最後の (第 14) 版, 1847, 38. 基
本的なことは，さらに彼の „Revision der Grundsätze und Grundbegriffe des positiven

第3章 刑罰と処分の目的と正当化

しく次のようにまとめている.「すべての違反は，どの程度，人間の実行能力
が，行為における快感あるいは行為からの快感によって，その実行へと衝き動
かされるかという感性の中にその心理的発生根拠を有している．このような感
性上の衝動は，行為への衝動が満足させられなかったことから生じる不快感よ
りも大きな不快が，行為をしたことに対して例外なく生じるということを，誰
もが分かっているということを通して，諦めさせることができる」(31).

23　この理論は，刑罰規範を通して犯罪を予防することから，第一義的には，刑
罰威嚇の理論である．しかし，その結果として，この威嚇の効果と大きくかか
わる科刑と刑の執行の理論でもある．*Feuerbach* もそのように考えていた（同，
§ 16）．彼にとっては，刑罰を「科すことの目的」は，「法律による威嚇がなけ
れば，この威嚇は空虚なものに（効果のないもの）になるため，威嚇による効果
を根拠づけることにある．法律は，すべての国民を威嚇し，刑の執行は法律に
効果を与えるので，科刑の間接的な目的（究極の目的）は，法律によって国民を
威嚇することのみとなる」．

24　一般予防論は，刑罰論として今日でも有力なものである(32).　この理論は，

---

peinlichen Rechts" 2 部，1799, 1800（再版 1966）．彼の学説については，*Hartmann*,
1958, *Naucke*, 1962.

(31)　最近，ますます注目されている Schopenhauser の一般予防論も Feuerbach に依拠
している，*Hoerster*, ARSP 1972, 555, *Küpper*, 1990, 207. *Küpper* は，Schopenhauser
の構想と，ここで提唱されている予防的な統合説（Rn. 37 ff.）の類似点について示し
ている．

(32)　この説は，当初とりわけ *Schmidhäuser*, ²1971 と *Hoerster*, GA 1970, 272 によって
強く支持されていた．イタリアでは，*Ferrajoli*, 1998 が印象的にこの説を新しく論拠
づけた．今日ではこの説は，「積極的一般予防」（Rn. 26 f.）の形式でさらに有力な説
として位置付けられている．積極的一般予防の意味での模範は，*Jakobs* の教科書，
AT², 1/1-52. *Kindhäuser* による簡潔な要約は，AT, § 2 Rn. 14 f.　同意見として，
MK-*Joecks*, Einl. Rn. 74.「出発点は，法に対して忠実であることの練習の意味での一
般予防でなければならない」．「リベラルな道徳性の基本原則に結び付けられている」
「規範的に定義された積極的一般予防の形式での目的論的な刑罰の正当化」の提案は，
Papageorgiou, 1994, 288. *Schmidhäuser* は，E. A. Wolff-FS, 1998, 443 において，「私
たちは，国家の振舞いの目的としての一般予防の中で，公正な説明と唯一の刑罰の理
由付けを有することができる」(455) という彼の持論を防衛した．当然「処罰される
ものの人格にも人権は認められなければならない」(457).　一般予防に対する批判は，
E. A. Wolff, ZStW 97 (1985), 786 ff., *Pawlik*, Rudolphi-FS, 2004, 222 ff..　比較的新し
い一般予防的観点に対する討論については，*Prittwitz*, 1993, 213 ff. *Arzt* は，彼の著

99

第1編 基　礎

一定の素人心理学的な自明性をもち，深層心理学的にも次の考慮によって正当化されている(33)．それは，多くの人間が法律に違反するような衝動の欲望を，法の道を踏み外す形で満足を得た者が，それによって成功するのではなく，かなりの損害を被ることになるということを目の当りにすることことで押さえているということである．すでに*Freud*(34)が「人間的な刑罰秩序の基礎」には，一般予防が必要であると述べている．「ある者が，抑圧された欲望を充足させようとする場合には，すべての社会の構成員に同様の欲望があるはずである．この実行を抑圧するためには，本来この欲望に傾倒していた者に行為にまつわるリスクを分からせなければならない……」今日の理論は，一般予防を消極的なものと積極的なものに分けている(35)．

25　消極的な側面は，似たような犯罪行為を行う危険がある他人を威嚇するという概念によって言い換えることができる」．ここでは，*Feuerbach*（Rn. 22）によって強調された観点が扱われている．しかしながら今日では，下記の点につき見解が統一されている．犯罪傾向のある人間のうちほんの一部の者のみが，十分に熟考したうえで行為に着手していると考えられており，これらの者に対する「威嚇」は功を奏する．一方で，これらの者においても，第一義的には，予想される刑罰の重さではなく，逮捕されるリスクの大きさが威嚇の効果を上げているのである．したがって，社会政策的には，国民にいつも求められているような刑罰による威嚇を厳格化することによってではなく，むしろ（たとえば，警察の強化やよりよい教育による）刑事訴追の強化による方が，一般予防的な効果をもたらすことにつなげることができるという結論に至るであろう(36)．

書 „Der Ruf nach Recht und Ordnung" (1976) の中で，アメリカの法と秩序（law-and-oeder）運動に関する慎重な分析を行い，「ドイツにおける法と秩序のための運動の潜在能力」（132 ff.）についても調査した．

(33)　犯罪行為者の責任阻却に尽力し，しばしば，刑罰の廃止を主張する，たいていの精神分析家の意図に反してのことである（最後に *Plack*, 1974 参照）．

(34)　*Sigmund Freud*, Totem und Tabu, in: Studienausgabe, Bd. IX, 1974, 361. 基本的なことは，*Engelhardt*, 1976, *Haffke*, 1976.

(35)　この点につき詳細は，Rn. 25 f. における引用元である BVerfGE 45, 255 f.

(36)　*Curti*, 1998, *ders.*, ZRP 1999, 234 の調査によると，刑罰の重さは，威嚇効果と完全に切り離して考えることができないが，有罪宣告を受けることの蓋然性を高めることの方が，科せられる刑罰が同程度重くなることに比べて4倍強い効果をもたらす．彼はここから厳格な法定刑を求めるのではなく，もともとの法定刑と「とりわけ」検

第3章　刑罰と処分の目的と正当化

26　一般予防の積極的側面は，「概して法秩序の存立性と存続性に対する信用を維持し強化するものである」．この説によると，刑罰には「法社会に対して，法秩序の不可侵性を示し，そのことで国民の法に対する忠誠心を強化するという」任務をもつ．今日では，単なる威嚇効果よりもこの観点の方がより大きな意味をもつと認識されている[37]．

27　より正確に見るならば，積極的一般予防は，互いに一部重なり合う目的や効果はあるものの，再び次の三つに区分される[38]．社会教育学的に動機づけられた学習効果，すなわち，刑事司法の活動によって国民に呼び起こされる「法に忠実であることの練習」[39]．国民が，法が認められていることを知ることによって獲得される信用効果．そして，一般的な法意識が法律違反に対する制裁を通して宥められ，行為者との紛争が終結したと思うことによる満足させる効果である．とりわけ最後に挙げた満足させる効果は，「統合予防」(Integrationprävention) [40]という専門用語で，今日しばしば刑法的な作用を正当

挙の割合の向上に基づいてより厳格に処罰することを求めている．

[37]　積極的一般予防の全ての観点は，── 様々な観点から違反されていたとしても ── *Müller-Tuckfeld*, 1998, *Schünemann/von Hirsch/Jareborg*（Hrsg.）, 1998, 267 ff., *Koriath*, 2004, 49, *Lusón Peña*, 1991, 268 ff によって支持されている．積極的一般予防は，*Bottke*, 1995 が，啓蒙思想の社会契約論を修正することで発展させた「連想予防（Assoziationsprävention）」に近いものである．この説は，彼によって「公正な契約に基づいて構成された社会にとって適切な一般予防」であるとされている（同，188）．ここでは，「社会契約的な価値決定（とりわけ，すべての者にとってできる限り個人的で平等な自由を経験できるようにするための）が義務付けられた」一般予防が問題となる（同，189）．*Hassemer*, Lüderssen-FS, 2002, 238 ff. は，「規範に対する信頼」を刑法上の禁止のみならず，「刑事手続上の，刑事関連の憲法上のルール，そして……総論の諸理論」にも関係させることによって，積極的一般予防の概念を広めた．その他の点では，法規範を達成することに対する信用は，刑罰による威嚇効果に一部依存しているため，消極的一般予防と積極的一般予防を完全に分けることはできない．この限りで，消極的一般予防は，「その他の学説とともに積極的一般予防に含まれているのである」（*Jakobs*, 2004, 33）．

[38]　詳細は，*Roxin*, 1987, 48, ここでの見解と同様なのは，*Jäger*, AT, § 1 Rn. 6.

[39]　*Jakobs*, 1976, 10, 31 f.

[40]　この概念をこの意味で最初に用いたのはおそらく，*Roxin*, Bockelmann-FS, 1979, 305 f.．詳細は，*Müller-Dietz*, Jescheck-FS, Bd. 2, 1985, 813 ff., *Moos*, Pallin-FS, 1989, 283 ff., *Zipf*, Pallin-FS, 1989, 479 ff., *Mir Puig*, ZStW 102（1990）, 914, MK-*Radtke*, vor §§ 38 ff. Rn. 34.

第1編　基　礎

化するために用いられている．

28　事実，一般予防論の思想上の出発点は納得のいくものである．この理論は，犯罪の防止を目的とすることで，応報刑論とは異なり直接的に刑法による保護の任務に向けられたもので，このことは，特別予防を認めたからといって意味をなさないものではなくなっている．というのは，犯罪予防の観点からすると，刑罰がすでに犯罪を行った者のみに作用するのでは不十分だからである．むしろ，社会政策的には，この他にも犯罪行為全体を事前に予防することが望ましく，まさにこの点が一般予防的アプローチの目的なのである．

29　また，一般予防論は，特別予防論と比較して二つの点で明らかに長所をもつ．第1に，再犯の危険がない場合にも完全に刑罰を断念することはできないと無理なく説明することができるからである．制裁は，必要である．行為者にその(制裁上の)効果をもたらさない犯罪行為は，模倣犯を刺激することになるからである．第2に，一般予防の原則は，明確に犯罪行為を記述する際に，不明確で法治国家的に問題のある危険の予測で代用する傾向にないためである．反対に，この理論は，できる限り明確な決定を求めている．なぜならば，国民をある特定の行為から距離をとるように動機づけるためには，禁止の対象を明確に示す必要があるからである（この点につき5章 Rn. 22 以下も参照）．

30　そして最後に，この理論は，社会心理学的な推測に基づくものであるが，特別予防のあらゆる努力（Rn. 20）とは異なり，実務によって反駁されることもないということが，一般予防の影響力を強めることになる．というのは，すべての犯罪行為は一般予防が功を奏さなかったことを示しているという異議は，常に，一般予防の効果は，あらゆる犯罪が起こっているにもかかわらず，国民の多数が法に忠実であるという点に表れていると論破されるからである．このことが，どの程度，一般予防の消極的および積極的観点によるものなのかについては，経験上まだ解明されておらず，十分な証明力をもって認定することもできないが，むしろそれがゆえに，国家による処罰の実務が本質的な役割を果たしているという仮定は，ほとんど検証不可能なのである[41]．

---

(41)　「一般予防の経験上の基礎」については，*Schöch*, Jescheck-FS, Bd. 2, 1985, 1081 ff.. 彼は，「刑法における一般予防機能は完全に経験則に基づくものでなければならない」と強調している（1103 f.）．さらに，MK-*Radtke*, vor §§ 38 ff., Rn. 37 ff.「一般予防の有効性について」，さらに，*Schöch*, 1990, 95, *Bönitz*, 1991.「一般予防の現実と幻

31 *Jakobs* は，積極的一般予防論から根本的に影響を受けた自身の刑罰目的の着想を
のちの彼の業績において，*Hegel* の意味（Rn. 4 参照）における絶対説に近づけた[42]．
彼は次のように言う[43]．「刑法のなすべき仕事は，社会の同一性を決定する規範に
対する矛盾に異議を唱えることにある．したがって，刑法は社会的な同一性を実証
することになる…．刑罰は，この理解の下では，社会の同一性を維持する手段とし
てのみならず，この維持そのものである…．刑法はコミュニケーションのレベルに
おいて侵害された規範の有効性をただ常に繰り返し再構築するのである…」．刑罰に
よって呼び覚まされる満足の効果は，もはや社会心理学的な事実として現実の予防
を意味するのではなく，象徴的－観念的なレベルにおいて唱えられるものにすぎな
いのである．このようにして，*Jakobs* は，積極的一般予防の効果の経験的証明可能
性に対する異論をかわしたのである．ここから彼は，「積極的一般予防に関する経験
的調査は…少し的外れである」と述べている．刑罰による社会の同一性の証明は，

想」については，*Dölling*, ZStW 102（1990），1.「刑法上の制裁の威嚇効果に関する経
験的調査」については，*Vilsmeier*, MSchrKrim 1990, 276. *Enders*（1992, MSchrKrim
1992, 309）は，制裁の目的設定を捉える方法を紹介している．とりわけ，積極的一般
予防に関して，*Bock*, ZStW 103（1991），636, 654, 656，および，*Stratenwerth*, 1995, 12
は，この説で唱えられている経験的効果が存在するかどうか，もしくは，少なくとも
そのことが確認できるのかどうかにつき懐疑的である．これに対して，*Baumann* は，
「積極的予防の経験的理論に関する予備的考察」を行っている（GA 1994, 368）．そして，
Kuhlen は，これまでに「満足いくような，経験的な社会的検証による証明」が存在し
ないにもかかわらず，「個人的な経験，参加による観察とコモンセンス」を援用して，
かなり詳しく刑罰による威嚇と刑罰の予防上の効果を援護している（1994, 365, 364）．
今日では，*Bock*, 1994, 98 もこの意味で，「予防的な刑罰目的が意図した効果の関連性
を明らかにすること」には，仮に経験科学が成功しなかったとしても，「それが欠如す
るという推論こそが……短絡的推論である」としている（同，99）．経験的研究の現状
について一望しているのは *Müller-Dietz*（in: Jehle, 1996, 242 ff.）．「刑法上の制裁にお
ける法の実情と予防的効果」については，*Schöch*（in: Jehle, 1996, 291 ff.）が紹介して
いる．彼は，「我々は，刑法が効果的であるということを十分に知っている」という結
論に達した（上記，326）．「刑罰による安全」の保障の可能性に関して，懐疑的なのは，
Frisch, Schlüchter-GS, 2002, 669 である．

(42)　*Kalous*, 2000 は，Jakobs の刑罰論も「古くから知られた『公正な応報による予防』
というテーゼの修正」であるとほのめかした．*Jakobs* は，Hegel の刑罰論とこれに対
する自らの態度について Androulakis-FS, 2003, 251 で説明している．彼は，*Kalous* の
「注目に値する検討」を容認しているが，機能的な観点と現行の応報の観点については，
今後も「分離できるもの」として扱いたいようである．これに対して，*Koriath*（2004,
59）は，Jakobs の比較的新しい学説である積極的一般予防を「偽装された応報論」で
あると評している．

(43)　*Jakobs*, ZStW 107（1995），844.

第 1 編　基　礎

「経験的に捉えられるものではない…．というのは，それは手続の結果ではなく，その意義そのものだからである」[44]．このような刑法のすべての経験的知識からの解放と単なる意味の概念上の上位に来るものへの置き換えは，観念論的応報刑論に対してそのほかでも唱えられたすべての異議を排除することになるであろう[45]．Jakobs は，彼の最新の業績[46]において，いまや[47]刑法に観念上の意義を与えるだけでなく，実際的な社会に対する保護を求めることで，一方的に Hegel に合わせることを再度やめた[48]．「苦痛は規範の妥当を認知論的に確保することに役立つ．このことが，犯罪者による妥当の否定に対する異議が刑罰の**価値**であるように，刑罰の**目的**となるのである」．彼のいくつかのかつての見解で見られたように規範の妥当の認知論的な側面をおろそかにすることは，今では，「窮屈なものとして……訂正されている」[49]．このようにして，Jakobs は再び予防論に近づいているのである．というのは目的を果たすことなしには，刑罰の意味がなくなってしまうからである．

32　他方で，一般予防原理は，理論的にも実用的にも大きな欠陥をさらしている．第 1 に，この説は，特別予防と同様に刑期の上限に関する基準を持ち合わせていない．このことによって，少なくとも消極的一般予防は，常に国家によるテロに転化する危険を有している[50]．というのは，より長くより厳しい刑罰の方が，より大きな威嚇効果をもつという考えは，── おそらくこれは間違っているにもかかわらず ──，歴史的に見れば「過度の」刑罰の要因となっている

---

(44)　*Jakobs*, ZStW 107 (1995), 845.

(45)　*Jakobs* との詳細な対決は，*Lüderssen*, ZStW 107 (1995), 877 および，そのロストックにおける刑法学会大会の討議資料，ZStW 107 (1995), 922 ff. が提供している．Rn. 31 の紹介については，*Puppe*, a.a.O., 925. Jakobs は，「Kant の絶対的刑罰論に近づいている」という．彼女に，「システム論的な考え方の循環」について述べる．それらがシステムを安定させることによって正当化される制度と理論は，それ自体がシステムを構築した，と．*Schünemann* (a.a.O., 926) は，次のように述べている．「実際には，Jakobs は，新しい絶対的な理論を打ち立てた．正義に対しては，ただ，社会の『規範的な同一性』が取って替わった．それによって，刑罰は，経験的検討に堪える必要なくして，それ自体で自己を正当化するようになった」．自らがヘーゲル主義者（Hegelianer）であるにもかかわらず，*Jakobs* に対する批判をしているのは，*Pawlik*, 2004, 64 ff..

(46)　*Jakobs*, 2004.

(47)　*Lampe*, 1999, *Puppe*, 1999, *Velten*, 2002 による批判を受けて．

(48)　*Jakobs*, 2004, 29.

(49)　*Jakobs*, 2004, Fn. 147.

(50)　*Koriath*, 2004, 65 ff. は，比例原則を用いて限定された形式を用いることで消極的一般予防を擁護した．

第3章 刑罰と処分の目的と正当化

からである．予防目的での処罰が人権侵害につながるという異議についても，特別予防よりも一般予防により大きくあてはまる[51]．というのは，社会復帰が（少なくとも）有罪宣告を受けた者を助けるもので（も）あるのに対して，一般予防に基づく処罰は，公共（すなわち他人）のために行為者の負担を大きくするものであり，それでも科すというのであれば，この説からは導き出すことのできない別の正当化事由が必要となるからである．そして，一般予防論は，刑の執行に何ら刺激を与えることができないという応報刑論の欠点も抱えている．この批判は，この理論が，常に行為者ではなく公共のために用いられるものである限り，一般予防論の両方の現象形態にあてはまる．しかし，とりわけ，消極的一般予防にあてはまる．というのは，「国民の単なる威嚇」（*Feuerbach*）を目的とする執行は，再犯を防止するよりはむしろ促すものとなり，犯罪撲滅対策が有益なものではなく有害なものになってしまうからである．

第4節 応報的統合論

33 かつての絶対的な通説であり，今日の判例においてもいまだに決定的である応報的統合論[52]は，これまでに紹介した理論を組み合わせた理論である．この理論は，応報，特別予防・一般予防すべてを刑罰目的としている．その際，もともとは，応報目的が完全に抜きん出た機能を果たしていた．「…重要なのは，第1に贖罪の必要性，刑罰の応報目的であり，おそらく威嚇目的もそれに続く．その他の刑罰目的，すなわち，改善目的・保護目的は，背後に退く」（RGSt 58, 109）．今日でも，仮に予防目的が刑罰の応報性質に抵触することなく，応報によって引かれた限界内で考慮されるにすぎないというならば，「真」の統合説は，「伝統的な意義」の中にあるものにすぎないとたびたび強調されている[53]．したがって，この理論は，ここで唱えられた立場からは，すでに，

---

(51) この点につき，*Köhler*, 1983 も参照．

(52) *Koriath*（Jura 1995, 625）は，*A. Merkel*（StrafR, 1889, §§ 64-72），*R. v. Hippel*（StrafR I, 1925, § 22），*Roxin*（JuS 1966, 377）および *H. L. A. Hart*（1971, 58）の統合論を批判的にさらに紹介している．彼は，Kant さえも統合論の支持者として持ち出している．*Stratenwerth*, 1995, 14 ff. は，この理論の効果は，刑法解釈論のための刑罰目的から見ても，制裁の分野と同様に不十分であるとしながらも，いずれの刑罰目的が優先されるのかを決断しなければならない場合には，最終的に統合論を採るとしている．

第1編 基 礎

それが，応報論の単なる修正として，応報刑論に対して提起されたすべての批判（Rn. 8-10）にさらされており，したがって，応報刑論と同様，今日では支持されなくなっているがゆえに否定されるべきである．

34 統合論の比較的最近の定義おいては，応報，特別予防および一般予防は，同等の刑罰目的以上のものとして扱われるようになっている．法律では，どの刑罰論も規定されたり，禁止されたりしていないため，——ある程度は，必要性に応じて——いずれかの刑罰目的が前面に押し出されてよいものとされている．この見解を代表しているのが，連邦憲法裁判所（E 45, 187, 253 以下）の立場である．「連邦憲法裁判所は，学説において唱えられている刑罰目的に対して原則的に立場を決めることなく，これまでに国家による刑罰の意義や目的にたびたび言及してきた……．憲法裁判所は，共同生活における基本的な価値を守ることを刑法の一般的な任務としてきた．責任の清算，予防，行為者の社会復帰，行われた不法に対する贖罪と報復は，適切な刑事制裁の諸側面として特徴づけられる」．犯罪に対する刑罰は，「——威嚇であれ，社会復帰であれ，その任務にかかわらず，——行った不法に対する応報」（BVerfGE 39, 1, 57）である．このような予め示された方向へと，連邦裁判所も歩んだ．その例として，これらのどの観点が特に強調されるかについては，先にどの刑罰論について言及されるかで決まっていたのである．

35 そのような統合論の出発点となるのは，応報刑論もいずれの予防論もそれ自体で，刑罰の内容と限界を適切に決定することはできないという正しい見方である．しかし，この統合論には，支持者が刑罰目的として，責任の清算，特別予防・一般予防を単に横一列に扱うことに満足している限りにおいて理論的な基礎を欠いていることになる．このような「加算的統合論」[54]は，個々の理論の欠点を取り除くことができないどころか，欠点を増やしてしまい，さまざまな刑罰目的の間で行ったり来たりを繰り返すことになる．このことは，統一的な刑罰構想を用いて社会の期待を充たすことを不可能にしている．

36 これに対して，今日のさまざまな条件を充たしうる統合論の任務は，応報思

---

(53) とりわけ明確なのは，*Maurach*, AT, [4]1971, § 6 I D（やや控えめであるが，同様のものとして，*Maurach/Zipf*, AT/1[8], 6/8），*Lackner*, 1972, 13, *Krey*, AT/1[2], § 4 Rn. 146 ff.

(54) この点につき，*Roxin*, JuS 1966, 387（＝ Grundlagenprobleme, 28）.

第3章 刑罰と処分の目的と正当化

想を放棄して，その他の理論ごとに異なる刑罰論の様々なアプローチの絶対化
を，次のように止揚することにある．すなわち，それぞれの理論の適切な観点
を伝統的な構想の中で保持しつつ，それぞれの弱点を互いに補い合ったり消し
合ったりするシステムによって除去されるようにである．したがって，この理
論は，このような手続を通して，対立する目的設定をもつ伝統的な諸理論をジ
ンテーゼへと統合する限りで，予防的「弁証法的」統合論と呼ばれている．こ
の点に関する詳細は後述する．

第5節　予防的統合論[(55)]

1　刑罰の一元的予防目的

37　今日でも採用することができるすべての刑罰論の出発点は，刑罰の目的は，
予防的な側面にあるという点にある．というのは，刑罰規範は，個人の自由を
守ることとそのことに寄与する社会の秩序を目的とする場合にのみ正当化され
るというのならば（2章 Rn. 7 以下），具体的な刑罰も，この目的，すなわち犯罪
を予防する目的でもってのみ科されることができるからである[(56)]（Rn. 15, 28）．

---

(55)　私にかなりの部分で賛同するのは，*Kaenel*, 1981. 彼は，私によって採られてい
る刑罰論的見解と *Carl Stoss*（1章注1参照）の見解の類似性を指摘した．さらに，
Hoyer, AT I, 8：「責任と予防の必要性は，累積的に考慮される場合のみ刑罰の根拠づ
けに作用すると同時に，二者択一的に刑罰を限界づける」．ここで採られている見解と
同様なのは，*Muñoz Conde/Grací á Aran*, PG³, 55 f.

(56)　別の見解として，*v. Hirsch/Jareborg*, 1991, 15 ff.. 彼らは，一般予防を刑法という
制度の正当化事由として認めてはいるものの，具体的な刑罰については，平等の原則
に従って決定したいとしている．刑法が犯罪予防の枠組みの中で何をもたらすことが
できるのかについての理論的な基礎については，*Rössner*, in: Jehle, 1996, 203 ff.. 「法
治国家における行動の監視制度の中での刑法の任務」，Roxin-FS, 2001, 977 について
経験則的な分析をした際に，*Rössner* は，ここで採られている刑法思想を支持する結
論に至った．この説は，「現実的で実用的な要請に適している」．我々のテキストと全
く同意見なのは，*Hilgendorf*, Einl. zum Nachdruck von Schmidhäuser, 1971, XV.
Lampe, 2000 は，処罰を唯一「犯罪の責任に対する正しい答えとして」（VII）理解す
べきと，「刑罰の正義論」が有利になるように統合論を否定している．しかしながら，
彼は，公正性の中に広い範囲で予防的な考慮を取入れているため（有罪宣告を受けた
者の改善は，「まさに処罰の本質に」あたる），結果的には，ここで採られている見解
とあまり乖離しているということもない（私の説との対決，264 頁も参照）．私の構想
に一部賛同，一部批判的なのは，*Bringewat*, Grundbegriffe Rn. 42 ff., 93 ff.. 彼も，さ
まざまな刑罰目的の「統合的な組み合わせ」の中で，「行為に対する応報」と「贖罪」

107

第1編 基 礎

さらに，刑罰目的としての特別予防，そして，一般予防は，並置されなければ
ならなくなる．なぜならば，個人や一般人へ作用することを通じて，犯罪行為
を防止することができるため，両方の手段を決定的な最終目的よりも優先させ
ることができ，両手段は同等に正当だからである．

38 特別予防的な目的と一般予防的な目的を同時に求めても問題ない．その場合，
具体的な判決で言い渡された刑罰は，できる限り両目的を効果的に実現するこ
とに適したものであるべきだからである．この構想は，個別事例において，再
犯の危険がないために，刑罰の一般予防的な要素によってのみ制裁が科される
場合にも，問題を生じさせないものである．というのは，刑罰の予防目的は，
すべての観点から見れば，同時に予防を必要とするわけではない場合にも維持
されるからである．

39 この考え方が重要となるのは，とりわけ，有罪宣告を受けた者にとって社会
復帰のための刑罰の執行が役に立たない場合である．行為者の社会化の欠点を
補填するような刑罰は，教育学的に見ても，治療的に見ても，その者の協力を
得られる場合にのみ成果が出るものである．「強制的な社会化」は，効果を約
束しないどころか，基本法1条の観点から認められない．したがって，有罪宣
告を受けた者が，社会復帰への協力を拒否した場合には，可能な限りこの者の
協力を求めるべきであるが，強要してはならない．当然，このような場合にも
刑罰は執行しなければならないが，その場合には，一般予防上の必要性のみで
正当化するに十分である．このことから，人格を侵害するような強制であると
いう論拠で社会復帰目的に対してもたらされるすべての批判が無効なものとな
る（Rn. 17以下）．というのは，有罪宣告を受けた者が，自発的な動機で執行中
のその者の成長のために協力するのであれば，これは侵害ではなく，その者の
人格を発展させることになるからである．もしも社会復帰が任意性を要件とす
るのであれば，連邦憲法裁判所が，一方では，社会復帰に対する基本法上の請
求権について規定しながら（Rn. 14），他方では，国家に「国民を改善する」権
限を否定していること（Rn. 17）も，なぜ解決のできない矛盾ではないの
かも明らかになる．禁止されているのは，単に成人を強制的に教育すること
であるが，しかし，それにもかかわらず，有罪宣告を受けた者は，国が，その者

を断念したくないという考えである．

第3章　刑罰と処分の目的と正当化

が自ら社会に適合したいと努力する場合には助けてほしいという請求権をもつのである[57].

40 同様のことが，よいと思われた（再）社会化のプログラムがときおり成果のないものであると証明されたことから生じる疑念にも当てはまる．このような揺り戻しは，先ほど紹介した観点を軽視すること，または，ときとして，社会復帰刑法がまだ効果をもたらす初期の段階にとどまっていることによるものである．これまでの連邦共和国における努力は，様々な勇気づけるような成果を示している[58]．それが避けられない失態を演じた場合でさえも「刑罰論上の破滅」につながることはない．というのは，刑罰の一般予防機能がこのような緊急事態の責任を一身に引き受け，また，一般予防機能は，あちらこちらで出現する特別予防上の失敗によって侵害されることもないからである．

41 特別予防と一般予防の衝突が起こるのは，両者の目的設定において異なる重さの刑罰が求められる場合である．個別の事例において（たとえば，ある若い男が喧嘩の際に傷害致死を引き起こした場合），一般予防上の理由と刑法226条2項を適用した場合に3年の自由刑を言い渡すのが適切であるとされるのに対して，重い刑罰の方が行為者を非社会的にし，将来の犯罪性も予期されるので，特別予防上は執行猶予付きの1年の自由刑の必要性が認められるというようなことが起こる．両方の解決方法において，一方の予防上の利益を追求すれば，もう一つの予防上の損失につながるという犠牲が伴う．このような事案においては，特別予防と一般予防の目的を相互に考慮し，優先順位をつけることが必要である．その際，特別予防がのちに詳細に述べる程度におけるまで優先されることになり，先の例では，執行猶予付きの1年の自由刑が言い渡されることになる

---

(57) *Lüderssen*, 1995, 140 は，正しくも「人が個人の自由と尊厳をとりわけ尊重するのは，自分ではどうしようもない状況で，その者に（社会復帰のための）プログラムを提供するときである」と述べている．賛同しているのは，*Weigend*, 2004, 185, Rn. 20 前後．

(58) *Jescheck*, ZStW 91 (1979), 1055 参照．「*Martinson* の有名な言葉『nothing works』は，……我々のところでは証明されていない」．*Schultz*, Jescheck-FS, 1985, 799 f., *ders.*, Baumann-FS, 1992, 431, *Roxin*, Ganér-FS, 1991, 341, *Schöch*, in: Jehle, 1996, 298 f. ドイツにおいては，特別予防に対する積極的な評価が再び広まっていることに関しては，上記 Rn. 20 の最後参照．このことに懐疑的なのは，*Albrecht*, ZStW 97 (1985), 858. 彼は，「社会的な隔離に基づいて発生する有害な結果を最小限に抑えるという意味合いにおいて」のみ特別予防を評価している．「犯罪学と特別予防」の関係については，*Bock*, ZStW 102 (1990), 504.

109

第1編 基 礎

であろう．というのは，まず，社会復帰は，それが遂行できる限り，無視する
ことのできない基本法上望ましい要請であるからである（Rn. 14 参照）．第2に，
争いのある場合に，一般予防を優先すると特別予防上の目的を無に帰せしめる
ことがあるのに対して，特別予防を優先しても刑罰の一般予防の効果を排除せ
ず，せいぜい測定できない方法で弱めるにすぎないからである．というのは，
寛大な刑罰でも一般予防の効果を有するからである．これに対して，特別予防
を優先させる必要性が優先されるのは，一般予防上の最低限の必要性が保障さ
れる限度においてである（ここで挙げた事例がこの場合にあたる）．つまり，特別予
防上の効果のためにも，制裁が国民に真摯に受け止められなくなる程度にまで
刑罰を軽減してはならない．というのは，このことによって法秩序への信頼が
脅かされることになり，模倣犯を刺激することになるからである．たいていの
事例において，完全にいつもではないが，刑罰の幅の下限が，「一般予防上の
最低ライン」を考慮することを促している[59]．

42　一般予防と特別予防の意味は，刑法を実施する過程において，区々様々に強
調されている[60]．刑罰による威嚇の目的は，第1に，純粋に一般予防上のも
のでなければならない．それに対して，刑の宣告による科刑においては，特別
予防上と一般予防上の必要性が，欄外番号38から41で示された基準にした
がって同程度考慮されなければならない．刑の執行においては，最終的に特別
予防がもっとも重視される．このことは，行刑法2条が「執行の目的」として
（再）社会化のみを挙げていることからもわかる[61]．しかしこれらのことから，
刑法が実現される様々な段階において，刑罰目的が明確に区別「されている」
という誤解が生じてはならない．刑罰目的を分けることではなく，様々な度合
いで示すことが問題となるのである．というのは，刑罰による威嚇が動機づけ
の機能を維持したいと考える一方で，刑の執行も一般予防上の効果を完全には
手放したくないと考えるからである（先述のRn. 41とさらにRn. 45参照）．これら
の目的は，わざわざ達成のために努力されるべきものではないが，大枠の要件

---

(59)　法的な量刑の規定に関連して，特別予防と一般予防を考量することの問題点に関
　　しては本書では詳細に説明することができない．

(60)　同意見として，*Gropp*, AT², §1 Rn. 116 ff..

(61)　*Harting*, 1995 は，このように，刑の執行の際に応報と一般予防を考慮することに
　　激しく反論している．

としては保障されるものでなければならない．他方で，刑罰がその特別予防の
効果を具体的に示すことができるのは，法的な決定事項としてこのことがあら
かじめ決まっている場合だけである．

43　したがって，予防的統合論は，特別予防と一般予防の観点を取り入れたもの
である．その際，ときとして，優先される観点が入れ替わる[62]．両方の目的
が矛盾する場合には，特別予防上の社会復帰目的が優先される（Rn. 41）．その
ため，刑罰による威嚇においては，一般予防が優先され（Rn. 42），特別予防上
の目的が欠けていたり，失敗に終わったりする場合に，唯一刑罰を正当化する
ものとなる（Rn. 38以下）．他方で，すべての一般予防上の意図を持たない特別
予防上の刑罰は，刑の執行においては，社会化の目的が絶対的であるにもかか
わらず，存在しえない（Rn. 41以下）．統合論は，ここでも主張しているように，
手あたり次第，思いのままに特別予防的および一般予防的観点を用いることを
認めるものではない．その両者に，慎重に考慮された体系化をもたらすもので
ある．そして，その体系は，国家による処罰の要素を禁じることではじめて理
論的な基盤が築かれるものである．

2　応報の全面的放棄

44　しかしながら，正しく理解されている統合論においても，応報は，予防と並
んで考慮されるべき刑罰目的としてさえも考慮されていない[63]．すでに欄外

---

(62)　*Hassemer*, Lüderssen-FS, 2002, 221 は，積極的一般予防の「福音」に改善のアイ
ディアを含めることで，社会復帰を積極的一般予防に結び付けることを試みた．「有罪
宣告を受けた人間に将来の展望を与え，その際に彼を人として個人として正当に評価
するという試みを行わない法文化は，今日では全く考えられない」．

(63)　別の見解として，*Arm. Kaufmann*, 1983. 彼は，「純粋な」予防目的のない応報を
諦めていたにもかかわらず，応報の正当な力に固執していた．同様のものとして，*Jä-
ger*, AT, § 1 Rn. 7. これに対して，*Costa Andrade*, Coimbra-Symposium, 1995, 125-
129 は，上記のテキストの 1.～ 3. において紹介した立場に完全に賛同している．1995
年 3 月 5 日に公布され，1995 年 10 月 1 日から施行されたポルトガル刑法もこのよう
に賛同している．ポルトガル刑法 40 条（刑罰と保安のための処分の目的）は，下記の
ように規定している．（1）量刑と保安処分を適用する際には，法益の保護と行為者の
社会への再統合を目的に据えなければならない．（2）刑罰は，決して責任の重さを超
えて科されてはならない．（3）保安処分が適用できるのは，行為の重さと行為者の危
険性が釣り合っている場合のみである．

111

第1編 基 礎

番号8から10で紹介したこの理論に対する批判に対しては，今日では，社会的に適した生活を送っており，危険のない，かつてのナチスの権力犯罪者に対する処罰は，応報刑論によってのみ正当化されるという異議が唱えられている．しかし，これは正しくない．というのは，このような犯罪を処罰することは一般予防上必要だからである．このような犯罪行為を処罰しないと，一般的な法意識が著しく侵害されることになる．このような殺人が，処罰されないまま済まされるのならば，平等原則の下では，再犯の危険性のないすべての他の殺人犯たちも，この理論を用いて無罪を主張するようになるからである．このことは，殺人に対する禁止規定とその予防的効果を耐えがたい方法で相対化することになるであろう[64]．

45 応報の概念は，次のような方法によっても統合論に組み込まれることは認められない．それは，よくあるように，応報のための害悪の付加を刑罰の「本質」と捉え，刑法の予防目的を正当化の目的と捉えることである[65]．というのは，法の執行機関は，目的とは独立した「本質」は持たず，この「本質」は，達成したいと考える目的によって決定されるからである．唯一，すべての刑罰は，国家による強制的な侵害であり，有罪宣告を受ける者にとっての負担であるという点だけである．その限りで，この説は，抑止的な要素を持っている．マヨルカ島での長期休暇を命じることは刑罰とは言えない．しかし，これは，刑法の応報を本質とするところからではなく，この説にとって欠かせない一般予防的な目的要素 （Rn. 41） を無に帰せしめることによる．犯罪行為を行わないように動機付けられるのではなく，行うように動機付けられてはならないの

---

(64) *Koriath*, Jura 1995, 631 は，これは Kant による「すべての者は，みずからの行為に値するものを与えられる」という要請に合致し，そこに修辞法的な疑問を結び付けた．「Roxin は，本当に応報刑論を克服したのだろうか」．しかしながら，両者の違いは，私が公正な処罰の必要性を（テキストで紹介した制約とともに）一般予防上の要請から必要とするのに対して，Kant にとっての公正な処罰は，すべての社会的な目的を断念する絶対的な命令であるとする点にある．

(65) *Henkel*, 1960, 9 は，刑罰の「本質」は応報であるという受け取り方に対して，正しく反論している．「両親が，いうことをきかない子供を罰する場合には，教育のために思慮分別のある方法でそれを行う．もし，彼らが感情に任せるがままに『応報のために叩く』というのならば，処罰するという行為の本当の意味を間違うことになる．さらに，少年刑法……で想定されている少年刑法には，応報的性質はなく，教育刑として捉えられていることは，どの学派においても争われていない」．

である．これに対して，「ソーシャルトレーニング」を実施する治療刑罰においては，刑罰の「本質」はまったく争われていない．なぜならば，この刑罰は，単に「座っているだけでよい」監置を執行されるよりも厳しい努力を受刑者に課すことになり，一般予防の効果をまったく失わせるものではないからである．

46　さらに正しいのは，今日では一般に認識されているように，刑罰には「社会的・倫理的な非難」が含まれているということである[66]．この基準により，刑罰は，内容的に，例えば，「義務の催告」のような処分や，懲戒罰，または，「強制手段」としての強制賦課金（Zwangsgeld）のような他の制裁とは内容的に区別するよう試みられた．しかしながら，刑罰の非難的性質からは，とりわけ反対方向に行きすぎた結論が導きだされることも少なくなかった．したがって，*K. Günther*[67]は，刑罰を「象徴上・表現上の意味」へと制限することで，「応報と抑圧とは異次元の新しい刑罰論」を発展させようとした．そうして彼は，非難，または，不法および責任の確定のみを唯一の刑法的な作用としようとしたのである．刑罰は，「侵害とは，個々に責任を負うべき不法であり，この不法は一般公衆には受け入れられないという」公的な宣言でなければならない（前掲，218頁）．「これとは逆に，事後的に害悪を付加するという意味での行為者の処罰は必要ではない」（前掲，219頁）．有罪宣告において表明される（犯罪の）否認は，若干の事案においては刑罰目的を充足するものである（例えば，比較的軽微な犯罪行為の際に加害者−被害者の和解が功を奏した場合，Rn. 72 以下参照）が，重大な犯罪においては，一般予防の必要性で足りるということは絶対にない（上記 Rn. 45 参照）．正当にも *Kühl*[68]は，殺人の場合に「行為者に有罪宣告が下され，この者の行為が社会的に，公的に，そして『社会的倫理的に』否認されることに尽きるような刑法上の処理が受け入れられるとは想像できないと述べている．他方で，処罰に社会的な非難が含まれるという状況から，刑罰は，本質的に応報である，または，単なる害悪の付加であると導き出すことも先ほどの考えと同様に不可能である[69]．というのは，ある行為を否認することからは，社会復帰のための影響という意味で，将来の犯罪行為を回避することを目

---

(66)　「刑罰の否認的性質」に関する詳細は，*Kühl*, Eser-FS, 2005, 149.

(67)　*K. Günther*, Lüderssen-FS, 2002, 205.

(68)　*Kühl*, Eser-FS, 2005, 160.

(69)　この点で異なるのは，例えば，*Jescheck/Weigend*, AT⁵, §8 I 2 b.

第1編　基　礎

指すことも可能となるからである.

47　それにもかかわらず，新観念論的な刑法論には，今日でも多くの支持者がいる[70].
しかし，通説は，根本部分において本書で唱えられている立場と意見を共有している.
たとえば，*Koriath*[71]は，「経験則上理解されている応報原則から出発する統合論は，
おそらくありえないであろう．統合論の出発点は，予防原理にあらねばならない」
としている．彼は，*Kant* や *Hegel* への復帰は「ありえない」という[72].
Stratenwerth[73]は，刑罰論目的論争における絶対論は，「どちらかというと的な周縁
的な立場」であるという．*Lüderssen*[74]は，応報も同様に「居場所がなく…，応報は，
宗教的に定義された隠喩にすぎない」としている．別の場所[75]で，彼は次のように
述べている．「絶対的刑罰は，古典学派の復興の呪文以外の何ものでもない」.
Schünemann[76]は，すべての刑法を絶対的に根拠づけようとする試みを「非論理的」
と説明し，「刑罰に対する経験的実証基準がこの理論の意図通りに排除されること」
になると嘆いている．「新絶対的刑罰論は，今日における社会と社会によって求めら
れている保護の必要性を切り離し，このことによって，すべての概念的なアポリア
を超えて，抜け道が全く見えない袋小路に至ってしまう」[77]．*Freund*[78]は次のよう

---

(70)　応報刑論とその根拠の比較的新しい支持者についてよくまとめられているのは，
Pawlik, 2004, 45 ff. である．彼は，自らが応報刑論の支持者であるにもかかわらず，E.
A. Wolff と Köhler による理由付けを否定した．重要な意味を持つ応報刑論の支持者と
し て は，*E. A. Wolff*, ZStW 97 (1985), 826, *Zaczyk*, 1981, 108 ff., *ders.*, Eser-FS,
2005, 207, *Kahlo*, 1990, 296 ff., *Köhler*, 1986, 50 ff. *ders.*, 1983, 37 ff., *ders.*, AT, 1997,
44 ff. (Köhler に対する批判として，*Koriath*, 2004, 64 f. 彼にとって Köhler は，「も
しかしたらもっとも危険な新古典派の支持者」であるという)．さらに，例えば，本書
に対する書評における *Hettinger*, JR 1994, 438.「刑罰の絶対的な根拠づけと相対的な
根拠づけの中間で揺れ動く機能的な応報刑論」は *Lesch*, JA 1995, 596 ff. によって展開
された．この理論によると，責任は，刑罰によって贖われる「秩序に対する侵害」に
存在する．このことは，結果的に例えば，Hegel による刑罰論に辿り着く．現在の事
項に対して過去の思想体系からして答えてよいのか，または，よいとしてもどの程度
それが認められるのかという ── 刑罰論に限定されない ── 疑問に関しては，*Schüne-
mann*, GA 1995, 225 f. と *Zaczyk*, E. A. Wolff-FS, 1998, 509.
(71)　*Koriath*, Jura 1995, 635.
(72)　*Koriath*, 2004, 55 ff, (70).
(73)　*Stratenwerth*, 1995, 9.「自由の法則」に関する法理論についての「批判的な問いか
け」, E. A. Wolff-FS, 1998, 495.
(74)　*Lüderssen*, 1995, 9.
(75)　*Lüderssen*, in Lüderssen (Hrsg.), 1998, Bd. I, Vorwort, 5.
(76)　*Schünemann*, GA 1995, 226.
(77)　*Schünemann*, Lüderssen-FS, 2002, 332.

第3章 刑罰と処分の目的と正当化

に言う.「刑罰の投入は, 刑法の法益保護の任務によって目的合理的に正当化されなければならない. 絶対的で完全に目的を持たない刑罰論は, 今日の憲法下においてはもはや支持されえない」. *Joecks*[79] も絶対説を唯一の刑罰目的論とすることは「すでに現行法の背景」を考えると「もはや難しい」としている. *B.-D. Meier*[80] は, このことを次のように述べる.「行為者が, 自らの自由への刑罰による侵害を受忍することを要するのは, —— 観念的な法哲学とはまさに真逆で ——, 刑罰によって憲法上認められた目的という意味において『有益性の衡量』が実現される場合*のみ*である. これがない場合には, その侵害は, 自由を違法に侵害する処分となってしまう」.

48 原則的に言えることは, 現代の国家は, 哲学的な, または, 宗教的な見解を理由にして国民の自由を侵害する権利はもたないということである. むしろ, 将来の刑法は, まったく変わってしまった世界の諸々の条件のもとで, 啓蒙の要請を満たし続けることによって, 平和の保障, 生存への配慮, および, 国民の自由の維持を, ジンテーゼへと統合する目的をもった, 完全に世俗化した統制の手段となるであろう[81].

49 *Pawlik* は, ヘーゲルに立脚した新しい応報刑論を発展させた[82]. 彼によると, 国民は, 平和と自由を享受するという「恩恵」を受ける代わりに, 国家に対して忠誠を尽くすという義務を負う. 国民は, 犯罪行為を行うことでこの義務に反することになる. これによってこの義務は, 二次的な義務へと変化する.「国民は, 自ら, 自由を謳歌することと忠誠義務を尽くすことという関連性を解消することができないことを証明しているということを甘受するしかない. この証明は, …, 国民が忠誠義務に違反した場合には, 自らの自由の一部が奪われることを受け入れることを通してなされる」[83].「行為者には, …一般人に対する共同責任も当てはまる. この共同責任があるために, 彼には刑罰が科されるのである. したがって, 彼は, 刑罰によって分別のある者として讃えられるのである」.

50 しかしながら, *Pawlik* の理論は, 社会復帰にも, 彼の考え方にとっての本質的な意味を与えることで, 本書で唱えられている理論とはかなりかけ離れたものとなる. 国民には,「彼の積極的な忠誠という第1の義務を将来的にもきっちりと果たせるようにすることを (国が) 援助するように要請する」[84]ことができる. 彼は, —— たと

---

(78)　MK-*Joecks*, Einl. Rn. 54.

(79)　*Freund*, AT, § 1 Rn. 23.

(80)　*B.-D. Meier*, 2001, 20 f.

(81)　*Roxin*, Zipf-GS, 1999, 151, 同意しているのは *Kaiser*, Roxin-FS, 2001, 1000.

(82)　*Pawlik*, 2004, 75 ff.

(83)　*Pawlik*, 2004, 90/91.

115

第1編 基 礎

えば，損害回復のような —— 刑罰以外のことを履行することで刑罰に置き換えよう
とし，比較的重くない犯罪においては刑罰を放棄することを認めた[85]．これによっ
て特別予防に接近しうる架橋を行った．刑罰によって忠誠を強制的に求めることが，
特別予防的にも，そして，それを公共に示すことが一般予防的にも機能するため，
この種の応報刑論は，その出発点から窺い知れるよりも，はるかに予防的な刑罰論
に近づいている[86]．

3 侵害を制限する手段としての責任主義

51 しかしながら，すべての応報を放棄したにもかかわらず，応報刑論の重要な
要素は，予防的統合論にも立ち入ることになる．すなわち，刑罰を制限する手
段としての責任主義[87]である．そのアプローチは，すべての予防論特有の欠
点，すなわち，法治国家において必要な刑罰権力の限定を持ち合わせていない
ということ（Rn. 16, 32）に対しては，責任超過の禁止を通して最も効果的に対
処することができるであろう．これによると，たとえ，治療上の利益，保安上
の利益または威嚇の利益から比較的長い受刑が望ましいように思えたとしても，
刑期は責任の重さを超えて言い渡されてはならない．このような事案において，
国家による侵害権は，有罪宣告を受けた者の自由という法益に劣ることになる．
そして，国家の要望にその気のおもむくままに服するのではなく，自己の責任
の範囲内で責任を問われることになる．したがって，責任主義は，すべての応
報とは全く無関係にリベラルな機能を有し，この機能は国民の自由のためには，
現代の刑法においても維持され続けなければならないものである．

52 刑罰は，いかなる場合においても行為者の責任を上回ってはならないという
要請は，今日では，連邦共和国においてかなり圧倒的に承認されている．さら
に，多くの場合において，責任の重さを上回る刑罰は，人間の尊厳（基本法1
条）に反することになり，責任主義は，刑罰を制限するという機能において，

---

(84) *Pawlik*, 2004, 94.

(85) *Pawlik*, 2004, 96.

(86) しかしながら，*Pawlik*, „Kritik der präventionstheoretischen Strafbegründungen",
Rudolphi-FS, 2004, 313 は，—— ここで採られている主張と一致する限りで —— 特別予
防的，または，一般予防的な目的のうち一方だけを求める場合や，刑事政策的に調和
のとれた禁止をする場合にも大きな弱点があり，責任主義による限界づけが必要であ
るとしている．

(87) 比較法としては *Jescheck*, Miyazawa-FS, 1995, 363.

116

憲法の次元に位置づけるべきとされている．連邦憲法裁判所の基本的な決定（BVerfGE 20, 323（331））によると，「すべての刑罰は……責任を前提とするという基本原則には，憲法と同等の格が認められる．この原則は，法治国家によって根拠づけられる」と述べられている．また，基本法1条1項，同2条1項も援用されている[88]．責任原理は，基本法で明確に規定されていないが，今では，少なくとも憲法慣習法と同格の地位が与えられている[89]．このことが刑罰の重さ（すなわち，刑罰は，責任の重さを上回ってはならないという文言）に関しても有効かどうかについては，あまり定かではない．連邦憲法裁判所も「科される刑罰は，行為者の責任を上回ってはならず，それどころか，行為の重さと行為者の責任の重さは釣り合った関係になければならない」[90]と述べている．しかしながら，全体的に見ると刑罰が責任に相当すべきであるという連邦憲法裁判所の決定は，どちらかというと直接的には，責任原理と同一ではない，比例原則を目的としている（先述 Rn. 58）[91].

53　しかしながら，事情がどうであれ，刑事政策的には，刑罰の重さを責任の重さに拘束させることはもっともリベラルで，社会心理学的にも，これまでに発見された中で，国家の刑罰権を制限するためのもっとも有効な手段である．というのは，行為者の性質という内的な要因と，もたらされた損害の大きさによって責任の重さが決まるので，社会的関心によって決定された予防の要請に対して効果的に抗うことができる．その他にも刑罰の上限を責任に応じた刑期

---

(88)　BVerfG の責任主義に関する判例を扱っているのは，*Volk*, ZStW 83（1971），405, *Niemöller/Volke Schuppert*, AöR 107（1982），387. および，── 批判的でさらにそれを進めているのは ── *H. A. Wolff*, AöR 124（1999），55 である．

(89)　*H. A. Wolff*, AöR 124（1999），83 f.

(90)　BVerfGE 50, 5（12）. より近いのは，BVerfGE 54, 100（108）.「科せられる刑罰は行為者の責任を上回ってはならない.」

(91)　この点につき，*H. A. Wolff*, AöR 124（1999），67 ff. は公法的な観点からとてもよくまとめている．彼は，ここで採られている見解に賛同し以下のように強調した（69 f.）「責任に見合った刑罰をという要請は，狭義における一般的な比例原則の考慮よりも自由を保障するものである．そうでなければ，改善・保安の処分は不必要なものとなってしまう」．*Schmidtchen*, Lampe-FS, 2003, 273 は，責任主義は，Kant による道具化の禁止のみによってではなく，社会契約論的にも理由付けすることができることを示した．「もしも責任主義を放棄するのならば，自由も社会福祉もない，期待が不安定とならざるをえない社会を作り出すことになるであろう」．

第1編 基 礎

で限定することは，一般人の法感覚に合致し，その限りで予防的にも意味のあるものとなっている[92]．一般人の法意識を安定させるのに大きな意味をなす正義感は，誰もがそれに値する以上に厳しく罰せられることがないよう要求するのであり，そして，責任に相応した刑罰のみが「それに値する」のである．

54 反対に，責任の重さに満たない重さの刑罰を科されることに関しては，刑罰論的に問題はない[93]．刑罰は，責任の重さを超えて科されてはならないが，予防目的からそれが認められる場合には，下回ってもよいとされる．この点が，責任の重さで刑罰を制限する点では同じだが，あらゆる予防の必要性とは無関係にどのような場合でも，責任相応の刑罰を求める応報刑論と決定的に異なるところである．

55 本書で唱えられている構想は，刑法において責任概念を用いることを決定論の立場から避けるべきであるという批判をもかわすことができる．というのは，責任は，観念的には，自身にどう行動するかの行動の自由があることを前提としている．しかしながら，予防上の理由から必要となる国家の侵害を制限するためだけに，人間の責任を認めるというのならば，国民が有する自由の維持としてそれを認める正当性は，経験則的または認識論上の立証可能性とは関係のないものとなってしまう．このことを受け入れることは，どのように人間の自由というものが人間存在に相応しく備わっているのかという問いに答えるものではなく，単に，人は原則的に国家からは自由で答責能力をもつ者として**扱われる**べきであるということを示した規範的要請であり，社会的な競技ルール(Spielregel) である．本当の意味での意思の自由の存在に関する問いは，この問

---

(92) 責任と予防の複雑な関係については，「責任と答責性」の章（19章‐22章）を参照．

(93) ここで採られている構想に大部分で賛同しているのは，*Wolfslast*, 1995, 120 f., *B.-D. Meier*, 2001, 15 (33 ff.), *Morillas Cueva*, 2004, 103. MK-*Radtke*, vor §§ 38 ff. Rn. 31 は，ここで採られている統合論を「優先するに値する」と評価している．反対の見解としては，*Fletcher*, ZStW 101 (1989), 803. 彼はまさに平等原則に対する危険があるがゆえに功利的な目的設定によって応報刑法に賛成した．トリアーで開催された1989年の刑法学会における討論は，——たいていが*Fletcher*に反論する形であったが——この異議を中心に展開された．アングロサクソンの刑法的思想における「功利主義と責任主義」については，*Henke*, 1990. *Frisch*, Kaiser-FS, 1998, 786 は，「もっとも軽い責任刑罰をはるかに下回るような」「一般予防による最小化」は存在しないと言う．しかし，刑法46条 a，同56条以下，刑訴法153条 a は，立法者自身も責任の重さを利用し尽くすことを全く要求していなかったことを示している．

第3章　刑罰と処分の目的と正当化

いが客観的に決定することのできないものであるため，考慮の外に置くことができ，また，そうされなければならない[94]．責任主義は，予防を制限する手段としてのみ役立つため，個人を侵害することなく，個人を守るものとなる．決定論者でさえ，この原則が彼らの主張する世界の動きの現実の性質に抵触することがないために，このような法的なルールを甘受することができる．この原則は，法における責任と自由，そして同様に（それらを前提とする）人間の尊厳と整合する．その存在は，同じく「証明することはできず」，しかし，また，同様に，その仮説は，経験則的論証によって批判することもできないのである．

56 応報を刑罰の任務と解するのならば，事情は異なるであろう．というのは，そうすれば予防上の必要性ではなく，責任の清算が国家の侵害を根拠づけることになるからである．これに対しては，国家による侵害は，証明のできない仮定にもとづいてではなく，社会的な必要性にもとづいてのみ行使できるということを正しく主張することができる．しかし，この批判はここでとられている統合論には当てはまらない．

57 刑罰を責任主義へと結びつけることを通して，個人が，予防的な目的の追求によって「目的のための手段」として扱われ，それによって個人の尊厳が毀損されるという倫理的な疑念も一掃される（Rn. 4, 17, 32）．特別予防的な社会化への努力に関しては，その疑念は，もとより，有罪とされた者の任意の，自己責任による関与の必要性（Rn. 39）を通して一掃される．しかし，その疑念が，個々人の，そして一般の安全と威嚇という刑罰の目的においてあり続けている限り，個人が自らの答責性の程度を超えて，予防的な目的の客体とされるような場合にしか，その疑念は当てはまらなくなる．というのは，あらゆる刑罰は，

---

(94)　これは，誰もが自身の個人的な意見によってこのことに答えることができるということである．この可能性を否定するのは，とりわけ，*Arth. Kaufmann*, JZ 1957, 555, *ders.*, Lange-FS, 1976, 28, *Dreher*, 1987, *Frister*, 1993, 99 ff, 118 ff., *Griffel*, ZStW 98 (1986), 28 ff., *ders.*, GA 1989, 193 ff, 252 f., *Lenckner*, 1972, 13 ff., 17f.. とりわけ反対説を強調しているのは，*Bockelmann*, ZStW 75 (1963), 384. 彼は，刑法における意思の自由の問題について「話題に持ち出す必要」はないと言う．私に明確に賛同するのは，比較的新しい社会学的な学説と一致する点を示した*Backes*, Maihofer-FS, 1988, 54 ff.. 「自由なしの責任」を肯定するのは，*Kunz*, ZStW 98 (1986), 823 ff., *Streng*, ZStW 101 (1989), 273 ff.. さらに，*Pothast*, 1980, *Tiemeyer*, ZStW 100 (1988), 527 ff. 参照．この問題については，この紙幅では十分に扱うことができない．「答責性に関する学説の基本問題」については，本書の19章で扱っている．

第1編 基 礎

「それに見合ったもの」の枠内でのみ，第一義的にそれ自体のものではない目的のための手段として当該の者を取り扱うからである．この目的が，社会的・予防的または観念的なもの（責任を清算する応報）であるかどうかは，有罪と判断される者が，どのみち国家の強制的権力の客体となるという点を変更するものではない．客体となることを許容することができないということは，国家が，刑罰と強制を完全に放棄しなければならないということであり，それを目指すような，周知の法秩序は未だ存在した試しがない[95]．

58 折に触れて，かつての応報刑論との結びつきや哲学的な論争によって影響された責任主義を完全に放棄し，刑罰の制限の必要性を比例原則に委ねようとする試みがあった[96]．しかし，このことは，すでに法文を少し見ればわかるように，問題の解決に有用な方法ではない[97]．というのは，現行法上は，処分は比例原則によって限界を画されている（刑法62条），しかしながら立法者が，刑罰による効果的な社会の保護を保障できないすべての場合に処分を持ち出すと（この点につき Rn. 63 以下参照），これは，処分は比例原則による制限があるにもかかわらず，責任主義の範囲内で処罰されるよりも，被疑者の自由により強烈な侵害を与えることを可能とするということに依拠している．このことも理論的に簡単に説明可能である．予防への関心は，まさに刑罰の重さを決定する際に —— 過去の行為によって固着するために —— 責任主義によって充たされ，このような刑罰を制限する効果は，他の原則からは得ることができない．比例原則は，単に純粋に予防的に決定された制裁を受ける期間という範囲内での過剰禁止（Rn. 67 参照）を意味するにすぎず，国家の介入権の制限に寄与することは極まれだからである．したがって，この原則をもって責任主義に代えること

---

(95) その他の点では，個別の事例において，「処分」の形式で行為者の責任とは無関係な，または，行為者の責任を上回るような侵害が正当化されている．この点につき，Rn. 65 以下参照．

(96) *Ellscheid/Hassemer*, 1970. *Calliess*, 1974, 187 は，実際には，責任主義の背後には比例原則が隠れていると述べている．刑法において責任原則を適用せずに，侵害の制限の問題を比例原則によって解決しようとする刑事政策的な試みを提唱するのは，*Scheffler*, 1985, および，*ders.*, 1987. 責任主義に反対し，「行為に関連した処分法」に賛成するのは，*Baurmann*, 1987（両者に対する批判は *Roxin*, Arth. Kaufmann-FS, 1993, 519）．責任主義に反対する者については，下記19章 Rn. 51 以下も参照．

(97) この点につき，*Roxin*, 1973, 322, *ders.*, SchwZStr 104 (1987), 363, *Arth. Kaufmann*, Lange-FS, 1976, 31 ff..

120

はできない.

4　まとめ

59　本書で唱えている刑罰論をまとめると次のようになる. 刑罰とは, 特別予防,
および一般予防の目的に資するものである. 刑の重さは, 責任の重さによって
限界づけられる. しかし, 特別予防上の要請や一般予防上の最低限の要件に反
しない限りで, 重さを下回ることができる. このような考え方には, 理論的に
大きな意味はほとんどない. むしろ, この考え方は, これまでに紹介したこと
を超えて存在する数々の重要で実務的な結論である. 現行法下の個々において
この理論がどのように作用するのかについては, 本書の後の章で責任と答責性
について言及する際に詳しく述べることにする.

60　このような責任を限界づける予防の構想は, 責任も予防もそれ自体では刑罰
を正当化することはできないという理解によるものである[98]. この点につき,
応報による責任清算の考え方を用いても変わらない. というのは, 刑罰は, 深
刻な国家による介入であるため, それが認められるためには, 応報による責任
清算という形而上学的な観点ではなく, 単に国家の任務を遂行するための適合
性や必要性 (具体的には, 安全を保障する犯罪統制) に基づく法的な正当性が必要
だからである. 予防上必要でない刑罰を科す権限は, 国家にはないのである.

61　他方で, 純粋な予防目的も刑罰を正当化することはない. というのは, 刑罰
は, 行為者個人に向けられた非難 (社会倫理的な非難) であるため (そうでなければ,
刑罰ではなく, せいぜい処分になってしまう), この非難は, 予防目的に適っている
というだけでは正当化することはできず, 非難自体が有用であると理解できう
るものでなければならない. これが可能であるのは, 刑罰が正当な場合, すな
わち, 行為者の責任に結び付けられ, その責任によって重さが限界づけられて
いる場合だけである.

62　問題がこのように捉えられる場合, 刑罰の予防上の必要性からの必要条件は,
正当な責任の重さによる刑罰の限界と同様に, 人権を重視する民主主義という

---

(98)　*von Hirsch*, 2005, 57 によって展開された, 本書におけるそれと比較できる構想.
彼は刑罰を「非難と予防」の組み合わせによって正当化したが, 非難の要素に責任主
義を含めた.

第1編　基　礎

国家論に基づくものであることとなる．したがって，「統合論」においてこれまで述べたように結び付けられた予防と正義は，二つの観点の折衷的な結合ではない．むしろ，この理論は，これらの累積的な正当化事由にこだわることによって，国家による刑罰権を十分に根拠づけることのできる唯一の説得的な可能性となっている．

B．処分の目的と限界，刑罰と処分の関係

63　刑法典には，刑罰とは別に処分の規定があり，このような刑事制裁における二元主義がわが国の法律効果の根本的な構造要素を示していることはすでに述べた（1章 Rn. 2-4）[99]．刑罰論についてはすでに詳しく述べたので，なぜ責任主義が義務付けられている刑法が，処分という第2の軌道を必要とするのかを知っておく必要があろう．責任の重さに結び付けることで国家の介入権を自ら制限することは，確かに国家による保護要請と法服従者たる国民の自由という法益とを原則として適切に調整することを可能にするものではある．しかしながら，個別の事案を見た場合には，公共に対する行為者の危険性があまりにも大きいために，公共をその者の侵害から十分に守るためには，責任刑だけでは不十分なことがある．例えば，かなり限定された程度にしか責任能力のない精神的に制限された者が重い暴力犯罪を行い，さらに将来的にも行うであろうというとき，彼のわずかな責任（刑法21条）では，軽い刑しか正当化することができない．しかし，公共の保護の観点からは，彼を責任の範囲を超えて改善・保安目的で精神病院（刑法63条）に収容することが必要となる[100]．アルコールや薬物依存症の者の場合もよく似た状況にある．それらの者は，しばしば責任が少ないとみなされるものの，その者から発生する危険性を防止するため（そして，その者自身の利益のため）には，禁絶施設（刑法64条）に収容されるべきである，また，このような明確な障害の見受けられない行為者であっても，た

---

(99)　プロイセン一般ラント法から現在に至るまでの処分に関する法律の歴史的な発展をまとめたものとして *Dessecker*, 2004, 25-121.

(100)　*Haffke*, R&P 1991, 94 は印象的に，多くの事案において，減軽は，精神病院収容という「犠牲」の下で認められているという「刑法21条の矛盾する両面性」を紹介している．彼は，正しくも「処分法と収容法の法治国家的な規律」を求めた．

第3章　刑罰と処分の目的と正当化

びたび再犯を繰り返し，さらに重い被害をもたらす恐れのあるものに対しては
（刑法66条），執行期間が責任主義に基づく刑罰よりもはるかに長い保安監置が
言い渡されることになる．刑法61条で紹介されているその他の処分もすべて
刑罰では取り除くことのできない行為者の，公共に対する危険性に基づくもの
である．

64　処分の目的は，かくして予防的なものとなる．その際，処分の第1の任務は，
処分でもって将来の犯罪行為を防止することにあるために，特別予防的なもの
となる．もっとも，個々の処分において特別予防目的もさまざまであるため，
特別予防の中で強調される部分は処分によって異なる．例えば，保安監置にお
いては，特別予防の保安的要素のみが強調されるのに対して，精神病院収容に
おいては，保安と社会復帰目的がおよそ同程度に考慮される．他方，ほとんど
の処分が，一般予防の働きもしており，このことは第2の目的として立法者に
よっても主張されている．運転免許証の剥奪（刑法69条）のような処分は，公
共にとって，交通事犯に科される刑罰よりも威嚇効果の強いものであり，傾向
犯の集団にとっても，保安監置の方が刑罰よりも脅威をもたらすものである．

65　したがって，刑罰と処分の目的は，本質的にはあまり変わらないものとなっ
ている[101]．確かに，処分の予防目的は，刑罰の任務よりも個々の事案におい
てより際立った方法で求められている点で異なっているが，予防のもつ基本的
な傾向は両者同じである．したがって，刑罰と処分は，目的が異なるのではな
く，その限界が異なるのである．処分においては，その重さと期間は，責任の
大きさででではなく，刑罰に認められているよりも広い範囲での侵害を認めてい
る比例原則のみに拘束されるものである．

66　ここから，このような重大な処分という制裁に対する国家の権限をいかに正
当化するのかという問いが発生する．この点につき，刑罰の正当化の問題に比
べ学術的には，いまだに研究が進められていないが[102]，このことを研究する
意味は小さくない．この答えは，利益衡量思想のみから得られるであろう．こ

（101）　正しいのは，*Schüler-Springorum*, Roxin-FS, 2001, 1042.「今日において刑事政
策的な思想と論拠を隔てているものは，もはや，刑罰と処分の間の溝ではなく，両分
野における『保安』と『改善』の比重である」．

（102）　*Kaiser*, 1990, 6, Fn. 15 参照：「…刑罰に関する理論と比較できるような独立した
理論の発展は存在しない」．

123

第1編 基 礎

の思想によると，下記の場合には，自由を剥奪することができる．すなわち，危険をもたらそうとする者が処分を言い渡されることで甘受しなければならない制限よりも，自由を与えられた場合に他人を侵害するより高度の蓋然性が認められることの方が深刻であると，総合的に判断される場合である[103]．「人間の価値と尊厳は……天秤にかけたとき最も重いものとされなければならない．これらが法秩序によって評価されればされるほど，予防処分が施されるべき危険の範囲が狭くなる」と言われている[104]．身体的または精神的に欠陥のある者に対しては，「治療のための処分という考え方」が処分を正当化する一方で，利益衡量の原則ではなく，人間の自由は，それが大きく濫用される場合には失われるものとされるように，人間の自由は社会に拘束されているという考え方が頻繁に示唆されている[105]．しかし，この濫用の論証をもってしても，なぜ自己の答責性を超える範囲の自由を「失って」もよいのかという重要な問いには全く答えていない．そして，治療処分の考えそのものが，強要を正当化することはない．これら二点の理由不足は，利益衡量の原則でしか補うことができない．

67　この原理の観点からすると，刑法62条がわざわざ次のように述べていることは当然のことである．将来予測される危険性があるにも関わらず，「行為者によって行われた，そして，行われるであろう行為の意味や行為者の危険性の

---

(103)　原則的に賛同しているものとして *Nowakowski*, Weber-FS, 1963, 103：「優越的法益の原則」，*Stratenwerth/Kuhlen*, AT⁵, § 1 Rn. 42, 類似のものとして *Schmidhäuser*, LB *AT²*, 21/8, Fn. 4：「ある程度有益な社会生活という法益」，*ders.*, StuB *AT²*, 16/7. *Kaiser*, 1990, 48 f. も「優越する公共の法益」でもって処分を正当化している．「……公共の法益が優越するのは，起こりうる犯罪が重大で行われる蓋然性が高いときである．」*B.-D. Meier*, 2001, 221 も同意見．

(104)　*Nowakowski*, Weber-FS, 1963, 105. ここから分かるのは，人権上の要請から責任を上回る処分はできる限り適用しないように求められているが，人権がそのような侵害を容易に排除するものではないということが分かる（上記 Rn. 52, Fn. 91 参照）．他方で，明確なのは，ある程度責任の重さを上回ることを認めるような解決方法よりも，我々の見解のように犯罪学的な制裁の付与を責任の重さに原則的に依拠させ，例外においてのみそれを上回ることを認める規則の方が法治国家としてはよいことである（この点につき Rn. 71 も参照）．これに対して，*Kammeier*, 1996 は，あらゆるところで処分法の実務と憲法的な正当性に対して，懐疑的な根本的批判を行っている．

(105)　とりわけ *Welzel*, StrafR¹¹, § 32 II にならって，*Jescheck/Weigend*, AT⁵, § 9 II は，このように言う．

第3章　刑罰と処分の目的と正当化

程度と比較してつり合いがとれない場合には」，処分を言い渡してはならない[106]．比例原則は，法治国家の概念（BVerfGE 23, 127, 133. そこでは，そのほかにも文献紹介がある）から導かれるもので，憲法と同等の格を有し，過剰禁止の意味における利益衡量の原理を具体化する．行為者によってもたらされると予測される損害と危険性は，その防止に対する利益があったとしても，処分が該当者にもたらす自由剝奪よりも与える損害が小さい場合には，甘受されなければならない．たいていの処分で，この考え方は，個別規定においてさらに詳説されている（たとえば，保安監置については，66条1項3号参照）．

68　刑罰と処分は同じ目的をもつもので，それを限界づける方法のみにおいて異なるという，ここで取られている考え方は，一元主義に近い考えを意味する[107]．というのは，刑法上の制裁は目的に関して一元的に定められているし，その限界づけにおいて，二つの軌道に分かれているにすぎないからである．これに対して，応報刑論は，目的においても限界においても，刑罰と処分を明確に区別する限りにおいて，はっきりとした二元主義を示すものである．応報刑論にとって刑罰は，過去の行為に対するもので，責任に相応させたものである．一方，処分は，将来に目を向けるもので，将来の危険性のみに照準を合わせるものである．しかし，刑罰に関してこのような理解をすることが今日ではできず，刑罰も予防目的をもつものとされる（Rn. 37 以下）ため，今日まで変遷してきた刑罰に対する理解は，二元主義と一元主義の中間の制裁制度であるというのが正しい．

69　処分の言い渡しに内在しているわけではないとされる，刑罰を社会的倫理的な非難とする見方でもっても，刑罰と処分に本質的な違いを設けることはできない[108]．というのは，たとえば，なぜ，社会的な非難は，「交通における酩酊」（刑法316条）の場合の処罰にのみ登場し，これに関連する「運転免許の剝奪」（刑法69条）においては，登場しないのかは，説明することができないからである．同様のことが，保安監置，職業禁止などにおいても言える．一般公共および行為者自身は，このような処分を言い渡されることを，正しくもとり

---

(106)　危険性と相当性という主要な原則に基づいて処分法の体系化を図ったのは *Desse-cker*, 2004.

(107)　賛同しているのは，*Schüler-Springorum*, Roxin-FS, 2001, 1021.

(108)　このように言うのは，例えば，*Bockelmann／Volk*, AT⁴, § 43 I 1.

125

第 1 編　基　礎

わけ重いものとして，また，責任という意味においては，非難に値する社会的
な拒絶として捉えているために，非難は刑罰によってのみ効果を発揮するとい
う考えは，現実の生活とは真っ向から対立し，おのずとは生まれてこない違い
を無理に持ち込むものとなる．

70　刑罰と処分は，目的においては一元主義であるという説は，いわゆる「代替
主義」という制度でもって法律上認められている(109)．刑法 67 条によると，
刑罰と自由剥奪を伴う処分である精神病院収容（刑法 63 条）や禁絶施設への収
容（刑法 64 条）が同時に言い渡された場合には，通常，処分を刑罰の前に執行
し，その執行期間を刑期に換算することで，多くの事案において，「処分の目
的」がこのことを通して達成しやすくなる場合には，刑事施設における刑罰の
執行を行う必要がないようにしている（刑法 67 条 2 項）．この任意の，単に予防
的な効果という基準から刑罰と処分を代替させることができるとする試みは，
立法者が両法律効果の目的を予防と捉えており，犯罪の防止に役立つかという
ことだけを両者を適用するための基準としていることを矛盾なく立証している．
もっとも，刑法 67 条に規定されていない保安監置は，常に刑罰の後で執行さ
れるべきであり，このことにも予防の観点からの理由がある．刑法 66 条の処
分は，単なる監置による保安にのみ努められるものであるため，はじめに社会
復帰を念頭においた刑罰を執行すべきで，のちの保安監置は，場合によっては
刑法 67c 条 1 項の基準により執行しなくてもよいとできる方が，目的にもか
なっているといえる．

71　刑罰と処分の広範囲において代替可能であるために，一元主義へと完全に移
行して，刑罰を放棄することもできないのかという疑問を呈することができる．
この要請は，改正のたびに起こり，海外（スウェーデン，イングランド，ベルギー，
ギリシャ）では，一部実現されている(110)．しかしながら，連邦共和国で実行さ
れている，刑罰を限界づける際には二元主義が維持されるべきであるとする制
度が，優先的に選ばれるべきである．というのは，刑罰は責任に結びつけられ
ることによって，処分に比べて国民の自由に対する侵害が少なくて済んでいる

---

(109)　ラテン語の vicarius ＝代替の．したがって，「vikariieren」とは，「相互に代替可
　　能な」という意味である．

(110)　この点につき詳細は，*Jescheck/Weigend*, AT⁵, § 9 II 3.

第3章 刑罰と処分の目的と正当化

からである．刑罰を維持することは，立法者が，通常は，予防に対する関心を
責任の範囲内でのみ実現し，責任の重さが制裁の期間を決定する場合に，国民
の自由のためには，おのずと予防的な拘禁も受け入れということを意味するか
らである．とりわけ一般国民を継続的に危険にさらす恐れがある例外において
のみ，処分を言い渡すことでこの限界を超えることができる．仮に，刑罰を廃
止することで，この例外を普遍的に妥当する法に盛り込むのであれば，リベラ
ルである側面の重要部分を放棄することになり，社会政策的には望ましくない
ような，完全な福祉国家への一歩を進めてしまうであろう．

C. 刑法の第3の軌道としての損害回復？

文献：*Seelmann*, Strafzwecke und Wiedergutmachung, Zeitschrift für evangelische
Ethik, 1981, 44; *Ostendorf*, Alternativen zur strafverurteilenden Konflikterledigung, ZRP
1983, 302; *Frehsee*, Schadenswiedergutmachung als Instrument strafrechtlicher Sozialkon-
trolle, 1987; *Rössner/Wulf*, Opferbezogene Strafrechtspflege, [3]1987; *Roxin*, Die Wiedergut-
machung im System der Strafzwecke, in: Schöch (Hrsg.), Wiedergutmachung und Straf-
recht, 1987, 37; *Bundesministerium der Justiz* (Hrsg.), Schadenswiedergutmachung im
Kriminalrecht, 1988; *Schneider,* Wiedergutmachung und Strafe, Universitas 1988, 1151;
Eser u. a. (Hrsg.), Wiedergutmachung im Strafrecht einschl. Rechtsstellung und Entschä-
digung des Verletzten im Strafverfahren, 1989; *Lüderssen*, Die Krise des öffentlichen
Strafanspruchs, 1989; *Marks/Rössner*, Täter-Opfer-Ausgleich, 1989; *Weigend*, Deliktsopfer
und Strafverfahren, 1989; *Eser/Kaiser/Madlener* (Hrsg.), Neue Wege der Wiedergutma-
chung im Strafrecht, 1990; *Rössner*, Täter-Opfer-Ausgleich und Kriminalitätsverhütung,
in: Frank/Harrer (Hrsg.), Der Sachverständige im Strafrecht/Kriminalitätsverhütung,
Forensia-Jahrbuch, Bd. 1, 1990, 164; *Hirsch*, Wiedergutmachung des Schadens im Rahmen
des materiellen Strafrechts, ZStW 102 (1990), 534; *Schreckling u. a.*, Bestandsaufnahme
zur Praxis des Täter-Opfer-Ausgleichs in der Bundesrepublik Deutschland, 1991; *Dölling*,
Der Täter-Opfer-Ausgleich, JZ 1992, 493; *Kinkel*, Täter-Opfer-Ausgleich und Kon-
fliktschlichtung, BewHi 1992, 300; *Pfeiffer*, Täter-Opfer-Ausgleich usw., ZRP 1992, 338;
Rössner, Täter-Opfer-Ausgleich in der Justizpraxis, in: Jehle (Hrsg.), Individualprävent-
ion und Strafzumessung, 1992, 309; *ders.*, Strafrechtsfolgen ohne Übelszufügung?, NStZ
1992, 409; *Roxin*, Zur Wiedergutmachung als einer „dritten Spur" im Sanktionensystem,
Baumann-FS, 1992, 243; *Schmidt-Hieber*, Ausgleich statt Geldstrafe, NJW 1992, 2001;
Schöch, Empfehlen sich Änderungen und Ergänzungen bei den strafrechtlichen Sankti-
onen ohne Freiheitsentzug? (Gutachten), in: Verhandlungen des 59. DJT Hannover 1992,
Bd. I, Teil C; Sitzungsberichte, in: Verhandlungen des 59. DJT Hannover 1992, Bd. II, Teil
O; *Sessar*, Wiedergutmachen oder strafen, 1992; *Walter/Schuldzinski,* Der Täter-Op-

127

第1編　基　礎

fer-Ausgleich usw., StA-Schleswig-Holstein-FS, 1992, 559; *P. A. Albrecht*, Strafrechtsver-
fremdende Schattenjustiz – zehn Thesen zum Täter- Akzeptanz des Täter-Opfer-Aus-
gleichs für Erwachsene in der Praxis, NStZ 2000, 393; *S. Walther*, Vom Rechtsbruch zum
Realkonflikt: Wiedergutmachung als Grundauftrag des Kriminalrechts, 2000; *Hassemer*,
Gründe und Grenzen des Strafens, Spinellis-FS, 2001, 399; *Hinz*, Erziehung, Generalprä-
vention und Opferschutz, JR 2001, 50; *B.-D. Meier*, Wiedergutmachung als „dritte Spur",
2001; *ders.*, Strafrechtliche Sanktionen, Teil 2: Sinn und Zweck der Strafe; Teil 5: Maßre-
geln der Besserung und Sicherung; Teil 6: Wiedergutmachung als „dritte Spur"?, 2001;
Miyazawa, Neuere Entwicklungen der Opferhilfe und des Opferschutzes in Japan, Müller-
Dietz-FS, 2001, 523; *Roxin*, Strafe und Wiedergutmachung, Lorenz-FS, 2001, 51; *Rüping*,
Tatausgleich und Strafwürdigkeit, Müller-Dietz-FS, 2001, 717; *Schaffstein*, Überlegungen
zum Täter-Opfer-Ausgleich und zur Schadenswiedergutmachung, Roxin-FS, 2001, 1065;
Schöch, Wege und Irrwege der Wiedergutmachung im Strafrecht, Roxin-FS, 2001, 1045;
Weigend, Wiedergutmachung als, neben oder statt Strafe, Müller-Dietz-FS, 2001, 975; *T.
Yoshida*, Geständnis, Entschuldigung, Reue und Wiedergutmachung im japanischen Straf-
rechtssystem. Ist Japan ein Musterbeispiel?, Müller-Dietz-FS, 2001, 995; *Hüttemann*, §
46a StGB in der Rspr. der Obergerichte, StrV 2002, 678; *Kilchling*, Opferschutz und Straf-
anspruch des Staates - Ein Widerspruch?, NStZ 2002, 57; *Krauß*, Täter und Opfer im
Rechtsstaat, Lüderssen-FS, 2002, 269; *Parigger*, § 46 a StGB und seine Anwendung im
Steuerstrafrecht, Riess-FS, 2002, 783; *H. J. Schneider*, Die gegenwärtige Situation der
Verbrechensopfer in Deutschland, JZ 2002, 231; *Bemmann*, Täter-Opfer-Ausgleich im
Strafrecht, JR 2003, 226; *Busch*, Datenschutz beim Täter-Opfer-Ausgleich, JR 2003, 94;
Ebert, Pönale Elemente im deutschen Privatrecht, 2004; *Leipold*, Der Täter-Opfer-Aus-
gleich, NJW-Spezial, 2004, 327; *Rose*, Die Bedeutung des Opferwillens im Rahmen des Tä-
ter-Opfer-Ausgleichs nach § 46 a Nr. 1 StGB, JR 2004, 275; *Maiwald*, Zur „Verrechtli-
chung" des Täter-Opfer-Ausgleichs in § 46 a StGB, GA 2005, 339.

外国語文献：*Vicente Remesal*, El comportamiento postdelictivo, Léon, 1985; *Queralt*,
Víctimas e garantías, in: Política criminal y nuevo derecho penal, Barcelona, 1997. 145;
Vicente Remesal, La consideración de la víctima a través de la reparación del daño en el
derecho penal español, ebda., 173; *Silva Sánchez*, Sobre la relevancia jurídico-penal de la
realización de actos de „reparación", Perspectivas sobre la moderna política criminal,
Buenos Aires, 1998, 191; *Cesano*, Reparación y resolución del conflicto penal, Nuevas For-
mulaciones en las ciencias penales, Córdoba, 2001, 497.

72　ここ数年，活発な議論が行われ，モデル・プロジェクトとして調査されてい

---

(111)　賛成しているのは，*Roxin*, 1987, 37 (52), *Hassemer*, StV 1995, 483, 488, *Silva
Sánchez*, 1998, 106, *Heinz*, ZStW 111 (1999), 461, *Miehe*, 2001, 261.「第3の軌道」
と損害回復を刑法に広範囲で取り入れることに批判的なのは，*Hirsch*, ZStW 102
(1990), 534 (*Roxin* による反論は，Baumann-FS, 1992, 243). これに対して，*Lüders-
sen*, 1995, 51 は，「公的な刑法の理由書の中では，一般化した被害者の保護が想定され

第3章　刑罰と処分の目的と正当化

るのは，刑罰と処分に並ぶ新種の制裁として損害回復を，刑法の「第3の軌道」として整備してもよいかということである(111)．すでに現行法が，刑法の中に損害回復の統合のための観点を導入している（刑法56条b，同57条3項，同57条a，3項，59条a，2項1号，46条2項，46条a，少年裁判所法15条，同45条，同47条）．しかしながら，実務においてはまだまだ適用の頻度が少ない．これに対して，損害回復を今よりもさらに刑法と関わらせることには，納得のいく理由がある．というのは，たびたび行為者から直接もたらされる損害回復による被害者にもたらされる利益は，自由刑や罰金によってもたらされるものよりも大きいからである．経験的調査でも，比較的軽微および中程度の犯罪の場合には，加害者・被害者和解の形式での損害回復の被害者も一般人も，加えて行為者が処罰されることに対して全く価値を置かないか，置いたとしてもわずかな価値しか置いていないということが分かった．したがって，今日ではわずかな罰金を科されるにすぎない事案の場合には，完全に損害を回復した場合には，刑罰を免除することができる．深刻な犯罪において損害を回復した場合は，少なくとも執行猶予を付けるか法定の減軽をすることができるであろう．損害回復に対する対案は，損害回復を刑法上の制裁に統合できるような，整理された法案

ているもののみが正当なものとして残る」としている．彼に従えば（S. 71）「もはや，補償と社会復帰の問題」であろう．「第3の軌道」の思想は，*B.-D. Meier*, GA 1991, 1 によって受け入れられた．加害者・被害者和解と損害回復による「建設的な犯罪処理」ゆえに，「従来は中心的であった科刑と刑罰の執行のうちの大部分を不必要とすることができる．」包括的に国際的な討論をまとめているのは，*Eser/Kaiser/Madlener* (*Hrsg.*), 1990. ここでも *Roxin*（S. 367）と *Hirsch*（S. 377）の異なる主張が最終的な報告で明らかとなった．これに対して，*Schild*, Greeds-FS, 1995, 157 は，加害者・被害者和解を真の刑罰とみなしているために「第3の軌道」は全く不必要であるという．

(112)　根本的に賛同しているのは，*Dölling*, JZ 1992, 493, *B.-D. Meier*, 2001, 370ff., *Rössner*, NStZ 1992, 409, *Schmidt-Hieber*, NJW 1992, 2001, *Roxin*, Lerche-FS, 1993, 301. 批判的なのは，*Lampe*, GA 1993, 485, *Loos*, ZRP 1993, 51. *Hirsch*, 993, 35, 41 ff. は対案を「諦念の構想」とみなし「廃止論者的な趨勢」であるとして拒絶した．しかしながら，この種の社会的に建設的な提案は，諦念とは何の関係もなく，損害回復は刑法上の制裁制度の中で考慮されるものであるため，廃止論は問題にならない．「自由剥奪を伴わない刑法上の制裁」に貢献した1992年の第59回ドイツ刑法学会も損害回復と取り組んだため，損害回復は，刑法上にさらに取り入れられるようなった．しかし，はじめのうちは，法改正はせずに現行法の中での取り入れを望んだ．*Schöch* の鑑定，1992, Bd. 1, Teil C ならびに議事録1992, Bd. II, Teil O 学会の経過と決定参照．

第 1 編 基 礎

を出していた[112]. 1994 年 12 月 1 日に施行された犯罪者対策法は、この法案そのものではないものの、おそらく、刑法 46 条 a という新しい量刑規定の中で、この法案の中核となった考え方、すなわち —— 任意で加害者・被害者の和解を行った場合には、減軽か刑の免除の可能性を与えること —— を導入した.この決定は、加害者・被害者和解の実行方法に関して規定するものではなかったため、単なる「法定の枠組みを作る一時的で限定的な試み」[113]でしかなかった. それゆえ、損害回復を制裁制度に導入することは、議事録の中だけにとどまってしまった[114]. それでも立法者は、1999 年 12 月 20 日の「加害者・被害者和解を刑事手続に定着させる法律」によって、さらなる正しい一歩を踏み出した. 新設の刑訴法 155 条 a、同 155 条 b は、検察官と裁判所が加害者・被害者和解や損害回復を適用する可能性を根本的に広げた. とりわけ、この任務を遂行するための特別な役職を委託され、その遂行のために必要な情報が管理されるようになった.

73 私の考えでは、もはや損害回復は、純粋な民事上の問題ではなく、刑罰目的を達成するための本質的な点で寄与している. 損害回復には社会復帰に寄与する効果がある. というのは、損害回復は行為者に対して、自己の行為の結果と向き合い、被害者の正当な利益を知るように強制できるからである. 加害者にとって損害回復は、—— しばしば刑罰よりも —— 必要で正義に適ったものであると捉えられており、このことを通して規範を承認させることを促進しているのである. そして、最終的には、損害回復は、加害者と被害者の和解につながり、そのことによって、犯罪に至ったものによる損害回復を根本的に容易にするのである. それ以外にも、損害回復は、法的平和の再構築にとって重要な寄

---

(113) *Lackner/Kühl*[25], § 46a Rn. 1.

(114) このように連邦政府と SPD のさまざまな法案の提唱に関しても報告している *Meyer*, Triffterer-FS, 1996, 629 も言う. 両法案は、損害回復に関する対案と大概の点で異なるものであったが、損害回復をより考慮するという目的に関しては一致していた. *Weigend*, Müller-Dietz-FS, 2001, 991 による「比較的簡単な」解決も興味深い.「行為者が行為によって物質的損害、または民法上のルールによれば補償可能な精神的な損害を発生させた限り、刑事手続においては、この損害を補償することが言い渡される」. 彼にとってこの義務は「制裁の根幹部分」である. したがって、この場合、同時に刑罰を科せられるのか、科せられるとすればどの程度科せられるのか、または免除してもよいのかについては、量刑のルールに基づいて決定すべきである.

(115) 被害者を法的平和の回復に関わらせることにつき詳細で基本的なのは *Kilchling*,

第3章　刑罰と処分の目的と正当化

与をすることで，統合予防（Rn. 27）にも役立つ．というのは，まず，損害が回復されてから，被害者[115]と一般公共は，——さらには，たびたび処罰とは関係なく——行為によって発生した社会的な障害が取り除かれたと感じるものだからである．

74　制裁制度の中の「第3の軌道」として損害回復に法政策的な権限を与えることは，補充性原理からも導かれる（2章 Rn. 97 以下参照）．処分が，「第2の軌道」として刑罰を代替したり補ったりしているように，刑罰が責任主義のために特別予防上の必要性を遂行できなかったり，限定的にしか遂行できなかったりする場合に，「第3の軌道」としての損害回復が，減軽されない刑罰と同等か，それ以上に刑罰目的や被害者の要望に適合する場合には，刑罰を補ったり，補足的に寛大にしたりするのである．当然，これまでに述べたことは，すべて現実というよりは計画レベルの話である．（今日の二元主義での代わりに）三元主義による刑法を持ち出すことができるのは，立法者がこれまでとはまったく違う方法で損害回復を制裁制度に組み込んだ後である[116]．刑法上の制裁制度に損害回復を採り入れることは，刑法と民法の関係を熟考することを強いることにもなる[117]．「刑法と民法を概念的に明確に区別したことは，19世紀における大きな司法上の成果の一つである……今日では，このような厳格な区別は間違いであったと……刑法と民法が再び近づくことが必要であると認識しなければならない」．

75　実務においては，成人の場合に，すでに加害者・被害者和解が存在するにも

NStZ 2002, 57. 彼は，損害回復の他にも再被害化の防止と被害によって崩壊した規範の信頼の回復を要求した．刑事政策的，司法的な観点から被害者の状況をまとめたのは，*H. J. Schneider*, JZ 2002, 231. 被害者の保護と被害者支援の全分野の展望については，*Stöckel*, JA 1998, 599.

（116）　それでも，1999年12月20日の加害者・被害者和解を刑事手続に定着させる法律によって，検察官と裁判所が加害者・被害者和解または損害回復に適用する可能性は根本的に広められることとなった（刑訴法155条 a，b）．とりわけ，この任務を遂行するための特別な役職が設けられることになり，その遂行のために必要となる情報が管理されるようになった．

（117）　*Roxin*, Lorenz-FS, 2001, 61. この引用を正しく示して，*Ina Ebert* は，キールに提出した教授資格取得論文の中で，ドイツ私法における刑罰的な要素を包括的に調査した（2004, 578）．彼女は，私的制裁と刑罰的な賠償を私法上も再び採り入れることに尽力した．

第1編　基　礎

かかわらずあまり適用されていない．その理由の一つとして，行為者の損害回復によってもたらされたものが，十分な責任清算として受け入れられないということがあるかもしれない．しかし，仮に，本書の見解とは異なり，刑罰の第1の任務を予防ではなく，責任清算と捉え得ているのならば，この推測は間違いである．というのは，「責任は，刑罰による害悪を被ることでのみ清算されるのではなく，役に立つ行いによっても清算される」からである[118]．

(118)　*Stein*, NStZ 2000, 397.

第 4 章　1871 年以降のドイツ刑法改正

　次の一覧は，改正に関する膨大な文献の中から一部を選んで紹介したものである．とりわけ，基本的な論稿，または要約的な論稿であり，あるいは改正の最終段階に関する論稿に重点を置いて紹介している．個別の問題を扱う論文に関しては，本著の後半部分で関連事項が扱われるごとに紹介する．ほとんどの論文集における諸論文も個別的には扱われていない．2 章，3 章の文献一覧も補足的に参照していただきたい．

　文献：*v. Liszt*, Strafrechtliche Vorträge und Aufsätze, 2 Bde., 1905, (Nachdruck 1970); *v. Birkmeyer*, Was läßt v. Liszt vom Strafrecht übrig?, 1907; *Aschrott/v. Liszt*, die Reform des StGB, 2 Bde., 1910; *Radbruch*, Regierungsvorlage 1922 und Reichsratsvorlage 1924, ZStW 45 (1925), 417; *Aschrott/Kohlrausch*, Reform des Strafrechts, 1926; *Gürtner*, Das kommende deutsche Strafrecht, AT, ²1935, BT, ²1936; *Georgakis*, Geistesgeschichtliche Studien zur Kriminalpolitik und Dogmatik Franz v. Liszts, 1940; *Lange*, Grundfragen der deutschen Strafrechtsreform, SchwZStr 70 (1955), 373; *Eb. Schmidt*, Die Reform des Strafrechts im Rückblick auf Berliner Impulse in der Geschichte der modernen Kriminalpolitik, 1955; *Jescheck*, Das Menschenbild unserer Zeit und die Strafrechtsreform, 1957; *Eb. Schmidt*, Kriminalpolitische und strafrechtsdogmatische Probleme in der deutschen Strafrechtsreform, ZStW 69 (1957), 359; *Heinitz*, Der Entwurf des Allgemeinen Teils des StGB vorn kriminalpolitischen Standpunkt aus, ZStW 70 (1958), 1; *Leferenz*, Der Entwurf des Allgemeinen Teils eines StGB in kriminologischer Sicht, ZStW 70 (1958) 25; *Peters/ Lang-Hinrichsen*, Grundfragen der Strafrechtsreform, ohne Jahresangabe (1959); *Lange*, Wandlungen in den kriminologischen Grundlagen der Strafrechtsreform, Juristentags-FS, Bd. 1, 1960, 345; *Nowakowski*, Der Beitrag des deutschen Juristentages zur gesamtdeutschen Strafrechtsreform, Juristentags-FS, Bd. 1, 1960, 55; *Radbruch*, Der innere Weg, ²1961; *H. Mayer*, Strafrechtsreform für heute und morgen, 1962; *Baumann*, Entwurf eines StGB, Allgemeiner Teil, 1963; *Jescheck*, Die weltanschaulichen und politischen Grundlagen des Entwurfs eines Strafgesetzbuches (E 1962), ZStW 75 (1963), 1; *Schorn*, Die Gesetzgebung des Nationalsozialismus als Mittel der Machtpolitik, 1963; *Stratenwerth*, Die Definitionen im AT des E 1962, ZStW 76 (1964), 669; *Baumann*, Kleine Streitschriften zur Strafrechtsreform, 1965; *Heinitz/Würtenberger/Peters*, Gedanken zur Strafrechtsreform, 1965; *Eb. Schmidt*, Einführung in die Geschichte der deutschen Strafrechtspflege, ³1965; *Kaiser*, Zur kriminalpolitischen Konzeption der Strafrechtsreform, ZStW 78 (1966), 100; *Schultz*, Kriminalpolitische Bemerkungen zum Entwurf eines Strafgesetzbuches, E 1962, JZ 1966, 113; *Woesner*, Die kriminalpolitischen Grundsatzentscheidungen der Großen Strafrechtsreform in kritischer Sicht, NJW 1966, 321; *Baumann, Bauer u. a.*, Die deutsche Strafrechtsreform, 1967; *Lackner*, Der Alternativentwurf und die praktische Strafrechtspflege, JZ 1967, 513; *Reinisch* (Hrsg.), Die deutsche Strafrechtsreform, 1967; *Eb. Schmidt*, Freiheits-

133

第1編 基 礎

strafe, Ersatzfreiheitsstrafe und Strafzumessung im Alternativ-Entwurf eines Strafge-
setzbuches, NJW 1967, 1929; *Baumann*, Konsequenzen aus einer Reformarbeit – Nicht auf
genommene Vorschläge für die Strafrechtsreform, Radbruch-GS, 1968, 337; *ders.*, Be-
schränkung des Lebensstandards anstatt kurzfristiger Freiheitsstrafe, 1968; *ders.* (Hrsg.),
Programm für ein neues Strafgesetzbuch, 1968; *Gallas*, Der dogmatische Teil des Alterna-
tiv-Entwurfs, ZStW 80 (1968), 1; *Grünwald*, Das Rechtsfolgensystem des Alternativ-Ent-
wurfs, ZStW 80 (1968), 89; *Jescheck*, Die kriminalpolitische Konzeption des Alterna-
tiv-Entwurfs eines Strafgesetzbuchs (Allgemeiner Teil), ZStW 80 (1968), 54; *Arm.
Kaufmann*, Die Dogmatik im Alternativ-Entwurf, ZStW 80 (1968), 34; *Arth. Kaufmann*,
Der Alternativ-Entwurf eines Strafgesetzbuches und das Erbe Radbruchs, Radbruch-GS,
1968, 324; *Baumann*, Weitere Streitschriften zur Strafrechtsreform, 1969; *ders.* (Hrsg.),
Mißlingt die Strafrechtsreform?, 1969; *Lange*, Das Menschenbild des Positivismus und die
philosophische Anthropologie unserer Zeit, ZStW 81 (1969), 556; *Müller-Emmert*, Die
Strafrechtsreform DRiZ 1969, 273, 319, 349; *Müller-Emmert/Friedrich*, Die kriminalpoli-
tischen Grundzüge des neuen Strafrechts nach den Beschlüssen des Sonderausschusses
für die Strafrechtsreform, JZ 1969, 245; *Roxin*, Franz v. Liszt und die kriminalpolitische
Konzeption des Alternativentwurfs, ZStW 81 (1969), 613 (= Liszt-GS, 1969, 69 = Grund-
lagenprobleme, 32); *Grünwald*, Die Strafrechtsreform in der Bundesrepublik Deutschland
und in der Deutschen Demokratischen Republik, ZStW 82 (1970), 250; *Maiwald*, Wege zur
Strafrechtsreform, 1970; *Schroeder*, Die neuere Entwicklung der Strafgesetzgebung in
Deutschland, JZ 1970, 393; *Stratenwerth/Schultz*, Leitprinzipien und kriminalpolitische As-
pekte der Strafrechtsreform, 1970; *Sturm*, die Strafrechtsreform, JZ 1970, 81; *Würtenber-
ger*, Kriminalpolitik im sozialen Rechtsstaat, 1970; *Kaiser*, Entwicklungstendenzen des
Strafrechts, Maurach-FS, 1972, 25; *Lange*, Strafrechtsreform – Reform im Dilemma, 1972;
Schroeder, Die Strafgesetzgebung in Deutschland, 1972; *Horstkotte/Kaiser/Sarstedt*, Ten-
denzen in der Entwicklung des heutigen Strafrechts, 1973; *Jescheck*, Die Kriminalpolitik
der deutschen Reformgesetze im Vergleich mit der österreichischen Regierungsvorlage
1971, Gallas-FS, 1973, 28; *ders.*, Deutsche und österreichische Strafrechtsreform, Lan-
ge-FS, 1974, 365; *Madlener/Papenfuss/Schöne* (Hrsg.), Strafrecht und Strafrechtsreform
1974; *Seidl*, Der Streit um den Strafzweck zur Zeit der Weimarer Republik, 1974; *Je-
scheck*, Strafrechtsreform in Deutschland, Allgemeiner Teil, SchwZStr 91 (1975), 1; *Mar-
xen*, Der Kampf gegen das liberale Strafrecht. Eine Studie zum Antiliberalismus in der
Strafrechtswissenschaft der zwanziger und dreißiger Jahre, 1975; *Naucke*, Tendenzen in
der Strafrechtsentwicklung, 1975; *Roxin/Stree/Zipf/Jung*, Einführung in das neue Straf-
recht, ²1975; *v. Bülow*, Strafrecht und Kriminalpolitik, in: de With (Hrsg.), Deutsche
Rechtspolitik, 1976; *R. v. Hippel*, Reform der Strafrechtsreform, 1976; *Maiwald* (Hrsg.),
Wege zur Strafrechtsreform, 1976; *Blau*, Die Kriminalpolitik der deutschen Strafrechtsre-
formgesetze, ZStW 89 (1977), 511; *Horn*, Neuerungen der Kriminalpolitik im deutschen
Strafgesetzbuch, 1975, ZStW 89 (1977), 547; *Horstkotte*, Die Anfänge der Strafrechtsre-
form – aktuelle und überholte Fragen, in: Vom Reichsjustizamt zum Bundesministerium
der Justiz, 1977, 325; *Sturm*, Grundlinien der neueren Strafrechtsreform, Dreher-FS, 1977,

第4章　1871年以降のドイツ刑法改正

513; *Ebert*, Tendenzwende in der Straf- und Strafprozeßgesetzgebung?, JR 1978, 136; *Lüttger*, Strafrechtsreform und Rechtsvergleichung, 1979; *Achenbach*, Kriminalpolitische Tendenzen in den jüngeren Reformen des Besonderen Strafrechts und des Strafprozeßrechts, JuS 1980, 81; *Amelung*, Strafrechtswissenschaft und Strafgesetzgebung, ZStW 92 (1980), 19; *Jescheck*, Das neue deutsche Strafrecht in der Bewährung, Jahrbuch der Max-Planck-Gesellschaft 1980, 18; *Roxin*, Zur Entwicklung er Kriminalpolitik seit den Alternativ-Entwürfen, JA 1980, 545; *Schöch*, Kriminologie und Strafgesetzgebung, ZStW 92 (1980), 143; *Jescheck* (Hrsg.), Strafrechtsreform in der BRD und in Italien, 1981; *Heinz*, Strafrechtsreform und Sanktionsentwicklung, ZStW 94 (1982), 632; *Rogall*, Stillstand oder Fortschritt in der Strafrechtsreform?, ZRP 1982, 124; *Schubert*, Die Quellen zum StGB von 1870/71, GA 1982, 191; *Jelowik*, Zur Geschichte der Strafrechtsreform in der Weimarer Republik, 1983; *Jescheck*, Strafrechtsreform in Deutschland, Allgemeiner und Besonderer Teil, SchwZStr 100 (1983), 1; *Marxen*, Die rechtsphilosophische Begründung der Straftatlehre im Nationalsozialismus, ARSP, Beiheft 18, 1983, 55; *Naucke*, Über deklaratorische, scheinbare und wirkliche Entkriminalisierung, GA 1984, 199; *Reifner/Sonnen* (Hrsg.), Strafjustiz und Polizei im Dritten Reich, 1984; *Rüping*, Strafjustiz im Führerstaat, GA 1984, 297; *Spencke*, Rechtsbeugung durch Rechtsprechung, 1984; *Rüping*, Bibliographie zum Strafrecht im Nationalsozialismus, 1985; *Spendel*, Unrechtsurteile der NS-Zeit, Jescheck-FS, 1985, 179; *Terhorst*, Polizeiliche Vorbeugungshaft im Dritten Reich, 1985; *Eser*, 100 Jahre deutscher Strafgesetzgebung, in: v. Dijk, Criminal Law in Action, 1986, 49; *Hirsch*, Bilanz der Strafrechtsreform, H. Kaufmann-GS, 1986, 133; *Jescheck*, Neue Strafrechtsdogmatik und Kriminalpolitik in rechtsvergleichender Sicht, ZStW 98 (1986), 1; *Jung*, Fortentwicklung des strafrechtlichen Sanktionssystems, JuS 1986, 741; *Eser/Cornils*, Neuere Tendenzen der Kriminalpolitik, 1987; *Lüderssen*, Neuere Tendenzen der deutschen Kriminalpolitik, StrV 1987, 163; *Eser*, Hundert Jahre deutscher Strafgesetzgebung. Rückblick und Tendenzen, Maihofer-FS, 1988, 109; *Grundmann*, Justiz im Dritten Reich 1933-1940, 1988; *Helmann*, Strafrechtskritik und Strafrechtsreform 1954-1988, 1988; *Schubert/Regge/Rieß/Schmid* (Hrsg.), Quellen zur Reform des Straf- und Strafprozeßrechts, Abt. II: NS-Zeit (1933-1939), Bd. 2, Teil 1, 1988; *Werle*, Zur Reform des Strafrechts in der NS-Zeit: Der Entwurf eines Deutschen .Strafgesetzbuchs 1936, NJW 1988, 2865; *ders.*, Justiz-Strafrecht und polizeiliche Verbrechensbekämpfung im Dritten Reich, 1988/89, 1. Teil; *Holtz*, Der politische Entscheidungsprozeß zu den Strafrechtsreformen in der Zeit von 1962 bis 1975, Diss. Freiburg, 1989; *Schubert/Regge/Rieß/Schmidt* (Hrsg.), Quellen zur Reform des Straf- und Strafprozeßrechts, Abt. II: NS-Zeit (1933-1939), Bd. 1, Teil 1; Bd. 2, Teil 2, 1989; *Baumann*, Die große Reform im Strafrecht, in: K. W. Nörr (Hrsg.), 40 Jahre BRD usw., 1990, 293; *Lenckner*, 40 Jahre Strafrechtsentwicklung in derBRD: Der BT des StGB usw., in: K. W. Nörr (Hrsg.), 40 Jahre BRD usw., 1990, 325; *Marxen*, Das Problem der Kontinuität in der neueren deutschen Strafrechtsgeschichte, KritV 1990, 287; *Schubert/Regge/Rieß/ Schmid* (Hrsg.), Quellen zur Reform des Straf- und Strafprozeßrechts, Abt. II: NS-Zeit (1933-1939), Bd. 1, Teil 2, Bd. 2, Teil 3, 1990; *Eser*, Strafrechtsreform in Deutschland mit Blick auf die polnischen Reformtendenzen, in: Eser/Kaiser/Wei-

第 1 編 基 礎

gend (Hrsg.), Viertes deutsch-polnisches Kolloquium über Strafrecht und Kriminologie, 1991, 47; *H. L. Günther*, Strafrechtsdogmatik und Kriminalpolitik im vereinten Deutschland, ZStW 103 (1991), 851; *Frommel*, Verbrechensbekämpfung in Nationalsozialismus, Gagner-FS, 1991, 47; *Roxin*, Zur neueren Entwicklung der Kriminalpolitik, Gagner-FS, 1991, 341; *Eser/Arnold*, Strafrechtsprobleme im geeinten Deutschland, NJ 1993, 245, 289; *Hirsch*, 25 Jahre Entwicklung des Strafrechts, in: Jur. Studiengesellschaft Regensburg (Hrsg.), 25 Jahre Rechtsentwicklung in Deutschland usw., 1993, 35; *Perron*, Vermögensstrafe und erweiterter Verfall, JZ 1993, 918; *Bellmann*, Die Internationale Kriminalistische Vereinigung (1889-1933), 1994; *Hassemer*, Strafrechtswissenschaft in der Bundesrepublik Deutschland, in: Simon (Hrsg.), Rechtswissenschaft in der Bonner Republik, 1994, 259; *Schubert/Regge/Rieß/ Schmid* (Hrsg.), Quellen zur Reform des Straf- und Strafprozeßrechts, Abt. II: NS-Zeit (1933-1939), Bd. 2, Teil 4, 1994; *Eser*, Strafrechtsentwicklung in Deutschland seit der politischen Wende von 1989, in: Eser/Kaiser (Hrsg.), 2. deutschungarisches Kolloquium über Strafrecht und Kriminologie, 1995, 13; *Hörnle*, Die Vermögensstrafe, ZStW 108 (1996), 333; *R. Jaeger*, Die NS-Militärjustiz und ihre Opfer, ZRP 1996, 49; *Scheerer*, Zwei Thesen zur Zukunft des Gefängnisses – und acht über die Zukunft der sozialen Kontrolle, Sack-FS, 1996, 321; *Wolf*, Befreiung des Strafrechts vom nationalsozialistischen Denken?, JuS 1996, 189; *Dencker/Struensee/Nelles/Stein*, Einführung in das 6. StrRG 1998, 1998; *Hassemer*, Interkulturelles Strafrecht, E. A. Wolff-FS, 1998, 101; *Hörnle*, Das 6. Gesetz zur Reform des Strafrechts, Jura 1998, 169; *Kreß*, Das sechste Gesetz zur Reform des Strafrechts, NJW 1998, 633; *Sander/Hohmann*, 6. StrRG: Harmonisiertes Strafrecht?, NStZ 1998, 273; *Schlüchter* (Hrsg.) Bochumer Erläuterungen zum 6. Strafrechtsreformgesetz, 1998; *H. J. Schneider*, Kriminalpolitik an der Schwelle zum 21. Jahrhundert, 1998; *Stächelin*, Das 6. StrafRG, StrV 1998, 98; *Vormbaum*, Strafjustiz im Nationalsozialismus, GA 1998, 1; *H. J. Albrecht*, Anmerkungen zu Entwicklungen in der Kriminalpolitik, Böhm-FS, 1999, 765; *Arzt*, Wissenschaftsbedarf nach dem 6. StrRG, ZStW 111 (1999), 757; *Bussmann*, Konservative Anmerkungen zur Ausweitung des Strafrechts nach dem sechsten Strafrechtsreformgesetz, StrV 1999, 613; *Godau-Schüttge*, Die gescheiterten Reformen des Straf- und Strafprozeßrechts in der Weimarer Republik, JR 1999, 55; *Höffe*, Gibt es ein interkulturelles Strafrecht?, 1999; *Roxin*, Hat das Strafrecht eine Zukunft?, Zipf-GS, 1999, 135; *Schroeder*, Das neue Bild des Strafgesetzbuchs, NJW 1999, 3612; *Naucke*, Über die Zerbrechlichkeit des rechtsstaatlichen Strafrechts, Materialien zur neueren Strafrechtsgeschichte, 2000; *Ostendorf*, Dokumentation des NS-Strafrechts, 2000; *Roxin*, Die Strafrechtswissenschaft vor den Aufgaben der Zukunft, in: Eser u. a. (Hrsg.), Die deutsche Strafrechtswissenschaft vor der Jahrtausendwende, 2000, 309; *Cattaneo*, Strafrechtstotalitarismus, 2001; *Eser*, Maßregeln der Besserung und Sicherung als zweite Spur im Strafrecht, Müller-Dietz-FS, 2001, 213; *Kaiser*, Kriminalpolitik in der Zeitenwende – Wandlungen der Kriminalpolitik seit der Großen Strafrechtsreform, Roxin-FS, 2001, 989; *Roxin*, Wandlungen der Strafzwecklehre, Müller-Dietz-FS, 2001, 701; *Rüping/Jerouschek*, Grundriß der Strafrechtsgeschichte, ⁴2002; *Ostendorf/Danker* (Hrsg.), Die NS-Strafjustiz und ihre Nachwirkungen, 2003; *Rössner*, Die unverzichtbaren Aufgaben des Strafrechts

第 4 章　1871 年以降のドイツ刑法改正

im System der Verhaltenskontrolle, Keller-GS, 2003, 213; *Kohlmann u. a.* (Hrsg.), Entwicklungen und Probleme des Strafrechts an der Schwelle zum 21. Jahrhundert, 2004; *Rosenbaum*, Die Arbeit der Großen Strafrechtskommission zum Allgemeinen Teil, 2004; *Vormbaum/ Welp* (Hrsg.), Das Strafgesetzbuch. Sammlung der Änderungsgesetze und Neubekanntmachungen, Supplementband 1: 130 Jahre Strafgesetzgebung – Eine Bilanz, 2004; *Kuhlen*, Die Zukunft des Strafrechts, in: Neumann/Prittwitz (Hrsg.), Kritik und Rechtfertigung des Strafrechts, 2005, 109.

　外国語文献：*Del Re*, Il nuovo codice penale tedesco, Mailand, 1984; *Moccia* Politica criminale e riforma del sistema penale, Neapel, 1984.

A．1871 年のライヒ刑法

1　刑法改正の歴史は，実体的犯罪概念と刑罰目的についての，切れ目のない議論を背景にしてのみ理解しうる（上記 2，3 章参照）．1871 年の刑法典は，その基礎部分において 1851 年のプロイセン刑法典に依拠している．そして，この刑法は，19 世紀のドイツにおける刑法の立法が一般的にそうであったように，法律の内容上 1813 年の Feuerbach のバイエルン刑法典に本質的な影響を受けたものである[1]．この法典は，法治国家的な法典で，簡潔明瞭であり，大部分において今日でも通用するような，模範的に表現された構成要件によって際立っている．このことが分かるよい例として，例えば，窃盗罪の条文（242 条）は，（法定刑を除いては）1871 年の規定が今日まで大きな変更もないままにとどまっている．ただし，1998 年に第三者のための領得が導入された．この旧刑法典は，正当にも一般的犯罪論の諸原則の整理，つまり，総則の法的整序において，当時まだその端緒にすぎなかった理論に応じて，自己抑制したものであり，そのため，幸運なことに学問の発展に余地を残すこととなった．

---

(1)　詳しくは，vgl. *Eb. Schmidt*, »1965, §§ 297/298. 19 世紀のドイツ領邦国家の刑事立法の歴史について，vgl. 70 巻に次のタイトルでまとめられた法律条文と資料のシリーズの復刻版として „Kodifikationsgeschichte Strafrecht" (hrsg.v.W. Schubert, J. Regge, W. Schmid, R. Schröder), Keip-Verlag, 1988 ff. Eine umfassende Darstellung der in diesem Paragraphen behandelten Strafgesetzgebung seit 1870 Hefern 現在は *Vormbaum/Welp* (Hrsg.), 2004. Über das Strafrecht des deutschen Reiches 1871-1945 *Naucke*, 2000, 221-375.

第1編　基　礎

2　この立法作業は，刑罰論的には，明確に規定されてはいないものの，一般予防に役立つような応報論に依拠したものであった．この法典は，死刑[2]，重懲役，軽懲役，城塞刑，拘留および罰金を区別し，裁判官が，すでに刑種を選択する時点で，すべての犯罪行為における，その重さに相応する「正当な」応報を示すことができるものであった．これに反して，特別予防の観点は，ほぼ考慮されていないも同然であった．この刑法典には，保安処分は規定されず，執行猶予もなく，犯罪を行った者を社会復帰させるように影響を与える可能性を与える余地はほとんどないものであった．とりわけ，当時，そして，1977年に至るまでも行刑法が存在しなかったからである．

B.　第1次世界大戦までの発展[3]

3　1871年の刑法典は，法学から見て，そして，構成要件の技術から見てもその時代の最高傑作であった．したがって，それ以降のすべての変更は，この時に造られた基盤を基にするものである．しかしながら，刑事政策的な観点からすると，遅くとも Franz v. Liszt（3章 Rn. 12参照）のマールブルク綱領以降は，つまり，ライヒ建国の数年後には，時代遅れで古臭いものとなっていた．この法典は，経験的研究に対する考慮をまったく欠くものであったし，「近代的な」社会学的・特別予防的な Franz v. Liszt の学派が，とりわけ「国際刑事学協会」（Internationale Kriminalistische Vereinigung）（これに関しては，上記3章 Rn. 12）の活動を通じて，ますます強い影響力を及ぼすこととなった．「近代」学派が主流となることは，*Karl Binding* と *Karl v. Birkmeyer* の指導の下，応報刑論に忠実な，法律的・実証主義的な「古典」学派に反対されたことによってかなわなかった[4]．しかし，この旧刑法典は改正が必要であるという見解は，世紀が

---

(2)　すでに連邦議会によるその廃止が決議されていた死刑が維持されたことは，Bismarck の個人的介入に遡る．連立政権は，まもなくそれにもとづき，後に「ドイツ帝国刑法典」として発効した北ドイツ連盟の統一刑法典を成立させるかどうかを，とくに，それが死刑を採用することにかからせた．

(3)　詳しい説明をするのは，*Roth,* in: Vormbaum/Welp (Hrsg.), 2004, 1.

(4)　*Binding* (1841-1920) は，近代のドイツ刑法学の最大の理論家である．主著は：„Die Normen und ihre Übertretung“, 4 Bde. (1872-1920); Lehrbuch des gemeinen deutschen Strafrechts, Besonderer Teil, 2 Bde. (21902-1905), Binding の著作に対する

第4章　1871年以降のドイツ刑法改正

変わる頃には，一般社会的にも学界においても無視できないものとなっていた．後述する改正作業にとって重要となる近代学派と古典学派の対立は，「学派の争い」として刑法学の歴史の中に記録されることとなった．この争いは，世紀が変わった後，とりわけ第1次世界大戦後には，弱まったが，完全に消え去ることはなかった．それどころか，これまでの改正作業の最終段階においてもまだ，1962年草案と対案（代案）（これについては，Rn. 17-23）の相反する立場において仄見えた．

4　刑法典施行30年後には，必要とされる刑法典の改正は「古典学派」と「近代学派」の歩み寄りという方法によってのみ可能となることが明確となっていた．この改正⁽⁵⁾の準備のため，1902-1909年までにほぼすべてのドイツの刑法学者の協力の下，Nieberding（ライヒ司法局次官）の呼びかけで「ドイツと海外の刑法の比較紹介」(Vergleichende Darstellung des Deutschen und Ausländischen Strafrechts) が16巻にわたって編纂された．それは，ドイツ刑法学の優れた成果であり，長年にわたってドイツにおける比較刑法の基礎となる業績であった．1909年には，実務家委員会による，古典学派と近代学派の折衷を目指し，応報刑を維持しつつも近代学派（条件付き有罪判決の導入，精神障害を患う犯罪人に対する監置および飲酒常習者施設への収容の認容，職業上および常習的な再犯者に対する「予防刑」の厳罰化，および，教育刑に対応した少年刑法の制定，刑事責任年齢の12歳から14歳への引き上げ）も容認した初の「ドイツ刑法典に関する予備草案」⁽⁶⁾が出版された．

5　この予備草案は，注目すべき業績となり，大部分において好意的に受け入れられ，以後の刑法典の発展に大きな影響を与えることとなった．さらなる議論を促進するために *Karl, v. Liszt, v. Lilienthal* および *Goldschmidt* の四教授によって1911年に出版された「対案」(Gegenentwurf)⁽⁷⁾は，編者の人物像を見

入門書として，*Arm. Kaufmann*, Lebendiges und Totes in Bindings Normentheorie, 1954. *Karl v, Birkmeyer* (1847-1920) は，とくに：„Was lässt v. Liszt vom Strafrecht übrig?" (1897) という有名な闘争を呼びかける文書の著者であった．

(5)　1933年までの刑法改正について，まとまった，しかしそれにもかかわらず詳細な記述として読むに値するのは，*v. Hippel*, StrafR I, 1925, 356 ff.; *v. Liszt/Schmidt*, StrafR, 261932, 80 ff.; *Eb. Schmidt*, 31965, §§ 327 ff.; *Horstkotte*, 1977, 325 ff.

(6)　Vorentwurf zu einem Deutschen Strafgesetzbuch, mit 2 Bänden Begründung, Berlin 1909 (Nachdruck 1990, Keip-Verlag). これについては，*Aschrott/v. Liszt*, 1910.

第1編 基 礎

ても分かるように学派の争いを克服したいという意思が明確に表われたもので
あった. *Kahl* は, 古典学派の支持者であったし, *Liszt* と *Lilienthal* は, 近代
学派に親和的であったし, *Goldschmidt* は, 折衷的な立場であった. 歴史的に
見ると対案は, Stoss (1章 Fn. 1 参照) によって初めて提唱された刑罰と処分 (1
章 Rn. 4 参照) を明確に区別する, もしくは併科する二元主義を改正案に導入し
た. 職業上のおよび常習的な再犯者は, 予備草案とは異なりもはや「予防刑」
を科されることはなくなり, 自由刑を終えた後に保安処分, すなわち監置施設
への収容を言い渡されることとなった. このことによって *Liszt* は, 不定期の
保安刑という従来の考え方をやめ, 独立した処分に変更した. 現行法上も適用
されている二元主義 (1章 Rn. 1-4, 3章 Rn. 63-71 参照) が改正で提唱され, 後に
導入されたのは (Rn. 11 参照), もともと学派の争いにおける妥協のおかげで
あった. 古典学派に従う形で, 刑罰は, 伝統的な法治国家的に限界付けられた
応報的性質を維持することになった一方で, 近代学派の主張する責任への比例
から解放された処分が, その最も重要な改正の要請を実現することを可能とし
た.

6　1913 年には, 予備草案を元にし対案を斟酌して, 一人の実務家と三教授
(*Kahl, Frank, v. Hippel*) 編集による「委員会草案」[8]が成立した. これは, 二
元主義を受け継ぐものであったが, 当初非公開で, 第1次世界大戦後の 1919
年の草案によって公になったものである. この草案が, 正式な政府案となるこ
とは, 戦争の勃発によって当分の間妨げられた.

C. ワイマール共和国における改正作業[9]

7　(第1次世界大) 戦後になってはじめて (1913 年草案と理由書を合わせて)「1919 年

---

(7)　Gegenentwurf zum Vorentwurf eines deutschen Strafgesetzbuchs, mit Begrün-
dung, Berlin 1911.

(8)　Entwurf der Strafrechtskommission (1913), in: Entwürfe zu einem Deutschen
Strafgesetzbuch, Erster Teil, Berlin 1920. Zur Entstehung des Entwurfs vgl. *Schubert*
(Hrsg.), Protokolle der Kommission für die Reform des Strafgesetzbuches (1911-
1913), 4 Bde., Keip-Verlag 1990, sowie *Schubert* (Hrsg.), Entwürfe der Strafrechts-
kommission zu einem Deutschen Strafgesetzbuch und zu einem Einführungsgesetz
(1911-1914), Keip-Verlag 1990.

第4章　1871年以降のドイツ刑法改正

草案」(10)が公刊されたが，これは1913年の委員会草案を国家の事情に合わせ
つつも若干の点で変更を加えたものであった．この草案も二元主義を継承し，
代替主義（3章 Rn. 70）の可能性さえも想定するものであった．しかしながら，
全体的に戦前に完成する予定であったこの草案も，政府案となることはなかっ
た．したがって，この公刊も，依然として計画されていた改正に関する議論に
資するだけのものであった(11)．

8　このようなドイツにおける取組みは，オーストリアで大きな関心の寄せられ
るものとなり，オーストリアの司法機関は，1919年草案と関連して，将来的
に自国の改正をドイツの改正と並行して行うことにした．共同の審議の成
果(12)は，当時の社会民主主義者であった司法大臣 *Radbruch*(13)による 1922年
にライヒ政府に提出された（しかし，残念ながら公刊されなかった）草案である．
Gustav Radbruch（1878-1949）は，Franz v. Liszt（3章 Rn. 12）の弟子の中の一
人で，20世紀の前半の50年で最もすぐれた刑法学者，刑事政策学者および法
哲学者の一人である(14)．将来的に大きな影響を及ぼした彼の理由書付きの草
案(15)は，文案化された法案の中で初めて，死刑，懲役刑，名誉刑，および，

---

(9)　これにつき詳しくは，*Rasehorn*, in: Vormbaum/Welp（Hrsg.），2004, 38.

(10)　Entwurf von 1919, in: Entwürfe zu einem Deutschen Strafgesetzbuch, Zweiter
　　　Teil, Berlin 1920.

(11)　もとよりドイツ刑法学の原則論議に活発に参加した．その際，意見のスペクト
　　　ルは広範囲に及んだ．これにつき詳しくは，*Sädl*, 1974. ワイマール共和国における刑
　　　法改正の歴史については，同名の次の著書参照．*Jelowik*, 1983.

(12)　これにつき *Radbruch*, 1961, 115 参照．

(13)　ラートブルフの「一般ドイツ刑法典草案」（*Radbruchs* „Entwurf eines Allgemei-
　　　nen Deutschen Strafgesetzbuchs"）は，1952年になってはじめて，Th. Dehler のはし
　　　がきと Eb. Schmidt の序文をつけて公刊された．「一般」という文言によって（同じ
　　　く1925年の草案もそうなのだが）オーストリアも参加していることが表現されること
　　　になっていた．

(14)　主著：Rechtsphilosophie, ⁸1973（hrsg. von E. Wolf und H.-P. Schneider）．自伝：
　　　Der innere Weg, ²1961. 20巻に及ぶ Gustav-Radbruch-Gesamtausgabe は，*Arth.*
　　　Kaufmann を編集者として，1987年以降発行されている．それ以降完成した Rad-
　　　bruch の主著のリストならびに彼に関する最も重要な文献が挙げられているのは，
　　　Arth. Kaufmann, Gustav Radbruch – Rechtsdenker, Philosoph, Sozialdemokrat, 1987,
　　　212 ff. Amtlicher Entwurf eines Allgemeinen Deutschen Strafgesetzbuchs nebst Be-
　　　gründung（Reichsratsvorlage），Berlin 1925; 復刻版として，MatStrRef. III, Bonn 1954.

(15)　その草案は，まだ西ドイツ時代の1966年対案およびそれに続く改正に極めて大き

141

第 1 編　基 礎

成人間での同性愛行為を廃止した．他方，罰金刑の適用範囲は，かつての草案よりも拡大した．これらすべてが，第 2 次大戦後に初めて実現されることとなった主張である．

9　Radbruch 草案に対する閣内審議は，先延ばしにされた．1924 年になって初めてライヒ政府によって —— 改正の歴史の中で初めて ——「一般的ドイツ刑法典公式草案」が，ライヒ参議院に送付され，1925 年に公刊された[16]．「1925年草案」は，Radbruch 草案に立脚するもので，その後も継続されたドイツとオーストリアの共同作業によるものであった．その草案は，処分法おける近代学派の要請に対するそれに先行する草案をそのまま維持するものであったが，Radbruch 草案の最も進んだ立場の大部分を再び放棄するものでもあった．すなわち，死刑，懲役刑，および同性愛行為の処罰を再び規定し，罰金刑の適用範囲も再び狭めるものであった．

10　ライヒ参議院での審議において 1925 年草案には著しい変更が加えられたため，新しい「1927 年草案」[17]が提唱されることとなった．この草案は，Radbruch 草案の改正とはかなり異なるもので，1925 年草案と比べても保守的な立場を示すものであった．例えば，条件付き刑の言渡しをかなり制限し，様々な処分の言渡しも（裁判官が許可した後に）行政庁に任されることになった．この草案は，1928 年 3 月にライヒ議会が解散した後，刑法改正に向けての粘り強い闘士であった *Kahl*[18]によって実現された法律によって，次の立法期に引き継がれたが，1930 年 7 月のライヒ議会の解散の前までに成立することはなかった．ライヒ議会の法務委員会議長を務めた Kahl が推し進めたことによって，次の選挙期には，新たに「1930 年草案」[19]が提出された．これは，

な影響を与えた．vgl. Rn. 23.

(16)　Amtlicher Entwurf eines Allgemeinen Deutschen Strafgesetzbuchs nebt Begründung (Reichstagsvorlage), 1925 – Drucksachen des Reichstags M/3390; Nachdruck als MatStrRef. IV, Bonn 1954.

(17)　Amtlicher Entwurf eines Allgemeinen Deutschen Strafgesetzbuchs (mit Begründung und 2 Anlagen (Reichstagsvorlage)), 1927 – Drucksachen des Reichstags Ⅲ /3390; Nachdruck als MatStrRef. IV, Bonn 1954.

(18)　*Wilhelm Kahl* (1849-1932)，彼は，1911 年の対案 (Gegenentwurf von 1911) に教授として関与した (Rn. 5)が，1919 年および 20 年には，ワイマール共和国の国民会議の構成員として，1920 年から 30 年には，ドイツ国民党の代議士としてライヒ参議院の議員であった．

第 4 章　1871 年以降のドイツ刑法改正

1927 年草案に比べて幾分発展的なものであったが，ワイマール共和国の終焉期に過激な政党，とりわけナチスの抵抗に遭い不成立のままとなった．したがって，10 年にも及ぶ刑法の総改正作業は最終的に実現しないままで終わった．

11　それにもかかわらず，ワイマール共和国は，その後の刑法の発展に大きな意味をもたらすことになる多くの法律の一部改正を実現することに成功した．1921 年 12 月 21 日および 1923 年 4 月 27 日の罰金刑に関する法律は，「刑罰目的が罰金刑によっても達成できる場合には」（刑法旧 27 条 b）3 か月未満の自由刑の場合には罰金刑に変更することを認め，行為者の経済状況を考慮することも規定し（刑法旧 27 条 c），無償の作業を行うことで支払わなかった罰金に替えること（刑法旧 28 条 b）も規定していた．より重要な改正は，1923 年 2 月 16 日の少年裁判所法の改正であった．これによって，少年刑法が刑法から独立し，刑事責任年齢が 12 歳から 14 歳に引き上げられ，少年に対して試験的に執行猶予が導入され，刑罰が教育処分で補充され，少年法独自の教育目的を実現するようにもなった．ワイマールの改正作業の成果として本質部分で認められるものとして，ナチス時代の初期に公布された 1933 年 11 月 24 日の危険な常習犯および保安と改善の処分に関する法律がある．これは，長年すべての草案において導入が望まれていた二元主義をようやく立法化したもので，治療および介護施設，保安監置ならびに職業停止の処分を導入した．これらを修正したものは，現行法にも残っている[20]．

D.　ナチス時代[21]

12　ナチス時代にも改正作業は，早々に再開されたが，それは，これまでのような古典学派と近代学派の妥協点をさぐるものではなくなった．IKV のドイツの国別グループ（Deutsche Landesgruppe der IKV）（3 章 Rn. 12 参照）は，「第三帝国」の下では召集されなかったのである[22]．むしろ，この時代は，国家権威

---

(19)　Entwurf eines Allgemeinen Deutschen Strafgesetzbuch s (Entwurf Kahl), 1930 – Drucksache des Reichstags V/395; V, Bonn 1954. 刑法改正資料としての復刻版．

(20)　処分と二元主義の展開に関する記述として *Eser*, Müller-Dietz-FS, 2001, 213.

(21)　詳細な記述として，*Buschmann*, in: Vormbaum/Welp (Hrsg.), 2004, 53.

(22)　ドイツにおける IKV の終焉を導いた論争については *Eb. Schmidt*, ³1965, § 345.

第1編　基　礎

主義的な思想の下に刑法を革新することに力が注がれた[23]．Gürtner 司法大臣の指導の下，公式刑法委員会が結成された．ここには，*Kohlrausch*,*Mezger* および *Nagler* のような著名な刑法学者も所属していた．ことのほか，彼らの中庸を得た，ワイマール時代の努力の痕跡を残した，影響力に感謝しなければならないのは，ライヒ政府に提出された非公刊の 1936 年「ドイツ刑法草案」[24] が当時の独裁者の同意を得られなかった点についてである．1939 年には，あとは署名するのみとなった最終案が完成されたのであるが，署名はなされないままに終わった．第 2 次世界大戦の勃発と同時に改正の他の作業も中断されることとなった．

13　改正法立法という方法で導入されたナチス時代の刑法の刷新の中では，ごく少数の —— 必ずしもいつも正しいわけではないとしても，政治的には中立的であると見なされていた —— もののみが，刑法のその後の展開において意味をもつ．例えば，（もとより，疑義のある）被害者の同意に基づく傷害に関する規定（1933 年 5 月 26 日法 226 条 a，現行法の 228 条，詳細は，13 章 Rn. 29, 38 以下），完全酩酊（323 条 a，以前の 1933 年 11 月 24 日法 330 条 a）と，事故現場から無許可で立ち去る行為（1940 年 4 月 2 日の命令 142 条，以前の 139 条 a）に関する規定がそれである．もちろん，この最後の二つは，戦後の改正の経過の中でかなり内容が変更されることになった．謀殺と故殺を完全に区別する新規定（1941 年 9 月 4 日法 211, 212 条）も挙げられるが，これは，成功したとは言えない規定であるために早急に改正が必要であるとされていた．さらに，今日までの共犯理論の発展にとって決定的であった制限従属性説（詳細は *Roxin*, AT/2, 26 章 Rn. 4 以下，32 以下，27 章 Rn. 5）の，1943 年 5 月 29 日刑法の均質化に関する命令による導入，および，現行法上も残っている幇助の際の任意的減軽から必要的減軽への変更（同じ規則の中の施行細則）が挙げられる．また，今日も適用されている教育処分，懲戒処分，少年に対する軽屏禁（今日の少年刑）という法的効果の三段階構造が 1943 年のライヒ少年裁判所法で導入された．これは，ワイマールの少年裁判所運動の古い要請を部分的に実現したものである一方で，当然，著しい後退を

---

(23)　1933 年前後のドイツ刑法学の展開については，詳しくは，*Marxen*, 1975; *Frommel*, Gagnér-FS, 1991, 47.

(24)　内容については，*Gürtner*, 1935 und 1936.

第 4 章　1871 年以降のドイツ刑法改正

もたらすものでもあった（たとえば，事情によっては，再度 12 歳以上の少年を処罰することになり，場合によっては，少年を成人の刑法で処罰する可能性があった）[25].

14　ナチ時代に行われた刑法のほとんどの変更は，わけても全体主義的独裁における法治国家の計画的解体とそれを法律上保障しうるための変質化に奉仕するものであった[26]. これについて叙述することは，刑法改正の将来に影響するような契機について素描する上でふさわしくない. 特徴的な例としては，法治国家の基本である原理「nullum crimen, nulla poena sine lege」（法律なければ犯罪なし，法律なければ刑罰なし，この点につき本書の 5 章参照）を 1935 年 6 月 28 日法で解消したことだけを挙げておく. この法律によって，犯罪行為は，事前に法律によって処罰が規定されている場合にのみ処罰されるというのではなく（今日では，再び，基本法 103 条 2 項に規定されている. 刑法 1 条），その行為が「刑法典の基本的な考え方，および，健全な民族感情から処罰に値する」場合にも処罰されることになった. こうして，刑法典のイデオロギー操作に門戸が開かれた.

E.　改正作業の再開[27]

15　第 2 次世界大戦が終わった後は，法治国家的および社会国家的な刑法を一から再構築する必要があった[28]. その際，はじめにワイマール時代に戻すことから始められた. ナチス特有の規定は，── 大概がすでに占領国によって ── 廃止された. 1949 年 5 月 23 日の基本法は，死刑を廃止することでドイツ刑法の歴史に転機をもたらした. それ以外にも，基本法 103 条 2 項に規定す

---

(25)　詳しくは，*Wchaffstein/ Beulke*, JugendstrfR, [14]2002, § 5 II.

(26)　詳しくは，*Schorn*, 1963, Eb. Schmidt[3], 1965, §§ 350 ff. 参照. ナチ時代の刑法の堕落に関する概観を与えるのは，*Rüping/Jerouschek*, [4]2002, Teil 5, § 2 である. 極めて示唆に富むのは，*Vormbaum* による「ナチズムにおける刑事司法」(„Strafjustiz im Nationalsozialismus") に関する「批判的文献批評」である. それは，多数の関連する歴史的・法律学的な作品に書評をふくむ. そこで挙げられた文献参照は，ここで参照指示しておく. さらに，*Ostendorf*, 2000 における „Dokumentation des NS-Strafrechts" をも参照.

(27)　1945 年から 2000 年までの刑事立法史のモノグラフィーとして，*Welp*（1945-1953），*Scheßer*（1953-1975）und *Hilgendorf*（1975-2000），in: Vormbaum/Welp（Hrsg.），2004, 139, 174, 258.

(28)　1945 年以降の展開については，vgl. *Rüping/Jerouschek*, [4]2002, Teil 6, §§ 1, 2.

第1編 基 礎

ることで，刑法の罪刑法定主義に特別の地位を与えた（この点につき上記 Rd. 14
および詳細は5章参照）．単行法レベルにおける戦後10年のいくつかの最も重要
な改正としては，1952年3月25日の秩序違反法（OWiG），初めて「年長少年」
(18-21歳) を特定の要件を充たした場合には，少年刑法で対応することになっ
た（少年裁判法205条）1953年8月4日の少年裁判所法（JGG），および，1953年
8月4日の第3次刑法改正法によって長年要請のあった試験観察のための刑の
延期の導入が挙げられる．

16 刑法の全体的な改正は，1953年に改めて着手された．当時の Thomas
Dehler 司法大臣（FDP）は，刑法改正に関する基本問題について専門家に意見
を述べさせ[29]，Freiburg の外国および国際刑法研究所（のちの Max-Planck-
Institut）に，総則と各則の重要なテーマに関して諸外国の法を比較させた[30]．
1954年の春には，当時の司法大臣である Fritz Neumayer が，いわゆる大刑
法委員会を招集した．この委員会の課題は，連邦司法省の刑法部門の支援を得
て，完全に新しい刑法点の草案を作成することであった．この委員会は，24
人の委員で構成されていた．教授陣[31]，裁判官，検事および弁護士，司法省
役人およびすべての政党の連邦議会議員である．委員会は，1954年から1959
年まで続いた．14巻にわたって公刊され[32]，今日まで多くの刑法上の問題に
関する討論に重要な論拠をもたらしている．これらの者たちの審議によって，
1958年草案（理由付きの総則），1959年第I草案（暫定全体草案），1959年第II草
案（第2回読会の結果の整理），1960年草案（司法省によって初めて完成された全体草案），
そして，最終的には1962年草案[33]が出来上がった．この草案は，以前の草案
の成果，「大刑法改正のためのラント委員会」の仕事の成果，ならびに，その

---

(29)　MatStrRef. I, 1954.

(30)　MatStrRef. II, erster Teilband: Allgemeiner Teil, 1954; zweiter Teilband: Beson-
　　derer Teil, 1955. Die Bände III-V der Materialien, 1954, には，1925年，1927年，1930
　　年の諸草案が復刻されている．

(31)　協力した教授陣は，*Bockelmann, Gallas, Jescheck, Lange, Mezger Eb. Schmidt,
　　Sieverts, Welzel* であった．

(32)　NiedStrKomm., Bd. 1, 1956; Bd. 2-6, 1958, Bd. 7-12, 1959; Bd. 13 および 14, 1960.

(33)　Entwurf eines Strafgesetzbuches（StGB）E 1962 – Bundestagsvorlage – Bonn
　　1962+ BT – Drucks. IV/650. 草案は，詳細な理由を含み，711頁に及ぶ．理由書は付
　　されていないが，BT-Drucks V/32 もある．

第 4 章　1871 年以降のドイツ刑法改正

他の省庁および専門家の要望を包括的に理由付けした上で，全体草案として統合したものである．

F．1962 年草案と対案

17　1962 年草案（E 1962）は，起草者の当初のうなずける予期に反して，立法化されなかった．しかしながら，この法案は現行刑法にも影響しており，刑法改正の歴史における重要な一工程となっている．この草案は，法的－解釈学的基礎において重要な成果を上げた．この草案は，1871 年以降学者間や判例において採用されていた解決方法を，大部分において見事な出来栄えの詳細な法律形式にまで高めた．そのうち大部分は新総則に導入され，今日に至るまで定評を得ている．

18　他方，この草案は，刑事政策の分野および制裁制度の設計においては，あまり満足のいく出来ではなかった．この草案は，二元主義に関してはかつての改正の伝統に則ったものであったし，刑罰に関しては統合説を採るとしていたものの，刑罰の機能を「人間の責任の正当な清算」[34]を明らかに前面に押し出すものであった．したがって，古い立場にとどまるものとして，今日では時代遅れのものであった（批判に関しては，3 章 Rn. 33 参照）．応報刑論に近い立場であることは，草案の起草者が「懲役刑を言い渡すことで行為者の社会復帰が難しくなる」ことを理解しつつも，懲役刑を維持していることからわかる．そして，その理由として，「贖罪の思想と一般予防が社会復帰の思想と特別予防よりも優越すること」が明示されている[35]．量刑に関する規定としては，「責任」が「量刑の基礎」となることのみが定められた（刑法 60 条 1 項）[36]．

19　1962 年草案の実質的犯罪概念は，法益保護のための処罰に制限すること（上記 2 章 2 Rn. 2 以下参照）に異議を唱え，キリスト教的－自然法的な根拠に基づいて，道徳法を刑事立法の指針とすることを試みた．これによって，（比較的重い）姦通罪，男性成人の同性愛，獣姦（動物とのわいせつ行為），売春の仲介，および

---

(34)　Fn. 33, S. 96. と同じ．

(35)　Fn. 33, S. 164. と同じ．

(36)　1962 年草案の制裁体系のさらに詳細については，Rn. 24-39. の次の時代の改正の記述を参照．

147

第1編　基　礎

その他の道徳違反に対する処罰は維持され,「人工授精」(刑法203条)[37]または「わいせつな陳列」(刑法220条)に対する処罰が新しく導入された.

20　1962年草案の基本的立場は,世間の大部分からの,そして学界からも,60年代半ばに激しくなった批判に晒されることとなった[38].このような批判は,1966年に,主として当時の若手刑法学者[39]によって公刊された「刑法対案」[40]で最も効果的に現わされた.この対案は,刑法解釈上,制裁上,および実体的な犯罪概念において,1962年草案の対極をなすもので,その後の議論に著しい,そして,部分的には決定的な影響を与えた.対案は,刑罰目的としては,特別予防と一般予防しか認めず,応報思想は完全に放棄し,責任主義は,刑の上限(対案2,59条)を示すためだけに採用した.このような構想は,より練成された形で本書でも基礎としており,上記(3章)で詳細に説明している[41].

21　対案の制裁制度は,広範囲にわたって特別予防に依拠するものとなっている[42].懲役刑およびその他のすべてのさまざまな自由刑の区別は廃止されている(この点につき,Rn. 25以下).社会復帰の妨げとなる6月未満の短期自由刑は完全に廃止されている(この点につき詳細は,Rn. 27以下).慢性的に再犯を繰り返す犯罪者に対する主要な処分としては,社会治療施設が提唱された(この点につき詳細は,Rn. 38以下).自主的に公刊された「行刑法対案」(1973)においても,社会化のための刑の執行の詳細なモデルが提唱されている.

22　実質的犯罪概念を仕上げるにあたって,対案は,道徳的な処罰を廃止し,法

---

(37)　非配偶者間人工受精の刑法上の禁止は,繰り返し論議されている. vgl. den „Kabinettsbericht zur künstlichen Befruchtung beim Menschen", BT-Drucks. 11/1856.

(38)　極めて批判的に述べているのは,その「大刑法委員会の挫折に関するテーゼ」における *Rosenbaum*, (2004) である.

(39)　著者は, *Baumann, Brauneck, Hanack, Arth. Kaufmann, Klug, Lampe, Lenckner, Maihofer, Noll, Roxin, Schmitt, Schulz, Stratenwerth, Stree* である. *Noll* と *Stratenwerth* はスイス人であった. したがって,対案は,ドイツ・スイスの共同作業であった. 作業会の後の対案にあっては,さらにそれ以外の教授達が加わった.

(40)　Alternativ-Entwurf eines Strafgesetzbuches, Allgemeiner Teil, ,1966; ²1969. それは,一般に AE. と略称される.

(41)　さらに詳細については,下記, Rn. 24-39. 参照.

(42)　回顧的視点からの対案の刑事政策的基本構想の評価については, *Roxin*, JA 198, 545. この理論の継受については,3章脚注63ならびに4章脚注47参照.

第 4 章　1871 年以降のドイツ刑法改正

益保護のための処罰に限定することに努めている．このことによって，性犯罪の分野でかなりの犯罪が非犯罪化されることになった．対案の起草者達は，この点につき特別な草案を提唱しており（2 章 Rn. 30），これは，この分野ののちの改正（この点につき，Rn. 43）に重要な影響を及ぼした．

23　かつての学派の争いの用語を使うとするならば，1962 年草案は，どちらかというと古典学派に，対案は，どちらかというと近代学派に親和的であったということができるであろう[43]．対案について何度も言われているのは，この時代の国際的な改正運動の流れに乗ったこと以外にも，Radbruch[44] と Liszt[45] の刑事政策から本質的な影響を受けていたということである（上記 3 章 Rn. 12 参照）．このことは，Liszt の最後のまだ存命であった弟子の *Eb. Schmidt* が，大刑法委員会のメンバーとして 1962 年草案の作成に参加していたにもかかわらず，最終的には対案における刑事政策的な構想を支持したことで有名[46] となったことからもわかる．両案の政治的な概念の違いは，例えば次のように表現することができるであろう．1962 年草案はどちらかというと保守的で，対案は広範囲において自由で社会的なものであった．当然このように範疇を分けるのは，両者をあいまいに区別するものにすぎず，とりわけ両者が重要な点において異なるだけでなく，共通点も有していたと言うことを明確にしていない．このことは，とりわけ二元主義と責任主義を維持した点から明確であるが，その他，刑罰を法治国家的な範囲に限定することに尽力していた点からも明確である．さらに，忘れてはならないことは，1962 年草案そのものが，さまざまな学派の調和をはかったものと理解されており，── とりわけ処分の分野において ── 特別予防上の効果に一致した形での余地を与えたことである．

---

(43)　1962 年草案の精神的基盤の代表的解釈を提供するのは，大刑法委員会のメンバーとしては，例えば，*Lange*, SchwZStr 70（1955），373; *ders.*, Juristentags-FS, Bd. 1, 1960, 345; *ders.*, ZStW 81（1969），556; *fescheck*, 1957; *ders.*, ZStW 75（1963），1. 対案の起草者達は，とくに，その提案につき，*Baumann* によって編集された全集を出版した．Programm für ein neues Strafgesetzbuch, 1968; Mißlingt die Strafrechtsreform?, 1969. その他，対案の理由書は，そこかしこで，1962 年草案の立場との対決を含んでいる．刑法改正過程における政治的決定過程に関しては，*Holtz*, 1989 参照．

(44)　これにつき，*Arth. Kaufmann* ならびに *Baumann*, 両者ともに Radbruh-GS, 1968, 324 u. 37.

(45)　これにつき，*Roxin*, ZStW 81（1969），613.

(46)　*Eb. Schmidt*, NJW 1967, 1929.

149

第1編 基 礎

このような共通の基礎をもってのみ，次のことが説明できる．すなわち，両案
が，後継の改正段階において，現在も有効な新総則を完成させることに成功し，
その後の学問上の対立[47]においても，どのようにかかわろうと硬直した分派
状況を招かず，また新たな「学派の争い」を生むことなく，どちらかというと
学派の歩み寄りを実現したことである．

G. 1975 年の新しい総則について

24 最初の二回の刑法改正法によって初めて実現された新刑法総則においては，
あらゆる点で 1962 年草案と対案の提案の調和を図ることに尽力された（上記
Rn. 23, 41 参照）．例えば，量刑に関する中心的な規定として，1962 年草案に由
来する文言である，責任は「量刑の基礎となる」（今日の刑法 46 条 1 項 1 文）が依
然として残っている．これに「刑罰による行為者の将来の社会生活に資する効
果……を考慮しなければならない」（今日の刑法 46 条 1 項 2 文）という文言が加え
られたことによって，対案で支持されていた社会復帰の考えも，これと並んで
重要な地位を占めるようになった．同様の傾向は，新総則がもたらした最も徹
底的な変更点を含む，改革された制裁制度においても見られる．改正から最終
的に生じた法律の詳細な内容については，以下で，刑事政策的な発展に由来す
る制裁制度の最も重要な変更点（とりわけ 1962 年草案と対案の提案）として，簡潔
に紹介する[48]．

第 1 節 懲役刑の廃止

25 すでに紹介したように（Rn. 2），旧刑法は，重さの異なる 4 種類の自由刑を規定し
ていた．1962 年の対案は，重懲役刑と軽懲役刑を維持し，いわゆる刑事拘留
(Strafhaft) を 3 種類目の自由刑として新たに規定しようとしていた．これに対して，

---

(47) 対案に対する学問的論争は，1967 年の刑法学者会議が決定づけた．そこでの *Gal-
las, Arm. Kaufmann, Jescheck , Grünwald* よる報告，ならびに議論は，ZStW 80
(1968), 1-135 で復元されている．対案の視点からの 1962 年草案に対する批判につい
ては，*Schultz,* JZ 1966, 113 の強い影響力をもった論文参照．さらに，*Baumann,*
Streitschriften (1965 および 1969), Beschränkung (1968) 参照．
(48) すべての規定の詳細は，制裁法の特殊問題であるから本書では詳しくは採り上げ
られない．

第 4 章　1871 年以降のドイツ刑法改正

対案は，自由刑のさまざまな種類を区別することの廃止を提唱していた．そして，立法者は長らく悩んだ末にそれに続いたのである．第 1 次刑法改正法以降，重懲役刑や軽懲役刑はなくなり，単なる「自由刑」（「単一刑」とも呼ばれる）のみとなった．刑法 38 条によると，1 月以上 15 年以下の有期自由刑，もしくは，無期自由刑が科されることになった．

26　このことに関連する懲役刑の廃止[49]は，おそらくこれまでの改正の中でもっとも重要な改正であり，社会復帰の思想の勝利を意味する．というのは，最も重い犯罪に対して科された重懲役刑は，軽懲役刑（およびより軽い禁錮）とは，そのより厳しい執行と追加される付随的な効果（例えば，市民としての名誉権の剥奪）によって区別されえたからである．確かにこの両者は，応報刑論の害悪の付加または威嚇刑法の立場からは筋の通ったものであるが，屈辱を与えられた犯罪者の反抗心と憤慨を引き起こし，社会復帰のチャンスを減少させることになったであろう．それに加えるに，社会における懲役刑の烙印の効果によって，それだけでも出所者が自立して社会生活を送り始めうることを妨げていた．誰が「重懲役受刑者だった者」を雇いたいだろうか？このように重懲役刑を科すことは，早々の社会復帰を必要とする犯罪者を，たいてい決定的に反社会的にしてしまうものであった．一般予防の必要性を掲げてもここを突破できない．というのは，我々はすでに（3 章 Rn. 25, 32）効果的な威嚇は，想定される刑罰の重さによるものではなく，刑事訴追の徹底性によるものであることを知っているからである．こうして単一（自由）刑の導入は，近代的な社会復帰のための刑法の道への，抵抗なく歓迎されるべき重要な第一歩となったのである．

　重懲役刑が廃止される 1 年前の 1969 年には，一般刑法で有罪判決を出された合計 530,547 件のうち，155,741 件が軽懲役刑を言い渡され，2,557 件が重懲役刑，うち 59 件が無期懲役を言い渡されていた．2003 年には，一般刑法で有罪判決を言い渡された 634,735 件のうち，127,511 件が自由刑，うち 80 件が終身刑であった[50]．

第 2 節　6 月未満の自由刑の制限

27　すでに Liszt の時代から，短期の自由刑（以下では，6 月未満の刑罰を指す）[51]は，

---

(49)　その代わりに登場したのは，まず，Radbruch 草案であったが（Rn. 8 参照），もちろん，「厳格な」軽懲役を維持したままであった．その軽懲役刑は，しかし，その執行と付随効果において，（普通の）軽懲役と区別されなかった．

(50)　ここでの統計的数字と以下の典拠として，Statistisches Bundesamt, Fachserie 10: Rechtspflege, Reihe 3: Strafverfolgung, 2003, さらに（1969 年度については）aus *Jescheck/Weigend*, ATS, § 5 v.

(51)　*v. Liszt* は，その時代においては，もとより直接的には 6 月以下の自由刑の廃止に

151

第1編　基　礎

大概の事案において効果よりも害をもたらすということが知られていた．（再）社会化の効果を約束するような行刑を実施するには，短期間の服役では不十分だからである．他方で，とりわけ，6月未満の刑罰が言い渡されることが多い初めて躓いた者を長期間服役している重い犯罪者と接触させることで，誤った道へと導くには十分な期間であるといえる．さらに，服役することで，犯罪者にとって最後のよりどころであった仕事や家族から引き離されることの悪影響は大きい．もし犯罪者が服役していることが理由で解雇され，妻からも離婚を言い渡されたならば，服役を終えた後で，再犯に至らずにいる見込みが以前よりも悪くなる．そして，とりわけ「元受刑者」という社会的不名誉が彼の社会生活をさらに難しくする．したがって，短期自由刑は新たな犯罪を防止するのではなく，促進すると言われることは，まったくもって誇張した表現ではないのである．

28　対案は，このような理由から，ドイツにおける改正運動の中で初めて，主刑としての6月以下の自由刑を完全に廃止し，感銘力のある罰金刑を科すことで代替した．この罰金を支払うことのできない，もしくは，支払う意思のない犯罪者には，対案は，（とりわけ，病院，教育施設，老人ホームなどの施設における）公益奉仕を刑の執行に替えることを提唱していた．そして，犯罪者が，罰金の支払いも公益奉仕も拒否して初めて，彼は，──いわば自身の判断で──短期の「代替自由刑」を科されることになった．

29　1962年草案が，すべての短期の自由刑を維持したのに対して，立法者は，短期自由刑を科すことに反対するでもなく，また賛成するでもなく，刑法47条1項で妥協案を生み出した．これによると，短期自由刑は，「行為者の行為や人格に由来する特別な事情のために，刑罰を科すことが行為者への作用や法秩序を守るために不可欠であるとされる場合に」科すことができるとした．したがって，法は，裁判官に対して，短期の自由刑は，例外的に（最後の手段として）言い渡すことを示したのである．したがって，刑法47条1項は，「最後の手段の条項」と呼ばれている．このような裁判所による謙抑的な科刑は，刑事政策的にも望ましいものであった．というのは，第1次刑法改正法以前は，あまりにも短期自由刑の言渡しが多かったために，刑事施設は過剰収容となり，長期刑を言い渡された重い犯罪者に対するどのような真摯な取組みも管理上の理由からほぼ不可能となっていたからである．

　2003年には，46,501件の6月未満の短期自由刑が言い渡され，このうち35,304件で刑の執行が猶予された．

　　対してのみ戦った．vgl.: Kriminalpolitische Aufgaben, in: Strafrechtliche Vorträge und Aufsätze, 1905（復刻版1970），Bd. 1, 290 ff.（340 ff.），ならびに Die Reform der Freiheitsstrafe, a.a.O., 511 ff.（514 ff.）．

152

第4章　1871年以降のドイツ刑法改正

第3節　刑 の 免 除

30　完全に新しい（1962年草案にもなかった）のは，刑法60条で，これによると裁判所は，1年以下の自由刑の場合は「行為者が被った行為の結果があまりにも重いために，刑罰を科すことが明らかに不要である場合に」は，免除できるとされた．想定されるのは，行為者が，自身の犯罪によって「十分に処罰された」と考えられるような場合である．例えば，事故を起こした運転者が，自身も命にかかわる重傷を負った場合である．対案では，「刑の免除という形で言い渡される有罪判決」というさらに発展的な提案がなされており，（故意の故殺の既遂を除く）2年以下の自由刑および「例外的に深刻な心的葛藤のある状況」で犯行に及んだ場合に言い渡せることにしていた．実際には，法規定は幾分控えめな文言にとどまったが，少なくとも，刑法の予防目的への姿勢を示した点は歓迎に値する．

　　2003年には，324件で刑が免除された．

第4節　刑の執行猶予の拡大

31　1953年以降，9月以下の自由刑に対しては，行為者の「予後がよい」場合，すなわち，服役しなくても裁判所の支援・監督によって合法の道に戻ることができると期待できる場合には，執行を猶予することが可能となった．有罪宣告を受けた者が，5年間犯罪を行わなかった場合には，終局的に服役が免除されることになった．このような特別予防に効果をもたらす制度は，実際には責任応報の必要性，または「公の利益」の要請が執行を求める場合には，刑罰を免除することができなかったので，実務的な意味は少なかった．裁判所が行為者に対して正当な応報，または一般予防的な理由から刑を免除することを認めない場合がとても多かったので，この新しい法制度は短期の自由刑を減らすことには多くは寄与しなかった．

32　それにもかかわらず1962年草案は，かつての法律の本質部分を維持しようとした．他方，対案は本質的に寛大な規則を提唱した．これによると（近代的な諸外国の立法に沿う形で）2年以下の自由刑の執行猶予は可能となるはずであった．執行猶予は予後が良いことだけに依拠するものでなければならず，したがって，行為者の責任または一般人を威嚇することを理由に言い渡さないことはできないとされた．執行猶予は犯罪登録を消去する効果があったので，犯罪者に犯罪とは無縁の生活を送らせるための大きな励ましを提供した．

33　第1次刑法改正は —— 他の大概の場合と同様に —— 1962年草案の提案と対案の提案の調和をはかる形でなされた．このことが，ここで複雑に区分された規定が成立することにつながった．刑法56条によると6月以下の刑の場合，刑の執行が猶予で

153

第1編　基　礎

きるのは，予後が良い場合であるとされた．6月以上1年以下の刑の場合も同様に執
行猶予は可能であるが，この場合には予後が良かった場合でも「法秩序の擁護」（一
般予防による留保）のために実刑が望ましい場合には執行猶予とはならない．最後に，
1年以上2年以下の自由刑の場合は，予後が良い場合も通常は執行猶予とはならない．
ただし，「行為および有罪宣告を受ける者の人格に特別な事情が」ある場合には，執
行猶予は可能とされる．これら全ては，これまでの執行猶予の可能性をおずおずと
拡張したものであったが，目指すべき特別予防への方向へと踏み出すものでもあっ
た．下記で示した数値は比較的新しい判決においては気前よく執行猶予が言い渡さ
れていることを示している．これに対して1986年4月13日の第23次刑法改正法は，
刑法57条2項の残期刑の執行猶予を容易にした以外にはわずかな改善しかもたらさ
なかった．

　2003年において一般刑法によって自由刑を科された127,511件のうち88,043件は
執行猶予に付された．6月未満の自由刑を言い渡された46,510件のうち35,304件は
執行が猶予され，6月以上1年以下の自由刑を言い渡された52,196件のうち39,706
件で執行が猶予され，1年を超えるが2年以下の自由刑を言い渡された18,944件の
うち13,033件で執行が猶予された．

第5節　新しい罰金制度

34　第1次刑法改正法以降，罰金刑の意味は本質的に大きくなった．というのは，罰
金刑は，今日では明確な法律上の威嚇のためだけに科されるのではなく，大概の場
合においてかつての短期自由刑（Rn. 27以下および刑法47条2項．さらに刑法49条2項
参照）の代わりに言い渡されるようになったからである．かつての罰金刑の主な欠点
は社会的に不平等である点にあった．貧しい者には富める者よりも重いものとなっ
たからである．確かに犯罪者の資産状態が刑の重さを確定する際に考慮されたが，
法律はこれを明示的には規定しておらず，事例ごとにのみ，そして全体として不十
分に行われたにすぎない．

35　改正においては，この欠点を，スカンジナビアを手本とする，そして1962年草案
ですでに提唱されていた，いわゆる「日割罰金制度」で補おうとした[52]．新しい刑
法40条によると，罰金刑は日割額で言い渡せることになった．その際，行為者の個
人的な経済状況が考慮され，最低1ユーロから最高5000ユーロの間の金額が言い渡
された．このような「日割額」は有罪宣告を受けた者が1日当たり自らの収入から

---

(52)　対案によって提案された，一括してではなく，収入のあったときに引き続いて支
　　払うべき「支払期間付罰金」の修正形式は，貫徹されなかった．この議論につき，vgl.
　　Baumann, Beschränkung, 1968.

第 4 章　1871 年以降のドイツ刑法改正

支払う額を示すものであった．罰金刑とは原則最低でも 5 日，最高でも 360 日分の日割額を支払うものである．例えば，二人の者が有責に交通事故を起こした場合，10 日分の日割額を同様に言い渡されることになる．しかしながら，彼が極端に貧しい一人の者に対しては 10 ユーロのみ，また極端に豊かな他方の者に対しては 50,000 ユーロが言い渡されることになる．このような段階を設けることによって，全ての犯罪者に対して収入に関係なく同様に感銘力のある罰金刑を科すことができる．このことは短期自由刑の放棄を容易にするだけでなく，多額のそして高額の罰金刑によって国庫を潤すこともできる．このようにして得た財源は，重い犯罪者にとって必要な社会復帰支援につなげることができる．

2003 年には，一般刑法により，507,086 件の罰金刑が最高刑として科されていた．

36　完全に新しい，とりわけ社会復帰に寄与する罰金刑の分野の制度としては「留保付きの警告」（刑法 59 条以下）が挙げられる．これは，180 日までの日割額の罰金刑の場合に有罪宣告と量定と同時に警告を与え，この刑罰を一定期間「留保する」ものである．もっともそのような刑法 59 条による留保付きの警告はかなり厳しい要件（予後が良いこと，行為と行為者の人格における特別な事情，法秩序を擁護するための妨げとならないこと）でのみ言い渡される．結果的に実務上はあまり大きな意味のないものとなった．これに対して対案は，この制度をより広く活用しようとしていた．すなわち，初犯で 1 年以下の自由刑が科される場合にも予後が良いだけで警告が可能であるとしていた．他方，1962 年草案はこの制度自体をそもそも否定していた．したがって，この分野においてもこのような法律上の規定の妥協的性格が極めて明瞭に際立っている．

2003 年には 5,500 件において留保付きの警告が言い渡され，そのうち 382 件において刑法 59 条 b 1 項によって留保が取り消された．

第 6 節　行 状 監 視

37　行状監視（刑法 68 条 -68 条 g）という新しい処分は，旧刑法の警察監視（旧刑法 38，39 条）と比べて争いのあるままに導入されたものの，新たな一歩となった．1962 年草案は保安上の監視を提唱したが，この監視はすでにその名前が示すようにより明確に保安機能を前面に出すものであった．他方，対案は，この制度は，出所後に法治国家的には異議のある監視を行うものであるとし，採用しなかった．最終的に，特別委員会は，この処分を言い渡す際には，必要的に保護観察官をつけることで，保安目的の他にも，累犯者やその他の重大な犯罪傾向をもつ者の社会復帰という重要な役割を課した．

2003 年には，41 件の行状監視が言い渡され，うち 24 件が成人に対して，12 件が年長少年に対して，そして，5 件が年少少年に対してであった．

第1編 基 礎

第7節 社会治療施設

38 これは，立法者が対案から採用した新しい制度である．この手本となったのは，Dr. Stürup が率いるコペンハーゲンの Herstedvester という施設であった．この施設では，近代的な社会復帰処遇を施しても改善しない犯罪者に対して，特別な社会治療的な方法で個別または集団療法を施していた．このような一見「改善の余地のない行為者」に対して，ドイツでは，処分の導入以降（Rn. 11 参照）保安監置で対応するしかなかった．しかしながら，保安監置は，上限なく，また，しばしば一生涯隔離するだけのもので，犯罪者を社会から永久に排除するものであった．これに対して，対案の基本的な考えは，犯罪者を再び社会にとって有用な構成員にするために，あらゆる医学的および精神医学的手段を試し尽くすまでは，社会は誰も「諦めたままに」してはならないというものであった．このような最後の「治療の試み」の処分を実施するのが，社会治療施設においてであった．この施設に収容される者は，対案 69 条では以下のように詳細に規定されていた．すなわち，精神の障害または根深い人格障害に起因する犯罪行為を行うか，繰り返される再犯によって通常の刑の執行では社会復帰できないことが証明された者とされていた．この場合，保安監置の前に社会治療施設に収容することが義務とされていた．

39 第2次刑法改正法は，1962 年草案では提唱されなかった社会治療施設を，最終的に 65 条として処分のカタログの中に導入した．ただし，適用範囲はかなり制限的に規定されていた．しかし，この条文が適用されることは一度もなかった．というのは，立法者は，はじめにこの新しい処分を施行することを（費用の問題とモデルプロジェクトで成果が実証できなかったので）——1978 年までと 1985 年までというように二度にわたって延期した．そして最終的には，1984 年 12 月 20 日法によって廃止した．現在では，社会治療施設は，行刑法9，123 条以下で単なる「刑罰執行の一形態」として実施されている．そして，最近では，効果的な性犯罪者対策のために，より積極的に社会治療的な治療方法を実施することが求められている．

40 上述の要約をみると，現行法は，すべての改正の要望に応えたわけではないが，第1次刑法改正法案と第2次刑法改正法案によって導入された新規定は，重要な前進をもたらしたこと，また，刑法が向かう方向に関して，立法者が社会復帰を一般予防の必要性と，中間的な線において結びつけるように努めるコースへの方向転換を認識させることが示されている．ドイツ刑法が，法律解釈学の分野で，常に国際的に認められた高い基準を示しているので，長期にわたり時代遅れであった制裁分野においても，近代的で幾分進歩的な立法作業が行われることで十分だったのである．もちろん，刑法の改正作業は，終了させ

第 4 章　1871 年以降のドイツ刑法改正

ることができないし，あるいは，終了させられてはならないものである．なぜ
なら，社会状況における，犯罪の発展における変化が，また新しい犯罪学の知
識や変わりゆく刑事政策的な目的設定が，常に立法上の対応と重点項目の変更
を求めるからである．しかしながら，これまでの改正の基本的な傾向は放棄さ
れてはならない．将来的に新たに改正する際にも，予防的な刑法の枠組みの中
で行われなければならない．そして，この枠組においては，犯罪者に関する一
般予防的な最低限の要件を認めたうえで，常に改善すべきジンテーゼのための
社会復帰の援助と自由の保障に尽力しなければならない[53]．

H．1969 年から今日に至るまでの改正立法

41　大連合与党の開始，すなわち 1966 年の末以降，刑法改正作業は，決定的な
局面に入った．CDU と SPD の両政権与党は，国会での圧倒的多数派となると
同時に，基本的な刑事政策に関する問題点につき，必然的に妥協と合意に達し
た．したがって，世紀が変わった直後から続けられてきた改正作業が，少なく
とも，部分的に完成に至るための全ての要件は出そろった[54]．とりわけこの
ことに貢献したのは，1966 年から 1969 年に連邦司法省の支援を受けて結成さ
れた「刑法改正のための連邦参議院特別委員会」[55]であり，ここにはすべての
党の議員が所属していた[56]．この委員会は，最終的に新しい刑法を作ること
はできなかったが，完全に新しい総則の完成には至り，さらに，いくつかの後
の任期に引き継がれることになるものの，そのときは部分的な完成にとどまっ
た各則の部分改正にも到達した．議会における議論では，SPD と CDU/CSU

---

(53)　現代の刑法の発展傾向と刑法の将来については，次の著作を参照．*H.-J. Alb-recht*, Bohm-FS, 1999, 765; *Kaiser*, Roxin-FS, 2001, 989; *Kohlmann u.a.* (Hrsg.), 2004; *Kuhlen*, 2005, 109; *Neumann*, 2005, 89; *Roxin*, Gagner-FS, 1991, 341; *den.*, Zipf-GS, 1999, 135; *das.*, 2000, 369; *ders.*, Müller-Dietz-FS, 2001, 701; *Schmer*, Sack-FS, 1996, 321; *HJ. Schneider*, 1998.

(54)　学説の立法への影響の問題については，包括的にかつ抜本的に*Amelung* と *Schoch*, 両者ともに in ZStW 92 (1980), 19 および 143. しかし，その他，全刑法雑誌のその号の刑法学と立法のテーマについて発表された論稿を参照．

(55)　彼の著作については，*Müller-Emmert/Friedrich*, JZ 1969, 245.

(56)　全委員会の審議は議事録に公表されている．V. Wahlperiode, 1.-130. Sitzung; VI. Wahlperiode, 1.-76. Sitzung; VII. Wahlperiode, 1.-91. Sitzung.

第1編 基 礎

は，連合与党間の合意を充足した後，公式に 1962 年草案を審議のたたき台と
した．他方，野党 FDP は，対案を「党の」法案として国会に提出し，与党と
同様に立法手続を開始した．しかしながら，特別委員会が，基本的な問題に関
しても当初から立場を明確にすることはなかったため，1962 年草案と対案の
解決方法が両方とも残ることになった．その際，審議では，法的・解釈的な部
分においては，対案もこの分野でもそうしたように 1962 年草案が支持され，
刑事政策的な基本的立場について，つまり，制裁制度および実体的な犯罪概念
については，多くの妥協点を見出したものの，対案寄りのものとなった（詳細
は，Rn. 24 以下参照）(57)．

42 特別委員会の成果として，1969 年 6 月 25 日に第 1 次刑法改正法（1. StrRG）
が，1969 年 7 月 4 日に第 2 次刑法改正法が成立した．第 2 次刑法改正法は，
（条文の並び的にも）完全に新しい総則となっており，1975 年 1 月 1 日に施行さ
れた．第 1 次刑法改正法は，第 2 次刑法改正法におけるもっとも重要な新規定
および，各則におけるいくらかの改善点(58)を提唱し，1969 年 9 月 1 日，また
は，1970 年 4 月 1 日に施行された．したがって，ドイツでは，1975 年以降，
第 2 次刑法改正法の結果として新しくなった総則と，基本部分が 1871 年に由
来する各則が混ざった刑法が施行されることとなった．総則における重要な刑
事政策的な新規定に関しては，G でまとめている（Rn. 24 以下）．

43 当初の，全体として新刑法とするために，1975 年までに各則も完全に改正
するという計画は，立法者にそのような大業を成し遂げる力がなかったために，
再び断念せざるを得なかった．その代わりに，各則は，順次個別の法律で改正
されることとなった．1969 年の二つの改正法に続く，最も重要な改正点を下
記に挙げておく(59)．

1） 1970 年 5 月 20 日の第 3 次刑法改正法．この法律によって，国家の安全に対する

---

(57) この方向で，*Jescheck/Wägend*, AT⁵, § 11 IV 2 b; *Horstkotte*, 1977, 327; *Eser*, Mai-
hofer-FS, 1988, 119.

(58) 例えば，姦通と単純な同性愛は，不可罰とされ，重窃盗（243 条）は，原則事例
に明らかにされた量刑規定の今日の形式にもたらされた．

(59) 刑法のすべての改正のほぼ毎年更新されているリスト・アップは，Lackner/Kühl.
のコンメンタールの XLDC-LXII に見られる．

第 4 章　1871 年以降のドイツ刑法改正

罪およびデモの罪（Demonstrationsdelikte）を自由主義に基づく，刑罰を限定する方向で改正した．しかしながら，後に，公衆における暴力行為を伴う激しいデモに対しては，立法者は，徐々に構成要件を拡張することになった．1985 年 7 月 18 日法（刑法 125 条の改正）および 1989 年 6 月 9 日法（集会法 27 条の改正）によって，防御のための装具を装着するだけで，そして，いわゆる武装が処罰されるようになった．

2）　1973 年 11 月 23 日の第 4 次刑法改正法．この法律は，第 1 次刑法改正法のたどった道に従い，対案の提唱にも従う形で，性犯罪を法益侵害に限定した（2 章 Rn. 30）．

3）　1974 年 6 月 18 日の第 5 次刑法改正法 —— それは 1975 年 2 月 25 日の連邦憲法裁判所判決（BVerfGE 39, 1 ff.）と比較されうるのであるが —— および 1976 年 5 月 18 日の第 15 次刑法改正法（StrÄG）は，堕胎罪の処罰を新たな基礎の上に置いた．第 5 次刑法改正法がいわゆる期限解決（妊娠 3 か月以内の妊婦の同意に基づく堕胎を不可罰とする）を採ったことを受け，連邦憲法裁判所は，この規定を基本法 1, 2 条に反するとして憲法違反とした．これを受け，第 15 次刑法改正法は，かなり広義の「適応解決」を採った．これによると，刑法 218 条 a で列挙された要件（＝適応）に当てはまる場合には，妊娠中絶が許されることになった．ドイツ全土で堕胎の権利を統一化するために制定された 1992 年 8 月 4 日の妊婦および家族支援法は，助言を受けることを条件とする期限解決を想定していた．しかし，この法律は，連邦憲法裁判所によって，またもや基本法 1, 2 条に反するために違憲であるとして無効とされた．しかしながら，連邦憲法裁判所はその決定（BVerfGE 88, 203）によって，助言を受けた女性が，自身の意思で医師による妊娠中絶を行う場合には，処罰から解放することができるとされた．ただし，この場合にも，（特に特別な緊急状態にない限りは）合法とすることは認めなかった．これを受けて，1995 年 8 月 21 日の妊婦および家族支援改正法では，堕胎が不処罰となる場合の要件が定められている（2 章 Rn. 96 参照）．

4）　1974 年 3 月 2 日の刑法施行法は，各則を 1975 年 1 月 1 日に施行された総則に合わせたのみならず，各則における多くの規定を改めた．かなり以前からの改正の要望に応えたものとして意味があるのは，とりわけ刑法からの秩序違反の除外である（かつての 360 条以下）．これらの軽犯罪は，完全に削除されたものと，秩序違反の形で処罰されることに変更されるもの，また，軽罪として刑法で罰せられるもの（例えば，かつての刑法 370 条 5 号の飲食品窃盗は，今日では，内容を変えて，刑法 242, 248 条 a で処罰されている）に分かれた．

5）　1976 年 7 月 29 日の第 1 次経済犯罪対策法（WiKG）は，補助金詐欺および信用詐欺（刑法 264, 265 条 b）を新たに規定し，破産刑法（刑法 283 条以下）と不当利得（今日の刑法 291 条）を修正した．

6）　1979 年 7 月 16 日の第 16 次刑法改正法は，刑法 78 条 2 項において，これまでは，民族虐殺（刑法 220 条 a）でしか認められていなかった時効の廃止を謀殺（刑法 211 条）

第1編　基　礎

に拡張した.

7)　1980年3月28日の第18次刑法改正法,「環境犯罪対策法」では,特に,新たに28章に「環境に対する犯罪」として刑法324条-330条dまでが導入された.1994年6月27日の第31次刑法改正法は,さらに第2段階へと歩みを進めて,とりわけ,土壌汚染の構成要件を導入（刑法324条a）することによって環境刑法の適用範囲を拡大し,厳罰化した.

8)　1981年12月8日の第20次刑法変更法は,BVerfGE 45, 187の影響を受けて,刑法57a条で,終身刑に対しても残刑の執行を猶予することを認めた.

9)　1984年12月20日の行刑法改正法（StVollzÄndG）は,刑法65条で想定されていたもの,これまで施行されることはなかった社会治療施設への収容処分を廃止した.

10)　1986年4月13日の第23次刑法変更法は,とりわけ,これまで刑法48条に規定されていた再犯に関する規定を完全に削除し,慎重に執行猶予を拡張した.

11)　1986年5月15日の第2次経済犯罪対策法（2. WiKG）は,とりわけ小切手の流通の保護（刑法152条a, 266条b）に関して,および,コンピューター犯罪の分野（刑法202条a, 263条a, 269, 270, 303条a, 303条b）に新規定をもたらし,投資詐欺（刑法264条a）,および,労働報酬の保留（Vorenthalten）と着服（Veruntreuen）（刑法266条a）に関して新たな構成要件を設けた.

12)　1986年12月18日の刑事手続における被害者の立場を改善する初めての法律（被害者保護法）は,刑事訴訟法に多くの変更をもたらすこととなったものであるが,刑法46条2項2文において損害回復の概念をもたらした.

13)　1986年12月19日のテロ対策法は,1976年4月22日の第4次刑法改正法で導入されたものの1981年8月7日の第19次刑法改正法で廃止された刑法130条aを再び導入し,また,1976年8月18日の刑法改正法で導入された刑法129条aを厳罰化するものであった.

14)　1992年7月15日の「違法な麻薬販売およびその他の組織的犯罪に対する法律」（OrgKG）は,常に問題のあった組織犯罪を撲滅するために制定されたものである.実体法の観点からすると,とりわけ,財産刑（刑法43条a）[60]とマネーロンダリングの構成要件（刑法261条）が導入されたことの意味が大きい.

15)　1994年10月28日の犯罪対策法は,刑法46条aに任意の加害者-被害者の和解が成立した場合に,刑の減軽または免除の可能性がある制度が導入され,民衆扇動の構成要件（刑法130条）が拡張され,傷害罪（刑法223条以下）の法定刑の上限が引

---

(60)　これにつき, *Perron*, JZ 1993, 918; *Hörnle*, ZStW 108 (1996), 333. そのうちに, 43条aは, BVerfG 2002年により無効と宣言された. その規定は, したがってもはや通用していない.

第 4 章　1871 年以降のドイツ刑法改正

き上げられた.

16)　1998 年 1 月 26 日の第 6 次刑法改正法は, とりわけ各則に関して広範囲の変更を
もたらした[61]. それは, 時代遅れとなった規定の廃止による法定刑の調和を図る試
みがなされ, および, 解釈に問題のある条文を廃止することによって内容の改正が
行われた. この法律の制定が急がれたために, 計画されていたもののうち, 一部し
か実現されなかった. 結果として, 1998 年 11 月 13 日には, 新しい刑法の起草が公
開された.

　　刑法以外の刑事政策的に特に重要な改正法としては, 1968 年 5 月 24 日の秩
序違反法と 1976 年 3 月 16 日の行刑法が挙げられるであろう[62].

44　1990 年 8 月 31 日の統一条約 (1990 年 9 月 28 日の統一条約法, BGBl. II 885) に基
づく 1990 年 10 月 3 日のドイツ統一によって連邦刑法が改正されることはなく,
旧西ドイツの刑法がそのまま旧東ドイツの州に適用された[63]. 東ドイツ (DDR)
が統合された後で行われた犯罪[64], または, わずかながら残された東ドイツ
刑法の構成要件に対しては, ドイツ全体の刑法の, とりわけ総則が適用され
た[65].

I.　刑法のヨーロッパ化

45　EU が加盟国に対して公布した刑法規定という意味での, ヨーロッパ刑法は
これまでに存在していない[66]. というのは, EU には刑法を制定する権限が

---

(61)　第 6 次刑法改正法については詳しくは, *Arzt,* ZStW 111 (1999), 757; *Bussmann,*
StrV 1999, 613; *Dencker/Stmensee/Melles/Stein,* 1998; *Hörnle,* Jura 1998, 169; *Kreß,*
NJW 1998, 633; *Sander/Hohmann,* NStZ 1998, 273; *Schlächter* (Hrsg.) 1998; *Schroe-*
der, NJW 1999, 3612; *Stächelin,* StrV 1998, 98. 第 6 次刑法改正法に関するさらなる文
献として, *Tröndle/Fischer*[2], Einl. Rn. 9.

(62)　戦後の刑事訴訟法の重大な改正については, 統一的傾向は見いだせない. vgl. *Ro-*
xin, Strafverfahrensrecht, [25]1998, § 72.

(63)　Vgl. nur *Günther,* ZStW 103 (1991), 851; *Eser/Arnold,* NJ 1993, 245, 289; *Eser,*
1995, 13, ならびにコンメンタールとして, *Lackner/Küh*P[8], vor § 1 Rn. 1; LK[1] *-Je-*
schcck, Einl. Rn. 94 ff.

(64)　「旧悪」の刑法上の評価として, 5 章 Rn. 53 参照.

(65)　これについて, ならびに統一条約の移行規定および特別ルールについては, *Lack-*
*ner/Küh*V-i, § 3 Rn. 4 ff. 参照.

第1編　基　礎

ないからである．確かに，EU の財産上の利益の保護に関する規定であるヨーロッパ共同体結成協定（EGV）280 条 4 項は，詐欺罪について次のように規定している．「加盟国の効果的および平等な保護を保障するために，議会は，……共同体の財産上の利益に対する詐欺からの保護およびその対策のために必要な措置を講じる．その際，加盟国の刑法と司法は引き続き有効である」．しかし，通説[67]は，この規定の 2 文から，正しくも，この規定は，刑法以外の措置を規定したものであるとしている．しかしながら，ヨーロッパ憲法 415 条 3 項は，「連盟の財産上の利益に対する詐欺からの保護およびその対策のために必要な措置は，ヨーロッパ法または枠組法によって」定められなければならないとしている．さらに，ヨーロッパ憲法は，重大な多国間に跨る犯罪対策としてヨーロッパ枠組法を公布することを認めている．ヨーロッパ憲法が失敗に終わって以降，この計画は，さしあたりは無効となり，ごく一部の分野しか包括しないヨーロッパ刑法は，遠い将来の夢物語となった．

46　しかし，このことでドイツ刑法のさらなるヨーロッパ化[68]に変更がもたらされたわけではない．すなわち[69]，「ヨーロッパ共同体の法律が，加盟国の国内法の成立，内容，解釈および適用に様々な方法で影響を及ぼす」ということを意味している．要約すると，ヨーロッパの基準が国内法にも適用されるということである．もっとも，刑法解釈学の基礎に関しては，これまでにこの傾向に影響されるというようなことはなかった．「刑法解釈学にとって意味のある故意と錯誤，違法性阻却と責任阻却，共犯と未遂のような問題」[70]は，ヨーロッパ間で調和をはかる必要のあるものではあるが，これまでは国によって異なったままである．したがって，今日でもドイツ刑法のヨーロッパ化については，刑法総論の教科書でも簡単にしか扱えていない．ヨーロッパ法をもっとも導入させやすいのは，過失犯規定であるといえる．というのは，過失犯におい

---

(66)　例えば，欧州裁判所の前での手続における宣誓違反をそれぞれの国内刑法のもとに置くことによって，共同体法が国内法を指示している事案には，例外が当てはまるかは，争いがある．一方では，*Ekele*, JA 2000, 899 f.（賛成），他方では *Satzger*, 2005, 80 ff.（反対）参照．

(67)　詳しくは，*Satzger*, ZRP 2001, 552 参照．

(68)　基本的には，*Satzger*, 2001.

(69)　*Satter*, 2001, 8.

(70)　*Vogel*, GA 2003, 329.

第4章　1871年以降のドイツ刑法改正

て，構成要件を充たすには，許されざる危険の創出，もしくは，注意義務違反（24章 Rn. 14 以下）が必要となるが，それらが著しい程度に至るまでは，安全規定に対して違反したことが理由となるからである．そして，この規定には，ヨーロッパの様々な規定も含まれている．例えば，遊具の安全性のためのヨーロッパ・ガイドライン[71]は，かなり細かい安全要請を規定している．この要請に違反することによって構成要件が充たされる場合には，ドイツ法においても過失犯が成立するということを表す．

47　他方，総則の刑法の国際的な分野においては，（ヨーロッパやその他の地域の）学問的な共同作業，および，それらからの立法や判例に対する影響は，単一化されたものとして言い表せるものではないが，多くの国の間で，可罰性に関する一般的な基本条項に関しては，広く調和が図られている．本書のこの版において，初めて多くの海外の参考文献を付けたことは，これらの調和の発展を表していることになろう．このような協力によって実現された適合は，我々の現在の法文化を充実化させるだけでなく，将来的に期待されるヨーロッパ刑法の「総則」のための重要な準備作業にも役立っている．

48　各則においては，とりわけガイドラインと枠組法によってヨーロッパの影響を受けている[72]．例えば，ヨーロッパ共同体の権限に基づく補助金に関するガイドラインは，刑法257条7項1文2号に広く反映されている．ガイドラインや枠組決定は，個々の加盟国に対して，その目的だけを示すもので，実現するための手段の選択は委ねることによって，国内の刑法規定を作成することを強制しないようにしている．そうでないと，EUには刑法に関する立法権がないために，回り道をせざるを得ないことになるからである．さらに，ヨーロッパ間での刑法を統一させる国際法的な一致があったとしても，当然長期化する批准手続のために統一化実現はしばしば遅れることになるだろう．刑法のヨーロッパ化に関しては，欧州共同体裁判所（EuGH）とヨーロッパ共同体人権協定（EGMR）に関する判例が寄与している[73]．というのは，共同体法の規則に関する国内法の規定がなくてもよく，共同体法は，国内法と国内の判例よりも優

---

(71)　詳しくは，*Satzger*, 2005, 124.

(72)　両者について，また，調和の努力の構成要件的詳細については，*Eisele*, JA 2000, 993 ff.; *Vogel*, GA 2003, 322 ff.

(73)　詳しくは vgl. *Eisele*, JA 2000, 900 f.

163

第1編 基礎

先されるためである．さらに，共同体法が基本的にヨーロッパ化を推奨するように解釈されていることもあり，ヨーロッパ間における法の統一化は進められている．同様のことが，犯罪構成要件を決定するためにしばしばヨーロッパ共同体の規則（EG-Verordnung）を参照するように指示されている，国内の立法者に対する白紙委任の場合にも言える．

49 最後に，EUは，刑罰権を有さないものの，とりわけ競争法（Wettbewerbsrecht）において頻繁に適用される過料を科する権限はおそらく有しているということに触れておく．2003年のカルテル規則によると，億単位を獲得した，個人や企業に過料を言い渡すことができる[74]．カルテル規則では，この制裁に関して明確に「刑法的でない方法」と規定されてはいるものの，少なくとも自然の原理からすると刑罰にかなり近いものである．したがって，*Satzger*[75]は，この制裁を「広義の意味における刑法」に位置づけている．さらに，ヨーロッパ法は，他の財産上および行政法上の制裁も有している（担保の期限切れ，国家助成金の削除や削減など）．

50 以上から，「ヨーロッパ刑法」は，簡単には要約できない，複雑で独特のものであるため，ドイツ刑法の総則に広範囲に取り込むことが難しく，特別な調整が必要なものであることが分かったはずである[76]．下記の文献は，読者にこのテーマに関するより深い知識を与える助けとなるであろう．2005年の前半にヨーロッパの統一化運動に対する強い反対があったために，ドイツ刑法のヨーロッパ化はおそらく遅れると思われるが，完全に消失することはないであろう．このような遅延も，熟考期間に利用することができるので，無駄にはならないであろう．というのは，このような熟考期間を置くことで，ヨーロッパの新規定の刑法構成要件，すなわち，ドイツでは法益侵害があった場合に刑罰を科すように制限していること（この点につき，2章参照）を常に保てなくなる可能性のある新規定のせいで，国内の法規定に対して手に負えないほど大量の改正作業に追われるというリスクを回避することができるからである[77]．

---

(74) 詳しくは *Satzger*, 2005, 78 ff; *Eisele*, JA 2000, 899.

(75) *Satzger*, 2005, 79.

(76) 絶好の入門書としては，*Satzger*, 2005 の著書参照．

(77) 同様の留保をするものとして，*Zieschang*, ZStW 113（2001），266 ff.; *Jescheck*, Eser-FS, 2005, 999 f.

第 4 章　1871 年以降のドイツ刑法改正

文献：*Langfeldt*, Rechtsangleichung in Europa, NK 1990, H. 3, 36; *dies.*, Kriminalpolitik im europäischen Entwicklungsprozeß, BewHi 1991, 134; *Sieber*, Europäische Einigung und Europäisches Strafrecht, ZStW 103 (1991), 957; *Thomas*, Die Anwendung europäischen materiellen Rechts im Strafverfahren, NJW 1991, 2233; *Zuleeg*, Der Beitrag des Strafrechts zur europäischen Integration, JZ 1992, 761; *Vogler*, Die strafrechtlichen Konventionen des Europarats, Jura 1992, 586; *Dannecker* (Hrsg.), Die Bekämpfung des Subventionsbetruges im EG-Bereich, 1993; *Hugger*, Zur strafbarkeitserweiternden richtlinienkonformen Auslegung deutscher Strafvorschriften, NStZ 1993, 421; *Rüter*, Harmonie trotz Dissonanz. Gedanken zur Erhaltung eines funktionsfähigen Strafrechts im grenzenlosen Europa, ZStW 105 (1993), 30; *Sieber* (Hrsg.), Europäische Einigung und Europäisches Strafrecht, 1993; *Vogler*, Der Schutz der Menschenrechte bei der internationalen Zusammenarbeit in Strafsachen, ZStW 105 (1993), 3; *Weigend*, Strafrecht durch internationale Vereinbarungen − Verlust an nationaler Strafrechtskultur?, ZStW 105 (1993), 774; *Pagliaro*, Grenzen der Strafrechtsvereinheitlichung in Europa, in: Schünemann/Suárez González (Hrsg.), Bausteine des europäischen Wirtschaftsstrafrechts, 1994, 379; *Dannecker*, Strafrecht der Europäischen Gemeinschaft, in: Eser/Huber (Hrsg.), Strafrechtsentwicklung in Europa 4.3, 1995, 1965; *Sieber*, Das Sanktionensystem zum Schutz der europäischen Gemeinschaftsinteressen, Geerds-FS, 1995, 113; *Tiedemann*, Das deutsche Wirtschaftsstrafrecht im Rahmen der Europäischen Union, Miyazawa-FS, 1995, 673; *Vogel*, Wege zu europäisch-ein-heitlichen Regelungen im Allgemeinen Teil des Strafrechts, JZ 1995, 331; *Böse*, Strafen und Sanktionen im europäischen Gemeinschaftsrecht, 1996; *v. Gerven/Zuleeg* (Hrsg.), Sanktionen als Mittel zur Durchsetzung des Gemeinschaftsrechts, 1996; *Gröblinghoff;* Die Verpflichtung des deutschen Strafgesetzgebers zum Schutz der Interessen der Europäischen Gemeinschaften, 1996; *Heitzer*, Punitive Sanktionen im Europäischen Gemeinschaftsrecht, 1997; *Kreuzer/ Scheuing/ Sieber* (Hrsg.), Die Europäisierung der mitgliedstaatlichen Rechtsordnungen in der Europäischen Union, 1997; *Kühl*, Europäisierung der Strafrechtswissenschaft, ZStW 109 (1997), 777; *Perron*, Sind die nationalen Grenzen des Strafrechts überwindbar?, ZStW 109 (1997), 281; *Pieth,* Internationale Harmonisierung von Strafrecht als Antwort auf transnationale Wirtschaftskriminalität, ZStW 109 (1997), 756; *Sieber*, Memorandum für ein europäisches Modellstrafgesetzbuch, JZ 1997, 369; *Dannecker*, Die Entwicklung des Strafrechts unter dem Einfluß des Gemeinschaftsrechts, Jura 1998, 79; *Delmas-Marty*, Corpus Juris der strafrechtlichen Regelungen zum Schutz der finanziellen Interessen der europäischen Union, 1998; *Heise*, Europäisches Gemeinschaftsrecht und nationales Strafrecht, 1998; *Kreuzer/Scheuing/Sieber* (Hrsg.), Europäischer Grundrechtsschutz, 1998; *Perron*, Hat die deutsche Straftatsystematik eine europäische Zukunft?, Lenckner-FS, 1998, 227; *Tiedemann*, Der Allgemeine Teil des Strafrechts im Lichte der europäischen Rechtsvergleichung, Lenckner-FS, 1998, 411; *Dannecker*, Der Allgemeine Teil eines europäischen Strafrechts als Herausforderung für die Strafrechtswissenschaft, Hirsch-FS, 1999, 141; *Hassemer*, „Corpus Juris" − Auf dem Weg zu einem europäischen Strafrecht?, KritV, 1999, 133; *Köhler*, Rechtsstaatliches Strafrecht und europäische Rechtsangleichung, Mangakis-FS, 1999, 751; *Braum*, Das „Corpus Juris" −

165

第1編 基 礎

Legitimität, Erforderlichkeit und Machbarkeit, JZ 2000, 493; *Dannecker*, Das Europäische Strafrecht in der Rspr. des BGH in Strafsachen, BGH-FS, 2000, 339; *Eisele*, Internationale Bezüge des Strafrechts, JA 2000, 424; *ders.*, Einführung in das europäische Strafrecht, JA 2000, 896; *ders.*, Europäisches Strafrecht - Systematik des Rechtsgüterschutzes durch die Mitgliedstaaten, JA 2000, 991; *Huber* (Hrsg.), Das Corpus Juris als Grundlage eines europäischen Strafrechts, 2000; *Jung*, Konturen und Perspektiven des europäischen Strafrechts, JuS 2000, 417; *Musil*, Umfang und Grenzen europäischer Rechtsetzungsbefugnisse im Bereich des Strafrechts nach dem Vertrag von Amsterdam, NStZ 2000, 68; *Roxin*, Die Strafrechtswissenschaft vor den Aufgaben der Zukunft, in: Eser/Hassemer/Burkhardt, Die Deutsche Strafrechtswissenschaft vor der Jahrtausendwende, 2000, 369; *Wattenberg*, Der „Corpus Juris" - Tauglicher Entwurf für ein einheitliches europäisches Straf- und Strafprozeßrecht?, StrV 2000, 95; *Bacigalupu*, Die Europäisierung der Strafrechtswissenschaft, Roxin-FS, 2001, 1361; *Prittwitz*, Nachgeholte Prolegomena zu einem künftigen Corpus Juris Criminalis für Europa, ZStW 113 (2001), 774; *Satzger*, Die Europäisierung des Strafrechts, 2001; *ders.*, Auf dem Weg zu einem Europäischen Strafrecht, ZRP 2001, 549; *Tiedemann*, EG und EU als Rechtsquellen des Strafrechts, Roxin-FS, 2001, 1401; *Weigend*, Zur Frage eines „internationalen" Allgemeinen Teils, Roxin-FS, 2001, 1375; *Zieschang*, Chancen und Risiken der Europäisierung des Strafrechts, ZStW 113 (2001), 255; *Hecker*, Europäisches Strafrecht als Antwort auf transnationale Kriminalität?, JA 2002, 723; *Schünemann*, Ein Gespenst geht um in Europa, GA 2002, 510; *Schwarzburg/Hamsdorf*, Brauchen wir ein EU-Finanz-Strafgesetzbuch?, NStZ 2002, 617; *Sieber*, Einheitliches europäisches Strafgesetzbuch als Ziel der Strafrechtsvergleichung?, Schlüchter-GS, 2002, 107; *Vanderbeken/Vermeulen/Lagodny*, Kriterien für die jeweils „beste" Strafgewalt in Europa, NStZ 2002, 624; *Vogel*, Europäische Kriminalpolitik - europäische Strafrechtsdogmatik, GA 2002, 517; *Zuccala*, Einheitliches europäisches Strafgesetzbuch als Ziel der Strafrechtsvergleichung? Schlüchter-GS, 2002, 117; *Lüderssen*, Europäisierung des Strafrechts und gubernative Rechtssetzung, GA 2003, 71; *Vogel*, Harmonisierung des Strafrechts in der Europäischen Union, GA 2003, 314; *Zieschang/Hilgendorf/Laubenthal* (Hrsg.), Strafrecht und Kriminalität in Europa, 2003; *P. A. Albrecht*, Europäischer Strafrechtsraum: Ein Albtraum?, ZRP 2004, 1; *Hefendehl*, Zur Frage der Legitimität europarechtlicher Straftatbestände, in: Schünemann (Hrsg.), Alternativentwurf europäische Strafverfolgung, 2004, 82; *Schünemann* (Hrsg.), Alternativentwurf europäische Strafverfolgung, 2004; *ders.*, Mindestnormen oder sektorales Europastrafrecht?, in Schünemann (Hrsg.), Alternativentwurf europäische Strafverfolgung, 2004, 75; *ders.*, Fortschritte und Fehltritte in der Strafrechtspflege der EU, GA 2004, 193; *Tiedemann*, Gegenwart und Zukunft des europäischen Strafrechts, ZStW 116 (2004), 929; *Jescheck*, Neuere Entwicklungen im nationalen, europäischen und internationalen Strafrecht, Eser-FS, 2005, 991; *Kress*, Das Strafrecht in der Europäischen Union vor der Herausforderung durch organisierte Kriminalität und Terrorismus, JA 2005, 220; *Satzger*, Internationales und Europäisches Strafrecht, 2005.

第 4 章　1871 年以降のドイツ刑法改正

J．国際文化間刑法

51　全世界に拘束力をもつことが可能な「国際文化間刑法」も初めて試みられた．このテーマについて「哲学的な試み」を提案した *Höffe*[78]は，とりわけ人権の普遍的な有効性によりどころを求めた[79]．「刑法は，人権を義務づける社会の自己組織化のために欠かすことのできない要素を表している」．刑法は，それ自体にとって，もっぱらそうだというのではないが，おそらく「人権を擁護する盾として，そして，社会と人権侵害を受けた被害者を結びつける表現として……国際文化間で有効」なものである．*Rössner*[80]も，「刑法による監視を，人権を擁護する盾として，そして，人権侵害を受けた被害者と社会の結束の表現として」理解することで，国際文化的な観点に行きついた．*Höffe* と同様に彼は，「意外にも一致した刑法による保護の中核部分」を確認し，その結果，刑法は「国際文化的な傾向がある」という見解に至った．*Hassemer*[81]は，前者らに比べてあまり楽観的ではなく，── 例えば，身体刑と拷問の放棄のような ──「我々が長期にわたって受け入れてきた根本的な刑法の価値でさえも」，「どこかでは，現在争われており，価値が侵害されていること」を示した．しかしながら，彼は，法益保護の原則 (2 章参照) が，「国際文化間の刑法の議論を促進する」可能性があるとしている．したがって，両意見を採り入れ，まさに刑法の一般的な理論や刑事政策の主導的な基準 (例えば，罪刑法定主義，責任主義，および，行為刑) が，長年にわたり，学術的・国際文化的な尽力の賜物であり[82]，世界の多くの国の刑法規定のかなりの調和を実現したことを考慮しなければならない．したがって，国際文化間の刑法に関しては，さまざまな評

---

(78)　*Höffe*, 1999, そこでは，*Rössner* (121) の注釈が付されている．*Karsten* (141), *Szabo* (149) und *Hassemer* (157). *Hassemer* のテキストは，若干修正され，脚注を付して E.A. Wolff-FS, 1998, 101. においても維持されている．

(79)　*Hoffe*, 1999, 8.

(80)　*Rössner*, Keller-GS, 2003, 216 f.

(81)　*Hoffe*, 1999, 172, 166 において．

(82)　それに対する細やかな徴表としては，ともあれ，本書のような著書が，スペイン語，日本語および中国語へとその浩瀚さにもかかわらず，翻訳されていること，それによって世界中で広く読まれていることが挙げられる．

167

第1編 基 礎

価がなされている．しかしながら，国際文化間の刑法の発展と世界刑法典の実現は，未だに将来的な課題として残ったままである．

K．国 際 刑 法

52　国際刑法は，個々人に対する処罰の理由を国際法の決定に求める規定を包括したものである．国際刑法は，国際法の構成要素であり，その法源は，国際慣習法および一般的な法的根拠に関する国際法的な条約である．国際刑法には，長い発展の歴史がある[83]．かつての戦後においては，とりわけ，四ケ国の戦勝国によって決定され，かつての枢軸国の指導者に対して，犯した罪に責任を負わせることを実現した，国際的なニュルンベルクの軍事裁判所に関する規程（1945 年 8 月）が重要であった．同様のことが，同盟国の最高司令官の命令に基づき，日本の戦争関与者に対して犯した国際的な犯罪の責任を負わせることを実現した，極東アジアのための国際裁判所（1946 年 1 月）にも言えた．その後の冷戦時代に国際刑法の発展は 10 年の間停止することになる．

53　20 世紀の 90 年代に入って初めて，さらに迅速な運動が始まることになる．国際連合安全保障理事国の決議によって，1993 年 5 月には，ユーゴスラビア刑事裁判所に関する規程，および，1994 年 11 月にルアンダ刑事裁判所に関する規程が作り上げられた．両裁判所において，多くの点において国際刑法に従った長年の判例の回顧録を見ることができる[84]．

54　これまでの国際刑法の歴史における極致は，ローマにおける国際国家会議によって国際刑事裁判所に関する規程が制定されたことである（1998 年）．この規程は，2002 年 7 月 1 日から施行されている．2003 年 3 月 11 日には，デンハーグの裁判所がこの役割を引き継ぐことになった．これまでに出された決定はない．この裁判所が，国家間の平和な共存のための規則に著しく違反した場合に処罰するという課題を，広範囲でこなすことができるのかについては，まだ答えは出ていない．アメリカにおけるローマ規程に対する激しい反対は，多くの

---

(83)　基礎的なモノグラフィーとして，*Jescheck*, 1957; *Ahlbrecht*, 1999. 歴史に対する入門として絶好なのは，*Engelhart*, Jura 2004, 734–741.

(84)　詳しくは，*Ambos*, ²2004, 259 ff.

168

第 4 章　1871 年以降のドイツ刑法改正

困難をもたらすと考えられる．ドイツはこの規程を 2000 年に批准している．

55　この規程[85]は，三つの国際犯罪を規定しており，そのうち一部に関しては，何ページにもわたり個々の適用例が列挙されている（5-8 条）．集団殺害犯罪，人道に対する犯罪，戦争犯罪である．四つ目の構成要件である「侵略犯罪」に関しては，まだ整理が必要な段階である．この規程は，相対的に広範囲の総論を有している（22-23 条）．とりわけ，法律なければ，犯罪なし，刑罰なしの基本原則，遡及処罰の禁止，正犯と共犯，未遂，上司の責任，錯誤およびその刑事責任の除外が規定された．これらの規定は，広範囲において現行ドイツ法の規定と合致するため，ドイツ刑法の一般的な学説において，今後は国際刑法の総則部分についても実りあるものとすることができるであろう[86]．

56　重要なのは，ローマ規程が ── ユーゴスラビアおよびルアンダの刑事裁判所とは異なり ──，補充的な機能のみ与えていることである．つまり，国際刑事裁判所が活動するのは，国内の裁判所が，国際裁判所規約に規定された犯罪を訴追する（17 条）能力を有しないか，放棄した場合のみである．この状況は，ドイツの立法者に独自の「国際刑法典」（2002 年 6 月 26 日）を制定する状況をもたらした．この法典は，14 条から成り，かなり簡潔なものであった[87]．ドイツ刑法は，これまで唯一の国際刑法的な犯罪として，国際謀殺（のちに廃止された刑法 220 条 a）を規定するのみであったため，国内の国際刑法典が望まれていた．また，人道に対する犯罪や戦争犯罪に対しては，（例えば，謀殺と強姦のように）数々の個々の構成要件の中に包摂されて規定されていたものの，特に国際刑法的な性質（組織的な犯罪実行，全市民への該当性）は規定されていなかった．

57　ドイツの立法者は，ローマ規程を「修正して導入」[88]するという道を選んだ．つまり，立法者は，規約の決定に関して，根本的に従ったものの，言葉通り採用したのではなく，内容をドイツ法に合わせる形で採用した．このことが特になされたのは，総則においてである．国際刑法 2 条は，「この法律に規定され

---

(85)　公式のドイツ語訳として，BT-Drucks. 14/2682（14. 2. 2000）．基本的な規定は，*Ambos,* ²2004, 919 ff. においても印刷されている．

(86)　その点で基本的なのは，*Ambos,* ²2004 の著作である．

(87)　読む価値の高い入門として，*Werle,* JZ 2001, 885, und *Weigend,* Vogler-GS, 2004, 197. 両者は，その法の仕上げ作業に関与した．

(88)　*Werle,* JZ 2001, 887.

169

第1編　基　礎

ている犯罪行為に対しては，この法律が1条，および，3-5条において特に規定していない場合には，一般刑法が適用される」．このような規定となったのは，国際刑法の総則が未だに未発展の状態であり，成立過程にあるために，目下のところ，ドイツ法が正確な解決方法を示してくれるものであるとされるためである．各則においては，ローマ規程で規定された国際刑法的な犯罪を採用したが，内容をさらに詳細化している．

58　国際刑法典は，「世界法原則」を採用している．すなわち，「犯罪行為が外国で行われ，国内と関連性のない場合においても」，1条によって国際刑法上の犯罪として適用される．ドイツの裁判所が，外国の国際刑法犯罪の訴追によって機能不全に陥らないために，刑訴法153条以下で広範囲にわたる訴追の免除が規定されている．

59　国際刑法も今日においては，独立した法の素材であることに鑑みると，ドイツ法に適用するためには，このテーマのみを扱う教科書の紹介が必要とされている[89]．以下の文献一覧表は，本書の読者にも重要な文献を紹介することにつながるであろう．

　　文献：*Jescheck*, Die Verantwortlichkeit der Staatsorgane nach Völkerstrafrecht, 1952; *Trifterer*, Dogmatische Untersuchungen zur Entwicklung des materiellen Völkerstrafrecht seit Nürnberg, 1966; *Werle/Wandres*, Auschwitz vor Gericht. Völkermord und bundesdeutsche Strafjustiz, 1995; *Reichart*, Die Bemühungen der Vereinten Nationen zur Schaffung eines „Weltstrafgesetzbuches", ZRP 1996, 134; *Ambos*, 14 examensrelevante Fragen zum neuen Internationalen Strafgerichtshof, JA 1998, 988; *Ahlbrecht*, Geschichte der völkerrechtlichen Strafgerichtsbarkeit im 20. Jahrhundert, 1999; *Fastenrath*, Der internationale Strafgerichtshof, JuS 1999, 632; *Jescheck*, Der internationale Strafgerichtshof, Vorgeschichte, Entwurfsarbeiten, Statut, Mangakis-FS, 1999, 483; *Seidel/Stahn*, Das Statut des Weltstrafgerichtshofs, Jura 1999, 14; *Trifterer* (Hrsg.), Commentary on the Rome Statute of the ICC, 1999; *Kreß*, Völkerstrafrecht in Deutschland, NStZ 2000, 617; *Safferling*, Zum aktuellen Stand des Völkerstrafrechts, JA 2000, 164; *Werle*, Völkerstrafrecht und geltendes deutsches Strafrecht, JZ 2000, 755; *Ambos*, „Verbrechenselemente" sowie Verfahrens- und Beweisregeln des Internationalen Strafgerichtshofs, NJW 2001, 405; *Ebert*, Völkerstrafrecht und Gesetzlichkeitsprinzip, Müller-Dietz-FS, 2001, 171; *Eser*, Auf dem Wege zu einem internationalen Strafgerichtshof: Entstehung und Grundzüge des Rom-Statuts, Spinellis-FS, 2001, 339; *Hermsdörfer*, Der zukünftige Internationale Strafgerichtshof – eine neue Epoche des Völkerstrafrechts, JR 2001, 6; *Trifterer*, Kriminalpolitische und dogmatische Überlegungen zum Entwurf gleichlautender „Elements of Crime"

---

　　(89)　模範的なのは，*Satzger*, 2005, *Werle*, 2003.

第4章　1871年以降のドイツ刑法改正

für alle Tatbestände des Völkermordes, Roxin-FS, 2001, 1415; *Weigend*, Zur Frage eines „internationalen" Allgemeinen Teils, Roxin-FS, 2001, 1375; *Werle*, Konturen eines deutschen Völkerstrafrechts, JZ 2001, 885; *Dietmeier*, Völkerstrafrecht und deutscher Gesetzgeber – Kritische Anmerkungen zum Projekt eines „Deutschen Völkerstrafgesetzbuchs", Meurer-GS, 2002, 333; *Haffke*, Der „gute" Positivismus im Lichte des Völkerstrafrechts, Lüderssen-FS, 2002, 395; *Satzger*, Das neue Völkerstrafgesetzbuch, NStZ 2002, 125; *Eser/Kreicker* (Hrsg.), Nationale Strafverfolgung völkerrechtlicher Verbrechen, Bd. 1-2, 2003; *Kaiafa-Gbandi*, Die allgemeinen Grundsätze des Strafrechts im Statut des internationalen Strafgerichtshofs: Auf dem Weg zu einem rechtsstaatlichen Strafrecht der Nationen?, Schreiber-FS, 2003, 199; *Möller*, Völkerstrafrecht und internationaler Strafgerichtshof – kriminologische, straftheoretische und rechtspolitische Aspekte, 2003; *Werle*, Völkerstrafrecht, 2003; *Ambos*, Der Allgemeine Teil des Völkerstrafrechts. Ansätze zu einer Dogmatisierung, ²2004; *Engelhart*, Der Weg zum Völkerstrafgesetzbuch – eine kurze Geschichte des Völkerstrafrechts, Jura 2004, 734; *Eser/Sieber/Kreicker* (Hrsg.), Nationale Strafverfolgung völkerrechtlicher Verbrechen, Bd. 3, 2004; *Triffterer*, Hans-Heinrich Jeschecks Einfluß auf die Entwicklung des Völkerstrafrechts und auf dessen Durchsetzung, ZStW 116 (2004), 959; *Weigend*, Bemerkungen zur Vorgesetztenverantwortlichkeit im Völkerstrafrecht, ZStW 116 (2004), 999; *ders.*, Das Völkerstrafgesetzbuch – nationale Kodifikation internationalen Rechts, Vogler-GS, 2004, 197; *Eser/Sieber/Kreicker* (Hrsg.), Nationale Strafverfolgung völkerrechtlicher Verbrechen, Bd. 4-6 (Bd. 5 in englischer Sprache), 2005; *Hünerbein*, Straftatkonkurrenzen im Völkerstrafrecht, 2005; *Jescheck*, Neuere Entwicklungen im nationalen, europäischen und internationalen Strafrecht, Eser-FS, 2005, 991; *Ligeti*, Strafrecht und strafrechtliche Zusammenarbeit in der Europäischen Union, 2005; *Neubacher*, Kriminologische Grundlagen einer internationalen Strafgerichtsbarkeit, 2005; *Satzger*, Internationales und Europäisches Strafrecht, 2005.

第5章　刑法の解釈および時間的効力と関連する罪刑法定主義

文献：*v. Liszt*, Uber den Einfluß der soziologischen und anthropologischen Forschungen auf die Grundbegriffe des Strafrechts, Mitteilungen der IKV, Bd. 4, 1893, (= Strafrechtliche Vorträge und Aufsätze, 1905 [Nachdruck 1970], Bd. 2, 75); *Stenglein*, Gelegenheitsgesetze, DJZ 1900, 107; *Traeger*, Die zeitliche Herrschaft des Strafgesetzes, VDA, 1908, Bd. VI, 317; *Schottlander*, Die geschichtliche Entwicklung des Satzes: „nulla poena sine lege", 1911: *Mezger*, Die zeitliche Herrschaft der Strafgesetze, ZStW 42 (1921); 348; *Bohne*, Die Magna Charta und das strafgesetzliche Analogieverbot, Lehmann-FS, 1937, 71; *v. Weber*, Zur Geschichte der Analogie im Strafrecht, ZStW 56 (1937), 653; *Germann*, Methodische Grundfragen, 1946; *H. Mayer*, Das Analogieverbot im gegenwärtigen deutschen Strafrecht, SJZ 1947, 12; *Jost*, Zum Analogieverbot im Strafrecht, SchwZStr 65 (1950), 358; *de Asua*, Nullum crimen, nulla poena sine lege, ZStW 63 (1951), 166; *Sax*, Das strafrechtliche Analogieverbot, 1953; *H. Mayer*, Die gesetzliche Bestimmtheit der Tatbestände, in: MatStrRef., I, 1954, 259; *K. Peters*, In welcher Weise empfiehlt es sich, die Grenzen des strafrichterlichen Ermessens im künftigen StGB zu regeln?, in: Verhandlungen des 41. DJT, 1955, I, 2. Halbbd., 1; *Waiblinger*, Die Bedeutungen des Grundsatzes „nullum crimen sine lege", Schweizer Juristenverein-FS, 1955, 212; *Baumann*, Die natürliche Wortbedeutung als Auslegungsgrenze im Strafrecht, MDR 1958, 394; *Sax*, Grundsätze der Strafrechtspflege, in: Bettermann/Nipperdey/Scheuner (Hrsg.), Die Grundrechte, Bd. III, 2. Halbbd., 1959, 909; *Stree*, Deliktsfolgen und Grundgesetz, 1960; *Claß*, Generalklauseln im Strafrecht, Eb. Schmidt-FS, 1961, 122; *Hardwig*, Berücksichtigung der Änderung eines Strafgesetzes in der Revisionsinstanz bei Vorliegen eines rechtskräftigen Schuldspruchs, JZ 1961, 364; *Heller*, Logik und Axiologie der analogen Rechtsanwendung, 1961; *Meyer-Ladewig*, Der Satz nulla poena sine lege in dogmatischer Sicht, MDR 1962, 262; *Warda*, Dogmatische Grundlagen des richterlichen Ermessens im Strafrecht, 1962; *Woesner*, Generalklausel und Garantiefunktion der Strafgesetze, NJW 1963, 273; *Grünwald*, Bedeutung und Begründung des Satzes nulla poena sine lege, ZStW 76 (1964), 1; *Roxin*, Verwerflichkeit und Sittenwidrigkeit als unrechtsbegründende Merkmale im Strafrecht, JuS 1964, 373 (= Grundlagenprobleme, 184); *Schnur* (Hrsg.), Zur Geschichte der Erklärung der Menschenrechte, 1964; *Baumann*, Der Aufstand des schlechten Gewissens, 1965; *Grünwald*, Zur verfassungsrechtlichen Problematik der rückwirkenden Änderung von Verjährungsvorschriften, MDR 1965, 521; *Seel*, Unbestimmte und normative Tatbestandsmerkmale und der Grundsatz nullum crimen sine lege (Art. 103 II GG), Diss. München, 1965; *Bopp*, Die Entwicklung des Gesetzesbegriffes im Sinne des Grundrechtes „nulla poena, nullum crimen sine lege", Diss. Freiburg, 1966; *Diefenbach*, Die verfassungsrechtliche Problematik des § 2 Abs. 4 StGB, Diss. Frankfurt, 1966; *Germann*, Probleme und Methoden der Rechtsfindung,

第1編　基　礎

[2]1967; *Küper*, Die Richteridee der Strafprozeßordnung und ihre geschichtlichen Grundlagen, 1967; *Hassemer*, Tatbestand und Typus, 1968; *Kleinheyer*, Vom Wesen der Strafgesetze in der neueren Rechtsentwicklung – Entwicklungsstufen des Grundsatzes nulla poena sine lege, 1968; *Lenckner*, Wertausfüllungsbedürftige Begriffe im Strafrecht und der Satz „nullum crimen sine lege", JuS 1968, 249, 304; *Naucke*, Rückwirkende Senkung der Promillegrenze und Rückwirkungsverbot, NJW 1968, 2321; *Schöckel*, Die Entwicklung des strafrechtlichen Rückwirkungsverbots bis zur französischen Revolution, 1968; *Schreiber*, Zur Zulässigkeit der rückwirkenden Verlängerung von Verjährungsfristen früher begangener Delikte, ZStW 80 (1968), 348; *Kohlmann*, Der Begriff des Staatsgeheimnisses und das verfassungsrechtliche Gebot der Bestimmtheit von Strafgesetzen, 1969; *Mangakis*, Über die Wirksamkeit des Satzes „nulla poena sine lege", ZStW 81 (1969), 997; *Naucke*, Vom Nutzen der subjektiven Auslegung im Strafrecht, Engisch-FS, 1969, 274; *Schick*, Zeitgesetze, JBl 1969, 639; *Schneider*, Richterrecht, Gesetzesrecht und Verfassungsrecht, 1969; *Schroeder*, Die Bestimmtheit von Strafgesetzen am Beispiel des groben Unfugs, JZ 1969, 775; *Tiedemann*, Tatbestandsfunktionen im Nebenstrafrecht, 1969; *Burian*, Der Einfluß der deutschen Naturrechtslehre auf die Entwicklung der Tatbestandsdefinition im Strafrecht, 1970; *Esser*, Vorverständnis und Methodenwahl in der Rechtsfindung, 1970; *Grunsky*, Grenzen der Rückwirkung bei einer Änderung der Rechtsprechung, 1970; *Haffke*, Das Rückwirkungsverbot des Art. 103 II GG bei Änderung der Rechtsprechung zum materiellen Recht, Diss. Göttingen, 1970; *Lemmel*, Unbestimmte Strafbarkeitsvoraussetzungen im Besonderen Teil des Strafrechts und der Grundsatz nullum crimen sine lege, 1970; *Straßburg*, Rückwirkungsverbot und Änderung der Rechtsprechung, ZStW 82 (1970), 948; *Gomard*, Auslegung und Analogie bei der Anwendung dänischer Wirtschaftsstrafgesetze, ZStW 83 (1971), 332; *Groß*, Über das „Rückwirkungsverbot" in der strafrechtlichen Rechtsprechung, GA 1971, 13; *Kratzsch*, § 53 StGB und der Grundsatz nullum crimen sine lege, GA 1971, 65; *Bringewat*, Gewohnheitsrecht und Richterrecht im Strafrecht, ZStW 84 (1972), 585; *Engisch*, Methoden der Strafrechtswissenschaft, in: Methoden der Rechtswissenschaft, Teil I, 1972, 39; *Müller-Dietz*, Verfassungsbeschwerde und richterliche Tatbestandsauslegung im Strafrecht, Maurach-FS, 1972, 41; *Nickel*, Die Problematik der unechten Unterlassungsdelikte im Hinblick auf den Grundsatz „nullum crimen sine lege" (Art. 103 II GG), 1972; *Buchner*, Vertrauensschutz bei Änderung der Rechtsprechung, Dietz-GS, 1973, 175; *Maiwald*, Bestimmtheitsgebot, tatbestandliche Typisierung und die Technik der Regelbeispiele, Gallas-FS, 1973, 137; *Naucke*, Über Generalklauseln und Rechtsanwendung im Strafrecht, 1973; *Roxin*, Kriminalpolitik und Strafrechtssystem, [2]1973; *Schreiber*, Rückwirkungsverbot bei einer Änderung der Rechtsprechung im Strafrecht, JZ 1973, 713; *Suppert*, Studien zur Notwehr und „notwehrähnlichen Lage", 1973; *Arndt*, Probleme rückwirkender Rechtsprechungsänderung, 1974; *Dubs*, Die Forderung der optimalen Bestimmtheit belastender Rechtsnormen, in: Referate zum Schweizer Juristentag 1974, 223; *Meurer/Meichsner*, Untersuchungen zum Gelegenheitsgesetz im Strafrecht, 1974; *Tiedemann*, Zeitliche Grenzen des Strafrechts, Peters-FS, 1974, 193; *Haft*, Generalklauseln und unbestimmte Begriffe im Strafrecht, JuS 1975, 477;

174

第 5 章　刑法の解釈および時間的効力と関連する罪刑法定主義

Kratzsch, Das（Rechts）Gebot zu sozialer Rücksichtnahme als Grenze des strafrechtlichen Notwehrrechts, JuS 1975, 435; *Tiedemann*, Der Wechsel von Strafnormen und die Rspr. des BGH, JZ 1975, 692; *Mazurek*, Zum Rückwirkungsgebot gemäß § 2 Abs. 3 StGB, JZ 1976, 233; *Mohrbotter*, Garantiefunktion und zeitliche Herrschaft der Strafgesetze am Beispiel des § 250 StGB, ZStW 88 (1976), 923; *Neumann*, Der „mögliche Wortsinn" als Auslegungsgrenze in der Rechtsprechung der Strafsenate des BGH, in: Neumann/Rahlf/v. Savigny (Hrsg.), Juristische Dogmatik und Wissenschaftstheorie, 1976, 42; *Schreiber*, Gesetz und Richter. Zur geschichtlichen Entwicklung des Satzes nullum crimen nulla poena sine lege, 1976; *Dietz*, Die Problematik der Rückwirkung von Strafgesetzen bei den Maßregeln der Besserung und Sicherung, Diss. Frankfurt, 1977; *Krey*, Studien zum Gesetzesvorbehalt im Strafrecht, 1977; *Mohrbotter*, Einige Bemerkungen zum Verhältnis von Form und Stoff bei der Änderung strafrechtlicher Rechtssätze (§ 2 StGB), JZ 1977, 53; *Pieroth*, Der rückwirkende Wegfall des Strafantragserfordernisses, JuS 1977, 394; *Tröndle*, Rückwirkungsverbot bei Rechtsprechungswandel?, Dreher-FS, 1977, 117; *Krey*, Zur Problematik richterlicher Rechtsfortbildung contra legem, JZ 1978, 361, 428, 465; *Schünemann*, Nulla poena sine lege?, 1978; *Bottke*, Strafrechtswissenschaftliche Methodik und Systematik bei der Lehre vom strafbefreienden und strafmildernden Täterverhalten, 1979; *Höpfel*, Zu Sinn und Reichweite des sogenannten Analogieverbots, JBl 1979, 505, 575; *Schroeder*, Der zeitliche Geltungsbereich der Strafgesetze, Bockelmann-FS, 1979, 785; *Schünemann*, Methodologische Prolegomena zur Rechtsfindung im Besonderen Teil des Strafrechts, Bockelmann-FS, 1979, 117; *ders.*, 17 Thesen zum Problem der Mordverjährung, JR 1979, 177; *Sommer*, Das „mildeste Gesetz" i. S. d. § 2 III StGB, 1979; *Bruns*, Richterliche Rechtsfortbildung oder unzulässige Gesetzesänderung der Strafdrohung für Mord?, JR 1981, 358; *Naucke*, Die Aufhebung des Analogieverbots 1935, in: NS-Recht in historischer Perspektive, 1981, 71; *Bohnert*, P. J. A. Feuerbach und der Bestimmtheitsgrundsatz im Strafrecht, 1982; *Hassemer*, Über die Berücksichtigung von Folgen bei der Auslegung der Strafgesetze, Coing-FS, 1982, Bd. 1, 493; *Arth. Kaufmann*, Analogie und Natur der Sache, [2]1982; *Kunert*, Zur Rückwirkung des milderen Steuerstrafgesetzes, Neue Zeitschrift für Steuerrecht 1982, 276; *Naucke*, Die Mißachtung des strafrechtlichen Rückwirkungsverbots 1933-1945, Coing-FS, 1982, Bd. 1, 225; *Canaris*, Die Feststellung von Lücken im Gesetz, [2]1983; *Krey*, Keine Strafe ohne Gesetz, 1983; *Samson*, Möglichkeiten einer legislatorischen Bewältigung der Parteispendenproblematik, wistra 1983, 235; *U. Schroth*, Theorie und Praxis subjektiver Auslegung im Strafrecht, 1983; *Schünemann*, Die Gesetzesinterpretation, Klug-FS, Bd. 1, 1983, 169; *Bruns*, Die sog. „tatsächliche" Betrachtungsweise im Strafgesetz, JR 1984, 133; *Rüping*, Blankettnormen als Zeitgesetze, NStZ 1984, 450; *Schlüchter*, Zum „Minimum" bei der Auslegung normativer Merkmale im Strafrecht, NStZ 1984, 300; *Zippelius*, Juristische Methodenlehre, [4]1985; *Baumann*, Dogmatik und Gesetzgeber, Jescheck-FS, 1985, 105; *Calliess*, Der strafrechtliche Nötigungstatbestand und das verfassungsrechtliche Gebot der Tatbestandsbestimmtheit, NJW 1985, 1506; *Dopslaff*, Wortbedeutung und Normzweck als die maßgeblichen Kriterien für die Auslegung von Strafrechtsnormen, 1985; *Hirsch*, Rechtfertigungsgründe und Analogieverbot, Tjong-GS,

175

第1編 基 礎

1985, 50; *Jung*, Rückwirkungsverbot und Maßregel, Wassermann-FS, 1985, 875; *Krey*, Parallelität und Divergenzen zwischen strafrechtlichem und öffentlich-rechtlichem Gesetzesvorbehalt, Blau-FS, 1985, 123; *Loos*, Bemerkungen zur „historischen Auslegung", Wassermann-FS, 1985, 123; *Montenbruck*, In dubio pro reo aus normtheoretischer, straf- und strafverfahrensrechtlicher Sicht, 1985; *Rüping*, Nullum crimen sine poena, Oehler-FS, 1985, 27; *R. Schmitt*, Der Anwendungsbereich von § 1 Strafgesetzbuch (Art. 103 Abs. 2 Grundgesetz), Jescheck-FS, 1985, 223; *Tiedemann*, Die gesetzliche Milderung im Steuerstrafrecht, 1985; *Bruns*, Zur strafrechtlichen Relevanz des gesetzesumgehenden Täterverhaltens, GA 1986, 1; *Krahl*, Die Rechtsprechung des BVerfG und des BGH zum Bestimmtheitsgrundsatz im Strafrecht, 1986; *Lackner*, Zu den Grenzen der richterlichen Befugnis, mangelhafte Strafgesetze zu berichtigen, Universität Heidelberg-FS, 1986, 39; *Schlüchter*, Mittlerfunktion der Präjudizien, 1986; *Schünemann*, Kritische Anmerkungen zur These von der strafrechtlichen Rückwirkung des Parteienfinanzierungsgesetzes 1984, in: De Boor/Pfeiffer/Schünemann (Hrsg.), Parteispendenproblematik, 1986, 119; *Schürmann*, Unterlassungsstraftat und Gesetzlichkeitsgrundsatz, 1986; *Tiedemann*, Das Parteienfinanzierungsgesetz als strafrechtliche lex mitior, NJW 1986, 2475; *Kirchhof*, Die Bestimmtheit und Offenheit der Rechtssprache, 1987; *Schmidhäuser*, Strafgesetzliche Bestimmtheit: Eine rechtsstaatliche Utopie, Martens-GS, 1987, 231; *Baumann*, Ein neues ad hoc-Gesetz zu § 125 StGB?, StrV 1988, 37; *Pföhler*, Zur Unanwendbarkeit des strafrechtlichen Rückwirkungsverbots im Strafprozeßrecht in dogmenhistorischer Sicht, 1988; *Krey*, Gesetzestreue und Strafrecht. Schranken richterlicher Rechtsfortbildung, ZStW 101 (1989), 838; *Ransiek*, Gesetz und Lebenswirklichkeit. Das strafrechtliche Bestimmtheitsgebot, 1989; *Hassemer*, Zeitgesetze und Gelegenheitsgesetze in strafrechtstheoretischer und kriminalpolitischer Perspektive, in: Lüderssen u. a. (Hrsg.), Modernes Strafrecht und ultima-ratio-Prinzip, 1990, 201; *Kaschkat*, Verfassungsrechtliche Grenzen strafrechtswirksamer Legislativtechnik, F.-W. Krause-FS, 1990, 123; *Velten/Mertens*, Zur Kritik grenzenlosen Gesetzesverstehens usw., ARSP 1990, 516; *Wittich*, Zur Analogie im chinesischen Strafrecht, Jahrbuch für Ostrecht, 1990, 437; *Bernreuther*, Promillegrenze – Präjudizänderung im Strafrecht und Rückwirkungsverbot, MDR 1991, 829; *Hüting/Konzak*, Die Senkung des Grenzwertes der absoluten Fahrunsicherheit und das Rückwirkungsverbot des Art. 103 II GG, NZV 1991, 255; *Krahl*, Fahruntüchtigkeit – Rückwirkende Änderung der Rechtsprechung und Art. 103 II GG, NJW 1991, 808; *Laaths*, Das Zeitgesetz gem. § 2 Abs. 4 StGB unter Berücksichtigung des Blankettgesetzes, Diss. Regensburg, 1991; *Larenz*, Methodenlehre der Rechtswissenschaft, ⁶1991; *Neumann*, Rückwirkungsverbot bei belastenden Rechtsprechungsänderungen der Strafgerichte?, ZStW 103 (1991), 331; *Runte*, Die Veränderung von Rechtfertigungsgründen durch Rechtsprechung und Lehre, 1991; *Schick*, Bestimmtheitsgrundsatz und Analogieverbot, R. Walter-FS, 1991, 625; *Dannecker*, Das intertemporale Strafrecht, 1992; *Hassemer*, Richtiges Recht durch richtiges Sprechen?, in: Grewendorf (Hrsg.), Rechtskultur als Sprachkultur, 1992, 71; *S. Jung*, Die Rechtsprobleme der Nürnberger Prozesse, 1992; *Lorenz*, Faustrecht in der Eifel – Brauchtum als Rechtfertigungsgrund, MDR 1992, 630; *Neuner*, Die Rechtsfindung contra legem, 1992, ²2005; *U.*

176

第5章　刑法の解釈および時間的効力と関連する罪刑法定主義

Schroth, Präzision im Strafrecht, in: Grewendorf (Hrsg.), Rechtskultur als Sprachkultur, 1992, 93; *Yi*, Wortlautgrenze, Intersubjektivität und Kontexteinbettung, 1992; *Arzt*, Dynamisierter Gleichheitssatz und elementare Ungleichheiten im Strafrecht, Stree/ Wessels-FS, 1993, 49; *Grünwald*, Die Entwicklung der Rechtsprechung zum Gesetzlichkeitsprinzip, Arth. Kaufmann-FS, 1993, 433; *Heinrich*, Die gefährliche Körperverletzung, 1993; *Hugger*, Zur strafbarkeitserweiternden richtlinienkonformen Auslegung deutscher Strafvorschriften, NStZ 1993, 421; *Pieroth/Kingreen*, Die verfassungsrechtliche Problematik des Verjährungsgesetzes, NJ 1993, 385; *Dickert*, Der Standort der Brauchtumspflege in der Strafrechtsordnung, JuS 1994, 631; *Jo*, Der zeitliche Geltungsbereich des Strafrechts, Diss. Bonn 1994; *Epping*, Die „lex van der Lubbe", Der Staat 1995, 243; *Hankel/Stuby* (Hrsg.), Strafgerichte gegen Menschheitsverbrechen, 1995; *Jeand' Heur*, Bestimmtheitsgrundsatz und Gesetzesauslegung, NJ 1995, 465; *Jescheck*, Grundsätze der Kriminalpolitik in rechtsvergleichender Sicht, Miyazawa-FS, 1995, 363; *Seiler*, Die zeitliche Geltung von Strafgesetzen, Platzgummer-FS, 1995, 39; *Süß*, Vom Umgang mit dem Bestimmtheitsgebot, in: Institut für Kriminalwissenschaften Frankfurt a. M. (Hrsg.), Vom unmöglichen Zustand des Strafrechts, 1995, 207; *Bialas*, Promille-Grenzen, Vorsatz und Fahrlässigkeit, 1996; *Erb*, Die Schutzfunktion von Art. 103 II GG bei Rechtfertigungsgründen, ZStW 108 (1996), 266; *Ehret*, Franz von Liszt und das Gesetzlichkeitsprinzip, 1996; *Küper*, Das BVerfG, das Analogieverbot und der Bedrohungstatbestand, JuS 1996, 783; *Naucke*, Die strafjuristische Privilegierung staatsverstärkter Kriminalität, 1996; *Scheffler*, Die Wortsinngrenze bei der Auslegung, JuS 1996, 505; *Joerden*, Wird politische Machtausübung durch das heutige Strafrecht strukturell bevorzugt?, GA 1997, 201; *Sternberg-Lieben*, Die objektiven Schranken der Einwilligung, 1997; *Classen*, Artikel 103 Abs. 2 GG – ein Grundrecht unter Vorbehalt?, GA 1998, 215; *Haft*, Kritische Anmerkungen zur „Auslegung" von Straftatbeständen, Lenckner-FS, 1998, 81; *Müller-Dietz*, Abschied vom Bestimmtheitsgrundsatz im Strafrecht?, Lenckner-FS, 1998, 179; *Bahlmann*, Rechts- oder kriminalpolitische Argumente innerhalb der Strafgesetzgebung und -anwendung, 1999, *Grünwald*, Zur rückwirkenden Strafbarkeitsbegründung durch Gerichte, Mangakis-FS, 1999; 119; *H. L. Günther*, Warum Art. 103 Abs. 2 GG für Erlaubnissätze nicht gelten kann, Grünwald-FS, 1999, 213; *Krahl*, Tatbestand und Rechtsfolge, 1999 (dazu *Freund*, ZStW 2000, 665); *H. Schneider*, Die Verwandlung des § 57 StGB. Rückwirkungsverbot bei der Strafrestaussetzung zur Bewährung in der Fassung des „Gesetzes zur Bekämpfung von Sexualdelikten und anderen gefährlichen Straftaten", StrV 1999, 398; *Schroeder*, Der Bundesgerichtshof und der Grundsatz „nulla poena sine lege", NJW 1999, 89; *Kinzig*, Schrankenlose Sicherheit? – Das Bundesverfassungsgericht vor der Entscheidung über die Geltung des Rückwirkungsverbots im Maßregelrecht, StrV 2000, 330; *Otto*, Die Beurteilung alkoholbedingter Delinquenz in der Rspr. des BGH, BGH-FS, 2000, 111; *Hettinger/Engländer*, Täterbelastende Rechtsprechungsänderungen im Strafrecht, Meyer-Goßner-FS, 2001, 145; *Arth. Kaufmann*, Die Rolle der Abduktion im Rechtsgewinnungsverfahren, Müller-Dietz-FS, 2001, 349; *Kim*, Der Gesetzlichkeitsgrundsatz im Lichte der Rechtsidee, Roxin-FS, 2001, 119; *Best*, Das Rückwirkungsverbot nach Art. 103 Abs. 2 GG und die Maßregeln der

177

第 1 編 基 礎

Besserung und Sicherung (§ 2 Abs. 6 StGB), ZStW 114 (2002), 88; *Kölbel*, Über die Wirkung außerstrafrechtlicher Normen auf die Strafrechtsauslegung, GA 2002, 403; *Naucke*, Bürgerliche Kriminalität, Staatskriminalität und Rückwirkungsverbot, Trechsel-FS, 2002, 505; *Kudlich*, Die strafrahmenorientierte Auslegung im System der strafrechtlichen Rechtsfindung, ZStW 115 (2003), 1; *ders.*, Grundrechtsorientierte Auslegung im Strafrecht, JZ 2003, 127; *Sternberg-Lieben*, § 228 StGB: eine nicht nur überflüssige Regelung, Keller-GS, 2003; *Birkenstock*, Die Bestimmtheit von Straftatbeständen mit unbestimmten Gesetzesbegriffen, 2004; *Kudlich /Christensen*, Die Kanones der Auslegung als Hilfsmittel für die Entscheidung von Bedeutungskonflikten, JA 2004, 74; *Satzger*, Die Internationalisierung des Strafrechts als Herausforderung für den strafrechtlichen Bestimmtheitsgrundsatz, JuS 2004, 943.

外国語文献：*Contento*, Interpretazione estensiva e analogia, in: Stile (Hrsg.), Le discrasie tra dotrina e giurisprudenza in diritto penale, Neapel, 1991, 3; *Palazzo*, Orientamenti dottrinali ed effettività giurisprudenziale del principio di determinatezza-tassatività in materia penale, ebda., 25; *Ferrajoli*, Diritto e ragione, Rom, ⁵1998; *Moccia*, La promessa non mantenuta, Neapel, 2001.

A．法律なければ犯罪なし，刑罰なし

1　すでにこれまで述べてきたことから明らかになったのは，法治国家では個人は刑法によって守られるばかりでなく，刑法からも守られるべきであるということである．したがって，法秩序は，予防的な犯罪防止にふさわしい方法および手段を用いなければならないということにとどまらない．市民が「国家というリヴァイアサン」の恣意的なまたは過剰な侵害に無防備にさらされないためにも，法秩序は，刑罰権を行使する際にも自らに制限を課さなければならない．公的制裁によって威嚇された者を法治国家的に保護する道具として，われわれはすでに責任主義（3 章 Rn. 51 以下）および均衡性の原則（3 章 Rn. 67）を知っている．両原則は，個人的な責任がないにもかかわらず法律によって画された範囲の中で処罰されたり，あまりにも厳しい制裁が科されることを防止する．それに対して，これから論じる罪刑法定主義は，法律なしの処罰，または不明確もしくは遡及的な法律に基づいた，恣意的で予測しえない処罰を防止することができる．

第 5 章　刑法の解釈および時間的効力と関連する罪刑法定主義

第1節　法律なければ犯罪なし

2　「法律なければ犯罪なし」(nullum crimen sine lege)[1]という命題は基本的な法治国家の公理であり，刑法 1 条，ならびに，その特別な重要性のゆえに同じ文言で基本法 103 条 2 項，および，表現は異なるもののヨーロッパ人権条約 7 条 1 項 1 文にも受け入れられたほどである．刑法 1 条と基本法 103 条 2 項は次のように述べている．「行為は，それが行われる以前にその可罰性が法律により定められたときに限り，これを処罰することができる」．すなわち，ある行為がどれほど社会有害的で処罰の必要性が高かろうとも，予め法律に明文で予告されていた場合のみ，国家は刑法上の制裁を用いてもよいのである．例えば，1871 年の刑法典公布の際にはまだ知られていなかった自動販売機が登場したとき，多くの者は，自動機械をただで利用するため，真正の硬貨の代わりに同じ形状の金属片をコイン投入口に挿入することで，そのような自動機械（例えば公衆電話や自動秤量器 (Wiegeautomaten)）の設置者に損害を与えるようになった．彼らを処罰することはできなかった (RGSt 68, 65)．というのは，263 条の文言によれば，詐欺の構成要件は，錯誤の惹起または維持を要件とするが，機械は錯誤に陥ることがありえないからである．146 条および 248 条 c もこの場合に直接当てはまることはなかった．そのため，立法者は，爾後，自動機械の悪用を捉える新たな刑罰規定（265 条 a）を導入することが必要だと考えた（「自動機械の給付を得た者は」）．しかし，この新たな規定では，規定導入**後**に自動機械を悪用した行為者のみを処罰することが可能となった．これに対し，265 条 a を導入するきっかけを与えた者は，罪刑法定主義により処罰から守られた．

3　したがって，「法律なければ犯罪なし」という命題は，刑法の網の目[2]をく

---

(1)　その際，「犯罪 (Verbrechen)」という概念は，ここでは，12 条 1 項における特有の〈重罪という〉意味ではなく，「犯罪行為」の意味で理解される．

(2)　基本法 104 条 1 項 1 文は，自由刑を科すために「正式の法律の根拠」を要求しており，したがって法律自体を要求しないのに対し（例えば，参考文献の多い BVerfG NJW 1992, 107 参照），その他では，したがってとりわけ罰金刑には，実質的な法律（法規命令）で十分である（これに対して，*Maunz/Dürig/Schmidt–Aßmann*, GG, Art. 103 II Rn. 183 によれば，基本法 103 条および 104 条は相互に作用し合うため，あらゆる刑罰に対して —— 過料は別として —— 正式の法律が根拠として必要でなければならない）．もっとも，授権規範の明確性への要求は高い (BVerfGE 14, 174)．*Kaschkat*,

179

第1編　基　礎

ぐり抜けることを許す．それゆえ，*Franz v. Liszt* は，本来犯罪撲滅に役立つべき刑法典を，誇張してはいるが印象的な言葉として，「犯罪者のマグナカルタ」と呼んだ[3]．すなわち，かつてイギリスの「マグナカルタ」(1215年) が個人を国家権力の恣意的な介入から守ったように，刑法典は行為の**前**に可罰的であるとはっきり明言されていない行動に対するあらゆる処罰から (誠実であれ不誠実であれ) 市民を保護する．かくして，時には，特に狡猾で社会有害的な，それゆえ当罰的な行為が処罰されないままであるのは，恣意からの自由および法的安定性 (すなわち，国家刑罰権の行使の計算可能性) に対して立法者が支払わなければならない (それほど高額でない) 代価である．

第2節　法律なければ刑罰なし

4　「法律なければ犯罪なし」という命題は，「法律なければ刑罰なし」(nulla poena sine lege) という公式によって補完される．それにより次のことが考えられている．一定の行為がそもそも可罰的であるという事情ばかりでなく，刑罰の種類およびその可能な重さも，行為の前に法律により定められていなければならない．そこで，立法者は，例えば，しかるべききっかけから，テロリスト団体の結成 (129条a1項，2項) に対して威嚇された自由刑を引き上げるよう動機づけられたと感じるかもしれない．しかし，きっかけを与えた者自身は，そのような場合，常に，以前のより軽い法定刑によって判断されなければならない．それは，「法律なければ犯罪なし」という原則からはまだ読み取れない．というのは，「犯罪 (crimen)」は行為を実行したときにはすでに存在していた

F.-W. Krause-FS, 1990, 123 は，彼が違憲と考えている麻薬法を例に，そのような「刑法上有効な立法技術」の憲法的限界を述べている．

(3)　国際刑事学協会 (第3章 Rn. 12) のための1893年の意見の中にあり，Strafrechtliche Vorträge und Aufsätze, 1905 (再版1970), Bd. 2, 75 ff. (80) に掲載された．その命題は，*Liszt* 自身が述べているように (a.a.O.)，「逆説的」であるばかりでなく，論理的にも正しくない，なぜなら，不可罰な状態にある者は，まさに「犯罪者」ではないからである (*Schünemann*, 1978, 1, Fn. 2 参照)．しかしそれにもかかわらず，この機知に富んだ公式の意味は明瞭である．それに対して，*Ehret* は，そもそも Liszt を —— Feuerbach とは対照的に —— 自由法治国家論の代表的人物とみなそうとはせず，介入主義的法律国家 (Gesetzesstaat) の代表的人物と評し，彼のマグナカルタ公式は，敵対的な刑法の理解を単に容認しているにすぎないとの疑いがかけられる．それは，*Ehret*, 1996 の中で広く述べられている．

第5章　刑法の解釈および時間的効力と関連する罪刑法定主義

からである．「法律なければ刑罰なし」という命題によって初めて，行為者は
この点でも守られるのである．

5　「法律なければ刑罰なし」という原則も憲法ランクに位置するか否かという
問題は，全く争いがないわけではない．遡及的な刑の加重の禁止というこの原
則の最も重要な特徴は，2条1項に明文で述べられている．「刑罰とその付随
効果は，行為の時に効力のある法律によって定まる」．この規定は，――1条の
文言とは異なり――基本法103条2項には見出されない．そこから，事後的な刑
の加重は2条1項によって禁止されているが，憲法上は禁止されていないとい
う結論を導き出すことができる[4]．というのは，基本法103条2項の「可罰
性」は行為の前に既に存在していたからである．

6　それにもかかわらず，まったくの通説は，憲法は法律なければ刑罰なしの原
則も保障しているという立場に立っている[5]．それは正当である．というのは，
基本法103条2項の「可罰性」概念は，可罰性の「可否」ばかりでなく「方
法」も含んでいると無理なく解釈できるからである．そのように解釈した場合，
刑罰威嚇のみが事後的に加重されたとしても，「可罰性」は行為の前に定めら
れていなかったことになる．いずれにしろ，基本法の起草者はこのような考え
を元にしており[6]，この解釈は目的論的にも唯一正しいものである．という
のは，罪刑法定主義の憲法的保障は，それが非常に軽い刑罰威嚇を非常に重い
刑罰威嚇へと事後的に変更することも防止できなければ，ほとんど価値はない
であろうからである．そうであれば，憲法によって排除されるべき国家の恣意
は，依然としてありうるであろう．それにより，基本法103条2項（およびそ
れに相当する1条）が，法律なければ刑罰なしの命題を内に含んでいるというこ
とを前提とする場合，2条は，遡及的な刑の加重の禁止というその最も重要な
結論に対してのみ，刑法の時間的効力との関連をはっきりと具体化する．

---

(4)　この問題は，ワイマール時代，基本法103条2項に相当するワイマール憲法116条
の規定に関して非常に争われた．

(5)　BVerfGE 25, 295; 45, 363, 371 ff. のみ参照．近年では，わずかに *Welzel*, StrafR[11], §
5 I 1; *K. Peters*, 1955, 23 が法律なければ刑罰なしの命題の憲法ランク性を否定してい
るにすぎない．

(6)　詳細は *Schreiber*, 1976, 202 ff.

第1編　基礎

B．罪刑法定主義の四つの効果

7　従来，「禁止」に表れている罪刑法定主義の効果は四つに区分され，その内前二者は裁判官に，後二者は立法者に向けられている．すなわち，類推禁止，刑を創出する，また刑を加重する慣習法の禁止，遡及効の禁止ならびに不明確な刑法の禁止である[7]．四つ全ての禁止に対して，さらに詳細かつ個別的に論述する必要がある（Rn. 26 以下）．しかし，罪刑法定主義を理解するために，まず初めに，その一般的な特徴を述べておく必要がある．

第1節　類推禁止（厳格な法律なければ犯罪なし，刑罰なし）

8　類推とは，類似性の推論という方法で，法規定を法律に規定されていない他の事例に転用することである．転用されうる法規定が個々の規定（法律の類推）に由来するのか，複数の規定から導かれうる法的思考（法の類推）に由来するのかに応じて，法律の類推（Gesetzesanalogie）と法の類推（Rechtsanalogie）とに区別される．そのような類推は，他の法分野では法を発見する通常の手段の一つであるが，刑法においては，類推が行為者の不利に働く限り，行為者保護のために基本法 103 条 2 項により禁止されている．というのは，法律に規定されているものにただ類似しているだけの事例に対して，可罰性は法律上に規定されていないからである．それゆえ，自動販売機事件（Rn. 2）において，詐欺の規定を類推適用して処罰することは排除されなければならず，行為者は無罪を言い渡されなければならなかった．したがって，刑事裁判官の権力は，行為者に不利となる法を適用する場合，解釈の限界で終わる（詳細は Rn. 26 以下）．

第2節　刑を創出しまた刑を加重する慣習法の禁止（成文の法律なければ犯罪なし，刑罰なし）

9　他の法分野においては，法律の他に（不文の）慣習法が独自の法源として認められている．しかし，慣習法による可罰性は創出も加重もすることができな

---

(7)　この厳格な要請に対してしばしば見受けられる柔軟性に関して批判的なのは，*Kim*, Roxin-FS, 2001, 119 (135).

第5章　刑法の解釈および時間的効力と関連する罪刑法定主義

いうということは，可罰性は**法律によってのみ定める**ことが許されるという命令
からの当然の結果である（詳細は Rn. 45 以下）．

第3節　遡及効の禁止（予め定められた法律なければ犯罪なし，刑罰なし）

10　さまざまな種類の遡及効が考えられる．実行の時可罰的でなかった行為を遡
及的に処罰することがある．法律により可罰的とされた行為に対して，遡及的
に，より重い刑種（例えば罰金刑の代わりに自由刑）を導入することがありえ，同
じ刑種における刑罰威嚇を加重（例えば5年の自由刑から10年の自由刑に）するこ
とがありうる．三つすべての遡及効のパターンが憲法上許されない．というの
は，可罰性は（それ自体，種類または重さの点で），行為の**前**に法律によって明言さ
れてはおらず，定められてもいなかったからである（詳細は Rn. 51 以下）．

第4節　不明確な刑法および刑罰の禁止（明確な法律なければ犯罪なし，刑罰なし）

11　例えば，「堪えがたい方法で公共の福祉に反した者は，5年以下の自由刑に
処する」という内容の刑罰規定があったとすれば，それは，刑法典の多くの条
文を余分なものとするであろう．しかし，このような規定は，可罰的行為がど
のようなものでなければならないのかを認識させないため，無効であろう．可
罰性は，行為の前に「法律によって**定められ**」ておらず，どのような行為が堪
えがたい方法で公共の福祉に反したのかは，裁判官によって初めて確定されざ
るをえないのである．したがって，（刑法典内および外の）刑法の構成要件が限り
なく多様であるのは，罪刑法定主義の効果である．しかし，絶対的不定期刑も
許されない．例えば，303条が「違法に他人の物を損壊し，または破壊した者
は，処する」と規定しているとすれば，それは違憲かつ無効であろう．という
のは，どのような刑罰がどの位の重さで科せられてもよいのかは，法律に定め
られていないままだからである（詳細は Rn. 67 以下）．

C．罪刑法定主義の歴史および国際的効力[8]

12　ローマ法および中世ロマン法は，一定の範囲で，すでに遡及効の禁止を知ってい
たが[9]，慣習法または裁判官の裁量による処罰は至る所で普通に行われていた．カ
ロリーナ刑事法典，すなわち，ドイツ普通刑法に対して決定的な役割を果たした

第1編 基 礎

1532年の皇帝カール五世の刑事裁判令[10]は，104条および105条において，基本的に制定法を参照するよう述べているが，刑罰の種類と程度を「善良な慣習」および裁判官に委ねており，「明記されていない刑事事件」への制定法の類推適用をも認めている．さらに，この法典は多くの他の法源を認めており，それゆえ，法律に基づかない処罰に対して個々人を保障することができなかった．しかし，極めて限定的ではあったが刑事裁判令のこの法的拘束性も，16世紀から18世紀に，とりわけ，当罰的行為を法律がなくても裁判官の発言によって処罰した「正規でない犯罪（crimina extraordinaria）」が認められたことで，再び取り去られた．

13 結局，それによって生じた恣意および法的不安定性により，後の法典編纂時代を可能にした急激な変化が，17世紀末および18世紀の思想家の前に用意された．その際，当面，国家の恣意から市民を守ろうとする努力はまだ重要な位置を占めておらず，（とりわけドイツ自然法の思想家においては）[11]啓蒙絶対王制の支配者に，裁判官に対して自らの意思をできる限り広く押し通す機会を与えようとした．そのために，詳細な法律という形での命令が必要であった．しかし，この努力は，国家権力の自己拘束性を掲げる自由主義的な啓蒙主義の理念と合致しており，この理念は後期啓蒙主義の立法作業において十分に価値が認められた（影響を及ぼし続ける思想史的基盤に関して Rn. 18 以下）．

14 罪刑法定主義は，まず初めに，1776年，アメリカの州（ヴァージニア，メリーランド）憲法に，次いでヨーゼフ二世の1787年のオーストリア刑法典[12]に，1789年の有名なフランス人権宣言[13]に，そしてそのすぐ後に1794年のプロ

---

(8) *Krey*, 1983 が「『法律なければ犯罪なし，刑罰なし』という命題の理論史を」基本的に「概説」している．

(9) 詳細は *Schöckel*, 1968; *Pföhler*, 1988.

(10) 学生は刑事裁判令に *Radbruch/Arth. Kaufmann* 編の Reclam-Heft Nr. 2990 で容易に触れることができる．

(11) それに関して *Burian*, 1970.

(12) しばしば，ヨーゼフ二世は，絶対王制の支配者として国民の自由を守らず，裁判官による裁量の自由を排除することで自らの支配を強固にしようとしたと考えられている（Rn. 13 参照）．ここでは，二つの目標設定が紛れ込んでいるというのは，恐らく正しいであろう．「罪刑法定主義の啓蒙の理念は既に絶対王制に入り込んでいる」（*Schreiber*, 1976, 81 f., 89 ff.）．プロイセン一般ラント法においても問題は似通っている．

(13) フランス人権宣言がアメリカ憲法に多大な影響を受けているのか，それとも，ヨーロッパの，とりわけフランスの啓蒙哲学に多く由来しているのかは，周知のように論争の的である．両者の影響が著しいというのが正しい．このテーマに関する最も重要な論文は，*Schnur* によって編集された論集 „Zur Geschichte der Erklärung der Menschenrechte", 1964 に掲載されている．要約しているのは，*Schreiber*, 1976, 67 ff.

第5章　刑法の解釈および時間的効力と関連する罪刑法定主義

イセン一般ラント法[14]にも見出される．そこから，この主義は19世紀のドイツのラント法に浸透し，まず初めに *Feuerbach* によって起草された1813年のバイエルン刑法典（*Feuerbach* に関しては3章 Rn. 22）に浸透したが，この刑法典は後に，裁判官を法に厳格に拘束することにより，学問的注釈をはっきりと禁止することがさらに追加された（それに関して Rn. 26 および罪刑法定主義への Feuerbach の影響に関して詳細は，Rn. 22）．1871年の刑法典（4章 Rn. 1 参照）の前身である1851年のプロイセン刑法典において，その原則は，フランス刑法典（1810年）4条を逐語訳した形で，2条に規定された．「重罪，軽罪および違警罪は，行為が行われる前に法律に定めがない限り，いかなる刑にも処せられない」．北ドイツ同盟の刑法典，および最後に1871年の帝国刑法典は，（2条に）この規定を若干修正したうえで引き継いだ．「行為は，それが行われる以前にその刑罰が法律により定められていたときに限り，これを処罰することができる」．

15　1919年8月11日のドイツ帝国憲法（いわゆる「ワイマール帝国憲法」）116条では，内容を変更する意図なしに[15]，「刑罰」という概念が，基本法103条2項にも見出される「可罰性」という概念に置き換えられた．それによって初めて，法律なければ犯罪なしの原則の他に法律なければ刑罰なしの命題も憲法に含まれているのか否かを論争することができるようになった（Rn. 5 以下参照）．それに比べると，刑法典2条の規定は異なったままである．この規定は1935年のナチス立法者によって初めて文言が取り換えられたが，そこでは，「刑法の基本思想および健全な国民感情による」処罰をも許されると表明され，それに含まれている類推の容認によって啓蒙主義以降認められていた成果が大幅に放棄された（前述4章 Rn. 14 参照）[16]．

16　戦後，ナチスの2条は直ちに連合国によって適用できないと宣告され（すでに1945年に），きっぱりと廃止され，罪刑法定主義の新規定と置き換えられた（1946年）．ドイツ・ラント憲法および1949年5月23日の基本法（基本法103条

---

(14)　それに関して要約しているのは，*Schreiber*, 1976, 83 ff.

(15)　これに関して参考文献の多い *Anschütz*, Kommentar zur WRV, [10]1929, Art. 116, Anm. 1 参照.

(16)　「第三帝国」における発展に関して詳細は *Schreiber*, 1976, 191 ff.; *Naucke*, 1981, 71; *ders.*, Coing-FS, Bd. I, 1982, 225; *Rüping*, Oehler-FS, 1985, 27.

第1編　基　礎

2項）は，基本的に，ワイマール帝国憲法116条の文言に戻り，1953年8月4日の第8次刑法改正法により，2条1項の新規定は，文言上基本法103条2項に従った．その際，刑法改正においても罪刑法定主義は残っており，単に2条1項を1条として1975年1月1日以降の現行新総則の先頭にもってきただけである．旧2条の「可罰性」という文言を「刑罰」に置き換えるという提案は，基本法103条2項をより狭く解釈すること，法律なければ刑罰なしの原則を排除するようなことにしないため，否定された[17]．

17　罪刑法定主義は，今日，国際的にも，法治国家の基本的原則として（前述 Rn. 2参照）ほとんどすべての国で妥当している[18]．ソビエト連邦は，1917年に法律なければ犯罪なしの命題を放棄したが，1958年に罪刑法定主義に戻り，かつての社会主義国家はすべてソビエトに従った．その原則は，多数の超国家的規定にも取り入れられた．それは，ドイツ連邦法としても効力を有するヨーロッパ人権条約7条1項に述べられている．もっとも，ヨーロッパ人権条約7条2項は，ナチスの戦争犯罪のことを考え，法律がなくても，「文明国が認める法の一般原則による」処罰を容認する．同項は，基本法103条2項違反として連邦共和国によって批准されなかった[19]．連邦共和国によって批准された多くの国際条約も罪刑法定主義を認めており[20]，同じく，1948年12月10日

---

(17)　*Schreiber*, 1976, 204 ff. による証憑.

(18)　比較法として *Jescheck*, Miyazawa-FS, 1995, 363. 1966年のデンマーク刑法典だけが，限定された範囲で刑の創出的類推を許容している．それに関して詳細は，*Gomard*, ZStW 83 (1971), 341 ff. 先例に基づく限り，イギリス法においても特別ルールが妥当する．

(19)　*Naucke*, 1996 は，これを実証主義的であると批判し，遡及効禁止は自明の命題ではなく，彼によるいわゆる不法システムにおける国家的強化犯罪（staatsverstärkte Kriminalität）の場合のように，遡及効禁止がふさわしくないときにはそれは抑えられえなければならないと考えている (53 f.). この領域において，人や財産に対する故意行為ならびにジェノサイドの場合，遡及効禁止および類推禁止は管轄権をもつべきでない (76 f.). 「国家的強化犯罪」を刑法的に処理するための *Naucke* によるそのようないわゆる第4の軌道は，ぜひとも —— 国際的範囲でできる限り行われうる —— 議論が必要である．しかし，その軌道は，基本法103条2項を改正しなければ，現行法と調和することはできない（この意味で，*Dannecker/Stoffers*, JZ 1996, 494; *Joerden*, GA 1997, 201 も）．*Kenntner*, NJW 1997, 2298 は，この「遡及効禁止へのドイツの特別な方法」の放棄を支持する．*Hankel/Stuby*, 1995 ならびに *Jescheck/Weigend*, AT⁵, § 14 による論文集は，国際刑法に関して膨大な文献紹介を伴って概説する代表的なものである．

第5章　刑法の解釈および時間的効力と関連する罪刑法定主義

の国連総会での世界人権宣言，ならびに，1966 年 12 月 19 日の市民的および
政治的権利に関する国際規約 15 条 1 項において罪刑法定主義が取り入れられ
た．

D．罪刑法定主義の今日まだ妥当する国家論的および刑法的な根拠

18　今日の形における罪刑法定主義は啓蒙時代の考えに根ざしている（Rn. 13 以
下）．詳細には，四つの異なる，しかし相互に関連する根拠づけアプローチに
区別することができ[21]，それらを知っていることはその主義を今日解釈する
際にも必要である．大まかに，国家法的正当性と刑法的正当性とに区分するこ
とができ，両者をさらに再び二つの異なる正当性要素に分割することができる．

第 1 節　政治的自由主義

19　罪刑法定主義が今日いまだ支持されている根拠は，政治的自由主義という中
心的な要請にある．行政権および司法権を抽象的に規定された法律に拘束する
という要求である．市民は，絶対王制と対決する中で，支配者および（彼にし
ばしば従属する）裁判官が，刑罰権を自由裁量によって（および場合によっては恣意
的に）ではなく，明確な法規定という基準によってのみ行使してもよいという
重要な利益を勝ち取った．国法上の状況が変わったにもかかわらず，罪刑法定
主義の多くの現代的根拠づけもこの観点に戻る．基本法 103 条 2 項の目的とし
て，信頼の保護の考え，刑法の予見可能性と計算可能性の考え[22]もしくは感
情に流された個別事例の決定の防止[23]が読み取れるとき，または，「裁判官の
恣意から個人の自由を保護すること」が類推禁止もしくは不明確の禁止の任務
とみなされるとき[24]，それは，国家権力を抽象的法律に縛ることによって，
国民の自由を当局の介入から守るべきであるという一つの目的観念のみを示し

---

(20)　詳細は *Jescheck/Weigend*, AT⁵, § 15 II 4.

(21)　同様に *Gropp*, AT², § 2 Rn. 6.

(22)　*Schreiber*, 1976, 214 ff.; *Tiedemann*, 1969, 190 ff.; BVerfGE 13, 271; 14, 297; 15, 324;
25, 285; 26, 42; 37, 207.

(23)　*Grünwald*, ZStW 76 (1964), 14 ff.; *Jakobs*, AT², 4/9 ff. も法的拘束性の主な意義を
「客観性保障」に見出す．

(24)　*Krey*, 1977, 206 ff.; *Lemmel*, 1970, 156 f.

第1編 基 礎

ているのである.

第2節 民主主義および三権分立

20 第2の根拠は,―― その射程において同じく重要なのであるが ――, 権力分立的民主主義の原則にある[25]. 処罰によって国民の自由は著しく侵害されるため, 処罰の要件を定める正当性は, 国家権力の担い手として国民を最も直接的に代表するその機関にのみ存しうる. すなわち, 国民の代表として選ばれた国会である. 罪刑法定主義に表現されている三権分立によって, 裁判官は法制定任務から解放され, 法適用の職務に限定されるのに対して, 行政権は処罰に全く協力できず, それによりこの領域でのあらゆる権力濫用が防止される.

21 立法者によって刑法上の決定〈判決〉が正当化されることには, 今日でもまだ, 国家論的ならびに社会心理学的に[26]重要な意義があることは疑いもない. この根拠づけの道筋のみが孤立的に考慮されるのではなく, 法的拘束性による自由保障の思想 (Rn. 19) と常に関係させられなければならない. というのは, 一方で, *Montesquieu* (1689年–1755年) により「法の精神」[27]という彼の有名な著書の中で初めて展開された三権分立の原則も, 法の支配という自由主義的原則から作られた結果にすぎないからである. 他方, 民主主義および三権分立のみでは, 三つのその他の禁止を根拠づけることはできるものの, 遡及効が裁判官の法律への拘束および立法権の優位と関係しないであろうから, 遡及効禁止を支え切ることはできない[28]. したがって, 遡及効が許されないことは, 欄外番号19で述べられた観点からのみ明らかになるのである.

第3節 一般予防

22 罪刑法定主義が由来する第3の起源は, 刑法的なものであり, もともとは Feuerbach の「心理強制説」に起因する (それに関して3章 Rn. 22). 歴史的展開

---

(25) *Grünwald*, ZStW 76 (1964), 13 f.; *Schünemann*, 1978, 9 ff.

(26) *Schünemann*, 1978, 11 参照. 市民は裁判官の権威にのみ基づく判決を決して受け入れないだろう.

(27) *Weigand* 版 Reclam-Heft Nr. 8953 で学生は容易に触れることができる.

(28) とりわけ *Schreiber*, 1976, 219 もそうである. 若干異なるのは *Schünemann*, 1978, 24:「司法領域への立法者の不当な干渉の防止」.

第 5 章　刑法の解釈および時間的効力と関連する罪刑法定主義

(Rn. 13 以下) が示しているように，この原則は *Feuerbach* よりもはるか以前に展開されており，加えて度々法典に採用されているため，彼は決してこの原則の創始者ではないが，彼にとっても決定的に重要であったのは，それを国法の中で創設することであった．しかし，彼は，「法律なければ刑罰なし」という，今日まだ一般的な公式を見出したばかりでなく[29]，そこに独自の刑法理論的根拠を付け加えた．すなわち，刑罰威嚇の目的が潜在的犯罪者の威嚇にあるなら，禁止行為が行為の前にできる限り正確に法律に定められているときのみ，行為を心理的に決定するという目指された意図は，達成されうる．予め法律が存在しなければ，またはこの法律が漠然としているならば，何人も自分の行為が処罰されるのか否か分からないため，威嚇効果が生じることはない．

23　今日，心理強制説 (その批判に関して 3 章 Rn. 25) と共に，この説から導き出された罪刑法定主義の根拠も，時代遅れとみなされることが多い．しかし，その際，威嚇思考に一般予防の「積極的な観点」(それに関して 3 章 Rn. 26 以下) を付け加える場合，法律なければ犯罪なしの命題を刑罰論的に根拠づけることは，以前よりも時代に合っているということが，見誤られている[30]．すなわち，刑罰威嚇および科刑が，人々の法への忠誠心を強固にし，多くの場合に規範に適合した行為を行わせる態勢をそれによってそもそもはじめて築くことにも，はるかに役立つ場合，それは可罰的行為を明確に法律に規定した場合にのみ可能である．それがなければ，刑法は，その規定を遵守させるのに必要な意識形成的効果を達成できない．

第 4 節　責 任 主 義

24　さらなる刑法上の根拠は，責任主義 (これに関して 3 章 Rn. 51 以下) から生じる．刑罰が責任を前提とする場合，行為者は，行為の前に，自らの行為が禁止されていることを認識していたか，または少なくともその機会を得ていた場合にの

---

(29)　*P.J.A.v. Feuerbach*, Lehrbuch des gemeinen in Deutschland geltenden peinlichen Rechts, [1]1801 ([14]1847), §20. 可罰的な行為 (crimen) と刑罰 (poena) を区別することで，今日，たいてい，法律なければ犯罪なし，刑罰なしと公式化されている．*Feuerbach* は，刑罰という語に両者を統合しており，これが行われるのは今でもまだ珍しくない．研究書として *Bohnert*, P.J.A. Feuerbach und der Bestimmtheitsgrundsatz, 1982.

(30)　それをとりわけ *Schünemann*, 1978, 11 ff. が明確にした．

第1編 基 礎

み，責任について語ることができる．しかし，それはまたもや，可罰性が行為の前に法律により定められていたことを前提とする[31]．罪刑法定主義またはその個々の要素を，責任主義から導き出すことは決して目新しいことではなく，長い歴史的伝統がある[32]．

25 今日，このように根拠づけることに対しては，たいてい，これは責任に関する法規定とまったく適合しないと批判されている[33]．すなわち，17条は，行為の**可罰性**の認識可能性ではなく，**不法**の認識可能性のみを責任の要件とする．したがって，法律なければ犯罪なしという命題が，**可罰性**を予め定めておくことを要求することで，その命題は，責任主義の要請を超えることになる．それは争いようがない．しかし，他方，17条において処罰のために常に前提となるような，構成要件に関連する不法の意識を得る可能性は（それに関して，21章 Rn. 12以下），通常，行為者が刑罰規定を認識しえたときのみ，実際に存在するということも認められなければならない[34]．この限りで，やはり，責任の思想は，罪刑法定主義の基盤に属している．基本法103条2項を，もっぱらまたは主に「刑法上の責任原則を詳細に記したもの」[35]とみなすことのみが不当なのである．

E. 解釈および類推禁止[36]

第1節 刑法における解釈の限界

1 解釈の限界としての可能な日常用語的語義

26 類推禁止（Rn. 8）は，法律に忠実な許される解釈と禁止された法創造的解釈とを区別するという課題を提供する．啓蒙時代における罪刑法定主義原則の考

---

(31) 責任主義からの根拠づけに関して，*Sax*, 1959, 998 ff.; *Maunz/Dürig/Schmidt-Aß-mann*, GG, Art. 103 II Rn. 165; *Rudolphi*, Unrechtsbewusstsein, Verbotsirrtum und Vermeidbarkeit des Verbotsirrtum, 1969, 98.

(32) *Schreiber*, 1976, 211 による紹介を参照．

(33) *Grünwald*, ZStW 76 (1964), 11 ff.; *Schreiber*, 1976, 209 ff.; *Schünemann*, 1978, 15.

(34) それに関して優れたかつ考慮に値するのはLK[11]-*Schroeder*, § 17 Rn. 6 f.

(35) *Sax*, 1959, 999, 1001.

(36) 歴史は *Krey*, 1983, 70 ff.

第 5 章　刑法の解釈および時間的効力と関連する罪刑法定主義

案者は，裁判官は何も「解釈する」必要はなく，ただ法律の一義的な文言を「適用する」だけと考えていたため，この問題にまだ接してはいなかった[37]．裁判官は（自ら付言することなく）法律の言葉を発する「口」にすぎない．„Les juges ne sont que la bouche qui prononce les paroles de la loi" という *Montesquieu* の言葉[38]は有名である．啓蒙主義における国際的におそらく最も影響力のある刑法の思想家 *Beccaria*（1738 年—1794 年）は，裁判官を非人格的な「自動あてはめ機」とするこの考え方から解釈の禁止を導き出したが，それはフリードリッヒ二世がもともとプロイセン一般ラント法のために予定していたものであり[39]，その後 1813 年のバイエルン刑法典（それに関して前述 Rn. 14 参照）に初めて実際に取り入れられた[40]．彼[41]は，「刑法を解釈する権限は刑事裁判官にはない，それも，彼らは立法者ではないという理由からである」と述べている．裁判官は単に「完璧な三段論法（＝論理的推論手続）を行わ」なければならない．「法の精神を参照しなければならないという広く普及した公理ほど危険なものは他にない」というのである．

27　今日，このように裁判官を機械のように考えることはできないということは一致している．法律が用いるすべての概念は，（数字，日付，サイズ等を除いて）多かれ少なかれ多義的である．それは，例えば「侮辱」（185 条）のような，規範的すなわち主として精神的理解にのみ親しみやすい概念に対してばかりでなく，「人」（212 条）のような，一般に記述的な，すなわちその対象から感覚的に知覚できる法律上の表現に対しても妥当する．脳死ではあるが，まだ血液が循環している場合，その者はまだ人であるのか，それとも既に死体であるのか，または，一定の時点で陣痛が始まったとき，その者はまだ胎児であるのか，それともすでに人であるのかは，法律の文言に厳密には示されていない．むしろ，

---

(37)　歴史の変遷における刑事裁判官の立場に関して包括的なのは，*Küper*, 1967.

(38)　*Montesquieu*, Vom geist der Gesetze, 11. Buch, Kap. 6（上述の Rn. 21 Fn. 27 参照）.

(39)　それに関して *Schreiber*, 1976, 85 f.

(40)　1813 年 10 月 19 日の版権は，法律の注釈を禁止し，裁判官を法律に関する「当局の注解」を利用することに制限していた．

(41)　今日まだ優れた彼の著作 „Dei delitti e delle pene", 1764（ドイツ語では Über Verbrechen und Strafen）の中で．ここでは *W. Alff* 版，1966, 55 f.（Sammlung Insel, Nr. 22）を引用した．

191

第 1 編　基　礎

裁判官はさまざまな意味の可能性の中から常に選択しなければならず，一定の原則にしたがって行われるこの創造的活動が，解釈と呼ばれる．

28　したがって，実際，刑罰規定の内容は，常に，裁判官による解釈によって初めて，いささかの疑念を抱く余地もなく明確に「決め」られる．それが，可罰性が行為の前に「**法律により定め**」られていなければならないとする基本法103条 2 項とどのように合致しうるのかは問題である．裁判官による法発見というものの理解が変化したことから，罪刑法定主義は時代遅れであるという結論は，通説によって当然に導き出されるものではない（それに関して詳細はいずれRn. 31, 36 以下）．むしろ，通説は，立法者は，規定の文言によって裁判官によって具体的に内容を充填される規制枠組を作る，と考えている[42]．その際，その枠組は，法文の可能な日常用語的語義によって定められるのに対し，裁判官は，この枠組内で，最も自然な語義，過去の立法者の考えおよび法体系的連関を考慮したうえで，法律の目的にしたがって解釈する（目的論的解釈）[43]．それ以外に，解釈は，法律の目的に応じて制限的（限定的）ならびに拡大的（拡張的）たりうる．それに対して，法律の規制枠組外（法律外（praeter legem））での法発見，すなわち，刑罰規定の可能な語義[44]によってはもはや覆われない解釈は，

---

(42)　*Krey*, 1977, 113 ff. がそれに関して詳細かつ有益である．同じく *Krey*, ZStW 101 (1989), 838 は，裁判官による法の自己形成の限界に関して多くの例を用い，本書で主張した立場と基本的に一致する．

(43)　特に刑法上のテーマではないため，ここでは，解釈の一般的諸原則を詳しく検討しない．しかし，これら諸原則を，以下で事例を通じて刑法に適用する．*Engisch*, 1972 および *Kudlich/Christensen*, 2004 が刑法に関心をもった者のためにすばらしい手ほどきをする．*Kudlich*, ZStW 115 (2003), 1 は，「法定刑志向的解釈」を論じるが，そこに見出すのは独自の解釈方法でもなく，「体系的解釈および目的論的解釈に際して，しかるべき関係を推論するのを特に助ける」「二段階解釈基準」である（a.a.O., 24）．その際，事実上，例えば，211 条，221 条という特に重い法定刑から限定解釈の必要性を推論する場合，憲法上の過剰の禁止をはっきり示すことが多くの場合重要である．*Kudlich* „grundrechtsorientierte Auslegung im Strafrecht" (JZ 2003, 127) が補足的に検討する．*Haft*, Lenckner-FS, 1998, 81 は，犯罪構成要件を解釈する際，「類型的通常思考」を支持する．

(44)　*Velten/Mertens*, ARSP 1990, 516 (518) は，「正しく言語を使用する場合に生じる」規範の意味を明確に基礎とする．「まだ可能な語義」は，*Bringewat*, Grundbegriffe Rn. 283 ff. により，さらに具体化される．MK-*Schmitz*, § 1 Rn. 68 は，「法的な言語用法が一般言語的意味と一致することを前提に」，その用法を基礎とする．

第 5 章　刑法の解釈および時間的効力と関連する罪刑法定主義

刑罰を創出する類推であり許されない.

29　事例[(45)]

a)　行為者が被害者の顔に塩酸をかけるのは「武器を用いた」傷害（224 条 1 項 2 号）といえるか. 肯定される（BGHSt 1, 1; これと異なるのはライヒ裁判所の判決）. というのは, 日常語においては「化学兵器」という概念が知られているため, 語義は武器概念を機械で作動する道具に限定する必要がないからである. 特に危険な侵害手段をより重く処罰するという法律の目的によっても, 化学的な手段を武器概念に含めることが支持される. しかも, 塩酸による侵害は, 例えば, 棍棒による殴打よりはるかに不穏当である.

b)　行為者が被害者の頭を外壁にぶつけた場合, 224 条 1 項 2 号は問題となるか. 否定される（BGHSt 22, 235）[(46)]. 確かに, 法律の目的により, 危険な傷害を認めることは十分うなずけるであろう. しかし, 法律の文言はそれを禁止する.「自然の言語感覚により, 頑丈な壁, 自然の土または岩を『道具』と呼ぶことには抵抗がある」（前掲 236 頁）. したがって, その事件において, 224 条 1 項 2 号に基づいて処罰しようとするのは禁止された類推であろう.

c)　人ごみの中で, 誰にも気づかれずに鋭利な剃刀で被害者のお下げ髪を切った者は, 224 条 1 項 2 号により処罰されうるか. 否定される. 確かに, ナイフは「危険な道具」であるため, 文言上規定は満たされている. しかし, その文言は, 目的論的解釈のための枠組を提供しているにすぎない. 法律の目的により, 重大な侵害を惹起しうる攻撃のみをその規定に当てはめることが要求される. 頭髪を切るのは問題にならない. したがって, 正しい解釈は, 常に, 法律の文言および目的によって等しく覆われていなければならない. 両基準の一方しか充足されていないのは不十分である.

30　解釈を文言の限界に縛ることは決して恣意的なことではなく, 罪刑法定主義の国法的および刑法的根拠から生じる（Rn. 18-25）. というのは, 立法者は自らの命令を言葉でしか表すことができないからである. 立法者が言葉を発しないものは, 命令されておらず,「妥当し」ない. それゆえ, 刑罰権を行使する際, 文言を超えて刑法を適用することは国家の自縛性に反し, 民主主義的正当性を欠く[(47)]. また, 市民は, 文言から読み取ることのできる法律の意味だけを考

---

(45)　223 条 a（今日の 224 条 1 項 2 号）第一選択肢と関連した類推禁止の原則的な問題性に関して詳しくは *Heinrich*, 1993, 445 ff., 487 ff., 491 ff.

(46)　もっとも, 通説は見解が異なる. これに関して詳細で参考文献が多いのは *Heinrich*, 1993, 138 ff.（自身の解決策は, a.a.O., 555 ff., 658, 660）.

193

第1編 基 礎

慮することができ，そこに自らの行為を適合させる．それゆえ，可能な語義の
枠内での解釈のみが，法律の予防効果を保障し，禁止違反を非難することがで
きる．

31　もちろん，この考え方も，さらに，文言によって前もって定められた規制枠
組内で解釈する際，さまざまな解釈の可能性の間で裁判官が決定することによ
り，罪刑法定主義の創始者達の念頭にあった法律への完全な拘束性（Rn. 26）か
ら離反する．しかし，第1に，それは事の本質上仕方ないことであり，理論的
な考え方によって変更することはできない（Rn. 27）．第2に，解釈に際して裁
判官は自由ではなく，解釈にあたり法律の委任により彼が単に規範を完全にす
るべく具体化する法律上の価値決定に縛られているということによって，裁判
官の拘束という原則が顧慮される[48]．したがって，裁判官が，傷害に関する
自らの考えに従い，ナイフの使用はどのような場合でもより重く処罰されなけ
ればならないという理由で，例えば，お下げ髪の切断（Rn. 29, 事例 c）を 224 条
1 項 2 号に当てはめるのは，誤った解釈であろう．というのは，それにより，
彼は法律の目的よりも自らの法政策的考えを優先することになろうからである
が，彼にその資格はない．

32　このような観点から，刑法にとって，過去の立法者の意思を基礎とする主観
的解釈論と，それとは独立した法律の客観的意味，および場合によっては変化
する意味を重要と考える客観説との古い論争も，決着がつく．正当な解決策は
その中間にある．立法手続に関与した人や委員会の実際の（およびしばしば確か
めることもできない）考えが重要ではないという点で，客観説は正しい．そのた
め，法律を制定したときに誰も意識していなかったとしても，例えば，化学製
剤を「武器」とみなすことができる（Rn. 29, 事例 a）．しかし他方，裁判官が過
去の立法者の法政策的価値決定に拘束されている限り，主観説に賛成すること
ができる[49]．それとは独立した法律の「客観的意味」が存在するとの仮定は
論理的に実感できない．その仮定は，法律の本来の目的から切り離されたその
ような「客観的意味」のもとでは，罪刑法定主義を無視した裁判官の主観的な

（47）　*Neuner*, 1992, 134 ff.（138），²2005 もそうである．

（48）　この意味において詳しいのは *Krey*, 1977 の至る所である．

（49）　とりわけ *Krey*, 1977, 173 ff., 182 ff. がそうである．

194

第5章　刑法の解釈および時間的効力と関連する罪刑法定主義

目標設定が重要であるということを隠蔽するにすぎない（Rn. 31 の最後にある事例参照）．

2　判　　例

33　判例は，個別的にはあちこち揺れ動いているものの，ほとんどは本書で唱えた立場を共有する．エネルギーを（有体）物とみなすことはできないため，電力の勝手な盗用を窃盗（242条）として処罰することを否定したライヒ裁判所の判決[50]は有名である．それをきっかけに，（1900年に）電力の盗用に対する刑罰威嚇（今日の248条c）が導入されることとなった．BVerGE 73, 235 は，「法律の可能な語義が裁判官に許される解釈の最も外側の境界線となる」と述べている．連邦裁判所も，しばしば，文言の限界の範囲内での目的論的解釈をはっきりと支持した[51]．「言語的に可能な範囲内で，…あらゆる概念は，規定を作成するために用いられており，規定の意味および目的にしたがって解釈されなければならない」（BGHSt 3, 303）．「法律は，立法者が考えていた最初の状況に適合する事例にかたくなに適用を限定することができない．というのは，法律は死んだ文字ではなく，生き続けながら発展する精神だからであり，その精神は，それが注がれた型を壊さない限り，生活環境と共に進歩し，そこに賢明に順応して妥当し続けようとする」（BGHSt 10, 159 f.）．文の後半は文言の限界をはっきりさせているのに対し，「生き続けながら発展する精神」といういささか誤解されやすい言い回しは，「法律の意味および目的」とぴったりと関連することで，客観説（Rn. 31 の最後，3）の過度の拡張からある程度守られる．解釈の限界として可能な語義を指摘することもしばしば行われている．「道具」概念に関して言及した判決（BGHSt 22, 235; Rn. 29, 事例b）の他に，自然的ではあるが法的に意思が無効な精神病の女性の誘拐を，「その意思に反した」（旧237条）誘拐とみなすことができるか否かが問題となった BGHSt 23, 3 は，とりわけ具体的である．被拐取者の意思が法的に無効であったことにより，「その意思が欠けているということが推測」できるに「すぎない．それはまだいやいやながらの意思ではない」．「『意思に反した』という要素を『同意なしに』という意

---

(50)　RGSt 29, 111; 32, 165.

(51)　*Krey*, 1977, 137 f. が網羅的に紹介する．同じく *Krahl*, 1986 もそうである．

第1編 基 礎

味の異なる要素に解釈を変更すること」は許されない．連邦憲法裁判所にとっても，法律の可能な語義は，裁判官に許される解釈の最も外側の境界線となっている(52)．

34 他方，判例が文言の限界を明示的または黙示的に無視した事例も少なからず存在する．これは，プロイセン森林窃盗法に規定されていた「〈荷馬車のように〉動力源につなぐ運搬用車両（bepanntes Fuhrwerk）」による窃盗に，自動車による盗み（Entwendung mittels eines Kraftfahrzeugs）を同列においた BGHSt 10, 375 f. において最もはっきりと行われた．そこでは，「単に文言上であれば，自動車は…もちろん規定に該当しないが，その意味によれば」と述べている発言自体は正しい．しかし，それによれば，解釈ではなく，刑法において禁止された類推であると言われているのである(53)．故意によらずに，許されてまたは責任なく立ち去った事故現場に戻って来なかったことを，言語的にありえない方法で，「逃走」と解釈した旧 142 条に関する判例（BGHSt 14, 217 f.; 18, 118 ff.）も，同じように誤っている．その間に（1975 年 6 月 13 日の第 13 次刑法改正法）行われ，これらの場合を文言に含めることとなった法律上の規定の文言変更は，判例によっては待たれなければならないものであり，先取りされてはならないものである．さらに，BGHSt 23, 239 f. が二人だけの結託を 244 条 1 項 2 号の「団体」とみなしたのは，根拠薄弱であった．「語義」は無理に別の解釈を行う必要はないという裁判所の言葉は，文言の限界を理論的に受け入れているが，

---

(52) BVerfGE 47, 109; 64, 389; 71, 108; 73, 206; 75, 329, 341; 85, 69, 73; 87, 209, 224; BVerfG NStZ 1990, 395; NJW 1995, 2776 参照．子供のいない者にその者の子供を殺害すると脅すことを「親密な関係にある者…に…向けられた犯罪」の実行を伴う脅迫と理解することは，241 条 1 項の語義と一致しえない，と最後に挙げた判決が考えるのは，もちろん誤っている．というのは，それにより脅迫の内容は示されている，というように法律の表現を完全に解釈できるからである．この脅迫は，たとえ密接な関係にある者がいなくてもその者と関係する．（そのため，例えば，ある者を地獄の〈ような残虐な〉刑罰（Höllenstrafe）で脅すことができるが，その刑が存在するか否かは関係ない）．しかし，目的論的解釈により，存在する人物の殺害を伴う脅迫のみを 241 条に当てはめることが要請される．というのは，そのような脅迫のみが自分への脅迫に似た強さに相当するからである（全般的に *Küper*, JuS 1996, 783）．

(53) BGHSt 6, 396 において，「…文言により，規定の解釈は限定されていない．むしろ，立法者が…追求した意味および目的が重要である」と述べられているとき，同様のことが妥当する．

第5章　刑法の解釈および時間的効力と関連する罪刑法定主義

実際にはそれを超えている．当然，この判例は，今では放棄された（BGH NStZ 2000, 474; BGHSt 46, 321, 大法廷）．BGHSt 26, 95 が，予め被害者に気づかれることなく彼を殴り倒した盗品の窃盗犯も，252条〈強盗的窃盗＝事後強盗〉により，犯行現場で「遭遇」したというように「文言を解釈」できると考える場合，同じことが妥当する(54)．BGHSt 2, 151 が，自己答責的な自殺に際して，323条c〈不作為による救助〉における「事故」と肯定したことを「概念的および言語的にありえない」と明言したが，その後，後の判例（最初のものとして，BGHSt 6, 147）がこの懸念をあっさりと排除したのも奇妙である．さらに，連邦裁判所が，不断の判例（BGHSt 27, 45 以降; 最後は NStZ 1990, 539）において，すでに，売却を準備するだけの活動をすべて259条〈盗品等罪〉の「売却」（Absetzen）とみなす場合，連邦裁判所には従うことはできない．立法者が売却活動を考慮して変更したくなかった，259条のように新しく捉えられただけの構成要件は，「それほど文言にしたがって」解釈されては「ならず」，加えてそれは「強制的ではない」（BGHSt 27, 50）という根拠づけは，ここでも基本的に認められた文言の限界を超えているということを十分に覆い隠すものではない．

35　これに対して，幾つかの比較的新しい判決は，好ましいことに，再び，罪刑法定主義を意識している(55)．そこで，（BGHSt 23, 239 f. と若干矛盾するものの）BGHSt 28, 147 ff. は，今では，二人の者が結託することを129条の「団体」と認めてはおらず，それについて，「言葉の使い方ならびに法律の意味および目的に基づく解釈」および「裁判官による犯罪構成要件の過度の拡張は防止されなければならない」というテーゼに拠り所を求める（前掲148頁）．また，BGHSt 29, 129 は，ポスターをただ無断で貼ることはまだ器物損壊（303条）ではないという見解の根拠を，これまで判例および学界において支配的であった見解に反して，類推禁止に求めた（前掲133頁）．「刑法303条の解釈は，それによって，許されないことであるが，『損壊する』という要素の語義から離れる

---

(54)　これと同様なのは，特に *R. Schmitt*, Jescheck-FS, 1985, 233; *Krey*, BT/2¹² Rn. 211. しかし，今では，*Krey/Hellmann*, BT/2¹³; *Krey*, ZStW 101（1989），849 はこれと異なる．その他の点で，その判決は学界において争われている．その正当性は，BGHSt 28, 227 においてですら疑われている．

(55)　それに対して *Schroeder*, NJW 1999, 89 は，連邦裁判所が，旧東ドイツの裁判官および検察官の枉法に関する判決において，法律なければ刑罰なしの原則を「憂慮すべきことに切り崩し」たということを批判的に指摘する．

197

第1編 基 礎

ことになり，また，法律が，外観の変形（刑法134条）と器物の損壊（刑法303条）とを区別していることも看過することになろう」．そして，BGHSt 34, 171は，不幸の手紙運動（Kettenbriefaktion）を違法な賭博に当てはめることに対し，賭博の概念に典型的である賭金がここでは存在しないと批判した．そこから推論できるのは，「そのような解釈は，この規定における賭博概念を不明確にするであろうから，刑法284条は，基本法103条2項から帰結される明確性の要請と相容れないことになるだろう」（前掲178頁）ということである．BGHSt 37, 226は，ライヒ裁判所の判例とは逆に，第三者による罰金の支払いは，**処罰妨害罪**（258条2項）の構成要件を充足せず，その際，とりわけ法律の文言に拠り所が求められるとの判決を下した．「258条2項の文言は…外部から執行事象に介入することなく，その刑罰が支払われるよう…配慮した者が，罰金刑の執行を妨害するということはまったく暗示していない…」．したがって，ときおり「判断を誤ること」があったとしても，解釈の限界を尊重するという判例の基本的な心構えは疑われないと言ってよい．

3 学界における異説

36 これに対して，刑法の文献においては著名な学者によって，刑事裁判官は法律の文言に縛られているという命題は否定されている[56]．しかし，文言の限界を維持できないとする命題に賛成して挙げられる根拠は，どれも納得できない．解釈も，すべては類似性を比較することであるため，解釈と類推との間に論理的な相違はないということがしばしば論証される．実際，それは正しい．例えば，被害者に塩酸を浴びせることを「武器」による攻撃と解釈する場合（Rn. 29, 事例 a），それは，法律上の価値観点からすれば，化学製剤がピストルまたはナイフに相当し，それらに類似しているということに基づく．禁止された類推を行った場合，例えば，被害者の頭を壁にぶつけたとき（Rn. 29, 事例 b），論理の進め方は何ら異ならない．しかし，この推論手続が同じであるからといって，われわれが，文言の限界内での適用と限界外での適用とを区別し，前

---

(56) *Sax*, 1953, 147 ff., 152 ff.; *Arth. Kaufmann*, 1965, 3-5, 31, 47; *Hassemer*, 1968, 162 ff., 165; *Schmidhäuser*, LB AT², 5/42; *Stratenwerth/Kuhlen*, AT⁵, § 3 Rn. 31 ff.; *Jakobs*, AT², 4/35 ff.

第5章　刑法の解釈および時間的効力と関連する罪刑法定主義

者を許されたもの，それに対して後者を刑法上禁止されたものと説明すること
は妨げられない．文言の限界は，法発見事象の論理的構造における差を表すの
ではなく，その正当性をそれとは無関係な国法的および刑法的前提に見出す
(Rn. 30)．もちろん，解釈および類推の代わりに，許された解釈および許され
ない解釈，または，許された類推および禁止された類推と呼ぶこともできる．
しかし，それは，論争に値しない純粋に用語上の問題である．

37　二番目の批判の出発点は，言葉の不明確性およびその法的操作可能性にかん
がみれば，文言は，役に立つような区別を可能とするものではないということ
である[57]．しかし，その出発点は，文脈に，語義を限界づける機能を分担さ
せるなら，いずれにせよ，誤っている[58]．確かに，言葉はたいてい幾つもの
解釈を認める (Rn. 27)．しかしそれは，この関連において，言葉として可能な
すべての解釈はまだ解釈の領域に含まれるため，重要ではない (Rn. 27以下)．
しかし，言葉の可能な意味に限界はないということは，言葉による意思疎通を
全く不可能にするであろうから，本気で主張することはできない[59]．もっと
も，この限界も個別的には疑わしいかもしれない．しかし，法的に区別する際
にはいつも疑念がありうると考えられるからといって，区別の正当性は何ら変
わらない．そのため，概念の法的操作可能性を指摘することだけが残る．例え
ば，自動車は「言葉の法的な意味において」「〈荷馬車のように〉動力源につな
ぐ運搬用車両」(Rn. 34の初め)であると述べてもよければ，もちろん，そのよ
うな法的用語法は解釈と類推を限界づけることはできないであろう．しかし，
それに対して，通説は，解釈を日常語的意味内容，すなわち日常生活における
用語法に限定することによって対処することができる[60]．そうでなければな

---

(57)　そのため，例えば *Jakobs*, AT², 4/35 は，「通常，刑法上の概念形成がそれほど限
　界づけられない程度に，日常語的意味の膨大な蓄積を，使用されるのがまったく稀と
　いうわけではないすべての言葉のために提供する」ことができると述べる．

(58)　それに関して基本的には *Schünemann*, 1978, 19 ff.

(59)　賛同するのは *Schroeder*, NJW 1999, 91.

(60)　これに関して AK-*Hassemer*, §1 Rn. 79 は，文言という基準が決定的に優位であ
　るとして，法律の解釈に対する「外面性」(Externalität) を強調する．事典または判
　例集によって語義を確定できることから，法適用者が自ら意のままにできない境界線
　が外部から彼に引かれる．しかし，*Hassemer* (a.a.O. Rn. 95; *ders.*, 1992, 71 ff., 89 f.) は，
　解釈と類推は構造的に等しいと考え，類推禁止に法的地位を与えることを確実に保障
　することを否定する．

199

第1編 基 礎

らないのは，刑法が向けられる予備知識のない市民は，玄人的用語法を理解できず[61]，罪刑法定主義の目的論的基礎（Rn. 18-25, 30）が破壊されるに違いないであろうからである．

38 文言の限界を批判する論者達からは，基本的に，二つの結論が出される．彼らは，法律の意味および目的，すなわち法理（ratio legis）を基礎とし[62]，まだそれと一致しうるすべての説明を解釈とみなすか，解釈と類推の相違を完全に否定する[63]かである．両理論は，法律上の目的設定から完全に切り離された「自由な法発見」のみが禁じられているという同じ結論になる[64]．しかしそれにより，実際には，基本法103条2項はあらゆる意味を失うことになる．というのは，まったく自由な法発見は，他の法分野におけるその妥当領域の外でも許されないからである．そこにある憲法上の要請を無視することを受け容れることはできない．

39 *Jakobs*[65]は，文言の限界を超えることを，四つの要件のもとで認めようと

---

(61) *Baumann/Weber/Mitsch*, AT¹¹, §9 Rn. 85 は当然それを指摘する．もちろん，そこから，あらゆる地域的なまたは特定の集団に限定された「隠語」を日常語とみなしてはならないということが推論される．

(62) 参照として例えば，*Germann*, ²1967:「『法律の意味および目的』はその文言より高いところに」位置するという．「それは刑法にさえ妥当する」．*Arth. Kaufmann*, 1965, 41 が「不法類型」を，そして *Sax*, 1959, 1003, 1008 ff. が「価値侵害類型」を解釈の限界とするのも，おそらくここに属するであろう．同じように，*Stratenwerth/Kuhlen*, AT⁵, §3 Rn. 33 も，「失敗した法律の文言を訂正する」ことは許されるべきであるとする．*Schmidhäuser*, Martens-GS, 1987, 231 ff. は，「刑法上の明確性を…法治国家的ユートピア」と呼んでいる．確かに彼は，「文言の構成要件からむやみに遠く離れないこと」（S. 245）を勧めるが，その他には，「法治国家における価値を維持したうえで，法律をできる限り合理的に適用すること」（S. 244）のみを裁判官に課そうとする．*Höpfel*, JBl. 1979, 575 によれば，類推禁止は「被告人の不利益となるような，合理性の要請に従って，法律上の刑罰威嚇を直接具体化するわけではない裁判官の行為によって」のみ「侵害される」．批判に関しては *Suppert*, 1973, 77 ff. も参照．*Schick*, R. Walter-FS, 1991, 625, (641) は，刑事政策的な基本的価値が侵害されない限り，類推および極端な拡張解釈を行為者の不利の方向にも許そうとする．

(63) それゆえ，*Yi*, 1992, 265 ff. は，もはや解釈を根拠づけることができない場合に初めて，禁止された類推を認める．もっとも，裁判官は「疑わしきは自由の利益に（in dubio pro libertate）」に従って決定しなければならないことになる（a.a.O., 300）.

(64) 詳細は *Krey*, 1977, 49 ff.

(65) *Jakobs*, AT², 4/41.

第5章　刑法の解釈および時間的効力と関連する罪刑法定主義

する．(1)概念発展の連続性があること，(2)そうでなければ存在することになる
評価の恣意が生じること，(3)それを規制することが同ランクで必要なこと，(4)
問題処理のための適切性があることである．これらの基準により，彼は，例え
ば，「トラック」を「〈荷馬車のように〉動力源につなぐ運搬用車両」の概念に
当てはめることが許されると考える（Rn. 34 参照）．しかし，その場合，「概念の
発展が連続している」過程で，なぜ，電気も「物」（Rn. 33）と，外壁を「危険
な道具」（Rn. 29, 事例 b）とみなしてはならなかったのだろうか．しかし，それ
が許されるならば，すべての区別の効果は消え失せることになる．

第2節　類推禁止の妥当範囲

1　各則および刑罰威嚇におけるその妥当性

40　たとえ**各則**の犯罪構成要件および**刑罰威嚇**（それに関して Rn. 4）が例外的に総
則の中にあるとしても，類推禁止は，まず初めにこれらに及ぶ．そのため，重
罪に対する教唆の未遂（30条1項）に対する刑罰威嚇を，刑罰によって威嚇さ
れていない重罪に対する幇助の未遂に類推適用することは当然許されないであ
ろう．それはさらに**白地刑法**[66]に対しても妥当する．それは，可罰性要件に
関して他の規定を参照するよう指示している（とりわけ特別刑法に見出すことので
きる）刑罰威嚇である．白地刑法の場合，類推禁止は本来の構成要件である補
充規範に対しても妥当する．それに対して，刑法が他の法領域における概念形
成に従うところでは—例えば，242条以下，246条，249条以下，303条におけ
る「他人の」物は，他人が「所有」する物である—，刑法は，全面的に従属的
な姿勢をとる．したがって，刑法は，例えば，法を超えて（praeter legem）展
開された譲渡担保付の所有権（Sicherungseigentum）も保護する．**法律効果**の領
域において，〈保護観察における〉負担事項（56条 b）および指示（56条 c, d）[67]
にも類推禁止を適用することが肯定されうる，なぜなら，保護観察付執行猶予
という負担となる性質が主にこれらの効果にあるからである．さらに，連邦裁
判所は，類推禁止を「法治国家的理由から」**刑罰的な性質のない副次的効果**に

---

(66)　これに関して *Laaths*, 1991; BVerfGE 14, 174, 185; 75, 329, 342; BVerfG NJW 1993, 1909.

(67)　通説によれば，指示は，もっぱら特別予防の目的に役立つため，類推禁止とは関係ない．参考文献の多い *Krey*, 1977, 221 参照．しかし，特別予防の刑罰も刑罰である．

201

第1編　基　礎

も適用する（BGHSt 18, 140）．もちろん，それは**保安処分**に対して直接的には妥当しない，なぜなら，そこには「可罰性」の存在は全く必要ないからである．しかし，ここでは，公法の一般的な法律の留保により，不利な類推は禁止される[68]．

2　総則におけるその妥当性

41　本来の法律効果規定の他に，類推禁止が刑法典**総則**においてどの程度妥当するのかの問題はほとんど解明されていない．総則が各則の構成要件を超えて刑罰拡張的規定を含んでいるところ，したがって未遂，共同正犯および共犯においては，いずれにせよ，類推禁止を適用できる．例えば，立法者が，共犯に対して故意の正犯行為を要求する場合（26条，27条），通説とは異なり，単に誤って正犯者に故意があると思い込んだ者を，この規定を類推適用して共犯者の「ごとく」処罰することは許されない．同様に，免責事由，処罰阻却事由および刑罰消滅事由をそれらの文言の限界を超えて制限すること，または客観的処罰条件（この概念につき概観として，7章 Rn. 8 以下参照）を相応に拡張することは禁止されている．というのは，それにより，同時に，これら所与の存在もしくは不存在に拠り所を求める者の可罰性が，法律の今日の文言を超えて拡張されるからである[69]．

42　それに対して，**正当化事由**の場合は異なる[70]．つまり，正当化事由は，刑法固有のテーマではなく，すべての法領域に由来するのである（詳細は，7章 Rn. 7）．その結果，正当化事由は，裁判官による法の自己形成という方法においても継続して展開され，しばしば，その外見上の文言の射程とは関係なく，その基礎にある法律の整序原理にしたがって制限される．その場合，法秩序の統一性のために，刑法はそれに従わなければならない．というのは，同一の正当化事由が，そこかしこで異なる要件をもつことはできないからである．その

---

(68)　詳細は *Krey*, 1977, 218 ff.

(69)　例えば *Jescheck/Weigend*, AT[5], § 15 III 2 c; *Krey*, 1977, 236; *Maurach/Zipf*, AT/1[8], 10/21 もそうである．

(70)　ほとんど解明されなかった問題状況を *Krey*, 1977, 233 ff. が描写する．*Erb*, ZStW 108（1996），266 はそれを批判的に検討する．*H. L. Günther*, Grünwald-FS, 1999, 213 は，「基本法 103 条 2 項はなぜ許容命題に対して妥当しえないのか」を，類推禁止をも超えて根拠づけている．

第 5 章　刑法の解釈および時間的効力と関連する罪刑法定主義

結果，例えば，ある行為が，民法上損害賠償義務を負う不法とみなされるが，
刑法においては適法だとして法秩序から完全に賛同を得るという結果となるか
らである．文言の限界を問題にしないことは，正当防衛（32条）または正当化
的緊急避難（34条）のように，刑法典自体に正当化事由が規定されている場合
も必要である[71]．というのは，正当化事由も刑法典においてばかりでなく，
至る所で妥当しているからである．したがって，正当化事由を解釈する際，刑
事裁判官も，法律の目的（法律の規制原則）にのみ拘束されることになる．もち
ろん，「自由な法発見」はここでも行われてはならない[72]．

3　手続法における類推禁止？

43　手続法において，行為者に不利益な類推の禁止は原則として妥当しない（RGSt 53,
226）．しかし，しばしば，実体法の客観的処罰条件または処罰阻却事由と非常に近い
関係にある訴訟条件の場合[73]，類推禁止を法治国家的理由から類推適用することが
できるのか否かは，個々の場合において検討されなければならない．そのため，傷
害の場合，さらに，特別な公益という訴追権限を与える要素（232条）を準用するこ
とで，告訴（194条）がないにもかかわらず侮辱を処罰することは許されない（BGHSt

---

(71)　*Kratzsch*, GA 1971, 72; *ders.*, JuS 1975, 437 f. はそれに反対する．*Runte*, 1991, 283
ff. はこれを，法治国家的保障の解消と批判する．*Hirsch*, Tjong-GS, 1985, 50 ff. も，刑
法に規定された正当化事由の場合，文言の限界を超える処罰を認めようとしない．「一
般的法方法論的原則」により，可能な語義を超える制限が相当な場合，制限を超える
行為者は，法秩序に違反しており，そのために民法上責任が問われうる．それに対し
て，刑法上，「行為が正当化されているかのごとく」振る舞われうる（S. 61）．しかし，
非刑罰法規に規定された正当化事由および慣習法的な正当化事由に対して類推禁止は
妥当しない（S. 63）．Hirsch *Sch/Sch/Eser*²⁶, § 1 Rn. 14a も同様である．このような区
分に対して，正当化事由がいずこかに規定されているか，全く規定されていないかは
偶然であり，この偶然から法的な区別を演繹すべきではなかろうと批判される．

(72)　結論的にすでに —— 根拠づけにおいて思考方向が若干異なる —— 私の著作 „Krimi-
nalpolitik und Strafrechtssystem, ²1973, 31 f.“ がそのように述べており，そこでは，正
当化事由の広範かつそれにより必然的に不明確な性質を指摘している．*Erb*, ZStW
108（1996），287 は，「全ての正当化は…しかるべき行為の個別事例関係的で状況に起
因する相当性に関する言明を含んでいる」というテーゼによってそこに従っており，
その結果，立法者は「相当性の留保」を正当化事由に取り入れてもよいということに
なろう．（私が上述のテキスト中で広く従った根拠づけと共に）これと同様なのは
Krey, 1977, 233-236. 通説は正当化事由の特別な地位をまだほとんど知らない．

(73)　*Roxin*, Strafverfahrensrecht, ²⁵1998, § 1 Rn. 13, § 21 Rn. 22 参照．区別に関して詳
細は下記第 23 章 Rn. 41 ff. これに関する理論史は *Pföhler*, 1988.

第1編 基 礎

7, 256).

4 行為者に有利な類推

44 これに対して，行為者に有利な類推は，刑法においても無制限に許されている[74]．そのため，例えば，31条（犯罪予備の刑の免除的中止）を，予備行為を独立した構成要件とするが中止規定をもっていない各則の構成要件（例えば234条a第3項：BGHSt 6, 85 [87]）に類推適用することができる[75]．

F. 刑罰を根拠づける慣習法と刑罰を加重する慣習法の禁止[76]

45 罪刑法定主義の文言と意義から必然的に，刑法においては行為者に不利益となる慣習法は禁止されるということが導かれる（Rn. 9, 19以下）．それゆえ，各則において，慣習法に基づいて新しい構成要件や法定刑，訴追可能性が創設されてはならないということに疑いはない．すなわち，他人の物の違法な使用（使用窃盗 furtum usus）は，法的には例外的な場合（248条b）にのみ刑罰により威嚇されるが，それ以外は，慣習法によって一般的に可罰性を認めることはできない．単純な身体傷害の未遂は，かつて不可罰であることがよく批判されていたが，実際の裁判実務によって可罰性を認めることはできない．低すぎると感じられる刑罰の範囲を超えることを，慣習法に基づいて是認することはできない．さらに，告訴の必要性を慣習法に基づいて否定してはならない．なぜなら，告訴がないのに，法が求めていない処罰がなされてしまうからである[77]．

46 これに対して，学説では，総論においては刑罰を根拠づける慣習法，刑罰を加重する慣習法がかなりの範囲で存在しているとの見解が広まっている．もちろんここでは，もとより，それが構成要件にあたる罰条にもあてはまる，ということはできない．すなわち，重罪に対する不可罰の幇助の未遂（30条参照）は，慣習法に基づいて処罰されてはならないとされる．しかし，法律において明確に規定されていない総則における可罰性要件では，それが行為者に不利益とな

---

(74) LK[11]-*Gribbohm*, §1 Rn. 78 ff. による判例の事例一覧を参照．

(75) LK[11]-*Roxin*, §31 Rn. 2 参照．

(76) 歴史については，*Krey*, 1983, 35 ff.

(77) 告訴の場合には，Rn. 43のように，基本法103条2項の類推適用が問題となる．

第 5 章　刑法の解釈および時間的効力と関連する罪刑法定主義

る場合であっても，慣習法に基づく適用が多く認められている．例えば，因果関係，予備行為と未遂の区別，故意，過失，錯誤，同意，不作為犯，間接正犯については，法律がそれらを明確に規定していない限りで，慣習法に基づいてその地位が与えられているとされる[78]．

47　この見解に対しては，反論されるべきである．立法者は，総則に関する刑法理論の広い領域を開かれたものとし，判例による判断に委ねているというのが正解である．それは，一方では，そのような事項に関する立法作業が直面する困難のゆえであり，他方では，後に時代遅れとなる認識水準を規定することで学術的な発展を妨げることのないように努めるという賞賛すべき努力によるものである．しかし，こうした類似の領域において裁判所により判断されることは，**常に**，解釈の帰結にすぎないのであって[79]，── 不断の判例においてもそうであるが ──，**決して**，慣習法の規範的拘束性のゆえでは**ない**のである．このことにとって未だまったく決定的ではないのは，慣習法が形成されるために，不断の慣例とならんで，必要とされる一般的法的確信が，刑事判例となる助けとなることはめったにない，ということである．なぜなら，刑法における総則のほぼすべての論点に議論の余地があり，また，国民意識に及ぶような確定した成果はほとんどないからである．刑罰を根拠づける慣習法は，たとえそれ以外の成立要件が満たされている場合であっても，基本法 103 条 2 項がそれを禁じているのであるから，認められるものではない．

48　これに対して反論することはできない[80]．すなわち，「耳触りよく聞こえたとしても，現実から目を背けることは許されない」のである．なぜなら，たといくつかの解釈的帰結が実務においては「法律のように」適用されたとしても，裁判所は，法律に拘束されるのと同様には，解釈論的帰結に拘束されることはなく，いつでも解釈的帰結から離れたり，より良い理解のために余白を残すことができるということによって常に，解釈論的帰結は法律からは区別されるからである．例えば，特によく慣習法が考慮される因果関係の領域でさえ，常に適用されていた等価説（11 章 Rn. 6 以下）から相当説（11 章 Rn. 39 以下）へと，

---

(78)　Vgl. nur *Maurach/Zipf*, AT/1[8], 8/41; *Schmitt*, Jescheck-FS, 1985, 224 ff.

(79)　類 似 の 見 解 と し て，*Jescheck/Weigend*, AT[5], § 12, IV 2; *Jakobs*, AT[2], 4/46; LK[11]-*Gribbohm*, § 1 Rn.71.

(80)　*Maunz/Dürig-Dürig* (Stand 1960), GG, Art. 103 II Rn. 112.

第1編 基 礎

さらに帰属的視点（11 章 Rn. 53 以下，69 以下，106 以下）へと移っていくことは妨げられていない．このことは常に意識されなければならない．なぜなら，このやり方においてのみ，判例は，慣習法に誤って拘束されることなく，まさにそのために立法者が抑制的な立法作業を行ったといえる学術的な発展を，取り入れることができるのである[81]．

49　もちろん小さな例外は存在する．それは，類推禁止の例外に相当し，その例外が正当化されうる場合である（Rn. 40, 42）．刑法が，概念を他の法領域から借用するところでは，そのが概念が共有して継受される．所有権という民法上の制度や（連邦狩猟法が制定される以前の）公的法的概念である「狩猟可能な動物」が，慣習法に基づいて拡張される場合には，同時に，窃盗（242 条）や密猟（292 条）の構成要件も拡張される．同様に，慣習法に基づいて正当化事由が限定される場合には，その限定の範囲において，刑罰を根拠づけるものとして作用する．

50　これに対して，慣習法に基づいて刑罰を阻却し，減軽することは，行為者に有利な類推解釈と同様に（Rn. 44），制限されることなく許容される．もちろん，判例における解釈論的帰結は，行為者に有利な場合であっても，欄外番号 47 で述べた理由から，慣習法であることはほとんどない．それゆえ，変転する，刑をより重くするような判例もありうるのである．いずれにせよ，個々の事案では，基本法 103 条 2 項に反しないのであるから，慣習法に基づいて刑罰を阻却することはありうる．例えば，教師の懲罰権は，かつては，今日とは異なり，慣習法に基づく正当化事由と理解されていた（詳細は，17 章 Rn. 52 以下）．さらに，判例により認められた「超法規的緊急避難」（詳細は，16 章 Rn. 4 以下）は，34 条として新しい総則に規定される以前は，慣習法により正当化されていたので，戦後の判例は，方向転換の過程でもそこから離れられなかったと思われる．さらに，既成の地域的な「慣習」が，慣習法に基づいて正当化事由となる可能性も否定されない[82]．また，（まれにではあるが）罰条（多くは特別刑法か州刑法のもの）が忘れられて，継続的に適用されないかたちで，慣習法的に廃止される（＝効力を失う）ことも起こりうる．

---

(81)　刑法の総則に関する理論が慣習法であるとするテーゼに疑問を呈するものとして，特に，SK[6]-*Rudolphi*, § 1 Rn. 21. また，いくぶん抑制的判断であるが，*Stratenwerth/ Kuhlen*, AT[6], § 3 Rn. 25（ここでの理解と類似する）．

(82)　異なる見解として，*Dickert*, JuS 1994, 635 f. 奇抜なテーマについてはそれほど検討されていない．回避できない禁止の錯誤を支持するものとして，*Lorenz*, MDR 1992, 630.

第5章　刑法の解釈および時間的効力と関連する罪刑法定主義

G．遡及禁止と刑法の時間的適用範囲[83]

第1節　遡及禁止の根拠

51　遡及禁止は，基本法103条2項[84]および1条から導かれるが，刑罰に関しては2条1項からも導かれる（基本原理については先述，Rn. 4-6, 10）．それは，権力分立の原則から基礎づけられるものではないが（Rn. 21, さらに Fn. 28 も），罪刑法定主義のそれ以外の三つの根拠からは，上述の限界はあるものの（Rn. 19以下），必然的に導かれる．そして，その適用においては，類推禁止とは異なり，基本的な疑問にはさらされていない．あらゆる立法者は，政治的に不都合な動揺や興奮を鎮めるために，特に耳目を驚かせるような犯行の印象が強いうちに事後的に刑罰威嚇を導入し，またはそれを重くしようという誘惑に陥りうることからして，その絶えることなく生じる法政策的現実が，遡及禁止をもたらしたといえる．個々の事案でのその瞬間の感情に応じて，多くは内容的にも不適切なその場限りの法律を阻止することは，法治国家に対する不可欠な要請である[85]．もちろん，独裁政権によって命じられた，反人権的な犯罪行為について，遡及禁止が正当性をもつかどうかは，極めて争いの余地がある[86]．

第2節　行為時に効力のある法律

52　「行為時に効力のある法律」（2条1項）とは，その時点ですでに効力を有するものでなければならず（これについては，基本法82条2項），それがふたたび――廃止されたり，時間的な期限が到来したり，矛盾する慣習法ができ，または客体が存在しなくなったりして――，失効しているものであってはならない．「行為時」とは，明示的な法律の規定に従えば（8条），「正犯もしくは共犯が作為を行ったとき，または，不作為の場合には作為がなされるべきであったとき」であり，「結果がいつ発生したかは重要ではない」．継続犯の場合には

---

(83)　歴史については，*Krey*, 1983, 48 ff.

(84)　これにつき参照すべきは，*Dannecker*, 1992, 249 ff.

(85)　これにつき特に参照すべきは，*Grünwald*, ZStW 76 (1964), 17.

(86)　これについては上述 Fn. 19 sowie Rn. 54 ff. 参照.

207

第1編　基　礎

（これについては，10 章 Rn. 105），行為がなされている間に法律が変更されること
がありうる．例えば，誘拐の特定の形式に関する刑罰が，継続する誘拐行為の
間に加重された場合，「行為の終了時に効力のある法律が適用される」（2 条 2
項）．誘拐行為と判決との間の行為について一時的に刑罰と過料が科されてい
なかったからといって，刑罰や過料を科すことが遡及禁止に違反することには
ならない（BVerfG NStZ 1990, 238）．

53　2 条 3 項は，統合前の旧ドイツ民主共和国で行われた多くの「旧悪
（Alttaten）」[87]に，ドイツ連邦共和国の刑法を適用するための根拠である．すな
わち，刑法施行法 315 条 1 項ないし 3 項に基づけば，統合が有効となる前に旧
ドイツ民主共和国でなされた犯罪行為には，2 条が適用される．その結果，2
条 1 項にしたがって，まず，旧ドイツ民主共和国の行為地法によって可罰性が
判断される．そして，全ドイツで現在効力を有する刑法が，その行為地法と比
較して軽い法律である場合のみ，2 条 3 項にしたがって可罰性が判断され
る[88]．これに対して，そのような行為を，7 条 1 項にしたがって，再統合の
前に，ドイツ連邦共和国の刑法に基づき判断することはできなかった[89]．

54　2 条 1 項・3 項の規定は，かつての東西ドイツ国境での銃器の使用の可罰性
についても基準となる[90]．そこでの銃器の使用は，当時のドイツ民主共和国
での支配的な見解，また実務で適用されていた見解に基づけば，ドイツ民主共
和国の国境法 27 条 2 項に従い，特定の要件のもとで，故殺の事案でも正当化
されていた．その見解に従うならば，いわゆる「壁の射手」は，2 条 1 項に基
づいて不可罰となるであろう．しかし，再統合の後，裁判所は，国境法 27 条
2 項を，実定法を超える法[91]に違反し無効であると説示したり，あるいは，

---

(87)　これについて，コンメンタールからは，vgl. LK[11]-*Gribbohm*, § 2, Rn. 60 ff.; *Lack-
　　　ner/Kühl*[25], § 2, Rn. 11 ff. 参照文献あり．さらに，さしあたり見落とすことができない
　　　文献として，有益なものは，*Lüderssen*, ZStW 104 (1992), 735, また，*Dannecker*, Jura
　　　1994, 585.

(88)　刑事判例として，BGHSt 37, 320; 38, 3; 38, 18; 38, 88; 39, 6.

(89)　BGHSt 39, 7 f. さらに，vgl. auch *Samson*, NJW 1991, 335 ff.

(90)　BGH 39, 1; 39, 168 (m. Anm. Herrmann, NStZ 1993, 487); 39, 199; 39, 353; 40, 48;
　　　40, 113; 40, 218; 40, 241; BGH NStZ 1993, 488; 1995, 401.

(91)　これについて，多くの学説が，*Radbruch* (SJZ 1946, 105, 107) により発展された
　　　公式を使用する．例えば，Arth. Kaufmann, NJW 1995, 81 ff.; Saliger, 1995, 36 ff.;
　　　NK-*Neumann*, § 17 Rn. 101, *Frommel*, Arth. Kaufmann-FS, 1993, 87 ff. さらに一部の

第 5 章 刑法の解釈および時間的効力と関連する罪刑法定主義

人権に配慮し，ドイツ民主共和国も加盟していた国際条約を援用して，この規定は，銃器の使用を，当該の判断されるべき事案では許さないと解釈した[92]．それどころか，連邦憲法裁判所の判決[93]は，組織犯罪の事案に関し，遡及禁止を明らかに相対化させている．遡及禁止は，「刑罰法規が，基本法に基づく民主的な立法者により公布されたならば，それらの刑罰法規が備える特別な信頼根拠において法治国家的に正当化されるものである」．しかし，極めて重い犯罪的な不法について，人権に反した正当化事由が創設される場合には，「国際法上認められた人権の尊重も受け入れている，実質的正義の命令が，そのような正当化事由の適用を禁止するといえる．その場合，基本法 103 条 2 項に基づく信頼の厳格な保護は，後退せざるをえない．そうでなければ，ドイツ連邦共和国の刑事司法は，その法治国家の前提に対して矛盾することとなってしまうだろう」．この仮定の肯定を前提にして，ドイツ民主共和国の法に基づいても，故殺の可罰性が認められる（213 条は，量刑に際して，2 条 3 項に基づき軽い法律として効果を持つこととなる）．その他，このような観点からは，刑法上の問題点は，「壁の射手」のたいていの場合に存在する禁止の錯誤に限定される（21 章 Rn. 67 参照）．これに対して，学説の傾向では[94]，ドイツ民主共和国の時代の

判例（vgl. BGHSt 41, 101 [110 さらに参照文献あり]; *Dannecker/Stoffers*, JZ 1996, 490 は，これに批判的である）; それを否定するものとして，*Pawlik*, GA 1994, 478 ff.「Gustav Radbruch と壁の射手」を概観するものとして，Dreier, JZ 1997, 421. Dreier は結論においては，Radbruch の公式を援用してその可罰性が基礎づけられることを許容しない．

(92) BGHSt 39, 15 ff., および 39, 183（「正義の基本的な命令に対する，また人権に対する明白な，耐え難い違反」）; これについては *Herrmann*, NStZ 1993, 118 も参照．反対説として，*Miehe*, Gitter-GS, 1995, 653 f., 657. 市民的および政治的権利に関する規約の発効（1973 年）の前の殺人行為に関する判断として，BGH NStZ 1993, 129; 1993, 486; 1994, 533 評釈として，*Amelung*, NStZ 1995, 29; BGHSt 41, 101. これについてはさらに，*Gropp*, Triffterer-FS, 1996, 103; *ders.*, NJ 1996, 396 f. 網羅的な参照文献も付された，判例に関する優れた —— 批判的な —— 紹介として，*Ambos*, JA 1997, 983.

(93) BVerfGE 95, 96 (133). これに対する批判として，*Classen*, GA 1998, 215; これについては，また，*Starck; JZ 1997, 141; P. A. Alexis*, NJ 1997, 1 f.

(94) 特に，*Jakobs*, 1992, 37, 51 ff.; *ders.*, GA 1994, 1; これに対する批判として，*Lüderssen*, ZStW 104 (1992), 735, 742 ff.; *H. L. Schneider*, ZStW 107 (1995), 157, 167 ff. 異なるものとして，*Grünwald*, Mangakis-FS, 1999, 135;「ドイツ民主共和国の国境法に適合する行為の処罰は，ドイツ連邦共和国の基本法と相容れないだけでなく，欧州人権条約と，市民的および政治的権利に関する国際規約とも相容れない」．1 条の違反は，

209

第1編　基　礎

「壁の射手」について刑事訴追がないことは，その行為の実際上の不可罰性に
基づくのであるから，その結果，ドイツ民主共和国の法を基礎として不可罰性
が導かれる，との理解が支持される．しかし，実務における法律の運用に対す
る信頼は，そのほかの点でも保護されない（下記 Rn. 61 参照）．

文献：*Radbruch*, Gesetzliches Unrecht und übergesetzliches Recht, SJZ 1946, 105; *Samson*, Die strafrechtliche Behandlung von DDR-Alttaten nach der Einigung Deutschlands, NJW 1991, 335; *Jakobs*, Vergangenheitsbewältigung durch Strafrecht?, in: Battis u. a. (Hrsg.), Vergangenheitsbewältigung durch Recht, 1992, 37; *Lüderssen*, Kontinuität und Grenzen des Gesetzlichkeitsprinzips bei grundsätzlichem Wandel der politischen Verhältnisse, ZStW 104 (1992), 735; *Frommel*, Die Mauerschützenprozesse usw., Arth. Kaufmann-FS, 1993, 81; *Herrmann*, Menschenrechtsfeindliche und menschenrechtsfreundliche Auslegung des Grenzgesetzes der DDR, NStZ 1993, 118; *Jakobs*, Untaten des Staates – Unrecht im Staat, GA 1994, 1; *Pawlik*, Strafrecht und Staatsunrecht, GA 1994, 472; *Arth. Kaufmann*, Die Radbruchsche Formel vom gesetzlichen Unrecht und vom übergesetzlichen Recht, NJW 1995, 81; *Miehe*, Rechtfertigung und Verbotsirrtum, Gitter-FS, 1995, 647; *Saliger*, Radbruchsche Formel und Rechtsstaat, 1995; *H. L. Schreiber*, Die strafrechtliche Aufarbeitung von staatlich gesteuertem Unrecht, ZStW 107 (1995), 157; *Schroeder*, Die strafrechtliche Verfolgung von Unrechtstaten des SED-Regimes, in: Brunner (Hrsg.), Juristische Bewältigung des kommunistischen Unrechts usw., 1995, 211; *Amelung*, Die strafrechtliche Bewältigung des DDR-Unrechts durch die deutsche Justiz, GA 1996, 51; *Dannecker/ Stoffers*, Rechtsstaatliche Grenzen für die strafrechtliche Aufarbeitung der Todesschüsse an der innerdeutschen Grenze, JZ 1996, 490; *Gropp*, Naturrecht oder Rückwirkungsverbot usw., Triffterer-FS, 1996, 103; *ders.*, Naturrecht oder Rückwirkungsverbot?, NJ 1996, 393; *Naucke*, Die strafjuristische Privilegierung staatsverstärkter Kriminalität, 1996; *L. Schulz*, Der nulla-poena-Grundsatz – ein Fundament des Rechtsstaates?, ARSP-Beiheft 65, 1996, 173; *Schünemann*, Aufarbeitung von Unrecht aus totalitärer Zeit, ARSP-Beiheft 65, 1996, 97; *Ambos*, Zur Rechtswidrigkeit der Todesschützen an der Mauer, JA 1997, 983; *Dreier*, Gustav Radbruch und die Mauerschützen, JZ 1997, 421; *Lüderssen*, Entkriminalisierung durch Politisierung?, JZ 1997, 525; *Luther*, Zum Gesetzlichkeitsprinzip im Strafrecht, Bemmann-FS, 1997, 202; *Naucke*, Normales Strafrecht und die Bestrafung staatsverstärkter Kriminalität, Bemmann-FS, 1997, 75; *Roggemann*, Die strafrechtliche Aufarbeitung der DDR-Vergangenheit am Beispiel der „Mauerschützen"- und der Rechtsbeugungsverfahren, NJ 1997, 226; *Willnow*, Die Rspr. des 5. (Berliner) Strafsenats des BGH zur strafrechtlichen Bewältigung der mit der deutschen Vereinigung verbundenen Probleme, JR 1997, 221; *Rosenau*, Tödliche Schüsse im staatlichen Auftrag, [2]1998; *Wassermann*, System- und Exzeßtäter. Zur strafrechtlichen Aufarbeitung des DDR-Justizunrechts, Kaiser-FS, 1998, 1405; *Arnold*, Überpositives Recht und Andeutungen von völkerrechtsfreundlicher Auslegung von Strafrecht, Grünwald-FS, 1999, 31;

MK-*Schmitz*, § 1 Rn. 31 なども支持する．

第 5 章　刑法の解釈および時間的効力と関連する罪刑法定主義

Ebert, Strafrechtliche Bewältigung des SED-Unrechts zwischen Politik, Strafrecht und Verfassungsrecht, Hanack-FS, 1999, 501; *Frisch,* Unrecht und Strafbarkeit der Mauerschützen, Grün-wald-FS, 1999, 133; *Marxen / Werle,* Die strafrechtliche Aufarbeitung von DDR-Unrecht. Eine Bilanz, 1999; *Seidel,* Rechtsphilosophische Aspekte der „Mauerschützen"-Prozesse, 1999; *Zielinski,* Das strikte Rückwirkungsverbot gilt absolut im Rechtssinne auch dann, wenn es nur relativ gilt, Grünwald-FS, 1999, 811; *Arnold* (Hrsg.), Strafrechtliche Auseinandersetzung mit Systemvergangenheit am Beispiel der DDR, 2000; *Hassemer,* Staatsverstärkte Kriminalität als Gegenstand der Rspr. Grundlagen der „Mauerschützen-Entscheidungen des BGH und des BVerfG, BGH-FS, 2000, 439; *Rogall,* Bewältigung von Systemkriminalität, BGH-FS, 2000, 383; *Basdorf,* Bewältigung von DDR-Unrecht durch die Strafjustiz, NJW-Sonderheft G. Schäfer, 2002, 1; *Eser/Arnold* (Hrsg.), Strafrecht in Reaktion auf Systemunrecht, 2002; *Haffke,* Der „gute" Positivismus im Lichte des Völkerstrafrechts, Lüderssen-FS, 2002, 395; *Neumann,* Rechtspositivismus, Rechtsrealismus und Rechtsmoralismus in der Diskussion um die strafrechtliche Bewältigung politischer Systemwechsel, Lüderssen-FS, 2002, 109; *Schünemann,* Savignys Rechtsbegriff－von ehegestern und von übermorgen?, in: Schünemarni/Tinnefeld/Wittmann (Hrsg.), Gerechtigkeitswissenschaft－Kolloquium aus Anlaß des 70. Geburtstages von Lothar Philipps, 2005.

第 3 節　可罰性の要件における遡及禁止と，処分に対する原則的な不適用

55　遡及禁止は，実体法上の可罰性に関するすべての要件にあてはまる．正当化事由を法律により遡及的に廃止し，狭く制限することも許されない（判例で見られる類推に基づく，あるいは慣習法に基づく制限に関しては異なる状況がある．これについては，Rn. 42, 49 参照）．さらに，この原則は，刑罰とその副次的効果にも適用される．法律は，特に，追徴と没収，使用禁止に対し適用されることを明示する（2 条 5 項）．これに対して，2 条 6 項では，「法律に別段の定めのないときは」，改善および保安の処分が遡及的に適用され，加重されることが認められている．立法者は，多くの処分について（もともとは保安監置についてであったが）留保権を用いたので[95]，運転免許の取消しだけが遡及禁止があてはまらないものとして残されている．もっとも，これまでその領域で遡及的な条項が定められるこ

---

(95)　刑法 63 条・64 条（施設収容）については，刑法施行法 316 条 1 項において．66 条（保安監置）については，刑法改正法 93 条 1 項，刑法施行法 315 条 1 項 2 号，刑法施行法 1 条 a 第 1 項において．68 条（行状監督）については，刑法施行法 303 条，315 条 1 項 2 号・3 号において．70 条（職業禁止）については，刑法施行法 305 条において．

第1編　基　礎

とはなかった．それにもかかわらず，この問題は実務上重要な問題となっている．なぜなら，第1に，遡及効をもつ法的規定に基づいてのみ処分は創設されうるからであり，第2に，「法律による別段の定め」は，単行法により常に無意味にされるからであり，第3に，保安監置について立法者は，1998年に導入された加重を，将来の犯罪行為に限定することはせず，その結果，この領域では大きな現実的問題とされたからである．すなわち，旧法に基づいて最初に規定された保安監置の継続が10年に限定されたが (67条d1項)，1998年1月26日に制定された「性犯罪およびその他の危険な犯罪行為の取締りに関する法律」という新たな規定によって，それは，「被収容者がその性癖の結果として，被害者を精神的もしくは身体的に重く害するような，重大な犯罪行為を行う危険がない場合」(6条1項d，3項1号) にのみ該当するとされた．刑法施行法の新1条a3項は，草案の67条dが「制限なく」適用されると規定し，その結果，旧法に基づけば10年の期間の経過により釈放されているであろう保安監置に付された者が，いまや継続的な危険があるという理由で監置施設に留め置かれうることを規定する．

56　2条6項の規定は，本質的に間違っている[96]．この規定が，正当性を有するとすれば，罪刑法定主義が責任主義にのみ基づいているとした場合に限られるであろう．すなわち，責任の前提である，行為前の禁止の認識可能性は，責任から独立している処分に関しては，必然的結果として必要とされない．しかし，罪刑法定主義はさらに極めて射程範囲の広いものである (Rn. 18 以下)．そもそも，犯罪行為を行う以前には予見できなかったような制裁からは，個人は保護されるべきである．被疑者の自由に対して刑罰よりもさらに強力に侵害する処分も，それに属する (なぜなら，責任原則により侵害を限界づける効果が処分には欠けているからである)．刑罰と処分が同じく予防を目標と設定することからすれば (3章 Rn. 65)，刑事政策上も，その区別は正当化されない．すなわち，立法

---

(96)　AE, Begründung zu § 1, S. 29; *Baumann/Weber/Mitsch*, AT[11], § 9 Rn. 54; *Diefenbach*, 1966, 113 ff.; *Gropp*, AT[2], § 2 Rn. 36; *Jakobs*, AT[2], 4/56; *Jescheck/Weigend*, AT[5], § 15 IV 3, Fn. 41; *Jung*, Wassermann-FS, 1985, 857 ff.; *Maurach/Zipf*, AT/1[8], 12/19; SK[6]-*Rudolphi*, § 2 Rn. 18; *Stratenwerth/Kuhlen*, AT[5], § 3 Rn. 12. これに懐疑的なものとして，LK[11]-*Gribbohm*, § 2 Rn. 56 f.; *Sch/Sch/Eser*[26], § 2 Rn. 42; MK-*Schmitz*, § 2 Rn. 52.

第5章　刑法の解釈および時間的効力と関連する罪刑法定主義

者が，遡及が禁止される刑罰という干渉を，処分とレッテルを張り直すことで許容することは，おかしなことである．それを理由に本規定が憲法違反となるかどうかは[97]，しかしながら，疑わしい．なぜなら，刑罰と処分の違いを理解している憲法の立法者が，罪刑法定主義が歴史的に刑罰に限定されてきたということから罪刑法定主義を解放しようとした，と理解することに根拠はないからである[98]．その文言，そして当時まだ処分が存在しないワイマール帝国憲法116条との結びつきは，それに対する反証となる．しかし，それによって，今日の立法者が，代案1条2項と1975年のオーストリア刑法1条1項を模範にして，罪刑法定主義を処分にまで一般的に拡張することによって「法治国家の間隙」をなくすことまで妨げるものではない．もっとも，ドイツの立法者はそれをしてこなかったし，むしろ反対に，保安監置については，遡及的な延長可能性を認めた（Rn. 55参照）．連邦憲法裁判所[99]は，印象的に根拠づけられた学説による反対[100]にもかかわらず，遡及規定を合憲と明示した．それはまさに保安監置については問題がある．なぜなら，保安監置が，特に重大な侵害を及ぼし，その効果が刑罰に近い処分であるからである．しかし，裁判所は次のように示す（153頁）．「国民の法的地位に対する侵害の重大さは，基本法103条2項の実質的な適用領域を決める適切な基準とはならない」．また次のようにも示す（160頁）．「自由刑と保安監置に関する行刑法上および処分執行法上の規定が機能的に重なっていることが，保安監置が基本法103条2項の意味における刑罰であると特徴づけることまで正当化するわけではない」．

第4節　遡及禁止と手続法

57　手続法には基本的に遡及禁止は適用されない[101]．「遡及的刑罰法規の禁止は，実体法にのみあてはまる」（BGHSt 20, 27）．「手続法に関する新たな規定が，その施行後に，すでに係属している手続にも適用されることは，自明のことで

---

(97)　*Diefenbach, Jung* も *Stratenwerth/Kuhlen*（alle wie Fn. 96）もそのように言う．

(98)　BGH は合憲性を旧2条4項（すなわち現行の2条6項に相当する）から述べる（BGHSt 24, 103［105 f.］：警察監視の遡及的な加重；vgl. auch BGHSt 5, 168［173 f.］：遡及的な運転免許の取消し）．

(99)　2 BvR 2029/01 v. 5. 2. 2004, Abs. 1-202（127-169）．

(100)　*Best*, ZStW 114（2002），88; *Kinzig*, StrV 2000, 330.

(101)　*Best*, ZStW 114（2002），88; *Kinzig*, StrV 2000, 330.

第1編 基 礎

ある」（BGHSt 26, 289; 実際上さらに, BGHSt 26, 231). 連邦憲法裁判所からも是認された（BVerfGE 24, 33, 55; 25, 269）この判例は, 手続の進行にかかわる規定（例えば, 刑事訴訟法138条aに基づく弁護人の排除, 同法231条に基づく被告人の排除）にも効果を有する[102]. なぜなら, 罪刑法定主義は, その文言と歴史からして, 可罰的行為と, それに対して科される刑罰に向けられたものであって, 訴訟法の空白に対する信頼を保護するものではないからである.

58 しかし, 訴訟全体の許容性にかかわる（すでに Rn. 43, 45 参照）, 訴訟条件（例えば, 告訴の要件）あるいは訴訟障害（例えば, 時効）については, いささか異なる. それらは, 実体法との境界に接しており, そしてその位置づけは疑わしい. 例えば, 時効は, 一部には実体法として理解され, 一部には訴訟に関するものとして理解され, 一部には（現在の支配的見解からは）「混在した」法制度として理解されている. しかし, その領域に罪刑法定主義が適用されるかどうかは, 遡及禁止への考慮なくなされたそのような分類に左右されるものではない. むしろ, 個々の事案において, 基本法103条2項の目的が, どの範囲にまで適用されるか判断されるべきである. そうすると,「手続条件は, それを廃止する法律によって効力を失う」（BGHSt 20, 27. 関連するものとして, RGSt 75, 306 [311]）という一般的な判示は, 細分化される必要がある, ということになる[103].

59 このようにして, 告訴の要件の事後的な廃止は, 判例（RGSt 77, 106 f.）や支配的見解とは逆に, 許されないと理解されなければならない[104]. なぜなら, 親告罪では, 国家の処罰権が被侵害者の満足の欲求に依存し, 行為者は, 告訴がないことをしばしば（例えば, 247条や123条において）当然に信頼しうるからである. 告訴の要件が遡及的に廃止され, 告訴なく処罰されれば, それにより, 国家の処罰権は事後的に実現され, それはまさに基本法103条2項の実現を妨げるものである.

60 同様の理由から, すでに完成した時効の再開も許されない. なぜなら, 時効

---

(102) 有罪判決を導くすべての事実と, 手続構造と手続遂行の方法に関する規定の例外と同様に扱うことについては, *Baumann/Weber/Mitsch*, AT[11], §9 Rn. 32. 支配的見解と同様のものとして, SK[6]-*Rudolphi*, §1 Rn. 10 参照. さらに参照文献あり.

(103) 見解が十分に一致するものとして, Sch/Sch/Eser[26], §2 Rn. 7.

(104) 同じく, *Jescheck/Weifend*, AT[5], §15 IV 4, *Sch/Sch/Eser*[26], §2 Rn. 7; *Pieroth*, JuS 1977, 396. さらに参照文献あり.

第5章　刑法の解釈および時間的効力と関連する罪刑法定主義

の完成により，行為者は不可罰となるのであり，行為者はそれを信頼すること
ができるからである（例えば，免責の資料を手放すなどして）．時効が後に完成して
いないものとして扱われるならば，それは可罰性が事後的に（再び）基礎づけ
られることになる．それは基本法103条2項の目的に反するものである[105]．
これに対して，例えば，ナチスの権力犯罪を考慮して謀殺罪（211条）について
なされたように[106]，まだ完成していない時効の延長や廃止は許される．なぜ
なら，ここでは，罪刑法定主義の基本的考えがあてはまらないからである．す
なわち，国民は，自身が処罰されうるのかどうか，また場合によって，どの程
度の重さで処罰されうるのかどうか知る必要があるが，しかし，犯罪を行った
後，再び堂々と登場できるようにするために，どの程度の期間，身を隠してい
なければならないのかを示すことは，罪刑法定主義の意味するところではない．
とりわけ，時効の中断の制度（78条c）は，行為者に，いずれにしても初めか
ら定められた時効期間の継続を期待させないから，そのような計算の保護は，
罪刑法定主義の基礎（Rn. 18以下）から派生するものではない[107]．

第5節　遡及禁止と判例

61　判例に遡及禁止は妥当しない．裁判所がある規定を，これまでの判例よりも
被告人に不利に解釈したとしても，それは妥当するといわなければならな
い[108]．なぜなら，新しい解釈は，遡及的に処罰する，あるいは刑を加重する

---

(105)　この懸念は，ドイツ民主共和国（DDR）において政治的理由から起訴されなかっ
たドイツ社会主義統一党政権の行為について時効の停止を規定する，1993年4月4日
の時効法に対してもあてまる；vgl. *Pieroth/Kingreen*, NJ 1993, 385.

(106)　まず，1965年4月13日のいわゆる時効期間算定法は，法定刑が終身自由刑の犯
罪は，1945年5月8日から1949年12月31日まで期間を時効の期間に算入しない，
と規定する．また，1969年8月4日の第9次刑法改正法は，時効期間を当初の20年
から30年に延長した．最後に，1979年7月16日の第16次刑法改正法は，第9次刑
法改正法がすでに民族謀殺（220条a）でそうしたのと同様に（78条2項），謀殺（211
条）について時効を完全に廃止した．

(107)　支配的見解は，継続する時効期間の延長と廃止を認める．それは，時効の訴訟法
的性格を志向する根拠をもって，判例に従うものである．BVerfGE 25, 295; RGSt 76,
161; BGHSt 2, 306; 4, 384. しかしこれに反対するものとして，*Grünwald*, MDR 1965,
521; *Baumann*, 1965; *Schreiber*, ZStW 80 (1968), 348（この問題に関する19世紀の議
論も示す）; *Schünemann*, 1978, 25 f.; *Jakobs*, AT², 4/9.

(108)　判例もその立場である：BVerfGE 18, 240; BGH VRS 32 (1967), 229; MDR (D)

215

第1編 基 礎

ことを意味するものではなく、すでに存在していたが、しかし今初めて正しいと認識された法律の意思の実現を意味するものであるからである。これに対して、現在支持を集めつつある少数説は、安定し確定されたように思われる判例を被告人に不利に変更することを、基本法103条2項の問題にしようとする[109]。国民は、法律と同様に、確定した判例を信頼し、そのような信頼を裏切ってはならないから、というのがその理由である。しかしそれは支持できない[110]。なぜなら、それは罪刑法定主義の基本的な考え方に反するからである。それは、基本法13条2項が、まさに二つの権限を分けたことから始まり、裁判官を、国民が唯一従わなければならない法規定の範囲での実践に限定している（Rn. 28)[111]にもかかわらず、立法と判例を同置するようなものである。国民は判例を、知る必要はない（それは多くの法律家にとっても過大な要求であろう）。そして、国民は判例を信頼すべきでもなく、法律の文言を信頼すべきである。判例の変更は可能な言葉の意味の範囲においてなされなければならないので、判例の変更は比較的決定的なものではなく、法律の変更よりも予見可能なものである。個人は、多くの事案において判例に適応することができるし、そうしなければならない。このことは、完全に運転できないこと（316条）に関する限界値を、連邦裁判所が1990年に（BGH NStZ 1990, 491)、1.3パーミルから1.1パーミルに切り下げたことにもあてはまる。新たな判例が示される前に1.2パーミルで運転をした者が、316条により有罪の判決を言い渡された場合でも、

1970, 196; MDR bei *Herlan*, GA 1971, 37; KG VRS 32 (1967), 264.

(109) そのような見解として特に、*Schreiber*, JZ 1973, 718; しかし、例えば、*Baumann/Weber/Mitsch*, AT[11], § 9 Rn. 38 は、遡及禁止は「これまでの見解を、立法者の介在が期待されるほどの意味の逸脱がある」場合にのみ認められるべきとする、という限定を付す；NK-*Hassemer*, § 1 Rn. 51 ff. m.w. M.; *Hettinger/Engländer*, Meyer-Goßner-FS, 2001, 145 (157) は、基本法103条2項の「法律で規定される」は、「法律の文言に基づくものだけでなく、裁判所の適用の実際に基づく」可罰性を意味するとする。しかし、多様に変更できる裁判官の法律解釈は、法律の地位を有するものではなく、裁判官の解釈の試みにすぎない。さらに、*Kohlmann*, 1969, 268 ff.; *Murach/Zipf*, AT/1[8], 12/8; *Neumann*, ZStW 103 (1991), 331; MK-*Schmitz*, § 1 Rn. 33. 不安定ながら、*Sch/Sch/Eser*[26], § 2 Rn. 9.

(110) 支配的見解も同旨である；vgl. *Dannecker*, 1992, 364 ff.; *Krey*, AT/1[2], § 3 Rn. 81 f.

(111) 適切にも、*Schünemann*, 1978, 28: 司法は判例変更によって「判例自身を正すのであって、立法者を正すものではない」。

216

第 5 章 刑法の解釈および時間的効力と関連する罪刑法定主義

基本法 103 条 2 項に反するわけではない（BVerfG NStZ 1990, 537）[112]．他方，もちろん，行為者が非難されない方法で特定の判例を信頼し，例えば，自ら法的助言を手に入れてなされる行為も多くある．そして，その法的信頼ゆえに，後に判例が変更された際に，行為者が処罰されないことは確かにある．しかしそのような事案においては，いずれにせよ，責任のない禁止の錯誤（17条）に基づいて無罪となるのである．それゆえ，基本法 103 条 2 項を判例変更にまで拡張する必要はない[113]．

第 6 節　行為者に有利な遡及[114]

62　行為者に有利な類推が許されるのと同様に，行為者の利益のために刑法を遡及することも許される．しかもそれは 2 条 3 項により命令されてもいる．すなわち，「行為終了時に効力のある法律が判決の前に変更されたときは，最も軽い法律を適用する」とされる．具体的事案においてその特別な事情により最も軽い評価を許す法律が適用されるべきである（BGH NJW 1997, 951）．刑罰規定が行為の後，しかし，判決の言い渡しの前に廃止された場合には，行為者は（2条 3 項の準用による類推適用において）無罪となるべきである．なぜなら，最も軽い法律はすでに法律ではないからである．行為者の保護（2条 1 項）や特別な事情（2条 4 項；Rn. 66）により行為時の刑罰の廃止が必要とされたのではない限り，刑事的制裁は，判決時の法律の評価を基礎に置くのが適当，というのが規定の趣旨である．立法者が判決時に，より軽い可罰性，あるいはもはや可罰的でない行為と考えている場合に，それでもなおその間に古くなった行為時の見解に基づいて処罰することに刑事政策的な意味はない．さらに，軽減が事実審の判

---

(112)　否定的なものとして，*Bernreuther*, MDR 1991, 829; *Hüting/Konzak*, NZV 1991, 255; *Krahl*, NJW1991, 808. *Bialas*, 1996, 148 f., 170 f. は，そのような構成要件においては主観的帰属が個人的にではなく，経験則に基づいてなされるため，パーミルの限界は一般的に責任原則と相容れないとする．この問題に関する詳細は，*Otto*, BGH-FS, 2000, 113 ff.

(113)　基本法 103 条 2 項の判例変更への適用を主張する者も，刑を加重するように判例が修正されることは基本的に可能とする．ただそれは，将来の事案に対してのみ適用され，進行中の手続においては将来のために予告されるのみとされる．しかしそのような手続は現行の訴訟法の範囲で実現可能なものではない．それに関し詳細は，vgl. *Tröndle*, Dreher-FS, 1977, 117 ff.

(114)　いわゆる軽減命令については，vgl. *Dannecker*, 1992, 403 ff., 461 ff.

217

第1編 基 礎

決言渡しの後に初めてなされた場合，その軽い法律は控訴審段階で考慮される必要がある（明確に示すものとして，BGHSt 20, 77）[115].

63 「加重からの保護」（2条1項）と「減軽の特権」（2条3項）の相互作用の結果，2条3項は，その文言を準用して，判決時にはすでに有効ではない，軽い「**中間時法**」にも適用されるということとなる．ある行為に対する刑罰が行為後に減軽されたが，しかし判決時には不都合な事情に基づいて再び元の刑の重さとなっていた場合，それにもかかわらず行為者は，中間時点の軽い規定に基づいて処罰されることを要求できる．なぜなら，減軽によって，行為者は，新たな法律に基づいて，その後は旧法によるすべての遡及的な加重から保護されるという有利な法的地位を獲得したからである．同様に，行為時にも判決時にも可罰的であったが，その間に一度，刑罰から解放されていたならば，その行為者は不可罰でなければならない[116].

64 特に議論があるのは，行為後に，刑罰を重くする要素（加重要素）が，当該行為者に同じく該当する他の要素に代替された場合に，「軽い」法律があるのかどうかである．**例**（BGHSt 26, 167 [172 ff.]）：行為者は路上強盗を行ったが，それは行為時には，250条1項3号により強盗の加重された事例として可罰的であった．有罪判決を言い渡される前に，その刑罰加重事由が削除された．その代わりに，弾丸が装填されていない武器（250条1項2号）という新しい刑罰加重事由が導入され，当該行為者はその要件も満たしている．行為者は，250条に基づいて処罰されるのか，それとも249条に基づいて処罰されるのか．連邦裁判所は，旧250条1項3号に基づいて処罰をした．旧規定と新規定には同じく「共通の不法の核」があり（他人の物の強取），その構成要件の変更は「不法の実現の方法」にあたるものにすぎないから，減軽ではない，というのである．しかしそれは誤っている．なぜなら，確かに基本的構成要件（249条）は同じである．しかし，かつては犯行現場（道路）に基づいていたが，現在は行為手段（武器様のもの）に関わるものであるため，全く異なる加重といえるからである．また，武器様のものに基づく加重が刑罰を重くするものである一方で（それは行為者には基本法103条2項，刑法2条1項に基づいてその適用を免れさせる必要があるも

---

(115)　問題全般に関し，*Sommer*, 1979. 特に租税刑法に関し，*Kunert*, Neue Zeitschrift für Steuerrecht 1982, 276 ff.; *Tiedemann*, 1985.

(116)　BVerfGE 81,132; これに対して，*Günwald*, Arth. Kaufmann-FS, 1993, 433 ff.

218

第5章　刑法の解釈および時間的効力と関連する罪刑法定主義

のであるが），路上強盗に関しては，2条3号に基づき行為者を有利に扱わなければならない減軽も存在する．249条に基づく処罰が正しいといえるだろう[117]．

65　どちらの法律が軽いのかという問題を判断する際[118]，判例は，（場合によっては高くても）罰金刑を（それ自体は短くても）自由刑よりも軽い，という考えを出発点とする．その他の点は，BGH 20, 25 が旧判例を指し示してまとめたことがあてはまる．「異なる法律の構成要件と法定刑を互いに抽象的に比較するだけでは足りない．むしろ決定的であるのは，当該事案において，どちらの法律が特別な事情に基づいて行為者に有利な判断を許すかである」（類似のものとして，BGHSt 20, 75）．例えば，特に重い事案についてより重い法定刑が，特に軽い事案についてより軽い法定刑にするという変更が，法律になされた場合，軽い法律は，具体的に見て特に軽い事案と仮定された場合にのみ問題となる（RGSt 75, 310）．しかしその他の場合には，個別の事案において軽い法律は，「全体として」（BGHSt 24, 97），つまりより厳しい部分も含めて，適用されなければならない[119]（BGHSt 20, 30 も参照）．「軽い」法律の問題に関して意味のある議論から[120]，いくつかの新しい判決を紹介しておく．例外的事案に対してある法律の下限が減軽された場合，そこにはすでに減軽が認められる（BGHSt 20, 125）．同様に，白地刑罰法規について（Rn. 40），法定刑ではなく，充足する規定のみが行為者に有利なかたちで変更された場合，減軽が肯定される（旧判例変更のもとでの BGHSt 20, 177）．犯罪行為が秩序違反に変更された場合，2条3項が準用されて，当初は可罰的であった行為は秩序違反として処罰される（BGHSt 12, 154 f.）．

第7節　限 時 法

66　軽い法律をめぐる遡及の例外は，2条4号に基づいて，いわゆる**限時法**にも

---

(117)　支配的見解も同旨である．vgl. nur *Jescheck/Weigend*, AT⁵, § 15 IV 5; *Maurach/Zipf*, AT/1⁸, 12/16; *Sch/Sch/ Eser*²⁶, § 2 Rn. 24 f.; *Jakobs*, AT², 4/75; *Tiedemann*, JZ 1975, 693; さらに，*Mazurek*, JZ 1976, 235; *Mohrbotter*, ZStW 88 (1976), 923 ff.; *Schünemann*, 1978, 26 f.; MK-*Schmitz*, § 2 Rn. 23.

(118)　これに関する詳細は，vgl. *Dannecker*, 1992, 501 ff.

(119)　異なる見解として，*Schröder*, JR 1966, 68; *Sch/Sch/Eser*²⁶, § 2 Rn. 34 f. その都度，両法律の有利な要素が適用されるべきとする．

(120)　これに関し網羅的なものとして，LK¹¹-*Gribbohm*, § 2 Rn. 15-28.

第1編　基　礎

あてはまる．限時法とは，当初より，「一定の期間」のみ効力を有する法律である．たとえ失効の期日が，暦によって，あるいは特定の出来事によって法律自身に規定されているにせよ（狭義の限時法），たとえ特別な時局に基づいて明確に限界づけられ，その時局の消滅により対象を失うことになるにせよ（広義の限時法）構わない[121]．両者において共通なのは，期限が付された有効期間の経過によって，明示的に反対のことを規定していない限り（2条4項2文），法律が自動的に失効することである．特に経済刑法で重要であるが，2条4項の基本的な考えは次の点にある．すなわち，当該法律の廃止前にその犯罪を行った行為者が得をするのは，当該法律の失効が，変更された刑事政策的な評価による場合だけであって，構成要件的な（例えば，経済的な）事情の変化に基づく場合ではない．仮に2条4項がなければ，限時法の有効期間の最後の段階では，行為者は，失効前にはもはや有罪判決が言い渡されないことが確かであるから，その限時法に対して危険なく違反しうることとなる．上述の法律の目的は，疑わしい事案では解釈の必要がある．例えば，刑罰で保護された許容最高速度は，事情の変更によるものではなく，主に交通の安全の必要性に起因するものであるから，限時法ではない（BGHSt 6, 37 ff.）；（限定的期間のための法律がガソリンの節約を目的とするなら別である）．当初，一時的と思われていた時局が（それに基づき限界づけられていたが）「非常に長期に持続した」（BGHSt 6, 39）場合には，元々は限時法として施行された規定が，事後的にその性格を失うことがある．

H．不明確な刑法と刑罰の禁止[122]

第1節　可罰性の要件の明確性

67　不明確な刑罰規定の禁止は，憲法の文言（「法律によって**定められた**」，Rn. 11 参

---

(121)　BGHSt 6, 36 f.; 18, 14. 第2次刑法改正法は，2条4項を，暦によって期限が付された法律に対してのみ適用しようとしていた．刑法施行法は，その制限をまた元に戻した．これを批判するものとして，*Tiedemann*, Peters-FS, 1974, 198 ff. Vgl. auch *Rüping*, NStZ 1984, 450; *Hassemer*, 1990, 201; *Laaths*, 1991.

(122)　歴史については，*Krey*, 1983, 84 ff. 判例について網羅的なものとして，*Krahl*, 1986, および *Birkenstock*, 2004.

第 5 章　刑法の解釈および時間的効力と関連する罪刑法定主義

照）だけに適合するものではなく，罪刑法定主義の目的によってすべて十分に
裏づけられるものである．不明確な，それゆえに不明瞭な法律は，国家の刑罰
権の明白な自己抑制をもたらさないため，恣意から国民を守れない．それは，
裁判官の任意の解釈を許し，それにより立法権の領域を侵害するものであるか
ら，権力分立の原則とも相容れない．個人は何が禁止されるのかを知ることが
できないため，一般予防効果も発揮できない．またそれゆえに，そうした法律
の存在は，責任非難の基礎を提供することもできない．

68　刑罰規定が不明確性のために憲法に反し，それゆえに無効となりうる点は，
理論的にも争いはない．バイエルン州憲法裁判所は[123]，「公の秩序に反し，
あるいは同盟軍ないしその構成員の利益に反することをした者」は処罰される
とする規定は，罪刑法定主義に反するため無効であると説示した．そこでは，
両構成要件上の選択的要件（「公の秩序」と「利益」）は，等しく不明確と判断さ
れた．しかし，それ以外では，戦後のこれまでの間に，刑罰規定が，明確性に
反するために無効と判断されたことはない[124]．これに対して，刑罰規定にお
いて，あいまいな，価値の補充が必要な概念は，決して少なくない．バイエル
ン州憲法裁判所が，「ひどい乱暴」（旧360条11号，現行はいくらか明確化された，秩
序違反法118条1項）という，かつての軽犯罪の構成要件は十分に明確であると
説示して以来（BVerfGE 26, 41），立法者は，一般条項を使用する際に，ほとん
ど抑制をかける必要がない．それゆえ，*Welzel* は，そのよく引用する言葉[125]
において適切である．すなわち，「法律なければ刑罰なしの原則に対して本当
に危険なのは，類推解釈ではなく，不明確な刑罰規定である」．*Naucke*[126] は
次のように断言する．「刑法はますます不明確になっている」．そして，
Schünemann[127] は，法律の明確性の要請について，「法律なければ刑罰なしの
原則の最低点である」と評価している．

69　以前より，この問題については，そうした状態が除去できるのか，それがで

---

(123)　Bayerisches Gesetz- und Verordnungsblatt 1952, 8 f.

(124)　しかし現在では，刑法の構成要件が，行政行為によって基礎づけられた作為義務
　　の違反と結びつく事案について，vgl. BVerfG NStZ 1989, 229.

(125)　*Welzel*, StrafR[11], § 5 II 3.

(126)　*Naucke*, 1973, 3.

(127)　*Schünemann*, 1978, 6.

第 1 編 基 礎

きるとして，どのようにして除去ができるのかが議論されてきた．争いがない
のは，立法者が用いるすべての文言には複数の解釈の余地があるので，ある程
度の不明確性は避けられないということである（上記 Rn. 27 参照）．とりわけ，
禁止行為の記述がないのではなく，裁判官に価値判断を求める「価値の充足が
必要な概念」が，問題の多い箇所を作る．それには多くの例がある．すなわち，
「ひどい乱暴」（Rn. 68）だけでなく，さらに，謀殺罪の「低劣な動機」（211 条），
被害者の承諾に基づく身体傷害罪における「善良の風俗」の違反（228 条），強
要罪の違法性に必要な「非難性」（240 条 2 項）などである．一般的には，立法
者がそうした一般条項的な価値概念を完全に放棄することはできないというこ
とは受け入れられる．なぜなら，それが個別の事案において適切な判決を可能
にするからである．仮に法律が，価値を伴わずに記述された概念のみを有する
ことが許されたならば，法律は限りなく長くなるか，その適用に際して，刑事
政策的に高度に不適切な結果を生み出すような硬直性を示すこととなる．また，
「侮辱」（185 条）のように，価値を持たない形式では的確に表現することが全
くできない社会的現象もある．もっとも，もちろん価値の充足が必要な概念を
思うがままに用いることは受け入れられない．例えば，連邦裁判所は，強要罪
（240 条 2 項）の非難性に関し，ここでは裁判官に「立法者に代わり，直接的評
価によって，個別的事案において強要が違法か否か判断をする」役割が与えら
れていると明言するが（BGHSt 2, 196），立法の管轄領域のそのような移行は，
明らかに**法律の明確性**の要請に反し，許されるものではない．

70　憲法違反となる不明確性との境界線を見出さなければならない．それは困難
な課題である．連邦憲法裁判所は，第 1 に，法律の明確性の要請は，法定刑の
高さに伴って大きくなり，第 2 に，不明確な法律が判例によって具体化される
のであれば，憲法の要請に対しては十分であるということを肯定することに解
決策を求める[128]．しかしそれは認められない．なぜなら，罪刑法定主義はす
べての刑罰規定に同様に適用されるもので，軽い犯罪に対しては弱まることを
許容するものではない．そして，必要とされる明確性の確立が裁判所に委ねら
れるならば，それによって，基本法 103 条 2 項が保護しようとした権力分立が
まさに放棄されることになる．

（128）　BVerfGE 14, 245 ff.; 26, 41 ff.

第5章　刑法の解釈および時間的効力と関連する罪刑法定主義

71　複数の見解が，立法者は「最大限の明確性」に努めなければならないとする．それに基づけば，価値の充足が必要な概念は，確かに完全に否定されるものではないが，しかし，より明確な規定の文言の可能性が立法者の意のままであるならば[129]，それは憲法に反する．それは注目すべき試みである．しかし一方でそれは，うまくいかなかった法律の表現が，同時に憲法違反となるので，広すぎる．他方でそれは，可罰性を可能な限り広げることへと導く．なぜなら，限界線を遠くへ延ばせば延ばすほど，価値の充足が必要な概念の手を借りて，当罰性のない事案を再び排除することになるからである[130]．例えば，240条1項のように強要罪を広く表現すれば，240条2項が有するような制限的な非難性条項なしに済ませることはできない．

72　最後に，第3の見解は，衡量の考え方に基づく．すなわちそれは，価値の充足が必要な概念は，個別の事案において正義に基づいて判断することの利益が，基本法103条2項によって保護される，法的安定の利益を上回るときに許されるとする見解である[131]．この見解に対しては，それによって罪刑法定主義が許されない方法で相対化されることは批判されるべきである．正義と刑罰の必要性の観点は，基本法103条2項から導かれる限界において考慮されるのであって，さもなければ，明確性の原則は，裁判官の正義感に有利なかたちで放棄されることになる[132]．

73　価値の充足が必要な概念（240条2項の「非難すべきもの」，228条の「善良な風俗」，211条の「低劣な動機」）については，すべての正当な解釈がそれを是認する場合にのみ，その存在が肯定されるとよくいわれる[133]．それは有用な考え方であるが，しかし絶対視されてはならない．なぜなら，一般に広まる道徳的な考えが，個別の事案では，憲法的には憂慮すべき偏見から導かれたもので，判例がわがものとすることはできないものもあるからである．他方で，立法者の価値判断が法律の文脈から明確に読み取れるため，裁判官が，その一般的な論争とはかかわりなく，その価値判断に拘束される場合もある[134]．

74　他方，*Schünemann*[135]は異なる見解を提案する．すなわち，「明確性の概念は，

---

(129)　特にそういうのは，*Jakobs*, AT², 4/25（限定的であるが）．*Kohlmann*, 1969, 247 ff. は「三段階型」を示す．*Lenckner*, JuS 1968, 305; *Naucke*, 1973, 3 ff.; *Schlüchter*, AT³, 8; MK-*Schmitz*, § 1 Rn. 41 ff.; *Sch/Sch/Eser²⁶*, § 1 Rn. 20.

(130)　批判については，vgl. auch *Lemmel*, 1970, 100 ff.; *Schünemann*, 1978, 33 f.

(131)　*Lenckner*, JuS 1968, 305 f., 類似のものとして，*Seel*, 1965, 114, 124 f., 133 など．

(132)　*Lemmel*, 1970, 106 ff.; Schünemann, 1978, 32. も参照．

(133)　*Roxin*, JuS 1964, 379（=Gurundlagenproblem, 200);「最少の共通点」に合わせるとするものとして，*Schlüchter*, NStZ 1984, 300; *Jescheck/Weihgend*, AT⁵, § 15 I 4.

(134)　批判として，*Jakobs*, AT², 4/32. も参照．

(135)　*Schünemann*, 1978, 35 ff.

223

第1編　基　礎

可罰的行為の限界において，十分に明確な構成要件要素の割合が少なくとも50％以上でなければならないものと定義される」と主張する．その背後には，明確性の「原則」というためには，明確な状況の数値が不明確な状況の数値を上回っており，通常，例外とはなっていない必要がある，との考えがある．しかし，49％の不明確性でも基本法と調和することは困難であり，とりわけ，パーセントに基づいた量的な評価は，十分な安定性をもって実現できるものではない．

75　適切な解決策は，刑法の解釈の原則によって（Rn. 26以下）示された方法に求められなければならない．それに基づけば，刑罰規定は，立法者の明確な保護目的が読み取れて[136]，文言が解釈により恣意に拡張されることが少なくとも限界づけられている場合に限って，刑罰規定は十分に明確であるといえる[137]．そうすると，規定の枠組みが与えられ，そこで，明確な法律の解釈としてそれを具体化する充足が許される．そうすることでこそ，学説に対し，一面的な問題として限界づけが取り組めるような有用なよりどころを提示できるのである．

76　そのようにして求められる明確性の要件を，例えば「侮辱」（185条）については，侮辱が軽蔑の表明として理解される場合に，軽蔑の表明はその目的を達成しているといえるから，充足しているといえる．同様に，「その他の低劣な動機」（211条）の概念も，合憲的である．なぜなら，法律の目的が，特別に非難されるべき殺人行為をより重く処罰することにあることは明らかであるからである．すなわち，どのような動機を「低劣」と評価してよいかは，法律によって示されている，「謀殺嗜好」，「性欲を満足させること」，「強欲」という動機との同価値性から解釈によって明らかにされる．これに対して，「ひどい乱暴」（旧360条11号）の概念は，連邦憲法裁判所とは反対に，違憲であった[138]．立法者がここで何を保護目的としたのかが不明確である．「乱暴」には多くの異なった方法があるし，それらについて個人個人が高度に個人的なイメージを

---

(136)　これを支持するものとして，*Müller-Dietz*, Lenckner-FS, 1998, 191. 類似のものとして，*Lemmel*, 1970, 180 ff., *Köhler*, AT, 87, und *U. Schroth*, 1992, 108: それによれば，不明確な概念については，「規定の文脈から，あるいは立法者の判断の文脈から，構成要件要素の評価の課題を読み取らなければならず，そこでは評価の基準を発展させることが許容される」.

(137)　これを支持するものとして，*Gropp*, AT², § 2 Rn. 29.

(138)　違憲とするものとして，例えば，*Jakobs*, AT², 4/28; *Lenckner*, JuS 1968, 305; SK⁶-*Rudolphi*, § 1 Rn. 14; *Schroeder*, JZ 1969, 775; *Schröder*, JR 1964, 392; *ders.*, JZ 1966, 649; *Schünemann*, 1978, 32 f.

第5章　刑法の解釈および時間的効力と関連する罪刑法定主義

持っている（言葉の使い方が示すように）ので，概念の「解釈」の可能性が限りな
く広がるからである．

77　その他の場合，規定の合憲性は，厳格に制限的な解釈がなされる場合にのみ
肯定される．その意味で確かに，228条からは，立法者が，被害者の承諾が
あっても，傷害が是認された行為規範に反している場合に，その傷害を処罰し
ようとすることを見て取ることができる．しかし，それがいつそのような事案
になるのかは，「善良の風俗」という概念によって不明確に示されているため，
その純粋な文言からは解釈の限界が示されていない[139]．そのような規定は，
その法律から，明確性の要請を満たす解釈が導かれる場合にのみ維持されうる．
それは228条の場合，216条に依拠して，風俗に反することの肯定が，具体的
に生命に危険な傷害がある場合，また取返しのつかない重大な侵害がある場合
に限定されていることにより，可能となる（詳細は，13章 Rn. 41以下）．類似し
て不明確な概念である240条2項の「非難性」については，法的な社会的秩序
の原則の限界値に立ち戻ることにより具体化すべきである[140]．ある規定を明
確な核にまで限定することが不可能なときに初めて，その規定は，不明確性の
ために完全に無効と説明されることとなる．

78　すでに述べられたことから，明確性の原則は，多くの見解もそう理解するよ
うに，決して無意味なものではない．疑いのある個々の構成要件については，
詳述した観点に基づいて検討されなければならない．ここでは，そのための
（事例によって解説をした）方針が与えられたにすぎない．その実行は各則での問
題である．確かに，立法者が意図的に規定せず，判例や学説の発展に委ねた総
則の一部には，必要とされる明確性が欠けるものがある（Rn. 46以下参照）．憲
法の創設者（ワイマール期の人ですらすでに）もそのことは知っていたし，変更し
ようとも思っていなかったので（その時代では，総則が不完全なかたちで法律に規定
されていたにもかかわらず），その点では，罪刑法定主義の内在的な（そして本質的
な十分に根拠づけられた）制約として肯定されなければならない．

79　連邦憲法裁判所は，基本法103条2項を，その文言に沿って「法律」にのみ

---

(139)　違憲とするものとして，例えば，*Lemmel*, 1970, 191, また，*Sternberg-Lieben*,
1997, 177 ff., 211 は，重要な方法論上の根拠を示す．*ders.*, Keller-GS, 2003, 289;
NK-*Paeffgen*, §228 Rn. 40 ff. さらに，LK[11]-*Hirsch*, §228 Rn. 2.

(140)　これに関する詳細は，*Roxin*, JuS 1964, 373（=Grundlagenprobleme, 184）.

第 1 編 基 礎

適用するのではなく，不明確にすぎ，「際限のない」法的解釈は違憲と判断されるとの効果を認めて，判例にも適用する．BverfGE 92, 1 は，240 条 1 項の暴行概念について座り込みデモにも適用をするような拡張的解釈は基本法 103 条 2 項に反するとの判決を言い渡した．「暴行が単に身体的に存在すること」が認められ，「被強要者に向けた強制的効果が心理的な性質にとどまる」場合には，「他人の意思の貫徹を心理的に阻止する身体的行為のうち，いかなる身体的行為が禁止されているのか，あるいはそうでないのか，もはや十分な確信をもって予見できない」とする（前掲 18 頁）．基本法 103 条 2 項を判例による解釈にも適用するというこの拡張については，さらなる議論を必要とするが，しかし多くの支持を得ている[141]．なぜなら，十分に明確な法律の文言も，その規範的概念について，裁判所がそれを，過度に不明確で，個々の事案での裁判官による当罰性の考慮に合わせるような方法で解釈する場合には，予見できない有罪判決から国民を保護することができない．連邦裁判所が暴行概念の解釈について明確性の限界を超えたかどうかは定かでないが，どちらかといえば否定されるべきである．最終的な説明は，強要罪の構成要件の分析との関連において初めて可能であるから，ここで示すことはできない[142]．

第 2 節　犯罪に対する効果の領域における明確性の原則

80　基本法 103 条 2 項は十分な明確性を，可罰性要件だけでなく，刑罰やその他の犯罪に対する効果にも求める[143]．しかし判例はそれについて，憲法と調和しているように見せて，しばしば大まかに扱う．BGH 13, 191 は，「すべての許された刑罰，ただし死刑以外」という処罰の威嚇は十分に明確と認める．それはもちろん適切ではない．なぜなら，最も軽い罰金刑から終身の自由刑まである刑の範囲は，国民に，自己にあてはまる可能性のある効果を判断することを許さないので，それは罪刑法定主義の基本的要請に反するからである．それ

---

(141)　Vgl. *Küper*, JuS 1996, 785, Fn. 11.

(142)　連邦憲法裁判所の決定について態度を明らかにしているものとして，*Altvater*, NStZ 1995, 278; *Amelung*, NJW 1995, 2584; Gusy, JZ 1995, 782; *Jeand' Heur*, NJ 1995, 465; *Krey*, JR 1995, 221, 265; *Roellecke*, NJW 1995, 1525; *Scholz*, NStZ 1995, 417; *Schroeder*, JuS 1995, 875.

(143)　BVerfGE 25, 269 ff.; 45, 363; BGHSt 18, 140; 反対，*K. Peters*, 1995, 18 f.

第5章　刑法の解釈および時間的効力と関連する罪刑法定主義

ゆえ，学説は，正当にも，一般的に少なくとも刑の種類の特定は求めている．

81　しかし，同じ刑種の範囲内でも，際限のない刑の範囲は違憲と判断されなければならない．それゆえ，BGHSt 3, 262 には反するが，不明確な上限の罰金の法定刑は許容されるものではない．そのような制裁は，単なる訓戒から経済的存立の根絶にまで揺れ動くものであるから，恣意に対する十分な保護とはなっていない．1975年から適用されている日割罰金制度（4章 Rn. 34 以下）は，5－360（54条2項2文の場合では720）の日割罰金の範囲に限定しようとしている．その金額は，5－1800000（もしくは，3600000）ユーロということになる．そのような金額差も，上述の根拠からすると法治国家的には是認されるものではない[144]．連邦憲法裁判所は，許容される刑の上限を，当初立法者が意図していたように，現行の金額の10分の1に引き下げるべきであろう．また，自由刑の範囲についても，違憲との限界点にある．例えば，故殺に関する212条と213条は，1年から終身の期間を設けている．それが，なお基本法103条2項に適合していると認めることができるならば[145]，それは，少なくとも法定の刑の範囲（5年から15年）が，予測可能な範囲になっているからであろう．

82　総じて，法的効果については，責任原則（3章 Rn. 51 以下）や，法に規定された量刑原則（46条）が，行為者に一定程度の保障を与えているため，可罰性要件に関するものよりも，程度の高い不明確性でも甘受することが可能である．そのような原則に基づいて判断がなされた刑量（Strafmaß）は，少なくとも予測できるものであり，しかも刑の範囲と無関係なものではない．それゆえ，このような領域について未だ問題意識の低い立法者が，一般的に刑の範囲を明確に定める決断をしたならば，憲法によりよく適合することになるであろう[146]．

---

(144)　違憲とするものとして，*Stratenwerth/Kuhlen,* AT⁵, § 3 Rn. 17; また，*Jescheck/Weigend,* AT⁵, § 15 I 5 もそうである．限定的なのは，SK⁶-*Rudolphi,* § 1 Rn. 16.

(145)　違憲とするものとして，*Schünemann,* 1978, 38.

(146)　それについて提案をするものとして，*Schünemann,* 1978, 38.

第6章 行為刑法と行為者刑法

文献：*v. Liszt*, Die Zukunft des Strafrechts（1892）, in: Strafrechdiche Vorträge und Außätze, Bd. 2, 1905（Nachdruck 1970）, 1; *ders.*, Über den Einfluß der soziologischen und anthropologischen Forschungen auf die Grundbegriffe des Strafrechts（1893）, in: Strafrechtliche Vorträge und Aufsätze, Bd.2, 1905（Nachdruck 1970）, 75; *ders.*, Nachwelchen Grundsätzen ist die Revision des Strafgesetzbuchs in Aussicht zu nehmen?（1902）, ebenda, 356; *Tesar*, Die symptomatische Bedeutung des verbrecherischen Verhaltens, 1907; *Kollmann*, Die Stellung des Handlungsbegriff im Strafrechtssystem, 1908; *ders.*, Der symptomarische Verbrechensbegriff, ZStW 28（1908）, 449; *Birkmeyer*, Studien zu dem Hauptgrundsatz der modernen Schule, nicht die Tat, sondern der Täter ist zu bestrafen, 1909; *Tesar*, Der symptomatische Verbrechensbe griff, ZStW 29（1909）, 82; *Grünhut*, Gefährrüchkeit als Schuldmoment, Aschaffenburg-FS, 1926, 87; *Zimmerl*, Der Aufbau des Strafrechtssystems, 1930; *E. Wolf*, Vom Wesen des Täters, 1932; *Mezger*, Täterstrafrecht, DStR 1934, 125; *E. Wolf*, Tattypus und Tätertypus, ZAkDR 1936, 358; *Mezger*, Die Straftat als Ganzes, ZStW 57（1938）, 675; *Bockelmann*, Studien zum Täter strafrecht, Teil I, 1939; Teil II, 1940; *Dahm*, Der Tätertyp im Strafrecht, 1940; Mezger/Gallas, Tat- und Täterstrafe, insbesondere im Kriegsstrafrecht, ZStW 60（1941）,353, 374; *Engisch*, Zur Idee der Täterschuld, ZStW 61（1942）, 166; *Schaffstein*, Zur Lehre vom Tätertyp im Kriegsstrafrecht, DStR 1942, 33; *Lange*, Täterschuldund Todesstrafe, ZStW 62（1943）, 175; *Heinitz*, Strafzumessung und Persönlichkeit, ZStW 63（1951）, 57; *Bockelmann*, Wir würde sich ein konsequentes Täterstrafrecht aufein neues Strafgesetzbuch auswirken?, MatStrRef. I, 1954, 29; *Schmidhäuser*, Gesinnungsmerkmale im Strafrecht, 1958; *Hardwig*, Tat- und Täterstrafrecht im Licht der Strafrechtsreform, MSchrKrim 1959, 1; *Müller-Emmert/Friedrich*, Die kriminalpolirischen Grundzüge des neuen Strafrechts, JZ 1969, 245; *Roxin*, Franz v. Liszt und die kriminalpolirische Konzeprion des Altemariv-Entwurfs, ZStW 81（1969）613（=Grundlagenprobleme, 32）; *Danner*, Tatvergeltung oder Tätererziehung?, 1971; *Jakobs,* Schuld und Prävention, 1976; *Stratenwerth*, Die Zukunft des strafrechtlichen Schuldprinzips, 1977; Haft, Der Schulddialog, 1978; *Müller-Dietz*, Grundfragen des strafrechthchen Sanktionensystems, 1979; *Stratenwerth*, Strafrecht und Sozialtherapie, Bockelmann-FS, 1979, 901; *Burkhardt*, Charaktermängel und Charakterschuld, in: Lüderssen/Sack, Vom Nutzen und Nachteil der Sozialwissenschaften für das Strafrecht, Bd. I, 1980, 87; *Frommel*, Die Bedeutung der Tätertypenlehre bei der Entstehung des § 211 StGB im Jahre 1941, JZ 1980, 559; *Rüping*, Strafjustiz im Führerstaat, GA 1984, 297; *Werle*, Das Strafrecht als Waffe: Die Verordnung gegen Volksschädlinge vom 5. 9. 1939, JuS 1989, 952; *Häußling*, Der Täter zwischen Strafrecht und Kriminologie, Max Busch-GS, 1995, 278; *Hirsch*, Tatstrafrecht − ein hinreichend beachtetes Grundprinzip? Lüderssen-FS,

第 1 編　基　礎

2002, 253.

　外国語文献：*Ferrajoli*, Diritto e ragione, Rom, ⁵1998; *Muñoz Conde*, Edmund Mezger y el derecho penal de su tiempo, Valencia, ⁴2003.

A．概念的明確化：現行法における支配的傾向としての行為刑法

1　**行為刑法**とは，可罰性を構成要件に明確に規定された個々の行為（あるいは，複数の行為）に結びつけ，制裁を，行為者の全行状，あるいは，行為者について将来予想される危険に対する応答ではなく，個別行為に対する応答のみであるとする法律上の規定であると理解されている．これに対して，**行為者刑法**は，刑罰を行為者の人格（Persönlichkeit）に結びつけ，当該行為者の反社会性とその程度が制裁を決定する．「行為者が行為を行ったからといって，それでその行為者が有責となるのではなく，その行為者が『そのような者』であったことによって初めて，法的非難の対象となる場合をいう」[1]．「なぜなら，刑罰威嚇の条件に，個々の行為の存否および態様以外のもの，あるいは，それ以上のものが必要とされている場合，それに加えて，その条件が行為者の人間的特性に求められなければならないような場合には，刑罰は行為者自身を対象としているからである」．

2　法律がなければ犯罪も刑罰もない（nullum crimen, nulla poena sine lege）という憲法原則が，行為者刑法の発展よりも行為刑法の発展を促すものであることは，明白である．なぜならば，行為記述と行為刑の方が行為者人格における「継続的な，犯罪学的メルクマール」[2]あるいは「処罰されるべき人格の人間的ありかた（So-Sein）」[3]を基準とし，制裁の種類と程度をそれによって定めるような刑罰規定よりも，明確性原則により適合するであろうと考えられるからである．それゆえ自由主義的・法治国家原則に基礎を置く法秩序は，常に行為刑法を志向する傾向にある．他方，Liszt の時代以来，ドイツ刑法において有力な特別予防の潮流は，行為者刑法へと向かっており，将来の犯罪の防止のために，犯

---

　(1)　この文と次の文の引用は，*Bockelmann*, 1939, 3 f. からのものである．

　(2)　*Welzel*, StrafR¹¹, § 17 I.

　(3)　*Bockelmann*, 1954, 29.

230

第6章 行為刑法と行為者刑法

罪者に対してどのような作用を及ぼすことが必要であるかは，具体的な個別行為よりは，むしろ，当該犯罪者の人格に依存させられている．したがって，行為刑法は，現行刑法典が施行されて以来，根底的に覆させられることはなかったものの（時の経過とともに，その現れ方と程度は変化しつつも），常に，行為者刑法の影響に向かい合い，それを統合せざるをえなくなったのである．

3 *Zimmerl* は，その著書『刑法体系の構造（Der Aufbau des Strafrechtssytems）』（1930年）において，刑法体系は，行為刑法を基礎とするか，行為者刑法を基礎とするかによって，まったく異なった形で樹立されなければならないと述べている[4]．彼は，すべての体系構想の端緒であり決定的な分岐点となる点は，この決断にあるというまでに至っている．すなわち，「個別的行為か人格か，それが，すべての体系の本源的基礎にかかわる問いだ」というのである[5]．

B．Franz v. Liszt とその後継者達における行為刑法と行為者刑法

4 *Franz v. Liszt* は，可罰性に関して行為に代えて（現実の，あるいは単に潜在的にしかすぎない）行為者の存在形式，または内心の考え方に注目する方が望ましいと結論づけたことは全くない．彼も，「行為者をその行われた行為によって処罰」したかったのではあるが，彼の言うところでは「…認めなければならない」のは，「ひょっとすれば心情に考慮を払うべきで，行為になるまで待つ必要はないというのがわれわれの考え方の結論であるかも知れない．それは，掛りつけの医者が，病気になるまで待たないで，それを予防しようとするのとまったく同じである」[6]．しかし，彼は，自由の保護という理由から，それを認めなかったのである．確かに，彼は，立法論としては（de lege ferenda）構成要件に「行為者人格による可能な限りの細分化，より厳密にいえば，犯罪者の心情の強度による細分化」を要求してはいる[7]．しかし，これによって個別行為への固執が疑問視されたのではなく，単に構成要件の記述の重点が，*Liszt* によって要請された[8]困窮窃盗の宥如（旧248条a）の導入や謀殺構成要

---

(4) *Zimmerl*, 1930, 4 ff.

(5) *Zimmerl*, 1930, 5.

(6) *v. Liszt* (1892), 1905, 16.

(7) *v. Liszt* (1902), 1905, 391.

第1編　基　礎

件の新規定（4章，Rn. 13参照）において後に行われたように，それまで以上に動機へと移されたにすぎなかったのである．ともかく，このように主観的に細分化することによって量刑の際に行為者人格を考慮する可能性が著しく増大した．この点に，*Liszt* の，およそ一般的な行為者刑法的性格が明示的に現れている[9]．彼は，（少なくとも原則的に）執行期間を刑罰目的の達成に係らせるべき「不定期刑判決」の導入を要求した[10]．そこでは，行為者人格は，〈刑罰目的達成という〉目標にとっても，刑罰目的の達成があったかどうかの判断にとっても重要な意味をもたなければならないとされるはずであった．しかし，その後，導入されたのは，不定期刑判決ではなく[11]，保安処分であった（4章，Rn. 11参照）．保安処分のもとでは，保安監置（現行法では66条）という期間が不定期で，行為者を基準とする自由の剥奪処分が予定されていた．というのはおよそこの処分は，今日に至るまでのわれわれの刑法の制裁の中で最も行為者関係的なものだからである．

5　*Liszt* の後継者達は，可罰性の条件は行為刑法的に決定されるべきであるが，これに反して，その法律効果はむしろ行為者刑法的に決定されるべきであるという先に示された二元論を本質的に超えることはできなかった[12]．したがって，ここでは次のような若干の指摘をしておけば十分であろう．いわゆる**犯罪徴表説**の創始者として登場したのは，*Tesar*[13] と *Kollmann*[14] である．両者は，（個別的には方法論的に大きく異なったアプローチによりながらも）行為は外界における作用を基準として判断されてはならず，むしろ行為者の内面についてわれわれに教えてくれることを基準にして判断されなければならないというテーゼを主張し，論争に加わった．それゆえ，行為は行為者人格についての「徴表」にす

---

(8)　*v. Liszt* (1902), 1905, 391.

(9)　*Liszt* の，行為刑法と行為者刑法の分離に密接に関連する「刑法」と「刑事政策」の二分化については，*Roxin*, ZStW 81 (1969), 640 ff. (= Grundlagenprobleme, 60 ff.) 参照．

(10)　*v. Liszt* (1893), 1905, 91ff.

(11)　この点については，しかし，3章，Fn. 20 参照．

(12)　この点について詳しくは，*Bockelmann*, 1939, 123 ff. 手際よく要約しているのは，*Mezger*, StrfR, ³1949, 104 f.

(13)　*Tesar*, 1907.

(14)　*Kollmann*, 1908; *ders.*, ZStW 28 (1908), 449.

232

第6章　行為刑法と行為者刑法

ぎないことになる．しかし，この二人は，制裁の条件は個別行為であるという原則をあくまでも維持し，彼らの徴表的犯罪論からは，単に制裁の種類と形態についてのみ一定の帰結を導いていたのである．したがって彼らは，Lisztによって前もって定められた枠内に留まっていたといえる．同様のことは，Lisztの多くの弟子達（*Radbruch, Eb. Schmidt, Kohlrausch, Grünhut*）に見られるいわゆる**性格論的責任説**についてもいえる．行為は，性格から造出されたもの，行為者人格の発露であると理解されている．したがって，行為者の責任は，（決定論的立場からは）人のその性格に対する答責性の中にある．それゆえ犯罪者の人格から生み出された危険性が，直接的に責任の要素とみなされる[15]．しかし，性格責任論者も，法治国家的理由から，刑法的制裁にとっての前提としての個別行為にこだわったのであり，したがって極端な行為者刑法の道を歩むことなく，むしろ犯罪行為の法律効果にその影響力を制限しようとしていたのである．

C．30年代の行為者刑法的傾向：行状責任 —— 犯罪学的および規範的行為者類型

6　1930年代，Lisztを継承して予防的行為者刑法を発展させようとする努力がなされたが，それはリベラルな思想と特別予防的な思想の信用低下によってしだいに衰退していった．それに代り，行為者刑法という名の下で異なったアプローチが展開された．ここでは，それらの中の最も有名な三つの試みだけを選び，論じることにする．

第1節　Erik Wolf

7　*Erik Wolf*は，その多くの著作の中で[16]，変遷を伴いながらも当時の同時代的な現象学に部分的に依拠しつつ，「行為者」を「退廃的な法的心情をもった法共同体の人格的構成要素」[17]と性格づけ，この心情の退廃を公共に対する危険性（性犯罪者の

---

(15)　特徴的なのは，*Grünhut,* Aschaffenburg-FS, 1926, 87．現代の責任論に対するこのような見解の意味について詳しくは19章，Rn. 27以下．

(16)　特筆すべきものとして，Vom Wesen des Täters, 1932; Tattypus und Tätertypus, ZAkDR 1936, 358.

(17)　*E. Wolf,* 1932, 16.

233

第1編 基 礎

場合），反公共性（例えば，詐欺罪および背任罪の場合），公共敵対性（例えば，確信犯の場合），公共に対する怠慢（行政犯の場合），および，公共に対する有害性（例えば，過失犯の場合）という「行為者類型」に分けて，記述している[18]．このような（やや不明確な）行為者類型学は，爾後，もはや拡充・展開されなかった．しかし，心情の退廃という概念は，もはや行為者刑法的思考を予防の必要性とに結びつけられるのではなく，倫理学および責任とに結びつけられることによって，爾後の発展に影響を及ぼした．

第2節 1933年の常習犯罪者法

8 さらに重要な推進力を与えたのは，1933年11月24日の常習犯人法（4章，Rn. 11）であった．この法律は，これによって導入された処分においてのみならず，刑罰においてもまた若干の点で，行為者刑法的影響を現出させることになった．旧20条aは，三度目の有罪判決に当っては，「行為の全体的評価」によって，行為者が「危険な常習犯である」ことが明らかになったとき，重懲役刑を命じていた．したがって，ここでは，もはや行為自体ではなく，常習犯という刑事学上の行為者類型に属することが，刑罰を決定していたのである．同様に，新たに規定されることとなった旧51条2項は，限定責任能力の場合に刑の必要的減軽ではなく，その任意的減軽を規定していただけであったが，これも行為者刑法的に解釈されうる．このような観点のもとに，比較的古い法律の規定にも新たな光が当てられた．すなわち，売春の周旋罪（旧181条a），ならびに，浮浪者，物乞い，大酒飲み，および不労者（旧361条3～5号）の処罰は，結局のところ，個別行為にではなく，その生き方に制裁を加えていたのであるから，行為者刑法的性格をもっていると認められていた．累犯における刑の加重，および，職業性と常習性についての規定のような他の規定も，相違はあるものの，行為者刑法的に解釈された．

9 このような「犯罪学的行為者類型論」が取り組まなければならなかった主要問題は，いかにして，刑罰を一定の行為者類型に属するという事実に依存させることを，そのほかの点では刑法の基礎となっている責任刑の理念と調和させうるかという点にあった．*Mezger*は，その「**行状責任**」説[19]によって最も影

---

(18) *E. Wolf*, 1932, 28-31.

234

響力豊かな説明を試みた．それによれば，この責任によってのみ，上で列挙された規定の法律効果を，刑罰，すなわち，責任に対する応答と説明することができるのであるから，この責任は，大部分の犯罪にとって基準となる個別行為責任に並ぶべきものであるとされる．すなわち，「行為者の刑法的責任は，個別行為責任のみならず，その者を『その気質から引き出させる』全体的行状責任でもある」[20]．このような行状責任は，行為者の全人格，間違った行状によってそのようなものとなった存在を問題とするものであり，その限りで，それは行為者刑法的構想だといえる．この説の問題点は，人間の発達過程での，責任と（責任のない）運命との区別が，およそ不可能な点にある．*Bockelmann* は，後に，*Mezger* のこの思想を，突発的な，あるいは，時間をかけて徐々に進行した心情が堕落し，間違った生活習慣を獲得し，または生まれながらの反社会的傾向性を克服しなかったことを，有責であると捉えることができるようにするために，「**生活決定責任**」と捉え直した[21]．すなわち，「間違った行状にではなく，むしろ，間違った生活の決定にこそ行為者責任の本質がある」としたのである．これに対して，*Engisch*[22] は，犯罪者の人格の発達を規定しているのは「宿命性」[23] であるとの立場に立ちつつ，（Schopenhauer と Simmel を援用して）非難されえない本質的特徴に対しても個々人の答責性を強調している[24]．すなわち，「人間は，ある種の行為によって，または，一定の振舞いによって，たちの悪い，節操のない，もしくはふしだらな性格を示すのであるが，この場合，その人間はこのような自分の性格に責任をもち，償いをしなければならない．ただ，その際，その者がおよそ『人格（Person）』（すなわち，精神病あるいは発達不全ではない者）でありさえすれば，そして，（意識障害等の状態ではなく）そのような者として活動している場合には，いかにしてそのような性格になったのかを考慮する必要はない」とする．このようにして，犯罪学的行為者類型の理論は，Liszt の後継者達にあっても，それはすでに現れていたのではある

---

(19)　最初のものとして，ZStW 57 (1938), 688 ff.

(20)　*Mezger*, ZStW 57 (1938), 688.

(21)　*Bockelmann*, 1940, 145 ff. （以下の引用は，153）.

(22)　*Engisch*, ZStW 61 (1942), 166 ff.

(23)　*Engisch*, ZStW 61 (1942), 177.

(24)　*Engisch*, ZStW 61 (1942), 174.

第 1 編　基　礎

が（Rn. 5），再び性格責任の思想と結びついたのである[25]．今日では，このような，個別行為責任を超える理論はすべて，法治国家的理由により圧倒的に否定されている．

第 3 節　戦時立法と規範的行為者類型

10　さらなる，まったく性質の異なる行為者類型論の形成に，本質的な影響を及ぼしたのは，立法者の措置，とりわけ国家社会主義体制（NS-Regime）の戦時刑法規定であった．例えば，1939 年 9 月 5 日の民族有害分子に対する命令[26]，および，1939 年 12 月 5 日の暴力犯に対する命令の中には，「民族有害分子」や「常習犯」というおよそ掴みどころのない人格類型が含まれていた．学問的には，そのような峻烈な刑罰威嚇をもった漠然とした法律を限定しようと努力されたが，それは，これらの規定の文言に包摂されうる行為のすべてをそれらの法律に服するものとするべきではないとすることによってであった．むしろ，これらの規定は，行為者が，その行為によって「本質的に」典型的な「民族有害分子」あるいは「暴力犯罪者」であることが分かった場合にのみ，適用可能であるとすることが要請されたのである[27]．このような傾向の首唱者は *Dahm*[28] であって，行為者類型の思想を伝統的な刑法の全領域に適用した．したがって，例えば，彼は，医者が「〈妊婦たる〉母親の生命を救うために，その同意がないのを無視して侵襲を」行った場合には，218 条〈堕胎罪〉によって処罰されてはならないとし[29]，その理由を「民族意識に息づいている堕胎者という観念」は，このような事案には相応しくないからであるとしている．同様に，例えば，躾の悪い（他人の）子供を懲戒することは身体を傷害する者の類型（223 条）には当らないし，家族内部で名誉を傷つける表現をしたからといって，それが 185 条〈侮辱〉に予定されている「誹毀者」の類型に当る

---

(25)　*Engisch* 自身もそのように主張している（ZStW 61 [1942], 177）．

(26)　この点について詳しくは，*Werle*, JuS 1989, 952.

(27)　判例の詳細も含め，*Mezger* と *Gallas* の「戦時刑法における行為刑と行為者刑」についての報告（ZStW 60 [1941], 353 ff., 374 ff.）および *Bockelmann* のそれに関する討論の報告（a.a.O., 417 ff.）参照．それ以後の判例として RGSt74, 201, 322; 75, 295 も参照．

(28)　*Dahm*, Der Tätertyp im Strafrecht, 1940.

(29)　*Dahm*, 1940, 22. 以下の例は，a.a.O.,43.

第6章　行為刑法と行為者刑法

こともなく，さらには，婚約者との性交渉を親が許すことも淫行勧誘者の観念
に（旧181条1項2号）当たるわけではないとした．その結果，これらの行為や
その他の多くの非典型的な行為態様がそれぞれの構成要件から排除され，不可
罰とされることになった．*Dahm* は，とりわけ，その行為者類型論の刑罰限定
効果を（とくに不作為犯においても）強調したのであるが，当時行われていた類推
禁止（4章，Rn. 14参照）の緩和にかんがみて，場合によっては，可罰性の拡張が
「行為者類型との関係によって」根拠づけられることもありうると考えていた[30]．

11　これは「規範的行為者類型論」と呼ばれている．「規範的」とは，評価の基
準を作成することを意味する．したがって，具体的行為が類型的行為者の一定
の形象を基準に比べられ，それが基準に一致する場合にのみ，その行為は，構
成要件のもとに包摂されるのである．この規範的行為者類型論は，何かしらそ
の本質において，これまで説明されてきた犯罪学的行為者類型とは異なるもの
を示している．なぜならば，犯罪学的行為者類型にとっては，行為者のまった
く個人的な人格が常習犯，売春周旋人等々としての犯罪学的特徴に一致する
（これは，経験的に認定である）ことが重要であるのに対して，この類型の場合には，
（価値判断を前提にして）個々の行為が，解釈者に，類型的行為者の行為態様とし
て念頭に置かれている表象に相応するかどうかのみが問われているからであ
る[31]．したがって，結局のところ，規範的行為者類型論は，行為者刑法とは
それほど密接には関係しない[32]．なぜならば，その理論は，行為者の人格を
問題にするのではなく，その者の個別行為を，構成要件に類型的な行為者に期
待される行為の，表象された行為形象と比較するからである．したがって，こ
の理論は，本来，行為刑法の範囲内で様々な構成要件を解釈するための特別の
方法論なのである[33]．この理論は，しかも当時，立法者にも影響を与えた
（211条，212条において，1941年以来用いられている文言である「謀殺者」，「故殺者として」
という表現方法を参照）[34]．

---

(30)　*Dahm*, 1940, 49.

(31)　*Dahm*, 1940, 27 f. 参照.

(32)　このことは，当時の学問上の議論において，当初は徐々にではあったが，次第に
　　　明確 に認識されることになった．他方，それ以前の判例のアプローチの中には，犯罪
　　　学的行為者類型と規範的行為者類型が大抵は混合的に組み入れられていた．

(33)　すでに，そのように主張していたものとして *Bockelmam*, 1954, 29.

第1編　基　礎

12　今日，規範的行為者類型論は，一般に拒否されている．それは，構成要件の
厳密性を崩壊させるものだからである[35]．このような懸念は，その類型論が
可罰性の文言を超えた拡大に関わる限りで，まったく正当である．この類型論
は，憲法上の明確性の要請に基づくならば，考察の対象にはしえないものであ
る（詳しくは，5章，Rn. 28以下参照）．これに対して，この類型論も可罰性を制限
する領域にあっては，依然として有効であり，まったく時代遅れであるという
わけではない．確かに，*Dahm* は，可罰性の制限がすべて法律の目的に一致し
ていなければならないこと，また，この目的が，「民族固有の人生観」の援用
によってその効果を失わせられてはならないことにあまりにも考慮を払わな
かった．例えば，彼が，母親の意思に反する，命を救うための妊娠中絶を218
条によって，また，躾の悪い他人の子供の懲戒を223条〈傷害〉によって処罰
しようとしなかった場合，その解釈は，母親の同意という正当化条件および懲
戒権の限界について立法者の意思を不当に無視していることになる．しかし，
そのような類型的な思考は，法律の目的という枠組みの中にあっても，縮小解
釈の正当な手段でありうる．*Schmidhäuser* の「個々の刑罰法規は，行為の記
述自体を超える限定を必要とするものではない」との見解[36]は，このような
一般的な形では正しくない．例えば，判例および通説は，背任（266条）の構成
要件を，現在でもまだ，行為者類型を考慮して限定している．このようなアプ
ローチは，同様に，不作為犯の場合にあっても，13条1項の「同視条項」の
解釈にとって価値のありうるものである．また，現在，社会的相当性という思
想の助けを借りて構成要件から排除しようとしている（この点について，詳しくは
10章，Rn. 33以下）多くの事案は，すでに，*Dahm* によって，規範的行為者類型
論を用いることで，同様に解決されていた[37]．したがって，このような思考
法は，解釈のための補助手段としては，（限定的ではあっても）なお有用なもので

---

(34)　もっとも，後の判例は，（おそらく立法者の希望に反して）211条，212条を規範
　　　的行為者類型の意味で解釈しなかった．211条についていえば，そうすることで，し
　　　ばしば非難された，広過ぎる適用を阻止することができたであろうが．211条の成立
　　　の際の行為者類型論の意味については，*Frommel*. JZ 1980, 559 ff. 参照.

(35)　*Bockelmann*, 1954, 29; *Schmidhäuser*, LB AT², 7/44 参照．比較的積極的判断をし
　　　ているのは，*Baumann/Weber*, AT¹¹, § 3, Rn. 104 ff.

(36)　*Schmidhäuser*, LB AT², 7/44.

(37)　*Dahm*（1940, 45）自身が，この理論との近似性を指摘している.

第6章 行為刑法と行為者刑法

ある．しかし，この思考方法に本来的とはいえない意味でのみ割り振られた，行為者刑法という観点のもとにおいては，以下ではこれ以上言及しない．

D．現行法における行為刑法と行為者刑法

13 現行法が，圧倒的に，行為刑法であることについて争いはない（前出 Rn. 1 以下参照）．しかし，さらに，今日においてもまだ行為者刑法的影響が有効であるのか，さらにまた何処で有効なのか，という問を検討するにあたっては，刑を加重する行為者刑法的効果と軽減するその効果とを区別しなければならないであろう．

第1節　行為者刑法の刑の加重的影響

14 この種の影響は，各則の構成要件，総則の解釈に関する諸規定および量刑の領域にあると説かれている．けれども，これら三つの領域のいずれにもそのような影響は認められない[38]．

　1　各則における行為者刑法的構成要件？

15 各則の構成要件を解釈するにつき，今日では，行為者刑法的考慮に遡ることはもはや必要でない．

　　旧361条3号～5号の違警罪の構成要件（浮浪，物乞い，酩酊，不労）は，刑法改正によって（1975年1月1日から）廃止された．売春周旋罪の構成要件（181条a）は，さまざまな削除提案にもかかわらず[39]，現在も維持されてはいるが，売春周旋者の反社会的・寄生虫的生活様式を処罰するのではなく，売春婦の人格的・経済的独立を保護する規定であるとされている限りで，行為刑法的意味のものに形を変えられ

（38）　*Hirsch*, Lüderssen-FS, 2002, 253 は，多くの領域において，とりわけ不能未遂の処罰，心情メルクマール，抽象的危殆化犯，原因において自由な行為における同時存在原理，（特に累犯における）刑の加重および刑事訴訟法 153 条 a における起訴便宜主義的打切りにおいて，行為原理が十分に尊重されていない危険があるとする．これらの問題が一般的可罰性要件に関する限りにおいて，それらは本書においてはそれぞれの個別テーマとの関連で取り扱われるが，それらの問題は本質的に行為者刑法の問題ではない．

（39）　例えば，AE BT (Sexualdelikte), 1968, 55.

239

第 1 編 基 礎

ている．したがって，個別事案における関係を超える行為者と被害者との関係を必
要とするという要件は，売春婦の側の自立性の危殆化として特徴づけられれば足り
る．もちろん，181条 a 第 2 項（1 項とは異なって）が，この点を明確には認めさせな
い結果，この規定は，危険犯の構成要件の意味において，限定的に解釈される必要
がある．同様にして，180条 a 第 1 項～3 項（売春の援助）に規定されている処罰を
根拠づける営業性は，行為者刑法的にではなく，その援助が営業的に行われること
によって初めて，この規定が防止しようとしている売春婦の自由に対する危険が発
生すると解釈されうるのである(40)．

16　上記の「真正の行為者処罰」の例として *Jescheck* (41)が挙げた営業的および
常習的犯行（260条〈営業的贓物〉，291条〈暴利行為〉2 項 2 文 2 号，292条〈密猟〉2 項
2 文 1 号）に対する身分による刑の加重も，行為刑法の基盤から離れたわけでは
ない．なぜならば，ここでは盗品等収受者，密猟者あるいは高利貸しという犯
罪学的類型が問題なのではなく，行為者の人格とは独立に，これらの犯罪を営
業的あるいは常習的に行うことが，散発的にとどまる出来心からの犯行よりも
極めて社会的に有害で，それゆえにさらに重い刑罰を必要とするものであるこ
とが問題なのである．それゆえ準職業的犯行の刑の加重も，いまだ行為者刑法
を根拠づけるものではない．むしろ，特別の人格メルクマールへの照準が付け
加わらなければならないはずであるが，それはここでは行われてはいない(42)．

17　さらに行為者の一定の動機あるいは心情に照準を合わせる構成要件も，行為
者刑法的にではなく，行為刑法的に解釈されるべきであるという点について，
今日において見解は広く一致している．例えば他人の「残酷な」殺害は，謀殺
として処罰されている（211条）が，その場合，判例によれば，残酷に行為して
いるのは，「被害者に強い肉体的あるいは精神的苦痛を冷酷かつ無慈悲な心情
から加えた者」である(43)．このような心情を認定するに重要なのは，行為者
自身が残酷な人間であることではない．万が一，それが重要なのだとすれば，

---

(40)　この点で，異なるのは，例えば *Baumann/Weber/Mitsch*, AT11, § 3, Rn. 86.

(41)　*Jescheck*, AT4, § 7 III 2, 同様に *Baumann/Weber/Mitsch*, AT11, § 3, Rn. 86（「純
　　粋に行為者刑法的性質」）; *Jescheck/Weigend*, AT5, § 7 III 2 は，現在，このような場
　　合にのみ，行為者処罰の示唆が残されていると考えているのに対し，その他の場合に
　　は，正当にも，「真正な行為者処罰の例は，現行法には，まったくない」と断言してい
　　る．

(42)　*Schmidhäuser*, LB AT2, 7/46; *ders.*, 1958, 132 ff. 参照．

(43)　ここから以下は，BGHSt 3, 264 f.

240

第6章　行為刑法と行為者刑法

行為者刑法的観点であろう．しかし，むしろ，連邦裁判所は，明示的に「残酷な行為の概念に属するような心情は，行為者の本質に根ざしている必要はなく，また，その者の行為に全体として常に影響を与えている必要もない」としているのである．むしろ，行為者が，具体的な個別行為にあたって冷酷な心情を示し，被害者に格別の苦しみを加えれば十分なのである．そのような殺害（例えば，嫉妬による行為）は，たとえその行為が，おそらくそれ以外では平和的で，慈悲深い人であると思われる行為者の人格像にそぐわないような場合であっても，「残酷な」のであって，謀殺として処罰することができる．また，「強欲」あるいは「狡猾」のような他の謀殺の要素も，行為者が強欲あるいは狡猾な人間であることを前提にしているのではなく，その者が具体的な個別行為にあたってこのような特徴を明らかに示しさえすればよいのである．同様のことは，「粗野な」（225条〈被保護者の虐待〉1項），「無分別な」（315条ｃ〈交通の危殆化〉1項2号）等のような要素の解釈にも成り立つ．

2　総則における行為者刑法の影響？

18　ここで，まず，考察の対象となるのは，行為者刑法的動機が法定刑の選択に影響を与える事案である．「危険な常習犯人」に対する特に加重された法定刑を定め，行為者人格の「全体的評価」を前提にしていた旧20条ａ（Rn. 8）が，その事案であった．しかし，この規定は，刑法改正によって，まさに行為責任の原則と調和しないという理由で廃止されたのである．同じことは，現在では削除された48条の旧規定の累犯加重についてもいえる．この規定は，これに反対する立場からのさまざまな基礎づけが試みられたのにもかかわらず，行状責任を想定した場合に初めて説明可能なのであり，行為責任の原則と調和しえないものであった．この規定は，批判の圧力に屈して，1986年4月13日の第23次刑法改正法によって廃止された．このような立法者の決断から読み取ることができるのは，行為者刑法的解釈がより重い刑罰を基礎づけることになるような場合には，いつでも，たとえ行為者刑法的説明が可能であったとしても，行為刑法的解釈が，通常，優先されなければならないということである．

19　なお，法定刑から生じる問題を提供するのは，現行法によれば，次のような，著しく限定された責任能力の問題のみである．すなわち，この問題が存在する場合，21条によって刑は減軽され「うる」が，減軽され「なければならない」

241

第1編 基 礎

わけではないのである．ここで思いつくのは，21条の前身，すなわち，1993
年11月24日の常習犯人法によって導入された旧51条2項にも，その後ろ盾
となった行為者刑法的説明である（詳しくは，20章，Rn. 37）．なぜならば，個別
行為という観点のもとでは，著しく減弱した責任は，必然的に，より軽い刑罰
をもたらさなければならないということができるからである．それにもかかわ
らず，刑の減軽が任意的なものとして規定されているとすれば，立法者は，個
別行為責任は減少しているにもかかわらず，行為者の人格が事情によっては刑
の減軽を不適当だと思わせることもありうるという考えから，出発しているに
ちがいないであろう．しかし，優先させられるべきは，任意的減軽という別の
解釈である．それは，行為刑法の原則と調和させうるからである．したがって，
限定責任能力の場合，通常，刑罰は減軽されるべきであるが，個々の事案に
よっては，限定責任能力が個別行為の責任加重事情によって相殺されて（この
点について他の文献を示して詳細に述べているのは，20章，Rn. 36以下），刑が減軽され
てはならないこともあるという解決方法が生じる．この種の古典的事例は，行
為者が自制なき飲酒によって軽率にも酩酊してしまい，その状態を引き継いだ
まま犯罪を実行したというものである．犯行の際の限定責任能力は，その場合，
自ら招いた酩酊という点に認められる責任によって相殺される．

20　行為者の先行責任に遡るという理論上の調整方法も，行為者刑法的なものと
説明されている[44]．このことは，まず，行為者が，具体的状況の下において，
しばしば，結果をもはや回避することができなかったが，しかし，危険の存在
に対処しうる能力を与えたはずの知見と能力を習得するのを過去において怠っ
ていたという過失について当てはまる．しかし，ここで，具体的に把握するこ
とのできない行状責任に照準を定めることは，不要である[45]．（行為）責任は，
むしろ，当該行為者が，落度なく遂行すれば生ずることはないということを認
識しえたはずであるにもかかわらず，結果を惹起する行為から距離を取らな

---

(44)　*Blei*, AT[18'], § 112 III 参照．

(45)　しかし，行為者が「危険にうまく反応する無意識的な行為の用意を萎縮させ」た
という理由づけによってそのように解する見解として，*Haft*, AT[6], 120. これに対して，
Jescheck/Weigend, AT[5], § 38 IV 1, 2は，現在，刑罰の理由づけにとって基準となる
のは個別行為責任のみであるとの認識から出発してはいるものの，行為者の現実的心
情はその生活史と密接に結び付いていると指摘している．

第6章　行為刑法と行為者刑法

かったことによって根拠づけられる（24章，Rn. 111 参照）．禁止の錯誤の回避可
能性（17条）も，およそ法的思考のできる人間に育たなかったことに責任を求
める，行状責任によって根拠づけられるべきではない．むしろ，禁止の錯誤は，
行為者が具体的な行為との関係で，自己の行為の適法性を確かめる手がかりを
まだもっていた場合にのみ（例えば，一定の仕事を引き受けた場合），回避可能であ
るとみなされるべきである（詳細は，21章，Rn. 46 以下）．また，自己に責任のあ
る情動によって起こる深刻な意識障害（20章，Rn. 14 以下）も，原因において自
由な行為という法理論構成（20章，Rn. 55 以下）も，行状責任の助けを借りるこ
となく，純粋な行為刑法という基礎の上で適切に取り扱われることになる．

3　量刑における行為者刑法の影響？

21　46条は，量刑にあたって，裁判官に対し，とりわけ「行為者の前歴，その
人的および経済的関係」，それに加えて「犯行後の行為」をも考慮するよう要
請している（2項）．また，この規定は，行為者刑法的要素の影響という意味で
説明されることも稀ではない．これに対して，通説は，この量刑の観点を「行
為によって表現された犯罪の強さと心情の程度についての懲表」[46]にすぎない
と主張している．行状責任が，量刑の際，いずれにしろ行為責任を超えて用い
られることがあってはならないとする限りでは，通説に賛成すべきである[47]．
したがって，行為者の行状が間違っていて，再犯の虞れがあるからという理由
で，何人も軽微な行為であるのに重く処罰されてはならない．「行状責任」は，
「危険を表す穏やかな表現」[48]にすぎないということが度々あるのであるから，
通説によらなければ，特別予防の必要性が刑の重さを決定することになり，責
任主義のその予防の必要性に対して刑罰を限定するという作用（3章，Rn. 48）は，
帳消しにされてしまうことになろう．

第2節　行為者刑法の減軽的影響

22　これに対して，責任に基づくのではなく，純粋に特別予防的な行為者刑法の

---

(46)　*Lackner/Kühl*[25], § 46, Rn. 36.

(47)　詳細なものとして，*Bruns*, Strafzumessungsrecht,[2] 1974, 543 ff.

(48)　*Bruns*, Strafzumessungsrecht,[2] 1974, 545.

243

第 1 編　基　礎

強い影響が見られるのは，制裁を決定するときである．制裁は，責任の限度の
背後にとどまっているのである．その限りでは，責任の踰越禁止に違反するこ
とにはならないので，特別予防的・行為者刑法的思想は，ここでは，邪魔され
ることなく展開されている．それを最もよく表している例は，保護観察のため
の刑の執行猶予（56 条～58 条）である．これを認めるにあたっては，かなりの
部分，将来の行為者の行為の予測によるのであるが，そこでは，法律の文言に
よれば，特に，有罪を言い渡された者の人格，前歴および生活状況も考慮され
るべきである（56 条 1 項参照）．同様のことが，刑の留保付き警告（59 条）
と，―― 程度は低いが ―― 刑の免除（60 条）についてもいえる．本書が支持す
るように（3 章，Rn. 50 参照），46 条による量刑において，責任に対応する刑罰
が著しい社会化阻害的効果をもつに違いないと思われるような場合，46 条 1
項 2 文を根拠に責任の程度を下回ることも許されるとすれば，そこでも行為者
人格の評価が決定的役割を果たさなければならないことになろう．まったく一
般的にではあるとしても，言えるのは，特別予防的行為者刑法という理念は，
責任を下回る量刑と制裁の決定という（限られた）領域で，大きな将来性を未
だもち続けているということである．というのは，この分野では，この理念が
現代の再社会化刑法のあらゆる傾向に相応するものであり，同時に，法治国家
的にもまったく問題がないからである．

第 3 節　行為者刑法的思想の表現としての処分

23　改善・保安処分が，刑罰とは反対に，行為者刑法的思想の産物であることに
ついては，長々とした説明は不要である．この処分は，*Liszt* の特別予防論（3
章，Rn. 12）から生まれ育ったもので，原理上，全面的に行為者人格を志向する
ものであった．それは責任を前提条件にしていないために，答責性の基礎とし
ての個別行為は，大きく後退している．もとより，処分体系にも法治国家的保
障が取り込まれており，その限りで，ここでもまた，行為とその重さは，まっ
たく重要性をもたないというわけではない．しかし，刑罰との関係で，ここで
はその優先関係は逆転している．行為者人格が前面に出ており，行為は，制裁
の発動のため，そして，その適用にあたって比例性を失する過剰を妨げるため
にのみ役立てられるのである（62 条参照）．

244

第7章　刑法解釈学と刑法体系 —— 一般的犯罪論の基本問題

文献：*v. Liszt*, Rechtsgut und Handlungsbegriff im Bindingischen Handbuche, ZStW 6 (1886), 663 (= Strafrechtliche Vorträge und Aufsätze, Bd 1, 1905, [Nachdruck 1970], 212); *ders.*, Über den Einfluß der soziologischen und anthropologischen Forschungen auf die Grundbegriffe des Strafrechts, Mitteilungen der BKV, Bd. 4, 1893 (= Strafrechtliche Vorträge und Aufsätze, Bd. 2, 1905 [Nachdruck 1970], 75); *Radbruch*, Der Handlungsbegriff seiner Bedeutung für das Strafrechtssystem, 1903 (Nachdruck 1967); *Beling*, Die Lehre vom Verbrechen, 1906; *Frank*, Uber Aufbau des Schuldbegriffs, Universität Gießen-FS, 1907, 3; *H. A. Fischer*, Die Rechtswidrigkeit mit besonderer Berücksichtigung des Privatrechts, 1911; *Hegler*, Die Merkmale des Verbrechens, ZStW 36 (1915), 19, 184; *Radbruch*, Rechtsidee und Rechtstoff, ARSP 17 (1923/24), 345 (= Arth. Kaufmann [Hrsg.], Die ontologische Begründung des Rechts, 1965, 5); *Grünhut*, Methodische Grundlagen der heutigen Strafrechtswissenschaft, Frank-FS, Bd. I, 1930, 1; *Radbruch*, Zur Systematik der Verbrechenslehre, Frank-FS, Bd. I, 1930,158; *Zimmerl*, Der Aufbau des Strafrechtssystems, 1930; *v. Weber*, Zum Aufbau des Strafrechtsystems, 1935; *Welzel*, Naturalismus und Wertphilosophie im Strafrecht, 1935; *zu Dohna*, Aufbau der Verbrechenslehre, 1936, ⁴1950; *Dahm*, Der Methodenstreit in der heutigen Strafrechtswissenschaft, ZStW 57 (1938), 225; *Mittasch*, Die Auswirkungen des wertbeziehenden Denkens in der Strafrechtssystematik, 1939; *Welzel*, Studien zum System des Strafrechts, ZStW 58 (1939), 491; *Radbruch*, Die Natur der Sache als juristische Denkform, Laun-FS, 1948, 157 (Separatausgaben 1960, 1964); *Busch*, Moderne Wandlungen der Verbrechenslehre, 1949; *Welzel*, Um die finale Handlungslehre, 1949; *Mezger*, Moderne Wege der Strafrechtsdogmatik, 1950; *Niese*, Finalität, Vorsatz und Fahrlässigkeit, 1951; *Viehweg*, Topik und Jurisprudenz, 1953, ⁵1974; *Nowakowski*, Die Entwicklung der Strafrechtslehre in Deutschland nach 1945, JBl 1954, 134, 159; *Gallas*, Zum gegenwärtigen Stand der Lehre vom Verbrechen, ZStW 67 (1955), 1 (auch als Separatdruck, 1955, und in: Beiträge zur Verbrechenslehre, 1968, 19); *Coing*, Geschichte und Bedeutung des Systemgedankens in der Rechtswissenschaft, 1956; Engisch, Sinn und Tragweite juristischer Systematik, Studium Generale 1957, 173; *Schweigert*, Die Wandlungen der Tatbestandslehre seit Beling, 1957; *Jescheck*, Die Entwicklung des Verbrechensbegtift in Deutschland seit Beling im Vergleich mit der österreichischen Lehre, ZStW 73 (1961), 179; *Welzel*, Das neue Bild des Strafrechtssystems, 1961; *Bollnow*, Die Objektivität der Geisteswissenchaften und die Frage nach dem Wesen der Wahrheit, in: Maß und Vermessenheit des Menschen, 1962, 131; *Roxin*, Zur Kritik der finalen Handlungslehre, ZStW 74 (1962), 515 (= Grundlagenprobleme, 72); *Stratenwerth*, Die Bedeutung der finalen Handturigslehre für das schweizerische Strafrecht, SchwZStr 81 (1965), 179; *Diederichsen*, Topisches und systematisches Denken

第 1 編　基　礎

in der Jurisprudenz, NJW 1966, 697; *Welzel*, Die deutsche strafrechtliche Domnatik in der letzten 100 Jahre und die finale HandBungslehre, JuS 1966, 421; *Norbert Horn*, Zur Bedeutung der Topiklehre Teodor Viehwegs für eine einheitliche Theorie des juristischen Denkens, NJW 1967, 601; *Kriele*, Theorie der Rechtsgewinnung, [2]1967; *Roxin*, Einige Bemerkungen zum Verhältnis von Rechtsidee und Rechtsstoff in der Systematik unseres Strafrechts, Radbruch-GS, 1968, 260; Schmidhäuser, Zur Systematik der Vobrechenslehre, Radbrach-GS, 1968, 268; *Welzel*, Ein unausrottbares Mißverständnis? Zur Interpretation der finalen Handlungslehre NJW1968,425; *Canaris*, Systemdenken und Systembegriff der Jurisprudenz, 1969; *Gimbemat Ordeig*, Hat die Strafrechtsdogmatik eine Zukunft?, ZStW 82 (1970), 379; *Roxin*, Gedanken zur Problematik der Zurechnung im Strafrecht, Honig-FS, 1970, 133 (= Grundlagenprobleme, 123); *Wieacker*, Zur praktischen Leistung der Rechtsdogmatik, Gadamer-FS, Bd. 2, 1970, 311; *Dreher*, Bespr. v. Roxin, Krirninalpolitik und Strafrechtssystem (1970), GA 1971, 217; *Heinitz*, Bespr. v. Roxin, Kriminalpolitik und Strafrechtssystem (1970), ZStW 83 (1971), 756; *Müller-Dietz*, Sozialwissenschaften und Strafrechtsdogmatik, in: Müller-Dietz (Hrsg.), Strafrechtsdogmatik und Kriminalpolitik, 1971, 105; *Roxin*, Ein „neues Bild des Strafrechtssystems, ZStW 83 (1971), 369; *Nowakowski*, Probleme der Strafrechtsdogmatik, JBl 1972, 19; *Stratenwerth*, Bespr. v. Roxin, Kriminalpolitik und Strafrechtssystem (1970), MSchrKrim 1972, 196; *Welzel*, Zur Dogmatik im Strafrecht, Mautach-FS, 1972, 3; *Roxin*, Kriminalpolitik und Strafrechtssystem, [2]1973; *Engisch*, Logische Überlegungen zurVetbrechensdefinition, Wehel-FS, 1974,343; *Gimbernat*, Zur Strafrechtssystematik auf der Grundlageder Nichtbeweibarkeit der Willensfieiheit, Henkel-FS, 1974, 150; *Hassemer*, Strafrechtsdogmatik und Kriminalpolitik, 1974; *Luhmann*, Rechtssystem und Rechtsdogmatik, 1974; Moos, Die finale Handlungslehre, in: Strafrechtliche Probleme der Gegenwart Bd. 2, 1974, 5; *Suárez Montes*, Weiterentwicklung der finalen Handlungslehre, Welzel-FS, 1974, 379; *Naucke*, Der Aufbau des § 330 c StGB. Zum Verhältnis zwischen: Allgemeinem und Besonderem Teil des Strafrechts, Welzel-FS, 1974, 761; *Fincke*, Das Verhältnis des Allgemeinen zum Besonderen Teil des StGB, 1975; *Otto*, Dogmatik als Aufgabe der Rechtswissenschaft, in: Internationales Jahrbuch für interdisziplinäre Forschung, Bd. 2, 1975, 116; *Jakobs*, Schuld und Prävention, 1976; *Kriele*, Theorie der Rechtsgewinnung, entwickelt am Problem der Verfassungsinterpretation, [2]1976; *Rödig*, Zur Problematik des Verbrecheniaufbaus, Lange-FS, 1976, 39; *Zipf*, Rezension zu Roxin, Kriminalpolitik und Strafrechtssystem ([2]1973), ZStW 89 (1977), 707; *Haffke*, Strafrechtsdogmatik und Tiefenpsychologie, GA 1978, 33; *Naucke*, Grundlinien einer rechtsstaatlich-praktischen allgemeinen Straftatlehre, 1979; *Schild*, Die „Merkmale" der Straftat und ihres Begriffs, 1979; *Volk*, Strafrechtsdogmatik, Theorie und Wirklichkeit, Bockelmann-FS, 1979, 75; *Baratta*, Strafrechtsdogmatik und Kriminologie, ZStW 92 (1980), 107; *Loos*, Grenzen der Umsetzung der Strafrechtsdogmatik in der Praxis, in: Immenga (Hrsg.), Rechtswissenschaft und Rechtsentwicklung, 1980, 261; *Zipf*, Kriminalpolitik, [2]1980; *Hruschka*, Das Strafrecht neu durchdenken!, GA 1981, 237; *Hünerfeld*, Zum Stand der deutschen Verbrechenslehre aus Sicht einer gemeinrechtlichen Tradition in Europa, ZStW 93 (1981), 979; *Jescheck*, Grundfragen der Dogmatik und Kriminalpolitik im Spiegel

第 7 章　刑法解釈学と刑法体系

der ZStW, ZStW 93（1981）, 3; *Steiniger*, Die moderne Strafrechtsdogmatik usw., ÖJZ 1981, 365; *Wolter*, Objektive und personale Zurechnung von Verhalten, Gefahr und Verletzung in einem funktionalen Straftatsystem, 1981; *Amelung*, Zur Kritik des kriminalpolitischen Strafrechtssystems von Roxin, JZ 1982, 617; *Arm. Kaufmann*, Strafrechtsdogmatik zwischen Sein und Wert, 1982; *Frisch*, Vorsatz und Risiko, 1983; *Marxen*, Die rechtsphilosophische Begründung der Straftatlehre im Nationalsozialismus, ARSP, Beiheft 18, 1983, 55; *ders.*, Straftatsystem und Strafprozeß, 1984; *Rudolphi*, Der Zweck staatlichen Strafrechts und die strafrechilichen. Zurechnungsformen, in:Schünemann（Hrsg.）, Grundfragen des modernen Strafrechtssystems, 1984, 69; *Schünemann*, Einführung in das strafrechtliche Systemdenken, in:Schünemann（Hrsg.）, Grundfragen des modernen Strafrechtssystems, 1984, 1; *Hruschka*, Kann und sollte die Strafrechtswissenschaft systematisch sein?, JZ 1985, 1; *Jäger*, Individuelle Zurechnung kollektiven Verhaltens, 1985, *Naucke*, Die Wechselwirkung zwischen Strafziel und Verbrechensbegriff, 1985; *Schünemann*, Die deutschsprachige Strafrechtswissenschaft nach der Strafrechtsreform im Spiegel des Leipziger Kommentars und des Wiener Kommentars, GA 1985, 341; 1986, 293; *Jescheck*, Neue Strafrechtsdogmatik und Kriminalpolitik in rechtsvergleichender Sicht, ZStW 98 （1986）, 1; *Schmidhäuser*, Was ist aus der finalen Handlungslehre geworden?, JZ 1986, 109; *Frisch*, Tatbestandsmäßiges Verhalten und Zurechnung des Erfolges, 1988; *Hirsch*, Die Entwicklung der Strafrechtsdogmatik nach Welzel, FS der Rechtswissenschaftlichen Fakultät Köln, 1988, 399; *von der Linde*, Rechtfertigung und Entschuldigung im. Strafrecht?, Überlegungen zu einer funktionalen Straftatsysteinatik, 1988; *Schmidhäuser*, Form und Gehalt der Strafgesetze, 1988; *Hirsch/Weigend*（Hrsg.）, Strafrecht und Kriminalpolitik in Japan und Deutschland, 1989; *Hoerster*, Das Adressatenproblem im Strafrecht und die Sozialmoral, JZ 1989, 10; *ders.*, Wer macht sich Illusionen?, JZ 1989, 425; *Maiwald*, Dogmatik und Gesetzgebung im Strafrecht der Gegenwart, in: Behrends/Henckel（Hrsg.）, Gesetzgebung und Dogmatik, 1989, 120; *Polaino Navarrete*, Die Strafbarkeit im Spannungsfeld von Strafrechtsdogmatik und Kriminalpolitik, Arm.KaufinannGS, 1989, 501; *Schmidhäuser*, Illusionen in der Normentheorie und das Adressätenproblem im Strafrecht, JZ 1989, 419; *Altpeter*, Strafwürdigkeit und Straftatsystem, 1990; *Küpper*, Grenzen der normativierenden Strafrechtsdogmatik, 1990; *Langer*, Strafrechtsdogmatik als Wissenschaft, GA 1990, 435; *Schüler-Springorum*, Kriminologie als Herausforderung der Kriminalpolitik, KritV 1990, 313; *Ida*, Die heutige japanische Diskussion über das Straftatsystem, 1991; *Lorenz*, Methodenlehre der Rechtswissenschaft, [6]1991; *Maelicke/Ortner*（Hrsg.）, Thema Kriminalpolitik, 1991; *Runte*, Die Veränderung von Rechtfertigungsgründen durch Rechtsprechung und Lehre, 1991; *Schüler-Springorum*, Kriminalpolitikfür füi Menschen, 1991; *Castaldo*, Objektive Zurechnung und Maßstab der Sorgfaltswidrigkeit beim Fahrlässigkeitsdelikt, 1992; *Gardocki*, Probleme der Tatbestandstechnik und der Sprache der Strafgesetzgebung, in: Lahti/Nuotio（Hrsg.）, Strafrechtstheorie im Umbruch, 1992, 290; *Hirsch*, Gibt es eine national unabhängige Strafrechtswissenschaft?, Spendel-FS, 1992, 43; *Müller-Dietz*, Die geistige Situation der deutschen Strafrechtswissenschaftnach 1945, GA 1992, 99; *Renzikowski*, Wertungswidersprüche als（straf-）rechtsmethodisches Problem, GA 1992, 159; *Schüne-*

247

第 1 編 基 礎

mann, Strafrechtssystem und Kriminalpolitik, Rud. Scbrnitt-FS, 1992, 117; *Tiedemann*,
Zum Verhältnis von Allgemeinem und Besonderem Teil des Strafrechts, Baumann-FS,
1992, 7; *Hirsch*, 25 Jahre Entwicklung des Strafrechts, in: Jur. Studiengesellschaft Regens-
burg (Hrsg.), 25 Jahre Rechtsentwicklung in Deutschland usw., 1993, 35; *Stübinger*, –
Nicht ohne meine „Schuld" ! – Kritik der systemtheoretischen Reformulierung des Straf-
rechts am Beispiel der Schuldlehre von Günther Jakobs, Krit] 1993, 33; *Wolter*,
Strafwürdigkeit und Strafbedürftigkeit in einem neuenStrafrechtssystem, 140 Jahre GA,
1993, 269; *Cortes Rosa*, Die Funktion der Abgrenzung von Unrecht und Schuld im Straf-
rechtssystem, Coimbra-Symposium, 1995, 183; *Figueiredo Dias*, Resultate und Probleme
beim Aufbau eines funktionalen und zweckrationalen Strafrechtssystems, Coimbra-Sym-
posium, 1995, 357; *Gössel*, Versuch über Sein und Sollen im Strafrecht, Miyazawa-FS,
1995, 317; *Häußling*, Der Täter zwischen Strafrecht und Kriminologie, Max Busch-GS,
1995, 278; *Keller*, Der Verlust von orientierungskräftiger Gegenständlichkeit im Strafrecht
und der Normativismus, ZStW 107 (1995), 457; *Mir Puig*, Das Strafrechtssystem im heu-
tigen Europa, Coimbra-Symposium, 1995, 35; *Moccia*, Die systematische Funktion der Kri-
minalpolitik, Coinibra-S-ymposium, 1995, 45; *Schünernann*, Die Funktion der Abgrenzung
von Unrecht und Schuld, Coimbra-Symposium, 1995, 149; *Sousa Brito*, Etablierung des
Strafrechtssystems zwischen formaler Begdffijurisprudenz und funktionalistischer Auflö-
sung, Coimbra-Symposium, 1995, 71; *Stratenwerth*, Was leistet die Lehre von den Straf-
zwecken?, 1995; *Wolter*, Menschenrechte und Rechtsgüterschutz in einem europäischen
Strafrechtssystem, Coimbra-Symposium, 1995, 3; *P. A. Albrecht*, Entkriminalisierung als
Gebot des Rechtsstaats, KritV 1996, 330; *Wolter/Freund* (Hrsg.), Straftat, Strafzumessung
und Strafprozeß im gesamten Strafrechtssystem, 1996; *Hettinger*, Zur Systematisierung
der Strafrechtsnormen, JuS-Lernbogen 1997, L 33; *Hoyer*, Strafrechtsdogmatik nach
Armin Kaufimann, Lebendiges und Totes in Armin Kaufmanns Normentheorie 1997;
Kühl, Europäisierung der Strafrechtswissenschaft, ZStW 109 (1997), 777; *Mantovani*, Kri-
minalpolitik und Strafrechtssystem, ZStW 109 (1997), 17; *Perron*, Sind die nationalen
Grenzen des Strafrechts überwindbar?, ZStW 109 (1997), 281; *Fabricius*, Was ein Lehr-
buch lehrt ...: Eine exemplarische Untersuchung von Jakobs Strafrecht – Allgemeiner Teil,
1998; *Naucke*, Wissenschaftliches Strafrechtssystem und positives Strafrecht, GA 1998, 263
(Rezensionsabhandlung zu dem Buch von *Wolter/Freund*, 1996); *Perron*, Hat die deutsche
Straftatsystematik eine europäische Zukunft?, Lenrkner-FS, 1998, 227; *Roxin*, Zur krimi-
nalpolitischen Fundierung des Strafrechtssystems, Kaiser-FS, 1998, 885; *Tiedemann*, Der
Allgemeine Teil des Strafrechts im Lichte der europäischen Rechtsvergleichung, Lenck-
ner-FS, 1998, 411; *Vogel*, Elemente der Straftat Bemerkungen zur französischen Straftat-
lehre und zur Straftatlehre des common law, GA 1998, 127; *Lampe*, Zur ontologischen
Struktur des strafbaren Unrechts, Hirsch-FS, 1999, 83; *Lesch*, Der Verbrechensbegriff.
Grundlinien einer funktionalen Revision, 1999; *Perron*, Überlegungen zum Verhältnis von
Strafrecht und Strafprozeßrecht, Hanack-FS, 1999, 473; *Eser/Hassemer/Burkhardt*
(Hrsg.), Die deutsche Strafrechtswissenschaft vor der Jahrtausendwende, 2000; *Rüping*,
Die Dreistufigkeit in der Reformdiskussion des 20.Jahrhunderts, JR 2000, 311; *Sticht*, Sach-

第7章 刑法解釈学と刑法体系

logik als Naturrecht? Zur Rechtsphilosophie Hans Welzels (1904-1977), 2000; *Bacigalupo*, Die Europäisierung der Strafrechtswissenschaft, Roxin-FS, 2001, 1361; *Eser／Yamanaka* (Hrsg.), Einflüsse deutschen Strafrechts auf Polen und Japan, 2001; *Hirsch* (Hrsg.), Krise des Strafrechts und der Kriminalwissenschaften?, 2001; *Jareborg*, Der schwedische Verbrechensbegriff. Roxin-FS, 2001, 1447; *Lampe*, Zur funktionalen Begründung des Verbrechenssystems, Roxin-FS, 2001, 45; *Lüderssen*, Irrtum und Prävention, Roxin-FS, 2001, 457; *Maultzsch*, Hegels Rechtsphilosophie als Grundlage systemtheoretischer Strafbegründung, Jura 2001, 85; *Moreno Hernández*, über die Verknüpfung von Strafrechtsdogmatik und Kriminalpolitik (Ontologismus versus Normativismus?), Roxin-FS, 2001, 69; *Schroeder*, Die Anziehungskraft vorgelagerter Gliederungselemente, Roxin-FS, 2001, 33; *Schünemann*, Die deutsche Strafrechtswissenschaft nach der Jahrtausendwende, GA 2001, 205; *ders.*, Strafrechtsdogmatik als Wissenschaft, Roxin-FS, 2001, 1; *Sieber*, Die Kollision von materiellem und prozessualem Strafrecht – Ein Grundlagenproblem des Strafrechtssystems, Roxin-FS, 2001, 1113; *Vogel*, Strafgesetzgebung und Strafrechtswissenschaft –Überlegungen zu einer diskurstheoretischen Strafgesetzgebungslehre, Roxin-FS, 2001, 105; *Wasek*, Der Einfluß der Lehre von Claus Roxin auf die polnische Strafrechtswissenschaft, Roxin-FS, 2001, 1457; *Weigend*, Zur Frage eines „internationalen" Allgemeinen Teils, Roxin-FS, 2001, 1375; *Zoll*, Rechtsnorm und Strafvorschrift, Roxin-FS, 2001, 93; *Bleckmann*, Strafrechtsdogmatik – wissenschaftstheoretisch, soziologisch, historisch, 2002 (dazu *Walter*, GA 2004, 297); *Lampe*, Strafrechtsdogmatik und Sozialwissenschaften, Lüderssen-FS, 2002, 279; *Lesch*, Unrecht und Schuld im Strafrecht, JA 2002, 602; *Roxin*, Kriminalpolitik und Strafrechtssystem heute, in: Schünemann (Hrsg.), Strafrechtssystem und Betrug, 2002, 21; *Hirsch*, Grundlagen, Entwicklungen und Mißdeutungen des Finalismus, Anciroulakis-FS, 2003, 225; *Jakobs*, Handlungssteuerung und Antriebssteuerung – zu Hans Welzels Verbrechensbegriff, Schreiber-FS, 2003, 949; *Kareklas*, Veränderung des Rechtssystems und des Gerechtigkeitsbegriffes aus der Perspektive der Systemtheorie Niklas Luhmanns, Androulakis-FS, 2003, 311; *Roxin*, Normativismus, Kriminalpolitik und Empirie in der Strafrechtsdogmatik, Lampe-FS, 2003, 423; *ders.*, Vorzüge und Defizite des Finalismus. Eine Bilanz, Androulakis-FS, 2003, 573; *Sancinetti*, Dogmatik der Straftat und Strafgesetz, 2003; *Schroeder*, Die Genesis der Lehre von der objektiven Zurechnung, Androulakis-FS, 2003, 651; *Hassemer*, „Sachlogische Strukturen"-noch zeitgemäß?, Rudolphi-FS, 2004, 61; *Hirsch*, Internationalisierung des Strafrechts und Strafrechtswissenschaft, ZStW 116 (2004), 835; *Loos*, Hans Welzel (1904-1977), JZ 2004, 1115; *H. Schneider*, Kann die Einübung in Normanerkennung die Strafrechtsdogmatik leiten? Eine Kritik des strafrechtlichen Funktionalismus, 2004; *Bacigalupo*, Die Diskussion über die finale Handlungslehre im Strafrecht, Eser-FS, 2005, 61; *Cerezo Mir*, Ontologismus und Normativis-Mus im Finalismus der fiinfziger Jahre, Eser-FS, 2005, 101; *Dubber*, Einfiihtung in das US-amerikanische Strafrecht, 2005.

外国語文献：*Tavares*, Teorias do Delito, São Paolo, 1980; *Cerezo Mir*, Problemas fumdamentales del derecho penal, Madrid, 1982; *Bricola*, Rapporti tra dommatica e politica criminale, RIDPP 1988, 3; *Cuello Contreras*, Sobre los Orgenes y Principios del Método

249

第1編 基 礎

Dogmático en la Teora del Delito, Arm.Kaufmann-GS, 1989, 113; *Moccia*, Sui principi normativi di riferimento per un sistema penale teleologicamente orientato, RIDPP, 1989, 1006; *Luzón Peña*, Estudios penales, Barcelona, 1991; *Morillas Cueva*, Metodología y ciencia penal, Granda, 1991; *Moccia*, 11 diritto penale tra essere e valore, Neapel, 1992; *Silva Sänchez*, Aproximación al derecho penal contemporáneo, Barcelona, 1992; *Cerezo Mir*, EI finalismo, hoy, ADPCP 46 (1993), 5; *Mir Puig*, Función de la pena y teoría del delito en el estado social y democrático de derecho, EI derecho penal en el estado social y democrático de derecho, Barcelona, 1994, 29; *Jaén Vallejo*, Los puntos de partida de la dogmárica penal, AD-PCP 48 (1995), 57; *Donini*, Teoria del reato, Mailand, 1996; *Baldó Lavilla*, Observaciones metodológicas sobre la construcción de la teoría del delito, in: Política criminal y nuevo derecho penal, Barcelona, 1997, 357; *Donini*, Selettività e paradigrni della teoria del reato, RIDPP 40 (1997), 338; *Silva Sánchez*, Sobre la evolución de la dogmática del derecho penal en Alemania, in: Consideraciones sobre la teoría del delito, Buenos Aires, 1998, 13; *Cerezo Mir*, Curso de derecho penal español－Parte General, .Bd. II, Madrid, ⁶1999; *Figueiredo Dias*, Sobre a construção dogmática da doutrina do fato punível, Questões fundamentais de direito penal revisitadas, São Paulo, 1999, 185; *Cavaliere*, L'errore sulle scriminanti nella teoria dell'illecito penale, Neapel, 2000; *Cirino dos Santos*, A modema teoria do fato punível, Rio de Janeiro, 2000; *Greco*, Introdção à dogmática funcionalista do delito, RBCC 32 (2000), 120; *Donini*, Metodo democratico e metodo sicentifico nel rapporto fra diritto penale e politica, RIDPP 44 (2001), 27: *Tavares*, Teoria do injusto penal, Rio de Janeiro, ²2002; *Fiore*, Ciò che è vivo e ciò che è morto nella dottrina finalistica.Il caso italiano, RIDPP 46 (2003), 380; *Gómez-Jara Diéz*, Distinciones teóricas en la observación del sistema jurídico penal: breves apuntes sobre la teoría de reflexión en derecho penal, in: EI funcionalismo en derecho penal, Bd. II, Bogotá, 2003, 15; *Mir Puig*, La teoría del delito, RBCC 42 (2003), 121; *Montalegre Lynett* (Hrsg.), EI funcionalismo en derecho penal, Bogotá, 2003; *Muñoz Conde*, Edmund Mezger y el derecho penal de su tiempo, Valencia, ⁴2003; *Ontiveros Alonso/PeMáez Ferrusca* (Hrsg.), La influencia de la Ciencia penal alemana en Iberoamerica, Libro en homenaje a Claus Roxin, Tomo I, Mexico, 2003; Tomo II, Mexico, 2005; *Polaino-Orts*, Vigencia de la norma: el potencial sentido de un concepto, in: EI funcionalismo en derecho penal, Bd. II, Bogotá, 2003, 15; 61; *Gracia Martín*, Algunas consideraciones sobre el concepto y el sistema del derecho penal, in: Estudios de derecho penal, Lima, 2004, 17; *Morillas Cueva*, Derecho Penal, Parte General, Madrid, 2004.

A．刑法の解釈学と体系論の任務

1　**刑法解釈学**は，刑法の範囲内における法律上の規定および学説の解釈，体系化およびその継続形成に関わる分野である[1]．それは，現行法との関係およびその方法論によって，**刑法史**および**比較刑法**と区別され，また**刑事政策**とも，その対象が合目的的に**あるべき法**ではなく，現在**ある法**である点で区別され

250

る[2]. ドイツの刑法解釈学は, 極めて抜本的で精緻な (批判論者によれば, 至る
ところで過度に微細に及ぶ) 仕上がりを享受しており, Liszt (3章, Rn. 12) や
Binding (4章, Rn. 3) の時代から今日に至るまで, 国際的にも大きな影響を与
えてきた[3]. このことは, その中心領域, すなわち犯罪論に特に当てはまる.
この犯罪論は, 各論の個別構成要件を抽象化した上で, 可罰的行為の一般的前
提条件を包括するものであることから, **一般的犯罪論**とも呼ばれている. この
一般的犯罪論の解釈学は, 以前から総論のすべての記述の中核をなす部分であ
る. この解釈学はまた, 大学の学生に対する教育にとっても極めて重要なもの
である. なぜならば, 試験において学生達は, 原則的に一定の事案について,
そこで登場する者達が可罰的であるかどうか, 可罰的であるとすればそれはい
かなる理由からか, という点について, 一種の鑑定書を作成することが要請さ
れているからである. この要請に答えることができるのは, しっかりとした刑
法解釈学の知識をもっているときだけである[4].

2 本書が主題とする総論の解釈学は, 各論の解釈学とまったく同じ原則にしたがっ
ているわけではない. なぜならば各論は, 法益保護に資するものであって, 行為規
範を含んでいるのに対して, 総論は, 「特に, 妥当規則と帰属規則から構成されてい
る」からである[5].

3 一般的犯罪論の最も難しい課題の一つは, 刑法体系を樹立し, それを常によ
り精密化させて展開する点にある. 「体系」とは, 有名な Kant の定式化によ
れば「多様な諸認識の一つの理念の下での統一」, すなわち「諸原理によって

---

(1) 「ドグマ (Dogma)」とは, ギリシャの言葉であり, 「意見」や「処分 (Verfügung)」
や「定理 (Lehrsatz)」のように, 多くのことを意味している. ドグマーティク (Dog-
matik) とは, ドグマに関する学問である. ドグマーティクの概念や任務については,
Maiwald, 1989, 120.

(2) しかし, 刑法解釈学と刑事政策の緊密な関係については, 後述の Rn. 75 以下参照.

(3) これに関して, より詳しくは, *Kühl*, ZStW 109 (1997), 777; *Perron*, ZStW 109
(1997), 281; *ders.*, Leckner-FS, 1998, 227; *Schünemann*, Roxin-FS, 2001, 1-12 (Ab-
schnitt: „Nationale oder internationale Strafrechtsdogmatik").

(4) 一般的犯罪論の解釈学が大学教育に対して与える意味から, 総則の多くの叙述が,
Jakobs, AT[2] や *Stratenwerth/Kuhlen*, AT[5] や *Wessels/Beulke*, AT[34] や本書で取り上げ
られるものの叙述のように, 本質的にはこの点に制限されるということが示される.

(5) *Tiedemann*, Baumann-FS, 1992, 7 (11); Tiedemann は, また, 総則と各則が分離
した展開を簡単にスケッチしている (8/9). 総則と各則の関係について, さらに,
Naucke, Welzel-FS, 1974; *Finke*, 1975.

第1編　基　礎

整序された認識の全体」[6]である．それゆえ刑法解釈学は，命題をただ羅列するだけでは十分ではなく，犯罪論を構成するすべての認識を「秩序づけられた全体」[7]となるように分類し，同時に，個々の教義の内的な連関を可視化しようとするものである[8]．そういうとやや抽象的に聞こえるが，刑法体系の内容と意味を，その体系の叙述によってのみ（そして「はじめから」ではなく）その全体において認識可能となるということは，当然のことなのである．けれども，ここで必要な最小限度の観点は，刑法体系の基本カテゴリーとその諸問題について，様々な事例をもとに解説・素描して概観することによっても，提示することができる．その概観の後，犯罪論が詳しく展開されることになる．

B．刑法体系の基本概念

4　現代の刑法解釈論において，可罰的行為とはすべて構成要件に該当し，違法で，有責な行為であり，そして場合によってはその他の処罰条件を充たす行為であるとされているが，これについては，見解は本質的な点では一致している．それゆえ，あらゆる可罰的行為は，四つの共通のメルクマール（行為，構成要件該当性，違法性，責任）を示すが，さらに，場合によっては，それ以外の処罰条件が付け加えられる．上述の基本的なカテゴリーは，当初異質な法的素材に，かなりの程度の秩序と共通の原則とを与えるものである[9]．それらの個々の

---

(6)　*Kant*, Kritik der reinen Vernunft, Ausgabe der wissenschaftlichen Buchgesellschaft, hrsg. von Weischedel, Bd. 2, 1956, 696 (= ¹1781, 832).

(7)　*Kant*, Metaphysische Anfangsgründe der Naturwissenschaft, Fn. 6 と同版．Bd. 5, 1957, 11 (= ¹1786, Vorrede, S. IV).

(8)　法学上重要な体系概念については，*Schünemann*, 1984, 1 Fn. 1 の文献参照．*Schünemann* は，ある体系を「当該学問において獲得された個別認識の論理的秩序」(a.a.O., 1) と呼ぶ．

(9)　これに対して，*Naucke*, 1979 は，その正当性が実定法から導き出されるのではなく，むしろ逆に，実定法が適合するような一般的犯罪論の定式化を支持する (S. 32)．現在の一般的犯罪論は，その要請には十分ではなく，「過去に関する確定された現実」として (S. 33)，「構成要件該当性，違法性，責任を強調することによって，……国家とその刑法の特定の一回限りの状態を前提と」しているとする (S. 30)．重要なのは，「現在の理論のもつ僅かしかない一般性を，現実の一般性に高めること」であるとする (S. 33)．しかし，これに対しては，挙げられた体系的な基本概念は，本文で後述するように，常に内容的に発展し続けてきたということ，つまり，「19世紀末」(S. 33) の

内容と相互の関係は争われており，様々な異なった学問上の立場から，それぞれに異なった光が当てられている．これについては，以下で詳述されるが，暫定的に理解の基礎を与えておくために，この概念が学問上および実務上，通常の場合はどのように用いられているのかを，ひとまず，最も基本的な形式と方法に限ってであるが，説明しておくことにしよう．

第1節　行　為

5　それによれば，まず「行為」が存在しなければならない（これについて詳しくは，8章参照）．これは，通説的見解によれば，意思によって支配されているか，または，少なくとも支配可能である，外界において意味のある人間の態度である．したがって，自然力あるいは動物に由来する作用，さらに，また，法人の活動も刑法上の意味における行為ではない．単なる思想や心情，さらにはまた，——例えば，反射運動や痙攣の発作のような——人間の意思にとってはまったく支配不可能であるような外界の出来事も，行為ではない．

第2節　構成要件該当性

6　このような行為は，**構成要件該当的**でなければならない，すなわち，刑法典の各則に最も重要なものが集約されている，犯罪の記述の一つに当てはまらなければならない（この点について詳しくは，10章）．したがって，例えば，一定の行為によって「動産を他人から不法に領得する意図で奪取した」者は，窃盗の構成要件を充たしている（242条）．構成要件該当性に厳格に拘束することは，法律なければ犯罪なしの原則の影響である（この点についての詳細は，5章）．それゆえ，多くの私法上の法律効果に見られるように，確定された構成要件がなくとも，可罰的行為を一般的法原則から導き出すということは不可能である．

第3節　違 法 性

7　この構成要件該当的行為は**違法**，すなわち禁止されたものでなければならな

状況をもはや再現していないということが反論されなければならない．まさにここで支持される体系構造（Rn. 26以下）は，伝統を否定することなく，将来の発展を共に形成しようとするのである．

第1編　基　礎

い（これについて詳しくは，14章参照）．行為は，原則として，すでに構成要件該当性によって違法である．なぜならば，立法者は，通常禁止されるべきである場合に限って構成要件に行為を，類型化しているからである．したがって，構成要件を充足することは違法性を徴表しているといわれている．しかしながら，この徴表は，反駁されうる．なぜならば，構成要件に該当する行為は，個別の場合に正当化事由が存在する場合には，違法ではないからである．このような正当化事由は，全法秩序から生じる．例えば，執行官が，債務者の家に強制的に立ち入った場合，それは，構成要件に該当する住居侵入罪である（123条）．しかし，彼は，執行法上の権限（民事訴訟法758条）によって正当化される．襲撃された者が攻撃者を殴り倒した場合，傷害罪の構成要件に該当するが，正当防衛（32条）が正当事由となる．構成要件に該当する違法な行為は，刑法上，「**不法**」と言われる．したがって，この概念は，最初の三つの犯罪の諸カテゴリーを統合している．

第4節　責　任

8　最後に，この構成要件該当的で違法な行為は，**有責**でなければならない．すなわち行為者は，その行為に答責的でなければならないし，そのような行為は，たいてい，行為者に「非難」可能なものでなければならないと言われている（この点について詳しくは，19章）．その前提となるのは，責任能力（19条，20条），ならびに，回避不可能な禁止の錯誤（17条）あるいは免責〈責任宥恕〉的緊急避難（35条）にみられるような責任阻却事由がないことである．違法性の欠如と責任の欠如の，すなわち，正当化と責任阻却の相違は，正当化される行為は，立法者によって適法と認められ，許容され，すべての人によって受忍されなければならないものであるのに対して，免責される行為は，容認されることもなく，したがって，許可されることもなく，禁止されているのである．そのような行為は，処罰はされない．しかし，違法行為の被害者となる者によって原則として受忍される必要はないのである．

第5節　その他の処罰条件

9　構成要件該当の違法で有責な行為は，一般的に可罰的である．しかしながら，例外的に，すなわち個々の刑罰法規にあっては，処罰を可能にするために，さ

第7章 刑法解釈学と刑法体系

らに処罰条件が付加されなければならない．そのような条件とは，いわゆる客観的処罰条件があることと刑罰阻却事由が欠如することである（この点について詳しくは，23章）．客観的処罰条件とは，例えば，外国の代表者および象徴を保護する際の相互性の保証（102条 - 104条 a）であり，刑罰阻却事由とは，国会における侮辱についての議員の発言免責（36条）である．相互性の保証が欠如していても，外国の国家の標章の毀損が構成要件に該当し，違法，有責であることに変わりはなく，ただ処罰されないだけなのである．同様に，他の議員によるある議員の誹謗は，それが連邦議会で行われた場合にも，構成要件に該当する違法で有責な侮辱である．それはただ処罰できないのである．

第6節 全刑法学の体系化について

10 これらと並んで「実体刑法，手続法ならびに裁判所構成法，および法律効果法の区別を放棄し，『全刑法体系』に新たに結合する」試みが存在する[10]．このような見解の代表格として，*Marxen*[11] の「憲法的犯罪論」および *Wolter* と *Freund* 編の「全刑法体系」に関する論文集[12]がある．このような試みは，確かに実りの多いものであろう．しかし，それは刑法総論の記述の枠を超えたものであり，また一般的可罰性要件の体系化の必要性に変化をもたらすものではない．ただし，そのような「全体体系」は，総論の体系化に反射効果を及ぼしうる．けれども，このような試みはまだ始まったばかりなので，それに関して未だコンセンサスを得られるような見解は示されていないのである[13]．

11 実体法的規範と手続法的規範の衝突 ── 両法分野が絡み合う重要な部分領域 ── について，*Sieber*[14]は，方向を示す提案をなしている．それによれば「実体刑法と刑事訴訟法の間の規範の矛盾は…原則として訴訟法を優先させる

---

(10) *Naucke*, GA 1998, 270. Wolter/Freund (Hrsg.), 1996 の論集では，傾向に従う形で賛同的に評されている．

(11) *Marxen*, Straftatsystem und Strafprozess, 1984.

(12) *Wolter/Freund* (Hrsg.), 1996. 編者や Burkhardt, Frisch や Kuhlen が寄稿している．

(13) *Perron*, Hanack-FS, 1999, 475 は，この種の体系化の試みは，「これまで，大きな反響のないままであった」と確認している．刑法学と刑事手続学の体系的な結びつきに関しては，「我々の前には，不確定な過程を伴った長い道のり」があるとする（485）．

(14) *Sieber*, Roxin-FS, 2001, 1113 (1137, 1138).

255

第1編 基 礎

ことによって解決されるべきである．その優先は，すでに個別事例において実体的刑罰規定の構成要件レベルで妥当し[15]，その他の場合には『訴訟的に許された行為』という正当化事由によって考慮されているのである」．彼は，203条〈私的秘密の侵害〉の実体法的な秘密保持規定について，これを具体的に説明している．すなわち訴訟法的な開示規定が，203条の「権限なく」というメルクマールにその手がかりをもつ正当化事由となるのである[16]．例外となるのは138条〈犯罪計画の不告発〉や139条〈犯罪計画の不告発の不可罰の場合〉のような，「刑事訴追の利益を刑事訴訟法よりもより特殊な形で規定する「特殊刑事訴訟的な」犯罪構成要件だけである[17]．この構想をより詳細に完成させていくことが望まれ，そしてそれは全刑法学の体系の一つの重要な礎石となりうるものであろう．

C．最近の犯罪論の史的展開について

第1節　諸々の基本概念の発見

12 上述の基礎的な諸カテゴリーは，—— これらは，また「犯罪構造の諸段階」ということもできる（この点については，Rn. 83 参照）——，何十年にも及ぶ議論の過程を通して，学問によって徐々に発展させられてきたのである．このようにして，行為概念は，*Albert Friedrich Berner* [18]の教科書（1857 年）に，犯罪体系の礎石として初めて登場しているのである．責任には依存しない客観的違法性を認めることの要請は，その後まもなく，偉大な法律家 *Rudolf von Jhering*[19]によって，その著書，『ローマ私法における責任要素』（1867 年）の中

---

(15) 例えば，258 条の処罰妨害の場合である．

(16) *Sieber*, Roxin-FS, 2001, 1130 ff.

(17) *Sieber*, Roxin-FS, 2001, 1138.

(18) *Berner*, Lehrbuch des Deutschen Strafrecht, ¹1857, 138 ff. Albert Friedrich Berner の体系的刑法理論」については，1987 年に出版された Berner の教科書の18版（1898 年）の復刻版の *Schild* の後記（a.a.O., 753）を参照.

(19) 1818-1892. 主要な業績として以下のものがある. Der Geist des römischen Rechts auf den verschiedenen Stufen seiner Entwicklung, 4 Bde., 1852-1865; Der Kampf ums Recht, 1872; Der Zweck im Recht, 2 Bde., 1877-1883.

第7章　刑法解釈学と刑法体系

で，後の時代にとって画期的となる形で提起された．構成要件の概念は，*Ernst Beling*[20]によって，彼の，いまも有名な著書『犯罪論』において，1906年に提唱されたものである．責任論の発展については，偉大な注釈者*Reinhard Frank*[21]の著書『責任概念の構造について』（1907年）が，特に重要な意義を有している．体系全体の発展に特に後にまで残る影響を与えたのは，今世紀前半では，*Franz v. Liszt*[22]と*Ernst Beling*, *Max Ernst Mayer*[23]および*Edmund Mezger*[24]ならびに，目的的行為論の創始者である*Hans Welzel*[25]（Rn. 18）である．

第2節　立法者によるその受容

13　犯罪体系の諸々の基本概念は，現在では立法者によっても刑法典の新総則に取り入れられている．すなわち，行為の概念は，何度も使われており（例えば，15条，16条，17条，20条を参照），それは故意的所為と過失的所為（15条）を，さらには不作為（13条，ただし9条では異なる）をも含む．多くの規定で，「構成要件」という用語が，明示的に引き合いに出されている（13条，16条，22条）．立法者は，刑法典の意味における「違法な所為」も「刑罰法規の構成要件を実現するものだけ」を意味するものとして定義している（11条1項5号）．それによって，立法者は，刑法的に重要な違法性は，常に構成要件が充足されている

---

(20)　1866-1932. Grundzüge des Strafrechts, 1899, [11]1930.

(21)　1860-1934. 本文に挙げられた文献は，Festschrift der Gießener Juristenfakultät zum 300 jährigen Bestehen der Universität Gießen（1907）において公刊された（S. 3 ff.）．*Frank*のコンメンタールである „Das Strafgesetzbuch für das Deutsche Reich"（1897, [18]1931）は，当時の指導的解説書であり，現在でもなお非常に価値のあるものである．

(22)　*v. Liszt*に関しては，上述の3章 Rn. 12と4章 Rn. 3, 5を参照．彼の „Lehrbuch des Deutschen Strafrecht", [1]1881, [26]1932（彼の死後，[23]1921年からは，*Eb. Schmidt*によって改訂された）は，ドイツのもっとも重要な刑法教科書の一つであり，多くの言語に翻訳された．

(23)　1875-1923. Der Allgemeine Teil des Deutschen Strafrechts, 1915, [2]1923.

(24)　1883-1962. 主著として，Strafrecht, [1]1931, [3]1949. Mezgerに関して，特に彼の国家社会主義との関係に関しては，*Muñoz Conde*, [4]2003, 72 ff.

(25)　1904-1977. 主著として，Das Deutsche Strafrecht, 1947, [11]1969. Welzelについて詳しくは，*Sticht*, 2000の浩瀚なモノグラフィーを見よ．彼の理論の関連を与えるのは，*Loos*, JZ 2004, 1115.

257

第 1 編　基　礎

ことを前提としていることを表現している．同様に，旧刑法典には規定されて
いなかった正当化事由と責任阻却事由との区別も，新刑法総則で法文上規定さ
れた．現行法では，32 条が，正当防衛をなした行為者について行為は「違法
ではない」（34 条も参照）と規定する一方，例えば，回避不可能な禁止の錯誤に
陥った行為者の行為を，法律の文言によれば，「責任はない」（20 条，35 条参照）
と規定している．最後に，立法者は，一定の場合に，法律の文言上で正当化さ
れるとも責任阻却されるともせずに，単に行為者は「罰しない」（33 条）ある
いは「不処罰」（258 条〈処罰妨害〉6 項）であるとだけ規定することで，そこでは，
場合によっては「その他の可罰性の前提条件」が欠けているとの示唆を与えて
いるのである．

第 3 節　犯罪体系論の史的発展段階

14　もとより，学問的・体系的作業は，これらの基礎的基本概念の樹立を超えて
はるかに広い．その作業は，広範にわたり，様々な犯罪カテゴリーの前提条件
を個別的に確定し，相互の関連を決定しなければならない．したがって，それ
は，構成要件の充足，違法性あるいは責任の観点にとってどのような事情が重
要であるのか，そして，例えば，行為と構成要件，あるいは，違法性と責任が
どのような関係にあるのかを解明する．しかし，また，個々の犯罪のカテゴ
リーを体系化すること，同様に，多数の正当化事由をその内的関連性にした
がって分類すること，あるいは，責任阻却事由を統一した観点，しかも，その
後の解釈にとって有益になりうる観点から考察することにも努めるのである．
また，例えば，正犯の種類は，不法の現象形態として正犯論の体系の中で詳細
に展開されうるのである．これらすべてについては，後述する．その際，意識
しておかなければならないのは，体系化の原理は極めて多様でありうるし，そ
れ自体が刑法解釈学の基本問題でもあるということである．このことを，三つ
の，特に重要な，今日ではすでに歴史上のものであるが，しかし，様々に影響
力をもち続けた体系構想 —— 本書でも後に深く掘り下げて繰り返し言及しな
ければならないものであるが —— を手掛かりにして，以下，いくつかの特に
特徴的な相違点を明確にしておくことにする(26)．

　　（26）「刑法の体系構築の時代」について，特に教えられることの多い概観を提供するの

258

第7章　刑法解釈学と刑法体系

1　古典的犯罪体系

15　Liszt と Beling の「古典的」犯罪体系は，今世紀の初頭に支配的になっており，今日においても，なお，外国で多様な影響を与えており[27]，その基本的カテゴリーは，現在のドイツ解釈学においても有効に機能しているが，それは，不法と責任が，犯罪の外面と内面のように相互的に関係しているという想定に基づいていた．それによれば，犯罪行為のすべての客観的条件は，構成要件と違法に属するのに対し，責任は，主観的犯罪要素の総体とみなされていた（いわゆる心理学的責任概念）．したがって，故意は，この理論の立場からすると，責任形式であるとみなされていた．

2　新古典的体系

16　この特に単純明瞭な犯罪論の崩壊は，「新古典的」体系によって開始された．これによってもたらされた犯罪構造の改変の原因は，不法は，あらゆる場合に，必ずしも純客観的要素によってのみ説明可能なのではなく，逆に，責任もまた，もっぱら主観的要素のみによって構成されるものでもないとの認識にあった．例えば，窃盗（242条1項）の構成要件は，――客観的な――他人の動産の奪取以上のものを要求している．奪取は，むしろ，物を剥奪（2章，Rn. 95）するだけのことであって刑法上まったく重要でないのである．領得の意思という内的精神的要素なしには，窃盗の行為形象もその不法も的確に理解できないのである．それゆえに，主観的な不法要素を承認することはやむをえないと考えられている[28]．他方，責任は，例えば，現在の35条の緊急避難状況のような場合には，明らかに，客観的事情にも依存しているのであり，しかも，かつては責任形式と解されていた認識なき過失についても，そこに，およそ意思的要素を見い出しうるかは，疑わしいのである．

17　そのような，今日，一般に「新古典的」とされる犯罪概念は，1930年代に支配的であって，*Mezger* の教科書（Fn. 24）にその特徴がはっきりと現れてい

は，*Schünemann*, 1984, 18 ff. *Haft*, AT[9] は，「初年度生のための入門」に，その都度の関係箇所で，もう生きていない重要な刑法学者（例えば，Liszt, Beling, Binding, Frank, Mezger, Welzel のような人々）の 23 の短い伝記を取り入れていた．

(27)　例えば，*Marinucci/Dolcini*, PG; *Gobo del Rosal/Vives Anton*, PG[5] を参照．

(28)　その発見者といえるのは，*H. A. Fischer*, 1911 と *Hegler*, ZStW 36 (1915), 19, 184.

259

第1編 基 礎

たのであるが，客観的不法と主観的責任の原則的区別を維持し，故意を責任形式であると主張していたのであるが，例外を承認しなければならず，したがって，不法と責任の区別のために別の説明方法を探さなければならなかったのである．この区別が認められるのは，―― そして，そこには大いなる発展が見られるのであるが ―― それぞれに異なった別の評価という点である．すなわち，行為は，不法を肯定することによって，社会的有害性の観点から評価され，責任を認定することによって，非難可能性の観点から評価されるのである．責任を「非難可能性」とする理解は，いわゆる規範的責任概念を意味しているのであり，それは一般的に定着し，近時，ようやく修正され，さらに発展させられたのである（Rn. 29, 71 以下参照）．

3　目的的行為論

18　別のさらなる刑法体系像に至ったのは，いわゆる目的的行為論である．この理論は，戦後 20 年の刑法解釈学上の議論を決定づけた．その出発点となったのは，従前の体系的構想とは違って，本質的にもっと内容豊かな行為概念であった．この理論にとって，全体系構造を決定する行為の「本質」は，人間が因果の流れを思考上予測し，それにふさわしい手段を選択することによって一定の目的へと向けること，それを「目的的に被覆決定する」点にある．それによれば，殺害行為は，行為者が認識と意欲によって目標に向けて操縦した場合，すなわち，故意に殺した場合にのみ存在する．このことから，体系的帰結として，古典的体系および新古典的体系において，責任の形式と理解されていた故意，および，故意の不可欠の構成要素と理解されていた不法の意識も，因果の操縦に還元される形で，すでに構成要件の構成要素として現れることになる．これは，不法をさらに主観化することを意味するが，それに対して，責任にとっては，脱主観化と規範化を推し進めることを意味し，その結果，その限りで，目的的体系は，古典的体系の正に対極に立つことになるのである．目的主義的理論は，―― 部分的には，*v. Weber*[29]および *Graf zu Dohna*[30]によって準備され，影響を与えられてはいるが ―― 本質的には *Welzel*（Fn. 25 参照）に

---

(29)　*v. Weber*, Zum Aufbau des Strafrechtssystems, 1935.

(30)　*zu Dohna*, Der Aufbau der Verbrechenslehre, 1936, ⁴1950.

第7章 刑法解釈学と刑法体系

よって基礎づけられたものである[31]. しかも, また, この理論は,（さまざまな相違はあるが）*Maurach*[32]の大著である教科書および*Stratenwerth*[33]の叙述に基礎となっているだけではなく, 国内外の多くの専門の論稿[34]の基礎ともなっているのである. そのテーゼの多くが今日に至るまで影響を及ぼし続けているにもかかわらず, それらの学説は, 刑法解釈論的全体構想としては次第に影響力を失い, 解釈論史の対象になりつつある[35]. 目的的行為論の一つのバリエーションは, Armin Kaufmann と彼の学派の一元論的・主観的方向である. この説の独自の意義は, とりわけ, 刑法上の不法がもっぱら行為無価値に基づき, 結果を客観的処罰条件に過ぎないと考える点にある[36].

第4節　古典的体系から目的主義的体系への展開の精神史的・哲学的基礎

19　20世紀の犯罪論の発展については, ここではその簡単な概要を略述することができただけであり, 以後の論述で詳細な点にまでその発展に立ち返ることにするが, それは, 刑法内部の議論としてのみならず, 哲学と精神史を背景にして展開されたものである[37].

20　かくして, 古典的犯罪概念は, *Liszt* にその特徴がはっきりと見られるよう

---

(31)　入門の手引をしてくれるのは, 彼の書である „Das neue Bild des Strafrechtssystems", ⁴1961.

(32)　*Maurach*, Deutsches Strafrecht, Allgemeiner Teil, ¹1954, ⁴1971 で, ⁵1977/78 からは, 2巻本の „Strafrecht, Allgemeiner Teil"というタイトルで, *Zipf* や *Gössel* によって改訂されている.

(33)　*Stratenwerth*, Strafrecht, Allgemeiner Teil I, Die Straftat, ¹1971, ⁴2000, *Stratenwerth/Kuhlen*, ⁵2004.

(34)　*Gerezo Mir*, 61999; *ders.*, ADPCP 46 (1993), 5; *Cirino dos Santos*, 2000, 9; *Gracia Martin*, 2004, 17; *Fiore*, RIDPP 46 (2003), 380.

(35)　今日における評価については以下のとおりである. 目的的行為論者（Finalist）の観点からは, *Hirsch*, Androulakis-FS, 2003, 225. 目的的行為論者ではない観点からは, *Roxin*, Androulakis-FS, 2003, 573. 刑法解釈学の発展に対する —— 多くの点でポジティブに評価されるべきである —— 目的的行為論（Finalismus）の意義については, *Bacigalupo*, Eser-FS, 2005, 61; *Crezo Mir*, Eser-FS, 2005, 101.

(36)　これに関して, より詳しくは, 10章 Rn. 88 ff.（94-100）ならびに, *Roxin*, ZStW 116, 937 ff. Arm. Kaufmann の理論について包括的に取り扱うモノグラフィーとして, *Hoyer*, 1997.

(37)　この点について有益であるのは, *Welzel*, 1935; *Schünemann*, 1984, 18 ff.

第1編 基 礎

に，19世紀末期の精神史上の自然主義によって本質的影響を受けていた．この時代の自然主義は，精神科学を自然科学の厳格性という理想像に服せしめ，これによって，刑法体系を計測可能で，経験的に検証できる現実的な構成要素に還元しようとするものであった．そのような基準は，客観的な外界の要素であるか，さもなくば，主観的な，内面の心理的な事象であるかのいずれかであり，その結果，まさしくこのような出発点から，客観的要素と主観的要素によって分割された，刑法体系の二分化が提案されることになる．

21 これに対して，新古典的体系は，20世紀初頭に多大な影響を与えてきた新カント学派の価値哲学（*Windelband, Rickert, Lask*）によってその大部分が基礎づけられた．この哲学は，自然主義に背を向けて，精神科学に独自の基礎を取り戻させようとしたのであり，また，現実が，それぞれの学問分野の基礎にある特定の最高価値に関係づけられ，その価値を通じて形成され，限界づけられうる点，および，その視点から体系化されうる点に，その特性を見出したのであった．このような立場からすれば，不法と責任を社会的有害性および非難可能性という価値基準から説明するのが首尾一貫している．そこで，このような説明が，実務的に意義深い仕方ででも，今日まで，たいていの体系構想の中で行われているのである．

22 これに対し，目的的行為論は，哲学的には，現象学的・存在論的理論に基礎を置くものであるが，この哲学理論は，人間存在の一定の構造法則を示そうとし，それを人間と関わり合う科学の基礎にしようとするものであった[38]．このような構想にとっては，例えば，人間の行為の概念のような，前法的・人間学的基本概念を，一般的犯罪論の中心に持ち込み，行為の存在的属性から，立法者に先置された（*Welzel* のいわゆる）事物論理構造の体系，すなわち，その首唱者の見解に従うならば，刑法解釈学にとっても不変・不動の認識をもたらすべき体系を構築することは，自然な流れである．

第5節　現在の支配的な犯罪理論の新古典的・目的主義的統合

23 最近の解釈論においてなお有力な見解は，その体系構想によって新古典的体

---

(38) *Welzel* は，彼の理論の哲学的前提について，自ら詳細に Vorwort zur 4. Aufl. (1961) von „Das neue Bild des Strafrechtssystems" S. IX-XII で述べている．

第 7 章　刑法解釈学と刑法体系

系および目的的体系によって示された枠組み内で揺れ動いている．現代の学説
の中には，時折（しだいに数少なくなってきているが）新古典的構想による犯罪構
造をいまだに維持しているもの（*Baumann/Weber/Mitsch*）[39] があり，部分的には，
目的的行為論に従うもの（*Welzel, Maurach/Zipf, Stratenwerth, Ebert*）[40] もある．け
れども，大部分の著者達は，「目的主義から受けた新たな刺激と，それに先行
する，価値と目的思想によって決定された，刑法学の発展段階のもつ，一定の
放棄することのできない成果との間」，すなわち，新古典主義的犯罪論の成果
との間の[41]統合に努めている[42]．

24　この統合は，多くの場合は，行為論としての目的的行為論を拒絶しながらも，
その最も重要な体系的帰結，すなわち，故意の主観的構成要件への移管は承継
しているようにみえる[43]．その際，目的的行為論を拒絶する理由は，一般に，
存在論的な行構想は価値決定によって基礎づけられた刑法体系にとって拘束力
をもつものではありえず，行為を一定の目的に向けられた因果経過の操縦であ
ると定義することは，過失行為および不作為犯には適合しない点にあるとされ
ている．故意を主観的構成要件に位置づけることは，行為概念からは独立に，
様々な論拠によって根拠づけられている．すなわち，とりわけ，構成要件的行
為の社会的意味は，故意を度外視しては，多くの場合，およそ把握しえないと
いうことによって根拠づけられており，したがって，例えば詐欺における虚偽
の事実の仮構（263条），あるいは，文書の変造（267条）は，行為者の故意を無
条件に前提にしているとされている．上記の著者達の中の何人かの者は，同時
に故意を責任形式でもあるとしている．

---

(39)　*Baumann/Weber/Mitsch*, AT11, § 12 Rn. 5.

(40)　Fn. 25 32 33; *Ebert*, AT³, 27 を参照．

(41)　*Gallas*, Zum gegenwärtigen Stand der Lehre von Verbrechen, ZStW 67 (1955), 1
ff., (47). この論文では，戦後の議論状況について代表的で影響力のある著作が取り扱
われている．

(42)　これに対して，*Schünemann*, 1984, 46, Fn. 98 は，「現在支配的である体系は，
……全ての本質的な内容を目的主義」に負っており，それゆえに，「刑法的体系思考の
独立した部分として主題化」する必要はないと考えている．

(43)　このような意味での（個別的には異なるところはあるが）注釈書および教科書は，
Blei, AT¹⁸; *Bockelmann/Volk*, AT⁴; *Donini*, 1996; *Eser/Burkhardt*, StrafR I⁴; LK¹¹-*Je-
scheck*, vor § 13; *Jescheck/Weigend*, AT⁵; *Lackner/Kühl*²⁵; *Otto*, AT⁷; *Preisendanz*³⁰;
*Sch/Sch/Lenckner*²⁶, vor § 13; *Tröndle/Fischer*⁵²; *Wessels/Beulke*, AT³⁴.

第1編 基 礎

25 不法と責任は，新古典主義 —— 目的主義の統合の基礎に基づくならば，不
法は行為無価値（と場合によっては，結果無価値）を表すが，責任は「心情無価値」
(*Gallas, Jescheck, Wessels*)，あるいは，違法な構成要件の実現に対する行為者の
「責任があること（それに責任をもつこと = Dafürkönnen)」を表すものであるとい
うように区別されうる．新古典的体系に発する，社会的有害性として不法を，
そして非難可能性として責任を実質的に理解することは，目的的体系と対立す
るものでもなく，現代の犯罪論でも維持されている．しばしば，不法と責任の
相違は，不法は行為に対する無価値判断であるが，責任は行為者に対する無価
値判断を表していると説明されることもある．

第6節 目的合理的（機能的）刑法体系

26 およそ 1970 年以降，「目的合理的」あるいは，「機能的」刑法体系の展開の
ための多くの論議を呼んだ努力がなされてきた[44]．このような観点を支持す
る者達は，目的主義的体系アプローチを拒否している点では，—— その他の点
では多くの相違があるとしても —— 一致しているのであり，刑法上の体系構
築は，存在的所与（行為，因果関係，事物論理的構造等）を手掛かりにするのでは
なく，専ら刑法上の目的設定から導かれてしかるべきだという想定から出発し
ている．

---

(44) 最初の要約的叙述は，*Schünemann*, 1984, 45 ff. で，しかも，彼自身がこのような
方向の支持者である．さらに発展させたものとして，*ders.,* Rud. Schmitt-FS, 1992,
117. 正統的な目的主義からの比較的新しい努力の全てに対して否定的であるのは，
Hirsch, Köln-FS, 1988, 399 ff. であり，「Welzel によって引き起こされた体系の改造か
らは，説得的で新しい解釈上の構想は，原則的には導かれない」と考えている（S.
420)．類似するものとして，*ders.,* 1989, 65; 1993, 35, 49 ff. (Hirsch に反対するものと
して，*Roxin*, 1989, 205 f.)．*Stratenwerth*, 1995, 9 も懐疑的であり，刑罰論を，帰責や
制裁の際の指導的基準とするのは過剰な要求であると考え，それを「あまり重要でな
い部分の改正」のために用いようとしている．彼は，そのような判断の理由として，
刑罰論の想定の経験的検証可能性の欠如を引き合いに出しているが，その際に，解釈
にとって，立法者の刑事政策の基準が（個別的には，その正当性について争いうると
しても）重要であることを見誤っている．*Mantovani*, ZStW 109 (1997), 17, 27 は，「刑
事政策の侵入は，独立した決定的な法的原則とは相容れない」とすることを批判する．
しかし一方では，ある重大な程度までの法的原則は，立法的・刑事政策的な制度の表
明であり，他方では，全ての刑事政策は，憲法において放棄された最上位の法原則を
実現する際の達成を補助するものなのである．

第7章　刑法解釈学と刑法体系

27　このような基盤に基づき，既存の著書の中では[45]，新古典的な体系として不十分に展開されたにすぎず，また，ナチ時代には埋没させられた，第1次世界大戦と第2次世界大戦の中間期の新カント学派的（および新ヘーゲル学派的）アプローチを練り上げて，それに内容的に新たな形で進歩させようと試みられた．この進歩が見られるのは，とりわけ，文化価値への，やや漠然とした新カント学派的な志向性が，特殊刑法的な体系化基準によって置き換えられた点である．すなわち，代わりに登場したのは，現代の刑罰目的理論の刑事政策的基礎である．そうすることで刑法の解釈学と体系学にとって個別具体的に何が帰結されるのかを，ここですべて先取りすることはできないが，主要な体系カテゴリーの機能に即して，本節でさしあたり概略的に明らかにしておく（Rn. 60 以下）．ここでは，実務上への影響の中で特に重要な，この構想の二つの核心に言及するにとどめるが，それは，一部は，すでに定着しており，また，一部では，特に活発な議論の対象となっているものである．

28　まず，第1のものとしては，客観的構成要件への帰属の理論である．古典的体系にとっては，構成要件の内容はまさにそれに尽きるとされ，新古典的構想はそれに主観的構成要件要素を付け加え，目的主義はさらにそれに故意を付け加えた客観的構成要件は，これら三つの構想のいずれにおいても，結果犯の場合（212条，223条，230条，303条のような），本質的に，純粋な因果性に還元されたのに対して，目的合理的アプローチによれば，客観的構成要件への結果の帰属は「構成要件の範囲内での許されない危険の実現」にかからしめられることになり，したがって，因果性という，自然科学的な，ないし，論理的なカテゴリーは，はじめて，法的な価値判断によって基礎づけられた規則によって置き換えられるのである（詳細は，後出11章）．この点についての理論的な基礎は，すでに，1930年ごろに，新カント主義と新ヘーゲル主義によって設定されている[46]．しかし，これらの思想の解釈論的展開は，当時，未発達なものに留

---

(45)　基本方針に即した形で，私の構想が最初に素描されたのは，Kriminalpolitik und Stfarrechtssystem, 1970, ²1973 である．このアプローチは，*Schünemann*, 1984, 45 ff.; *ders.*, Rud. Schmitt-FS, 1992, 117; *Wolter*, 140 Jahre GA, 1993, 269 のような大論文で，更に発展され拡充された．私自身は，私の構想を，多くの点で具体化し補充した．これに関して，より詳細には，*Roxin*, Kaise-FS, 1998, 895; *ders.*, in; Schünemann (Hrsg.), 2002, 21; *ders.*, in: Lampe-FS, 2003, 423.

(46)　„Gedanken zur Problematik der Zurechnung im Strafrecht" (Honig-FS, 1970, 133

265

第1編 基　礎

まっていたのであり，まもなく，ふたたび忘却の彼方に消え去ることとなった
のである．上述の不法理解（構成要件の射程内における許されない危険の実現としての
不法）によってこの犯罪カテゴリーの枠内において刑事政策的観点の下で一定
の評価が行為操縦の目標と結び付けられる．不法判断は，適法な行為と違法な
行為を評価し，それらを区別し，さらに市民に対して，刑法の規則にしたがっ
て行ってはならないこと，場合によっては，行うべきことが何かを伝えるので
ある(47)．

29　本書において唱えられた形での目的合理的体系の第2の中心的な変革は，
「責任」を「答責性」のカテゴリーへと拡張したことである．それは，すべて
の刑罰にとって不可欠の条件である責任には，常に，刑罰制裁に（特別予防ある
いは一般予防の）必要性の観点も付け加えられなければならず（さらに，後出 Rn.
71 以下，および，詳細は，19章，Rn. 1 以下参照），その結果，責任と予防の必要性
が交互に限界づけを行い，両者が共同して初めて，行為者への刑罰を発動させ
る行為者の人的な「答責性」を生み出すことになるからである．このような，
数多くの解釈問題にとって有意義な，従来の責任概念と予防的目的設定との組
み合わせは，責任と予防の必要性は，刑罰にとって必要条件ではあるが，それ
自体にとっては十分条件ではないという本書で展開された刑罰目的論（上述3
章，Rn. 37 以下）との解釈論上の一致を意味するのである．この答責性カテゴ
リーによって示される第2の評価段階は，もはや法か不法かを決定するのでは
なく，その法律効果──すなわち，可罰的かどうか──について，不法評価
の観点と決して同一ではない，刑罰目的論から読み取られなければならない刑
事政策的な観点にしたがって決定するのである(48)．

---

ff. = Grundprobleme, 123 ff.）という私の論文は，この理論の復活を試みたものである
が，明示的に，新カント学派の Honig と新ヘーゲル学派の Larenz に立ち戻って議論
している（a.a.O., 133 ff. もしくは 123 ff.）．犯罪体系の発展段階と過失理論とを結びつ
け，客観的帰属論を合目的的な刑法体系から導いているのは，*Castaldo*, 1992, 4 ff.）．
客観的帰属論の現代的な理論の発生は，*Schroeder*, Androulakis-FS, 2003, 651 におい
て叙述されている．彼は，客観的帰属論は，「今日……その原則的な意義に関しても，
外国におけるその注目に関しても，目的的行為論の立場で論じられている」と主張す
る．詳細には，§ 11 Rn. 44 ff. を参照．Rn. 50, Fn. 108 では，この理論に関する基本的
文献が挙げられている．

(47)　より詳細には，*Roxin*, 2002, 21 ff.; *ders.*, 2003, 423 ff.

(48)　その限りで，両方の注 46 で挙げた新たな業績だけを参照する．

266

第 7 章　刑法解釈学と刑法体系

30　刑法体系の目的合理的な基礎づけに向けた努力は，他の著者達にあっては，一部では，類似した構想に，また，一部では異なった構想につながっている．*Jakobs* は，その注目を集めている教科書の中で[49]，彼の師である *Welzel* の構想を逆転させて，因果関係，能力，行為等の概念は刑法に対して前法的内容をもつものではなく，もっぱら法律上による規制の必要性によって定められるべきものとすることから出発する[50]．方法論的に，彼の体系構想の特別の独創性は，彼が刑法解釈学を社会システム論（特に，Luhmann）の概念およびカテゴリーの中で定式化している点にある．彼の犯罪論の，最も争われている，内容的な独自性は，責任を彼の刑罰目的論（この点については，3 章，Fn. 24, Rn. 32）と一致させ，全面的に一般予防の概念に解消させ，それゆえに，責任をなにか客観的に所与のものとしてではなく，責任を，「法的忠誠の習得」のために必要なものという基準によって，行為者の能力を考慮することなく単純に「～のせいにする（zuschreiben）」という点にある．しかし，この体系的アプローチは，*Jakobs* の信奉者が多い特にスペイン語圏の諸国において非常に大きな人々を惹きつける力をもっている[51]．

31　*Schmidhäuser*[52] もまた極めて独特の犯罪論を主張しているが，それによれ

---

(49)　*Jakobs*, Strafrecht – Allgemeiner Teil, ²1991. 本質的な基本思想が最初に示されているのは，„Schuld und Prävention", 1976. 批判的攻撃に対して，発展的な防御を行なっている最近のものとして，*ders.*, ZStW 101（1989），516. Jakobs に批判的に取り組むものとして，*Fabricius*, 1998; *Schünemann*, Roxin-FS, 2001, 13 ff.; *Stübinger*, KritJ 1993, 33. *Lesch*, 1999 も，Jakobs の弟子であるが，彼は「機能的な修正（funktionalen Revision）」を犯罪概念に施した．

(50)　正当にも，*Schünemann*, 1984, 54 は，「Welzel が，そこまで執拗に，約 50 年もの間多大な成果を挙げつつ戦ってきたのは，新カント学派の Lask の概念構築理論の目をみはるような復興であった」としている．

(51)　二分冊の Montealegre が編者のコロンビアの記念論文集である „El funcionalismo en derecho penal", 2003 のみを参照した．この論文集には，スペイン語圏の Jakobs の弟子達の数多くの論文が寄稿されており，それらは，しばしば，大きな理論的な独自性とオリジナリティをもっている．

(52)　彼の教科書である „Strafrecht, Allgemeiner Teil", 1970; ²1975. 彼の学習書である „Strafrecht, Allgemeiner Teil", 1982; ²1984. Schmidhäuser の構想について詳しいのは，*Roxin*, ZStW 83（1971），369 ff. Schmidhäuser の理論に特別の配慮を払いながら，「学問としての刑法解釈論（Strafrechtsdogmatik als Wissenschaft）というテーマで論じているのは，彼の門下生である *Langer*, GA 1990, 435.

267

第1編 基 礎

ば，彼は，すでに，ずっと以前から，「犯罪行為の要素は，はじめから，法律
効果としての刑罰から」問い質すべきだとすることに賛成している[53]．彼は，
不法と責任は中心概念であるが，行為概念はまったく後退するものだとする徹
底した目的論的方向性をもった体系を展開している．不法は，「法益侵害的意
思行為」として，責任は「法益侵害的精神的行為」，すなわち「不法な心情」
として理解されている．これは，その限りでは，なお通説の枠組みの中にとど
まっている．しかしながら，*Schmidhäuser* の見解の際立った特異性は，故意
を分解し，その意思的構成要素は不法に帰属し，その知的要素（彼は，不法の意
識と同様に行為 [Tat] の意識もそれに参入する）は責任に帰属するものであるとして
いる点にある．そうすることで，彼は，今日の通説よりも新古典的体系に接近
する，しかしながら，このようにすることで多くの個別問題についても新たな
帰結に至っているのである．

32　目的合理的，「機能的」解釈論の影響は，極めて大きなものである．比較的
大きな教育的著書の著者達の中で，*Rudolphi*[54]は，このような傾向をもつも
のとして位置づけられ，彼の主張は，本書で唱えられた構想に近似している．
また，いくつかの重要な研究書も，このようなアプローチが実り豊かであるこ
とを証明している[55]．けれども，このような基礎に基づいて形成された新し
い全体系は，いまだその定着を待ちわびている．それは，とりわけ，目的合理
的体系への努力が，いまだ発展の途上にあることによる．さらに，また，新刑
法体系内部の相違についても，この体系の首唱者自身が，しばしば互いに対立す
る「学派」の代表者として，今まで学問的に論争をくり広げており，過大に評
価されるべきではない．この体系は，どのような弁証法的方向転換もその障害
にはならず，その一線上で継続的に発展するものである．すなわち，基本カテ
ゴリーは，自然主義から今日に至るまで，どのような内容的ずれが生じようと
も，そのまま維持され続けてきているのである．そして，「体系の新時代の始

---

(53)　*Schmidhäuser*, Radbruch-GS, 1968, 276.

(54)　彼の共同編集にかかる „Systematischer Kommentar" zum StGB, AT, 6. Auflage
（Juni 1997), vor § 1 の序論のみを参照．

(55)　名前が挙げられているのは，*Wolter*, Objektive und personale Zurechnung von
Verhalten, Gefahr und Verletzung in einem funktionalen Straftatsystem, 1981; *Frisch*,
Vorsatz und Risiko, 1983; *ders.*, Tatbestandsmäßiges Verhalten und Zurechnung des
Erfolges, 1988.

第7章 刑法解釈学と刑法体系

まり」は，いつでも，それに先行する，発展，修正あるいは離反という努力を省察の対象としている．現時点での議論状況を理解しようとするとき，世紀の転換期以来の刑法の体系的思考の発展を知らなければならないということのより根本的な理由はそこにある．もちろん，体系的な問題と「正しい」体系を巡る争いに，ドイツ刑法学において伝統的に認められてきた意義がそもそもあるのか否かは，以下で（D, Rn. 37 以下）で検討しなければならない別の問題である．

33 外国においては，さまざまな理論的に極めて独特の目的合理的アプローチのさらなる展開がみられる．スペインにおいては，すでにかなり前に *Gimbernat* が犯罪論全体，特に責任をもっぱら予防的考慮により，意思自由を援用することなしに，基礎づけることを試みていた[56]．さらに *Mir Puig* は，全犯罪体系を，いかなる事象が刑法的規範によって予防できるかという問いへの答えとして理解することを試み，命令説を復活させた興味深い説を主張している[57]．彼は，不法を，首尾一貫して，行為不法に尽きる規範違反として把握し[58]，故意を不法に算入するが，故意の前提として不法意識も必要とする点で独自性がある[59]．*Luzón Peña* は，二段階的犯罪構成を提案しているが，その理論的な独自性は，特に不法阻却の区別的体系[60]と，故意と過失に共通の正犯論[61]にあるといってよいだろう．イタリアにおいて，*Moccia* は，もっぱら一般予防と特別予防と積極的観点から構成される彼の刑罰目的論（「社会統合論」）に基づき，構成要件，違法性および責任という体系カテゴリーの背後にある刑事政策的考慮を新たに構想する[62]．そしてポルトガルにおいて *Figueiredo Dias* は，社会倫理的に基礎づけられた，行為者に関連づけられた責任と刑罰という伝統的観念と現代的な目的思考の統合を試み，特に責任において独自の特徴のある

---

(56) *Gimbernat*, Henkel-FS, 1974, 150 ff.

(57) *Mir Puig*, 1994, 46. 更に詳細に論じるものとして，*ders.*, PG⁵.
Mir Puig, 1994, 67 f., 72.

(58) *Mir Puig*, 1994, 59.

(59) *Mir Puig*, 1994, 67 f., 72.

(60) *Luzón Peña*, PG, 555 ff.

(61) これは，「客観的行為特定」という概念の上で基礎づけられた．*Luzón Peña*, 1991, 197 ff. を参照．

(62) 要綱的なものとして，*Moccia*, RIDPP 1989, 1006 ff. より詳細には，*Moccia*, 1992. 彼の弟子である *Cavaliere*, 2000, 349 ff. も参照．

269

第1編　基　礎

刑法体系を提唱している[63].

34　社会学的観点から包括的な「刑法的機能主義批判」を展開するのは *H. Schneider*[64] である．彼は *Schelsky*[65] に依拠しシステム機能的解釈論と人格機能的解釈論を区別する．「システム機能的なのは，刑法上の諸概念の解釈に際して，直接的にシステムの維持への寄与に焦点を当てるようなそれらの内容規定である．これに対して人格機能主義的 (personfunktional) なのは犯罪行為者の人格に関連した指導概念による刑法的な基本概念の解釈である．」[66] 彼自身は，「基本法の人間像と西洋の文化観に対応する」人格機能主義的アプローチを採る[67]．この観点から彼は，詳細に「Günther Jakobs における機能主義」(S. 70-146)，「Wolfgang Frisch および Georg Freund における」機能主義 (S. 147-228)，「Claus Roxin を中心としたミュンヒェン学派」(S. 229-311) の機能主義を解釈する．彼の結論は，ミュンヒェン学派の機能主義は「基準となる法概念の広範囲にわたる人格機能主義的解釈によって特徴づけられる」というものである[68]．そして Frisch と Freund は，人格機能主義的概念形成とシステム機能主義的な概念形成が混在しているのに対し[69]，Jakobs は，正当にも「純粋なシステム機能主義的アプローチの主張者」として解釈しているとされるのである[70]．

35　このシステム機能主義は，*Schneider* の鋭い批判を受ける．すなわち第1に，刑法の社会安定化作用は，刑法が「まさに社会にではなく，個々の犯罪行為者，その者の所為およびその者の不法意識に関連づけられた」場合に特に働くとされる．それゆえ基本概念のシステム機能主義的な解釈は「単に余分なものであるにとどまらず，有害なもの」であり，機能主義の関心事に矛盾し，その結果，そこから固有の理論的な基礎が取り去られてしまうとされるのである[71]．第

---

(63)　*Figueiredo Dias*, 1999. 現在詳細に論じているものとして，*ders.*, PG. 彼の責任概念については，後述の 19 章 Rn. 28 以下を参照．

(64)　*H. Schneider*, 2004.

(65)　*H. Schneider*, 2004, 51 ff. (参照文献あり)

(66)　*H. Schneider*, 2004, 56.

(67)　*H. Schneider*, 2004, 343.

(68)　*H. Schneider*, 2004, 310.

(69)　*H. Schneider*, 2004, 227.

(70)　*H. Schneider*, 2004, 143.

第7章　刑法解釈学と刑法体系

2に，システム機能主義的な解釈論は，責任主義，正義の理念および人格の答責性に関する連邦憲法裁判所の判例と調和しないとされる[72]．それゆえ，そのような解釈論は，われわれの社会の法にとっての普遍的に基準となり拘束力をもつ価値決定」を否定するものとされるのである[73]．

36　この批判は，大部分の点で正当なものである．それは，その社会学的なアプローチを超えて，本書においても追求されている「古きヨーロッパ的な」，啓蒙主義の伝統に基づく，法治国家的・自由主義的な刑法のライン上にある．そしてこの批判は，本書において例えばJakobs の責任構想に対して提起された批判（19章，Rn. 33以下参照）にも対応するものである．しかし，他方で，例えばJakobs が本書で唱えた見解（22章，Rn. 7以下，68以下参照）と一致して免責的緊急避難や過剰防衛において主張しているように，システム機能的なアプローチも，徹底した責任刑法と比べて可罰性を限定しうることが認められる限りにおいて，この批判には誇張がある．また，本書で展開した，刑罰は，特別予防的に適合し，一般予防的にも受容可能な場合には，責任の程度を下回ることが許されるというテーゼ（3章，Rn. 54参照）は，人格機能主義的考慮とシステム機能主義的考慮の組み合わせによって初めて説得的なものとなる．決定的なのは，システム機能的な諸原理が責任主義を維持するか排斥するかという点なのである[74]．

D．伝統的刑法体系論の功績と限界，刑法解釈論における体系思考と問題思考

37　学生や門外漢として刑法に接する者は，しばしば刑法の体系化の努力の多様性の前に戸惑いを覚え呆然とし，そして，なぜ体系的努力に学問的議論の中で，これほど広範なスペースが割かれるのかと問うことがあるだろう．そこでは，法の実務家が泰然と無視することの許されている，まさに，アカデミックな性

---

(71)　*H. Schneider*, 2004, 15.

(72)　*H. Schneider*, 2004, 15/16.

(73)　*H. Schneider*, 2004, 343.

(74)　*Schneider*, 2004, 275 ff. によって，体系機能的と拒絶された危険増加論も，延長線上の関係にあり，*Schneider* によって使用された概念枠組によってだけでは適切に評価されえない（11章 Rn. 88 以下を参照）．

第1編 基 礎

格の問題が取り扱われているのだとする見解に出会うことも稀ではない．このような原則的な疑問と遭遇し，解釈学的・体系的主要問題の評価について自己の立場を獲得できるのは，従来，しばしばそうであったように，支配的な歴史的現象形態においてそのまま無批判的に受け入れるのではなく，体系に拘束された刑法的思考の利益と不利益を可能な限り明確に，事例に関連づけて刑法体系を見つめ直す場合に限られるのである．したがって，以下の問題提起は，大筋で展開されるべき構想を，それに賛成する要素と反対する要素の衡量の観点から準備する目的をもっている．

第1節 体系思考の利点

38 スペインの刑法学者，*Gimbernat Ordeig* は，あまり発達していない法体系をもった諸国の状態について印象深い指摘をした上で，解釈学的思考の長所を集約して，「刑法解釈学は限界を設定し，概念を構築することによって，刑法のより安定した，予測可能な適用を可能にし，刑法から非合理性，恣意性，即興性を取り去るのである．解釈学の発達が乏しければ乏しいほど，裁判所の判決が予測不可能になる．…」と述べている[75]．彼は，法律事件に対する判決が「くじ引きの問題」になる危険があると訴える．すなわち「解釈学の発展が遅ければ，それだけ，このようなくじ引き的状況が広がり，刑法の混乱した無目的な適用状態に至る…」．そこで，彼は，概念的・体系的思考の長所を，否定的なものから（ex negativo），正当な評価へと移すべきであるという私の言葉[76]を引用している．すなわち，「人間の熱情が関わるところでは —— すべての刑事訴訟がそうであるわけではないであろうが ——，概念的に明確に表現できない法感情が認識の最も混濁した源泉である」．この誇張されているが，方向としては的確なテーゼは，以下の諸々の観点から分類して説明されることになるが，しかも，体系的思考のその他の機能によってもさらに補充されるのである．

---

(75)　*Gimbernat Ordeig*, ZStW 82 (1979), 405 f. 彼にはっきりと賛同するものとして，*Welzel*. Maurach-FS, 1972, 5.

(76)　*Roxin*, Tatherrschaft, ²1967, 626.

第7章　刑法解釈学と刑法体系

1　事例検討の容易化

39　ある解釈論体系における可罰性のすべての要件の統合と分類は，まず，それらが事案の検討を簡略化し統率する点に実際上の長所がある．ある行為が可罰的かどうかについて事例解決答案を作成しなければならない学生のみならず，弁護士または裁判官も，与えられた事実の評価を，犯罪構造によって予め示された順序にしたがって行うことになる．したがって，行為が存在するとすれば，まず構成要件の充足が，そのあと，違法性，責任，およびその他の処罰条件が検討される．論理的な順序に並べられた一定の思考過程をもったこの構造は，まず，可罰性の判断にとって重要なすべての問題が，実際にも検討されることを保障する．事案の法律上の問題点につき体系的に分類せず，手当たりしだいに「つつきまわす」場合には，決定的な観点が看過され，また，誤った判断がなされる危険が存在することになろう．その他にも，体系的事案検討の方式は，思考経済にも役立つ．例えば，構成要件が充足されていないと示されれば，違法性および責任は，もはやまったく検討する必要がない．正当化事由が存在するなら，（場合によっては，より困難な，時間のかかる）責任阻却事由の検討をはじめからせずに済ますことができる．

2　斉一的かつ細分化的法適用の前提としての体系秩序

40　しかし，実際に作業負担を軽減するという点を除いても，体系のみが，法的素材の実体に即して細分化された秩序づけを可能にする．例えば，不処罰の根拠を正当化事由と責任阻却事由とに体系的に分類することからは，―― それは，すべての法秩序にとって周知というわけではないが ――「緊急状態下の行為」の見渡せないほど多数の事案に対して，統一の評価基準による区別が行われうることになる．これに対して，体系から切り離された個別事案の判断においては，結論は不確実で，不安定にとどまるであろう．例えば，何人かが強盗に襲われた場合，その者は，正当防衛（32条）を行うことが許され，防衛のため必要があれば侵害者を射殺しても，正当化される．けれども，そこで，弾が無関係な第三者に当ったような場合には，その者は正当化されない．むしろ，彼は，違法に行為しているのであって，35条の要件によって免責されるにすぎないのである．このことは，侵害者以外の第三者が，その者にとって（免責はされるとしても）違法な侵害である被侵害者の行為に対して正当防衛を行い，そうす

273

第1編　基　礎

ることで被侵害者を正当化された状態で傷害することが許されることを意味する．したがって，正当化事由および免責事由を体系的に秩序づけることによって，刑事政策的に満足でき，しかもその都度の利益状況の違いを考慮した決定をもたらす多くの専門的言明が可能となる．もしも，われわれが体系をもっていないとしたならば，考えうるすべての緊急状況について，法律要件と効果の点で，特別のルールを必要とすることになろう．そうなると，数多くのルールを必要とするであろうし，主たる体系的原理が欠けている場合のように全体を見渡すことのできない，また，不均衡で，欠陥のある，多くの条文をも生み出してしまうであろう．したがって，体系を秩序づけることは，すでにこの一つの例が示しているように，本質的に，法適用の斉一性と合理性に寄与するのである．

3　法の簡易化とより優れた運用可能性

41　すでに前述のところから明らかになるのは，体系的思考が，それに加えて，法適用を本質的に簡易化することを意味するということである．すなわち，もし膨大な法素材が，途方もない数の体系的に整序されていない，無数の個別規定にばらばらに置かれているならば，あるいは，問題の解決を，先例となっている，類似の事案について下された裁判所の大量の決定の中から取り出さなければならないとしたならば，必要となるであろうような方針決定作業の負担を，裁判官から（そして同様に学生からも）解放するであろうということである．このことは，まったく一般的にいえることである．したがって，例えば，63条以下の処分を科するのは，いずれにしろ「違法な行為」という要件によるとされており，しかも，また，それは11条1項5号で，きっぱりと，構成要件に該当する違法な行為であると定義されており，同時に，ここからは，これらの関係においては行為者の責任は重要ではないという逆推論が導かれる．処分の要件が，体系的に整序されることもなく，構成要件該当性，違法性および責任というカテゴリーとは無関係に，個別的に記述されなければならないとしたならば，法適用に，極めて複雑な事態がもたらされることになるであろう．

4　法の継続的展開のための道しるべとしての体系連関

42　最後に，法素材の体系化は，個々の法規範の内的関連性への洞察と法規範の

第 7 章　刑法解釈学と刑法体系

目的論的基礎を提供することにより，創造的な，法の継続的展開も可能ならしめる．この点についての歴史的によく知られている例は，以前はいわゆる超法規的緊急避難であったものが，新しい正当化事由として展開されたことである．個別的には違いのある多数の正当化事由について，共通するものは何かと問うならば，それは，常に，二人の人の間にある利益衝突の解決を対象としていることを確認できる．二つの，よく知られている民法上の正当化事由を選び出すとすれば，例えば，民法 228 条は，危険を及ぼす物（あるいは動物）の所有者と被侵害者の間の利益衝突を，また，民法 904 条は，危険からの救助を試みる者にとっての必要性と，その人の物が救助行為に必要とされたり，あるいは，損壊されたりする無関係な所有者の必要性との間の衝突を規定しているのである．このような衝突と，正当化事由の構築によって規定されるこれ以外の衝突を，立法者は，何時も，社会的な損害と利益とを衡量してより大きな利益をもたらす当該行為を正当化することで解決している．このことから，違法な行為の基礎にある内容的な共通性，すなわち，いわゆる実質的違法性が行為の社会的有害性にあることが，そして，社会的利益が損害に優越するような衝突は正当化されなければならないという帰結が導かれる．これは，財衡量論や義務衡量論を正当化事由の体系的指導原理として発展させることになり，最終的には，ライヒ裁判所の大きな話題を呼んだ判決[77]によって承認されることとなった．すなわち，「外部的構成要件を…充足するような行為を行うことが，法益を保護するための，あるいは，法によって課せられた，または，認められた義務を果たすための唯一の手段であるような生活状況においては，行為が適法か，禁止されていないか，あるいは違法であるのかという問いは，現行法から読み取られた，対立する法益または義務の価値関係を手がかりにして決定されなければならない」．これによって，1975 年に法律によって規定されるよりもはるか以前から，医学的適応を理由とする堕胎（今日の 218 条 a 2 項）を，妊婦の生命および健康と胎児の生命とが互いに対立している場合に，母親の生命の価値の方が高いことを援用して正当化することが可能となった．もしそうなっていなければ，医者は，堕胎の罪（218 条）で処罰されなければならなかったであろう．なぜなら，当時の法によると，規定された正当化事由あるいは責任阻却事由は

---

(77)　RGSt 61, 242 (254), vom 11. 3. 1927.

第1編　基　礎

用いることができなかったからである．それ以後，「超法規的」正当化的緊急
避難は，判例によって，急速にすべての生活領域へと拡大され，1975 年 1 月 1
日から施行された刑法典の新総則に 34 条として詳細な形で採用された．この
ようにして，様々な認識を一定の指導的理念の下に整序するという特殊体系的
な作業は，この領域における法の発展を決定的に前進させたのである．

第2節　体系思考の危険性

43　しかしながら，以上のような利点にもかかわらず，全法素材を包括する体系
の範囲内でなされる法発見は，自明の手続でもなければ，必ずしも，あらゆる
事案を満足させるような手続でもない．繰り返し現れるのは，体系は，法的素
材を無理やり歪曲しかねず，したがって，判決を得るための，法律学にもっと
相応しい方法論は，個別事案に関係づけて問題を論じることであるという考え
方である．そこで，体系的思考が，ともかくもどのような困難に導きうるかを
明らかにする必要がある．

1　個別事案の公正の軽視

44　そこで，まず，法的問題の解決が体系的な演繹連関から獲得されるというこ
とによって，それぞれの特殊な個別事案における公正が損なわれることになり
うる．多くの議論を呼んだ，禁止の錯誤，すなわち，行為者がその行為の違法
性を意識していないという事案を採り上げてみよう．1930 年頃，学説上では，
いわゆる故意説，つまり，故意は行為事情の認識と意欲，そのほか，行為者の
不法の意識をも前提とするとする説が通説であった．この「悪意 (dolus
malus)」は，（行為の内面に属する）責任形式とみなされていた (Rn. 16 以下参照)．
したがって，客観的に禁止された行為を錯誤によって許されているとみなした
者は，その説によれば，故意行為としてではなく，せいぜいのところ過失行為
として処罰されうるにとどまり，しかも，過失に対する処罰規定がない場合に
は，回避可能な禁止の錯誤の場合であっても，原則として，不処罰にとどまる
ことになる．

45　これに対して，目的的行為論は，その体系を基礎にいわゆる責任説を展開し
たが，本説は，上記とはまったく異なる結論に至るのである．この行為論に
とっては，人間の行為の存在構造を基礎にするなら，故意行為の本質は，行為

者が因果経過を，認識と意欲をもって構成要件該当結果に向けて操縦すること
のみに存在するのであるから（Rn. 18 参照），目的性とまったく関係しない違法
性の意識は，故意の要件ではありえない．むしろ，故意は，構成要件の主観的
部分として，上記の意味での目的性のみを含む．これに対して，不法の意識の
不存在は，その不存在が回避不可能な場合，ただ責任のみを阻却するのである．
それゆえ，行為が禁止されていることを知らない者は，その錯誤が回避可能で
あったならば，それにもかかわらず，故意に行為しているのであり，故意によ
る有責行為として処罰される．それゆえ，たとえ責任の減軽を認めるとしても，
刑罰は，常に，故意犯の法定刑の範囲から選ばれるのである．これに対して，
故意説は，同じ事案について，無罪とするか，または，せいぜいのところ過失
の刑とする．

46 このような「責任説」は，最近数十年間にわたる学問的議論の中で広く定着
し，立法者によって，新たな 17 条においては，その錯誤論の基礎とされるま
でに至った．また，その錯誤論は，多くの事案において公正妥当な解決へと導
いた．例えば，何人かが自分の子供をひどく虐待したり（225 条），あるいは，
他人から法外な暴利（291 条）を貪ったりしたような場合には，禁止されてい
ることを知らなかったと行為者が主張しても，故意行為としての処罰を何ら変更
することはないというのは，まったく妥当なことであると思われる．これに対
して，あまり知られておらず，特別刑法に属し，社会倫理的にみてその基礎づ
けがあいまいな刑罰規定の場合には，不法であることを知らなかった行為者が，
その錯誤が回避可能だったということだけを理由に，17 条によって故意の犯
罪者として処罰されなければならないということは，直ちに納得できることで
はない．そのような行為者は，十分に調べることもなく，不注意であったのか
もしれないが，解釈論上の評価によって，法律に意識的に違反した者と同置さ
れることは，満足できることではない．したがって，体系（ここでは，目的的行
為論）からの演繹は，具体的な事案について不適切かつ合目的的でないと思わ
れる結論に至ることもある．行為者の行為を体系的関連性の中に組み込まない
で，個別の状況にしたがって判断した方が，たやすく，適切な解決に至るであ
ろう（詳しくは，後出 21 章の禁止の錯誤の問題性を参照）．

2　問題解決の可能性の縮減

第1編 基 礎

47 体系に束縛された解釈論のさらなる困難性は，体系的なアプローチが，法発
見を簡略化し，容易にはするが (Rn. 39, 41 参照)，しかし，同時に，問題解決
の可能性をも縮減し，それによってよりよい構想への見方を誤らせてしまうこ
ともある．筆者は，正犯と共犯の区別に即して，その区別が，どのようにして
精神科学的自然主義 (Rn. 20) を基礎とする「古典的」体系 (Rn. 15, 20) によれ
ば，現れるのかを明らかにしたい．客観的な事情がすべて不法に属し，外界の
因果的変動の原理に還元されうるということから出発するならば，正犯，教唆
および幇助 (25, 26, 27 条) の間には客観的な違いは示されないことになる．そ
れは，三つの関与形式はすべて，結果に対して同様にして因果的だからである．
したがって，必然的にその区別を行為の主観面に求めざるをえないことになる．
当初からライヒ裁判所もそうしていたのであり，行為の寄与の客観的重要性と
は無関係に，正犯を「正犯者意思」によって，共犯を関与者の「共犯者意思」
によって特徴づけられるものとみていたのである．このいわゆる主観的共犯論
は，今日まで判例を (本質的に弱体化しているものの) 支配しているもので，完全
に上述の体系的アプローチの論理の内にある．これに対して，――今日，刑法
学における圧倒的通説がそうするのであるが――，正犯と共犯を行為の寄与
の客観的重要性によって区別し，また，例えば，事象経過の「支配」を，正犯
と共犯を区別する基準に格上げさせるという可能性は，そのような体系的構想
の思想的出発点から見れば，当初から塞がれてしまっている．その際，それら
の可能性を認める方が，法律の文言と意味によれば，より自然である．これに
対して，「正犯者意思」とは，心理学的現実内容のない要素にすぎず，それゆ
えに，実務においては，著しい法の不安定化に至ったのである[78].

3 刑事政策的に正当化不可能な体系的演繹

48 また，しばしば確認されるのは，体系から演繹される結論が，次の理由から
満足できないものとされることである．すなわち，一定の事案状況の刑事政策
上の問題点は，別の観点からなされた演繹連関によってはそもそも理解されな
いからである．例としては，正犯者の故意に関する錯誤の事案が役立つかもし

---

(78)　全体的な問題については，*Roxin*, Tatherrschaft, ⁷2000 ならびに AT/2, § 25 Rn.
　10 ff.

第7章　刑法解釈学と刑法体系

れない．すなわち，Aは，Bに装填された拳銃を渡し，それでCの足を撃つ
ように促した．Aは，その際，Bがその拳銃が装填されていることを知ってい
るものと考えていた．けれども，Bはそれを知らず，冗談のつもりでCに向
けて引き金を引いたため，Cは傷害（224条1項2号）を負った．Bは，故意な
しで行為しているのであるから，せいぜいのところ過失傷害（229条）で処罰さ
れうることは明らかである．しかし，Aの可罰性に関しては，実行行為者の
故意を誤って表象していただけであるにもかかわらず，故意による持凶器傷害
（224条1項2号）の教唆で処罰できるかという問題が生じる．古典的および新古
典的体系を支持する論者と以前の判例（BGHSt 4, 355; 5, 47）にとっては，これを
基礎づけるのは容易であった．すなわち，刑法の旧48条，旧49条による共犯
は，構成要件該当性・違法性のある正犯行為が前提とされるが，責任のある正
犯行為はそうではないのであり，そして，故意は責任の構成要素とみなされて
いたのであるから（Rn. 15-17），行為者に故意が欠けているような場合でも，た
めらわず224条1項2号に対する教唆で処罰することは可能であった．

49　もう一つ別の解決は，目的主義的体系から導かれるものである．この構想に
よれば，故意は構成要件に属するのであるから（Rn. 18），上述の事例にあって
は，法律によってすべての共犯の前提条件として必要とされている構成要件該
当の違法な正犯行為が欠けていることになる．それゆえ，共犯は問題外となり，
Aを間接正犯による傷害（25条1項：「他人による」犯行）あるいは教唆の未遂（30
条1項）によって処罰することも不可能なのであるから，結局，不可罰となる．
このような目的主義的構想は，1956年以来，判例上（BGHSt 9, 370）確固たる地
位を占め，新刑法総則の立法者によっても受け継がれている．それによれば，
26条，27条は，明らかに，教唆と幇助について故意的になされた正犯行為が
必要であるとされている．これは，多くの事案において有意義な結論を保障す
る．なぜならば，背後者（上記の事案のA）が自分によって使嗾された者（ここ
でのB）が故意に行為しているのではないということを知っているような場合
には，背後者は，224条1項2号の犯罪に対する教唆者としてではなく，正に
危険な身体傷害の（間接）正犯として処罰されるからである．

50　しかし少なくとも，ここで例として選んだ，正犯者の故意に錯誤のあったよ
うな事例群にあっては，いまや現行法によれば，認められなければならない
Aの不可罰の結果は，刑事政策的に誤った結論に導くことになる．なぜならば，

279

第1編　基　礎

Bが，Aの想定したように，ピストルが装填されていることを知っていた場合
には，Aは，疑いもなく教唆者として処罰されるであろうからである．しか
しながら，Bが，Aがこのことを認識しているということさえ知らず，しかも
まったく怪しむところがなかったとするならば，事象の経過についてのAの
客観的答責性は，さらに大きいものであり，体系にこだわらない考察方法に
あっては，主観的事情は同じではあるが，関与の客観的重要性が増加している
場合に，突如として，無罪判決を言い渡さなければならないことは，納得のい
くものではない．このような，疑いの余地のないほど不当な結論の理由の中で
は，すでに，1と2で述べられた観点が一定の役割を果たす．もとより，それ
と明らかに深い関係にある主要原因は，それが共同作用することによって誤っ
た解決をもたらす二つの前提（故意を構成要件に分類することと，構成要件該当的・違
法行為を共犯の前提とすること）が，それぞれ次のような根拠から選ばれているこ
とにある．すなわち，客観的には正犯者故意に関する錯誤の事例群とまったく
関係のない根拠，したがって，また，この事例群に納得のいく判決を提供しえ
ないような根拠からである．それゆえしばしば，体系からは，その前提が担い
うる以上の解決が導かれてしまうのである．その場合，結論の刑事政策的不毛
性が，予め示されているのである．

4　抽象的すぎる概念の使用

51　最後に，体系思考の最終的な危険は，すべての生活現象を少数の指導的観点
の下で見渡せるように秩序づけようと努力するにあたり，抽象的すぎる概念を
選択することによって，法的素材の異なった諸々の構造が等閑視され，歪曲さ
れてしまう点にある[79]．例えば，犯罪の現象形態のすべてに等しく適合する
ような統一的な行為概念を求めることは，解釈学が，故意の作為，過失の作為
および単純な不作為の間にある根本的な事物の差異を見過ごし，その諸概念の
選択にあたってそれを余りにも抽象的に定めることになってしまう．長期にわ
たって，例えば，予備と未遂（22条），あるいは，正犯と共犯（25条–27条）の
区別は，まったく同じ基準によって行わねばならないとする理論が通説であり，
今日なお，法律はこれらの区別を認識させることはなく，判例もまた，素材に

---

　(79)　「カズイスティックな方法の防衛」を見出すのは，*Gardocki*, 1992, 294 ff.

第7章　刑法解釈学と刑法体系

適合した柔軟な解決の展開については，その端緒にとどまっているのである．存在する様々な相違を等閑視するなら，余りにも一般的であるために，もはやほとんど言明力をもたず，したがって，著しく法的不安定性に導くような概念を選択せざるをえなくなるのである．

52　この抽象化を好む傾向にも，主観的共犯論に固執する原因の一つがある（Rn. 41）．法的素材の相違のすべてを等閑視することは，見掛けは同じだが，真実は内容のない基準の適用を許すことになる．正当にも，故意の作為犯という比較的狭い類型にあっても，すでに，統一的区別のメルクマールは，諸構成要件の構造における本質的相違を見誤っている．なぜならば，これらの構成要件は，傷害（223条），器物損壊（303条）等のような禁止された行為を部分的にのみ記述するが，これに対して，背任（266条）あるいは私的秘密の侵害（203条）のような別の構成要件にあっては，一定の刑法外の義務に対する違反が処罰されているからである．行為犯と義務犯の性質上の相違から[80]，正犯と共犯の区別にとって重要な相違が生ずる．なぜならば，行為が構成要件を構成しているところでのみ，その支配（いわゆる行為支配）が正犯性の特徴でありうるのに対して，義務犯の場合には，正犯性は，なんらかの外部的な支配によってではなく，義務違反によって根拠づけられ，それがない場合には，行為事象の支配も共犯になりうるにすぎないからである．

53　この事例は，精神科学の一つの根本的な問題を参考にするよう指示している．*Bollnow*[81]は，かつて，すべての体系構築の陥る危険として，「現実性を喪失した空間の目的なき軽率な構築」を挙げ，「ある例について発見されたアプローチが直ちに他の例へと転用される」ところでは，「用心」しなければならないといっている．「事実の抵抗」がないところでは，体系は，しばしば，「現実との接触」を失う．そこに，すべての精神科学的構築のもつ危険性が示されている．法律上の体系構築の努力もその危険に陥ってしまうことがあまりにも多いのである．

---

(80)　詳しくは，*Roxin*, Tatherrschaft, ⁷2000, 352 ff.

(81)　*Bollnow*, 1962, 147.

281

第1編 基 礎

第3節 問 題 思 考

54 体系思考がそれによって同じく引き起こしうる誤った方向への展開を目の当たりにすれば，むしろ具体的個別問題から出発し，その問題を自ら正しくかつ合目的的に解決するという可能性を与えるような学問的方法論を求めるのは，自然である．そのような「問題的思考」[82]の技術として，すでにアリストテレスにみられ，後に，特に Cicero と Vico によって修辞学的目的のために展開されたトポス論の手法[83]が，戦後よく議論され，とりわけ民法の領域で大きな反響を得た．その際，トポス論は，「トポイ (Topoi)」の助けを借りた問題解決の方法論と理解されていた．すなわち，これは，「意見の賛否において用いることができ，真実に到達しうる，多面的に使用でき，至るところで受け入れられる観点」である[84]．このような「観点」は，「トポスのカタログ」として集約され，具体的事案への適用においては，解決についての見解の一致，すなわち，共通の認識 (sensus communis) が得られるまで，この観点の賛否について議論されうるのである．実際の適用においては，それは，今日の事情の下において，およそ次のように言うことができる．すなわち，一定の問題について，学問的な会話をし，また裁判官の協議にあたって議論する際に，まずは，あらゆる思考可能な解決と論拠を徹底的に検討してみて，その後，賛否を討議する中で合意可能な決定に至るということが，しばしば行われているのである．

55 そのような手続は，刑法においても同じ機能を有する．それは刑法においても見られる，立法者が未解決のままにしている領域（5章，Rn. 46-48, 78参照）において「最初に取りかかる」場合と，不明確な概念および一般条項を，体系化に先行して，カズイステックに充填しようとする場合に有用なのである．また，

---

(82) その表現は，体系的思考も諸問題に取り組み，個別の問題を解決する限りでは不正確である．この区別は，実際には，トポス的思考の場合は，体系から解決が得られるのではなく，具体的な事例状況に関する議論とコンセンサスから解決が得られるところにある．*Canaris*, 1969, 136 ff. を参照．

(83) 議論の動因を与えたのは，*Diederichsen*, NJW 1966, 697 ff.; *Horn*, NJW 1967, 601 ff.; *Kriele*, ²1967, 114 ff.; *Canaris*, 1969, 135 ff; *Larenz*, ⁶1991, 145 ff. トポス論の特殊な形式を示しているアングロ・アメリカ的な判例法に関しては，*Schünemann*, Coimbra-Symposium, 1995, 153 ff.

(84) Aristoteles が用いた概念を，このように解釈したのは，*Viehweg*, ⁵1974, 10.

体系から得られうる解決策をコントロールするのにも適している．結論が満足のいくものであるか否かは，体系的な文脈を等閑視した上で，あらゆる可能な法政策的観点のもとでその妥当性について検証するときに，最も容易に認識されるのである．

56 しかし，このようなトピク〈トポス〉論は，刑法における体系的思考に取って代わることはできない．なぜならば，この理論は，事案検討の単純化，および，見通しの効く，法発見を容易にする整序といった，体系的思考の実践的長所を再び犠牲にするものだからであり，また，それは，そのアプローチによって刑法が法的安定性のために，他の法領域よりも強く指示している裁判官の決定の予測可能性および斉一性に対立するからである．最終の審級においては，刑法外でなされた批判も強調しているように，トピク論的手続を，一般的法発見の方法論として不能にするのは，まさに法律学の法律被拘束性である．「この…，その時々に取り上げられた観点の拘束性についての問題，および，それらの観点の中からの選択の問題を，トピク論は，…『すべての人々の，あるいは，大多数の，あるいは，賢者の意見』を，あるいは，常識（common sence）を指摘することによってのみ解決できるのであるが，そうすることで，この理論は，法学上の妥当論または法源論に対して鋭く対立することになる」．[85] 刑法において，このような問題は，類推による（per analogiam），法律外の（praeter legem），あるいは，慣習法による（この点については，上述5章）刑罰を根拠づける（トポス的思考に好意的な）法発見を憲法が禁止しているがゆえに，はるかに切実な形で突きつけられ，なぜトポス論の議論が刑法でほとんど受け入れられなかったのかという理由は，このような問いに答えられないというところにある．法律の明確性の要請は，体系に拘束された思考をはじめから優先する．けれども，体系的思考と問題的思考の統合が実り豊かなものであり，一定の限度までは可能であるということが看過されることもよくある（詳しくは，Rn. 86以下）[86]．

（85） *Canaris*, 1969, 149. 同様のことを述べるものとして，*Diederichsen*, NJW 1966, 702.

（86） 本質的に一致するものとして，*Morillas Cueva*, 1991, 302 f.

第1編　基　礎

E．目的論的・刑事政策的体系構想の基礎

第1節　評価志向的な体系の構想について

57　したがって，体系は，法治国家的刑法の必須の要素である．しかし，*Hellmuth Mayer*[87]が，「理論史が示しているように，素材は非常に多種多様な，関連性のある体系の中で理解することができる．これらすべての体系は，首尾一貫して適用されるときのみ有用である」と述べるとき，無条件に賛成できるのは，第1文だけである．第2文は，素材を外面的に整序することが問題となるときにのみ，正しいといえよう．これまで見てきたように，様々に異なった体系アプローチが諸々の解釈問題の解決に著しい影響を与え，さらには，体系的思考の長所と危険が，それぞれ一定の構想の特徴としていつも現れてくるのであるから，正しい体系への問いは，たびたび主張されているような，無益なガラス玉遊戯なのではなく，正法を求める作業なのである．

58　現代の刑法体系は，目的論的に構成されねばならないという，すなわち，評価的目的設定の上に構築されなければならないというテーゼを出発点に置く．なぜならば，体系的に正しい解決が先行する評価の結果であるような場合には，体系的一貫性と意図された実質的正当性との一致は —— それが不一致であれば多くの難題にぶつかることになるので —— 最初から担保されているからである．例えば*Jescheck*[88]が，「決定的なのは，実質問題の解決でなければならないのであって，体系化の要請は後順位に回されなければならない」というとき，それによって欄外番号43以下で述べた，一定の体系的アプローチの欠陥が個別事案では修正されるが，体系の無視という代償を払うことになる．それによってその長所も犠牲にしてしまうことになるのである．これに対して，指導的目的設定が直接的に体系を構築するところでは，個別事案の正当性（Rn. 44-

---

(87)　H. *Mayer,* StuB AT, 1967, 58.

(88)　*Jescheck,* AT4, § 21 I 2. 現在，ここで唱えられている見解と，*Jescheck/Weigend,* AT5, § 21 I 2. は一致する．すなわち，「決定的なのは，常に，事実問題を解決することでなければならず，一方で，事実問題がこれまでの体系によっては適切に解決されえない場合には，体系化の要請が，発展的展開を通じて考慮されなければならない」．

第7章　刑法解釈学と刑法体系

46) は，最初から，法律に拘束された法の中で，なんとか可能な限りで，担保
されているのである．なぜならすべての事案状況は，法律の目的に遡及的に関
連づけられるからである．このような理由から，体系は，その目的と一致しえ
ない問題解決のみを阻止する（Rn. 47）．また，解決が価値盲目的な体系による
強制の結果である可能性もなくなる（Rn. 48以下）．なぜなら，そのような場合
には，すでにその解決自体が体系的アプローチによってもはやカバーできない
ものだからである．もちろん，目的論的体系にあっても，個別事案の解決にあ
たって，いつでも，いまだ満足できない価値矛盾が白日のもとに晒されること
はある．しかし，この矛盾は，体系の改訂によって取り除かれうるか ―― そ
こには，まさに，この領域における学問的進歩が存在している ――，もしく
は，その矛盾が拘束的な法律の命令に依拠するところでは，将来の法律変更の
準備をするために，そのままにして留保しておくことができる．

59　刑法体系を構成する指導的な目的設定は，刑事政策的な種類のもの以外では
ありえない．なぜなら，可罰性の前提は，もとより，刑法の目的に合致しなけ
ればならないからである．このような観点のもとでは，伝統的体系の基本カテ
ゴリーは，刑事政策的評価の道具であることを示し，その結果，これらのカテ
ゴリー自体は目的論的体系にとっても手放しえないものとなる[89]．人権およ
び法治国家・社会国家原理は，刑事政策的評価に浸透し，その超国家的効力に
よって「ヨーロッパ刑法の礎石」となっている[90]．

---

[89]　同様の方向を目指して詳述する *Rudolphi*, 1984, 69 ff. も参照．本文と同様に，*Figueiredo Dias*, Coimbra-Sympoium, 1995, 359 は，解釈者にとって，「法律の評価を刑事政策的な体系の中に組み込まれている基本評価に立ち戻ること」の必要性を見ており，正当にも，「規範とその刑事政策的な目的の間の結合」を「機能的で目的合理的な体系」の基礎をなす「基本的想定」として評価する．*Sausa a Brito*, Coimbara-Symposiun, 1995, 76 も，「犯罪の三つの要素をもつ Liszt の体系と，……Roxin の理論に近い目的的・刑事政策的解釈とを」結びつける犯罪の学問的体系に賛意を表している．さらに，本書の見解に特に近い *Morillas Cueva*, 2004, 170 f. を見よ．本書で唱えている構想に，*Baumann/Weber/Mitsch*, AT[11], § 12 Rn. 26 も賛同している．*Lüderssen*, Roxin-FS, 2001, 480 は，次のように要請する．すなわち，「帰属と刑罰目的を結びつけることは，……犯罪体系全体や，あらゆる刑罰目的にまで拡大されなければならない」．

[90]　„Coimbra-Symposium", 1995 の本のタイトルもそのようなものとなっており，その中では，特に，*Wolter* (S. 3), *Mir Puig* (S. 35) や *Moccia* (S. 45) が，私の構想を採用し，ヨーロッパ全体の次元のものとしている．この意味におけるものとして，*Fi*

第 1 編 基 礎

1 行 為

60 何人かが**行為**を行なったという言明は，その者に由来する出来事あるいは不作為をその者の行為として責任を負わされなければならないという内容の評価の結果である．したがって，統一された一つの行為であることは，可罰的行為のすべての現象形態の基礎に等しく存在する経験的に見い出すことのできる何らかのもの（因果関係であれ，意思行為であれ，あるいは目的性であれ）によってではなく，むしろ，評価的観点の同一性によって定義されるのである．すなわち，一定の，人間に起因するあるいは起因しない作用が，人格としてのその者に，すなわち，精神活動の中心としてのその者に属せしめられるときに，人間は行為したのであり[91]，その結果，それを「作為」あるいは「不作為」，したがって「人格の発露」であるということができるのである（これについて詳細は，8章，Rn. 44 以下）．行為であることが肯定されたとしても，それには，否定的な評価は（単に暫定的なものでさえも）結び付けられていないが（社会的に有益な行為態様も有害な行為態様も，等しく行為である），それにもかかわらず，〈行為という〉このカテゴリーの背後には，刑事政策的目的が潜んでいる．すなわち，人間存在が外部からどう見えるかやその諸々の因果的な帰結とは独立に，刑法的に許容されたものあるいは禁止されたものというカテゴリーに最初から服さないすべてのものを，行為でないとの評価によって排除するのである．

2 構 成 要 件

61 構成要件においては，行為は，抽象的な要罰性の観点によって評価される．すなわち，行為は，具体的な行為者の人格および具体的な行為事情からは独立して，通常の事案については（すなわち，特別の事情や生活状況は留保して）可罰的だと説明される．そのような抽象的な刑罰威嚇の刑事政策的な目的は，一般予防である．刑罰構成要件に一定の行為を取り込むことによって，個人は，そこに記述された行為をしないように（もしくは，不作為犯の場合には，命令された行為

---

gueiredo Dias（S. 358）．

(91) それゆえ，その限りにおいて，*Rödig* が，二元的犯罪論の試みの中で（Lange-FS，1976, 56），不法の場合に，「（潜在的）行為者に向けられた行為指示」について言及することは，まったく正当である．彼は，（以前の私のように）構成要件の独自の機能だけを過小評価しているにすぎない．

第7章　刑法解釈学と刑法体系

を行うように）動機づけられることになるのである[92].

62　一般予防上の目的を設定することは，初めから，解釈が複線であることにつながる．一方では，いかなる構成要件も，法律の目的にしたがって（目的論的に），すなわち法律によって否認された行為態様が余すところなく把捉されるように，それゆえ，一般予防的な動機づけの効果に間隙が生じないように，解釈されなければならない．他方では，しかし，効果的な一般予防は，法律なければ犯罪なしの原則（基本法103条2項）があえて憲法上で命じてもいるように，可能な限り精確で，文言に忠実な法律の明確性をも前提にしている（法律なければ犯罪なしの命題，構成要件，および一般予防の間にある歴史的関係については，5章，Rn. 22 以下参照）．これによって構成要件は，はじめから，法律の目的と法律の明確性の緊張関係の中にある．一般予防に内在する目的設定間の争いがいかに解決されるべきかについては，すでに述べられた（上述5章，Rn. 28）．

63　しかし，両義的な傾向をもった一般予防のみならず，責任主義もまた，すでに構成要件に現れている．客観的帰属論（Rn. 26）の本質的任務は，従来の純粋な因果的理解に対して，法益の侵害の偶然の作用，あるいは，不正な状態にある（versari in re illicita）[93]がゆえに生じた作用を責任主義に反するとして客観的構成要件から除外しようとする点にある．それゆえ，一般予防の観点の下での抽象的処罰要求と，責任主義とは，構成要件にとって，指導的刑事政策的基準なのである．特別予防のみが構成要件解釈にとって無関係であるが，それは，この予防機能が具体的な行為者を前提にしているからである．行為者は，この段階では，まだ，何らの役割をも果たさないのである．

3　不　法

64　不法というカテゴリーにおいては，具体的な構成要件該当行為が，それぞれの状況のあらゆる現実的な諸要素を取り入れて，許容あるいは禁止の観点にし

---

(92)　それゆえ，本文は，絶対的な通説と共に，刑法規範が，第1に，国家市民に向けられていることを前提とする．これに対して，*Schmidhäuser*, 1988 は，もっぱら，国家訴追機関を名宛人とみなす．正当にも Schmidhäuser に反対するものとして，*Hoerster*, JZ 1989, 10; *ders.*, JZ 1989, 425. *Hoerster* に再反論するものとして，*Schmidhäuser*, JZ 1989, 419.

(93)　＝任意の，具体的構成要件とは関係のない違法な行為．

287

第1編 基 礎

たがって判断される．この第3の「犯罪段階」では，「不法」というべきで
あって，単なる「違法性」というべきではない．なぜなら，構成要件が行為を
その中に受け入れている（行為のみが構成要件該当的でありうる）ように，不法は，
行為と構成要件を含んでいるからである．すなわち，構成要件該当行為のみが
刑法的不法でありうるのである．これに対して，違法性は特殊刑法的カテゴ
リーではなく，全法秩序のカテゴリーである．行為態様は，民法上あるいは公
法上で違法でありうるとしても，刑法的観点では重要でないこともある．また，
正当化事由は，すべての法領域から生じるものであって，このことは，不法の
指導的基準にとって重要といえなくはない（Rn. 68-70）．

65 刑事政策的観点のもとでは，不法判断は，三つの機能によって特徴づけられ
ている．すなわち，それは，一人あるいは複数の関与者の可罰性にとって重要
な形で，利益衝突を解決する（Rn. 66）．また，その判断は，処分あるいはその
他の法的効果の結節点として役立つ（Rn. 67）．さらに，それは，刑法を全法秩
序とかみ合わせ，その基準となる評価を統合する（Rn. 68-70）．

66 第1に，不法は行為を，構成要件の抽象的類型性から解放する．不法とは，
行為を社会的関係の中に置き，禁止されたものあるいは許されたもの（この場合,
不法阻却事由として）という観点のもとにおいてする，社会の相互作用から生ず
る利益衝突の評価を含む．それは，例えば，侵害者と防衛者（32条）の間，救
助者と救助の目的のために自己の所有権やその他の法益を犠牲にすべき者（民
法904条，34条）との間，刑事訴追を行う国家と嫌疑をかけられた市民（刑事訴
訟法127条）との間で生じるものである．そのような利益衝突にあって，構成
要件によって保護された法益を侵害する者は，正当化事由によってカバーされ
ない限り，不法を犯している．このことを実質的にいえば，彼は，受忍できな
いような方法で，社会的に有害に振る舞ったのである．それによっては，確か
に，（まさに構成要件の充足によるように）可罰性について何も最終的なことは述べ
られていない（というのも，さらに，責任阻却事由あるいは刑罰阻却事由が介入できるか
らである）．しかし，不法は，行為の具体的な，堪えがたい社会的有害性として
の類型的可罰性を（そこで挙げられている例外は除いて）構成要件よりは抽象性の
少ない形式で表しているのであり，その限りで，構成要件がそうであるように，
刑事政策的評価によって決定されているのである（さらに，Rn. 68 以下参照）．不
法が阻却されるところでは，さらに衝突の相手方の受忍義務を基礎づけ，その

構成要件該当的抵抗を不法とし，典型的に可罰的なものとして現れることになる．その結果，刑事政策的評価は，常に，一方の刑法的負担軽減は，他方の刑法的負担増になるという二重の観点を念頭に置いてなされなければならない．

67 第2に，不法は，すべての処分の基本要件として刑事政策的に重要である（61条以下参照）．堪えることのできない社会的有害性が，不法の実体的内容をなすのであるから，国家の改善・保安処分を発動するためには，なお行為者の継続的な危険性が付け加えられることが必要となる．危険性は，正に，不法の実現の態様によっても懲表されることがあるので，不法論には，ここではじめて，特別予防的評価も入り込む．さらに，すでに上述のところで言及されたように，共犯（26条，27条）も，犯人庇護（257条）も本犯の不法に結び付けられており，禁止の錯誤（17条）も，また，不法に関係づけられているのである．すなわち，不法に付け加わる危険性が処分には必要であるように，不法への関与に，あるいは，不法の自ら実行に付け加わるべき責任と予防的処罰の必要性という要素が，個々の行為者の，刑罰を発動させる答責性を根拠づけるのである．

68 第3に，そして最後に，刑法は，不法評価にあたって法秩序のすべての部分領域からのあらゆる種類の正当化事由を認めることによって，他の法領域の利益を考慮し，そのようにして，法秩序の統一性と無矛盾性を保障しているのである．刑法は，正当化事由において，社会と関係するという特徴をもった個人的な利害（32条，34条），（両親の教育権や懲戒権のような）家族政策的目的設定，（逮捕権やその他多くの介入権のような）刑事訴訟上の必要性，強制執行法上の処分（執行官），および，それ以外の多くの公法的種類の介入権を保護しているのである．

69 確かに正当化事由は，多くは，刑法に規定されておらず，その正当化力も刑法にのみ妥当するのものではない（そうではなくて，例えば，不可罰ではあるが，民法上は禁止されている占有の侵奪あるいは一般的人格権に対する侵害のような行為にも妥当する）．ここから，刑事政策的目的設定が正当化事由の解釈学や体系学にとって重要ではないとの結論を導くことができるかもしれない．しかし，これは，あまりにも短絡的な捉え方であろう．なぜならば，一方で，すでに構成要件の領域で，社会的に重要な個人的利益および一般的利益の保護が，それが必要であれば，刑法の任務となっているからであり，この任務が，正当化事由を考慮

第1編 基 礎

することによって，不法においても継続されているにすぎないからである．そして，他方では，正当化事由が実務的に最大の意義を獲得するのは，刑法的に保護された法益に対する侵害の際であり，そしてここで，解釈にとって決定的となるような，部分的に激突する逆方向の諸傾向の緊張関係に巻き込まれることは否定できない．例えば，訴訟的およびその他の公的な介入権は，重要な国家的機能を確保するとされ，これを目的にかなった，公務員を保護するような，そして，抵抗を妨げるような解釈によって保障することが，正当な刑事政策的目的設定であることは確実である．他方で，国家の不当な干渉および不均衡な介入に対する個人の自由の保護は，刑事政策的に重要性が低いわけではなく，同程度に重要な解釈上の任務である．このような規範的均衡の確立は，間違いなく，刑法のみならず，憲法上および行政法上の前提条件によっても共同決定されているのである．しかし，このことは，刑事政策的な諸々の目的(94)を解釈学の基準とすることに反するのではなく，さまざまな法領域は孤立して対立しているのではなくて，相互に補充し合い，支え合っていることの証左であるにすぎない．

70 正当化事由の体系化は，それが，様々な社会的規律原理（法益衡量原理，保護原理，法確証の原理，自律原理等）の組み合わせから説明されうる限りでのみ，可能である（詳しくは，14章，Rn. 38以下参照，および，正当化的緊急避難の中心的介入規範についての詳細は，16章，Rn. 3以下）．これらの原理は，社会的有用性と有害性についての，かくして，構成要件に該当する侵害の正あるいは不正についてのそれぞれの異なった刑事政策的指導的観念にしたがって決定される．これらの原理は，法律なければ犯罪なしの命題をも修正するが，それは，この命題が，ここでは，必ずしも無条件に文言に拘束されているわけではなく，むしろ，規律原理の基礎にある目的設定に拘束されているからである．このような修正は，正当化事由が全法領域に属するものであり，したがって，専ら刑法規定についてのみ言われるような厳格な明確性の要請には服していないことから説明される（詳しくは，5章，Rn. 42）．

---

(94) しかし，そのように見えるのは，*Runte*, 1991, 311 ff. の広範囲にわたる批判である．

第7章　刑法解釈学と刑法体系

4　答　責　性

71　「答責性」という犯罪カテゴリー（これについては，すでに上述 Rn. 29）においては，個別行為者が，自ら実現した不法に対して処罰するに値するかが問題である．答責性の最も重要な要件は，周知のように，行為者の責任である（責任主義および，この主義の，その通説による憲法上の基礎づけについては，上述3章，Rn. 51 以下参照．責任についての詳細は，19章，Rn. 18 以下）．しかし，この責任が，唯一の要件ではなく，これには予防的な処罰の必要性が付け加えられなければならない（Rn. 29 および，詳細については，19章，Rn. 1 以下参照）．いわゆる免責的緊急避難にあっては（35条），例えば，行為者は，違法に行為しているというだけではなく，別の行為に出ることも**可能であり**，したがって，有責に行為しているのである．このことは，すでに，その行為者が，35条1項2文の事例〈自ら引き起こした危険・特別の法律関係〉においては，危険を受忍しなければならず，そうしなかった場合には処罰されるということからも明らかである．それゆえ，そのような35条1項2文にある例外的な事実が存在しないとき，それが処罰されないことは責任がないことを理由に根拠づけられるのではない．むしろ，それが不処罰であることは，立法者が，そのような極端な状況においては，特別予防上の要罰性も一般予防上の要罰性も肯定しえず，その結果，その理由から刑法上の答責性がなくなることから結論づけられるのである（詳細は，後出の22章，Rn. 4 以下）．同様のことは，過剰防衛（33条）およびその他の，さらに検討の対象とすべき事例状況についても当てはまる．

72　かくして，答責性は，可罰性を規定する領域における刑事政策的刑罰目的論の解釈論的実現を意味し（上述，Rn. 29），また通常の事例にとっては，裁判官に対する制裁を賦課せよという命令を意味する[95]．刑事政策的基本構想は，このカテゴリーの枠内においては，行為者のその個人的要罰性を問うことによって，（その抽象的な要罰性，あるいは，その具体的な禁止の意味での）**行為**にではなく，**行為者**に適用されるのである．

---

(95)　*Rödig*, Lange-FS, 1976, 57 は，この点について，「刑罰を科すことを職務とする国家機関を名宛人とする規範に関係する，行為者への刑法的影響の方法や要件」について述べている．

第1編　基　礎

5　その他の処罰条件

73　最後に，その他の，数少ない刑罰規定において役割を果たしているだけの処罰条件は，以下の観点のもとでの要罰性についての決定を内容とする．すなわち，それは，刑罰目的論の外部にあって，しかも諸々の目的が，刑法とは異質な（例えば，政策的あるいは国法的な）考慮から縦横に入り乱れる観点（詳細は，23章，Rn. 21以下）である．したがって，処罰条件は，刑法における異物であり，正当化事由（Rn. 68-70）よりももっと強度にまたそれとは異なった方法で，その他の利益の方を引き立たせているのであり，それらの利益は，ここでは，しかも純粋に刑法的な目的設定に対して優先されることを要求するのである．

74　前掲（Rn. 9）の例によって，このことを具体的に明らかにしてみよう．つまり，答責的に行為する行為者が，外国の代表者または標章を攻撃するか，あるいは侮辱した場合，その行為者は，処罰に値する．104条aが処罰を，そのほかにも，相互主義の保証にも依拠させているという事情は，外国でもドイツの利益が同様に保護されてほしいという純粋に外交上の要望を動機としたものである．そして，議会内での侮辱が不処罰である（36条）理由は，刑法的観点からではなく，専ら議会活動および立法委員会における自由な発言が，多数の侮辱に対する手続あるいはそれに対する恐れによって妨げられるべきではないことからのみ説明されうるのである．したがって，これらの理由は，この刑罰阻却事由の背後にある政治上・国法上の目的設定なのである．

第2節　刑法解釈論と刑事政策

75　以上によれば，刑法体系およびその諸カテゴリーの解釈が，刑事政策的な評価を担うのならば，必然的に，刑法解釈学と刑事政策との関係が問われることになる[96]．伝統的には，これら二つの分野は，むしろ，相互に対立する関係にあるとされている．「刑法は，刑事政策の越えることのできない障壁である」[97]という*Liszt*の断定的な言明は，今日まで影響を及ぼしている．けれど

---

(96)　これに関して包括的かつ多くの（すべてではない）点で一致するものとして，*Hassemer*, 1974.

(97)　*v. Liszt*（1893）, in: Strafrechtliche Vorträge und Aufsätze, Bd. 2, 1905〔Nachdruck 1970〕, 80. これに関して詳細には，私の著作である „Kriminalpolitik und Strafrechtssystem", ²1973.

第7章 刑法解釈学と刑法体系

も，*Liszt* の，この有名な命題は，社会学的刑法学派によって導入された「刑事政策の大胆な新構築」が「われわれが刑法と呼んでいる，錯綜した諸概念から作られたものであると軽蔑されてきた建築物」を取り壊し，「公共にとって危険な人間はすべて，全体の利益のために，必要な範囲で無害化できる」という唯一の命題によって代替される必要はないのか，との問いに対する解答のように思える．*Liszt* は，引き続き，自由主義的・法治国家的理由から，「リヴァイアサンの国家」に対する市民の防波堤としての「犯罪者のマグナ・カルタ」という刑法思想 (5章, Rn. 3 参照) を，これに対置している．この点についての，予防的な犯罪に対する闘争と自由主義的な自由の擁護との間にある緊張関係は，今日も *Liszt* の時代に劣らない意味を与えられるにふさわしい問題であるという点については，正当であることは確実である (詳細は，3章参照)．しかし，この緊張関係の中に刑事政策と刑法の対立が表現されているという想定は，時代遅れのものである．なぜならば，法律なければ犯罪なしという原則は，効果的な犯罪との闘争という要請と比べても劣るところのない刑事政策的な要請だからである．この要請は，一般予防の一つの要素であるばかりではなく (Rn. 56; 3章, Rn. 21 以下, 5章, Rn. 22 以下)，刑罰権の法的な制限も，またそれ自体，法治国家的刑事政策のひとつの重要な目標である[98]．したがって，法治国家的要請を体系内に取り込むことからは，刑法と刑事政策の対立を肯定するような論拠も，ある刑事政策的観点による体系化に反対するような論拠も導かれるわけではない．

76 しかし，刑法解釈論的思考と刑事政策的思考は厳密に区別されるべきだという見解に至ることは，次の場合にも可能である．すなわち，―― アプローチとしては適切ではあるが (Rn. 1 参照) ―― 刑法解釈学の対象とみなすのは，現行法 (いまある法) であるが，反対に，刑事政策の対象とみなすのは，法の望ましい状態 (あるべき法) とする場合である．解釈学および体系的思考とは，その場合，解釈論 (Hermeneutik) の形式，すなわち，存在するテキストの了解可能な解釈の形式であるが，これに対して，刑事政策とは，新しい刑法上の目的観念

---

(98) これに対して，*Liszt* の以前の立場は，今日でもなお *Stratenwerth* によって語り継がれている (MschrKrim 1972, 196 f. 私の著作である „Kriminalpolitik und Strafrechtssystem" [1970] の書評である)．本書とまったく同じように，これに反対する論評として，*Heinitz*, ZStW 83 (1971), 756 ff. (759).

293

第1編 基 礎

を展開し，それを定着させようとする努力である[99]．しかし，そのように理解するなら，解釈学と刑事政策との（現存する）相違があまりにも誇張されることになる．なぜなら法発見は，われわれがすでに見てきたように（5章，Rn. 27-32），本質的に，すでに詳細に規定されている法律を，論理的な推論手続において包摂して適用すること以上のものだからである．むしろ，法発見とは，法律上の規制の枠組を具体化することであり，立法者の目的観念自体を創造的に彫琢する（すなわち，展開し体系化する）点において，解釈学という衣を纏った刑事政策なのである．それゆえ，目的論的・刑事政策的観点の下における体系化は，すでに解釈学の解釈の任務から要請されている．それによれば，現行法として解釈的に仕上げられるべきものを，立法者の刑事政策的目的観念を追体験的に発展させる思考の結果であるとする限りにおいては，いまある法とあるべき法は対立関係にはない．したがって，（学者であれ，裁判官であれ）解釈者は，立法者のように刑事政策的に議論しなければならず，立法者がある程度しかその輪郭を描くことのできなかった現行法像を，あらゆる点で詳細にわたって具体的に描写しなければならないのである[100]．

77 もとより，これは，解釈学的刑事政策と立法論的刑事政策が同じ権限をもつということを意味しない．そのような想定をするなら，それは，裁判官を立法者に等置することになり，権力分立原則および罪刑法定主義に違反することになるであろう．むしろ，解釈論は（そして，一般的犯罪論の体系論も），法律の枠組内で，すなわち，解釈の限界内で行われなければならない．したがって，解釈論は，現行法の解釈にあたり，すでに見てきたような（5章，Rn. 27-32）二つの障壁に突き当たる．すなわち，法律の刑事政策的目的観念を，自らの観念によって置き換えることは許されず，また，総則において，罪刑法定主義の文言の障壁が妥当しているところでは，法律の目的をそれに対立する文言に反して貫徹させようとすることも許されない．この二つの命題については，簡単に説明する必要がある．

78 立法者の刑事政策的目的観念への解釈論の拘束から帰結するのは，例えば，

---

(99) これに関しては，例えば，*Zipf*, ZStW 89 (1977), 707 ff. (708) が行なった．Fn. 98 で挙げられた私の著作の第2版に対する書評を参照．

(100) 刑法における解釈学と立法の関係について，詳しくは，*Maiwald*, 1989, 120. 彼は，「刑事政策，憲法そして刑法解釈学の確固たる境界線は存在しない」と主張する．

第7章　刑法解釈学と刑法体系

利益衝突にあって，社会的有用性と有害性，また同時に行為の違法性について決定する規律原則を展開するにあたっては（Rn. 70参照），解釈者の個人的な価値観念がではなく，法秩序から読み取ることのできる諸原則が決定を与えるという結論である．同じく，答責性というカテゴリーを刑罰目的論の刑事政策的視点から解釈し，体系化しようとするにあたっては（Rn. 71参照）には，学者あるいは裁判官が刑罰目的についてもっている意見が問題なのではなくて，規定のある法律上の免責事由から，および，場合によってはその事由の上位に来る憲法上の観点から得ることのできる目的が，基礎とされるべきである．

79　しかし，他方，この拘束は，刑事政策的に論証する解釈論に，新たな認識を形成する余地を残している．なぜならば，立法者は，まさしく総則においては，多くの素材を漠然とした輪郭で規定しているにすぎないか，そもそもまったく規定していないかであって（5章，Rn. 46-48, 8参照），その結果，ここでは指導的な刑法原理を適用可能な法へと転換することは，ほぼ全面的に解釈論に委ねられているからである．それどころか，その外に，立法者を指導する原則が，一個人ではない立法者にしばしば知られていないこともあり，その場合には，むしろ，それは多くの個別規定の解釈によって初めて獲得され，認識の光に照らされなければならないのである．あたかも，文学のテキストを，場合によっては，解釈者の方が著者自身よりもよく理解することができるように，学者あるいは裁判官が，立法者に，確かに立法者の作った規範から生み出されてはいるが，立法者自身にははっきりと認識されていない諸々の原則を教えることもありうるのである．例えば，超法規的緊急避難の展開（Rn. 42）は，一つの創造的な解釈学上の業績であった．それは，法律の枠組内にとどまるにもかかわらず，立法者がよく考えてはいなかった社会的衝突の解決を可能にしたのである．

80　これに対して解釈論的に許容される限界が超えられているのは，誤りであると認識された立法者の目的設定の結論を掻い潜るために，ある解決が，──それが高く評価すべきものであったとしても──刑事政策的理由から選択される場合である．この点についての周知の例は，謀殺（211条）に科されている終身自由刑の硬直性である．それは，（正当にも）多くの事案について裁判所によって厳しすぎ，刑事政策的に誤っていると感じられている．それゆえに，裁判所は，法律（25条–27条）を，場合によっては，より軽い法定刑（27条2項）を適用可能にするために，自らの手による謀殺の場合においてすら，解釈に

295

第1編 基　礎

よって幇助のみを認めようとしている(101)．このことは，望ましい結論になってはいるが，解釈論的には誤りである．なぜならば，行為を「自ら…実行した」者は，25条１項の文言にしたがってのみならず，構成要件該当性としての正犯の意味からしても（Rn. 52参照），正犯者だからである．法律に違反する幇助への解釈の変更は，211条についての立法者によってなされた（誤った）法定刑に関する決定を訂正することに至るが，これは裁判官には禁止されている．このような場合，解釈学に残されているのは，ただ立法者にアピールすることのみである．BGHSt 30, 105 ff. によって後に採られた解決策である，責任の程度を上回る終身自由刑の不均衡性を49条１項１号の減軽された法定刑内で回避するという試みもまた，同じような疑問に晒されるのである．なぜならば，およそ憲法違反を受け容れるべきであるような終身処罰ですら，裁判官は，専断的に新しい法定刑を定めて，立法者の地位を奪ってはならないからである．正しい解決は，211条の構成要件を責任主義に適合するように狭く解釈することにあるように思われる．

81　同様のことが，刑事政策的に方向づけられた解釈論および体系論の基礎となってる第２の拘束についてもいえる．すなわち，文言の限界は，それが法律の目的の実現の妨げになるところでも，その通用範囲の枠内で（この点については，５章，Rn. 40以下）それを超えることは許されない．このことを示すのは，すでに繰り返し例として引用された（５章，Rn. 41，本章，Rn. 48-50），正犯者が故意であると錯誤した事案である．目的論的に，そのような事案においては無罪を言い渡さずに，共犯として処罰するのが正しいように思われる（Rn. 50参照）．しかし，ともかくも誤解の余地なく正犯者の故意を要求している法律の文言は，これを禁止している（５章，Rn. 41参照）．ここでは，それでも，解釈論は，立法者の目的観念に従うとするならば，別の解決策が正しいだろうということを示す任務を負う．しかし，解釈論は，自らによって正しいと認識されたことを，現行法であると称することは許されない．

第３節　判断の観点としての犯罪論の諸カテゴリー

82　一般的犯罪論を上述の態様で体系化したならば，それは課題を意味するので

（101）　この点に関しては，*Roxin*, Tatherrschaft, ⁷2000, 562 ff., 635 ff.

はなく，従来の犯罪カテゴリーに異なった構造を持たせることを意味するにすぎない（その際，もちろん，評価の視点を全刑罰目的論に拡大することから責任を「答責性」と理解したことによって，用語法上の〈異なった〉帰結も導かれるのである）．したがって，*Welzel* の「私は，犯罪を構成要件，違法性，責任の三要素に分解することを最近の二，三世代のなした最も重要な解釈論上の進歩であると考える」との言葉[102]は，原理的には，正しい．また，目的論的・刑事政策的体系も，新古典的・目的主義的統合をさらに発展させたものにすぎず，解釈論史的伝統との関連性から切り離すことはできないのである．

83　しかしながら，他の諸構想（それらの構想において，次のことは少なくとも不明確なままではあるが）に対して本質的に方法論的に相違するのは，刑事政策的体系が，犯罪構造のどこかの「段階」に「分類」されなければならないような多数の「要素」に，犯罪行為を「分解」するには至らないという点にある[103]．むしろ，犯罪行為は，ここで主張された観点からすれば，常に不可分一体のものであり，犯罪カテゴリーの意味は，後に，その個々の要素から「犯罪という構築物」へと再構築されなければならないような，精神的・身体的・社会的意味の統一体を引き裂くことにあるのではない．犯罪カテゴリーによって表現されているのは，ただ，様々な評価的観点の下で，事象のそれぞれに異なった「諸々の要素」が刑法上重要になるということのみである．

84　そこで，例えば，35条の緊急避難状況は，第一義的には，（阻却される）答責性の観点で重要なのであって，したがって，通常は，このカテゴリーの範囲で検討される．しかし，緊急避難行為の中に含まれる（より大きな価値をもつものではなくとも）法益の保全，および，そこから帰結する，そのような行為のそれより小さな社会的有害性は，違法性という評価的観点の下で，答責性の観点とならんで，不法減少事由を認めることにつながる．それは，——例えば，共犯の評価のような——他の法的文脈においては同じく意味をもちうるのである．それゆえ，免責的緊急避難を答責性のカテゴリーに位置づけることから，この緊急避難をその前の段階——すなわち，

---

(102)　*Welzel*, JuS 1966, 421. 議論の最も新しい立場に基づく責任と不法の限界づけについては，*Schünemann* と *Cortes Rosa*, Coimbra-Symposium, 1995, 149, 183.

(103)　これに関して，より詳しくは，私の論文である „Rechtsidee und Rechtsstoff", Radbruch-GS, 1968, 260 ff. を参照．*Schild* は，ここで主張された構想に近い彼のモノグラフィーである Die „Merkmale" der Straftat und ihres Begriffs, 1979 において，まったく一致している．

第1編 基 礎

不法の段階 —— においては取り扱われてはならないという結論を導き出すことは，全くの誤りであろう．そのような取扱いは，価値的観点によってではなく，むしろ，素材となる「要素」によって分類される体系によって頻繁に起きるものではある．むしろ，免責的緊急避難は，不法の観点からも，態様は異なるが，重要なのである．また，故意は，不法に「属する」のか，あるいは，責任に「属する」のかという盛んに議論された問題（Rn.15, 17, 18, 24, 44-46 参照）も，刑事政策的体系にとっては，間違って設定された選択肢である．故意は，両者の観点の下で，その都度のさまざまな法的関係において重要たりうるのである．

85 同様に，目的論的・刑事政策的アプローチは，個々の「素材となる」要素を一定の犯罪のカテゴリーに位置づけることから，基準となる刑事政策的評価に矛盾するような結論が導かれることを防止する．したがって，例えば，このような構想の視点からは，犯罪行為を客観的構成要素と主観的構成要素に素材的に分離することによって，正犯と共犯の区別を展開すること（Rn. 47 参照），あるいは，錯誤問題の解決を故意の体系的位置づけによって基礎づけること（Rn. 44-46 参照）は，許されない．むしろ，そのような問題は，当初から犯罪カテゴリーの中に取り入れられている指導的な刑事政策的評価によってのみ解決可能なのである．これに対して，法律の個別規定の基礎にあることが明らかにされた評価原則から法発展的な新しい解決を導くことは，十分に許される．そのような手続で行われた超法規的緊急避難の展開（Rn. 42）は，これに対する格好の例である．

第4節 目的論的・刑事政策的犯罪論と体系形成および概念形成の方法

86 本書が支持する構想は，個別事例の公正性の看過，問題解決の可能性の縮減，および，体系的演繹と評価の正当性の乖離という体系的思考を脅かす危険を，すでにアプローチにおいて，立法者が手にしている刑事政策的原則の枠内で，可能な限り（Rn. 58 以下参照），排除することを明らかにする．しかし，以前の体系化への努力のあまりにも高度に抽象化された概念性から生ずる困難（Rn. 51-53）も，本書で提案された体系化の道を歩む場合には避けることができる．

87 もとより，現代の学問論が数学や論理学の理想としてそのことを浮彫りにしたように，少数の公理たる上位概念から導かれた完結した演繹的体系は，法律学にあっては，真剣に取り組まれても来ず，また，それを貫徹することもできないものであったことをはじめから明らかにしておかなければならない[104]．

298

第 7 章　刑法解釈学と刑法体系

その限りで，法律学における体系的思考に対する（特にトピク論の支持者による）少なからざる批判は，ここでははじめから考慮にのぼらないような手続に向けられていたのである．しかし，いずれにせよ「古典的」体系の父の一人である *v. Liszt* は，最後まで，刑法学に次のような課題を課していた[105]．すなわち，それは「…純法律技術的な考慮においては，概念的普遍化としての犯罪と刑罰を念頭に置くこと，つまり，法律の個別規定を究極の基本概念および基本原則にまで高めて，完結した体系へと発展させること」である．*Radbruch*[106] は，この点について，分類の体系化について言及している．その分類とは，「類概念から，異なったメルクマールを加えることを通じて，種概念へと，そしてさらにより狭い種概念へ下降する」ものである．その際，行為は，類概念（genus proximum）として機能し，その類概念に，構成要件該当性，違法性および責任は，異なる種概念（differentia specifica）としてつながる．

88　そのような，厳密に定義され，論理的に結合された諸概念の体系は，実際には，外見的には必然的であるかに見える包摂と演繹という方法を通じて，刑事政策的には正しい結果を見誤り，上記（Rn.43-53）において体系的思考に特にありがちなものと認識された危険に陥りやすいのである．これに対して，評価的観点によって体系化された構想は，もっぱら各則のそれぞれの構成要件において，その内容が，必要不可欠なメルクマールを挙げ尽くすことによって，確実に限界づけられうるように定義された概念によって，稼働するのである．しかし，例えば，不法を社会的有害性の視点から，また，責任を刑罰目的に方向づけられた答責性の観点から体系化しようとするとき，そこでは，重要なのは，それらに包摂することのできる概念的定義ではなく，指導的観点，すなわち，

---

(104)　これに関しては，*Engisch*, 1957, 173 ff.; *Conaris*, 1969, 25 f.; *Schünemann*, 1984, 6 ff. *Hruschka*, JZ 1985, 1 ff. は，刑法理論は，「その対象領域の，十分に秩序づけられて分類されており，しかも包括的な理論」を自由に使えないと考えている．その際，彼は，「幾何学と理論物理学を基準」とする（S. 2）．しかし，この種の基準は，法律学の基準ではありえない．

(105)　*v. Liszt*, StrafR, [21/22]1919, 1 f. 彼の犯罪論について基礎的なものとしては，彼の論文である „Rechtsgut und Handlungsbegriff im Bindingschen Handbuche", ZStW 6 (1886), 663 (= Strafrechtliche Aufsätze und Vorträge, Bd. 1, 1905 [Nachdruck 1970], 212 ff.).

(106)　*Radbruch*, Frank-FS, Bd. I, 1930, 158.

299

第1編 基 礎

まずは法の素材に則して展開されねばならない評価基準なのである．このような手続は，生活の実体に踏み込まざるをえなくし，法的目的設定が現実の所与の多様性に対して様々に変化し，その都度の事情に適合した帰結をもたらすことができるよう，可能な限り厳密に行われざるをえなくする．それゆえ，このような体系は，高度に結果志向的である[107]．また，この体系にとっては，最上位にある犯罪カテゴリーを除けば，諸原則による整序と，「具体的・一般的概念」[108]の使用，すなわち，その内容が一般的目的設定と，それぞれの特別の法素材との，それぞれの浸透の度合いによって交互に変化する結論からはじめて合成される[109]概念を用いることの方が，概念による演繹という一般に広く行われている手続よりも，相応しいのである．

89　その種の方法は，本質的に，定義に縛られた体系の方法よりも，実生活に則しており，事案に適して，柔軟でもある．*Liszt*によって要請されていた「閉じられた」体系に対して本質的に優れている点は，目的論的アプローチが新しい生活実体に開かれていることにもある．そこには，今まで考慮されることのなかった生活実体が体系に収まらなくなったり，法的に解決不能となってしまうなどということは生じえない．むしろ新しい事実状態も，法的に基準となる評価的観点の下で，その状態に適合した解決に導くことが可能となる．それゆえ，ここでは，古い概念体系の一面性をを回避するともに，体系から解き放たれたトピク論の一面性をも回避し，両者の長所の統合である「開かれた」体系が存在するのである[110]．

（107）　これに対して，*Luhmann*, 1974, 38は，「結果を志向することが，法解釈額の概念形成と理論形成についての構成的機能を獲得しうるという希望」は，ほとんど存在しないと述べる．ただし，彼は，制限的に，まさに刑法について，「法的な決定過程においては，……どの決定によるかによって生じる可能的な作用に方向づけられるという可能性」は，「十分に正当化可能な意義」を有することも許されると主張する．その他の点で「法解釈に関するルーマンのテーゼ（Luhmanns Thesen über Rechtsdogmatik）」については，*Larenz*, ⁶1991, 229 ff.を参照．それは，Luhmannの「概念的・分類的」思考に対する偏愛を，私法にとっても，十分な論拠を示しつつ批判している．

（108）　これに関しては，*Roxin*, Tatherrschaft, ⁷2000, 527 ff.（531）．さらには，*Larenz*, ⁶1991, 457 ff.

（109）　具体的には次のようなことである．すなわち，ラテン語のconcrescere＝結合する．

（110）　体系的思考とトポス論の両立可能性については，例えば，*Horn*, NJW 1967, 601 ff.（606）も参照．「開かれた体系」の必要性については，詳しくは，*Schünemann*,

第7章　刑法解釈学と刑法体系

90　したがって，抽象的な諸定義の体系がそれを見過ごしがちな「事物の抵抗」（上述 Rn. 53）は，目的論的・刑事政策的構想にとって正しい解決への道先案内人である．*Gustav Radbruch* は，最初に *Liszt* の下で学んだ体系理念に矛盾するこのような見立てを，晩年になって次のように具象的に表現しようとした[(111)]．すなわち，「芸術の理念は，それを大理石に実現しなければならない場合と，青銅に実現しなければならない場合とでは，まったく別である…．したがって，法の理念も本質的に法素材のために，また，それによって…規定されている」．したがって，本書で支持された目的合理的体系は，事実上の所与を考察することなしに解決を展開するようなものではない[(112)]．確かに「事物論理」あるいは「事物の本性」は，法的な評価基準を提供するものではないが，しかし，具体的な結果は，指導的な規範的視点自体からではなく，むしろ，常に異なる事態の特殊性にこの視点を適用することから生じるのであり，その結果，以下では，しばしば，事例グループ毎に異なった解決が見られることにな

1984, 8 ff.「開かれた」「刑罰目的に機能的に方向づけられた学問的体系」に，*Sousa e Brito*, Coimbra-Symposium, 1995, 73, 72 も賛同する．

(111)　*Radbruch*, Laun-FS, 1948, 163. この基本方針にそうのは，*Roxin*, Radbruch-GS, 1968, 260.

(112)　その限りで，*Küpper*, 1990 が，一面的な「規範化的刑法解釈」に対して向けた批判は，本書の唱える立場には当たらない．*Gössel* の „Versuch über Sein und Sollen im Strafrecht"（Miyazawa-FS, 1995, 317）も，私が本文で（Rn. 90 および 53）で述べたことだけを語っているにすぎない．Jakobs や彼の支持者が広く主張する「純粋な規範主義」は，本書では支持されない．もっとも，民族国家的な限界を超えて妥当する刑法解釈学的洞察の普遍的妥当性は，存在的あるいは事物論理的な所与性（そのように述べるものとして，*Hirsch*, Spendel-FS, 1992, 43）には，指導的な刑事政策的目的設定に関する国際的な意見交換において得られる議論や，さまざまな問題解決の可能性の共通の議論よりも，あまり依拠していない．さまざまな法秩序が，場合によっては，異なった価値決定を下すということは，国際的な形で到達された刑法解釈学の認識という立場によるこれらの解決の批判を妨げるものではない．加えて，人権と，民主的で社会的な法治国家の原則は，共通の刑事政策の超国家的なガイドラインを提供する．これに関して，詳しくは，*Wolter* や *Mir Puig* や *Moccia*, Coimbra-Symposium, 1995, 3, 35, 45 を参照．*Schünemann*, Coimbra-Symposium, 1995, 157 ff. は，非常に明確に，どのようにして，本書で唱えられた見解が，法素材の重要な細分化を考慮することによって，純粋に規範主義的な機能主義と区別されるのかを示している．Küpper や，一般的に，刑法における「客観性」と「規範主義」の問題への取り組みを行なっているものとして，*Keller*, ZStW 107 (1995), 457.

第 1 編　基　礎

ろう[113]．これらすべてのことを先取りして説明することはやめておこう．こ
こでは，その方法論と基準となる価値設定が特徴づけられうるにすぎず，その
他のものは多くの法素材の検討を通じて，一歩ずつ展開されなければならない
のである．「真なるものは全体である」（Hegel ＜訳注：精神の現象学，序＞）．

---

[113]　その限りで，経験的な所与性と法則性も重要になる．「社会科学と刑法解釈学
　　　（Sozialwissenschaften und Strafrechtsdogmatik）」に関しては，*Müller-Dietz*, 1971,
　　　105. さまざまな国内法秩序の立法者が，さまざまな解釈論上の解決を選択することは
　　　珍しくないという事情は，場合によっては，この点に正当化を見出すことができる（が，
　　　その必要はない）．

第2編　行為，軽罪，重罪

第8章　行　為

文献：*Radbruch*, Der Handlungsbegriff in seiner Bedeutung für das Strafrechtssystem, 1904（nachdruck mit Einleitung *Arth. Kaufmann*, 1967）; *Beling*, Die Lehre vom Verbrechen, 1906; *Radbruch*, Zur Systematik der Verbrechenslehre, Frank-FS, Bd. I, 1930, 158; *Welzel*, Kausalität und Handlung, ZStW 51（1931）, 703; *ders.*, Studien zum System des Strafrechts, ZstW 58（1939）. 491; *Engisch*, Der Finale Handlungsbegriff, probleme der Strafrechtserneuerung, Kohlrausch-FS, 1944, 161; *Busch*, Moderne Wandlungen der Verbrechenslehre, 1949; *Welzel*, Um die finale Handlungslehre, 1949; *Mezger*, moderne Wege der Strafrechtsdogmatik, 1950; Niese, Finalität, Vorsatz und Fahrlässigkeit, 1951; *Maihofer*, Der Handlungsbegriff im Verbrechenssystem, 1953; *Welzel*, Aktuelle Probleme im Rahmen der Finalen Handlungslehre, 1953; *Lang-Hinrichsen*, Zum Handlungsbegriff im Strafrecht, JR 1954, 83; *Schmidhäuser*, Willkürlichkeit und Finalität als Unrechtsmerkmale im Strafrechtssystem, ZStW 66（1954）, 27; *Gallas*, Zum gegenwärtigen Stand der Lehre vom Verbrechen, ZStW 67 81955）, 1（auch als Separatdruck und in: Beiträge zur Verbrechenslehre, 1968, 19）; *Eb. Schmidt*, Bspr. v. Maurach, Deutsches Strafrecht, Allg. Teil, 1954, JZ 1956, 188; *Mezger*, Die Handlung im Strafrecht, Rittler-FS, 1957, 119; *Hall*, Fahrlässigkeit im Vorsatz, 1959; *Arm. Kaufmann*, Die Dogmatik der Unterlassungsdelikte, 1959; *Henkel*, Der Mensch im Recht, Studium generale 1960, 229; *Katsantonis*, Der Handlungsbegriff in existential-ontologischer Sicht, ZStW 72 81960）, 351; *Klug*, Der Handlungsbegriff des Finalismus als methodologisches Problem, Emge-FS, 1960, 33; *Jescheck*, Der strafrechtliche Handlungsbegriff in dogmengeschichtlicher Einwicklung, Eb. Schmidt-FS, 1961, 139; *Maihofer*, Der soziale Handlungsbegriff, Eb. Schmidt-FS, 1961, 156; *Roxin*, Zur Kritik der finalen Handlungslehre, ZStW 74（1962）, 515（= Grundlagenprobleme, 72）; *H. Mayer*, Vorbemerkungen zur Lehre vom Handlungsbegriff, v. Weber-FS, 1963, 137; *Welzel*, Vom Bleibenden und vom Vergänglichen in der Strafrechtswissenschaft, 1964（auch in Grünhut-Erinnerungsgabe, 1965, 173）; *E. A. Wolff*, Der Handlungsbegriff in der Lehre vom Verbrechen, 1964; *Engisch*, Vom Weltbild des Juristen, [2]1965; *Franzheim*, Sind falsche Reflexe der Kraftfahrer strafbar?, NJW 1965, 2000; *Stratenwerth*, Die Bedeutung der finalen Handlungslehre für das schweizerische Strafrecht, SchwZStr 81（1965）, 179; *v. Bubnoff*, Die Entwicklung des strafrechtlichen Handlungsbegriffs von Feuerbach bis Liszt unter besonderer Berücksichtigung der Hegel-Schule, 1966; *Gössel*, Wertungsprobleme des be-

第 2 編 行為，軽罪，重罪

griffs der finalen Handlung unter besonderer Berücksichtigung der Struktur des menschlichen Verhaltens, 1966; *Arth. Kaufmann*, Die ontologische Struktur der Handlung, Skizze einer personalen Handlungslehre, H. Mayer-FS, 1966, 79; *Kienapfel*, Das erlaubte Risiko im Strafrecht, 1966; *Arth, Kaufmann*, Die dinale Handlungslehre und die Fahrlasigkeit, JuS 1967, 145; *Lampe*, Das Problem der Gleichstellung von Handeln und Unterlassen im Strafrecht, ZStW 79 (1967), 476; *Michaelowa*, Der Begriff der strafrechtswidrigen Handlung, 1968; *Roxin*, Einige Bemerkungen zum Verhältnis von Rechtsidee und Rechtsstoff in der Systematik unseres Strafrechts, Radbruch-GS, 1968, 260; *Spiegel*, Die strafrechtliche Verantwortlichkeit des Kraftfahrers für Fehlreaktionen, DAR 1968, 283; *Welzel*, Ein unausrottbares Mißverständnis? Zur Interpretation der finalen Handlungslehre, NJW 1968, 425; *E.A. Wolff*, Das Problem der Handlung im Strafrecht, Radbruch-GS, 1968, 291; *Eb. Schmidt*, Soziale Handlungslehre, Engisch-FS, 1969, 339; *v. Weber*, Bemerkungen zur Lehre vom Handlungsbegriff, Engisch-FS, 1969, 328; *E. Wolf*, Die Lehre von der Handlung, Archiv für die civilistische Praxis, 180 (1970), 181; *Noll*, Der strafrechtliche Handlungsbegriff, 1971; *Bockelmann*, Handlungsbegriff aus juristischer Sicht, Die medizinische Welt 1972, 1310; *Herzberg*, Die Unterlassung im Strafrecht und das Garantenprinzip, 1972; *Schewe*, Reflexbewegung, Handlung, Vorsatz, 1972; *Welzel*, Zur Dogmatik im Strafrecht, Maurach-FS, 1972, 3; *Engisch*, Tun und Unterlassen, Gallas-FS, 1973, 163; *Otter*, Funktionen des Handlungsbegriffs im Verbrechensaufbau?, 1973; *Zielinski*, Handlungs- und Erfolgsunwert im Unrechtsbegriff, 1973; *Engisch*, Logische Überlegungen zur Verbrechensdefinition, Welzel-FS, 1974, 345; *Fukuda*, Der dinale Handlungsbegriff Welzels und die japanische Strafrechtsdogmatik, Welzel-FS, 1974, 251; *Jakobs*, Vermeidbares Verhalten und Strafrechtssystem, Welzel-FS, 1974, 307; *Arm. Kaufmann*, Zum Stand der Lehre vom personalen Unrecht, Welzel-FS, 1974, 393; *Krümpelmann*, Motivation und Handlung im Affekt, Welzel-FS, 1974, 327; *Maiwald*, Abschied vom strafrechtlichen Handlungsbegriff?, ZStW 86 (1974), 636; *Moos*, Die finale Handlungslehre, in: Strafrechtliche Probleme der Gegenwart, Bd. 2, 1974, 5; *Stratenwerth*, Unbewußte Finalität?, Welzel-FS, 1974, 289; *Hruschka*, Strukturen der Zurechnung, 1976; *Küper*, Bespr. v. Hruschka, Strukturen der Zurechnung (1976), GA 1977, 158; *Bloy*, Finaler und sozialer Handlungsbegrigg, ZStW 90 (1978), 609; *Behrendt*, Die Unterlassung im Strafrecht. Entwurf eines negativen Handlungsbegriffs auf psychoanalytischer Grundlage, 1979; *Stratenwerth*, Bespr. v. Hruschka, Strukturen der Zurechnung (1978), ZStW 91 (1979), 906; *Kindhäuser*, Intentionale Handlung, 1980; *Hirsch*, Der Streit um Handlungs- und Unrechtslehre, ZStW 93 (1981), 831; 94 (1982), 239; *Maiwald*, Grundlagenprobleme der Unterlassungsdelikte, juS 1981, 473; *Arm. Kaufmann*, Die Funktion des Handlungsbegriffs im Strafrecht, in: Strafrechtsdogmatik zwischen Sein und Wert, 1982, 21; *Kindhäuser*, Kausalanalyse und Handlungszuschreibung, GA 1982, 477; *Behrendt*, Affekt und Vorverschulden, 1983; Weidemann, Die finale Handlungslehre und das fahrlässige Delikt, GA 1984, 408; *ders.*, Das Prinzip der unvermeidbarkeit im Strafrecht, Jescheck-FS, 1985, 303; *Schüneman*, Die deutsche Strafrechtswissenschaft nach der Strafrechtsreform im Spiegel des Leipziger Kommentars und des Wiener Kommentars, GA 1985, 341; 1986, 293; *Schmidhäuser*, Was ist aus der finalen Handlungslehre geworden?, JZ 1986, 109; *Alwart*, Recht und Handlung, 1987; *Burkhardt*, Die Bedeutung des Willensbegriffs für das Strafrecht, in: Heckhausen u.a., Jenseits des Rubikon. Der Wille in den Humanwissenschaften, 1987, 319; *Herzberg*, Die Sorgfaltswidrigkeit im Aufbau der vorsätzlichen und der fahrlässigen Straftat, JZ 1987, 536; *Struensee*, Der subjektive Tatbestand des fahrlässigen Delikts, JZ 1987, 53; *ders.*, „Objektives" Risiko und subjektiver Tatbestand, JZ 1987, 541; *Herzberg*, Das Wollen beim Vorsatzdelikt und dessen Unterscheidung vom bewußt fahrlässigen verhalten, JZ 1988, 573; *Baumann*, Hat oder hatte der Handlungsbegriff eine Funktion?, Arm, Kaufmann-GS, 1989, 181; *Brammsen*, Inhalt und Elemente des Eventualvorsatzes, JZ 1989, 71; *Gimbernat Ordeig*, Handlung, Unterlassung und Verhalten, Arm. Kaufmann-GS, 1989, 159; *Schmidhäuser*, Begehung, Handlung und Unterlassung im Strafrecht, Arm, Kaumann-GS, 1989, 131; *Kahlo*, Das Problem des Pflichtwidrigkeitszusammenhangs bei den unechten Unterlassungsdelikten, 1990; *Kargl*, Handlung und ordnung im Strafrecht, 1991; *Jakobs*, Der strafrechtliche Handlungsbegriff, 1992; *Hohmann*, Personalität und strafrechtliche Zurechnung, 1993; *Stübinger*, Rezension von Jakobs, Der strafrechtliche Handlungsbegriff, 1992, KritJ 1994, 119; *Schild*, Strafrechtslehre als Handlungslehre ohne Handlungsbegriff, GA 1995, 101; *Schünemann*, Kritische Anmerkungen zur geistigen Situation der deutschen Strafrechtswissenschaft, GA 1995, 201; *ders.*, Zum gegenwärtigen Stand der Dogmatik der Unterlassungsdelikte in Deutschland, in: Gimbernat/Schünemann/Wolter（Hrsg.）, Internationale Dogmatik der objektiven Zurechnung und der Unterlassungsdelikte（= Madrid-Symposium）, 1995, 49; *Herzberg*, Gedanken zum strafrechtlichen Handlungsbegriff und zur „vortatbestandlichen" Deliktsverneinung, GA 1996, 1; *Schmidhäuser*, Gedanken zum strafrechtlichen Handlungsbegriff, GA 1996, 303; *von Selle*, Absicht und intentionaler Gehalt der Handlung, JR 1999, 309; *Bunster*, Zum strafrechtlichen Handlungsbegriff von Claus Roxin, Roxin-FS, 2001, 173; *Dedes*, Die Sinndeutung der Handlung, Roxin-FS, 2001, 187; *Kaczmarek*, Methodologische Aspekte des Streits um den Handlungsbegriff im polnischen Strafrecht, Gössel-FS, 2002, 41; *Voßgätter*, Die sozialen Handlungslehren und ihre Beziehung zur Lehre von der objektiven Zurechnung, 2004.

　外国語文献：*Marinucci*, Il reato come „azione", 1971; *Cerezo Mir*, Problemas fundamentales del derecho penal, Madrid, 1982; *Cuello*, Acción, capacidad de acción y dolo eventual, ADPCP 36（1983）, 77; *Fiandaca/Musco*, Diritto Penale, Parte Generale, Bologna, ³1995; *Morselli*, Condotta e evento nella teoria del reato, RIDPP 1998, 1081; *Figueiredo Dias*, Sobre a construção dogmática da doutrina do fato punível, Questões fundamentais de direito penal revisitadas, São Paulo, 1999, 185; *Tavares*, Direito penal da negligência, Rio de Janeiro, ²2003.

A. 行為概念の任務

1　近代の刑法解釈学では，行為概念⑴に様々な基本的な任務が与えられてい

305

第 2 編　行為，軽罪，重罪

る[2].

　　1．行為概念は，まず，可罰的態度の全現象形態の上位概念，すなわち種差としてのあらゆる詳細な内容規定につながる直近の上位概念（最近類：genus proximum）を提供するものでなければならない．これによれば，行為とは，故意行為および過失行為，同じく不作為においても，あらゆる個別の可罰的行為の形態がそこに帰着しうる共通の要素となるもののことである．このような行為概念の「論理的意義」，「分類機能」（Jescheck）は，刑法の「**基本要素**」としての行為を志向している（Maihofer）．

2　　2．さらに，犯罪体系の各段階で再帰し，補足的な特徴によって一層精確な特徴づけを行うことで，行為は個々の犯罪カテゴリーを相互に結び付ける．したがって，行為はまずそのようなものとして定められてから，構成要件に該当し，違法で，有責なそして可罰的な行為として次第に多くの価値評価を与えられていくのである．このように行為概念は刑法体系全体を横断しており，いわばその背骨を構築しているのである．このような「**結合要素**」としての行為の機能から，二つの内容的要請が導き出される：

3　a）構成要件，違法性および有責性と比べて，行為概念は中立的でなければならない．したがって，行為概念は自身の中に，本質的特徴よりも後の評価段階で初めて付け加えられるべき要素を取り込んではならない．なぜならば，結合を生み出す概念がまさに結びついたばかりの価値評価によって特徴づけられるのならば，「結合要素」としての行為にふさわしい「体系的意義」が損なわれてしまうからである．「この評価の担い手として，その主体として，行為概念はこのすべての評価に対して……完全に中立的でなければならないのである」[3].

（1）　行為は，ここでは作為と不作為を包括する広義で理解されている．積極的作為のみを含んだ狭義の行為概念については，例えば，*Schmidhäuser*, Arm. Kaufmann-GS, 1989, 131ff. 参照.

（2）　これについては，特に：*Maihofer*, 1953, 6 ff.; *Jescheck*, Eb. Schmidt-FS, 1961, 140 ff. Hegel の考える，全行為を包括する行為概念（Rn. 7 参照）に立ち返ろうとしている *Jakobs*, 1992 にとって重要なのは，その場合，「秩序技術的行為概念」（S. 7）であり，「教授法上役に立つ犯罪学の第一歩」（S. 13）に留まることである．さらに分類しているのは，NK-*Puppe*, vor § 13 Rn. 43-47.

（3）　*Maihofer*, 1953, 8.

第 8 章　行　為

b）このように，行為概念は構成要件にまで拡大してはならない一方で，内容がないことも許されない．むしろ，行為概念は多くの実体を有していなければならない．すなわち，のちの評価段階での評価を可能にすることを明確に訴える力を有していなければならないのである[4]．

4　3．最後に，行為概念には，最初から，そして構成要件の可変的性質から独立して，刑法上の判断の対象にならない事項，すなわち動物によって引き起こされた出来事，法人の活動，単なる思想や心情，さらにはけいれん発作や精神錯乱等のような心的器官の支配や制御に服さない外的効力をすべて排除する，という任務がある．ここで語られているのは，「**限界要素**」としての行為の「実践的意義」であり，「限界づけ機能」である[5]．

5　4．時には，行為概念には，行為の時と場所（8 条，9 条）および行為の単複，いわゆる競合論（52 条以下）にとって結合点としての意義も与えられる．しかし，当該諸規定は，行為そのものにではなく，構成要件に該当し，そのうえ可罰的でもある行為に向けられているため，前構成要件的行為概念は必要ではない[6]．もちろん，一般的な行為概念を，犯罪体系を担うものだとして認める限りでは，行為概念はこの領域でもその役割を果たしている．もちろん，行為でないものは，8 条，9 条，52条以下に関しても無意味である．

6　欄外番号 1-4 で述べられた，多くの前提を同時に充足しうるような行為概念は，これまでに発見されていない．しかし，行為概念をめぐる努力の中に，ま

---

(4)　*Gallas*, ZStW 67 81955）, 13; *Jescheck*, Eb. Schmidt-FS, 1961, 141 参照．Jescheck/Weigend, AT⁵, § 23 I 2 では，その限りで，行為概念の「定義機能」が問題になっている．

(5)　*Herzberg*, GA 1996, 5 ff. は，そのような「前構成要件的選別」の可能性と意義を否定し，選別の際には，常に「構成要件内在的評価が先取り」（S. 6）されると考えている．ある者が「悪い夢を見て，隣に寝ている妻に鼻血を」殴って出させた場合，行為が欠けているのではなくて，過失が欠けているにすぎず，したがって，構成要件的帰属の可能性が欠けているのである．なぜそのような場合に過失が存在しないのかと問われた場合，注意義務への適合性またはそのような殴打の危険性の欠如，それゆえに，客観的構成要件への帰属の基準ではなく，このような意思によって操縦されていない身体運動に行為の性質が欠如していることによって説明することができる．確かに，行為という犯罪学の第一歩目を構成要件に引きずり込むことはできる．しかし，これは犯罪カテゴリーを混同するだけであり，認識的収穫をもたらすものではない．

(6)　これについて詳しくは *Otter*, 1973, 185 ff. しかし，自然主義的行為概念は，競合論について有意義である．NK-*Puppe*, vor § 13 Rn. 42, 51 ff. 参照．

第2編　行為，軽罪，重罪

たその努力がこの概念をあきらめて放棄する結果に終わったところでも，最近の刑法解釈学の全体的展開が反映されているのである．それゆえに，まずは現代の行為概念をめぐる議論を叙述し，批判的に採り上げなければならないであろう (B)．その後に，それに引き続いて自らの構想を展開することが可能になる (C)．

B．刑法解釈学の展開における行為概念 ── その叙述と批判

第1節　前古典的行為概念

7　現代の行為概念は，19世紀の刑法学の中で極めて緩慢に発展してきたその産物である[7]．*Feuerbach* においても，行為概念は，まだ独立の叙述の対象ではなかった．「刑法上の行為概念の父」[8]とみなされているのは *Hegel* である[9]．「意思の権能は，その所業の中で意思に担われたもののみを行為として承認することであり，意思が前提条件のうちでその目的において知っているものについてのみ，その中で故意に含まれているもののみに責任を持つということである．── その所業は，意思の責任としてのみ帰責されうるのである」と．それ

---

(7)　古典的な叙述を展開しているのは *Radbruch*, Der Handlungsbegriff in seiner Bedeutung für das Strafrechtssystem, 1903. また，19世紀の優れた理論史を示す *v. Bubnoff*, Die Entwicklung des strafrechtlichen Handlungsbegriffs usw., 1966. この二冊によって，すべてが詳細に示されているはずである．

(8)　*Radbruch*, 1903, 101; 同様に *v. Bubnoff*, 1966, 36.

(9)　*Hegel*, Grundlinien der Philosophie des Rechts, 1821, § 117. 類似するのは，再び *Jakobs*, 1992.「刑法の全プログラムを蓄える行為概念は，責任まで貫かれなければ」ならない．「行為は，罪を犯すことである」(S. 44). このようにして，彼は「社会と刑法をその概念に持ち込」もうとする (S. 12). 私には，なぜそのように包括的な行為概念が伝統的な「有責的行為」の概念よりも多くの役割を果たすのか，よく分からない．*Puppe* も同様に，そのような社会理論的行為概念の能力を否定している，NK, vor § 13, Rn. 56.; 同様に *Sch/Sch/Lenckner*[26], vor §§ 13 ff. Rn. 36. この行為概念に批判的なのは，また，*Stübinger*, KritJ 1994, 119 および *Schild*, GA 1995, 101 (「したがって Jakobs は，行為概念とは言い得ない概念に到達している」)，ならびに *Schünemann*, Madrid Symposium, 1995, 50 (「実体的犯罪概念以外のなにものでもない」); *ders.*, GA 1995, 220. Jakobs の行為概念は，むしろ，犯罪行為概念である．なぜならば，刑法上重要な行為以外の行為は，彼にとって存在していないからである．

第 8 章　行　為

ゆえ，ここではまだ行為は，様々な体系のカテゴリーを区別せずに，全行為の帰責と同視されていて，また，故意行為のみが行為と評価されていたのである[10].

8　Hegel の刑法における門弟達（*Abegg, Köstlin, Berner, Hälschner*）にあっては，その後，過失も押しなべて行為概念に含められている．しかし，行為と全行為に対する帰責との（すなわち，行為と可罰的行為との）区別はゆっくり行われ，その端緒を開いたにすぎなかった．出発点とすべき *Berner*[11]の次の確認は有名である．すなわち，「犯罪は**行為**である．それ以外で犯罪について述べることはすべて，主体としての行為に付与される評価にすぎない．したがって，行為の概念は，犯罪論の構成を決定づける揺るぎない骨格である」．それ以前に[12]，彼は「犯罪の行為と可罰性の区別化（Diremtion）（すなわち，分離）」をすでに支持していたのである．このような現代的定式化のゆえに，*Berner* は，一般的に，近代の行為論の創始者とみなされている（7章 Rn. 12 参照）が，彼はこのアプローチをその後さらに深く追究したわけではなかった．

9　ヘーゲル学派ではない *Luden* の場合も同様である．彼の「刑法論文集」（1840年）には犯罪の分類が見出されるが，これは，20世紀の体系構想に驚くほど近似している．彼は，次のように区別している．「1. 犯罪的な，人間の行為によって惹き起こされた現象，2. 当該行為の違法性，3. 当該行為の故意的または過失的性質」[13]．ここでは行為と構成要件はまだ区別されていないが，その他では，今日まで我々の体系を決定づけている三分説がすでに描かれている．しかし *Luden* は，その後の論文ではこのような路線から離れている．*Binding* にあっても，彼の著作は今世紀まで広く普及しているが（4章 Fn. 4），彼が犯罪を全体として把握する行為の概念は，独立した刑法上の意義をもつものではない．

---

(10)　*Hegel* が，彼の法哲学の別の所でも（Fn. 9, §§ 116, 118, Zusatz zu § 119 のように），過失行為を帰属可能であると考えていたか否か，どの程度で帰属可能であると考えていたかについては明らかではないため，争われている．

(11)　*Berner*, Lehrbuch des Deutschen Strafrechts ¹1857, 108; ⁴1868, 111.

(12)　*Berner*, Grundlinien der kriminalistischen Imputationslehre, 1843, Vorwort, S. VIII.

(13)　*Luden*, Strafrechtliche Abhandlungen, 1840, Bd. II, 110, 130.

第2編　行為，軽罪，重罪

第2節　古典的体系の自然的（自然主義的，因果的）行為概念

10　「古典的犯罪体系」の構築者である *Liszt* と *Beling* は，自然的行為概念の創始者でもある．「行為は，人間の意欲に帰することができる外界における変動の惹起である」[14]と，当初 Liszt は定義していた．この場合，外界の因果的変動にとってごくわずかな作用でも足りるということになり，例えば侮辱の場合には「空気の振動」の惹起で足りる．この見解は，何も惹起しない不作為には適しえないものであったため，Liszt はその後，幾分異なる記述をするに至った．「行為とは，外界に向けた有意的態度である．もう少し厳密にいうと，変動，すなわち有意的態度による外界の変動の（ある結果の）惹起あるいは不阻止である」[15]．それゆえ「有意性」は上位概念として残っている[16]．これと同様に *Beling* においても[17]，行為は，客観的には「何らかの身体的活動または不活動を行い」，主観的には「このような身体的活動または不活動に意思が宿っていた」という確認ができなければならないとされている．不作為の場合，彼は，この意思を運動神経の抑制の中に認めた．「身体的活動の場合とまったく同じように，ここでも意思が支配している．意思は，刺激伝達と筋肉の集中に向けられているのである」．したがって，要約すると，*Beling* にとっては次の通りである[18]．「行為は，意思によって支えられた人間の態度が存在すれば，それがどこであろうとも…必ず肯定されうる」．

11　ここで固められた基盤から，自然的行為概念の主唱者たちはもはや離れることはなかった．*Mezger* にあっては[19]，行為は「意欲された作為または不作為である．ただし，ここでわれわれが興味を持つのは，意欲されている『こと』だけである．個々の犯罪行為について『何』が内容的に意欲されていなければならないかは，不法論をもって初めてわれわれに語られる…」と述べられている．*Baumann/Weber/Mitsch*[20]は，行為を「意思によって担われた人間の態

---

(14)　*v. Liszt*, StrafR, ⁴1891, 128.

(15)　*v. Liszt*, StrafR, ²¹/²²1919, 116.

(16)　行為論における意思概念の意義についての概略は *Burkhardt*, 1987, 329 ff.

(17)　*Beling*, 1906, 14 f.

(18)　*Beling*, 1906, 17.

(19)　*Mezger*, 1950, 12 f.; mezger の論拠の立て方における矛盾について *Jescheck*, Eb. Schmidt-FS, 1961, 144 ff.

310

度」と定義づけている．また，*Luzón Peña* にとっては，行為は「意思に支配
された身体的活動または不活動」[21]以上のものではない．

12 このような自然的行為概念は，動物や法人の活動を，さらには思想や単なる
「感覚の刺激」の結果を最初から排除することで，限界づけ機能を非常に上手
く果たしている．自然的行為概念のこの点についてもっとも多く発せられる主
要な異議[22]，すなわち，例えば，のちに殺人者になる子どもを産むことまで
も殺害行為とみなすことになるため，自然的行為概念は輪郭がなく際限がない，
という異議は誤りである．なぜならば，殺人者を産むことが行為に基づいてい
るということには疑いはなく，ここではそれを問題にしているにすぎないから
である．この行為が殺害行為を意味するか否かは，もとより否定されるべき構
成要件解釈（212条）の問題であり，そもそも行為が存在するか否かを検討する
際にはまだ興味を抱かせる問題にはなっていない．より重要なのは，次のよう
な疑念である．すなわち，自然的行為概念が，**意識的**な意思の刺激に注目しす
ぎて，とっさの自発的な反応・自動化された行為・情動行為あるいは酩酊によ
る行為の場合には，それを出発点とする判例においては，行為と行為でないも
のとの限界づけを今日まで妨げるという困難な状況に陥っているのではないか
というものである（詳しくは，Rn. 67 以下参照）．

13 これに反して，自然的行為概念は基本要素としては真に有用だというわけで
はない．なぜならば，不作為犯に関しては「外界の因果的変動」を放棄して
「有意性」だけを行為の基準として残しておくとしても，不作為犯の場合，行
為に要求される筋肉や神経の緊張が通常は証明できないからである．運動神経
は自ら動くわけではないため，通常は，その抑制を必要としない．認識なき過
失による不作為犯の場合，例えば，忘却したといった場合，単なる思考という
意味でのいかなる意思ですら欠如しており，いずれにせよその外的表出を欠い
ているので行為を想定するには不十分であろう．「意思によって支配可能な人
間の態度」のみを基礎としても，さほど助けにならない．なぜならば，事象を
支配することができたにもかかわらず実際は支配しなかったという意思は意思

---

(20)　*Baumann/Weber/Mitsch*, AT[11], § 13 Rn. 11.

(21)　*Luzón Peña*, PG, 266.

(22)　*Sch/Sch/Lenckner*[26], vor § 13 Rn. 27 のみ参照．

第 2 編　行為，軽罪，重罪

ではなく，少なくとも作為犯の基礎とされるべき意思性のメルクマールを満た
していないからである.

14　また，「人間の態度」という行為の定義は，自然的行為概念の現代的変種と
して現在でもたびたび用いられているが[23]，「態度」が独立した上位の概念メ
ルクマールを欠いたままで作為と不作為の単なる総称として用いられる場合に
は，共通の基本要素がない. このような見解は，はるか以前に，自然的行為概
念の観点からは決して反論できないテーゼを *Radbruch* に掲げさせた[24]. す
なわち，作為と不作為はそもそも「共通した上位概念の下に置かれ得るのでは
な」く，「肯定と否定，ａと非ａ」のような並立関係にある. その結果，体系は
「上から下まで真っ二つに分裂しており」，そのために，「体系の異なるいかな
る概念も，作為の（述語）評価と不作為の（述語）評価として二重に考察するこ
と」が必要である，と[25]. これによって，基本要素としての行為は放棄され
ることになった.

15　そのような解決方法は，最近では，*Puppe* に再び認められる[26]. 彼女は，行為を
「人が，その人にとっては外部的には行うことも行わないことも可能であるような，
何か特定のことを行うか，行わない（やめる）かに存在する事態」と定義づけている.
ここでは行為と行為でないものとの二分割が維持されているため，行為概念の統一
性が放棄されている. また，「外部的に可能なこと」という基準も不明確にとどまっ
ている.

16　また，結合要素としての機能においても，自然的行為概念は，正当な異議に
さらされている. 確かに，あらゆる任意の有意的な神経活動または筋肉活動
（かつ，法的に評価がなされていない）を行為とみなすことで，自然的行為概念は構
成要件に対して中立であるという長所を持っている. しかし，そのような行為
概念は，*Beling* 自身が「血の通っていない亡霊」[27]と呼んでいたように，体系
を支え得るものとしてはあまりにも訴える力に乏しい. このことは，「有意的
な筋肉の緊張」，「刺激伝達」という基準と同様に，「外界の因果的変動」とい
う基準についてもあてはまる. たとえば，侮辱を構成要件に該当し，違法かつ

---

(23)　*Wessels/Beulke*, AT³⁴ Rn. 86.

(24)　*Radbruch*, 1904, 141 f.

(25)　*Radbruch*, 1904, 143.

(26)　NK-*Puppe*, vor § 13 Rn. 66.

(27)　*Beling*, 1906, 17.

第8章　行　為

有責な「空気の振動の惹起，そして被害者の神経系の生理学的な過程」[28]と特徴づけたり，文書偽造を「可罰的な筋肉運動」と特徴づけたりするのは，滑稽に聞こえるし実際に滑稽でもある．こうした現象において本質的なものは，事象の自然的に認識される部分的要素に行為概念を縮小させることで，捉え損なわれてしまっている．

第3節　目的的行為概念

17　「人間の行為とは目的活動の遂行である」と，目的的行為論の創始者である *Welzel*[29]は述べている．第一次世界大戦後の時期の思考心理学的研究と結びつけ，*Nicolai Hartmann*[30]が行為構造に用いた分析を利用して，*Welzel*[31]は，行為の存在論的構造を刑法体系の中心に据え，これによって刑法体系に自然的（*Welzel* の用語では，「自然主義的」または「因果的」）行為概念によって破壊されてしまった存在法則的基礎を再び与えようと試みている．*Welzel* によれば，行為概念の「目的性」あるいは「有目的性」は「人間がその因果の知識にもとづいてその活動のありうる結果を一定の範囲において予見し，そのために種々様々の目標を設定し，この目標を達成するためにその活動を計画的に操縦することができる」ことに基づいている．「目的活動は，意識的に目標によって統制された作用であり」，この作用は外的な因果経過を「目的的に被覆決定する」ものである．

18　Hegel の行為概念（Rn. 7）との類似性が耳目に触れる．目的主義はその構造を引き継いでいるが，*Hegel* では行為概念の中にまだ統合されていた不法と責任をここから切り離して，現代の体系に利用可能なものとしている[32]．目的的行為概念は，1935 年から 1965 年までの刑法理論上の議論を本質的に決定し，

---

(28)　もともとの主張は v. *Liszt*, StrafR, ²1884, 107.

(29)　これ以下：*Welzel*, StrafR¹¹, 33.

(30)　*N. Hartmann*, Ethik, ¹1925; *ders.*, Das problem des geistigen Seins, ¹1932. *Welzel* が，彼の理論の心理学的および哲学的起源について詳しく述べているのは，Vorwort zur 4. Aufl, von „Das neue Bild des Strafrechtssystems", 1961, S. IX-XII.

(31)　目的的行為論の先駆者と他の主唱者については，7 章 Rn. 18 参照．

(32)　また *Welzel*, StrafR¹¹, 41 は，「刑法的および哲学的行為論の前自然主義的伝統を発展させ，その間になされた違法性と責任との理論的分離をそこに組み入れる」ことを強調している．

313

第 2 編　行為，軽罪，重罪

国内外において広く普及し，判例にも重大な影響を与えている[33]．このこと
は，とりわけ，このような行為の構想が全体的な刑法体系の再構築を強いるこ
とに基づいている．この行為構想に関して，故意は責任に初めて入れられるの
ではなく，行為の要素として構成要件に属するのである（詳しくは，7章 Rn. 18）．
このことから，様々な実践的帰結（特に，錯誤論と共犯論において）が導き出され，
自然的行為概念と比較するとはるかに「性能のよい」目的的行為論に最初から
大きな注目が向けられることは確実であった．目的的行為論で特に重要ないく
つかの体系的帰結についてはすでに叙述したので（7章 Rn. 24，45 以下，48 以下），
ここでもう一度それを読み返してみるのがよいだろう．

19　目的的行為概念は，今日ではかつての重要な意義を大きく失ってしまっ
た[34]．とりわけ，目的的行為概念は不作為犯に対応できないので，刑法体系
の基本要素として適切ではないという点については，現在では争いがない．な
ぜならば，不作為犯は，作為犯でいう意味の結果に対しては因果的ではなく，
因果経過を操縦していないため，目的的にも行為することができないからであ
る[35]．それゆえに，*Radbruch* がすでに自然的行為概念の観点から不可避であ
ると認識していたように，目的的行為論もまた体系を二分化している．した
がって，*Welzel* は上位概念を単に「行態」，すなわち，「目的的な意思操縦に
対する能力に基づく，人間の積極的・消極的態度の能力」と呼んでいる[36]．
ここでは「行為能力」も，行態概念の作為と不作為を結びつける共通メルク
マールという役割を果たすことができない．なぜならば，行為能力は行為それ
自体とは異なるため，不作為と作為は分離したままだからである．Welzel の
弟子の *Armin Kaufmann* は，それどころか，構成要件に前置する行為概念の，
基本要素，結合要素および限界要素としての機能すべてを争った[37]．

---

(33)　目的主義者の観点から集約しているのは *Hirsch*, ZStW 93（1981），831; 94（1982），
　　239.

(34)　*Schmidhäuser*, JZ 1986, 116:「15 年は，目的的行為理論を衰退させるのに十分で
　　あった」．しかし，このことは，他の目的主義者すべての立場にも妥当するわけではな
　　い（Rn. 26 参照）．

(35)　これを目的的行為論の立場から最初に説明したのは，*Arm. Kaufmann*, 1959; 最近
　　では *Hirsch*, ZStW 93 81981)，851.

(36)　*Welzel*, StrafR[11], 31; 類似する *Maurach/Zipf*, AT/1[8], 16/4 ff.

(37)　*Arm. Kaufmann*, Welzel-FS, 1974, 393 ff.

第 8 章　行　為

20　しかし，作為犯自体についても，目的性の概念がそれに共通の基礎を与え得
るかは疑わしい．目的主義者は，ここでは，過失行為について，ヘーゲル主義
者達の故意行為に向けられた行為概念に立ちはだかったものと同類の障害に直
面する．*Welzel* は，当初，結果について目的的ではなく盲目的で因果的に惹
起される認識なき過失行為を人間の行為の「不十分な形態」[38]であると考えて
いた．これによれば，故意行為と過失行為の両者を「行為という上位概念の下
に置く」ことは「目的性のモメントであるが，これは，故意行為では**現実的**目
的活動として現実的構成要素（現実的目的性）であり，過失行為では**可能的**目的
性として単なる関連要素に過ぎない（潜在的目的性）」[39]．しかし，単なる可能
的目的性は実際には存在しないため上位概念を欠いており，過失行為は，目的
的であるとも，そもそも行為としても評価されえない[40]．

21　*Niese* [41]の研究以降，目的主義者は，過失行為は発生した結果にではなく，
行為者によって目指された目標に目的があるとして，過失行為を目的的行為で
あると性格づけている．銃掃除の際に不注意で発砲して人を死亡させた場合，
これは確かに目的的殺害行為ではないが，いずれにせよ，行為という共通概念
の下にある目的的掃除行為ではある．実際，このようにして，目的性によって
故意行為と過失行為に共通する基本要素が生じている．しかし，それだけに一
層，過失行為のこのような目的性は体系的結合要素として役に立っていな
い[42]．というのも，過失行為者によって目指された目標は，刑法上ではまっ
たく重要でないものであるがゆえに，構成要件に該当し違法かつ有責なという
評価も行い得ないからである．むしろ，こうした評価は結果を惹起した注意の
欠如に向けるものであるが，注意の欠如は目的性の構造の中に位置していない．
このようにして，目的的行為概念は自然的行為概念に立ち帰っている．行為者
が何かを意欲したということのみが重要なのであり，その意欲の内容はどうで
もよいのである．「このように，Niese の試みは，過失に対する目的的行為概

---

(38)　*Welzel*, Der Allgemeine Teil des Deutschen Strafrechts in seinen Grundzügen,
　　¹1940, 23, 79 f.

(39)　*Welzel*, StrafR¹, 1947, 22.

(40)　*Welzel* 自身の（StrafR¹, 129）：「これによって，切換えが，最初から，間違って設
　　定された」参照.

(41)　*Niese*, Finalität, Vorsatz und Fahrlässigkeit, 1951.

(42)　これに関しては *Arth. Kaufmann*, JuS 1967, 145 も参照.

第2編　行為，軽罪，重罪

念の全面降伏で終了した」[43].

22　このような異論に対処するために，*Welzel* は，その後，行為について説明するにあたって結果を，すなわち文字通りの意味での目的性 (ラテン語で finis ＝ 目標) を，むしろ全く無視して，操縦経過のみを考慮しようとしている．彼は「『目的的』ではなく，『サイバネティクス的』行為，すなわち**意思によって操縦され，統制された事象**としての行為と言っていた」方がむしろよいのではないかという[44]．「そうすると，このような理論は，言語上で，故意行為も過失行為も同じように包括し，両事例において法的に重要な要素，すなわち**操縦**をうまく捉えることになるかもしれない」．これによって，確かに，作為犯の場合には，行為が体系的結合要素としてその機能を再び果たすことになる．しかし，行為の「基本要素」としての性格は，Welzel の想定に反して，またもや放棄されてしまう．なぜならば，故意行為においては現実的な操縦が問題となるが，過失においては命じられた操縦の不作為が問題になっているため (意識的な操縦経過は法的には中立的なままであるにもかかわらず)，再び，法的な結節点の統一性が欠如するからである．したがって，困難は残ったままである[45].

23　過失を目的的行為として説明しようと，従来，最後に試みたのは，*Struensee*[46]である．彼は，行為者がたとえば赤信号で交差点を走行したり見通しのきかないカーブで追い越したりすることによって，行為者の目的性は，許されざる危険を基礎づける諸事情にまで及んでいる点に，過失を認めている．こうして，*Struensee* にとっては「法的に否認された目的性が過失犯の不法をも形成しており，これによって，故意不法と過失不法は同質の構造を提示する」[47]．ここでは，目的性は不法の領域で初めて把握可能となるため，前構成

---

(43)　そのように述べるのは目的主義者である *Struensee*, JZ 1987, 55 f.; しかし，Niese によって展開された立場をさらに推し進めようとする *Weidemann*, GA 1984, 408 ff.

(44)　*Welzel*, Maurach-FS, 1972, 8; 同様の表現は，すでに StrafR[11], 38, 131. *Hirsch*, ZStW 93 (1981), 863 は，「所与の行為概念」について語ろうとしている．

(45)　Welzel と彼の門下 (Arm. Kaufmann, Jakobs, Hirsch, Zielinski) の，目的性と過失の関係についての最後の努力に対する，おそらく最終的な批判的評価について *Struensee*, JZ 1987, 56 f.

(46)　*Struensee*, JZ 1987, 53 ff.; さらに *ders.*, JZ 1987, 541; *ders.*, GA 1987, 97. 批判的な *Herzberg*, JZ 1987, 536; *Roxin*, Arm. Kaufmann-GS, 1989, 247 ff.

(47)　*Struensee*, JZ 1987, 62.

316

第8章 行 為

要件的行為として性格づけることやその基本要素であることは，もちろん，放棄されることになる．また，内容的に，このような構想には，過失は必ずしも危険の要素の意識的（「目的的」）実現にあるわけではないと批判されうる．自動車運転手が前述の事例で，信号やカーブにまったく気付かないほど不注意である場合，彼は危険の重要な諸事情をまさしく意識することなく実現したにもかかわらず，惹起された損害は過失によって引き起こされたものとして彼に帰責されるのである．

24　限界要素としてそれが適性をもつかについても，目的性は，作為犯にあっても幾つかの疑問にさらされている．このことは，とりわけ，いわゆる自動化された行為に当てはまる．これは道路交通事犯で重要な役割を果たしており，一般的には行為とみなされているのであるが，意識的操縦はほとんど欠如している．たとえば，一定の状況において意識をせずにブレーキペダルを踏むことは，「半意識的および無意識的に機能する行為準備に」基づいて行われている[48]．これが，*Stratenwerth* が「無意識的目的性」（すなわち，無意識に行われる操縦）の概念を導入しようとする契機になったようである[49]．このことは事の実情に合致し，*Welzel* の「個々の事案における意識的な行為操縦」[50]は明示されえないことがしばしばあるという認識にも一致する．しかし，*Welzel* によって最後まで維持された目的構造の理解，つまり，目標によって意識的に統制された手段選択および行為経過の計画的な操縦という理解からは，著しく遠ざかってしまう．

25　最後に，目的的行為論は，その最も効果的なテーゼ，すなわち，その存在論的な行為構想から具体的で法的な問題解決を導くことができるという主張でも反論を受ける．このような試みは，存在から当為を演繹することはできないという古いカントの認識に躓いて挫折するだけではない．このような試みは，目的性は構成要件に立ち入ると同時に純粋に存在的な所与ではなく価値概念になるのであり，その内容が法秩序の目的設定によって本質的に決定されることか

---

(48)　*Welzel*, StrafR[11], 151.

(49)　*Stratenwerth*, Welzel-FS, 1974, 289; *Stratenwerth/Kuhlen*, AT[5], § 6 Rn. 7 も参照；*Hirsch*, ZStW 93 81981), 861 は「より低い意識段階での……目的性」について述べている．

(50)　*Welzel*, StrafR[11], 152.

第 2 編 行為，軽罪，重罪

らも，役に立たない．たとえば目的的詐欺行為では，詐欺の法的定義に大きく依存しており，目的的にもしくは故意に詐欺を行ったというためには，行為者はその定義の意味要素を把握していなければならない．それどころか，不法の意識（それゆえ，法社会的な全体的意味の把握）が「目的的詐欺行為」に属するか否かという問題は，存在的基準によってではなく，ただ立法者の価値決定（16条，17条）だけを基準に答えられ得るのである．したがって，錯誤論において優れているのは責任説か故意説か（これ関しては，7章Rn. 44以下）ということについては，行為の本質を基準にするのではなく，ただ刑事政策的観点によってのみ決定されるべきである．同様のことが，共犯が可能であるとするためには，行為がどのような特質を示さなければならないかという問題についてもあてはまる（7章Rn. 48以下参照）．可罰性の存否および程度の問題に関する目的的行為概念の非生産性（一般的に，すべての行為概念と同様に）は，私の「目的的行為論批判」の中心的テーゼである[51]．今日，分かる限りでは，この批判に対する異論は目的主義者達にも見当たらない．

26　しかし，目的的行為論は一般的行為論としては刑法にふさわしくないうえにその実践的な機能性の点についても過大な評価をされすぎてはいるが，不法論における本質的進歩は，目的的行為論のおかげである[52]．とりわけ，不法が――「古典的な」犯罪体系に合致しているように――構成要件該当性のある結果だけに基づいているのではなく，行為者の行為の行為無価値によって，本質的に共同決定されているという認識は，その進歩のおかげである．このことは，故意の不法への位置づけによって特に目立つことになっている故意犯についてだけではなく，確かに目的性ではないが，行為操縦の欠如と，したがって，ある人的要素とが共に不法を構成している過失行為についても妥当するのである．

---

(51)　*Roxin*, ZStW 74 (1962), 515 ff. (=Grundlagenprobleme, 72 ff.). 強く賛同する *Arth. Kaufmann*, H. Mayer-FS, 1966, 80; *Noll*, 1971, 27; *Zielinski*, 1973, 86 も，規範目的主義的観点から，このような「目的的行為論に対する批判は，本質的部分」にあたっていると考える．また AK-*Zielinski*, §§ 15/16 Rn. 10 も参照．

(52)　したがって，この意味で Welzel 門下の *Hirsch* が目的的行為論の成果を擁護するならば，彼に完全に賛同できる．ZStW 93 81981), 831; 94 (1982), 239.

第8章 行 為

第4節 社会的行為論

27 社会的行為概念は，その発端は目的的行為論以前にさかのぼるが，今日的な意味を持つに至ったのはこの何十年以来のことである．その結果，社会的行為概念は，その影響力の歴史的な意味では目的主義の後に位置づけられなければならない．すでに Liszt の教科書の改訂版の中で，*Eb. Schmidt* は，行為を「**社会的**外界に対する有意的態度」と定義づけており[53]，Liszt とは明確に一線を画して次のように記述をしている[54]．「『行為』は，自然科学的観点での生理学的現象としてではなく，『社会的現実に向けられた作用の方向』における社会現象として我々に関心を抱かせる」のである[55]．ほぼ同じく *Engisch* は，行為を「予見可能な社会的に重要な『結果』の有意的惹起」と定義づけており[56]，この概念は，故意的・目的的行為に加えて，過失的行為をも包括しているのである．*Maihofer* は，次のように述べる[57]．「『行為』は，社会的財の侵害に向けられた態度」であり，この特徴づけはのちにさらに発展させられ[58]，行為は「客観的に支配可能な行態であって，客観的に予見可能な社会的結果に向けられたもの」と定式化されるに至った．もっとも簡潔な理解が *Jescheck* に見いだされ，そこでは，行為を「社会的に重要な人間の態度」[59]であるとしている[60]．

---

(53) *v. Liszt/Schmidt*, StrafR, ²⁶1932, Bd. I, 154.

(54) *v. Liszt/Schmidt*, StrafR, ²⁶1932, Bd. I, 153.

(55) 続いて，*Eb. Schmidt* の下で，この思想が，実践的に，最初に用いられたのは，Die militärische Straftat und iher Täter, 1935, 22 f., Fn. 45; Der Artzt im Strafrecht, 1939, 75, Fn. 29; SJZ 1950, Sp. 290; JZ 1956, 190. 要約している *Eb. Schmidt*, Engisch-FS, 1969, 339 ff.

(56) *Engisch*, ²1965, 38. 類似するものとして，すでに Kohlrausch-FS, 1944, 160 f.

(57) *Maihofer*, 1953, 72.

(58) *Maihofer*, Eb. Schmidt-FS, 1961, 178.

(59) *Jescheck*, Eb. Schmidt-FS, 1961, 151; *Jescheck/Weigend*, AT⁵, § 23 VI 1; LK¹¹–*Jescgeck*, vor § 13 Rn. 32.

(60) 類似するのは *Wessels/Beulke*, AT³⁴ Rn. 92:「人間の意思によって支配された，または，支配可能な社会的に重要な態度」；さらに *Preisendanz*³⁰, Vorbemerkung B III 1; *Kienapfel*, 1966, 23:「意思によって担われた，社会的に重要な態度」；これにしたがう *Bringewat*, Grundbegriffe Rn. 373. また，社会的行為論に賛成なのは *E. A. Wolff*, 1964, 29 ff.; *ders.*, Radbruch-GS, 1968, 299.

319

第2編　行為，軽罪，重罪

28　このようにして，社会的行為概念の輪郭は細部では非常に異なっている．しかし，社会的という概念の中に，行為にとって本質的な要素を見出すという点では同じである．このような概念の長所は明らかである．この概念は，犯罪的態度のすべての現象形式を無理なく社会的現象と特徴づけることができるため，基本要素としての機能を果たし，また，結合要素としても自然的行為概念や目的的行為概念よりもはるかにふさわしいように思われる．なぜなら，刑法的評価は，「筋肉の運動」よりも，または，不作為には欠けており，過失行為には重要でない目的性よりも，いかなる場合でも存在する社会的現象に明白に結びつきうるからである．

29　しかし，社会的行為概念にも弱点はある[61]．まず，社会的行為概念は，実践的に重要な限界設定機能を正しく評価することができない．なぜならば，確かに，単なる思想は社会的に重要ではない．しかし，その他の行為概念を使って排除しようとしている法人の活動，絶対的意思抑圧の効果，純粋な反射的運動やその他の操縦不可能な運動などは，すべて社会的に重要である．したがって，社会的行為概念の支持者も，有意性，支配可能性等の基準に立ち戻って自然的行為概念から借用し，これに対する批判にさらされるか，あるいは，限界設定機能を社会性以外の行為要素に移動させざるを得ない．そのために，*Jescheck* は，その定義の枠内で，「態度」の概念を「行為可能性への応答」[62]と規定することで，独立の意味を与えている[63]．これは注目に値するアプローチであるが（Rn. 47 参照），社会的重要性という基準にはまったく関係していない．その上，社会的重要性は，そもそも，どの程度の重要性をさらに持ちうるのかが疑わしい．すなわち，どのような「反応可能性の実現による…状況の要請に対する応答」が社会的重要性を欠くために行為概念からこぼれ落ちるのか，疑問である．

---

(61)　目的主義者の観点からの批判を要約した *Hirsch*, ZStW 93 (1981), 852 ff. ここで示された批判に賛同する *Baumann/Weber/Mitsch*, AT[11], § 13 Rn. 87 ff.

(62)　*Jescheck*, Eb. Schmidt-FS, 1961, 152. 今日さらに詳しい *Jescheck/Weigend*, AT[5], § 23 VI 1:「自由にすることのできる反応可能性を現実化することで得られる，認識された，または，少なくとも認識可能な状況の要請に対する人間の答えのすべて」．

(63)　非常によく似ている *E. A. Wolff*, 1964, 17,「個人的行為概念」の範囲において（*Jescheck* とは無関係に）:「個人にゆだねられている可能性の，自由な，意味に関連付けられた利用」．

第8章 行 為

30 ほかにも，結合要素としての社会的行為概念の困難は，構成要件の評価段階とほとんど区別され得ない点にもある[64]. なぜならば，社会的評価と法的評価とは相互に依存しており，まず区別は不可能であろうからである. 確かに，法は，社会的な先行評価を受けた事情を規定していることが多い. しかし，反対に，法的規定が前もって社会的評価を決定することも多いのである. 自らの身体に一定の方法で侵害を加えた女性は，それによって社会的重要性のない極めて私的なことを行ったのか，それとも，その行為によって社会的に重要な堕胎行為を行ったのかは，立法者がそこまでは社会的領域の中で顧みられないままであった態度を，どの段階から「妊娠中絶」と定義づけるかに大きく依存している（218条1項2文参照）. すなわち，ここでは，社会的評価が，法的評価の後に行われているのである. 自動車運転手が時速60キロメートルの速度で道路を走行している場合，このことは，漠然とした用語法によれば，前法的には社会的に重要であるといえるかもしれない. しかし社会的意味で決定的なのは，いずれにせよ，運転手がその時に処罰対象である速度制限を超えているか否かという事情である[65]. したがって，構成要件該当性は，時には態度の社会的重要性を初めて基礎づけているが，その他の場合にはそれに著しい影響を与えているということができる.

31 法的評価と社会的評価のこうした相互依存から，社会性のカテゴリーは，構成要件に前置されているというよりは，むしろ内含されているのである. このことは，社会的行為論の主唱者の大多数は，その行為概念を用いて予見不可能な（「異常な」）因果経過を刑法から取り除こうとしていることと合致する. *Eb. Schmidt* は，この方法を用いて，殺人者の両親は被害者の死の原因となっているが，被害者を「死なせた」わけではない，と説明している[66]. *Engisch* は，「予測不可能な」結果をその行為概念から排除しており，*Maihofer* は，同様に，「客観的に予見可能な」結果だけを行為に入れようとしている（Rn. 27参照）. しかし，因果経過とその予見可能性への疑問は，行為の問題ではなく，構成要件の問題である. なぜならば，構成要件的結果の帰属は構成要件的評価基準にし

---

(64) これに関しては，*Schünemann*, GA 1985, 346 も参照.

(65) この例に関して *Bockelmann/Volk*, AT⁴, §11 II 3 参照.

(66) *Eb. Schmidt*, Engisch-FS, 1969, 343.

(67) 的確なのは，また *Jescheck*, Eb. Schmidt-FS, 1961, 153.

321

第 2 編　行為，軽罪，重罪

たがってのみ可能だからである[67]．したがって，社会的意味の解釈は構成要件の範囲で行われる．また，社会性の次元を指摘する他の法概念，すなわち，*Welzel* によって展開された「社会的相当性」（詳しくは，10 章 Rn. 33 以下）や私が強調している「社会的秩序原理」（詳しくは，7 章 Rn. 70）のような法概念は，不法論の領域においてのみ生産的なものとなるのであって，それに前置された行為概念の領域においてはそうはならない．「社会性」という冠辞は，それ以外に，不法論における重要な解釈の観点でもあり，まさに，それゆえに，前刑法的行為概念の基本的な要素ではない[68]．

32　これらのことから，「社会的重要性」が，この概念の訴求力にもかかわらず，体系的な結合要素としては十分に適してはいないと結論される．なぜならば，法的評価を付け加える「実体」を重視していないからであり，また，不法評価の際に重要な性質を特徴づけているに過ぎないからである[69]．このような理解だけが，通常の用語法にも一致するのである．それによれば，社会的に重要な行為と，もちろん社会的に重要でない行為も存在することになる．したがって，社会的重要性は，行為が有しうる性質でもあり，有しえない性質でもある．この性質が欠ける場合には，行為がではなく，その社会的意味だけがなくなることになる．

第 5 節　消極的行為概念

33　近時，多くの著者達が様々に異なったアプローチをもとに，「消極的行為概念」を展開することで犯罪論に新たな基礎を与えようとしている．これらの理論すべてにとって決定的な観点は，「回避可能性原理」であると書き表される．この原理を初めて適切に定式化したのは，*Kahrs*[70] においてである．「行為者に結果が帰属されるのは，行為者はそれを回避可能であり，かつ法がそれを命じていたにもかかわらず，回避しなかった場合である」．*Kahrs* が回避可能性

---

(68)　上述の内容は *Voßgätter, 2004* に関して，社会的行為論はすでに客観的帰属論の前兆であった，ということに納得できる．

(69)　したがって，*Jäger*, AT, § 1 Rn. 22. も参照．

(70)　*Kahrs*, Das Vermeidbarkeitsprinzip und die condicio0sine-qua-non-Formel im Strafrecht, 1968, 36. ただし，刑法理論における回避可能性思想は，様々な関連性ですでに役割を果たしている．古い文献での紹介については *Engisch*, Gallas-FS, 1973, 193, Fn. 65 も参照．

第8章 行 為

をただ構成要件的帰属原理であるとみなしている一方で，*Herzberg* はこの原理を，彼によって「消極的」と特徴づけられ，作為と不作為を同等に包括する行為概念の基礎として初めて利用した[71]．「刑法の行為は，保障人的地位での回避可能な不回避である」．これによれば，作為犯ならびに不作為犯は同等に「何か」を回避しないこと，と考えられる．例えば，既遂の結果犯の典型的事例では，構成要件該当結果を回避しないこと，と考えられるのである．すなわち，作為犯は自己を抑制することによって，不作為犯は結果を阻止すべく因果経過に介入することによって，両者は結果を回避することができたというのである．それゆえに，「回避可能な不回避」が両者に責任を負わせることになる．この行為概念を果てしない議論に引き渡さないために —— なぜならば，理論的には，いかなる因果経過でも不断に介入することによってあらゆる可能性を回避できるので —— *Herzberg* は，一定の人的集団に限定された行為者の「特別の答責性」という意味での「保障人的地位」を補足的に要求しているのである．これは，大多数の不作為犯について，構成要件充足の条件として一般的に認められているが，*Herzberg* の解釈によれば，ほぼ一致している他の見解とは異なり，作為犯の場合も同様に，「犯罪的身体運動で人が潜在的な危険の根源として現実化している」限りはこの地位が与えられるのであり，そのために結果の回避に対して責任があるのである[72]．しかし若干の不作為犯では —— 138条，323条cのような —— 回避義務が一定の人に制限されておらず，すべての人に及んでいる．この種の犯罪は彼の行為概念には含まれない，と Herzberg は結論を明確に導いている[73]．

34 保障人的地位を放棄した *Jakobs* は，動機づけ論に基づいて，非常によく似た定義をしている[74]．「態度は —— 結果犯に関して定式化すると —— 回避可能な結果惹起であり」，「個人的な回避可能性」である．最後に，*Behrendt*[75] は大がかりな試みを行っており，純理論的検討から得られた Herzberg の消極的

---

(71) *Herzberg*, 1972, 177.

(72) *Herzberg*, 1972, 173.

(73) *Herzberg*, 1972, 176.

(74) *Jakobs*, Welzel-FS, 1974, 309; das zweite Zitat in AT², 6/vor Rn. 24（Rn. 24 ff. における詳細な理由づけ）．

(75) *Behrendt*, 1979; *ders.*, Jescheck-FS, 1985, 303.

第2編 行為，軽罪，重罪

行為概念を「なされなかった逆操縦」という衝動理論的−精神分析学的な行為モデルによって支持し，改良しようとしている．彼にとって不作為（および，不作為であると判明する行為も）は，「構成要件に該当する状況の回避可能な不回避」である[76]．

35 このような消極的行為概念によって現実的に共通の基本要素が獲得されるか否かは，たとえ *Herzberg* がいくつかの不作為犯に関しては初めから行為の性質を放棄していることを除外しても，かなり疑わしく思える[77]．なぜならば，積極的結果犯の場合，「回避」は単に「結果の不惹起」を意味するにすぎないからである．そうすると，「不回避」は，結果の「不‐不‐惹起」である．このような二重否定は，論理的には，肯定の意味を有しており，平たく言えば，結果の惹起ということである．このような「惹起」は，不作為犯での不回避を意味する「結果の不防止」と比較すると，ずっと昔からの作為と不作為との関係とまったく同じように，区別される．それゆえに，肯定と否定は，否定と同一の上位概念には支配されない．なぜならば，肯定は，語法上，二重否定とも表現され得るからである[78]．そこで，無論のこと，*Behrendt* は「なされなかった逆操縦」という概念によって，作為でも不作為がでも同じように提示されうる**精神的**現実性に着眼したのである．しかし，これでは，自然的行為概念における「有意性」と同じ状況になる．ある者が処罰の対象になっている作為命令（例えば，引渡義務や通報義務）を知らない場合，当該不作為には**精神的**基体が見出されず，その結果，上位概念の共通性は論理的にも心理学的にも基礎づけることができないように思われる．

36 従来の意味での結合要素としても，消極的行為概念は用いられ得ない．この

---

(76) *Behrendt*, 1979, 132.

(77) 私は，その限りで *Engisch*, Gallas-FS, 1973, 194 ff. にしたがう．また *Maiwald*, ZStW 86 (1974), 653, Fn. 86 も参照；*Schmidhäuser*, Arm, Kaudmann-GS, 1989, 141 f. また *Jakobs*, AT², 6/33, は，彼自身，回避可能性を目指しているにもかかわらず，消極的行為概念とは，「用語の混乱」であると非難し，距離を保っている．ただし，十分に評価されているわけではない「積極的概念」を承認している (a.a.O., Fn. 81). *Herzberg*, JZ 1988, 576 ff., は，批判者に対して，「新しい構想について……先入観にとらわれることなく熟慮するという準備に欠ける」として (S. 579), 消極的行為概念を擁護している．しかし，彼は，Engisch をこの批判対象から排除している．

(78) 賛同する NK-*Puppe*, vor § 13 Rn. 58.

第8章 行 為

ことは，まず，刑法に限定され，構成要件を含む行為概念を重要視しているが
ゆえである．これは，*Herzberg* においては保障人的地位を考慮していること
から，疑問の余地はない[79]．*Behrendt* は，なされなかった逆操縦を構成要件
に時間的に前置されたものとみることによって，行為概念の前構成要件性を明
らかにしようとする[80]．しかし，彼は，「行為領域を構成要件から完全に切り
離すことは，考えられない」ということからも出発している[81]．これは，彼
の行為概念の「構成要件に該当する状況」との関係性を十分明らかにしている．
それゆえ，消極的行為概念は，構成要件的行為の特徴をより明確に示している．
すでに，不回避という概念が，刑法において構成要件から生じる回避すべきと
いう前提条件の下でのみ意味を持つのである．しかし，構成要件的上位概念に
ついては多くのことが要求されるわけではなく，欠けるところもない．その限
りで，「回避可能な不回避」は，「禁止された違反行為」もしくは「規範違反」
と呼びうるもの以外の何ものでもない．また，*Jakobs*[82]にとって「個人的に
回避可能な結果惹起」（＝行為）は，単に「故意行為および（個人的に）過失行為
の上位概念」に過ぎず，その結果，個人的に回避不可能な死の惹起は，なおさ
らのこと，行為ではないのである[83]．「法と調和しない世界像というものが…
欠落しており，かつ，規範が侵害されていない．これほどに強く主観的に方向
づけられた規範の解釈は，もとより，一般的には妥当しないが，刑法の領域で
現在実践されている相互作用的要件を説明しようという試みなのである」．

37 その内容的言明力も，消極的行為概念の成立要件をめぐって損なわれる．そ
れによると，積極的行為または価値中立的行為は，もはや全く行為ではない．
善行を施すことや昼食をとることを[84]「回避可能な不回避」と性格づけること
に意味はない．*Behrendt*[85]も，消極的行為概念は「人間の行為一般にではな
く，人間の破壊性の発露に」関わるのだ，と強調している．したがって，正当

---

(79) *Herzberg* 自身は（1972, 184），ZStW 74 (1962), 516 で，私の表現を引用している．
(80) *Behrendt*, 1979, 130 ff.
(81) *Behrendt*, 1979, 131.
(82) *Jakobs*, AT², 6/27. 同様に *Kindhäuser*, AT, § 5 Rn. 13:「構成要件実現に関係する
　　 回避可能な態度」．
(83) *Jakobs*, AT², 6/24.
(84) この例に関して *Herzberg*, 1972, 185.
(85) *Behrendt*, 1979, 96.

325

第 2 編　行為，軽罪，重罪

化される行為はもう行為としては把握され得ない．私が他人の車を人命救助の
ために使用する場合，これは民法 904 条によって正当化される構成要件的行為
(248 条 b) である．しかし，この行為を「回避可能な不回避」として，また人
間の破壊性の発露として性格づけられると見ることには，違和感をおぼえ
る[86]．このことから，この概念は，行為の消極的評価を示しているのであっ
て，行為それ自体を表しているのではないことが明らかになる．

38　それゆえに，行為概念は結合要素として体系的区別に「バックボーン」を提
供しなければならないという役割を果たすこともももはやできない．したがって，
正犯と共犯の区別，予備行為と未遂の区別は，作為と不作為の場合には素材の
基体の相違ゆえに異なる方法で行われなければならない，と今日では認められ
ている．しかし，すべての積極的行為を不作為に解釈し直すならば，これらの
区別も理論も一様に不作為犯に妥当する規則に従わなければならないであろう
が[87]，このことは有害な結果を導き，消極的行為概念の主張者によっても支
持されない．*Lenckner*[88] は，簡潔に，消極的行為概念によって「物事が…逆
転されて」しまうことになると述べているとすれば，それは，平和破壊は専ら
積極的行為による他人の法的領域への介入として現れるのでなければならず，
したがって法的評価もそれに結び付けられなければならないということを狙っ
たものである．

39　最後に，消極的行為概念は，限界設定機能も充足することができない．まず，
自己の心の破壊的傾向に向けてなされなかった逆操縦は，もっぱら内なる精神
的な領域で決心をする前から始まっており，これによって純粋な思考の領域に
不当に干渉することになるのである．確かに，純粋な身体的原因であり，意思
による支配可能性に服さない身体作用を「回避不可能」であるとすることは，
正当である．しかし，予見不可能で，構成要件で初めて除外される因果経過，
責任を阻却される禁止の錯誤または精神病者の行為は「回避不可能」であるが，
これらは消極的行為概念では行為とすべきである．したがって，**いずれかの評
価段階での刑法的帰属だけではなく行為への帰属までも排除する回避不可能性**

---

(86)　*Behrendt*, 1979, 106 f., は，この困難性を自身で認めている．

(87)　*Stratenwerth*, Welzel-FS, 1974, 296, Fn. 21; また *Wessels/Beulke*, AT³⁴ Rn. 87;
　　Brammsen, JZ 1989, 72 ff., および LK¹¹-*Jescheck*, vor § 13 Rn. 31 も参照．

(88)　*Sch/Sch/Lsnckner*²⁶, vor § 13 Rn. 36.

という特有の根拠は，消極的行為概念の中に存在しないのである．

40　犯罪構造上のすべてのカテゴリーにおいて回避可能性の思想が登場すると，この思想で実際に重要なのは何かということが明らかにされる．すなわち，行為概念ではなく，帰属の観点が重要であり，そのようなものとしてこの冠辞は，*Herzberg* 以前にも単独で登場していた．行為，不法および責任についてのそのつど異なる要件は，行為者がそれを回避することが可能だったにもかかわらず回避しなかった場合には，常に存在する．それゆえに，様々な犯罪カテゴリーの評価的観点の下で回避可能性原理を磨き上げることは，重要な理論的任務であり(89)，再度話題にされるべきものである．しかし，これは行為概念の任務ではない．

41　*Herzberg*(90) は，前述した彼の消極的行為概念を，その「核心」部分を維持しようとしているものの，今や自ら「失敗だった」と判断している．彼の最新の理論によれば，すべての犯罪に共通するのは「注意義務に反し，刑法上否定される不作為」である(91)．それによって，今や明らかに，前構成要件的行為概念は放棄されており，行為は刑法的不法と同等に扱われている．このようにして，*Herzberg* は，有責な犯罪行為のみを行為と認めようとする *Jakobs* の新たな理論（Rn. 7 Fn. 9 参照）に近づきつつある．刑法的不法の包括的な性格づけには，欠けるところがない．不法は構成要件に該当し違法な態度であるという周知のパラフレーズは，私には，Herzberg の表現よりも言明力が強いように思える．なぜならば，不法な態度を「刑法上否定される」と呼ぶならば，ある規範的概念を同じく充足を必要とする別の概念と置き換えているに過ぎないからである．また，客観的帰属の前提と特徴づけるべき「注意義務違反」は，すでに刑法上の否定に含まれているため，新たに付け加えるべきものは何もない．さらに，文書偽造や外患誘致を「注意義務違反」と性格づけられると見ることも，奇妙な感じがする．したがって，不作為を上位概念とするという選択が残り，そこに消極的行為概念の「核心」が維持されている．確かに，積極的行為を「不作為の不作為」と呼ぶことは可能であるが，現象学的には，何もしないままでいることとは別物である．求められているのは，統一的名称（そのようなものとしては，「態度」も役に立っているだろう）ではなく，現象学的に把握可能な行為と行為でないものの区別基準であり，本書では「人格の発露」とみなされているものである（Rn. 44 以下参照）(92)．

---

(89)　この解決については，*Herzberg* および *Behrendt* が価値ある貢献をしている．

(90)　*Herzberg*, GA 1996, 10, Fn. 18.

(91)　*Herzberg*, GA 1996, 1, 9 ff.

第 2 編　行為，軽罪，重罪

第 6 節　行為の構成要件への吸収

42　これまで展開されてきたすべての行為概念に対して提起された重大な異議は，次第に諦めにも似た結論を強めていった．すなわち，前構成要件的，普遍妥当な行為概念の思想はおよそ断念されなければならず，その代わりに，すでに *Radbruch*[93] の念頭にあったような，構成要件該当性を犯罪体系の基本概念に昇格させるべきだ，という結論である[94]．この見解によれば，最初から一定の現象を刑法的評価の対象から排除するという必要性も，構成要件の枠内で考慮されることになる．行為概念からはもともと実践的成果が導かれないため，この概念をめぐって更に理論的に努力しても，収穫は少ないとおもわれる．実際，不法と責任の方がはるかに重要な犯罪カテゴリーである．

43　それでも，行為の問題を簡単に無視することはできない．なぜならば，体系構造をまずは構成要件から始めることができるとしても，構成要件該当的行為あるいは構成要件該当的態度についての言及を避けることはできないからである．そうすると，このような「構成要件該当的」という名称が付与される「行為」あるいは「態度」とは一体何なのか，という疑問が即座に生じることになる[95]．また，刑法的評価が結び付けられる共通の基体も存在しなければなら

---

(92)　*Schmidhäuser*, GA 1996, 303, は，Herzberg を「誰かをまたは因果経過を制止しない」ことと，「自制しない」こととは，大きく異なる二つの事象であって，その差は，「言語上の共通性」によって重なるにすぎないと批判している．「自制しないこと」は，「純粋に内面に留まっている出来事」であり，したがって，「比喩的な意味で」，「制止」が欠けているのである．このような方法では，共通の上位概念は生まれない，と批判している．

(93)　*Radbruch*, Frank-FS, Bd. I, 1930, 161 f.

(94)　*Bockelmann*, 1972, 1310 ff.; *Bockelmann/Volk*, AT⁴, § 11; *v. Bubnoff*, 1966, 149 ff.; *Figueiredo Dias*, 1999, 214 f.; *ders.*, PG, 244 ff.; *Fiandaca/Musco*, 1995, 186 f.; *Gallas*, ZStW 67 (1955), 8 ff.; *Klug*, 1960, 37 ff.; *Marinucci*, 1971; *Marinucci/Dolcini*, PG, 111f.; *Noll*, 1971, 21 ff.; *Otter*, 1973, insb. 136 f.; *Schmidhäuser* LB AT², 7/32; *Sch/Sch/Lenckner*²⁶, vor § 13 Rn. 37. また，私自身も，ZStW 74 (1962), 515 ff., の中で，このような立場に傾いている．*Herzberg* の前構成要件的行為概念の拒否に関しては Rn. 4, Fn. 5 を参照．

(95)　*Arth. Kaufmann*, H. Mayer-FS, 1966, 81 を参照；*Wessels/Beulke*, AT³⁴ Rn. 86; 同様に *Hirsch*, ZStW 93 (1981), 846, ただし，「行為の一般的特徴」に限定している；類似しているのは *Arm. Kauhmann*, 1982, 21, 32 (Kaufmann について詳しくは *Baumann*,

328

ない．なぜならば，ほぼ一致した見解にしたがって，思想，絶対的意思抑圧などの現象が最初から考慮に値しない場合，あり得る評価について適していると思われる所与性を，適していない所与性から，それを「行為」とする提示可能な積極的特性によって際立たせなければならないからである[96]．これを捜し出すことは，とりわけ，（「結合要素」としての）行為概念の体系的機能のためには，無駄なことではない．

C．人格的行為論

第1節　人格の発露としての行為

44　行為を「人格の発露」と理解すれば，機能に即した行為概念が生み出される[97]．すなわち，行為は，まず，心的‐精神的活動の中心としての人間に帰属されうるすべてのものである[98]．「自我」の制御，つまり，人間の精神的‐心的操縦機関に服することのない，単なる人間の身体的（「肉体的」）[99]領域，「物質的，生命的および動物的存在領域」[100]から生じた作用には，これが欠けている．ある者が抗拒不能な力によって窓ガラスに衝突させられた場合，睡眠中，せん妄状態，けいれん発作で暴れまわる場合，単に反射的に反応した場合は，意思および意識によって支配されていないか支配可能ではなく，それゆえに，**人格の発露**として特徴づけられず，「人」の心的‐精神的階層に帰属させるこ

Arm, Kaufmann-GS, 1989, 181）.

(96)　類似する *Maiwald*, ZStW 86（1974）, 651 f., は，思想との区別に観点を置いている．また *Bloy*, ZStW 90（1978）, 632 は「『構成要件該当性のある不法』は，行為概念が刑法的評価に適した客体が存在することを保障しなければならないため，基礎としての負担能力を持たない」と考える．

(97)　賛同する *Tröndle/Fischer*[52], vor §13 Rn. 3. この行為概念に関しては *Bunster*, Roxin-FS, 2001, 173 も参照；*Dedes*, Roxin-FS, 2001, 187.

(98)　言葉の上ではほぼ同様に，すでに Radbruch-GS, 1968, 262 で私が定義している．

(99)　*Maiwald*, ZStW 86（1974）, 635.

(100)　*Arth.Kaufmann*, H. Mayer-FS, 1966, 106. これに対して *Michaelowa*, 1968, 82 は，心的関与のない，単なる身体作用が問題となる場合でも，「すべての人間の存在表現」を行為とする．しかし，それによって，行為は自然作用と同じレベルとされ，限界機能と結合機能に適合しないことになる．

第 2 編 行為, 軽罪, 重罪

とはできない. 他方, 思想および意思活動は, 言うまでもなく, 人の精神的 - 心的領域に属する. しかし, それが内面に秘められたままで, 外界の事象と関係を持っていない限り, 人格の**発露**ではなく, それゆえに行為ではない.

45 *Jescheck*[101]は, ここで唱えられた行為概念に反論する. この行為概念は, 「一方では, いかなる社会的重要性も持たない出来事まで広く把握している. 他方では, 不作為を……危険状況の認識がない場合に人格の『発露』と理解することはほぼ不可能であるにもかかわらず, (過失的不作為行為として) 可罰的であり得るとするには, 刑法にとっては狭すぎる」というのである. しかし, 「社会的重要性」は, あまりにも漠然とした基準である. ある態度が社会的重要性を有していたり獲得したりするか否かは, 行為が置かれている個別事例の事情に左右されるが, 無から行為を作り出すのではない. また, ここで唱えられる行為概念は, 着手された仕事および余暇の楽しみでさえも人間の行為として理解することを許しており, それに社会的重要性を認めるか否かとは無関係なのである. また, *Jescheck* が, 彼の立場から, 認識なき過失の場合に (不作為の場合にも), 「非難に値する法的心情」[102]を見出すことができると信じるのであれば, そこには少なくとも「人格の発露」を見ることも可能であろう (詳しくは, Rn. 51, 55 以下).

第 2 節 これに近い見解

46 「人格の発露」として行為を理解することは, それが, 一般的合意で行為ではないものすべてを排除し, 共通の特徴として判明したものの積極的 - 内容的な特徴を表現する限りでは, 新しいものではない. しかし, 「人格の発露」という十分に明快な現象は, 大多数の行為概念では, 自然主義的細目 (「有意性」または「身体性」のような) および特に際立った現象形式 (「目的性」) に還元することによって, あるいは, 先取りした評価 (「社会的」,「回避可能な不回避」のような) を重ねることによって, ただちに歪曲されてしまう. ここで主張された見解に一番近いのは, *Rudolphi*[103]における人的帰属可能性の思想について独自に発展したものと, すでに 1966 年に「人的行為論」を素描し, 行為を「人格の客観化」であると把握した *Arthur Kaufmann*[104]の構想である[105].

---

(101) *Jescheck/Weigend*, AT[5], § 23 V.

(102) *Jescheck/Weigend*, AT[5], § 54 I 4 b.

(103) SK[6]-*Rudolphi*, vor § 1 Rn. 17 ff., は, Radbruch-GS, 1968, 262 f. の中の私の表現に倣っている.

(104) *Arth. Kaufmann*, H. Mayer-FS, 1966, 79 ff. (101). Schild の「自由な犯罪概念」は,

330

47　しかし，*Arthur Kaufmann* は，行為は「意思によって支配可能な因果的結果を
もってする，現実の答責的で，有意味な形成」[106]であるべきだと詳細に定義してお
り，私は必ずしもこれに従うことはできない．なぜならば，例えば，精神病者の行
為は確かに人格の発露であるが，そもそも Kaufmann が「自由」を結び付けること
で人的行為概念を狭めすぎたために，「現実の答責的・有意味的形成」とうまく記述
することができなくなるからである．また，「因果的結果」の帰属は，行為の問題で
はなく，構成要件の問題である．*Jescheck*[107] が，「態度」を自由に用いることので
きる行為可能性への「自由な」応答であると特徴づけ，*E. A. Wolff*[108] が，類似す
る方法で，「個人的行為概念」を「個人に開かれた可能性の自由な，意味関連性のあ
る掌握」と性格づけているが，それらは，同様に「人格の発露」を書き改めたもの
とみなすことができる．しかし，私には，この定義は狭すぎるように思える．すな
わち，不作為者である者が規範の呼びかけをおよそ認識していない場合，その態度
を「応答」として指摘しうることは多くなく，また，責任のない行為の場合には，
それがなお行為であるとしても，通例は少なくとも「自由」が欠けている．それに
対して，ここで唱えられた見解によれば，例えば，忘却犯を人格の発露として把握し，
それによって行為と把握することは困難ではない．確かに，忘却犯が，何らかへの
「応答」(*Jescheck*)，「可能性の自由な，意味関連性のある掌握」(*Wolff*)，あるいは
「現実の有意味的形成」(*Arth. Kaufmann*) であることは難しいだろうが，すでに前法
的領域において忘却犯はその成果として帰属させうるとされており，人格の発露に
とってはそれで十分である．同様に，精神病者の行為は，確かに，「自由な」あるい
は「答責的」とは呼ぶことができないが，（病気で，混乱しているものの）人格の発露
であり，その（正常でない）精神的‐心的領域に分類されうる．ここには，まさに，
そうすることができない行為でないものとの違いがあるのである．*Gimbernat*[109] の
理論も，上記の見解およびここで唱えられた構想に近い．彼は，「人間の環境との関

　　一部は Arth. Kaufmann の人格的行為論に，一部は 19 世紀のヘーゲル学派の行為論に
　　結び付いている（AK-*Schild*, vor § 13 Rn. 2ff.）.

(105)　*Maiwald*, ZStW 86 81974)，655 の熟考も，独自の行為概念の完成を意識的に放棄
　　　　しているが，ここでは追究された方向に進んでいる．*Baumann/Weber/Mitsch*, AT[11],
　　　　§ 13 Rn. 90 は，彼らの行為概念をここで支持された概念と非常に近いと言っている，
　　　　「なぜならば，Roxin も人格の発露を，彼がのちの評価段階に割り当てている評価から
　　　　広く防護しているからである」.

(106)　*Arth. Kaufmann*, H. Mayer-FS, 1966, 116.

(107)　*Jescheck*, Eb. Schmidt-FS, 1961, 151 f.; *ders.*, AT[4], § 23 IV 1 (*Jescheck/Weigend*,
　　　　AT[5], § 23 VI 1 では，「自由な」という付加語が今は削除されている).

(108)　*E. A. Wolff*, 1964, 17.

(109)　*Gimbernat Ordeig*, Arm. Kaufmann-GS, 1989, 163.

第2編　行為，軽罪，重罪

係」としての「態度」という上位概念から出発し，これに関して，「第1に，自我が意識的状態にあり，第2に，──意識を前提に──他の態度が身体的に可能であった」ことを要求している．

48　*Gropp*[110]は，原則的には私の解釈に賛成しているが，「人的行為概念は，特に刑法上の性質」を持つわけではないと非難している．ここで唱えられた構想によれば，行為概念はまさに前刑法的性質を有しているはずであり，可能な限り，構成要件にまで波及するべきではない．*Gropp* の定義[111]によれば，行為は「法的に保護される価値の妥当要求を無視することの発露」であるが，これはすでに構成要件該当的行為を説明してしまっている．

49　人格の発露として行為を理解する点で類似性を持つのは，アングロサクソンの倫理学の研究と関連させて *Hruschka*[112]によって展開された理論である．その理論によれば，「行為」は，主体による「規則」の利用である．ここでは，経験，論理，文法，ゲームなどの規則が重要になり得るのである．たとえば，自ら設定した「規則」も規則利用であるとみなすならば，人格の発露は，実際に，広く規則利用であると考え得ることになるだろう．しかし，そうだとしても，この概念は部分的には狭すぎるだろうし，部分的には広すぎるであろう．狭すぎるというのは，この概念が不作為（上述した忘却犯を念頭に置く）に適合しないからである．*Hruschka* もこれをただ「規則の不利用」[113]と定義し，そうすることで，再び，Radbruch の体系二分化に到達している．広すぎるというのは，犯罪計画の考案は，確かに，（思考的および経験的）規則の利用であるが，「発露」が欠けているため全く行為ではないからである[114]．さらに *Hruschka* は，いかなる規則利用も「規則利用の意識」[115]を前提にする，と広すぎる目標に向かっている（意識の問題について，詳しくは Rn. 67 以下参照）[116]．私の構想からさほど遠くないのは *Tavares* もそうであり，行為を「人的 - 社会的現実において発露する，関連対象に向けられたすべての態度」と定義づけている[117]．

50　現代の言語哲学上の努力の驥尾に付して，*Kindhäuser*[118]は，「志向的行為」とい

---

(110)　*Gropp*, AT² Rn. 68-82.

(111)　*Gropp*, AT² § 4 Rn. 78.

(112)　*Hruschka*, 1976, 13.

(113)　*Hruschka*, 1976, 60 f.

(114)　「暗算」の例を挙げて問題を指摘する *Stratenwerth*, ZStW 91 (1979) 参照.

(115)　*Hruschka*, 1976, 25.

(116)　Hruschka の批判的評価について *Stratenwerth*, ZStW 91 (1979), 906 ff. の論評および *Küper*, GA 1978, 158 ff. ならびに *Kindhäuser*, 1980, 197 ff.

(117)　*Tavares*, 2003, 226.

第 8 章　行　為

う概念を展開した．それによれば，行為とは「行為者が結果を惹起する状況での，決定可能な行動である．不作為行為には特殊性がある．それは，その行為結果が事象ではなく，行為であるという点においてである」[119]．この場合，「決定可能性」とは，非有意的動作（くしゃみや消化のような）の場合を除いて，その行動が可能的決定の対象たり得ることを意味する．不作為は「そのままにすること」と定義されるため，「作為 - テスト」に合格する[120]．したがって，実際に，行為は，ここで「人格の発露」と呼ばれているものであると理解される．故意と過失は，この行為概念に，同等に属していなければならない．すなわち，「両形態において，行為者は，そのつど，決定可能な行動によって結果を惹起することができる状況にある —— 第 1 に，事象は行動の志向的客体であり，第 2 に，事象は回避可能で予見可能である．二つの帰属の種類は，制御の可能性を必要とする」[121]．ただし，第 2 の場合がどのようにして志向性の基準に適合するのかは，明白ではない[122]．結局のところ，*Kindhäuser* は，ここで唱えられたものと類似する結論に至っている．しかし，私には，言語哲学上および行為分析上の努力[123]が，ここ数十年の刑法固有の行為論の発展よりも先に進んでいるようには思えない．他方で，哲学および学問論が最近の刑法上の行為論の解決を一貫して支え得る点は，興味深く感じられる．*Schmidhäuser* も，志向的行為論（意欲された作為としての行為）を引き合いに出している[124]．しかし，その行為概念は作為犯のみに向けて作られており，「不法構成要件で把握される事象の一部」と理解されている．Schmidhäuser に続く彼の門下生 *Alwart* は，刑法的というよりは法哲学的な論文「法と行為」（1987 年）の中で，「解釈学的行為論の基本的特質」（S. 110 ff.）を展開している．*Kargl* は「認知論的行為論」に基づいて，行為を「状況に決定づけられる，答責的な意思決定の態度」（1991, 518）と定義づけている．また，彼は，前構成要件的行為概念に対しては，懐疑的な態度をとっている．

---

(118)　*Kindhäuser*, 1980;「因果分析および行為の帰責」について *Kindhäuser*, GA 1982, 477.

(119)　*Kindhäuser*, 1980, 202 f.（言葉の上ではほとんど一致する S. 175, 211, 213, 214, 215, 216）.

(120)　*Kindhäuser*, 1980, 176.

(121)　*Kindhäuser*, 1980, 211.

(122)　*Jakobs*, AT[1], 1983, 6/11, Fn. 43 も参照：「この解決の難点は —— 目的主義者のものと同様 —— 過失にある．Kindhäuser の潜在的志向性という意味付けは…潜在的目的性が苦しんだ短所に苦しむ」.

(123)　この点で影響を受けるのは *Anscombe*, Intention, 1957, [2]1963（= dt.: Ansicht, 1986）.

(124)　*Schmidhäuser*, StuB AT[2], 5/5-13; *ders.*, Arm. Kaufmann-GS, 1989, 131 ff.（insb. 149 ff.）も参照.

333

第2編　行為，軽罪，重罪

第3節　基本要素としての人格的行為概念

51　人格の発露としての行為概念は，まず，犯罪的態度のすべての現象形態を包括し，さらにまた，前法的領域において有意義に「行為」と特徴づけることができるすべてのものまでを包括しているため，基本要素として適当である．故意行為および過失行為は，不作為と同様に，人格の発露である．認識なき過失による不作為でさえも，禁止に反する規範違反として，すなわちその「しわざ」として，主体に帰属させることのできる人格の発露である．もしそうすることができないのであれば，その違法性は基礎づけられず，ましてや可罰性も基礎づけられないだろう．たとえば，不作為の行為者が，責任なき規範の不知を理由に回避不可能な禁止の錯誤に陥った場合でも，その不作為は —— 刑法的には非難可能ではないとしても —— 人格の発露である．

52　ここで唱えられた行為概念は，また，事象の何らかの部分要素ではなく，事象自体を全体的として把握している点で，包括的である．人格の発露を判断する際には，主観的な目的設定と客観的作用，個人的，社会的，法的およびその他の評価が考慮され，これらの評価はここで初めて一緒にその意味内容が尽くされる．しかし，不法と責任の評価段階の基礎としてそのつどの全事象を使うため，これは，そのときどきの評価観点のもとで必要とされる限度でのみ視野に入れられる（この体系的な基本問題について，7章 Rn. 64 以下参照）．したがって，行為の視点においては，そもそも人格の発露があると確認するのに必要なものだけが検討されればよいのである．たとえば，銃清掃の際に発砲した場合，行為があるかどうかという調査は，事象がもしかすると絶対的意思抑圧，純粋な反射運動などによって引き起こされたのではないかというところに及ぶだけでよいのである．未遂か既遂か，故意か過失か，これらのうちのいずれが肯定されるべきなのか，および，どのような観点から肯定されるべきなのかは，ここの関連では —— 人格の発露の態様に関係してはいるが —— まだ重要ではなく，のちの評価段階で初めて重要になるのである．

53　一定の事情（因果関係，目的性，結果，社会的重要性などの）が行為に「属する」か否かという問いを立てるのは，それゆえ，誤っている．これらすべては，場合によっては行為に属しており，それはさらに不法判断や責任判断の下部構造を構築しているものにも属しているのである．しかし，人格の発露の存在がそ

334

第8章　行　為

れに左右されている限りにおいてのみ，行為の検討にとって意味を持つ．個別的には，行為を認定するに，社会的およびさらには法的観点が必要となることもあり得る（詳しくは，Rn. 55以下参照）．しかし，通常は必要ではない．また，結果も，行為の検討に加える必要がない．確かに，少なくない人格の発露が多くの結果 —— 法外在的および法的 —— をもたらし，それらが再び人格の発露を詳細に性格づけてはいる．しかし，人格の発露の存在は結果からは独立しており，しかも，法外在的結果は刑法にとって重要ではないが，他方で，法的な結果は構成要件に帰属させる際に初めて重要になるのである．

第4節　結合要素としての人格的行為概念

54　「人格の発露」という概念は，また，体系的結合要素としても役立っている．*Engisch*[125]は，「法に付随する世界観は，二種類の歪曲からは離れて純粋でいなければならない．すなわち…規範主義的と自然主義的とである」と適切に説明している．むしろ，法律家の世界観は，「日常の経験」の「自然社会的」世界によって性格づけられている[126]．「人格の発露」という行為概念は，これと一致する．この概念は，自然主義的な（「筋肉の運動」のような）方法または規範主義的な（「回避可能な不回避」のような）方法によって普通の生活観からかけ離れることなく，行為の**前刑法的**理解と結びついており，また同時に，最初の**法的**前提評価にとって重要な現実の一コマを具体的に把握している．この概念は，以降のすべての刑法的評価が，先取りされることなく，自由に結び付けられる「実体」を示しているのである．犯罪行為を構成要件に該当し違法で有責な人格の発露と書き直せば，これは現実の実態と正確に一致する．

55　しかし，「人格の発露」の概念も，すべての場合に，構成要件という評価段階に対して完全に中立であるわけではない．また，この概念は，不作為の領域において，例外なく，法的評価を排除できるわけでもない．つまり，不作為は，行為の期待がある場合にのみ，人格の発露となるからである．理論的に，人間は毎日，奇妙なことをすることができるものだ．街灯の柱によじ登ったり，何の罪もない通行人を平手打ちしたりなどである．しかし，これをしなかったと

---

(125)　*Engisch*, ²1965, 13.

(126)　*Engisch*, ²1965, 15.

第2編　行為，軽罪，重罪

いうことは，それを誰も期待していない限り，人格の発露ではなく，「行為」でもない．通常，単なる思考上の可能性として存在している「無」から人格の発露を作り出す期待は，社会的には基礎づけられているが，法的評価の領域からは（すなわち，構成要件からは）分離可能である．誰かが古くからの知人に対してわざと挨拶をしない場合，これは人格の発露であり，それゆえ，法的に見て行為（不作為という形式での）である．なぜならば，社会的習慣によれば，挨拶は期待されうるものだからである．このような人格の発露が侮辱（185条）であるか否かは，構成要件の検討に留保されたままであり，この行為の性質とは無関係である．同様に，何者かが事故にあった人の面倒を見ない場合，すべての刑法的評価の向こう側に，すでに行為は存在している．社会的な期待は同胞による救助に向けられているため，その拒絶は人格の発露である．これが212条や223条，323条cの構成要件を充足するか，あるいはおよそ何の構成要件も充足しないのかということは，やはり，行為の検討については差し当たりどうでもよい問題である．しかし，行為の期待がそもそも法規定によって初めて基礎づけられる場合もあり，特に特別刑法がそうである．立法者が（経済，商取引および産業の領域で）一定の届出義務あるいは引渡義務を設定し，これに対する違反に刑罰で威嚇している場合，構成要件を確定して初めて，何もしないことが不作為となる．届出や引渡が法的に要求されていないならば，これを実行することはばかげているであろう．その場合，不実行は，人格の発露ではなく，行為（より広く，不作為を包括する意味で）でもなく，無である．ここでは，構成要件の前に行為はなく，むしろ，構成要件がその前提になっているのである．

56　また，ここで唱えられた行為概念に関しては，それゆえに，不作為の一部では[127]行為と構成要件が分離不可能であり，したがって，行為の認定は構成要件にまで及ばなければならないということが明らかになる．しかし，そうすることで結合要素としての機能における「人格の発露」という基準の価値が下げ

---

(127)　*Gallas*, ZStW 67 (1955), 9-12 は，「法外在的な期待」は，「法的意味での不作為」（a.a.O., 10）の存在を基礎づけることができないため，このことをすべての不作為について認めている．しかし，そうすることによって「法的意味での不作為」の存在は，簡単にそして矛盾しながらも，最初から，構成要件該当的不作為に限定されている．他方で，作為犯については，前構成要件的行為も「法的意味での行為」として承認されるのである．

第8章 行 為

られるわけではない．なぜならば，素材に適した行為概念は，事実的所与を覆い隠すのではなくて，それを明らかにするべきだからである．人格の発露は，肉体的および精神的要素によるだけではなく，多種多様な評価カテゴリー，すなわち，私的・社会的・倫理的，さらには法的カテゴリーによってその存在について共同決定されており，時として，初めて構成されるものであるという事実は，人間存在の現実性と合致している．作為行為の場合，そもそも人格の発露の存否を認定するために，社会的カテゴリーにも法的カテゴリーにも遡らなくてよい．大抵の不作為の場合に，これは，ともかく，社会的領域を取り入れることによって判明する．その他の不作為の場合には，さらに，法的命令が人格の発露の可能性にとっての必要条件である．

57 この点を明らかにすること以上のことを，行為概念に要求することはできない．犯罪的態様のわずかな部分で認定可能な，行為と構成要件の重なり —— その範囲は，社会的または消極的行為概念よりも著しく狭い —— は，ひょっとすると見事に洗練された行為概念によって回避することができたかもしれない「欠点」を意味しているのではない．むしろ，事物自体に横たわっている所見を意味しており，この所見は，程度と限界について人格の発露の基準により他のどの行為概念にも見られないほど厳格に把握されている．これは，すべての要素を専ら体系の一定の「階層」に配分しても構わないと信じている，事象全体の統一性を細かく観察する要素体系という観点からは，煩わしいであろう（第7章 Rn. 83 参照）．これに対して，目的論的に評価する体系にとっては，同一の事情（ここでは，行為命令）が様々な犯罪カテゴリーの評価的観点の下で（ここでは，行為ならびに構成要件の）重要になり得るのという，普通のことである．「評価の客体」（ここでは，人格の発露）は法的評価行為（構成要件上の行為命令）によって始めて創設される場所では，結合要素としても行為は存在と当為の不可分の構造的結びつきを示していなければならず，これは犯罪的態度の部分領域には特徴的である．

第5節　限界要素としての人格的行為概念

58 最後に，「人格の発露」の概念は，行為と行為でないものとの限界付けに決定的基準も，明確に規定している．

　1．まず，動物による働きは，当然ながら行為ではない．動物の処罰は，は

第 2 編　行為，軽罪，重罪

るか昔の法制史の時代のものである．ただし，動物が「有意的」または「目的的」に決して行為に出ることができないのか否かについては，争われている（類人猿の知的能力を思い起こしてもみよ）．しかし，いずれにせよ，それらの活動は「人格の発露」ではない．

59　2．ドイツ刑法では，法人の活動も行為ではない．それには心的‐精神的実体が欠けているため，自らを表現することができないのである．人間の「機関」のみが作用によって法人のために行為し得る．その場合に処罰されうるのは機関であって，法人ではない．

60　しかし，これは自明のように聞こえるが，そうではない．法人から，その機関の犯罪行為によって得られた利益を奪い返すという必要性があり，また，さらに，法人の財産に対する懲罰的介入の方が機関に責任を負わせるよりも効果的であるとみなされているために，外国の法，とりわけイギリスやアメリカでは，団体刑が珍しくない．ドイツ法も，法人または団体のためにする行為の際に遂行された犯罪または秩序違反に対する「付随的効果」として，法人および団体に対する過料（秩序違反法 30 条）を認めている．したがって，秩序違反法では，場合によっては，「行為」が存在しない場合であっても，制裁が可能である．これが正当化されうるか否かという激しく議論された問題は —— 秩序違反法の構想と構造が異なるがゆえに —— ここでは未解決のままにしたい．いずれにせよ，刑法では，経済犯罪の撲滅のためには，他の手段がとられなければならない．追徴および没収（73 条以下）による利益剥奪が一般予防としては十分でない限り，答責的機関および代表者に対しては自由刑をもって対抗されなければならない[128]．

61　もちろん，近年，国際的趨勢のなかで[129]，ドイツにおいても，どのようにして団体の行為に制裁を与えることができるかという議論が，激しく再燃している[130]．その背後には，経済犯罪，環境犯罪，そのうえに，例えば，組織的

---

(128)　すべてを集約し，他の文献を参照する *Jescheck/Weigend*, AT⁵, § 23 VII を参照．

(129)　比較法上の概要は LK¹¹-*Schünemann*, § 14 Rn. 74 ff.; 企業および企業の機関の刑法上の責任に関する現行法について，優れた説明の *Achenbach*（ドイツに関して），*Silva Sánchez*（スペインに関して），*Militello*（イタリアに関して）および *Faria Costa*（ポルトガルに関して）：Coimbra-Symposium, 1995, 283, 307, 321, 327. スペイン語圏における議論についての簡潔な概要を提供する *Lascano*, 2000, 197.

(130)　Rn. 63 の文献リストを参照．

第8章 行 為

犯罪の領域での資金洗浄とより効果的に戦うことができるという利益がある．しかし，これがどのようなことを引き起こすのかは，いまだ全く不確かである．これまでになされた提案は，大きく分かれている．

62 一部では，刑法の「第2の軌道」（3章 Rn. 63 以下参照）を用いた「処分モデル」が提案されている．このモデルは，「複雑で，抑圧的で予防的な要素を統合した団体制裁の正当化根拠として」貢献する，とされている．「正当化の原則」として，「予防的緊急避難」と「原因主義」が提案されている[131]．*Otto* は，過料を経済監督権上の制裁手段として指定しようとしており，それによって秩序違反法の重要な領域を刑法のカテゴリーに引き込もうとしているのである．

63 しかし，団体の直接処罰に賛成する論者も存在する（*H. J. Schroth*）．一部では，この場合，団体を現実の人と同様に扱うことができる，と考えられている（*Hirsch*）．団体に欠けている行為能力については，団体はその機関を通じて行為しているが，他方で，その機関の失敗についての責任非難は，直接，団体に帰属させられるべきであるという構成によって，克服している．もっとも，そのような「単純な帰属モデル」は，他者の行為の帰属は団体の行為ではなく，他者の責任の帰属は団体の自己責任ではないという異議に出くわす[132]．これに対して，*Tiedemann* によって展開された「責任類推モデル」は，団体には自己の組織化責任があるという考えに基づいている．もちろん，その限りにおいても，団体の責任は（すでにその行為がそうであるように），組織化の失敗が団体自身によってではなく，団体の管理者によってのみなされ得るのであるから，フィクションのままである．他には，団体に関して固有の「団体的帰属規則」を展開する傾向がある（*Volk*）．この場合，団体に関して独立の，「超個人的」行為概念を構築しなければならないか，また，不法と責任が他のカテゴリーによって置き換えられるか，他の内容で満たされるかでなければならないであろう．*Heine*, 1995, 271 ff. は，個人刑法とは独立した関係にあるが，基本構造に

---

(131)　LK[11]-*Schünemann*, §14 Rn. 78 は，彼の以前の論文に言及している（Rn. 63 の文献リストを参照）；*Schünemann*, 1994, 285 ff.; 処分モデルに関しては *Stratenwerth*, Rud. Schmitt-FS, 1992, 295 も参照．

(132)　LK[11]-*Schünemann*, §14 Rn. 78 は，Hirsch の構想を「正当な目的主義の代表者としては，まさに，きわめて意外である」と述べている．適切に指摘する *Jakobs*, Lüderssen-FS, 2002, 571:「刑法上の意味での責任を……法人は……示すことができない」．

第2編　行為，軽罪，重罪

おいては比較可能である解釈論によって，団体刑法の独立した軌道を整備することに賛成している．それによれば，帰属の基本条件は，欠陥のある危険管理および企業に典型的な危険実現であり，これらは機能的‐体系的な組織支配を根拠としている．法的効果としては，団体制裁の固有の体系（企業閉鎖，事業監督，財産刑および環境監査，すなわち，あらゆる環境にとって重要な領域における企業的危険規制の機能性と合目的性の恒常的監査：S. 302 f.）が予定されている．その他に，経営上の秩序違反法が提案されており（S. 302 f.），これは，経営の失敗行為とは別個に，法律上の命令または官庁の命令の不遵守への対処を許すものである．主たる制裁は，団体過料であるべきである（S. 304）．連邦法務省によって設置された，刑法上の制裁システムの改正に関する専門家委員会は，団体の可罰性に反対を表明している[133]．しかし，このテーマは議事日程から外されていない[134]．

文献：*Busch*, Grundfragen der strafrechtlichen Verantwortlichkeit der Verbände, 1933; *Schmitt*, Strafrechtliche Maßnahmen gegen Verbände, 1958; *Seiler*, Strafrechtliche Maßnahmen als Unrechtsfolgen gegen Personenverbände, 1967; *Schünemann*, Unternehmenskriminalität und Strafrecht, 1979; *ders.*, Strafrechtsdogmatische und kriminalpolitische Grundfragen der Unternehmenskriminalität, wistra 1982, 41; *Tiedemann*, Die „Bebußung" von Unternehmen nach dem 2. WiKG, NJW 1988, 1169; *ders.*, Strafbarkeit und Bußgeldhaftung von jur. Personen und ihren Organen, in: Eser/Thormundsson, Criminal Legislation, 1989, 157; *Achenbach*, Die Sanktionen gegen Unternehmensdelinquenz im Umbruch, JuS 1990, 601; *Deruyck*, Verbandsdelikt und Verbandssanktion, Diss. Gießen, 1990; *ders.*, Probleme der Verfolgung und Ahndung von Verbandskriminalität im deutschen und belgischen Recht, ZStW 103 (1991), 705; *Schünemann*, Ist eine direkte strafrechtliche Haftung von Wirtschaftsunternehmen zulässig und erforderlich?, in: Intern. Conference on Environmental Criminal Law, Taipai 1992, 433; *Stratenwerth*, Strafrechtliche Unternehmenshaftung, Rud. Schmitt-FS, 1992, 295; *Achenbach*, Diskrepanzen im Recht der ahndenden Sanktionen gegen Unternehmen, Stree/Wessels-FS, 1993, 545; *Alwart*, Strafrechtliche Handlung des Unternehmens usw., ZStW 105 (1993), 752; *Hirsch*, Die Frage der

---

(133)　Abschlussbericht, 2000, hrsg. vom bundesministerium der Justiz, 199 ff. 企業刑法に反対する *Krekeler*, Hanack-FS, 1999, 639.

(134)　*Scholz*, ZRP 2000, 435 は，その後まもなく，ドイツ連邦議会の法律委員会の議長として，「ドイツの立法は……法人の少なくとも原則的な可罰性およびその制裁の可能性を開く」べきことに賛意を表している（a.a.O., 440）．*Dannecker*, GA 2001, 101 も，団体刑法を断固支持している（そのあり方につき具体的な提案がある）．団体刑を予定する Hessen 州の議案も存在する（vgl. NJW 1998, 662. *Hamm* による反対表明付き）．

第 8 章 行 為

Straffähigkeit von Personenverbänden, 1993; *Otto*, Die Strafbarkeit von Unternehmen und Verbänden, 1993; *H. J. Schroth*, unternehmen als Normadressaten und Sanktionssubjekte, 1993; *Tiedemann*, Strafrecht in der Marktwirtschaft, Stree/Wessels-FS, 1993, 527; *Volk*, Zur Bestrafung von Unternehmen, JZ 1993, 429; *Eidam*, Unternehmen und Strafe, 1993; *Ehrhardt*, Unternehmensdelinquenz und Unternehmensstrafe, 1994; *Lampe*, Systemunrecht und Unrechtssystem, ZStW 106 (1994), 683; *Martn*, Die Strafbarkeit von Handlungen und Unterlassungen im Unternehmen nach spanischem und deutschem Recht, in: Schünemann/Suárez González (Hrsg.), Bausteine des europäischen Wirtschaftsstrafrechts, 1994, 13; *Schünemann*, Die Strafbarnkeit der juristischen Personen aus deutscher und europäischer Sicht, ebenda, 1994, 265; *Achenbach*, Ahndende Sanktionen gegen Unternehmen und die für sie handelnden Personen im deutschen Recht, Coimbra-Symposium, 1995, 283; *Faria Costa*, Die strafrechtliche Haftung des Unternehmens und seine Organe, ebenda, 1995, 337; *Heine*, Die strafrechtliche Verantwortlichkeit von Unternehmen, 1995; *Hirsch*, Strafrechtliche Verantwortlichkeit von Unternehmen, ZStW 107 (1995), 285; *Militello*, Die strafrechtliche Haftung des Unternehmens und der Unternehmensorgane in Italien, Coimbra-Symposium, 1995, 307; *Silva Sánchez*, Die strafrechtliche Haftung des Unternehmens und der Unternehmensorgane, ebenda, 1995, 307; *Ransieck*, Unternehmensstrafrecht, 1996; *Seelmann*, Buchbesprechungen, Bereich: Verbandsstrafbarkeit, ZStW 108 (1996), 652; Tiedemann, Strafbarkeit von juristischen Personen?, in: Jur. Studiengesellschaft Karlsruhe (Hrsg.), Freiburger Begegnung, 1996, 30; *Eidam*, Straftäter Unternehmen, 1997; *v. Freier*, Kritik zur Verbandsstrafe, 1998; *Hamm*, Auch das noch: Strafrecht für Verbände!, NJW 1998, 662; *Otto*, Die Haftung für kriminelle Handlungen in Unternehmen, Jura 1998, 409; *Krekeler*, Brauchen wir ein Unternehmensstrafrecht?, Hanack-FS, 1999, 639; *Scholz*, Strafbarkeit juristischer Personen, ZRP 2000, 435; Dannecker, Zur Notwendigkeit der Einführung kriminalrechtlicher Sanktionen gegen Verbände. Überlegungen zu den Anforderungen und zur Ausgestaltung eines Verbandsstrafrechts, GA 2001, 101; *Eidam*, Unternehmen und Strafe, [2]2001; *Kremnitzer/Ghanajim*, Die Strafbarkeit von Unternehmen, ZStW 113 (2001), 539; *Peglau*, Strafbarkeit von personenverbänden, JA 2001, 606; *Jakobs*, Strafbarkeit juristischer Personen?, Lüderssen-FS, 2002, 559; *Zieschang*, Die strafrechtliche Verantwortlichkeit juristischer Personen im französischen Recht-Modellcharakter für Deutschland?, ZStW 115 (2003), 1. Vgl. ferner das Schrifttumsverzeichnis in LK[11]-Schünemann, § 14, vor Rn. 74 sowie in *Jescheck/Weigend*, AT[5], § 23 VII.

外国語文献：*Faria Costa*, Contributo per una leggitimazione della responsabilità penale delle persone giuridiche, RIDPP 36 (1993), 1238; *Romano*, Societas delinquerenon potest, RIDPP 38 81995), 1031; *Cesano*, En torno a la denominada responsabilidad penal de la persona juridical, Córdoba, 1998; *Lascano*, La responsabilidad de las personas jurídicas y de suas órganos, in: Cuadernos del departamento de derecho penal y criminaligía, Córdoba, 2000, 197; *Marinucci*, Societas delinquere potest, RIDPP 45 (2002), 1193; *Romano*, La responsabilità 'da reato' enti: I criteri d' imputazione, RIDPP 45 (2002), 415; *García Cavero*, La imputación jurídico penal en el seno de la empresa, in: El funcionalismo en derecho

341

第2編　行為，軽罪，重罪

penal, Bd. II, Bogotá, 2003, 325; *Orce*, Responsabilidad penal de las personas jurídicas, ebda., 267; *Gracia Martín*, La responsabilidad penal de directive, órgano y representante de la empresa en el derecho penal español, in: Estudios de derecho penal, lima, 2004, 819; *ders.*, La cuéstion de la responsabilidad penal de las proprias personas jurídicas, ebda., 869.

64　3. さらに，単なる思想，心情，見解およびすべての内面に留まっている情緒の動きは，行為ではない[135]. 何人も自己の思想について刑罰を受けない，とすでに古代ローマの法律家 Ulpian（ほぼ西歴 170-228 年）がそう言っている. まだ思考の段階にある犯罪計画は，個々の事案では，心理学的方法で推論可能である. それは，最初から刑法の領域に属するものではない. なぜならば，確かに，思想には本人の人格が生きているが，思想が胸の中に閉ざされて表明されない限り，人格の「発露」は欠けているからである. ただし，行為は必ずしも人に由来する外界の作用を前提とするわけではないことは，意識し続けていなければならない. なぜならば，いかなる行動にも出ず，事情によっては，不作為に向けられた意思すら持っていない不作為犯には，これが欠けるからである. 「発露」を推測するためには，外界の事象が —— そして，不作為の未遂の場合のように，行為の期待が外れるだけであっても —— 特定の人に帰属され得ることで十分なのである.

65　4. 人格の発露が欠ける，したがって行為が欠けるのは，さらに，人間の身体が「単に機械的な物体として作用し」[136]，何らかの方法で精神や心が関係する機会を持たないか，事象に関与する機会を持たない場合である. 意識を失って倒れたときに花瓶を割った者は，行為していない. それゆえ，器物損壊の構成要件は，検討される必要はない. 麻酔中の，強度の譫妄状態中の，深い失神状態中の動きについても同様であり，てんかん患者のけいれん発作や自制できない嘔吐，前後不覚なまでに酩酊した者が坂道で転倒することについても同様である. とりわけ，絶対的意思制圧の作用も行為ではない. Ａ がＢを抗拒不能な力によって窓ガラスに衝突させた場合，Ｂ は行為していないが，他方でＡ は傷害と器物損壊で当然に可罰的である. これに対して，精神的に作用する強制によって強いられた態度は，もちろん行為である. Ａ がＢに銃を突き付けて文書偽造（267 条）を強要した場合，これは，死の脅迫によって動機づ

---

(135)　異論 *Jakobs*, AT², 6/34:「暗算，熟考なども行為である」.

(136)　*Schewe*, 1972, 24.

けられたBの人格の発露である．彼は，構成要件に該当し違法な行為をしているが，責任は当然に阻却される (35条)．縛られて抵抗しているBに対してAが外的な力を用いて手を取り偽造文書を書かせた場合には，行為が欠けているであろう．

66 これらすべては — 身体の作用が欠けているので，必要な変更を加えると — 不作為行為にも妥当する．失神している者は，何もできないだけではなく，何もしないこともできない．何もしないままでいる場合には，確かに人的な行動中枢自体は完全であるが，身体的な力によって命ぜられる発露が阻止されるという事例がさらに付け加わる．自分の息子が殺害されるのを見ているしかない，縛られている父親は，息子の死を回避しなかったわけではない．同様のことは，身体が麻痺している者の不行為，口のきけない人の沈黙およびその他の絶対的行為無能力の諸事例についても同様である．

67 5. 論争の限界領域とされるのは，反射，自動症，強度な興奮状態での行為または「前後不覚の」酩酊状態での行為である[137]．

　事例1 (OLGH Hamm NJW 1975, 657)：

　ちょうどカーブに差し掛かっていた自動車運転手の眼に向かって，突然，車外から虫が飛んできた．彼女は，片手で「咄嗟に防御的な動作」をしたが，これによって自動車の制御が失われ，衝突した．

　それについて考える (Daran-Denken) という意味での意識的意思は，そのような無意識的反応の場合には，ほとんど指摘することができない．したがって，自然的行為概念の観点からは意識的になされた筋肉運動が要求される場合，または目的主義の観点からは計画的な操縦が要求される場合には，本来，行為の存在は否定されなければならないであろう[138]．しかし，正しくは，肯定されるべきである (OLG Hamm もそうしている)．なぜならば — 意識的な反射がない場合でも — 心的に伝達され目的に向けられた防御的な動作が存在しており，これは人格の発露を認めるのに十分だからである[139]．したがって，反射運動

---

(137)　刑法上の行為概念に「衝動行為または短絡的行為」を取り入れることについて，以下で詳述する意味で，適切にも賛成する *Silva Sánchez*, JRE 1994, 505（スペインの実務からも興味深い事例がある）.

(138)　これを医学的精神学的研究の立場から *Schewe, 1972, 24* は，説得的に説明している．ただし，この場合にもなお意識といえるか否かは，狭い意識概念を選択するか，広い意識概念を選択するかにもよる．*Krümpelmann*, Welzel-FS, 1974, 337 f.

343

第2編　行為，軽罪，重罪

は，「運動神経の刺激が精神的影響のもとにあるのではなく」，身体的刺激が感覚中枢から運動中枢へと伝達された場合のみ，行為ではない（OLG Hamm a.a.O.）．対象物に衝突する際に目を思わず閉じる場合，電撃を受けてびくりとする場合や医者の反射検査の場合が，この事例にあたる．

68　事例2（OLG Frankfurt VRS 28 [1965], 364）：

　時速90キロメートルで走行中の運転手が，夜の高速道路上で，突然，10-15メートル前方にノウサギ大の動物を発見したため，「自動車のハンドルを左に」切り，ガードレールに衝突し，その際に同乗者を死亡させた．

　ここでの回避反応は「自動化された行為」である．すなわち，場合によっては，意識的に熟考せずに行動に移される，長期にわたる習熟によって獲得された行為準備である．常に繰り返される行動経過は，人間の場合，まったく一般的に，広範に自動化される．このことは，例えば歩行や自動車運転についてもあてはまる．「ブレーキ，クラッチ，ギアチェンジ，アクセルおよびハンドリングによる操縦は，ほとんど無意識で行われる」[140]．通常の場合，このことはまったく合目的的である．これは，熟慮していたのでは時間がかかりすぎてしまう状況において，反応を促進する．しかし，個々の事例においては，それが間違った反応に至ることもある．これらは，運転操作に成功した場合と同様に，ほとんど「意識的」には起こらない．しかし，習得された行為準備は，人格の構造に属する．これを惹起することは，それが一定の状況において有用な結論を導くのか有害な結論を導くのか，という疑問とは無関係に，人格の発露である[141]．

69　事例3（OLG Hamburg JR 1950, 408）：

---

(139)　可罰性があるか否か，場合によっては，存在するのは作為か不作為か，故意か過失か，という問題について，ここでは，以下の例が示すように，別の問題である．それは，行為の検討にはまだ関係せず，後にその時その時の関連で調べられるべき問題である．*Jakobs* は，「自動現象が動機づけの段階で止揚可能で，動機づけの過程に必要な時間が不足していない限度で」行為を認めている（AT², 6/38）．

(140)　*Spiegel*, DAR 1968, 285.

(141)　これに対して，*Franzheim*, NJW 1965, 2000 は OLG Frankfurt によって判決された事案について，行為を否定している．同様の状況で行為を認めるのに反対なものに，また，AG Castrop-Rauxel DAR 1965, 331．結論的には，ここに述べたのが，通説である．他の文献については *Gimbernat Ordeig*, Arm.Kaufmann-GS, 1989, 164; *Kühl*, AT⁴, §2 Rn. 8 および *Sch/Sch/Lenckner*²⁶, vor §13 Rn. 41, 42 を参照．

第8章 行 為

行為者は，女性にスーツを試着させなければならなかった．その際，彼は彼女を抱きしめた．彼女が彼を突き飛ばそうとしたときに彼女の胸がはだけたので，彼はキスをして覆い隠し，噛んで傷つけた．

この事例においても，複数の審級が，「噛んだ時点で問題になり得たのは，ひょっとすると行為ではなく，純粋に反射的なまったく意識的でない行為である」という問題に取り組んだ．やはり，確かに，本来の意味での反射ということはほとんど不可能だが，衝動的な情動反応ということはできる．このような場合について，精神医学は，具体的な決断，意識的意欲をしばしば否定しており，その際には，法律上の用語法によれば行為が否認されることになるはずであるという言い回しを用いている[142]．しかし，正しくは，情動行動には，判例もそのように考えているが，責任能力の領域に問題があるだけなのである．高度の情動の場合でも，行為は欠けていない．なぜならば，欲求の充足に資する行為態様，または，憤激して殺害する場合によくある攻撃性の爆発に資する行為態様は，法益の侵害に向けられており，それゆえに人格の発露であり，決して因果的にのみ決定されているわけではないからである．

70 事例4（AG Kappeln BA 3［1965］，31）:

泥酔した被告人は，妻に車で家まで送ってもらっていた．車を止めて，彼女は，酔って初めのうちは眠っていた夫を促して，運転席に座らせ再び自動車を始動させた．これには成功し，彼は車を走らせることができたが，1.5キロメートルの距離のところで事故を起こした．

判例は区別を試みている．すなわち，通常の酩酊は20条によって責任が阻却されるが，行為と可罰性は，323条aによって存在するとされる．他方，「前後不覚な酩酊」は，すでに，行為の性質を排除している[143]．上述の事案において，区裁判所は，被告人に「行為の欠如」を理由に無罪を言い渡した．なぜならば，彼が，妻の手の「マリオネット」に過ぎなかったからである．しかし，実際は，酩酊者が，目標に向けて，合理的で整合的な行動経過をたどることができる限り，行為は常に（そして，ここでも）存在しているのである．車を始動し運転する場合，これは明白である．このような行為態様がどの程度意識的に

---

(142)　これに関して，具体的には，*Schewe*, 1972, 27 ff. およびその他の頁を参照．特に，情動行動の行為としての性質について詳細には，*Krümpelmann*, Welzel-FS, 1974, 327 ff.

(143)　これに関して詳細な *Schewe*, 1972, 40 ff.

345

第2編　行為，軽罪，重罪

なされたか，後でどの程度思い出すことができるかは，行為の認定には関わりがない．「行為でないもの」の例としてよく引用される「酩酊者の千鳥足」も，なお（おそらく，ほとんど意識のない，多かれ少なかれうまくいっているだけの）歩行努力なのである．したがって，これは行為であり，身体領域に由来する単なる因果経過ではない[144]．酩酊者の行動が周囲との関係性を全く認識させないような場合に初めて，行為は除外されるのである．

71　要約すれば，四つの事例群のすべてについて，「有意性」，「目的性」，計画または立案といった基準は，それらに自由または明確な意識のメルクマールを結び付ける場合には，ここでの事例群には適合しえないであろうということができる．内的な目的志向性，すなわち「無意識的目的性」の方がより重要である[145]．ここで唱えられた行為概念は，行為のこれらの形式を容易に取り入れることができる．なぜならば，我々が所与あるいは外界の出来事への心的器官の適応の成果とかかわりあっている限り，人格の発露は存在するからである[146]．すなわち，人格は明晰な意識の領域に還元できない．

72　もとより心理的な原因は，例えば，夢によって引き起こされた睡眠者の運動の場合にも存在するが，それだけではいまだ行為とはならない．なぜならば，これらの運動は，心理的に決定されてはいるが，まったく周囲の環境との関係を示さないために，現実世界に人格の発露として姿を現していないからである．他方で，催眠状態または後催眠状態については，現在の通説によると[147]，行為の性質が肯定されなければならない．なぜならば，このような状態で行われた行動は，心理的に決定されておりかつ周囲の世界に適合しているからである．催眠性の命令の実行は，影響を受けた者の身体の中で「性格の障壁」に突き当たるため，人格になじまない行為 —— 例えば，犯罪行為を暗示する場合 —— は，催眠にかかっている者であっても実行されることはない．それゆえに，意識の問題性とは別にして，催眠性の命令の実行を人

---

(144)　*Schewe*, 1972, 70; LK[11]-*Jescheck*, vor § 13 Rn. 37 は事例によって区別しようとする．これに対して *Sch/Sch/Lenckner*[26], vor § 13 Rn. 39 は，歩行だけを行為として認め，酩酊者の道から逸れていく動きは行為として認めようとはしない．

(145)　そのように考える *Stratenwerth*, Welzel-FS, 1974, 289 は，Schewe の研究と対立する．

(146)　この方法で限界付けも存在し，*Schewe*, 1972, 24 は，詳細な分析のもとで，刑法上の行為概念に関する自然科学的な見解を提案している．

(147)　*Sch/Sch/Lenkner*[26], vor § 13 Rn. 39 のみ参照．反対 LK[11]-*Jescheck*, vor § 13 Rn. 37; *Wessels/Beulke*, AT[34] Rn. 98.

第 8 章　行　為

格の領域に分類することが可能である（その場合，当然に，答責性は別の問題である）.

73　それにもかかわらず，行為と行為でないものははっきりとした境目によって区別されるわけではなく，それらの移行が流動的であることは，明らかにされなければならない．なぜならば，心的器官の適応の成果がもはや人格の発露とみなされることが許されないほどに低く評価されることもあり得るからである．したがって，よく受け入れられているように，行為と行為でないものは，常に「一瞥しただけで」区別され得るのではない[148]．限界領域の場合，「規制的な適応の要因が，すでに，刑法的評価の際に全く重要でないとしてなおざりにしておけるほどに，はっきりと際立っているのか否か」についての法的評価を決定しなければ，区別することはできない[149]．規範的基準を考慮することは，不利益でも異常でもなく，刑法の全領域で区別をする際に使用されなければならない手続である．法的解決は，決して純粋に存在的な検討結果から生ずるものではなく，常に，決定力のある規範的基準をそれに適用することによってのみ生ずるのである．さらに，ここで提案された区別は，情動行動と酩酊行動，無意識的反応と自動現象について，不法と責任を負わせる際に実際上生じてくる困難な問題の負担を行為概念にかけることを回避できるという限りで，単純かつ実践的である．

第6節　人格的行為概念の本質

74　したがって，ここで展開された人格的行為概念は，── 自然的行為概念や目的的行為概念とは異なってはいるが，社会的行為概念および消極的行為概念とは一致する ── 規範的概念である．人格の発露という基準が，本来，ここで行為を検討する際に法的に重要な，決定的な価値的観点を示しているために，人格的行為概念は規範的なのである．また，限界領域においては，このような価値的観点に一致する法的決定を考慮に入れている限りでも，人格的行為概念は規範的である[150]．しかし，人格的行為概念は規範主義的ではない（Rn. 54 参照）.なぜならば，この概念は，生活の現実を最も厳格に視野に入れており，経験的研究の最新の認識を常に考慮することができるのであるからである.

---

(148)　正当なものとして，*Maiwald*, ZStW 86（1974）, 636.

(149)　*Schewe*, 1972, 71; *Silva Sánchez*, JRE 1994, 514 ff.

(150)　方法論的試みが完全に一致するのは，*Maiwald*, ZStW 86（1974）, 634 f., 651.

347

第2編　行為，軽罪，重罪

75　ここで唱えられた行為概念は，確かに，一方では，犯罪的態度のすべての現象形態に関する上位概念を提供できるが，他方では，事物の実体の単一性の中に概念上の共通性（有意性，身体性，目的性，不回避など）を求めることを断念しているという点で，他のほとんどの行為概念と区別される．人格の発露という現象形態は様々であり，その共通性は，人間の心的－精神的領域，すなわち，人間の人格に責任を負わせ得るという点にしか見出すことができない．それゆえに，「人格の発露」という特徴づけは，行為とは何かという問題を詳細に論理的に演繹し得る定義を提供するわけではない．他方で，こうした特徴づけは，異質の現象の総称を遙かに超えるものである．むしろ，以前に（7章 Rn. 60）特徴を示した意味での具体的・一般的概念が重要である．すなわち，すべての「人格の客観化」を言い表すことによって，具体的・一般的概念は現実の世界を具体的に示すことができ，その特徴が多様であることで初めて「行為」現象が認識され得るような基準を提供するのである．そのような種類の概念構成は応急策ではなく，特殊性が豊かな法的素材を科学主義的に捻じ曲げようとしない場合には，非常に包括的な概念のもとでの唯一適切な概念構成の形式である[151]．この形式は，他の主要な犯罪論のカテゴリーにおいても，さらに，生産的なものであることが証明されるであろう．

---

(151)　今一度，原則的には *Roxin*, Tatherrschaft, ⁷2000, § 40 参照．これと完全に一致するのは，*Arth. Kaufmann*, H. Mayer-FS, 1966, 87 f.,「最上位の類概念では，論理的な概念定義はおよそ不可能である．それゆえ，周知のように，存在という概念は，定義づけされ得ない．同様のことは，必要な変更を加えた上での，行為の概念についても妥当する．それゆえに，厳密な意味で『定義づけされた』（＝独立した『メルクマール』によって『限界付けられた』）行為の類概念または種概念の設定を期することは，最初から間違っている」．

348

第9章　軽罪と重罪

第9章　軽罪と重罪

　　文献：*Rosenberg*, Die Dreiteilung der strafbaren Handlungen, ZStW 24（1904）, 1; *Engisch*, Die neuere Rechtsprechung zur Trichotomie der Straftaten, SJZ 1948, Sp. 660; *Lange*, Probleme des § StGB, MDR 1948, 310; *Nüse*, Zur Dreiteilung der SGENSHOtraftaten, JR 1949, 5; *Dreher*, Zur Systematik Allgemeiner Strafschärfungsgründe, GA 1953, 129; *Heinitz*, Empfiehlt sich die Dreiteilung der Straftaten auch für ein neues StGB?, mat-StrRef. I, 1954, 55; *Imhof*, Die Einteulung der strafbaren handlungen, MatStrRef. II /1, 1954, 1; *Lange*, Die Systematik der Strafdrohungen, MatStrRef. I, 1954, 69; *Krümpelmann*, Die Bagatelldelikte, 1966; *Furtner*, Der „schwere" und „minder Schwere" Fall im Strafrecht, JR 1969, 11; *Wahle*, Zur strafrechtlichen Problematik „besonders schwerer Fälle", GA 1969, 161; *Zipf*, Kriminologischer und strafrechtlicher Verbrechensbegriff, MDR 1969, 889; *Stöckl*, Ist durch die Neufassung des § StGB durch das 1. Strafreformgesetz（bzw. § 12 des 2. StrRG）der Theorienstreit über die Dreiteilung der Straftaten beendet?, GA 1971, 236; *Calliess*, Die Rechtsnatur der „besonders schweren Fälle" und Regelbeispiele im Strafrecht, JZ 1975, 112; *Fincke*, DasVerhältnis des Allgemeinen zum Besonderen Teil des Strafrechts, 1975; *Schild*, Die „Merkmale" der Straftat und ihres Begriffs, 1979; *Trifferer*, Können Mord-Gehilfen der Nationalsozialisten heute noch bestraft werden?, NJW 1980. 2049; *L. Welzel*, Verbrechen oder Vergehen – keine Preisfrage, Kriminalistik 1991, 489.

1　　軽罪と重罪の区別は，構成要件に該当する違法な行為（12条，11条1項5号）に関係しており，それゆえに，それが前提としている行為論から不法論にまで及ぶ．それにもかかわらず早くも本章で論じられるのは，犯罪論の構造に対して遡及効果を持たないからである．実体法においてそれを区別する意味は，刑罰の段階づけにおける罪刑法定主義の確実化ならびに立法技術の単純化にある．訴訟法においても，この区別は，この第2の任務の役に立つ（Rn. 7）．したがって，軽罪と重罪の区別は，一般的犯罪論の特殊刑法的カテゴリーの前に取り扱う方が望ましいのである．

A．区別の歴史について

2　　刑法典はその当初の規定において，1条で可罰的行為の三分割（三分法）から出発しており，重罪，軽罪および違警罪を区別していた．このような分類は，

349

第2編　行為，軽罪，重罪

フランス法に由来する[1].

3　もちろん，異なる重さの犯罪の区別は，もっと古くから行われている．すでに，カロリーナ刑事法典（1532年）は，大事件（cause maiores）と小事件（cause minores）とを分けていたより古いドイツ法に倣って，この法典によってこれだけが詳細に取り扱われているのであるが，生命刑，身体刑および名誉刑が科せられる「刑事事件」を，特に過料および短期の軽懲役が考慮される「民事事件」から区別している[2]．ザクセンの裁判官であり教授でもあった *Benedikt Carpzov*（1595‐1666）は，特に影響力を持った普通ドイツ刑法の解釈者であったが，のちに，イタリア法学を継受して，凶悪犯罪，重大犯罪および軽犯罪（Delicta atrocissima, actocia und levia）の区別を認め，この区別はバヴァリア法典（1751年）およびテレジアーナ法典（1768年）でも認められていた．しかし，重大な犯罪における身体刑および生命刑が消滅することで，この区別もその意味を失った．ゆえに，プロイセン一般ラント法（1794年）には，もはやこの区別はない．しかし，18世紀に，自然法の潮流の影響を受けて，生得権の侵害，取得権の侵害および単純な不服従の区別が展開され[3]，これがフランス刑法典にも影響を与え，そこから19世紀のドイツ刑事立法に受け継がれた．

4　フランス刑法典（Code Pénal）（1791年，最終稿は1810年）は，重罪（crime），軽罪（délit）および違警罪（contravention）の区別を含んでいたが，この区別は *Feuerbach* のバイエルン刑法典（1813年），プロイセン刑法典（1851年）および最終的には刑法ライヒ刑法典（1871年）に受け継がれた．そこでは，当初の，理念にしたがった三種類の犯罪種の質的な区別は（Rn. 3参照），可罰性の段階づけ，ならびに，訴訟上の管轄規定とその区別にとっての結節点としての，その立法技術的意義が前面に出るようになって，次第に拭い去られていった．しかし，本来の形の三分法は，刑法典においても，多種多様な刑種に対応する限りでは，かなり事実的重要性を有していた．重罪はとりわけ死刑と重懲役をもって威嚇される犯罪であり，軽罪は軽懲役と相当な額の罰金刑をもって威嚇される行為であり，そして違警罪は軽い罰金または拘留で威嚇される行為であった[4].

---

(1)　歴史についての概説 *Heinitz*, MatStrRef. I, 1954, 55 f.; *Imhof*, MatStrRef. II/1, 1954, 1; LK[11]‐*Gribbohm*, § 12, Entstehungsgeschichte.

(2)　これに関する詳細は，*v. Hippel*, StrafR I, 1925, 177 f. を参照.

(3)　これに関して詳細には，*Kohlrausch/Lange*, StGB, [43]1961, § 1, Anm. III.

(4)　そのほかに，5年以上の城塞禁錮（もしくは禁錮）が科せられる行為は，すべて重罪であった．この刑種でより軽い刑罰が科せられる場合は，軽罪であるとみなされた．

第9章　軽罪と重罪

B．現行法における規則と実践的意味

5　刑法改正によって，(1975年1月1日から）本来の三分法に替わって，二分法が採用された．違警罪が廃止されたため（2章 Rn. 61, 99; 4章 Rn. 43 番号4参照），現在では，重罪と軽罪（12条）だけが存在している．**重罪**は，少なくとも1年以上の自由刑が科せられる違法な行為（この概念については，11条1項5号）である（12条1項）．**軽罪**は，少なくとも軽い自由刑または罰金が科せられる違法な行為である（12条2項）．

6　それゆえ，問題なのは，法定刑だけであって，実際に科せられた刑罰ではない．重懲役と軽懲役の区別の廃止（4章 Rn. 25以下）と，場合によっては重罪であっても罰金のみで処罰できる可能性（Rn. 10参照）によって，今やこの区別は，原理的に別の刑の種類であるということとは結び付けられない．確かに，重罪と軽罪との事実上の区別は，依然として，重罪は類型的に重い犯罪であるという意味では存在する．しかし，個々の事例において，重罪（例えば，あまり価値のない物を強奪する強盗，249条）が，軽罪（例えば，巧妙な数百万の詐欺，263条，または危険な傷害，224条1項1-4号）よりもはるかに軽い場合もありうるのである．したがって，今日では，法律上の区別の意味は完全に形式的なものになっており，しかも実体法でも訴訟法でもそうである．

7　実体法においては，二分法は，可罰性を段階づける際の立法技術の単純化に役立っている．したがって，重罪の場合の未遂は常に可罰的であるが，軽罪の場合の未遂は明確に規定された事例だけが可罰的である（23条1項）．教唆の未遂および共犯の前段階の，その他の若干の例では，重罪の場合には可罰的であるが，軽罪の場合には一般的に不可罰である（30条）．同様に，公職適格および被選挙資格の喪失が，この区分に結び付けられている（45条1項）．各則では，まだ，241条（重罪による脅迫）についてのみ二分法が役割を果たしている．訴訟法においては，重罪と軽罪の区別は，裁判所の事物管轄の決定に意味を持っている（裁判所構成法25条，74条）．さらに，重罪の場合，必要的弁護が規定さ

違警罪に科せられる罰金は，150マルクから（最終的には）500マルクの間で揺れ動いていた．

第2編　行為，軽罪，重罪

れており（刑事訴訟法140条1項2号），略式命令は軽罪に制限されており（刑事訴訟法407条），刑事訴訟法153条，153条a，154条dによる手続打切りは軽罪の場合にのみ可能である．

8　現代法においても二分法の維持は，上記のような形式的意味においてのみ合目的的であるか否か，争われている．これに対して，実体法と訴訟法において意図された区別は，立法技術的に，他の方法でも実行可能であろう．他方で，「重罪」と「軽罪」という概念の使用は，かつては重懲役刑に由来していた差別作用が，いまや「重罪」での有罪判決に及んでいるかもしれないという危険を招いている(5)．再社会化に敵対的であるという理由で重懲役刑を廃止したのであれば，特別な犯罪の種類として「重罪」という烙印を押す学術用語も放棄し，画一的な「違法な行為」または「犯罪」という用語に法定刑の区別を関連づけるだけの方が，刑事政策的には矛盾がないのではないだろうか．他方，このような疑問の意味を過大評価すべきでもないだろう．なぜならば，いずれにせよ二分法には，立法技術的に明確性と明快性という長所があるからである．また，「重罪犯」である有罪者への差別は，かつての「重懲役受刑者」の場合ほどには懸念されていない．なぜならば，公衆は犯罪を評価する際に，主として実現された構成要件と刑罰の種類をもとに判断しているのであって，重罪あるいは軽罪という法的名称にはほとんど注目していないからである．

C．現行法における「抽象的」理論の実現と罪刑法定主義におけるその根拠づけ

9　総則での刑の変更における重罪と軽罪の区分，および，各則での重大事案と軽微事案における重罪と軽罪の区分について，かつては激しく議論されていたが(6)，判例においてすでに以前より支配的であった「抽象的」理論の意図に沿った刑法改正によって規制された．12条3項によれば，「総則の規定によりまたは犯状の特に重い事案もしくはあまり重くない事案について定められる刑の加重または減軽」は，区分について「顧慮しない」ままである．したがって，そのような事例において犯罪の種類を決定するには，規定された刑の範囲の中で選択可能な最も軽い刑罰が重要なのであって，具体的に適用された刑の範囲

---

(5)　このように考えるのは *Baumann*, AT⁸, 1977, § 8 II 2b, Fn. 12; *Stöckl*, GA 1971, 244 f.

(6)　*Stöckl*, GA 1971, 237 ff. は，16の（!）異なる理論を区別している．*Kohlrausch/Lange*, StGB, ⁴³1961, § 1, Anm. VI の「概要」も参照．

第 9 章　軽罪と重罪

や科刑の上限が重要なのではない.

10　その際, 犯罪の区分にとって重要ではない変更として, 総則においては, 現行の法状態に従えば, 減軽事由だけが考慮されている. すなわち, 13 条 2 項 (不作為犯), 17 条 2 文 (回避可能な禁止の錯誤), 21 条 (限定責任能力), 23 条 2 項, 3 項 (未遂), 27 条 2 項 2 文 (幇助)[7], 28 条 1 項 (行為者の特別な一身上の要素), 30 条 1 項 2 文, 2 項 (共犯の未遂), 35 条 1 項 2 文 (緊急避難の特例), 35 条 2 項 2 文 (緊急避難の前提についての錯誤) による減軽である. それゆえに, これらの規定に基づいて 49 条を手掛かりに可能である減軽は, 犯罪の性質を変更しない. たとえば, 限定責任能力状態で (21 条) 強盗を遂行した場合, 49 条 1 項 3 号にしたがって, 249 条 1 項の最も軽い刑を 3 月の自由刑にまで減ずることができる. その結果, 場合によっては, 47 条 2 項による罰金刑への変更までもが考慮されることになる. その場合, 具体的に科せられた刑罰は 1 年を大幅に下回るにもかかわらず, 犯罪は重罪のままであるので, 例えば未遂は可罰的である.

11　各則の「特に重い」または「あまり重くない」事例, いわゆる「明示的でない刑罰変更事由」についても, 同じことがいえる. かつての詐欺や背任のように, 最も軽い刑が 1 年以上, すなわち重罪の刑罰の範囲が規定されている場合であっても, これらの犯罪は軽罪のままである. したがって, 背任の未遂は特に重い事例であっても不可罰であり, 特に重い詐欺に対する教唆の未遂の場合も不可罰である. 反対に, 偽証 (154 条 2 項), 重大な傷害 (226 条 3 項) または強盗 (249 条 2 項) で規定されているように, あまり重くない事例が存在する場合, 変更された刑の範囲が軽罪の範囲であり, 個別事例で科される刑罰が 1 年の自由刑よりもはるかに軽くなり得るとしても, その行為は軽罪にはならない. 各則の該当規定と結びついて 49 条 2 項が許している刑の減軽についても, 変わるところはない. すべての事例において, 実体法的および訴訟法的観点の下で, 重罪の存在に結び付いている作用は, そのまま維持されるのである.

12　これらの規定は, 一瞥したところ, 驚くべきもののように思える. 犯罪の性質を個別事例で考慮される刑罰によって (具体的考察方法), または, 少なくとも適用され得る法定刑によって (個別的考察方法) 決定することの方がより適切であるように考えられるかもしれない[8]. すなわち, 例えば, 未遂の可罰性

---

(7)　この点で異なるのは *Triffterer*, NJW 1980, 2049.

第2編　行為，軽罪，重罪

はこれらの方法に依拠させるのであって，規定の法定刑の抽象的下限に依拠さ
せない方が，より適切なのではないかと考えられるであろう．しかし，連邦裁
判所の判例は，ライヒ裁判所（RGSt 69, 51; 70, 289; 74, 65, [66]）にしたがって，当
初から抽象的考察方法を認めており（BGH JZ 1951, 754; BGHSt 2, 181, (393) ; 3, 47; 4,
226; 8, 79），立法者も，この点については判例にしたがっている．

13　重要な反論があるにもかかわらず，それを支持する決定的で力強い理由は，
憲法上の原則である罪刑法定主義（これに関して詳細は，5章）にある．なぜなら
ば，個別事例において，特に重いまたはあまり重くない事例が認められるか否
かは，広く，裁判官による全事象の評価にかかっているからである．可罰性に
関して犯罪を区分する意義ゆえに，次のことが言える．すなわち，具体的かつ
個別的考察方法によって裁判官の義務となる重罪カテゴリーまたは軽罪カテゴ
リーへの分類は，多くの事例において，同時に可罰性または適用され得る法定
刑を決定することになるかもしれず，まさにこれは，基本法103条2項と刑法
1条が禁止していることである．たとえば，未遂が可罰的か否かは，最初から，
そして抽象的に法律から読み取られなければならず，裁判官が特に重い事例を
認めるのか，あまり重くない事例を認めるのかという点から，後になって初め
て明らかになるようなものであってはならないのである．連邦裁判所は，当然，
「可罰性の法定は」，二分法が「構成要件的に確定したメルクマールに基づいて
いるが，…裁判官による行為の重大性の評価に基づいているわけではない」場
合に「だけ，保障される」と述べている（BGHSt 2, 183）．同様に，訴訟の管轄
が公判前に確定していなければならないことには，疑問の余地がない．これは，
抽象的考察方法によってのみ保障される．

14　同一の基本的思考から，構成要件要素によってその条件が最終的に固定され
ている各則の刑の加重および刑の減軽は，法定刑からの乖離が12条の区分に
とって重要である限りで，犯罪の性質を変更するという結論が導かれる．した
がって，例えば，通常の監禁（239条1項）は，軽罪である．しかし，239条3
項の重い結果が発生した場合は重罪である．なぜならば，これらの結果が構成

---

(8)　そのように考えるのは *Stratenwerth/Kuhlen*, AT⁵, § 5 Rn. 9:「抽象的考察方法は，
　　重大な不正義を導く」．彼自身は，「特殊化」方法論を支持しているが，それは現行法
　　（12条3項）と矛盾するとも考えている（Rn. 140）．この点について，同じく批判的な
　　のは，*Jakobs*, AT², 6/106.

第9章　軽罪と重罪

要件的に厳格に明示されており，刑の下限が1年になるからである．同様に，
315条3項は，315条1項とは対照的に，重罪である．反対に，確かに故殺
（212条）は重罪であるが，嘱託殺人（216条）は軽罪である．なぜならば，行為
事情が記述されており，刑の下限が6月になるからである．より重い事例また
はより軽い事例を基本的構成要件の変更と判断すべきか，それとも，独自の犯
罪と判断すべきか，というよく議論される問題は，重罪か軽罪かという判断に
とっては，どのみち重要ではない．

D．区別の問題

15　今日では12条3項の規定を考慮すれば，刑の加重規定または刑の減軽規定
の中に明示の変更メルクマールと黙示の変更メルクマールが重なり合っている
場合のみ，犯罪行為の犯罪としての性質に関するちょっとした疑問が生じる．
そのような疑問が生じるのは，構成要件に規定された特に重い事例が，単なる
刑の加重の通常の事例として表示されている（「特に重い事例は，原則として…の場
合に存在する」）場合である．しかし，ここでは，裁判官は，特に重い事例の存
在についての最終的決定権を常に持っており，その結果，原則的事例の状況が
存在する場合に黙示の刑の加重事由を認めることは，論理的に矛盾しない．し
たがって，例えば，国家機密の漏洩（95条1項）は，原則，軽罪である（6月以
上5年以下の自由刑）．特に重い事例が認められる場合には，95条3項が1年以
上10年以下の自由刑で威嚇しており，何ら変わるところはない．なぜならば，
94条2項2文を適用する95条3項2文において挙げられている例（「行為者が，
国家機密の保持をその者に特別に義務づける責任ある地位を濫用したとき，または，行為に
より，ドイツ連邦共和国の対外的安全に対して，特に重大な不利益を及ぼす危険を生じさせ
たとき」）は，「原則として」その事例を重くするからである．したがって，裁
判官は，加重事例が存在する場合でも通常事例を認めることは可能であり，反
対に，法律上の事例が存在しないにもかかわらず特に重い事例を肯定すること
も可能である．また，ここでは，最終的な基準となる裁判官の評価からは独立
して，犯罪の種類はすべての事例において法定の刑の範囲によって決定するこ
とを，法的安定性は要請している．このような犯罪の性質を変更しない原則的
事例の技術を用いているその他の事例は，99条2項，100条a第4項である．

355

第3編　構　成　要　件

第10章　構成要件論

　下記の文献目録は項目 A から C にのみ関係するものである．D から H については資料が豊富なためそれぞれの項目において文献目録を示す．もっとも，ある著作が特定のテーマを越えて，構成要件論の他の論点においても意味を持つこともあるので，本章のすべての文献目録が相互に補完し合うことに注意されたい．

　文献：*Beling*, Die Lehre vom Verbrechen, 1906（Nachdruck 1964）; *Frank*, Über den Aufbau des Schuldbegriffs, 1907; *H. A. Fischer*, Die Rechtswidrigkeit mit besonderer Berücksichtigung des Privatrechts, 1911; *Baumgarten*, Der Aufbau der Verbrechenslehre, 1913; *Hegler*, Die Merkmale des Verbrechens, ZStW 36（1915）, 19, 184; *Mezger*, Die subjektiven Unrechtselemente, GerS 89（1924）, 207; *ders.*, Vom Sinn der strafrechtlichen Tatbestände, 1926（= Traeger-FS, 1926 [Nachdruck 1979], 187）; *Zimmerl*, Zur Lehre vom Tatbestand, Str. Abh. 237, 1928; *E. Wolf*, Der Sachbegriff im Strafrecht, Reichsgericht-FS, Bd. V, 1929, 44; *Beling*, Die Lehre vom Tatbestand, 1930; *Hegler*, Subjektive Rechtswidrigkeitsmomente im Rahmen des allgemeinen Verbrechensbegriffs, Frank-FS, 1930, Bd. I, 251; *Radbruch*, Zur Systematik der Verbrechenslehre, Frank-FS, 1930, Bd. I, 158; *E. Wolf*, Die Typen der Tatbestandsmäßigkeit, 1931; *H. Bruns*, Kritik der Lehre vom Tatbestand, 1932; *Claß*, Grenzen des Tatbestandes, Str. Abh. 323, 1933（Nachdruck 1977）; *Sieverts*, Beiträge zur Lehre von den subjektiven Unrechtselementen im Strafrecht, 1934; *Arth. Kaufmann*, Das Unrechtsbewußtsein in der Schuldlehre des Strafrechts, 1949; *Schaffstein*, Putative Rechtfertigungsgründe und finale Handlungslehre, MDR 1951, 196; *v. Weber*, Der Irrtum über einen Rechtfertigungsgrund, JZ 1951, 260; *Lang-Hinrichsen*, Tatbestandslehre und Verbotsirrtum, JR 1952, 302, 356; *Lang-Hinrichsen*, Die irrtümliche Annahme eines Rechtfertigungsgrundes in der Rechtsprechung des BGH, JZ 1953, 362; *Lange*, Irrtumsfragen bei der ärztlichen Schwangerschaftsunterbrechung, JZ 1953, 9; *Mezger*, Wandlungen der strafrechtlichen Tatbestandslehre, NJW 1953, 2; *Nowakowski*, Rechtsfeindlichkeit, Schuld und Vorsatz, ZStW 65（1953）, 379; *Schröder*, Der Irrtum über Rechtfertigungsgründe nach dem BGH, MDR 1953, 70; *Engisch*, Die normativen Tatbestandselemente im Strafrecht, Mezger-FS, 1954, 127; *Arm. Kaufmann*, Lebendiges und Totes in Bindings Normentheorie, 1954; *Arth. Kaufmann*, Die Lehre von den negativen Tatbestandsmerkmalen, JZ 1954, 653; *Sauer*, Die beiden Tatbestandsbegriffe, Mezger-FS, 1954, 117; *Schmidhäuser*, Willkürlichkeit und Finalität als Unrechtsmerkmal im Strafrechtssystem, ZStW 66

第3編　構成要件

(1954), 27; *v. Weber*, Negative Tatbestandsmerkmale, Mezger-FS, 1954, 183; *Gallas*, Zum gegenwärtigen Stand der Lehre vom Verbrechen, ZStW 67 (1955), 1 (auch als Separatdruck und in: Beiträge zur Verbrechenslehre, 1968, 19); *Arm. Kaufmann*, Tatbestandseinschränkung und Rechtfertigung, JZ 1955, 37; *Arth. Kaufmann*, Tatbestand, Rechtfertigungsgründe und Irrtum, JZ 1956, 353; 393; *Engisch*, Bemerkungen zu Theodor Rittlers Kritik der Lehre von den subjektiven Tatbestands- und Unrechtselementen, Rittler-FS, 1957, 165; *Sauer*, Tatbestand, Unrecht, Irrtum und Beweis, ZStW 69 (1957), 1; *Schweikert*, Die Wandlungen der Tatbestandslehre seit Beling, 1957; *Engisch*, Tatbestandsirrtum und Verbotsirrtum bei Rechtfertigungsgründen, ZStW 70 (1958), 566; *Oehler*, Das objektive Zweckmoment der rechtswidrigen Handlung, 1959; *Engisch*, Der Unrechtstatbestand im Strafrecht, DJT-FS, 1960, Bd. I, 401; *Hirsch*, Die Lehre von den negativen Tatbestandsmerkmalen, 1960; *Schaffstein*, Soziale Adäquanz und Tatbestandslehre, ZStW 72 (1960), 369; *Spriesterbach*, Neue Kritik der Lehre vom Tatbestand, ungedr. Diss. Bonn, 1960; *Jescheck*, Die Entwicklung des Verbrechensbegriffes in Deutschland seit Beling im Vergleich mit der österreichischen Lehre, ZStW 73 (1961), 179; *Naka*, Die Appellfunktion des Tatbestandsvorsatzes, JZ 1961, 210; *Roxin*, Die Irrtumsregelung des Entwurfs 1960 und die strenge Schultheorie, MSchrKrim 1961, 211; *Schaffstein*, Tatbestandsirrtum und Verbotsirrtum, OLG Celle-FS, 1961, 175; *Roxin*, Zur Kritik der finalen Handlungslehre, ZStW 74 (1962), 515 (= Grundlagenprobleme, 72); *Arth. Kaufmann*, Die Irrtumsregelung im Strafgesetz-Entwurf 1962, ZStW 76 (1964), 543; *Kraushaar*, Die Rechtswidrigkeit in teleologischer Sicht, GA 1965, 1; *Noll*, Tatbestand und Rechtswidrigkeit, ZStW 77 (1965), 1; *Plate*; Ernst Beling als Strafrechtsdogmatiker, 1966; *Brauneck*, Unrecht als die Betätigung antisozialer Gesinnung, H. Mayer-FS, 1966, 235; *Engisch*, Die Idee der Konkretisierung in Recht und Rechtswissenschaft unserer Zeit, [2]1968; *Hassemer*, Tatbestand und Typus, 1968; *Schmidhäuser*, Der Unrechtstatbestand, Engisch-FS, 1969, 433; *Tiedemann*, Tatbestandsfunktionen im Nebenstrafrecht, 1969; *Burian*, Der Einfluß der deutschen Naturrechtslehre auf die Entwicklung der Tatbestandsdefinition im Strafgesetz, 1970; *Roxin*, Offene Tatbestände und Rechtspflichtmerkmale, [2]1970; *Dreher*, Der Irrtum über Rechtfertigungsgründe, Heinitz-FS, 1972, 207; *Minas v. Savigny*, Negative Tatbestandsmerkmale, 1972; *Roxin*, Kriminalpolitik und Strafrechtssystem, [2]1973; *Sax*, Zur rechtlichen Problematik der Sterbehilfe durch vorzeitigen Abbruch einer Intensivbehandlung, JZ 1975, 137; *Rödig*, Zur Problematik des Verbrechensaufbaus, Lange-FS, 1976, 39; *Sax*, „Tatbestand" und Rechtsgutsverletzung, JZ 1976, 9, 80, 429; *ders.*, Der verbrechenssystematische Standort der Indikationen zum Schwangerschaftsabbruch nach § 218a StGB, JZ 1977, 326; *Günther*, Die Genese eines Straftatbestandes, JuS 1978, 8; *Otto*, Strafwürdigkeit und Strafbedürftigkeit als eigenständige Deliktskategorien?, Schröder-GS, 1978, 53; *Gallas*, Zur Struktur des strafrechtlichen Unrechtsbegriffs, Bockelmann-FS, 1979, 155; *Schild*, Die „Merkmale" der Straftat und ihres Begriffs, 1979; *Hruschka*, Der Gegenstand des Rechtswidrigkeitsurteils nach heutigem Strafrecht, GA 1980, 1; *Ebert/Kühl*, Das Unrecht der vorsätzlichen Straftat, Jura 1981, 226; *Hünerfeld*, Zum Stand der deutschen Verbrechenslehre aus der Sicht unserer gemeinrechtlichen Tradition in Europa, ZStW 93 (1981), 979;

Schick, Kritische Überlegungen zur Genese des Straftatbestandes, in: Winkler/Antoniolli (Hrsg.), Forschungen aus Staat und Recht 50 (1981), 84; *Wolter*, Objektive und personale Zurechnung von Verhalten, Gefahr und Verletzung, 1981; *Hirsch*, Der Streit um Handlungs- und Unrechtslehre insbesonders im Spiegel der ZStW (Teil II), ZStW 94 (1982), 239; *Paeffgen*, Einmal mehr – Habgier und niedrige Beweggründe, GA 1982, 255; *Günther*, Strafrechtswidrigkeit und Strafunrechtsausschluß, 1983; *Schlüchter*, Irrtum über normative Tatbestandsmerkmale im Strafrecht, 1983; *Timpe*, Strafmilderungen des Allgemeinen Teils des StGB und das Doppelverwertungsverbot, 1983; *Dölling*, Die Behandlung der Körperverletzung im Sport im System der strafrechtlichen Sozialkontrolle, ZStW 96 (1984), 55; *Kindhäuser*, Rohe Tatsachen und normative Tatbestandsmerkmale, Jura 1984, 465; *Schünemann*, Einführung in das strafrechtliche Systemdenken, in: Schünemann (Hrsg.), Grundfragen des modernen Strafrechtssystems, 1984, 1; *ders.*, Die deutschsprachige Strafrechtswissenschaft nach der Strafrechtsreform im Spiegel des Leipziger Kommentars und des Wiener Kommentars, 1. Teil: Tatbestands- und Unrechtslehre, GA 1985, 341; *Andrejew*, Die integrierende Lehre vom Tatbestand, H. Kaufmann-GS, 1986, 639; *Jescheck*, Neue Strafrechtsdogmatik und Kriminalpolitik, ZStW 98 (1986), 1; *Arth. Kaufmann*, Einige Anmerkungen zu Irrtümern über den Irrtum, Lackner-FS, 1987, 185; *Schmidhäuser*, Zum Begriff der Rechtfertigung im Strafrecht, Lackner-FS 1987, 77; *ders.*, Form und Gehalt der Strafgesetze, 1988; Herzberg, Erlaubnistatbestandsirrtum und Deliktsaufbau, JA 1989, 243, 294; *Röttger*, Unrechtsbegründung und Unrechtsausschluß, 1993; *Schlüchter*, Zur Abgrenzung von Tatbestands- und Verbotsirrtum, JuS 1993, 14; *U. Schroth*, Die Annahme und das „Für-Möglich-Halten" von Umständen, die einen anerkannten Rechtfertigungsgrund begründen, Arth. Kaufmann-FS, 1993, 595; *Otto*, Die Lehre vom Tatbestand und der Deliktsaufbau, Jura 1995, 468; *Schünemann*, Die Funktion der Abgrenzung von Unrecht und Schuld, Coimbra-Symposium, 1995, 149; *Sternberg–Lieben*, Tod und Strafrecht, JA 1997, 80; *Rinck*, Der zweistufige Deliktsaufbau, 2000; *Chr. Schmid*, Das Verhältnis von Tatbestand und Rechtswidrigkeit aus rechtstheoretischer Sicht, 2002 (dazu *Gössel*, GA 2004, 294); *Kubink*, Strafrechtliche Probleme des Rechtsschutzverzichts im sportlichen Grenzbereich – soziale Adäquanz, erlaubtes Risiko, Einwilligung, JA 2003, 257.

　外国語文献：*Cerezo Mir*, Problemas fundamentales del derecho penal, Madrid, 1982; *Mir Puig*, Función de la pena y teoría del delito en el estado social y democrático de derecho, El derecho penal en el estado social y democrático de derecho, Barcelona, 1994, 29; *Gargani*, Dal corpus delicti al Tatbestand, Mailand, 1997; *Figueiredo Dias*, Sobre a construção dogmática da doutrina do fato punível, Questões fundamentais de direito penal revisitadas, São Paulo, 1999, 185.

第3編　構成要件

A．体系構成要件，保障構成要件，錯誤構成要件

1　刑法上のすべての基本概念と同様に，*Beling*[1] によって取り入れられた「構成要件」の概念についても，様々な意味において捉えられる[2]．しかし刑法にとって重要な区別は，構成要件が果たすべき次の三つの任務に集約される．すなわちそれは，体系的機能，政策的機能，解釈学的機能である．体系的意味において構成要件は，「例えば，刑法303条における『他人の財物の損壊』や，211条における『人の死亡』など，いかなる犯罪が類型的に問題となっているかを示す要素の総体」[3] と捉えられる．*Beling* はこうした要素の総体を「構成要件」と示すことによって，一般的犯罪論において，「行為」概念と「違法性」概念の間に挿入されうる新たなカテゴリーを獲得した．それまで犯罪は，多くの場合，「違法で，有責で，刑罰を科された行為」として定義されていた．これに対して，そうした定義では刑罰が科されるために行為がいかなる要素を有していなければならないのかが不明確であることから，*Beling* は適切にもその定義を「漠然としたもの」[4] とした．これに対して，構成要件という新たなカテゴリーは，例えば，「行為による結果論」や「因果関係論」，「行為客体論」「不作為犯の概念論」といった[5]，それまでの一般的犯罪論において「位置づけが不明確であった要素」の数々に対して，確固たる体系的な位置づけを与えた．

2　構成要件には体系的意義と並んでその刑事政策的意義もある．すなわちそれは基本法103条2項から求められるところの「保障機能」である．禁止行為が構成要件により厳密に記述された刑法のみが，「法律なければ犯罪なし」（これ

---

(1) *Beling*, Die Lehre vom Verbrechen, 1906. 罪体（corpus delicti）という一般的概念から Beling の構成要件論に至るまでの過程については，*Gargani*, 1997, 157 ff. が詳しい.

(2) 詳しくは，*Engisch*, Mezger-FS, 1954, 129-133 参照．それは，*Mezger*, NJW 1953, 2 ff. と *Lang-Hinrichsen*, JR 1952, 302 ff. によって進展がなされた区別の受容と継続によるものである.

(3) *Beling*, 1906, 3.

(4) *Beling*, 1906, 21. *Puppe* が体系的構成要件を刑罰威嚇構成要件としても呼ぶ場合において，*Puppe* もそれに関係づけているといえる（NK, vor § 13 Rn. 21）.

(5) *Beling*, 1906, 28.

第 10 章　構成要件論

については，5章）という原理により十分に正当化されるものである．我々の刑法は構成要件的刑法であって心情刑法ではない，重要なのは行為刑法であって行為者刑法ではないとされるとき（その詳細と類型化は，6章），そうした決まりきった言い回しの背後には常に構成要件の刑事政策的意義が援用されている．

3　構成要件の一般的体系的機能から切り離され，それ自体独立したものである構成要件の解釈学的任務は，その不認識ゆえに故意が否定される要素を明確にすることにある．こうした任務は，16条1項前段が，「行為遂行時に法定構成要件に属する事情を認識していなかった者は，故意に行為したものではない」と規定していることからも，法自体にも明記されている．故意を否定する構成要件的錯誤 (16条) とただ任意的に責任が否定されるにすぎない禁止の錯誤 (17条) の相違は，現行法では，刑法解釈学上の根本的な基礎理論に属する．

4　*Beling* は，構成要件にその体系的任務を与えるだけでなく，その保障機能と錯誤を規制する意味を明確に見出した[6]．ところが *Beling* は，後の支配的学説と同様に，仮に三つの任務すべてが同じ内容的要素を同時に果たすならば，構成要件の統一的概念のみが存在することを認めた．しかし詳細に見るとき，体系構成要件と保障構成要件[7]，錯誤構成要件は区別されなければならない[8]．なぜなら罪刑法定原則が構成要件の体系カテゴリーの形成をも促すとするならば，罪刑法定原則によって，構成要件の要素だけでなく，例えば責任阻却事由や刑罰阻却事由，さらに場合によっては特定の訴訟条件までもが基本法13条2項に属するとされることとなって，罪刑法定主義はその意味を越えてしまうことになるからである（詳細は，5章 Rn. 40 以下）．保障構成要件が罪刑法定原則に関連するすべての事情の総体であれば，それは体系構成要件としての要素をも包括することになるということである[9]．

5　同様に，錯誤構成要件も体系構成要件と必ずしも同じではない．仮に支配的

---

(6)　*Beling*, 1906, 21-23（保障機能に関して），4（錯誤規制機能に関して）．

(7)　この用語は，*Lang-Hinrichsen*（JR 1952, 307; JZ 1953, 363）と *Engisch*（Metzger-FS, 1954, 129, 131, 132）によって取り入れられた．

(8)　この区別は私の著書 „Offene Tatbestände und Rechtspflichtmerkmale" ²1973 において初めてこのような形式で（一部は *Lang-Hinrichsen* と *Engisch* に依拠するかたちで）なされたものである．特別刑法に関しては *Tiedemann*, 1969 参照．

(9)　*Puppe* が体系構成要件を保障構成要件と同一視しているならば，*Puppe*（NK, vor § 13 Rn. 21）もそのような見方をとるものである．

361

第 3 編 構 成 要 件

見解のように，客観的構成要件のすべての要素の認識・認容という構成要件的故意が，主観的部分としての構成要件に体系的に分類されるならば（Rn. 61），しかしそのような故意が構成要件的錯誤の対象となるのは困難であろう[10]．確かに故意は体系構成要件には属するが，しかし錯誤構成要件に属するものではない．他方，判例と多数説は，正当化事由の錯誤について故意を否定することによって，正当化事由の事実的要件を故意の対象とする（詳しくは，14 章 Rn. 54 以下）．しかし正当化要素の多くが体系的意味における構成要件に数えられないならば，その結果，錯誤構成要件には，体系的意味における構成要件よりも多くの客観的要素が含まれることになる．

6　それに基づけば，体系構成要件，保障構成要件そして錯誤構成要件を混同することは，誤解を生じかねない．目的的体系において個々のカテゴリーはそれぞれの目的によってのみ意味づけられることができるので，異なった目的は概念的な細分化をももたらすものである．下記の叙述は直接的には体系構成要件にのみ関連するものである．保障構成要件についてはすでに詳論した（上述 5 章）．錯誤構成要件については正当化事由との関連で検討されるものであるが，しかし頻繁に体系構成要件と関連すること，また体系構成要件へのその影響ゆえに，体系構成要件の叙述においても錯誤構成要件には意識が向けられることとなる[11]．

B．体系的カテゴリーとしての構成要件の発展について[12]

第 1 節　Beling による客観的・没価値的構成要件

7　Beling の構成要件は主に二つの要素によって特徴づけられる．すなわち，それは「客観的」で「没価値的」なものである．客観性は，すべての主観的・

---

(10)　NK-*Puppe*, vor § 13 Rn. 22 も同旨.

(11)　それとともに，構成要件は，法理学において，可罰性のすべての実体的要件の総体として述べられることがある（そこでは構成要件と法律効果に区別される）．体系構成要件が整理されたものとして表される別の構成要件概念については，後述される．同じことは「答責性」の具体的要件を含む責任構成要件にもあてはまり，このカテゴリーの関連において考察がなされる.

(12)　*Schweikert*, 1957 による新しい理論史で用いられた表現である.

第10章　構成要件論

精神的事象を構成要件から排除することを意味し，それらは責任に移行される
こととなる．これについては，*Beling* によっても共に基礎づけられた「古典
的」体系においてもすでに指摘されていたものである（5章 Rn. 15, 20）．「没価
値性」のもとにおいて，構成要件は，構成要件的行為の違法性を示唆する法的
評価を有するものではない．*Beling* にとって構成要件は，「すべての違法要素
から独立した純粋なもので」[13]，そこにおいて「法的意味が見出されることは
ない」[14] ものである．「構成要件が充足されたということは，誰にとっても不
利になるものではない．構成要件該当性の審査は，中立的な基礎であると考え
られる」[15]．構成要件は評価に対して純粋な客体であって，客体の評価は違法
性のカテゴリーにおいて初めて問題とされるのである[16]．

第2節　主観的構成要件の発展

8　構成要件の客観性の理論は，それから間もなくして動揺させられることと
なった．*H. A. Fischer*[17]，*Hegler*[18]，*Max Ernst Mayer*[19] そして *Mezger*[20]
は，多くの事例においては，責任において初めてではなく，行為の違法性がす
でに行為者の意思に —— すなわち主観的・精神的要素に —— 従属していること
を見出したのである．確かに，当初この問題は主に正当化事由との関連で検討
がなされた．すなわち，特定の主観的正当化要素（例えば正当防衛における防衛の
意思）との関連で必要とされた．しかしじきに，構成要件に Beling の意味にお
いていかなる犯罪が類型的に問題となっているかということを明確にする要素
が含まれているとするならば，もはや構成要件にとっても主観的基準を放棄す
ることはできない，ということが明らかにされた（まず初めに *Hegler* によって）．

---

(13)　*Beling*, 1906, 145, 112, 147.

(14)　*Beling*, 1906, 112.

(15)　*Beling*, 1906, 147.

(16)　*Beling* は後に自身の構成要件論に対して決して小さくはない修正を行っている．
　　　最終的なものとして，Die Lehre vom Tatbestand, 1930. しかし，その変遷は構成要件
　　　論の発展に重要な影響を与えるものではなかった．要約として，*Plate*, 1966.

(17)　*H. A. Fischer*, 1911.

(18)　*Hegler*, ZStW 36 (1915), 19 ff.

(19)　*M. E. Mayer*, AT, ¹1915 (²1923), 185-188.

(20)　*Mezger*, GerS 89 (1924), 109 ff.; *ders.*, 1926, 13 ff.

363

第3編　構 成 要 件

密猟者が狩猟獣を捕獲する意思を有していないならば，密猟者は客観的にも狩猟獣を待ち伏せてはいないこととなる（292条）．行為が主観的な性的傾向を有していないならば，それは性的（旧法でいう，わいせつ）行為（174条以下）ではない．さらに他人の物の奪取や錯誤状態に基づく財産的損害も，不法領得・利得の目的がなければ，242条，263条を基礎とする犯罪類型にはあてはまらない．そのため，主観的構成要件要素の理論はすでに1930年には（個々には多くの議論はありながらも）確立された[21]．すなわち今日では，主観的構成要件要素の理論はドイツ刑法において誰もが認めるものとなっている（詳細は，Rn. 70以下）．

9　目的的行為論が客観的行為事情の実現に志向されたすべての故意を構成要件の主観的部分に分類したときに，構成要件はさらに前進をした（これについては，7章 Rn. 18）．目的的行為論は確かに第1にその行為構想によるものとされた．しかし構成要件的故意に関する主観的構成要件要素の詳細がその理論に相当な推進力を与えた．そこから，目的的行為論自体は現在において使い古されたものとなったにもかかわらず（詳細は，8章 Rn. 19以下），主観的構成要件要素に関する考え方は新しい体系においても十分活かされている（詳細は，7章 Rn. 23以下）と理解される．すなわち，構成要件的犯罪類型（例えば，過失致死（222条）との比較での故殺（212条））は故意によって主に決定づけられる．そしてこの議論は，構成要件的故意が構成要件の主観的部分に分類されることへの肯定をもたらすのである．構成要件の客観性に関するBelingのテーゼは新しい理論によっても完全に否定されることとなった．

第3節　違法構成要件としての体系構成要件の特徴

10　同じ運命は構成要件の没価値性の構想においても起きた．ここでは，*Max Ernst Mayer*[22]による規範的構成要件要素の発見がBelingの理論の再考のきっかけとなった．もっともMayerも原則的に構成要件の没価値性から出発している．*Mayer*は，確かに構成要件の充足は違法性の認識根拠（ratio cognoscendi）[23]すなわちそれを徴表するものであるが，しかし両者は煙と火の

---

(21)　*Sieverts*, Beiträge zur Lehre von den subjektiven Unrechtselementen im Strafrecht, 1934という著書が，構成要件論の発展の明確な終息を表している．

(22)　*M. E. Mayer*, AT, ¹1915（²1923），185-185.

(23)　*M. E. Mayer*, AT, ¹1915（²1923），10, 52.

364

第 10 章　構成要件論

関係のようなものとする．煙は火ではなく，煙は火を含まない．しかし煙は，その反対の証明があるまで，その裏側で，火が存在していることの推論を許容するものである．Mayer によれば，構成要件は違法性の認識根拠（ratio cognoscendi）[24]であって，それを徴表するものにすぎず，その構成要素ではない．*Mayer* の没価値性は，構成要件要素が「記述的」であることによって確保される．すなわちそれは，「知覚的な認識」が受け入れられやすい記述[25]（「人」や「物」，「建物」のようなもの）であって，評価をそこに含まないものである．評価は違法性のカテゴリーによって初めて生じる．しかし他方，「規範的」（＝価値規定的な）構成要件要素，例えば242条にいう物の「他人性」のようなものもある．それは物を記述するものでも，またそれゆえに行為者の行為との因果関係に立つものでもなく，違法性を一部先取りした評価を含むものである．「他人の」物を奪取する者はそれによって他人の所有権を侵害するが，その所有権侵害に窃盗罪の違法性の本質的要素がある．そのようにして，規範的構成要件要素は「違法性の真正要素である．なぜなら，違法性を示唆するのではなく違法性を基礎づける事情，また認識根拠ではなく実在根拠（ratio essendi）である事情は，違法性に属するのであり，その構成要素である」[26]とされた．しかし他方で，法がそうした要素を故意の対象としているから（16条），それは同時に（不真正な）構成要件要素でもあるとされた．「構成要件概念の内部においてのみ，その特殊性の評価が許されることとなる」[27]．規範的構成要件要素は二重の位置づけを持つ．すなわち規範的構成要件要素は，「一方の端が法的構成要件と繋がり，他方の端が違法性と繋がっている，かすがいのようなものである」[28]．これによって，構成要件の没価値性は重要な領域において放棄されることとなった．

11　規範的構成要件要素の発見は早々に達成された[29]．その際，規範的構成要

---

(24)　*M. E. Mayer*, AT, ¹1915 (²1923), 185.

(25)　*M. E. Mayer*, AT, ¹1915 (²1923), 183.

(26)　*M. E. Mayer*, AT, ¹1915 (²1923), 184, 185.

(27)　*M. E. Mayer*, AT, ¹1915 (²1923), 184.

(28)　*M. E. Mayer*, AT, ¹1915 (²1923), 182.

(29)　*Mezger*, 1926, 41-46 参照．発展経過をまとめ，結論づけるものとして，*Engisch*, Mezger-FS, 1954, 127 ff. 記述的・規範的構成要件要素に関する現在の議論については，Rn. 57-60.

365

第3編　構成要件

件要素の数が当初の想定よりもかなり多いことが示された．この発展は，*Erik Wolf* による証明によって最高潮に達した．すなわちそれは，「人」や「物」のような純粋な記述的要素とされたものでさえ，その限界領域においては規範的であるとされ，すなわち，違法性によって方向づけられる法的な評価が要求されるとするものである[30]．それはまさしく正しいものである（詳細は，Rn. 59 以下）．例えばいかなる時点から「胎児（生成中のヒト = ein werdender Mensch）」であるのかについては，没価値的に記述された事物ではない．すなわちそれはむしろ，「子宮内での受精卵の着床の完了」を規定する 218 条 1 項 2 号の堕胎の法的定義によって確定されることである．なぜなら立法者はそのような観点から違法と評価される侵害や刑法的保護を認めようとするからである．それは（すでに，あるいは未だ）「人」であるのか否かに関する判断自体が，限界領域（出産に際しても死亡に際しても）[31]においては法的評価による帰結である．例えば民法においては，人の存在は「出産の完了」によって初めて認められる（民法 1 条）．これに対して刑法においては，第 6 次刑法改正法によって廃止された 217 条のすでにその文言（『出産に際して』）において明らかなように，「人」はすでに出産の開始において存在する．なぜなら，刑法では，出産の過程における傷害や殺人も（故意あるいは過失の）身体傷害や殺人と評価されうるからである．

12　構成要件は完全に規範的なものであって，「価値的要素と実在的要素とが構造的に絡みあったものである」[32]．しかしそのことから，構成要件の没価値性は，もはや一般に維持されえないものとなった．*Mezger* はすでに 1926 年に次の説明をしている[33]．立法上，構成要件の創設は，直接的に違法性の言明と特定された典型的な違法性としての違法根拠を有する．立法者は，構成要件の作成によって，特定的な違法性を創設する．すなわち，行為の構成要件該当性は，決して（特定された）違法性の認識根拠ではなく，真にその実在根拠である．それによって行為は違法な行為となる．ただしもちろんそれ自体においてだけではなく，特別な違法性阻却事由の欠如との関連において初めてそれが認められる．新カント学派（7 章 Rn. 21 参照）による「価値関連的理論」による発展を

---

(30)　*E. Wolf*, 1931, 56-61; *ders*, Reichsgerichts-FS, Bd. V, 1929, 44-71（とくに 54 f.）.

(31)　死の概念に関する詳細は，*Sternberg-Lieben*, JA 1997, 80.

(32)　*E. Wolf*, 1931, 11.

(33)　*Mezger*, Traeger-FS, 1926, 195.

第10章　構成要件論

経た構成要件論は，暫定的な違法性判断として，今日の学説においても支配的な理解となっている．しかし構成要件の規範性の発見によって，構成要件は違法性とは別の独立した体系的カテゴリーとして果たして維持されうるのかという疑問が生じた．その疑問については次のような別個の検討を必要とする．

C．構成要件と違法性の関係

第1節　消極的構成要件要素の理論

13　構成要件がすでに違法性の観点の下で評価を表すのであれば，なぜ構成要件は違法性を基礎づける事情の一部を有するにすぎないのであって，他方で，違法性のカテゴリーは別に保持されたままであるのか，という疑問が生じることになる．構成要件において違法性を基礎づける要素と，正当化事由において違法性を阻却する要素が，共にまた互いに補い合って，行為の違法性に関する最終的な判断を行うことが認められるのであれば，それらは特に同じ機能を有しているのであるから，構成要件において正当化事由の前提要件が含められるものとして，それらが一つの犯罪カテゴリーにまとめられると考えられるのが自然である．

14　そのための構成の可能性は，すでに *Adolf Merkel*[34]によって主張された消極的構成要件の理論[35]によってもたらされた．議論が残されつつもその後広く受け入れられた[36]この理論は，正当化の要件は，法律上の根拠のみからと

---

(34)　*Merkel*（1836-1896）は，著名な刑法解釈論者・刑法理論家であると共に（主な業績として，Lehrbuch des deutschen Strafrechts, 1989; Vergeltung und Zweckgedanke im Strafrecht, 1982），刑法解釈学，刑罰目的論，刑事政策学の発展に対して優れた貢献を果たした．要約と現代的視点の下での評価として，*Dornseifer*, 1979.

(35)　*Merkel*, StrafR, 1889, 82.

(36)　とりわけ，*Frank*, StGB, [18]1932, 139, 187; *ders.*, 1907, 15 ff.; *Baumgarten*, 1913, 211 ff.; *Radbruch*, Frank-FS, 1930, Bd. I, 157 f. による．包括的な批判的・否定的評価として，*Hirsch*, 1960. これに対して *Rinck*, 2000 は，本理論への印象的な擁護を主張し，*Hirsch* によって本理論に対し主張された論拠に一つ一つ反論を試みた（391 ff.）．それは少なくない結果をもたらした．また，*Chr. Schmid*, 2002 は，法理論的視点から成果をもたらした（95）．すなわち，「構成要件要素に対して正当化事由を異なって扱うことに実質的理由はない」．

367

第3編　構 成 要 件

なり，個々の処罰規定ごとに繰り返されないようにするために各則の構成要件からは切り離され，「カッコの前」にもってこられることとなった．しかしそれは事実的には，正当化事由を個々の構成要件の中に取り込まれるように変更するものではない．その結果，223条は次のように読まれるべきこととされる．すなわち，「他の者を身体的に虐待しまたはその健康を害した者は，行為が，現在する違法な攻撃に対する防衛として，また生命・身体・自由・名誉・財産または他の法益に対し実質的に優越する利益を侵害する危険の防衛として，あるいは他の法的根拠から命令されている場合でない限り，処罰される」とされる．例に挙げたように，正当防衛（32条）・正当化的緊急避難（34条）そして他の正当化の根拠において正当化事由がそれ自体において認められるというこうした定式は，その**不存在**が構成要件充足の要件であるという意味において，正当化要素を**消極的**な構成要件要素にする．構成要件が満たされる場合に，各則の犯罪記述部分が**積極的**にすべて認められなければならない一方（ただし Rn. 30-32参照），正当化に関する事情はその逆で，その存在が構成要件を否定する．すなわち，その否定（正当防衛ではないこと，正当化的緊急避難ではないことなど）は構成要件実現の肯定をもたらすのである．

15　この理論は，違法性阻却事由が，違法性を阻却するのではなく構成要件を阻却するという帰結をもたらした．構成要件と違法性は，違法に関する本質的なすべての要素（積極的，消極的，記述的，非記述的，作為関係的，不作為関係的）が収まる一つの違法全体構成要件に融合した．行為の三つの本質的特徴（構成要件該当性，違法性，責任）を考慮して**三段階の犯罪構造**といわれるのであれば，これに対して消極的構成要件要素の理論は，二段階の犯罪体系が導かれる．すなわち，行為の存在に関しては，構成要件的違法と責任に区別され，その際，とりわけ違法性に関する重要な犯罪カテゴリーの範囲は，積極的で違法性を基礎づける構成要件と，消極的で違法性を阻却する「反対構成要件（Gegentatbestände）」に区別されるのである．

第2節　二段階の犯罪構造か三段階の犯罪構造か？

16　二段階の犯罪構造は戦後においても多くの支持者を見出した[37]．そうした

---

　　(37)　*Engisch*, ZStW 70 (1958), 578 ff. (583 ff.); *ders.*, DJT-FS, Bd. I,1960, 401 ff. (406

368

第 10 章　構成要件論

犯罪構造は実際に論理的に実現可能なだけでなく[38]，目的論的観点において
もそれ自体に多くの利点がある[39]．なぜなら，違法性の実在根拠としての構
成要件の観点からすれば，違法性に関する本質的要素の一部をそこから切り離
す理由はないからである[40]．さらに，ある事情が構成要件ですでに違法性を
基礎づけるものとなるか，それとも逆に違法性において違法性を阻却する事情
に組み込まれるかは，だいたい法律における偶然的な文言上の形式の問題にす
ぎない（また Rn. 24 以下，43 以下も参照）．

17　　例えば，強要（240 条 2 項）の「非難性（Verwerflichkeit）」を生じさせる事情は，
違法性を基礎づけるものとして構成要件に位置づけられる．すなわち正当にも，
社会的にみて通常害悪にあたること（例えば，訴えの提起）による脅迫が意思に
影響を及ぼしても，それは典型的な可罰的違法性を現さないからである．正当
防衛において脅迫が行われるというよくある事例において，しかしそこでは非
難性が欠けるために構成要件は満たされない．その結果，通常は違法性にとっ

---

ff.）; *Figueiredo Dias*, 1999, 220 f.; *ders.*, PG, 250; SK[6]-*Günther*, vor § 32 Rn. 25 ff.; *Arth. Kaufmann*, 1949, 66 f., 170 f., 178 ff.; *ders.*, JZ 1954, 653 ff.; *ders.*, JZ 1956, 353 ff., 392 ff.; ders., ZStW 76（1964）, 564 ff.; *Lange*, JZ 1953, 9 ff.; *Lang-Hinrichsen*, JR 1952, 302 ff.; 356 ff.; *ders.*, JZ 1953, 362 ff., *Luzón Peña*, PG 558; *Mir Puig*, 1994, 76 f.; *Otto*, AT[7], § 5 Rn. 23 f.; NK-*Puppe*, vor § 13 Rn. 14; *Rinck*, 2000; *Roxin* [2]1970, 121 ff., 173 ff.; *ders.*, ZStW 74（1962）, 536; *Schaffstein*, MDR 1951, 196; ders., ZStW（1960）, 386 ff., *ders.*, OLG Celle-FS, 1961, 185; *Chr. Schmid*, 2002; *Schröder*, MDR 1953, 79; *Sch/Schröder*[17], 1974, vor § 1 Rn. 3 ff.; *v. Weber*, JZ 1951, 260; *ders.*, Mezger-FS, 1954, 183 ff.; *Schünemann*, 1984, 56 ff.; *ders.*, Coimbra-Symposium, 1995, 163, 174 ff.; さらに，*Herzberg*, JA 1989, 243 ff., 294 ff., および ―― いくらか修正されたものとして ―― *U. Schroth*, Arth. Kaufmann-FS, 1993, 595.

（38）　*Stratenwerth/Kuhlen*, AT[5], § 7 Rn. 13. Vgl. auch *Minas v. Savigny*, 1972. そこでは
違法性阻却事由が構成要件を補足するものとして構成されている．

（39）　詳細については，拙著 „Offene Tatbestände und Rechtspflichtmerkmale", 1959
（[2]1970）, 173-187 参照．その利点については，*Schünemann*, GA 1985, 347 ff., *ders.*,
Coimbra-Symposium, 1995, 174 ff. によって印象的に強調される．二段階の犯罪構造に
対する包括的な意見表明は最終的には *Rinck*, 2000 によってなされた．また ―― *Rinck*
に関係なく ―― *Chr. Schmid*, 2002 も．

（40）　*Schünemann*, 1984, 57 はそこでそれらを「合目的刑法体系において」「明らかに場
違い」なものとする．それにもかかわらず，本書で批判をする（Rn. 19 ff.）「構成要件
該当性の制限された特別な地位」に対して批判をしない（Coimbra-Symposium, 1995,
175, Fn. 79）.

369

第3編 構 成 要 件

て有意な事情も，この場合では構成要件において検討されなければならない(41)．同様に，行為者が正当化緊急避難の状況の下で他人の物を領得した場合は，すでに，窃盗の主観的構成要件に属する「不法領得の意思」の要素が否定されるため，その結果，ここでも，違法性を阻却させる状況により構成要件が否定される．さらに，145条が緊急通報の濫用を処罰する場合も，正当化緊急避難の状況により「濫用」が否定され，それによって構成要件が否定される(42)．他方，正当化が想定されない強姦（177条）のような構成要件もあるけれども，その結果そこでは，そうした理由から実際上，構成要件と違法性が重なることとなる．

18　要素のこのような交換可能性は，違法性の基礎づけと阻却が高次元にある単一性の一部分であることを意味する．二つのカテゴリーを体系的に共通化することによってそれを表現すれば，構成要件は，特に法律の形式の偶然性によってもたらされた，暫定的なものではない無条件の無価値判断の型となり，そしてそれによって文言の完全な意味において違法性の実在根拠となる．さらに，このような構成要件は，支配的見解のいう正当化事情の錯誤という結論の定まらない問題について，その事案において直接的に故意を否定する錯誤と捉えることを可能とし，そうした自由に構築された形式において法感覚に合致した結論をもたらすこととなる．

19　それにもかかわらず，犯罪類型の意味（すなわち犯罪類型ごとの違法要素）における構成要件を違法性に対して独立したカテゴリーであることを維持する有力な理由がある．なぜなら，構成要件と違法性は違法性を確定する意味だけで尽きるわけではなく，体系的考慮をしなければ失われる恐れのある，特別な刑事政策的機能を有しているからである（7章 Rn. 61 以下参照）．

20　第1に，構成要件は，違法判断とは別に，犯罪類型ごとの当罰性を基礎づける事情を統合するものである．構成要件は，窃盗を窃盗とする，詐欺を詐欺とするといった要素のすべてをも有している．構成要件は，抽象的に，各人が認識できるように示された禁札のような方法で，一般的に禁止された行為態様の

---

(41)　ただし，正当防衛を基礎づける事情は，違法性阻却事由が問題となるために，違法性に留め置かれ，そのために非難性は，一部は構成要件要素に，一部は違法性阻却要素に分割される．

(42)　本事例と次の事例は，*Herzberg*, JA 1989, 245 の論文から借用した．

370

第 10 章　構成要件論

モデルを描く．そしてそれが一般の法意識に影響を与え，場合によっては威嚇
効果を持つことで，一般予防機能を持つ．それゆえ構成要件の要素は，厳格な
意味で，法律なければ犯罪なし，刑罰なし原則に従う（詳細は，5 章 Rn. 2 参照）．
正当化事由を二重の方法において違法性の「消極的」意味と捉える場合を除い
て，構成要件は，次の評価段階で考察される正当化事由とは区別される．正当
化事由は，各犯罪類型を越えて，すべての構成要件あるいはその多くに当ては
まり，それゆえその規定は，犯罪類型の行動的側面の記述によるのではなく，
今ある社会的な秩序原則（法益衡量原則，自己保護原則等）によることとなる．こ
うした指導原理のもと，法発見は，構成要件要素の下に包含されるものによる
のではなく，具体化された法的要素にまで広げられたものによって行われるこ
ととなる．したがって，罪刑法定原則に適合する解釈は，文言の限界によって
ではなく，各正当化事由に内在する秩序原則によってのみ拘束されることとな
る．その結果，刑法外の正当化事由もその法領域に特有の法解釈的帰結を伴っ
て刑法に取り入れられ（5 章 Rn. 42 参照），比喩的にいえば構成要件的に「固定
された」刑法に，社会的発展が影響を与えることもできるのである[43]．

21　第 2 に，違法性は，それが違法性阻却事由において構成要件に対する大きな
抽象性を持つにもかかわらず，常に，**個別的**事案における行為者の行為の消極
的評価を持つ．それは，犯罪類型ではなく，**一回的な事象における具体的な社
会的侵害性**に関わり，対立する法的保護利益との比較の帰結である．この比較
は，「低い」利益への侵害が「高い」利益の確保のために具体的に「必要」で
あった場合に，正当化事由ごとの状況において高く評価される利益が低く評価
される利益に優先される，という基準によって行われる．そこから生じる正当
化事由の構造的特殊性は，構成要件とパラレルなものではなく，法的効果の点
において実際上の効果も有する[44]．というのも，構成要件に該当しない行為

---

(43)　これについては基本的に，*Roxin*, ²1973, 24 ff. 参照．

(44)　確かに，例えば，領得意思のない奪取や利得の意思のない欺罔によって引き起こ
された財産的損害が可罰的でない場合や，性的内容を有する芸術作品が 184 条にいう
ポルノ的な著作と解釈されない場合のように，構成要件の創設と解釈に際しても利益
衡量は行われる．しかし構成要件該当性が否定されるこのような衡量では，一般的に
不可罰となるとともに，具体的な事例において受忍義務を生じさせる許容性を導かない．
Jescheck/Weigend, AT⁵, § 25 III 2; LK¹¹-*Jescheck*, vor § 13 Rn. 48; *Schlüchter*, JuS
1993, 14 f. も同様である．これに対して *Puppe*（NK, vor § 13 Rn. 12）は，構成要件該

第 3 編　構 成 要 件

が必ずしも許されているのではなく「法的に自由な領域」（これについては，14
章 Rn. 26 以下）に属する，あるいは違法とさえいえる場合があるのに対して，
正当化された行為は，法的秩序から許されたものであるから，当事者は原則的
にそれを甘受しなければならない．例えば，単なる使用目的での他人の物の奪
取は，通常，構成要件に該当せず，そのため不可罰である．しかしそれにもか
かわらず，法が禁じた自力救済（民法 858 条）としてはそれは違法であり，当事
者の正当防衛権を許すこととなる．これに対して，例外的に構成要件に該当す
る使用窃盗（例えば，他人の自動車の使用，248 条 b）が，正当化事由により守られ
る場合（例えば，民法 904 条によって，その自動車が人の生命の救助のために必要である
場合）には，受忍義務が一般的に基礎づけられる．

22　構成要件充足の否定と違法性の否定の間には，罪刑法定主義の観点から，構
造的観点から，法的効果の観点から，内容的に相違がある．もっとも，その相
違は，二段階の犯罪体系の観点からすべての正当化された行為が構成要件に該
当しない行為とされた場合には，均等化されるものである．

23　こうした発見は，構成要件と違法性は確かに体系的には区別されたままであ
るには違いないが，しかしそれにもかかわらず違法性の観点からは「全構成要
件（Gesamttatbestand）」に統一化されるという帰結を導く．刑法的な禁止に決
定的な事情の総体を，行為者の刑法的責任に関わる要素の総体と区別すること
によって，構成要件と違法性の高次元での統一体としての「不法」を答責性に
対立させることは，まったく正当なことである．構成要件と違法性がそれぞれ
に固有の犯罪カテゴリーとして独立していることは，（その点では独立していない）
不法の部分としての個々の特性から生じるのではなく，構成要件と違法性が異
なる評価的観点の下で互いに区別されていることから生じるものである．すな
わち，閉じられた，刑法的に特化された犯罪類型ということと，一般的で，刑
法を越えた，社会的秩序原則に基づいて構築された正当化事由という違い，罪
刑法定原則が厳格に適用されることと，具体化された上位の基準が適用される
場としての違い，暫定的な無価値判断であることと，具体的な個別的事例での

当性の判断に際しても「個々の事案を越えて述べるものである．すなわち，それは構
成要件を充足し，構成要件が価値評価を有する限り，社会的侵害性の観点のもとで個
別の事案を越えて評価づけられた判断を含むものである」とする．

372

不法評価という違い，構成要件に該当しないという法的に中立的な意味での可罰性の否定と，法的に許されたものであり，受忍が要求される正当化であるという違いである．違法性とは区別された構成要件という体系的概念は，不法構成要件でもある．しかしそれは不法と同じではない．*Gallas*[45]が明確に定式化するように，構成要件は，「行為が不法類型に帰属するためには実在根拠であるのに対し，個別的事例における違法性にとっては認識根拠にすぎない」のである[46]．こうした理解が，詳細にはいくつかのニュアンスはあれど，現在における支配的見解であるといえる[47]．

24　こうした見解は確かに相対的なものであるが，しかしいくつかの刑罰規定において構成要件と不法が区別されていないという認識によって否定されるものではない（Rn. 17参照）．理由はいくつかありうるが，個別的研究による考察が待たれるところである．ときに，関係する対立利益を受け入れない犯罪類型というものもある（例えば，強姦罪）．ときに，不法を取り入れて初めて成り立つ犯罪類型もある．つまり，明確な理由がある場合は別である（例えば，緊急通報の濫用．その秩序に適合した利用は犯罪類型たりえないからである）．また，不法が肯定されることなくしては侵害があり得ない権利が保護されている場合も別である[48]．ときに，立法者の不手際により犯罪類型が記述されていないと思われるものもあり，強要のように，構成要件を「迂回」することなく直接的に不法

---

(45)　*Gallas*, ZStW 67 (1955), 23, Fn. 53 a.

(46)　*Schmidhäuser* (Engisch-FS, 1969, 433 ff., 454; *Lackner*-FS, 1987, 77 ff.) や *Jakobs*（AT², 6/59）は，正当化事由が欠ける際には，実現された構成要件は不法そのものであるとする．そのことに問題はないし，それは本書でも支持された不法 - 全構成要件の高次元での統一性である．しかし，構成要件の充足が不法であるとの帰結が得られる前に，抽象的な構成要件判断が，状況に関連する対立利益への具体的考慮によって，それと共に，さらなる評価経過によって補足されなければならないとされる点に変わりはない．

(47)　基本書やコメンタールとして，*Blei*, AT¹⁸, § 35; *Bockelmann/Volk*, AT⁴, § 10; LK¹¹-*Hirsch*, vor § 32 Rn. 5 ff.; *Jakobs*, AT², 6/51 ff.; LK¹¹-*Jescheck*, vor § 13 Rn. 46, 48; *Jescheck/Weigend*, AT⁵, § 25 I, III; *Lackner/Kühl*²⁵, vor § 13 Rn. 17; *Maurach/Zipf*, AT/1⁸, 24/1 ff.; SK⁶-*Rudolphi*, vor § 1 Rn. 34, 37; *Sch/Sch/Lenckner*²⁶, vor § 13 Rn. 12-18; *Stratenwerth/Kuhlen*, AT⁵, § 7 Rn. 2 ff., 14; *Tröndle/Fischer*⁵², vor § 13 Rn. 8; *Wessels/Beulke*, AT³⁴ Rn. 128 f. 特に重要な論文として，*Gallas*, ZStW 67 (1955), 16-31.

(48)　これについては，*Herzberg*, JA 1989, 245.

第3編　構成要件

に取り上げられるものもある（この点について詳細は，Rn. 43以下）．しかしそのこ
とから，介入する権利が問題とならないところでは，それを決定する評価段階
が意味を持たないという結論が導かれるわけではない．犯罪態様が正当化事由
との関係において初めて成り立つよくある事例では，構成要件段階においてそ
の体系的特殊性が考慮されるべきである．不法 - 全構成要件の統一性はその体
系的相違を覆い隠すが，その相違がなくなるわけではない．

25　このような特殊性においてこそ混乱した不一致が見られるのである．すなわち，
犯罪カテゴリーが引き出しモデル（Schubladen-Modell）として具体化されるならば，
ある要素が同じところではなく，あちこちに属することとなり，構成要件と違法性は，
家の階層のように互いに区別された項目として構成されるからである．これに対し
て評価的観点は，その特殊性とは関りなく，個々の事案において交差し，重なる
ものである．逆にそのことによって異なった刑罰規定の異なった構造が明確となる．
さらにその他の点では，まず責任要素が犯罪類型を構成することとなり，そして特
定の事情の一部が構成要件の観点のもとで重要な要素となり，他の一部が責任の観
点のもとで重要な要素となる．それゆえ，不法と答責性の体系的独自性が疑われる
ことはない．

26　こうした構成要件概念から錯誤論のために導かれるものはない．むしろ錯誤構成
要件はその要素において体系構成要件から独立して存在しているというべきである
（Rn. 5参照）．錯誤の評価にとって不法を基礎づける要素の意味が重要であるから，
構成要件要素の誤認と正当化要件の錯誤に基づく認識は同じく故意の否定として扱
われ，その結果，構成要件と違法性の「高次元での統一性」が法的効果にとって決
定的となる．この点は後に明らかにする（14章 Rn. 52以下）．

第3節　特殊な見解

27　新たな構成要件論におけるいくつかの特殊な展開は，構成要件に関する見解
に比べて不法類型であることを貫徹できていなかった．

1.　*Welzel* は，彼の中間期において[(49)]，完全に社会的通常性の範囲にある行為（例
えば，道路交通，航空交通への関与）も，その間違いのない行為から損害が発生した場
合には，構成要件該当性を有し，ただ「社会的相当性」によって正当化されるにす
ぎないとして，Beling の構成要件にいう価値自由論に近づいた．彼はさらに，開か
れた，不法を推定しない構成要件をも認めた．すなわち例えば，重大な害悪を伴う
脅迫 —— 正当な告訴による脅迫のような場合 —— は，強要（240条）の構成要件を満

---

(49)　*Welzel*, StrafR, ⁴1954 bis ⁸1963.

第 10 章　構成要件論

たすとする一方，240 条 2 項で要求される強要の「非難性」は違法性に際して初めて検討されるとする．構成要件の価値中立性へのこうした傾向は，行為論から導かれ，存在論的に基礎づけられた目的的行為論のいう故意のために，違法性の要素からできるかぎり十分に純粋な関係客体を確保しようとする努力から導かれたものである(50)．しかしそこでは，構成要件と正当化の相違が，一般的な禁止と例外的な許容であることを見誤っており，特に Welzel も支持していたように，初めから相当で禁止されていない行為はすでに構成要件に該当しないものとして理解される必要がある．Welzel も後の段階では実質的には支配的見解に回帰している(51)．社会的相当性と開かれた構成要件について，詳細は，欄外番号 33 以下，43 以下.

28　2. *Schmidhäuser*(52)は，確かに「不法構成要件」を出発点とするけれども，しかし，仮に行為者の行為が社会的規範に完全に合致し，抽象的・一般的にも禁止されていない場合でも，法益侵害を惹起するすべての場合に不法構成要件を満たすものとする．例えば，死亡結果を伴う自動車事故に際して（完全に問題のない）自動車の製造者も殺人罪の構成要件を満たすものとし，あるいは，正当な訴えの提起も常に強要（240 条）の構成要件を満たすものとする(53)．すなわち，単に許された危険もしくは正当な利益の擁護による正当化が生じるにすぎないとする．それによって構成要件が不法類型であることは放棄される(54)．そのためそれは受け入れることができない．なぜなら，法益は刑法において，初めから絶対的なものではなく，共同体の共同生活の必要性に関連づけられた社会的連帯において保護されるものであるからである．欠陥のない交通機関・建築物・装置等の製造は，それによって法的に有意な危険を生じないため，また後に損害と因果的に結びつかないため，殺人や傷害，毀棄行為ではなく，それゆえ個性要件該当性も有しえない（詳細は，11 章 Rn. 53 以下）．そして，意思決定および意思活動の自由は，無制限な任意性においてすでに保護法益たりえない．なぜなら，そうした自由は，同じように保護されなければならない他者の自由と両立しえないからである.

3. *Sax* は，最終的に(55)，「法的構成要件」を「価値中立的な形象」(56)とし，「当罰的

---

(50)　さらに詳細は，*Roxin*, ZStW 74 (1962), 515 ff.（=Grundlagenprobleme, 89 ff.）.

(51)　最終的に，*Welzel*, StrafR[11], 55 ff., 82 f.

(52)　*Schmidhäuser*, Engisch-FS, 1969, 433 ff.; *ders.*, LB AT[2], 9/3-12; 彼に続くものとして，*Röttger*, 1993.

(53)　*Schmidhäuser*, LB AT[2], 9/11, 26, 32, 56.

(54)　批判および私と *Schmidhäuser* との論争については，ZStW 83 (1971), 383-386. その応答として，LB AT[2], 9/11, 32; *ders.* in StuB AT[2], 6/13.

(55)　*Sax*, JZ 1976, 9, 80 ff.; 429 ff.; すでに *ders.* in JZ 1975, 137 ff. さらに，JZ 1977, 326 ff.

375

第3編 構成要件

な法益侵害にあたるもの」(57)でなくても，構成要件が（正当にも）憲法的理由から国家的刑罰の正当性にとって必要とするのであるから，すべての構成要件要素は満たされるとする．そのため Sax は，「規範の保護目的を理由とした帰責の限定に基づく構成要件阻却」を採り，このような場合を，「構成要件要素の欠如に基づく構成要件阻却」とともに，「法益侵害の欠如に基づく構成要件阻却という新たに創設したカテゴリー」に概念的に従属させた(58)．しかしそれは，正当な価値を志向するものであっても，同様の関心を考慮してきた支配的見解のいう構成要件概念を非常に狭く解釈するものである．支配的見解のいう構成要件概念は，初めから価値中立なのではなく，構成要件を常に不法類型として解釈するから，通常，追加の帰責の限定を必要としないものである(59)．もっとも，すべての法律の文言解釈において，長らく支配的見解が構成要件阻却の基準として「社会的相当性」を参考にしてきたように，「可罰的法益侵害の類型」であることへの配慮はなされるべきである（詳細は，Rn. 33以下）．また，客観的構成要件の帰属においても，規範の保護目的は，必ず構成要件の限定的効果を持つものである（詳細は，11章 Rn. 106 以下）．

第4節　刑罰規定における違法性の指示；消極的に理解される構成要件要素

30　犯罪類型としての，抽象的禁止の全要件の総体としての構成要件の理解から，それゆえにこそ，各則の刑罰規定の文言にある特定の要素が構成要件には属さない，ということが生じる．古い条項の型には未だ見られる「違法に」あるいは「不法に」という文言（303, 123 条）は構成要件要素ではなく，それは違法性に関する一般的な犯罪要件を（余分に）指し示すものか，あるいはおそらく法益主体の同意の可能性（303 条）を指し示すものにすぎない．もちろんそこでは，ここで支持された見解にしたがって構成要件の充足が否定されることになる（詳細は，13章 Rn. 12 以下）．これに対して，「違法に」という文言が個別的には構成要件要素を示す場合には（例えば，242 条にいう領得の違法性や 263 条にいう利得の違法性），それら違法性判断の要件は不法類型の構成要素であり，それらは構成要件に属する（詳細は，Rn. 70 以下）．さらに，「権限なく」という文言は通常，「違法に」と読まれるべきものであるから，構成要件要素を意味するものでは

---

(56)　*Sax*, JZ 1976, 10.

(57)　*Sax*, JZ 1976, 11.

(58)　*Sax*, JZ 1976, 9.

(59)　批判として，*Otto*, Schröder-GS, 1978, 61 ff.; *Sch/Sch/Lenckner*²⁶, vor § 13 Rn. 45.

第 10 章　構成要件論

ない（123条, 168条, 201条以下, 290条, 353条b）. これに対して, 107条aにいう「権限なく」は「選挙権なく」を意味し, 132条にいう「権限なく」は「公務を担当することなく」を意味する. そこでは消極的な行為者要素が問題となっている. それらは構成要件に属する. なぜなら, 当該不法類型は, 選挙によって, あるいは職務の遂行によって実現されるものではなく, ある者が相当な身分なく行為を行った場合に初めて実現されるものであるからである[60].

31　後二者の例から, その不存在が認められなければならない消極的要素は, 必ずしも違法性に属するとは限らないということが明らかとなる. 確かに通常, 構成要件は積極的で不法を基礎づける要素を有し, 他方, 特定の許可状況の不存在は違法性の段階で初めて問題とされる場合もある（Rn. 14以下参照）. しかし, その検討がすでに不法類型に属する「消極的に理解される構成要件要素」[61]もあるのである. 動物保護法（TierSchG）17条1項は, 脊椎動物を「合理的理由なく」殺害した者を可罰的とする. そこでは, 食肉製造業者の職務は常に構成要件を充足しつつ「合理的理由」がそれを正当化するのではなく, 「合理的理由」の不存在はすでに構成要件充足の要件なのである.

32　官庁の許可のない行為が処罰の対象となっているところでは区別の必要がある. 自動車の運転は免許証によって初めて正当化されるものではない. むしろそもそも免許証なく運転する行為は道路交通法（StVG）21条の意味において構成要件に該当する. そのため, 免許証の欠如やそれに伴う公的許可の不存在は消極的に理解される構成要件要素である. 同様に, 医術の実施（治療師法〔HeilpraktikerG〕5条）も, 消極的に理解される構成要件要素である. なぜなら, 資格に基づく医術の実施はもちろん不法類型ではないからである. これに対して, 例えば, 公的な賭博は, 正当にも, 284条の処罰根拠が, 国民が賭博熱に食い物にされて搾取されることから保護されることであると見る場合には, 構成要件該当性を有する. ここでは, 官庁の許可は, 優越的な国庫的根拠から例外的に禁止を止揚するものであり, それは構成要件阻却ではなく正当化の効果を持つ. 官庁の許可の不存在が構成要件要素か違法性の要素かは, 許可の留保が, 一般的に相当な行為をその濫用に対してコントロールすることに役立つか,

---

(60)　同旨のものとして, *Sch/Sch/Lenckner*[26], vor §13 Rn. 65; *Welzel*, StrafR[11], 83.

(61)　それを第1に考察したものとして, *v. Weber*, Mezger-FS, 1954, 183 ff.

377

第3編　構成要件

それとも不法類型にあたる行為が例外的に許されるかにかかっている[62]．違法性阻却事由としての官庁の許可に関する詳細は，17章 Rn. 58 以下．

D．社会的相当性と構成要件阻却

文　献：*Welzel*, Studien zum System des Strafrechts, ZStW 58 (1939), 491; *Engischw*, Der Unrechtstatbestand im Strafrecht, DJT-FS, 1960, Bd. I, 401; *Hirsch*, Die Lehre von den negativen Tatbestandsmerkmalen, 1960; *Schaffstein*, Soziale Adäquanz und Tatbestandslehre, ZStW 72 (1960), 369; *Kienapfel*, Körperliche Züchtigung und soziale Adäquanz im Strafrecht, 1961; *Klug*, Sozialkongruenz und Sozialadäquanz im Strafrechtssystem, Eb. Schmidt-FS, 1961, 249 (auch in: Skeptische Rechtsphilosophie und humanes Strafrecht, 1981, Bd. 3, 194)；*Hirsch*, Soziale Adäquanz und Unrechtslehre, ZStW 74 (1962), 78; *Roxin*, Zur Kritik der finalen Handlungslehre, ZStW 74 (1962), 515 (= Grundlagenprobleme, 72)；*Krauß*, Erfolgsunwert und Handlungsunwert im Unrecht, ZStW 76 (1964), 19; *Roxin*, Verwerflichkeit und Sittenwidrigkeit als unrechtsbegründende Merkmale im Strafrecht, JuS 1964, 371 (= Grundlagenprobleme, 184)；*Welzel*, Vom Bleibenden und vom Vergänglichen in der Strafrechtswissenschaft, 1964 (auch in: Grünhut-Erinnerungsgabe, 1965, 173)；*Lenckner*, Der rechtfertigende Notstand, 1965; *Kienapfel*, Das erlaubte Risiko im Strafrecht, 1966; *Greiser*, Die soziale Adäquanz der Verwendung von NS-Kennzeichen, NJW 1969, 1155; *Roeder*, Die Einhaltung des sozialadäquaten Risikos, 1969; *Roxin*, Offene Tatbestände und Rechtspflichtmerkmale, ²1970; *Zipf*, Rechtskonformes und sozialadäquates Verhalten im Strafrecht, ZStW 82 (1970), 633; *ders.*, Einwilligung und Risikoübernahme im Strafrecht, 1970; *Deutsch*, Finalität, Sozialadäquanz und Schuldtheorie als zivilrechtliche Strukturbegriffe, Welzel-FS 1974, 227; *Peters*, Sozialadäquanz und Legalitätsprinzip, Welzel-FS 1974, 415; *Ebert/ Kühl*, Das Unrecht der vorsätzlichen Straftat, Jura 1981, 225; *Hillenkamp*, Risikogeschäft und Untreue, NStZ 1981, 161; *Wolter*, Objektive und personale Zurechnung, 1981; *Ostendorf*, Das Geringfügigkeitsprinzip als strafrechtliche Auslegungsregel, GA 1982, 333; *Arm. Kaufmann*, Rechtspflichtbegründung und Tatbestandseinschränkung, Klug-FS, 1983, 277; *Roxin*, Bemerkungen zur sozialen Adäquanz im Strafrecht, Klug-FS 1983, Bd. 2, 303; *Dölling*, Die Behandlung der Körperverletzung im Sport im System der strafrechtlichen Sozialkontrolle, ZStW 96 (1984), 55; *Küpper*, Strafvereitelung und „sozialadäquate" Handlungen, GA 1987, 385; *Walski*, Soziale

---

(62)　*Jescheck/Weigend*, AT⁵, § 25 I 2, § 33 IV を参照．これは判例の立場でもある（錯誤の事案に関する，BGH StraFo 2003, 59 参照）．「それについては，許可が，一般的に社会的に相当な行為のコントロールに役立ち，行為が許可の欠如からその無価値性が導かれるのかどうか —— 構成要件的錯誤 ——，あるいは，個々の事案において許可の根拠に基づいて許されていることにより，原則的に価値に反する行為が問題となるかどうか —— 禁止の錯誤……にかかっている」．

第 10 章　構成要件論

Adäquanz, 1990; *Dickert*, Der Standort der Brauchtumspflege in der Strafrechtsordnung, JuS 1994, 631; *Cancio Meliá*, Finale Handlungslehre und objektive Zurechnung, GA 1995, 179; *Cramer*, Zum Vorteilsbegriff bei den Bestechungsdelikten, Roxin-FS, 2001, 945; *Eser*, „Sozialadäquanz": eine überflüssige oder unverzichtbare Rechtsfigur?, Roxin-FS, 2001, 199. Literatur: *Welzel*, Der Irrtum über die Rechtmäßigkeit der Amtsausübung, JZ 1952, 19; *ders.*, Der Irrtum über die Zuständigkeit einer Behörde, JZ 1952, 133; *ders.*, Der Irrtum über die Amtspflicht, JZ 1952, 208; *Engisch*, Die normativen Tatbestandselemente im Strafrecht, Mezger-FS, 1954, 127; *Arm. Kaufmann*, Lebendiges und Totes in Bindings Normentheorie, 1954; *Vianden-Grüter*, Der Irrtum über Voraussetzungen, die für § 240 II StGB beachtlich sind, GA 1954, 359; *Gallas*, Zum gegenwärtigen Stand der Lehre vom Verbrechen, ZStW 67 (1955), 1 (auch als Separatdruck und in: Beiträge zur Verbrechenslehre, 1968, 19); *Kunert*, Die normativen Merkmale der strafrechtlichen Tatbestände, 1958; *Hirsch*, Die Lehre von den negativen Tatbestandsmerkmalen, 1960; *Spriesterbach*, Neue Kritik der Lehre vom Tatbestand, ungedr. Diss. Bonn, 1960; *Hirsch*, Soziale Adäquanz und Unrechtslehre, ZStW 74 (1962), 78; *Roxin*, Verwerflichkeit und Sittenwidrigkeit als unrechtsbegründende Merkmale im Strafrecht, JuS 1964, 371 (= Grundlagenprobleme, 184); *Noll*, Strafrecht im Übergang, GA 1970, 176; *Roxin*, Offene Tatbestände und Rechtspflichtmerkmale, ²1970; *ders*, Kriminalpolitik und Strafrechtssystem, ²1973; *Baumann*, Grenzfälle im Bereich des Verbotsirrtums, Welzel-FS, 1974, 533; *Arm. Kaufmann*, Rechtspflichtbegründung und Tatbestandseinschränkung, Klug-FS, 1983, 277; *Herzberg*, Tatbestands- oder Verbotsirrtum, GA 1993, 439; *Schlüchter*, Zur Abgrenzung von Tatbestands- und Verbotsirrtum, JuS 1993, 14.

33　社会的相当性の理論は当初 *Welzel*[63] によって発展されたものである．その基本的思考は，「歴史的に構築された共同生活の社会倫理的秩序の範囲内でなされた」[64]行為は，「社会的に相当な」行為であるから，たとえその行為が当該構成要件の文言に含まれたとしても，決して構成要件にあたるとはされない，というものである．そのため例えば，鉄道，炭鉱，工場等の規則に沿った操業に際して生じた死亡や傷害は，その社会的相当性に基づき初めから 212 条，223 条以下の構成要件を充足しない．また，慣例的に郵便配達人にささやかな新年のプレゼントを渡すことは，その一般的な是認に基づき 331 条に基づく賄賂とは認められない[65]．このことは同様に，当初は，「構成要件が刑法的な不法の類型である」[66]こととされ，そしてそれゆえに，それは決して社会的に相

---

(63)　*Welzel*, ZStW 58 (1939), 514 ff.

(64)　*Welzel*, StrafR¹, 1947, 35 の示す定式である．*ders*, StrafR¹¹, 55 f. でも同様である．

(65)　*Welzel*, StrafR¹¹, 56.

(66)　*Welzel*, StrafR¹, 1947, 37.

第3編　構成要件

当な行為として記述されてはいないという考慮によって基礎づけられている.

34　この理論は今日まで多くの利益を見出してきたが，しかしその歴史は変化に富むものであった．*Welzel* 自身は，しばらくの間，一部修正を加えた構成要件論に基づいて社会的相当性を慣習法による正当化事由として理解し（27章参照），後に，構成要件を限定するものという解釈に戻した．しかしその法解釈上の概念のための事例は年を経るごとに何度も変更された．現在，学説は，その理論の適用範囲が持つ様々な輪郭に関して，社会的相当性を一部は構成要件阻却に関わるものとして[67]，一部は正当化事由に関わるものとして[68]，一部は責任阻却に関わるものとする[69]．多くの学説は，それが法的安定性を持たない点において基準として不確実であるため，また定評のある解釈原理と比較して無駄であるとして，その理論を否定する[70]．あるいは，せいぜい一般的解釈原理にすぎないものにしようとする[71]．それと並んで，*Dahm* による規範的行為者類型のような独自の考え方がある（6章 Rn. 11 参照）．また，*Sax* により発展された構成要件上の「規範の保護目的に基づく帰責限定」理論もある（Rn. 29 参照）．それらは社会的相当性の理論と類似した道のりで類似した目的を達成しようとするものである.

---

(67)　*Jescheck/Weigend*, AT[5], § 25 IV; *Maurach/Zipf*, AT/1[8], 17/14 ff.; *Stratenwerth/ Kuhlen*, AT[5], § 8 Rn. 30 ff.（「解釈的補助」）; *Tröndle/Fischer*[52], vor § 32 Rn. 12. 論文として，*Klug*, Eb. Schmid-FS, 1961, 255 ff.（「社会的適合性」として）, *Krauß*, ZStW 76 (1964), 48; *Peters*, Welzel-FS, 1974, 425 ff., 倫理的に価値の高い行為に基づく限定として，*Schaffstein*, ZStW 72 (1960), 369 ff.; *Zipf*, ZStW 82 (1970), 633 ff.

(68)　*Schmidhäuser*, LB AT, 9/26 ff.; *ders*, StuB AT[2], 6/102; *Klug*, Eb. Schmidt-FS, 1961, 255 ff.

(69)　*Roeder*, 1969.

(70)　*Gallas*, ZStW 67 (1955), 22; H. *Mayer*, LB AT 1953, 108. *Wolski*, 1990 は，例えば刑事訴訟法153条，153条 a のような「手続的代替解決」によって社会的相当性の問題を克服しようとする.

(71)　*Baumann/Weber/Mitsch*, AT11, § 16 Rn. 35; *Dölling*, ZStW 96 (1984), 55 ff.; *Ebert/Kühl*, Jura 1981, 226; *Hirsch*, ZStW 74 (1962), 78 ff.; *Kienapfel*, 1961, 87 ff. (98); *Sch/Sch/Lenckner*[26], vor § 13 Rn. 69 f.; *Wolter*, 1981, 57 ff. この見解は部分的に Fn. 67 で示した見解の支持にも近い．例えば，LK[11]-*Jescheck*, vor § 13 Rn. 49. これに対して，上記の *Hirsch* 論文や LK[11], vor § 32 Rn. 26 ff. が社会的相当性の概念をすべて放棄する傾向を持つ．*Welzel* も最終的には社会的相当性を「一般的な解釈原理」と示す（StrafR[11], 58）.

第 10 章　構成要件論

35　判例においても社会的相当性の理論は影響を与えたが，その際その体系的位置づけは明らかにされなかった．BGHSt 23, 226 (228) は，「『社会的相当性』の理論に基づけば，その慣例的で，一般的に是認された，したがって刑法的観点において社会生活上疑いのないものは，社会的行為自由の範囲内にある行為であるから，構成要件に該当しないか，少なくとも違法でないといえる」とする[72]．連邦裁判所の民事拡大部 (BGHZ 24, 21, 26) は，日常生活に適合した行為 (verkehrsrichtiges Verhalten) を正当化事由として是認する際，「この結論に際して，いわゆる社会的相当性という法思想が適用された特別な事案であるかどうかを明確にはしない」と判示した[73]．連邦労働裁判所はその決定の中で (1, 291, 300)，ストライキとロックアウトを労働争議の社会的相当な手段として明示的に認めた．OLG München NStZ 1985, 549 は，社会的相当性の理論について，それは「構成要件に対する限定効果」を持つものであるとした．

36　批判的評価[74]の出発点は，社会的相当性の理論が構成要件論にとって重要な理解を有すること以外にはない．すなわちそれは，個々の事案において例外的に認められるのではなく，そもそも一般的に是認された行為は犯罪類型・不法類型たりえず，それゆえ決して構成要件に該当しえないという思考にある．社会的に相当な行為が構成要件に該当しないということは，ここで支持される構成要件論の不可欠な帰結でもある．社会的相当性が正当化事由や責任阻却事由として整理されるならば，それはその主要な理解を看過している．違法性に割り当てることは，「没価値的」な構成要件の立場にたって初めて可能なものであるが，その理解では構成要件の特別な機能が損なわれる．責任阻却事由として認めることには，社会的に相当な行為が違法であると認め，それに対する正当防衛を許容することを前提とする[75]．しかしそれは，是認されていない

---

(72)　社会的相当性の理論をその名称を明示することなく是認するものとして，BGHSt 7, 268（家族共同体での混乱によって妻の自殺が惹起された事案）と BGHSt 19, 152（客にアルコールを販売したが，その客が後に運転できない状態において交通事故を惹起した事案）がある．

(73)　民法における社会的相当性の理論の受容については，*Deutsch*, Welzel-FS, 1974 237-246.

(74)　詳細は，*Roxin*, Klug-FS, 1983, 303.

(75)　実際にも，*Roeder*, 1969, 77 ff.; それに対して的確な批判として，*Zipf*, ZStW 82 (1970), 639-644.

第3編　構 成 要 件

禁止されている行為であるという不法の性質とは相容れないことである．確か
に社会的相当なリスクの結果が差し迫っているときに必ずしもそれを受忍する
必要がない侵害はあるけれども，しかしその抵抗は，正当防衛の問題ではなく，
正当化的緊急避難の問題である．

37　社会的に相当な行為は構成要件に該当しないという理解は，構成要件は不法
類型として理解されなければならないという理解を本質的に越えるものではな
い．それは単に，不法を内在しその実質的基礎を形作るものである，社会的無
価値を示すものでしかない（詳細は，2章参照）．社会的不相当性は，全体的に
（犯罪類型としての）構成要件を特徴づけるものであって，個別の構成要件要素
ではない．その結果，ある者が社会的に相当であると誤信して構成要件的行為
を行った場合，それは故意を否定する構成要件的錯誤（16条）ではなく，禁止
の錯誤（17条）にすぎない．それゆえ社会的不相当性は，構成要件的解釈の原
則として利用するものにすぎない．すなわち，構成要件は，社会的に不相当な
行為だけがそれにあたるもの，と解釈されることになる．しかし，解釈指針と
しての，社会的に（不）相当であるとの価値は，そうした観点で扱われる事案
を簡明に説明する解釈的補助手段として意のままにできるということによって
相対的なものにされる．すなわち，社会的に相当な行為であるということのた
めに示される多くの事例が検討されるとき，大きく二つの類型に分けて考えら
れる．

38　第1の類型は，法的に重要ではない，あるいは許された危険にあたるもので
ある[76]．鉄道輸送，道路交通，航空輸送，工業施設の操業への関与，スポー
ツ競技への参加等は，日常生活上，一般的に発生する危険の範囲内にあり，適
用される規則を考慮しているものであれば，それで傷害の結果が発生したとし
ても，傷害罪の構成要件に該当することはない．その理由は，客観的構成要件
における結果帰属は原則的に，結果が行為者により惹き起こされた，一般的に
許されない危険の実現として表れたものでなければならない，ということにあ
る（これに関する詳細は，11章 Rn. 49, 53以下）．すなわち，構成要件の充足を否定

（76）　*Jakobs*, AT², 7/4b は，「許された危険，信頼の原則，保障関係的な行為，遡及禁
　　　止」を「社会的相当性による説明」とする．*Jakobs* は社会的相当性も帰属論に組み込
　　　ませる．

382

第 10 章　構成要件論

するために社会的相当性は必要ではない．それは一般的な帰属基準により否定されるのである．甥が，（遺産を残してくれそうな）お金持ちのおじが雷に打たれるということが望みどおりに発生することを願いつつ，おじを雨の中散歩に行くよう説得し，おじが雷に打たれた，というよく議論される講壇事例では，甥は，おじの生命に対する法的に有意な危険をもたらしていないため，殺人罪にはあたらない[77]．すなわち，一般的な帰属論はこのような事例において，甥の行為が「社会的に相当」かと問うよりも，帰責の限定に対してよほど精確な規則をもたらすものである．その点では，社会的相当性の理論は少なくとも客観的帰属論の先駆者であったことを示すものである[78]．

39　同様のことは判例の多くの事例にもあてはまる（詳細は，11 章 Rn. 65 以下）．例えば，飲食店法から導かれた限界によって（BGHSt 19, 152）許された危険の範囲にあるアルコールの販売は，そこから成人に生じた結果については，そうした理由からすでに，帰責されえないものである．もちろん許された危険の判断にあたっては，詳細な安全規定においてしばしば否定されるものでもある，行為の社会的受忍可能性について，慎重な考量が必要である．しかし，こうした社会的評価は元より結果帰属において取り入れられているから，多分に不確実で議論のある社会的相当性判断に基づく追加的な補充判断によって再度問題にされる必要はない．

40　第 2 の類型は，軽微で社会一般に許容された行為が構成要件から排除されることに関するものである[79]．これには上述した，ささやかな新年のプレゼントを郵便配達人に渡す事例があてはまる[80]．そしてそれは，法律の厳格な文言に反して，その社会的相当性のために 331 条の構成要件にあてはまらないと

---

(77)　さらに，法的に有意な危険に関して，おじがそのことを知っていたならば，不可罰の自己危殆化を不可罰的に惹き起こしたにすぎない．

(78)　詳細は，*Cancio Meliá*, GA 1995, 179. 同論文は正当にも，目的的行為論は客観的構成要件を規範化するに際し，社会的相当性を取り入れたように，客観的帰属論との調和を果たした，と指摘する．

(79)　ここでは，構成要件の解釈原則としての「軽微原則」とされる．すでに，*Roxin*, JuS 1964, 376（＝Grundlagenprobleme, 193）．それは OLG Hamm NJW 1980, 2537 により認められた．そこでは社会的相当性に戻るかは未確定とされている．軽微原則に関する詳細は，*Ostendorf*, GA 1982, 333.

(80)　詳細は，*Cramer*, Roxin-FS, 2001, 945. *Cramer* は，1997 年 8 月 13 日の賄賂対策法に基づく賄賂罪の新しい見解を考慮する．

第 3 編 構 成 要 件

いうべきである．さらに，ごくわずかな賭金による賭博に 284 条に基づく可罰
性はないというべきである．親密な家族内での無遠慮な侮辱的発言は侮辱構成
要件から排除される．リスクはあるが，規則に沿った業務執行の範囲内にある
取引行為は，266 条に含まれないなどの例がある．これら多くの参照した事例
で各構成要件を充足しないという結論は是認されるものである．しかし，構成
要件を充足しないということが上述した行為の社会的相当性に基づくという理
由は，特殊なものではないというべきである．むしろ，様々な規則によって保
護されている法益がそれらの事例では侵害されておらず，**それゆえ**当該行為は
禁止に反するものではないとされるのである(81)．郵便配達人へのささやかな
プレゼントは，331 条で保護しようとする公務員の清廉性に対する公的信頼を
危殆化するものではない．最低限の賭金は，284 条が予防しようとする，賭博
熱を刺激することによる国民の搾取を導くものではない．親密な家族内での発
言は，185 条で問題とされる，敬意を受ける権利を侵害するものではない．規
則に沿ったリスクのある取引は，266 条が阻止する忠実義務違反の表れではな
い．

41 すなわち，正しい解決は，その都度，保護法益に対応し限定的な解釈に従う
ことである(82)．このような方法が，行為の社会的相当性という不明確な依拠
よりも優先されるべきである．なぜなら，判断が単なる法感情に基づくものに
なる危険が予防され，一般的に広まった悪行が構成要件に該当しないと説明さ
れる危険が予防される．さらに，厳格に法益に関連し，各不法類型に適合した
解釈は，軽微性がなぜ，一部では，構成要件に該当せず，しばしばすでに法律
の文言によって排除されることになり(83)，他方，一部では，例えば軽微な窃
盗が疑いなく構成要件を満たすのかが明らかとなる．すなわち，所有と占有は
軽微な対象物の窃盗によっても侵害されるのに対し，他の事例では，法益は接
触に一定の強さがあって初めて侵害されるからである(84)．

---

(81) *Jescheck/Weigend*, AT⁵, § 25 IV 2 も同旨.

(82) 法律の文言に適合する解釈なのか，言葉の可能な意味を「下回る」場合に，単な
る解釈を越えた「目的的縮小」であるのかは，構成要件によって異なる．しかしそれ
は，基本法 103 条 2 項は無罪にする目的的縮小と対立しないため，重要ではない．

(83) 184 条 c 1 号に基づけば，その都度保護法益を考慮して一定程度重大なものだけ
が性的行為となる．240 条の構成要件は，「甚だしい（empfindlich）」害により脅迫さ
れたときにのみ充足される．

第 10 章　構成要件論

42　それゆえまとめると，次のようにいえる．確かに社会的相当性の理論は，特別な不法類型に適応しない行為方法を構成要件から排除しようという正しい目標を求めるものである．しかしその理論は，構成要件を否定する特別な「要素」を表さず，解釈原則として，明確な基準によって補完されるものである．そのため現在では，特別な解釈学上の意味を，── 方向性としては正しいのではあるが ── その理論にもはや求めることはできない[85]．

Ｅ．開かれた構成要件と全体的行為評価要素

文 献：*Welzel*, Studien zum System des Strafrechts, ZStW 58（1939），491; *Engischw*, Der Unrechtstatbestand im Strafrecht, DJT-FS, 1960, Bd. I, 401; *Hirsch*, Die Lehre von den negativen Tatbestandsmerkmalen, 1960; *Schaffstein*, Soziale Adäquanz und Tatbestandslehre, ZStW 72（1960），369; *Kienapfel*, Körperliche Züchtigung und soziale Adäquanz im Strafrecht, 1961; *Klug*, Sozialkongruenz und Sozialadäquanz im Strafrechtssystem, Eb. Schmidt-FS, 1961, 249（auch in: Skeptische Rechtsphilosophie und humanes Strafrecht, 1981, Bd. 3, 194）; *Hirsch*, Soziale Adäquanz und Unrechtslehre, ZStW 74（1962），78; *Roxin*, Zur Kritik der finalen Handlungslehre, ZStW 74（1962），515（= Grundlagenprobleme, 72）; *Krauß*, Erfolgsunwert und Handlungsunwert im Unrecht, ZStW 76（1964），19; *Roxin*, Verwerflichkeit und Sittenwidrigkeit als unrechtsbegründende Merkmale im Strafrecht, JuS 1964, 371（= Grundlagenprobleme, 184）; *Welzel*, Vom Bleibenden und vom Vergänglichen in der Strafrechtswissenschaft, 1964（auch in: Grünhut-Erinnerungsgabe, 1965, 173）; *Lenckner*, Der rechtfertigende Notstand, 1965; *Kienapfel*, Das erlaubte Risiko im Strafrecht, 1966; *Greiser*, Die soziale Adäquanz der Verwendung von NS-Kennzeichen, NJW 1969, 1155; *Roeder*, Die Einhaltung des sozialadäquaten Risikos, 1969; *Roxin*, Offene Tatbestände und Rechtspflichtmerkmale, ²1970; *Zipf*, Rechtskonformes und sozialadäquates Verhalten im Strafrecht, ZStW 82（1970），633; *ders.*, Einwilligung und Risikoübernahme im Strafrecht, 1970; *Deutsch*, Finalität, Sozialadäquanz und Schuldtheorie als zivilrechtliche Strukturbegriffe, Welzel-FS 1974, 227; *Peters*, Sozialadäquanz und Legalitätsprinzip, Welzel-FS 1974, 415; *Ebert/ Kühl*, Das Unrecht der vorsätzlichen Straftat, Jura 1981, 225; *Hillenkamp*, Risikogeschäft und Untreue, NStZ 1981, 161; *Wolter*, Objektive und personale Zurechnung, 1981; *Ostendorf*, Das Geringfügigkeitsprinzip als

---

(84)　これに対し，*Eser*, Roxin-FS, 2001, 199 は，制限された構成要件解釈が社会的相当性の観点の下でおいてのみ行われうるとして，社会的相当性の基準に固執する．そう理解することも可能であるが，しかし，Rn. 41 で示したように，具体的な構成要件と各保護法益に関してなされる方が，社会的相当性による解釈結果のような「不明確」な修正よりも，明確で具体的な解釈結果を得ることが可能となる．

(85)　同旨のものとして特に，*Hirsch*, ZStW 74（1962），133 ff.

385

第3編　構成要件

strafrechtliche Auslegungsregel, GA 1982, 333; *Arm. Kaufmann,* Rechtspflichtbegründung und Tatbestandseinschränkung, Klug-FS, 1983, 277; *Roxin,* Bemerkungen zur sozialen Adäquanz im Strafrecht, Klug-FS 1983, Bd. 2, 303; *Dölling,* Die Behandlung der Körperverletzung im Sport im System der strafrechtlichen Sozialkontrolle, ZStW 96 (1984), 55; *Küpper,* Strafvereitelung und „sozialadäquate" Handlungen, GA 1987, 385; *Walski,* Soziale Adäquanz, 1990; *Dickert,* Der Standort der Brauchtumspflege in der Strafrechtsordnung, JuS 1994, 631; *Cancio Meliá,* Finale Handlungslehre und objektive Zurechnung, GA 1995, 179; *Cramer,* Zum Vorteilsbegriff bei den Bestechungsdelikten, Roxin-FS, 2001, 945; *Eser,* „Sozialadäquanz": eine überflüssige oder unverzichtbare Rechtsfigur?, Roxin-FS, 2001, 199. Literatur: *Welzel,* Der Irrtum über die Rechtmäßigkeit der Amtsausübung, JZ 1952, 19; *ders.,* Der Irrtum über die Zuständigkeit einer Behörde, JZ 1952, 133; *ders.,* Der Irrtum über die Amtspflicht, JZ 1952, 208; *Engisch,* Die normativen Tatbestandselemente im Strafrecht, Mezger-FS, 1954, 127; *Arm. Kaufmann,* Lebendiges und Totes in Bindings Normentheorie, 1954; *Vianden-Grüter,* Der Irrtum über Voraussetzungen, die für § 240 II StGB beachtlich sind, GA 1954, 359; *Gallas,* Zum gegenwärtigen Stand der Lehre vom Verbrechen, ZStW 67 (1955), 1 (auch als Separatdruck und in: Beiträge zur Verbrechenslehre, 1968, 19); *Kunert,* Die normativen Merkmale der strafrechtlichen Tatbestände, 1958; *Hirsch,* Die Lehre von den negativen Tatbestandsmerkmalen, 1960; *Spriesterbach,* Neue Kritik der Lehre vom Tatbestand, ungedr. Diss. Bonn, 1960; *Hirsch,* Soziale Adäquanz und Unrechtslehre, ZStW 74 (1962), 78; *Roxin,* Verwerflichkeit und Sittenwidrigkeit als unrechtsbegründende Merkmale im Strafrecht, JuS 1964, 371 (= Grundlagenprobleme, 184); *Noll,* Strafrecht im Übergang, GA 1970, 176; *Roxin,* Offene Tatbestände und Rechtspflichtmerkmale, ²1970; *ders,* Kriminalpolitik und Strafrechtssystem, ²1973; *Baumann,* Grenzfälle im Bereich des Verbotsirrtums, Welzel-FS, 1974, 533; *Arm. Kaufmann,* Rechtspflichtbegründung und Tatbestandseinschränkung, Klug-FS, 1983, 277; *Herzberg,* Tatbestands- oder Verbotsirrtum, GA 1993, 439; *Schlüchter,* Zur Abgrenzung von Tatbestands- und Verbotsirrtum, JuS 1993, 14.

第1節　開かれた構成要件

43　*Welzel*[86]により基礎づけられた理論によって，構成要件は，通常，すべて不法を基礎づける要素として改められた．その結果，違法性の範囲内では，不

---

(86)　*Welzel,* JZ 1952, 19, 133, 208. こうした理論の発展とその検討については，*Roxin,* ²1970. *Welzel* に従うものとして，*Arm. Kaufmann,* 1954 (これについて，*Roxin,* a.a.O., 12 f.; in Klug-FS, 1983, 277 は，*Kaufmann* は彼の当初の見解をかなり修正したとする); *Kunert,* 1958, 93, Fn. 1; *Spiesterbach,* 1960, 117 ff. しかし厳格な支配的見解は，開かれた構成要件を否定する．概括するものとして，MK-*Freund,* vor §§ 13 ff. Rn. 18 ff.; *Jakobs,* AT², 6/61-63; *Sch/Sch/Lenckner*²⁶, vor § 13 Rn. 66.

386

法阻却事由の欠如だけが検討されるべきこととなった．しかし，こうした「閉じられた」，すなわち完全に不法類型を表す構成要件とは対照的に，*Welzel* によれば，禁止の対象が全体的に記述し尽くされていない「開かれた」構成要件も存在するとされる．ここではそのため，構成要件が不法を未だ徴表しないとされる．むしろ，それは違法性の観点のもとで初めて，「特別な違法性要素」の積極的認定によって確認されるものとする．代表的な例は，*Welzel*[87] が240条1項の要件のもとですでに充足されるとする，強要構成要件のものである．他人に対し重大な害悪によって脅迫し一定の行為を行わせた者は，それに基づいて常に強要の構成要件を満たす．それは例えば，債権者が債務者に，さもなければ新たな注文を依頼しない，という高度に適切な通知によって送付をさせた場合でも同様である．240条2項にいう強要の「非難性」は常に違法性の問題である．その結果，構成要件は違法性を基礎づける要素を不完全に記述するものであるとされる．非難性の積極的な認定によって初めて不法が基礎づけられるのである．

44 しかし，そのような開かれた構成要件は，社会的に相当でありながら構成要件が充足される場合とまったく同じように，少ないものでしかない．なぜなら，構成要件を犯罪類型として，暫定的な無価値判断として理解するならば，その構成要件は，不法と無関係に価値中立的ではありえないからである．確かに正しくも，立法者は240条において，犯罪を描写的で事実的・具体的な要素によって十分に記述することができなかった．すなわち，重大な害悪によって脅迫することは，社会的な経過の作用が一定の限度で圧力と抵抗に頼らざるを得ないのだから，十分に明確な犯罪類型とはいえない[88]．不法は，「目的を達成するために害悪を加える旨の脅迫を加えることが非難すべきものと認められるとき」（240条2項）に初めて積極的に基礎づけられるのである．しかし，非難性判断を基礎づけるすべての事情は，240条1項の構成要件の断片を充足する行為事情と判断される必要がある．こうした事情が「非難性」という規範的基準をもとに判例や学説によって明確にされなければならないということは，その事情は違法性の要素ではないということである[89]．すなわち，*M. E.*

---

(87)　また，in: StrafR[11], 82.

(88)　これについては，*Roxin*, JuS 1964, 371 参照.

第 3 編　構 成 要 件

Mayer が基礎づけたように，規範的事情は，その法的不法判断との関係にも
かかわらず，構成要件要素なのである．

第 2 節　全体的行為評価要素(90)

45　確かにすべての非難性を基礎づける事情が構成要件に配置されることによっ
て，非難性の基準が他の構成要件要素と区別される特別性として現れる．強要
を行う行為者の行為の非難性が，典型的な不法を表すだけでなく，同時に個々
の事案での具体的な強要の不法をも表すという意味で，「全体的行為評価要素」
が問題となるのである．他人を非難性のある方法で強要した者は，構成要件に
該当するだけでなく，それゆえにこそ 240 条の意味で違法であることとなる．
違法性阻却事由を考慮する余地はない．なぜなら，ある者が法的な強制権限に
基づいて，正当防衛に基づいて，あるいは正当化的緊急避難状況に基づいて強
要した場合，すでに非難性が否定され，それによって構成要件に該当しないか
らである(91)．立法者が全体的行為評価要素を使用したところでは，構成要件
要素と不法要素は同時には互いに成り立たない．そこから，このような事例が，
構成要件と違法性の段階に分けることはできないとするための証拠として二段
階の犯罪構造の支持者から用いられることも明らかとなる（Rn. 16-18 参照）(92)．

---

(89)　*Welzel* は後年，彼が同じように開かれた構成要件と見る過失犯や不作為犯におい
　　ても，社会生活上の注意違反や保障人的地位の違反が構成要件を充足することを認め
　　た．*Welzel*, StrafR11, 82 参照．なぜ相当性が強要や Welzel が示した他のいくつかの事
　　例において妥当しないとするのかは，必ずしも理解されるものではない．社会的相当
　　性を構成要件阻却事由だと改めて是認して以降は（vgl. Rn. 27, 34），*Welzel* の体系に
　　おいても，開かれた構成要件を考慮する余地はない．

(90)　NK-*Puppe*, vor § 13 Rn. 34 f. は，正当にも，すべての結果犯における，保障人義
　　務と許されない危険の創出を全体的行為評価要素とした．

(91)　確かにそれを批判するものとして，*Hirsch*, 1960, 289 ff.; *ders*, ZStW 74 (1962),
　　118 ff. それと関連して，*Jescheck/Weigend*, AT5, § 25 II 3; *Arm. Kaufmann*, Klug-FS
　　1983, 283, und *Jakobs*, AT2, 6/62. しかしそれは正しくはない．攻撃してきた強盗犯を
　　私がピストルで脅して追い返した場合，それは，非難性を有しそのため構成要件に該
　　当し，正当防衛によって初めて正当化される強要なのではなく，そもそも非難性を有
　　する強要ではないのである．ここで，「一般的」な非難（否定される，具体的な非難性
　　とは逆のもの）を認めつつ，それによって構成要件該当性を肯定しようとする試みは
　　成功しない．なぜなら，そのような二重の非難性概念は文言的に不可能であるし，法
　　律においても支えが見いだせない．

第 10 章 構成要件論

46 しかしそれによってその構成要件が独立した犯罪段階として不必要になった
わけではなく，それは，立法者が個々の場合に抽象的な犯罪類型を記述するこ
とを広く放棄し，可罰性が直接的には裁判官による実質的違法性，すなわち耐
え難い社会的有害性，の認定に依存しうることを示すものにすぎない．それは
理論的には，明確な窃盗や詐欺の犯罪類型に代えて非難性のある奪取や財産侵
害を処罰すると書き改め，それに必要な事実的要素の構築を判例に委ねること
にすると書き改めるようなものである．しかしここでは強要はそういうもので
はない．なぜなら，「目的を達成するために害悪を加える旨の脅迫を加えるこ
とが非難すべきものと認められる」ものでなければならないとする 240 条 2 項
の要件は，不法かそれが否定されるかが行為者の行為において認識できる手段
・目的関係の不相当性あるいは相当性に還元するという（詳細は，14 章 Rn. 39 参
照），不法論において発展された「目的説」から導かれたものにすぎないから
である．

47 「非難性」という文言は構成要件を記述するものではなく，「堪え難い程度に
社会的に有害な」のように，「実質的に違法な」ということを意味するものに
すぎない．そこでの要素が「違法な」ものとしてのみ利用されるのだとすれば，
それは結局，行為全体に関係する不法評価である．それゆえ非難性は，違法性
のようなものとして構成要件に属することになる．他の犯罪類型においては，
不法類型を基礎づける事実的事情が構成要件に含められ，それに対し不法阻却
要素と具体的な不法の確定が違法性のカテゴリーに残されるのであるが，全体
的行為評価要素を有する構成要件においては，（正当化要件の欠如も含めて）違法
性に関係する事実的事情の評価に関するものすべてが，「全構成要件」の要素
である．すなわち，最終的評価（例えば，「非難すべきもの」という文言）は，違法
性に属することとなる．同じことは，「緊急通報の濫用」にもあてはまる（Rn.
17）．濫用を否定するすべての事情は，構成要件の充足を妨げる．これに対し
て濫用の判断は，先の通り，不法要素である．

48 全体的行為評価要素は次のように整理される必要がある[93]．全体的行為評

---

(92) 例えば，NK-*Puppe*, vor § 13 Rn. 13, 35; 私自身も，„Offene Tatbestände und
　　 Rechtspflichtmerkmale", 1959 (²1970), 最終的なものとして，ZStW 82 (1970), 683.

(93) 詳細は，拙著 „Offene Tatbestände und Rechtspflichtmerkmale" 1959 (²1970) 参
　　 照．支配的見解はそこで述べた見解を是認する．例えば，*Jescheck/Weigend*, AT⁵, §

389

第3編　構 成 要 件

価のすべての要件は（積極的なものも消極的なものも），総括的評価自体は「違法
な」という要素に相当するけれども，構成要件に属するものである．それゆえ
全体的行為評価要素を持つ条項は，「開かれた」ものではなく「閉じられた」
構成要件であると考えられる．「不法類型」としての構成要件論をここで否定
した Welzel の当初の発見は正しい．しかしその解決は，そうした構成要件の
没価値性（開かれたもの）に回帰することによるのではなく，三段階の体系を例
外的に均すことによってなされるべきである(94)．

49　全体的行為評価要素を持つ犯罪はしばしば，法治国家的にあまり練り上げら
れていない特別刑法においても見られる．例えば動物保護法 17 条 1 項では，
「合理的理由なく脊椎動物を殺した者」が処罰されるが，「合理的理由なく」と
いう文言は全体的行為評価要素である．すべての「合理的理由」は構成要件を
阻却する（Rn. 31 参照）．一般の正当化事由も構成要件に属する（特に民法 228 条，
刑法 34 条）．脊椎動物殺害の「不合理性」を基礎づけるすべての事情は，その
結果，構成要件要素である．これに対して，不合理性判断自体は同じく不法評
価であり，それゆえ違法性の問題である(95)．

50　全体的行為評価に関する事情はとりわけ錯誤論に関し実際上の意義を有する．体
系構成要件における客観的要素に関する錯誤は 16 条に基づいて故意を否定するので，
例えば，強要における非難性を否定する，緊急通報の濫用を否定するあるいは動物
殺害の不合理性を否定する事情を錯誤に基づいて認識している場合に，それは直接
的には 16 条に基づいて扱われる構成要件的錯誤である．錯誤が正当化要件に関する
ものの場合でもそうである．これに対して，行為者が行為の事実的要件については
すべて認識しつつ，誤った法的評価によって，その脅迫が「非難性」を持たないも
のとして，その緊急通報が「濫用」ではないとして，あるいはその動物殺害が「合

---

　　25 II 2; *Kindhäuser*, AT, § 8 Rn. 3; SK-*Rudolphi*, § 16 Rn. 17; *Sch/Sch/Lenckner*[26], vor
　　§ 13 Rn. 66. その広い構成要件概念の立場から否定するものとして（これについては
　　Rn. 28），*Schmidhäuser*, LB AT[2], 9/12;（*ders.*, StuB AT2, 6/13, Fn. 2 も参照）.

(94)　そのような数少ない構成要件の特殊性がそうした例外を生み出すものであるが，
　　しかしそれは，Rn. 19 ff. で述べた根拠から大部分の犯罪条項にあてはまる原則につい
　　て例外を求めるものではない．

(95)　参考となる事例として，BayObLG NJW 1992, 2306（これについては，*Schlüchter*,
　　JuS 1993, 141; *Herzberg*, GA 1993, 439）．当該事案では，猟獣保護権を錯誤に基づいて
　　行使し 2 頭の犬を殺害した者が，「合理的理由」を殺害に不当に行使した禁止の錯誤と
　　して，動物保護法 17 条 1 項で処罰された．

390

理的」なものとして判断した場合，それは 17 条に基づく禁止の錯誤となり，その回避可能性が認められる場合には故意犯として処罰されることとなる（詳細は，13 章 Rn. 105 以下）[96].

51 全体的行為評価要素を持つ構成要件は，それらが全体的不法評価に資するように，明確な犯罪類型の創設を放棄したといえる限り，われわれの刑法においては異質なものである．しかしそれは，不法に対して独立した犯罪類型としての構成要件の必要性を否定する議論ではなく，それを支持する議論を提供するものである．なぜなら，刑法 240 条と動物保護法 17 条に関する先述の二つの事例は（幾分弱められたかたちであるが 145 条の場合も），可罰的行為の範囲が明確に記述されることなく，二つのカテゴリーを均等化し，「実質的に違法な」という概念の言い換えによって表される一般条項によってそれが示された場合に，法治国家性においてどれほど損害が生じるかを表している．強要構成要件の現在の形式の合憲性は常に論議がある[97]．そして，動物保護法においてはその保護法益が異質であるからこそ（高等動物の生命と息災），通常の法治国家的基準を設定することを放棄しえたと考えられている．

52 もちろん明確に輪郭づけられた構成要件は自明のものではなく，基本法 103 条 2 項から導かれた価値論的な必要条件である．しかしそれは法治国家的な刑法のための構成要件の意味を減じるものではない．それゆえ立法者は，三段階性の体系的例外を作り出すような一般条項による全体的行為評価要素を放棄すべきである．全体的行為評価要素の内容が法秩序の前後関係から疑いなく判断される場合の全体的行為評価要素は問題ない．例えば，全不法判断を先取りするような，「不法領得の意思」（242 条）や主観的構成要件における類似の要素が挙げられる．なぜならここでは，履行期限に達し抗弁の存在しない請求権によって，そして一般的な違法性阻却事由によって，「違法性」阻却されることが明らかであるからである．その結果，構成要件と違法性の統合体がその実体的な不法類型に対する疑問を払拭することとなる．

---

(96) その区別に関して線引きが難しいと指摘するものとして，*Baumann*, Welzel-FS, 1974, 533.

(97) 強要構成要件が法治国家的に異論の余地のないように作り上げられるべきであったとするものとして，§ 13 des AE BT（Person I），1970; *Schünemann*, Die freiheitsdelikte im künftigen Strafrecht, MSchKrim 1970, 250.

第3編　構　成　要　件

F．客観的構成要件と主観的構成要件

文献：*Hegler*, Die Merkmale des Verbrechens, ZStW 36 (1915), 19, 184; *Mezger*, Die subjektiven Unrechtselemente, GerS 89 (1924), 207; *ders.*, Vom Sinn der strafrechtlichen Tatbestände, 1926 (= Traeger-FS, 1926 [Nachdruck 1979], 187) ; *Zimmerl*, Zur Lehre vom Tatbestand, Str.Abh. 237, 1928; *E. Wolf*, Der Sachbegriff im Strafrecht, Reichsgerichts-FS, Bd. V, 1929, 44; *Grünhut*, Methodische Grundlagen der heutigen Strafrechtswissenschaft, Frank-FS, 1930, Bd. I, 1; *Hegler*, Subjektive Rechtswidrigkeitsmomente im Rahmen des allgemeinen Verbrechensbegriffs, Frank-FS, 1930, Bd. I, 251; *Sieverts*, Beiträge zur Lehre von den subjektiven Unrechtselementen im Strafrecht, 1934; *v. Weber*, Zum Aufbau des Strafrechtssystems, 1935; *Braun*, Die Bedeutung der subjektiven Unrechtselemente für das System eines Willensstrafrechts, 1936; *Welzel*, Um die finale Handlungslehre, 1949; *Niese*, Finalität, Vorsatz und Fahrlässigkeit, 1951; *Nowakowski*, Zur Lehre von der Rechtswidrigkeit, ZStW 63 (1951), 287; *Engisch*, Die normativen Tatbestandselemente im Strafrecht, Mezger-FS, 1954, 127; *Gallas*, Zum gegenwärtigen Stand der Lehre vom Verbrechen, ZStW 67 (1955), 1 (auch als Separatdruck und in: Beiträge zur Verbrechenslehre, 1968, 19) ; *Hardwig*, Die Gesinnungsmerkmale im Strafrecht, ZStW 68 (1956), 14; *Engisch*, Bemerkungen zu Theodor Rittlers Kritik der Lehre von den subjektiven Tatbestands- und Unrechtselementen, Rittler-FS, 1957, 165; *Sauer*, Tatbestand, Unrecht, Irrtum und Beweis, ZStW 69 (1957), 1; *Kunert*, Die normativen Merkmale der strafrechtlichen Tatbestände, 1958; *Schmidhäuser*, Gesinnungsmerkmale im Strafrecht, 1958; *Fukuda*, Vorsatz und Fahrlässigkeit als Unrechtselemente, ZStW 71 (1959), 38; *Oehler*, Das objektive Zweckmoment in der rechtswidrigen Handlung, 1959; *Engisch*, Der Unrechtstatbestand im Strafrecht, DJT-FS, 1960, Bd. I, 401; *Welzel*, Das neue Bild des Strafrechtssystems, ⁴1961; *Roxin*, Zur Kritik der finalen Handlungslehre, ZStW 74 (1962), 515 (= Grundlagenprobleme, 72) ; *Stratenwerth*, Zur Funktion strafrechtlicher Gesinnungsmerkmale, v. Weber-FS, 1963, 171; *E. J. Lampe*, Das personale Unrecht, 1967; *Lenckner*, Wertausfüllungsbedürftige Begriffe im Strafrecht und der Satz „nullum crimen sine lege", JuS 1968, 249; *Schmidhäuser*, Vorsatzbegriff und Begriffsjurisprudenz im Strafrecht, 1968; *Waider*, Die Bedeutung der Lehre von den subjektiven Unrechtselementen usw., 1970; *Schüler-Springorum*, Der natürliche Vorsatz, MSchrKrim 1973, 363; *Zielinski*, Handlungs- und Erfolgsunwert im Unrechtsbegriff, 1973; *Herberger*, Die deskriptiven und normativen Tatbestandsmerkmale im Strafrecht, in: Koch (Hrsg.), Juristische Methodenlehre und analytische Philosophie, 1976, 124; *Schmidhäuser*, „Objektiver" und „subjektiver" Tatbestand: eine verfehlte Unterscheidung, Schultz-FS, 1977, 61; *Darnstädt*, Der Irrtum über normative Tatbestandsmerkmale im Strafrecht, JuS 1978, 441; *Krauß*, Der psychologische Gehalt subjektiver Elemente im Strafrecht, Bruns-FS, 1978, 11 (auch in: *Jäger* [Hrsg.], Kriminologie im Strafprozeß, 1980, 110) ; *Haffke*, Strafrechtsdogmatik und Tiefenpsychologie, GA 1978, 33; *Jäger*, Subjektive Verbrechensmerkmale als Gegenstand psychologischer Wahrheitsfindung, MSchrKrim 1978, 297; *Schild*, „Objektiv" und „subjektiv" in der strafrechtswissenschaftlichen Terminologie, Verdroß-FS, 1980, 215; *Cerezo Mir*, Zur Doppelstellung des Vorsatzes aus der Sicht der spanischen Strafrechtswissenschaft, ZStW 93 (1981), 1017; *Ecker*, Die Verwendung und Feststellung subjektiver Verbrechensmerkmale, Diss. Göttingen, 1981; *Haft*, Grenzfälle des Irrtums über normative Tatbestandsmerkmale im Strafrecht, JA 1981, 281; *R. Hassemer*, Schutzbedürftigkeit des Opfers und Strafrechtsdogmatik, 1981; *Arth. Kaufmann*, Die Parallelwertung in der Laiensphäre, 1982; *Paeffgen*, Einmal mehr – Habgier und niedrige Beweggründe, GA 1982, 255; *Engisch*, Einführung in das juristische Denken, ⁸1983; *Frisch*, Vorsatz und Risiko, 1983; *Schlüchter*, Irrtum über normative Tatbestandsmerkmale im Strafrecht, 1983; *Kindhäuser*, Rohe Tatsachen und normative Tatbestandsmerkmale, Jura 1984, 465; *Gering*, Der Absichtsbegriff in den Straftatbeständen, 1986; *Dopslaff*, Plädoyer für einen Verzicht auf die Unterscheidung in deskriptive und normative Tatbestandsmerkmale, GA 1987, 1; *Spendel*, Zum Begriff des Vorsatzes, Lackner-FS, 1987, 167; *Mir Puig*, Über das Objektive und das Subjektive im Unrechtstatbestand, Arm. Kaufmann-GS, 1989, 253; *Lund*, Mehraktige Delikte, 1993; *Niedermair*, Tateinstellungsmerkmale als Strafbedürftigkeitskorrektive, ZStW 106 (1994), 388; *Schroeder*, Neuartige Absichtsdelikte, Lenckner-FS, 1998, 333; *Freund*, Äußerlich verkehrsgerechtes Verhalten als Straftat? – BGH NJW 1999, 3132; *Köhler*, Der Begriff der Zurechnung, Hirsch-FS, 1999, 65; *Volk*, Begriff und Beweis subjektiver Merkmale, BGH-FS, 2000, 739.

外国語文献：*De Francesco*, Il modello analitico fra dottrina e giurisprudenza: dommatica e garantismo nella collocazione sistema dell' elemento psicologico del reato, RIDPP34 (1991), 107; *Sacher de Köster*, La evolución del tipo subjetivo, Buenos Aires, 1998.

53 主観的構成要件要素が発見され，またそれが正当と認められて以来（Rn. 8），客観的構成要件と主観的構成要件の分離は，ドイツの学界において一般的に一貫して認められている．本書でもその分離は基礎に置かれている．もちろん，構成要件行為が内的・外的要素の統一体として構築されるものであることは明らかであるに違いない(98)．それを否定してはならないが，しかし，その個々の要素（客観的なものも主観的なものも同様に）において特殊な場合があることにも注目しうる．純粋な客観的構成要件要素（例えば，「物」や「他人の」）および主観的構成要件要素（例えば，「不法利得の意思」や「法律上の取引において欺罔するために」）だけでなく，客観的要素と主観的要素がすでに言語的に分離できないか

---

(98) このような意味においては *Mir Puig*, Arm. Kaufmann-GS, 1989, 257 が，「所為は内的・外的統一体として現れる」とする．*Schmidhäuser*, „Objektiver" und „subjektiver" Tatbestand: eine verfehlte Unterscheidung, Schultz-FS, 1977,61 による批判は，このような理解に依拠する．類似のものとして，*Freund*, JuS 2000, 754.

393

第3編　構成要件

たちで組み合わさっている構成要件要素もあるのである（先の Rn. 8 の例示を参照）．263 条の意味における「真実に見せかける」という文言は，確かに外的行為であるが，しかし本来，主観的な欺罔の認識なしには考えられないものである．そのような要素が客観的構成要件に属するのか主観的構成要件に属するのか議論するのは無駄ともいえる．外的なものと内的なものの分離は，外的な分類に対してのみ役立つのであって，それが概念の意味と矛盾するところでは行われるものではない[(99)]．

第1節　客観的構成要件

1　客観的構成要件の構造と内容

54　客観的構成要件には，常に犯罪主体，構成要件的行為が必要であり，そして禁止された結果も通常，必要とされる．特に単純な構造を有する構成要件として例えば 303 条では（「他人の物を……損壊または破壊した者」），「者」の文言が犯罪主体を明らかにし，行為と結果は，特定された行為客体（ここでは，他人の物）の損壊または破壊として特定されている．すべての者が犯罪の行為者たりうるのか（例えば，「wer〔者〕」で始まる構成要件），それとも，行為者が特定の人的グループに限定されるのか（例えば，331 条以下の職務犯罪）にしたがって，一般犯と身分犯に分けられる．構成要件的行為とは分けられたかたちでの結果が求められている場合には，結果犯とされる．その意味での結果を欠く場合には（例えば，123 条の住居侵入），いわゆる単純行為犯とされる．構成要件が予定する結果が行為客体に対する侵害であるのか危険であるのかにしたがって，侵害犯と危険犯に区別される．客観的構成要件の異なった構造から得られるこのような，またさらに別の区別については，「構成要件の種類」（Rn. 102 以下）で詳述する．

55　個々の構成要件要素の解釈は各論での問題である．客観的構成要件が総論に対して有する重要な法的課題は，結果犯の構成要件的行為にあてはまり，犯罪に個別化されない原則を作り出すことにある．すなわちそれは，総論において，結果が，特定の行為主体にその行為者の行為として帰属されうるために，犯罪

---

(99)　「不法構成要件における客観的なものと主観的なものについて（Über das Objektive und Subjektive im Unrechtstatbestand）」およびその競合については，*Mir Puig*, Arm. Kaufmann-GS, 1989, 253 ff. による同名の論文を参照．

主体と結果との間の関係がどのような性質のものでなければならないかを明らかにすることにある．構成要件の充足にとって，例えば303条の場合に，特定の方法で行為をする者と損壊された物が所与の事実としてあるだけでは不十分である．むしろ，結果が行為者のしわざであることが認められなければならない．そこには，作為犯にあっては，行為者の行為と結果との間の因果関係が必要である．しかしそれだけでは十分ではない．さもなければ，例えば，後に他人により損壊された物を製造した者も，303条の構成要件を充足することとなる．なぜなら，その製造者もその製造によって結果に条件を与えたからである．むしろ，結果に因果性を持つ行為態様の中でも，法的価値基準に基づいて，物の損壊行為者としてふさわしい者を選択することが必要である．特定の行為者によるしわざとしての結果を認めるための要件の確定は，**客観的構成要件への帰属**と呼ばれる．因果関係論に位置づけられるこの帰属論は，別個の検討が求められるものであるから，次章（11章）の検討対象とされる．しかしそれはその内容からいって客観的構成要件に属するものである．

56 犯罪主体と結果，そして両者の間に必要とされる因果関係と並んで，さらに構成要件的行為を詳細に特徴づける，個々の犯罪に固有の様々な要素も構成要件に属する．なぜなら，例えば人の生命のように（212条），法益が，帰属可能なあらゆる侵害に対して刑法的に保護されている場合は，ごくわずかといえるからである．すなわち，例えば他人の財産に対する侵害のすべてが可罰的なのではない．むしろそれが，特定の態様，方法により（例えば，263条にいう「虚偽の事実を真実に見せかけることによりまたは真実を歪曲もしくは隠蔽することにより」，あるいは266条にいう特別な財産保護義務の違反により）実現された場合に限られるのである．こうした行為要件のすべては，その他の異なる構成要件要素のように，各論での題材であり，そのため以下で詳細に検討することはない．しかし，解釈を方向づけるものである構成要件の保護領域が，各罪の法益によってだけでなく，場合によっては各罪に固有の行為要件によっても同様に特定されうるものであるという一般的理解は確かめておきたい．それゆえ，刑法の目的論的解釈は，よくなされるような保護法益に基づく解釈としてではなく，各構成要件の保護領域に基づいた解釈として理解されるべきである[100]．

第3編　構 成 要 件

2　記述的構成要件要素と規範的構成要件要素

57　すべての構成要件に関係するがゆえに総論に属し，特に客観的構成要件に対して重要な意味を持つ区別は，記述的要素と規範的要素の区別である．その区別は，構成要件と違法性の限界に対して，また今日の支配的な理解である不法類型としての構成要件に対して大きな意味を有している（Rn. 10 以下参照）．さらに故意論に対しても，その区別は重要である．なぜなら，記述的要素は感覚的知覚を要求し，これに対して，規範的要素は精神的理解を要求するからである（詳細は，12 章 Rn. 100 以下）．それ以上に，規範的構成要件要素は，多くの場合に要件とされるものである法的評価のために，刑法（16 条，17 条）で要求される構成要件的錯誤と禁止の錯誤の区別があらゆる事案において正しく実現できるかどうかという問題に際して重要な役割を演じる（詳細は，12 章 Rn. 105 以下）．

58　記述的要素と規範的要素の境界と区別は個々の場合に多くの議論が行われている[101]．従前の理解に従えば[102]，記述的（描写的）要素は，特定の身体的・精神的な事実・事象を表したもので，裁判官による認識を通して（認識論的に）確定されるものである．これに対して，規範的要素は，その存在が評価を前提にされるすべての要素である．例えば，「建造物」（306 条）や「奪取」（242 条）といった概念は記述的なもので，「侮辱」（185 条）や「他人の」（242 条，246 条，303 条）といった文言は規範的なものである．規範的要素についてはさらに，法的評価を伴う要素（242 条の「他人の」，331 条以下の「公務担当者」，348 条の「公文書」）と文化的評価を伴う要素（184 条 c の「一定程度の性的行為」）に区別される．加えて，当該概念が法適用者に特に多くの評価領域を残しているか，すなわち「評価の補充が必要なもの」か（例えば，228 条にいう「善良な風俗」，240 条 2 項の「非難すべき」），それとも，例えば民法上の所有制度に関連する「他人性」の概

---

(100)　詳細は，*R. Hassemer*, 1981, 56 ff.

(101)　根本的に新たな表現を提示したものとして，*Engisch*, Mezger-FS, 1954, 127 ff.; *Kunert*, 1958; *Schüchter*, 1983, 7-26. さらに，*Darmsdädt*, JuS 1978, 441; *Herberger*, 1976, 150; *Kindhäuser*, Jura 1984, 465. *Puppe* は，記述的要素，規範的要素，白地要素に区別した．その言葉の使い方はここで用いている整理と部分的に異なる．NK, vor § 13 Rn. 37. *Puppe* の規範的要素の理解については，vgl. u. § 12 Rn. 121, Fn. 229.

(102)　Vgl. nur *Mezger*, StrafR, ³1949, 190 ff. *Mezger* は規範的構成要件要素の理解に対して多大な功績を果たした．詳細には，Vom Sinn strafrechtlicher Tatbestände, 1926, 31 ff.

念のように，評価が法適用者に，かなりもしくは十分に与えられているか（「評価を伴った概念」）に基づいても区別される．もちろん個々の立論に関連した必要性に基づいてさらなる概念的な区別が行われることになる．

59 記述的要素と規範的要素の通常の定義であっても，確かに純粋な記述的要素であることもしくは純粋な規範的要素であることは見られない．なぜなら，「奪取」や「建造物」のような一見して記述的要素と思われるものも，疑わしい場合には，各刑罰法規の保護目的にしたがって，また規範的基準にしたがって解釈されなければならない．すなわち，すでに見たとおり，「人」や「物」のような概念さえも法的な評価の助けを借りることなくして決定されることはできないとされる (Rn. 11)．それゆえにすべての要素が規範的とさえいえるであろう（純粋な尺度概念も例外的にあるかもしれないが）．他方で，規範的概念もたいていは純粋な評価（例えば「他人の」，「善良の風俗に反する」のような）として現れるものではなく，記述的基礎を有する．つまり，例えば侮辱は，社会的評価の裏付けにおいてのみ認められるものではなく，聴覚的事象や客観的に固定化された物事の認識的確認が求められる．「文書」(267条) は，法的な実質によってのみ存在するものではなく，知覚的に認められる物質的な基礎等を常に伴う．このような観点からすれば，ときにはある要素が優越し，ときには他の要素が優越するというように，多くの構成要件要素が記述的要素と規範的要素とが混ざり合ったものであると認識されることが重要であって，記述的要素と規範的要素との（不可能な）区別はそれほど重要なものとはいえない[103]．

60 これに対して，専門用語的理由から，規範的要素と記述的要素との実用的な区別を固持するのであれば，*Engisch*[104]のいうように，規範的要素を，「およそ規範を論理的前提としてのみ表れ，考えられうる」ものとして特徴づけることとなるであろう．そうすると，「他人の」，「善良の風俗」，「非難すべき」，

---

(103)　*Stratenwerth/Kuhlen*, AT5, § 8 Rn. 69 は，「両要素類型がおよそ互いに十分明確に区別されるかは少なくとも疑わしい」とする．*Dapslaff*, GA 1987, 1 も，本文で示したような理由と共に，行為者に「構成要件概念の意味の認識」(S. 25) を求めないのだから，その区別は完全に放棄するべきだとする．批判として，NK-*Puppe*, § 16 Rn. 44 f. も，すべての事実が現実の結果であるだけでなく，記述された概念でもあるとする．本文と類似のものとして，MK-*Freund*, vor §§ 13 ff. Rn. 15 f.

(104)　*Engisch*, Mezger-FS, 1954, 147; auch *Schlüchter*, 1983, 26 は，規範的構成要件要素を，「（法的または法以外の）規範を参照する」ものと定義づける．

第3編　構成要件

「文書」,「侮辱」等は,法的あるいは社会的規範体系を前提とするため規範的要素であり,他方,「人」,「物」「建造物」,「奪取」は規範的な脈絡から独立して存在し,それゆえに記述的要素とされうるものである.もちろん,社会的概念を動かしたことによって事実問題に変わりはない.なぜなら,規範的特徴は記述的要素の中にあり続けるし,区別が重要となる文脈 (Rn. 57) においてはその考慮が求められるからである.

第2節　主観的構成要件(105)

61　当初,構成要件には客観的要素のみが属するとする見解が支配的であったのに対して,現在では,主観的構成要件も存在し,それらは故意と,場合によっては故意に加えられる別の主観的構成要素から構成されるとする見解が通説的である.歴史的には,はじめに,主観的不法要素が構成要件の構成要素として認められた.当初は純粋な責任類型に位置づけられた故意が構成要件に分類されたのは,後に目的的行為論の影響に基づいて初めてなされたことである (この発展については,Rn. 8 以下参照).それにもかかわらず,体系的に故意は,主観的構成要件の一般的要素として,すべての構成要件にあるわけでもなく,いくつか異なる形式もあるそうした特別な主観的構成要件要素よりも前に位置づけられるべきものである.

1　構成要件的故意

62　構成要件的故意については,一般的な短縮された定義では,客観的構成要件要素の認識と意欲と理解される.他人の物を自分の物と誤信して持ち去った者は,242 条の客観的構成要件に含まれる「他人の」という要素を認識していない.すなわちその行為者は故意 (16条) を欠くこととなる.その結果,その行為者は窃盗罪で処罰されることはない.同乗者の警告にもかかわらず,運転技術への自信から事故を回避できると信じて,軽率にも追い越しを行った者は,確かに何かが起こりうることは認識したが,しかし法的意味においてはそれを意欲していない.それゆえ,人を傷害した場合でも,故意の傷害ではなく過失傷害でしか処罰されない.もちろん個別には,「認識」と「意欲」に何を求め

---

(105)　主観的帰属一般については,*Köhler*, Hirsch-FS 1999, 65.

第 10 章　構成要件論

るのか，意欲的故意要素（意欲）はそもそも承認されるべきなのか，どのような事象経過が故意に帰属されるべきなのかについて議論がある．こうした疑問については，12 章において詳しく扱われる．さしあたり，その短縮された定義によって得られた事前的理解を出発点として，体系的問題の取り扱いにおいては十分な理解が得られる．

　構成要件的故意（以下では単に「故意」とする）が主観的構成要件（正確には，構成要件の評価的側面における内容）に属することは，現在，ドイツ刑法学では（未だ国際的ではないが）一般に通説的である[106]．その決定的理由は次の点にある．

63　a）構成要件に個々の犯罪の可罰的内容を類型化する任務を与えるのであれば（7 章 Rn. 61 参照），犯罪を区別するために故意を放棄することはできない．すなわち，この観点からすれば，故意の器物損壊は（不可罰の）過失の器物損壊とは本質的に異なる．構成要件に該当する行為者を記述する正犯の形式（25条）も，故意の構成要件的行為に組み込まれているし，それなしではその意味を失う．

64　b）構成要件実現の未遂では故意が要件とされる．拳銃を発砲したが誰にも命中させなかった者が，故殺の未遂を充足するのか，あるいは傷害の未遂か器物損壊の未遂か，それともおよそ構成要件を満たさないのかは，行為者の故意が志向しているところを考慮してのみ判断されるものである．しかし故意が未遂犯の場合に構成要件に属するのであれば —— 既遂行為の場合には故意をもっぱら責任要素として判断する論者もこれは認める ——，既遂犯の場合に故意が責任の観点のもとではじめて有意なものとされるのは納得がいかない．それはよく次のようにいわれる．故意は未遂段階ではいずれにせよ構成要件に属し，それはこの段階にあるすべての犯罪において一貫しているので，既遂になった瞬間に故意がそう単純に構成要件から消えるわけがない．確かに，未遂が処罰拡張事由として付加的な違法要素（つまり故意）を必要とすることを批判するならば，既遂犯の場合にそれが放棄されることもありうる[107]．しかしその議論

---

(106)　*Baumann/Weber/Mitsch*, AT[11], § 12 Rn. 16; § 18 Rn. 24 f.; § 20 Rn. 1 ff.; *Engisch*, DJT-FS, 1960, Bd. I, 426 ff.; *Spendel*, Bockelmann-FS, 1979, 252 は，現在でもなお，故意を純粋な責任問題として扱う．*Schmidhäuser*, LB AT[2], 8/26; *ders.*, StuB AT[2], 5/6 ff., 7/36 ff.; *ders.*, 1968 は，故意の意欲的要素を構成要件に分類し，故意の知的要素を故意に分類する．それに対する批判として，*Roxin*, ZStW 83 (1971), 388 ff.

399

第3編　構成要件

は論理的にはありえても目的論的には説得的ではない．なぜなら，犯罪を区別するためであれば，その程度は低くはなるが，既遂犯においても故意は必要であるからである（Rn. 62）．すなわち，適切にも支持されているように，未遂の違法性が既遂の違法性に基づいて「生じる（aufgehen）」（つまり既遂の違法性に含まれている）のであれば，それが独立の要素によって基礎づけられうるわけがない．それは，結果の不存在によってのみ未遂は既遂と区別されるという自然な考え方とも適合する．

65　c）さらに，立法者によって，たいていの行為が目的的に理解される動詞でもって記述されているということも[108]，故意が構成要件要素であるとする見解の味方をする[109]．「狩猟獣を待ち伏せする」（292条），「抵抗する」・「実力で攻撃する」（113条），さらに，「真実にみせかける」（263条），「変造する」（264条），「強要する」（240条），「領得する」（246条），「性行為を行う」（174条以下）などは，それらの行為に関する文言に込められた目的を認識し，意欲して獲得しようとすることなしには，なしえないことである．それゆえに，主観的要素も客観的な事象の叙述から取り除くことはできない．確かに，そうした要素はたいてい，他の要件に従属する構成要件的故意と同じものではない（狩猟獣を待ち伏せする者は，「他人の狩猟権を侵害」してそれを意欲しているとは限らない．真実に見せかける者は，常に他人の財産を損害しようとしているわけではない）．しかし，行為に関する目的的な文言によって，故意の明確な要素部分が構成要件の中心に位置づけられるので，この検討の結果，個々の罰条の文言解釈から独立して，故意がもっぱら構成要件の構成要素として是認されるべきこととなる．

66　d）最後に，客観的な行為要素に組み入れられない主観的構成要件要素は，故意を純粋な責任の問題とする論者によってもその存在が否定されてはいないが，そうした主観的構成要件要素も構成要件的故意の是認に導くものである．なぜなら，確かにそうした主観的構成要件要素（例えば，242条にいう「不法領得の意思」や263条にいう「不法利得の意思」）は，すべてにおいてもまたは一部においても故意と同じものではなく，故意と独立して存在するものである．しかし，

（107）　特に，*Engisch*, Rittler-FS, 1957, 173 f.; *ders.*, DJT-FS, 1960, Bd. I, 436.

（108）　*v. Weber*, 1935 によって初めてこのことが指摘された．

（109）　*Gallas*, ZStW 67 (1955), 33 f. も参照．

第 10 章　構成要件論

そうした主観的構成要件要素は故意を前提とする．すなわち，窃盗の故意を持たない者は，その行為者が奪取しようとする物を不法に領得しようと意欲することはできない．また，詐欺の故意なく 263 条の客観的構成要件を充足しようとする者は，自己にあるいは第三者に不法に利得させる意図を持つことはできない．しかし構成要件要素として不可欠な要件は，構成要件自体にも属するものでなければならない．

67　e）これに対して，行為概念は，故意が構成要件に属することに対して根拠を与えない．確かに，目的的行為論は，目的性を行為の本質的要素と説明し，初期の段階では，それを故意と同一視することによって（詳細は，7 章 Rn. 18; 8 章 Rn. 17），構成要件の一部としての故意と認められることに対して決定的な一撃を与えた．しかし現在ではその根拠は維持されない．なぜなら，行為の肯定は，構成要件の充足と構成要件的故意について何も述べていないからである（詳細は，8 章 Rn. 25）．もっとも，目的的行為論者は当初から，故意が構成要件に属することに資するその他の根拠も主張していたので，その行為論について同意が得られなかったにもかかわらず，彼らはその核心的主張において価値が認められたことは理解しうる．目的的行為論は，もちろん故意の作為犯についてだけであるが，目的的構成要件論に変化し，この定式についてのみ支配的見解から受け入れられた．その場合には，目的的行為論者が元々主張した存在論的な目的概念は，目的性を価値関係的に，存在的規範的に理解されるよう発展する必要がある．なぜなら，構成要件的故意は決して，構成要件的結果に向かう因果経過のコントロールにおいてのみ存在するものではなく，そのすべての要素の規範的意味内容の把握（Rn. 57 以下参照）を要件とするものであるからである[110]．

68　これに対して，構成要件的故意が純粋な責任要素であるとするために主張された根拠は決定的ではない．その見解は，16 条 1 項に基づいて構成要件は故意の客体だとされ，それゆえ故意が，それに関係する客体の構成要件要素ではありえないと主張する[111]．しかしそれは，16 条は構成要件の体系的概念とは異なる錯誤構成要件を書き改めたものであるという，すでに冒頭で展開した理解

---

(110)　詳細とこれに関する原則的なことについては，*Roxin*, ZStW 74 (1962), 515 ff. (= Grundlagenprobleme, 72 ff.).

(111)　特に，*Engisch*, DJT-FS, 1960, Bd. I, 427 f.

第3編　構成要件

(Rn. 1-6 参照) に対置するものである.

69　さらに，かつての学説を受け継いだかたちで，故意と過失との間には責任の差があると指摘されることがある．その差は可罰性と刑の範囲に表れているとされ，その理解が故意と過失が責任の要素であるとの主張を支えている．そのような責任の差があることはそのとおりであり否定されるものではない．しかしそれは，構成要件的故意が違法性に属することを否定するものではない．なぜなら，通常，責任要件の存在に際しては，高い違法性が結果として常に高い責任ももたらすものであるからである．それゆえにすべての違法要素は間接的に責任とも関連するのであって，その結果，狭い意味での責任要素というものはない．このような責任関連性のために，故意と過失の限界に関して責任の考量も入り込まないのかという別の問題も生じる (これに関する詳細は，12 章 Rn. 25 以下)．すでに詳述したとおり (7 章 Rn. 83)，犯罪類型を空間に存在する物のように相互に独立したものとして扱うことは方法論的に誤っている．故意の違法性に対する意味は，故意が責任の評価的観点にも関連することによっても減少しないし，故意がその内容の形成に際して責任から共に影響を受けうることによっても減少しない．

2　主観的構成要件要素およびそれと責任要素との区別

70　すでにかねてより (Rn. 8 以下) また今日においてもほぼ争いがない[112]ことである，他の主観的要素が構成要件に属することは，特に構成要件が犯罪類型として，また違法類型として理解されることから生じるものである．他人の動産を不法領得の意思なく持ち去った者は，典型的な窃盗の違法性を実現しているものではなく，通常，不可罰の占有移転をなしたものである．不法利得の意思なく他人の財産を欺罔によって侵害した者は (例えば，いたずらで財産に損害を与える場合)，利得罪としての詐欺罪という犯罪類型には相当しない (263 条参照)．それを使って法的取引で欺罔する意図なく文書を偽造した者は，証拠取引の真正性を侵害するものではない．文書偽造罪 (267 条) の違法性がその真正性の侵

---

(112)　ついに主観的違法要素の理論を統一的に表したのは，*Zielinski*, 1973, 26-25. 主観的違法要素の最後の反対者として，*Oehler*, 1959 が代表的である．これに対する関連個所として，*Zielinski*, 1973, 39 f.

第 10 章　構成要件論

害等にあるからである.

71　主観的構成要件要素[113]の真の問題は, 現在, その存在にではなく, 特殊な主観的要素との区別にある. 主観的要素を, それが「行為の社会的無価値判断を基礎づけたり強めたりする」[114]という根拠から構成要件に属するものとすることはできない. なぜなら, 社会的無価値判断は違法と責任を区別しないからである. 例えば, 免責的緊急避難状況 (35 条) の存在によっても社会的無価値評価は本質的に減少する, ないし否定されるのである. ある事情が社会的無価値判断に影響することは, それが違法性に属することを示すものではない. 区別の指導原理はむしろ, 主観的要素が体系的に違法性に属することにとって決定的な事情である必要がある. すなわち犯罪類型との関連性である. 主観的要素が, 保護法益と関連性を有することで犯罪類型を特徴づけることがある. 主観的要素が構成要件の行為客体, 侵害方法, 違法性に関連する傾向を特徴づけることを通してそれは犯罪類型の決定に寄与するのである. これに対して, ある要素が犯罪類型に関連するのではなく, 単に (通常, 刑を加重するものである)動機, 感情, 心情に従属するとされる要素は責任要素である[115].

72　例えば 242 条にいう「不法領得の意思」については, 行為者の意図は, 領得に向けられている. すなわち, 所有者の排除 (Enteignung) と奪取した物の自己への取得 (Aneignung) に向けられている. 領得の意思にいう排除要素は, 242 条において (占有と並んで) 保護されている法益である所有に直接的に向けられたものである. 取得要素は, 犯罪類型が所有と占有の侵害に尽きるものではなく, 自己の財産に引き込む意思を不可欠の要件として有するというこの犯罪類型の別の側面を特徴づけるものである. 領得の意思の両要素は輪郭を与えるもので, すなわち互いに補足し合う, 犯罪類型の本質的要素である. それゆえ, 体系的に主観的構成要件要素として位置づけられることが明確となる. 詐欺罪 (263 条) にいう利得の意思に関しても同様である. 支配的見解に基づけば,

---

(113)　主観的違法要素ともいわれる. これは同様の意味である. なぜなら, 構成要件は違法性を基礎づける機能を有するので, 構成要件要素は同時に違法要素であるからである.

(114)　*Welzel*, StrafR[11], 79. また, *Maurach/Zipf*, AT/1[8], 22/52 も. もちろん特別な根拠づけはない.

(115)　類似の区別を行うものとして, *Jescheck/Weigend*, AT[5], §§ 30 I 3, 42 II 3; *Wessels/Beulke*, AT[34] Rn. 136 ff., 422.

403

第3編 構成要件

利得は，被害者の損失の裏返しでなければならないので，すなわち第三者の負担に向けられていてはならないので，被害者の財産（すなわち保護法益）との関連があるものである．さらに利得要素によって，同様に，財産侵害犯としてではなく，まさに利得犯として構成される詐欺の犯罪類型が特徴づけられる．同じことを他の異なった事例で明らかにすれば，224条1項3号にいう「奇襲」の「陰険さ」は主観的構成要件要素である[116]．なぜなら，支配的見解にしたがって，陰険さを行為者が真実の意思を隠すことと理解すれば，——例えば，ある者が火を貸してくれと一見害のない願いで他人に近づいたところ，突然その親切な被害者を殴り倒す場合——，その要素が行為を基本的構成要件（223条）との関係で特に危険なものとして表し，それによってその犯罪類型が重い刑を要求する形式に修正されるということから，その要素が攻撃の方法を特徴づけているのである．

73 これに対して，「強欲」（さらに211条にいう「低劣な動機」のようなものも）という謀殺の基準は，責任要素である[117]．なぜなら，行為者の利益志向は，保護法益（「人の生命」）から独立しているからである．すなわちそれは，特別な侵害態様（例えば「公共の危険を生じさせる方法で」のような）を示すものではないし，犯罪類型の特徴づけに寄与するものでもない．なぜなら，強欲という動機は，単に殺人の責任を高めるものにすぎず，それゆえ主観的な構成要件要素ではなく，刑法的な答責性が高いことの根拠であるにすぎないからである．

74 このような例は，「利得の意思」のような特定の要素を，抽象的に違法要素か責任要素に分類することが誤りであることを示している．むしろ，当該要素は個々の構成要件に対して個別に決定されうるものである．その結果，263条のそうした基準は，そこではそれが犯罪類型を示すので，主観的構成要件要素であり，211の基準（強欲さという高められた形式，すなわちあらゆる価値に対する利益

---

(116) 同旨，*Jescheck/Weigend*, AT⁵, § 42 II 3 a; 現在では *Sch/Sch/Lenckner*²⁶, vor § 13 Rn. 122 も同様．

(117) 疑わしいことに，かつてはしかし，「主観的違法要素としての意味」として *Jakobs*, AT², 8/96 は捉えていた．判例も，「211条は212条に対して独立した構成要件として評価されるため，このような評価からの結果においては，すべての謀殺の要素は「真正な構成要件要素」として評価される」とした（BGHSt 1, 371）．しかし *Paeffgen*, GA 1982, 255 ff. は，判例の立場に基づけば，低劣な動機が「責任の次元」（S. 270）であることは否定することができないとする．

追求の高められた形式であるもの）は，単なる責任要素となる．それに対応したものとして，国際刑法6条1項（集団殺害）における「国家的あるいは人種的，宗教的，民族的集団を破壊する意思」は主観的構成要件要素である．なぜなら，その意思は保護法益と関連し，犯罪類型を構成するものであるからである．その一方，「低劣な動機」という211条における同じ意思は，責任を高める要素にすぎない[118]．「他の犯罪行為を可能にしもしくは隠蔽するために」という謀殺の要素も責任に属する．なぜなら，ここでいわれる「他の犯罪行為」は他人の生命を消滅するという犯罪類型の外に位置するものであって，その結果，そこに向けられた意思は違法ではなく，責任を高めるものであるからである．

75 そのような例はさらに，主観的要素が外界における結果を目指している場合にはそれが常に違法性に分類され，謀殺における「低劣な動機」にあたる嫉妬のような「純粋に内部的な」要素は責任にとどまる[119]，ということが正しくないことを示す．重要なのは，外界における結果ではなく，違法類型との関係があるかないかである．また，「目的」，「動機」，「意図」，「原動力」「動機」「感情」等の概念を用いて，それらの概念を違法か責任に振り分け，そこに個々の主観的要素を包摂させること[120]は望ましくない．なぜなら，概念の内容（例えば，「意図」という文言の使用に際しての法的な言語慣用）は不安定で不統一である点で，厳密な定義でもって違法と責任を区別する専門用語的手段とすることはできないからである．さらに，このような概念の使用においては，ある専門用語と，それとは別の同様の専門用語が，違う文脈では体系的に異なった機能を有しうるということも，容易に忘れられている．

76 すなわち，犯罪類型との関係が，主観的違法要素と責任要素との区別に関する指導的基準となる．もちろんそれに際しては多くの困難が生じる．なぜなら，第1に，犯罪類型の射程範囲においてすべての構成要件で統一性が確保されているわけではないからである．第2に，分類は本質的に，主観的要素にどのような具体的内容が付与されるかに依存するからである．両課題とも，ここでは

---

(118) Vgl. *Jakobs*, NJW 1970, 1089. これに対して，*Dreher*, JR 1970, 146 ff.

(119) もっとも，*Dreher*, JR 1970, 146-148.

(120) Vgl. *Lampe*, 1967, 229 ff. *Lampe* は，特に目的と動機を区別し（S. 234），目的を違法に，動機を責任に分類する．結果として *Lampe* の分析はもちろん多くの支持を得た．

第3編 構成要件

個別に扱われえない，各論における構成要件と要素の解釈に関わる．総論の目的は，標準的原則を打ち立てることと，選ばれた事例に基づくその明確化である．原則を詳細に具体的に示すためには，各論における個々の分析が待たれなければならない．

77 この区別は，確かに理論的・体系的理由から重要であるが，それだけでなく実際的効果からも重要である．このことは特に共犯論にあてはまる．すなわち共犯論では，確かに主観的責任要素は28条の意味における「特別な一身的要素」として認められるが，しかし主観的違法要素はそれとして認められない[121]．例えば，ある者が，謀殺の要素を自らは充足せずに，強欲からなされる殺人を他人に教唆した場合に，「強欲」が責任要素として扱われる限り，その者は，28条2項にしたがって故殺（212条）の教唆としてのみ可罰的である．これに対して，ある者が自己領得の意思なく第三者に窃盗（242条）を教唆した場合には，26条にしたがって正犯者と同様の刑罰が科される．なぜなら，支配的見解に従えば，主観的違法要素には28条は適用されないからである．その結果，さらに引き合いに出されるところでは，同条1項も当該教唆者に対して刑の減軽を得させることにはならない．

3 心情要素

78 独立した検討がさらに必要なのが，いわゆる心情要素[122]である．すなわち，心情要素が違法性に分類されるか責任に分類されるかについて特に困難が立ちはだかる．こうした要素（例えば，「悪意をもって」，「無謀に」，「残酷に」，「粗野に」）は，具体的行為状況における行為者の行為時にある道義的非難に値する内心的態度を記述するものである．このような事情は，それが犯罪類型に踏み出す際の内心的状態を示すものにすぎない限りで，責任要素である[123]．このことは，例えば90条a，130条1項2号，同2項1号，225条1項における「悪意を

---

(121) Vgl. LK11-*Roxin*, § 28 Rn. 10 ff., 70; *Roxin*, AT/2, § 13 Rn. 51 ff.

(122) 論考として，*Schmidhäuser*, Gesinnungsmerkmale im Strafrecht, 1958. *Schmidhäuser* は，批判（特に，*Stratenwerht* によるもの）の影響のもとで，当初の見解を一部改めた．Vgl. *Schmidhäuser*, LB AT², 10/116 ff.; *ders.* StuB AT², 7/124 ff.

(123) これに対して，*Jakobs*, AT², 8/98 は，心情要素は「すべて少なくとも違法性にも属する」とする．

第10章　構成要件論

もって」（＝敵意に満ちた低劣な心情から）の要素や，315条c1項2号における「無謀に」（＝利己的な動機から）にあてはまる．ここでは，犯罪類型は当該構成要件に記述された外部的行為によって明確に示される．しかし立法者は，その可罰性を付加的な責任要件に従属させる．すでに例として挙げたような，そうした「真正な」心情要素が可罰性を基礎づける場合，それは法治国家的に見て懸念がないわけではない．なぜなら，その心情要素は，裁判で認定するのが難しい内心的態度に関する裁判官による評価と可罰性を結びつけるものであるからである．「ここには，心情刑法が紛れ込む重大な危険箇所がある」[124]．それゆえ適切にも，立法者は，かつて170条cとbに含まれていた要素である「良心を欠く」を削除し，「悪意をもって」の文言を少なくとも134条から削除し，旧170条aでは改めた．

79　このような「真正な」心情要素と並んで，「不真正な」心情要素もある．すなわちそれは，議論の余地はあるが，しかし正しい見解に従えば，一部は違法性に属し，一部は責任に属する心情要素である．その例として，211条にいう「残酷に」の要素が挙げられる．判例（BGHSt 3, 180）によれば，「被害者を冷酷で憐れみのない心情から（一般的な行為者の属性は必要ではない），異常な痛みあるいは苦痛を加える者」が残酷に人を殺したといえる．それに従えば，痛みや苦痛を加えることは構成要件的前提である．なぜなら，それは殺人の惹起方法に関わり，それによっていわば強められた殺人となるからである．これに対して，「冷酷で憐みのない心情」は，それとは必ずしも結びつかず，独立した要素として付け加わるものであって，責任の構成要素である．

80　非常に微妙であるが，その区別は影響が大きい．すなわち，その区別は理論的な戯れではなく，実践的な意味を相当有するものである．それは共犯論に対してだけでなく，28条が責任の側面に対して妥当し，違法性の側面に対しては妥当しないのだとすれば（Rn. 77参照）[125]，錯誤論に対しても意味を有することとなる．ある者が冷酷な心情から第三者に異常な痛みを加えようとしたが，被害者がすでに意識を失っていたため，行為者の認識に反して被害者は何も感

---

(124)　*Welzel*, StrafR[11], 80.

(125)　加えて，*Niedermair*, ZStW106（1994），388, 393 ff. *Niedermair* は，心情要素を刑罰の必要性を調整するものを意味するとする．

第3編　構 成 要 件

じなかったという事案を考えてみれば，その内心的態度だけが重要とされる場合，その要素は純粋な責任要素として扱われ，「冷酷さ」が肯定され，それによって謀殺も肯定されることとなる．これに対して，痛みや苦痛を加える違法性の前提として見るならば，冷酷さは現に存在しなければならず，その結果，その事例では冷酷さが認められないこととなる[126].

81　謀殺の要素である「狡猾」を，確定的な判例（BGHSt 9, 385）にしたがって，「敵対的意思方向」に基づく「被害者の無知と無防備の利用」と定義した場合にも，同じことがあてはまる．すなわち，利用は違法要素であり，意思傾向は責任に属する．類似のものとして，判例（BGHSt 25, 277）は，225条1項の「粗野な」虐待に，「著しい行為結果」（違法要素）と「冷酷な心情」（責任要素）を求める．

82　それゆえに心情要素は区別されなければならない．心情要素が違法性にだけ属するわけではないし[127], そのすべてが純粋な責任要素とされるわけでもない[128]. むしろ，責任にのみ属する真正な心情要素（例えば，悪意に，無謀に，下劣な動機）もあれば，一部は違法性に，一部は責任に属する不真正な（正確には：半）心情要素（残酷に，陰険に，粗野に）もある[129]. 不真正な心情要素においては，全体的行為評価要素による構成要件と違法性（Rn. 45 以下）と類似（同じではない）して，構成要件と責任が組み合わされる．それと並んで，仮象的な心情要素（例えば，「陰険に」. Rn. 72 参照）もある．すなわちそれは，実際にはおよそ心情ではなく，攻撃態様のみを示すもので，それゆえに純粋な違法要素である．

---

(126)　この意味において指導的なものとして，*Stratenwerth*, v. Weber-FS, 1963, 178. もちろん，謀殺未遂ではある．

(127)　これに対して，*Maurach/Zipf*, AT/1[8], 22/52; *Welzel*, StrafR[11], 79 は，それでも，例えば「強欲」「性欲の充足」のような要素を違法性にのみ属するとする．

(128)　おおよそ，*Gallas*, ZStW 67 (1955), 46.

(129)　ここでは例えば，*Stratenwert*, v. Weber-FS, 1963, 171 ff., *Stratenwerth/Kuhlen*, AT[5], § 8 Rn. 147 ff.; *Schmidhäuser*, LB AT[2], 10/124 ff.; *ders*. StuB AT[2], 7/130 f. これに対して，*Jescheck/Weigend*, AT[5], § 42 II 3 a; *Sch/Sch/Lenckner*[26], vor § 13 Rn. 122 ff.; *Wessels/Beulke*, AT[34] Rn. 422 は，不真正な心情要素を違法性にのみ属するものとする．さらに細分化するものとして，*Baumann/Weber/Mitsch*, AT[11], § 8 Rn. 22 f.

第 10 章　構成要件論

4　主観的要素を伴う構成要件の体系化について

83　主観的要素を伴う構成要件をさらなる分類によって体系化する試みがいくつもなされている．最も有名なのが，*Mezger*[130]に端を発する，目的犯，傾向犯，表現犯の分類である．

84　目的犯とされるのは，行為者の主観的意図が客観的構成要件を超えてその後に生じる結果に向けられていなければならない構成要件である．例えば，窃盗罪（242条）における領得に向けられるもの，文書偽造罪（267条）における法的取引での欺罔に向けられるものが含まれる．この種のよくある構成要件については，**超過的内心傾向犯**といわれる．この類型は，さらに不完全二行為犯（unvollkommene zweiaktige Delikte）と縮められた結果犯（kupierte Erfolgsdelikte）に分けられる．**不完全二行為犯**は，付随的結果がさらなる行為によって惹起されるものとされる（例えば，146条にいう，貨幣を流通に置くこと，あるいは267条にいう，法的取引における欺罔）．これに対して，**縮められた結果犯**は，後に生じる第2の結果は付随的な第2の行為によってではなく，第1の構成要件的行為自体から生じるものとされる（例えば，288条にいう資産の隠匿は，おのずから債権者の弁済を免れることとなる）[131]．

85　主観的要素を伴う構成要件の残りの多くは，**傾向犯**というやや漠然としたカテゴリーに含められる．主観的傾向が構成要件要素として備わっている，あるいはそれが犯罪類型を決定するような犯罪のこととされる．第1の態様の例として，好色な傾向が行為者の外部的行為に性的特徴を付与するような性犯罪が挙げられる．また，「目的的行為用語」（例えば，「待ち伏せする」，「真実に見せかける」など）が特定の意思方向を構成要件の構成要素とするような犯罪も挙げられる．正確にはここでは客観と主観が混合された要素が問題となる（Rn. 8, 53参照）．第2の態様の例には，特定の目的が属する．例えば，181条a1項2号にいう「財産上の利益のために」という文言によって特徴づけられる目的，あ

---

(130)　*Mezger*, 1926, 13 ff., *ders*., StrafR, ³1949, 172 f. 現在，その分類は特に*Jescheck/Weigend*, AT⁵, § 30 II に見られるが，同見解はその学説的見地から，さらに第4のカテゴリーとして不真正な心情要素を挙げる．

(131)　縮められた結果犯と不完全二行為犯の区別については，*Lund*, 1993, 239 f. 胎児保護法にいう，また人身売買に伴う「新しい目的犯」（消極的目的犯，目的欠如犯，択一的目的犯，認識目的）について，*Schroeder*, Lenkner-FS, 1998, 333 は批判的である．

409

第3編 構成要件

るいは，274条1項1号にいう不利益を与える目的がある．本来の目的犯との区別は容易ではないが，しかし実際上重要ではない．

86 **表現犯**については，行為が行為者の内心の経過を示す構成要件とされる．主な例として，客観的に正しいか正しくないかではなく，証言者の内心にある確信と証言との相違が虚偽であるか否かの基準として考えられる限り（主観説），153条以下の偽証が挙げられる．あるいは，計画された犯罪の認識を要件とする，犯罪の不通報（138条）も挙げられる．

87 すべての主観的要素がこれらの類型に困難なく分類されるとは限らない．例えば，特定の侵害方法（「陰険に」）に対しては，また不真正な心情要素（Rn. 79-82）の違法構成要素に対しては，本来は「主観的に特徴づけられる客観的所与」といったさらなる類型が必要と思われる．さらに，理論的に他の観点に基づいた分類もあるかもしれない．しかしその可能性を追求する必要はない．なぜなら，その違いは法適用にとって重要ではないからである．結果として，主観的要素が違法性に帰属されるのか，責任に帰属されるのか，またどの程度それらに帰属されるのかが問題であるにすぎない．

G．構成要件における行為無価値と結果無価値

文献：*Jhering,* Das Schuldmoment im römischen Privatrecht, 1867; *Adolf Merkel,* Kriminalistische Abhandlungen, Bd. I, 1867; *Thon,* Rechtsnorm und subjektives Recht, 1878; *Kohlrausch,* Irrtum und Schuldbegriff im Strafrecht, 1903; *Hold v. Ferneck,* Die Rechtswidrigkeit, Bd. I, 1903; Bd. II, 1905; *Graf zu Dohna,* Die Rechtswidrigkeit als allgemeingültiges Merkmal im Tatbestand strafbarer Handlungen, 1905; *Nagler,* Der heutige Stand der Lehre von der Rechtswidrigkeit, Binding-FS, Bd. II, 1911, 273; *Goldschmidt,* Der Notstand, ein Schuldproblem, ÖstZStr 1913, 129, 224; *Mezger,* Die subjektiven Unrechtselemente, GerS 89 (1924), 207; *Welzel,* Kausalität und Handlung, ZStW 51 (1931), 703; *v. Weber,* Zum Aufbau des Strafrechtssystems, 1935; *Welzel,* Studien zum System des Strafrechts, ZStW 58 (1939), 491; *ders.,* Über den substantiellen Begriff des Strafgesetzes, Kohlrausch-FS, 1944, 101; *Graf zu Dohna,* Der Aufbau der Verbrechenslehre, ⁴1950; *Zippelius,* Der Aufbau der modernen Unrechtslehre, 1953; *Arm. Kaufmann,* Lebendiges und Totes in Bindings Normentheorie, 1954; *H. Lampe,* Über den personalen Unrechtsbegriff im Strafrecht, ungedr. Diss. Göttingen, 1954; *Noll,* Übergesetzliche Rechtfertigungsgründe, im besonderen die Einwilligung des Verletzten, 1955; *Gallas,* Zum gegenwärtigen Stand der Lehre vom Verbrechen, ZStW 67 (1955), 1 (auch als Separatdruck und in: Beiträge zur Verbrechenslehre, 1968, 19); *Engisch.,* Bemerkungen zu Theodor Rittlers Kritik der

第 10 章　構成要件論

Lehre von den subjektiven Tatbestands- und Unrechtselementen, Rittler-FS, 1957, 165; *Maihofer,* Der Unrechtsvorwurf, Rittler-FS, 1957, 141; *Würtenberger,* Die geistige Situation der deutschen Strafrechtswissenschaft, 1957 ([2]1959) ; *Fukuda,* Vorsatz und Fahrlässigkeit als Unrechtselemente, ZStW 71 (1959), 38; *Engisch,* Der Unrechtstatbestand im Strafrecht, DJT-FS, Bd. I, 1960, 401; *Welzel,* Das neue Bild des Strafrechtssystems, [4]1961; *ders.,* Fahrlässigkeit und Verkehrsdelikte, 1961; *Roxin,* Zur Kritik der finalen Handlungslehre, ZStW 74 (1962), 515 (= Grundlagenprobleme, 72) ; *Stratenwerth,* Handlungs- und Erfolgsunwert im Strafrecht, Schw-ZStr 79 (1963), 233; *Arm. Kaufmann,* Das fahrlässige Delikt, ZfRV 1964, 41; *Krauß,* Erfolgsunwert und Handlungsunwert im Unrecht, ZStW 76 (1964), 19; *Krümpelmann,* Die Bagatelldelikte, 1966; *Münzberg,* Verhalten und Erfolg als Grundlagen der Rechtswidrigkeit und Haftung, 1966; *E. J. Lampe,* Das personale Unrecht, 1967; *Arm. Kaufmann,* Die Dogmatik im Alternativ-Entwurf, ZStW 80 (1968), 34; *Krümpelmann,* Stufen der Schuld beim Verbotsirrtum, GA 1968, 129; *Roxin,* Rechtsidee und Rechtsstoff in der Systematik unseres Strafrechts, Radbruch-GS, 1968, 260; *Schmidhäuser,* Vorsatzbegriff und Begriffsjurisprudenz im Strafrecht, 1968; *Jakobs,* Studien zum fahrlässigen Erfolgsdelikt, 1972; *Kienapfel,* Zur gegenwärtigen Situation der Strafrechtsdogmatik in Österreich, JZ 1972, 569; *Nowakowski,* Probleme der Strafrechtsdogmatik, JBl. 1972, 19; *Rudolphi,* Inhalt und Funktion des Handlungsunwertes im Rahmen der personalen Unrechtslehre, Maurach-FS, 1972, 51; *Seiler,* Die Bedeutung des Handlungsunwertes im Verkehrsstrafrecht, Maurach-FS, 1972, 75; *Horn,* Konkrete Gefährdungsdelikte, 1973; *Lüderssen,* Die strafrechtsgestaltende Kraft des Beweisrechts, ZStW 85 (1973), 288; *Schüler-Springorum,* Der natürliche Vorsatz, MSchrKrim 1973, 363; *Zielinski,* Handlungs- und Erfolgsunwert im Unrechtsbegriff, 1973; *Arm. Kaufmann,* Zum Stand der Lehre vom personalen Unrecht, Welzel-FS, 1974, 393; *Schaffstein,* Handlungs-, Erfolgsunwert und Rechtfertigung bei den Fahrlässigkeitsdelikten, Welzel-FS, 1974, 557; *Suarez Montes,* Weiterentwicklung der finalen Unrechtslehre?, Welzel-FS, 1974, 379; *Moos,* Die finale Handlungslehre, in: Strafrechtliche Probleme der Gegenwart, Bd. II, 1975, 5; *Otto,* Personales Unrecht, Schuld und Strafe, ZStW 87 (1975), 539; *Schünemann,* Neue Horizonte der Fahrlässigkeitsdogmatik?, Schaffstein-FS, 1975, 159; *ders.,* Moderne Tendenzen in der Dogmatik der Fahrlässigkeits- und Gefährdungsdelikte, JA 1975, 435, 511, 647, 715, 787; *Stratenwerth,* Zur Relevanz des Erfolgsunwertes im Strafrecht, Schaffstein-FS, 1975, 177; *Volk,* Strafbarkeit der fahrlässigen Körperverletzung im Straßenverkehr, GA 1976, 161; *Schöne,* Unterlassungsbegriff und Fahrlässigkeit, JZ 1977, 150; *Spendel,* Der Gegensatz zwischen rechtlicher und sittlicher Wertung am Beispiel der Notwehr, DRiZ 1978, 327; *Gallas,* Zur Struktur des strafrechtlichen Unrechtsbegriffs, Bockelmann-FS, 1979, 155; *Lüderssen,* Erfolgszurechnung und „Kriminalisierung", Bockelmann-FS, 1979, 181; *Paeffgen,* Der Verrat in irriger Annahme eines illegalen Geheimnisses (§ 97b StGB) und die allgemeine Irrtumslehre, 1979; *Spendel,* Gegen den „Verteidigungswillen" als Notwehrerfordernis, Bockelmann-FS, 1979, 245; *Hruschka,* Der Gegenstand des Rechtswidrigkeitsurteils nach heutigem Strafrecht, GA 1980, 1; *Ebert/Kühl,* Das Unrecht der vorsätzlichen Straftat, Jura 1981, 225; *Jahr,* Die Bedeutung des Erfolges für das Problem der Strafmilde-

411

第3編　構成要件

rung beim Versuch, 1981; *Hirsch,* Der Streit um Handlungs- und Unrechtslehre, insbeson-
dere im Spiegel der ZStW（Teil 1), ZStW 93 (1981), 831; *Hünerfeld,* Zum Stand der deut-
schen Verbrechenslehre aus der Sicht einer gemeinrechtlichen Tradition in Europa, ZStW
93 (1981), 979; *Mylonopoulos,* Über das Verhältnis von Handlungs- und Erfolgsunwert im
Strafrecht, 1981; *Schöneborn,* Zum „Erfolgsunwert" im Lichte der sozialpsychologischen
Attributionstheorie, GA 1981, 70; *Wolter,* Objektive und personale Zurechnung von Ver-
halten, Gefahr und Verletzung in einem funktionalen Straftatsystem, 1981; *Hirsch,* Der
Streit um Handlungs- und Unrechtslehre, insbesondere im Spiegel der ZStW（Teil II),
ZStW 94 (1982), 239; *Engisch,* Einführung in das juristische Denken, ⁸1983; *Kratzsch,* Ver-
haltenssteuerung und Organisation im Strafrecht, 1985; *Jescheck,* Neue Strafrechtsdogma-
tik und Kriminalpolitik, ZStW 98 (1986), 1; *Dencker,* Erfolg und Schuldidee, Arm. Kauf-
mann-GS, 1989, 441; *Dornseifer,* Unrechtsqualifizierung durch den Erfolg – ein Relikt der
Verdachtsstrafe?, Arm. Kaufmann-GS, 1989, 427; *Kratzsch,* Prävention und Unrecht – eine
Replik, GA 1989, 49; *Paeffgen,* Anmerkungen zum Erlaubnistatbestandsirrtum, Arm. Kauf-
mann-GS, 1989, 399; *Degener,* Zu den Bedeutungen des Erfolges im Strafrecht, ZStW 103
(1991), 356; *Rehr-Zimmermann,* Die Struktur des Unrechts in der Gegenwart der Straf-
rechtsdogmatik, 1994; *Sancinetti,* Subjektive Unrechtsbegründung und Rücktritt vom Ver-
such, 1995; *Wolter,* Objektive Zurechnung und modernes Strafrechtssystem, in: Gimber-
nat/Schünemann/Wolter（Hrsg.), Internationale Dogmatik der objektiven Zurechnung
und der Unterlassungsdelikte, 1995, 3; *Eser,* Rechtfertigung und Entschuldigung im japa-
nischen Recht aus deutscher Perspektive, Nishihara-FS, 1998, 41; *ders.,* Verhaltensregeln
und Behandlungsnormen, Lenckner-FS, 1998, 25; *Samson,* Das Verhältnis von Erfolgsun-
wert und Handlungsunwert im Strafrecht, Grünwald-FS, 1999, 585; *Hirsch,* Handlungs-,
Sachverhalts- und Erfolgsunwert, Meurer-GS, 2002, 3; *Sancinetti,* Dogmatik der Straftat
und Strafgesetz, 2003; *Roxin,* Das strafrechtliche Unrecht im Spannungsfeld von Rechts-
güterschutz und individueller Freiheit, ZStW 116, 2004, 929.

　　外国語文献：*Guallart y Viala,* La significación del resultado en los delitos culposos en el
Derecho penal español, ADPCP 32 (1979), 617; *Mazzacuva,* Il disvalore di evento nell' ille-
cito penale, Mailand, 1983; *Mazzacuva,* Disvalore d' azione e disvalore d' evento nella „de-
scrizione" dell' illecito penale, in: Funzioni e limiti del diritto penale, Padova, 1984, 235;
Sancinetti, Teoría del delito y disvalor de la acción, Buenos Aires, 1991; *Sola Reche,* La pe-
ligrosidad de la conducta como fundamento de lo injusto penal, ADPCP 47 (1994), 167.

88　今日では，不法において（特に不法類型としての構成要件においても），行為無価
値と結果無価値に区別することが通例となっている．構成要件的故意と他の主
観的要素が構成要件の構成要素とされる場合には，そうした構成要件は，古典
的な犯罪構造の時代（7章 Rn. 15）のように，法的に否認された事態の惹起を意
味する結果無価値に尽きるものではない．目的性や他の属性，主観的傾向，さ
らに刑罰規定でよく要求される目的を伴った行為者の行為も違法性を構成する．
侵害犯の結果無価値は実現されないが，行為無価値がある場合には，未遂とな

第 10 章　構成要件論

る．逆に，侵害犯の結果無価値はあるが，行為無価値が認められない場合には，違法性を欠き，不可罰となる．確かに，故意犯の行為無価値を欠く場合には，（許されない危険の創出において）過失犯の行為無価値がなお肯定されうる．しかしそれも否定されれば不可罰となる．今日の見解に基づけば，構成要件の充足には例外なく行為無価値と結果無価値が要件とされる．確かに，行為無価値は，具体的な事案で求められる形式ごとに，故意，過失，行為傾向，行為性質の間で異なった性質を持つ．また結果無価値も，既遂犯と未遂犯の場合で，侵害と危険の場合で，異なって形作られる．しかし不法は常に，両者とのつながりにおいて存在する．住居侵入罪（123条）のような，いわゆる単純行為犯（Rn. 103以下参照）でも，結果が行為と分離しえない場合でも，外部的結果は存在するのである．

89　行為無価値論は特に目的主義によって促進された．その構想に基づけば，結果に向けられた目的性はすでに行為の構成要素なので，目的性は必然的に構成要件と不法にとっても中心的な意味を持つこととなる．行為無価値を取り入れる今日の支配的見解は，「人的不法」論と呼ばれる．さらに，このような概念は目的的行為論によって形作られ，原型的な定式は *Welzel* によって獲得された[132]．「不法は，行為者の人格から内容的に切り離された結果の惹起（法益侵害）に尽きるものではなく，行為は特定の行為者の仕業としてのみ違法である」．すなわち，行為者が客観的行為にどのような目標設定を目的的行為的に与えたのか，どのような考えから故意者は客観的行為を始めたのか，どのような義務に反したのか，そのすべてが，ありうる法益侵害行為と並んで，行為の不法を決定する重要な役割を果たすのである．違法とは常に特定の行為者に関係する行為の否認である．不法とは，行為者に関係する「人的な」行為不法である．このような理解は，目的的行為論の是認には依存しないため，広く浸透した．こうした理解は，故意と主観的構成要件要素が構成要件に帰属すること自体から生じる．そしてそれは，行為論における他の根拠（Rn. 67, 70 参照）にも依拠するものである．

90　構成要件に該当する違法な行為が人的不法と解釈されるか，純粋な法益侵害と解釈されるかという問題は，本質的には目的的行為論よりも古いものであり，

---

(132)　最終的なものとして，StrafR[11], 62.

413

第3編 構成要件

当初から現代的刑法体系の取り組みに伴っているものである．その問題は元々は不法と責任を区別する観点の下で検討されたものであった．なぜなら，人的不法要素の是認に伴って，（人的基準として最たるものである）責任は必然的に不法の構成要素となると信じられていたし，他方で反対に，両カテゴリーを区別することを支持する者は，そのような区別は不法を結果無価値に制限することによってのみ遂行させることができると考えていた．このような対立の中心は，刑法規範はどのような内容を持っているのか，刑法規範は誰に向けられているのか，という問題にある．いわゆる規範論理に関する問題は，いくらか変化した形式で，構成要件における行為と結果の意味をめぐる現代の議論においても重要な役割を果たすので，その発展を理解するために，少しその理論史を振り返る必要がある[133]．

91　議論は *Adolf Merkel* に始まる．*Merkel* は不法を，法の侵害および法の精神力に対する反抗としての法の侵害と定義した[134]．このような「精神力」としての法に対する違反は，人の責任能力を前提とするので，Merkel の理論に従えば，刑罰規定は元より責任能力者にだけ向けられていることとなる．不法は責任ある者だけがなしうる．不法と責任は分離されない．*Jhering*[135]は，――確かに民法に限定してのものであるが――違法性の客観的概念を対置した（例えば，他人の物の善意の占有の場合）．すなわち，*Jhering* は，「責任なき不法」を肯定することによって，刑法においても両カテゴリーの分離を主張する者の先駆けとなった（*Jhering* 自身は刑法では未だ不法と責任の単一性に固執していた）．次の段階には，*Thon* による「命令説（Imperativentheorie）」[136]が必要とされた．*Thon* にとって，全体の法は「命令の複合体以外の何ものでもない」．*Thon* の見解に従えば，その禁令は責任無能力者にも向けられる（なぜなら，そうした者による行為も法的効果を惹き起こすからである）．そのため，*Thon* は，*Jhering* のように，責任なき不法を肯定した．しかししばらくして，こうした客観的不法論は，*Hold v. Ferneck*[137]が *Merkel* の試みと禁令説を結び合わせて，その主張を，

---

(133)　適切にまとめられたものとして，*Mezger*, GerS 89（1924），205; *Lampe*, 1967, 13 ff.; *Zielinski*, 1973, 17 ff.

(134)　*Merkel*, Kriminalistische Abhandlungen, Bd. I, 1867.

(135)　*Jhering*, Das Schuldmoment im römischen Privatrecht, 1867.

(136)　その発展について *Thon* の著作では，„Rechtsnorm und subjektives Recht" 1878.

第 10 章　構成要件論

法の命令は責任能力のある者にだけ向けられうるという，新たなものにしたとき，再び揺さぶられることとなった．責任能力が動機による通常の決定可能性において存在する場合，命令は，動機によって決定できない者，命令に従うことができない者に向けられることはできないとされる．その結果，*Hold* によって，再び不法と責任は完全に一致することになった[138]．

92　*Nagler* や *Goldschmidt*, *Mezger* の力によって，数十年を経てようやく，客観的違法論が浸透するに至った．*Nagler*[139] は命令説と戦い，第 1 に，法を，その秩序づけ機能から，客観的社会的生活秩序，人の共同生活の外的規制として理解し，それらの攪乱が違法性判断を惹起するとした．その結果，*Nagler* は，すべての主観を度外視し，自然事象すら違法な状態を惹起するものと認めた．*Goldschmidt*[140] は再び命令説を擁護したが，しかし彼はその基礎の上に，不法を「法規範」の違反とし，これに対し責任をそこから独立した「義務規範」の侵害とすることで，不法と責任を厳格に区別した．「法規範は結果を禁止もしくは命令することで客観的不法を基礎づける一方，いわゆる義務規範は合法的動機づけを命令することで責任を基礎づける」[141]．*Mezger* は最終的に[142]，不法を名宛人なき客観的な評価規範と考え，そこから，責任を基礎づけるものとして，法に従う個々の者に向けられた主観的決定規範を導いた．

93　こうした見解のすべては，それらの見解が不法と責任の分離を主題としている限りでは時代遅れのものとなっている．すなわち今日ではそれが確固としたものとされ，立法者によって是認されているのである．しかし，それらの見解が行為者関係的な不法の問題に取り組むものである限り，時代遅れのものではない．その問題は人的不法論によって再び受け入れられ，現在でも小さくはなっていない．今日の支配的見解は，*Mezger* の主張とは異なり，不法を基礎づける規範を，命令と考える．すなわち，人の意思に向けられ，個々人に当該の者がなすべきこと，やめるべきことを示す，**決定規範**と考える．しかしそれ

---

(137)　*Hold v. Ferneck*, Die Rechtswidrigkeit, Bd. I, 1903; Bd. II, 1905.

(138)　*Kohlrausch*, 1903 も，適切な名宛人は責任能力者のみと考えた．*Graf zu Dohna*, 1905 は，行為者の主観的目的が客観的不法の決定において重要であるとした．

(139)　*Nagler*, Binding-FS, Bd. II, 1911, 273 ff.

(140)　*Goldschmidt*, ÖstZStr 1913, 129 ff., 224 ff.

(141)　*Zielinski*, 1973, 22 は *Goldschmidt* の見解をそのようにまとめる．

(142)　*Mezger* の論考である GerS 89 (1924), 207 による．さらに，StrafR, ³1949, 162 ff.

415

第3編　構成要件

にもかかわらず，支配的見解は，かつての主観的違法論とは異なって，不法と責任を分離する．厳密にいえば，つまり，決定規範が責任能力者にも責任無能力者（子供，少年，精神病者）にも同じように向けられること，また，個人が認識せず，客観的に認識可能でありさえすればよいこと（その結果，禁止の錯誤は不法の問題ではなく責任の問題となる）を是認することによって分離するのである．こうした見解はその正当化を，責任無能力者も通常，法規範によって動機づけられること（例えば，子供にも継続して指示を与えれば，たいていそれに従う），また，その違反は責任無能力者の場合，確かに処罰を導くことはできないが，しかし他の刑法的に重要な効果（保安処分を課すこと，被侵害者の正当防衛権）を導きうることに見出す．それと並んで，今日の有力な見解では，違法な構成要件の充足はあるべからざるものとして法によって否認されているとすることで，不法の基礎に**評価規範**も置く[143]．それに従えば，決定規範の違反は行為無価値を基礎づけ，それに尽きるのに対して，評価規範はそれに加えて結果をも包含する．その結果，既遂犯は単なる未遂犯よりも重い不法として現れる．

94　これに対して，これまでの結果を志向する理論とは真逆に，一元的な主観的観点[144]によって刑法上の不法を，またそれとともに構成要件を，もっぱら行為無価値によって基礎づけようとする見解がある．そしてそれは，結果無価値について，不法を基礎づけるものとしての独立した意味を否定する．それは特に二つの根拠でもって基礎づけられる．第1に，禁止の対象は結果ではなく行為のみでしかありえないとする．法秩序が例えば殺人を禁止しようとする場合，

---

(143)　これに関し本質的には同様の説明として，*Blei*, AT[18], § 30 II; *Bockelmann/Volk*, AT[4], § 9 III; *Engisch* [8]1983, 27 f.; *Gallas*, Bockelmann-FS, 1979, 158; LK[11]-*Jescheck*, vor § 13 Rn. 43; *Jescheck/Weigend*, AT[5], § 24 II; *Sch/Sch/Lenckner*[26], vor § 13 Rn. 49. Kratsch, 1985, 186, 389 は，不法が，阻止されるべき「不良な状態」と示され，この状態に関係する要素全体が不法判断に含められる場合には，評価規範の機能が再び中心に置かれるとする．

(144)　鋭い視点に基づく主要な業績として，*Zielinski*, Handlungs- und Erfolgsunwert im Unrechtsbegriff, 1973. さらに，*Dernseifer*, Arm. Kaufmann-GS, 1989, 427 ff.; MK-*Freund*, vor §§ 13 ff. Rn. 299 ff.; *Horn*, 1973, 78 ff.; *Arm. Kaufmann*, Welzel-FS, 1974, 410 f.; *Lüderssen*, ZStW 85 (1973), 292; *ders.*, Bockelmann-FS, 1979, 186 ff., *Sancinetti*, 1995. *Jakobs* による不法論の批判的分析として，*ders.*, 2003. これについて，*Roxin*, ZStW 116 (2004), 937 ff.; *daselbst* 940 ff. *Jakobs* による不法論の分析である．一元的な主観的観点に関する批判的な総合評価として，*Mylonopoulos*, 1981.

第 10 章　構成要件論

法秩序は，（故意の場合には）殺人に向けられた，あるいは（過失の場合には）人の生命を危険にする行動を禁止することによってしかそれをできない．結果は禁止には含まれず，そのため構成要件と不法にも含まれない．第 2 に，結果の発生ないし不発生はおよそ偶然性に依拠する．例えば，ある二人が殺害目的をもって第三者に発砲したところ，一発の弾丸が命中しそれは致命的なものであったが，もう一つの弾丸は被害者にあたらなかった場合，しかしこの理論に基づけば両者は同様の不法を実現し，同様の責任を負うこととなる．

95　こうした見解が徹底されれば，刑事政策的にはそうした不法理解は深刻な結果となることが避けられない．（23 条に反して）既遂行為と未遂行為（あるいは少なくとも，正犯者が行為を完了した場合の終了未遂）は，処罰において同様に扱われることになるであろう．また，過失犯においてはその可罰性は結果の発生に依存せずに，単に注意義務違反に結びつけられることになるであろう（それらが具体的な法益侵害に向かわない場合でも）．もちろん，その理論の主張者は，現行法が故意の場合でも過失の場合でも可罰性にとって結果の発生に本質的意味を認めていないとするわけではない．なぜなら，要罰性は，法益侵害の存在に幾重にも従属しているからである．しかし，立法者が要罰性にとって重要と判断した要素は，いずれにせよ構成要件と不法には含まれないこととなる．それらは客観的処罰条件ないし訴追条件と評価されることとなる．

96　しかし，そのように不法から結果を締め出すことには異議を唱えなければならない[145]．結果ではなく行為のみが禁止されうるという考えは，結果が人の行為から独立したものではなく，偶然的・予測不可能な効果だけを禁止しない，という限りにおいては正しい．自然事象や回避できない偶然性を禁止しようとすることは無意味である．すなわち，刑法において不法は，行為無価値なくしてはありえない．しかし，可罰的行為によって計画通りに実現されたものとし

---

(145)　同様に否定的なものとして，MK-*Duttge*, § 15 Rn. 92 f.; *Gallas*, Bockelmann-FS, 1979, 155 ff.; *Jakobs*, 1972, 120 ff.; *ders.*, AT², 6/75 f.; *Mylonopoulos*, 1981; *Paeffgen*, 1979, 103 ff.; *Schünemann*, Schaffstein-FS, 1975, 159 ff.; *Stratenwerth*, Schaffstein-FS, 1975, 177 ff.; *Wolter*, 1981, 24 ff. コメンタールや基本書も例外なくその見解を否定する．Vgl. nur *Jakobs*, AT², 6/69 ff.; LK¹¹-*Jescheck*, vor § 13 Rn. 44; *Jescheck/Weigend*, AT⁵, § 24 III 2; *Lackner/Kühl*²⁵, vor § 13 Rn. 21; NK-*Puppe*, vor § 13 Rn. 17 f.; *Sch/Sch/Lenckner*²⁶, vor § 13 Rn. 59.

417

第3編 構成要件

ての結果、あるいは、注意義務違反からの相当の帰結としての結果は禁止されるに十分である.

97 AがBに計画的に発砲し弾丸が頭部を貫通した場合、必然的に死亡結果は、殺人行為の構成要素と考えられるとともに、殺人の禁止の対象と考えられることとなる. Aが命中し損ねたならば、それは殺人行為ではなく、単なる殺人未遂行為である. 殺人行為は行為無価値と結果無価値から構成されている. その際、両者は、帰属論によって詳細に示される関係にあることとなる. 構成要件的行為は、内部的・外部的要素として、不法の基礎にある決定規範および評価規範の客体である[146]. もちろん立法者は殺人未遂を同じように禁止の対象とすることができる. しかし、殺人未遂は構成要件に該当する殺人行為とは別の不法を実現し、それゆえ立法者も、その可罰性を異なるものとして決めることができるし、それを軽く処罰することもできる. 構成要件的結果を欠き、結果として「何も起きなかった」場合には、法の平穏の攪乱は本質的に少ない.

98 結果の発生が偶然に依拠するからとして、不法が行為者の意思（もしくは、許されない危険の創出）によってのみ根拠づけられる、ということを是認することは適切ではない. むしろそもそも、（これに関する詳細は、11章、12章）具体的法益侵害が行為者の仕業として現れる結果だけが帰属されるのである. まさに、行為に「帰属」されない結果（つまり偶然の結果惹起）を排除することに、帰属論の目的は存在するのである. すなわち、結果が帰属されて、結果に行為無価値が明確に表れる限りにおいて、結果は決して偶然ではなく、まさに不法の必要不可欠な中核である[147]. 住居の平穏が客観的に侵害されるという外界の結

（146） 極端な主観的不法論に反対する多くの論者は、外見上、行為無価値を決定規範の対象と考え、評価規範のみを広範囲に結果無価値まで及ぼすが、私の理解は異なる. 行為と結果を分離する必要性を指示するものとして特に、*Gallas*, Bockelmann-FS, 1979, 155 ff.; 適切にもこれに反対するものとして、*Hirsch*, ZStW 94 (1982), 247 ff. 行為無価値と結果無価値の分離可能性に反対するものとして、*Rehr-Zimmermann*, 1994, 94;「結果無価値は行為を構成する法益侵害と考えざるをえないが、それは行為無価値から独立してはいないその構成要素である」. *Samson*, Grünwald-FS, 1999 は、「結果不法に行為不法を基礎づける決定的な機能」を与え（587）、惹起された侵害結果は、行為者によってなされた禁止行為が法益保護の原理から「強制的に禁じられることになる」ことを裏づけるとする. それに対して、*Wolter* 1995, 9 ff. は、「行為無価値と結果無価値、行為規範と評価規範は明確に分離されるべき」とする. しかし *Wolter* は「広範囲に及ぶ法的評価の統一性」であるとも表現する.

果のない住居侵入行為がまずないのであれば，帰属可能な殺人結果のない殺人行為もない．すなわち，行為と帰属可能な結果との間の時間的場所的離隔は，帰属を介した行為と結果との統一性に係わらない[148]．例えば，計画が予測できない事態に終わった場合には，偶然的に発生した結果は決して構成要件に該当しないので，結果の発生はありえず，せいぜい偶然に結果が生じなかったということである．多くの事例では，結果が生じなかったことは決して偶然ではなく，行為者の犯罪エネルギーが少なかったことに原因がある．しかし，他の場合では異なって，未遂犯では，事象における法的動揺の結果が少ないために，そこに表れる客観的可罰性の内容が少ないということがある．

99 行為と結果の分離と，不法からの結果の排除は，その現象形態において刑法上の不法が外的結果なくしては存在しえないことから，不可能である．未遂犯も結果（実行の着手）を要件とする（さもなければ，それは未遂行為ではなく，せいぜい予備行為である）．そして未遂の結果は，例えば，行為が予測しない事情の結果として予備段階にとどまった場合の最終結果のように，偶然に生じなかった場合でも足りる．しかし，偶然に未遂段階に到達しなかったということへの懸念なしに直ちに，（未遂の）中間的結果の発生が不法の要件とされるならば，なぜ（既遂の）最終結果の場合には異なることとなるのか理解できない[149]．後者の帰結について，すべての外的「結果」を度外視し，主観的志向無価値のみに基づいて不法を根拠づけようとする見解は，不能未遂の限界事例を不法の典型にしなければならないであろう．しかも，不能未遂自体も（迷信的な場合とは異なり）刑法的に意味のある「結果」を示すため，規範に反する行為の決定に刑法上の不法が見られることとなる．しかしそれは心情刑法という結果になるで

---

(147) Zust. MK-*Duttge*, § 15 Rn. 93.

(148) *Hirsch*, ZStW 94 (1982), 247 も同様に，適切にも，故意犯の場合には意思に把握された結果を行為の構成要素と理解することの必然性を出発点とする．しかし Hirsch は，目的的行為論者として「意思」を過度に強調する立場から，過失犯における結果は「行為に属さず，それゆえ直接的には行為無価値にも」属さないとする (S. 251)．それにもかかわらず *Hirsch* は，結果としては適切にも，ここでいう結果を「行為不法の特別な危険の実現」として構成要件に帰属させようとする．*Hirsch* はその見解を，Maurer-GS, 2002, 3 においてもう一度詳しく基礎づけた．

(149) これについては特に，vgl. *Paeffgen*, 1979, 103-131; *ders.*, Arm. Kaufmann-GS, 1989, 413 ff.

第3編　構成要件

あろう．

100　特に，構成要件を支配する刑事政策的価値基準にしたがっても，構成要件から結果無価値を取り去ることは間違いである．なぜなら，本書で問題とされる（7章 Rn. 61）抽象的な処罰の必要性判断は，結果が発生したか発生しなかったかによって本質的に影響を受けるからである．軽率さが結果を生じさせなかったか，それとも重大な事故を惹き起こしたかは，もちろん行為者の責任には係わらない．しかし，構成要件の解釈に際してすでに考慮される（7章 Rn. 62）予防的処罰の必要性は，本質的に結果に依存する．「何も起きなかった」場合には，多くの事例において法の平穏の攪乱を欠くか，刑法的反応を放棄できるほどにそれが少ない．道路交通や公共危険犯（306条以下）の範囲における場合のように，特別な危険な生活領域に限っては，それとは異なるため，予防の必要性の程度にしたがって抽象的危険犯か具体的危険犯かを考慮する大量の危険犯が見いだされることとなる．それらの違いをすべて捨象するのは間違った構成要件理解である．

101　故意と並んで主観的構成要件要素も行為無価値に含めることに争いはない．争いがあるのは，多くの構成要件で要求されているその犯行の仕方（例えば，244条1項3号にいう，武器の使用ないし陰険な奇襲〔hinterlistiger Überfall〕），そして客観的・正犯的要素（例えば，331条以下にいう，公務担当者の身分）が行為無価値に属するかどうかである[150]．本書の立場では，結果が主観的・客観的な意味の統一性として行為無価値に包括され，行為無価値のそうした概念が，行為を構成する客観的構成要件的要素（例えば，行為者の公務担当者の身分なしに331条以下にいう職務行為は存在しない）をも必然的にそれ自体に含む限りにおいて，それは問題ない．これに対して，故意犯の行為無価値を純粋な主観的志向無価値と理解する場合には，犯行や正犯性に関係する客観的要素は，必然的に行為無価値に含まれないこととなる．こうした要素を結果無価値に含めるか，独立した第三の「無価値」カテゴリーに含めるかは，定義の問題である．

---

(150)　これについて詳細は，vgl. *Gallas*, Bockelmann-FS, 1979, 155 ff.

420

第 10 章　構成要件論

H．構成要件の種類

以下では，危険犯に関する文献紹介をしていない．それらは，11 章にある「危険犯」の項のそれ自体の文献目録で掲げられるからである（11 章 Rn. 146 の前）．

文献：Literatur: *Kollmann,* Die Lehre vom versari in re illicita im Rahmen des Corpus iuris canonici, ZStW 35（1914）, 46; *Engelsing,* Eigenhändige Delikte, Str.Abh. 212, 1926; *E. Wolf,* Die Typen der Tatbestandsmäßigkeit, 1931; *Nagler,* Das Verhältnis des eigenständigen Verbrechens zur Verbrechensqualifikation, ZAkDR 1940, 365; *Maurach,* Die Behandlung der unselbständigen tatbestandlichen Abwandlungen und der eigenständigen Verbrechen de lege ferenda, Mat-StrRef. I, 1954, 249; *Oehler,* Das erfolgsqualifizierte Delikt und die Teilnahme an ihm, GA 1954, 33; *Schröder,* Gesetzliche und richterliche Strafzumessung, Mezger-FS, 1954, 415; *Ziege,* Die Bedeutung des § 56 StGB für Anstiftung und Beihilfe, NJW 1954, 179; *Schneider,* Zur Anwendung des § 56 StGB, JZ 1956, 750; *Schröder,* Konkurrenzprobleme bei den erfolgsqualifizierten Delikten, NJW 1956, 1737; *Oehler,* Das erfolgsqualifizierte Delikt als Gefährdungsdelikt, ZStW 69（1957）, 503; *Baumann,* Kritische Gedanken zur Beseitigung der erfolgsqualifizierten Delikte, ZStW 70 （1958）, 227; *Jescheck,* Erfolgsdelikte, NiedStrKomm. 2, 1958, 246; *Schröder,* Eigenhändige und Sonderdelikte bei Fahrlässigkeitstatbeständen, v. Weber-FS, 1963, 233; *Seebald,* Teilnahme am erfolgsqualifizierten und am fahrlässigen Delikt, GA 1964, 161; *Dreher,* Die erschwerenden Umstände im Strafrecht, ZStW 77（1965）, 220; *Hardwig,* Betrachtungen zum erfolgsqualifizierten Delikt, GA 1965, 97; *Fuchs,* Erfolgsqualifiziertes Delikt und fahrlässig herbeigeführter Todeserfolg, NJW 1966, 868; *Ulsenheimer,* Zur Problematik des Versuchs erfolgsqualifizierter Delikte, GA 1966, 257; *Widmann,* Zur Bestrafung wegen vorsätzlicher oder fahrlässiger Tötung bei gleichzeitigem Vorliegen eines sogenannten erfolgsqualifizierten Delikts, MDR 1966, 554; *Hruschka,* Konkurrenzfragen bei den sog. erfolgsqualifizierten Delikten, GA 1967, 42; *Müller-Dietz,* Grenzen des Schuldgedankens im Strafrecht, 1967; *Hruschka,* Die Dogmatik der Dauerstraftaten und das Problem der Tatbeendigung, GA 1968, 193; *Moos,* Der Verbrechensbegriff in Österreich im 18. und 19. Jahrhundert, 1968; *Schröder,* Die Unternehmensdelikte, Kern-FS, 1968, 457; *Furtner,* Der „schwere“, „besonders schwere“ und „minderschwere“ Fall im Strafrecht, JR 1969, 11; *Tiedemann,* Tatbestandsfunktionen im Nebenstrafrecht, 1969; *Wahle,* Zur strafrechtlichen Problematik „besonders schwerer Fälle“, erläutert am Beispiel der Verkehrsunfallflucht, GA 1969, 161; *Herzberg,* Eigenhändige Delikte, ZStW 82（1970）, 896; *Krey /Schneider,* Die eigentliche Vorsatz-Fahrlässigkeits-Kombination nach geltendem und künftigem Recht, NJW 1970, 640; *Burkhardt,* Das Unternehmensdelikt und seine Grenzen, JZ 1971, 352; *Arzt,* Die Neufassung der Diebstahlsbestimmungen, JuS 1972, 385, 515, 576; *Blei,* Die Regelbeispieltechnik der schweren Fälle in §§ 243, 244 n. F. StGB, Heinitz-FS, 1972, 419; *Hirsch,* Zur Problematik des erfolgsqualifizierten Delikts, GA 1972, 65; *Langer,* Das Son-

421

第3編　構 成 要 件

derverbrechen, 1972; *Wessels*, Zur Problematik der Regelbeispiele für „schwere" und „besonders schwere Fälle", Maurach-FS, 1972, 295; *Haffke*, Delictum sui generis und Begriffsjurisprudenz, JuS 1973, 402; *Maiwald*, Bestimmtheitsgebot, tatbestandliche Typisierung und die Technik der Regelbeispiele, Gallas-FS, 1973, 137; *Schubarth*, Das Problem der erfolgsqualifizierten Delikte, ZStW 85 (1973), 754; *Geilen*, Unmittelbarkeit und Erfolgsqualifizierung, Welzel-FS, 1974, 655; *V. Hassemer*, Delictum sui generis, 1974; *Maiwald*, Der Begriff der Leichtfertigkeit als Merkmal erfolgsqualifizierter Delikte, GA 1974, 257; *Calliess*, Die Rechtsnatur der „besonders schweren Fälle" und Regelbeispiele im Strafrecht, JZ 1975, 112; *Fincke*, Das Verhältnis des Allgemeinen zum Besonderen Teil des Strafrechts, 1975; *Roeder*, Der Unbegriff des „extranen" Täters und der „eigenhändigen" Delikte, JBl 1975, 561; *Backmann*,Gefahr als „besondere Folge der Tat" i. S. d. erfolgsqualifizierten Delikte?, MDR 1976, 969; *Gössel*, Dogmatische Überlegungen zur Teilnahme am erfolgsqualifizierten Delikt nach § 18 StGB, Lange-FS, 1976, 219; *Arth. Kaufmann*, Das Schuldprinzip, [2]1976; *Küper*, Gefährdung als Erfolgsqualifikation?, NJW 1976, 543; *Meyer-Gerhards*, Subjektive Gefahrmomente, „Schuldform" der Regelbeispiele und Begriff der „besonderen Folge" (§ 18 StGB), JuS 1976, 228; *Tenckhoff* Die leichtfertige Herbeiführung qualifizierter Tatfolgen, ZStW 88 (1976), 897; *Bindokat*, Versari in re illicita und Erfolgszurechnung, JZ 1977, 549; *Rehberg*, Fremdhändige Täterschaft bei Verkehrsdelikten?, Schultz-FS, 1977, 72; *Auerbach*, Die eigenhändigen Delikte unter besonderer Berücksichtigung der Sexualdelikte des 4. StRG, 1978; *Cortes Rosa*, Teilnahme am unechten Sonderverbrechen, ZStW 90 (1978), 413; *Haft*, Eigenhändige Delikte, JA 1979, 651; *Lüdeking-Kupzok*, Der erfolgsqualifizierte Versuch, ungedr. Diss. Göttingen, 1979; *Schall*, Auslegungsfragen des § 179 StGB und das Problem der eigenhändigen Delikte, JuS 1979, 104; *Ulsenheimer*, Zur Problematik des Rücktritts vom Versuch erfolgsqualifizierter Delikte, Bockelmann-FS, 1979, 405; *Lorenzen*, Zur Rechtsnatur und verfassungsrechtlichen Problematik der erfolgsqualifizierten Delikte, 1981; *Wolter*, Zur Struktur der erfolgsqualifizierten Delikte, JuS 1981, 168; *Küpper*, Der unmittelbare Zusammenhang zwischen Grunddelikt und schwerer Folge beim erfolgsqualifizierten Delikt, 1982; *Timpe*, Strafmilderungen des Allgemeinen Teils des StGB und das Doppelverwertungsverbot, 1983; *Diez Ripolles*, Die durch eine fahrlässig herbeigeführte schwere Tatfolge qualifizierten Delikte und das Schuldprinzip, ZStW 96 (1984), 1059; *Maiwald*, Zurechnungsprobleme im Rahmen erfolgsqualifizierter Delikte, JuS 1984, 439; *ders.*, Zur Problematik der „besonders schweren Fälle" usw., NStZ 1984, 433; *Wolter*, Der „unmittelbare" Zusammenhang zwischen Grunddelikt und schwerer Folge beim erfolgsqualifizierten Delikt, GA 1984, 443; *Burgstaller*, Erfolgsqualifizierung bei nachträglichem Fehlverhalten usw., Jescheck-FS, 1985, 357; *Hirsch*, Der „unmittelbare" Zusammenhang zwischen Tatbestand und schwerer Folge usw., Oehler-FS, 1985, 111; *Jescheck* (Hrsg.), Vorverlegung des Strafrechtsschutzes durch Gefährdungs- und Unternehmensdelikte, ZStW-Beiheft Göttingen, 1986; *Rengier*, Erfolgsqualifizierte Delikte und verwandte Erscheinungsformen, 1986; *ders.*, Opferund Drittverhalten als zurechnungsausschließende Faktoren bei § 226 StGB, Jura 1986, 143; *Montenbruck*, Zur Aufgabe der besonders schweren Fälle, NStZ 1987, 311; *Wessels*, Die

422

第 10 章　構成要件論

Indizwirkung der Regelbeispiele für besonders schwere Fälle einer Straftat, Lackner-FS, 1987, 423; *Paeffgen*, Die erfolgsqualifizierten Delikte – eine in die allgemeine Unrechtslehre integrierbare Deliktsgruppe?, JZ 1989, 220; *Lund*, Mehraktige Delikte, 1993; *Pütz*, Strafrecht BT: Die Unmittelbarkeitsbeziehung zwischen Körperverletzung und Todesfolge – § 226 StGB, JA 1993, 285; *Hobe*, Objektive Zurechnung, Fahrlässigkeit und Unrechtsschwere bei den erfolgsqualifizierten Delikten, Max Busch-GS, 1995, 253; *Sowada*, Die erfolgsqualifizierten Delikte im Spannungsfeld zwischen AT und BT, Jura 1995, 644; *Altenhain*, Der Zusammenhang zwischen Grunddelikt und schwerer Folge bei den erfolgsqualifizierten Delikten, GA 1996, 19; *Calliess*, Der Rechtscharakter der Regelbeispiele im Strafrecht, NJW 1998, 929; *Bussmann*, Zur Dogmatik erfolgsqualifizierter Delikte nach dem Sechsten Strafrechtsreformgesetz, GA 1999, 21; *Gössel*, Über die sog. Regelbeispielstechnik und die Abgrenzung zwischen Straftat und Strafzumessung, Hirsch-FS, 1999, 183; *Küpper*, Zur Entwicklung der erfolgsqualifizierten Delikte, ZStW 111 (1999), 785; *ders.*, Unmittelbarkeit und Letalität, Hirsch-FS, 1999, 615; *Zieschang*, Besondere Fälle und Regelbeispiele – ein legitimes Gesetzgebungskonzept?, Jura 1999, 561; *Kudlich*, Die Teilnahme am erfolgsqualifizierten Delikt, JA 2000, 511; *Kühl*, Erfolgsqualifizierte Delikte in der Rspr. des BGH, BGH-FS, 2000, 237; *Wolters*, Das Unternehmensdelikt, 2001 (dazu *Zieschang*, ZStW 115 [2003], 395）; *Ambos*, Präterintentionalität und Erfolgsqualifikation, GA 2002, 455; *Kühl*, Das erfolgsqualifizierte Delikt（Teil I）: Das vollendete erfolgsqualifizierte Delikt, Jura 2002, 810;（Teil II）: Versuch des erfolgsqualifizierten Delikts und Rücktritt, Jura 2003, 19; *Schroeder*, Verborgene Probleme der erfolgsqualifizierten Delikte, Lüderssen-FS, 2002, 599; *B. Heinrich*, Handlung und Erfolg bei Distanzdelikten, U. Weber-FS, 2004, 91.

　外国語文献：*Canestrari*, L' illecito penale preterintenzionale, Padova, 1989; *Stile*（Hrsg.）, Responsabilitá oggetiva e giudizio di colpevolezza, Neapel, 1989; *Bondi*, I reati aggravati dall' evento tra ieri e domani, Neapel, 1999; *Preziosi*, La fattispecie qualificata, Mailand, 2000.

第 1 節　結果犯と挙動犯

102　結果が行為とは場所的時間的に離れて侵害結果や危険結果として存在する構成要件が，**結果犯**と理解される．例えば故殺が結果犯である．すなわち，行為（例えばリボルバーの引き金を引くこと）と結果（被害者の死亡）との間に時間的場所的な離隔がある．しかし，財産損害が欺罔の後に生じる詐欺（263 条）も結果犯である．認知が，行為とは対向的に独立し，しかし構成要件の充足にとって必要的な事象とされる，侮辱（185 条）や公の嫌悪感の惹起（183 条 a）も結果犯である．

103　これに対して，**単純行為犯**（挙動犯）は，構成要件の充足が最終の行為と一

第3編　構成要件

致し，最終の行為から分離可能な結果が発生しない構成要件のことである．侵入によって構成要件が充足される住居侵入罪（123条）の場合，虚偽宣誓を越えた結果が要求されない偽証罪（154条）の場合，さらに，無価値が行為自体に備わり，可罰性のためにさらなる結果が要求されない性的行為（173条，174条，176条）の場合がある．この区別の実際上の意義は特に次の点にある．すなわち，作為犯の場合に帰属と客観的構成要件にとって重要な意味を持つ因果関係論（11章 Rn. 4 以下参照）が，結果犯においてのみ重要であるという点にある．単純行為犯の場合には既遂の認定のために行為者の行為の存在だけが確かめられればよい．つまりその場合，終了未遂（行為者が結果惹起のために必要なことをすべて行ったとき）が犯罪の既遂と一致することとなる．

104　もちろんその区別は上述の意味においてのみ必要とされる．さもなければ誤解の誘因となる．すなわち，一方では，すべての犯罪は結果を有する．単純行為犯の場合，結果は，構成要件の充足として現れる（Rn. 88 参照）行為者の行為自体に存在する．他方，結果犯でも，帰属論の意味においては必然的に，結果は構成要件的行為に含まれると考えられることとなる（Rn. 96 以下参照）．そのため，行為と結果の分離は限定された意味しか持たない．加えて，すべての構成要件が一義的に結果犯と挙動犯に分類されるわけではなく，事案ごとに区別されなければならない，ということを明確にしておく必要がある．傷害罪（223条）は，平手打ちをするような場合は単純行為犯であるが，しかし投石により結果を生じさせる場合には結果犯である．

第2節　継続犯と状態犯

105　**継続犯**は，犯罪が構成要件の実現によって終了するのではなく，行為者によって創出された違法な状態が存在し続ける場合のように，行為者の継続的犯罪意思によって長く維持される犯罪のことである．例えば住居侵入罪（123条）が継続犯である．すなわち，行為者の侵入によって既遂行為は存在するが，しかし行為者が保護された領域にとどまる限り既遂行為は継続する．同じことは自由の剥奪（239条）にもあてはまり，被害者を解放するまで自由の剥奪は現在し続ける．また，交通における酩酊（316条）も，走行の開始によってすでに既遂犯として可罰的であるが，それにもかかわらず酩酊運転が継続する限り終了しない．違法状態の継続によって特定の結果が常に新たに実現されている場合には，継続犯は結果犯でもありうる．例えば，BGH 22, 67 (71) では，315条c第1項1号aにいう道路交通の危険は，運転能力のない状態での運転によって

第10章　構成要件論

構成要件に該当する危険結果が常に繰り返される場合，継続犯とされる．

106 これに対して，**状態犯**とは，特定の状態（通常，結果犯の意味における結果）の惹起によって終了し，行為者によってそれを継続させることはできず，継続させる必要もない犯罪のことをいう．古典的な例としては，殺人罪（211条以下），さらに傷害罪（223条以下）や器物損壊罪（303条）もそうである．状態犯には必然的に，重婚（172条）や身分詐称（169条）のような構成要件も含まれる．ここで行為者は，その行為によって創出した状態をさらに利用するにもかかわらず，そこでは，継続的に繰り返される重婚としての婚姻はなく，多くの事案において身分詐称の既遂が繰り返されることもない．

107 この区別は，第1に，正犯と共犯に対して，そして，複数の可罰的行為に関する罪数論に対して実際的な重要性を持つ．例えば，ある者が自由の剥奪に事後的に関与した場合のように，継続犯の場合には既遂後であってもその継続中は共同正犯（25条）および幇助（27条）が未だ可能である．これに対して，状態犯の場合には，既遂後は通常，関連犯罪としての犯人庇護（257条）や刑の免脱（258条）が考慮されるにすぎない．加えて，例えば，住居侵入ないし自由の剥奪の行為者が傷害ないし殺人を行った場合のように，継続犯と状態犯が時間的に重なった場合に，複数の可罰的行為の罪数論に関して特別な問題も生じる（競合論に関し詳細は，*Roxin*, AT/2, 33章参照）．

第3節　結果的加重犯

1　規定と法政策的評価

108 結果的加重犯は，さらなる重い結果を惹き起こした故意の犯罪行為について，特別な刑の範囲を想定するものである．古典的な例として227条1項が挙げられる．「行為者が傷害（第223条から第226条）により被害者を死亡させたときは，刑は3年以上の自由刑とする」．18条に基づいて，重い結果は「少なくとも過失」で惹起されていなければならない．その結果，227条は，故意による身体傷害と過失致死が組み合わされている．このような故意・過失の結合を創設した立法上の根拠は，222条，223条，224条を越えた刑の範囲にある．このような刑の範囲の引き上げは，同様に，結合された一つの構成要件との関係で227条の不法が本質的に高まっていることに依拠する．なぜなら，その過失致死は，初めから死亡結果の危険をその中に包含していた故意犯を基礎とす

425

第3編　構成要件

るからである．

109　多くの結果的加重犯が，こうした故意・過失の結合である．すなわち，221条3項，226条1項，227条1項，239条3項・4項，306条b第2項2号，308条2項，309条3項，312条3項・4項，308条2項と関連して313条1項・2項，308条2項と関連して314条1項・2項，318条3項，340条3項．しかしさらに立法者は，重い結果の惹起を過失の重い形態，すなわち軽率性に結びつけることに移行することが増えている．すなわち，176条b，178条，239条a第3項，251条，307条3項，308条3項，309条4項，308条3項と関連して313条1項・2項，308条3項と関連して314条1項・2項，316条c第3項．軽率性のもとで多くの重過失は理解される[151]．すでに18条にいう「少なくとも」という文言が，こうした故意・軽率性の結合を示唆している．しかしさらに，故意・故意の結合も，結果的加重犯として創設することができる．

110　法政策的には結果的加重犯には争いがある．結果的加重犯の廃止を主張する反対論者は，特に過度に「高い」刑の範囲を批判する．すなわちその刑の範囲は，部分的に責任原則ないし平等原則に違反し，それによって憲法違反であるとされる．競合規定（52条以下）によってこのような行為の無価値内容は全く正しくすることができる，ということを出発点とする[152]．このような批判は一部には正しいが[153]，しかし，結果的加重犯の完全な放棄を強制するものではなく，それは重い結果の軽率な惹起に全般的に制限されるよう促すにとどまるものである．このような形式では，重要な位置を占める死亡結果の加重犯の場合について，故意の基本犯としては生命に対する高度の危険を及ぼす行為に限定して理解されることとなる．それは，故意の殺人と単純な過失致死の中間段階を表すものであり，特別な刑の範囲を正当化するものである．必要とされたいくつかの刑の範囲の適正化は，第6次刑法改正法によって実施された．

---

(151)　軽率性は過失との関連で詳細に扱われる．vgl. unten § 24 Rn. 81 ff.

(152)　最終的にその廃止を支持するものとして，AE BT（Person I），1970, 45; *Schubarth*, ZStW 85 (1973), 775; *Lorenzen*, 1981, 87 f., *Diez Ripolles*, ZStW 96 (1984), 1065 ff. *Ambos*, GA 2002, 455 は，「繰り返し主張される結果的加重犯の不可欠性は，比較法の観点から疑わしいものである」とする．

(153)　慎重に考慮するとの態度を表明するものとして，*Rengier*, 1986, 118 ff. および NK-*Paeffgen*, § 18 Rn. 17 ff., 82 ff.

第 10 章　構成要件論

2　基本犯と結果との関係

111　18 条の文言に従えば，故意の基本犯が重い結果を「少なくとも過失」で惹
起していれば十分である．これに対して，連邦裁判所[154]は多くの決定におい
てさらに，結果が故意の基本犯によって**直接的**に惹起されていなければならな
いということを求める[155]．虐待から逃走しようとした女性がバルコニーから
転落し死亡した事案において 227 条が否定されている（BGH NJW 1971, 152 ff.）．
227 条は「身体傷害に付随する，加重結果を発生させる特別な危険」に反対の
作用をなすものであるとする．「死亡の端緒において，第三者の介入や被害者
自身の行為によって結果が直接的に惹起された場合には」，「しかしもはや基本
犯独自の危険は消滅したといえる」[156]．同様に，被害者の死亡が火災から直
接的に惹起されたのではなく，「行為者の利用していた点火薬（ガソリン）の爆
発の結果として建物が崩壊したことで惹起された」場合には，306 条 b は適用
されない（BGHSt 20, 230）．さらに，被害者が暴行の行使によって直接的に死亡
したのではなく，強盗犯の追跡時に転倒し死亡した場合には，強盗致死が否定
されている（BGHSt 22, 362）．それ自体生命への危険はない力ずくの論争に際し
て，それによって生じたストレス状況の結果，参加者の一人が意識不明に陥り，
14 日後に病院で肺炎のため死亡した場合に，同様に直接性の関係を欠くとさ
れた（LG Kleve NStZ-RR 2003, 235）．行為者が強姦の後で初めて殺人の決意を持っ
た場合には，強姦致死罪（178 条）は否定される．これに対して，BGH NStZ
1992, 333 は，正犯者のために行為をする第三者が，死亡したと誤信された被
害者の首を吊るすことによって，確実に予想された死亡を意図せずに促進した
事案において，直接性の関係を肯定した[157]．さらに，行為の後に行われた医

（154）　新たな判例について詳細は，*Küpper*, ZStW 111（1999）785. 連邦裁判所の判例で
の結果的加重犯について詳細は，*Kühl*, BGH-FS, 2000, 237.

（155）　論考として，Küpper, 1982.

（156）　連邦裁判所は，*Oehler*, ZStW 69（1957），513 と *Ulsenheimer*, GA 1966, 268 に依
拠する．これに対して，BGH NStZ 1992, 335 は適切にも，被害者が重い虐待の後，答
責性のないパニック状態となって窓から転落して死亡した事案において，227 条を認
める．なぜなら，ここではその虐待は，被害者の答責的行為の介入なく，死へと導い
たからである．

（157）　これについては，*Dencker*, NStZ 1992, 311; NK-*Paeffgen*, § 18 Rn.53; *Puppe*,
AT/1, § 10 Rn. 6 ff.; *dies.*, JR 1992, 512.

427

第3編　構 成 要 件

師による被害者への過誤のある治療は，それについて減軽が考慮されるべき場合でも，身体傷害と死亡結果との直接的な原因関係を疑わしいものにする（BGH NStZ-RR 2000, 265）。

112　行為者が被害者を故意に傷害した後，隠蔽行為の際に意図せずに死亡させた事案は，まれにしか発生しない事案の組み合わせというわけでもない。BGHSt 10, 208 では，殺人の故意なく行為をした行為者が，傷害を負った被害者を死亡したと考え，そう誤信されている死体を罪責隠滅のために燃やした。BGH StrV 1993, 75 では，行為者が，自身では殺害したと考えていた負傷者を，自殺に見せかけるためにベルトで首を吊るし，それによって絞殺した。BGH StrV 1998, 203 では，二人の行為者が被害者を傷害させたが，行為者らは死亡したと誤信していたその被害者を川へ投げ込み，溺死させた。連邦裁判所は三つの事案すべてで傷害致死罪（227条）を否定し，StrV 1998, 204 では，直接性の必要性を明示する。すなわち，「傷害後の死亡が最終的に，行為者によって直接的に惹起されたのか，被害者自身によってか，それとも関与をした第三者によってかは，決定的に優先されることではない。むしろ重要なのは，行為者によって行われた傷害に特有の危険が，負傷者の生命に実現したかどうかである」。適切にもそうした方法によるすべての事案においてそれは否定されている。

113　他方，連邦裁判所は直接性の要件をときおり重視せず，あるいはそれどころか明確に否定することもある。「足場事例」（BGHSt 31, 96）では，行為者が森の中で被害者を足場ごと倒したところ，被害者は死亡のおそれのないくるぶしの骨折を負っただけであったにもかかわらず，後に医師の治療過誤により死亡した事案において，行為者は227条で処罰された[158]。BGHSt 33, 322 によれば，人質が，捕えられている状況からではなく，解放を試みた際に警察の放った弾丸によって死亡した場合にも，死亡結果を伴う人質を取る行為の罪（239条b第2項）は認められる[159]。ここでは明確に，直接性は，「死亡結果を伴う人質を取る行為の罪に関して行為者の結果に対する責任を限界づけるのに有効

---

(158)　この判決については，Hirsch, JR 1983, 78; *Küpper*, JA 1983, 229; *Maiwald*, JuS 1984, 439; *Puppe*, AT/1, § 10 Rn. 2 ff.; *dies.*, NStZ 1983, 22.

(159)　これについては，*Krehl*, StrV 1986, 432; *Küpper und Fischer*, NStZ 1986, 117 u. 314; *Puppe*, AT/1, § 12 Rn. 20 ff.; *Wolter*, JR 1986, 465.

428

な尺度を提供する基準ではない」（上記323頁）ことが強調される.

114 連邦裁判所の示す責任を限定する方向性が賛成を得つつある. なぜなら, **あらゆる**犯罪が（例えば窃盗でも）変則的に重い結果を導きうるけれども（例えば追跡の際に転落して死亡する）, しかし立法者は特定の犯罪についてのみ, 重い結果を惹起する一般的な傾向を理由に結果的加重犯を作ったのであるから, 基本犯の典型的な危険から生じた結果についてのみ構成要件を適用するのが立法者の目的に合致するといえるからである. そのような結果だけが結果的加重犯の保護目的によって捉えられている. 直接性の基準がこうした保護目的の関係を適切に捉えている限り, それは過失と並び立つ要素ではなく, 結果的加重犯とは独立して考慮される, 過失の帰属要素である（詳細は, 11章 Rn.84以下, 106以下）. BGHSt 33, 323も, 保護目的の関係は常に同様の方法で直接性によって示されるのではなく, 各構成要件の分析によってのみ明らかにされるものであるということは正しいと認める. 結果的加重犯の適用範囲は, 「問題となっている構成要件ごとに異なった評価において」画定されなければならない.

115 学説は統一された状態とは全くかけ離れている[160]. 個々の結果的加重犯の保護目的は, 内容を決定する要素によって抽象的に定まるのではなく, 各則の規定に関する個々の解釈によってのみ推論可能なものなので, ここでも一般にあてはまる解釈は展開されない. しかしそれでも, 227条のような実務上最も重要な事案では, 基本犯によって惹き起こされた傷害が死亡結果へと導いた場合にのみ, その構成要件は充足されると考えられている（いわゆる致死性論）[161]. なぜなら, 惹き起こされた傷害が死亡させうるものであることを示

---

(160) 近時の代表的な業績のみを挙げれば, *Bondi*, 1999, 377 ff.; *Canestrari*, 1989, 150 ff.; *Geilen*, Welzel-FS, 1974, 655; *Hirsch*, Oehler-FS, 1985, 111; *Küpper*, 1982; *ders.*, Hirsch-FS, 1999, 615; *Rengier*, 1986, 199 ff.; *Wolter*, JuS 1981, 169; *ders.* GA 1984, 443.

(161) 本質的に同様のものとして, *Geilen, Küpper, Hirsch*（すべて Fn. 160と同様）und *Jakobs*, AT², 9/35; 本質的に推し進めたものとして, *Wolter* und *Rengier*（両者ともに Fn. 160と同様）sowie *Sch/Sch/Stree*³⁶, § 227 Rn. 4 f. AK-*Paeffgen*, § 18 Rn. 43 ff. は, 死亡結果の加重犯の場合に, 少なくとも一般的に, 軽率性の基準を用いて, 高度の行為不法の行為者に構成要件を制限することを求める. しかしそれは18条の文言（「少なくとも過失」）とはとても調和しない. *Paeffgen* の反論（NK, § 18 Rn. 45）は, 18条は独自の適用範囲（例えば226条1項）を有しており, 227条と18条が単純な過失に限定されるということにはならない. 軽率性が要求されるところでは, 軽率性は各則において明確に示される. *Hobe*（Max Busch-GS, 1995, 253）は, 故意の基本犯が

第 3 編　構 成 要 件

しているところに，その構成要件に特有の危険が存在しているからである．確かに，身体傷害から逃れようとした人が転落死すること（BGH NJW 1971, 152 f.）は日常経験に含まれるものである．しかしそれは，強要や他の犯罪から逃れる際にも生じうるものであって，結果的加重犯に予定されたものではない．つまりそれは構成要件に特有のものではなく，227 条によって理解されるべきものではない[162]．同じことは，追跡の際の死亡（例えば，BGHSt 22, 362 で扱われた，251 条に関する事案）や，病院での治療の拒否から発生した死亡結果（反対：BGH NStZ 1994, 394）にもあてはまる．これに対して，BGH NStZ 1992, 333（上記 Rn. 111 末尾）は，まったく正しい決定である．なぜなら，ここでは，殺人の隠蔽を目的に，死亡したと思った被害者の首を吊らせることで，自然な死がいくらか早められた場合であっても，ともかく，死亡のおそれのある傷害が死亡を惹き起こしたからである．

116　これに対して，足場事例（BGHSt 31, 96）は誤った決定である．なぜならここでは，傷害の危険ではなく，医師の誤った措置が死亡結果を惹起したからである．BGHSt 14, 110 についても，攻撃手段として予定していたピストルから，死亡結果を惹き起こす発砲がなされた事例で，227 条が肯定されたが，それは賛同を得られない[163]．なぜなら，意図しない発砲は，例えば 244 条 1 項 1 号 a（持凶器窃盗）の事案でも，結果的加重犯となることもないが，死亡結果を導きうるのである．BGH 48, 34 は，227 条の拡張解釈の領域に一歩踏み出すものである．身体的虐待から逃走する被害者がガラス板を踏みつけ，その際，動脈に傷害を負い死亡した事案において，単なる身体傷害未遂ではなく，227 条が適用される十分な根拠があるとされた．さらに，被害者による自己危殆化行為

　　有する「拡散的攻撃性」による結果を，行為者がそのように仕向けていない場合や，共に作用した被害者ないし第三者の行為が経験則に照らして凌駕している場合には，行為者に帰属させないとする．しかしそれはあまりにも不明確な基準である．基本犯からの不運な結果を過大な刑の範囲にゆだねてしまうからである．

(162)　これに対して，222 条に基づく処罰は十分に問題となる．222 条の保護目的は，著しく高い刑罰が科されている 227 条の保護目的よりも広い．

(163)　争点に関する他の紹介も付して，*Puppe*, AT/1, § 10 Rn. 20 ff. もちろんここでは過失致死罪はありうる．これに対して，*Paeffgen* § 227 は肯定する．すなわち，死亡を惹き起こす発砲は，死亡の危険のある行為としての攻撃と比較して，非本質的な因果性のずれにすぎないからとされる（他の根拠も付して，NK, § 18 Rn. 57）．

が死亡の直接的な原因であったという事情は，——BGH NJW 1971, 152 f. とは異なり——227 条による処罰を阻害しないとされる.

117 いまや連邦裁判所は，第 6 次刑法改正法が 227 条 1 項で，未遂の可罰性を示す 223 条から 226 条の 2 項を 227 条の適用範囲から除外することなく，223 条から 226 条を指示する点に依拠して，227 条における「未遂の結果的加重犯」を肯定する. しかしそれは過剰な解釈である. なぜなら，227 条 1 項がその直後に，**傷害を負った人**（verletzte Person）という言葉を用いるとき，それは傷害を要件とするのであって，単なる未遂を要件とするものではない.

118 しかし，自由の剥奪（239 条）や人質をとる行為（239 条 b），それに類似する犯罪の場合には他の原則が適切である. 自由の剥奪は（重大な身体傷害とは異なって）生命に危険を及ぼすものではないので，これらの構成要件における結果的加重犯の目的は，逮捕に付随する特別な危険の「すべて」，すなわち強制的な監禁から間接的に結果として生じる典型的な危険を包括することとなる. これには，例えば，監禁する際の暴行の行使によって，あるいは，世話の不足や危険な拘束手段によって生じた死亡結果だけでなく，解放を試みる際に被害者自身により，あるいは警察官により生じた事故での死亡結果も含まれる. それゆえ，適切にも BGHSt 19, 382（386 f.）は，自動車に拘束された少女が，走行する自動車から飛び降りたことにより死亡した場合に，239 条 4 項を肯定する[164]. 同様に，解放させるために警察官が発砲したが，その銃弾が，人質をとった犯人ではなく，人質にあたり死亡した事案において，BGHSt 33, 322 が，239 条 b 2 項と 239 条 a 3 項の結果的加重犯を肯定したことも支持されている. すなわち，「強制状況の排除に役立つそうした対抗手段から生じた，人質の生命に対する危険は，基本犯の実現と並行して典型的に現れる，構成要件に特有の危険に属するものである」（前掲 324 頁）. 警察官が人質を銀行強盗犯と考え，逃走車にいる人質を射殺した場合に，なぜ異なって適用されるべきなのかは正しく理解できない. すなわちそれは，人質をとる行為に一般に付随する危険である[165]. さらに，死亡結果が暴行による奪取の結果として生じたのではなく，

---

(164) 賛成するものとして，さらなる紹介を付して，NK-*Paeffgen*, § 18 Rn. 71.

(165) 同様に，*Laubenthal*, Jura 1989, 99, 102; NK-*Paeffgen*, § 18 Rn. 76; *Puppe*, AT/1, § 12, Rn. 20 ff.; *Wolter*, JR 1986, 465, 468 f. 239 条 a 第 3 項と 239 条 b 第 2 項で要件とされる軽率性があるかどうかは，もちろん別問題である.

第3編　構成要件

追跡に対する抵抗に際して生じた場合に，BGH 38, 295 が強盗致死罪を肯定したことも，支持されている．なぜなら，強盗犯人が逃走途中に発砲することは，この犯罪の典型的な危険に属するからである．しかし，死亡結果が略奪物の獲得や確保のためではなく，単に強盗犯人に引き起こされただけという場合にも，BGH NStZ 1998, 511 が 251 条を肯定したのは広すぎる．ここでは，犯罪に特有の関係性が欠けるからである．

3　類似の構成要件形式

119　類似の構成要件の形式には，狭義の結果的加重犯と親和性のあるものが二つある．その結果，真正な結果的加重犯で適用された多くのものによって，その類似の構成要件解釈を生産的なものにすることができる．第 1 に，重い結果によって初めてではなく，その具体的な危険ですでに重い処罰となる「危険結果的加重犯」である．315 条 a 第 1 項 1 号，同 3 項 1 号，315 条 c 1 項 1 号 a，同 3 項 1 号，330 条 1 項 1 号，同 5 項，250 条 2 項 3 号がある．第 2 に，「原則的危険結果的加重例」である．第 1 の類型とは，傷害の具体的危険が「原則的」に重い刑の範囲の適用となるにすぎない点で異なる．113 条 2 項後段 2 号，121 条 3 項後段 3 号，125 条 a 後段 3 号などがある．

120　注意すべきは，支配的見解に従えば，危険結果的加重犯には 18 条は適用されないということである（BGHSt 26, 180 ff. [244 f.]）[166]．連邦裁判所はそれを，文言上，危険は行為の「結果」を意味することはできない，ということから根拠づける（a.a.O., 181）．しかしそれは極めて不適切である．なぜなら，具体的な危険も結果であるからである（11 章 Rn. 147 以下参照）．もっとも，連邦裁判所が採った解釈は，成立史や法の脈絡から生じたものである．実際上それは，刑を重くさせるそうした危険の惹起は故意に行われなければならないということを意味する．

121　特定の結果が可罰性を高めるのではなく，そもそもそれが初めて可罰性を基礎づけるような構成要件（例えば，231 条にいう死亡結果ないし重い身体傷害，323 条 a にいう違法な行為）は，別の原則で扱われることとなる．ここでは 18 条は，その文言に基づいて，適用することはできない．その結果，支配的見解によれば，重い結果は行為者の責任で捉えられない客観的処罰条件とされる（しかし，下記 23 章 Rn. 7 以下参照）．行為の故意にかかる部分は独立して可罰的とはならず，過失的結果と組み合わ

---

(166)　詳細は，*Backmann*, MDR 1976, 969; MK-*Hardtung*, § 18 Rn. 12; *Küper*, NJW 1976, 543; *Meyer-Gerhards*, JuS 1976, 231; 他方，他の視点から，*Gössel*, Lange-FS, 1976, 221. 異なるものとして，NK-*Paeffgen*, § 18 Rn. 5 ff.

第 10 章　構成要件論

さって初めて可罰的となる（例えば，315 条 c 第 3 項 1 号）ので，加重結果性を欠くといえる．

4　歴史について[167]

122　結果的加重犯は歴史的に見て，教会法で発展した理論であるヴェリサリ原理（varsari in re illicita）（許されないことに従事すること）に由来する．すなわちそれは，自己の禁止された行為から生じたすべての結果について，責任がないものでもすべての結果に対して責任を負うという考えである．それゆえ，刑法に規定される結果的加重犯は，当初は，禁止された基本犯が結果の原因となっていることのみを要件とし，それに対し責任があることは必要ではなかった．責任原則に対するこの違反を，学説は，特別な帰属構成によって緩和ないし排除しようとしていたが，1953 年 8 月 4 日の第 3 次刑法改正法によって，現在の 18 条の規定に従いようやく是正された．現在の刑事政策的評価については，欄外番号 110 参照．

第 4 節　侵害犯と危険犯

123　構成要件の行為客体が侵害されなければならないか，その完全性が危険にさらされるだけでよいかによって侵害犯と危険犯に区別される．大半の構成要件が侵害犯の特徴を有するが，**侵害犯**では，既遂犯が存在するためには，行為客体が実際に侵害されなければならない．殺人罪（211 条以下），身体傷害の罪（223 条以下），器物損壊罪（303 条）が，これにあたる．これに対して，**危険犯**では，犯罪は，行為客体に向かう多くの，ないしわずかな危険として現れる．ここでは，**具体的危険犯**と**抽象的危険犯**の区別が最も重要である．

124　具体的危険犯（詳細は，11 章 Rn. 147 以下）では，個々の事案で行為客体が実際に危険にさらされていたこと，結果の不発生は偶然にすぎなかったことが，構成要件充足の要件とされる．最も重要な例は，道路交通の危殆化（315 条 c）である．そこでは，行為者が「他の者の身体もしくは生命または大きな価値のある他人の物を危険にさらす」ことが要件とされる．他の場合として，221 条では，「死亡の危険または重い健康障害の危険」が必要とされる．また 328 条

（167）　1794 年以降の歴史的展開については，*Rengier*, 1986, 11-71，また同書 S. 11, Fn. 1 では，他のかつての学説についても紹介されている．*Bondi*, 1999, 219 ff. は，結果的加重犯の歴史をローマ法までさかのぼって検討する．NK-*Paeffgen*, vor § 18 では，法史（Rn. 1 ff.）と法の比較（Rn. 8 ff.）が簡潔に概観される．

433

第3編 構成要件

3項も同様である．これに対して，抽象的危険犯（詳細は，11章 Rn. 153以下）では，可罰性が個々の事案での危険の実際の発生に依存せず，行為の典型的な危険性が処罰の根拠となる．古典的な例は，306条（放火）と316条（交通における酩酊）である．しかし326条から328条1項・2項，329条1項・2項，186条以下の適性犯もこれに属する．それと並んで，混合形式，中間的なもの，さらに細分化されるものもある．どのような基準に基づいてその都度必要とされる危険が決定されるのかという問題は，危険犯の重要性の高まりに伴って，新たな議論状況において意見の対立がある．それは帰属の領域において特別な検討を必要とする（11章 Rn. 146以下参照）．

第5節 企行構成要件

125 既遂と未遂（22条以下）が立法者によって幾重にも区別して扱われる一方，企行犯では，未遂と既遂が同様に扱われる構成要件が問題となる．例えば，81条，82条，184条1項4号，309条が挙げられる．実際上の重要性は，そこでは未遂犯の刑の減軽（23条2項）が行われないことと，任意の中止による刑の免除効果に関する規定（24条）が適用されないことにある．その代わりに，特別な規定である「行為に表した悔悟」によって，個々の事案での刑の減軽ないし免除が認められる（83条a，314条a参照）．その他の未遂犯規定において，どの範囲，どの構成要件が企行犯に準用されるかについては議論がある．未遂犯との関係でさらなる検討を必要とする（本書2巻）．

第6節 単一犯と結合犯

126 単一犯はひとつの法益のみを保護し，結合犯は複数の法益を保護するものである．単一犯は，例えば，殺人罪（211条以下）や身体傷害の罪（223条以下），器物損壊罪（303条）である．結合犯は，所有と占有に対して向けられる窃盗罪（242条），強盗罪である．強盗罪では，第3の保護法益として，意思決定の自由ないし意思活動の自由が加わる．結合犯では異なった法益が解釈を生産的なものとし，その意味において場合によっては必然的に互いに比較衡量されることになる点に，この概念を設定する実際の重要性がある．例えば，虚偽告発（164条）の理解にとって，たとえ保護法益を国内の司法とするか（「司法説」），被疑者の平穏とするか（「個人的利益説」）という問題があるにせよ，構成要件が

第 10 章　構成要件論

単一犯と解釈されるかどうかが重要である．あるいは，両法益が組み合わされるか，それによって 164 条が結合犯として理解されるかどうかが重要である．後者の場合，両法益が両者とも侵害されなければならないのかどうか，それとも，構成要件の充足のためには一方ないし他方の択一的な侵害があれば十分である（支配的見解）のかが問題である．

第 7 節　一行為犯と多行為犯[168]

127　一行為犯は一つの犯罪行為を要件とし，多行為犯は二つないしそれ以上の犯罪行為を要件とする．例えば，器物損壊罪（303 条）は一行為犯である一方，強盗罪（249 条）は多行為犯として表される．なぜなら，第 1 行為（暴行ないし脅迫）に続いて，第 2 行為として奪取が後に続かなければならないからである．同様に，例えば強姦（177 条）は，二行為犯である（強要と姦淫）．異なった行為の特に明確な分離は，強盗的窃盗（252 条）で見られる．

128　不完全二行為犯と縮められた結果犯という特別な分類については，すでに主観的構成要件において検討した（Rn. 84 参照）．さらに，学説では，複数の行為が重畳的にではなく，択一的に構成要件を満たす，**択一的複合構成要件**が認められている．五つの別個の行為態様がその都度犯罪を実現する場合に，危険な身体傷害罪（224 条）が認められる．

第 8 節　普通犯と身分犯

129　**普通犯**は誰もがなしうる犯罪である．普通犯はたいてい，ただし必然的ではないが（211 条参照），「者（wer）」の文言で始まる．それは誰もがすべての構成要件行為を実行しなければならないということまでを意味しない．例えば，ある女性に対する強姦罪について，構成要件で必要とされる脅迫が他の女性によってなされる場合，その女性（177 条にいう「者」）も行為者たりうる．これに対して，**身分犯**では，特定の属性（行為者適格）を有する者のみが行為者たりうる．通常，そのような性質は刑法外の義務的地位にある．その結果，本書では「義務犯」と呼ぶのがよいと思われる．このような義務犯は，例えば公職における犯罪行為（331 条以下）は，公的な立場から生じた特別な義務を侵害した者

（168）　これに関する詳細は，*Lund*, 1993.

第3編 構成要件

だけが行為者たりうる．あるいは，203条では，職業に特有の守秘義務の侵害が行為者性を基礎づける効果を持つ．さらに，（「者」という文言にもかかわらず）背任罪（266条）の構成要件は義務犯である．なぜならここでは，特別な財産管理義務の侵害が行為者の要件であるからである．

130 真正身分犯と不真正身分犯（もしくは義務犯）との間でさらに区別される．真正身分犯では，特別な行為者要素が処罰を基礎づける効果を持つ．例えば，法の歪曲は，おおよそ339条で示された行為者についてだけ可罰的である．これに対して，不真正身分犯では，行為者要素は刑を重くする効果だけを持つ．例えば，公職における身体傷害（340条）は，身体傷害の普通犯（223条）に上乗せされる．公職担当者としての属性は確かに340条では行為者性を基礎づける効果を持つが，しかし身体傷害の構成要件に関しては刑を重くする効果のみを持つ．

131 身分犯の実際の重要性は，特に正犯と共犯の区別の領域と，「特別な個人的要素」（28条にしたがって適用される刑の範囲）で持つ効果にある（詳細は，本書第2巻27章参照）．さらに，行為者性を基礎づける義務的地位を誤信した場合に，未遂犯論において特殊性が生じる（本書2巻29章参照）．

第9節 基本犯，変型構成要件，独立犯

132 立法者は犯罪類型についてその基本形態を基本犯として作り上げ，しかしそれに引き続いて他の要素を付け加えることで構成要件の変型を創設する．すなわち，基本犯に予定された法的効果をさらに重くするもの（**加重構成要件**）ないし緩和するもの（**減軽的構成要件**）がある．立法者はこのように幾重にも措置をとる．例えば，242条は窃盗罪の基本犯，244条は加重構成要件，247条と248条aは，減軽的構成要件（ここでは，緩和は刑の範囲の引き下げではなく，告訴を要件とする点にある）である．身体傷害の罪では，223条が基本構成要件，224条以下が加重類型である．支配的見解に従えば，殺人罪では，特徴が一番少ない故殺構成要件（212条）が基本犯，他方，謀殺（211条）が加重類型，これに対して要求に基づく殺人（216条）が減軽類型である．

133 基本構成要件と変型構成要件の同属性は，加重構成要件と減軽的構成要件において基本構成要件の要素が変わらないことと，同じ解釈が反復されることによって裏づけられる．これに対して，重罪と軽罪（12条）という犯罪の分類

第 10 章　構成要件論

（上記 9 章参照）は，変型構成要件には及ばない．基本構成要件は重罪（212 条）
であり，変型構成要件は軽罪（例えば 216 条）でありうるし，その逆もありうる
（例えば 153 条と 154 条の関係のように）．変型構成要件があれば，特別法（lex
specialis）として，変型された構成要件から適用される．基本犯は，法条競合で
背後に隠れる（詳細は，*Roxin*, AT/2, 33 章）．加重類型と減軽類型の要件が同時に
存在する場合には特別な原則が求められる．ここでは，両者の構成要件の法的
効果が両立される限りにおいて，両者の構成要件が同時に適用されうる．例え
ば，ある者が家庭共同体の領域で持凶器窃盗を行った者は，244 条と 247 条を
同時に充足し，それは親告罪となる．すなわち，告訴がなされれば，行為者は
244 条で処罰される．これに対して，加重類型と減軽類型の法的効果が両立し
ない場合には，減軽的構成要件が適用される．被殺者の明示的かつ真摯な嘱託
により行為を決断した者が，例えば手榴弾の使用による場合のように，公共に
とって危険な手段を用いて殺害した場合，211 条ではなく，216 条に基づいて
処罰されることとなる．

134　例えば，立法者は量刑規定を「特に重い事案」[169]（例えば 212 条 2 項）や，数
多くの「あまり重くない事案」（例えば 177 条 5 項，249 条 2 項）で作っているが，
こうした単なる量刑規定は，変型構成要件とは区別される必要がある．量刑規
定は，構成要件論とは関係がなく，量刑論に関わるものである．量刑規定は行
為の犯罪的性格を重罪か軽罪かに変更しない（詳細は，上記 9 章 Rn. 11）．量刑事
由と変型構成要件の間の中間形式として，特に重い事案の例証が**原則的事例**に
よって作られることがある（例えば，125 条 a，243 条，263 条 3 項，266 条 2 項，267
条 3 項，291 条 2 項で見られる）．実際上，特に重要な例は，窃盗の特に重い事案
である（243 条）．立法者は 7 号にわたって，「通常」特に重い事案となる多く
の事情を追加する．しかし裁判官は，原則的事例であるにもかかわらず，特に
重い事案であることを否定することができる．逆に裁判官は，原則的事例では
ないにもかかわらず，特に重い事案であることを肯定することもできる．類似
の重要なものとして，263 条 3 項と 266 条 2 項における準用規定がある．こう
した方法の長所は，硬直的な加重事例の間隙と不公平が回避される一方，裁判

---

(169)　これはその不明確性ゆえに，適切な根拠をもって批判される．例えば，vgl. *Mai-*
wald, Gallas-FS, 1973, 150; *ders.*, NStZ 1984, 435 f.; *Wahle*, GA 1969, 161 ff.

437

第3編　構成要件

官はそれにもかかわらず特に重い事案を肯定する場合に具体的根拠を示すことができる点にある．さらに，原則的事例の非拘束性は法的安定性の利益を部分的に否定する[170]．原則的事例は，裁判官に対し重い刑の範囲において刑の言渡しをすることを強制しないので，ここでは構成要件的な加重ではなく，量刑規定が問題となる．もっとも，原則的事例は，構成要件的要素のように，多くの観点で（例えば，錯誤論や競合論で）扱われるため，変型構成要件の詳細はそれらで示される[171]．

135　加重と減軽とが区別されるべきものとして，いわゆる**独立犯**がある．すなわち，それは，確かに別の犯罪のすべての要素を包含しているが，しかしその別の犯罪を重くした事案ないし軽くした事案ではなく，独自の不法類型を伴った独立構成要件である．それゆえ，こうした独立犯について，加重ないし減軽にかかる，独立してはいない変型構成要件とは反対のものとして，独立的な変型構成要件という言葉を用いるのは，誤解を招きやすい．独立犯（delictum sui generis）は，例えば，窃盗罪（242条）と強要罪（240条）との関係における強盗罪（249条）が挙げられる．強盗罪は，確かに両構成要件の要素を包含するが，しかし，その組み合わせによって，新たに独立した不法類型となるものである．独立犯では，基本犯にさかのぼることができないので，それらの要素を包含する別の構成要件の加重ないし減軽は，独立犯にあてはめることはできない．例えば，247条と248条aは強盗罪に適用することはできない．同じことは，窃盗に対して独立した犯罪とされる強盗的窃盗（252条）にもあてはまる．それゆえ，先行して行われた窃盗に247条が適用されるが，告訴がなされなかった場合でも，その刑罰規定は適用される．

136　独立犯の概念については多くの批判がなされる[172]．独立犯と加重構成要件との限界づけについて一般に妥当する基準を提示できない点や，概念法学的方法によって独立性の肯定から特定の法的効果を容易に演繹できない点におい

---

(170)　これを批判するものとして，*Maiwald*, Gallas-FS, 1973, 137 ff., 159.

(171)　学説において，原則的事例は，一部は量刑規定として，一部は構成要件要素として，さらに一部はその中間形態として検討される．第6次刑法改正法における原則的事例に関して詳しくは，*Calliess*, NJW 1998, 929; *Gössel*, Hirsch-FS, 1999, 183.

(172)　特に，vgl. *Blei*, AT[18], § 23 V; *Haffke*, JuS 1973, 402; V. *Hassemer*, 1974, 88 ff.; *Jakobs*, AT[2], 6/98.

第 10 章　構成要件論

ては，そうした批判は正当なものとなる．両構成要件の関係性が問題となる場合，両者の従属ないし独立の有無，両者の関係性の内実について，むしろその都度，目的に従った新たな解釈によって検討されなければならない．このような方法によって十分な独立性があるという結論に行き着いたとき初めて，当該構成要件が独立犯として呼ばれることとなる．そのようにすれば，事情が考慮されることなく結論が先取りされることもない．すなわち，独立犯という概念が，解釈論上の固有の価値を有しているわけではないのである[173]．

---

(173)　同旨のものとして，*Jescheck/Weigend*, AT⁵, § 26 III, 3.

第 11 章　客観的構成要件への帰属

文献：*Glaser*, Abhandlungen aus dem österreichischen Strafrecht, Bd. 1, 1858; *v. Buri*, Zur Lehre von der Teilnahme an dem Verbrechen und der Begünstigung, 1860; *v. Bar*, Die Lehre vom Causalzusammenhang im Rechte, 1871; *v. Buri*, Über Causalität und deren Verantwortung, 1873; *Ortmann*, Zur Lehre vom Kausalzusammenhang, GA 1876, 93; *Birkmeyer*, Über Ursachenbegriff und Causalzusammenhang im Strafrecht, GerS 37 (1885), 257; *v. Buri*, Die Causalität und ihre strafrechtlichen Beziehungen, 1885; *v. Kries*, Die Prinzipien der Wahrscheinlichkeitsrechnung, 1886; *ders.*, Über den Begriff der objektiven Möglichkeit und einige Anwendungen desselben, Vierteljahrsschrift für wissenschaftliche Philosophie 12 (1888), 179, 287, 393; *ders.*, Über die Begriffe der Wahrscheinlichkeit und Möglichkeit und ihre Bedeutung im Strafrecht, ZStW 9 (1889), 528; *M. E. Mayer*, Der Causalzusammenhang zwischen Handlung und Erfolg im Strafrecht, 1899; *Hartmann*, Das Kausalproblem im Strafrecht, 1900; *Rümellin*, Die Verwendung der Causalbegriffe in Straf- und Civilrecht, 1900; *Radbruch*, Die Lehre von der adäquaten Verursachung, 1902; *Kohler*, Über den Kausalbegriff, GA 1904, 327; *Traeger*, Der Kausalbegriff im Straf- und Zivilrecht, 1904 (Nachdruck 1929); *Zeiler*, Zur Lehre vom Kausalzusammenhang, ZStW 27 (1907), 493; *M. L. Müller*, Die Bedeutung des Kausalzusammenhanges im Straf- und Schadensersatzrecht, 1912; *Larenz*, Hegels Zurechnungslehre und der Begriff der objektiven Zurechnung, 1927; *Tarnowski*, Die systematische Bedeutung der adäquaten Kausaltheorie für den Aufbau des Verbrechensbegriffs, 1927; *Honig*, Kausalität und objektive Zurechnung, Frank-FS, 1930, Bd. I, 174; *Engisch*, Die Kausalität als Merkmal der strafrechtlichen Tatbestände, 1931; *Beling*, Der gegenwärtige Stand der strafrechtlichen Verursachungslehre, GerS 101 (1932), 1; *Bienenfeld*, Die Haftungen ohne Verschulden, 1933; *Leonhard*, Die Kausalität als Erklärung durch Ergänzung, 1946; *Spendel*, Die Kausalitätsformel der Bedingungstheorie für die Handlungsdelikte, 1948; *Kühlewein*, Zur Lehre von der adäquaten Verursachung, NJW 1955, 1581; *Larenz*, Tatzurechnung und „Unterbrechung des Kausalzusammenhanges", NJW 1955, 1009; *v. Caemmerer*, Das Problem des Kausalzusammenhangs im Privatrecht, 1956; *Hardwig*, Die Zurechnung, 1957; *Honoré*, Die Kausalitätslehre im anglo-amerikanischen Recht im Vergleich zum deutschen Recht, ZStW 69 (1957), 463; *Arm. Kaufmann*, Die Dogmatik der Unterlassungsdelikte, 1959; *Maurach*, Adäquanz der Verursachung oder der Fahrlässigkeit?, GA 1960, 97; *Reinecke*, Objektive Verantwortung im zivilen Deliktsrecht, 1960; *Arth. Kaufmann*, Die Bedeutung hypothetischer Erfolgsursachen im Strafrecht, Eb. Schmidt-FS, 1961, 200; *Oehler*, Erlaubte Gefahrsetzung und Fahrlässigkeit, Eb. Schmidt-FS, 1961, 232; *Stratenwerth*, Arbeitsteilung und ärztliche Sorgfaltspflicht, Eb. Schmidt-FS, 1961, 383; *Gimbernat Ordeig*, Die innere und äußere Problematik der inadäquaten Handlungen in der deutschen Strafrechtsdog-

第3編 構成要件

matik, 1962; *Rehberg*, Zur Lehre vom „Erlaubten Risiko", 1962; *Roxin*, Pflichtwidrigkeit
und Erfolg bei fahrlässigen Delikten, ZStW 74 (1962), 411 (= Grundlagenprobleme, 147);
Engisch, Das Problem der psychischen Kausalität beim Betrug, v. Weber-FS, 1963, 247;
Bydlinski, Probleme der Schadensverursachung, 1964; *Naucke*, Über das Regreßverbot im
Strafrecht, ZStW 76 (1964), 409; *Spendel*, Conditio-sine-qua-non-Gedanke und Fahrlässig-
keitsdelikt, JuS 1964, 14; *Engisch*, Vom Weltbild des Juristen, ²1965; *Ulsenheimer*, Das Ver-
hältnis zwischen Pflichtwidrigkeit und Erfolg bei den Fahrlässigkeitsdelikten, 1965; *E. A.*
Wolff Kausalität von Tun und Unterlassen, 1965; *Kienapfel*, Das erlaubte Risiko im Straf-
recht, 1966; *Münzberg*, Verhalten und Erfolg als Grundlagen der Rechtswidrigkeit und
Haftung, 1966; *Roxin*, Bespr. v. Ulsenheimer, Das Verhältnis zwischen Pflichtwidrigkeit
und Erfolg bei den Fahrlässigkeitsdelikten (1965), ZStW 78 (1966), 214; *Kion*, Grundfra-
gen der Kausalität bei Tötungsdelikten, JuS 1967, 499; *Salm*, Das vollendete Verbrechen,
Bd. I, II, 1967; *Hardwig*, Verursachung und Erfolgszurechnung, JZ 1968, 289; *Kahrs*, Das
Vermeidbarkeitsprinzip und die condicio-sine-qua-non-Formel im Strafrecht, 1968;
Meckel, Die strafrechtliche Haftung für riskante Verhaltensweisen, Diss. Gießen, 1968;
Stoll, Kausalzusammenhang und Normzweck im Deliktsrecht, 1968; *Roeder*, Die Einhal-
tung des sozialadäquaten Risikos, 1969; *Rudolphi*, Vorhersehbarkeit und Schutzzweck der
Norm in der strafrechtlichen Fahrlässigkeitslehre, JuS 1969, 549; *Seebald*, Nachweis der
modifizierenden Kausalität des pflichtwidrigen Verhaltens, GA 1969, 193; *Spendel*, Condi-
tio-sine-qua-non-Gedanke als Strafmilderungsgrund, Engisch-FS, 1969, 509; *Ulsenheimer*,
Erfolgsrelevante und erfolgsneutrale Pflichtverletzungen im Rahmen der Fahrlässigkeits-
delikte, JZ 1969, 364; *Androulakis*, „Zurechnung", Schuldbemessung und personale Identi-
tät, ZStW 82 (1970), 492; *Gmür*, Der Kausalzusammenhang zwischen Handlung und Er-
folg im Strafrecht, 1970; *Larenz*, Zum heutigen Stand von der Lehre der objektiven
Zurechnung, Honig-FS, 1970, 79; *Roxin*, Gedanken zur Problematik der Zurechnung im
Strafrecht, Honig-FS, 1970, 133 (= Grundlagenprobleme, 123); *Schaffstein*, Die Risikoerhö-
hung als objektives Zurechnungsprinzip im Strafrecht, insbesondere bei der Beihilfe, Ho-
nig-FS, 1970, 169; *Geppert*, Rechtfertigende „Einwilligung" des verletzten Mitfahrers bei
Fahrlässigkeitsstraftaten im Straßenverkehr?, ZStW 83 (1971), 947; *Hanau*, Die Kausali-
tät der Pflichtwidrigkeit, 1971; *Herzberg*, Die Kausalität beim unechten Unterlassungsde-
likt, MDR 1971, 881; *Arm. Kaufmann*, Tatbestandsmäßigkeit und Verursachung im
Contergan-Verfahren, JZ 1971, 569; *Wehrenberg*, Die Conditio-sine-qua-non-Formel, eine
pleonastische Leerformel, MDR 1971, 900; *Würfel*, Rechtmäßiges Alternativverhalten und
Risikoerhöhung im Strafrecht, 1971; *Bruns*, Ungeklärte materiell-rechtliche Fragen des
Contergan-Prozesses, Heinitz-FS, 1972, 317; *Reinhard v. Hippel*, Gefahrurteile und Pro-
gnosenentscheidungen in der Strafrechtspraxis, 1972; *Jakobs*, Studien zum fahrlässigen Er-
folgsdelikt, 1972; *Otto*, Kausaldiagnose und Erfolgszurechnung im Strafrecht, Maurach-FS,
1972, 91; *Samson*, Hypothetische Kausalverläufe im Strafrecht, 1972; *P. Frisch*, Das Fahr-
lässigkeitsdelikt und das Verhalten des Verletzten, 1973; *Klussmann*, Pflichtwidrigkeit und
hypothetischer Kausalverlauf bei Fahrlässigkeitsdelikten, NJW 1973, 1097; *Roxin*, Zum
Schutzzweck der Norm bei fahrlässigen Delikten, Gallas-FS, 1973, 241; *Stratenwerth*, Be-

第 11 章　客観的構成要件への帰属

merkungen zum Prinzip der Risikoerhöhung, Gallas-FS, 1973, 227; *Burgstaller*, Das Fahrlässigkeitsdelikt im Strafrecht, 1974; *Geilen*, Suizid und Mitverantwortung, JZ 1974, 145; *Jakobs*, Das Fahrlässigkeitsdelikt, ZStW-Beiheft 1974, 6; *ders.*, Vermeidbares Verhalten und Strafrechtssystem, Welzel-FS, 1974, 307; *Naucke*, Der Kausalzusammenhang zwischen Täuschung und Irrtum beim Betrug, Peters-FS, 1974, 109; *Otto*, Grenzen der Fahrlässigkeitshaftung im Strafrecht, JuS 1974, 702; *Preuß*, Untersuchungen zum erlaubten Risiko im Strafrecht, 1974; *Schaffstein*, Handlungswert, Erfolgsunwert und Rechtfertigung bei den Fahrlässigkeitsdelikten, Welzel-FS, 1974, 557; *Sax*, Zur rechtlichen Problematik der Sterbehilfe durch vorzeitigen Abbruch einer Intensivbehandlung, JZ 1975, 137; *Schünemann*, Moderne Tendenzen in der Dogmatik der Fahrlässigkeits- und Gefährdungsdelikte, JA 1975, 435, 575, 647, 715, 878; *Schlüchter*, Grundfälle zur Lehre von der Kausalität, JuS 1976, 312, 387, 518, 793; 1977, 104; *Schulin*, Der natürliche, vorrechtliche Kausalitätsbegriff im zivilen Schadensersatzrecht, 1976; *Volk*, Strafbarkeit der fahrlässigen Körperverletzung im Straßenverkehr, GA 1976, 161; *Bindokat*, Versari in re illicita und Erfolgszurechnung, JZ 1977, 549; *Fincke*, Arzneimittelprüfung, strafbare Versuchsmethoden: „Erlaubtes" Risiko bei eingeplantem fatalem Ausgang, 1977; *Jakobs*, Regreßverbot beim Erfolgsdelikt, ZStW 89 (1977), 1; *Schlüchter*, Grundfälle zur Lehre von der Kausalität, JuS 1977, 104; *Spendel*, Beihilfe und Kausalität, Dreher-FS, 1977, 167; *Walder*, Die Kausalität im Strafrecht, SchwZStr 93 (1977), 113; *Wolter*, Adäquanz- und Relevanztheorie, GA 1977, 257; *ders.*, Der Irrtum über den Kausalverlauf als Problem objektiver Erfolgszurechnung, ZStW 89 (1977), 649; *Schaffstein*, Der Maßstab für das Gefahrurteil beim rechtfertigenden Notstand, Bruns-FS, 1978, 89; *Wolter*, Konkrete Erfolgsgefahr und konkreter Gefahrerfolg im Strafrecht, JuS 1978, 748; *Ebert/Kühl*, Kausalität und objektive Zurechnung, Jura 1979, 561; *Krümpelmann*, Schutzzweck und Schutzreflex der Sorgfaltspflicht, Bockelmann-FS, 1979, 443; *Triffterer*, Die „objektive Vorhersehbarkeit" (des Erfolges und des Kausalverlaufs) – unverzichtbares Element im Begriff der Fahrlässigkeit oder allgemeines Verbrechenselement aller Erfolgsdelikte?, Bockelmann-FS, 1979, 201; *Maiwald*, Kausalität und Strafrecht, 1980; *Otto*, Risikoerhöhungsprinzip statt Kausalitätsgrundsatz als Zurechnungskriterium bei Erfolgsdelikten, NJW 1980, 417; *Puppe*, Der Erfolg und seine kausale Erhöhung im Strafrecht, ZStW 92 (1980), 863; *Kamps*, Ärztliche Arbeitsteilung und strafrechtliches Fahrlässigkeitsdelikt, 1981; *Wolter*, Objektive und personale Zurechnung von Verhalten, Gefahr und Verletzung in einem funktionalen Straftatsystem, 1981; *Yamanaka*, Von dem Irrtum über den Kausalverlauf und der Vorhersehbarkeit des Kausalverlaufs, Kansai University Review of Law and Politics 1981, 35; *Bernsmann*, Zum Verhältnis von Wissenschaftstheorie und Recht, ARSP 1982, 536; *Kindhäuser*, Kausalanalyse und Handlungszuschreibung, GA 1982, 477; *Puppe*, Kausalität der Sorgfaltspflichtverletzung, JuS 1982, 660; *Schmoller*, Die Kategorie der Kausalität und der naturwissenschaftliche Kausalverlauf im Lichte strafrechtlicher Tatbestände, OJZ 1982, 449; *Schünemann*, Fahrlässige Tötung durch Abgabe von Rauschmitteln?, NStZ 1982, 60; *Puppe*, Zurechnung und Wahrscheinlichkeit, ZStW 95 (1983), 287; *Stegmüller*, Probleme und Resultate der Wissenschaftstheorie und Analytischen Philosophie, 1. Bd., ²1983; *Triffterer*, Die Theorie der ob-

443

第 3 編　構 成 要 件

jektiven Zurechnung in der österreichischen Rechtsprechung, Klug-FS, 1983, Bd. 2, 419; *Dölling*, Fahrlässige Tötung bei Selbstgefährdung des Opfers, GA 1984, 71; *Krümpelmann*, Zur Kritik der Lehre vom Risikovergleich bei den fahrlässigen Erfolgsdelikten, GA 1984, 491; *Möhrenschlager*, Kausalitätsprobleme in Umweltstrafrecht, Wirtschaft und Verwaltung, 1984; *Otto*, Selbstgefährdung und Fremdverantwortung, Jura 1984, 536; *Ranft*, Berücksichtigung hypothetischer Bedingungen beim fahrlässigen Erfolgsdelikt, NJW 1984, 1425; *Schlüchter*, Zusammenhang zwischen Pflichtwidrigkeit und Erfolg bei Fahrlässigkeitstatbeständen, JA 1984, 673; *Wolter*, Objektive und personale Zurechnung zum Unrecht, in: Schünemann (Hrsg.), Grundfragen des modernen Strafrechtssystems, 1984, 103; *Bindokat*, Verursachung durch Fahrlässigkeit, JuS 1985, 32; *Burgstaller*, Erfolgszurechnung bei nachträglichem Fehlverhalten eines Dritten oder des Verletzten selbst, Jescheck-FS, 1985, 357; *Ebert*, Der Schutz von Geschwindigkeitsvorschriften als Problem objektiver Erfolgszurechnung, JR 1985, 356; *Geppert*, Tötung durch Überlassen von Heroin; auch: Beteiligung an fremder Selbstgefährdung, JK 1985, § 222, Nr. 2; *Herzberg*, Beteiligung an einer Selbsttötung oder tödlichen Selbstgefährdung als Tötungsdelikt, JA 1985, 265; *Jäger*, Individuelle Zurechnung kollektiven Verhaltens, 1985; *Arm. Kaufmann*, „Objektive Zurechnung" beim Vorsatzdelikt?, Jescheck-FS, 1985, 251; *Arth. Kaufmann*, Kritisches zur Risikoerhöhungstheorie, Jescheck-FS, 1985, 273; *Kratzsch*, Aufgaben- und Risikoverteilung als Kriterium der Zurechnung im Strafrecht, Oehler-FS, 1985, 65; *ders.*, Verhaltenssteuerung und Organisation im Strafrecht, 1985; *Krümpelmann*, Die normative Korrespondenz zwischen Verhalten und Erfolg bei den fahrlässigen Verletzungsdelikten, Jescheck-FS, 1985, 313; *Maiwald*, Zur Leistungsfähigkeit des Begriffs „erlaubtes Risiko" für die Strafrechtsdogmatik, Jescheck-FS, 1985, 405; *Schünemann*, Die deutschsprachige Strafrechtswissenschaft nach der Strafrechtsreform im Spiegel des Leipziger Kommentars und des Wiener Kommentars, 1. Teil: Tatbestands- und Unrechtslehre, GA 1985, 341; *Stree*, Beteiligung an vorsätzlicher Selbstgefährdung, JuS 1985, 179; *Bindokat*, Fahrlässige Beihilfe, JZ 1986, 421; *Joerden*, Dyadische Fallsysteme im Strafrecht, 1986; *Rengier*, Erfolgsqualifizierte Delikte und verwandte Erscheinungsformen, 1986; *Schumann*, Strafrechtliches Handlungsunrecht und das Prinzip der Selbstverantwortung der Anderen, 1986; *M. Bruns*, Aids-Alltag und Recht, MDR 1987, 353; *ders.*, Nochmals: Aids und Strafrecht, NJW 1987, 2281; *Geppert*, Strafbares Verhalten durch − mögliche − Aids-Übertragung?, Jura 1987, 668; *Herzberg*, Zur Strafbarkeit der Aidsinfizierten bei unabgeschirmtem Geschlechtsverkehr, NJW 1987, 2283; *Herzog/Nestler-Tremel*, Aids und Strafrecht − Schreckensverbreitung oder Normstabilisierung?, StrV 1987, 360; *Jakobs*, Risikokonkurrenz − Schadensverlauf und Verlaufshypothese im Strafrecht, Lackner-FS, 1987, 53; *Joerden*, OGH JBl. 1987, 191 − ein Fall alternativer Kausalität?, JBl. 1987, 432; *Kahlo*, Das Bewirken durch Unterlassen bei drittvermitteltem Rettungsgeschehen − Zur notwendigen Modifikation der Risikoerhöhungslehre bei den unechten Unterlassungsdelikten, GA 1987, 66; *Küper*, Überlegungen zum sog. Pflichtwidrigkeitszusammenhang beim Fahrlässigkeitsdelikt, Lackner-FS, 1987, 246; *Puppe*, Beziehung zwischen Sorgfaltswidrigkeit und Erfolg bei den Fahrlässigkeitsdelikten, ZStW 99 (1987), 595; *Samson*, Kausalitäts- und Zurechnungs-

444

第11章 客観的構成要件への帰属

probleme im Umweltstrafrecht, ZStW 99 (1987), 617; *Schulz*, Gesetzmäßige Bedingung und kausale Erklärung, Lackner-FS, 1987, 38; *Struensee*, Objektive Zurechnung und Fahrlässigkeit, GA 1987, 97; *Bottke*, Strafrechtliche Probleme von Aids und der Aids-Bekämpfung, in: Schünemann/Pfeiffer, Die Rechtsprobleme von Aids, 1988, 171; *W. Frisch*, Tatbestandsmäßiges Verhalten und Zurechnung des Erfolgs, 1988; *Helgerth*, Aids – Einwilligung in infektiösen Geschlechtsverkehr, NStZ 1988, 261; *Hirsch*, Die Entwicklung der Strafrechtsdogmatik nach Welzel, FS der Rechtswissenschaftlichen Fakultät Köln, 1988, 399; *Koriath*, Kausalität, Bedingungstheorie und psychische Kausalität, 1988; *Kreuzer*, Aids und Strafrecht, ZStW 100 (1988) 786; *Prittwitz*, Die Ansteckungsgefahr bei AIDS, JA 1988, 427, 487; *Schünemann*, Rechtsprobleme der Aids-Eindämmung, in: Schünemann/Pfeiffer, Die Rechtsprobleme von Aids, 1988, 373; *Brammsen*, Erfolgszurechnung bei unterlassener Gefahrverminderung durch einen Garanten, MDR 1989, 123; *Bustos Ramirez*, Die objektive Zurechnung, Arm. Kaufmann-GS, 1989, 213; *Jakobs*, Tätervorstellung und objektive Zurechnung, Arm. Kaufmann-GS, 1989, 271; *Kratzsch*, Prävention und Unrecht – eine Replik, GA 1989, 49; *Krümpelmann*, Zurechnungsfragen bei mißlungener ärztlicher Fehlerkorrektur, JR 1989, 353; *Kuhlen*, Fragen einer strafrechtlichen Produkthaftung, 1989; *Lampe*, Tat und Unrecht der Fahrlässigkeitsdelikte, ZStW 101 (1989), 3; *ders.*, Die Kausalität und ihre strafrechtliche Funktion, Arm. Kaufmann-GS, 1989, 189; *Nettesheim*, Können sich Gemeinderäte der „Untreue" schuldig machen?, BayVbl 1989, 161; *Otto*, Eigenverantwortliche Selbstschädigung und -gefährdung sowie einverständliche Fremdschädigung und -gefährdung, Tröndle-FS, 1989, 157; *Roxin*, Bemerkungen zum Regreßverbot, Tröndle-FS, 1989, 177; *ders.*, Finalität und objektive Zurechnung, Arm. Kauf-mann-GS, 1989, 237; *U. Weber*, Können sich Gemeinderatsmitglieder durch ihre Mitwirkung an Abstimmungen der Untreue schuldig machen?, BayVbl 1989, 166; *Eschweiler*, Beteiligung an fremder Selbstgefährdung, Diss. Bonn, 1990; *Fiedler*, Zur Strafbarkeit der einverständlichen Fremdgefährdung, 1990; *W. Frisch*, Riskanter Geschlechtsverkehr eines HIV-Infizierten als Straftat?, JuS 1990, 362; *Kahlo*, Das Problem des Pflichtwidrigkeitszusammenhangs bei den unechten Unterlassungsdelikten, 1990; *Kuhlen*, Strafhaftung bei unterlassenem Rückruf gesundheitsgefährdender Produkte, NStZ 1990, 566; *H.-M. Mayer*, Die ungeschützte geschlechtliche Betätigung des Aidsinfizierten unter dem Aspekt der Tötungsdelikte – ein Tabu?, JuS 1990, 784; *Puppe*, Kausalität. Ein Versuch, kriminalistisch zu denken, SchwZStr 107 (1990), 141; *SchmidtSalzer*, Strafrechtliche Produktverantwortung, NJW 1990, 2966; *Brammsen*, Kausalitäts- und Täterschaftsfragen bei Produktfehlern, Jura 1991, 533; *Erb*, Rechtmäßiges Alternativverhalten und seine Auswirkungen auf die Erfolgszurechnung im Strafrecht, 1991; *Hohmann*, Betäubungsmittelstrafrecht und Eigenverantwortlichkeit?, MDR 1991, 1117; *Kuhlen*, Zur Problematik der nachträglichen ex ante Beurteilung im Strafrecht und in der Moral, in: Jung u. a. (Hrsg.), Recht und Moral, 1991, 341; *Samson*, Probleme strafrechtlicher Produkthaftung, StrV 1991, 182; *S. Walther*, Eigenverantwortlichkeit und strafrechtliche Zurechnung, 1991; *Burgstaller*, Normative Lehren der objektiven Zurechnung, in: Lahti/Nuotio (Hrsg.), Strafrechtstheorie im Umbruch, 1992, 383; *Castaldo*, Objektive Zurechnung und Maßstab der Sorgfaltswidrigkeit beim Fahrlässig-

445

第 3 編　構 成 要 件

keitsdelikt, 1992; *Dencker*, Zum Erfolg der Tötungsdelikte, NStZ 1992, 311; *Derksen*, Handeln auf eigene Gefahr, 1992; *W. Frisch*, Selbstgefährdung im Strafrecht, NStZ 1992, 1, 62; *Goydke*, Probleme der Zurechnung und Schuldfähigkeit im Strafverfahren, in: DAV (Hrsg.), Verkehrsstrafverfahren usw., 1992, 7; *R. Peters*, Der Einfluß von Vertrauenslagen auf die Normzweckbestimmung im Verkehrsstrafrecht, JR 1992, 50; *Puppe*, Zum Zusammenhang zwischen Körperverletzung und Todesfolge bei § 226 StGB, JR 1992, 511; *K. u. I. Tiedemann*, Zur strafrechtlichen Bedeutung des sog. kontrollierten Versuches bei der klinischen Arzneimittelprüfung, Rud. Schmitt-FS, 1992, 139; *Toepel*, Kausalität und Pflichtwidrigkeitszusammenhang beim fahrlässigen Erfolgsdelikt, 1992; *U. Weber*, Objektive Grenzen der strafbefreienden Einwilligung in Lebens- und Gesundheitsgefährdungen, Baumann-FS, 1992, 43; *Behrendt*, Zur Synchronisation von strafrechtlicher Handlungs-, Unrechts- und Zurechnungslehre, GA 1993, 67; *Gretenkordt*, Herstellen und Inverkehrbringen stofflich gesundheitsgefährlicher Verbrauchs- und Gebrauchsgüter, 1993; *Hohmann*, Personalität und strafrechtliche Zurechnung, 1993; *Prittwitz*, Strafrecht und Risiko, 1993; *Pütz*, Strafrecht BT: Die Unmittelbarkeitsbeziehung zwischen Körperverletzung und Todesfolge – § 226 StGB, JA 1993, 285; *Reyes*, Theoretische Grundlagen der objektiven Zurechnung, ZStW 105 (1993), 108; *Zaczyk*, Strafrechtliches Unrecht und die Selbstverantwortung des Verletzten, 1993; *Erb*, Die Zurechnung von Erfolgen im Strafrecht, JuS 1994, 449; *Hilgendolf*, Zur Kausalität im Arzneimittelstrafrecht, Pharmarecht 1994, 303; *Joerden*, Wesentliche und unwesentliche Abweichungen zurechnungsrelevanter Urteile des Täters von denen des Richters, JRE 1994, 307; *Kindhäuser*, Erlaubtes Risiko und Sorgfaltswidrigkeit, GA 1994, 197; *ders.*, Zur Rechtfertigung von Pflicht- und Obliegenheitsverletzungen im Strafrecht, JRE 1994, 339; *Knauer*, Die Strafbarkeit des HIV-Infizierten beim Vollziehen sexueller Kontakte mit getroffenen Schutzmaßnahmen, AIFO 1994, 463; *Koriath*, Grundlagen strafrechtlicher Zurechnung, 1994; *Kuhlen*, Grundfragen strafrechtlicher Produkthaftung, JZ 1994, 1142; *Murmann /Rath*, Zur Risikotragungspflicht bei der Notwehr und zu den Grenzen personaler Verursachung, NStZ 1994, 215; *Nießen*, Die Berücksichtigung rechtmäßigen Alternativverhaltens beim fahrlässig begangenen Erfolgsdelikt, Diss. Münster 1994; *Puppe*, Naturalismus und Normativismus in der modernen Strafrechtsdogmatik, GA 1994, 297; *dies.*, Naturgesetze vor Gericht, JZ 1994, 1147; *Roxin*, Die Lehre von der objektiven Zurechnung, Chengchi Law Review 1994, 219; *L. Schulz*, Strafrechtliche Produkthaftung bei Holzschutzmitteln, Zeitschrift für Umweltrecht 1994, 26; *ders.*, Kausalität und strafrechtliche Produkthaftung, in: W. Lübbe (Hrsg.), Kausalität und Zurechnung, 1994, 41 ff.; *Toepel*, Condicio sine qua non und alternative Kausalität, JuS 1994, 1009; *Derksen*, Strafrechtliche Verantwortung für fremde Selbstgefährdung, NJW 1995, 240; *Gómez Benítez*, Die Gefahrverwirklichung im Erfolg und die Zurechnung zum Vorsatz bei Kausalabweichungen, in: Gimbernat/Schünemann/Wolter (Hrsg.), Internationale Dogmatik der objektiven Zurechnung und der Unterlassungsdelikte, 1995, 25; *Hilgendorf*, Zur Lehre vom „Erfolg in seiner konkreten Gestalt", GA 1995, 515; *ders.* „Der gesetzmäßige Zusammenhang" i. S. der modernen Kausallehre, Jura 1995, 514; *ders.*, Fragen der Kausalität bei Gremienentscheidungen am Beispiel des Leder-

446

第 11 章　客観的構成要件への帰属

spray-Urteils, NStZ 1995, 561; *Jakobs*, Strafrechtliche Haftung durch Mitwirkung an Abstimmungen, Miyazawa-FS, 1995, 419; *Lewisch*, Erfolgszurechnung bei nachträglichem Opferfehlverhalten, ZVR 1995, 98; *Maiwald*, Zur strafrechtssystematischen Funktion des Begriffs der objektiven Zurechnung, Miyazawa-FS, 1995, 465; *Martinez* Escamilla, Relevanz des rechtmäßigen Alternativverhaltens bei der objektiven Erfolgszurechnung?, in: Gimbernat/Schünemann/Wolter (Hrsg.), Internationale Dogmatik der objektiven Zurechnung und der Unterlassungsdelikte, 1995, 37; *Otto*, Grundsätze der strafrechtlichen Produkthaftung nach dem „Holzschutzmittel"-Urteil, Wirtschaftliche Beratung, 1995, 929; *Röh*, Die kausale Erklärung überbedingter Erfolge im Strafrecht, 1995; *Rolinski*, „Statistische Kausalität" im -Strafrecht?, Miyazawa-FS, 1995, 483; *Wolter*, Objektive Zurechnung und modernes Strafrechtssystem, in: Gimbernat/Schünemann/Wolter (Hrsg.), Internationale Dogmatik der objektiven Zurechnung und der Unterlassungsdelikte, 1995, 3; *Dencker*, Kausalität und Gesamttat, 1996; *Diel,* Das Regreßverbot als allgemeine Tatbestandsgrenze im Strafrecht, 1996; *Hassemer*, Produktverantwortung im modernen Strafrecht, [2]1996; *Herzberg*, Das vollendete Begehungsdelikt als qualifiziertes Versuchs-, Fahrlässigkeits- und Unterlassungsdelikt, JuS 1996, 381; *Hoyer*, Die traditionelle Strafrechtsdogmatik vor neuen Herausforderungen: Probleme der strafrechtlichen Produkthaftung, GA 1996, 160; *Jakobs*, Die strafrechtliche Zurechnung von Tun und Unterlassen, 1996; *Krümpelmann*, Über die zeitliche Struktur einiger Zurechnungsurteile, Triffterer-FS, 1996, 137; *Ling*, Die Unterbrechung des Kausalzusammenhangs durch willentliches Dazwischentreten eines Dritten, 1996; *Ransieck*, Unternehmensstrafrecht, 1996; *Schmidt-Salzer*, Konkretisierung der strafrechtlichen Produkt- und Umweltverantwortung, NJW 1996, 1; *Schmoller*, Fremdes Fehlverhalten im Kausalverlauf, Triffterer-FS 1996, 223; *Volk*, Kausalität im Strafrecht, NStZ 1996, 105; *Diel*, Das Regreßverbot, 1997; *Hamm*, Der strafprozessuale Beweis der Kausalität und seine revisionsrechtliche Überprüfung, StrV 1997, 159; *Hassemer*, Person, Welt und Verantwortlichkeit. Prolegomena einiger Lehre von der Zurechnung im Strafrecht, Bemmann-FS, 1997, 175; *Jordan*, Rechtmäßiges Alternativverhalten und Fahrlässigkeit, GA 1997, 349; *Puppe*, Die Lehre von der objektiven Zurechnung. I. Die Kausalität, Jura 1997, 408; *dies.*, Die Lehre von der objektiven Zurechnung. II. Die Kausalität der Sorgfaltspflichtverletzung, auch Rechtswidrigkeitszusammenhang genannt, Jura 1997, 513; *dies.*; Die Lehre von der objektiven Zurechnung. III. Der Schutzzweck einer Sorgfaltsnorm und seine Ermittlung, Jura 1997, 624; *dies.*, Die adäquate Kausalität und der Schutzzweck der Sorgfaltsnorm, Bemmann-FS, 1997, 227; *Fahl*, Ermöglichung fremder Selbstgefährdung „Stechapfeltee", JA 1998, 105; *Hirsch*, Zur Lehre von der objektiven Zurechnung, Lenckner-FS, 1998, 119; *W. Frisch*, Strafrechtssystem und Rechtsfindung. Zur Bedeutung systematischer Einsichten für die Beantwortung von Sachfragen – am Beispiel der „Zurechnung bei Retterunfällen", Nishihara-FS, 1998, 66; *Otto*, Kausalität und Zurechnung, E. A. Wolff-FS, 1998, 395; *Puppe*, Die Lehre von der objektiven Zurechnung. IV. Zurechnung bei mehreren Beteiligten, Jura 1998, 21; *I. Sternberg-Lieben*, Der praktische Fall-Strafrecht. Alkohol im Blut, JuS 1998, 428; *Cancio Meliá*, Opferverhalten und objektive Zurechnung, ZStW 111 (1999), 357; *Ja-*

447

第 3 編　構 成 要 件

kobs, Bemerkungen zur objektiven Zurechnung, Hirsch-FS, 1999, 45; *Schünemann*, Über
die objektive Zurechnung, GA 1999, 207; *Sofos*, Mehrfachkausalität beim Tun und Unter-
lassen, 1999; *Kretschmer*, Das Fahrlässigkeitsdelikt, Jura 2000, 267; *Puppe*, Die Erfolgszu-
rechnung im Strafrecht, 2000; *Binns*, Inus-Bedingung und strafrechtlicher Kausalbegriff,
2001; *Degener*, Die Lehre vom Schutzzweck der Form und die strafgesetzlichen Erfolgs-
delikte, 2001; *Hellmann*, Einverständliche Fremdgefährdung und objektive Zurechnung,
Roxin-FS, 2001, 271; *Hsü*, Die objektive Zurechnungslehre in Taiwan, Roxin-FS, 2001, 239;
W. Frisch, Faszinierendes, Berechtigtes und Problematisches der Lehre von der objek-
tiven Zurechnung des Erfolges, Roxin-FS, 2001, 203; *Knauer*, Die Kollegialentscheidung
im Strafrecht 2001; *Kuhlen*, Ausschluß der objektiven Zurechnung bei Mängeln der wirk-
lichen und der mutmaßlichen Einwilligung, Müller-Dietz-FS, 2001, 431; *Puppe*, Die Er-
folgszurechnung im Strafrecht, dargestellt an Beispielsfällen aus der höchstrichterlichen
Rspr., 2001; *dies.*, Brauchen wir eine Risikoerhöhungstheorie?, Roxin-FS, 2001, 271; *Ren-
gier*, Gedanken zur Problematik der objektiven Zurechnung im Besonderen Teil des Straf-
rechts, Roxin-FS, 2001, 811; *Rodríguez Montañes*, Einige Bemerkungen über das Kausali-
tätsproblem und die Täterschaft im Falle rechtswidriger Kausalentscheidungen,
Roxin-FS, 2001, 307; *Saito*, Die Zurechnung beim nachträglichen Fehlverhalten eines Drit-
ten, Roxin-FS, 2001, 261; *Schaal*, Strafrechtliche Verantwortlichkeit bei Gremienentschei-
dungen im Unternehmen, 2001; *Schieffer*, Strukturen der Erfolgszurechnung im Strafrecht
und im zivilen Deliktsrecht, 2001; *Wąsek*, Der Einfluß von Claus Roxin auf die polnische
Strafrechtswissenschaft, Roxin-FS, 2001, 457; *Arzt*, Über die subjektive Seite der objek-
tiven Zurechnung, Schlüchter-GS, 2002, 163; *Christmann*, Eigenverantwortliche
Selbstgefährdung und Selbstschädigung, Jura 2002, 679; *W. Frisch*, Die Conditio-Formel:
Anweisung zur Tatsachenfeststellung oder normative Aussage?, Gössel-FS, 2002, 51; *von
Glahn*, Kausalität und Strafrecht: Auf der Suche nach sicheren Grundlagen, Anwaltsblatt
10, 2002, 573; *Haas*, Kausalität und Rechtsverletzung, 2002; *Pérez-Barberá*, Kausalität und
Determiniertheit, ZStW 114 (2002), 600; *Rabe von Kühlewein*, Strafrechtliche Haftung bei
vorsätzlichen Straftaten anderer, JZ 2002, 1139; *Samson*, Erfolgszurechnung und Risiko,
Lüderssen-FS, 2002, 587; *Schünemann*, Das System des strafrechtlichen Unrechts: Rechts-
gutsbegriff und Viktimodogmatik, in: Schünemann (Hrsg.), Strafrechtssystem und Betrug,
2002, 51; *W. Frisch*, Zum gegenwärtigen Stand der Diskussion und zur Problematik der
objektiven Zurechnungslehre, GA 2003, 719; *Hirsch*, Zum Unrecht des fahrlässigen Delikts,
Lampe-FS, 2003, 515; *Kubink*, Das Prinzip der Selbstverantwortung — ein neuer Straf-
rechtsparameter für Tatbestand und Sanktion, Kohlmann-FS, 2003, 53; *ders.*, Strafrecht-
liche Probleme des Rechtsschutzverzichts im sportlichen Grenzbereich — soziale Adä-
quanz, erlaubtes Risiko, Einwilligung, JA 2003, 257; *Otto*, Die Unterbrechung des
Zurechnungszusammenhangs als Problem der Verantwortungszuschreibung, Lampe-FS,
2003, 491; *Puppe*, Die Selbstgefährdung des Verletzten beim Fahrlässigkeitsdelikt, And-
roulakis-FS, 2003, 555; *Röckrath*, Kollegialentscheidung und Kausalitätsdogmatik, NStZ
2003, 641; *Roxin*, Adäquanz und objektive Zurechnung beim nachträglichen Fehlverhalten
Dritter, Saito-FS, 2003, 1; *ders.*, Fahrlässige Tötung durch Nichtverhinderung einer Tö-

第 11 章　客観的構成要件への帰属

tung auf Verlangen?, Schreiber-FS, 2003, 399; *Schatz*, Der Pflichtwidrigkeitszusammen-
hang beim fahrlässigen Erfolgsdelikt und die Relevanz hypothetischer Kausalverläufe,
NStZ 2003, 581; *Schroeder*, Die Genesis der Lehre von der objektiven Zurechnung, And-
roulakis-FS, 2003, 651; *Haas*, Die strafrechtliche Lehre von der objektiven Zurechnung −
eine Grundsatzkritik, in: M. Kaufmann/Renzikowski, Zurechnung als Operationalisierung
von Verantwortung, 2004, 193; *Herzberg*, Vorsätzliche und fahrlässige Tötung bei ernst-
lichem Sterbebegehren des Opfers, NStZ 2004, 1; *ders.*, Eigenverantwortliche Selbsttötung
und strafbare Mitverursachure, Jura 2004, 670; *Hilgendorf*, Wozu brauchen wir die „objek-
tive Zurechnung"? Skeptische Uberlegungen am Beispiel der strafrechtlichen Produkt-
haftung, U. Weber-FS, 2004, 33; *Hoyer*, Kausalität und/oder Risikoerhöhung, Rudolphi-FS,
2004, 95; *Hübner*, Die Entwicklung der objektiven Zurechnung, 2004; *M. Kaufmann/Renzi-
kowski* (Hrsg.), Zurechnung als Operationalisierung von Verantwortung, 2004; *Müssig*,
Rechts- und gesellschaftstheoretische Aspekte der objektiven Zurechnung im Strafrecht,
Rudolphi-FS, 2004, 165; *Röckrath*, Kausalität, Wahrscheinlichkeit und Haftung, 2004; *Rön-
nau/Faust/Fehling*, Durchblick: Kausalität und objektive Zurechnung, JuS 2004, 113; *Sam-
son*, Inus-Bedingung und strafrechtlicher Kausalbegriff, Rudolphi-FS, 2004, 259; *H. Schnei-
der*, Kann die Einübung in Normanerkennung die Strafrechtsdogmatik leiten? Eine Kritik
des strafrechtlichen Funktionalismus, 2004; *Voßgätter*, Die sozialen Handlungslehren und
ihre Beziehung zur Lehre von der objektiven Zurechnung, 2004; *Ziethen*, Grundlagen pro-
babilistischer Zurechnung im Strafrecht, 2004; *Greco*, Das Subjektive an der objektiven
Zurechnung − über das „Problem" des Sonderwissens, ZStW 117 (2005), 519; *de Sousa
Mendes/Miranda*, Kausalität als heuristisches Kriterium − dargestellt am Beispiel von
Kursmanipulation am Finanzmark, in: Schünemann/Tinnefeld/Wittmann (Hrsg.), Gerech-
tigkeitswissenschaft − Kolloquium aus Anlaß des 70. Geburtstages von Lothar Philipps,
2005.

　　外国語文献：*Gimbernat Ordeig*, La causalidad en derecho penal, ADPCP 1962, 543; *Sup-
pes*, A Probabilistic Theory of Causality, 1970; *Stella*, Legge scientifiche e spiegazione cau-
sale nel diritto penale, Mailand, 1975; *Bunge*, Causality and Modem Science, ³1979 (deut-
sche Übersetzung unter dem Titel „Kausalität, Geschichte und Probleme", 1987); *Torio
Lopez*, Cursos causales no verificables en derecho penal, ADPCP 36 (1983), 221; *Hart/Ho-
noré*, Causation in the Law, Oxford, ²1985; *Torio Lopez*, Naturaleza y ámbito de la teoria
de la imputación objetiva, ADPCP 39 (1986), 33; *Militello*, Rischio e responsabilità penale,
Mailand, 1988; *Castaldo*, La imputazione oggetiva nel delitto colposo d' evento, Neapel,
1989; *Luzón Peña*, Derecho penal de la circulación, Barcelona, ²1990; *Costa Andrade*, Con-
sentimento e acordo em direito penal, Coimbra, 1991; *Marinucci*, Non c' è dolo senza col-
pa, RIDPP 34 (1991), 3; *Martinez Escamilla*, La imputación objetiva del resultado, Madrid,
1992; *Luzón Peña*, Problemas de transmission y prevención del SIDA en el derecho penal
español, in: Mir Puig (Hrsg.), Problemas jurídico-penales del SIDA, Barcelona, 1993, 11;
Sola Reche, La peligrosidad de la conducta como fundamento de lo injusto penal, ADPCP
47 (1994), 167; *Paredes Castañon*, El riesgo permitido en derecho penal, Madrid, 1995; *Ja-
kobs*, La imputación objetiva en derecho penal, Madrid, 1996; *Sancinetti*, Observaciones

449

第3編　構成要件

sobre la teoría de la imputación objetiva, in: Teorías actuales en el derecho penal, Buenos Aires, 1998, 181; *Cancio Meliá*, Conducta de la víctima e imputación objetiva en Derecho Penal, Barcelona, ²2001; *ders.*, Líneas básicas de la teoriá de la imputación objetiva, Mexiko, 2001; *Mir Puig*, Significado y alcance de la imputación objetiva en derecho penal, in: Nuevas formulaciones en las ciencias penales, Córdoba, 2001, 61; *Stella*, Giustizia e modernità, Mailand, 2001; *D' Alessandro*, La certeza del nesso causale, RIDPP 45（2002）, 743; *Anarte Borrallo*, Causalidad e imputación objetiva, Huelva, 2002; *Di Giovine*, Lo statuto epistemologico della causalità penale tra cause sufficienti e condizione necessarie, RIDPP 45（2002）, 634; *Greco*, Imputação objetiva: uma introdtução, in: Roxin, Funcionalismo e imputação objetiva no direito penal, Rio de Janeiro, 2002, 1; *Stella*, Verità, scienza e giustizia: le frequenze medio-basse nella successione di eventi, RIDPP 45（2002）, 1215; *Tavares*, Teoria do injusto penal, Rio de Janeiro, ²2002; *Cancio Meliá*, Algunas reflexiones sobre lo objetivo e lo subjetivo en la teoría de la imputación objetiva, in: El funcionalismo en derecho penal, Bd. I, Bogotá, 2003, 211; *Cerletti*, Juicios de imputación e juicios causales, ebda., 237; *Maraver Gámez*, Riesgo permitido por legitimación histórica, ebda., 207; *Perdomo Torres*, El concepto de deber juridico, ebda., 229; *Tavares*, Direito penal da negligencia, Rio de Janeiro, ²2003; *Gracia Martín*, Consideraciones criticas acerca de la teoría de la imputación objetiva desde la perspectiva del finalismo, in: Estudios de derecho penal, Lima, 2004, 41; *Greco*, Um panorama da teoria da imputação objetiva, Rio de Janeiro, 2005.

1　客観的構成要件への帰属は，構成要件が行為者の行為から場所的時間的に隔離された外部の世界における結果を要求する場合においてのみ，総論の問題となる（10章 Rn. 102 参照）．住居侵入罪（123条）または偽証罪（154条）のような単純挙動犯においては，客観的な構成要件への帰属は，各論において取り扱われるそれぞれの構成要件の個別の要素への当てはめに尽きる．それに対し，結果犯においては，行為客体（例えば，212条，223条における人，または，303条における物）の侵害を被疑者の仕業であるとして彼に帰属しうるかどうかが，一般原則に従って判断される．もし帰属できなければ，被疑者は，法律上の意味において殺人，傷害，損壊等をしなかったことになる．もっとも，このような客観的帰属は，作為犯においては，行為者が結果を惹起していない場合，初めから不可能である．例えば，ある特定の医薬品が，その医薬品を使って治療された患者に生じた身体の傷害の原因であったことが証明されない場合，その医薬品の製造者が患者を傷害したということも認めることはできない．したがって，因果関係論は（少なくともまずここでもっぱら検討された作為犯の場合），客観的構成要件へのあらゆる帰属にとって基礎となる．構成要件の充足の第1の条件は，常に，行為者がその結果を惹起したことである．しかし，ある行為が構成要件

第11章　客観的構成要件への帰属

的結果と因果関係を有する場合でも，その他の書かれた構成要件要素の存在だけでは，これまで考えられていたように，客観的構成要件はいまだ充足されているわけではない．例えば，行為者がたしかに結果を惹起したが，その惹起がまったくの偶然に基づくものである場合，帰属も認められない．AがBを説得してマヨルカへ飛行機で旅行させ，その飛行機による旅行でBが墜落死した場合，たしかにAはその提案によってBの死を惹起したが，AがBを殺害したことにはならない．なぜなら，この事象は予測不可能な偶然の出来事であるから，Aに対して，彼の仕業として帰属させることはできないからである．さらに，これから見ていくように，偶然以外にも客観的構成要件への帰属を排斥しうる様々な理由が存在する．

2 以上より，客観的構成要件への帰属は，二つの連続した段階を踏まなければならないことが明らかである[1]．つまり，第1段階（A）では，因果関係論を論じなければならない．そして，第2段階（B）では，他の帰属の条件を扱うことになる[2]．

A．因果関係論

第1節　因果概念の自然科学的および哲学的問題性について

3 因果関係は，周知のとおり，自然科学および哲学において激しい論争のあるテーマである[3]．原子の領域における波動現象および素粒子現象の理解を研究する量子物理学は，（Heisenbergの研究と関連して）原子における事象は，因果的に決定されるのではなく，蓋然性について言明することのみを許す統計学上

---

(1) これに対し，*Lampe*, Arm. Kaufmann-GS, 1989, 189 以下では，「一方で，── 自然的因果関係に基づく ── 行為と結果との間の意味のある結合」を含み，「他方で，── フィードバックすることによる ── 行為への結果の帰属可能性」を含む，「機能的因果関係」の概念を基礎に置いている（203参照）．

(2) *Ebert/Kühl*, Jura 1979, 561 は，「因果関係および客観的帰属」のテーマへの学生向けに適した入門を提供している．*Puppe*, Jura 1997, 408 は，そのつどの例を手がかりにした因果関係の教訓的な取扱いを提供している．

(3) これについて，*Maiwald*, Kausalität und Strafrecht（因果関係と刑法），1980 は，特に刑法学者の問題に調整した形で，極めて有益な情報を提供している．

451

第3編　構成要件

の法則に従うものであるという，今日，圧倒的に承認されている結論に達している．さらに，Einstein の相対性理論は，事象の因果的な順序が時間において極めて限定的な次元でしか意味をもたないということを示した．これらすべてのことは，法律家が因果関係の伝統的な概念を引き続き使用することに何ら変更をもたらさない．なぜなら，原子以下の領域における単なる統計学上の法則の妥当性は，我々が法律家の関係する日常生活の世界で，実際上の絶対的な確信をもって因果的な法則性を信頼することができるということを妨げないからである．他方で，相対性理論は，従来通りの因果関係の観念を宇宙現象における思考においてのみ使用不可能にするのであり，それに対して，法という限られた領域においては，因果律から導かれる結果を測定可能な形で変更することはできないのである．

4　しかし，たとえ法律の世界の現象を引き続き因果律に従って判断することが許されることを前提としても，なお不明確なものが残る．因果関係とは実存するものなのか，あるいは，Kant が主張したように単なる私たちの理性の思考形式なのかということは議論の余地がある．現代の認識論においては，Kant の考えに反して，因果関係とは，経験的な一定の法則性に導かれる現象であるとみなされているが，通常は「原因」および「作用」という概念を避け，そうではなく，因果関係は連続して生じる事象の予測可能性または説明可能性として理解される．因果関係において「作用する」ものが一体何であるか，そして，それがどのように作用するのかは，これまでのところ明らかでなかった．したがって，法律家が，ある特定の人間の行為が法的関連性のある結果にとって「原因」であるかという単純な質問をした場合，そこにはいくつもの解明されていない前提条件が隠れているのである．しかし，このような定着した言い回しは，実務上の法適用にとって無害でもある．というのは，すべての裁判官は，測定可能な「作用力」ではなく，法則性を突き止めなければならないことを知っているからである．この法則性を突き止めるには，自然科学の理論的な認識に頼らざるをえないのである[4]．

---

(4)　作用力としての因果関係の理解にとって精力的であるが，*Pérez-Barbará*, ZStW 114 (2002), 602 以下は，「作用構成要素はなく，力もないので，因果的な作用因子も成立しない．」と述べている．類似のものとして，*Haas*, 2002, 193 以下において，「因果関係は，力の営みに基づいた，恒常的な，事象から構成され，物理的または化学的パ

第 11 章　客観的構成要件への帰属

5　刑事法律家の間で依然として論争を呼んでいる問題，つまり，因果関係を現実の
エネルギー源として理解すべきか，作用する力と理解するか，あるいは，規則的な
条件としてのみ捉えるべきかという問題は，とりわけ不作為の因果関係についての
問題において実際上の意味をもつ(5)．第 1 の説を唱える者は，不作為の因果関係を
否定しなければならない．それに対し，規則的な条件との説を支持する者は，不作
為にも因果関係があると考えることができる．母親による乳児に対する扶養の不作
為は，たとえ何もしなかったことがエネルギーを動かすことを意味していないとし
ても，その乳児の死の原因であるとみなされうるのである．

第 2 節　等価説（条件説）

6　判例および通説は，原因関係を確定するために等価説を採用する(6)．等価
説は，たいていある結果のあらゆる条件を原因とみなすべきであるという公式
を用いる．あらゆる条件とは，それなしでは具体的な結果が発生しないので，
それをないものとして考えることはできないもののことである．したがって，
あらゆる condicio sine qua non（コンディチオ・シネ・クワ・ノン），つまり，それ
なしでは結果が発生しなかったであろうあらゆる条件が原因とみなされるので
ある．例えば，酔っ払った自動車運転手が自車を制御できず，反対車線に入っ
て対向車と衝突した場合，アルコール摂取はこの事故の原因である．なぜなら，
アルコール摂取がなければ，自動車の運転者は正しい車線を走行し続け，事故
は起こらなかったであろうからである．しかし，事故の被害者も，原因となる．
なぜなら，被害者の自動車運転がなければ，同様にこの事故は起こらなかった
であろうからである．同じ公式に従えば，両方の自動車の製造者も，原因とな
る．さらには，両方の自動車走行のいずれかを誘引した第三者，具体的な出来
事に影響を与えた多くの他の事情（例えば，道路の建設やエンジンの発明など）もそ
うである．したがって，すべての結果の無数の条件の中から一つが選択される
ことはない．むしろ，全条件が等価（すなわち，同価値）とみなされるのであり，
この同価値判断が等価説の名称の由来である．

7　一般的に，等価説は，前法的，哲学－自然科学的意味における因果概念を基

ラメーターによって予測できる，そして，それによるエネルギー伝達の実際的な決定
論的経過である．」と述べている．

(5)　詳しくは，*Roxin*, AT/2, § 31 Rn. 37 以下．

(6)　この説の発展およびこの説との差異化として，*Haas*, 2002, 144 以下．

第3編　構成要件

礎に置いていると解されている．これは，様々な法的評価基準に基づいて条件の中から一つを選択しようした，様々ないわゆる個別化的因果論を排して，歴史的に価値を認められたという限りで正しい[7]．それゆえ，例えば，最有力条件[8]，人間の行為によって設定された最終条件[9]または（阻害条件とは反対に）促進条件[10]のみが，法的な意味における原因とみなされるべきである．これらの理論は，いずれも今日ではもはや主張されていない．なぜなら，それらの区別を論理的なものとして貫徹することがほぼできないことが実証され，また，それらの区別は，因果関係の確定に先立って多くの法的な先行判断を行い，この多くの法的な先行判断によって，法的評価のための諸々の概念がそのあととそれに続くはずの最初の責任範囲の外枠を画するために因果関係を確定するということを不可能にしているからである．しかしながら，他方で，等価説における原因は，その原因が他の多くの原因と共同で作用してのみ結果を惹起するとしても，ある結果を惹き起こしたすべての条件の総体にではなく，すべての個々の条件にあるという限りにおいて，等価説もまた哲学的な用語法からは外れた法的理論[11]でもある．つまり，等価説は，あらゆる原因のパーツを独立した原因として扱う．なぜなら，法学においては，すべての条件を総括するのではなく，人間の特定の行為と結果との関係を確定することだけがつねに重要であるからである[12]．

8　等価説[13]の最初の首唱者としては，*Julius Glaser* が知られており，彼は，

---

(7)　個別化的因果関係論について，最近のものでは，例えば，*Samson*, 1972, 16; *Schlüchter*, JuS 1976, 313 参照．

(8)　*Birkmeyer*, GerS 37（1885），272. 類似のものとして，*Kohler*, GA 51（1904），337（質的に決定的な条件）; LK⁷-*Nagler*, 1954, Anh.（付録）1 の序章，II B 4b（決定的条件）

(9)　*Ortmann*, GA 1876, 93 以下．

(10)　*Binding*, Normen, 1 巻，1922, 115 以下．

(11)　それに加えて，*Spendel*, 1948, 12 参照．

(12)　詳しくは，*Radbruch*, 1902, 1-6.

(13)　等価説の展開については，*Spendel*, 1948, 14-26 がよくまとめて叙述している．近頃のドイツ人著者によって因果関係問題の解答として援用される，オーストラリアの哲学者 *Mackie* のいわゆる Inus 公式は，*Samson*, Rudolphi-FS, 2004, 266 が説明するように，「魅力的な言葉遊びに覆われた condito-sine-qua-non 公式以上のものを何も叙述していない．それより先の認識の獲得は，その公式とは何ら繋がらない」．*Mackie* とドイツにおける彼の系譜として，*Binus*, 2001 が詳しい．

第 11 章　客観的構成要件への帰属

1858 年にすでに次のように述べていた[14].

「因果関係の検討のための…確実な手がかりがある. すなわち, 結果の総体から惹起者と目される者を取り除いて考え, それでも結果が発生し, それでも中間原因の発生順序が同一であった場合, 行為および結果をこの人間の実効性ある所為に帰することができないことは明らかである. それに対し, この人間を一度事件の現場から取り除いて考え, 結果がまったく発生しえなかった場合, または, 他のまったく違う方法でも結果が発生したに違いない場合, 結果をその人間の活動の効果として説明することが間違いなく完全に正当化されるのである」.

しかし, 等価説のより掘り下げた根拠は, *Maximilian v. Buri*[15]にまで遡る. 後のライヒ裁判所判事としての彼の影響下で, この等価説は最初から判例においても貫徹された. まず RGSt 1, 373 において, そして, その後は恒常的に採用された. その際, condicio sine qua non の考え方は, 幾度となく用いられたが, 初めは「取り除いて考える」という特別な公式は使われなかった. この公式は, 1910 年, RGSt 44, 137 (139) において, 初めて登場した. つまり, 「傷害致死は, 傷害を取り除けば同時に致死結果も排除される場合にのみ成立する」. これ以降, この公式は, 数多くの判例の中で用いられるようになった[16].

9　連邦裁判所も刑法において等価説を引き継ぎ, それを常に用いている. すでに BGHSt 1, 332 において, 「傷害が被害者の死を惹起したかどうかの問題は, 条件説によって判断するべきである」と述べられている (判旨). これによれば, 「刑法上意味のある結果の原因は, それを取り除けば結果が発生しなかったあらゆる条件」である. それ以来, この公式は異論なく用いられている[17].

10　時折, 逸脱した判例も見られる. BGHSt 11, 1 (7) では, 「責任原則に支配された刑法は, 原因と結果の関係についての問題に答えるためには, 特定の現象の自然科

---

(14)　彼の"Abhandlungen aus dem österreichischen Strafrecht（オーストリア刑法論文集）" I 巻, 論文 2, 298. 彼の前は, むろんすでに *Stübel* が, 結果にとって必須のあらゆる行為寄与が原因となるという見解に言及していた. その他の文献として, *Haas*, 2002, 144 以下参照.

(15)　まず, Zur Lehre von der Teilnahme an dem Verbrechen und der Begünstigung, 1860 において. その後, 様々な論文において. 例えば, Über Causalität und deren Verantwortung, 1873; Die Causalität und ihre strafrechtlichen Beziehungen, 1885.

(16)　RGSt 44, 230 (244); 55, 343 (348); 57, 392 (394); 58, 366 (368); 66, 181 (184); 67, 259; 69, 44 (47); 75, 50; 75, 374.

(17)　BGHSt 2, 20 (24); 7, 112 (114); 24, 31 (34); 31, 96 (98).

455

第3編　構成要件

学的結合では十分でない．人間の行動を評価する考察方法にとっては，法的評価基準に従って条件が結果にとって意味があったかどうかがむしろ本質的である」という．これは個別化的因果関係論（Rn. 7）への回帰のように見えるが，等価論からの転向ではなく，因果関係と他の帰属の観点との混同に基づくものにすぎない．そのような混同は，他にも見られる（例えばBGHSt 21, 61 参照）．交通犯罪において，「交通違反行為の原因の検討は，具体的な危険な交通状況が発生して初めて，始められなければならない」（BGH VRS 20 (1961), 129, 131, 23 (1962), 369, 370, 24 (1963), 124, 126, 25 (1963), 262, 33 (1967), 61 に引き続いてBGHSt 24,34）という命題も不適当である．そのような場合には，事故の惹起者の原因性ではなく，彼の行為の帰属可能性が問題なのである．

11　学界においては，今日，作為犯において，行為と結果の間の因果関係が，客観的構成要件への帰属のための十分条件でなくても，必要条件であるという意味において，等価説が圧倒的に承認されている[18]．等価説によって開かれた責任範囲の異常な広がり —— 例えば，この説によると行為者の両親や先祖まで，犯されたすべての行為に因果性をもつ —— に対してかつてよく向けられた批判は，因果関係が客観的な構成要件の充足について決定するだけでなく，他の帰属の基準も考慮されなければならないということが認識されて以降，本質的に重要性を失っている（Rn. 44 以下参照）．因果関係は，作為犯において，刑法上の責任の外的限界に過ぎないが，そのようなものとして必要不可欠でもある．

12　それに対し，伝統的な条件説の公式は，批判的な検討に耐えられない．*Mezger*[19] が「条件関係の確定のためにただの一度も役に立たないことはなかった手段」と呼んだにもかかわらず，その公式は，現実には因果関係を突き止めるために貢献しなかった[20]．妊娠中の睡眠薬「Contergan（コンテルガン）」

---

(18)　刑法にとっての因果法則の意義に対する根本的な疑問について，特に *Schmidhäuser*, LB AT², 8/59 以下が言及している．同，StuB AT², 5/60-63; *Kahrs*, 1968; *Otto*, NJW 1980, 417 以下．

(19)　*Mezger*, StrafR, ³1949, 114.

(20)　特に，*Engisch*, 1931, 13 以下参照．同，²1965, 130 以下，*Arth. Kaufmann*, Eb. Schmidt-FS, 1961, 207 以下．この理解は，今日では確立したものであるとみなされており，教科書文献の中でもその価値を認められている．その他の文献として，NK-*Puppe*, vor § 13 Rn. 87 参照．等価説を救済するため，W. *Frisch*, Gössel-FS, 2002, 53 は，実際の因果関係の確定のための公式としてではなく，「刑法における因果関係の内容についての単純な規範的な言明として解釈する」いう形で，機知に富んだ試み

第 11 章　客観的構成要件への帰属

の服用が，その後生まれた子供の奇形を惹起したかどうかを知りたい場合（LG Aachen JZ 1971, 510 の事案），睡眠薬の服用を取り除いて，その場合にその結果が生じなかったかどうかを問うことは役に立たない．この問いは，その睡眠薬が奇形の原因であるか否かを知っている場合にのみ，答えることができるのである．しかし，これを知っていた場合，この問いは不要である．一言で言えば，取り除いて考える公式は，この公式によって初めて確かめられるべきことをすでに前提としているのである．

13　しかし，等価説の公式は無益なだけではなく，誤りを招くおそれもある．これは，特に，一定の仮定的因果関係や択一的因果関係の場合に妥当する．例えば，誰かが戦争中に違法な射殺を行ったことを非難され，彼が拒絶すれば，他の誰かが全く同じ方法で射殺を敢行したであろう状況に巻き込まれた場合，彼の行為を取り除いて考えても，結果が発生しないわけではない．しかし，当然，彼の行動の因果関係が欠如することにならない．そのことを争おうとすれば，第 2 の兵士の仮定的な行為も原因にはならなかったのであるから，被害者の死が原因なく発生したという不合理な結果にたどり着くことになるだろう．同様のことは，A と B が互いに独立して C のコーヒーに毒を盛るという択一的因果関係の教室事例でも妥当する．C が毒で死亡したが，A または B によって与えられた量がそれだけでもまったく同じ方法で死を惹き起こしていたであろう場合，両者のいずれの行為を取り除いて考えても，結果が発生しないことにはならない．したがって，逆に，発生した死にとっての因果関係が欠如することになり，A と B は殺人未遂によってしか罰せられないことになる．しかし，彼らの毒が現実に効果を及ぼしていた限り，正確には両者が C の死を惹起しており，両者が殺人既遂によって罰せられるべきである（詳細は Rn. 25）．

14　*Spendel*[21] は，等価公式の弱点を仮定的な原因の除去によって取り除こうとした．彼によれば，「ある行為は，それなしでは —— まだ残っていて，実際に現実化した事情を唯一考慮した場合 —— 具体的な結果が発生しなかったであろう場合において，因果性が認められる」．しかし，この公式は，（毒殺事例における）択一的因果関係においてもそれ以上役に立たない．なぜなら，それぞれの毒は他方の毒にとって実際

を行った．それによれば，経験による知識は，少なくとも明白な事例においては，合法則的な条件を明文をもって確定することに代わるものになる．

（21）　*Spendel*, 1948, 38; 賛成意見として，*Welzel*, StrafR[11], 44.

457

第3編　構成要件

に存在していたからである[(22)]. 仮定的原因（銃殺事例）において，この公式は，た
しかに正しい結果を導く. なぜなら，第1の兵士による銃殺を取り除いて考え，第2
の兵士の仮定的な行為を付け加えて考えなければ，結果は欠如するからである. し
かし，もし…であれば，何が起こっていただろうかということをそれ以上問わず，
そのかわり，「実際に現実化した事情」に照準を合わせるのであれば，この公式は，
実際には放棄されている[(23)]. そうなれば，行為者が実際に原因となったかどうかは，
別の方法で検討しなければならない.

15　したがって，学問上，今日広く支持されるのは，*Engisch*[(24)]を創始者とする
「合法則的条件」の公式である. この公式は，*Jescheck*[(25)]が最も的確に表現し
たところによれば，因果関係の存在が，「ある行為に，既知の自然法則によっ
てその行為と必然的に結合された時間的に後続する外界における変化が接続す
るかどうか，そして，その変化が構成要件に該当する結果として現れるかどう
か」によって判断される[(26)]. たしかに，この公式も現実の因果関係を究明す
るにあたって役に立つわけではない. というのも，この公式は合法則的関係の
存在について何も語っていないからである. しかしながら，この公式には，こ
のことを隠蔽して誤魔化さないという利点がある. 因果関係は，それが疑わし
い場合，決して何か公式によってではなく，常に正確な自然科学的方法（主と
して実験）によってのみ証明されうるのである[(27)]. しかし，（銃殺事例や毒殺事例
のように）因果関係に疑いがない場合，合法則的条件の公式はこれを明確に認

---

(22)　*Engisch*, ²1965, 131 Fn. 288 参照; *Arth. Kaufmann*, Eb. Schmidt-FS, 1961, 209.

(23)　*Engisch*, ²1965, 131 Fn. 288 参照; *Arth. Kaufmann*, Eb. Schmidt-FS, 1961, 209. こ
の異議は，*Schlüchter*, JuS 1976, 568 以下に対しても妥当する.

(24)　*Engisch*, 1931, 21.

(25)　*Jescheck/Weigend*, AT⁵ § 28 II 4.

(26)　*Jäger*, AT, § 2 Rn. 30 も同じ. *Jakobs*, AT², 7/121; *Arth. Kaufmann*, Eb. Schmidt-
FS, 1961, 210; *Kindhäuser*, AT, § 10 Rn. 12 以下; Kühl, AT⁴, § 4 Rn. 22 以下; SK⁶-Ru-
dolphi, vor § 1 Rn. 41; Samson, 1972, 30 以下; *Sch/Sch/Lenckner*²⁶, vor § 13 Rn. 75;
Wadler, SchwZStr 93（1977），136 以下.

(27)　科学理論的にも「合法則的条件」の理論は，刑法学にとって活発な議論の対象と
なる様々な問題を投げかけている. 詳しくは，*Bernsmann*, ARSP 1982, 536; Erb, JuS
1994, 450 以下; *Kindhäuser*, GA 1982, 477; *Puppe*, ZStW 92（1980），863; 同，Jus 1982,
660; 同，ZStW 95（1983），287; 同，ZStW 99（1987），595; 同，NK, vor § 13 Rn. 86 以
下; *Samson*, ZStW 99（1987），617; *Schulz*, Lackner-FS, 1987, 39. これらの文献は，大
部分において，因果関係に対する問題を超えて帰属の問題を含んでいる.

識させ，判断者を騙すことはない．

16　因果関係の客観的な自然科学的証明が欠如している場合，それが，自由心証の方法で裁判官の主観的な確信に取って代わられることは許されない[28]．これに対し，*Puppe*[29]は，「因果法則をその領域の自然科学の水準で十分確実に証明されている場合に初めて法実務において適用すること」は，「非実用的」である，「実務においては，法的帰結を導くためには，十分に確認された法則の推定で足りるとされなければならないだろう」と考えている[30]．この考え方によれば，「自然法則」は，その存在が争われていないわけではないが，この科学の主唱者の「代表的な一部」によって承認されているときには，すでに適用されることが許される[31]．裁判上の証拠方法は因果律の認定には適当でないから，因果律は，裁判上の証明に「原則として使用できない」とされる[32]．連邦裁判所 (41, 215) も，裁判官は「鑑定意見の聴聞後，科学的な意見対立の対象となる研究結果に依拠すること」を妨げられないとする．しかし，裁判所は，あらゆる因果関係の認定において，自然法則を引っ張りださなければならない．自然法則を自ら証明できないということが，科学的認識の基準に基づいた審査の可能性を妨げるものではない．もし，「通説」あるいは，裁判官の「主観的確信」でさえ，自然法則的因果関係の成立で足りるとする場合，「疑わしきは被告人の利益に」の原則が空洞化され，法治国家として憂慮すべき事態になる[33]．薬品，食品またはその他の物質の有用性，無害性，有害性についての科学における多数説は，しばしば変わる．刑法上の有罪判決は，そのような多数意見に基づくべきではない．たしかに，連邦裁判所は，裁判官が心証形成において，まだ一般的に承認されていない手段や結果について賛成する見解

---

(28)　*Arm. Kaufmann* (JZ 1971, 569, Contergan 訴訟における LG Aachen JZ 1971, 507 に反対する) 以来の覆ることのない通説である．ただし，*Maurach/Zipf*, AT/1[8], 18/39-41 参照；*Sch/Sch/Lenckner*[26], vor § 13 Rn. 75；限定的に解するのは，*Hilgendorf*, 1993, 117 以下．Kuhlen は，判例と同様に，有罪判決のためには「一般的な因果関係」で足りるとする (1989, 63 以下；同，NStZ 1990, 567；同，JZ 1994, 1145)．

(29)　NK-*Puppe*, vor § 13 Rn. 86；同，JZ 1994, 1147；同様に，すでに SK[6]-*Rudolphi*, vor § 1 Rn. 42 c.

(30)　NK-*Puppe*, vor § 13 Rn. 86.

(31)　*Puppe*, JZ 1994, 1151.

(32)　NK-*Puppe*, vor § 13 Rn. 86.

(33)　それに加えて，*Hoyer*, ZStW 105 (1993), 529 以下，542 以下，555 以下．

第3編 構成要件

も反対する見解も考慮しなければならないということを要求している．しかし，裁判官は，それによってどのようにして科学自体がまだ決することのできていない科学上争いのある問題を決定することができるのだろうか．したがって，因果法則は，科学的に真剣に受け止めるべき疑問がない場合にのみ採用されるのである．正確な自然法則関係の証明をすでに放棄したいのであれば，裁判官の心証形成の問題に代えて，そしてそれによって訴訟法に移行して，むしろ学説で最近主張されている蓋然性理論の因果関係モデルを持ち出すべきである（Rn. 35 以下）．

17 さらに，ある製品が健康被害を惹起したが，どの物質が害を惹き起こしたのかが分からないままであることが確定した場合，因果関係を認定するには，それで足りるかどうかが問題となった．BGHSt 37, 106（111 以下）は，これを有名な皮革スプレー判例で肯定した[34]．「法的に誤りなく，── より詳細に解明されないにしても ── 製品の内容の性質が損害の原因であるということが認定された場合，なぜこの性質が損害の原因となりえたのか，自然科学的分析および認識に基づけば結局その原因は何であったのかを認定することが，原因関係の証明のためにさらに要求されることはない」（112）[35]．主要な反論は，重要な作用要因が完全に信頼できる程度に知られていない場合，未知の作用要因を信頼できるほどに排斥することはできないという仮定にある[36]．しかし，これはそれほど断定的に言えるものではない．製造物責任以外でも，重要な因果要因が判明しない事例が存在する．例えば，「被疑者以外の誰かがナイフを持ってその場に居合わせたということを信頼できる程度に排斥できたときにだけ，ナイフによる多数の刺し傷のうちどれが被害者を死亡させたのか」を解明

---

(34) 同様のものとして，スペインの最高裁判所のいわゆる菜種油（Rapsöl）判決，NStZ 1994, 37 および BGH の木材防腐剤事件，BGHSt41, 206.

(35) それに対する批判として，*Brammsen*, Jura 1991, 533; *Dencker*, 1996, 53 以下および随所に；*Hassemer*, ²1996, 27 以下；Puppe, AT/1, § 2 Rn. 7 以下；*Röh*, 1995, 49; Samson, StrV 1991, 182; *L. Schulz*, 1994, 41 以下；*Volk*, NStZ 1996, 105. BGH に賛成するものとして，*Beulke/Bachmann*, JuS 1992, 737; *Erb*, JuS 1994, 453; *Jescheck/Weigend*, AT⁵, § 28 II 4 の Fn. 26; *Kuhlen*, NStZ 1990, 566; 同，JZ 1994, 1145（それよりも前にすでに，BGHSt 37, 112 に基づいた同，1989, 69 以下，72）; *Otto*, Wirtschaftliche Beratung, 1995, 929; おおよそ同様のものとして，*Schmidt-Salzer*, NJW 1990. 2966.

(36) *Hassemer*, ²1996, 42.

460

第 11 章　客観的構成要件への帰属

する必要がない[37]．また，例えば薬品の有害な作用も，それを実験でいつでも証明可能な場合（その作用が具体的に何に基づいているのかが知られていなくても），同様に確定している．他方で，損害の原因となった要因が何も分からない場合，因果関係の認定に際して最大限の注意が必要であることについては，連邦裁判所の判例の批判者に正当性が認められる．こうして，例えば皮革スプレー事件では，他の損害原因も考慮に値しなかったのかが問題になりうる．統計的にわずかな数しか損害事例がなく，それ以前にはまったく損害が発生していなかったという事情は，因果関係の証明に疑いを生じさせうる．しかし，これは事実上の問題である．原則として，連邦裁判所も，「考えうる他のすべての損害原因を…排斥することができる」ことを要求する（前掲 112 頁）．この前提にあてはまる限り，連邦裁判所に賛同することができる[38]．

18　連邦裁判所は，木材防腐剤事件（BGHSt 41, 206, 加えて既出の Rn. 16 参照）[39] において，さらに一歩踏み出した．つまり，「木材防腐剤放出と発病の間の原因関係は，人間の器官に対する木材防腐剤の内容物の作用方法を自然科学的に証明すること，あるいは，他のすべての可能性のある発病原因を列挙して排斥することを通してしか証明することができないわけではない」．むしろ，「完全な検討がなくても」，「自然科学的認識と，そしてその他の間接事実の全体評価によって」も，他の原因は排斥することができる．これは，すでに論理的に矛盾している．他の可能性のある原因を考慮することができたであろうにもかかわらず，一度も取り上げて検討したことがなかった場合，どうやってそれを排斥できるのだろうか．この点では，*Volk*[40] が，連邦裁判所は「結果として…合法則的条件の理論を停止し，明白関連性の理論，統計的蓋然性の理論によって埋め合わせた」と言うのは正しい．

---

(37)　*Hassemer*, ²1996, 43.

(38)　*Gretenkordt*, 1993, 111 以下は，多くの事例において，製品使用と健康被害との間の合法則的な関係を証明可能であるとはみなしておらず，したがって（124 頁以下），旧 319 条および旧 320 条（公共の利益にとって害のある毒を入れること）の新構想を支持する第 6 次刑法改正法の立法者は，現在の 314 条の構成要件を抽象的危険犯として整理している．

(39)　この決定に至るまでの訴訟経緯については，*L. Schulz*, 1994, 47 以下．

(40)　*Volk*, NStZ, 1996, 105（109）は，全排除方法に対する一読に値する異論をもって批判している．その他の文献として，*Puppe*, AT/1, §2 Rn. 10 以下．

461

第3編　構 成 要 件

19　委員会決定がなされた場合においても，因果関係の認定は困難をもたらす
(41)．特に，違法な決定が，その効力を生じるため必要である票よりも大多数
の票（すなわち例えば6対2の票）で下された場合，個々人はいずれも conditio-
sine-qua-non 公式で防衛することができるであろう．すなわち，個々の投票
をあっさり取り除いて考えても，結果がなくなることはないからである（先の
例における投票比率は，5対2になる）．このような主張が説得的でないということ
については一致があるが(42)，ただその根拠には争いがある．連邦裁判所は，委
員会決定への関与者が「その限りで共犯者」であるという理由から，因果関係
の問題に重大な意義を認めていない(43)．実際には，このようにして因果関係
の問題は回避される．なぜなら，共犯を認定するには，ある判断に際する寄与
が，合議決定の出発点となる(44)結果の惹起のためには，最初から重要だった
だろうということ(45)で足りるからである．しかしながら，その種の事例にお
いては，因果関係も根拠になりうる．*Puppe*(46)によれば，(Rn. 15 で述べた) 合
法則的条件の公式が助けになりうる．それによれば，個々人のあらゆる票が，
さらなる（違法な）多数を形成するために必要な票と一緒になって，結果にとっ
ての十分条件を設定するということのみが重要である．換言すれば，「それぞ
れの票を，それと一緒になって多数を形成するために必要な数の他の票と合計
することにより」因果関係が手に入る．「その際，他の関与者がどのような票

---

(41)　それに加えて，その他の文献として，*Jakobs*, Miyazawa-FS, 1995, 419 以下．同様
に，*Knauer*, 2001; *Kühl*, AT⁴, § 4 Rn. 20 b. 事情は異なるが，ここで取り扱われる問
題としばしば混同される，必要な決定をもたらさなかったことを理由とする委員会委
員の不作為の可罰性の因果関係の問題として，*Hilgendolf*, NStZ 1994, 561 以下および
Roxin, AT/2, § 31 Rn. 65 以下参照．

(42)　因果関係の欠如を理由として，共同投票者の無罪を主張するのは，*Nettesheim*,
BayVBl 1989, 165 のみである．それに反対するものとして，*Weber*, BayVBl 1989, 169
もやはり重畳的因果関係に照準を合わせる．

(43)　BGHSt 37, 107 以下 (129)；賛成するものとして，*Kuhlen*, NStZ 1990, 569 以下；結
論において同様のものとして，*Dencker*, 1996 の随所において．

(44)　詳しくは，*Roxin*, AT/2, § 25 Rn. 212 以下．異なる意見として，*Puppe*, Spinel-
lis-FS, 2001, 927 以下．

(45)　詳しくは，*Knauer*, 2001.

(46)　*Puppe*, JR 1992, 32 以下；同，NK, vor § 13 Rn. 109. 同様のものとして，*Hilgen-
dorf*, NStZ 1994, 565 があるが，奇妙なことに以前は *Puppe* の同内容の議論を説得的
でないとして否定していた（前掲563頁）．

462

を投じたかは，未解決のままでかまわない」ということになる[47]．これには賛成できるが，なぜ重畳的因果関係の事例がそこに見出されないのかは，筆者には理解できない[48]．なぜなら，委員会決定の状況は，それぞれの行為者がそれだけでは致死とはならない量の毒をグラスに投与し，他の行為者の投与と組み合わせることで致死量になるという事例に匹敵するからである．ここでも，それぞれの票は，それだけでは有効な原因にはならないが，他の票と一緒になって初めてその効果を発揮するという状況になる．「たとえ投じられた票数より少ない票数で決定がなされていたとしても，現実世界では…，すべての関与者が，その実現を初めて可能にした，つまり，その成立に因果的に寄与したということが言える」[49]．

第3節　等価説の個別の諸問題

20　等価説を上述の意味で理解すれば，因果関係の認定における主要な問題点は，要求される合法則的関係の究明にある．それは，狭義の法律問題ではないので，裁判官はその際，場合によっては鑑定人を利用しなければならない．これに対し，等価説を適用する際に生じる法的問題は，陰に隠れてしまう．すなわち，等価説の浸透に本質的に寄与したのは，この説によれば，その法的問題が比較的容易に処理できたからである．しかし，他の因果関係理論と論争する際，部分的に，一定の役割を果たしてきたいくつかの問題を明らかにするための検討を加えなければならない．

21　1．今日，広く承認されているのは[50]，合法則的関係を究明する際，結果を導くあらゆる中間項を含めた上で，極めて具体的な形で，結果を顧慮しなければならないということである（具体的等価説）．そこから導かれるのは，いかなる形でも結果の変更があれば，因果関係を認めるに足りるということである．瀕死の状態の者を殺害する者は，たとえその生命を短縮すらしていないとして

---

(47)　NK-*Puppe*, vor § 13 Rn. 109.

(48)　しかしながら，*Puppe*, JR 1992, 32. 重畳的因果関係については，*Marxen*, AT 31 も．

(49)　様々な根拠づけの試みについてよく概観できるものとして，*Rodríguez Montañés*, Roxin-FS, 2001, 307（316）.

(50)　しかしながら，Fn. 55 を含む Rn. 22 および Fn. 62 を含む Rn. 24 を参照．

463

第3編 構 成 要 件

も，その死亡を（具体的な方法と態様で）惹起している．たとえ医師が自己の行
為によって患者の回避不可能な死を遅らせたとしても，彼は，等価説の意味に
おいては，その死にとっての条件を設定したのである．この死亡の惹起を彼に
殺人罪として帰責するかどうかは，別の（当然否定されるべき）問題である（Rn.
53参照）．因果関係は，単に最初の帰属条件であるだけで，唯一の帰属条件で
はないのである．同様に，自己の行為への寄与によって他人が陶器の花瓶に加
えた亀裂をより大きくした者，または，単に変化させた者も，器物損壊を惹起
したものである．この原則は，一般的に判例においても承認されている．しか
し，BGH NJW 1966, 1823 は，誤っている．すなわち，第三者の打撃が死亡に
とって一緒に作用し，おそらく死亡をさらに早めただろうという理由で，致命
的な打撃を死亡の原因とするべきではないとした[51]．死を招いた，あるいは
死を早めたという打撃の性質は，因果関係の証明には十分でない[52]．事象の
変更は，構成要件要素の実現の方法と態様および時間と場所にとって重要でな
い場合にのみ，因果的でない[53]．したがって，後に他人が壊す花瓶に色を塗っ
た者は，器物損壊の惹起者ではない．なぜなら，色を塗った花瓶の破壊と色を
塗っていない花瓶の破壊の間にはたしかに相違がある．しかし，法律的に（303
条で）単に要求されている器物損壊の結果にとって，行為客体の彩色はどのよ
うに考えても重要でないのである[54]（例えば，装飾が花瓶の壊れやすさを高めたとい
う場合でのみ異なることになるだろう）．

22 もっとも，最後に挙げた重要性の観点には評価的要素が隠れている．*Puppe*[55]は，

---

(51) これに反対するものとして，さらに*Baumann/Weber/Mitsch*, AT[11], § 14 Rn. 32
Fn. 39; *Hertel*, NJW 1966, 2418; *Kion*, JuS 1967, 499; *Schlüchter*, JuS 1976, 380.

(52) BGHR StGB, vor § 1/Kausalität（因果関係）; Angriffe, mehrere 1.

(53) *Jakobs*, AT[2], 7/14:「結果の付随事情にとっての条件は，…重要でない」；そこでは
（7/15以下），限界についての詳細も．その問題は，今日では，因果関係を肯定する場
合でも，いずれにしても帰属（Rn. 55以下）が阻却されることによって，その実務的
な意義が失われた．

(54) これについて，いわゆる抽象化した結果の考察に取り組んでいるのは，*M. L.
Müller*, 1912, 10以下参照; *Engisch*, 1931, 11以下; *Samson*, 1972, 29以下．

(55) *Puppe*, ZStW 92 (1980), 880; 同, NK, vor § 13 Rn. 67以下．したがって，彼女は，
「具体的形態」の理論を原則として否定するに至る．他方で，*Puppe*に反対するのは，
Erb, JuS 1994, 451以下．GA 1994, 300以下において，*Puppe*は，そこで加えられた
批判に対し，自身の否定説を詳細に弁護している．*Puppe*と建設的な論争をし，刑法

そこから結果概念の徹底的な規範化という結論を導く．彼女は，「法益にとって不利な」状態の変更のみを結果として，是認しようとする．「出発点となる状況」も，因果関係から取り除かれるべきであるとする[56]．「被害者に後に盗まれる物を売却した者が，具体的な窃盗の結果にとって，ほとんど原因を作り出してはいないのは，後の職務犯罪を犯す者を公務員に任命した者が，後の職務犯罪の原因を作ったのではないのと同様である」．そこで見られるのは，等価説の放棄であり，個別化説のような法的因果概念への回帰である（Rn. 7 参照）．また，このようにして規範的帰属論（Rn. 44 以下）の大部分が因果概念に持ち込まれてしまう．これは，合目的的でない．── たとえ法的でも ── 因果関係理論は，現代の帰属論の極めて複雑なルールを守ることはできず，その展開が妨げられることになるからである．因果関係と帰属の区別は，解釈学上の成果であり，早まって再度放棄されるべきではない[57]．ここでは *Jakobs*[58] の言うように，「帰責の問題を因果の問題としてこのように定式化することの長所が明白でない」．

23　2. 作為犯において，すべての仮定的因果経過は，因果関係に基本的に影響しない（しかし若干の制限について Rn. 34 参照）．したがって，ある者が「第三帝国」の時代に，── 最後には被害者が死亡することになる ── 強制収容所への収容を指示したとして殺人罪で起訴された場合，そうでなければ他の誰かが収容を指示しただろうという理由で，自己の因果関係を否認することはできない（BGHSt 2, 20）[59]．第三者を追突事故で傷害した者は，その因果関係を「第三者の行為によっても同じ結果が惹起されていただろうということで問題にすることはないだろう」（BGHSt 30, 228）[60]．

上重要な結果変更の確定に際して評価的要素の具体化についての詳細な説明を提供するのは，*Hilgendorf*, GA 1995, 514. 彼が，筆者がすでに強調していた，因果関係領域における「評価的要素」によって「因果性の判断と客観的帰属という形象の間の境界」が部分的に撤廃されることを強調するのは正しい．この点に，*Puppe* の見解の相対的な正当性がある；しかしながら，周辺領域において因果関係と規範的 ── 客観的帰属の境界が曖昧になることは，*Puppe* が取り組んだ因果関係と帰属の混同が更に進むことをいまだ正当化するものではない．

(56)　この点に，Rn. 10 で不当であると述べた BGH の交通判例との一定の類似性がある．

(57)　賛成するものとして，*Pérez-Barbará*, ZStW 114（2002），624 以下の詳しい論述がある．

(58)　*Jakobs*, AT², 7/17 Fn. 19.

(59)　*Roxin*, HRR AT Nr. 1.

(60)　判決について，*Puppe*, JuS 1982, 660; *Kühl*, JR 1983, 32.

第3編　構成要件

24　通常，この結果は，「取り除いて考える」伝統的な公式によっても導かれる．なぜなら，行為者の行為を取り除いて考えた場合，その結果はたしかに同じだったであろうが，まったく同じ具体的な方法と態様では起こっていないだろうからである．しかし，たとえ結果とその作用効果の外形が完全に同一であり —— *Engisch*[61] によって作られた，CがA打目的でAに棒を手渡したが，それでなくてもDが棒を渡していただろうにといった事例と同様に ——，被疑者の行為（ここでは，Cの行為）を難なく取り除いて考えることができ，そして結果はそれでも同じように発生したとしても，合法則的条件の公式によれば，Cの因果関係を少しも変更することはない（Rn. 13 参照）[62]．同じことは，*Puppe*[63] が掲げた，ある者が「複数の第三者が設定した条件のうち，いずれが現実の因果の解明として現れるかを自己の行為によって決定する」という事例にも妥当する．したがって，被害者Oに，同じく彼を狙っているBではなく，その代わりに殺人者Aの狙っている射撃コースを知らないうちに走らせた者は，自己の影響により具体的な射撃結果を惹起しており，これがなくてもOが殺害されていただろうということで責任を逃れることはできない．

25　3. 択一的因果関係[64]（Rn. 13）の事例でも，もっぱら合法則的条件の公式によるだけで解決することができる．AとBがCに対し，互いに独立してそれぞれ致死量の毒をコーヒーに入れるという前述した事例において，両者の有毒物質がCの死亡に寄与したということが化学分析で証明された場合には，両者が殺人既遂にとって因果性を有する．それに対し，Bの物質が有効になるうる前に，Aによって使用された毒が死亡を惹起したということが判明した場合，Bには殺人未遂が成立するにすぎない．どちらか一方の毒のみ効果があったことが判明し，それがAとBのどちらによるものかを事後的には確定すること

---

(61)　*Engisch*, 1931, 15 以下．

(62)　*Schüchter*, JuS 1976, 518 以下は，条件のうち一つだけを他の条件と入れ替えたにすぎないとしても，結果が同じになることは決してないと考える．つまり，Cを取り除いて考えても，Dから手渡されてAが棒を手に入れていたであろう場合，すでにこの理由で，結果は別物（Cに代わってDに手渡された棒を使って殴打）であり，したがって，取り除いて考える方法が適切であると実証されるとする．しかし，全部の条件を結果の構成要素とすれば —— 結局は用語上の問題であるが ——，どの要因が結果の合法則的条件に属し，「取り除いて考えること」を免れることができるのかをあらかじめ知っていなければいけない．したがって，ここで，「具体的形態」における結果の理論（Rn. 21 参照）は限界にぶつかる．

(63)　NK-*Puppe*, vor § 13 Rn. 104.

(64)　詳しくは，*Joerden*, 1986; 同，JBl 1987, 432 のオーストリアの最高裁判所のある事件 JBl. 1987, 191 について．

第 11 章　客観的構成要件への帰属

ができない場合は，疑わしきは被告人の利益にの原則に従って，両者を未遂で処罰すべきである．択一的因果関係の事例をめぐっては，行為者が一発は故意で，一発は過失で被害者に発砲し，どちらの発砲もそれだけで致命的であったが，被害者は，実際には両方の発砲による傷害結果の重なり合いによって死亡した場合も問題となる．しかし，この場合，過失致死は補充的なものとして故意の殺人の背後に退く（BGHSt 39, 195）[65]．

26　そのような事例では，「取り除いて考える」公式がそれ以上助けにならず，解決を難しくするだけであるということはすでに示された（Rn. 13 以下）．したがって，このような事例では，「改良された」除去公式が作られた[66]．すなわち，「多数の条件のうち，たしかに択一的には取り除いて考えることができるが，結果が欠落するので重畳的には取り除いて考えることができないものは，すべて結果にとって原因である」というものである．この公式はたしかに個々の寄与を取り除いて考えるのと異なり，両行為者を既遂によって処罰することを可能にする．しかし，この公式は，一方の寄与がまったく効果をもたらさず，したがって未遂による処罰しか許されない場合でも，この結論を導くだろう．したがって，この公式は本来の除去公式よりも改良されておらず，一つの欠点を別の欠点で代替するだけである．

27　4. 条件関係が通常性を欠くことは，因果関係に影響を及ぼさない．A が B を散歩させ，その道中で B が C に轢かれて死亡した場合，たとえ A がこの経過を予測することができなかったとしても，A は，B の死亡にとって C や B 自身と同様に因果的である．ある者が他人を傷害し，その被害者が病院で麻酔により（RGSt 29,218），医師の医療過誤により，または病院の火事によって死亡した場合，それにもかかわらず傷害した者は死亡にとって因果的である．同様のことは，他人に平手打ちをした者が，まったくもって不幸な事情の連鎖で被害者の死亡を惹き起こした場合にも妥当する（BGHSt 1, 332）．結果にとって「重

---

(65)　過失致死が付け加わることによって生じる因果の逸脱は，重要でないと解さなければならない．なぜなら，行為者は，彼の計画（故意の殺人）を依然として実現したからである（§ 12 Rn. 155 参照）．別の見解として，*Wolter*, JR 1994, 468. この判決について，*Rogall*, JZ 1993, 1966 も参照．同様に，*Murmann/Rath*, NStZ 1994, 217 以下があり，これは，故意殺人の未遂しか認めようとしない；異なるものとして，*Toepel*, JuS 1994, 1009.

(66)　*Welzel*, StrafR[11], 4 5；彼よりも前にすでに *Traeger*, 1904, 47 以下；*Puppe*, ZStW 92 (1980), 876 以下も参照；同，NK, vor § 13 Rn. 96 以下；*Ebert/Kühl*, Jura 1979, 568. 「改良された」公式の意味で，BayObLG NJW 1960, 1964 も；それに加えて，*Eser/ Burkhardt*, StrafR I[4], 事例 5 Rn. 32 以下．

467

第3編 構成要件

大な」原因が被害者自身の体質に，または落ち度にあるということは，他人の因果関係に何ら変化をもたらさない．したがって，他人に軽い傷害を負わせた者は，予測できず血友病患者だったため（RGSt 54, 349），または脊椎硬化症に罹患していたがため（BGH, LM, § 222 Nr. 1），ただそれゆえに被害者の死亡を惹起した場合にも因果的である．あるいは，ある者がオートバイレースをしていて，相手が自らの不注意で不幸にも事故死した場合でも（BGHSt 7, 112），その者は因果的である．むろん，そのような事例には，しばしば帰責可能性が欠け，それによって可罰性も欠ける（Rn. 108 参照）．しかし，これは因果関係の問題ではない．

28 5. 因果関係は，行為と結果との間に第三者の故意行為が介在しても「中断」されない．これは，かつて「遡及禁止」の理論が主張していた[67]．そこでは，故意犯に時間的に先行する条件への遡及は，（教唆および幇助に関する特別規定を除いて）禁止されるべきであり，因果関係は第三者の故意行為によって中断されるとされた．この理論は，今日ではせいぜい因果関係の中断の意味において支持できるにすぎない（さらに詳しくは，24章 Rn. 27 以下）．合法則的関係は，存在するか存在しないかであり，中断されることはないからである．判例でもこの理論はいつも否定されてきた．初めに否定したのは，RGSt 61, 318 であり，そこでは，建築監督局の許可を受けずに火災の危険のある屋根裏のある家屋を建築した者は，後に発生した火事で死亡した住人の死亡についても因果的であるとされた．死亡または少なくともその死亡の具体的な方法と態様は，屋根裏のある家屋の状態によって（共同して）条件付けられたからである．RGSt 64, 370 も明白に否定した．すなわち，恋人関係にある男性がその恋人の女性に毒を渡し，その毒でその恋人の女性が男性の妻を殺害したとき，毒を渡した男性は，その毒の使用目的を知らなかったとしても死亡を惹起したとされた．RGSt 63, 316; 77, 17 も同様である．連邦裁判所は，この判例を継承した．つまり，堕胎

---

(67) *Frank*, StGB, [18]1931, § 1 III 2 a によって展開された．しかしながら，因果関係の中断理論は本質的に古くなってきている．この理論の「父」として，*v. Bar*（Die Grundlagen des Strafrechts（刑法の基礎），1869; Die Lehre vom Causalzusammenhange im Rechte, besonders im Strafrechte（法律，特に刑法における因果関係），1871）が認められている．しかし，彼よりも前にこの理論を提唱していた者もいた．包括的な理論史的な研究を *Ling*, 1996 が展開している．過失行為の範囲内における遡及禁止論の意義については，24章 Rn. 27 以下参照．

第 11 章　客観的構成要件への帰属

行為の結果，乳児が早すぎる時期に生まれ，殺害された場合，故意の殺人にも
かかわらず，堕胎行為が結果の原因であるとした（BGHSt 10, 291）．ある者が装
填された拳銃を放置し，それで他人がそれで自殺した場合には，その者は故意
の自殺にもかかわらず，その死亡に因果的である（BGHSt 24, 342）．

29　過失の中間原因は，なおのこと因果関係に影響を及ぼさない．劇場を訪れた
客が劇場クロークでコートを預けた際，装填した拳銃をポケットに入れたまま
にしており，客席案内係が転がり落ちた拳銃を冗談で他人に向けて発射した場
合，劇場を訪れた客は，客席案内係と同様に結果の原因である（RGSt 34, 91）．
同様のことは，傷害が，被害者の過失行為によって初めて死亡をもたらした事
案（RGSt 6, 249; 22, 173）でもあてはまる（上述 Rn. 27 参照）．BGHSt 4, 360 も参考
になる．すなわち，トラックを灯火しないまま放置した者は，警察官がすでに
取り付けられていた警告灯を不注意から予定より早く取り外した場合でも，衝
突した自動車運転手の死亡の原因になる（この場合の帰属問題については，Rn. 137
参照）．

30　それに対し，設定された因果の連鎖が，第 2 の因果の連鎖により「中断」，
「凌駕」され，もはや作用しない場合，したがって結果ともはや合法則的関係
にはない場合には，因果関係がない．A が毒を盛った料理で B をもてなし，
その致死作用が翌日初めて現れるはずであったが，B がその日のうちに交通事
故で死亡した場合，A は B の死亡に因果的ではない．毒を盛ったことは，B
の死亡にいかようにも作用しなかったからである．A は，したがって殺人未
遂でしか処罰されえない．もし B が最初に不調の兆候が現れた後に病院に向
かい，その道中で事故によって死亡していたとすれば，異なる結論になるだろ
う．その場合，A によって設定された因果の連鎖は，死亡の具体的な事情に
作用することになり，A は原因になったであろう．つまり，この死亡の惹起
を殺人として A に帰属させるかどうかは，ここでもまた別問題である（Rn. 69）．
他人を殺人の故意で射撃した者は，第三者が重傷の被害者を刺殺した場合でも
死亡について因果的であり続ける（BGH NStZ 2001, 29; さらに Rn. 70 も参照）．ライ
ヒ裁判所は，「因果の連鎖の中断」に標準的な原則を，他の理由から間違った
判決結果になり，ある誤った証言が影響しなかったという事案において一度極
めて明確に述べた（RGSt 69, 44 [47]）．「原因関係を認めるための前提は，当然，
特定の結果に向けられた元の行為が，実際にも結果の発生に至るまで作用を及

469

第3編　構 成 要 件

ぼし続けたこと，したがって実際に原因であったことであり，例えば，同じ結
果に向けられた後の事象がこの作用を及ぼし続けることを除去して，評価され
る行為から独立して新しい原因の連鎖の開設に基づいて結果を惹起したのでは
ないことである」．行為者は偽証罪の既遂で処罰されえたが，証言と訴訟相手
の財産損害との間に因果関係が存在しないので，訴訟詐欺未遂で処罰されるに
すぎない．

31　6．結局，合法則的関係が他人の心理を通じて媒介される場合でも，因果関
係は欠けない[68]．たしかに，人間の意思の自由が，因果法則の必要性と矛盾
するため，因果法則は条件関係の中に心理的要因が媒介することで挫折したと
時折主張される[69]．この主張は，教唆や心理的幇助において，同様に遡及禁
止事例（Rn. 28 以下），あるいは被欺罔者の錯誤による詐欺損害の介入（263 条）
においても，自ら心理的反応によって惹起された事故において合法則的関係を
排斥し，それによって法学における因果概念の利用可能性を総じて疑問視する
ことになるであろう．しかしながら，通説は，そのような異論には当然従わな
い．決定論者にとって，心理的領域における因果法則の妥当性はどのみち疑う
余地がない．しかし，非決定論者も他人の助言または外的事情によって行った
決定の惹起を，行為者にとって他の決定も可能だったであろうことを理由に否
定しないであろう．具体的に，決定は種々の要因によって動機付けられたから
である[70]．前提となる要因のもとで，行為者の自由なものとして表現された
意思が関与したことは，（そのほかの様々な事情の共同作用と同じように）因果関係
を排斥しない．*Puppe*[71] は，統一的な因果関係を幻想だと考えるが，行為者
が個々の事例においてその決定をする理由に影響を及ぼした場合には，心理的
因果関係を認める．

32　条件関係の認定は，心理的因果関係においても，原則的に，そうでない場合

---

(68)　ここで生じる問題について，詳しくは，*Schulz*, Lackner-FS, 1987, 45 以下；その
他の文献として，NK-*Puppe*, vor § 13 Rn. 111 以下；*Bernsmann*, ARSP 1982, 536 以
下；「non-kausales Verursachungsschema（非因果的惹起型）」（554 を参照）を説く．

(69)　古い著作からの参考文献として最新のものは，*Kahrs*, 1968, 22 以下参照（25 Fn.
43 を参照せよ）．

(70)　その際，非決定論的立場からは，合法則的関係の代わりに「経験的関係」で足り
るとしなければならない（*Schulz*, Lackner-FS, 1987, 45 以下参照）．

(71)　NK-*Puppe*, vor § 13 Rn. 116；同，AT/1, § 2 Rn. 50.

470

と同様の方法によって行われる．連邦裁判所（E 13, 13, 15）が「外的自然における原因関係によって判断される原則を人間の内面における精神的事象に」転用することが許されないと考えていたとすれば，それは正当でない．このことをまさに次の判例が示している．つまり，ある被疑者を尋問した修習生が，すぐに返済することができると主張してこの被疑者から貸付金を詐取した．尋問された者は，後から，騙されていなかったとしてもそのお金を引き渡していただろうと説明した．裁判所職員を財政困難から救うことができる可能性は，それだけで彼にとっては十分な動機だったからである．連邦裁判所は，尋問された者は具体的に司法修習生の嘘を信じて，その嘘によって貸付が決定付けられたとして，詐欺行為と損害の間の因果関係を認めた．「意思形成の実際の経過は，…代わりに別の経過になっていたかもしれないが，実際にそうなることはなかったということによって，その存在を失うことはない」．この解決は，たしかに判例の中では取り除いて考えるという通常の公式によって達成することは困難であるが，合法則的関係の確定に際して仮定的因果経過が顧みられないことについても妥当することと完全に合致する（Rn. 13, 23）．もっとも，尋問された者が最初からもっぱら，裁判所職員に親切をしようという考えによって金銭を交付する気になっていた場合は，因果関係が欠ける．これは事実審を通してさらに解明されなければならなかっただろう[72]．

33 7．等価説にとってもっとも微妙な事例は，（実務的には稀な）救助の因果経過の阻止の状況である[73]．行為者が，水中に追い込まれているものに向かおうとしている救命ボートまたは犬を引き留め，それがあれば助かったであろう被害者が溺死した場合である[74]．あるいは，それだけで他人を救うことができた薬を使用できなくしたり，火災を消火しえたであろう消防ホースを切断したりした場合である[75]．このような事例では，行為者によって妨げられた因果経過が，そのままであれば，ほとんど確実性に境を接するほどの蓋然性で構成

---

(72) この事例について，詳しくは，*Engisch*, v. Weber-FS, 1963, 247 以下；*Schlüchter*, JuS 1976, 521 以下．

(73) この事例グループについて，基本的に，*Engisch*, 1931, 27 以下；*Arm. Kaufmann*, 1959, 195 以下．最初の論文における叙述を *Haas*, 2002 が展開する．

(74) *Arm. Kaufmann*, 1959, 195 以下の事例．

(75) *Schmidhäuser*, LB AT², 8/76 の事例；同，StuB AT², 5/74.

第3編　構 成 要 件

要件該当結果を阻止したであろうという場合には，行為者は作為犯の既遂とし
て処罰されなければならないということは一致している．しかし，不確かなの
は，行為者の因果関係をいかに根拠づけることができるかである．因果関係を，
ダイナミックな，結果を惹起する「作用力」と理解すれば，それは欠ける．そ
うなれば，原因となるのは，事例の中では，水，病気または火だけである．他
方で，人間の行為は，現実の因果経過の中では見出されず，その代わり，そこ
から潜在的な障害を取り除いただけである[76]．時にはこのような論拠から因
果法則が一般的に役に立たないという評価が導かれることもある[77]．

34　しかし，このような「形而上学的な」因果概念[78]は，法の概念ではない（Rn.
4参照）．法には，事象の合法則的な連続で十分である．ここではこのような連
続がないわけではない．救助に向かう事象の阻止は，事象が，一般的な法則に
従えば結果を回避したであろうといったことと同様に，合法則的に惹き起こさ
れるからである．そうでなければ，行為者は，正確に計算された計画をこのよ
うに結果に導くことはできなかっただろう．たしかに，このような状況は，作
為の因果関係の他のすべての事例と比較して，作為の因果関係の認定のために
は，仮定的因果関係，すなわち，行為者の行為がなければ行われたであろう救
助を持ち出さなければならないという特殊性を示している．しかし，これは，
現実の事象関係は仮定的因果経過によって代替されることは許されないという
原則を否定することを意味するものではなく，その原則を厳密に示したにすぎ
ない（Rn. 23）．ここでは，行為者の行為が付け加えて考えられた因果経過に
よって代替されるのではなく，単に補充されるにすぎないからである．むろん
この補充の範囲内で，全仮定的事情を考慮すべきである．したがって，例えば，

---

(76)　*Walder*, SchwZStr 93（1997），139 は，それゆえ「立法者は，この刑罰に値する事
件を特に処罰しなければならない」と考える．*Haas*, 2002, 217（pass.）は，彼の論文
における叙述で，因果性のない作為を受け入れなければならないという結論に至る．
行為者は，「法の擬制によって，エネルギー伝達の作用をもたらしたという意味におい
て，構成要件結果を惹起したかのように扱われる」．しかし，これは，それほど厳密な
作用概念が，法律的には十分ではないということも明らかにする非常に不自然な構成
である．

(77)　この意味で，とりわけ明確なものとして，*Schmidhäuser*, LB AT², 8/50, 60, 76; 同，
StuB AT², 5/59, 63, 74; *Kahrs*, 1968, 22 も参照．

(78)　それに加えて，*Samson*, 1972, 32 参照．

第 11 章　客観的構成要件への帰属

行為者が，「〈血清を届けるために〉瀕死の状態の B に向けて飛行中に，どのみち熱作用によって使用不能になっていただろう」という状況にある人命救助のための血清をこぼした場合には，行為者は因果的では*ない*のである[79].

第 4 節　統計的および確率的因果関係モデル

35　幅広い領域 —— 心理的に媒介された因果関係のすべての事例，また製造物責任または医師の医療過誤事例の範囲でも —— において，強制的な自然法則的関係がなく，または，少なくとも認定できないことがあることを否定することはできない．このことは，自然法則的因果関係の必要条件を統計的または確率的（確率命題に基づいた）関係によって補充し，または代替もする試みを多く導いている．

36　すでに 1975 年，*Stella* は，すべての科学上の法則を確率的推定であると理解しようとした[80]．*Puppe* は，1983 年に[81]，「法適用の幅広い領域において，厳格な法則で結果の解明をすることは不可能ではない」と書いた．ここでは，「確率命題で結果の解明をすること」を試みなければならなかった．*Rolinski*[82]は，1995 年，「決定論的因果関係の概念を確率的法則性モデルで補充すること」を提案した．それに続いてすぐ，*Hoyer*[83]は，確率的因果概念を公式化した[84]．それによれば，「第 1 の事象が，第 2 の事象との関係で，危険の増大と結びつき，そして第 3 の事象と結びつくような危険の増大がそれによって余計になった場合，ある事象は，時間的に後続する第 2 の事象の原因である」．他方，*Knauer*[85]は *Hoyer* に自己の評価を取り入れた確率的因果概念を結びつけた．*Pérez-Barbará*[86]は，*Bunge*[87]を引き合いに出して，被決定

---

(79)　*Samson,* 1972, 32 の事例；他の見解として，*Jakobs,* AT², 7/24. 本書と同様のものとして，NK-*Puppe,* vor § 13 Rn. 99.

(80)　*Stella,* 1975, 308 以下．

(81)　*Puppe,* ZStW 95 (1983), 287 (305).

(82)　*Rolinski,* Miyazawa-FS, 1995, 483 (500).

(83)　*Hoyer,* GA 1996, 160 (169). 同人の SK⁷，§ 16 Rn.73 以下についての補遺も参照．

(84)　もっとも，その学説を法律学の例において発展させたものではない，*Suppes,* 1970 に引き続いて．

(85)　*Knauer,* 2001, 113 以下．

(86)　*Pérez-Barbará,* ZStW 114 (2002), 620.

(87)　*Bunge,* ³1979.

第3編　構成要件

性のカテゴリーによって因果関係を代替し，この公式のもとでは，統計的およ
び技術的・確率的決定性が法的に特に重要であると考えた．*Ziethen*[88]は，
Stegmüller の非連続の状態システムモデルをよりどころにして，ついに「確
率的帰属の根拠」を発展させた[89]．

　個々の事例における由来や形態のあらゆる相違に際しては，等価説を少なく
ともその適用がどうしても困難な場所において，確率命題によって補充すると
いう統一的な傾向を認識することができる．このような，他の学問においては
とうの昔から一般的なやり方の根本的な正当性を否定することはできない．し
かし，このような方法の射程範囲について判決を下すのは，それらを詳細にま
とめ上げ，広範囲にわたる実務の事例素材で確かめてみて初めて可能になる．

38　注目すべきは，確率的な考え方のほぼすべての首唱者は，筆者によって展開
され，客観的帰属の分野で議論され続けている危険増加理論（Rn. 88 以下参照）
を確率的な論証の証拠として要求し，因果関係解釈または決定解釈の構成要素
とする．このように *Rolinski*[90]は，危険増加理論に基づくヒントのもと，い
ずれにしても崩壊しており，部分的にすでに放棄された決定論的因果関係の概
念について述べている．*Hoyer*[91]は，危険増加理論の要求する危険関係は，
「因果関係の必要条件と並んで現れるのではなく，因果関係にとって必要な行
為と結果の間の関係の本質をなす」と考える．*Knauer*[92]は，彼の確率的－評
価的因果概念は，「因果関係に代替された危険増加理論とそれほどかけ離れた
ものではないこと」を認め，「ここで有力視された因果概念は，確率的判断を
すでに因果関係の中に前倒しすることにより，*Roxin* の危険増加理論を過激に
したものである」とする．*Pérez-Barbará*[93]は，危険増加は，「構成要件該当
結果にとって，先行する事柄の統計的重要性以外には何も意味し得ない」と説
明する．そして，*Ziethen*[94]も，危険増加理論の「確率性原則によれば帰属に

---

(88)　*Ziehen*, 2004 においては，特に，当然優先されるべき，統計的な（31 以下）解決
　　の手がかりと確率的な（54 以下）解決の手がかりが明確に区別される．

(89)　*Stegmüller*, ²1983.

(90)　*Rolinski*, Miyazawa-FS, 1995, 500.

(91)　*Hoyer*, Rudolphi-FS, 2004, 103.

(92)　*Knauer*, 2001, 115, 117.

(93)　*Pérez-Barbará*, ZStW 114 (2002), 629.

(94)　*Ziethen*, 2004; これは，著者に宛てた *Ziethen* の手紙からの引用である．

第11章　客観的構成要件への帰属

とっても開かれた因果概念」への「架橋」を試みる．この傾向を貫くべき場合，
少なくともいくつかの分野で，帰属要素の因果概念への移行が導かれるであろ
う．いずれにしてもこの問題はさらなる理論的な明確化が求められる．

第5節　相当性説および重要性説

39　等価説のほかに，学界においては長い間，相当性説がその地位を確保してき
た．この説の創始者は，ブライブルクの論理学者であり医師である *Johannes
v. Kreis* (1853-1928)[95]である．彼の説によれば，刑法的な意味で原因となるの
は，結果を惹起する一般的な傾向をもつ行為のみである．それに対し，偶然結
果を惹き起こしたにすぎない条件は法的に重要でない．この説は民事法でも判
例において強い影響を及ぼした．それに対し，刑法では学界に支持者を見出し
たにすぎず，以前はよく結果的加重犯において責任を限定するために利用され
た．1953年までは，より重い刑罰を科すのにはより重い結果を単に惹起する
ことで足りていたので（10章 Rn. 122 参照），相当性基準を用いることにより，少
なくとも予見不可能で行為者の責任もなく，重い結果を惹起した条件を排除す
ることが可能だった．他にも，相当性説は，極めて異常な条件関係を望み通り
に排除することを可能にした．すなわち，この説は，例えば犯罪者の先祖はこ
の犯罪者によって犯された行為にとって刑法的にまったく因果的ではないこと
を認めることができるので，等価説の無限の遡及が回避される（これに対し，等
価説の首唱者は，以前はここでは故意と過失の否定を通してのみ，免責することができると
信じていた）．そして，この説は，「ありそうもない」因果経過の排除を認める
ことで，例えば，事故を起こした者は，その被害者が病院の火事で死亡したよ
うな場合，その結果についてもはや因果的と考えることはできない（これに対し，
通説は，同じ結果に到達するために，等価説の立場から，具体的な因果経過の予見可能性を
過失のような故意の構成要素として評価しなければならないとかつては考えていた）．

40　等価説は，数十年の間に精緻化され深化した．今日では，条件が結果発生の
可能性を少なからず高めた場合で，その行為がそのような結果をもたらすこと

---

(95)　とりわけ著作：Die Prinzipien der Wahrscheinlichkeitsrechnung（確率計算の諸原
則），1886. Über die Begriffe der Wahrscheinlichkeit und Möglichkeit und ihre Bedeu-
tung im Strafrecht（刑法における確率および可能性の概念ならびにその意味につい
て），ZStW 9 (1889), 528.

第3編　構成要件

がまったくありそうにないというわけではない場合に，条件が相当（すなわち結果にとって適当）であるという前提が出発点となる[96]．長い間争われてきた，どの立場から等価判断をすべきか（事前的か，事後的か，行為者の立場からか，第三者の立場からか，どの認識の基礎に基づいてなのか）については，現在，いわゆる客観的・事後的な予測[97]という意味において解決されている．つまり，裁判官は事後的に（したがって訴訟の中で），当該生活圏において分別のある人間の知識と，それに加えて行為者固有の特別な知識を備えた客観的な観察者が，行為前に判断する立場に身を置いて判断しなければならい．したがって，AがBに旅行に行かせ，その飛行機が爆弾テロで墜落した場合，Aは通常Bの死亡にとって相当な条件を設定していない．分別のある平均的な観察者であれば，飛行の前にそのような事象を完全にありえないものだと考えているであろうからである．もっとも，Aが飛行機の爆弾テロが計画されていたことを知っていた場合は，事情が異なる．この特別な知識は，分別のある判断者にも帰せられるものであるから，彼は旅行を極めて危険であると判断していただろう．それゆえAは，相当な条件を設定しており，場合によっては故意の殺人で処罰されうる．

41　相当性説は，正当な関心事を追求している．しかし，この説は，その首唱者が元々考えていたような因果論ではなく，帰属論である．つまり，この説は，ある状況がいつ結果にとって因果的であるかを示すのではなく，どの因果的な事情が法的に重要であり，行為に帰属させうるかという問題に答えようとする．不相当な因果経過において因果関係の阻却というか，帰属の阻却というかも，純粋に用語上の問題ではない．なぜなら，因果関係と相当な因果関係を同一視することは，重なり合って構成されている二つの思考段階が問題であるという認識を隠蔽するものだからである．すなわち，まず合法則的な条件関係を確定し，次にこの関係が構成要件にとって重要かどうかが検討される．それゆえ，相当性説は，その首唱者の当初の理解に合致するように，等価説に代わるもの

---

(96)　詳しくは，*Engisch*, 1931, 41 以下参照．

(97)　*Jakobs*, AT², 7/32 が，この呼称を「非常に不正確」と言うのは正しい．なぜなら，予測は，特別知識を取り入れることを考慮すれば，純粋に客観的ではなく，行為者に関係付けられており，その予測の時点は，重要でないからである．事後的な事前判断について，詳しくは，*Kuhlen*, 1991, 341.

476

第11章　客観的構成要件への帰属

ではなく，むしろそれを補充するものになる．この意味で，相当性説は，今日，その主唱者によっても基本的にこのような意味に解されている[98]．

　　しかし，相当性説は，因果経過の相当性によって帰属問題が解決されたと考えるならば，帰属論としても不十分である．なぜなら，この説の作用する領域は，本質的に，異常な因果経過における帰属の阻却に限定されるからである（Rn. 27）．しかし，相当な条件関係が問題なく肯定されるが，帰属可能性は否定される他の多数の状況 —— 医師による延命が死亡を惹起した場合（Rn. 21）から，一定の仮定的因果経過を経過して，以前の遡及禁止論に至るまで —— が存在する（詳しくは Rn. 53, 84, 106 以下）．したがって，相当性原理は，—— もちろん重要ではあるが —— 一般的な帰属論内の構成要素の一つにすぎない．相当性原理は帰属論に吸収されるのであって，その原理を代表する理論の枠内で特別扱いされる必要はない．

42　相当性説が，因果論ではなく，帰属論だということは，すでに以前からとりわけ *Mezger* によって認識され，彼のいわゆる重要性説の基礎にされた．「それゆえ，条件説は刑法においても唯一の可能な因果論であり続ける．これに対し，相当性説は，帰責論であり，より一般的に言えば，法的重要性の理論である[99]．*Mezger* は，どの因果関係が重要であるかを相当性の原則からのみならず，法律上の構成要件の意味解釈によっても明らかにしようとした．これは，因果関係の検討に結びつく独立した帰属論の要請を含み，その限りでまったく正当である[100]．*Mezger* は，単に彼の重要性説を一般的な帰属論に仕上げそこなったにすぎない．したがって，重要性説は，相当性説と同様に，ただ包括的な帰属構想の先駆けとして帰属論に入ることになる．

---

(98)　すでに *Engisch,* 1931, 59 において，「私は，相当性を因果関係と並ぶ特別な要素として位置づけたい．」と述べられている．今日では，例えば，*Bockelmann/Volk,* AT⁴, § 13 A V 4 において，「結果犯のすべての構成要件は，等価な因果関係ではなく，相当な因果関係が帰属可能性を基礎づけると解釈されなければならない．」とされていることを参照．類似するものとして，*Walder,* SchwZStr 93 (1977), 144 以下．他にも，*Maurach,* AT, ⁴1971, § 18 II C 2 は，「原因となるのは，結果に相当する条件のみである．」と述べる．類似のものとして，さらに，*Maurach/Zipf,* AT/1⁸, 18/30 以下．

(99)　*Mezger,* StrafR, ³1949, 122.

(100)　この意味で，さらに，*Blei,* AT¹⁸, § 28 IV.

477

第3編　構 成 要 件

B．客観的構成要件へのその他の帰属

第1節　侵 害 犯

　1　序　　論

44　以前の理論は，行為者の行為と結果との因果関係によって客観的構成要件は
充足されることから出発していた．処罰が相当でないと思われる事例について
は，故意作為犯の場合，故意の否定によって処罰を免れさせることが試みられ
ていた．*Welzel*[(101)]においてもまだ，そのような例として，「他人が雷に打た
れることを願って，雷雨が発生しているときに，その者を森へと送り出す」と
いう「しばしば用いられる例」が見られる．あらゆる蓋然性に反して，この結
果が実際に発生した場合，等価説によれば，そう助言した者の原因性を疑うこ
とはできない[(102)]．これにより，客観的構成要件が充足されたと考える場合，
故意を否定することによってしか処罰は回避されえない．そもそも *Welzel* も，
この場合，背後者にはおそらく希望あるいは願望は存在するが，事象に対して
現実の影響を及ぼそうとする，故意に必要な力強い意思が存在しないと考える
ことにより，そうしている．しかし，これは説得力のある根拠づけではない．
なぜなら，行為者が，客観的に惹き起こしたことを，主観的にもまさしく意欲
していたことは争いえないからである．つまり，計画と現実の経過は，相互に
一致しているのである．それにもかかわらず，処罰は正当でないと考える場合，
何よりも，それは客観的な事象の偶然性に存在する．純粋に偶然的な死亡の惹
起は，法的意味における殺人であると，すでに客観的に判断されないからこそ，
それを目指した故意は，殺人の故意ではなく，何等かの処罰されないことに向
けられていたことになるのである．

45　類似のことが，Aが殺人の故意でBを銃で撃ち，そのことによってBは軽
傷を負うにすぎなかったものの，治療のために病院に行き，そこで火災に遭っ

---

　(101)　*Welzel*, Straf[1], 66.
　(102)　*Baumann/ Weber/ Mitsch*, AT[11], § 14 Rn. 44 f. は，この場合，「コンディチオ・
　　シネ・クワ・ノンの公式の例外」を認めようとする．文献におけるその他の暫定的解
　　決策についても，同所参照.

第 11 章　客観的構成要件への帰属

て死亡したという教室事例において，認められる．このような状況においては，殺人未遂が認められうるにすぎないということについては，一致がある．しかし，判例，およびおそらく（いまだに）通説が，殺人の故意は具体的な因果経過に及ばなければならないから，殺人の故意が欠けるということによって，このことを根拠づけるならば，その際，問題は再び不当にも主観的側面に移されていることになる．病院の火災による死亡は，すでに客観的にＡの仕業と判断しえないからであって，故意がないことによってはじめて犯罪既遂が肯定できなくなるからではない．いずれにしても，未遂が肯定されうるということも，殺人の故意を前提とするから，具体的な殺人結果について故意を否定することができるのは，実際に生じた死亡の惹起が，構成要件の意味での「殺人」とはもはや解されないような場合のみである．これは，客観的帰属の問題であって，故意の問題ではない．

46　したがって，まず，客観的構成要件への帰属の任務は，（帰属可能性の最外枠としての）惹起からそれを構成要件的行為，例えば，死亡の惹起から法的に重要な殺人行為とする諸事情を示すことにある．次に，このような殺人行為を主観的構成要件にも帰属することができるか否か，したがって，故意によるものであるか否かは，その後に初めて（12章において）論じられるべきものである．19世紀後半に自然科学に方向づけられた因果的思考の呪縛の中で広く衰退していった帰属論は，今世紀の60年代以降になってようやく復活を遂げた[103]．したがって，その結論はしばしばなお不安定なものであり，また，判例によって継受されていない[104]．しかし，学説において，客観的構成要件への帰属は，二つの，相前後して構築された原理に基づいて行われるという見解が，ますます広く受け入れられてきている[105]．

（103）　先駆けとなったのは —— あまり顧慮されることはないが —— *Hardwig* の著書，Die Zurechnung. Ein Zentralproblem des Strafrechts, 1957 である．学説の展開，および今日的状況について，詳しくは，Rn. 50, 51, さらに，時々見られる，少なくとも部分的に批判的な見解については，Fn. 108 参照．

（104）　これに対して，オーストリアの判例においては，客観的帰属論がすでに広く浸透してきた．*Triffterer*, Klug-FS, 1983, 419; *Schmoller*, Triffterer-FS, 1996, 226 参照．

（105）　この基本的な理解は，ドイツの学説において，今日ほとんど争いがない．客観的帰属論の完全な否定が，目的的行為論の立場から，長い間ずっと，*Hirsch*, Köln-FS, 1988, 403 ff. においてなされてきた．しかし，そうこうするうちに，この著者も彼が当

479

第3編　構成要件

47　a）行為者によって惹起された結果が，客観的構成要件に帰属できるのは，行為者の行為が，行為客体に対して許された危険によって覆われない危険を創出しており，この危険が具体的な結果のなかで実現した場合のみである．例えば，欄外番号44において述べた落雷事例では，森へ送り出すことは，法的に重要な殺人の危険を創出するものでないゆえに，すでに212条の意味での殺人が欠けている．病院の火災事例では，行為者の射撃は，確かに，被害者の殺害の許されない危険を惹起していた．しかし，銃創に由来する危険は病院の火災には実現しておらず，これを理由として，結果は，行為者に殺人既遂として帰属することはできない．危険の創出が欠ければ，不処罰となるのに対して，構成要件該当の法益侵害において危険の実現化が欠ければ，既遂の欠如にとどまり，その結果，場合によっては，未遂の刑が科せられうる．

48　b）結果が，行為者によって創出された危険の現実化である場合，結果は，通常，帰属可能であり，客観的構成要件は充足される．しかし，構成要件の射

初非難していた学説にますます接近してきた．*Hirsch*, 2003, 523 において，すでに「過失犯における行為と結果との条件関係に関して，客観的帰属論は……正当な適用領域を有している」と述べている．「客観的帰属論に批判的な質問」を向けるのは，*Samson*, Lüderssen-FS, 2002, 587. また，批判的なのは，*Baumann/ Weber/ Mitsch*, AT[11], § 14 Rn. 100 で，帰属の限定を，むしろ違法や責任の所で行いたいとする．さらに，懐疑的なのは，*Hilgendorf*, U. Weber-FS, 2004 である．彼は，客観的帰属論の帰結を非常に曖昧であると評価し，この学説が取り扱う問題を，一部は，要求の高い因果モデルによって，一部は，新しい違法性阻却事由を定立することによって解決しようとする．しかし，このことによって，一方では，ようやく克服された因果関係と帰属との混同が復活することになろう．他方では，新しい違法性阻却事由の創設によって，構成要件該当行為とは何かを定めることが客観的帰属論において重要であったことが見誤られることになろう．さらに，*Haas*, 2004, 193 による「原則批判」は，結果的に，等価説を放棄し，客観的帰属の諸問題を「惹起の個別的因果性の概念」(a.a.O., 218) に基づいて解決しようとするものである．*Krey*, AT/1[2], § 9 Rn. 284, 285 は，確かに，「客観的帰属可能性の理論はかなり説得的である」と認めているが，しかしそれにもかかわらず，「客観的帰属可能性の理論が今日のドイツ刑法学の中心的なテーマとなっているのを誤った展開」と思っている．*Kühl*, AT[4], § 4, Rn. 38 は，過失結果犯の場合における客観的帰属論の妥当性は「争いの余地がない」と述べ，客観的帰属論は，真摯に受け入れなければならない異議があるにもかかわらず，故意犯の場合でも「かなり浸透し」てきたと述べている．しかし，彼は，ある種の疑念を払拭してこなかったように思える．*Schlüchter*, AT[3], 16 も，客観的帰属論の浸透をむしろ残念がっているように思える．

480

第 11 章　客観的構成要件への帰属

程が，このような危険，およびその影響の防止に及ばない場合，それにもかかわらず，例外的に，帰属は阻却されうる．例えば，AがBをヒマラヤ登山に誘い，そこでBが──Aが予見していた通りに──遭難して死亡した場合，AはBの死亡を惹き起こしているのみならず，さらに，Bの死亡において，Aによって惹起された危険も実現している．それにもかかわらず，Aは可罰的な殺人行為を行ってはいない．なぜなら，現行法によれば，自殺の誘発でさえ不処罰であるから，ここで問題となっている単なる自己危殆化の誘発は，なおさら不処罰でなければならないからである．したがって，212条，222条，229条の射程は，故意の自己危殆化の防止には及ばないのであって，このような理由から，結果は誘発者に帰属されえない．

49　したがって，客観的構成要件への帰属は，行為者により創出された許された危険によって覆われていない構成要件の射程内の危険の実現を要件としている，と要約して言うことができる[106]．欄外番号44-48において上述された諸事例は，故意犯に関係するものであるが，客観的帰属論の実務上の意義は，後述するように，特に，過失犯の場合に存在する．客観的構成要件が充足されたときには，常に，過失による──大抵の場合，可罰的ではないが──結果惹起はすでに実現されているのであって，すべての故意犯には過失犯が含まれている[107]．他方，このことは，過失による結果惹起は，もっぱら客観的帰属の原則によってのみ規定すべきであるということを意味する（24章 Rn. 10 参照）．それゆえ，以下で展開されるべき諸原則は，すでに過失構成要件理論の中核部分を含んでいるから，24章欄外番号3以下において行われる説明は，補充的な，そして具体化された性質を有するにとどまる．

50　以下で述べる構想は，その基礎的なところは，まず初めに拙稿「刑法における帰属の問題についての考察」[108]において，さらに，適法な代替行為との関係における

---

(106)　判例の事件を手掛かりに，客観的帰属論の有益な（さらに批判的な）叙述をしているのは，*Puppe*, Jura 1997, 513; 624; *dies.*, Jura 1998, 21.

(107)　これについては，*Herzberg*, JuS 1996, 381.

(108)　*Roxin*, Honig-FS, 1970, 133; *ders.*, ZStW 74 (1962), 411（両論文とも，Grundlagenprobleme, 123, 147 に収められている）．「客観的帰属論の生成発展」を詳しく描き出すのは，*Schroeder*, Androulakis-FS, 2003, 651. Pufendorf から，Kant および Hegel を経由して，現在における本説の多くのヴァリエーションに至るまでの客観的帰属論の展開を叙述し，さらに，批判的に評価するのは，*Hübner*, 2004.「刑法における客観

第3編　構 成 要 件

危険増加の問題については，拙稿「過失犯における義務違反と結果」(109)で示されている．私は，構成要件の射程を，規範の保護目的の観点の下で(110)，別個に扱った．1994 年には，序論的な要約を試みた(111)．この構想は，多くの論文によって改善され，さらに発展されてきている．教科書や注釈書においても，帰属論は，次第に受け入れられてきており，今日，支配的である．同様に，この理論は，外国において —— 特に，スペインやラテンアメリカにおいて，さらに，例えば，ポーランドにおいて(112) ——，大きな反響を得てきた(113)．Schroeder は，「80 年代半ばから，客観的帰属論は，ドイツ刑法に関する浩瀚な，すべての教科書や注釈書において，一般に認められてきた」と要約して述べている(114)．この理論は，「原則的な重要性に関しても，外国における注目に関しても，目的的行為論の後任を引き受けている」(115)とする．H. Schneider(116)によれば，私の帰属論の構想が初めて展開された，Honig の祝賀論文集における私の論文が，「刑法の文献において，まさにパラダイム転換を起こした」とする．客観的帰属論は，ドイツ(117)，およびスイスの判例においては，そのアプローチにおいてのみ受け入れられているにすぎないのに対して，オーストリアの実務においては，広く受け入れられてきた(118)．本書が展開しているのと類似するアプローチを，Jakobs は，「モデル危険」(119)の理論によって，Otto は「統制可能性」(120)原理によって，さらに，Toepel は「合理的な計画可能性」(121)という

　　的帰属論の法理論的，および社会理論的観点」をテーマとするのは，Müssig, Rudol-
　　phi-FS, 2004, 165. 議論状況について，非常に優れた，要約的で展望的な叙述を提供す
　　るのは，Schünemann, GA 1999, 207; W. Frisch, Roxin-FS, 2001, 203; ders., GA 2003,
　　719; Greco, 2005. 目的論主義者の観点から見た客観的帰属論の展開については，
　　Hirsch, Lenckner-FS, 1998, 119.
(109)　Roxin, Gallas-FS, 1973, 241.
(110)　Roxin, 1994, 219.
(111)　本書が追求する方向において，有益な研究を進めてきているのは，Burgstaller,
　　1974; Castaldo, 1992; W. Frisch, 1998; Rudolphi, JuS 1969, 549 ff.; SK⁶-Rudolphi, vor §
　　1 Rn. 38-81 a; Schünemann, JA 1975, 435, 511, 575, 647, 715, 787; Stratenwerth, Gal-
　　las-FS, 1973, 227; Wolter, 1981; ders., 1984, 103; ders., 1995, 5 ff.
(112)　Wąsek, Roxin-FS, 2001 1463 f. 参照.
(113)　Cancio Meliá, 2001; ders., ²2001.
(114)　Schroeder, Androulakis,-FS, 2003, 668.
(115)　Schroeder, Androulakis,-FS, 2003, 651.
(116)　H. Schneider, 2004, 271.
(117)　Goydke, 1992, 8 ff. ドイツ判例による「条件説の放棄」と「客観的帰属論の受容」
　　を要求するのは，Gössel, JR 1997, 520.
(118)　Burgstaller, 1992, 384; 前出 Fn. 104 における文献も参照.
(119)　Jakobs, 1972.

第 11 章　客観的構成要件への帰属

基準によって展開してきた．*Kratzsch* は，特に不法論，および未遂論を研究した書
「刑法における行為操縦と組織」[(122)]において，サイバネティクス・システム論，および組織論の説明モデルを用いて，客観的帰属の問題を扱っている．*Reyes*[(123)]にあっては，「客観的帰属の理論的基礎」が，（多くの点で，Jakobs にならって）示唆に富んだ形で熟考されている．さらに，*Prittwitz*[(124)]は，危険社会における刑法という別の観点の下で（2 章 Rn. 71 参照），帰属基準としての危険創出を説明する．*Voßgätter*,
2004 は，客観的帰属論の先駆けとしての社会的行為論（8 章 Rn. 27 以下参照）を説明している．

51　*W. Frisch* は，包括的な研究書である「構成要件該当行為と結果の帰属」において，彼の書のタイトルと一致して，この点について通説によって採用されている方法とは違って，「構成要件該当行為」と「結果の帰属」とを区別する．それに従えば，行為者が否認された危険を創出したかどうか，さらに，構成要件の射程はどこまで及ぶかは，結果帰属の問題ではなく，構成要件該当行為の問題であり，これに対して，帰属論に属するのは，「もっぱら構成要件該当行為を基礎づける否認された危険と結果発生との間の因果関係，および実現関係のみ」であるとする[(125)]．この区別においては，結局，結果が帰属するか，あるいは帰属しないかが**常**に問題であることが看過されている．惹起者が最初から適切に行為していた場合，結果はその者に帰属されない．同様に，因果経過が特にありそうもないものであった場合も，帰属されない．さらに，本書で唱えられている見解の立場からは，行為無価値と結果無価値とが不可分に相互に結びついている（詳しくは，10 章 Rn. 96 以下）という事情が，「構成要件該当行為」と「結果の帰属」とを分離することに異議を唱える．死亡の結果，およびその帰属がなければ，殺人行為は存在しないし，「構成要件該当行為」も存在しないのである（むしろ，殺人未遂行為ぐらいしか存在しないが，これも未遂結果を前提とする）．*Frisch*[(126)]は，私の批判に対して，「自分が行ったことが，法的にそもそも何の問題もないのか否か，あるいは，そうではなくて，不適切な行為ではあるが，生じた結果は仕業として自らが責任を負わなくてよいものにすぎないのか否か」を知ることは，市民にとって，まったくもって関心事であろう，と指摘している．しかし，この事実的な相違は，客観的帰属の枠内において，危険創出の問題と実現の問題と

---

(120)　*Otto*, Maurach-FS, 1972, 92 ff.; *ders.*, JuS 1974, 705 ff.

(121)　*Toepel*, 1992, 197 ff.

(122)　*Kratzsch*, 1985; さらに，*ders.*, Oehler-FS, 1985, 65 参照．

(123)　*Reyes*, ZStW 105 (1993), 108.

(124)　*Prittwitz*, 1993, 335 ff.

(125)　*W. Frisch*, 1988, 67.

(126)　*W. Frisch*, Roxin-FS, 2001, 234. これに対して，*Hirsch*, Meurer-GS, 2002, 14 Fn.

483

第3編　構成要件

を区別する場合にも，消し去られることはない．もちろん，私の理解によれば，結果惹起の観点の下では，客観的帰属論は構成要件該当行為論であるというのは正しい．しかし，このことは，私によって意図されているところである．その他の点では，見解が相違していることの意義は，過大評価されてはならない．なぜなら，見解の相違は，結局，問題の解決にとって重要ではないからである．さらに，*Bustos Ramirez*[127]は，客観的帰属は「構成要件該当性の次元では許されず」，むしろ「違法性にその体系的地位を有している」と説明している．しかし，彼は，その際，私が欄外番号53以下において挙げた帰属基準を，「ある状況を構成要件に組み入れる基準として」だけならば，「明らかに妥当」であると考えている．

52　客観的帰属論が，その最もわかりやすい適用領域をもつのは殺人罪や傷害罪である．しかし，この理論は，すべての侵害犯に妥当し，そこで，度々，構成要件固有の問題を提起する．これを詳細に扱うことは総論の限界を超えるであろうが，まず最初に *Rengier* が着手した広い研究領域がなお総論に残されている[128]．彼は，結果的加重犯，ならびに303条，231条，323条aおよび263条を検討しているのだが，これらは，包括的な適用領域からの「厳選された領域」にすぎないのである．

2　許されない危険の創出

a）危険減少の場合の帰属阻却

53　行為者が，被害者にすでに存在している危険を減少させ，それゆえ，行為客体の状況をよい方向に向けるという形で因果経過を変更する場合，最初から，危険の創出，したがって，帰属可能性が欠ける．危なっかしく他人の頭に向かって飛んでいく石をみて，確かにその石を無害化することはできないが，より危険の少ない身体の部位にそらすことができる者は[129]，自分の処置によって患者の不可避の死亡を先に延ばすことができるにすぎない医師（Rn. 21）と同様，因果関係はあるにもかかわらず，傷害を行ったのではない．稀ではない

32は，私の見解に目を向けて，「Frisch によって主張された，『構成要件該当行為』と『結果の帰属』の分離に対する説得力のある批判」と述べている．*Schünemann*, GA 1999, 216 は，この論争を「見かけ上の問題」とする．

(127)　*Bustos Ramirez*, Arm. Kaufmann-GS, 1989,（引用の順序に従って）235, 236, 229.
(128)　*Rengier*, Roxin-FS, 2001, 811.
(129)　これについては，*Roxin*, Honig-FS, 1970, 136; *E.A. Wolff*, 1965, 17, 23 参照.

第 11 章　客観的構成要件への帰属

この種の事例では，相当性説（Rn. 39-42）を用いても解決することはできない．なぜなら，結果を変更する因果経過は，行為者には十分予見可能であり，それどころか，しばしばその者によって意図されているからである．しかし，保護法益の状態を悪化させるのではなく，それを良くする行為を禁止するならば不合理であるという理由で，結果帰属は否定されなければならない．たしかに，伝統的な理論によれば，危険減少の場合は，正当化的緊急避難（34条）を認めることにより，違法性の観点の下で解決することができるであろう．しかし，このことは，危険減少を，まずもって犯罪類型的な法益侵害と解することが前提とされることになるが，まさにこれが欠けているのである．それゆえ，危険減少の場合における帰属の阻却も，急速に浸透してきたのである[130]．

54　もちろん，存在する危険を弱めることなく，この危険を，他の危険，つまり，これが実現しても結果的に当初の危険ほどには被害者にとって害とならない他の危険と取り替える場合は，異なっている．例えば，燃えている家の窓から子供を投げて，これによって重大な傷害を負わせるが，子供をこの方法で焼死から救助する場合，あるいは，他人を「周囲との交流の場から引き離し」，その者の置かれた状況により，誘拐から守るための他の手段がないゆえに，その他人に説明することができずに，その他人を監禁した場合である．これらの場合，行為者は，構成要件の実現として彼に帰属すべき犯罪類型的な行為を実行している．しかし，彼は，推定的同意によって，あるいは，34条によって正当化されうる[131]．もちろん，個々の場合において，まったく同一の危険の減少と

（130）　*Jäger*, AT, § 2 Rn. 32; *Jescheck/Weigend*, AT⁵, § 28 IV 2; LK¹¹-*Jescheck*, vor § 13 Rn. 65; *Kindhäuser*, StGB², vor § 13 Rn. 114 f.; OLG Stuttgart NJW 1979, 2573; *Otto*, NJW 1980, 422; *Puppe*, ZStW 92 (1980), 883 ff.; *dies.*, NK, vor § 13 Rn. 78 f. は，彼女の立場から（Rn. 21 参照）惹起そのものを否定する．SK⁶-*Rudolphi*, vor § 1 Rn. 58; *Schlüchter*, JuS 1976, 519 f.; *Sch/Sch/Lenckner*²⁶, vor § 13 Rn. 94; *Stratenwerth/ Kuhlen*, AT⁵, § 8 Rn. 28; *Wessels/Beulke*, AT³⁴ Rn. 193 f. のみを参照．Arm. Kaufmann の異なる立場との論争については，*Roxin*, Arm. Kaufmann-GS, 1989, 237 ff. 参照．*Maiwald*, Miyazawa-FS, 1995, 468 f. は，頭から肩へ石の方向を変えることは（前出 Fn. 129 の例を参照），いずれにしても救助行為として救助者に帰属すべきであるから，危険減少の中に帰属問題を認めない．しかし，この場合，当然肯定されるべき人への帰属と，ここでもっぱら関心の対象となっている，否定されるべき構成要件への帰属とが混同されている．

（131）　同様に，*Jescheck/Weigend*, AT⁵, § 28 IV 2; *Kindhäuser*, StGB², vor § 13 Rn. 116;

第 3 編 構 成 要 件

他の危険との取り替えとの区別は，困難でありうる．しかし，そのことによって，区別の原理は疑問視されない．なぜなら，この困難さは，至る所に見受けられる犯罪類型と例外，構成要件と違法性の区別の問題と共通するからである．

b）危険創出がない場合の帰属阻却

55 客観的構成要件への帰属は，さらに，行為者が，法益侵害の危険を減少させはしなかったが，法的に重要な形で危険を増加させもしなかったところでは，否定されるべきである．これに属するのは，上述の落雷事例（Rn. 44）の他，大都市での散歩，階段登り，水浴，山歩き等の通常の法的に重要でない日常的活動への一切の勧誘行為である．このような行為態様は，稀な例外状況において事故に至る可能性があるとしても，これと結びついた社会的に相当な最小の危険は，法の関心事ではなく，これらを介した結果惹起は，最初から帰属できないのである．社会的に通常で，一般的に危険でない行為の惹起は禁止されえないから，このような行為が例外的に法益侵害の原因となっている場合でも，犯罪類型的な殺人行為が欠けている．同様のことは，すでに存在する危険が測定可能な形で増加されていないところでも，妥当する．したがって，堤防を決壊させる洪水に水槽の水を注ぐ者は，溢水（313 条）により可罰的となるか否かという古い講壇事例は，確かに，（ごくわずかであるにしても）結果の変更を理由として因果関係は肯定されるかもしれないが（Rn. 21），この行為は，いずれにしても，溢水の惹起として 313 条の構成要件に帰属させることはできないという考えにおいて解決すべきである．なぜなら，この刑罰規定が防止しようとする危険は，そのようなわずかな量の注水によって増加されないからである[132]．それゆえ，犯罪目的および犯罪記述が，最初に，帰属判断を決定するのである．したがって，*Puppe* が，本書が理解する意味での因果関係の肯定は，すでに全不法事態の帰属を認めることになると考えているならば[133]，私は彼女に賛成しえない．*Puppe* の法益客体の不利益な変更という付加的な結果要素（Rn. 22

Otto, NJW 1980, 422; *Wessels/Beulke*, AT[34] Rn. 195.

（132）　全体について，*Roxin*, Honig-FS, 1970, 136 ff. 参照．この場合について，批判的なのは，*Puppe*, AT/1, § 1 Rn. 19 ff.（しかし，因果関係と客観的帰属を混同したことに基づいている）．結論においては，一致している．

（133）　NK-*Puppe*, vor § 13 Rn. 69, 74.

参照）は，構成要件に特有の帰属要素としてしか説明できないのであり，この
ことは，「不利益」が，結果犯の構成要件記述の抽象的な概念として理解され
ていることから明らかである[134]．

56 危険創出ないしは危険増加の帰属原理は，本質的に，相当性説（Rn. 39 以下）
の原理，およびすでに何十年も前に *Larenz*[135]や *Honig*[136]によって展開され
た客観的目的可能性の原理に相当する．法律上保護された法益を重要な形で危
殆化する行為は，単なる偶然によっても，結果を惹き起こしうるのであって，
結果は，このような方法では，目的をもって惹起されえない．したがって，危
険創出の問題がどの立場から判断されるのか，という点についても，相当性説
において広く受け入れられている形式における客観的 – 事後予測（Rn. 40）が，
妥当する．すなわち，分別のある観察者が行為以前に（事前に〈ex ante〉）当該
行為を危険ないしは危険を増加させるものと考えたか否かが問題となる[137]．
その際，ここでも，観察者は，具体的行為者が場合によっては有していること
もありうる特別の知識を備えるべきである（Rn. 40 参照）．それゆえ，他人に散
歩を勧め，その際に途中で謀殺者が待ち伏せていることを知っている場合には，
当然，危険創出は肯定されなければならず，さらに，散歩する者が殺害された
場合は，謀殺（211条）あるいは故殺（212条）により処罰されることになる（直
接の行為者が悪意の助言者と結託していない場合，両者は，殺人罪の独立した同時犯として
処罰される）．

57 特別の知識を考慮することは，客観的帰属論にとっては体系違反であるとし
てしばしば批判されている．とりわけ，目的的行為論者は，行為者の知識が
「危険創出」，およびその「法的な否認」にとって重要であるとしているという
状況から，客観的帰属論は実際は故意の問題を取り扱っており，それゆえ，余
計であるという結論を導き出してきた[138]．他方，*Jakobs*[139]は，特別の知識

---

(134) NK-*Puppe*, vor § 13 Rn. 76.

(135) *Larenz*, 1927.

(136) *Honig*, Frank-FS, 1930, Bd. I, 174 ff. *Maiwald*, Miyazawa-FS, 1995, 465 は，今日
でもなお，客観的帰属論を偶然の排除，および複数の者が共働した場合の答責性の明
確化に限定しようとしている．

(137) この限りでは，被害者の答責能力は役割を演じない．このことについて，*Jäger*,
AT, § 2 Rn. 33. これに対して，*Otto*, AT[7], § 6 Rn. 4.

(138) *Arm. Kaufmann*, Jescheck-FS, 1985, 260 f.

第3編　構成要件

が行為者の社会的役割には必要でない限りで，特別の知識を重要でないものと説明している．したがって，彼は，「生物学を勉強している学生が，臨時のウェーターとして，彼が研究において身につけた知識によって，異国風のサラダの中に毒のある果実を発見するが，それにもかかわらず，サラダを提供する場合には」[140]，殺人罪を否定する．その際，体系違反のように見える外観は避けられるが，説得的でない結論を代償としている．なぜなら，明らかな故意による殺人は，違法性阻却事由，および責任阻却事由が存在しなければ，それ自体も処罰されなければならないからである．しかし，実際，特別の知識が存在しているところでは，これは，すでに客観的構成要件において前提とされている許された危険の概念の構成要素である．法益保護は危険な行為の禁止によってのみ達成され，禁止は事前の判断に依拠しうるにすぎないのであるから，行為者の知識は，彼の行為の客観的危険性に関する判断に含めなければならない．Greco の言葉によれば[141]，「客観的構成要件の刑事政策的機能は，許されるものと許されないものとの外部的な境界を確定することにある．主観的な特別の知識が，この境界を確定するために不可欠であることが証明されうる限りでは，これは，すでに客観的構成要件において重要である」．したがって，客観的構成要件は，客観的構成要件への帰属がもっぱら客観的事実に基づいているから，客観的というのではなく，むしろ殺人行為あるいは傷害行為の存在等の帰属結果が客観的なものだからである[142]．

c）危険の創出と仮定的因果経過

58　長年，非常に注目されている問題は[143]，危険の創出，あるいは場合によっては危険の増加を判断する場合に，仮定的因果経過を考慮すべきか，またどの

---

(139)　*Jakobs*, Arm. Kaufmann-GS, 1989, 273.

(140)　全体について，包括的なのは，*Greco*, ZStW 117（2005），519. 彼は，現代刑法理論の基礎議論を踏まえて，客観的帰属における主観について論じる．

(141)　*Greco*, ZStW 117（2005），553 f.

(142)　同旨，すでに，*Roxin*, Arm. Kaufmann-GS, 1989, 250. 許された危険の判断に際して生じる実際上の問題は，とりわけ，非故意的行為の場合に起こる．したがって，これらの問題は，本書では，過失犯との関係において詳しく論じられる（24 章 Rn. 14 ff.）．

(143)　特に，1972 年の「刑法における仮定的因果関係」に関する *Samson* の著作以降．

第11章　客観的構成要件への帰属

程度考慮すべきかという問題である．周知のように，因果関係にとって，作為
犯の場合，仮定的因果経過は重要でない (Rn. 23, 34)．しかし，このことは，仮
定的因果経過に帰属を阻却する効果を認めることを妨げるものではないであろ
う．この領域においては，なお多くのことが未解明のままである．しかし，少
なくとも，次のような最も重要な場合については，一致が存在する．すなわち，
違法な構成要件実現の帰属は，行為者が行為しなかった場合には，行為を引き
受けたであろう代替行為者が待機していたという理由で，阻却することはでき
ない（引受原理〈Übernahmeprinzip〉）[144]．

59　したがって，戦時中の違法な射殺の場合，行為者は，帰属（因果関係について
は Rn. 23 参照）の諸々の観点の下でも，自分が拒否した場合には他の者が射殺
したであろうと指摘することによって，免責されえない．財物を窃取する者は，
そうでなければ当該状況においては疑いなく他の者が財物を奪って，いずれに
せよ，所有者は財物を失ったであろうということを援用することはできない．
これは，他の者もまた法秩序に違反する用意をしていたという理由で，法秩序
はその禁止を取り消すことはできないという目的論的に必然的な思想から生じ
る[145]．そうでなければ，**一人の行為を決意した者の代わりに複数の者が存在
していたという理由だけで処罰されない**ことになろう —— これは明らかに不合
理な結論である．したがって，このような場合における危険増加は，構成要件
の保護客体がいずれにせよ失われていたであろう，それゆえ，行為者によって
それ以上は危殆化されえなかったという根拠を用いて，異議を唱えてはならな
い．実現された結果は，もっぱら行為者によってだけ創出された危険の現実化
であり，また，このことだけが，以上の諸理由から，規範的観点の下で考慮さ
れてよい．故意行為者の場合と同様に，過失行為者もまた，自らによって惹起
された法益侵害は，仮にこれが生ぜしめられなかったならば，他の者の過失行
為によって惹起されていたであろうと主張することはできない (BGHSt 30, 228;
Rn. 23 参照)．

60　これらすべては，代替行為者が適法に行為したであろう場合にも，妥当しな

---

(144)　この用語は，*Samson* による．*Samson*, 1972, 129-151 参照．

(145)　特に，*Samson*, 1972, 137 ff.; SK⁶-*Rudolphi*, vor § 1 Rn. 60; *Stratenwerth/
Kuhlen*, AT⁵, § 8 Rn. 42; *Kühl*, JR 1983, 34 参照．

489

第3編　構成要件

ければならない[146]．したがって，所有者自身が伐採しようと思っていた樹木を伐採する者，あるいは伝染病予防警察上の理由から，いずれにせよ，屠殺されなければならなかったであろう雌牛を殺す者は，器物損壊として処罰される．同様に，周知の教室事例においては，つまり，（死刑が有効である前提の下で）私人として，死刑執行人を脇へ押しやり，代わって電気椅子を作動させる者は，故殺により有罪とされなければならない．なぜなら，立法者が構成要件該当行為を特定の者，あるいは職務執行者にだけ許容している場合，この限定は，他の者に対する禁止がそのまま維持されるときのみ，貫徹されうるからである．法律上の権限規則に反して，警察官が裁判官による逮捕状に基づいて逮捕する権限を有しているという理由だけで，他の誰もが，処罰されないで「逮捕」してもよいとするならば，我慢ならない状況にならざるをえないであろう．正当防衛状況において，それを行わなければ他の者が行ったであろう防衛行為によって負傷させた者が不処罰にとどまるのは，この原則の例外ではない[147]．なぜなら，ここでは，代替行為者が有していたであろう正当化事由と同一のもの（緊急救助）が，行為者に認められるからである．

61　これに対して，行為者が，被害者の状況を全く悪化させずに，単に自然的因果関係を変更したにすぎない場合，帰属は阻却される．*Samson*[148]は，次の事例を設けた．

　Fは，鉄道車両で複線の区間を走行していたが，そこは山崩れによって遮断されており，Fがブレーキをかけても間に合わず，岩に衝突するであろう状況にある．Aは，この車両を左のレールから右のレールへと導くためにポイントを切り換えるが，同様に，同じ山崩れによって塞がれているために，Fはこの場所で死亡した．

　このような状況の場合，人による代替原因の考慮を排除する理由は認められない（Rn. 58-60）．危険減少の場合（Rn. 53），いずれにしても，仮定的因果経過は帰属にとって重要となるのであるから，自然的因果関係の変更は，それによって被害が大きくなる，あるいは時間的に前傾化する，したがって，強化さ

（146）　これに反対するのは，*Samson*, 1972, 142 f. しかし，本書と同旨なのは，*W. Frisch*, 1988, 565 ff.; *Jescheck/Weigend*, AT⁵, § 28 IV 5; *Sch/Sch/Lenckner*²⁶, vor § 13 Rn. 98.

（147）　おそらく，同旨なのは，本文において述べられた論拠を認める SK⁶-*Rudolphi*, vor § 1 Rn. 61.

（148）　*Samson*, 1972, 98.

490

第 11 章　客観的構成要件への帰属

れる場合にのみ帰属を認めることに十分な理由がある（強化原理）[149]．法益保護の観点の下では，被害者が，左側のレール上で，あるいは，右側のレール上で死亡したか否かは重要ではなく，また，行為者とは無関係に重大な結果を招くように進行していく事象の単純な変更は，社会的評価の際に，独立の殺人とは考えられないからである[150]．行為者は自己の介入によって，被害者に付加的な損害を与える（例えば，被害者の死亡を促進する，あるいは傷害を拡大する）つもりであったが，結局，無害な結果への変更を成し遂げたにすぎないときには，場合によって，未遂の可罰性が残る．この解決は，人間に由来する因果経過がその支配領域を離れた場合にも，転用することができる．したがって，投てき弾の飛んでいく方向を変え，それによってそれは被害者の別の身体的部位に，同じ強度で，被害を拡大させることなく当てた者は，同様に不可罰であるか[151]，あるいは彼が傷害を悪化させるつもりであった場合には，224 条 2 号による未遂のかどで処罰しうるにすぎない．

62　他方，自然的因果関係を単に修正するにとどまらず，例えば，山崩れ事例（Rn. 61）の被害者を致命的な衝突の瞬間に射殺することにより，自然的因果関係を独立した行為に取り替えるところでは，帰属を阻却することに対しては疑問がある．もちろん，実際上の意義をほとんど得ることはできないこのような場合においても，被害者の状況は，悪化されていないという理由で，帰属はときどき否定されている[152]．しかし，人間の行為による自然的因果関係の代替は，単純な修正とは異なり，独立した侵害行為として現れるのであって，法秩序は，法益侵害について明示的な正当化事由が認められない場合には，その侵害は可罰的であるという原理を維持すべきである．死ぬ運命にある者を，その

---

(149)　*Samson*, 1972, 96 ff.

(150)　本書と同旨なのは，*Kindäuser*, StGB², vor § 13 Rn. 117; *Sch/Sch/Lenckner*²⁶, vor § 13 Rn. 98; *E.A. Wolff*, 1965, 22.; 結論においては，さらに，NK-*Puppe*, vor § 13 Rn. 102 f., 137. しかし，彼女は，当然に内包された因果経過の変更を，すでに結果の惹起とは理解しない．SK⁶-*Rudolphi*, vor § 1 Rn. 59 f.; *Samson*, 1972, 96 ff. 異なる見解は，おそらく，*Jescheck/Weigend*, AT⁵, § 28 IV 5.

(151)　同旨，*Samson*, 1972, 144 ff.

(152)　同旨，特に，*Samson*, 1972, 110 ff. および，彼に依拠する SK⁶-*Rudolphi*, vor § 1 Rn. 59 f.; これとは異なるが，本書と同旨なのは，*W. Frisch*, 1988, 567; *Jescheck/ Weigend*, AT⁵, § 28 IV 5; *Sch/Sch/Lenckner*²⁶, vor § 13 Rn. 98; *E.A. Wolff*, 1965, 22.

491

第3編　構成要件

者の死亡の瞬間に暴力的に殺害することが処罰されずに可能であるとするなら
ば，殺人のタブーが必要もなく破られることになろう．このようなことを，法
秩序は甘受すべきではない．

63　したがって，仮定的因果経過は，危険の創出，つまり構成要件への帰属に関
する判断にときに影響するが（Rn. 53, 61），多くの場合，無関係である（Rn. 58-
60, 62）．このことは，危険創出の概念における矛盾を意味するものではない．
なぜなら何が法的に重要な危険であるかは，論理学あるいは自然科学の問題で
はなく，刑事政策的評価の問題だからである．このことが，上述の区別につな
がるのである．

64　*Arthur Kaufmann*[153]は，刑法上の帰属に対する仮定的因果経過の意義に関して，
私法上の損害賠償の判例に依拠して，独自の異なる見解を展開した．彼のテーゼは，
「犯罪結果を惹起する行為者の行為が行為客体を侵害したが，この時点において，同
一の結果へと至る展開が，すでに，行為者の違法な行為とは無関係におよそ考えら
れうる限りで結果発生を予期させる程度に達していた場合には，行為の結果無価値，
したがって不法構成要件の一部が欠落する」[154]というものである．この結果無価値
の欠落により，過失犯の場合は不処罰となり，故意犯の場合は（行為無価値は依然と
して存在することを理由として）未遂処罰のみということになる．しかしながら，この
構想は，否定されなければならない[155]．なぜなら，これによると，例えば，危篤状
態の患者を過失により死亡させても処罰されなくてもよいということになり――こ
のことが医師や病院職員の注意義務にとって決定的な効果をもつことになろう――，
また，その者を故意により殺害した場合でさえ，未遂でしか処罰できないことにな
るからである．このことは，法は人命のすべての瞬間を保護しており，したがって，
少なくても生命の短縮はいかなる状況下であっても処罰しなければならないという
原則に反することになる．

d）許された危険の事案における帰属阻却

65　行為者が法的に重要な危険を創出した場合であっても，許された危険が問題
となっている場合，帰属は阻却される．許された危険の概念は，様々な関係に

---

(153)　*Arth. Kaufmann*, Eb. Schmidt-FS, 1961, 200 ff.

(154)　*Arth. Kaufmann*, Eb. Schmidt-FS, 1961, 229.

(155)　詳細な批判は，*Roxin*, ZStW 74（1962），425 ff.（= Grundlagenprobleme, 162 ff.）．
Arth. Kaufmann は，Jescheck-FS, 1985, 273 ff. において，反批判している．Kauf-
mann に反対するのは，さらに，参照文献のある NK-*Puppe*, vor § 13 Rn. 138.

第11章 客観的構成要件への帰属

おいて用いられるが，その意義，および体系的地位については，まったく不明瞭である[156]．一部では，この概念は，完全に，あるいはほとんど社会的相当性[157]と同一視され，次のような全面的な疑問に煩わされている．それらの疑問は，この法律上の概念から一時的に与えられていた承認をすぐに再び奪い去ってしまったのである（詳しくは，10章 Rn. 33 以下）．また一部では，この概念は，社会的相当性と厳格に区別され，注意義務違反の行為に対する同意の場合に[158]，あるいは様々な正当化事由のための共通の構造原理[159]として用いられている．さらに，時折，故意犯の場合には，許された危険にすべての意義は否定され，その意義は，過失犯の場合の正当化事由としてのみ承認されており，「『許された危険』の概念の背後には，確かにかなり異なった事例群が隠れてはいるが，これらは，それ自体再び一般的な正当化事由に還元することができる」[160]とされている．しかし，許された危険の場合が，承認された正当化事由の枠内において解決できるとすれば，この概念は独立の法概念として必要とされないのであって，完全に否定すべきである[161]．しかも，正当化事由としての位置づけは，事実に即して判断して誤りである．「危険を冒すことから──さらに，これが社会的にも承認されているとしても──，人を殺す権限は，絶対に生じない」[162]からである．

66 本書では，許された危険ということで理解されるべきは，法的に重要な危険を創出するが，一般的に（個々の場合と無関係に）許されており，したがって，

---

(156) *Kienapfel*（1966），*Meckel*（1968），*Paredes Castañon*（1995）；*Preuß*（1974），*Rehberg*（1962），および *Roeder*（1969）の許された危険に関する近時の研究書を参照．およそ本書が追求する方向とは非常に異なる許された危険の叙述をするのは，*Jakobs*, AT², 7/35 ff. および *Kindhäuser*, GA 1994, 197. 私は，共同研究者である *Manuel Cortes Rosa* の未発表の論文に許された危険に関する明快な指摘を負うている．

(157) 例えば，*Engisch*, DJT-FS, Bd. I, 1960, 417 ff.; *Welzel*, StrafR¹¹, 132 参照．このことについて，さらに，*Kienapfel*, 1966, 10.

(158) *Sch/Sch/Lenckner*²⁶, vor § 32 Rn. 102（他の事例と並んで）．

(159) *Jescheck/Weigend*, AT⁵, § 36 I 1 は，*Maiwald*, Jescheck-FS, 1985, 405 ff.. に与する．

(160) *Sch/Sch/Lenckner*²⁶, vor § 32 Rn. 107 b. すでに適度な危険という考えを刑法上の議論に導入した *Binding*（Normen, Bd. IV, 1919, 433 ff.）は，実際に，過失行為の正当化の全分野をこの概念と結びつけていた．

(161) 同旨，特に，*Kienapfel*, 1966; LK¹¹-*Hirsch*, vor § 32 Rn. 32 f.

(162) *Kindhäuser*, GA 197 f.

493

第3編　構成要件

正当化事由とは異なり，すでに客観的構成要件への帰属を阻却する行為である(163)．許された危険の典型は，すべての道路交通規則を遵守したもとでの自動車の運転である．道路交通は，生命，健康，および財物に対する重要な危険であることを否定することはできない．事故に関する統計は，そのことを明確に証明している．それにもかかわらず，立法者は，優越的な公共の福祉という利益がそれを要請するという理由で，（一定の注意規定の範囲において）道路交通を許容する．この場合，しかし，緊急避難（34条）の正当化事由の場合とは異なって，対立する利益の重要性，危険の切迫性等によって，その都度異なった結論に至りうる，具体的な場合における利益衡量は必要でない(164)．むしろ，自動車運転の許容は，（すべての交通規則を遵守した場合）すでに犯罪類型を成立させることのない包括的な衡量に基づいている．したがって，自動車運転が個々の場合において，高位の利益を追求するものでない場合でも（例えば，単なる退屈しのぎから行われた），あるいは，それどころか，非難に値する目的のために用いられる場合であっても（例えば，犯罪の準備），自動車運転は許容されているのであって，正当化事由の原則に基づく衡量は，このような行為の許容に反することになってしまう．したがって，許された危険の遵守は，客観的構成要件への帰属を妨げるのであるから，すべての交通規則を遵守したにもかかわらず生じた法益侵害の惹起は，構成要件的行為ではない．このことは，過失犯にも故意犯にも同様に妥当する．したがって，Bは，自動車の運転中，交通に従った注意を遵守していたが，それにもかかわらず，AとBと衝突し，Aを死亡させた場合，確かに，BはAの死亡を惹起したが，212条，222条の意味においてAを殺害したのではない．許された危険を超えて初めて，危険を創出しているのであって，その危険が実現することにより，構成要件的行為として結果を帰属することができる．

67　許された危険の領域に属するのは，すべての公共交通（したがって，航空，鉄道，および船舶の交通も），産業施設の操業（特に危険な施設），危険なスポーツの実施，医療水準の範囲内での医師の治療行為等である．許された危険と，およそ重要

---

(163)　これとともに，確かに，許された危険からする違法性阻却事由も存在する．これについて詳しくは，後述18章．

(164)　同旨，*Kindhäuser*, GA 1994, 217 f.

第 11 章　客観的構成要件への帰属

な危険が創出されていない場合（Rn. 55 以下）との区別は，特にこの法形象がま
だ理論的に完成していないゆえに，必ずしも容易ではない．しかし，このよう
な不明確性，および流動性は，帰属論にとっての実際上の影響はない．なぜな
ら，危険創出の欠如，および許された危険の範囲内での惹起は，客観的構成要
件の充足を同じく妨げるからである．いずれにしても，重要な根拠となるのは，
交通，技術施設の操業，危険なスポーツの実施等に通常存在しているような注
意規則の定立である．安全予防措置の規範化は，法的に重要な危険の存在を証
明するものだからである[165]．

68　許された危険の範囲内における原因経過の誘発も，構成要件を阻却する．し
たがって，A は，飛行機の墜落が現実のものとなるよう期待しつつ，B を飛行
機での旅行に行かせたという教室事例では，すでに 212 条の客観的構成要件が
充足されていない．同様のことは，他人に危険のある職業やスポーツとかかわ
るように動機づけるという，より現実的な場合にも妥当する．その際，その者
が極めて悪意のある目的を追求していた場合であっても，このことを法的に
（例えば，殺人未遂として）捕捉することはできない．「すべての観点において交
通上適切な行為をしていて，これによって，事故が起こったときには，相手方
の責任保険によって有利な補償的決着をする可能性を自分が得ることができる
という期待をしている」（BGH NJW 1999, 3133）者も，許されない危険を創出し
てはいない．もちろん，後続の運転手に，行為に関する誤った判断をさせて，
意図的に，追突事故を誘発した場合は，別である．この場合には，そのことは，
もはや交通上適切な行為であるとはいえない（BGH a.a.O.）．

3　許されない危険の実現

a）危険の実現がない場合の帰属阻却

69　客観的構成要件への帰属は，まさに行為者によって創出された許されない危
険が結果のなかに実現したことを前提とする．それゆえ，帰属は，まず，行為
者は確かに保護された法益に対する危険を創出したが，しかし，結果は，この
危険の作用としてではなく，この危険と偶然的な関係において発生したにすぎ
ない場合には，阻却される．この場合に属するのは，特に，故意犯が，最初は

---

(165)　より詳細な区別は，過失犯を論じる際に提供する．後述 24 章 Rn. 14 ff. 参照．

495

第3編　構 成 要 件

未遂にとどまっているが，その後，予見不可能な因果経過に続いてやはり結果
を惹き起こす場合である．その一例をなすのが，殺人未遂の被害者が，射撃自
体ではなく，病院の火災で死亡するという前述の設例（Rn. 45, 47）である．す
でに *Engisch*[166]は，「危険の実現を，因果関係と並ぶ書かれざる構成要件要
素として位置づける」ことを提案していた．したがって，行為者は，冒頭の例
において，確かに被害者の生命に対する危険を創出し，その者の死亡を惹起し
てはいるが，この結果は，創出された危険の実現ではなく，この結果を行為者
に帰属することはできないゆえに，行為者は殺人未遂行為を行ったにすぎず，
殺人既遂行為を行ってはいない．このことは，伝統的な見解のように故意の問
題なのではなく（Rn. 45 参照），客観的構成要件の充足の問題なのである[167].
危険の実現の検討は，実際に生ぜしめられた経過が，行為者の行為終了後に行
われるべき第2の危険判断に即して評価されうることによって進められる．そ
れゆえ，設例では，行為者が発射した銃弾が，法的に評価可能な程度に焼死の
危険を高めたか否かが問われるべきである．その際，第1の危険判断と同一の
基準が適用されなければならない．この問いは否定すべきであるから —— 病院
での滞在は，そこで火災事故の被害者になる重要な危険を基礎づけない ——，
危険実現，および結果帰属は否定されなければならない．

70　　以上のことから，反対に帰結するのは，未遂行為が，その後の因果経過の危
険を法的に重要な程度において高め，それゆえ，結果が，未遂によって創出さ
れた危険の相当な現実化である場合には，因果の逸脱は重要でなく，結果は帰
属されるべきであるということである．このような場合として，泳げない者を
溺死させるために，高い橋の上から水中に投げ込もうとしたが，橋脚台にぶつ

（166）　*Engisch*, 1931, 68.

（167）　特に，明確なのは，*Wolter*, ZStW 89（1977），649 ff. この見解は，客観的帰属が
　　　　肯定されて初めて故意の問題が生じる点をしばしば強調するという形で，次第に教科
　　　　書文献においても浸透しつつある．*Jescheck/ Weigend*, AT⁵, § 29 V 6 b; *Maurach/
　　　　Zipf*, AT/1⁸, 23/28; *Schmidhäuser*, LB AT², 10/44; *ders.*, StuB AT², 7/51; *Wessels/
　　　　Beulke*, AT³⁴ Rn. 259 f.; さらに，*Stratenwerth/ Kuhlen*, AT⁵, § 8 Rn. 86 ff.; *W. Frisch*,
　　　　1988, 455 ff. 参照．類似するのは，*Kratzsch*, GA 1989, 71; 詳しくは，*ders.*, Verhaltens-
　　　　steuerung, 1985, 302 ff. これと並んで，故意帰属の独立した基準にどの程度の余地がま
　　　　だ残されているかという問題については，後述第12章 Rn. 155 ff. 参照．故意犯の場合
　　　　に客観的帰属に反対するのは，*Arm. Kaufmann*, Jescheck-FS, 1985, 251. これに対す
　　　　る反論は，*Roxin*, Arm. Kaufmann-GS, 1989, 237.

かって首の骨を折るという周知の事例がある．この危険は，もともと橋の上か
らの落下と結びついていたのである．したがって，結果は偶然ではなく，それ
ゆえ，因果の逸脱が認められるにもかかわらず殺人既遂行為として帰属されな
ければならない．同様のことは，他人を斧で殺害しようしたが，斧での一撃で
はなく，それによって惹き起こされた創傷感染で死亡した場合にも（RGSt 70,
258），妥当する．感染の死亡においても，斧の一撃によって創出された危険が
現実化している．したがって，その結果は，謀殺者の仕業である．同様に，意
識不明の被害者が嘔吐し，自分自身の胃の内容物で窒息する場合（BGHSt 24,
213），結果は行為者に帰属されるべきである．さらに，後に行為する第三者が，
同一の結果に向けられた行為によって，結果の惹起へと，故意につなげていく
場合，したがって，行為者の行為が第三者がこれに介入したことの条件となっ
ている場合にも，因果の逸脱はなお重要ではない（BGHSt 7, 325）．したがって，
殺人の故意をもって殴り倒し，それによって，被害者に「とどめの一発」を撃
つ切っ掛けを第三者に与えた者も，殺人既遂により処罰される．血の酩酊事件
（BGHSt 7, 325）では，行為者は，被害者をハンマーで殺害しようとした．最初
の致命傷ではないハンマーの一撃によって，行為者たる女性は責任無能力とな
る血の酩酊状態に陥り，その状態で被害者を斧で殴り殺した．ここでも，流血
を伴う殺害行為が最初から有していた危険が実現したにすぎない（同様なのは，
謀殺未遂によってすでに被害者を侵害する以前に責任能力を否定すべき激情性記憶障害とな
り，行為者は，この状態で被害者をナイフで刺し殺したという BGHSt 23, 133 である）．行
為者は，自身によって創出された危険が死亡につながりうることさえ知ってい
ればよく，およそ行為者には，因果経過の詳細が認識できる必要はない（BGH
NStZ 1995, 287）．これに対して，運び屋からハシッシュが盗まれ，その後その
窃盗の犯人によってそれが輸入された場合，この運び屋を既遂の麻薬輸入として
有罪とすることはできない（BGHSt 38, 32）．

71 行為者によって創出された危険が実現したか否かという問題を判断する場合
には，個々の場合において，緻密な検討が必要とされる可能性がある．例えば，
薬剤師の過失によって惹き起こされたビタミン中毒で病院に来て，そこで病院
の責任とはいえない（Rn. 141 以下参照）インフルエンザ感染で人が死亡した場
合（OLG Köln NJW 1956, 1848），結果の帰属は，感染とインフルエンザによる死
亡が中毒に条件づけられた患者側の体質の衰弱の結果であるかどうかに依存し

第3編 構成要件

ている．もしそれが肯定されるならば，薬剤師によって創出された危険が実現したのであり，薬剤師は過失致死により処罰されなければならない．これに対して，「……ビタミン中毒による衰弱とは無関係に」インフルエンザのために死亡した場合，最初の惹起者側には，過失傷害が存在するにすぎない（同旨，OLG Köln a.a.O.）．最初は人工栄養補給がなされなければならなかった事故の被害者が，その回復期間中に食物を誤嚥して死亡した場合も，同様の判断がなされなければならない（OLG Stuttgart NJW 1982, 295）[168]．これに対して，「顔面への狙いをつけた強烈なパンチ」で死亡した場合（LG Gera NStZ-RR 1996, 37）には，殺人の危険の実現が認められうる（LG Gera NStZ-RR 1996, 37）.

72 危険実現に基づいて，客観的構成要件への帰属が行われなければならないとするならば，もちろん，そのことによって，主観的構成要件への帰属がおのずから決定されるというわけではない．なぜなら，客観的構成要件の充足は，単なる過失による結果惹起という可能性も残しているからである．しかし，通常，主観的構成要件への帰属も，構成要件の充足のためには，故意により創出された危険の実現以上のことは要求しないのであるから（このこと，および例外について，詳しくは，12章 Rn. 155 以下），欄外番号 70 において挙げられた例では，それぞれ故意による殺人既遂により処罰しなければならない.

b）許されない危険の実現がない場合の帰属阻却

73 許された危険の事案では，客観的構成要件への帰属は，許容限界を超過すること，それによる許されない危険が創出されたことを前提とする．しかし，通常の危険創出の場合に，既遂がさらに危険の実現を必要とするのと同様に，許されない危険の場合にも，結果の帰属可能性は，それに加えて，結果にまさに許されない危険が実現したことに依存している．その実現がないことも多く[169]，その場合は，さらに再び，個別的に様々な区別をすることができる.

---

(168) これについては，*Ebert*, JR 1982, 421. 本書と類似しているが，（方法論的に別の根拠づけを用いて）一貫性要件に賛成するのは，*Puppe*, AT/1, § 4 Rn. 8 ff. さらに，「特殊な不適切行為の結果」については，MK-*Freund*, vor § 13 ff. Rn. 329 ff. 参照.

(169) これらの事例については，*Roxin*, Gallas-FS, 1973, 242; *Ebert/ Kühl*, Jura 1979, 565, 571, 573 ff.; SK⁶-*Rudolphi*, vor § 1 Rn. 63; *Schmidhäuser*, LB AT², 8/49; *ders.*, StuB AT², 6/117 ff.; *Wolter*, 1981, 342 ff. 参照．「危険の実現という基準の多義性」に対して批判するのは，*Puppe*, GA 1994, 308 ff.

第 11 章　客観的構成要件への帰属

74　比較的単純な例は，許された危険の超過が，具体的形態での結果にまったく
影響を及ぼさない場合である．

事例（RGS t 63，211 に変更を加えたもの）：
　刷毛工場の工場長は，定められていたような事前の殺菌消毒をせずに，加工のため
に中国の山羊の毛を女性従業員たちに手交した．四人の女性従業員が炭疽菌に感染
し死亡した．後の調査により，定められた殺菌剤は，ヨーロッパにおいて従来知ら
れていなかった細菌に対して効果はなかったであろうことが判明した．

　この場合，行為者は，殺菌消毒の懈怠によって事前の判断においては大きな
危険を創出したが，この危険は，事後に確定したところによると，実現してい
なかった．行為者に結果を帰属させるならば，彼は，履行しても役立たなかっ
たであろう義務の違反のために処罰されることになろう．このことは，平等原
則（Gleichheitssatz）より禁止される．当該経過が，許された危険を遵守した場
合に生じるであろう経過に完全に一致する場合は，結果帰属も異なって取り扱
われてはならない[170]．したがって，工場経営者が殺人の故意を有していたと
しても，彼は未遂で処罰される可能性があるにすぎない．より一般的な単なる
過失の場合には，不処罰となろう．

75　事実が異なる場合，許された危険を超過する義務違反は，確かに，結果に対
して因果的ではあるが，結果発生の危険はその超過によって高められてはいな
い．

（170）　*Roxin*, ZStW 74（1962），432，437 f.（= Grundlagenprobleme, 170, 175）．この結
論はほぼ一般的に承認されているが，しかし「平等アプローチ（Gleichbehandlungsan-
satz)」からの私の論証に反対するのは，*Küper*, Lackner-FS, 1987, 256. 明確にこれに
賛成するのは，*Sch/Sch/Lenckner*[26], vor § 13 Rn. 99 a. *Küper*（a.a.O., 263 ff.）は，こ
のような場合に結果無価値を否定し，行為者の行為は禁止違反であるにもかかわらず，
許された危険（容認された危険）を認めようとする．*W. Frisch*, 1988, 529 ff.（534）は，
結果は，「行為の無価値性，および行為の帰結に対する行為要求の遵守の意味を明確化
するのにもはや適さない」とする．MK-*Duttge*, § 15 Rn. 165 ff. は，この場合，および
比較可能な事例において，義務違反連関が欠如するという．結論において，本質的に
異なる見解を主張するのは，*Spendel*, JuS 1964, 14 ff. のみ，ならびに，特定の状況に
ついて，*Ranft*, NJW 1984, 1429, *Krümpelmann*, Jescheck-FS, 1985, 331, および *Marti-
nez Escamilla*, 1992, 234 ff.

499

第3編　構成要件

事例：(171)

　行為者は，許された最高速度を超過したが，すぐに再び定められた速度を遵守した．そして，彼は，ある車の背後から突然自分の自動車の前に飛び出して来た子供を轢いた．事故は，彼にとって客観的に回避不可能であった．

　このような状況の場合，事故は（許された）自動車運転それ自体によってのみならず，まさに最高速度の超過によっても惹起されている．なぜなら，それがなければ，子供が道路を横断する時に自動車はその場にいなかったであろうし，何も起こらなかったであろうからである．それにもかかわらず，この場合も，速度超過に内在する特有の危険は実現されてはいない(172)．スピードを出しすぎた運転によって，規則に従った運転に戻った際に事故を起こす危険は，少しも高められていないからである．同様に，スピードを出しすぎた運転によって，自動車は事故現場となりえた場所を通り過ぎてしまっているために，後の轢過は適切に回避されうる．速度超過の禁止は，特定の時間に特定の場所で自動車が走行することを防止しようとするものではない．それゆえ，禁止された危険を冒したことが，偶然に事故に至ったに過ぎないから，結果の帰属は阻却される．判例が，しばしばこのような事例を解決しようとして用いる特殊な因果関係の認定（Rn. 10 参照）は，したがって，必要ではない．

76　同様のことは，許されない追い越しの最中に，追い越しを行う者にとって認識しえない物質的欠陥により追越車の車輪が壊れることによって事故が発生した場合にも妥当する（BGHSt 12, 79）．この経過においては，禁止された追い越しに存在する危険ではなく，自動車運転手にとっての偶然の事情が，実現しているからである．正しい運転をしていても，常に車輪は壊れる可能性はあったし，事故を惹き起こす可能性があったのである．

77　許された危険の超過は，確かに，具体的な結果にとって全く関係がないとはいえないが，その経過が非典型的であったために，禁止された危険の実現と評

---

　　(171)　*Wolter*, 1981, 342 f. からの例.

　　(172)　示唆に富むのは，BGHSt 33, 61.; これに批判的なのは，*Ebert*, JR 1985, 356; *Puppe*, JZ 1985, 295; 区別するのは，*R. Peters*, JR 1992, 50; 連邦裁判所に反して，「危機的な交通状況」が発生していた時に自動車運転手が非常に速い速度で走行していた否かも重要ではありえない．このトポスの正当な核心を示すのは，NK-*Puppe*, vor § 13 Rn. 222. 本書と同旨なのは，SK⁷-*Hoyer*, Anh. zu § 16 Rn. 87.

価することができない場合がしばしばある.

事例:

　被害者を誤って追い越したために（OLG Stuttgart VRS 18 [1960], 356），あるいは軽い追突事故を惹き起こしたために（OLG Karlsruhe JuS 1977, 52），被害者が心臓麻痺で死亡した.

　いずれにしても，恐怖から心臓麻痺になる危険は，他人の不適切な運転行為により，ごく僅かとはいえ高められる．しかし，この増加は，結果を帰属可能と考えさせるには小さすぎる．交通規則の目的は，精神的な侵害ではなく，むしろ直接的な身体への侵害を防止することにある．このような危険は実現してはいない結果，行為者は，たしかに場合によっては道路交通危殆化（315条c），あるいは器物損壊（303条）によって処罰されることはありうるが，人を死亡させた罪により処罰されることはありえない.

78　最後に，行為者の危険創出行為が，起こりそうもない，予見しえない因果経過に基づいて構成要件該当結果に至ったにすぎない場合にも，危険実現がなくなる．殺害行為によって軽傷を負ったにすぎない被害者が，病院での治療の際に火災事故に遭って死亡したという何度もすでに挙げられた教室事例は，このような場合は裁判所によってまだ扱われたことがないとしても，例となる．第三者の事後的に行われた不適切な行為も，実務上重要となったこの種の事例状況を提供する.

79　**事例**（BGH NStZ 1992, 333[173]）:

　Aは，殺人の故意なく，Bの住居においてゴム製のハンマーでBの頭を叩き，致命傷を負わせた．Aは，Bが死亡したものと誤信し，住居の鍵をもって外に出た．路上で，彼は，親族のCと偶然出会い，Bを殴り殺したことを彼に説明した．CはAのことを信じず，住居の鍵を受け取り，住居の中でBを発見し，彼もまたBが死んでいるものと思い，自殺に見せかけるためにBをドアのノブに吊るした．Bは縊頸により死亡したが，ハンマーでの打撃も，数時間内には死に至らしめるようなものであった.

---

(173)　これについては，*Dencker*, NStZ 1992, 311; *Puppe*, JR 1992, 511; *Pütz*, JA 1993, 285; *Roxin*, Saito-FS, 2003, 9 ff.

第3編 構成要件

80　この場合，確かに，Aによって加えられた傷害は，Bの死亡に対して因果関係があった．しかし，創出された危険が実現したのではなく（ハンマーでの打撃による死亡），むしろ別の危険が実現したのである（絞首による死亡）．それゆえ，Bの死亡は，過失致死としてAに帰属することはできず，彼は，傷害（224条1項2号，5号）により有罪とされるにすぎず，傷害致死（227条）により有罪とされることはない．

81　連邦裁判所は，別の見方をしている．確かに，連邦裁判所も，傷害に固有の死亡の危険は，「死亡結果に実現し」ていなければならないと考えている．したがって，連邦裁判所は，この限りにおいて客観的帰属論にしたがっている．しかし，連邦裁判所は，(1)Cは，Aのために行為したという理由，(2)Bは，いずれにせよ，助からなかったという理由，および(3)因果経過も予見可能なものであったという理由から，危険の実現を肯定した．しかし，三つの根拠のいずれも確固たるものではない．なぜなら，Cは，自らの行為についてAと約束をしたわけではないのであるから，彼の独断的な利益の擁護はAに帰属されえないからである(1)．さらに，Bが，いずれにしても，数時間内に死亡したであろうことから，それは仮定的な事象であって，Aに現実の，まったく異なる因果経過が帰属されることになるわけではないからである(2)(174)．最後に，因果経過が「生活上生起しうるあらゆる蓋然性に」矛盾しているというわけではないということは（a.a.O., 334），正しくない(175)．親族との出会い，何が起こったのかの説明，それを信じなかったことや鍵の取得，ならびにBの状態に直面しての，まったく意味のなかったドアノブに吊るすという行為は，あまりにも不合理な因果関係の結合であって，結果は，もはや最初の危険の実現であるとは評価されえないからである(3)．

82　日本の最高裁判所が1990年に決定を下した比較可能な事件が，*Saito*(176)に

（174）　同様に，*Puppe*, JR 1992, 512.

（175）　同様に，*Puppe*, JR 1992, 514; *Dencker*, NStZ 1992, 313; *Otto*, JK 1993, StGB § 224/4. それにもかかわらず，*Puppe* は過失致死を，さらにそれどころか，*Dencker* は傷害致死を認めようとするならば，これは誤りである．これについて詳しくは，*Roxin*, Saito-FS, 2003, 12. 本書と同旨なのは，*Otto*, JK 1993, StGB § 226/4; *Pütz*, JA 1993, 285. この状況は，連邦裁判所によって判断された，第三者のそのような介入が生活経験外に存在しなかった「とどめの一発」事件（Rn. 70）とも異なっている．

（176）　*Saito*, Roxin-FS, 2001, 261.

502

第11章　客観的構成要件への帰属

よって報告されている.

　Aは，殺人の故意なく，Bを段打し意識不明の状態にし，その後，Bを野外に連れて行き，そこに放置した．そこに，Cがやって来て，殺人の故意なく，意識不明のBを段った．Cの段打は，Bの死亡を若干早めるものではあったが，Cがやって来なくてもBは直ちに死んでいたであろう.

83　この場合，裁判所は，傷害致死で有罪判決を下したのに対して，*Saito*[177]は，Aに死亡結果を帰属させることを否定し，裁判所とは異なり，傷害の既遂のみを認めようとしている．正しくは，区別されなければならないであろう[178]．Cの段打が，健康な者に対して全く同一の態様において死亡させるようなものであったゆえに，Bが，Aによって彼に加えられた傷害に関係なく，Cの段打によって死亡した場合には，この結果はAに帰属することはできず，Aは傷害により処罰されうるにすぎない．なぜなら，Aによって設定された危険は，実現しなかったからである．したがって，この限りでは，*Saito* は正当である．それに対して，Cの段打が健康な者の場合にはまったく死に至らしめるようなものでなく，あるいはより長時間経過後になってようやくBの死に至らしめるようなものであって，AによってBに加えられた致命傷が作用を及ぼした場合には，Aによって設定された許されない危険が実現したのであって，Aは傷害致死の責任を負う．なぜなら，この場合には，BはまさしくAが暴力を用いたことによって死亡しているからである．Cの段打がBの死亡を若干早めたという点は，重要でない因果経過の逸脱であって，このことは，Bの死亡がAによって設定された危険の実現したものであることを何ら変更するものではない.

c）注意規範の保護目的によって覆われない結果における帰属阻却[179]

84　最後に，許された危険を超過したことが，後に発生した通りの事象経過の危険を初めから明らかに高めているが，それにもかかわらず結果帰属が行われて

---

(177)　*Saito*, Roxin-FS, 2001, 264 f.

(178)　詳しくは，*Roxin*, Saito-FS, 2003, 4 ff.（Saito の考えを取り扱っている所で）【監訳者注：大阪南港事件最高裁の認定では，第2暴行は，第1暴行による死因たる橋脳出血を拡大したとされている．したがってロクシンの区別の第2の場合にあたる】

(179)　危険競合の観点の下での規範目的連関について，さらに，*Jakobs*, AT², 7/72 ff.

第3編　構成要件

はならない事案もある．

事例1（RGSt 63, 392）：

　二人の自転車に乗った者が，暗闇の中を無灯火で相前後して走行していた．前の自転車が，無灯火であったために対向してきた自転車と衝突した．この事故も，後ろの自転車に乗った者が前の自転車を照らしてさえいれば，回避されたであろうというものであった．

事例2（BGHSt 21, 59 に変更を加えたもの）：

　歯科医が，女性に全身麻酔をして二本の臼歯を抜いた．この女性は心不全で死亡した．彼女は，「少し心臓が悪い」と歯科医に事前に伝えていたので，歯科医は，注意義務が要求するように内科医を呼ぶべきであったのに，それを怠った．もちろん，内科医による検査が行われていても心臓疾患は発見されなかったであろうことが認められる．しかし，内科医の検査によって歯科医の施術は遅らされることになって，いずれにしても，女性は，より後になって死亡したであろう．

85　ここでは，後ろの自転車に乗った者による禁止された無灯火での自転車に乗る行為は，前の自転車に乗る者が事故を惹き起こすであろう危険を著しく高めていたし，同様に，内科医を呼ばないことが手術による危険を少なくとも時間的に早めたことは，初めから認識可能であった．それにもかかわらず，結果の帰属は，理に反していると思われる．なぜなら，灯火命令の目的は，直接自分の自転車から生じる事故の回避にあるのであって，他人の自転車が照らされて，第三者とそれとの衝突が防止されることにあるのではないからである(180)．同様に，内科医を呼ぶ義務は，手術を遅らせ，それによって患者の生命を僅かな時間引き延ばすという目的のためのものではない．それゆえ，違反された注意命令が予防しようとした危険は実現しておらず，それによって結果の帰属はできなくなる(181)．

86　それゆえ，許されない危険の実現（Rn. 73 以下）については，因果経過の相当性ないし予見可能性のみに依存する一般的な危険の実現（Rn. 69 以下）とは事情

　（180）　同様に，*Jescheck/Weigend*, AT⁵, § 55 II 2 b bb; さらに，*Schlüchter*, JuS 1977, 108 参照．

　（181）　このことについて，さらに，*Puppe*, AT/1, § 3 Rn. 34 ff.

504

が若干異なっている．許されない危険の実現の問題にとっても，もちろん，注意違反行為が因果的作用を有していたか否か (Rn. 74)，およびこの作用が危険を増加させたか否か (Rn. 75以下)，あるいは増加が重大な程度に達しているか否か (Rn. 77) は重要である．しかし，因果経過が，許されない危険とまったく相当な関係にある場合でも，そのような結果の防止が保護目的ではなく，むしろ注意義務の保護の反射にすぎない場合には (Rn. 84以下)，結果の帰属はなお阻却される[182]．

87 しかも，許されない危険の実現を欠く，あるいは，「危険連関」を欠くと表現されることもある事例群のすべてについて，規範の保護目的は，具体的な態様の結果発生を捕捉しないと言うことができる．なぜなら，例えば，殺菌消毒命令の目的は，役に立たないその適用を要求するものではなく (Rn. 74)，速度制限の目的は，道路の特定の場所から自動車を遠ざけることにあるのではない (Rn. 75) からである．許されない危険の実現の場合には，常に**許された危険を限界づけている注意規範** (灯火命令，専門医の診察の義務等) **の保護目的**が問題なのであって，犯罪構成要件の保護目的が問題なのではないということだけは意識しなければならない．これに対して，構成要件の保護目的によって帰属を阻却する本来の事例は，構成要件規範 (殺人，傷害，および損壊の禁止等) が特定の行為態様，および作用を初めから含まないときである．これらは，本書では，「構成要件の射程」の観点の下で論じられるものであって (後述の Rn. 106以下)，しばしば行われたことではあるが，次のような諸事例と混同されるべきではない[183]．その諸事例とは，注意命令の保護目的が，発生した結果に及んではいないという理由から，帰属がすでに阻却されるような場合である[184]．

---

(182)　膨大な判例資料の利用価値を検討した上での注意深い分析を提供するのは，*Krümpelmann*, Bockelmann-FS, 1979, 443 ff., ならびに NK-*Puppe*, vor § 13 Rn. 211 ff.（方法的には異なる理由づけをしている）; *dies.*, AT/1, § 4 Rn. 17 ff.

(183)　保護目的概念を使用することがそもそもどの程度必要であるのかについても争いがある．例えば，*W. Frisch*, 1988, 80 ff; NK-*Puppe*, vor § 13 Rn. 215 参照．*Degener*, 2001 (511) は，相互に積み上げた個々の責任の多様性が隠される保護目的思考を完全に否定する．確かに，この原理をさらに区別し，具体化することは，なお成し遂げなければならない課題である．さらに，このトポスの統一的な使用は，まだ浸透してきてはいない．しかしだからといって，要約的な指導的観点としての保護目的思考を放棄する必要はない．

(184)　私は，以前（Gallas-FS, 1973, 242 ff.）構成要件の保護目的と注意規範の保護目的

505

第3編 構 成 要 件

d) 適法な代替行為と危険増加論[185]

88 危険を基礎とする思考方法との関係で戦後最もよく論議された問題は，結果
が適法な代替行為によって確実にではないが，蓋然的に〈おそらく〉あるいは
可能的には〈ひょっとすれば〉防止されていただろうという場合に，結果は帰
属しうるか否かという問いに関するものである．

事例（BGHSt 11,1[186]）：

トレーラートラックの運転手が自転車に乗る者を追い越そうとし，その際に，75
センチメートルまで自転車乗りに近づき，必要な側面距離を守らなかった．追い越
しの最中に，ひどく酒に酔っていた自転車乗りは，アルコールによる短絡的反応の
結果，自転車の向きを左に変えたために，トレーラーの後輪に轢かれた．道路交通
規則にしたがって充分な側面距離を守っていた場合であっても，事故は，蓋然的に
（または：ひょっとすると）起こっていたであろうということが認定される．

十分に明らかにされているのは，適法な代替行為が，確実に同一の結果に
至ったであろう場合には，帰属が阻却されるという，すでに（Rn. 74）取り扱っ
た問題である．なぜなら，その場合，許された危険の超過が，現実の事象経過
において実現していなかったからである．これに対して，上述の例の場合，本
書が唱える見解によれば，正しい運転行為は確かに確実にではないが，いまだ
ひょっとして自転車乗りの生命を救っていただろうという可能性があるので，
それゆえ，側面距離の不遵守による許された危険の超過は，法的に重要な形に
おいて死亡事故の可能性を増加させたのであるから，帰属を認めるのが望まし
い．

89 これは，以下のような考慮に基づく．必要な距離を遵守したにもかかわらず，
自転車乗りは死亡したであろう場合，この経過においても，追い越しに常に存
在するような危険が実現したということになろう．しかし，立法者は，その許

とに区別していた（この意味で，さらに，*Wolter*, 1981, 341 ff. 参照）．しかし，用語上
の明確性の理由から，「構成要件の射程」という，より混同されない用語を使用する方
がよいように私には思われる．これと並んで，文脈上誤解されない場合には，保護目
的概念も引き続き使用される．

(185) 見解の状況と論拠については，*Hillenkamp*, Probleme, Nr. 31.

(186) *Roxin*, HRR AT Nr. 6.

容によって運転者からこの危険を引き受けたのであって，結果は帰属しえない
であろう．これに対して，行為者が許された危険を超過し，追い越しに存在す
る危険の効果として結果が発生した場合には，結果は，禁止された危険の現実
化として帰属可能である．この場合も，行為者から危険を引き受け，彼を無罪
とする理由は何も存在しない．なぜなら，許容可能な危険の最大限たる限界は，
法律上の安全距離により画されるからである．この危険の増加すべては，結果
的に，行為者に帰せられるのである．

90　私によって基礎づけられたこの「危険増加の理論[(187)]」は，文献において多
くの支持[(188)]を得てきている．これに対して，判例[(189)]，および学説の一部[(190)]

---

(187)　*Roxin*, ZStW 74 (1962), 411 ff. (= Grundlagenprobleme, 147 ff.); *ders.*, ZStW 78 (1966), 214 ff.

(188)　特に，*Brammsen*, MDR 1989, 123; *Burgstaller*, 1974, 135 ff.; *ders.*, 1992, 392 ff.; WK-*Burgstaller*, § 6 Rn. 74 f., § 80 Rn. 75; *Ebert*, AT[3], 52; *Ebert/ Kühl*, Jura 1979, 572 f.; *Greco*, 2005, 132; SK[7]-*Hoyer*, Anh. zu § 16 Rn. 73 ff.; *Jescheck/ Weigend*, AT[5], § 55 II 2 b aa; *Kahlo*, GA 1987, 66; *Kienapfel*, ZVR 1977, 11 ff.; *Köhler*, AT, 197 ff.; *Kretsch-mer*, Jura 2000, 274 f.; *Küper*, Lackner-FS, 1987, 282; *Lackner/ Kühl*[25], § 15 Rn. 44; *Otto*, JuS 1974, 708; *Puppe*, ZStW 95 (1983), 287 ff.; *dies.*, ZStW 99 (1987), 595 ff.; NK-*Puppe*, vor § 13 Rn. 205 f.; *dies.*, AT/1, § 3 Rn. 44 ff.; SK[6]-*Rudolphi*, vor § 1 Rn. 65 ff.; *Rudolphi*, JuS 1969, 554; *Schaffstein*, Honig-FS, 1970, 171; *Schünemann*, JA 1975, 582 ff., 647 ff.; *ders.*, GA 1985, 354; *ders.*, StrV 1985, 229; *Stratenwerth*, Gallas-FS, 1973, 227; *Stratenwerth/ Kuhlen*, AT[5], § 8 Rn. 36 f. (「今や広く承認されている危険増加論」); *Tavares*, 2002, 288; *Walder*, SchwZStr 93 (1977), 160; *Wolter*, 1981, 334 ff. 類似するの
は，*Jordan*, GA 1997, 349; *Kahrs*, 1968, 236; *Lampe*, ZStW 101 (1989), 3 ff.; *Maurach/ Gössel/ Zipf*, AT/2[7], 43/105 ff.; *Seebald*, GA 1969, 213. *Puppe*, NK, vor § 13 Rn. 120 ff., 135 は，さらに，完全には確定されないプロセスの場合に，危険増加を補足的なもの
としてのみならず，因果関係の要件の規定のために利用しようとする．*Hoyer*, Rudol-
phi-FS, 2004, 95 は，因果関係を危険増加の基準によって完全に取りかえようとする．

(189)　BGHSt 11, 1; 21, 59; 24, 31; 33, 61; BGH VRS 54, 436; BGH StrV 2004, 484; OLG Karlsruhe JR 1985, 479（*Kindhäuser* の評釈がある）は，問題を未解決のままにして
いる．

(190)　*Bockelmann/ Volk*, AT[4], § 20 B I 4c; MK-*Duttge*, § 15 Rn. 177 ff.; *Fincke*, 1977, 46 ff., 60 ff., 70 ff.; *Freund*, AT, § 2 Rn. 49 ff.; MK-*Freund*, vor §§ 13 ff. Rn. 284 ff.; *W. Frisch*, 1988, 537 ff.; *Gropp*, AT[2], § 12 Rn. 54; *Jäger*, AT, § 2 Rn. 37; *Jakobs*, AT[2], 7/98 ff.; *ders.*, ZStW-Beiheft 1974, 26 ff.; *Kindhäuser*, AT, § 33 Rn. 48; *ders.*, StGB[2], 15 Rn. 77; *Krey*, AT/2[2], § 52 Rn. 547 f.; *Luzón Peña*, PG, 386; *Martinez Escamilla*, 1992, 234 ff.; *Marxen*, AT, 37; Mir Puig, PG[5], 11/70; *Prittwitz*, 1993, 323 ff.; *Samson*, 1972, 153 ff.; *Schlüchter*, JuS 1977, 107 f.; *dies.*, JA 1984, 676; *Sch/Sch/ Cramer/ Sternberg-Lieben*[26],

第3編　構成要件

は，異なった結論に至っている．連邦裁判所は，「交通において正しい行為で
あった場合には，結果は生じなかったであろうことが確実である場合にのみ，
交通違反行為は，有害な結果にとっての原因として認めてよい」と述べている
（BGHSt11, 1）．そうでない場合には，文献においても論証されているように，
許されない危険が実現したことは確実ではないのであり，「疑わしきは被告人
の利益に（in dubio pro reo）」の原則にしたがって，行為者は無罪とされなけれ
ばならないとする．しかし，これは正しくない．なぜなら，危険を許された部
分と許されない部分とに分けて，その各々について別々に危険の実現を認定し
てはならないからである(191)．行為者が許された危険を超過し，これによって，
まだ何とか許容可能であった危険をさらに増加させた場合には，行為者は，全
体においてまさしく禁止された危険を創出している．この全体として禁止され
た危険は，結果が生じた場合も，実現されているのである．この点について，
何ら疑いはないのであるから，疑わしきは被告人の利益にの原則の適用領域で
はない(192)．

91　危険を許された分量と許されない分量とに切り離し，それぞれにつき個別に
因果関係の立証を要求してはならないということは，注意規範の保護目的から
必然的に推論される．その保護目的は，許されない危険が実現されたか否かと
いう問題にとって，その他でも極めて重要なのである（Rn. 85-87）．なぜなら，
注意規範の遵守が，確かに法益保護の可能性をはっきりと高めているが，必ず

---

§ 15 Rn. 177 ff.; LK[11]-*Schroeder*, § 16 Rn. 190; *Ulsenheimer*, 1965, 134 ff.; *ders.*, JZ 1969,
364 ff. およそ批判的なものとしてさらに，*Toepel*, 1992, 136 ff.

(191)　SK[6]-*Rudolphi*, vor § 1 Rn. 68; *Küper*, Lackner-FS, 1987, 286; *Struensee* GA 1987,
104.

(192)　危険増加論の支持者ではないが，in-dubio という論拠に反対するのは，さらに，
Sch/ Sch/ Cramer/ Sternberg-Lieben[26], § 15 Rn. 179, 179a. 異なっているのは，再び，
Jäger, AT, § 2 Rn. 37 で，「……合法な代替行為の場合にも，結果が確実に生じるなら
ば，危険増加論の支持者でさえ，帰属を否定する．しかし，合法な代替行為の場合に
結果は生じなかった可能性があったにすぎない場合には，帰属は肯定されてはならな
い．なぜなら，これは，挙証責任を転換することになる……からである」という．し
かし，帰属基準がまさしく危険増加であるならば，これが存在しなければ，帰属は行
われてはならない．刑事政策的に言うと，行為を回避すれば，結果は生じなかった蓋
然性が若干あるような場合に，その行為を処罰することは，おそらく非常に意味があ
るであろう．しかし，役に立たないことがすでに証明されているような注意措置の懈
怠を既遂犯として処罰することは，まったく意味をもたない．

第 11 章　客観的構成要件への帰属

しも絶対確実にそれを保障するというわけではない場合にも，そして，まさに
その場合に，立法者は注意規範に従うことを要求しなければならないからであ
る．例えば，医学的適応のある危険な手術にあたって，外科医が重大な医療過
誤によって患者の死を惹起した場合，反対説によれば，彼を不処罰とせざるを
えないであろう．なぜならば，医術上の準則（lege artis）にしたがって実施さ
れた手術の場合でも死亡結果の可能性が排除しえなかったからである．これは，
まさに特に大きな注意が必要なところで，あらゆる注意の要請を放棄すること
を意味するであろう[193]．これに対して，BGH StV 1994, 425 は，医療過誤に
よって死亡した場合に，患者は医学的準則に従った治療をしていれば，より長
く生きたであろうということが確実でないときは，無罪とする．しかし，正し
くは，結果の帰属にとっては，医療過誤による危険増加で足りるとしなければ
ならない[194]．

92　*Arzt* は，「不注意な医師への，明白と感じられるような処罰欲求は」，「通常の予防
措置が遵守される手術にのみ患者は同意しているということによってすでに根拠づ
けられうる」と考えている[195]．このことは，医師が医術上の準則にしたがって実施
する手術を行うとの意図をもって手術に取りかかることにのみ，同意を向けている
とは言えない場合も，認めることができる．しかし，第 1 に，このような同意によ
る解決は，上述のトレーラートラック事件が示しているように（Rn. 88），危険増加論
の適用事例の多くにおいて貫徹することができない．第 2 に，同意の欠缺を認める

---

(193)　この耐え難い結論のために，危険増加論の反対者の一部は，義務に従った行為で
　　　も結果が発生したであろうという単なる可能性ですでに無罪とするのに十分としよう
　　　としないという点では，この理論に歩み寄る．すなわち，*Arth. Kaufmann*, Je-
　　　scheck-FS, 1985, 281 は，この場合においても，結果が「優越して蓋然的」であったか
　　　否かを基準としようとする（同様に，MK-*Duttge*, § 15 Rn. 176）．*Schlüchter*, AT³,
　　　184 は，「合義務的な行為の際に，結果は優越した蓋然性をもって生じなかったであろ
　　　う場合に」，帰属を認めようとする．*W. Frisch*, 1988, 546 ff. は，適法な代替行為の場
　　　合において結果発生という無罪を基礎づける可能性を，「一般統計的な残存危険」では
　　　なく，その存在が「すでに結果発生の具体的な危険を基礎づける」「個別的場合の特殊
　　　な根拠」に依拠しようとする（S. 549）．しかし，このような蓋然性を用いる暫定的な
　　　解決は，危険増加論に反対する主たる論拠 —— 危険増加論は，疑わしきは被告人の利
　　　益にの原則に反し（Rn. 90），さらに，侵害犯を危険犯に転化するものである（Rn.
　　　93）—— を放棄し，原則としてその出発点を受け入れる場合にのみ論ずる価値がある．
(194)　同旨，NK-*Puppe*, vor § 13 Rn. 123 ff.; *dies*, AT/1, § 2 Rn. 22 ff.; *dies*., JR 1994,
　　　514; 連邦裁判所に賛成するのは，*Otto*, JK, vor § 13/5.
(195)　*Arzt*, Schlüchter-GS, 2002, 168.

第3編 構成要件

ことによっては，適切な行為を行っていた場合でも結果は確実に同じように発生していたであろうという場合に（Rn. 74 参照），帰属阻却できないことになる．したがって，Arzt の考えは，危険増加論を不必要なものとするものではなく，その限られた適用可能性の枠内において，付加的な論拠を提供するものである．

93 「疑わしきは被告人の利益に」の原則と並んで，危険増加論に反対して提示される第2の論拠は，危険増加論は，結果犯を法律に反して危険犯に転化することになるというものである．これは，客観的構成要件への結果の帰属は，**常**に行為者によって創出された危殆化を介してのみなされるがゆえに，不当である[196]．侵害犯と危険犯との相違は，侵害犯の場合，許された危険は構成要件的な侵害結果のなかに実現されるのに対して，危険犯の場合，それぞれ異なった要求に応じて決定されうる危殆化結果のなかにのみ現実化されるというところにのみ存在する．しかし，危険増加が存在する場合の適法な代替行為において，禁止された危険が構成要件的な侵害結果に浸透しているということは[197]，すでに示された．さらに，*Koriath*[198]が，危険増加論は，刑法規範を「危険を回避せよ」という定式に当て嵌めて，それによって一種の「命令説」に立って，刑法規範の本質を見逃してしまうことを出発点とするとき，私にはこれも納得できない．なぜなら，危険増加論は，「構成要件的侵害結果を現実化する危険を回避せよ」と要求することによって，本当のところこのような命令をはるかに凌駕しているからである．

94 危険の増加が存在するか否かは，その他の点での危険の現実化と同様に，事後的に判断されるべきである[199]．したがって，自転車に乗る者の酒酔いの具合，正確な間隔，トラックの走行速度のように，事後的に知られるようになるあらゆる事情が考慮されなければならない．その後に，これらの事実関係を基礎にして，許された危険を遵守していたとすれば，自転車乗りに対する危険を減少させたであろうか，すなわち，彼の生命救助の可能性を高めたであろうかを検討しなければならない．その際，危険増加は，規範的な諸基準にしたがって判断されるべきであり，すなわち，「事前に規定された規範は，事後の知識

---

(196) *Stratenwerth*, Gallas-FS, 1973, 237 f.; *Wolter*, 1981, 36 f. 参照．

(197) この意味において，さらに，*Küper*, Lackner-FS, 1987, 286.

(198) *Koriath*, 1994, 493.

(199) このことについて，決定的なのは，*Stratenwerth*, Gallas-FS, 1973, 227 ff.

に基づいても，なお意義のある，結果の危険を減少させる禁止であると認められうるのか（その場合，結果は帰属される），あるいは新たな知識水準からすれば，具体的には役に立たないか，少なくとも何もできなかったと思われるのか（その場合，結果は帰属されない）が検討」[200]されるべきである．もちろん，この規範的考察方法にあっては，現実の行為と仮定された行為との「自然主義的・統計学的な」比較の結論が考慮される．

95 これに対して，*Koriath*[201]は，「危険増加論を厳密に運用していくことは，……不可能である」と批判する．けれども，刑法は，多くの点で規範的考察方法を用いているが，評価の最後に，確固とした数値が示されることはないのであるから，「厳密に運用すること」は，常にその都度の評価の余地の範囲内でのみ要求されうるのである．その際に，この余地を小さく保っておくために，個々の事件の所与をすべて考慮に入れなければならないということは自明であり，すでに述べたところである．さらに，*Koriath*[202]は，危険増加を事後判断するにあたって，安易に，結果実現から遡って危険性を認める傾向があるから，「客観的，中立的な立場を採ること」が可能であるかにも懸念を示している．しかし，本書で提案したように，まず事前に規定された規範に目を向けるならば，この懸念の印象は薄れることとなる．なぜなら，事後的に明らかになる諸事情を考慮するということは，特に処罰の限定に資するからである．

96 危険増加論の支持者の間でも争いがあるのは，禁止された行為が，許された危険を遵守したとした場合よりも大きな危険を創出したかどうかが確定できない場合に，どのように判断すべきかという問題である．ここでは，ほとんどの危険増加論の支持者も，「疑わしきは被告人の利益に」の原則を援用して，その適用によって危険増加を否定し，したがって結果帰属も拒否しようとする[203]．しかし，これに対しては，法秩序には，注意規定を遵守した場合に存在する危険をもしかすると越えるかもしれない行為でさえも許容する理由はないことを心に留めておくべきである．医師が，医術上の準則を無視し，正統派とはいえない治療方法を用いたために患者が死亡した場合を考えてみよう．医術上の準則を遵守していれば，患者にとっての危険は蓋

---

(200) *Schünemann*, JA 1975, 652; *Wolter*, 1981, 336. すでに，*Roxin*, ZStW 74 (1962), 434 (= Grundlagenprobleme, 171) において，「実際に (de facto) 何かが起こったかは，重要ではない」と述べているので参照．

(201) *Koriath*, 1994, 491.

(202) *Koriath*, 1994, 492.

(203) 例えば，*Stratenwerth*, Gallas-FS, 1973, 235 f.; SK⁶-*Rudophi*, vor § 1 Rn. 69; *Burgstaller*, 1974, 143 参照．

第3編　構成要件

然的に著しく減少したであろうが，医術上の準則を遵守した場合の危険の減少を，確実なものと認定しえないことが後に判明した場合に，なぜ結果は彼に帰属されるべきではないのか．注意を定めた規則は，それを無視することが，確実にではないが，蓋然的に，あるいはひょっとすると被害者にとって危険を高めることになるという場合にも，その遵守を要求する[204]．しかしながら，この争いは危険増加論の正当性自体に関してではなく，これを特定の狭く限定された事例群に適用した場合に，結果の帰属に至るかどうかという問題に関するものにとどまることを意識しておかなければならない．

97　*Puppe*[205]は，危険増加論を基本的に正当と認め，必要不可欠なものと考えつつ，二重の，あるいは，多重因果関係の場合において，これを必要としないという見解を主張する．「他の関与者の注意義務違反に基づく別の競合する因果説明が存在することにより」，帰属は妨げられてはならないとする．「そうでなければ，複数の関与者は，多重因果関係の場合には，相互に免責されることになろう．このことは，他の関与者が被害者である場合も妥当し，この限りでは，他の行為者よりも，その者は劣位に位置づけられてはならない」[206]とする．このことは，BGHSt 11, 1 ff. にも認められるであろう．しかし，この場合に，これは付加的な根拠づけを提供するものにすぎず，危険増加論の正当性とその帰結を何ら変更するものではない．

98　最近の統計学的，および確率論的因果性モデルは，――少なくとも，心理的因果関係，あるいは製造物責任の場合の如く，合法則的条件論が説得的な結論をもたらさない領域において――，因果関係にとってすでに危険増加で十分とし，あるいは，これにとって代えることにより，危険増加に単純な帰属論のそれよりも広範囲な適用領域を得させようとしている．このことについて詳しくは，前掲欄外番号 35 以下．

99　適法な代替行為の場合は，仮定的因果経過が帰属にとって重要となる状況（Rn. 63）と似ている．しかし，適法な代替行為の場合は，現実に待機している仮定的因果経過ではなく，比較目的のために考え出された，規範的な危険増加判断を行うための仮定的因果関係である（Rn. 94）点でそれとは異なっている．危険増加の事例は，実務においてはほとんど過失犯に関するものである．しかし，提示された帰属の原則は，理論的に故意犯についても同じく適用される．例えば，山羊の毛事件（Rn. 74）において，雇用者が，嫌われている従業員を

---

(204)　*Krümpelmann*, GA 1984, 502 は，私の提案した解決を「無条件に優位に値する」とする．

(205)　*Puppe*, Roxin-FS, 2001, 287.

(206)　*Puppe*, Bemmann-FS, 1997, 227 (237).

512

第 11 章　客観的構成要件への帰属

排除するために，殺菌消毒を意図的にしなかった場合には，危険増加の欠如が事後的に認定されれば，彼は，殺人未遂により処罰されうるにすぎない．他方，トラック運転手が，死亡事故を誘発するために，自転車に乗る者にあまりにも近寄って走行していたとした場合に（Rn. 88），危険増加が認定されれば，運転手は殺人既遂の責任を負うべきであろう．

100　連邦共和国の判例においては，従来，危険増加論は浸透してこなかった[207]．したがって，判例の諸原則によれば，注意に従った行為であっても結果は同じく生じていたであろう可能性が存在するにすぎない場合には，過失侵害行為の訴因については無罪とされなければならない．しかし，実務においては，異なる理由づけでもって，危険増加論に相応する解決がいくつか出現する方向に向かっている．例えば，山羊の毛事件（RGSt 63, 211; Rn. 74）は，実際，定められた殺菌消毒により従業員は蓋然的に救助されたであろうが，ただこれが確実には認定できなかったという事案であった．したがって，殺菌消毒の懈怠は本質的な危険増加を創出したのであるから，本書が唱える見解によれば，雇用者は過失致死により処罰されなければならない．これに対して，連邦裁判所の判例によると，雇用者は無罪とされなければならなかったであろう（Rn. 90）．しかし，当時，ライヒ裁判所は，「有責な行為がなかったとしても，有害な出来事は発生していたであろうことに，確実性あるいは確実性に境を接する蓋然性が存在する場合」にのみ，行為者の行為の原因性を排除すべきであるという理由づけでもって，有罪とした（RGSt 63, 214）．これは，因果関係の検討の枠内における挙証責任の転換であって支持できないが，結論は，危険増加論を正しく適用した場合と結局同じものとなっている[208]．

101　連邦裁判所の判例においても，帰属を支える観点は危険増加にあるということは，しばしば他の理由によって隠蔽されている．歯科医事件（BGHSt 21, 59; Rn. 84）は，内科医を呼ぶことにより，患者の死亡は，確実にではないとしても，蓋然的に回避されたであろうという事案であった．この観点によって，歯科医

（207）　既述 Fn. 189 参照．しかし，オーストリアの判例によって，危険増加論は承認されている．文献紹介のある WK-*Burgstaller*, § 6 Rn. 64 ff.; *Triffterer*, Klug-FS, 1983, 419 参照．

（208）　様々なライヒ裁判所の判例については，さらに，*Roxin*, ZStW 74 (1962), 435 ff. (= Grundlagenprobleme, 173 ff.)，ならびに BGHSt 11, 2 f. の引用を参照．

513

第3編　構成要件

を過失致死により有罪としたと思われる．原審裁判所は，危険増加の思想を用いて結果帰属を肯定するという唯一正当な理由づけを拒んだがゆえに，注意規範の保護目的によって援護されない，誤った論証を援用したと推測できる．同様のことは，誤診により，命を救う手術が行われなかった腹膜炎事件[209]にも妥当する．本件に関して，連邦裁判所が，「外科手術をしていれば，……患者は確実性に境を接する蓋然性をもって一日ほどは長く生き延びたであろうし，それゆえ，そもそも延命の高度の蓋然性が存在したであろう」（前掲219頁）と述べているが，一日の延命という点を――疑問があるが――基準とすることによって，正しい医療措置がなされていれば完全な生命維持の可能性が本質的に高められていたであろうという，おそらく連邦裁判所にとってももっと重要である観点が，ほとんど覆い隠されている[210]．

102　いわゆるモーターバイク事件（BGHSt 24, 31）[211]において，行為者は，「相当量のアルコールを摂取した後」（1.9 %），それ自体まだ許容される時速100から120キロメートルで国道を自動車で走行していたところ，突然30～40メートル離れたところからモーターバイクの運転手が自車の前へ突然走行してきた．行為者は，もはや適切な時期に自車を停止することができず，自動車はバイクを巻き込み，バイクの運転手は死亡した．行為者が酔っていない状態であったとしても，彼には，事故を回避することができなかった可能性があった．連邦裁判所は，次の理由で，過失致死（222条）により有罪とした．すなわち，行為者は酒酔い状態であるゆえに，「行為者にとってしらふの状態ではなお適切であったであろう」という速度でも運転してはならないのである．むしろ，行為者は，酒酔いの状態でも「交通において，自らに課せられている義務を履行できる」（BGHSt 24, 35）ぐらいの低速で走行しなければならなかったというのである．この根拠づけは，正当にも，批判された[212]．なぜなら，自動車運転手

---

(209)　*Wolfslast* の評釈のある BGH NStZ 1981, 218. 類似するのは，さらに，BGH NStZ 1985, 26, および JR 1989, 382（これについては，*Krümpelmann*, JR 1989, 353）.

(210)　この場合については，文献紹介のある NK-*Puppe*, vor § 13 Rn. 125; *Jordan*, GA 1997, 365 f. 参照．危険増加原理は，不作為犯の場合にも適用すべきか，またどの範囲で適用すべきかという，この事例にも関連する問題は，不作為犯（*Roxin*, AT/2, § 31 V 3. Rn. 46 ff.）との関係において初めて詳しく取り扱われうる．

(211)　詳しくは，*Eser*, StrafR I³, Fall 7, Rn. 5 ff. 同様に誤解されやすいのは，BGHSt 24, 31 を引用している，*Puppe* の批評のある BayObLG NStZ 1997, 388.

第 11 章　客観的構成要件への帰属

が絶対的な運転無能力（判例によれば，自動車運転手は，1.1％で無能力）である場合には，彼にとってそれでもまだ適切な速度というものは存在しないからである．さらに，酒酔いの状態が，運転行為，および事故経過に影響を及ぼさなかったことが確実である場合には，行為者は無罪とされなければならないであろう（Rn. 74 参照）．なぜなら，その場合には，許された危険の実現がないからである．しかし，実際には，酒酔い状態でない運転手の方が，そのより優れた反応能力のために，難しい交通状況をなお乗り切る見込みがより大きいのはもちろんのことであった．したがって，行為者は，—— 結局のところ，連邦裁判所も同じことを述べているが —— 酒酔い状態で時速 100 から 120 キロメートルで運転した場合，酒酔いの状態にない運転手でも創出したであろう（なお許されていた）という危険を著しく高めたのであって，それゆえ，禁止された危険の実現からまさしく生じた結果は，彼に帰属されるべきである．このようにして，判例においても，誤解のある根拠づけの背後には，危険増加論の正当な結論が時々姿を現しているのである[213]．

103　もちろん，危険増加論を巡る争いは，同一危険の枠内における「経過のヴァリエーション」[214]（上述の例では，それゆえ，同一の自動車事故，あるいは医療結果）が問題となるところでのみ，結論上重要なものとなる．これに対して，帰属の阻却は，判例にしたがっても，危険が仮定的に考えうる別の危険によって取り替えられるところでは，最初から問題とはならない[215]．連邦裁判所[216]は，精神科病院の二人の医師が，彼ら自身によっても罪を犯す高度な危険があると診断された入院患者に監視なしの外出を許可したことから，この者が二件の謀殺と八件の危険な傷害を犯した事件について，判決を下した．前審は，病院の「老朽化した格子の棒」では，入院患者の力づくでの脱出も可能であったがゆえに，外出の許可がなくとも結果は生じていた可能性があるという理由づけでもって，過失致死，ないしは過失致傷で訴えられた医師達を無罪とした．

---

(212)　*Eser*, StrafR I³, Fall 7 Rn. 13; *Otto*, NJW 1980, 420 のみを参照．

(213)　同旨，*Puppe*, AT/1, § 3 Rn. 25 ff.

(214)　*Schatz*, NStZ 2003, 585.

(215)　これについては，BGHSt 30, 228 に関する上述 Rn. 23, 59 も参照．

(216)　*Roxin*, a.a.O. の評釈のある StrV 2004, 484; *Puppe*, NStZ 2004, 554; *Ogarek*, JA 2004, 356.

515

第3編　構成要件

これは，連邦裁判所の見解によっても，誤った論証である[217]．なぜなら，力づくでの脱出は，義務違反である外出許可とは全く別の危険であり，判例にしたがって（さらに，危険増加論に反して），同一危険の枠内においては，適法な代替行為の際にも，結果は同じく生じていたであろう可能性でもって無罪にとって十分であると考える場合でも，この刑法上の結論に影響を及ぼしえないからである．

e）危険増加論と保護目的論との組み合わせについて

104　危険増加論の支持者と反対者との間に，適法な代替行為に位置づけるのではなく，「行為者が具体的な結果に実現された危険について答責的である」か否かに位置づける「第三の勢力」── 詳しく言うと，様々なヴァリエーションがある ── が形成されてきた[218]．例えば，*Krümpelmann*[219]は，「義務と被害者の保護要求との間の規範的一致に基づく帰属」を基準とする[220]．これによれば，例えば，自転車乗り事件（Rn. 88）では，定められた追い越し間隔は「自転車乗りの類型的な誤反応の調整」という役割をもっている．しかし，この間隔は，酒酔いの状態にあることが認識不可能な自転車乗りの保護の必要性に合わせられてはいない．「酩酊していることが認識不可能な場合，特別な危険性は，……義務の目的とはもはや一致しない」のであって，安全な間隔を遵守した場合のより大きな生存の可能性は，*Krümpelmann*[221]にとっては，「反射的効果」にすぎず，間隔規制の目的のためのものではないから，それゆえ，トラック運転手を有罪としてはならないことになる．同様に，*Ranft*[222]にとっても，「義務に従った行為者の行為という仮定的な状況……ではなく，落ち度

---

(217)　報告された判決と並んで，さらに，BGHSt 10, 369 (370); 33, 63 f.; BGH VRS 54, 436, 437.

(218)　*Schünemann*, StrV 1985, 231.

(219)　*Krümpelmann*, Jescheck-FS, 1985, 314; すでにそれ以前に, *ders.*, Bockelmann-FS, 1979, 443 ff.; さらに危険増加論については, *ders.*, GA 1984, 491 ff. 「規範的一致」の理論の綿密な完成品を提供するのは，Krümpelmann の門下生である *Erb*, 1991; さらに, *ders.*, JuS 1994, 453 ff.

(220)　*Krümpelmann*, Jescheck-FS, 1985, 313 ff. これについて，批判的なのは，*Jakobs*, Lackner-FS, 1987, 54 f. (Fn. 4).

(221)　*Krümpelmann*, Jescheck-FS, 1985, 331.

(222)　*Ranft*, NJW 1984, 1429.

のない被害者の状況という通常の場合が……決定的なのである．……具体的結果が，しらふの自転車乗りのためにトラック運転手が回避しなければならなかった結果の危険に属する場合には，具体的に発生した結果は帰属すべきである」．しかし，例えば，しらふの自転車乗りは驚いたときに類型的に右側に自転車を引き寄せることが判明した場合，自転車を左側に引き寄せた酒に酔った者の死亡については，たとえ酒に酔った自転車乗りは，要請されている側面間隔を遵守しているトラック運転手の下では，轢かれなかった高度の蓋然性があると認定されたとしても，トラック運転手は答責的でない．さらに，参照されうるのは，*Jakobs*[223]が，法益が許されない行為の「ゆえに」侵害されるのか，あるいは許されない行為の「機会に」侵害されるにすぎないのかが重要であると述べていることである．

105　これらの見解すべては，実際には，本書でも認められるように（Rn. 84 以下），注意命令の保護目的の理論[224]に若干異なった強調点を付したものである．しかし，この観点は，危険増加論に取って代わりうるものではなく，これを補充しうるものにすぎない．それは，危険増加論に組み込まれなければならない[225]．例えば，Aが無免許で運転し，その際，交通上正しい運転方法であったにもかかわらず事故に巻き込まれた場合[226]，禁止された運転は，事故の危険を高めた（ないしはそもそも初めて創出した）といえる．しかし，規則に沿った運転によって生じた結果を防止することが，運転禁止の目的ではないから，したがって，危険増加があるにもかかわらず，帰属はなされないのでなければな

---

(223)　*Jakobs*, AT², 7/72 ff., 76. 複雑な事件の形態への適用においては，*ders.*, Lackner-FS, 1987, 53 ff.

(224)　同様に，この場合，*Martinez Escamilla*, 1995, 39 ff.（40）は，「違反された注意規範の目的の基準」に最初から賛成する．類似するのは，*Nießen*, 1994, 178.

(225)　同旨，さらに，SK⁶-*Rudolphi*, vor § 1 Rn. 70; *Schünemann*, StrV 1985, 231; *Wolter*, 1981, 339. 明確にこれに反対するのは，*Martinez Escamilla*, 1995, 41 m. Fn. 16. さらに，*Lampe*, ZStW 101 (1989), 3 ff. は，危険増加論を，体系的に違法性の領域に位置づける規範の保護目的論によって補充しようとする（S. 49）．行為者が他の行為によって法益侵害を回避しえなかった可能性に鑑みても，違反された規範の意味および目的に基づいて，行為者に他の行為を期待すべきであった場合にのみ，行為の危険の実現は違法とすべきであるとするのである（S. 51）．

(226)　この事件については，*Krümpelmann*, Bockelmann-FS, 1979, 447; *Ebert/ Kühl*, Jura 1979, 575.

第 3 編　構 成 要 件

らない．保護の反射的効果が存在するにすぎないのである．自転車乗り事件に
おいても，すべての帰属の前提として存在しなければならない危険増加を前
もって確定した後に，さらに間隔規制の保護目的がその結果にも及ぶかを考慮
することが正当である．もとより，この保護目的連関は，前に挙げた著者らと
は異なり，肯定されるべきである．なぜなら，全く落ち度のない「理想的な運
転者」などほとんど存在しないのであるから，1〜1.5 メートルという定めら
れた間隔は，**すべての自転車に乗る人々**（若者と老人，しらふの人と酒に酔っている
人，健常者と病者，慎重な者と臆病な者，自信のある者とない者）にとって，衝突の危
険を最小にするべきものであることを前提とすべきである．これが，「上手な」
自転車乗りの場合には，適宜反応する能力に問題のある「下手な」自転車乗り
の場合よりもはるかに上手くいくことは，その時々の可能性の枠内において間
隔規制がすべての者の保護をもたらすべきものであるという点を何ら変更する
ものではない．したがって，間隔規制に反した場合，飲酒によって条件づけら
れた被害者の反応も，規制の保護目的によって捕捉されているのである[(227)]．

4　構成要件の射程

106　許されない危険によって覆われない危険の実現により，通常は，客観的構
成要件への帰属が与えられる．しかし，それにもかかわらず個々の場合におい
ては，構成要件の射程，構成要件的規範（殺人・傷害・損壊禁止等）の保護目的が，
発生した種類の結果を含まないために，つまり，構成要件がそのような事象を
防止するために規定されていないために，帰属させることができない場合が存
在するという見解が，ますます浸透してきている[(228)]．この問題は，特に過失
犯の場合に重要である．なぜなら，自己によって設定された危険によって故意
に法益侵害を惹起した場合は，許された危険の保護の下で行為していない限り，
そのような行為から保護することは，通常，構成要件の任務だからである．し

---

(227)　これに反して，*Lampe*, ZStW 101 (1989), 50 は，必要最低限の間隔を下回ること
　　　は，自動車運転手にとっての危険をほんのわずかに高めたにすぎず，道路交通のよう
　　　に危険な領域では，ほんのわずかな生存の可能性は刑法上保障されるべきではないか
　　　ら，具体的事情の下では，トレーラー運転手事件（Rn. 88）におけるトラック運転手に，
　　　他の行為を行うよう期待すべきではないという理由により，無罪としようとする．
(228)　構成要件の射程という付加的な帰属段階に賛成なのは，*Anarte Borrallo*, 2002,
　　　293 f.

第11章　客観的構成要件への帰属

かし，こうすることに例外がないわけではない．故意行為の場合にも，特に，異なった取り扱いが必要となる三つの事例群が重要な役割を果たす．すなわち，故意の自己危殆化への共働（後述．a），合意に基づく他者の危殆化（b），および他者の答責領域への結果の帰属（c）である．ショックによる被害，および後続損害の事例群は，過失犯との関連において後に取り扱われる（24章 Rn. 43 以下）．

a) 故意の自己危殆化に対する関与[229]

107　何人かが，他人に通常の程度を遥かに超えて危険な行為に誘う，あるいはそれに関与することがありうる．例えば，AがBに割れやすい氷が張っている湖の横断を勧める場合がそうである．しかし，その際，軽率ではあるが，危険を完全に見通しているBが死亡した場合，Aは —— どのような意図をもつかにより —— 過失致死かあるいは故殺の責任を負うべきであるかという問題が提起される．これは，法律の基礎にある評価によって否定されるべきである．ドイツ法によれば自殺，すなわち故意による自死に対する共犯，あるいは故意による自傷行為への共犯も原則として処罰されないのであるから，故意の自己危殆化に対する関与も，同様に可罰的ではありえない．なぜなら，大（自傷行為たる侵害）を処罰されることなく惹起できるのならば，小（自己危殆化）はなおさら制裁を受けることなく引き起こしてよいのでなければならないからである[230]．殺人禁止の保護目的は，この場合に及んではいない．構成要件の射程

---

(229)　詳しくは，*Roxin*, Gallas-FS, 1973, 243 ff. 過失犯については，*P. Frisch*, 1973 において，膨大な判例資料が，考えうるすべての観点から利用しつくされているのがわかる．要約的な研究書としては，*Fiedler*, 1990; *S. Walther*, 1991; *Cancio Meliá*, 1998. 判例を概観するのは，*Fahl*, JA 1998, 105. *W. Frisch*, NStZ 1992, 1, 62 は，全カテゴリーを問題とするが，これらを非難するのではなく，むしろ結論においてより精密化している．不処罰の場合をかなり限定するのは，*U. Weber*, Baumann-FS, 1992, 43; 限定的なのは，さらに，*Puppe*, Androulakis-FS, 2004, 555.

(230)　確かに，この根拠づけを実定法と結び付けることによって，その背後にある規範的価値判断への一瞥を遮ってはならない．すなわち，誰も自己の意思に反して危殆化されない限り，関与者の行為の自由を制限する理由は存在しない．*W. Frisch*, 1988, 154 ff., および *Schumann*, 1986, 110 f. を参照．これらは，この「実質的」根拠のために，およそ共犯の論拠を放棄しようとする．同様に，NK-*Puppe*, vor § 13 Rn. 164 ff. は，構成要件の射程を通じてではなく，自己を危殆化する者に対する注意義務の限定に

519

第3編　構成要件

は，このような結果には及ばないのである．確かに，判例は，故意による同一の事象の惹起が制裁の対象にされていないときに，過失による惹起を処罰することはつじつまが合わないという適切な理由を挙げて，過失による自殺の惹起を不処罰であると，すでにかなり以前に説明していたが（BGHSt 24, 342[231]），判例は，この考え方を同様の関係にある侵害と危殆化には，長期間，転用してはこなかったのである[232]．

108　**事例**（BGHSt 7, 112[233]）：

　AとBはオートバイ競争を行った．二人は酒に酔ってはいたが，まだ完全に責任能力はあった．Bは，競争の際に自分の落ち度で事故を起こし，死亡した．

　連邦裁判所は，Aを過失致死で有罪とした．Aは「予見可能で回避可能な結果を義務に違反して惹起し」（a.a.O., 114）たからである．これに関しては確かに，「周りの仲間にビールを奢るという賭けのために，二人の命が危険にさらされ」（a.a.O., 115）たというような不合理な競争への関与は，すでに一般的な交通の危険を明らかに超えた危険を創出しており，それが後の経過に実現もしているという点では，正しい．しかし，故意の自己危殆化に対する関与が認められ，Bは，完全な責任能力が依然存在していたがゆえに，その危険をはっきりと十分に見通していたのであるから，危険の実現が存在したにもかかわらず，結果は，規範の保護領域には属さず，帰属されうることもない[234]．連邦裁判

　　よって問題を解決する．さらに，*Zaczyk*, 1993, 53 は，自己危殆化が，被害者によりもたらされる行為と結果との間の関係を欠く点では，自己侵害とは異なることを指摘する．*Renzikowski*, JR 2001, 248 (249) は，「自己答責性の原理」を決定的な観点とみなし，そこからさらに，他の根拠づけが行われうるとする．

(231)　*Roxin*, HRR AT Nr. 5.

(232)　落雷事例，および飛行機墜落事例（Rn. 44, 55, 68）においても，この考慮により，誘発者は不処罰になろう．しかし，これらの場合，すでに重要な危険の創出が欠如するのであるから，保護目的の思考に立ち戻る必要はない．

(233)　*Roxin*, HRR AT Nr. 4.

(234)　本書と同旨なのは，NK-*Puppe*, vor § 13 Rn. 224; *dies.*, AT/1, § 6 Rn. 8 ff. は，自己を危殆化する者が危険について非常によく知っていて，「一般的な基準によれば，危険に身をさらすことがその者にとって不合理である」（Rn. 10）ことで十分としようとする．*Schaffstein*, Welzel-FS, 1974, 572 Fn. 35; LK[11]-*Schroeder*, § 16 Rn. 181.

第11章　客観的構成要件への帰属

所が，自己危殆化に対する関与の場合の「義務違反」と，それによって，その可罰性を「事案の諸般の事情に」（前掲115頁）依存させるとき，可罰性は，もはや法律的評価の基準によってではなく，裁判官による個別事案の決定基準によって定められることになり，そのことは許されないことである．Ａは，すでに222条や212条の客観的構成要件を充足しなかったのであるから，競争の相手方の死亡事故を当初から認容していた場合も，同様に処罰されないことになろう．つまり，この「故意」もまた，それが構成要件のない行為に向けられていたのであるから，可罰性を根拠づけることはできないのである．

109 **事例**（BGHSt 17, 359[(235)]）：

医師Ａは，インド旅行から天然痘に罹患して帰国し，相当疲労を感じていたにもかかわらず，事前に診察を受けることなく，自己の病院の勤務に就いた．多数の医師と患者が感染し，天然痘に罹患した．病院の牧師も病気に罹ったが，彼は危険を承知の上で，自発的に隔離病棟に入った．

ここでも，すべての場合に，Ａによって創出された許されない危険が実現したことは明らかである．したがって，彼は，知らないうちに感染した人々に関して，過失致傷あるいは過失致死で処罰されたことは正しい．しかし，病院の牧師の場合には事情が違う．なぜなら，この牧師は，故意に自らの決意に基づいて自己を危殆化したのであり，そこから生じる結果はＡに帰属されてはならないからである．この自己危殆化の動機が高潔なものであることによって，このことは何も変わらない．反対に，牧師の献身的行為によってＡに刑罰を受けさせることになることを危惧しなければならないとすれば，高潔な動機は，牧師の良心に重荷を負わせるものにすぎないかもしれない．それにもかかわらず，本件でも，連邦裁判所は処罰した．連邦裁判所は，単に牧師の傷害への同意が存在したか否かのみを検討し，同意は，将来の作為あるいは不作為のみに適用され，すでに行われたそれらには適用されえないとして，これを否定した．しかし，本件では，同意の問題は重要でない．なぜなら，牧師はＡの侵害行為に同意したのではなく，すでに存在する危険に，自分の行為によって自分を

（235）　*Roxin*, HRR AT Nr. 32.

第3編 構成要件

さらしたのであり，このことから起こりうる結果は殺人罪の保護目的によって
カバーされていないのである[236].

110 事例：

　Aは，Bが自己使用するためのヘロインをBに譲渡した．その危険性について，二
人とも明確に認識していた．Bは，この麻薬を注射して，それによって死亡した．

　中毒性薬物の譲渡には，すでに麻薬剤法29条，30条によって重刑が科せら
れている．したがって，Aは社会的にもはや許容されない危険を創出したの
であって，これは死亡結果に実現した．実務において重要な意義を有するこの
種の状況の場合にも，判例は，最初，自己危殆化の考えを考慮することなく，
過失致死による可罰性を肯定してきた．さらに，BGHSt NStZ 1981, 350 は，
その判旨において，次のように述べていた[237].「ヘロインの手交によってヘ
ロイン依存者の死亡を惹起した者は，ヘロイン依存者が麻薬を注射することを
知っていたか，あるいはそれを予測しなければならない場合で，かつ手交した
麻薬の危険性を認識していたか，あるいは認識しえた場合には，過失致死の責
を負う」．その後，とりわけ *Schünemann*[238] の批判の影響を受けて，BGHSt
32, 262[239] は，耳目を属させるような判例変更を行って，このような場合にお
ける殺人の罪の客観的構成要件への帰属を否定した[240].「自己答責的に意欲
され，かつ実現された自己危殆化は，危殆化によって意識的に冒された危険が
現実化したとき，傷害の罪，あるいは殺人の罪の構成要件のもとに含まれない．
単にこのような自己危殆化を誘発し，可能にし，促進したにとどまる者は，傷

（236）　本書と同旨なのは，*Rudolphi*, JuS 1969, 556 f.; LK[11]-*Schroeder*, § 16 Rn. 182;
　　Schünemann, JA 1975, 721; *Costa Andrade*, 1991, 329; 結論においては，さらに，*P.
　　Frisch*, 1973, 152 f. 疑わしいとするが，むしろ可罰性について否定的なのは，*W.
　　Frisch*, 1988, 493.

（237）　*Hirsch* の批評がある BGH JR 1979, 429; BGH MDR（H）1980, 985 に従う．しか
　　し，この判決は，*Hardtung*, NStZ 2001, 208 によって，今や再び擁護されている．

（238）　*Schünemann*, NStZ 1982, 60. しかし，この判決は，私の Gallas-FS, 1973, 246 の
　　叙述も明示的に引用している（BGHSt 32, 265）.

（239）　*Roxin*, HRR AT Nr. 3.

（240）　判例評釈として，*Roxin*, NStZ 1984, 411; *Seier*, JA 1984, 533; *Kienapfel*, JZ 1984,
　　751; *Otto*, Jura 1984, 536; *Horn*, JR 1984, 513; *Dach*, NStZ 1985, 24; *Stree*, JuS 1985, 179.

第 11 章　客観的構成要件への帰属

害の罪あるいは殺人の罪で処罰されることはない」．爾来，この判例は，数多くの連邦裁判所の判決により確証されてきたのであり[241]，これと対立する古い判例（さらに BGHSt 7, 112; 17, 359）は，時代遅れとなったものと解されなければならない．

111　もとより，最近の判例の正当なアプローチが，常に維持され続けているというわけではない．すでに，BGHSt 32, 264 は，「自己答責的に行為する者の自傷行為に（故意あるいは過失で）積極的に関与する者に，自傷行為者の生命あるいは身体に対する保障人的義務が課せられる場合には，どうなるか」という問題を未解決のままにしていた．同様に，BGH JR 1979, 429 は，医師が禁断療法の範囲内で中毒性のある薬剤を患者に処方したところ，患者がそれを過剰に注射して死亡した場合に，医師を過失致死で有罪とした．この判決は，結論において正当であると言えよう．なぜなら，すべての事情が，薬物依存性のある使用者が責任無能力であり，したがって答責的な判断を下すことができなかったことを示しているからである．しかし，連邦裁判所が行ったように，薬物使用者に判断能力が認められれば，処方した者に医師という身分のあることによって，使用者の死亡をその者に帰属させることにつなげることはできない．なぜなら，医者は，患者を病気から保護しなければならないのであって，自傷行為から保護する義務はないからである．患者が処方された薬品（および，睡眠薬であっても）の濫用により自傷行為に及ぶことは，実際上決して排除されえない．医師がこれに対して刑法上責任を負わなければならないのであれば，いつも片足をすでに刑務所に突っ込んでいることになるであろう[242]．

---

(241)　BGHSt 36, 1, (17); 37, 179, (181); BGH NStZ 1984, 452; 1985, 25; 1985, 319; 1986, 266; 1987, 406; 1992, 489; *Hardtung*（206）の批評がある 2001, 205; BGH StrV 1985, 56; 1997, 307; 2000, 617; 2002, 366; BGH NJW 1985, 690; 2000, 2286; BGH JR 2001, 467; さらに，OLG Stuttgart MDR 1985, 162; BayObLG DAR 1988, 318; NVZ 1996, 461; BayObLG NStZ-RR 1997, 51 f.（本書が認める帰属原則を極めて正確に表現している）．麻酔剤法 30 条 1 項 3 号，および刑法 222 条について批判的なのは，*Puppe*, AT/1, § 6 Rn. 23 ff.

(242)　*Roxin*, NStZ 1984, 412; さらに，決定的な批判として，*Hirsch*, JR 1979, 429 も参照．異なるのは，*Herzberg*, JA 1985, 271 f. *Puppe*, AT/1, § 6 Rn. 33 a.E. は，医師が補充薬剤の管理を患者に委ねてはいけない場合，医師の共同責任を肯定する．現在，明らかに，本書と同旨なのは，（*Horn*, JR 1995, 304 の評釈がある）OLG Zweibrücken NStZ 1995, 89, さらに，BayObLG NStZ 1995, 188（両判決に対する評釈は，*Körner*,

第3編　構成要件

112　連邦裁判所が，多くの判決において[243]，確かに答責的な自己危殆化への積極的関与を処罰しないことを容認しているが，麻薬使用者が意識不明の状態に陥った際に麻薬提供者が医師を招致しなかった限りでは，麻薬提供者を不作為による過失致死罪によって処罰していることにも賛同できない．なぜなら，麻薬提供者が，麻薬使用者の危険な状態を帰属不可能な方法で惹起した場合には，222条の観点の下で重要でないこの惹起から不作為責任を発生させる結果回避義務を演繹することはできないからである．それを行うと，答責的な自己危殆化に関与する者は不可罰であるとしたことが，再び回り道をした上で取り消されることになるからである．323条c，および麻薬剤法29条による処罰で，刑事政策的観点からも，まったく十分である．さらに，BGHSt 37, 179[244]が，被害者が，故意に，かつ完全に答責的に自殺したという前提の下でも，麻酔剤法29条3項2号，および30条1項3号とは異なる保護目的のゆえに，麻酔剤法29条3項2号の意味での健康危殆化，および30条1項3号の意味での軽率な過失致死が可能であると考えているとすれば，これも答責的な自己危殆化への関与の不処罰という原則を不当に制限することを意味する．なぜなら，222条の意味での過失致死は否定するが，麻酔剤法の意味ではこれを肯定することは，ほとんど無意味だからである．麻酔剤法の保護目的にもより合致するのは，上記諸規定の行為者領域を，「薬物使用者が知らなかったこと，ないしは制御能力および弁識能力を欠いていることを奇貨として，その健康を害する取引をする」[245]者に制限することである．

113　これに対して，最近の判例は，自己を危殆化する者が関与者と同程度に危険を見通している場合に限って，答責的な自己危殆化への関与に帰属を認めて

　　　MedR 1995, 332. 一部異なるのは，*Dannecker/Stoffers* の評釈のある BayObLG StrV 1993, 641).

(243)　BGH NStZ 1984, 452（批判的なのは，*Fünfsinn*, StrV 1985, 57 f.）；*Roxin* の批評のある BGH NStZ 1985, 319. さらに，*Geppert*, JK, § 222/2; *Stree*, JuS 1985, 179. 注釈書文献も，判例がその出発点に据えた矛盾を批判する．*Kindhäuser*, StGB², vor § 13 Rn. 130; *Lackner/ Kühl*²⁵, vor § 211 Rn. 16 のみを参照．

(244)　同旨，*Renzikowski* の批評がある BGH JR 2001, 467.

(245)　*Hohmann*, MDR 1991, 1117 (1118). また，同様の主張をすでにしているのは，*Roxin*, NStZ 1985, 320 f. しかし，連邦裁判所に賛成するのは，*Beulke/ Schröder*, NStZ 1991, 393; MK-*Duttge*, § 15 Rn. 152; *Hardtung*, NStZ 2001, 207 f.; NK-*Puppe*, vor § 13 Rn. 173 f.; *Rudolphi*, JZ 1991, 572.

第11章　客観的構成要件への帰属

いないのは正当である[246]．誘発者あるいは促進者が，「被害者が自己の決意の射程を展望していない」（BGH NStZ 1986, 266）ことを認識している場合には，彼は，被害者の意思によってもはや覆われない危険を創出しており，したがってその実現は関与者に帰属されるべきだとする[247]．これに対して，別の見解[248]は，自己を危殆化する者が自己の行為の射程を全く展望していないことを関与者が認識しえた場合には，関与者の過失責任を認めるに十分であるとする．しかし，構成要件の射程が，故意の場合に比べて過失の場合に広範囲に及ぶべきであるとする点は，説得力をほとんどもたない．

114　最終的に解明されているわけではないのは，自己を危殆化する者が，確かに責任無能力ではないが，21条が適用される程度に著しく限定された責任能力である場合にも，他人の自己危殆化に関与する者の帰属が阻却されるかという問題である．ここでは，次のように区別しなければならないであろう[249]．自己を危殆化する者が危険を完全に見通しており，抑制能力においてのみ低下している場合には，関与者は不処罰にとどまらなければならない．なぜなら，自己を危殆化する者は，意思決定も困難であるとしても，なお自己の決意の支配者だからである．これに対して，彼の弁識能力が限定されているために，もはや危険を正しく見通しえない場合には，欄外番号113で提示された基準にしたがって，結果は第三者に帰属すべきである．

115　上記で展開された原則は，自発的な救助者が事故に遭う状況すべてにあてはまる．Aが登山中の遭難事故，あるいは水難事故に遭い，Bが救助しようとして死亡した場合，救助への尽力が323条cによって要請された小さな危険を超えたならば，Aは，救助者の死亡あるいは傷害のなかに実現する危険を惹起した．それにもかかわらず，Aは，刑法上，救助者に対する過失による（あるいは場合によっては，それどころか故意による）殺人の罪で責任を負うことはない．

（246）　BGHSt 32, 265; 36, 17; BGH NStZ 1984, 452; 1985, 25 f.; 1986, 266; BayObLG NStZ-RR 1997, 52; *Otto* の評釈のある BayObLG JZ 1997, 521; BGH NJW 2000, 2286; BGH NStZ 2001, 206;（具体的な説明がある）BGH JR 2001, 467. 批判的なのは，*Kindhäuser*, StGB², vor § 13 Rn. 126; NK-*Puppe*, vor § 13 Rn. 181.

（247）　不当にも，*Herzberg*, JA 1985, 269 ff. は，私の見解を別の見解に位置づけている．

（248）　*W. Frisch*, 1988, 154 ff.; *Herzberg*, JA 1985, 265, 270; *Hardtung*, NStZ 2001, 207.

（249）　間接正犯の場合の同様の問題については，LK¹¹-*Roxin*, § 25 Rn. 120 ff.; *ders.*, AT/2, § 25 Rn. 149 ff. 参照.

525

第3編　構成要件

なぜなら，最初の事故は，任意の自己危殆化の惹起にすぎないからである[250].
これに対して，民法上の判例に従う見解は，救助への尽力が自己危殆化と合理
的な関係にあった場合には，最初の惹起者に結果を帰属させようとする[251].
「著しく無謀かつ軽率」[252]である救助行為のみが，最初の惹起者の責任とすべ
きではないのである．しかし，この見解に従うべきではない．なぜなら，法的
義務なく危険に自己をさらす者は，これによって他人に刑法上の責任を押し付
けてはならないのであって，ことに，多くの場合，この他人が危険に赴く者の
決意に影響を及ぼしえないからである．良心的な救助者は，その救助により，
助けようとしている者を処罰されるという危険にさらしてしまうことを意識す
ることによって，ただ重荷を感じるだけであろう．さらに，どのような救助行
為がなお（程度の差こそあれ）「合理的」であるかに関する判断は，あまりにも多
くの計量不可能な要素に依っているのであり，すでに明確性の原理のゆえに，
処罰をそれに結びつけるべきではない．民法254条によってそれに加えて規制
されうる民法上の損害賠償が問題となるところでは，利害状況はまったく異
なったものである．なぜなら，救助者への金銭上の補償は，多くの場合，正当
かつ妥当であるが，これに対して，救助された者の処罰に対してはそれを望む
声は存在しないからである[253].

---

(250)　本書と同旨なのは，*Burgstaller*, 1974, 115; *Otto*, NJW 1980, 422; *ders.*, JuS 1974,
710; *Schünemann*, JA 1975, 722.

(251)　同旨，特に，MK-*Duttge*, § 15 Rn. 153 f.; MK-*Freund*, vor §§ 13 ff. Rn. 389; *W.*
Frisch, 1988, 481 ff.; *Kindhäusr*, StGB², vor § 13 Rn. 155 f.; *Köhler*, AT, 197 (「典型的
な緊急の義務のある，期待可能な救助活動」について); SK⁶-*Rudolphi*, vor § 1 Rn. 80
f.; *ders.*, JuS 1969, 557; LK¹¹-*Schroeder*, § 16 Rn. 182; *Wolter*, 1981, 345. さらに進めるの
は，*Jakobs*, ZStW 89 (1977), 34; *Jescheck/ Weigend*, AT⁵, § 28 IV 4. *Puppe*, AT/1, § 6
Rn. 34 ff.; *dies.*, NK, vor § 13 Rn. 179 は，帰属を，救助者が最初に危殆化された法益に
対して創出したチャンスが，法益の価値，およびチャンスの程度において自己危殆化
に等しいかどうかに依存させる．

(252)　*Wolter*, 1981, 345.

(253)　これに対して，*W. Frisch*, 1988, 485 は，「（事前に）望ましいことを行う者を（刑
法上）保護することが必要であり，かつ相当である」と思われるとする．しかし，事
故に遭った者を処罰することによって，望ましいことを行う者にいかなる「保護」が
生じるというのであろうか．自己の利益のためにさえしなかった注意を，万一あるか
もしれない救助活動の回避のために払うことは，現実的に事故に遭った者には期待で
きないのである．*Frisch* 自身，それほど深刻ではない危険を伴う救助行動の誘発（「山

526

第11章　客観的構成要件への帰属

116　最近，BGHSt 39, 322 は，任意の救助者の場合について初めて判断を下した．被告人は，家屋に放火した．その後，家屋所有者の息子はかなり酒に酔っていたものの (2.17 %)，上階の廊下に赴き，そこで意識を失って倒れ，煙中毒で死亡した．彼は，上階の何かの物をさらに火から遠ざけて安全な場所に持って行こうとしたか，あるいは人の救助，例えば，その 12 歳の弟 (もちろんすでに逃れていた) や他の者の救助をしようとしたものと思われる．連邦裁判所は，本書が唱える見解を否定して，被告人を過失致死として処罰した．「このような状況において，この自己を危殆化する者を刑法上の諸規定の保護範囲に含めることは，実態に適合しており」，「救助行為が成功した場合に，結果防止が行為者の有利に働くのと同じように，失敗した場合には行為者はそれに責任を負わなければならない」(前掲 325 頁以下) とする．

117　判決の結論には賛成できるが，その理由には賛成できない．もちろん，結果が発生しない場合には過失致死は存在しえないという事情から，結果が発生すれば過失致死がおのずと認められるという結論を出してはならない．むしろ，過失の帰属には独自の根拠づけが必要であるが，本件では，これが欠けている．さらに，連邦裁判所が，「最初から無意味な，あるいは明らかに不釣り合いな危険と結びついた救助の試み」の場合には，過失は存在しないであろうと述べつつ，しかし本件の救助行為を「明らかに不合理なものではない」と判断しているのは，このような限界づけがどれほどの恣意を招くかということを示している．なぜなら，危険があまりにも高かったからである．連邦裁判所は，他の客達は救助に尽力したと指摘している (前掲 326 頁) が，彼らはまさにそれゆえにこそ，上階へは駆け上がらなかったのである．この判決は，被害者が酒に酔っているために危険を十分に見通さなかったことが認められなければならないがゆえにのみ，結論において，正当であるといえよう (Rn. 113 以下)．さらに，被害者にとっては弟の救助が重要であったならば，35 条の法思想によれば，

岳遭難対策組織の日常的な救助活動」，a.a.O., 488) や，例えば「高い煙突に登った自殺志願者が」無鉄砲な救助活動を惹起した場合の「自己危殆化行為による誘発」(a.a.O., 491) を，帰属から排除しようとする．しかし，この結論において正当な考え方は，原則自体を根本的に変えてしまうように思われる．Nishihara-FS, 1998, 66 において，*W. Frisch* は，BGHSt 39, 322 の「救助者事件」を用いてこの見解を詳しく理由づけている．彼は，連邦裁判所によって目指された結論を正当と認めるが，しかし根拠づけを批判している．

第3編　構成要件

　その行為の任意性は否定されていたであろう．被告人も同様に酒を飲んでいた
という事情によって，帰属については何ら変更されない．なぜなら，連邦裁判
所は，被告人は，それにもかかわらず後の経過を予見できたと明らかに認定し
ているからである[254]．

　問題状況が異なるのは，作為義務のある救助者の場合である．消防士や対応する警
察官にその者の職務行為から生じる結果を，最初の惹起者（例えば，火災や交通妨害の
惹起者）に刑法上帰属させることができるか否かは，任意の自己危殆化という基準に
よっては判断できない．このような場合を構成要件の射程から除外しようとするな
らば，結果は他人の答責性の範囲に属するということによってのみ，このことは根
拠づけることができるのである（これについて詳しくは，Rn. 137以下）．

118　最後に，傷害の被害者が，いまだ可能である救助を受け入れることを，危
険を完全に認識しているにもかかわらず，拒否する場合も，結果の帰属は否定
されるべきである[255]．したがって，Aが，交通事故を起こしてBに傷害を負
わせ，Bがその宗派の教えにより救助のための輸血を拒否したために，事故の
結果として死亡した場合，Aは過失致死（222条）ではなく過失致傷でのみ処
罰されるべきである．なぜなら，Bは自己の決意によって，死亡が確実である
状況に身を委ね，あるいは死亡の近づく危険に身をさらしたからである[256]．
同様に，事故により傷害を負った被害者が，命を助けるための手術を拒否した
場合も，事故惹起者に被害者の死を帰属すべきではない．連邦裁判所（NJW
2001, 2816）は，――「救助者事件」（Rn. 117以下）での連邦裁判所の解決と同じ

（254）　本書と同旨なのは，MK-*Duttge*, § 15 Rn. 154. 判決には，非常に相対立する反響
　　があった．*Alwart*, NStZ 1994, 84; *Amelung*, NStZ 1994, 338; *Bernsmann/Zieschang*,
　　JuS 1995, 775; *Derksen*, NJW 1995, 240; *K. Günther*, StrV 1995, 775; *Meindl*, JA 1994,
　　100; NK-*Puppe*, vor § 13 Rn. 168 ff.; *Otto*, JK StGB, vor § 13/3; *Sowada*, JZ 1994, 663.
（255）　事情が異なっているのは，被害者の決定能力が減退している場合，あるいは，手
　　術が，拒否することも是認できると思われるような危険を内包しているような場合で
　　ある．
（256）　本書と同旨なのは，例えば，*Burgstaller*, 1974, 122; *ders.*, Jescheck-FS, 1985, 363
　　f.; *Jescheck/ Weigend*, AT⁵, § 28 IV 4; *Kindhäuser*, StGB², vor § 13 Rn. 151; *Otto*, Mau-
　　rach-FS, 1972, 99; *Wolter*, 1981, 346. *Walther* の批評のある OLG Celle StrV 2002, 366
　　は，この種の事実上，ならびに法律上，若干不明確な場合を含んでいる．

く――拒否が「明らかに不合理」であった場合にしか，帰属を阻却しようとしない．「手術をした場合の死亡率が５％から15％と認定された」場合には，この場合に該当しないとする．これには，手術を行わなかった場合にも，事前の判断からして圧倒的に高い生存可能性があった場合のみ，賛成しうるであろう．さらに，入院治療を緊急警告したにもかかわらず，被害者がこれを拒んだ場合には，被害者の死は，最初の惹起者に帰属されるべきではない（BGH NStZ 1994, 394 は異なる見解である）[257]．この場合も，帰属の阻却は，過失行為にとっても故意の行為にとっても同じく妥当する．ＡがＢを政治的理由から暗殺して排除しようとしたものの，Ｂは軽傷を負うにとどまったが，その後，Ｂは，殉教者として死ぬためにあらゆる救助を退け，そのために出血多量で死亡した場合には，このような経過が予見可能であったか否かにかかわりなく，Ａは謀殺未遂でのみ処罰されるべきである．Ｂは自己答責的に自らの死について決断したのであるから，ＡによるＢの死亡の惹起は，211 条，212 条の保護目的によって捕捉されないのである．

119 被害者が，過失により自らを害し，あるいは例えば適切な治療を受けないことにより死亡した事例は，被害者が少なくとも自己の行為と結びついた危険を意識的に冒す限りでのみ，ここで論じられたことと関係する．これに対して，被害者が自己の不注意な行為から生じうる結果を見通していない限りでは，故意の自己危殆化の観点から帰属を阻却することはできない．この場合には，結果が被害者の答責性の範囲に属する場合（これについては，Rn. 144）にのみ，行為者を免責することができる．

120 他人の故意による自己危殆化に関与する場合の帰属の阻却は，かつての「遡及禁止」論がすでに最初の惹起者の因果関係を否定しようとした事例群（Rn. 28）の重要な一端を把捉している．この理論は，因果の問題ではなく，帰属の問題を提起しており，この形においてこそ正当な核心を有することは，今や認めることができる．過失犯のところで後に明らかにされることになるように（24 章 Rn. 27 以下），確かに，他人の故意による介入すべてが帰属関係を遮断するというわけではないが（例えば，他人の故意犯を過失により可能にすることが可罰

---

(257) 連邦裁判所に反対するのは，さらに，*Otto*, JK 95, StGB 226/6; *ders.*, E.A. Wolff-FS, 1998, 398 f.

529

第3編　構成要件

的であることはまさしくあるのである），故意の自己危殆化の場合に結果の帰属が不可能であることは，遡及禁止によって正しく理解されている．

b）合意による他者の危殆化

121　まだほとんど解明されていないこの事例群[258]は，自己を故意に危殆化するのではなく，危険を認識しながら他者によって自己を危殆化させる状況に関するものである．

事例1（RGSt 57, 172）：

　ある乗客が，荒天の時に，渡し船の船長にメメル河を渡らせてほしいと望んだ．船長は思いとどまるよう忠告し，危険だと指摘した．客は自分の希望に固執し，船長は危険を冒したところ，船が転覆し，客が溺死した．

事例2：

　同乗者が，約束に間に合うよう定刻に到着したいがために，操縦席に就いている者に禁止された速度超過をするよう迫った．速度を出しすぎた結果，事故が起こり，同乗者は死亡した．

事例3：

　飲酒のためにもはや運転可能な状態にない自動車所有者が，パーティー参加者のはっきりと示された懇請によってこの者を自車に同乗させた．同乗者は，運転者の飲酒によって惹き起こされた事故で死亡した．

　このような諸事例は，現代の交通においては数え切れない[259]．通説，およ

　（258）　これは，まず最初に私が独自の事例類型として，Gallas-FS, 1973, 249 ff. の中で取り扱ったものである．しかし，この法形象の特殊性は徐々に承認されてきている．例えば，*Dölling*, GA 1984, 75; MK-*Duttge*, § 15 Rn. 195; *Eschweiler*, 1990; *Helgerth*, NStZ 1988, 262; *Hellmann*, Roxin-FS, 2001, 271; *Kindhäuser*, AT, § 12 Rn. 61 ff.; *Schünemann*, JA 1975, 720; *ders.*, NStZ 1982, 61 参照．*Lackner/Kühl*[25], vor § 211 Rn. 12, および *Tröndle/Fischer*[52], vor § 13 Rn. 19, 19a も，自己危殆化への共働と合意に基づく他者の危殆化を区別する．自己危殆化と他者危殆化の新たな区別を提供するのは，*Zaczyk*, 1993, 56 f. これについては，Rn. 135 の最後の所．

　（259）　特に，*P. Frisch*, 1973; *Geppert*, ZStW 83（1971），947; *Schaffstein*, Welzel-FS,

第11章　客観的構成要件への帰属

び判例もしばしば，後に被害を受ける者の同意という法理論構成により，これを解決しようとする[260]（他方，民事判例は，BGHZ 34, 355 以来，この構成を放棄してきた）．しかし，これはとりうる方法ではない．なぜなら，危険に身をさらす者は幸運な結果に終わることを信頼しがちであるから，結果への同意は，ちょっとした傷害の場合でさえ存在するのは稀だからである．しかし，単なる危殆化に対する同意は，結果も不法の本質的な構成要素ではない場合には，不法を阻却できるであろう（これについて詳しくは，10章 Rn. 96 以下）[261]．これに加えて，殺人の場合には，216 条の法思想が同意の有効性を妨げているという事情がある（BGHSt 4, 88, 93）[262]．

122　それにもかかわらず，判例は，過失行為の場合には，「一定の危険を明確な認識において甘受しており，行為者が一般的な注意義務を果たしていた場合」（BGHSt 4, 93），行為者による注意義務違反をすでに否定することにより，別の逃げ道をなお用意していた．このような考慮に基づいて，ライヒ裁判所はメメル事件（事例 1）をすでに無罪としていた．これらは，BGHSt 7, 115 において（本書が区別する，自己危殆化への関与と合意による他者の危殆化の事例群にとって共通して），このような状況下での義務違反は，「事件の諸事情に依存し」ており，その際，特に「完全に答責的な者が，危険を明確に認識して，場合によっては起こりうるその危険に合意していること，その行動の動機，および目的，ならびに不注意の程度，危険の大きさが考慮されなければならない」というところまで具体化されている．さらに，判例は，たいてい，個々の事件を考慮するに際して，危険な企てが明示の法的禁止に違反する場合には，いずれにしても，注意義務違反が存在することを出発点にしている[263]．このことから，上述の事

1974, 557 ff., 563 ff.; *Dölling*, GA 1984, 71 における文献紹介を参照．これらの事例群に主張されている多くの見解について詳しく説明するのは，*Fiedler*, 1990; *S. Walther*, 1991. 概観を提供するのは，*I. Sternberg-Lieben*, JuS 1998, 429 f.

(260)　SK[6]-*Rudolphi*, vor § 1 Rn. 81 a; LK[11]-*Schroeder*, § 16 Rn. 180 のみを参照．これに反対するのは，明らかに，MK-*Duttge*, § 15 Rn. 195.

(261)　さらに，*Schaffstein*, Welzel-FS, 1974, 567 und pssim. は，同意は結果にではなく，危殆化に関係づけられなければならないという見解の基礎に，明確に，過失犯の場合，行為無価値がもっぱら不法を根拠づけるという考え方を置いている．

(262)　これに反対するのは，同様に，*Schaffstein*, Welzel-FS, 1974, 570 ff.

(263)　*Geppert*, ZStW 83（1971），994; BGHSt 7, 114 参照．

531

第 3 編　構 成 要 件

例 2，および 3 では，それぞれ結果が帰属され，それにより運転者は過失致死として処罰されることになろう．なぜなら，速度を出し過ぎた運転，および酒に酔った状態での運転は，明示の法的禁止に違反するからである．

123　けれども，この解決方法も説得的ではない．なぜなら，一般的注意義務は，それぞれの一般的に許された危険を超える行為者の行為の危険性のゆえに，いずれにせよ侵害されているからである．さらに，その決定が，広く個々の場合の諸事情に，したがって事実審裁判官の裁量に依存するならば，明確性の原則と到底相容れえないからである[264]．最後に，事例 2，および 3 において，被害者自身が彼を見舞った不幸を惹き起こした当事者であるにもかかわらず，〈行為者の〉処罰がなされるべきであるということも，納得のいくものではない．したがって，ここでも，正しい問いは，構成要件が，その保護目的によって，どの程度，合意による他者の危殆化を把捉しているかに行きつくのである[265]．法律の基礎をなす評価によれば，合意による他者の危殆化が，あらゆる重要な諸観点から自己危殆化と同置される場合には，その場合にはあたらない．このような同置は一般的には不可能である．なぜなら，自らを危険にさらす者は，自分自身を危殆化する者よりも，事象に身を委ねる度合いが大きいからである．後者は，危険を自分自身の力で克服しようとすることができるのである．

124　同置が問題となるのは，まず，被害が，引き受けられた危険の結果であり，これに介入した他者の過ちの結果でない場合にのみである[266]．このことは，合意が他者の過ちに関係するものでない限りで，自明である．そして次に，特に，事象は，危殆化される者の自己答責性の観点から，自己危殆化と等しくなければならない[267]．それゆえ，他者の危殆化に自己をさらす者には，責任能

（264）　BGHSt 7, 115 において定立された基準への批判としては，さらに，*Schaffstein*, Welzel-FS, 1974, 569; *Schünemann*, JA 1975, 723.

（265）　賛成するのは，*Burgstaller*, 1974, 170. 注意義務の限定，あるいは危殆化される者の同意での解決は，*Hellmann*, Roxin-FS, 2001, 273 ff. によって詳細に論破されている．

（266）　自己を危殆化する者の認識の欠如については，NK-*Puppe*, vor §13 Rn. 181 f.

（267）　*Hellmann*, Roxin-FS, 2001, 282 ff. 類似するのは，*Schünemann*, JA 1975, 723; *P. Frisch*, 1973, 156 f.; *Otto*, Tröndle-FS, 1989, 169 ff. その基準には賛成しているが，実際上の結論において極めて躊躇しているのは，*Burgstaller*, 1974, 170 f. 合意による他者の危殆化の理論，および本書が展開しているその基準は，ツヴァイブリュッケン上級

力がなければならない．彼は強要されていてもならない．さらに，彼は，危殆化する者と同程度に危険を見通していなければならない．この前提が存在するならば，彼は危険を「引き受けた」のである．したがって，三つの例すべてにおいて，「乗客」が危険を完全な範囲において知っており，意識的に惹起したという限りで，結果の帰属は阻却されるであろう．これに対して，運転者が，正当な理由から躊躇している客に，危険を隠し，あるいは危険は些細なものであるといい，行く気にさせた場合には，帰属は肯定されなければならないであろう．雇用者の事故防止規定違反のために従業員が死亡，あるいは傷害を負った場合にも，222条に基づく帰属が肯定されなければならない．従業員が違反とそこから生じる危険を知っていたということは，雇用者の可罰性を阻却しない．なぜなら，従業員は，従属関係のために操業上の安全性について雇用者と同様の答責性を負ってはいないからである．ナウムブルク上級ラント裁判所（NStZ-RR 1996, 231）は，これを「評価的に考察すると，第三者の法益に対して他者答責性の原理が，その第三者の自己答責性」に優越すると表現している[268]．

125 *Cancio Meliá*[269] は，自己危殆化への共犯と，合意による他者の危殆化との区別は，「Roxin によれば……最も普及している解釈論的構想のひとつになった」，と主張する．彼は，この区別を否定するが[270]，本質的には，本書が行っているのと同様に，彼は「自己答責性原理（Selbstverantwortungsgrundsatz）」[271] を決定的な基準とすることにより，全く同様の結論に至っている．これによると，行為者と被害者が共同で行為したときには，(1)「行為が，行為者と被害者による共同組織の枠内に留まっていて」，(2)被害者が責任や認識を欠いておらず，かつ，(3)「行為者が被害者の財に対して特別な保護義務を有していない」場合には，被害は被害者の答責性の範囲に帰

　　ラント裁判所（*Dölling* の評釈のある JR 1994, 518）により承認されている．これによれば，「後の被害者となる者が自動車運転手と同一の程度において危険を認識し，ためらっている運転手を説得して同乗し，死亡の結果がもっぱら第三者により惹き起こされた交通事故の結果であった場合には」，結果を自動車運転手に帰属すべきでない．上級ラント裁判所は，228条の適用を否定する．

(268)　もっとも，裁判所は，事件を自己危殆化の観点からのみ取り扱っているために，本書が主張している見解との対決をまったく行っていない．

(269)　*Cancio Meliá*, ZStW 111 (1999), 357 (366 f.); 詳しくは，*ders.*, 1998, 205 ff.

(270)　これに反対して，再び相違を認めるのは，*Schünemann*, 2002, 75.

(271)　*Cancio Meliá*, ZStW 111 (1999), 373, 375; *ders.*, 1998, 275 ff.

第3編　構成要件

属すべきとする.

126　BGH NStZ 2003, 537 も，結論において，合意による他者の危殆化に関して
筆者が主張する原則に反対している．この事件では，最重度の身体障害者が，
悪意のない兵役代替社会奉仕勤務者に，ビニールを肌で感じたいから自分をビ
ニール袋で包むように指示することによって，自分の自殺願望を実現した．こ
れに基づいて，誘発者〈たる自殺を望んだ者〉は死亡した．連邦裁判所は，こ
の「兵役代替社会奉仕勤務者 (Zivi)」を過失致死 (222条) により有罪とした．
「被害者」は「行為者」よりも状況を見通していたし，発意も全体の手はずも
被害者によってなされているにもかかわらずである．つまり，被害者は，危険
を引き受けていたのであって，合意による他者の危殆化により無罪とすべき
だったのである．連邦裁判所は，このような危険の引き受けという考えを検討
しようとしていない．216条の同意の禁止により正当と認めている人命の保護
の優位性が，これに反対するからである．しかし，この論拠によってまさに，
連邦裁判所も望んではいないことだが，一切の生命を危険にさらす自己危殆化
への関与のすべてを不可罰とすることに反論することができるであろう．いず
れにしても，連邦裁判所は，── 自らの見解に従えば ──「現在の法的状況は，
全く動くことができないが意識ははっきりしている瀕死の最重度の身体障害者
に，……第三者を刑法上巻き込むことなしにこの世から去ることを広く禁じて
おり，このことによってその者にとって生命権は苦しさに耐えて生きる義務と
なりうる」ということを認識している．しかし，これが，実際に，現行法の意
思であって，連邦裁判所によっても有意義とみなされているかに見える「法益
保護の変更が，……立法者に留保されている」のかは，上述のことからはわか
らない.

127　そのほかに，考慮すべきは，合意による他者の危殆化は，被告人の観点か
らのみ問題となっているという点である．「被害者」は自殺の故意を有してい
たのであるから（判決は，「自殺者」としての被害者について述べており，「自殺計画」を
出発点としている），被害者は，（故意なく行為する道具を利用して）間接正犯の形態
において自殺したのである．しかし，故意による，答責的で正犯としての自殺
への「過失による」関与は，BGHSt 24, 342（上述 Rn. 107）以来の判例において
も認められているように，処罰されない．確かに，判例は，「被害者」が「極
めて危険にさらされること」を被告人が知っていたであろうことを指摘してい

534

る．しかし，これは，「被害者」が故意によって，そして被告人は，彼の222条による有罪から明らかに認識しうるように，単に過失によってのみ行為したことを何ら変更するものではない．しかし，過失で行為する道具を故意に操縦する者は，常に間接正犯である．さらに，「現在の法状況」は被告人を不処罰にすることを許容していないと連邦裁判所は考えているようであるが，この観点からはこれは理解し難いことである．

128 同様の事件について，ニュルンベルク上級ラント裁判所[272]も，当初，手続の開始を求められた刑事部が開始を拒んだが，後には過失致死を認めるに至った．本件は，——自分の行為に対して完全に答責的な——夫が，自殺の意図で妻に，ピストルを夫のこめかみに当てて，引き金を引くよう促したというものである．その際，夫は，ピストルは装填されていないかに装い，このことを妻に巧みな偽装工作をして弾倉を抜き取ることによっても実証していた．

129 この事件では，——ビニール袋事件の場合とは異なり——直接行為する妻の観点からは，合意による他者の危殆化でさえまったく認められない．むしろ，問題となっているのは，明らかに，妻が認識なく促進した間接正犯形態での自殺の場合であり，これは，BGHSt 24, 342; 32, 262 の諸原則によれば，過失による自殺幇助として不処罰である．上級ラント裁判所は，自殺者が死亡結果にとって決定的な行為の最後の行為を他者に委ねているゆえに，本件では，引用されたその他の諸判決とは事情が異なっていると考えている．しかし，これは間違いである．なぜなら，最後の「行為」——発砲——は，自ら間接正犯の形態で実現した自殺行為として自殺者に帰属すべきだからである．自己答責性の原理は，発砲を過失致死として妻に帰属することを不可能とする．故意の自殺に対しては，可罰的な過失による関与は，認められないのである[273]．

130 *Herzberg*[274]は，上述の両判決に賛成の意見を述べた．彼は，重要なのは，自殺者の行為支配ではなく，関与行為を「殺人」として評価しうるか否かであるという．「例えば，射殺する場合のように，これが疑いなく肯定されるならば，正犯を否定することは，支持できない．なぜならば，被害者自身も自己答

---

(272) *Engländer* の批評のある JZ 2003, 745. Engländer に反対し，ニュルンベルク上級ラント裁判所に賛成するのは，*Herzberg*, Jura 2004, 670.

(273) 本書と全く同旨なのは，*Engländer*, JZ 2003, 747.

(274) *Herzberg*, NStZ 2004, 1 (6); *ders.*, Jura 2004, 670.

第3編　構成要件

責的に死のうと努力しており，もちろん，この点において，彼の行為を自殺と呼ぶことは自由だからだ」とする．しかし，ここでも，――上級ラント裁判所の判決と同様に――前提が誤っている．なぜなら，確かに，妻は夫の死を惹起したが，上述の諸理由からこの惹起の帰属可能性が欠けるがゆえに，まさに構成要件該当の殺害行為を実行していないからである．その他，ニュルンベルク上級ラント裁判所，およびHerzbergの論証に対しても，自殺への故意による関与でさえ処罰されない場合には，自殺への非故意的な関与は処罰してはならないと反論することができる．このことは，自殺関与が不処罰であることに表現されている法律上の評価から当然に生じるのである．

131　自殺と自己危殆化との間に，嘱託殺人 (216条) が存在し，この場合にも，第三者の過失責任は，同様に疑問視されうる．この文脈において，このことも取り扱っておこう．例として役に立つのは，女性看護師が危篤状態にある数人の患者を同情心から注射によって殺害した「ヴッパータールの死の天使」事件である[275]．最初の容疑事実が明るみになったときに，当初，上役の医師は看護師に停職を命じることを思いとどまった．その結果，看護師は，職を解かれるまで，さらに嘱託殺人を実行したというものである．

132　医師は，不作為による過失致死の罪を犯したか．この問いは，否定されなければならないであろう[276]．なぜなら，答責的で，その射程を認識しながら冒された，単純な自己危殆化が，すでに過失致死の帰属を阻却するならば，このことは，重大な自己危殆化には，それが「被殺者の明示的で，かつ，真摯な要求」のものである限りでは，ますますあてはまるからである．222条と216条は，5年という同一の刑の上限を規定しているので，同一の刑の上限が，医師と看護師に適用されるとするならば，それはあまりにもつじつまの合わないことであろう．したがって，216条は，第三者を過失致死により処罰することを排除していると考えるべきであろう．

133　エイズの危険を伴う性的な接触を開始するという特に現実的な場合も，合

---

(275)　連邦裁判所は，*Roxin* (35 f.) の評釈のある NStZ 1992, 34 において女性看護師を処罰する決定を下した．医師の場合については，判決は出されていない．

(276)　これについて詳しくは，*Roxin*, Schreiber-FS, 2003, 399. その点でも異なるのは，*Herzberg*, NStZ 2004, 1.

第11章　客観的構成要件への帰属

意による他者の危殆化の領域に位置づけられなければならないであろう．これらの場合は，しばしば，感染者は，相手方の自己危殆化への共犯であるという観点の下で論じられている[277]．しかし，危殆化はもっぱら感染者に由来し，相手方はこれに身をさらしているにすぎないのであるから，他者に麻薬を注射してもらう場合と完全に同等といいうる合意による他者の危殆化[278]が問題となっている．これは，欄外番号123で展開された見解によれば，このような性的な接触は（避妊策を講じない性交の場合であっても），両当事者が感染の危険についてよく知っていて，その行為につき共に答責的である場合には不処罰であることを意味する[279]．これに対して，エイズ患者が，避妊策を講じない性的な接触の場合に，自分が感染していることを黙っていた場合[280]や，すでに，こ

---

(277)　例えば，*M. Bruns*, MDR 1987, 356; *ders.*, NJW 1987, 2282; *Herzog/ Nestler-Tremel*, StrV 1987, 360 ff.; *W. Frisch*, JuS 1990, 362 ff.; *H.-W. Mayer*, JuS 1990, 787 ff.; *Zaczyk*, 1993, 58 f.; BayObLG NStZ 1990, 81; LG Kempten NJW 1989, 2068 参　照．BGHSt 36, 17 は，自己危殆化にとって展開された原則が「HIV 感染者との性的交渉におよそ適用可能である」か否かを未決定のままにする．類似するのは，*Knauer*, AIFO 1994, 465. *Dölling* の評釈のある BayObLG JR 1990, 473 は，今や，自己答責的な自己危殆化への関与を認めている．

(278)　本書と同旨なのは，*Hellmann*, Roxin-FS, 2001, 273;「感染者は，まだ健康な自分の相手方に危険なウイルスをもたらし，その結果，生命および身体にとっての危険は，感染者に由来している」．*Helgerth*, NStZ 1988, 262 も同旨．この事例群の場合に同意の原則を適用するのは，*W. Frisch*, NStZ 1992, 66 f. 本書の主張する見解を同意による解決として誤って解釈しているのは，NK-*Puppe*, vor § 13 Rn. 176. この否定については，上述 Rn. 121 参照．

(279)　BayObLG JR 1990, 473 により判断された事件もこのような場合であり，その解決は，裁判所とは異なり，合意による他者の危殆化を認める場合にも，結論においては正当である．

(280)　これに関しては，一部，争いがある．一夫一妻制の関係の外での性的接触については，*M. Bruns*, MDR 1987, 356; *ders.*, NJW 1987, 2282. 危険なグループに属する者との性的交渉については，Herzog/*Nestler-Tremel*, StrV 1987, 366 ff. 特に，売春婦や男娼の場合については，*Kreuzer*, ZStW 100 (1988), 800 ff. この背後には，他人を信頼せず，自分で保護すべきであるという伝染病政策的観点がある．しかし，第1に，我々の法秩序は，軽率な者をも保護する（いわゆる被害者学については，14 章 Rn. 15 以下参照）．第2に，感染者に表明することを促すことは，刑事政策的に是非とも必要である．なぜなら，これが相手方に最も確実に保護措置の契機を与えるであろうからである．本書と同旨なのは，BGHSt 36, 17 と通説．さらに，AG Hamburg NJW 1989, 2071 も参照．*Puppe*, AT/1, § 6 Rn. 16 ff. は，被害者の軽率さではなく，もっぱら被害者の意思だけが，危殆化を許されたものへと変え，そのことにより，他の関与者の責

第3編 構成要件

れまで感染していない，嫌がる相手方に，危険な性的接触に応じるようにしつこく迫る場合に，結果は，エイズ患者に帰属すべきである[281]．

134 合意による他者の危殆化の原則にしたがって，「自動車のサーファー（Auto-Surfer）」事件も決定すべきであり[282]，この事件では，デュッセルドルフ上級ラント裁判所[283]は228条を援用して過失致死と判断した（詳しくは，13章 Rn. 57, 58）．なぜなら，正しい見解によれば，228条は，過失の場合には適用できないからである（13章 Rn. 69）．走行する自動車の屋根の上でしがみつく少年は，生命に危険な行為のリスクをを運転手と同程度に見通していたのであり，かつ，すべての関与者は，それ以外にも，事象に対して同一の責任を負っていたのであるから，合意による他者の危殆化である本事件は，自己危殆化と等しく，したがって，運転手に過失致傷として帰属することはできない[284]．なぜなら，むしろ自殺への「過失による」関与は不可罰なのであるから，故意の自己危殆化への過失による関与も同様に危殆化される者の答責性の範囲に帰属すべきだからである．確かに，*Saal*[285]は，この場合でも，216条の法的考えを適用しようとし，それゆえ，生命に危険な行為の場合には，答責的な自己危殆化に帰属阻却的な性質を否定しようとする．しかし，これは，故意による，かつ答責的な自己危殆化へのすべての関与は処罰されないという判例においても承認されている前提（Rn. 110以下）と相容れない．さらに，重要な評価上の相違は，起こりうる最も重大な結果を認識しながら他人を故意に侵害するか，あるいは，被害者によって認識され，かつ承諾された危殆化にその者をさらすにすぎない

任を負わせる根拠が取り去られることを指摘する．

(281) これらの場合の取り扱いには，通説の側でも個別的に非常に争いがある．詳しくは，*Bottke*, 1988, 182 ff.; *Schünemann*, 1988, 471 ff.; *Herzberg*, NJW 1987, 2283 f.; *Geppert*, Jura 1987, 671; *Prittwitz*, JA 1988, 431 ff.; *Puppe*, AT/1, §6 Rn. 1 ff. 帰属を肯定したとしても，それだけでは感染者の可罰性については，まだ多くを語ることはできない．なぜなら，相手方の死亡は，感染した場合でも何十年もたって初めて発生しうるのであるから，実際には，過失致死ではなく，故意犯の未遂だけが問題になるからである．この場合，可罰性は，故意が肯定できるか，どの構成要件についての故意が肯定できるかに依存している（このことについて，詳しくは，12章 Rn. 82以下）．

(282) 同様に，13章 Rn. 58 Fn. 101 に挙げた著者達．

(283) 13章 Rn. 57 における事件の叙述を参照．

(284) 同旨，*Hammer*, JuS 1998, 785; *Geppert*, JK 98, StGB §315 b/ 7.

(285) *Saal*, NZV 1998, 49 (54).

か，というところに存在する．

135　もちろん，合意による他者の危殆化という法理論構成に独自の意義を認める論者の間でも，それが帰属にどのように影響するかについては極めて争われている．*Schünemann*[286]は，合意による他者の危殆化を自己危殆化と同様に取り扱おうとするが，それは，結局，区別を余分とするものである．*Lackner/Kühl*は，自己危殆化との区別は，「自殺を嘱託殺人から区別するために展開された原則」に従う，と述べている[287]．これは利用可能な区別の基準ではあるが，帰属の基準は未解決のままに残すものである．*Dölling*[288]は，合意による他者の危殆化においては，「同意により表される被害者の自律性の価値，および行為によって追及される目的の価値が，生命の危殆化に存在する無価値に優越する場合」にのみ，最初の惹起者への帰属を阻却しようとする．これは，冒頭の三つの事例（Rn. 121）すべてにおいて，処罰することにつながるであろう．なぜなら，*Dölling*は，メメル事件（RGSt 57, 172）においても，乗客が急いでいることをより高次の価値であるとは認めないからである．例えば，「臨終の床にいる危篤の父親を見舞う」ことが問題となっている場合にのみ，船長は不処罰とされるべきである[289]．*Helgerth*は，*Dölling*の解決をエイズ事例に転用し，合意による他者の危殆化は，相手方が危険を熟知している場合でも，「秩序ある夫婦生活の範囲内でのみ」帰属を阻却するという結論に至る[290]．性欲を満たすという目的だけでは，生命の危殆化と比較してより高次の価値ではないとする．*Dölling/Helgerth*の解決は，被害者を駆り立てた目的設定の「価値」に立ち戻ることによって，被害者の自律的な決断の問題を道徳的な観点によって置き換えるものである．これは，賛成に値しない．なぜなら，問題となるのは自己危殆化との同置であり，この場合に重要なのは自己を危殆化する者の答責的な意思のみであって，その者の目的設定の「価値」ではないからである．*Zaczyk*[291]は，被害者が「法的に確固たる形式において，他人

---

(286)　*Schünemann*, JA 1975, 722 f. さらに，*Otto*, Jura 1984, 540; *ders.*, Tröndle-FS, 1989, 169 ff.

(287)　*Lackner/ Kühl*[25], vor § 211 Rn. 12.

(288)　*Dölling*, GA 1984, 71.

(289)　*Dölling*, GA 1984, 93.

(290)　*Helgerth*, NStZ 1988, 263 f.

第3編　構成要件

（行為者）が侵害に至る経過を合義務的行為により支配することを信頼」できた場合には，（可罰的な）「他者の危殆化が存在するのであって，自己危殆化がではない」と言う．これによると，渡し船の船長事件では，不可罰の自己危殆化への関与が認められるのに対して，酩酊運転への共犯の場合には，運転手による可罰的な他者の危殆化が存在する．ただし，「運転手が一見してまったく，そもそも自動車を運転する」能力がない場合はその限りではない(292)．しかし，他の行為者が事象を支配する場合には（酩酊した運転手の場合には，筆者は納得するつもりはないが，例外である），おそらくすでに危殆化を否定しなければならないであろう．*Eschweiler* (1990) は，合意による他者の危殆化を，構成要件阻却的同意の原則にしたがって取り扱おうとする(293)．

136　個々の点については，合意による他者の危殆化という法理論構成は，なお一層理論的に浸透することを待ち望んでいる．けれども，構成要件の射程という観点からこれを把握することは，従来ほとんど過失論においてのみ論じられてきたこれらの事例を，客観的構成要件への帰属という一般理論の中に位置づけ，それとともに，故意の諸事例についても実り多いものにできるという別の長所がある．つまり，少なからぬ状況においては —— 実務上極めて重要なエイズ事例においても ——，侵害結果に関しては，その上，未必の「故意」も存在するであろう．客観的構成要件への帰属が阻却される限りで，このことは不処罰であるという点については何ら変更するものではないであろう．

c）他人の答責領域への帰属

137　最後に，構成要件の保護目的は，結果の防止が他人の答責領域に属するような結果も含まない．

事例（BGHSt 4, 360(294)）：

　Aは，暗闇の中，トラックの尾灯をつけず走行していた．Aは，パトカーによって停車させられ，反則金支払義務のある警告を受けた．後続の自動車に対して安全

---

(291)　*Zaczyk*, 1993, 56. 彼は，個々の事例をより厳密に区別する．

(292)　*Zaczyk*, 1993, 58. f.

(293)　同様に，*Kindhäuser*, AT, § 12 Rn. 71.

(294)　*Roxin*, HRR AT Nr. 2.

第11章 客観的構成要件への帰属

を図るために，警察官の一人が車道に赤色懐中電灯を置いた．警察はＡに最寄りの
ガソリンスタンドまで走るように指示し，パトカーはその後から走行し，無灯火の
トラックの安全を確保しようとした．まだＡが発進しないうちに，警察は車道から
懐中電灯を再び取り去った．その結果，無灯火のトラックが別のトラックに衝突さ
れて，その同乗者が傷害を負い死亡した．

　連邦裁判所は，Ａによる過失致死を認めた．正当にも，因果関係は肯定され
た（Rn. 29）．連邦裁判所が言うように，この因果経過の予見可能性，そしてさ
らに，相当性および危険実現も認めるべきかは，非常に疑わしい．しかし，そ
のことが問題とはならない．たとえ生活経験上警察官もいつかは過ちを犯すと
いうことを前提とするにしても，市民はそれを理由にその警察官の行為を監視
する必要はない．警察が交通上の安全を一旦引き受けた以上，その後の事象は
その警察の答責領域に属するのであるから，したがって，もはやＡに帰属する
ことはできない[295]．構成要件の射程は，その後の事象をもはや含まないので
ある．

138　答責領域の理論は，理論的にまだ十分には完成していないために，これに
関して確立され，かつ一般に承認された言明をすることはできない[296]．これ
らの場合における帰属阻却の根拠は，特定の職務に従事する者が，その権限の
範囲内で，第三者が干渉してはならないような，危険源の除去，および監視の
ための管轄を有しているというところにある．このような権限配置の刑事政策
上重要な帰結は，職務従事者の侵害行為によって惹起される結果につき，最初
の惹起者がその責めを免除されることである．これが実際上の意義を有するの
は，特に消防士，山岳警備隊員・水難事故監視員，警察官，場合によっては兵
士によって行われる危険の防止に資する活動にとってである．さらに重要なの
は，医師による医療過誤の結果を侵害の惹起者に帰属させることができるかど
うかという問題である．

---

　(295)　さらに，この判決は，結論においてさえほとんど受け入れられていない．*Kind-
　　　häuser*, StGB², vor § 13 Rn. 150; *Maurach/Zipf*, AT/1⁸, 18/67; LK¹¹-*Schroeder*, § 16 Rn.
　　　24 のみを参照．
　(296)　手掛かりを提供するのは，*Kratzsch*, Verhaltenssteuerung, 1985, 358 ff., 368 ff.;
　　　ders., Oehler-FS, 1985, 65 の組織管轄の理論であり，これは自己危殆化，および他者
　　　危殆化事例の説明モデルとしても役立ちうるものである．

541

第3編　構成要件

139　過失により火災を発生させた家主，海水浴に出かけた際に十分生徒を監視しなかった女性教師は，救助措置をとった際に消防士やライフセーバーが死亡した場合に，過失致死で処罰されるべきであろうか．通説はこれを認める[297]．許されない危険が結果において実現しており，このような結果を構成要件の射程に含まないとする根拠は見当たらないからである．しかし，このことは，決してそのまま認められるべきではないとする重大な根拠を挙げることができる[298]．第1に，義務によって命じられた範囲内にとどまる救助行為は，次に掲げたような義務を越えた任意の危険な行為（Rn. 115）とおよそ区別しえない．つまり，その場合，自己危殆化の観点から最初の惹起者に結果を帰属させてはならないのである．第2に，職業上の危険は，自由な意思決定に基づいて職業に就くことにより引き受けられ（例外は，兵役義務の場合である），かつ，その職業の構成員には，ほとんどの場合，その者が冒す危険に対して報酬も支払われているのであるから，やや広い意味では職業上の危険は任意のものである．第3に，故意による放火の場合でさえ，救助者の死亡を軽率な場合に限って結果加重として取り扱う306条cは，むしろこのような結果の帰属を否定すべきことを示している[299]．なぜなら，もしもこの場合に立法者が類型的かつ帰属可能な危険実現を見出していたとすれば，なぜ，これらの場合が，少なくともすべての過失の形態において結果的加重犯とされなかったのか，その理由を理解できないからである．第4に，刑事政策的理由から，救助者の事故の帰属に反対である．過失による放火者が，消防士の殺人の責任を負わされることも考慮

---

(297)　*W. Frisch*, 1988, 472 ff., および SK[6]-*Rudolphi*, vor § 1 Rn. 80 f. 参照．両者は，私が主張する対立見解を詳細に検討している．さらに，例えば，MK-*Duttge*, § 15 Rn. 155; *Jakobs*, ZStW 89（1977), 15 ff.; *Jescheck/Weigend*, AT[5], § 28 IV 4; *Maurach/Gössel/ Zipf*, AT/2[7],43/73; *Sch/Sch/Sternberg-Lieben*[26], § 15 Rn. 168; LK[11]-*Schroeder*, § 16 Rn. 182; *Wolter*, 1981, 344 f.

(298)　*Roxin*, Honig-FS, 1970, 142 f.（= Grundlagenprobleme, 134 ff.）; *ders.*, Gallas-FS, 1973, 247 f. 賛成するのは，*Burgstaller*, 1974, 112 ff. 区別するのは，さらに，*Schünemann*, JA 1975, 721 f.; *Schumann*, 1986, 70 f.（Fn. 2). 事情が異なるのは，例えば，犯罪の被害者が，まさに類型的に救助行為によってさらに危殆化される（§§ 239 a, b のような）結果的加重犯の場合である．これについては，10章 Rn. 118 参照．いずれにしても，それぞれの構成要件の保護目的が常に問題であるから，一括して述べると誤解を招きやすい．

(299)　従来の旧307条1号の規定については，*Schünemann*, JA 1975, 721.

しなければならないとすれば，このことを考慮して消防士を呼ばないことがあ
りうるのであり，望ましくない．また，ハイカーが，場合によっては，呼び寄
せた救助隊員の過失致死により処罰されうるとすれば，彼は，むしろ自力
で —— それによって，しばしば死亡結果も伴う —— 無理な下山を敢行するであ
ろうことは想像に難くない．法秩序は，このような展開を助長すべきではない
のである．

140　この問題は，救助事故以外にも及ぶ．警察官が厄介な犯人追跡の際に自動
車事故にあった場合，実際，侵入窃盗犯を過失致死で処罰すべきであろうか．
そうであるとすれば，追跡されている犯人は，さらに処罰される危険を冒した
くなければ，自ら警察に出頭しなければならないであろう．しかし，このよう
な義務は，誰もその者の処罰に協力する必要はないという一般的な法原則とお
よそ相容れないであろう[300]．したがって，このような職務遂行上の類型的な
危険も職務従事者の答責領域に配分すべきであり，それらを外部者に帰属して
はならない[301]．

141　この領域において最も困難で未解決の事例群は，最初の行為者により負傷
したにすぎなかった被害者が，医療過誤により死亡した場合である．多数説は，
軽度，および中程度の医療過誤の場合には，患者の死亡を（また，病状の悪化に
も応じて）最初の惹起者に帰属しようとする．この程度の医療過誤は考慮に入
れなければならないからである．これに対して，重大な医療過誤の場合には，
最初の惹起者は免責されるべきとする[302]．*Rudolphi* は，積極的行為による
医療過誤については，信頼の原則に基づき，およそ責任を負う必要はないとい
う見解を唱える．これに対して，医師が必要な治療措置をしなかったことに結
果が基づいている場合には，最初の惹起者に結果は帰属すべきであるとする．
なぜなら，この場合，「まさに最初の行為者により創出された違法な危殆化が，
第2次損害においてもなお実現している」[303]からである．第3の見解によれ

---

(300)　賛成するのは，*Krey*, AT/1², §9 Rn. 327.

(301)　賛成するのは，*Köhler*, AT, 197. *Puppe*, AT/1, §6 Rn. 40 ff. は，追跡者が交通規
則を遵守したか（この場合，帰属しない），あるいは遵守しなかったか（この場合，帰
属する）に適合させる．

(302)　同旨，例えば，OLG Celle NJW 1958, 271; おそらく，さらに，BGHSt 31, 100;
Burgstaller, 1974, 117 ff.; *ders.*, Jescheck-FS, 1985, 364 ff.; *Otto*, JuS 1974, 709; *Rengier*,
1986, 164 f., 166 f.; *ders.*, NJW 1980, 422; *Wolter*, 1981, 347.

第3編　構 成 要 件

ば，医療過誤により影響を受けた結果において，傷害により創出された「典型的危険」，すなわち傷害と類型的に結びついた危険が実現したか否かが重要である．この場合には，医師に重大な過失がある場合でも，最初の惹起者に帰属がなされるべきである．これに対して，例えば，麻酔を間違えた場合のように，医療過誤が，類型的な傷害の危険の外に存在する場合には，あらゆる帰属は阻却すべきであるとする(304)．

142　最後に挙げた二つの見解を組み合わせて，まず，「医師の……行為が，行為者によって創出された危険を押し退けたか，あるいは，その実現を防止しなかったか」(305)にしたがって区別することが，正当である．なぜなら，被害者が，自己に加えられた傷害によるのではなく，医療過誤によりさらに付け加えられた危険により死亡するに至った場合には，医師は最初の危険を，もっぱら彼の答責領域内に存在する別の危険によって取り替え（「押し退け」）たからである．医師が，軽い過失，あるいは重過失により行為したか否かに関係なく，どのような場合でも最初の惹起者に帰属することはできない．したがって，「手術の過程において出血多量により死亡させる誤った切開が行われた場合，適応しない何らかの薬が投与され，それにより死亡した場合，麻酔ミスにより不可逆的な心停止となった場合等」(306)には，事故惹起者は過失致死の責任を負わない．これらの場合には，あらゆる帰属を阻却することが適切である．なぜなら，危険のない傷害でも，個々の場合において，医師の医療過誤により死亡する可能性があるからである．しかし，それ自体としては決して致命的ではない健康侵害を加えたという点に，帰属可能な死亡の危険の創出を認めようとするならば，それが，医師は場合によっては命取りになるようなミスを犯すかもしれないということのみを理由としてであれば，すでに医師を呼ぶことを，原則上，過失と考えなければならないことになろう．これは，もとより，的外れであろう．

143　しかし，医師が治療しなかった，あるいは不十分な治療しかしなかったた

---

(303)　SK⁶-*Rudolphi*, vor § 1 Rn. 74.

(304)　同旨，例えば，*Jakobs*, 1972, 92 ff.; *Schünemann*, JA 1975, 719.

(305)　*W. Frisch*, 1988, 422 f.

(306)　*W. Frisch*, 1988, 437. 限定的なのは，NK-*Puppe*, vor § 13 Rn. 230 f.; *Kindhäuser*, StGB², vor § 13 Rn. 149. さらに，異なる見解なのは，*Jäger*, § 2 Rn. 43 で，最初の行為者は，医師による危険を「一緒に」生じさせているという根拠づけを用いる．

544

めに，被害者が加えられた傷害で死亡した場合に，最初の惹起者に結果そのものを帰属することを，*Rudolphi*，*Jakobs*，*Schünemann*，さらに *W. Frisch* によって —— 若干の相違はあるが —— 唱えられた見解は認めているのであるが，それは適切ではない．むしろ，ここでは，医師の重大な過失の場合には，最初の惹起者への帰属を阻却しようとする反対の見解の方を発展させるべきである．確かに，傷害が死に至ることを阻止することができなかった医師の過失が重大であるとまではいえない場合には，死亡がもっぱら医師の答責領域内にのみあると言うことはできないであろう．なぜなら，この場合，ほぼ同程度の二個の過失行為が同時に発生しており，それらが両者とも結果において実現しているからである．したがって，両者を過失致死により処罰することが正当である．これに対して，通常は簡単に治療可能な傷害が，医師の重大な過失によってのみ死亡に至ってしまった場合には，医療過誤が優位を獲得しているのであって，刑事政策的には最終的な結果を「その上さらに最初の犯罪行為者にも付加的に帰属する」欲求は存在しない．「このことは，一般予防的観点の下でも，全く同様に特別予防的観点の下でも，妥当する」[307]．この刑罰目的からの判断が決め手となるべきであろう[308]．

144 同様のことは，被害者自身が故意によらない不適切な行為によって，死亡あるいは被害の悪化を惹起した場合にも妥当すべきである[309]．傷害にまだ内包されていない結果（被害者が，うっかりやってしまった薬の取り違えにより死亡した）が問題となる場合には，その結果はもっぱら被害者の答責性の範囲に属する．これに対して，すでに内包している結果（死亡に至る傷害）の場合には，結果発生が，例えば，危険な症状が表れていたにもかかわらず被害者が医師を呼ばなかった等，被害者の著しく不適切な行為に基づく場合のみが，これにあたる[310]．確かに，それ以外の場合（例えば，事故が発生した場合）には，被害者の重大な共同責任は，必ずしも最初の惹起者の過失処罰を阻却するというわけで

---

(307)　*Burgstaller*, Jescheck-FS, 1985, 365.

(308)　この考えを問題視するのは，*Puppe*, AT/1, § 5 Rn. 26 ff.

(309)　詳細は，*W. Frisch*, 1988, 449 ff.

(310)　被害者の著しく不適切な行為の場合であっても，「内包されている」結果については，最初の惹起者に可罰性を認めるのは，*W. Frisch*, 1988, 452 ff. この点で本書と同旨なのは，*Burgstaller*, Jescheck-FS, 1985, 364 ff.; 参照文献のある *Rengier*, 1986, 168 ff.

第3編　構成要件

はない．しかし，事故は突然の出来事であるのに対して，事後の間違った行為の場合には十分な考慮の可能性が存在している．この場合，被害者の許し難い軽率さから結果がもたらされているのであって，それを最初の惹起者に負わせることは適当ではないであろう．

d）その他の事案

145　構成要件の射程（保護目的）の問題は，その他の事例群にとっても有益なものとなしうる．例えば，ショックによる被害（犯罪行為により自らは襲われていない者の，精神的に媒介された健康被害）や，後続被害（例えば，以前の傷害により被った障害の被害者が後に遭った交通事故）はもはや帰属することは許されないであろう．しかし，このような事案は，ほとんどが過失犯の場合に一定の役割を果たすにすぎない．したがって，その箇所で検討される（24章 Rn. 43 以下参照）．

第2節　危 険 犯

文献：*Binding*, Die Normen und ihre Übertretung, Bd. I, 1872（⁴1922; Nachdruck 1965）; *Rotering*, Gefahr und Gefährdung im Strafgesetzbuch, GA 31（1883）, 266; *Finger*, Begriff der Gefahr und Gemeingefahr im Strafrecht, Frank-FS, 1930, Bd. I, 230; *Henkel*, Der Gefahrbegriff im Strafrecht, Str.Abh. 270, 1930; *Rabl*, der Gefährdungsvorsatz, Str. Abh. 312, 1933; *Boldt*, Pflichtwidrige Gefährdung im Strafrecht, ZStW 55（1936）, 44; *Schwander*, Die Gefährdung als Tatbestandsmerkmal im schweizerischen StGB, SchwZStr 66（1951）, 440; *Oehler*, Das erfolgsqualifizierte Delikt als Gefährdungsdelikt, ZStW 69（1957）, 503; *Dreher*, Gemeingefährliche Handlungen, NiedStrKomm. 8, 1959, 417; *Hartung*, Gemeingefahr, NJW 1960, 1417; *Cramer*, Der Vollrauschtatbestand als abstraktes Gefährdungsdelikt, 1962; *Arth. Kaufmann*, Unrecht und Schuld beim Delikt der Volltrunkenheit, JZ 1963, 425; *Lackner*, Das konkrete Gefährdungsdelikt im Verkehrsstrafrecht, 1967; *Schröder*, Abstrakt-konkrete Gefährdungsdelikte?, JZ 1967, 522; *Volz*, Unrecht und Schuld abstrakter Gefährdungsdelikte, ungedr. Diss. Göttingen, 1968; *Schröder*, Die Gefährdungsdelikte im Strafrecht, ZStW 81（1969）, 7; *Gallas*, Abstrakte und konkrete Gefährdung, Heinitz-FS, 1972, 171; *Reinhard v. Hippel*, Gefahrenurteil und Prognosenentscheidungen in der Strafrechtspraxis, 1972; *Rudolphi*, Inhalt und Funktion des Handlungsunwertes im Rahmen der personalen Unrechtslehre, Maurach-FS, 1972, 51; *Brehm*, Zur Dogmatik des abstrakten Gefährdungsdelikts, 1973; *Demuth*, Zur Bedeutung der „konkreten Gefahr" im Rahmen der Straßenverkehrsdelikte, Zeitschrift für Verkehrs- und Ordnungswidrigkeitenrecht, 1973, 436; *Horn*, Konkrete Gefährdungsdelikte, 1973; *Schünemann*, Moderne Tendenzen in der Dogmatik der Fahrlässigkeits- und Gefährdungsdelikte, JA 1975, 435, 511, 575, 647, 715, 787; *Backmann*, Gefahr als „besondere Folge

第 11 章　客観的構成要件への帰属

der Tat" i. S. d. erfolgsqualifizierten Delikte?, MDR 1976, 969; *Küper*, Gefährdung als Erfolgsqualifikation?, NJW 1976, 543; *Wolter*, Konkrete Erfolgsgefahr und konkreter Gefahrerfolg im Strafrecht, JuS 1978, 748; *Demuth*, Der normative Gefahrbegriff, 1980; *Wolter*, Objektive und personale Zurechnung von Verhalten, Gefahr und Verletzung in einem funktionalen Straftatsystem, 1981; *Ostendorf*, Grundzüge des konkreten Gefährdungsdelikts, JuS 1982, 426; *Schroeder*, Die Gefährdungsdelikte, ZStW-Beiheft Caracas, 1982, 1; *Bohnert*, Die Abstraktheit der abstrakten Gefährdungsdelikte, JuS 1984, 182; *Jakobs*, Kriminalisierung im Vorfeld einer Rechtsgutsverletzung, ZStW 97 (1985), 751; *Kratzsch*, Verhaltenssteuerung und Organisation im Strafrecht, 1985; *Berz*, Formelle Tatbestandsverwirklichung und materieller Rechtsgüterschutz, eine Untersuchung zu den Gefährdungs- und Unternehmensdelikten, 1986; *Hoyer*, Die Eignungsdelikte, 1987; *Weber*, Die Vorverlegung des Strafrechtsschutzes durch Gefährdungs- und Unternehmensdelikte, ZStW-Beiheft 1987, 1; *Kindhäuser*, Gefährdung als Straftat, 1989; *Kratzsch*, Prävention und Unrecht – eine Replik, GA 1989, 49; *Hoyer*, Zum Begriff der „abstrakten Gefahr", JA 1990, 183; *Graul*, Abstrakte Gefährdungsdelikte und Präsumtionen im Strafrecht, 1991; *D. Marxen*, Strafbarkeitseinschränkungen bei abstrakten Gefährdungsdelikten, 1991; *Rengier*, Überlegungen zu den Rechtsgütern und Deliktstypen im Umweltstrafrecht, in: Schulz (Hrsg.), Ökologie und Recht, 1991, 33; *Fründe*, Die Gefährdungsdelikte – Struktur und Begründung, in: Lahti/Nuotio (Hrsg.), Strafrechtstheorie im Umbruch, 1992, 349; *Lin*, Abstrakte Gefährdungstatbestände im Wirtschaftsstrafrecht, Diss. München, 1992; *A. Meyer*, Die Gefährlichkeitsdelikte, 1992; *W. Frisch*, An den Grenzen des Strafrechts, Stree/Wessels-FS, 1993, 69; *Hirsch*, Gefahr und Gefährlichkeit, Arth. Kaufmann-FS, 1993, 545ff.; *Kindhäuser*, Zur Legitimität der abstrakten Gefährdungsdelikte im Wirtschaftsstrafrecht, in: Schünemann/Suárez González (Hrsg.), Bausteine des europäischen Wirtschaftsstrafrechts, 1994, 125; *Ahn*, Zur Dogmatik abstrakter Gefährdungsdelikte, Diss. München 1995; *Hefendehl*, Zur Vorverlagerung des Rechtsgüterschutzes usw., JR 1996, 353; *Satzger*, Die Anwendung des deutschen Strafrechts auf grenzüberschreitende Gefährdungsdelikte, NStZ 1998, 112; *Zieschang*, Die Gefährdungsdelikte, 1998 (dazu *Zaczyk*, ZStW 113 [2001], 192) ; *Wohlers*, Deliktstypen des Präventionsstrafrechts – zur Dogmatik „moderner Gefährdungsdelikte", 2000; *Koriath*, Zum Streit um die Gefährdungsdelikte, GA 2001, 51; *Hefendehl*, Kollektive Rechtsgüter im Strafrecht, 2002; *Anastasopoulou*, Deliktstypen zum Schutz kollektiver Rechtsgüter, 2005.

　外国語文献：*Torio Lopez*, Los delitos de peligro hipotético, ADPCP 34 (1981), 825; *Parodi Giusino*, I reati di pericolo tra dogmatica e politica criminale, Mailand, 1990; *Faria Costa*, O perigo em direito penal, Coimbra, 1992; *Angioni*, Il pericolo concreto come elemento della fattispecie penale, Mailand, ²1994; *Rodriguez Montañes*, Delitos de peligro, dolo e imprudencia., Madrid, 1994.

146　帰属の問題は，侵害犯においてのみならず，危険犯においても現れる．その数は，現代の立法においてますます増加しているが，その研究は，最終的な結論にはいまだ至っていない[311]．また，個々の構成要件につき異なった危険

547

第3編　構成要件

の種類と程度が要求されているのであり，その分析は各論の枠内においてのみ行うことができる．そうではあるとしても，ここでは，少なくとも概観はなされるべきである．

1　具体的危険犯

147　具体的危険犯（10章 Rn. 124参照）は，具体的な場合において当該構成要件によって保護されている客体に対する現実的な危険が発生したことを要件とする（例えば，306条以下，307条2項，308条1項，312条1項，313条，315条から315条 c）．実務上最も重要な事案は，道路交通の危殆化（315条 c）であり，この場合，そこで記述されている危険な運転態様以外に，それによって「他人の身体および生命，あるいは重要な価値を有する他人の財物が危殆化」されることが，付加的に要求されている．このような具体的危険犯は，結果犯である．すなわち，これらが，前述した侵害犯から本質的に区別されるのは，それとは異なった帰属基準によってではなく，侵害結果に，それぞれの構成要件的危殆化結果がとって代わるということによってである．したがって，侵害犯の場合と同様に，まず，相当な，許されない侵害の危険という意味での具体的な「結果危険」が創出されていなければならない．この危険は，すでに展開した，客観的−事後予測（したがって，事前に＝ ex ante, Rn. 40 参照）による帰属基準によって確認すべきである．結果危険が欠けるならば，事実的な危殆化が発生している場合でも，行為を帰属することはできない．結果危険が肯定できるならば，この危険は，「具体的危険結果」を意味する結果に実現したのでなければならず，さらに，その他の場合同様，すべての事後的に判明した事情を含めなければならない(312)．

---

(311)　最近の文献における基本的なものとして，*Horn*, 1973; *Demuth*, 1980; *Wolter*, 1981, 197 ff.; *Berz*, 1986; *Kindhäuser*, 1989; *Zieschang*, 1998; *Wohlers*, 2000; *Hefendehl*, 2002; *Anastasopoulou*, 2005 の研究書がある．さらに，*Schünemann*, JA 1975, 792 ff. は重要である．危険犯の利用が増大していることについての法政策的問題については，上述2章 Rn. 68 以下参照．

(312)　示唆に富むのは，*Wolter*, JuS 1978, 748 ff. *Koriath*, GA 2001, 58 ff. は具体的危険犯が結果犯であることに異論を唱えるが，彼の見解を自ら「明らかに希望のない少数説」と称している．結局，何を結果と理解するか（客観的に生ぜしめられた非常に大きな危険を「危険結果」と呼ぶか否か，あるいは，法益侵害を要件とするか否か）が

第 11 章　客観的構成要件への帰属

148　この具体的な危険結果がどのような性質のもので，さらに，どのように認定されるべきかについては，これまで十分に明らかにされてきたわけではない[313]．判例においては，かつては，「危険」という概念は「厳密な学術的限定」を遠ざけるものであり，「圧倒的に事実的なものであって，法的性格のものではない」としていた（BGHSt 18, 272）．他の判例では，具体的危険の概念は，「一般的に妥当するものではなく，個々の場合の特別な事情によってのみ規定可能」であると述べられている（BGHSt 22, 432）．いずれにしても，膨大な判例から，二つの，一般的に承認された具体的危険の要件を取り出すことができる．まず第 1 に，行為客体が存在しており，危殆化する者の作用領域に入っていなければならず[314]，さらに，第 2 に，罪となる行為が，行為客体を侵害する切迫した危険を創出していなければならない．具体的な行為客体の存在が欠けているのは，例えば，「ある者が，坂の上に至る直前に，許しがたいほどの軽率さにおいて追い越しをし」[315]，その結果，その者と対向車との衝突は不可避であると思われたが，偶然，対向車線上を近づいてくる自動車がなかった場合である．行為者は，このような場合，確かに重大な過失により行為しているが，具体的な危殆化が欠けるのである．これに対して，行為客体が行為者の行為の作用領域内にある場合，必要な危殆化の強度は，「侵害の発生がその不発生より蓋然性が高かった」という状況を必要とする（ライヒ裁判所の判例にしたがっている BGHSt 8, 31; 13, 70）というように，従前はたびたび表されてきた．後に，連邦裁判所は，この公式を（実際上実行不可能な）百分率計算（例えば 51 ％の蓋然性なら具体的危険を肯定し，49 ％なら否定する）が用いられるべきではなく，むしろ「かすかな，遠く離れている危険」ではいまだ十分ではなく，「個々の場合において判断されるべき切迫した危険」が要求されるべきであるというように解釈した（BGHSt 18, 272 f.; 22, 344 ff.; 26, 179）．

149　最近の判決においては，このことは，行為が「危機的な状況に導いた」のでなければならないというように具体化されている．これによって，「法益が

　　問題となる．

（313）　議論の展開については，*Lackner*, 1967 参照．

（314）　ここでも限界の問題については争いがあり，この問題については，OLG Frankfurt NJW 1975, 840 参照．これについては，*Wolter*, JuS, 748 ff.

（315）　*Horn*, 1973, 161.

549

第3編　構 成 要 件

侵害されたか否かはただ偶然に依存しているにすぎないといえるほど，特定の者または財物の安全性が，著しく毀損されていなければならないことになる．また，「脅かされた法益にとっての高度の存立の危機」とか，「第三者的な観察者が，『今一度はうまくいった』と評価するような」，「すんでのところでの事故（Binahe-Unfall）」とも言われている（すべての引用は，BGH NStZ 1996, 83 f. からである）[316]．これらの基準によれば，酒に酔った自動車保有者が「激しい蛇行」運転をしたが，他の車両との危険な遭遇に至ることがなければ，具体的危険はまだ認められない（BGH, 前掲）．さらに，同乗者にとっての著しい危険からも，このすんでのところでの事故とはいえない運転態様について，いまだ具体的危険を演繹することはできない．運転手が，「自動車の本質的に重要な技術的装置（ハンドル，ブレーキ，アクセル）を操作する所作がもはやできなかった」場合に，ようやく具体的危険は認められる．それ自体極めて危険な，自動車のブレーキホースの切断も，運転者が，危機的な交通状況を発生させることなく，ハンドブレーキを用いて自動車を停止させる場合には，具体的危険を根拠づけない（BGH NStZ 1996, 85）．他方，連邦裁判所は，要求が高くなりすぎることにも警告を発しており，「完全制動の必要性」があれば，具体的危険にとって十分であるとしている[317]．

150　これらすべての表現形式の弱点は，これらが侵害の「切迫した危険」あるいは「蓋然性」を判断するために，裁判官の生活経験を援用するものにすぎず，それゆえ，客観的な基準を挙げることができないところにある．文献においては，これらの観点を理論的に精密化するための努力がなされている[318]．*Horn*[319] によって根拠づけられた「自然科学的危険結果説」[320]は，諸事情が，すでに知られている因果的合法則性によると，行為客体の侵害に至らざるをえないが，侵害が自然科学的に説明不可能な理由からのみ（「奇跡的に」，不可解な偶然に基づいて）発生しなかった場合，具体的な危険を認める[321]．しかし，こ

---

(316)　膨大なその後の判例から，BGH NStZ 1996, 83; BGH NStZ-RR 1997, 18, 200, 261.

(317)　*Berz*, NStZ 1996, 85 は，このことを非常に「曖昧で」あるとして，正当にも，危険な状況のより詳細な記述を要求する．

(318)　判例の批判については，*Horn*, 1973, 182 ff.; *Schünemann*, JA 1975, 794 f.

(319)　*Horn*, 1973, 161.

(320)　*Wolter*, 1981, 217 によって名付けられた．

(321)　*Horn* 自身の定式化については，*Horn*, 1973, 212; SK[7], vor § 306 Rn. 7 を参照．

第 11 章　客観的構成要件への帰属

れによると，具体的危険の概念はあまりにも狭くなりすぎるであろう．なぜなら，十分に精確な調査さえすれば，（ほとんど）すべてのことが自然科学的に説明できるからである．さらに，このような自然科学的判断に基づく結論は，必ずしも常に納得がいくわけではない．例えば，Horn の挙げる坂の上事例（Rn. 148）において，対向してくる自動車運転手との衝突が，回避不可能であったが，最終的に，予期しえない突風が対向車を脇へ押しやったことによって，かわされたという場合(322)，このような突風の発生およびその影響が事後的に自然科学的に説明可能であるという理由のみで，なぜ具体的危険が否定されるべきであるのか，よく理解できない．

151　それゆえ，よしとされるべきは，「規範的危険結果説」(323)であり，これは，理論的に，とりわけ *Schünemann*(324)によって主張され，判例においてもそのアプローチがみられるものである．この学説は，侵害結果がただ偶然に発生しなかったにすぎないところでは，——この限りでは *Horn* と類似して——具体的危険が存在することを前提としている．しかし，本説は，*Horn* とは異なり，偶然を，自然科学的に説明不可能なこととしてではなく，偶然を，その発生を信頼することができない事情として規定する．したがって，「危険に晒された者が極めて熟練していることに，あるいは支配不可能な，他の事情の幸運な連鎖に基づく」(325)救助原因すべては，具体的危険犯の負責を阻却しない．これによれば，坂の上事例（Rn. 148 以下）においては，対向車の運転手が，通常の能力をはるかに超える熟練した運転技術によって，あるいは，突風によって助かった場合であっても，軽率な追い越しをした者は 315 条 c で処罰されうるであろう．なぜなら，このことは，誰も信頼しえない事情だからである．連邦裁判所が，時に，「例えば，危険に晒されている者が，危険を多少とも感覚的に予感ないし知覚して，保護措置を講じたことによって，突然の事態変化が何ら生じなかった場合に，事故が間近に差し迫っていることを指し示す」危険を要

---

(322)　*Schünemann*, JA 1975, 796 f. の例．*Horn*, 1973, 175 も参照．決定的な批判については，また，*Demuth*, 1980, 144 ff.; *Kindhäuser*, 1989, 192 ff. 参照．さらに，*Koriath*, GA 2001, 56.

(323)　*Wolter*, 1981, 217 によって名付けられた．

(324)　*Schünemann*, JA 1975, 793 ff.

(325)　*Schünemann*, JA 1975, 797.

第 3 編　構 成 要 件

求する場合，同様の方向にあるといえる[326]．Schünemann と類似の立場を
とっているのは *Demuth*[327] であり，彼は，危険を法益に対する「切迫した危
機」と理解している．この危機は，彼の理論によれば，「実害が通常の予防措
置によって確実に回避されうるであろうという時点を超えた場合」に，発生す
る．

152　*Wolter* は，さらに進めて，「修正された規範的危険結果説」[328] を展開した．これ
によると，すべての「救助のチャンスを開く諸事情」は[329]，それゆえ，例えば，危
険に晒されている者の，事故を容易に回避する名人芸的な運転能力も，具体的危険
を阻却すべきであるとする．したがって，この具体的危険は，「運転の名手にとって
も，大胆な，多くの幸運な事情が共同作用することによってのみ……好結果につな
がる回避行動だけが，結果回避を約束するような場合」[330] に初めて肯定されること
になる．このような修正は検討に値しうる．しかし，この修正が，信頼することは
許されない（Nicht-Vertrauen-Dürfen）という規範的評価に支えられた思考を相対化
することには反対である．すなわち，潜在的被害者の並外れた技術は，その他の通
常の幸運な事情と同様に，行為者にとっては予見しえないのである．Wolter と類似
して，*Kindhäuser*[331] は，「被害回避のために適切に事象に介入することができない
場合」，つまり，「行為の侵害の重大さが適切に遮蔽されえない場合」に，具体的危
険を認める．彼にとっても，危険に晒されている者の，極端な，そして予見できない，
危険を回避する能力は，具体的危険を認めない根拠となる[332]．*Ostendorf*[333] が，
「危殆化経過の支配不可能性」を基準とするとき，彼も同じ線上で論証している．

2　抽象的危険犯

153　抽象的危険犯とは，類型的に危険な行為それ自体が処罰され，具体的な場
合において危殆化結果が発生することを要しない犯罪である（10 章 Rn. 124 参
照）[334]．したがって，具体的な危険および侵害の防止は，単なる立法者の動機

---

(326)　BGHSt, 18, 273. BGHSt 22, 344 f. では，再び後退している．

(327)　*Demuth*, 1980, 197 ff.（205 f.）.

(328)　*Wolter*, 1981, 223 ff.

(329)　*Wolter*, 1981, 227.

(330)　*Wolter*, 1981, 229 f.

(331)　*Kindhäuser*, 1989, 202, 210.

(332)　*Kindhäuser*, 1989, 212 Fn. 26.

(333)　*Ostendorf*, JuS 1982, 430.

(334)　異なるのは，*Martin*, 1989, 84 ff.; *ders.*, ZRP 1992, 20 であり，彼は，法的に否認

第 11 章　客観的構成要件への帰属

にすぎず，それらの存在は構成要件の要件であるというわけではない．それゆ
え，建造物の放火は，その物の損壊の効果がすでに 305 条〈建造物損壊罪〉に
よって覆われているにもかかわらず，306 条，306 条 a において，特に重い刑
をもつ重罪として規定されている．なぜなら，立法者は，放火から生じうる人
の生命に対する危険を防止しようとしているからである．しかし，具体的な場
合において，生命への脅威が排除されていた場合でも，規定の文言は充足され
る．このことから，抽象的危険犯は，責任主義に抵触する可能性がある(335)．
例えば，306 条，306 条 a の重い刑罰は，その規定が防止しようとする危険が
全く発生しえなかった場合に，どのようにしてそのような責任があると説明す
ることができるのか(336)．この問題を解決する上においても，またそもそも抽
象的危険犯を理論的に貫徹する上においても，学術的議論は，一般的に承認さ
れる結論にはいまだ至っていない(337)．しかし，様々なニュアンスをもつよう
に見える問題ごとに，異なった事例群に区別しなければならないことは，認識
されるようになった(338)．

された侵害の危険の発生において結果を認めようとする．しかし，このことは，構成
要件的行為の限定解釈からすでに生じる（Rn. 154 f. 参照）．これについては，さらに，
Satzger, NStZ 1998, 114 ff. 参照.

(335)　*Arth. Kaufmann*, JZ 1963, 432 参照.

(336)　*Satzger*, NStZ 1998, 115 は，このような場合に，責任原理，ならびに，比例性原
理に対する違反を認める.

(337)　例えば，*Jakobs*, ZStW 97 (1985), 751 ff. は，法益侵害の前段階における犯罪化と，
特に，抽象的危険犯は，かなり広範にわたって，自由国家において正当化できないも
のと考えている．彼は，「危険な行為が完全に実行されている」場合（例えば，153 条
以下，306 条，316 条，328 条，283 条 1 項）のみ，処罰は，概ね正当であり，これに
対して，行為が，「後続の，それ自体犯罪的である行為がなければ，およそ危険でない
か，あるいは，明らかに限定的にのみ危険である」場合，そうではないと考えている
(S. 769)．これに批判的に取り組んでいるのは，*Weber*, 1987, 151 ff. と *Kindhäuser*,
1989, 177 ff. である．通貨偽造罪を例に，前段階の犯罪化に関する Jakobs のテーゼに
ついては，*Hefendehl*, JR 1996, 355 ff. *Graul*, 1991 は，至る所で，危険推定としての抽
象的危険犯の解釈に反対している（これについては，*Kindhäuser*, GA 1993, 372）.
Koriath, GA 2001, 74 は，抽象的危険犯の保護構想において，「法治国家的な問題は何
もない」と考えている.

(338)　本書と同旨なのは，*Ahn*, 1995, 117 ff. *A. Meyer*, 1992, 213 は，危険性犯として，
すべての抽象的危険犯を統一的に解釈することを主張する．*Zieschang*, 1998, 380 ff. は，
立法政策上，彼による，いわゆる抽象的危険性犯の刑事法からの削除を支持している.

553

第3編　構成要件

a）古典的な抽象的危険犯

154　この事例群の場合，306条a1項1号がこの典型と考えてよいが，これが
責任主義と一致にもたらされなければならないことは，学説において，今日，
承認されている．しかし，限定の行い方に関しては，争いがある[339]．
Schröder[340]は，「構成要件が一定の具体化された客体の保護に役立ち，具体
的な場合において，それが現実に危険をもたらしているか否かが，確実に定め
られうる場合」に，「危険でないことの反証」を許容することを提案した[341]．
しかし，これは実行可能ではない．なぜなら，立証結果が明らかでなかった場
合に有罪とすることは，「疑わしきは被告人の利益に」の原則に違反すること
になるからである．立法者の動機がそれを保護するところにある客体が，現実
に危険に晒されているという証明を裁判所に求めようとするならば，抽象的危
険犯を具体的危険犯に転化することになろう[342]．*Cramer*[343]は，抽象的危険
を「具体的危険の蓋然性」として規定しようとした[344]．しかし，それも，よ
り少ない，そして，決めるのが困難な程度の具体的危険に帰してしまうものに
すぎないであろう[345]．

　彼は，これらを「具体的危険性犯」と「潜在的危険犯」に取り替えようとしている．
具体的危険性犯とは，「行為者の状況にある客観的観察者が，事前に，行為の開始時に，
保護法益に対する実害の発生に至る可能性を排除しえない」ことを要件とするもので
ある（a.a.O., 387）．潜在的危険犯とは，さらに，「具体的に危険な状態」を要件とする
ものであるが，今日の具体的危険犯ほど狭いものであってはならないとする（a.a.O.,
389）．これらは，興味深い提案であり，今後の検討が必要である．これらの提案は，
「具体的危険犯と抽象的危険犯という時代遅れの……基本的区別は，より正確な，事物
の相違をはっきりと考慮に入れる諸概念と概念の組合せによって取り替える目的を追
求する」，Zieschang の師である *Hirsch* の提案に，一部，基づいている．

（339）　以下で挙げる解決の試みは，最も重要なものだけである．その他については，
　　　Wolter, 1981, 276 ff. において論じられている．

（340）　*Schröder*, ZStW 81 (1969), 14 ff. 類似のものとして，すでに，*Rabl*, 1933.

（341）　*Schröder*, ZStW 81 (1969), 17.

（342）　SK⁷-*Horn*, vor § 306 Rn. 17; *Schünemann*, JA 1975, 797; *Sch/ Sch/ Heine*²⁶, vor §
　　　306 Rn. 4. 批判については，さらに，*Kindhäuser*, 1989, 243 ff. 参照.

（343）　*Cramer*, 1962, 67 ff.

（344）　*Cramer*, 1962, 74:「保護法益の（具体的）危殆化が蓋然的である……状態」，「抽
　　　象的危殆化とは，法益危殆化の蓋然性を意味する」.

（345）　*Art. Kaufmann*, JZ 1963, 433; SK⁷-*Horn*, vor § 306 Rn. 17; *Kindhäuser*, 1989, 246
　　　ff. 参照.

第 11 章　客観的構成要件への帰属

155　最も説得的なのは，とりわけ，*Horn*，および *Brehm*[346]によって展開された見解である．この見解は，可罰性を過失犯の意味での注意義務違反（それゆえ，「危険結果」の必要性のない「結果危険」）に依存させ，その結果，抽象的危険犯は，結果のない過失の構成要件を意味するというものである[347]．*Schünemann*[348]は，このアプローチに，客観的注意義務違反ではなく，主観的注意義務違反が重要とされるべきであるという修正を施し，その結果，抽象的危険犯は，（場合によっては，不能な）過失未遂として規定するべきであろうとした．この見解によると，講じられた予防措置が，すべての事情を考慮して，客観的に危険を排除するために十分であったとしても，行為者が，単に自己の観点から，主観的に要請される予防措置を顧慮しなかったにすぎない場合にも，すでに可罰性が生じることになろう．この見解に賛成することができる[349]．「なぜなら，これはまさに責任相応ということができ，責任原理をなおざりにしている立法者の決定に最も親近性を有するからである」[350]．*Frisch*[351]は，抽象的危険犯を，回避すべき結果惹起にとっての行為の具体的で事前的な適性を強調する「適性犯」[352]に，できるだけ置き換えることを支持するものである．これは，抽象的危険犯の可罰性を，上述の「結果なき過失」に依存させる場合，現行法の下でもすでに十分に実現可能であり，方向としては是認しうる価値の構想である．

156　前述の諸見解は，個々の点で相違はあるものの，抽象的危険の目的を法益保護に見いだし，したがって，例えば，306 条 a 1 項 1 号，および 316 条は，構成要件には直接表現されていなくとも，抽象的に危殆化された者の身体，および生命を保護しようとするものであるという点では一致する．これに対して，*Kindhäuser* は，抽象的危険犯は法益を保護するのではなく，「安全」を保障す

（346）　*Horn*, 1973, 28, 94 f.; *Brehm*, 1973, 126 ff. 以前のもので，非常に類似しているのは，*Volz*, 1968 および彼を支持する *Rudolphi*, Maurach-FS, 1972, 59 f.

（347）　特に，306 条については，*Jakobs*, AT², 6/89 も賛成している．

（348）　*Schünemann*, JA 1975, 798.

（349）　しかし，批判については，*Wolter*, 1981, 288 ff., 296 ff. 参照．彼は，客観的注意義務違反の他に，危殆化危険の故意的・不能な創出だけでも足りるとしようとする．

（350）　*Schünemann*, JA 1975, 798.

（351）　*W. Frisch*, Stree/Wessels-FS, 1993, 93.

（352）　*Hoyer*, 1987 の研究書がある．

第3編　構成要件

るものであるという見解を主張する．安全とは，「十分な事前の配慮がなされているという，法的に保障された状態」[353]，つまり，「財を自由に使用する際の，正当な不安のなさ」[354]をいうのに対して，法益侵害は，不法非難や責任非難に対する「基点」とはならないという[355]．これによると，例えば，306条a1項1号は，「火災による危殆化に対する不安なしに当該場所に居住する可能性」[356]を保護している．この立場から，*Kindhäuser*は，抽象的危殆化を注意義務違反に還元することに同調しない．というのは，「安全を，火を放つ際の慎重さや誠実さに還元することは，建造物の居住者に，到底……望まれた安心を提供するものではない」からである[357]．

157　この構想を支持しうるかは，さらなる検討を必要とする．しかし，安心および恐怖からの自由は，脅かされた法益の保護によってのみもたらされうるものであって，法益保護が抽象的危険構成要件にとっても本来の目的であり，「安全」の招来は，その他のすべての構成要件の場合と同様に，単なる —— 前傾化された —— 法益保護の付随現象および効果にすぎないように，私には思える[358]．その他，Kindhäuserの見解は，これを首尾一貫して推し進めるならば，結論的には，抽象的危険犯を注意義務違反であると説明する学説と，彼が考えているほどには異ならないといえよう．なぜなら，例えば，行為者が家の中に誰もいないと確信した後に，自分の家に火を放ち，そのことは，—— このようなことが本当に生じた限りで —— 最も重くて，306条a1項1号で確実に処罰されるにすぎないことを知っている場合，彼には，本人自らの安心感が侵害されたという思いに至る契機は存在しないからである．全く危険でない行為態様

（353）　*Kindhäuser*, 1989, 280.

（354）　*Kindhäuser*, 1989, 282.

（355）　*Kindhäuser*, 1989, 290.

（356）　この部分，および，後述の部分の引用は，*Kindhäuser*, 1989, 296.

（357）　さらに異なるのは，*Kratzsch*, GA 1989, 67. 彼は，規範の根拠を，「犯罪化された行為は，常にというわけではないが，正確に見積ることのできない形態において，度々，保護された法益を危険にもたらしうる」というところに認める．抽象的危険犯は，制御しえない，保護法益に対する「偶然の危険」を防止することに奉仕する．したがって，彼は，構成要件的限定を否定する．詳しくは，*der.*, Verhaltenssteuerung, 1995, 274 ff. Kratzsch に批判的なのは，*Zieschang*, 1998, 359 ff.

（358）　同様に，*Zieschang*, 1998, 356. 彼は，Kindhäuser に対して，その他の批判も行っている（351 ff.）．

第 11 章　客観的構成要件への帰属

は，安全をも侵害しないのであり，そのため，限定的な構成要件解釈の問題は，この見解の立場からも依然として残るのである[359].

158　類似の限定は，244条1項1号a，250条1項1号aについて，銃器に存在する危険が現実化するあらゆる可能性が欠ける場合に，唱えられている．連邦裁判所は，このような限定の正当性について，なお最終的な態度決定をしてはおらず，折に触れて，理論的に，このことを受け入れる用意があることを示しはしてきたが，実務上，明確な法的文言の例外は，まだ一度も認められていない[360]．こうして，例えば，306条a1項1号（旧306条2号）について，抽象的危殆化を否定するための要件は，「人の生命の危殆化が，現実の状況によれば，完全に排除されて」おり，かつ，行為者が，「絶対的に信頼できる遺漏なき措置によって」，そのことを確認していたことであるとされている（BGHSt 26, 121 [124 f.]）[361]．自己のホテルに放火する前に，すべての居住者，および宿泊客を外に出し，さらに，行為の直前に，建物を夜に一巡したことでは，何ら十分な安全措置ではないとする．BGH NStZ 1982, 420[362]は，この判例を継承しており，同様に，大きな「見渡しの利かない建造物」に放火することは，「一般的に危険」であると述べている．それゆえ，「被告人が，人に対する具体的危険を回避するために努力したことは，法的に重要でない」という．

159　保護法益の危殆化が，完全に排除されているがゆえに，構成要件の目的論的限定が考慮に値する，その他の多くの事案が考えうる．BGHSt 46, 279がその一例をなす．そこでは，牧師が，不治の病に冒されている女性に鎮痛剤を譲渡して自殺幇助をした，連邦裁判所は，法律が防止しようとする実害が，最初から生じる可能性がなかったにもかかわらず，つまり，「国民の健康」が危殆化されることも，受取人の女性が薬物依存に陥る可能性もなかったにもかかわ

---

(359)　意見が一致するのは，*W. Frisch*, Stree/Wessels-FS, 1993, 92.

(360)　BGHSt 26, 121（124）; 30, 33; 33, 133; 34, 115（118）; 43, 8（12 f.）; BGH NStZ 1982, 216, 420; 1985, 408, 545.

(361)　ほとんど完全に一致するのは，*Berz*, 1986, 114. そこでは，「行為者が……自らの行為は害に至らないことを確信しており，かつ，実際にも害が発生しなかった場合」のみ，構成要件は充足されないとする．連邦裁判所の「折衷的解決」に明らかに反対するのは，*Bohnert*, JuS 1984, 186. 連邦裁判所の解決に一致した規定化に，立法政策上，賛成するのは，*Weber*, ZStW-Beiheft 1987, 34.

(362)　*Hilger* の評釈がある．これについては，さらに，*Bohnert*, JuS 1984, 182 ff.

第3編　構成要件

らず，彼を麻酔剤法29条による麻酔剤の輸入および譲渡で有罪とした．この場合，単なる抽象的危殆化も欠けているので，構成要件阻却を結論とする限定解釈が何であれ最適であったように思える[363]．

b）大量行為（特に，道路交通の場合）

160 この事例群に属する古典的な事例は，交通における酩酊（316条）である．ここでは，状況に応じて（例えば，人気のない地域であって），危殆化が完全に排除されていた場合でも，可罰性を認めなければならない．これは，一般予防的（「学習理論的」[364]）根拠から明らかである．さもなくば，立法者によって意図された，一定の行為態様（ここでは，酒に酔った状態での自動車運転）の絶対的なタブー化が，危ぶまれることになろう．

c）「精神化された中間法益」をもつ犯罪

161 ここでは，贈収賄，および供述犯罪（331条以下，153条以下）のような犯罪類型が問題となる．職務執行の清廉性への国民の信頼（331条以下の法益），および裁判所による真実発見（153条以下の法益）は，当該諸構成要件に包摂されうる行為によって，具体的な事案において，危殆化される必要はない．けれども，このことは，処罰することに（Rn. 160に類似の理由から）何らの変更をもたらすものではなく[365]，行為無価値だけが可罰性の基礎となる．331条以下における軽微な贈与や153条以下における重要でない不正確性のように，保護法益を抽象的にも侵害しない最小限の違反のみが（10章 Rn. 40参照），限定解釈の方法において，排除される可能性がある．これとは対照的に，*Anastasopoulou*[366]

---

(363)　同様に，*Rigizahn*, JR 2002, 430 f. さらに，*Sternberg-Lieben*, JZ 2002, 154 参照．構成要件が充足されたものと認める場合，少なくとも，34条による正当化が認められなければならないであろう（16章 Rn. 57 参照）．構成要件阻却も，正当化も否定するのは，*Duttge*, NStZ 2001, 546.

(364)　*Schünemann*, JA 1975, 798. 批判的なのは，*Zieschang*, 1998, 374. 彼によれば，「行為者の立場に属する分別ある観察者の事前的観点から，保護法益の具体的危険あるいは侵害が排除されている」場合，可罰性は欠けるとする．

(365)　同旨，*Schünemann*, JA 1975, 793, 798. 彼は，この事例群を名付け，第1の事例群として強調した．*Hefendehl*, 2002, 175 ff. と *Anastasopoulou*, 2005, 146 ff. は，他の文献における多くの見解との対決の下で，このカテゴリーを否定している．

は，このことを，「虚偽であることが発覚した供述や虚偽であることがすでに知られていた供述と，誤った判決に導いたその他の虚偽の供述とが，裁判所の真実発見という精神化された中間法益」の侵害として統一的に位置づけられる点において，不適切」とみなしている．しかし，このような区別は，実務上，ほとんど行いえない．虚偽の供述が，若干の時間が経った後に初めて発覚するような場合，どのように扱われるだろうか．さらに，直感的に「見破られるようなもの」では十分ではありえず，とりあえず，容易に突き崩せない虚偽の証拠となるものでなければならないことになるだろう．

d）抽象的適性犯

162 *Schröder*[367]によって「抽象的・具体的危険犯」として議論されることとなったこの犯罪群は，例えば，186条，311条で説明される．この場合，法律の中に詳細には記述されていない，ある危殆化要素が存在しなければならず，これは，186条においては，表現が，軽蔑や低い評価を与えるのに適したもの，あるいは，311条においては，電離放射線の解放または核分裂過程への影響が，他人の身体もしくは生命，あるいは重要な価値を有する他人の財産を害するのに適したものというように現されている．これらの適性要素は，裁判官の解釈によって決定されなければならない．しかし，このことは，抽象的危険犯が問題であるという点を何ら変更するものではない[368]．つまり，具体的な危険結果が発生することは必要でない．抽象的危険犯の構成要件的限定は，古典的な抽象的危険犯（Rn. 154以下）にとって決定的であったものと同一の諸観点に基づいて行われなければならないであろう[369]．

163 他方，「適性」という要素を用いる構成要件の下には，具体的危険犯として理解

---

(366) *Anastasopoulou*, 2005, 150 f.

(367) *Schröder*, JZ 1967, 522; *ders.*, ZStW 81（1969），18 ff. 批判について，基本的な，かつ発展的なものとして，*Gallas*, Heiniz-FS, 171 ff.

(368) *Sch/Sch/Cramer/Heine*[26], vor § 306 Rn. 3; SK[7]-*Horn*, vor § 306 Rn. 18（*Gallas*, Heinitz-FS, 1972, 171 ff. に与する）．適性犯の事例群について，詳しくは，*Hoyer*, 1987. 彼は，適性犯を，一方で，侵害犯と具体的危険犯，他方で，抽象的危険犯と並ぶ第3のグループと解している．身体，あるいは生命を害する電離放射線の「適性」（311条d）については，*Geerds*, JR 1995, 32の評釈のある BGHSt 39, 371.

(369) さらに，*Wolter*, 1981, 324 参照．

559

第3編　構成要件

されなければならない構成要件も存在する．例えば，130条，166条が，「公の平穏を害するのに」「適して」いる行為を要求しているとき，そのためには，おそらく公の平穏を現実に危殆化することが要求されなければならないであろう[370]．これらの構成要件やその他の構成要件に関する個々の詳細な分析は，各論の説明において行われうる[371]．

（370）　参考文献のある *Gallas*, Heiniz-FS, 1972, 181 f.
（371）　これに対する有益なアプローチは，*Wolter*, 1981 の至る所に見られる．

第 12 章　故意と構成要件的錯誤

第 12 章　故意と構成要件的錯誤 —— 因果逸脱における故意への帰属

文献：*Frank*, Vorstellung und Wille in der modernen Doluslehre, ZStW 10 (1898), 169; *v. Liszt*, Die Behandlung des dolus eventualis im Strafrecht (1898), Strafrechtliche Vorträge und Aufsätze, Bd. 2, 1905 (Nachdruck 1970), 251; *v. Hippel*, Die Grenze von Vorsatz und Fahrlässigkeit, 1903; *Rohland*, Willenstheorie und Vorstellungstheorie, 1904; *Klee*, Der dolus indirectus als Grundform der vorsätzlichen Schuld, 1906; *v. Hippel*, Vorsatz, Fahrlässigkeit, Irrtum, VDA, Bd. III, 1908, 373; *Henle*, Vorstellungs- und Willenstheorie, 1910; *Lacmann*, Wille und Wollen in ihrer Bedeutung für das Vorsatzproblem, ZStW 30 (1910), 767; *ders.*, Die Abgrenzung der Schuldformen in der Rechtslehre und im Vorentwurf zu einem deutschen Strafgesetzbuch, ZStW 31 (1911), 142; *ders.*, Über die Abgrenzung des Vorsatzbegriffes, GA 1911, 109; *Grossmann*, Die Grenze von Vorsatz und Fahrlässigkeit, 1924; *Engisch*, Untersuchungen über Vorsatz und Fahrlässigkeit im Strafrecht, 1930; *Nowakowski*, Der alternative Vorsatz, JBl. 1937, 465; *Engisch*, Der finale Handlungsbegriff, Kohlrausch-FS, 1944, 141; *Mezger*, Rechtsirrtum und Rechtsblindheit, Kohlrausch-FS, 1944, 180; *Schröder*, Aufbau und Grenzen des Vorsatzbegriffes, Sauer-FS, 1949, 207; *Niese*, *Finalität*, Vorsatz und Fahrlässigkeit, 1951; *Werner*, Die finale Handlungslehre und der dolus eventualis, Diss. München, 1952; *Nowakowski*, Rechtsfeindlichkeit, Schuld, Vorsatz, ZStW 65 (1953), 379; *Hall*, Über die Leichtfertigkeit. Ein Vorschlag de lege ferenda, Mezger-FS, 1954, 229; *Less*, Genügt „bedingtes Wollen" zum strafbaren Verbrechensversuch?, GA 1956, 33; *Schneider*, Über die Behandlung des alternativen Vorsatzes, GA 1956, 257; *Schmidhäuser*, Zum Begriff der bewußten Fahrlässigkeit, GA 1957, 305; *Arm. Kaufmann*, Der dolus eventualis im Deliktsaufbau. Die Auswirkungen der Handlungs- und der Schuldlehre auf die Vorsatzgrenze, ZStW 70 (1958), 64; *Lampe*, Genügt für den Entschluß des Täters in § 43 sein bedingter Vorsatz?, NJW 1958, 332; *Remy*, Zur Frage, ob für den Entschluß des Täters in § 43 StGB bedingter Vorsatz genügt, NJW 1958, 700; *Schmidhäuser*, Der Begriff des bedingten Vorsatzes in der neuesten Rechtsprechung des BGH und in § 16 Komm. Entwicklung StGB Allg. Teil 1958, GA 1958, 161; *Bockelmann*, Zur Auslegung des § 164 Abs. 5 StGB, NJW 1959, 1849; *Germann*, Grundlagen der Strafbarkeit nach dem Entwurf des Allgemeinen Teils eines deutschen StGB von 1958, ZStW 71 (1959), 157; *Hall*, Fahrlässigkeit im Vorsatz, 1959; *Stratenwerth*, Dolus eventualis und bewußte Fahrlässigkeit, ZStW 71 (1959), 51; *Lampe*, Ingerenz oder dolus subsequens, ZStW 72 (1960), 93; *Germann*, Vorsatzprobleme, dargestellt aufgrund kritischer Analyse der neueren Judikatur des Schweizerischen Bundesgerichts, SchwZStr 77 (1961), 345; *Jescheck*, Aufbau und Stellung des bedingten Vorsatzes im Verbrechensbegriff E. Wolf-FS, 1962, 473; *Welzel*, Vorteilsabsicht beim Betrug, NJW 1962, 20; *Roxin*, Zur Abgrenzung von bedingtem Vorsatz und bewußter Fahrlässigkeit, JuS 1964, 53 (= Grundlagenprobleme, 209); *Ambro-*

561

第3編 構成要件

sius, Untersuchungen zur Vorsatzabgrenzung, 1966; *Grünwald*, Der Vorsatz des Unterlassungsdelikts, H. Mayer-FS, 1966, 281; *Oehler*, Neue strafrechtliche Probleme des Absichtsbegriffs, NJW 1966, 1633; *Jakobs*, Die Konkurrenz von Tötungsdelikten mit Körperverletzungsdelikten, 1967; *Kühn*, Dolus eventualis bei Verkehrsunfällen?, NJW 1967, 24; *Lenckner*, Zum Begriff der Täuschungsabsicht in § 267 StGB, NJW 1967, 1890; *Schmidhäuser*, Vorsatzbegriff und Begriffsjurisprudenz im Strafrecht, 1968; *Arzt*, Bedingter Entschluß und Vorbereitungshandlung, JZ 1969, 54; *Platzgummer*, Die „Allgemeinen Bestimmungen" des StGB im Lichte der neuen Strafrechtsdogmatik, JBl. 1971, 236; *Roxin*, Ein „neues Bild" des Strafrechtssystems, ZStW 83 (1971), 369; *Dreher*, Zum Meinungsstreit im Bundesgerichtshof um § 237 StGB, NJW 1972, 1641; *Jakobs*, Studien zum fahrlässigen Erfolgsdelikt, 1972; *Wolter*, Alternative und eindeutige Verurteilung auf mehrdeutiger Tatsachengrundlage im Strafrecht. Zugleich ein Beitrag zur Abgrenzung von Vorsatz und Fahrlässigkeit, 1972; *Dreher*, Nochmals § 237 StGB. Eine Erwiderung auf Hruschka, JZ 1973, 12, a.a.O., 276; *Honig*, Zur gesetzlichen Regelung des bedingten Vorsatzes, GA 1973, 257; *Hruschka*, Zum Tatvorsatz bei zweiaktigen Delikten, insbesondere bei der Entführung des § 237 n. F. StGB, JZ 1973, 12; *ders.*, Rückkehr zum dolus subsequens?, JZ 1973, 278; *Philipps*, Dolus eventualis als Problem der Entscheidung unter Risiko, ZStW 85 (1973), 27; *Roxin*, Unterlassung, Vorsatz und Fahrlässigkeit, Versuch und Teilnahme im neuen Strafgesetzbuch, JuS 1973, 197; *E. A. Wolff* Die Grenzen des dolus eventualis und der willentlichen Verletzung, Gallas-FS, 1973, 197; *Zielinski*, Handlungs- und Erfolgsunwert im Unrechtsbegriff, 1973; *Krümpelmann*, Vorsatz und Motivation, ZStW 87 (1975), 888; *Schünemann*, Moderne Tendenzen in der Dogmatik der Fahrlässigkeits- und Gefährdungsdelikte, JA 1975, 435, 511, 575, 647, 715, 787; *Haft*, Die Lehre vom bedingten Vorsatz unter besonderer Berücksichtigung des wirtschaftlichen Betrugs, ZStW 88 (1976), 365; *Herzberg*, Die Problematik der „besonderen persönlichen Merkmale" im Strafrecht, ZStW 88 (1976), 68; *Warda*, Vorsatz und Schuld bei ungewisser Tätervorstellung über das Vorliegen strafbarkeitsausschließender, insbesondere rechtfertigender Tatumstände, Lange-FS, 1976, 119; *Arzt*, Leichtfertigkeit und recklessness, Schröder-GS, 1978, 119; *Jakobs*, Die subjektive Tatseite von Erfolgsdelikten bei Risikogewöhnung, Bruns-FS, 1978, 31; *Roxin*, Uber den Tatentschluß, Schröder-GS, 1978, 145; *Ross*, Über den Vorsatz, 1979; *Benfer*, Abgrenzung von Vorsatz und Fahrlässigkeit, Die Polizei 1980, 149; *Ingo Müller*, Der Vorsatz der Rechtsbeugung, NJW 1980, 2390; *Schmidhäuser*, Die Grenze zwischen vorsätzlicher und fahrlässiger Straftat („dolus eventualis" und „bewußter Fahrlässigkeit"), JuS 1980, 241; *Ebert/Kühl*, Das Unrecht der vorsätzlichen Straftat, Jura 1981, 225; *Köhler*, Vorsatzbegriff und Bewußtseinsform des Vorsatzes, GA 1981, 285; *Morkel*, Abgrenzung zwischen vorsätzlicher und fahrlässiger Straftat, NStZ 1981, 176; *Sessar*, Rechtliche und soziale Prozesse einer Definition der Tötungskriminalität, 1981; *Weigend*, Zwischen Vorsatz und Fahrlässigkeit, ZStW 93 (1981), 657; *Köhler*, Die bewußte Fahrlässigkeit, 1982; *Schmoller*, Das voluntative Vorsatzelement, OJZ 1982, 259, 281; *Behrendt*, Vorsatzgrenze und verfassungsrechtlicher Bestimmtheitsgrundsatz, v. Simson-FS, 1983, 11; *Frisch*, Vorsatz und Risiko, 1983; *Joerden*, Der auf die Verwirklichung von zwei Tatbe-

562

第 12 章　故意と構成要件的錯誤

ständen gerichtete Vorsatz. Zugleich eine Grundlegung zum Problem des dolus alterna-
tivus, ZStW 95 (1983), 565; *Wolter,* Vorsätzliche Vollendung ohne Vollendungsvorsatz
und Vollendungsschuld? Zugleich ein Beitrag zum „Strafgrund der Vollendung", in: Krimi-
nologie, Psychiatrie, Strafrecht, 1983, 545; *Zink/Günther/Schreiber,* Vorsatz und Fahrläs-
sigkeit bei Trunkenheit im Verkehr – medizinische und juristische Aspekte, BA 1983, 503;
Kindhäuser, Der Vorsatz als Zurechnungskriterium, ZStW 96 (1984), 1; *Krüger,* Zur Fra-
ge des Vorsatzes bei Trunkenheitsdelikten, DAR 1984, 47; *Theyssen,* Vorsatz oder Fahr-
lässigkeit bei Trunkenheitsfahrten mit höheren Promillewerten aus der Sicht des Straf-
rechtlers, BA 1984, 175; *Weidemann,* Zur Bedeutung der Vorsatzart bei der Frage der
Versuchsbeendigung, NJW 1984, 2805; *Wolter,* Objektive und personale Zurechnung zum
Unrecht. Zugleich ein Beitrag zur aberratio ictus, in: Schünemann (Hrsg.), Grundfragen
des modernen Strafrechtssystems, 1984, 103; *Arzt,* Falschaussage mit bedingtem Vorsatz,
Jescheck-FS, 1985, 391; *Hruschka,* Über Schwierigkeiten mit dem Beweis des Vorsatzes,
Kleinknecht-FS, 1985, 191; *Arm. Kaufmann,* „Objektive Zurechnung" beim Vorsatzdelikt?,
Jescheck-FS, 1985, 251; *Köhler,* Bespr. v. Frisch, Vorsatz und Risiko (1983), JZ 1985, 671;
Schmidhäuser, Strafrechtlicher Vorsatzbegriff und Alltagssprachgebrauch, Oehler-FS,
1985, 135; *Schünemann,* Die deutschsprachige Strafrechtswissenschaft nach der Straf-
rechtsreform im Spiegel des Leipziger Kommentars und des Wiener Kommentars, 1. Teil:
Tatbestands- und Unrechtslehre, GA 1985, 341; *Gehrig,* Der Absichtsbegriff in den Straf-
tatbeständen des Besonderen Teils des StGB, 1986; *Geppert,* Zur Abgrenzung von be-
dingtem Vorsatz und bewußter Fahrlässigkeit, Jura 1986, 610; *Herzberg,* Die Abgrenzung
von Vorsatz und bewußter Fahrlässigkeit – ein Problem des objektiven Tatbestandes, JuS
1986, 249; *ders.,* Vorsatz und erlaubtes Risiko – insbesondere bei der Verfolgung Unschul-
diger (§ 344 StGB), JR 1986, 6; *Joerden,* Dyadische Fallsysteme im Strafrecht, 1986; *Vest,*
Vorsatznachweis und materielles Strafrecht, 1986; *Freund,* Normative Probleme der Tat-
sachenfeststellung, 1987; *Herzberg,* Bedingter Vorsatz und objektive Zurechnung beim Ge-
schlechtsverkehr des Aids-Infizierten, JuS 1987, 777; *ders.,* Die Strafandrohung als Waffe
im Kampf gegen Aids?, NJW 1987, 1461; *ders,* Zur Strafbarkeit des Aids-Infizierten bei
unabgeschirmtem Geschlechtsverkehr, NJW 1987, 2283; *Küper,* Vorsatz und Risiko – Zur
Monographie von Wolfgang Frisch, GA 1987, 479; *Mylonopoulos,* Das Verhältnis von Vor-
satz und Fahrlässigkeit und der Grundsatz in dubio pro reo, ZStW 99 (1987), 685; *Schmi-
dhäuser,* Über einige Begriffe der teleologischen Straftatlehre, JuS 1987, 373; *Spendel,* Zum
Begriff des Vorsatzes, Lackner-FS, 1987, 167; *Ziegert,* Vorsatz, Schuld und Vorverschul-
den, 1987; *Bottke,* Strafrechtliche Probleme von AIDS und der AIDS-Bekämpfung, in:
Schünemann/Pfeiffer, Die Rechtsprobleme von AIDS, 1988, 171; *Herzberg,* Das Wollen
beim Vorsatzdelikt und dessen Unterscheidung vom bewußten fahrlässigen Verhalten, JZ
1988, 573, 635; *Joerden,* Strukturen des strafrechtlichen Verantwortlichkeitsbegriffes, 1988;
Küpper, Zum Verhältnis von dolus eventualis, Gefährdungsvorsatz und bewußter Fahr-
lässigkeit, ZStW 100 (1988), 758; *Prittwitz,* Die Ansteckungsgefahr bei AIDS, JA 1988,
427, 486; *Schünemann,* Die Rechtsprobleme der AIDS-Eindämmung, in: Schünemann/
Pfeiffer, Die Rechtsprobleme von AIDS, 1988, 373; *Bottke,* Rechtsfragen beim ungeschütz-

563

第3編　構成要件

ten Geschlechtsverkehr eines HIV-Infizierten, AIFO 1989, 468; *Brammsen*, Inhalt und Elemente des Eventualvorsatzes – Neue Wege in der Vorsatzdogmatik?, JZ 1989, 71; *Bruns*, Ein Rückschlag für die AIDS-Prävention, MDR 1989, 199; *Hassemer*, Kennzeichen des Vorsatzes, Arm. Kaufmann-GS, 1989, 289; *Herzberg*, AIDS: Herausforderung und Prüfstein des Strafrechts, JZ 1989, 470; *Hillenkamp*, Dolus eventualis und Vermeidewille, Arm. Kaufmann-GS, 1989, 351; *Prittwitz*, Das „AIDS-Urteil" des Bundesgerichtshofs, StrV 1989, 123; *Samson*, Absicht und direkter Vorsatz im Strafrecht, JA 1989, 449; *Schlehofer*, Risikovorsatz und zeitliche Reichweite der Zurechnung beim ungeschützten Geschlechtsverkehr des HIV-Infizierten, NJW 1989, 2017; *Schumann*, Zur Wiederbelebung des „voluntativen" Vorsatzelements durch den BGH, JZ 1989, 427; *Schünemann*, Riskanter Geschlechtsverkehr eines HIV-Infizierten als Tötung, Körperverletzung oder Vergiftung?, JR 1989, 89; *Seier*, Rücktritt vom Versuch bei bedingtem Tötungsvorsatz, JuS 1989, 102; *Silva Sánchez*, Aberratio ictus und objektive Zurechnung, ZStW 101 (1989), 352; *Frisch*, Gegenwartsprobleme des Vorsatzbegriffs und der Vorsatzfeststellung, Meyer-GS, 1990, 533; *ders.*, Riskanter Geschlechtsverkehr eines HIV-Infizierten als Straftat?, JuS 1990, 362; *H.-W. Mayer*, Die ungeschützte geschlechtliche Betätigung des AIDS-Infizierten unter dem Aspekt der Tötungsdelikte – ein Tabu?, JuS 1990, 784; *Prittwitz*, Strafrechtliche Aspekte von HIV-Infektion und AIDS, in: Prittwitz (Hrsg.), AIDS, Recht und Gesundheitspolitik, 1990, 125; *Rengier*, Die Unterscheidung von Zwischenzielen und unvermeidlichen Nebenfolgen bei der Betrugsabsicht, JZ 1990, 321; *U. Schroth*, Die Rechtsprechung des BGH zum Tötungsvorsatz in der Form des „dolus eventualis", NStZ 1990, 324; *Bauer*, Die Abgrenzung des dolus eventualis – ein Problem der Versuchsdogmatik, wistra 1991, 168; *Frisch*, Offene Fragen des dolus eventualis, NStZ 1991, 23; *Puppe*, Der Vorstellungsinhalt des dolus eventualis, ZStW 103 (1991), 1; *Vest*, Zur Beweisfunktion des materiellen Strafrechts im Bereich des objektiven und subjektiven Tatbestandes, ZStW 103 (1991), 584; *Janzarik*, Vorrechtliche Aspekte des Vorsatzes, ZStW 104 (1992), 65; *Matikkala*, Über den bedingten Vorsatz, in: Lahti/Nuotio (Hrsg.), Strafrechtstheorie im Umbruch, 1992, 415; *Puppe*, Die Logik der Hemmschwellentheorie des BGH, NStZ 1992, 576; *dies.*, Vorsatz und Zurechnung, 1992; *Scherf* AIDS und Strafrecht, 1992; *Scheuerl*, AIDS und Strafrecht, 1992; *U. Schroth*, Die Differenz von dolus eventualis und bewußter Fahrlässigkeit, JuS 1992, 1; *Schultz*, Eventualvorsatz, bedingter Vorsatz und bedingter Handlungswille, Spendel-FS, 1992, 303; *M. Fischer*, Wille und Wirksamkeit. Eine Untersuchung zum Problem des dolus alternativus, 1993, *Kargl*, Der strafrechtliche Vorsatz auf der Basis der kognitiven Handlungstheorie, 1993; *Lund*, Mehraktige Delikte, 1993; *Prittwitz*, Strafrecht und Risiko, 1993; *Volk*, Dolus ex re, Arth. Kaufmann-FS, 1993, 611; *Knauer*, Die Strafbarkeit des HIV-Infizierten beim Vollziehen sexueller Kontakte mit getroffenen Schutzmaßnahmen, AIFO 1994, 463; *Prittwitz*, Dolus eventualis und Affekt, GA 1994, 454; *U. Schroth*, Vorsatz als Aneignung der unrechtskonstituierenden Merkmale, 1994; *Märker*, Vorsatz und Fahrlässigkeit bei jugendlichen Straftätern, 1995; *Morselli*, Die subjektiven Elemente der Straftat aus kriminologischer Sicht, ZStW 107 (1995), 324; *Scheffler*, J. S. F. Böhmer und der dolus eventualis, Jura 1995, 349; *Eule-Wechsler*, Vorsatz und Fahrlässigkeit bei minimal uner-

第12章　故意と構成要件的錯誤

laubten Risiken, Diss. Bonn 1996; *Harbort*, Zur Annahme von Vorsatz bei drogenbedingter Fahrunsicherheit, NZV 1996, 432; *Herzberg*, Das vollendete vorsätzliche Begehungsdelikt als qualifiziertes Versuchs-, Fahrlässigkeits- und Unterlassungsdelikt, JuS 1996, 177; *Schlehofer*, Vorsatz und Tatabweichung, 1996; *Lesch*, Dolus directus, indirectus und eventualis, JA 1997, 802; *Perron*, Vorüberlegungen zu einer rechtsvergleichenden Untersuchung der Abgrenzung von Vorsatz und Fahrlässigkeit, Nishihara-FS, 1998, 145; *Schünemann*, Vom philologischen zum typologischen Vorsatzbegriff; Hirsch-FS, 1999, 363; *Herzberg*, Der Vorsatz als „Schuldform", als „aliud" zur Fahrlässigkeit und als „Wissen und Wollen"?, BGH-FS, 2000, 51; *Schmitz*, Der dolus alternativus, ZStW 112 (2000), 301; *Hruschka*, Wieso ist eigentlich die „eingeschränkte Schuldtheorie" „eingeschränkt"?, Abschied von einem Meinungsstreit, Roxin-FS, 2001, 441; *Philipps*, An der Grenze von Vorsatz und Fahrlässigkeit, Roxin-FS, 2001, 365; *Ramos Tapia*, Die Entwicklung des Vorsatzbegriffs in der spanischen Strafrechtswissenschaft, ZStW 113 (2001), 401; *Arzt*, Dolus eventualis und Verzicht, Rudolphi-FS, 2004, 3; *Roxin*, Zur Normativierung des dolus eventualis und zur Lehre von der Vorsatzgefahr, Rudolphi-FS, 2004, 243; *Schroeder,* Zwischen Absicht und dolus eventualis, Rudolphi-FS, 2004, 285; *Verrel*, (Noch kein) Ende der Hemmschwellentheorie?, NStZ 2004, 309; *Kindhäuser*, Gleichgültigkeit als Vorsatz?, Eser-FS, 2005, 345; *U. Schroth*, Der Begriff des „Begriffes" dolus eventualis. Eine Auseinandersetzung mit der Vorsatzkonzeption von Lothar Philipps, in: Schünemann/Tinnefeld/Wittmann (Hrsg.), Gerechtigkeitswissenschaft‐Kolloquium aus Anlaß des 70. Geburtstages von Lothar Philipps, 2005, 467.

外国語文献：*Zugaldia Espinar*, La demarcación entre el dolo y la culpa, ADPCP 39 (1986), 395; *Gimbernat Ordeig*, Acerca del dolo eventual, in: Estudios de derecho penal, Madrid, ³1990, 240; *ders.*, Algunos aspectos de la reciente doctrina jurisprudencial sobre los delitos contra la vida (dolo eventual, relación parricidio-asesinato), ADPCP 43 (1990), 421; *Silva Sánchez*, Aproximación al derecho penal contemporáneo, Barcelona, 1992; *Eusebi*, Il dolo come volontà, Brescia, 1993; *Diaz Pita*, El dolo eventual, Valencia, 1994; *Canestran*, Dolo eventuale e colpa cosciente, Mailand, 1999; *Forte,* Ai confini fra dolo e colpa: dolo eventuale o colpa cosciente?, RIDPP 42 (1999), 228.

Ａ．故意の基礎と現象形態

1　刑法典（15条）によれば，各則の個別規定が過失行為についても明示的に処罰を規定しない限り，構成要件の故意的実現のみが可罰的である．ある構成要件の実現に向けられた故意（構成要件的故意）は構成要件そのものにその主観的な部分として属することはすでに見てきた（10章 Rn. 62 以下参照）．その肯否がたいていの場合，可罰性と少なくともその程度を決定する「故意」とは，その細部においていかなるものと理解されるべきかという問いについては，より詳

565

第3編　構成要件

しい説明が必要である.

2　故意は,意図(第1級直接故意 dolus directus ersten Grades),直接故意(第2級直接故意 dolus directus zweiten Grades),未必の故意(dolus eventualis)の三つの形態に区分されるのが一般である[1].これらは過失の二つの形式,認識ある過失および認識なき過失に対置される.キーワード的に要約するならば,意図の概念は,行為者がその達成を目指したことがらを内容とし,直接故意の概念は,行為者が確かにその達成を目指してはいないが,確実に発生すると予見したすべての結果をカバーし,ある結果を目指したわけではなく,かつ確実にではなくひょっとしたら発生するものとして予見し,発生した場合にはそれを意思に取り入れている者は,未必の故意をもって行為する.

3　この三つの故意形式の区別と,より正確な概念規定は,立法者が故意行為のみを処罰対象とするだけではなく,特定の「意図」を要求し(例えば,142条3項2号; 164条1項1号; 242条; 257条1項; 258条1項; 263条),あるいはそれと同じ意味の言い回しを用い(例えば,252条の「…するために」,267条の「欺くために」),さらにその他に「知りながら行う行為」(例えば,87条1項,109条e2項,134条,344条1項)あるいは「よく知っているにもかかわらず行う行為」という要件によって(例えば164条2項,187条)少なくとも未必の故意を排除していることがあるので重要である.未必の故意の可能な限り正確な記述は,さらに故意のその他の形式との区別のためだけではなく,とりわけ,大半の事例において可罰性にとって決定的な意味をもつ認識ある過失との区別のためにも必要である.

4　この三つの故意形式すべてを統一的に性格づけるために,たいていは,法定構成要件の全事情の「認識および意欲」が故意であるという表現が用いられる[2].その際,知的要件(認識 Wissen)と意的要件(意欲 Wollen)とはそれら相

---

(1)　この点につき,*Puppe*, 1992 63 ff.; *dies.*, NK, § 15 Rn. 90 f., 154. NK-*Puppe*, § 15 Rn. 90 ff. は,故意を有効な構成要件実現戦略と定義することによって,古典的な三分法を捨てようとする.しかし,一義的に認められた結果惹起方法と認められることは,なかんずく,それが行為者の個人的状況が問題ではないとすれば,争いうる基準である.しかし,*Puppe*…は,これとはまったく異なる形ではあるが,*Lesch*, JA 1997, 802 (807) は,意図のみを直接的故意(dolus directus)と認め直接故意と未必の故意を間接故意(dolus indirectus)にまとめる.

(2)　もっとも,「意思的」要素が故意に属するのか否かは,争われるようになってきている.この点については,以下の本文参照のこと.*Lesch*(その見解については注1)

第12章 故意と構成要件的錯誤

互の関係において様々な形を取る．意図の場合，認識の側面においては結果惹起のごくわずかな可能性の認識で足りる．たとえば，遠距離からの狙撃のような場合である．結果発生が求められている，つまり「意欲」が強度に形成されているので，狙撃が命中すれば，故意犯の既遂が成立する．これに対して直接的故意の場合は，「認識」は，単なる可能性の程度を越えて正確でなければならない．暗殺犯が，彼のターゲットを吹き飛ばすことになる爆弾が近くにいる人々をも殺害することになることを確実なものと認識していた場合，それらの人々の死は，行為者がそれを求めたわけでもなく，意思的要素は意図の場合と比べて弱いにもかかわらず，「意欲された」ものと言うことができる．最後に，未必の故意の場合，認識と意欲との相互関係は根本的な点から争われている（詳しくは，Rn. 21 以下参照）．未必の故意は，いずれにせよ意図とは結果が目指され求められてはいない，すなわち意思的側面がより弱い形を取っているという点において，他方，直接故意との比較においては，結果惹起に関する認識も本質的に少ないという点で区別される．このように知的側面も意的側面もわずかであるという点において故意の実質が萎縮せしめられており，未必の故意は，限界事例においては，認識ある過失に紙一重でほとんど区別不能な程度に接近する．

5　意図と直接故意は，第1級および第2級の dolus directus として一つにまとめられて未必の故意と対置されることもよくある[3]．これは，可罰性が —— 明示的な規定または解釈により —— 直接故意に限定され，これが意図を含むことによって，未必の故意のみが不可罰とされている場合には常に，その限りにおいて正しい．他方，意図の概念は，これが法典に用いられている場合には，第2級故意（dolus directus）（Rn. 14）をもカバーすることがあるので，この観点からも，この二つの故意形式をまとめることには意味があるといえる．

6　認識ある過失もしくは認識なき過失が「軽率」および「義務違反的不注意」

（JA 1997, 808）は，この点を「構成要件的な結果意思の意図の彼岸にある故意領域におけるキメラ」であると表現し，認識と意欲という公式を「何事をも語らない，ミスリーディングであるだけではなく誤りでもある定型句」と呼ぶ．

(3)　最後にそうしたのは，特に *Welzel*, NJW 1962, 21; *Oehler*, NJW 1966, 1633 である．*Samson*, JA 1989, 452 は，故意論の枠内では，そもそも「意図」という語を用いず，「第一級直接故意（dolus directus ersten Grades）」のみを用い，意図の概念は，これを，超過的内心傾向を要件とする犯罪（263条における利得目的，242条における領得意思等）のために保留する．

第3編 構成要件

と可塑的に特徴づけられうる一方で，三種の故意形式を，「認識と意欲」という形式的な特徴づけ以上に内容的に具体化する試みは，これまでにほとんどなされていない[4]．これを説明する試みにおいて，「計画実現」が故意の本質をなすという見解が唱えられることがある．すなわち，結果が客観的な評価によれば，その計画に合致するときには，そしてそのことを理由として，その結果は，故意的に惹起されたものと見なすことができるというのである．このことは，意図と直接的故意においては明らかであるが，未必の故意と認識ある過失の限界づけに使える基準線でもありうる．たとえば，ある者が，他人を意図的に自動車で轢き，その際，第三者をも傷害する可能性もあることを認識していたならば，彼は，この点を計算に入れていたとすれば，第三者の未必的傷害をも彼の計画に取り入れていたのであり，この結果が発生した場合には，それ自体彼にとって好ましくない事態であったとしても，故意的に惹起したのである．これに対して，ある者が，そのガールフレンドの警告にもかかわらずベッドで喫煙を続け，その結果，これにより火災を引き起こした場合，（認識ある）過失による放火の責を負うだけであって，故意の放火罪の責を負わない．なぜなら，たとえ喫煙者が善意に基づく警告を聞き流したとしても，この結果は，放火計画の実現とは解釈されえないからである．因果経過の逸脱の困難な問題についても，計画実現規準は，構成要件的故意への帰属のために決定的な意味を獲得する（詳しくは Rn. 151 以下）．

第1節 意 図

7 たしかに，意図（Absicht）〈意思・目的〉とは，構成要件該当結果という「目標に向けられた獲得努力」であるという点については一般的に一致が見られる．しかし，このメルクマールが個々の構成要件ごとにどのように具体化して解釈されなければならないかは，激しく争われている．1962 年草案は一つの定義

---

(4) 当初は，私が展開した（JuS 1964, 58 = Grundlagenprobleme, 224）（Rn. 23），未必の故意の「可能な法益侵害を是とする決断」としての特徴づけは，その後，繰り返し一般的な故意基準として適用されるようになった．最終的には，*Hassemer*, Arm. Kaufmann-GS, 1989, 295 を同所のさらなる文献参照指示とともに参照されたい．これは誤りではないが，そこには故意の一つの位相しか含まれていない（Fn. 29 も参照のこと）．

第 12 章　故意と構成要件的錯誤

規定を置くことを試みた（17 条）．すなわち，「当該規定が意図的な行為につき前提としている事情を実現することを懸案とする者は，意図的に行為する者である」という定義である．しかし，この定義は，この概念の孕む不明確性と，それが通説によれば複数の構成要件についてもちうる意味が，変動するがゆえに刑法典に取り入れられることはなかった．判例も，意図の概念が「可罰的行為の法的性質とそれぞれの処罰規定について立法者が追求した目的にしたがって」（BGHSt 4, 108），多様な形で異なる解釈を必要とする（同旨，BGHSt 9, 144; 13, 221; 16, 3）ことを認めている．しかしながら，「意図」を総則の対象として評価することを許すだけの，概念的な共通性の中核的内容を括り出すことも，各則においてそれほどに異なる解釈を正当化するはずの異なる目標設定を，説得的なものとすることも未だ成功をみていない．包括的な研究がなされることが稀なのである[5]．しかし，この概念は，通常想定されているよりも広い範囲で共通分母の下に置かれることになる．

8　とりあえず，確実なのは，行為者が結果を発生させようと努力した場合，行為者にとって結果発生が重要であった場合には，結果発生が確実なものとは表象されておらず，可能なものとのみ表象されていたに過ぎなくても，意図はあるということである．

事例 1（BGHSt 21, 283）

強盗犯が，通報されることを恐れて，二人の目撃証人を銃床で殴ることによって殺害することを意欲したが，殴ることでこの結果を得られるかどうかには確信をもてないでいた．

この事例においては，謀殺罪（ないし謀殺未遂罪）が，その要件とする犯跡隠蔽意図は，結果発生が確実ではなかったとしても認められる．211 条においては十分ではない未必の故意があるにとどまるというわけではない[6]．しかし，

---

(5)　比較的最近では *Gehrig*, 1986. のみが，数多くの個別構成要件を区別して分析している．*Lund*, 1993, 130 ff. は，複数行為犯と各種の遂行形式について，計画の文脈として意図を捉える言語分析的な基礎に基づく考え方を展開している．

(6)　BGHSt 21, 284. も．他方，BGHSt 16, 5. が「結果を可能なものとしてしか表象していない…者は，意図的行為を特徴づける無条件性をもって，この結果を求めたという訳ではない」としているのは誤解である．正当にも，これを批判するのは，*Welzel*,

569

第3編　構成要件

可能性の表象は，法的に重要な危険であって，それゆえ，結果帰属を可能にする程度に達していなければならない．これは，殺害意図をもって行われた銃撃についていえば，かなりの遠距離からその射撃がなされた場合であっても原則として認められる．これに対して，ある者が落雷によって落命することを期待して，その者に嵐の中を散歩に行くように慫慂するといった種類のよく知られた教室設例においては，殺害意図は（そもそも殺害故意と同様に）欠ける．なぜなら，望まれた結果は，客観的に構成要件該当的殺害行為として帰属されえないからである（詳しくは，11章 Rn. 44, 55 以下）[7]．

9　さらに，立法者が意図を要件とする場合，それぞれの結果のみが意図にカバーされていれば足り，その法律上の付随事情までがカバーされている必要はないということにも疑いはない．すなわち，242 条における不法領得の意思については，領得のみが意図されていればよい．その違法性に関しては，未必の故意で足りる（RGSt 49, 142）．詐欺罪において意図される財産的利得の違法性についても同じことがいえる（RGSt 55, 261）．

10　意図は，動機，すなわち行為者の到達目標を表すものではなく[8]，目指された結果が行為者のさらなる，別種の目標の達成に資する場合にも，意図は認められるとする学説が有力化してきている．欺罔によって財産侵害と財産的利得が惹起された場合について，その最終段階において財産的利益が問題なのではなくて，たとえば，行為者の職業的野心（RGSt 27, 217）や資本主義の撲滅が主題であったとしても，不法な財産上の利得の意図〔意思〕は認められ，それゆえ詐欺罪が成立する．つまり，いずれにせよ，さらなる目標の達成のために望ましい手段として惹起された事柄は，意図されているといえるのである．また，構成要件的意図は，行為者が追求した唯一の目的である必要もない．ある者が財布を窃取するに際して驚かされて，第1に，逮捕を免れるために，第2

NJW 1962, 21.

(7)　可能性表象すら要求しない LK[11]-*Schloeder*, § 16 Rn. 76. は，異なる．「結果を求める態度（Das Erstereben）は，認識の側面においてさらなるメルクマールを必要としない程に強度な，行為者の結果に対する内心的関わりをもたらす」とするのである．

(8)　例えば，BGHSt 9, 146; 11, 173 f. も参照．BGHSt 18, 154 ff. は，異なる（「決定的な動機」）．学説においては，なかんずく *Baumann/Weder/Mitsch*, AT[11], § 20 Rn. 44 f. が，意図を「主たる動機」と理解するが，「最終目標」ではなく，「第一の，直近の」動機を意味するとする．

第12章　故意と構成要件的錯誤

に，取得した財物を確保するために，暴力を用いた場合，彼は，「窃取された財物の所持を維持するために」のみ行為したのではなくても，252条の要件である意図を有している.

11　以上をまとめれば，認識をもって惹起された，かつ望まれた結果は，その発生が確実でなかったり，あるいは行為者の最終目的（行動の理由，動機）でなかったり，あるいは唯一の目的でなかったとしても，意図されていると言うことができる[9]. 他方，その発生を行為者が確実とは思っておらず，可能あるいは蓋然的であると見なしていた，望まれざる結果は，せいぜい未必の故意によって惹起されたものと見なすことができるにとどまる. したがって，意図概念をめぐる争いに残されるのは，その中間の事例群，すなわち，行為者が構成要件該当結果を，確実性をもって惹起しなければならず，しかし，この結果を行為者が，望んでいたわけではなく，無関心か，遺憾であると考えていたという事例のみである. このような事例群は，結果発生の確実性があるので，少なくとも直接的故意（第2級直接故意）のそれである. しかし，これで「意図」にとっても十分なのであろうか.

12　**事例2**（BGHSt 16, 1）
　Aは列車の発車直前に，自分の「6回分回数乗車券」を家に忘れたことに気が付いた. どうしてもある講習会に間に合わせたかった彼は，乗車前あるいは降車後に切符を買い，あるいは清算するのは時間がかかりすぎるので，有効な切符を持たずに改札口を通り抜けようとした. 詐欺罪（263条）か.

事例3
　囚人が，他の衣服がなかったのでやむなく獄衣のまま脱獄し，直後に着替える機会ができた際にこの獄衣を捨てた. 獄衣の窃盗か（242条）.

---

(9)　*Welzel*, NJW 1962, 22. は，「望ましいこと」という点に関して別様に考える. すなわち，ある者が，あるオペラに間に合うために，乗車券の購入を諦め，それで「運賃を節約できること」をも「喜んだ」場合，263条ないし265a条の意味における「意図」は欠けるという. しかし，この点は理解し難い. なぜなら，彼が，二匹の蝿を一叩きでつぶしたという事情は，オペラの観劇という法的にはニュートラルな目的がなければ，望まれた違法な利得の惹起を放棄していたであろうと言える場合であっても，行為者を不可罰とすることはできないからである.

571

第3編 構成要件

事例4（BGHSt 4, 107）

　タクシー運転手が，窃盗犯人をその盗品とともに犯人宅へ送り届け，通常の料金の支払いを受けた．運転手がこのことによって窃盗犯人の犯行による利益を確保してしまったことは，その運転手にとってはどうでもよく，むしろ不快なことであった．犯人庇護罪（257条）か．

事例5（BGHSt 13, 210）

　彼氏に結婚を決意させるために，Aは，彼に対して，自分には親戚に不法に引き渡しを拒まれている財産があるかのように仮構した．彼氏はAにその親戚を刑事告訴するように迫り，Aは，狂言がばれて彼氏を失うことを避けるために，真実でないことを知りながら告訴した．虚偽告訴罪（164条）か．

13　これらの例は，目的犯（Absichtsdelikt）においては，目的概念の —— 上記以外に残されたその概念のもつ幅の範囲内で —— それぞれに異なる解釈を正当化する二つの事例群に区分できることを示している．第1のグループは，事例2，事例3がこれに属するのであるが，ここでは，利得ないし領得の意思が，認識あるそれ自体意図的な他者侵害より以上のことを要件とする犯罪群を構成する．欺罔により他人を害した者（例えば，怒らせるなどして）は，それだけで詐欺罪を犯すわけではなくて，不法な利得目的でこれを行う者のみが犯すのである．詐欺罪は，つまり，偽計による財産侵害の場合ではなく，利得犯罪なのである．しかし，利得目的が，この犯罪類型を決定的に形成するのであれば，他の動機を有する犯人に，利得が，彼の意思と希望に反して押し付けられた場合には，利得目的は否定されるのが，一貫しているように見える．そうした状況が，事例2である．行為者にとって，運賃の不払いが，他の目標によって動機づけられた欺罔行為の不都合ではあるが不可避な付随現象であると見える場合である．この事例は，したがって，評価的に考察すれば，不法な利得というよりは，偽計による他者侵害のタイプに近いことになる．これに対してAにとって，その上，運賃も節約できるという意味で望ましいことであった場合，利得が，彼の行いの（独立のではないにせよ）付随目的であることになり，詐欺として処罰

---

　(10)　類似の見解として *Puppe*, AT/1, §17 Rn. 1 ff.．学説は，原則としてBGHSt 16, 1 ff. を否定するが，それ自体，説得的な区別を示すことはほとんどない．立証困難は，

第12章　故意と構成要件的錯誤

されうることになる．このような解決は，連邦裁判所のそれと一致する(10)．ベルリンの政治家が，出張旅行に際して禁止に反して自動車で東ドイツ地区を通過しておきながら，後に，この業務上の落ち度が発覚しないように，出張旅費の精算を航空運賃名目で行った事例も，同様に判断されなければならなかった（結論的には KG NJW 1957, 882 も）．詐欺罪における利得目的のように，窃盗罪における領得目的も，犯罪にとって決定的構成要素である．それだけでは不可罰な他人の所有および占有の奪取ではなく，領得の努力が犯罪類型を輪郭づける．それゆえ，原則として事例3におけるように，物の獲得が行為者にとってその逃走目的の追求に際して，状況によって他に方法がないほどに強いられたものであった場合には，この態度は，物の奪取の類型に近く，不可罰にとどまる（これはきわめて支配的な見解でもある）．異なるのは，囚人が奪取した獄舎の鍵を持ったまま逃走した場合（BGH MDR 1960, 689）である．この場合は，鍵の窃盗は，最終目的である脱獄を容易にするために必要かつ望ましい手段だからである(11)．

14　事例4，事例5が属する第2の事例群においては，犯罪類型が，構成要件該当の法益侵害のみによって特徴づけられている．つまり，司法と個人の利益の侵害である．これらは，犯人庇護罪と虚偽告訴罪とでは，それぞれ異なる態様で結合する．立法者が，ここで利益確保の「意図」（257条），あるいは官庁の手続を開始させる「意図」（164条）を要件としたことは，犯罪類型を変更することを欲した訳ではなく，結果の観点からは危険であるに過ぎない行為（すな

　　全行為事情と行為者の人的事情を正確に衡量すれば，多くの場合，克服されうる．*Rengier*, JZ 1990, 321. は，この点に反対しながら，考慮すべき根拠をもって，確実なものと予見された不可避的な付随結果を，すべて263条の意図概念に包摂することに賛成する．

(11)　211条の他の犯罪を可能とする意図も，謀殺という犯罪類型を構成する．なぜなら，謀殺罪は，犯罪的目的を遂行するためには「必要とあれば死体をも踏み越えていく」覚悟から発生するからである（BGH NStZ 1996, 81）．ある者が，他人を轢殺した場合，行為者が幸か不幸か，なおも免許証なしに（§ 21 StVG）走行できることを認識しているからといって，それだけで，他の犯罪を可能にするために行われたということにはならない（BGH, a.a.O.）．

(12)　この種の目的犯について，未必の故意でも足りるとする論者もあるぐらいである（*Herzberg*, ZStW 88〔1976〕, 95; NK-*Puppe*, § 15 Rn. 148f.）．たしかに，これらの諸事例において，未必の故意でも当罰的ではないか否かには争いのあるところであろう．

573

第3編　構 成 要 件

わち単なる未必の故意）を処罰対象から除く趣旨である[12]．事例4におけるタク
シー運転手は，彼が，料金を稼ぐことを目指したために，窃盗犯人にその犯行
の利益を確保してやることになることを望んだわけではなく，無関心であった
り，あるいは不都合だと考えている場合であっても，犯人庇護罪で処罰されな
ければならない（一部異なるが，同様の結論に至るものとして BGHSt 4, 107）．なぜな
ら，発生しないわけがないことを明確に認識しながらなされた犯罪利得の確保
が，行為者がそれをなすに際して，別の自己自身の目的のみを動機として行っ
たからという理由だけで不可罰にとどまらなければならないのは，目的論的に
理解できないと思われるからである[13]．同じような形で，事例5における行
為者も，虚偽告訴罪で処罰されなければならない（BGHSt13, 219 もそうした）．彼
女が内心で抵抗を感じながら，刑事手続を招いたに過ぎない場合であってもで
ある．行為を動機づける犯人の悪意ではなく，官庁に誤りを犯させることと虚
偽の嫌疑をかけられた者の損害が，164条の処罰根拠を与えるからである．

15　意図が，犯罪類型を形造る意味をもたない諸事例においては，それゆえ，意
図は，直接故意の全領域をカバーする（第2級直接故意）．意図された結果の確
実な発生を認識して行われるすべての行為は，意図された結果が行為者にとっ
て望ましいものであるか否かを問わず，一様に構成要件に該当する．これに対
して，意図が犯罪類型を構成する場合，構成要件の充足のためには，意図され
た結果の惹起が，行為の最終ないし主目的であることは同様に必要ではないも
のの，少なくとも付随目的として望まれたものでなければならない．このよう
な形態において，すべての個別構成要件の解釈のための指針が獲得されるわけ
であるが，ここでは，これに立ち入ることはできない．例として，次のような
示唆をしておくことが可能であるにとどまる．例えば，文書偽造罪（267条）に
おいては「法取引における欺罔のために」というメルクマールは，犯罪類型を

しかし，未必の故意を関係づけることは，罪刑法定主義原則に牴触することとなろう．
なぜなら，「意図」という言葉を単なる「甘受」と理解することはできないからである．
逆に，すべての故意形式の意味である場合に，「意図」と表現することも無意味であろ
う．しかし，今日では，ふたたび，*Schünemann*, JR 1989, 91 ff., および *Herzberg*, JZ
1989, 480 f. が229条における「意図」を未必の故意と理解する．これに反対するもの
として *Frisch*, JuS 1990, 370. がある．164条の充足には未必の故意では足りないとし
た事例として，OLG Düsseldorf, NStZ-RR 1996, 198 がある．

（13）　*Sch/Sch/Stree*[26], § 257 Rn. 22 参照．反対説が優勢である．．

574

第 12 章　故意と構成要件的錯誤

変更することはない．すなわち，この犯罪の類型の本質は，証拠の流通の純粋性が損なわれることにあり，まさにその点に欺罔意図が結びつくからである．この主観的構成要件要素は，既遂の刑を早期化するだけであるとされている．つまり，純粋に私的な理由から（自分の地位を守るために）為替の裏書を偽造し，受取人がこれによって法的に重要な行為（rechtserhebliches Verhalten）にでることを決意させられることを認識している者は，彼にとってそれがどうでもよくても[14]，267 条によって処罰されなければならない．89 条（連邦軍および公安機関に対する憲法敵対的影響力の行使）の場合における「内部崩壊させる目的」が，（BGHSt 18, 151 が連邦議会の法務委員会にしたがって述べたように）行為者の「決定的動機」となる，という形で犯罪類型を特徴づけるのか否かも疑わしいというだけではすまない．なぜなら，この規定は，国家に敵対する心情を処罰するためにあるわけではなくて，公安機関の機能を保護することを目的とするからである．公安機関の機能は，雇われた諜報部員が金のためだけに破壊工作を行った場合であっても危殆化されるからである[15]．

16　通常の学説も，そもそも各則上の意図概念の規定に際して，一般的基準を立てようと努力する限度で，区別についてはこのような線上にある．例えば*Lenckner*[16]は，意図という要件が，法益保護を強化するために置かれているのか，逆に制限したいのかに着目する．（164, 257, 267, 288 の各条におけるように）既遂時期が早期化されている場合は，前者である．この場合，意図は常に，確実な認識，すなわち，第 2 級直接故意と重なるという．これに対して，後者の例は，法益が単純に保護されているわけではなく，行為者の特定の動機を前提としてのみ保護されている場合である．263 条において，財産侵害とともに営利目的が制限的に，242 条において所有権ないし占有侵害に加えて領得目的が要求されているのが，これにあたる．249, 253, 259 各条にも同じことが妥当する．ここでは*Lenckner*は，第 1 級直接故意，すなわち，「それが主題であったこと（daraufankommen）」を要求する」．類似の態様で，*Gehrig*[17]は，「保護

---

(14)　この意味におけるのは，*Lenckner*, NJW 1967, 1890; *Gehrig*, 1986, 79ff. BayObLG NJW 1967, 1476 は，真の「意図」を要求して異なる立場に立つ．

(15)　LK[11]-*Schroeder*, §16 Rn. 80. もそうである．

(16)　*Lenckner*, NJW 1967, 1894.

(17)　*Gehrig*, 1986, 45 ff., 79 ff.

575

第3編　構成要件

された法益の外側にある事情に関連するメルクマール」としての意図（242条，263条等）と保護された法益に関連づけられたメルクマールとしての意図（164条，267条等）とを区別する．前者の場合に，*Gehrig* は，狭義の意図を要求し，後者の場合には，直接故意で足りるとする[18]．*Samson*[19] もこの種の段階づけを本質的な「解釈の視点」であるとする．すなわち，「意図が法益侵害に関係づけられておらず，実行された広い範囲の法益侵害の中から特殊な動機に基づくものを可罰的なものとして取り出す機能を有する場合は常に，意図は，第1級直接故意の形式においてのみ成立しうる」．

17　これに対して，立法者が意図を主観的構成要件要素としてではなく，故意の現象形態として用いている場合は，一般的な解釈基準は導き出されえない．立法者は，しばしば「意図的にあるいは知りながら」という言い回し（例えば258条）によって，意図と直接故意を同置するから，純粋な意図構成要件としては142条3項2文しか残らず，この問いの実践的な意義は，わずかなものになる[20]．142条3項2文には，意図メルクマールを第1級直接故意の意味において狭く解釈すべき多くの根拠がある[21]．

第2節　直接故意

18　すでに見た（Rn. 5）ように，広義の直接故意には，意図も属する．直接的故意は，狭義においては，その実現が目的とされてはいないが，その発生ないし存在を，行為者が確実性をもって認識し意識的に惹起した結果または事情をカバーする．講壇事例としては，保険金詐欺の目的で客船を爆破しその際乗組員の死亡を確実なものとして予見していた大量殺人者 Thomas の事例[22]が使え

---

(18)　とはいえ，彼は，第2のグループのいくつかの構成要件について，特に犯罪庇護について（*Gehrig*, 1986, 110ff.），ここでの意図要件を客観的には，広すぎる形で設定された構成要件の修正要件として用いることによって，同様に第一級直接故意を要求する．この点に批判的な見解として，*Samson*, JA 1989, 454; 以前にはすでに *Lenckner*, NJW 1967, 1894 Fn. 34. がある．

(19)　*Samson*, JA 1989, 453 は，特に *Lenckner*, NJW 1967, 1894 を援用しながらそうする．

(20)　*Samson*, JA 1989, 452.

(21)　*Gehrig*, 1986, 140f.

(22)　この点につき *Binding*, Normen, Bd. II/2, ²1916, 851 ff.

る．この事例における以外にも，直接故意は，その発生が絶対的に確実ではないが，主結果とは確実に結びついている付随結果についても認められなければならない[23]．つまり，Thomas 事例では，行為者がセットした爆弾が爆発するか否かについて，行為者は完全に確信をもってはいなかったが，もし爆発すれば乗組員の死は確実であると考えていた場合であっても，殺人の直接故意はある．立法者は，この直接故意を「知りながら（wissentlich）」（258条）という文言，あるいは「よく知っているにもかかわらず（wider besseres Wissen）」という文言（164条，187条）をもって特徴づける．

19　直接故意は，行為者が結果を望ましいものではないと思っていても，構成要件充足の「意欲」を意味する．「必然的なものと認識された行為の結果は，行為者にとってそれが何の意味もないものであったとしても，行為者によってその意欲に取り込まれる．」（RGSt 5, 314 ff.〔317〕）のである．Thomas は，乗組員の殺害を，彼がそれを遺憾だと考え，できれば避けたいと思っていたとしても，意欲していたのである．乗組員の殺害は，彼の犯罪計画の構成要素であり，故意にとってはそれで十分である．

20　直接故意と未必の故意との区別は容易である．意図がなく，かつ行為者が特定の行為事情の存否またはある構成要件的結果の発生・不発生につき確信を抱いていない場合，少なくとも直接的故意はなく，せいぜい未必の故意があるにとどまるが，これはさらに，認識ある過失と区別されなければならない．その際，最高度の蓋然性が確実性と同置されることは認められなければならない[24]．すなわち，自分がある他人について広めた名誉毀損的事実が 99 パーセントの蓋然性をもって真実ではないと考えている者は，その認識が正しければ，誹謗（üble Nachrede）（186条）ではなく悪評の流布（Verleumdung）（187条）で処罰される．

第3節　未必の故意（dolus eventualis）[25]

1　可能な法益侵害を是とする決断としての未必の故意

---

(23)　*Jakobs*, AT², 8/18; MK-*Joecks*, § 15 Rn. 16 f.; *Samson*, JA 1989, 450 f.

(24)　説得的な形でそのようにいうものとして，*Engisch*, 1930, 175 ff.; *Jescheck/Weigend*, AT5, § 29 III 2; *U. Schroth*, 1994, 85 f.

(25)　学説の状況とそれぞれの論拠については *Hillenkamp*, Probleme, Nr. 1.

第3編　構成要件

21　未必の故意をどのように概念規定し，（認識ある）過失からどのように区別すべきかという問いは，実践的にきわめて重要であるのみならず，「刑法上の最も困難で争いのある問題の一つ」[26]であると一般に認められている．この問題には，戦後の議論に本質的な影響を与えた一つの事例からアプローチすることとしよう．

事例6（BGHSt 7, 363）[27]

　KとJは，Mから強盗することを企てた．彼らは当初，まずMの首を革紐でMが意識を失うまで絞めて，その後財物を奪取する計画を立てた．しかし，首を絞めることは，場合によってはMを死に至らせる可能性があることを認識していたので，これはできれば避けたいと考え，まずは砂袋でMの頭部を殴打して失神させようと決意した．行為の実行にあたって，砂袋が破けてしまった．そこでKとJは，念のため持参していた革紐に戻った．彼らはMの首に革紐を輪にして巻きつけ，Mが動かなくなるまで両端を二人で引っ張った．その上で彼らはMの財物を領得した．その後，彼らはMがまだ生きているかどうか不安になって，蘇生措置を試みたが無駄に終わった．

22　この事例においては，未必の故意による殺害，したがって謀殺罪が成立するのか，それとも過失致死罪（222条）が成立するにとどまるのであろうか．この問いに答えるためには，故意と過失の間に存する，そしてすでに見たように（Rn. 6），故意は「計画実現」であり，認識ある過失は「軽率」に過ぎないという方向で特徴づけられる実質的差違に依拠しなければならない．このような指導的観点を前提とするならば，この事例は限界事例ではあるが，（なお，ぎりぎり）未必の故意に位置づけられるべき事例であることがわかる．なぜなら，行為者は，不注意かつ考えなしに行為したわけではないからである．この事例の行為者たちは，彼らの行為が理解可能な態様でMの死をもたらしうることを明確に認識しており，そして，まさにそれゆえに，この計画を当初は一旦取りやめたのである．彼らがその後，第1の計画が失敗に終わった後に元々の計画に戻ったとき，たとえ，そうした結果が彼らにとってどれほど不快であったと

---

(26)　*Welzel*, StrafR[11], 69.

(27)　*Roxin*, HRR AT Nr. 7.

578

しても，事態を意識的にMの死という結果に逢着せしめたのである．彼らは，
被害者の —— 未必的な —— 死を「計算に入れて」彼らの計画の構成要素とし，
その限りで「意欲していた」のである．

23　このような限界づけは，それが未必の故意と認識ある過失の間の大きな可罰
性の差違に最もよく対応するがゆえに，事態に即している．自ら可能であると
認識している構成要件実現を計算に入れており，これを理由に彼の計画を取り
やめることがない者は，—— 万が一の場合についてのみであって，彼自身の回
避の希望に反することもよくある形であるとしても ——，意識的に当該の構成
要件の保護する法益に対して否定的な決断を行っているのである．この「可能
的な法益侵害を是とする決断」は，未必の故意を，その不法内容において認識
ある過失から際立たせて区別し[28]，より重い処罰を根拠づける[29]．例えば，
同乗者が警告したにもかかわらず，危険な態様で追い越しをかけて事故を起こ
した場合，この事故は，行為者が —— その限りで革紐事例におけると同様
に —— 可能な結果を認識していたばかりか，その可能性を示唆されていたにも
かかわらず，故意なく，せいぜい認識ある過失によって惹起されたことになる
に過ぎない．違いは，自動車運転者は，このような状況においてはリスクを認
識していても，通常は，結果を彼の運転技術によって回避することができると
信じているという点にある．すなわち，そうでなければ，彼自身が彼の態度の
最初の被害者になるのであるから，彼の行いを取りやめるであろうからである．

---

(28) これに対して，*Frisch*, 1983, 496 は，未必の故意を，「故意の本来の基本形式」で
あるとする（同旨，*Freund*, AT, § 7 Rn.70）．意図と確実な認識は，彼にとっては，
「行為者の『法益を否定する決断』（すなわち故意の基本内容）が特に明確である」一
事例にすぎない（S.498f.）．*Hassemer*, Arm. Kaufmann-GS, 1989, 309 にも，「故意，不
法を是とする決断である．この概念規定は，すべての故意形式に当てはまる」という
記述が見られる．類似の見解として NK-*Puppe*, § 15 Rn. 145, 108 がある．しかし，認
識ある過失とのギリギリの限界を画し，大半の区別問題を決する基準が，意図と確定
的故意にとっても決定的内容をなすという主張は，理解し難い．本書の主張する計画
実現基準は，意図の形式における故意を，最も純粋な実現形式だとみなし，直接故意
と未必の故意を故意の実態が弱まっていく段階であると見るが，その法が，未必の故
意の責任内容がより少ないこと（BGHSt 42,274）によりよく適合するであろう．

(29) *Roxin*, JuS 1964, 58（= Grundlagenprobleme, 224）．*Hassemer*, Arm. Kauf-
mann-GS, 1989, 295 ff.; *Diaz Pita*, 1994, 321; SK7-*Rudolphi*, § 16 Rn. 39; *Stratenwerth/
Kuhlen*, AT5, § 8 Rn. 66. *Brammsen*, JZ 1989, 79; *Frisch*, 1983, 111 ff.; *Philipps*, ZStW
85 (1973), 27 ff.; *Ziegert*, 1987, 84 ff.; 142 ff.

第3編　構成要件

この都合のよい結末への信頼は，盲目的な希望以上のものであって，保護法益を否定する決断に至るものではない．確かに，この行為者を不注意な軽率さを理由として非難することはできるし，処罰することもできる．しかし，彼は，構成要件的に保護された法価値（ここでは例えば，生命，身体の完全性，他人の物的財産）を否定する決断に至っているわけではないので，この非難は，より緩やかなもので，過失犯の刑罰をもたらすに過ぎない[30]．

24　我々の区別は，その他の点でも承認されていることではあるが，「条件付故意」という表現が不正確であることを示す．なぜなら，行為者は，構成要件実現があったとしても（つまり，『いかなる条件の下でも』）その計画を実行しようと欲するのであるから，計画を実現する行為意思としての故意は，まさに「条件付」ではなく，むしろ「無条件」なものであるからである．故意ではなく結果の発生が不確実な諸条件に依存しているに過ぎないのである．したがって，より正しくは，不確実な事実的基礎の認識に基づく故意と呼ぶべきであろう．にもかかわらず，本書では，伝統的な理由から馴染みのある「条件付故意」という概念を維持する．より正確な用語法により条件づけられた，条件付行為意思の意味における故意だけでは，なお刑法上重要な故意ではないということが確認されてさえいれば，そうすることも無害である．例えば，ある者が弾丸を装填したピストルを抜いたが，発砲することになるのか脅すだけですむのかはまだわからないと思っている場合，いまだ故意はなく，それゆえ，可罰的未遂でもない[31]．その際，銃が暴発して銃を向けられた者が死亡したとしても，過失致死罪（211条）が考えうるにとどまる．すべての故意の要件として，条件付きでない行為決意」を要求することは，特に，未遂犯の理論において重要な役割を演じるので，未遂の箇所で詳しく説明する（*Roxin*, AT/2巻29章 Rn. 81以下）．

25　故意と過失の区分は，不法の類型による区分であり，そのことによって，構成要件的故意を構成要件自体に位置づけることを根拠づける（10章 Rn. 69）．計画にしたがってある構成要件的結果を惹起した者は，結果を計算に入れずに軽率に惹起したに過ぎない者とは異なる犯罪類型を実現しているのである．目的的行為論者が説明を試みるように，条件付故意による行為を「目的的」なものとして，「非目的的な」行為としての認識ある過失から区別することが可能か否かは，目的性の概念をいかように理解するかに依存する．規範的な目的性概念を前提とするときは，目的性は，ある犯罪類型の計画に対応する実現を意味することになるが，これは本書の唱える理論に対応する．これに対して，存在論的な，純粋な因果的知識に着目する目的性

---

(30)　これらすべての点に対して批判的なのは，NK-*Puppe*, §15 Rn. 55.

(31)　詳しくは *Roxin*, Schröder-GS, 1978, 145 ff.

580

概念を基礎とするときは，認識ある過失も，目的的行為であると見なさなければならないこととなろう[32]．

26 故意と過失との限界づけは，不法の違いのみではなく，両行為態様に異なる刑罰をもたらす重要な責任の差違をも表す．保護法益に対して —— 場合によってはという形に過ぎなくても —— 否定的な決断をなす者は，—— 軽率にではあっても —— 結果の不発生を信じた者に比して，より法敵対的な態度を示しているからである．故意がこのように不法の観点からも責任の観点からも重要であることは，すでに述べた，刑法上の所与は往々にして犯罪カテゴリーごとに異なる観点の下で重要となりうるという知見（7章 Rn. 83 以下；10章 Rn. 69 参照）を裏づける[33]．

27 ある結果その他の行為事情が，行為者の意思に取り込まれており，ありうべき法益侵害を是とする決断を行為計画の構成要素とされていると言うことができるために存在していなければならない諸要件を，形式的に限界づけることを試みるときは，心理学的にきわめて微妙な，往々にして不合理な，そして多かれ少なかれという程度においてしか意識されていない努力にコントロールされた認識を，言語的に適切に再現することの困難さを覚悟しておかなければならない．この場合，言語的に固定することができるのは，常に近似的な程度においてに過ぎない．このような留保をつけると，行為者が，ある構成要件実現を真摯に計算に入れつつ，目指す目標のためにそれにもかかわらず行為し，ありうべき犯罪現実化を —— よいこととしてであれ，悪いこととしてであれ —— 受け容れ，甘受する時には未必の故意を肯定することができると言うことができる．これに対して，認識ある過失をもって行為したことになるのは，結果発生の可能性を認識してはいるが，これを真摯に受け止めず，そのせいで最悪の場合これを甘受するつもりもなく，構成要件実現の不発生を軽率に信じた者である．その際，「信じたこと」と，単に「望んだこと」とを区別しなければならない[34]．都合のよい結末を —— 状況をコントロールする自らの技量を過信し

---

(32) *Engisch*, Kohlrausch.-FS, 1944, 155; *Roxin*, Täterschaft, 180 ff. 参照．

(33) *Schünemann*, GA 1985, 364. は，故意の認識的側面を，不法に，意思的側面（「情緒的構成要素」）を，責任に位置づけようとする．しかし，私見では，故意を**全体**としていずれの観点においても意味のあるものとして認識する方がより適切である．

(34) これに対し NK-*Puppe*, § 15 Rn. 49 f. は，故意と過失の間の評価の違いを根拠づけるには，これでは僅かすぎると考え，それも法廷において証明することが不可能な気分の状態を意味するとする．しかし，一定の事態を信じたことが信用できる形で主張されうるか否かも，それを根拠づける諸事情から客観的に検証されうる，規範的な

第 3 編 構 成 要 件

たことによることが多いが —— 信じた者は，犯罪結果を真摯に計算に入れておらず，それゆえ，故意的に行為するものではない．しかし，犯罪結果の可能性を真摯に受け止め，すべてがうまく行くことを信じなかった者は，それでも彼がついていて何事も起こらないことを希望することはできる．この希望は，同時に「成り行きに任せている」場合は，故意を阻却しない．

28　上述のような階層化は，行為者が構成要件的行為客体の侵害を回避できるか否かを認識していないような，実務上最も多い事例にだけではなく，他の行為事情について疑いがある場合にも妥当する．例えば，ある者が，彼が性的に虐待した少女が 16 歳以上であるか否かについて正確な認識を有しない場合，この少女が実際にはまだ 15 歳であった以上，彼が自らのパートナーが規定年齢より若い可能性を真摯に計算に入れており，それにもかかわらず自らの行いをやめなかったという条件の下で，この者は，青少年の性的虐待罪 (刑法182条) の責を負う．これに対して，彼が，—— 例えば，この年若い女性の身体的成熟の観点から —— それ以上調べることもなく軽率に規定年齢以上であると信じた場合，彼は認識ある過失をもって行為したのであり，不可罰である．

29　「真摯な受け止め－軽率」[35]「甘受－信頼」[36]という対概念による区別は，今日の学説において広く浸透しており[37]，結果の真摯な受け止めおよび結果の

　　問題である（詳しくは Rn. 30 ff.）．

(35)　この対概念は，*Stratenwerth*, ZStW 71 (1959), 51 に由来する．; *Köhler*, 1982 は，認識ある過失を，軽率な侵害としてこちらは包括的に根拠づけた．

(36)　これについては，特に，スイスの判例を紹介する *Germann*, SchwZStr 77 (1961), 345 参照のこと．それ自体望ましくない結果の甘受という観点を用いるものとしては BGH NStZ 2004, 35 もそうである．

(37)　大筋においてこれに賛成するものとして *Ambrosius*, 1966; *Arzt*, Jescheck-FS, 1985, 391 f.; *Blei*, AT18, § 32 IV; *Bockelmann/Volk*, AT4, § 14 IV 2 b; *Bringewat*, Grundbegriffe Rn. 451; Frisch, 1983, 484; *Gallas*, NiedStrKomm. 12, 1959, 121; *Gropp*, AT2, § 5 Rn. 109 f.; *Haft*, AT9, 149; *Hillenkamp*, Arm. Kaufmann-GS, 1989, 351 ff.; *Jescheck/Weigend*, AT5, § 29 III 3; *Joecks*5, § 15 Rn.22 ff., *Köhler*, AT, 168, *Krey*, AT/12, § 10 Rn. 358 ff.; *Kühl*, AT4, § 5 Rn. 85 f.; *Roxin*, JuS 1964, 53 (= Grundlagenprobleme, 209); SK7-*Rudolphi*, § 16 Rn. 43; *Stratenwerth/Kuhlen*, AT5, § 8 Rn. 117 ff.; *Welzel*, StrafR11, 1969, 68 ff.; *Wessels/Beulke*, AT34 Rn. 214 ff.; *Wolter*, 1972, 178 ff.; *Ziegert*, 1987, 142 ff. Behrendt, v. Simson-FS, 1983, 20. は，「ドイツ語圏の諸外国においても優勢な」通説であるとする．*Geppert*, Jura 1986, 612 も，「真摯な受け止め説」は，今日，学説において「過半数の支持を得ている」とする．*Küpper*, ZStW 100 (1988), 766 は，

甘受にならんで，結果を「計算に入れること」あるいはその「消極的認容
(Inkaufnahme)」も，よく未必の故意の基準として挙げられている[38]．個々の
論者によるこれらのキーワード的な特徴表現の適用における組み合わせとニュ
アンスの違いは，実質的なというよりは言葉の上の違いである．この今日支配
的な学説の意味において，1962年草案は，「(法定構成要件の) 実現を可能だと考
え，これを甘受した」者 (16条) には未必の故意があるとしたが，対案
は，――実質的には同じ意味であるが――，「行為事情の実現を真剣に可能であ
ると考えて消極的に認容した者」は，未必の故意をもって行為した者であると
した (17条2項)．しかし立法者は，結局，明示的規定を置くことを放棄した．
「意図」，「確知 (Wissentlichkeit)」，「過失」および「軽率」の各概念についても，
元々あった立法者による定義も，そこに様々に生じた論争問題のせいで削除さ
れたので，未必の故意のみの孤立した規定を置くことは「あまりにも断片的で
ある」と考えたからである[39]．

30 上述の区別の提案に対しては，これまでに，次のような批判がなされている．
行為者にとって結果が完全にどうでもよく，心理的な態度決定がおよそ欠けて
いる場合には，「ありうる法益侵害を是とする決断」あるいはリスクの「真摯
な受け止め」というものは考えられないというのである[40]．しかし，決断の
概念は，他のすべての法概念と同様，裸の心理的事実があったという判断では
なく，規範的な基準に従った評価なのである．ありうるものと認識された結果

未必の故意を，非常によく似た形で，結果の「引き受け」によって概念規定する．「行
為説」および「真摯な受け止め」についても批判的なのは *Behrendt*, v. Simson-FS,
1983, 20 ff.「真摯な受け止め説」に対する批判のまとめとしては，NK-*Puppe*, § 15 Rn.
51 ff., 76 ff. がある． *Lund*, 1993, 122 ff., 128 ff. は，都合の良い結末を信じたことが予
見されたリスクとの比較において「一貫している」(この場合過失) か，「事実に反す
る」(この場合故意) かで区別することを提案する．
(38) *Honig*, GA 1973, 262 は，行為者が，「犯罪行為を回避できることを計算に入れて
いた」か否かに着目する．同様の見解に立つ *Kindhäuser*, AT, § 14 Rn. 30 にとっては，
「計算に入れていたこと」は，「具体的な可能性表象」であり，それゆえ，彼は，自ら
の見解を「可能性，蓋然性説」に位置づける．
(39) BT-Drucks. V/4095, 9. 刑法委員会における審議について詳しくは *Honig*, GA
1973, 257 ff.
(40) 最近のものとして LK[11]-*Schroeder*, § 16 Rn. 93, および *Stratenwerth/Kuhlen*, AT[5],
§ 8 Rn. 118 における検討を参照のこと．

第3編　構成要件

の発生について完全に無関心な者にとっては，当該結果の発生も不発生と同等に好都合である．このような態度の中には，すでにありうべき法益侵害を是とする決断が含まれている．つまり，ここで言う「決断」(Entscheidung)は，「決定（Beschluss）」のような熟考に基づく意思活動である必要はないのである．ある構成要件的結果の可能性を計算に入れながら，それにもかかわらず，自らの計画を取りやめない者は，そのことによって —— ある程度，はっきりした行為によって —— 保護法益を否定する決断をなしている[41]．

31　この種の考慮は，最近の議論の展開において未必の故意の規範化をもたらし[42]，「故意理論の認識的構成と意思的構成という硬直した二者択一[43]」を過去のものとした．認識しなければならないのは，故意と過失との区別は，心理学的基準のみによって —— ひとえに，その際，認識の特定の形式か意思の特定の形式かいずれに着目するのかによって —— もたらされうるわけではなく，判断の最終段階においてある評価行為が，すなわち規範的な帰責判断がなされるのだということである．決断説は，その後で，全事象経過を評価の基礎に据え，個別事例の全事情を評価したとき，行為者の態度が —— 必要に迫られての，そして条件付のものであったとしても —— 行為者が保護法益を否定する決断を為したものと解釈させるものなのか，それとも行為者は幸運な結末を信じていたと認めるのが説得的なのかという問いを立てるのである．

32　故意は徴表を通じて推認されるほかなく，故意に直接アクセスして観測することはできないからである[44]．他人の頭を近距離から射撃するか，他人の胸をナイフで突き刺すかする者は，自分は幸運な結末を信じていたという言い訳を聞き入れられることはない．この事情は，—— 条件付のものではあって

---

(41)　類似の解決は，*Phillipps*, ZStW 85 (1973), 38（未必の故意は，「行為者が法秩序において妥当する危険格律と相容れない態度を是とする決断を認識をもって下した場合に存する」）および *E. A. Wolff*, Gallas-FS, 1973, 222（行為者が，「自らの理性によって自らに対して設定された，踰越しがたい危険の限界」を超えたとき）に見られる．*Haft*, ZStW 88 (1976), 386 ff. の様々な予測および態度決定ファクターの一覧表も類似の帰結に至る．本書の見解の一貫性を（勘違いであると）批判するものとしてNK-*Puppe*, § 15 Rn. 56.

(42)　この点につき詳しくは，*Roxin*, Rudolphi-FS, 2004, 243.

(43)　*Hassemer*, Arm. Kaufmann-GS, 1989, 295.

(44)　*U. Schroth*, in: Schünemann/Tinnefeld/Wittmann, 2005, 470.

584

第 12 章　故意と構成要件的錯誤

も —— 被害者の生命を否定する決断を認めることを正当化する．これに対して，ある者が，道路交通において著しく危険な態度によって事故を引き起こし，あるいはベッドで喫煙したことによって火災を惹起した場合，原則として過失を認めることになり，保護法益を否定する決断は否定される．行為者が自身を最も危殆化するという事情は，—— 自殺者の場合以外では —— 単なる軽率を認める方向に作用する．他方，行為者が，場合によっては結果を甘受するような動機を有していた場合，例えば，革紐事例において被害者の物を何としてでも持ち去るという意思を有していたならば (Rn 21, 22)，それが未必の故意を帰責するための決定的な徴表となる．これに対して，行為者が結果を消極的に認容するための動機を有していないことは，単なる過失を認める方向に作用する．例えば，幸せな家庭生活を送っており，普段は優しい父親である者が，泣きわめく小児の頭を殴るか，強く「揺さぶって」死亡させた場合がこれにあたる．普段の振る舞いを前提にすると，そこに子供の生命を否定する条件付決断は見出せず，単なる過失しか認められない．

33　典型的な事例群と影響力のある徴表の包括的かつ異論のない析出は，まだ完成していないが，本書が従うラインに沿う努力は古くからなされてきた．*Krauss* は，すでに 1978 年に[(45)]，故意と過失との区別は，「ある心理的事実の心理学的な貫徹の問題に先決されるのではなく，社会的な失錯行為の観点からする規範的な類型形成の問題である」ことを強調していた．*Hassemer*[(46)]は，決断説の立場から，故意のより重い責任内容を把握することを許す徴表の理論を主張した．*Schünemann*[(47)]は，意思的な故意基準には「正確に記述可能な意識現象ではなく…全体事象の偽装された評価」を見出した．彼は，この点を基礎にして「故意の類型の個別的特質」をくくり出すことを試みた．*Philipps*[(48)]は，未必の故意の基準を特定するために複数基準的なコンピュータ上のプロセスを開発した．そして *U.Schroth*[(49)]も，未必の故意の確認にあたって相互に衡量されるべき指標と反対指標とを設定しておくことを提案した．連

---

(45)　*Krauss*, Bruns-FS, 1978, 11（26/27）.

(46)　*Hassemer*, Arm. Kaufmann-GS, 1989, 289（296）.

(47)　*Schünemann*, Hirsch-FS, 1999, 363, 367, 372.

(48)　*Philipps*, Roxin-FS, 2001, 365.

(49)　*U. Schroth*, in: Schünemann/Tinnefeld/Wittmann, 2005, 470.

第3編　構 成 要 件

邦裁判所は，故意と過失の区別にあたって，「すべての客観的主観的行為事情の全体的考慮」に着目する傾向を強めているので，判例・学説は，認識と意欲をめぐるすべての争いを超えて一段高いレベルで再び一致することになりえよう（判例について詳しくは Rn. 75 以下，特に 86 以下を参照のこと）.

34　「真摯な受け止め」，「軽率」は，行為者が不法の認識を有していることを前提としており，それゆえ，不法の認識は故意には属さないとする責任説[50]に反するという批判も説得力を欠く．なぜなら，法益侵害の認識は，構成要件的故意から成立するものであって，これがすでに行為者を，通常の場合，決断状況に置くからである．特別刑法において時としてそうであるように，この点が異なる場合は，責任説自体に疑問が生じる（この点につき 21 章 Rn. 10, 40 以下参照）.もう一つ，この見解は，すべての表象された可能性を真摯に受け止め，その限りでなお慎重である者を不注意かつ軽率な者に比して，不利益に取り扱うことになるという批判がある．しかし，これは誤った見方である[51]．自らが認識した結果発生の可能性を真摯に受け止める者は，そうしない者に比して優位に立っている．なぜなら，彼は自らの行為をやめるべく要請される理由を，より明確に見ているからである．すべての可能性を考慮していることではなくて，結果を冷静に計算に入れた上で，前進したことが故意の軽率に比してより高い当罰性を根拠づけるのである．もっとも，「真摯な受け止めの公式は，時として，特別に危険な行為者（すなわち，最も強い心理的抑圧能力を有している者）」に不当な特権を与えているのではないかという，原則的な問いを立てることも可能である[52]．しかし，計算づくの法違反は，その目標設定において法に忠実な者の「心理的抑圧」よりも高度の法敵対性を表す．たしかに，「底なしの軽率」という例外事例のために，「特に軽率な遂行は，故意的な遂行と同等に処罰され」うることにする特別な規定を置くべきではないかを議論することは可能ではある[53]．しかしながら，これは，立法者の刑事政策的な判断にかかること

---

(50)　*Schumann*, JZ 1989, 431.

(51)　*Schmidhäuser*, JZ 1980, 250 も参照のこと．これは，同様に要約した上で，「考え違い」であると表現する.

(52)　*Schünemann*, JA 1975, 204; LK[11]-*Schroeder*, § 16 Rn. 89.

(53)　このような意味において *Hall*, Mezger-FS, 1954, 245. Rn. 74. 故意と認識ある過失についてのまとめとしては，Rn. 74 参照のこと.

第12章　故意と構成要件的錯誤

であり，未必の故意により行為する者の原則としてより高い当罰性を変更する
ものではなく，例外的に，任意に法定刑を同等にするとした場合においてすら，
二つの遂行形式の犯罪類型上の差違を解消するものではない．

2　類似の見解および異なる見解[54]

35　本書が区別のために用いる「真摯な受け止め」あるいは「甘受」といった概
念は，故意の概念規定ではなく，故意が存在することの確たる徴表であり，そ
こから可能な法益侵害を是とする決断を推測することが可能な諸事情である．
学説における他のアプローチは[55]，その多くは特別な「理論」として主張さ
れるのであるが，往々にして間接証拠を挙げるに過ぎず，それ自体として本書
の唱える見解ときわめて近い．

a）認容または認諾説

36　古い学説において支配的だったのは，意思説と表象説との対立である[56]．
これらのうち，前者においては，区別の重点が未必の故意の意思的要素に，こ
れに対して後者では，知的要素に置かれていた．意思説の最も影響力をもった
表現形態は，特にライヒ裁判所の判例にみられた**認容または認諾説**（Billigungs-
oder Einwilligungstheorie）であった．この見解は，未必の故意に結果の予見と
ならんで，行為者が結果を内心的に認容していたこと，それに同意していたこ
とを要求する．すなわち，「まさにこの点に…つまり，結果の認容という結果
の可能的な発生の予見に追加されるべき，独立の内心的事実にこそ，未必の故
意の本質的メルクマールがある」（RGSt 33, 4〔6〕）とされたのである．この「認
容」という基準を言葉通りに受け取れば，行為者にとって結果が好都合である
こと，彼が結果発生を喜んだことを要求しなければならないことになる[57]．
出発点とした事例（Rn. 21）においては，この場合，認識ある過失しか認める

---

(54)　*Geppert*, Jura 1986, 610 ff.; *U. Schroth*, 1994, 87 ff. の概観も参照のこと．

(55)　より古い時代の学説史について包括的には *Engisch*, 1930, 88 ff. 未必の故意と普通
　　　法時代の間接故意との関係を説明するものとして NK-*Puppe*, §15 Rn. 17 ff.

(56)　*Engisch*, 1930, 126 ff.; *Mezger*, StrafR, ³1949, 342 ff. 参照．

(57)　最近再び明示的にそのような見解を示すのが *Ingo Müller*, NJW 1980, 2392 である．
　　　行為者が結果を「是認し，肯定し，歓迎したこと」が未必の故意には必要であるとす
　　　る．

第3編　構成要件

ことができない．行為者達にとって被害者の死は，明らかに歓迎されざる出来
事であったからである．さもなければ，彼らは，当初より穏やかな手段を選択
し，後に蘇生を試みたりしなかったであろう．

37　この厳格な形態における説を解釈すると，本説は，本書の唱える理論とは異
なる結論に至らなければならない．だとすれば，本説は拒絶されなければならな
い．すなわち，第1に，行為者が結果の発生をまさにしているとすると，多
くの場合，すでに「意図」が成立し，本説は，未必の故意に残すものはほとん
ど何もないことになる．第2に，そして，なかんずく，この見解は，故意構成
要件の任務が，意識的に計算された法益侵害を，どのような情緒的態度におい
てそれが行われたかとは無関係に妨げることにあるという知見をも看過してい
る．ある者が，自分が計算に入れた結果を甘受するか，これに対し無関心な態
度をとるか，あるいは，それどころかこれを遺憾に思うのかは，量刑において
は重要であるが，故意性には何らの影響を与えることもできない[58]．故意の
意思的要素には，行為者が結果を自らの計画に関係づけ，それゆえ，法的価値
に反する決断の意味において「意欲」したことだけで十分である．それ以上の
心情無価値は必要ない．

38　反対説は，繰り返し，医師が死亡に転帰する可能性のあることを真摯に認識
しながら，適応のある手術を行う，あるいは友人を救うために友人を攻撃する
者に対して発砲するが，友人に命中することもありうることを明確に認識して
いるという事例を指摘する[59]．未必の故意をもって行われた殺害は，行為者
が，結果を内心的に受け容れていなかったという理由で否定できる場合がある
に過ぎない，という趣旨である．しかし，これは誤りである．手術と発砲が，
そうしなければ確実であった死亡から救助するための唯一の手段であったなら
ば，いずれの行為も，すでに客観的に適法（同意，推定的同意，あるいは正当化的
緊急避難によって）であり，故意の問題はそもそも生じないからである[60]．

---

(58)　*Roxin*, JuS 1964, 58（= Grundlagenprobleme, 223 f.）参照．

(59)　*Mezger*, StrafR, ³1949, 347 参照．加えて E 1958 の理由書 S. 23 も，反対説を，こ
のような考慮によって正当化する．

(60)　*Roxin*, JuS 1964, 58（= Grundlagenprobleme, 225）を同所所掲の諸文献と共に参
照のこと．本書と同様にいうものとして NK-*Puppe*, § 15 Rn. 124 f. および同所所掲の
諸文献も参照．

588

第 12 章 故意と構成要件的錯誤

39 認容説における「認容」概念の理解は，当初から変遷を重ねている[61]が，戦後は，限定的な意味に解釈されるようになり，結局は，本書が唱えるような立場に至っている．このような発展過程は，BGHSt 7, 363（事例 6 Rn. 21 の例）において，最も明確な形で示されている（これ以降の判例については Rn. 75 以下参照）．連邦裁判所は，もちろん，この事件において二人の犯人を謀殺で有罪とし，未必の故意を次のように根拠づけた（同所 369 頁）．

「結果の認容は，未必の故意と認識ある過失との決定的な区別メルクマールであるが，例えば，結果が行為者の希望にかなうものでなければならないといった意味ではない．未必の故意は，行為者にとって結果の発生が望ましからざるものであった場合にもありうる．行為者が自ら目指した目標のために，つまり他の態様ではその目標に到達できない以上，自らの行為がそれ自体としては望ましくない結果を惹起することを甘受し，そのような意味でその発生を意欲している場合には，行為者はそうであっても，そのような結果を，法的意味においては認容しているのである」．

さて，確かに，「法的意味における認容（Billigen）」が通常の用語法によれば否認（Missbilligen）とされる事柄をも意味しうるというのは，ややこしい話である[62]．この甘受への明示的な関連づけが示すように，連邦裁判所は，事実上，通説に肩入れしているのである．「認容」が，行為者がありうる結果を行為計画に組み込んでおり，その限度で彼の意思に取り入れていたということしか意味しないのであれば，用語の上ではともかくとしても，未必の故意の事実上の射程については一致が見られる．学説においても，本説はこのような意味において主張されることが多い[63]．その結果，今日では，たんに通説の変化形として成り立っているにすぎない．

b）無 関 心 説

40 認容説は，その厳密な形式においては，*Engisch*[64]が展開した**「無関心説」**

---

(61) *H. Mayer*, LB AT, 1953, 253; *Roxin*, JuS 1964, 56（ = Grundlagenprobleme, 219）; *Blei*, AT[18], § 32 IV 2 b. 参照.

(62) *Schmidhäuser*, GA 1957, 308; *ders.*, GA 1958, 171 の批判も参照のこと.

(63) *Baumann/Weder/Mitsch*, AT[11], § 20 Rn. 54; *Maurach/Zipf*, AT/1[8], 22/34 ff.

(64) 引用は NJW 1955, 1689 から．詳しくは *Engisch*, 1930, 186 ff.; 同旨 *Sch/Sch/Cramer/Sternberg-Lieben*[26], § 15 Rn. 84. 未必の故意は，「行為者が構成要件実現を可能であると考え，かつ保護法益に対する無関心からそれを甘受した場合に」あるとす

589

第3編　構成要件

に近い．この見解によれば，未必の故意が認められるのは，「行為者が可能で
あるに過ぎない悪しき結果を積極的に是認するか，無関心に受け入れた場合で
あるが，付随結果を望ましくないものと評価し，これに基づいてそれが発生し
ないことを望んだ場合には認められない」．この理論には，無関心が，行為者
が結果を甘受し，それゆえ，故意的に行為したことの確実な徴表である限度に
おいて，賛同できる．しかし，本説は，結果が望ましくないという意味におい
て無関心であることが，故意を阻却してしまうというその裏返しの想定におい
ては適切ではない．*Engsich* は，革紐事例（事例6 Rn. 21）において，単なる過
失を認めることにならざるをえない[65]が，これは満足できる結論ではない．
意識的に計算に入れられた自らの行為の結果の責任を，自分自身すら信じてい
ない単なる希望によって免れることは許されないからである．その限りで，正
真正銘の認容説に向けられるのと同じ批判が妥当する．決定的なのは，万が一
の事態について何を是とし，何を非とする決断をしたのかであって，どのよう
な願望と希望に基づいてそれをなしたのかではない．

c) 表象説ないし可能性説

41　意思説のすべての変化形の対極をなすのが，故意の限界を画するについて知
的要因にのみ着目する表象説である．本説は，今日では特に，結果発生の可能
性の単なる表象だけで，いかなる意思的要素もなしに，未必の故意が基礎づけ
られるとする極端な形態において支持者を見出している（「**可能性説**」）．本説は，
戦後はまず *Schröder*[66]によって展開され，その後，とりわけ *Schmidhäuser*
の数多くの業績によって深化された[67]．本説は，単なる可能性の表象があれ

　　　る．無関心説に対して詳細な批判を行うのは NK-*Puppe*, § 15 Rn. 62 ff..

（65）　*Engisch*（NJW 1955, 1689）は，行為者に「殺害故意の非難のために必要とされな
　　　ければならない内心的態度が完全には存在しない」と考えた．

（66）　*Schröder*, Sauer-FS, 1949, 207 ff.

（67）　*Schmidhäuser*, GA 1957, 305 ff.; *ders.*, GA 1958, 161 ff.; *ders.*, 1968; *ders.*, LB AT²,
　　　10/89 ff.; *ders.*, JuS 1980, 241 ff.; *ders.*, JuS 1987, 373 ff. よく似たものとして，*Bottke*,
　　　1988, 188 ff. (193)「構成要件に特殊な許容できない危険の表象」; *Jakobs*, 1972, 144 ff.;
　　　Morkel, NStZ 1981, 176 ff.; *Zielinski*, 1973, 166 ff., 309 も同旨．*Freund*, AT, § 7 Rn. 60
　　　は，認識的要素の非合理的要素を解釈替えすることによって表象説に至る．すなわち，
　　　「当初認識された可能性が具体的に実現することを不合理にも認識から追いやったこと

590

第 12 章　故意と構成要件的錯誤

ばそれだけで行為者に，さらに行為することをやめさせるべきであり，結果の
不発生を信頼することはその可能性の否定を意味するという考えに基づいてい
る．本説は，そこから従来の意味における認識ある過失の存在を否定するに至
る．「すべての過失は，認識なき過失である」と言ったのは *Schröder*[68]であ
るが，*Schmidhäuser*[69]は，「従来の意味における認識ある過失」を語ることは
できず，「故意と過失は，認識と不認識」とに分けられるべきであるとした．
この学説が革紐事例（Rn. 21 の事例 6）において未必の故意を認めるに至るべき
ことは明白である．[70]

42　構成要件実現の可能性を認識したにもかかわらず，行為を続けた行為者は，
常にそれだけで結果発生を計算に入れており，保護された法益に敵対する決断
をしていると本当に言えるのであれば，この構想は賛同を得ていたであろう．
しかし，そうではない．警告がなされているにもかかわらず危険な追い越しを
する者，あるいは燻っている吸い殻を投げ捨てる者は，法益侵害の可能性を極
めてよく認識しているが，それにもかかわらず，その不発生を信じている．あ
る者が可能性を認識したが（軽率な信頼によってであれ），その実現を真摯に計算
に入れなかったという状況は，心理学的には非常に高い頻度で見られるところ
である．だとすれば，「行為者は，自らの行為の可能な結果が頭をかすめたこ
とを横に置いておいて，きっとうまくことが運ぶ，という，たいていの場合，
合理的には根拠づけられえない想定によって決定的な決断を避ける」のであり，
まさにそうでもあるがゆえに，認識ある過失が認められるべきなのである．仮
に，ある者が，遠距離から射撃を行い，10 ％程度の蓋然性をもって X に命中
させることができると明確に認識していたとする．この場合，その者が X の
殺害を意図しており，かつ実際に命中したとすると，その者は，確実に故意犯
として処罰されうる．行為者が，他の条件は同じとして（ceteris paribus），一匹
の狩猟鳥獣を狙っていたのであり，勢子の X に命中するというそれ自体認識
された可能性を軽率にも真摯に受け止めなかったのだとすると，X に命中する

は，故意にとって決定的な時点における認識の欠如をもたらす」とするのである．こ
のことによって，意思的要素の意味が実質上承認されている．

(68)　*Schröder*, Sauer-FS, 1949, 245.

(69)　*Schmidhäuser*, GA 1957, 312.

(70)　*Roxin*, JuS 1964, 60（= Grundlagenprobleme, 229）.

591

第3編　構成要件

という事故が起こった場合にも，認識ある過失しか成立しない．すなわち，同じ認識状態が，ある場合には未必の故意とされ，他の場合には認識ある過失とされうるのである．故意を認識要素に限定する解釈は，主知主義的に過ぎる[71]．

43　このことは，可能性説が（その理論上の対抗者，すなわち最近の説と同様に），本書の唱える見解と実践的な帰結においてほとんど異ならないという点を変更することはない．なぜなら，例えば*Schröder*も，ある者が可能性の表象があったにもかかわらず，きっとうまくいくという確信をもって安心していた場合には，過失しか認めようとしないからである．*Schröder*は，その場合，「結果惹起の可能性の現実的な表象がそもそも」[72]ないと考えるだけである．*Schmidhäuser*も軽率な追い越しの事例においては，過失しか認めようとしない[73]．*Schmidhäuser*は，運転者は事故惹起の可能性の元々はあった認識を，追い越しの瞬間には完全にその認識が欠けるような形で，念頭から追い払ったのだとする[74]．行為者は，結果発生の「抽象的な」可能性は認識していたかもしれないが，「決定的な瞬間には彼の意識において具体的可能性を」否定しているのだという[75]．*Schröder*が**「現実的」**表象と呼び，*Schmidhäuser*が結果惹起の**「具体的」**可能性と呼んでいるものの背後には，本書が，結果発生の可能性の「真摯な受け止め」あるいは「甘受（Sich-Abfinden）」と表現している事態とほぼ同じものが隠されている．すなわち可能性説は，事実上，異なる判断を含むのではなくて，用語法の別な解釈を提供しているだけなのである[76]．

44　*Schmidhäuser*が可能性説に拘泥するのは，「故意性」を「いかなる意思的要素を

---

(71)　より詳しくは，*Roxin*, JuS 1964, 60（＝ Grundlagenprobleme, 230）; 同じく *Jäger*, AT, § 3 Rn. 77; *Wessels/Beulke*, AT[34] Rn. 217.

(72)　*Schröder*, Sauer-FS, 1949, 231.

(73)　詳しくは *Schmidhäuser*, JuS 1980, 244 f.

(74)　*Wessels/Beulke*, AT[34] Rn. 217 および *Herzberg*, JuS 1987, 780 は，これを「擬制」と呼ぶ．詳しい批判は *Köhler*, 1982, 304 ff. および同各所にある．さらに *Herzberg*, JuS 1987, 780 は，「考えうることを否定」してはならず，行為者は「行為者は，その行為中に至ってもまだ危険を認識せず，あるいは，その時点ではじめて認識することをいわば禁じられる」とする．

(75)　*Schmidhäuser*, JuS 1980, 250.

(76)　*Herzberg*, JuS 1986, 259 Fn. 40 は，「言葉をめぐる争い」であるという．*Küpper*, ZStW 100（1988），761 は，認識的側面が，可能性説によって「恣意的にゆがめられ」，「望ましくない行為者の表象が単純に無視されている」ことを強調する．

第12章 故意と構成要件的錯誤

も含まない…責任要素として」[77]理解する原則的に異なる構想に起因している．彼は，そもそも「意思的態度」を不法に限定し，責任を精神的な法益侵害的態度と理解しようとする[78]．しかし，欄外番号23および42以下で言及した諸事例が，故意からすべての意思的要素を取り去る場合には，前提となる現象像が歪められてしまうことを示している．

d）蓋 然 性 説

45 表象説のもう一つの変化形が「**蓋然性説**」である．本説は，近いところでは，特に *H. Mayer* によって唱えられた[79]．すなわち，「蓋然性とは，単なる可能性以上，優越的蓋然性以下のことを意味する」．これに近いのが，*Welzel* の見解である．*Welzel* は，故意を根拠づける結果を，「計算に入れること」の内容を *Mayer* の蓋然性表象に依拠して定める[80]．*Ross* は，これをさらに一歩進めた[81]．彼は，故意の有無を「行為者が，犯罪構成要件が実現されることになるであろうことを計算に入れていた（優越的に蓋然的であると看做していた）か否か」によって決まるものであるとする．「蓋然性説の一種に依拠しつつこれを変更して」*Schumann*[82]は，そこから「真摯に受け止められるべき結果のリスクが生じる」「因果的諸要因の一定量の認識」に着目する．*Joerden*[83]は，「問題の法益にとって一定の**具体的**危険を引き起こすことを表象している行為者は，（未必の）故意をもって行為している」とした．さらに *Gimbernat* は，第2級直接故意においては，意思は何の役割も果たさないため，未必の故意については完全にこれを等閑視すべきであるとした[84]．

46 これらすべての蓋然性説は，その結論において本書の見解と遠く隔たっているわけではない．行為者が結果発生を多かれ少なかれ蓋然的であると考えている場合，このことは，事実上，その行為者が，この可能性を真摯に受け止めて

---

(77) *Schmidhäuser*, 1968, 25 f.; 最近では，*ders.*, Oehler-FS, 1985, 135 ff.

(78) Schmidhäuser の刑法体系については，*Roxin*, ZStW 83 (1971), 369 ff. 参照．

(79) *H. Mayer*, LB AT 1953, 250 ff.; *ders.*, StuB AT, 1967, 121.

(80) *Welzel*, StrafR¹¹, 68.

(81) *Ross*, 1979, 114 およびその各所．

(82) *Schumann*, JZ 1989, 433.

(83) *Joerden*, 1988, 151; *Brammsen*, JZ 1989, 80.

(84) *Gimbernat*, 1990, 257.

593

第3編　構成要件

おり，これを計算に入れていたことの本質的な徴表となるからである．行為者
が，故意の事例においては結果の「単なる可能性以上のこと」，あるいはさら
に「優越的蓋然性」を表象していなければならないならば，このような表象に
反してさらに行為する場合には，原則として可能な法益侵害を是とする決断が
認められる．革紐事例という出発点となる事例（Rn. 21 の事例6）においては，
それゆえ，蓋然性説も未必の故意を認めることとなろう．しかし，争うべきは，
結果を計算に入れていたことが，真摯なものであるか否かについては，純粋に
知的な蓋然性予測のみが決定的であるとする点である．そうすることは，ごく
わずかな行為者しか，特定の程度の蓋然性を考慮していないというだけの理由
で常に，不可能である．

e）Puppe の「故意危険」説

47　*Puppe*[85]によれば，結果発生の「重大な危険」，いわゆる故意危険[86]を創出
した者は，未必の故意をもって行為する者である．「故意危険は…理性的な行
為者なら，結果の発生を甘受し，あるいはそれを望むなどする場合にしか創出
しないような危険」であり，「理性的な者なら，侵害結果が発生すべきである，
あるいは少なくとも発生してよい，という格率の下においてしか冒さないよう
な危険[87]」である．行為者の態度が，有効な結果を惹起する戦略を意味する
ものでなければならないのである[88]．そうであるときは，たとえ行為者が危
険を真摯に受け止めていなくても，そして幸運な成り行きを信じていたとして
も，未必の故意はある．したがって，決定的なのは，規範的な基準であって，
個別行為者の主観的な態度ではない．

48　事案のすべての事情を評価に取り入れる本書の見解からは，*Puppe* は，事
象の単一の要因のみを区別基準として通用させている．すなわち，それは，危
険性の認識された量であり，これが理性的な判断者の評価に付されるのである．
しかし，これにはいくつかの重要な理由から反対しなければならない．

---

(85)　*Puppe*, ZStW 103 (1991), 1; *dies.*, 1992, 35 ff.; *dies.*, Grünwald-FS, 1999, 469 ff., 487
　　ff.; *dies.*, NK, § 15 Rn. 17-155; *dies.*, AT I, § 16, 290 ff. Rn. 1 ff.

(86)　*Puppe*, AT/1, § 16, S. 314.

(87)　*Puppe*, ZStW 103 (1991), 41.

(88)　*Puppe*, AT/1, § 16, S. 316 およびその各所.

第12章　故意と構成要件的錯誤

49　第1に，ある「理性者」という基準に着目することはあまりにも不明確である．ある行為が，客観的に帰属可能な結果危険を含んでいる場合，それだけでもそのような行為を行わないことが理性的であると言えるからである．この場合，Puppe の見解は「可能性説」（Rn. 41 以下）のそれと変わるところはなく，新しい内容をもたらさない．*Puppe* は，そこで，パーセンテージとしての蓋然性に依拠することなく，結果発生の蓋然性が「比較的高い」[89]ことも要求する．しかし，この場合は，何故そのような想定が理性にかなうものとなるか，そして本説が，蓋然性説のその他が変化形とどう異なるのかが不明確となるばかりでなく，結果危険が，一方で「高度」でなければならず，他方で「比較的」に過ぎないものでよいとすることが何を意味することになるのかも不明である．

50　第2に，「故意危険」といった単一の基準は，故意・過失の可罰性の違いを唯一正統化する両者の責任の差違に対応した判断をするのに適していない．適切な段階づけは，事案のすべての事情を考慮に入れてはじめて可能となる．例えば，ある連邦裁判所によって裁かれた事例[90]において，行為者は，被害者を「激しく殴打し」て殺害した．ここで，故意危険があると認定すると[91]，故意の殺人を理由とする有罪判決は不可避となる．さて，しかし，この事例においては，行為者は「高度の興奮状態」にあり，犯行は「人格不相当」で，被告人は，暴行の後警察と救急車を呼び，被害者の死を知らされたときには「見るからにショックを受けていた」．連邦裁判所とともに，こうした諸事情の全体から，行為者は，被害者の死を是とする決断を，未必的にすら下しておらず，被害者が死なないことを信じていたと推認するならば，激しく殴打することによって創出された危険のみに着目する場合よりも，より適切な評価を下すことができる．この事例は，Puppe の理論が，他のすべての行為事情を捨象することによって，実態に照らして適切でない故意の拡張を来していることも示している．

51　第3に，この故意危険の理論は，他方で，故意犯としての処罰範囲をまたもや過度に限定してしまう．*Puppe* は，わずかな結果危険しかない場合，さらに

---

(89)　NK-*Puppe*, § 15 Rn. 92.

(90)　MDR（H）, 1977, 458.

(91)　NK-*Puppe*, § 15 Rn. 96 は，個別事例の —— 知られていない —— 諸事情を確認したわけではなく，これに着目するだけである．

595

第3編　構成要件

は中程度の危険がある場合にすら⁽⁹²⁾故意行為を認める可能性を —— 意図が
あった場合ですら —— 全く否定してしまうので，ある者が，他の者をあまり有
利ではない，あるいは中程度の射撃位置から殺害意図をもって狙撃して成功し
た場合⁽⁹³⁾にも，その者は，過失致死を理由としてしか有罪とされえないこと
になってしまう．こうした諸事例において行為者の責任は，過失の刑しか正当
化しないと主張することはできない．なぜなら，行為者は，保護された法益に
敵対する決断を一義的に下しており，彼の計画は，結果の見込みが少なかった
にもかかわらず，完全に実現しているからである．

52　第4に，そして最後に，この故意危険の理論は，実定法とも調和しない．刑
法224条1項5号は，治療行為については，それが故意的に生命を危殆化する
ものであったとしても，傷害の故意しか成立しえないことを基礎としている．
しかし，生命に危険のある治療であっても，殺害犯の意味における故意危険は
未だ創出していないとすることは，説得力を欠く．同じことは，刑法315条以
下の具体的危険犯にも当てはまる．

f）回避意思不発動理論

53　*Armin Kaufmann* の，行為者が結果の可能性を表象していたときに未必の
故意が否定されるべきは，行為者の操縦意思が結果回避に向けられていた場合
のみである（しかしその場合には常に否定される）とする構想は，意思説と表象説
の（表見上の）二元論の枠内には収まらない⁽⁹⁴⁾．これによれば認識ある過失と
なるのは，行為者がその結果を発生させる作用を有する行為に当たって「それ
によって可能なものと表象された付随結果が発生しないように，経過を操縦す
ることを試みる反対因子を同時に投入した」場合である⁽⁹⁵⁾．その際，行為者
が「自らの技量によって一定の現実的な可能性を確保していること」が条件と
される⁽⁹⁶⁾．この「**回避意思不発動理論**」は，蓋然性説と同様に，本書の立場
からも，故意の概念規定に重要な手がかりを与える．行為者が事態を経過する

---

(92)　*Puppe*, AT/1, § 16 Rn. 41.

(93)　*Puppe*, AT/1, § 16 Rn. 36; *dies.*, NK, § 15 Rn. 67 ff.

(94)　*Arm. Kaufmann*, ZStW 70 (1958), 64 ff. 目的的行為論の立場からの批判としては
　　Stratenwerth, ZStW 71 (1959), 61 参照.

(95)　*Arm. Kaufmann*, ZStW 70 (1958), 78.

第 12 章　故意と構成要件的錯誤

に任せ，これに対抗する努力をしなかった場合には，そのことから彼が結果を
甘受していたと推測することが可能であることが多い．これに対して，結果回
避のための努力を払っている場合，行為者は，結果の不発生を信じており，も
はや故意的に行為したとは言えないことが多い．

54　しかし，Kaufmann の基準をもってしても，（反証可能な）徴表以上の地位が
得られているわけではない[(97)]．一つには，人間の軽率は，特別な注意措置を
講ずることなしに，自分が幸運の星の下にいることを信じる方向に傾く（火の
ついた吸い殻を，火気厳禁の地域に投げ捨てる事例を考えるとよい）ことが稀ではない
からであり，さらには，回避の努力も，行為者自身がその成功を信じておらず，
それにもかかわらず，さらに行為した場合には，故意を阻却しえないからであ
る．冒頭の事例（Rn. 21 の事例 6）にはそのような事情がある．すなわち，行為
者は，絞扼を「力を配分し」たことによって，彼女は，その後も真摯に予測し
ていた被害者の死を回避することができることを望んでいた．しかし，このこ
とから，彼女が故意行為の非難を免れることはできない[(98)]．反対因子を投入
したが，それにもかかわらず，その失敗の可能性が 50 ％はあると見込んでい
る者が，最初から構成要件実現の可能性が 50 ％あると見込んでおり，そのこ
とによって計画を取りやめなかった者とは異なる扱いを受けることはありえな
い[(99)]．

---

(96)　*Arm. Kaufmann*, ZStW 70（1958），77.

(97)　*Hassemer*, Arm. Kaufmann-GS, 1989, 289 ff., *Hillenkamp*, Arm. Kaufmann-GS,
1989, 351 ff. および NK-*Puppe*, § 15 Rn. 45 ff. の批判的衡量的説明もこれに類似する．
U. Schroth, 1994, 94 ff.; *ders.*, JuS 1992, 8（引用はここから）は，「真摯な回避努力」を
故意阻却事由と看做す．彼は，「行為者が，自らの回避努力が実を結ぶことを非蓋然的
ではないと考えている場合に」，この真摯な回避努力があったと認める．

(98)　*Arm. Kaufmann* 自身は，故意犯の成立を認める（ZStW 70 [1958], 77）が，一貫
させれば過失しか肯定できないのではなかろうか（*Stratenwerth*, ZStW 71 [1959], 62）．

(99)　*Behrendt*, v. Simson-FS, 1983, 11 ff. は，何ゆえに「行為者が残るリスクを完全に
認識している場合に，なにがしかの確信的期待を伴って行われた回避行動がすべて故
意刑から解放することになるのか」を「理解するのは困難である」とする（S. 24）．
Behrendt は，改善された反対統制の理論を提案する．これによれば，行為者が「危険
の程度が適切に見積もられている場合に危険回避の最初の試みを行うか否か」が決定
的となる（S. 31）．しかし，「真摯な」（「真摯に受け止められた」，「真摯に考えられた」
S. 30）反対統制の試みを「なにがしかの確信的期待を伴って行われた」それと区別す

第3編　構 成 要 件

g）フランクの公式

55　未必の故意の究明に今日までよく用いられてきたのが，いわゆる**フランクの公式**である[100]．この公式の首唱者は，正当にも未必の故意の直接的な特徴記述としてではなく，その認定のための「認識手段」であると理解されることを望んでいた．第1の公式は，行為者が，構成要件を実現する結果を最初から確実であると思っていたとしたら，行為者は行為したかという問いからなる．すなわち，「確定的認識があっても，行為者は，行為したであろうという結論に達するのであれば，…故意は…肯定される．他方，行為者が，確実な認識があったとしたら，その行為をやめたであろうという結論に達するのであれば，故意は否定されなければならない」．行為者が，結果発生の確実な認識があった場合にも行為したであろうと言える場合には，いずれにせよ，故意が認められうるという点は正しい[101]．この場合，行為者は，場合によっては結果の惹起を是とする決断を行っていたのであり，これを甘受していたからである．逆の，結果が確実な場合には，行為者は行為しなかったであろうという場合は，Frank の見解とは異なり，未必の故意が否定されるという結論を導くには極めて不確実な推論を許すにすぎないものとなろう．このことをよく示しているのが有名な「ラクマンの射的場事例」[102]である．

事例7

　ある若者がクリスマス市の射撃場の女子従業員の手に乗せたガラス玉を撃ち落とすことができることに 10 ユーロを賭けた．彼は，失敗してもやばいことにならずに混雑したその市から逃げおおせることができると考えていた．彼は女子従業員の手に弾丸を当ててしまった．

　この場合，失敗が確実であったとしたら，行為者は，行為していなかったであろうことは確認できる．なぜなら，その場合，彼は射撃によってリスクを負

　　ることは中途半端に確実な形においてでさえ不可能であろう．

（100）　最終的に *Frank*, StGB, ¹⁸1931, § 59, Anm. V.

（101）　問題は，いかにこれを認定すべきかということだけである．なぜなら，行為者が結果発生をきわめて不確実だと考えている場合に，彼はこの問題につき態度を決定すべききっかけを与えられていないからである．

（102）　*Lacmann*, ZStW 31（1911），159.

うのみであって何の利得もえることがないからである．にもかかわらず，未必の故意は，認められなければならない[103]．行為者は，彼の計画の失敗を計算に入れていた．というのは，彼にとっては，結果の見込みがあることの方が誤射のリスクよりも価値あるものだったからである．

56　*Frank* の，「行為者が，ことが現にどうであれ，また今後どう推移しようと，いずれにせよ私は行為する，と考えているならば，彼の責任は故意的なものである」という第2の公式が晒される批判は比較的少ない．なぜなら，この公式は，完全に，行為者が，結果発生をやむをえずに甘受した場合であっても，行為者は，故意的に行為しているという意味に理解されうるからである．もっとも *Frank* 自身は，おそらく，これと自身の第1公式との違いを明らかにしてはいない．

h）諸々の組合せ説

57　最後に，未必の故意を複数の異なるアプローチの**組み合わせ**によって特徴づける試みがなされることも稀ではない．*Schroeder*[104]は，「未必の故意は，…行為者が構成要件実現を可能であると考え，かつ是認しているか，蓋然的であると考えているか，あるいはこの点につき全くの無関心な態度をとるときに存在する」という．*Prittwitz*[105]は，「刑事訴訟志向徴表説」を展開する．この見解は，危険実現の蓋然性とその認容を，故意を認めるための徴表とし，そして，現実化された回避意思，結果発生に影響を与える可能性および危険に対し防備されていたことを，故意を否定するための徴表であるとする[106]．*Schünemann*[107]は，故意の認識的要素と情緒的要素との確定性の程度に着目

---

(103)　この点につき，*Bockelmann/Volk*⁴, § 14 IV 2 b bb も参照のこと．*Jäger*, AT, § 3 Rn. 75 は，適切にも，（事例7において賭けに勝つことといった）構成要件外的目標は，構成要件的故意にとって決定的ではありえないことを指摘する．さらに *Philipps*, ZStW 85（1973）, 31 ff. は，とりわけ，構造的に類似する「物乞い事例」を議論する．この事例は，物乞いが同情を集めるのに使えると考えて，子供の手足を切断するというものである．この場合，物乞いは，その子供が当該侵襲の結果として死んでしまうこともありうることを完全に真摯に受け止めている．

(104)　LK¹¹-*Schroeder*, § 16 Rn. 93.

(105)　*Prittwitz*, JA 1988, 495 ff.

(106)　この点についての過激な批判が *Herzberg*, JZ 1988, 640 f. に見られる．

第3編　構成要件

し，「可能であると考えた法益侵害を望ましくないと思う」者について，故意を否定する．この場合には，行為者は「一義的に法に敵対する」態度をとっていないからであるという．このような，複数の異なる故意の徴表を取り上げれば，大半の事例において正しい結論に至ることになろう．ただ，これらの徴表が，それだけで故意そのものを意味しうるわけではないこと，そして，その射程は，これらを故意全体（計画実現）にとってとともに，特に未必の故意（可能な法益侵害を是とする決断）にとっても指導的な原理を前提として設定する場合にのみ，正しく評価されうるということだけは明らかにしておかなければならない．

i）Wolfgang Frisch の危険説

58　*Frisch* は，その著「故意と危険」（1983 年）において，故意解釈論，なかんずく，未必の故意と認識ある過失の区別に，新たな基礎を与えることを試みた[108]．彼によれば，故意の対象は，客観的構成要件に属するメルクマールではない．なぜなら，行為者の「認識」は，行為の時点では結果はまだ発生していないというだけで，すでに，構成要件該当結果には関係づけられえないからであるという．故意の対象は，そうではなくて，「構成要件該当的態度」，すなわち212条の事例でいえば，許されない死の危険を伴う態度のみである．未必の故意にとっては，したがって，許されない危険の認識だけで十分であるというのである．何らかの意思的要素は，未必の故意には必要ない．危険の認識さえあれば，故意犯としてのより重い処罰が正当化される．「自らの態度が含む，これを禁止された，構成要件該当的なものとする危険を認識している者にとって，対応する危険を創出するなという規範の命令に従うことは，まさにこの危険性をいまだ理解していない人物にとってよりも，典型的かつ本質的に容易である」[109]．

---

(107)　*Schünemann*, GA 1985, 364; *ders.*, 1988, 489. この点につき批判的なものとして *Herzberg*, JZ 1988, 636 ff.（「ドイツ刑法の伝統とは…相容れない」）．

(108)　入門的文献として極めて読むに値するものに *Küper*, GA 1987, 479 ff. の書評論文がある．Frisch 説についてはさらに，*Herzberg*, JuS 1986, 259 f.; *Ziegert*, 1987, 114 ff.; *Brammsen*, JZ 1989, 80 f.; *U. Schroth*, 1994, 53 ff. も参照のこと．Frisch に従うものとして *Freund*, JR 1988, 116, および *Silva Sánchez*, 1992, 401.

600

59 構成要件該当の危険を認識しつつ，行為する決意を抱いた者は，そのことによって「法益に敵対する決断」をなしている．とはいえ，この故意を根拠づける決断は，行為者が事態を「自身としてもそのように見ていた」ことを要件とするという．行為者が「ある具体的な危険を表象した後に」「このことやその他のことを理由としては何も起こりえない」と考えたのであれば，彼は「(主観的には) 危険のない態度を是とする」決断をしており，故意的に行為したものではない[110]．すなわち *Frisch* も，「行為者が，事がうまく運ぶことを信じている」場合には，危険表象があっても故意を否定しようとするのである[111]．その結果，彼も「現時点で存在する」諸見解のなかで「故意の限界を，最も適用可能なかたちで示すのは，やはり，故意に『危険の真摯な受け止め』を要求する見解である」とする[112]．

60 以上のように略述しただけでも，*Frisch* が彼の編み出した新たなアプローチとは関係なく，本書の唱える構想の三つの中心点を受け入れていることが明らかになる．未必の故意と認識ある過失の間の限界を，刑事政策的に根拠づける，すなわち当罰性の相違から説明する努力において[113]，「法益に敵対する決断」への着目において，そして，「真摯な受け止め」および「信じること」という基準をこの決断の認定に用いるという三つの点においてである．*Frisch* が，行為者自身の態度決定の中にある意思的要素をそれ自体として決定的だとはせず —— 欄外番号 41 以下の可能性説の論者と同様に —— 彼のいう危険認識の理解に取り込むとき，それは実態における一致を何ら変更することのない，概念の (技巧的な) 言い換えに過ぎない[114]．

61 *Frisch* が本書の唱える理論以上のことを主張している諸点に関しては，包

---

(109) *Frisch*, 1983, 97 f. 現在，広い範囲においてこれと一致する見解として AK-*Zielinski*, §§ 15/16 Rn. 18 がある．「構成要件的危険を認識しつつ行為する者は，故意に行為する者である」とする．

(110) *Frisch*, 1983, 197.

(111) *Frisch*, 1983, 482.

(112) *Frisch*, 1983, 484.

(113) とはいえ，当罰性の違いは特に責任の程度の違いに基づくものであって，必ずしも Frisch が強調する，一般予防的，特別予防的必要性における相違に基づくわけではない．この点につき，*Küper*, GA 1987, 500 ff.; *Köhler*, JZ 1985, 671.

(114) この点につき，*Herzberg*, JZ 1988, 636 も参照のこと．Herzberg は，結論的には「騒がしい争いから平和的共存」がもたらされているとする．

第 3 編　構 成 要 件

括的に評価することはできない．*Frisch* は構成要件上の危険に着目すること
によって，望ましい結論を客観的帰属の理論から引き出す．すなわち，刑法上
重要でない危険を意味する事実を —— 誤ってであっても —— 認識する者は，故
意なく行為する．これに対して，危険を根拠づける諸因子を，誤って認識して
いる者は，(不能) 未遂を犯すものであることになる．このこと自体は自明であ
る．しかし，個別の構成要件構造ごと，そして構成要件ごとに異なる重要な危
険の程度の詳細な分析は，本質的な進歩であるといえよう．しかし，*Frisch* が，
規範関連的な危険のみを故意の対象とし，行為事情の認識のその他の点は等閑
視するところには賛成できない(115)．なぜなら，彼も，当然，このような認識
を危険認識の概念に取り込まなければならず，そうだとすれば，実質的には従
来の見解と変わらないからである．結果に関する「認識」とは，予測的な，将
来の結果に関連する認識であるということは正しいが，「意図」および「故意」
という概念の意味内容からすでに明らかなように，以前からこの点について異
なる理解が示されたことはないのである．

j) Jakobs の蓋然性がないとはいえない結果発生と危険馴化の理論

62　*Jakobs*(116)は，蓋然性説と真摯な受け止め説の要素を結合する．彼によれば，
未必の故意は，「行為者が行為の時点において，構成要件実現が彼の行為の結
果として蓋然性がないとはいえないと判断していたとき」に存する(117)．その
限度で，故意の知的要素にのみ着目するにもかかわらず，*Jakobs* は，「認識行
為の諸条件は，知的な種類のものには限られない」余地を認める(118)．すべて
が都合よく運ぶと信じる者は，まさにそれゆえ，結果発生を蓋然的でないと考
えている．つまり *Jakobs* は，真摯な受け止め基準それ自体に反対しているの
ではなく，「軽率さや打ち消しなどが知的側面に及ぼす効果を過小評価」する
ことがないよう警告しているにすぎない．

63　この理論の特殊性は，認識ある過失を，蓋然性が欠けるとの認識に結びつけ
ようとする試みにある．*Jakobs* によれば，蓋然性の最下限を下回るのは(119)，

---

(115)　同旨 *Küper*, GA 1987, 503; *Herzberg*, JuS 1986, 259.

(116)　*Jakobs*, AT², 8/21-32; *ders.*, 1972, 117 ff.

(117)　*Jakobs*, AT², 8/23.

(118)　この点および以下でも *Jakobs*, AT², 8/22.

第 12 章　故意と構成要件的錯誤

結果が発生しうるという表象が，行為者の動機づけに「無視できる程度（guantité neliable）のものとして」影響を与えていない場合である．彼によれば，そのような状況は，特に「危険に馴化」する場合に見られる．*Jakobs* によれば，確かに統計的には存在するが，個人の体験としては，もはや明示することができない，許されない危険というものがある．「少し飲酒して自動車を運転する者は，統計的には計算できる危険を創出しているが，個人的には，この危険は，ある程度の慣れ〈馴化〉がある場合には，結果との関係においては…意味がない」．制限速度の超過や，過小車間距離の場合にも同様の状況があるという．これに対して，「峠の最高地点直前の狭い道で追い越しをかける場合や，赤信号を無視して交差点を渡る」者は，侵害故意を有しているという．このような状況は，「危ないものとして体験されていることも希ではない」というのである．*Jakobs* によれば，決断にとっての重要性は，その他にも，「侵害される財の重大性と危険の程度」にも依存する．

64　これらは重視すべき徴表ではあるが，結果発生は蓋然的ではないという判断を，これらに結びつけようとするとき，これらは硬直的に過ぎる[120]．例えば，酩酊運転は，未必の故意を根拠づけず，赤信号の無視は，常に未必の故意を根拠づけることになる理由は理解できない．いずれの行為態様も，同様に厳格に禁止されており，タブー化されている．ある者が，当該状況を「危ない」ものと感じ，そして，危険を真摯に受け止める程度は，個別事例の具体的事情に依存し，公式化可能な一義性を有しない[121]．「侵害される財の重大性」を参考

（119）　*Jakobs*, AT², 8/30 ff. Jakobs の弟子の *Eule-Wechsler* は，侵害犯における最小限の許容されない損害の帰属のためには，「その危険は，客観的には過失の危険としか評価されないから，一般的にその過失犯の構成要件による捕捉のみが問題となる．最小限の許されざる危険の創出によって，行為者は，法秩序の妥当を故意帰属に適した程度に揺るがしていることを表現していない」（1996, 107）とする．行為者が，このような事例において，通常は結果の不発生を信じていること，その結果，そのことを理由として，認識ある過失しかないということは正しい．しかし，そうした許されない危険の意思的実現があった場合にも，故意帰属は，およそ不可能であるという点は，認めることができない．例えば，殺害意図をもって他人を銃撃した者は，死の結果が発生した場合には，被害者に命中する危険が僅かであった場合でも，212 条によって可罰的である．すなわち，この危険が法的に重要な禁止された危険である必要があるだけである（11 章 Rn. 55 参照）．

（120）　*Küpper*, ZStW 100（1988），763 は「必要な明確性」が欠けるとする．

603

第3編　構 成 要 件

にする点も，これによって特に価値の高い法益（生命，身体）が危殆化される場合には，より価値ランクの低い法益が問題となる場合に比して，未必の故意が認められやすいという意味であるとすれば，説得力を欠く[122]. このように考えると，同じ程度の蓋然性判断が，例えば，殺害故意については肯定に，器物損壊故意については否定に，導くことにならざるをえないが，このことは*Jakobs*の出発点に背馳し，誤った結論を導く傾向が強すぎる．この場合，殺害に対する抑制動機は特に大きいから，危殆化表象は，より価値の低い法益の場合に比して，打ち消されやすく，認識ある過失が認められる可能性が高くなるからである．それゆえ，赤信号の無視も，峠の最高地点での追い越し等も原則として過失しか根拠づけないことになる．

k）Herzberg の無防備な危険の理論

65　徹底的に新しい解決を目指す試みの最新のものは，*Herzberg* のそれである[123]. 彼は，特定の基準が存在する場合，すでに客観的帰属が排除されるとすることによって，この区別問題をすべて客観的構成要件へとずらすことを試みた．その際，決定的な役割を果たすのは，「無防備な危険」という概念である．*Herzberg* は，「構成要件が充足されないようにするためには，行為者の行為に当たって，あるいは行為の後に，幸運と偶然が，それだけで，あるいは，それらがある程度大きな割合で，介入する必要がある」ような危険を，「無防備な」危険と呼ぶ[124]. これに対して，防備済の危険は，「過失的な行為者自身，危殆化された者，あるいは第三者が」，注意することによって結果発生を回避できるかも知れない場合に存する[125]. ある親方が，経験の少ない見習い工を規定通りに（横桟を渡すなどの）転落防止措置をとっていない建築足場に登らせた場合，また，教員が，生徒に禁止の標識が警告しているにもかかわらず，危険な河川で泳ぐことを許可する場合[126]は，それゆえ，死亡結果が発生した場

---

(121)　Jakobs のいう，危険馴化については *Herzberg*, JuS 1986, 257 f. も参照のこと．

(122)　*Prittwitz*, JA 1988, 498 f. 参照．

(123)　*Herzberg*, JuS 1986, 249; *ders.*, JuS 1987, 777; *ders.*, NJW 1987, 1461; *ders.*, NJW 1987, 2283; *ders.*, JZ 1988, 573, 635; *ders.*, JZ 1989, 470. Herzberg は大筋において彼の弟子の *Schlehofer*, NJW 1989, 2017 に従う．

(124)　*Herzberg*, JZ 1988, 639.

(125)　*Herzberg*, JZ 1988, 642.

604

合には，行為者が主観的にどのように評価していたかにかわらず，過失致死罪が成立するにとどまる．被害者は，自らの注意によって死を避けることができたはずであるから，この危険は，「防備済の」ものだったといえるからである．同じことは，峠道の最高地点での追い越し，赤信号の無視にも妥当する．これに対して[127]，ロシアン・ルーレットを行う（二人の者が互いに回転弾倉式銃を相手のこめかみにあて 1:5 の確率の結果危険を冒して同時に引き金を引く）者，ひょっとすると 14 歳に満たないかも知れないと思いつつ，少女に対して性行為を行う（176条 1 項）者，歩行者を，車と家屋の壁で挟んで押しつぶす者（BGH NStZ 1984, 19），強盗被害者の首を，意識を失うまで絞扼する者（BGH StrV 1984, 187）は，無防備な危険を設定している．この者は，たとえ結果の不発生を信じていても，未必の故意を有している．

66 さらに *Herzberg* は，無防備な危険がある場合でも，行為者が「遠い危険」を創出したに過ぎない場合には，故意を否定しようとする（あるいはしていた）[128]．そのような状況があるのは，例えば，ライヒ裁判所によって作られた事例（RGSt 21, 420〔422〕）において，ある者が，「ある重量のある不要品を捨てるために，夜間，窓から投げ出した際に，…これがたまたま通りかかった人にあたり，あるいはこの人が死亡する可能性を認識していた」場合であり，あるいは，母親が，買い物の最中に，台所のテーブルに置いておいた薬品を，子どもが飲んで中毒死する可能性に思い至ったにもかかわらず，買い物を続けたといった状況においてそうであるという[129]．特殊なのは，HIV 感染者が性交の相手方に，自らの感染を知らせることなく予防措置をとらないで性交を行うという最近の事例についての *Herzberg* の結論である．これは，無防備な危険にあたるから，*Herzberg* は，224 条に関して傷害故意を肯定する．しかし，一貫すれば，謀殺あるいは故殺の未遂を認めることになるはずであるところ，*Herzberg* は，「どちらかと言えば，感情的な理由から」[130]これを尻込みし，こ

---

(126)　*Herzberg*, JuS 1986, 249 f.

(127)　*Herzberg*, JuS 1986, 251, 255, 252.

(128)　*Herzberg*, JuS 1986, 256.

(129)　*Herzberg*（JZ 1987, 640 f. Fn. 33）はこれらの事例において —— 不当にも —— 許された危険を認めようとしているようにも見えるが，私見では必ずしも明確ではない．

(130)　*Herzberg*, NJW 1987, 1466.

第3編　構成要件

の行為には，「社会相当性の残滓」が残っているという理由で，客観的構成要件への帰属を否定しようとする[131]．

67　*Herzberg* の理論は，本来，真摯な受け止め説と矛盾するものではなく，これを，意欲的要素を打ち消しつつ具体化し，その本質において防備基準に還元しようとする試みである．彼自身，「真摯な受け止め説を打ち消すことではなく，ずらすこと，すなわちこれを客観的構成要件へと移動させること」が必要なのであると考えている[132]．重要なのは，行為者が「認識した危険を真摯に受け止めることではなく…彼が真摯に受け止めるべき危険を認識していたということ」なのであるという．*Herzberg* は，「客観化された真摯な受け止め説」という表現も用いる[133]．

68　可能的な結果発生の真摯な受け止めは，他の「内心的」諸要素と同様，客観的な事情から演繹することができ，「防備済の状態」がないということが，その手がかりとなるという点は正しい．しかし，この観点を絶対化することは説得的たりえない[134]．行為者が，なお重大なリスクが残っていることを明確に認識しており，同程度の危険が防備済でないときは，常に未必の故意があるとされる場合に，その危険が，「防備済の」ものであるというだけで，未必の故意が認められることがまったくないことになる理由は，理解できない．*Herzberg* は，確かに，その防備は，「高度に有効」で「確実な」ものでなければならないとも言っている[135]．しかし，これが，ごくわずかな危険の表象のみが，故意を排除するという意味であるとすれば，蓋然性説に立ち戻っていることになり，防備という基準は，不必要であることになろう[136]．被害者または第三者が防備しなければならないとすれば，それがどの程度そのために可能

---

(131)　*Herzberg*, JuS 1987, 783 は，JZ 1989, 479 f. において撤回され，*Schünemann*, 1988, 483 ff., *Schlehofer*, NJW 1989, 2022 ff. に従って，後続損害の帰属が否定される．この点につき §24 Rn. 46 参照のこと．*Schünemann* と共に，Herzberg は，旧229条（後継規定は224条1項1号）の既遂犯を肯定する．

(132)　*Herzberg*, NJW 1987, 1464; 類似の言い回しとして JuS 1986, 262.

(133)　*Herzberg*, JuS 1986, 262, 256 Fn. 27.

(134)　批判については *Brammsen*, JZ 1989, 79 f. も参照のこと．

(135)　*Herzberg*, JuS 1986, 258; 他方，防備済の危険は具体的な危険でもありうるという（S. 257）．

(136)　*Herzberg* 自身は，彼の理論を「修正された蓋然性説」と理解することを，「全くの誤り」であるとする（JuS 1986, 256 Fn. 27）．

で，その気になっていた（fähig und willens）かを，行為者が明確に知ることは
できず，区別は，極めて不確かなことになる．*Herzberg* 自身，彼の基準が，
「かなりの程度に評価を必要とし，限界領域では疑いのない判断を保障するこ
とはできない」ことを認めている[137]．「不合理な信頼による故意の回避」[138]
に換えて，明確で客観的な限界線を発見するという目標は，これによって，達
成されていないことになる．

69　故意の意思的要素を完全に排除するという目標も，他の学説におけると同様
に *Herzberg* 説においても達成不可能であり，かつ，目指すに値しない．すな
わち，行為者が有効な防備を表象しているか否かは，常に（少なくとも部分的に
は），（行為者または被害者あるいは第三者が）注意すれば，結果は回避されるであろ
うという不合理な信頼に依存する．行為者が，この信頼を有していない場合，
彼が有効な防備をなしたと信じていたとすることもできない．また，危険が
「防備済である」場合には意図も（意欲の強い形式として），故意を根拠づけえな
いという点も理解できない．ある者が前方に立ち塞がる警察官に向けて，高速
で自車を進行させた場合，行為者は，警官がなお適時に跳び退いてくれるであ
ろうことを（その生活経験に基づいて，正しく）信頼している（*Herzberg* によれば危険
が防備済である）から，通常は，謀殺未遂とはならない．しかし，行為者が，他
の条件は同じだとして（ceteris paribus）殺害意図をもって警察官に突っ込んだ
とした場合，その成功がいまだ確実ではなく，警察官は，最後の瞬間に跳び退
くことができるというだけの理由で，謀殺未遂とならないとすれば，納得しが
たい．

l) Ulrich Schroth の不法構成的要素掌握理論

70　*U. Schroth*[139] にとって，未必の故意とは，「危険の認識がある場合に，不法
を構成する諸条件を自らのものとして掌握するもの」である．すなわち，行為
者が，まず，「その行為によって不法を構成する事情が生じる可能性が切迫し
ている」ことを，認識していたことが必要となる．しかし，行為者がこれを認

（137）　*Herzberg*, JuS 1986, 255.

（138）　*Herzberg*, JuS 1986, 261.

（139）　*U. Schroth*, 1994, 118 ff.; 要約したものとして *ders.*, JuS 1992, 7 f. 本文の引用は同
　　　所より．

607

第3編　構 成 要 件

識していた場合でも，「行為者が，…危険の諸要因を念頭から払い除けていた」場合には，あるいは，彼がこれを念頭から排除していたわけではなくとも，「法益の侵害が発生しないであろうことを真摯に前提としていた」場合には，あるいは，行為者が，その見解によれば，確実に効果を生じる真摯な回避努力を，自らの行為に付していた，あるいは，「被害者自身または第三者が不法を根拠づける諸事情を，妨げることを真摯に前提としていた場合」，故意はありえない．

71　この見解も「真摯な受け止め説」と極めて親和性を有する[140]．*U. Schroth* は，「軽率な受け止め」を，認識ある過失の基準とし，そして，未必の故意の意思的要素を承認する．だとすれば，彼が個別に挙示する「不法構成要素を自らのものとして掌握すること」の諸条件は，真摯な受け止め概念の具体化であると理解することができるからである．

m）総括的考察

72　以上のように，未必の故意に関する最近の研究は，真摯な受け止め説の拒絶というよりは，その客観化の試みであると特徴づけられる．しかし，意思的・情緒的故意要素を完全に排除しようとする努力は，失敗に終わったと評価されるべきである．確かに，故意には，行為者が結果を望ましいものと考えていなければならないという意味における「認容」は必要ない[141]．結果発生に対する「絶対的な無関心」といった情緒的態度も必要ではない．しかし，ありうる法益侵害を是とする決断を下し，危険の「真摯な受け止め」なのか，望ましい結末に至ると「信じた」のか，を分ける「予測的・非合理的」要素[142]は，これを払拭することができない[143]．この要素は，純粋に認識的な故意概念の主

---

(140)　*U. Schroth*（1994, 108 ff.; JuS 1992, 4 f.）が「真摯な受け止め説」に向ける批判は，同説の上述した（Rn. 21-34）形態には妥当しないと思われる．Schroth は，危険を「軽く見ていること」が故意を阻却するという同説の「中核テーゼ」は「正しい」（1994, 110）と言う．SK⁷-*Rudolphi*, § 16 Rn. 43 a も，Schroth 説を真摯な受け止め説の一つの変種にすぎないと看做している．

(141)　私は，この点をすでに JuS 1964, 58（= Grundlagenprobleme, 224）において明らかにしたが，これは今日では定着したとみることができる．この点については，*Küper*, GA 1987, 507; *Brammsen*, JZ 1989, 77 のみ参照すれば足りる．

(142)　*Herzberg*, JZ 1988, 636.

第12章　故意と構成要件的錯誤

唱者の多くがそうするように，認識概念に取り込まれ，実質的には何事をも変更しないようにされなければならない[144]．さもなければ，知的要素への限定によって，現実の現象を歪曲してしまうことになる．

73　他方，故意の限界づけに際しての客観的要素と主観的要素，知的要素と意思的要素をめぐる争いは，その意義において過大評価されることが多い．対立する諸理論のすべてが，具体的な結論において極めて近いところにあるとしても，これは偶然ではない．なぜなら，「真摯な受け止め」，「信じたこと」といった意思的な装いをもつ要素も，客観的な手がかりから推認されなければならず[145]，そうした手がかりのうち，訴訟技術上必要となる被告人の意見陳述は，

---

(143)　故意には意思的な要素が必要であることを熱心に唱える論者として目立つのは，*Brammsen*, JZ 1989, 71 ff.; *Hassemer*, Arm. Kaufmann-GS, 1989, 289; *Küpper*, ZStW 100（1988），758 ff.; *Prittwitz*, JA 1988, 427 ff., 486 ff.; *ders.*, StrV 1989, 123 ff.; *U. Schroth*, JuS 1992, 1; *ders.*, 1994; *Spendel*, Lackner-FS, 1987, 167 ff.; *Ziegert*, 1987. *Geppert*, Jura 1986, 613 である．; *Hoyer*, AT I, 56. *Küper*, GA 1987, 508 は，正当にも，未必の故意の基礎を行為者の意思にも置くことは，「故意行為の決断的要素をより明確に確保する」機能を有することを強調する．これに対して，NK-*Puppe*, § 15 Rn. 29-31 は，「意思」という言葉の二義的な用法は，日常用語的な意思概念と相容れず，評価的な「意思の代替物」の役割を与えられていると批判する．故意に意思的要素を要求することに対する比較的新しい反対者として，上記のものの他 *Schmoller*, ÖJZ 1982, 259 ff., 281 ff.; *Kindhäuser*, ZStW 96（1984），1 ff.; *Schumann*, JZ 1989, 427 ff.; *Schlehofer*, NJW 1989, 2017 ff. を挙げることができる．; *Kargl*, 1993 は，「不法を是とする決断」という規準を，公式の循環論法的復活であるとして退け，意思的要素を放棄した上で認知科学的な基礎をもつ故意概念である「激情ロジック」を展開する．この激情ロジックが故意と過失の区別という法的問題のために決定的であることを疑うものとして NK-*Puppe*, § 15 Rn. 117 がある．

(144)　*Lackner/Kühl*[25], § 15 Rn. 27 も，この「言葉の上での論争」を「稔りあるものではない」と評する．*Zielinski*, AK, §§ 15/16 Rn. 78 も，自らが「行為を統制する危険認識」と表現する要素が故意の認識要素と特徴づけられるのか独立した意思的要素なのかには，実質的な違いはないことを認めている．

(145)　本書と全く同じ見解として *Hassemer*, Arm. Kaufmann-GS, 1989, 289 ff. 加えて *Volk*, Arth. Kaufmann-FS, 1993, 611 も．BGH（NStZ-RR 2004, 45）もそのように見ている．故意の意思的要素は，「外部的な間接事実から推測され」うるに「すぎず」，それも「個別事例における個々の客観的，主観的諸事情の全体的評価に基づいて」であるという（BGH StrV 2003, 558）．「可能な法益侵害を是とする決断」を客観的に規定されるべき故意危険に基づいて規範的に認めようとする *Puppe*, ZStW 103（1991），1 ff. の興味深い構想の相対的な正当性もこの点にある．この点につき詳しくは，Rn. 47-52.

609

第3編　構成要件

決定的な意味をもたないことになる[146]. 認識された危険の程度, および, 行為者がその視点から結果を甘受するきっかけを有していたか否かという事情が, その際, 最も重要な役割を果たす. 危険馴化, 回避努力, 防備済といった他の諸規準は, むしろ, 危険評価にとっての徴表としての意味をもつ. 未必の故意を「ありうる法益侵害を是とする決断」(Rn. 21 以下, 30 以下) と理解する本書の立場においては, そして, 判例の展開を略述するに当たっては (Rn. 75 以下), 故意および過失の特定のためのいくつかのその他の指標, ならびに学説と連邦裁判所の同じ方向を目指す努力についても, より詳しく検討されることになる. 危険の真摯な受け止め, あるいは法益侵害の不発生への信頼という規準の根拠となる様々な手がかりの包括的な, かつ合理的に統制された衡量は, 本説の批判者が恐れる恣意から本説を遠ざける. 他方, 未必の故意を認知的要素のみに, すなわちひとつの (いかなる種類のものであれ) 認識にかからせる学説は, あまりにも安易に硬直した図式化主義に陥っている.「残余の不確実性」が残ることは不可避である. すなわち, 意思的要素に, 故意と過失の責任の差違が表現されているのであるから, ここでも, その他の責任の特定に当たってと同様に, 数学的に限界を明確に特定することは困難である.

n) 未必の故意と認識ある過失の同等の取り扱い

74　未必の故意と認識ある過失とを限界づけるのが困難であることに鑑みて, *Eser*[147]は, 立法論としては, この両者をまとめて, 故意と過失の中間にある特別な第3の責任形式とすることを考えた. *Weigend*[148]は, この考え方を, 同様の結論に至る英米法の「無謀 (recklessness)」概念に依拠して[149]より詳しく根拠づけた. このようなルールを作ることには, 各則全体の見直しを前提とするであろうから, 実現の見込みは僅かしかないものの[150], このようなルー

---

(146)　客観的な間接事実に基づいて故意があるとする評価の問題については, *Hruschka*, Kleinknecht-FS, 1988, 191 ff. 参照. 他人の心理における事実の立証の可能性と限界については *Freund*, 1987. 実務上いかなる場合に殺意が認められるのかという経験的問題については, *Sessar*, 1981.

(147)　*Eser*, StrafR I, ³1980, Fall 3 Rn. 35 a.

(148)　*Weigend*, ZStW 93 (1981), 657 ff.

(149)　*Arzt*, Schröder-GS, 1978, 119 ff. も参照のこと.

(150)　*Weigend*, ZStW 93 (1981), 700 自身もそのように見る.

610

第 12 章　故意と構成要件的錯誤

ルは，法適用を容易化するであろうことは確実である．しかし，保護された法
益を否定する決断と，それが維持されることを軽率に信じること，との間に存
する質的な相違を均してしまうのであり，それゆえに望ましくない．未必の故
意と認識ある過失との区別が可能であることは，解釈論的に，そして用語法上，
どのように相違があろうとも，驚いたことに，類似の諸帰結がもたらされ，こ
の諸帰結には，最近主張される様々な諸理論も，やはり到達するということが
示している．

3　最近の判例の展開[151]

75　1955 年の裁判である革紐事例（事例 6 Rn. 21）以来，判例は，結果の真摯な受
け止め，結果の甘受で未必の故意として十分であるとし，「認容」は，もはや
結果が行為者にとって望ましいという意味ではなく，行為者が可能であると表
象した結果を —— やむをえないものとしてであっても —— 彼の意思に取り込ん
でいたのでなければならないという意味においてのみ，理解するという方向を
たどる度合いを高めてきた．たしかに，当初は，行為者が結果を「望んだ」場
合にのみ，未必の故意があるとした判決も散見されたし[152]，矛盾した判決も
複数あったが[153]，統一的なラインを維持するものが多数を占める．

76　**事例 8**（BGH NJW 1968, 660）
　被告人は，追跡してくる複数の警察車両を，自身の運転する重量のある車両をこれ
に突っ込ませて，運転困難にすることによって，振り切ろうと試みた．彼は，この
事故が起こって警察官が死亡する可能性があることは認識していた．彼は，この事
態を望んではいなかったが，何としても警察に捕まることだけは避けたかったので，
それでも計画通り行動した．

---

(151)　判例の詳細な分析が *Köhler*, 1982, 45 ff.; *Frisch*, 1983, 304 ff.; NK-*Puppe*, § 15 Rn.
126 ff. にある．*U. Schroth*, NStZ 1990, 324 ff. は，殺意をめぐる判例を概観する．

(152)　そのように言うものとして特に，*Schmidhäuser*, GA 1958, 163 の報告している公
刊物未登載判例がある．これにつき Schmidhäuser a.a.O.; *Roxin*, JuS 1964, 56（＝
Grundlagenprobleme, 218 f.），*Köhler*, 1982, 55 ff. も．

(153)　例えば BGH VRS 36（1969），22 は，無関心，希望，信頼といった基準を混在・
混乱させている．

611

第3編　構 成 要 件

　本件において，連邦裁判所は，未必の故意を肯定した．「決定的なのは…行
為者が…まさにこの行為が，可能でありかつ僅かな確率しかないわけではない
と，彼が考えた侵害的結果を惹起しうるということを，意識的に甘受していた
か否かであり…被告人が…警察官が…衝突によって死亡する可能性があること
を予見していたのであれば，そのようなことは起こらないであろうと信じてい
たということはありえない．たしかに，彼が，それでも重大な事故は生じない
ことを願い，望んでいたということはありうる．しかし，このような事情は，
未必的殺意を認めることを妨げない」．この判決は，実質的に本書の唱えるよ
うな意味で，故意を，ありうる法益侵害を是とする決断に依存せしめている．

77　事例 9（BGH VRS 59〔1980〕, 183）
　被告人は，検問を突破するために，停止を求めた警察官に向けて自車を進行させた．
警察官は，きわどいところで横に飛び退くことができた．

　事例 8 の裁判については，連邦裁判所が僅かな確率しかないわけではない可
能性の認識から，直接に未必の故意を導こうとしたと，解釈する余地がある．
しかし，連邦裁判所は，頻繁に起こる事例 9 のような事例群において，このよ
うな推論は，甘受という意思的要素を考慮せずにはなされえないことを明らか
にしてきた．すなわち，事実審裁判官は，「犯罪事実と行為者人格に存する特
殊な諸事情を…個別的に検討しなければならない」というのである(154)．「未
必の故意と認識ある過失の区別は，認識ある過失をもって行為する者は，可能
であると認識された結果には同意しておらず，それゆえ，その不発生を信じて
いるのに対して，未必の故意をもって行為する者は，侵害結果の発生を，これ
を是認すべく消極的に認容しているか，少なくとも，構成要件実現を甘受して
いる，という意味において承諾しているという点にのみ存する」．「この二つの
責任形式の限界線は，ごく近くに並んでいるので」，この判断は，決して図式
的にはなされてはならず，個々の行為者の高度に個別的な状況の検討にした
がって行われるべきであるとするのである．これは，他の形態の事例群につい

────────────

　（154）　対応する状況の諸事例においても同様に言われる．BGH MDR（H）1978, 458;
　　　NStZ-RR 1996, 97.

612

第12章　故意と構成要件的錯誤

ても繰り返し強調されているところである[155]．結論的には，警察検問の突破について謀殺未遂が認められることはごく稀である．行為者は，一般に警察官が適時に飛び退くことを計算に入れているからである．放火による襲撃については，連邦裁判所は，難民を決定的に追い出したいという願望，「犯罪事実にならびに外国人に敵対する表現を用いた外国人に敵対する心性の重大な表明」を，未必的な殺害故意の徴表と看做した[156]．

78 **事例 10**（連邦裁判所 MDR［H］1980, 812）

Aは，自らの進行方向に立ちはだかった警察官Xを邪魔者として排除すべく，認識かつ意欲をもってXの頭部に向けてシースナイフを突き出した．警察官は，頭部を左へ傾けて避けたため，頸部側面に1cmの深さの傷を負った．

他方，連邦裁判所は，個人的な諸事情の評価を，数多くの客観的徴表によって容易にすることを試みてきた．最近の判例においては，そのうち，蓋然性の基準（「極度の危険性」）と成り行きに任せる（Daraufankommenlassen）という基準とが目立つ．事例10においては，適用されることが多くなってきた定式化において[157]，「未必の故意は，行為者が構成要件的結果を可能であり，かつ僅

---

(155)　BGH MDR（H）1977, 105 では，「まさに被告人が彼に特殊な状況において」，自らが放火した家屋の住人が救助されることを信じることができたか否かが問題となった．BGH MDR（H）1977, 458 では，殺害が人格不相当であったこと，被告人がショックを受けていたこと，そして自ら警察を呼んだことが，未必の故意を否定しうる間接事実と評価された．BGH GA 1979, 106. では，新生児に産声を上げさせようとする母親の努力が，不作為による故意の殺害を否定する方向に評価された．BGH StrV 1995, 512 では，母親が子の父親による強度の虐待の後に，当初何もできなかったが，その後，父親を怒鳴りつけたことが，未必の故意を否定する事情となった．後述の事例10と対応する状況において故意を否定したものとして BGH StrV 1982, 509; NStZ 1983, 407 もある．BGH JZ 1990, 297 は，行為者が歩行者の一団に，かれらを「四散」させるために自動車を突入させた事例において，殺害故意を否定した．BGH NStZ 2003, 259 (260) は，「認識ある過失との境界領域においては…意思的要素の認定には，客観的，主観的なすべての行為事情の総合的考慮が必要である」とした.

(156)　BGH NStZ 1994, 483, 584; NStZ-RR 1996, 35; 批判的なものとして NK-*Puppe*, § 15 Rn. 137.

(157)　言葉遣いとしても同様に言うものとして，BGH JZ 1981, 35 m. Anm. *Köhler*（行為者は，ガラス戸越しに手斧を警察官に投げつけた）．類似のものとして BGH NStZ 1999, 507; 2000, 583. このような表現は，1971 年の公刊物未登載判例に始まる．連邦

613

第3編 構成要件

かな確率しかないわけではないと認識し，これをする場合に存する．行為者が
自らの計画を幸運な結末を期待することができないほどの極度の危険性がある
にもかかわらず，遂行した場合，そして，自らが認識した危険が実現するか否
かを偶然に委ねた場合に，認容があったと認めることは説得的である．この場
合，結果が，行為者にとってそれ自体望ましいものではなくても，被害者が極
度に危殆化されるにもかかわらず，行為者の直接的目標の追求を，何があって
も維持した場合にも，認容があったと考えることができる．…本件の状況は，
このようなものであった可能性がある」とされた．ここで，連邦裁判所は，こ
れ以外に，*Armin Kaufmann* の現実化された回避意思という基準（Rn. 53 以下）
をも援用している．「A は，それに基づいて X に刺突が致死的に命中しないこ
とを信じることができたであろうほどの注意措置をとってはいない」としたの
である[158]．個々の「理論」からそれが絶対的に正しいという主張を取り払っ
て，その未必の故意の認定のための徴表としての価値を認めるこの努力によっ
て，判例は，極めて正しい途を歩んでいるといえる．望むらくは，用語法に反
しミスリーディングな形で，それ自体空虚な概念にすべてをまとめてしまうこ

────────────

裁判所は，他方，行為者がすべての危殆化的事情を知っているが，それにもかかわら
ず彼の行為が被害者の死をもたらすことがありうることを認識していない場合が，「考
えうる」ことを強調する（BGH NStZ 2002, 314 自殺意図で行われた放火の事案に際し
て）．危険であることが知られている犬による殺害の事例について故意を否定するため
に BGH NStZ 2002, 315．さらに BGH NStZ 1997, 434; NStZ 1999, 507．これに対して
BGH NStZ 2004, 330 においては，再び「客観的に極度に危険な行為」（被害者の首を
長時間絞扼する行為）である場合には，「未必の故意を認める」のが妥当であるとされ
た．そして，その判断における故意の意思的側面の説明には，何らの特別な要件も立
てられるべきではないとされた．これが他の，著しい危険性があるにもかかわらず過
失しか認めなかった諸判例とどのように整合しうるのか，そしてこの言明が，「抑制動
機の阻止閾の理論（Hemmschwellentheorie）」とどのような関係に立つのか（いずれ
についても，下記 Rn. 79 参照のこと）は，それほど明らかではない．267 条のある事
例においては，連邦裁判所は，こんどは（*Sch/Sch/Cramer/Sternberg-Lieben*[26], § 15
Rn. 87 に従って），本文に引用した定式化は，「殺害犯の領域のために定立されたとこ
ろ大であって」「開かれた多義的な事象の諸事例（例えば，弁護人による偽造文書の提
出の場合）にまで形式的に適用され」てはならないとした（BGHSt 38, 345 の註釈と
して，*Scheffler*, StrV 1993, 470; *Beulke*, JR 1994, 116, 119）．

(158)　これによれば，LG Berlin NStZ-RR 1997, 362 が，複数の自動車の屋根の上を歩
きながら，自らのテクニックのおかげでそれら自動車の損壊を回避することができる
と考えていた「カー・ウォーカー」の器物損壊故意を否定したのは正しい．

と(159)をやめ，これを未必の故意の実質的内容を志向する観念に置き換えることである．

79　事例11（BGH NStZ 1982, 506）

　KとSはEを殴り倒し，その所持物を奪った．最後に，SはKを被害者から引き離し，Eの体を運河端の茂みに置いた．Eは，そこから運河に転がり落ちた．KとSはEを救助すべきではないかとは考えたが，暗がりでEを探すのが面倒になり，Eはすぐに泳げるようになるだろうとの推測によって気を楽にして，その場を立ち去った．Eは助からなかった．

　学説においては，意思的な要素が克服される程度が増してきた一方で，最近の判例は，反対の傾向を示す．すなわち，「意欲」の欠如を理由として，行為者が自らの態度の重大な危険性を認識しており，事態を成り行きに任せた場合にも，故意が否定されるのである．「ある者が，他人を著しい危険にさらし，致死的な結果の可能性を計算に入れていた」としても，「行為者が，都合良く事が運ぶことを真剣に，かつ漠然とした形ではなく信じており，それゆえ，認識ある過失をもって行為したに過ぎない可能性は排除されない」という（前掲同所506頁以下）．同様に，行為者が被害者の首を，意識喪失後にも締め続けたという事情があっても，殺害故意があると推論されてはならないとした判例もある（BGH NStZ 2004, 329）．事例11においても，連邦裁判所は，認識ある過失を認める方が妥当であると考えた(160)．「行為遂行中の被告人の心理状況を検

---

(159)　類似した形で批判するものとして NK-*Puppe*, § 15 Rn. 34（「是認的な消極的認容〔billigendes Inkaufnehmen〕の公式は，連邦裁判所が適用している形においては，全く何の意味ももたない」）および *Schmidhäuser*, JuS 1980, 246（「伽藍洞の概念の莢」）がある．

(160)　同旨 BGH StrV 1982, 509; NStZ 1983, 365; StrV 1983, 360; NJW 1983, 2268; NStZ 1983, 407; NStZ 1984, 19; StrV 1985, 100; NJW 1985, 2428; MDR 1985, 794; StrV 1985, 198; StrV 1986, 421; NStZ 1986, 549; StrV 1987, 92; NStZ 1987, 362. *Puppe* = JR 1988, 115の註釈付. *Freund*（傷害故意）の註釈付; NStZ 1987, 424; 1988, 175; StrV 1988, 93 m. Anm. *Sessar*, NStZ 1988, 361; NStZ-RR 2004, 140. 140条の故意については：BGHSt 35, 21（25 ff.）. 連邦裁判所（z. B. in StrV 2004, 70）は，著しい危険があるにもかかわらず（上半身体側への刺傷），行為者が自らの行為が致死的でありうることを，「それ以上，詳細に検討していなかった」という理由で，すでに故意の知的側面を否定することも少なくない．

615

第 3 編　構 成 要 件

討せずに」「行為の客観的な危険性のみから」, 被告人の殺害故意が演繹されて
はならないとしたのである (BGH NStZ 2003, 369). その根拠づけとしては,「殺
害故意の前には」「危殆化故意の前にあるものよりも遙かに高い抑制心理の障
壁がある」(161)と指摘されることが多い (事例 11 は除く). この「抑制心理の阻止
閾 (Hemmschwelle)」という論拠は, 最近の判例によって, 作為犯における殺
害故意の認定のために用いられるが, 不作為犯においては妥当しないとされる.
「不作為の事例においては, …積極的作為の場合とは異なり, 殺害故意の前の
心理的に対応する抑制心理の阻止閾は存在しない. なかんずく, 有責な先行態
度の後の不救助の場合には, この心理的要素は, 反対方向に作用する典型的な
自己保全動機のゆえに生じない」(BGH NStZ 1992, 125. これにつき批判的なものとし
て Puppe, NStZ 1992, 576). この考え方によれば, 単なる不作為の場合には, 生命
を危険にさらす積極的作為の場合よりも, 故殺罪が成立するのが早くなるが,
この結論は理解できない.

80　連邦裁判所は, 故意の意思的要素を, 訴追機関が簡単に主張してしまう故殺
故意の認定を押し戻すために用いているのである. この傾向は, 歓迎すべきも
のではあるが, 行為者が被害者を意識的に極度の危険に晒しており, かつ結果
の不発生を信じさせるような事情が見当たらない場合には行きすぎである. 事
例 11 においては, 故意を否定するのが説得的に見えるのは, ほぼすべての人
間が泳ぐことができるからである. しかし, 被告人が, 被害者の背中を生命の
危険のある形で刺傷し (BGH NJW 1983, 2268), 被害者を, 乗用車で家屋の壁に
押しつけ (BGH NStZ 1984, 19), 被害者の左胸郭をシースナイフで刺し (BGH

---

(161)　BGH StrV 1982, 509, NStZ 1983, 407; 1984, 19; StrV 1986, 197; NStZ 1988, 361;
　　　1992, 588; StrV 1993, 307; 1998, 545; 1999, 579; BGHR § 212 Abs. 1, Vorsatz, bedingter
　　　40; BGH NJW 1999, 2533; BGH StraFo 1999, 384; NStZ-RR 2000, 165, 328; StrV 2000,
　　　68; NStZ-RR 2001, 369; NStZ 2001, 475; 2003, 431 (432); StrV 2004, 74, 75. とはいえ,
　　　心臓の極近くに加えられた刃物による強度の刺突の場合は, 連邦裁判所も, 無条件に
　　　殺害故意を認める (NStZ 2002, 541). Puppe が, 作為犯についても抑制心理の阻止閾
　　　理論に否定的な態度をとっていることには説得力がある. Rn.80 に挙げたような事例
　　　においては,「明らかに殺害行為としての性質をもつ暴行」があり, これが行われるに
　　　ついては殺害に対する抑制は働かなかったということである, という. Schlüchter,
　　　AT³, 23 は, 彼女には, 抑制心理の阻止閾理論は,「殺害犯の領域においては, 犯人の
　　　心理というよりは, 連邦裁判所の裁判官の心理の基礎にあるように見える」と皮肉る.
　　　抑制心理の阻止閾理論の問題については, Verrel, NStZ 2004, 309 も参照のこと.

第12章　故意と構成要件的錯誤

NJW 1985, 2428)，腹壁から小腸に貫通刺傷を与え（BGH MDR 1985, 794)，乳児の頭部を「サッカーのように…思い切り」蹴り（BGH NStZ 1986, 549)，被害者をハンマーで23回殴って殺害し（BGH StrV 1987, 92)，被害者を「この犬め，殺してやる」と言いながら刃物で5回突き刺し（BGH NStZ 1987, 424)，二歳児を激しく虐待した後，「熟達した空手家」としてその頭部に生命に危険のある態様で，手刀による殴打を加え（BGH NStZ 1988, 175)，84歳の女性の後頭部を重量のあるロウソク立てで殴った場合（BGH StrV 1988, 93)，あるいは自らの妻の首を，意識を失うまで絞扼し，意識不明に陥った妻の頭部を固い床に叩きつけ，臨場した警察官に「妻を殺すつもりだった」と言い（BGH NStZ 1988, 362)，被害者の頭をビール瓶で殴り，ひょっとしたら死ぬかも知れないことを明確に認識していたことを認めた場合（BGH NStZ 1994, 585)，また，被害者の頭部を「重量のあるスコップ」を両手でもつて複数回殴打し（BGH NStZ-RR 1997, 233)，あるいは，被害者の体に三発の弾丸を発射し，それぞれが一発でも致命的であったといえた（BGH NJW 1999, 2533）場合[162]，このような直接故意が認められることもよくあるような状況において，都合よく事が運ぶことになるであろうことを信じることができる根拠はどこにあるのかは分からない．正当にも，単なる希望として「漠然と信じていたこと」では，故意の排除には十分ではないとされるのであるからなおさらである[163]．

81　連邦裁判所は，故意に疑いがある根拠として，多くの事例において，行為者が激情的な興奮状態にあったこと，あるいは，行為に先だってアルコールを摂取していたことを挙げる．この種の，抑制を外す諸事情は，確かに行為者の責任能力を限定しはする（そしてその限りで，責任減少に導くというのは正しい）．これが，しかし，重大な結果の不発生を「真摯に信じたこと」を，何ゆえに根拠づけることになるのかは，不明である．まさしくこの抑制解除によって，行為者にとって結果発生が行為の時点において少なくともどうでもよくなったと考える方がより分かりやすい[164]．加えて，殺人罪においては，前に言及した「阻

---

(162)　M. Anm. *Ingelfinger*, JR 2000, 299.

(163)　一審裁判所にもこのような見方を共有するものが時としてみられる．LG Rostock NStZ 1997, 391によれば，ある者が「少なくとも20 kgの重さの溝蓋」を胸の高さから地面に横たわっている男の頭めがけて投げ落とした場合，未必的殺意は証明されえない（この点につき *Fahl*, a.a.O. 392の評釈参照).

617

第3編　構成要件

止閾の論拠」（Rn. 79参照）は，故意の否定をもたらすことが多い．近年の判例が，殺意の肯定否定につき，かなり恣意に流れているという非難にも理由がないわけではない[165]．このことは，しかし，真摯な受け止め説にではなく，その適用の態様に当てはまるに過ぎない．また，引用した判例は，純粋に知的な故意概念に依拠することも，判例が裁判官の裁量の範囲を広く取り過ぎることを防ぐことはできないことを示している．なぜなら，連邦裁判所は，多くの事例において，すでに，行為者が結果発生の可能性を認識していたこと自体に疑いが残るとしているからである[166]．

82 **事例12**（BGHSt 36, 1）[167]

被告人は自らがHIVに感染していることを知っていた．彼はそれにもかかわらず，同性愛のパートナーと2回にわたり自分の感染を告げることなく性交渉を行った．2回とも当初はコンドームなしで肛門性交を行い，途中でいったん中断してコンドームを装着してから射精まで続けた．そのパートナーが誰かは不明であったので，感染したか否かも確認できなかった．

連邦裁判所は，故意を判断するに当たって，まずは，「AIDS事案における刑事責任について一般的あるいは特殊的に集積されてきた判例上の限界づけの諸原則を放棄すべき理由」を見出すことはできないことを強調した（前掲同所

---

(164)　もっとも，個別事例においては，保護法益に敵対する決断がない場合もありうる．Rn. 129参照．

(165)　NK-*Puppe*, § 15 Rn. 35, 126 ff. は，「故意と過失との区別を，ほぼ際限なく恣意的に決定することが可能となり，…この領域に完全な法的不安定性がもたらされる」ことを確認する．*Bauer*, wistra 1991, 168における説明も参照のこと．*Bauer*は，未必の故意に基づく未遂を不可罰にし，そうすることによって，結果が不発生であった場合の未必の故意を説得力のない形で否定する必要がなくなるようにしようとする．*Bauer*はさらに，連邦裁判所は特に「故殺未遂が否定されても他の重大な，重い法定刑を予定された犯罪が残る場合に」殺意を否認するとみている（S. 171）．*Fahl*（Anm. in NStZ 1997, 392）は，「著しく危険な暴行があるにもかかわらず殺意が欠ける，というテーマに関する判例の長いリストを一抹の違和感もなく」読むことはできないとする．

(166)　BGH NStZ 1983, 365; StrV 1983, 360; MDR 1985, 794; StrV 1986, 421; NStZ 1986, 549; StrV 1987, 92; NStZ 1988, 361.

(167)　*Roxin*, HRR AT Nr. 8.

第 12 章　故意と構成要件的錯誤

10頁）．連邦裁判所は，その際，被告人は，危険傷害罪の未遂を犯したという前審の認定を，「必然的」ではないとしたものの，「可能で理解可能」なものと考え，その限度で有罪判決を維持した．これに対して，殺害故意は，殺害の前には「多くのより高い阻止閾」が存在するという理由で —— すでにラント裁判所がそうしたように —— 否定された．この故意の否認は，被告人は，潜伏期間が長いがゆえに，「その間に AIDS の治療法が発見されるという希望を，多くの HIV 感染者と同様に，抱いていた可能性がある」という論拠に支えられている（前掲同所 15 頁）．

83　この論議を集めた判決[168]には，説得力がない．このことは，まず，傷害罪の故意を認めている点について言える．傷害罪の故意は，一般的に（同等の事例のすべてについて）認められるものではなく，個別の事例についてのみ，認定されるものであるにもかかわらず，故意を肯定するために採用された漠然とした間接事実は，感染の危険が客観的にかつ被告人の認識においても「僅かしか」なかった（前掲同所 11 頁）という事情に対して，それほどの重みを有するものではない．さらに，この感染の危険は，被告人の「発動された回避意思」（最終段階でのコンドームの使用）によって，さらに減殺され[169]，それによって，感染には至らないであろうと，被告人が信じることができる理由があったと言える．連邦裁判所が，その他の場合にどの程度高度の蓋然性がある場合にまで —— 事例 11 についての説明参照 —— 未必の故意を否定するつもりがあるのか，を見てみてると，何ゆえに本件の認定が「可能かつ理解可能」であると言えるのかは，理解不能である[170]．

（168）　本判決の検討としては *Schünemann*, JR 1989, 89 ff.; *Bottke*, AIFO 1989, 468 ff.; *Herzberg*, JZ 1989, 470 ff.; *Prittwitz*, StrV 1989, 123 ff.; *Schlehofer*, NJW 1989, 2017 ff.; *Bruns*, MDR 1989, 199 ff.; *Helgerth*, NStZ 1989, 117 f.; *Frisch*, JuS 1990, 362 ff.; *ders.*, Meyer-GS, 1990, 533 (538 ff.); *H.-W. Mayer*, JuS 1990, 784 ff.; *Prittwitz*, 1990, 125 ff.; *Scheuerl*, 1992, 83 ff. およびその各所，*Knauer*, AIFO 1994, 463 ff.; *Puppe*, AT/1, § 16 Rn. 11 ff.

（169）　防護措置をとらない性交渉の危険は，当時の医学的知見によれば 0.1 ％から 1 ％とされていた．*Scherf*, 1992, 139 ff. 参照．これが楽観的に過ぎるとしても，危険を高める特殊事情がない限り，このリスクは，明らかに未必の故意を否定するに決定的となる次元にとどまる．反対 *Marxen*, AT, 45.

（170）　*Puppe*, AT/1, § 16 Rn. 14 も，この判決の「基本的な誤り」は，傷害罪の故意の肯定にあると見ている．

619

第3編　構成要件

84　しかし，いったん傷害故意があることを認めると，殺害故意を否定するのは一貫しないということになる．HIV感染が生じた場合は，おそらく常に死をもたらすがゆえに，傷害故意と殺害故意とは実践的には同時に成立するから，殺害故意に立ちはだかるより高い阻止閾を援用することも（前掲同所15），この点については効果がない[171]．連邦裁判所は，これに対して，被告人は，AIDSの治療法の発見に希望を抱いていた可能性があると言うのではあるが，研究の現状に鑑みれば，これはきわめて漠然とした希望に過ぎず，判例における通常の原則に従えば，故意を阻却することはできない．また，被告人を，このことによって有利に取り扱うこともできない．本件では明らかにそうであったように，被告人は，その点を主張してもいないからである．

85　この批判は，連邦裁判所が，殺害故意がないことを正しく認識していたということに影響を与えるものではない．ただ，その正しい根拠づけは，被告人が，すぐには感染には至らないと軽率に信じていたことは，傷害故意の否定をももたらさなければならないという点に，求められるべきであった．この結論は，HIV感染者の防護措置をとっておらず，そのことを知らされていない相手との性交が要罰的か否かという問いに対する答を先取り決定することはない．百回の性的接触によっても一回しか感染には至らないとしても，要罰的でないとしてしまうのは，性急にすぎる．もっとも，刑法という手段によるAIDS対策が有効なものであるか否かについては，激しい争いがある．立法者が，これを推し進めたいとしても，HIV感染者の防護措置をとらない，そのことを知らされていない相手との性交は，抽象的危険犯としてのみ犯罪化されるべきであろう[172]．

86　**事例13**（BGH NStZ 1988, 175）

　被告人は，交際相手の女性の一歳になる息子Svenの面倒を繰り返し注意深く見ており，彼自身の子供たちに対しても優しく，共感的で，身体的懲戒はしない父親であった．犯行の夜，彼はSvenに通常の食事を用意したが，息子が泣き叫ぶのに怒って，その頭を複数回殴打した．その後，被告人は，息子に再び食事をさせるべくバ

---

(171)　同旨 NK-*Puppe*, § 15 Rn. 98; *dies.*, AT, § 16 Rn. 13.

(172)　危険構成要件を提案するものとして，特に *Bottke*, AIFO 1989, 476; *Bruns*, MDR 1989, 201; *Knauer*, AIFO 1994, 476; 否定的なものとして *Scherf*, 1992, 139 ff.

620

第12章　故意と構成要件的錯誤

ナナを与えた．この子が再び泣き出したので，被告人は，手刀で —— 彼は空手家で
あった ——「子供の左後頭部およびこめかみ部を一回強く殴打した」．これにより，
子供は死亡した．被告人は，蘇生措置を施したが，成功しなかった．

87　この事例は，故意と過失との限界線上に位置する．連邦裁判所は，過失致死
のみを認めることに傾いた．「行為者が自らの態度の危険性を認識していたこ
とだけでは，行為者が結果発生を受け容れてもいたこと，内心的に結果を甘受
していたことは，いまだ意味しない」とするのである．受け容れ，甘受を認め
ることに反対する論拠としては，数多くの人的かつ状況的事情が援用された．
すなわち，被告人には，普段は「同等の暴力行為に出たことは…一度もなく，
Sven に対しても原則として配慮ある態度をとっていた」こと，被告人の「情
動的興奮」，行為当夜にも，Sven に対してもともとは適切な食事を用意してい
たこと，二つの犯行の間にバナナを与えていること，そして蘇生措置を試みた
ことである．

88　この判決は，前に（Rn. 30 以下）支持した，可能な法益侵害を是とする決断の
認定を具体的な事案の全事情の評価にかからしめるというやり方の好例であ
る[173]．その上，単なる過失としての帰責のためのさらなる間接事実を挙げる
こともできる．被告人が了解可能な，あるいは，彼の人格的特徴からのみ理解
できるような殺害動機を有していなかったこと，普段は，責任感のある父親で
あった被告人の自然な心理的抑制だけではなく，目前に迫っていた女友達の帰
宅の際には確実に発覚したであろうこと，そして彼女との関係が崩壊すること
が予想されたことである．連邦裁判所の最近の判例は，このような全体的考察
の方向への傾きを増している[174]．そしてその際，学説においても優勢となっ
ている見解との一致を示している．外国においても間接事実を援用して，故意
を認定するという方法は，承認されることが多くなっている[175]．

---

[173]　*Hassemer*, Arm. Kaufmann-GS, 1989, 308 Fn. 90 も，この判決を「故意の諸指標
　　の可変的な取り扱いの好例」と呼んでいる．

[174]　BGH StrV 2004, 74-76 の三つの判決のみ参照のこと．

[175]　*Canestrari*, 1999, 157 f.; *Diaz Pita*, 1994, 311 ff.

第3編　構 成 要 件

第4節　故意の時間的次元（事前の故意と事後の故意）

89　故意は，計画実現の基礎として実行行為の間に，すなわち実行自体の間に存在しなければならない．事前の故意，すなわち予備段階における，実行に先行する故意では十分ではない．ある者が喧嘩に当たって，被害者を，もう少し争いが続いたら最終的に射殺するつもりで，殺意をもって実弾を装填した回転弾倉式拳銃を抜いたが，実行行為に着手する以前に誤って発射してしまい，被害者を死亡せしめたという場合，過失致死罪が成立するに過ぎない．予備段階の故意は，それ自体としては，未だ可罰的ではないからである．行為者が，実際に実行行為の段階に達することになったかどうかは，決して知りえないので，行為者に予備段階における結果発生をもって故意既遂の責任を問うことは，刑法典上の評価に矛盾することになろう．

90　他方，故意は，実行行為全体を通じて存在する必要はない．行為者が結果惹起に着手し，因果関係を手放した瞬間において存在すれば足りる．航空機に爆弾をセットし，このことによって未遂段階に達するテロリストは，後の爆発の際に，そうした事象のことをもはや考えてもおらず，あるいはその上，眠っていたとしても，殺人既遂を理由として処罰されうる．このことは，自由意思に基づく既遂の阻止があった場合にのみ，中止未遂として（そして故意の欠如を理由としてではなく）不可罰を規定する24条1項2文から，疑いなく導かれる結論である．

91　事前の故意と同様に事後の故意，すなわち後行する故意も，刑法の意味における故意ではない．敵対者を不注意により殺害した者が，後にそのことを喜び，つまり，この事態を認識して，自らの意思に取り入れたとしても，もちろん，過失致死を理由としてしか可罰的とはならず，故意の殺人としては処罰されない．また，被告人が，事後的に身体の傷害を惹起したかも知れないことに気づいた（BGH NStZ 2004, 201）という事情で，傷害罪の故意を根拠づけることもできない．なぜなら，計画実現があったと言えるのは，計画が実行行為の遂行の際に存在した場合のみだからである．行為者が，過失によって傷害した被害者が死亡する前に，医師を呼ぶことをせず，被害者を死ぬに任せることを計画した場合であれば，この後続する故意は，新たな不作為による殺人を根拠づけるが，過失的遂行を故意行為に変換するものではない．二行為犯については，

622

第 12 章　故意と構成要件的錯誤

故意は，両方の実行行為の際に存在しなければならず，そのうちの一方についてでも事後的に抱かれたものであってはならない．第三者によって行われた暴力的襲撃によって縛られた被害者から財物を奪取した者は，当該暴行を事後的に彼の計画のために利用し，その限りにおいて，意思に取り入れてはいるが，窃盗を犯したに過ぎず，強盗（249 条）とはならない．判例は，いわゆる承継的共同正犯の場合には，この点に例外を認めようとする．財物を奪取した者が，暴行の後に追加的に参加し，強盗犯人と共通の事件を構成する場合，彼には，共同正犯者の故意的暴行が帰属されるがために，強盗（249 条）の共同正犯として処罰されるというのである（BGH MDR 1969, 533）．しかし，この結論には従いえない．共同正犯も，その者独自の正犯性であり，その者の故意が及ぶ範囲までしか成立しえない[176]．

第 5 節　故意の構成要件関連性と択一的故意

92　故意は，構成要件実現の認識と意欲を意味するから，常に具体的な構成要件に関係づけられていなければならず，個々の構成要件実現毎に区分して判定されなければならない．つまり，行為者は，一つの結果を惹起する行為（例えば平手打ち）によって，複数の構成要件（この場合，185 条の侮辱と，223 条の傷害）を，故意的に実現することができるのである．ある者が，一個の行為によって複数の結果を惹起した場合には，たとえそれぞれ異なる故意形式においてであっても，同様に複数の故意的な構成要件実現が成立する．ある者が，隣家の窓ガラスに石を投げ込むことを意図し，室内にいる隣人自身に当たる可能性も真摯に計算に入れていた場合，後者の結果が発生したときには，彼は，故意の器物損壊罪と並んで，故意の（未必の故意による）傷害罪を理由としても処罰されうる．一つの結果しか生じなかった（例えば，隣人自身には当たらなかった）場合，実現しなかった結果に関しては，場合によって，故意の未遂行為（この場合 224 条 2 号 – 4 号）を理由とする可罰性が残るだけである．個々で挙げたすべての事例について，刑罰自体は，後述する刑法上の競合理論（52 条）によって決定される．

---

(176)　詳細については，共同正犯についての共犯理論の枠内で言及する（*Roxin*, AT/2, § 25 C III）．

623

第3編　構 成 要 件

93　争いがあるのは，行為者が，一個のまたは他の構成要件を実現することを意図し，またはそれを計算に入れていた事例（択一的故意 dolus alternativus）についてである(177)．この種の事例群は，事実証明に関する構成要件関連的な疑いがある場合に成立する．ある者が，意識不明となって路肩に横たわっていた交通事故の被害者の上着のポケットから，財布を抜き取ったが，この被害者が，意識不明なだけなのか，死亡しているのかを知らなかった，という場合，前者だったとすれば，窃盗が，後者だったとすれば，占有離脱物横領が，成立することになるはずである．このとき，行為者が両方の可能性を計算に入れていた，つまり，一方のみならず，他方の故意をも有していたとすると，行為者が，自らが奪取した他人の財物が，遺失物なのか（この場合，遺失物横領），放置されているだけだったのか（この場合，窃盗）を確知していない場合と事情は同じである．ある者が，自らが他人の猟区で撃ったカモが野生のものか，個人の保護猟区から逃げ出したものかを認識していない場合，その者は292条，246条に関して択一的故意を有している．この密猟者が，自らが狙いをつけた下生えの中にいる客体が狩猟獣なのか，散歩中の人なのかについて，疑いをもっていた場合，その者は292条と211条，212条等の故意を有している．第2の事例群は，行為者が，ある客体か，別の客体かのいずれを侵害することになるのかについて，確信をもっていない場合である．例えば，行為者がある狩猟獣に狙いをつけたが，その隣に立っている人間に命中することもありうることを真摯に計算に入れている場合である．

94　一つの見解によれば，こうした事例群においては，択一的な構成要件のいずれによっても処罰が可能で，実現された構成要件は，既遂犯として，充足されなかったものは未遂犯として，帰属される．結果が全く発生しなかった場合（Rn. 93で挙げた事例において，射撃が人にも獣にも命中しなかった場合），二つの未遂犯が成立する(178)．この見解には賛成すべきである．二つの故意のうちの少なく

---

　　(177)　単行の研究書としては，*M. Fischer*, 1993. 根本的な検討を加えた論文としては，*Schmitz*, ZStW 112（2000），301がある．判例は，この択一的故意の問題をテーマにしたことがなく，関連事案において詳細な根拠を示すことなく一個の犯罪のみを認めてきた（RGSt 39, 427; BGH JZ 1990, 295; BGHSt 38, 353）．

　　(178)　この結論を採るものとして，特に *Jescheck/Weigend*, AT⁵, § 29 III 4; *Welzel*, StrfR¹¹, 72; *Jakobs*, 1967, 147 ff.; *ders.*, AT², 8/33; *Schlehofer*, 1996, 173 f.; *Remy*, NJW 1958, 701; *Sch/Sch/Cramer/Sternberg-Lieben*²⁶, § 15 Rn. 90 f. しかし，特に奪取罪（§§

第12章　故意と構成要件的錯誤

とも一つが未必の故意の形式である場合，択一的故意は，問題なく両立しうるからである．確かに，反対説は，行為者は常に一個の構成要件の実現（どちらの構成要件がそれになるかを知らないだけである）しか意欲しておらず，彼を複数回処罰することは許されないと主張するであろう．しかし，常に実現された構成要件のみを理由として，有罪判決を下すべしとする提案は，第2の事例群の猟師の事例が示しているように何らの解決をももたらさない．いずれかの結果が発生しなかった場合に，どちらの構成要件を理由に処罰すべきかが不明だからである．狩猟獣に命中した場合，殺人未遂罪が，行為者が，これに加えて密猟罪の既遂をも犯しているという理由で不可罰となる理由はない．それぞれの場合において，最も重い犯罪を理由として処罰されるべきである，という考え方の方がまだ理解しやすい[179]．しかし，この見解も，——上記の事例において——第1の狙いである獣に命中した場合，疑いなく密猟が意図されており，実行もされているにもかかわらず，殺人未遂罪のみが成立すべきだとする点において奇妙である[180]．加重処罰類型にまたがる択一的故意の場合に生じるであろう不当な結論は，上記の諸事例においては，52条1項，2項の行為単一となり，いずれにせよ一個の，それも最も重い刑を予定する法規のみから，刑罰が導かれることだけで回避される．これを超えてさらに，行為者が故意的な実行行為によって，その侵害を企図した刑罰法規による有罪判決を差し控えるべき理由はない．

242/292; 246/292; 249/255）の択一的形態においては例外が設けられる．

(179)　*Nowakowski*, JBl. 1937, 467; *Schneider*, GA 1956, 259, 264; *Lampe*, NJW 1958, 332; LK11-*Schroeder*, § 16 Rn. 106; *Otto*, AT7, § 7 Rn. 21. この解決は，最近*Joerden*: ZStW 95 (1983), 565 (589 ff., さらに参照文献あり);Dyadische Fallsysteme 1986, 60 ff., JZ 1990, 298 の諸業績によって著しく勢いを増した．彼に賛同するものとして，*Silva Sánchez*, ZStW 101 (1989), 379 f.. 本文下記と同様にこれに反対するものとして NK-*Puppe*, § 15 Rn. 155 f.

(180)　さらに三つの解決の提案の説明と批判を行うものとして，*Schmitz*, ZStW 112 (2000), 310 ff. がある．*Schmitz* 自身も，さらにもう一つの多くの局面で異なる提案を行う．

第3編　構成要件

B．構成要件の錯誤

文献：*Heims*, Die Tat als Gegenstand oder als Inhalt des Bewußtseins beim Vorsatz, MSchKrim 13 (1922), 94; *Martens*, Der Irrtum über Strafmilderungsgründe, 1928; *Weiz*, Die Arten des Irrtums, 1931; *Arth. Kaufmann*, Das Unrechtsbewußtsein in der Schuldlehre des Strafrechts, 1949; *Niese*, Zur Vorsatzauffassung des OHG in Strafsachen, SJZ 1950, 31; *Schröder*, Tatbestands- und Verbotsirrtum, MDR 1951, 387; *Lang/Hinrichsen*, Zur Problematik der Lehre von Tatbestands- und Verbotsirrtum, JR 1952, 184; *Lindner*, Zur Rechtsprechung über den Strafrechtsirrtum, NJW 1952, 854; *Welzel*, Zur Abgrenzung des Tatbestandsirrtums vom Verbotsirrtum, MDR 1952, 584; *Nowakowski*, Rechtsfeindlichkeit, Schuld, Vorsatz, ZStW 65 (1953), 379; *Schröder*, Die Irrtumsrechtsprechung des BGH, ZStW 65 (1953), 178; *v. Weber*, Vom Subsumtionsirrtum, GA 1953, 161; *Welzel*, Irrtumsfragen im Steuerstrafrecht, NJW 1953, 486; *Busch*, Über die Abgrenzung von Tatbestands- und Verbotsirrtum, Mezger-FS, 1954, 165; *Engisch*, Die normativen Tatbestandsmerkmale im Strafrecht, Mezger-FS, 1954, 127; *Arm. Kaufmann*, Lebendiges und Totes in Bindings Normentheorie, 1954; *Welzel*, Der Parteiverrat und die Irrtumslehre (Tatbestands-, Verbots- und Subsumtionsirrtum), JZ 1954, 276; *Kreutzer*, Zum Irrtum über normative Tatbestandsmerkmale, NJW 1955, 1307; *Warda*, Die Abgrenzung von Tatbestands- und Verbotsirrtum bei Blankettstrafgesetzen, 1955; *Hardwig*, Sachverhaltsirrtum und Pflichtirrtum, GA 1956, 369; *Arm. Kaufmann*, Tatbestand, Rechtfertigungsgründe und Irrtum, JZ 1956, 353; *Lange*, Der Strafgesetzgeber und die Schuldlehre. Zugleich ein Beitrag zum Unrechtsbegriff bei den Zuwiderhandlungen, JZ 1956, 73; *Engisch*, Bemerkungen zu Theodor Rittlers Kritik der Lehre von den subjektiven Tatbestands- und Unrechtselementen, Rittler-FS 1957, 165; *Lange*, Nur eine Ordnungswidrigkeit?, JZ 1957, 233; *Kohlhaas*, Der Irrtum über das Vorliegen oder Nichtvorliegen von persönlichen Strafausschließungsgründen, ZStW 70 (1958), 217; *Kunert*, Die normativen Merkmale der strafrechtlichen Tatbestände, 1958; *Schaffstein*, Tatbestandsirrtum und Verbotsirrtum, OLG Celle-FS, 1961, 175; *Arth. Kaufmann*, Die Irrtumsregelung im Strafgesetz-Entwurf 1962, ZStW 76 (1964), 543; *Platzgummer*, Die Bewußtseinsform des Vorsatzes. Eine strafrechtsdogmatische Untersuchung auf psychologischer Grundlage, 1964; *Welzel*, Vom Bleibenden und Vergänglichen in der Strafrechtswissenschaft, Grünhut-Erinnerungsgabe, 1965, 173 (auch als Separatdruck); *Ambrosius*, Untersuchungen zur Vorsatzabgrenzung, 1966; *Roxin*, Bespr. v. Platzgummer, Die Bewußtseinsform des Vorsatzes (1964), ZStW 78 (1966), 248; *Schmidhäuser*, Über Aktualität und Potentialität des Unrechtsbewußtseins, H. Mayer-FS, 1966, 317; *Schewe*, Bewußtsein und Vorsatz, 1967; *Bockelmann*, Bemerkungen über das Verhältnis des Strafrechts zur Moral und zur Psychologie, Radbruch-GS, 1968, 252; *Küper*, Zur irrigen Annahme von Strafmilderungsgründen, GA 1968, 321; *Gschwind*, Zur Kriminologie des Vorsatzes, German-FS, 1969, 59; *Roxin*, Offene Tatbestände und Rechtspflichtmerkmale, ²1970; *Frisch*, Die „verschuldeten" Auswirkungen

626

第 12 章　故意と構成要件的錯誤

der Tat. Zugleich ein Beitrag zur Irrtumsproblematik im Strafzumessungsrecht, GA 1972, 321; *Hall*, Irrtum über Strafinilderungs- und Straferhöhungsgründe, Maurach-FS, 1972, 107; *Schewe*, Reflexbewegung, Handlung, Vorsatz. Strafrechtsdogmatische Aspekte des Willensproblems aus medizinisch-psychologischer Sicht, 1972; *Wessels*, Zur Problematik der Regelbeispiele für „schwere" und „besonders schwere Fälle", Maurach-FS, 1972, 295; *Backmann*, Grundfälle zum strafrechtlichen Irrtum, JuS 1972, 196, 326, 452, 649; 1973, 30, 299; 1974, 40; *Baumann*, Grenzfälle im Bereich des Verbotsirrtums, Welzel-FS, 1974, 533; *Gössel*, Über die Bedeutung des Irrtums im Strafrecht, Bd. I, 1974; *Krümpelmann*, Motivation und Handlung im Affekt, Welzel-FS, 1974, 327; *Stratenwerth*, Unbewußte Finalität?, Welzel-FS, 1974, 289; *Sax*, „Tatbestand" und Rechtsgutsverletzung, JZ 1976, 9, 80, 429; *Blei*, Irrtumsprobleme, JA 1977, 413; *Zipf*, Dogmatische und kriminalpolitische Fragen bei § 243 Abs. 2 StGB, Dreher-FS, 1977, 389; *Darnstädt*, Der Irrtum über normative Tatbestandsmerkmale im Strafrecht, JuS 1978, 441; *Krümpelmann*, Die strafrechtliche Behandlung des Irrtums, ZStW-Beiheft 1978, 6; *Paeffgen*, Der Verrat in irriger Annahme eines illegalen Geheimnisses（§ 97b StGB）und die allgemeine Irrtumslehre, 1979; *Schroeder*, Der Irrtum über Tatbestandsalternativen, GA 1979, 321; *Warda*, Grundzüge der strafrechtlichen Irrtumslehre, Jura 1979, 1, 71, 113, 286; *Franke*, Probleme beim Irrtum über Strafmilderungsgründe: § 16 II StGB, JuS 1980, 172; *Haft*, Der doppelte Irrtum im Strafrecht, JuS 1980, 430, 588, 659; *Burkhardt*, Rechtsirrtum und Wahndelikt, JZ 1981, 681; *Haft*, Grenzfälle des Irrtums über normative Tatbestandsmerkmale im Strafrecht, JA 1981, 281; *Köhler*, Vorsatzbegriff und Bewußtseinsform des Vorsatzes, GA 1981, 285; *Maiwald*, Zur deutschen Gesetzesregelung über den Irrtum, in: Jescheck (Hrsg.), Strafrechtsreform in der Bundesrepublik Deutschland und in Italien, 1981, 105; *Hruschka*, Die Herbeiführung eines Erfolges durch einen von zwei Akten bei eindeutiger und bei mehrdeutiger Tatsachenfeststellung, JuS 1982, 317; *Arth. Kaufmann*, Die Parallelwertung in der Laiensphäre, 1982; *Frisch*, Vorsatz und Risiko, 1983; *Arm. Kaufmann*, Rechtspflichtbegründung und Tatbestandseinschränkung, Klug-FS, 1983, 277; *Prittwitz*, Zur Diskrepanz zwischen Tatgeschehen und Tätervorstellung, GA 1983, 110; *Schlüchter*, Irrtum über normative Tatbestandsmerkmale im Strafrecht, 1983; *Wolter*, Vorsätzliche Vollendung ohne Vollendungsvorsatz und Vollendungsschuld?, Leferenz-FS, 1983, 545; *Maiwald*, Unrechtskenntnis und Vorsatz im Steuerstrafrecht, 1984; *Tischler*, Verbotsirrtum und Irrtum über normative Tatbestandsmerkmale, 1984; *Herzberg*, Wegfall subjektiver Tatbestandsvoraussetzungen zur Vollendung der Tat, Oehler-FS 1985, 163; *Nierwetberg*, Der strafrechtliche Subsumtionsirrtum, Tatbestands- oder Verbotsirrtum, Wahndelikt oder untauglicher Versuch?, Jura 1985, 238; *Schlüchter*, Grundfälle zum Bewertungsirrtum des Täters im Grenzbereich zwischen §§ 16 und 17 StGB, JuS 1985, 373, 527, 617; *dies.*, Zur Irrtumslehre im Steuerstrafrecht, wistra 1985, 43, 94; *Moojer*, Die Diskrepanz zwischen Risikovorstellung und Risikoverwirklichung. Ein Beitrag zur Diskussion über Kausalabweichung und aberratio ictus, Diss. Berlin, 1986; *Arth. Kaufmann*, Einige Anmerkungen zu Irrtümern über den Irrtum, Lackner-FS, 1987, 185; *Kuhlen*, Anm. zu OLG Düsseldorf, StrV 1986, 159, StrV 1987, 437; *ders.*, Die Unterscheidung von vorsatzausschließendem

627

第3編　構 成 要 件

und nichtvorsatzausschließendem Irrtum, 1987; *F. Meyer*, Enthält der Tatbestand der
Steuerhinterziehung ein ungeschriebenes Tatbestandsmerkmal, das jeglichen Verbotsirrtum ausschließt?, NStZ 1987, 500; *Reiß*, Tatbestandsirrtum und Verbotsirrtum bei der
Steuerhinterziehung, wistra 1987, 161; *Steininger*, Der Irrtum über normative Tatbestandsmerkmale, JB1. 1987, 205; *Thomas*, Die Steueranspruchstheorie und der Tatbestandsirrtum im Steuerstrafrecht, NStZ 1987, 260; *Frisch*, Vorsatz und Mitbewußtsein –
Strukturen des Vorsatzes, Arm. Kaufmann-GS, 1989, 311; *Jakobs*, Über die Behandlung
von Wollensfehlern und von Wissensfehlern, ZStW 101 (1989), 516; *D. Geerds*, Der vorsatzausschließende Irrtum, Jura 1990, 421; *Hettinger*, Der Irrtum im Bereich der äußeren
Tatumstände, JuS 1990, L 35; 1991, L 9, L 25, L 33, L 49; *Kindhäuser*, Zur Unterscheidung
von Tat- und Rechtsirrtum, GA 1990, 407; *Otto*, Der vorsatzausschließende Irrtum in der
höchstrichterlichen Rechtsprechung, Meyer-GS, 1990, 583; *Puppe*, Tatirrtum, Rechtsirrtum, Subsumtionsirrtum, GA 1990, 145; *dies.*, Bespr. v. Kuhlen, Die Unterscheidung von
vorsatzausschließendem und nichtvorsatzausschließendem Irrtum (1987), ZStW 102
(1990), 892; *Laaths*, Das Zeitgesetz gern. § 2 Abs. 4 StGB unter Berücksichtigung des
Blankettgesetzes, Diss. Regensburg, 1991; *Schild*, Strafrechtsdogmatische Probleme der
Tötung des Intimpartners, JA 1991, 48; *Bachmann*, Vorsatz und Rechtsirrtum im Allgemeinen Strafrecht und im Steuerstrafrecht, 1993; *Han*, Normative Tatbestandsmerkmale
und umgekehrter Irrtum, Diss. Bonn 1993; *Herzberg*, Tatbestands- oder Verbotsirrtum?,
GA 1993, 439; *ders.*, Zur Eingrenzung des vorsatzausschließenden Irrtums, JZ 1993, 1017;
Schild, Vorsatz als „sachgedankliches Mitbewußtsein", Stree/Wessels-FS, 1993, 241;
Schlüchter, Zur Abgrenzung von Tatbestands- und Verbotsirrtum, JuS 1993, 14; *Warda*,
Zur Problematik des Irrtums über Tatbestandsalternativen, Stree/Wessels-FS, 1993, 267;
Prittwitz, Dolus eventualis und Affekt, GA 1994, 454; *U. Schroth*, Vorsatz als Aneignung
der unrechtskonstituierenden Merkmale, 1994; *Schwegler*, Der Subsumtionsirrtum, 1995;
Tiedemann, Zum Stand der Irrtumslehre, insb. im Wirtschafts- und Nebenstrafrecht, Geerds-FS, 1995, 95; *Schulz*, Parallelwertung in der Laiensphäre und Vorsatzbegriff. Skizzen
zur Dogmengeschichte eines dogmatischen Kuriosums, Bemmann-FS, 1997, 246; *Rath*,
Arbeitsschritte zur Behandlung strafrechtlicher Irrtumsfälle, Jura 1998, 539; *U. Schroth*,
Vorsatz und Irrtum, 1998; *Fukuda*, Bedeutungskenntnis und Vorsatz, Hirsch-FS, 1999,
175; *Herzberg/Hardtung*, Grundfälle zur Abgrenzung von Tatbestandsirrtum und Verbotsirrtum, JuS 1999, 1073; *Zoll*, Die Bedeutung des Irrtums für die strafrechtliche Verantwortlichkeit im polnischen Strafgesetzbuch, Hirsch-FS, 1999, 419; *Lüderssen*, Irrtum und
Prävention, Roxin-FS, 2001, 457; *Schünemann*, Strafrechtsdogmatik als Wissenschaft, Roxin-FS, 2001, 1; *Grunst*, Irrtumsprobleme bei den Mordmerkmalen, Jura 2002, 252; *Jakobs*,
Gleichgültigkeit als dolus indirectus, ZStW 114 (2002), 584; *Gropp*, Der „Moos-raus-Fall"
und die strafrechtliche Irrtumslehre, U. Weber-FS, 2004, 128; *H. Schneider*, Kann die Einübung in Normanerkennung die Strafrechtsdogmatik leiten? Eine Kritik des strafrechtlichen Funktionalismus, 2004.

　　外国語文献：*Muñoz Conde*, El error en derecho penal, Valencia, 1989; *Belfiore*, Contributo alla teoria dell' errore in diritto penale, Turin, 1997.

第 12 章　故意と構成要件的錯誤

第 1 節　行為事情の認識と不認識

95　16 条 1 項 1 文は，「行為の実行の時に，法律上の構成要件に属する事情を認識していなかった者は，故意に行為したものではない」とする．この「認識」は故意の知的要素を意味し，その欠如は構成要件的故意を阻却する．その際，すでに知っているように，この認識にとっては自らの行為が構成要件の充足をもたらすかも知れないとの表象で十分である．したがって，行為者が構成要件要素をその表象にまったく取り込んでいなかった場合にのみ，認識は欠ける．それゆえ，例えば案山子であると思って撃ったものが，人であることに気付いていない者は，故意に行為していない．これに対して，自分の前にいるのが人であるか案山子であるかについて疑いをもったが，成り行きに任せてこれを撃つ者は，その客体が人であり，これを死亡させた場合には，212 条により故意行為として処罰される．他方で，構成要件的錯誤は誤った思い込みを前提条件としておらず，正しい表象の欠如で足る．したがって，16 歳未満の少女を性的に虐待する者は，誤って少女を保護の限界を超えた年齢であると思っていた場合のみならず，その少女の年齢についていかなる考慮もしなかった場合にもすでに，182 条により要求される故意なしに行為している[181]．なぜなら，この場合にもまた，その者は「法律上の構成要件に属する事情」（つまり，少女が未だ 16 歳に満たないという事情）を認識していないからである．

96　*Jakobs*[182]は，無関心から生ずる構成要件の不認識を 16 条 1 項の事例とみなそうとせず，このような状況の場合に故意犯と認めようとする．「あるテロリストが猛スピードで車を運転して警察のバリケードを突破する．その際に彼は車線の端へと急ぐ警察官を殺すかも知れないということを考慮に入れておらず，むしろ通り抜けることに集中している．すべてが上手くいった場合には殺人未遂による処罰，そして殺害した場合には故意の殺人既遂による処罰を認めるのは誤りであろうか」[183]．彼はこの修辞上巧みな問いに否と答える．16 条 1 項は錯誤にのみ適用されるため，「構成要件への無関心」は，「実定法上は規定さ

（181）　*Warda*, Jura 1979, 3.
（182）　*Jakobs*, ZStW 114（2002），584.
（183）　*Jakobs*, ZStW 114（2002），586.

629

第 3 編　構 成 要 件

れていない」のだという．つまり，「無関心から生ずる不認識，すなわち主観的に意思決定にとって重要でない事実の回避可能な不認識は，錯誤ではなく，免責されない」というのである[184]．

97　しかし，この命題は法律とは相容れず，また刑事政策的にも支持されえない[185]．16条1項の文言は明らかに行為事情の「不認識」の場合にすでに故意を阻却するのであり，したがって，具体的な誤表象を要求していない．また，無関心という基準についても16条1項は何ら手掛かりを与えない．当罰性という観点の下で，*Jakobs* のテーゼは，警察のバリケードを突破する運転手が警察官を認識していた場合にすら，通常は（認識ある）過失が認められると反論される．なぜなら，このような事例において，運転手は，警察官が早めに脇へ飛ぶであろうと信頼することができるからである（上述 Rn. 77 参照）．知っていることがより少ない場合に，故意犯処罰を導くべきであるという点には納得しえない．さらに，本書におけるあらゆる形態の故意に共通の基準である，結果へと向けられた「計画の実現」（Rn. 6 参照）が欠けている．これに加えて，結果の不発生を信頼することなく軽率にも法益を侵害する者は，── それが処罰に値する無関心からであるにせよ ── その可能性を認識しなかった者に比べて常により当罰的である．また，結果への無関心という態度は，そのような結果がありうるという表象に基づいてのみ生じうるのである．結局のところ，「構成要件への無関心」を，故意を否定するに重要でないとみなすこともまた，故意と過失との限界づけを台無しにしてしまう．なぜなら，このような内心的態度は裁判ではほぼ突き止められえず，それゆえ，これを考慮することは重大な不安定をもたらすことになるからである．

98　刑法は，16条で扱われる構成要件的錯誤に加えて，その他の様々な錯誤を予定しているが，それらについては，後にそれぞれの関連で言及することにする（Rn. 148 以下も参照）．しかし，まずここで，最初に構成要件的錯誤との境界を明らかにすべき，性質の異なる錯誤に触れておかなければならない．すなわち，禁止の錯誤である．これは17条に規定されており，行為者があらゆる行

---

(184)　*Jakobs*, ZStW 114 (2002), 598.

(185)　*Schünemann*, Roxin-FS, 2001, 20; *H. Schneider*, 2004, 116 ff. も同様に言う．この故意構想の展開も，*Jakobs* のさらに以前の出版物によって示される．

第 12 章　故意と構成要件的錯誤

為事情を認識し，それゆえ 16 条の意味で故意に行為するにもかかわらず，自らの行為が許されている（つまり，違法ではない）と考えているという事態に該当する．例えば，他人からの電話の会話を相手に尋ねることなくカセットテープに録音する者は，自らが「非公開で発せられた他の者の言葉を録音媒体に録音し」ていることを知っており，したがって 201 条 1 項 1 号〈言葉の内密性の侵害〉の故意をもって行為している．その際に，行為者が自らの行為は許されていると思っているならば，これは禁止の錯誤である．禁止の錯誤は，故意とは無関係であり，それが回避不可能な場合にのみ責任を，そしてそれに伴って可罰性を阻却するが，さもなければ刑の任意的減軽を導くに過ぎない．構成要件的錯誤と禁止の錯誤とを区別し，これらにまったく異なる法律効果を結びつけることが正当であるか否かについては，法政策的に争いがあり，禁止の錯誤を採り上げる際に議論されなければならない．ここでは差し当たり，法律上の区別そのものを銘記することのみが重要である．

99　したがって，構成要件的錯誤は，違法性の認識または不認識に関係せず，もっぱら行為事情のそれにのみ関係する．その際，二つの主要な問題が生ずる．すなわち，構成要件的錯誤と禁止との錯誤の区別（後述 1），および，刑法にいう「認識」であると言いうるためには，そもそも表象がどの程度強く，かつ明確に，行為者の意識に生じたのでなければならないかという問題（後述 2）である．

1　構成要件的錯誤と禁止の錯誤の区別[186]

100　すでに我々がよく知っている記述的行為事情と規範的行為事情との区別は（より詳しくは Rn. 57 以下），故意の知的側面においてその最大の実践的意義を発揮する．すなわち，認識とは，記述的行為事情の感覚的知覚と規範的行為事情の精神的理解とを意味する．この定式は，記述的要素においては比較的容易に適用することができる．ある者が暗闇の中で，自分が人を轢くところを見ていない場合には，当然ながら殺人罪の故意（212 条）が欠ける．もっとも，例えば，

---

[186]　*Lüderssen*, Roxin-FS, 2001, 477 は，16 条と 17 条の「異なる解釈」を「刑罰目的志向的な解釈論の選択権に基づいて，改めて徹底的に検討する」ことを支持する．いずれにせよ，本書 12 章 B および 21 章の記述がその手掛かりとなるよう努める．

第3編　構成要件

行為者が爆弾を設置したが，それが爆発する時にはもはやその場に居合わせていない場合には，厳密な意味での感覚的知覚は存在しない．しかし，そうであるからといって，故意が欠けるわけではない．つまり，当該構成要件に記述されている感覚的に知覚可能な事象および客体の表象で十分なのである．これに対して，規範的行為事情の場合には，認識は，その精神的な理解を前提とする．自分が領得した物が他人の所有にかかるものであることを理解しておらず，――いかなる理由からであれ――自身をその所有者であると考える者には，242条にいう「他人の」という行為事情の認識，したがって故意が欠けるため，彼は窃盗としては処罰されえない．もっとも，純粋に記述的要素や純粋に規範的な要素は極めて稀にしか存在しないことを考慮すれば（10章 Rn. 59 以下参照），大抵の行為事情においては，その記述的要素が知覚され，かつその規範的意味内容が理解されなければならないのであるから，両形態の認識が必要である．それゆえ，文書毀棄罪（274条1項1号）の故意はまず，例えば，そもそも行為者がある文書を古新聞と共に暖炉に投げ入れることに気付いていることを前提とする．そして，これが肯定される場合には，その文書が彼自身のものではなく，さらに法律上の取引において証拠力をもつものであることを理解していたのでなければならない．この両者が揃って初めて，故意を構成するのである．

101　規範的要素において構成要件的故意を特徴づける精神的理解は，法律で用いられている概念への厳密な法的あてはめを意味しない．むしろ，当該概念によって表された，帰責される事象の社会的意味内容を行為者が理解することで足る．これは，「素人仲間における並行的評価」[187]と言われる．故意の対象は，法的な概念や行為の違法性ではなく行為事情，すなわちその社会的意味を含め

---

(187)　今日一般的に用いられている *Metzger*, StrafR, ³1949, 328 の定式である．「行為者意識における並行的判断」（JZ 1954, 279; StrafR¹¹, 76）という *Welzel* の言い回しは事実上同じことを述べているが，評価ではなく理解という活動が問題であることをはるかに良く表現している．それゆえ，*Schulz*, Bemman-FS, 1997, 246 (253) は定着した用語を完全に拒否し，実際に「ビールコースター事例」（Rn. 102）を手掛かりとして的確にも次のように述べている．すなわち，「ビールコースター上の線が後の会計の基礎となるべきことを行為者が認識しているならば，彼の意識内容は証拠の明確性という定義要素の下に包摂可能である．追加的な評価行為は不要である」．言語哲学的観点の下での問題点について，詳しくは *Arth. Kaufmann*, 1982. *Fukuda*, Hirsch-FS, 1999, 175. は，日本の判例を考慮して意味の認識について論じる．

第 12 章　故意と構成要件的錯誤

た外部的な所与であるから[(188)]，このような「並行的評価」は故意にとって必要な認識に相当する．したがって，例えば，ある者が自動車の所有者を数時間引き留めるために，自分のものではない自動車のタイヤから空気を抜いたことにより器物損壊罪（303条）で起訴される場合，彼は，損壊とは物への物質的侵害（例えば，タイヤの切断）のみをいうと考えていたことを理由として，「損壊する」という要素に関する自らの故意の成立に異を唱えることはできない．なぜなら，判例は，損壊を一時的であれ，およそ物の利用可能性を少なからず侵害することであると解しているからである（BGHSt 13, 207）．この場合はまさにそうなのであって，行為者は自らの素人的立場からもこのことを完全に知っているのであるから，彼の損壊の故意は肯定されうる．行為者は，損壊の本質を成すところのすべてを理解していたのである．物質的な侵害のみが法律にいう「損壊」であるとの彼の誤認は，「損壊」概念の定義に関する錯誤に過ぎず，立法者が「損壊」であるとみなす事情の不知ではない．これをあてはめの錯誤と言う．あてはめの錯誤は，その関連する構成要件要素の社会的意味内容が承知されている場合には，決して故意を阻却しない（ただし，Rn. 104 および21章 Rn. 23 以下を参照せよ）．しかし，行為者が誤ったあてはめに基づいて自らの態度が禁止されているとは思わず，例えばタイヤから空気を抜くような「いたずら」は，立法者によって許容されているであろうと考える場合には，あてはめの錯誤は，禁止の錯誤を基礎づけることがあり，その場合は17条によって処理される．

102　あてはめの錯誤の例は，―― 判例の中にも[(189)] ―― 多数ある．素人には厳密な法的あてはめがほとんどできないため，実際には，あてはめの錯誤はあらゆる規範的行為事情について生じうる．それゆえ，本書では実際に起こった個別事例を羅列することはしない．しばしば引用される例は，文書（267条）の概念についてである．ウェイターが，客が何杯の「半リットル」を飲んだかをビールのコースターに引いた線で確認する場合に，自らの財布のことを考えて，その線のうち数本をこすって消す客（RG Deutsche Strafrechts-Zeitung 1916, 77）には，

---

(188)　非常に明確に言うのは *Warda*, Jura 1979, 72, 80.

(189)　LK[11]-*Schroeder*, §16 Rn. 41 ff. の一覧参照．*Kuhlen*, 1987, 33-77, 520-567 も分かりやすい「錯誤事例集」を提供する．

633

第3編 構成要件

彼が文書とは文章で書かれた書類だけをいうと考えていたとの理由で，文書偽造罪の故意が欠けるわけではない．なぜなら，判例によれば，文書とは任意の記号によって具現化されたあらゆる観念の表示であって，法律取引において証拠となるべきものであればよいからである．客は，ウェイターが「線」によって飲食代金を証拠力のある形で記録しようとしていたことを知っていたのであるから，「並行的評価」において事象の社会的意味を，したがって裁判官に線を「文書」と称させるすべてのことを理解していたのである．また，彼は何本かの線をこすって消すことは，書かれている内容全体を変更するものであることをも知っていたのであるから，文書偽造罪の故意が肯定されうる．このようなあてはめの錯誤は，「物」（303条）という要素のような記述的要素の場合にも存在する．したがって，他人の犬を毒殺したために器物損壊罪で起訴される者は，動物が「物」であるとは思わなかった，との説明で故意行為の非難を免れることはできない．法律は，所有権保護の観点の下で，物に対して適用される規定によって動物を取扱い（民法90条a），民法は「物」とはすべての有体物をいうと解しており（民法90条），また行為者は犬の有体性を知っていたのであるから，彼は自身の「素人仲間」において，その社会的意味において法律上の物概念を特徴づける事柄をすべて理解していたのであり，それは故意の成立にとって十分である．物概念の誤った定義は重要でないあてはめの錯誤であって，行為者が自らの行為を許容されていると信じることができたとするのは困難であろうから，この錯誤は（先の文書の例における錯誤と同様に）禁止の錯誤をすら基礎づけない．

103 もっとも，一定の法的評価なしには社会的意味内容が理解されえない場合も存在する．そこでは，適切な法的評価が当該行為事情の精神的理解にとって必要であり，また故意の前提条件となる．例えば，「他人の」（242条，246条，303条）という要素の場合がそうである．「他人の」とは，他の人が（単独または共同）所有していることを意味する．ある者が，完全に誤った法的考察に基づいて，自らを（実際には他人の）物の所有者であると考えて，これを自らのために利用しあるいは損壊する場合，彼は窃盗罪，横領罪または器物損壊罪では処罰されえない．なぜなら，彼は素人社会の流儀によっても，その物が他人のものであることを理解していなかったからである．異なるのは，例えば，ある学生が同級生と共同で一冊の本を手に入れたが，居住共同体を解消する際に，相

第12章　故意と構成要件的錯誤

手方の同意なくこれを単独で使用するために領得する場合である．この場合には共同所有者に対する窃盗罪が存在し，行為者は，「他人の」とは他人の単独所有下にあるのみをいうと考えていたことを理由として，自らの故意の成立に異を唱えることはできない．これはまたしても，誤った定義によって惹き起こされたあてはめの錯誤に過ぎないであろう．つまり，この学生は，その物が彼ひとりのものではないことを知っており，したがって，行為者が共同所有しているものを，彼にとって「他人の」ものであると立法者に称させるすべてのことを理解していたのである．他方で，例えば他人を警察から隠匿する者が，誤った法解釈に基づく場合であれ，この者を可罰的でないと考えている場合には，処罰妨害罪（258条）の故意が欠ける．なぜなら，このような事例では，行為者は，その素人的表象においても，自らが援助する者は「刑罰法規により」処罰される必要はないということから出発しているからである．同様に，自らに対して命じられた運転禁止が未だ既判力を有していないと誤信する者は，故意に無免許運転をしていない（道路交通法21条1項1号）[190]．この場合，その者には現に運転免許がないことの認識が欠けているのである．この錯誤は，それが事実の誤認と誤った法的評価とのいずれに基づくにせよ，故意阻却を導く．また，行為者が，スクラップされた自動車を置く場所として使用している自らの土地がその種の〈認可を要する〉施設に当たることを知らない場合にも，その者には認可を必要とする施設を認可なく操業させる故意が欠ける（327条2項1号）[191]．なぜなら，認可制の目的とは，国家による予防的な取締りを可能にすることだからである．それゆえ，国家の取締りの要請を知らない者は，「素人仲間における並行的評価の諸原則によれば，構成要件の規範的な意味内容を」理解していない[192]．規範的構成要件要素は，窃盗罪，強盗罪，恐喝罪および詐欺罪（242条，249条，253条，263条）における領得ないし利得の違法性でもある．それゆえ，行為者が存在しない請求権を，誤ってあると考える場合，

---

(190)　BayObLG NStZ-RR, 2000, 122 および対立する判例に基づいて同所が挙げる諸文献．同裁判所は，少なくとも行為者が「確定力をもたらす実際の諸事情を何も知らなかった」場合には構成要件的錯誤を認めようとするが，法律の錯誤もまた故意を阻却すると判断する傾向がある．

(191)　OLG Braunschweig NStZ-RR, 1998, 175.

(192)　*Brede*, NStZ 1999, 137 は，この判決についての評釈の一つである．

635

第3編　構成要件

彼は構成要件的錯誤に陥って行為している[193]. もっとも, 恐喝者が, 当該犯罪集団（薬物の売人）の考え方に従えば, 自分は被害者（買い主）に対して請求権を有していると考える場合には, 彼は自分が得ようとする利得の不法性を誤認してはいない. 重要なのは, この請求権が法秩序からも認められ, また裁判において主張しうるものだということを彼が表象しているか否かである. この前提の下でのみ, 構成要件的錯誤が肯定されうる（*Kühl*, 387 の評釈と共に BGH NStZ 2004, 37）. 精神的に混乱した〈女性〉銀行強盗が, 銀行が彼女に贋金で支払ったため自分には強取した金について請求権があると思っていたという事案に関する連邦裁判所（StraFo 2003, 58）の見解によれば, 財産的利益の違法性に関する思い込みによる錯誤もまた, 不法利得の目的を否定しない.

104　したがって, 誤った法的評価（「法律の錯誤」）は, 常にあてはめの錯誤か, 場合によっては禁止の錯誤でしかなく, 故意を阻却する構成要件的錯誤ではありえないと述べるのは不正確である. むしろ, 次のことが重要である. すなわち, 行為事情の社会的意味が, それを特徴づける法概念の知識がなくとも理解可能であり, かつ理解される場合には, 誤った法解釈（誤ったあてはめ）は故意に影響しない. これに対して, 誤った法解釈によって行為者が自らの行為の社会的意味を知ることができない（他人の物ではなく自分の物を取ると思っている, あるいは犯罪者ではなく無実の者を援助すると思っている）場合には, そのような錯誤は当該規範的行為事情に関する故意を阻却する. したがって, 現行刑法では, 故意は, 知的側面から, 社会的意味の認識として構想されているのであって, 法的な禁止のそれとして構想されているのではない. これが, 16条, 17条という異なる規定（構成要件的錯誤と禁止の錯誤との区別）を支える思想であり, その正当性については, 禁止の錯誤を詳論する際に再度採り上げることにする.

105　このことから, 16条によって取り扱われるべき構成要件的錯誤を禁止の錯誤（17条）から区別するための, さらに別の重要な理解が導き出される. すなわち, ある錯誤が構成要件的行為の違法性にしか関係しない場合には, 当該行為事情が個別要素という形で違法性判断そのものを内包する行為事情に関連するものであっても, それは禁止の錯誤である. 例えば, 240条2項にいう「非

---

(193)　BGH NStZ-RR 97, 65 ff.; BGH StrV 2000, 78-80 (3 Entscheidungen); NStZ 2002, 481, 597; 2003, 663.

第 12 章　故意と構成要件的錯誤

難性」の基準のような全行為評価的要素（詳しくは 10 章 Rn. 45 以下参照）の場合がそうである．例えば，他人から「貸付金の返済を受ける」ためにその他人を「風俗に対する罪で告発すると脅迫する」が，「この〈返済のための〉供与は可罰的な行為とは関わりなく行われた」場合（BGHSt 5, 254 [258]），この行為者は強要罪（240 条）を犯している．すなわち，追求された目的は用いられた脅迫手段と内的に関係していないのであるから，告発という「重大な害悪」をもってする脅迫は，240 条 2 項にいう「非難すべき」ものである（BGHSt 5, 258）．このような事例において，行為者が自らの行為を「非難すべき」ものではなく適切であると評価する場合には，それは規範的行為事情（「非難すべき」）に関する故意を阻却する錯誤ではなく，禁止の錯誤である．なぜなら，非難性の判断は，行為全体の違法性に関する法的判断と一致するからである．つまり，この場合に構成要件的錯誤を認めるならば，可罰性に関する判断は，もっぱら行為者の主観的な不法評価に，場合によっては完全に誤った不法評価にすら依存させられることになってしまい，このことは客観的秩序という法の性質と矛盾することになるであろう(194)．

106　他方でこれと異なるのは，非難性に関する錯誤が行為の全評価ではなく，その存在が行為者の行為を非難に値しないものであると思わせるであろう事情に関係する場合である．例えば，訴訟という「重大な害悪」による脅迫は，それが弁済期の到来した請求権の行使としてなされる場合には非難すべきものではなく，それゆえ，強要罪としては可罰的でない．そこで，訴訟をもって脅迫する行為者が（誤った法的考察に基づくにせよ）弁済期の到来した請求権があると考えている場合には，非難性に関する故意を阻却する錯誤が問題となる．なぜなら，その錯誤は非難性判断の前提に，したがって彼の行為の社会的意味に関係しているのであって，先に挙げた例のように，法的な違法性判断それ自体に直接的かつ排他的に関係するわけではないからである．

107　欄外番号 105 で展開された諸原則もまた，全体的行為評価について錯誤に陥った行為者が，立法者をしてそのような評価をなさしめるところの事柄を，少なくとも彼の素人仲間のうちで認識している限りでのみ，妥当する．性犯罪

---

(194)　全体的行為評価要素の錯誤の問題については，*Roxin*, ²1970, 132 ff., 154 ff. および随所を参照．

637

第3編　構成要件

を暴露するという脅迫を用いて貸付金を取り立てる者は，自分が非常に粗暴な形でその債務者の意思活動の自由に影響を及ぼすことを知っている．それゆえ，これは非難すべきものではないとの彼の考えは，単なる禁止の錯誤である．しかし，自らの行為の社会的意味を理解するためには，法的な評価が同時に行われなければならない事例においては，その評価が実際に違法性判断と一致する場合であっても，それは故意にとって必要である．例えば，滞納した税金の存在に関する錯誤は租税逋脱罪の故意を阻却する[195]．なぜなら，── 誤った法的考察に基づくにせよ ── 滞納した税金はないと考えている者の故意は，租税逋脱罪において問題となる国庫への損害を素人的方法でも把握していないからである．同様に，扶養義務違反罪（170条）の故意は，扶養義務の存在および自らの履行能力の認識を前提とする[196]．なぜなら，── 誤った法解釈に基づく場合であっても ── この認識を持たない者は，いかに素人的な方法であれ，その扶養について誰とも争おうとしないからである．したがって，ここでは分解することのできない全体的行為評価事情が重要なのであって，これは，欄外番号105以下で扱った，分解可能な行為事情とは区別されなければならない．BGH NStZ 1989, 475[197]によれば，職業禁止に対する自らの抗告に延期の効力があると誤信したために業務を続ける弁護士ですら，145条cに関する構成要件的錯誤に陥っているのである．同様に，自分が得ようとする財産上の利益について請求権があると考えたために，その違法性に関して錯誤する者は，詐欺罪（263条）を犯していない（BGH NStZ-RR 97, 65 f.）．

108　もっとも，分解不可能な全体的行為評価要素を認めることは，公課法370条や170条のような構成要件においては禁止の錯誤がほとんどありえないということに帰する[198]．というのは，滞納している税金ないし扶養義務の認識は，

---

(195)　BGH NJW 1980, 1005; wistra 1986, 174; 1986, 220; 1989, 263; BayObLG MDR 1990, 655 および通説もそのように言う．異説として，*Maiwald*, 1984 は正当にも私のかつての反対説に依拠するが（*Roxin*, ²1970, 147），私はこれを放棄した．結論においては，今や NK-*Puppe*, § 16 Rn. 54; *U. Schroth*, 1998, 53 f. も同様である．

(196)　OLG Köln NJW 1981, 63 f. もそのように言う．

(197)　*Dölp* の判旨に反対する評釈が付されている．

(198)　このような構成要件の場合にも義務を基礎づける事情の認識のみが構成要件に属するのであって，義務それ自体の認識は構成要件に含まれない，との私のかつての考えは，これに基づいていた．正当にもこれに反対するのは，*Kuhlen*, 1987, 427f.

第 12 章 故意と構成要件的錯誤

必然的に，その義務を充足しない者に違法性の意識をもたらすからである[199]．しかし，構成要件的錯誤と禁止の錯誤との区別の根本的な正当性は，それがあらゆる個別の構成要件において貫徹可能であることに依存するわけではない[200]．むしろ，法的評価を同時に行わなければ，自らの行為の社会的意味について素人的意識をも獲得することができない場合には，それが故意にとって必要であるとすることで，責任説の厳格さに対処することができるのである[201]．

109 かつてしばしば主張された「複合概念」[202]という理論によれば，「故意には，法律で用いられている法概念の本質的部分をなす要素の認識」があれば足り，「それが（複合）概念に統合されていることを知っている必要はない」というが[203]，上述のことから，この理論は時代遅れである．なぜなら，例えば，窃盗罪の故意にとっては，物の他人性が明らかになる諸事情の認識では足りず，行為者がこれらの事情からその物が完全に，または部分的に他人のものであるという法的な結論をも引き出していたのでなければならないからである．同じことは，納税請求権や扶養請求権にも妥当する（Rn. 107 以下）．しかし，分解不可能な全体的行為評価要素については，故意は，違法性判断を構成する記述的および規範的要素のみを含んでいればよいのであって，そこから生ずる違法性

Baumann, 1993 も参照．*U. Schroth*, 1998, 53 も「意味の認識は時として不法の認識と一致しうる」ことを認める．

(199)　もっとも，禁止の錯誤は，ある者が存在していない正当化事由をあると思い込む，という形でも考えられる．しかし，この場合でも，行為者が納税義務あるいは扶養義務を免れようとしていたというのは難しい．

(200)　むろん，故意阻却は，相当する規範的要素が構成要件的錯誤の対象でありうる場合にのみ認められうる．それが欠ける場合には禁止の錯誤であるが，行為者が，禁止の認識がなければ自らの行為の意味を認識することができなかった場合には，当該錯誤は —— とりわけ特別刑法では —— 回避不可能とみなされなければならない．この点について詳しくは 21 章 Rn. 39 以下．

(201)　故意には反社会性（つまり，行為の社会的意味内容）の意識が必要であるとする，責任説と故意説とを仲介する傾向的に正しい見解の起源もまた，この点にある．結局，この意味で言うのは，同所が挙げる諸文献と共に *Arth. Kaufmann*, Lackner-FS, 1987, 185 および *Otto*, Meyer-GS, 1990, 583; さらに *Tischler*, 1984.

(202)　*Roxin*, ²1970, 150ff.; *Kunert*, 1958, 15 ff., 108 ff.; *v. Weber*, GA 1953, 161 ff. 参照．

(203)　*Frank*, StGB, ¹⁸1931, § 59, Anm. II, 最後の項．

第3編　構成要件

判断それ自体を含んでいる必要はないとする限りで，この理論には一片の真実が存在している．

110　とりわけ困難で争いがあるのは，白地刑罰法規における構成要件的錯誤と禁止の錯誤との区別である[204]．これは制裁規範のみを内容とする構成要件で，その充足は，他の法律，命令，そして行政行為にすら委ねられる．それらは特別刑法に多く見られるが，刑法典においても珍しくはない．例えば315条ａ1項２号によれば，乗り物の運転者として著しく義務に反した態度により，「軌条交通，懸垂式交通，水上交通もしくは航空交通の安全のための法規定に違反し」，これにより具体的な危険を招来した者が罰せられる．BGHSt 6, 40 は，構成要件と刑罰威嚇とが「切り離されて，刑罰威嚇の補充が附属的な構成要件によって異なる箇所で異なる時に独立して行われる」場合を，白地刑罰法規であるとする．

111　このような場合，補充規範の存在に関する錯誤，あるいは存在しない正当化事由の誤認は，禁止の錯誤であるが，他方で，補充規範の行為事情に関する錯誤は，故意を阻却する．したがって，「禁猟期に関する法規に違反する」者は連邦狩猟法38条１項によって処罰されるのであるが，禁猟期の狩猟が禁止されていることを知らないために一年中狩猟を行う者は，禁止の錯誤に陥っている．これに対して，禁猟期の日付や期限を誤解する者は，構成要件的錯誤に陥っている（OLG Celle NJW 1954, 1618）．107条 c は，「ある者がどのような投票をしたかについて，自ら知りまたは他の者に知らせる目的で，選挙秘密保護規定に違反した者」を処罰するが，選挙長が老人ホームにおいて，そこの住人がどのような投票をするのかに関心を持ち，また彼らの投票用紙への正確な記入を手伝おうとして，公然と彼らに投票用紙に×印をつけさせる場合，彼は故意にこの規定に違反している．このことが許されているとの彼の誤信は，禁止の錯誤である[205]．しかし，彼が，有権者は見張られることなく投票用紙に記入することができるであろうと思っていたが，実際にはそうではなかったという場合には，構成要件的錯誤に陥っている．もっとも，白地が具体的な個別の

---

(204)　これについては，*Warda*, 1955; *Laaths*, 1991, 90 ff.

(205)　この事例については *Kuhlen*, 1987, 54 f. 参照．彼は異なる結論に至っている（S. 540 f.）．

命令によって補充される場合には，一般的に妥当する禁止が存在しないのであるから，その不知は常に構成要件的錯誤である．それゆえ，軍刑法19条（軍の命令への不服従）によって可罰的になりうるのは，命令を知っていた者のみである[206].

112 判例もまた，規範的要素の認識について，基本的には上で展開した諸原則[207]に従うが，あらゆる事例において一貫してこれらに従っているわけではない．例えば，224条1項5号の危険な傷害罪が存在するのは，それが「生命を危険にさらす治療を手段として」行われた場合である．BGHSt 19, 352[208]によれば，この要素について故意を認めるには，「生命の危険を生ぜしめる事情の認識」があれば足り，行為者自身が，自らの行為が生命を危険にさらすものであることを認識する必要はないという．これは複合概念理論（Rn. 109）の影響を受けており，賛成に値しない．なぜなら，被害者の生存への脅威が認識されていない場合には，何人も，自らの行為が生命を危険にさらすものであることを「素人仲間において」すら理解することができないからである．「さもなくば，その無思慮のために自らの行為が持つ生命への危険性にまったく思いが至らない無思慮な乱暴者は，より思慮の無さや軽率さの程度が軽く，そのため生命への危険性を認識している行為者に比べて，有利な状態に置かれることになろう」（BGHSt 19, 353 f.）という連邦裁判所の論拠は，的外れである．なぜなら，第2の場合の行為者は，彼のより大きな「思慮深さ」の故にではなく，生命への危険性を認識していたにもかかわらず攻撃に出たがゆえに，より厳し

---

(206) これについては *Sch/Sch/Cramer/Sternberg-Lieben*[26], § 15 Rn. 102. *Herzberg*, GA 1993, 439, 457 ff. では，本書が行う構成要件的錯誤と禁止の錯誤との区別が，その結論よりも理由づけにおいて異なる批判を受けている．この論者は JZ 1993, 1017 において，本書（12章 Rn. 100-111）ならびに *Schlüchter*（Rn. 117 参照）および *Kuhlen*（Rn. 118-120 参照）によって主張されている区別の理論に対する考慮に値する批判を続けている．これに対して NK-*Puppe*, § 16 Rn. 82 ff., 87 は，白地法規における故意に，行為者が白地補充規範の構成要件，ならびにその内容および妥当性を知っていることを常に要求する．これは，行為者が補充規範の認識を持たなければ自らの行為の社会的意味を知ることができない場合には正しい．

(207) BGHSt 3, 248 (255); 4, 347 (352) は明確に「素人仲間における並行的評価」を引き合いに出して，規範的行為事情の「認識」にとってこれが必要であるとする．

(208) 同旨，BGH NStZ 1986, 166; NJW 1990, 3156. 我々の本文と同様にこれに反対するのは，*U. Schroth*, 1998, 57 f.

641

第3編　構成要件

く処罰されるからである．このような行為者が，軽率にも自らの行為の危険性に気付いていない者に比べて「より無思慮」で，野蛮かつ当罰的であることに異議を唱えようとするならば，それは，故意と過失との区別の意義を完全に否定することを意味するであろう．

113 これに対して，以下のような場合には，判例と本書が目指す方向との間にずれはない．すなわち，判例が，公職における犯罪行為に関して公務担当者たる身分（11条1項2号）についての故意を認めるためには，公務担当者という身分を客観的に基礎づける諸事情の認識で足るとして，行為者が自らを公務担当者であると評価していることを必要としない場合[209]，あるいは，「義務に反して双方当事者のために働いた」弁護士の当事者に対する背信罪（356条）について，「義務に反して」という要素に関する故意を認めるために，当該弁護士が義務違反性を基礎づける客観的な諸事情（すなわち，双方当事者の「相反する利益のため」の行為）を自覚していることのみを要求して，利益相反を認識しながら義務に違反することなく行為していると思い込むことは，禁止の錯誤にあたると判断する場合[210]である．なぜなら，第1の事例において，ある者が，自分が公的な行政の任務を負っていることを知りながら，自らを「公務担当者」にはあたらないと思っている場合には，単なるあてはめの錯誤が存在するに過ぎないからである．この場合，彼は自身の立場について立法者の基準となる社会的意味内容を知っているのであり，その刑法上の正確な名称は問題ではない[211]．しかし，第2の事例では，356条にいう「義務違反性」の基準は，分解可能な全行為評価的要素である[212]．自らの行為の義務違反性に関する純粋な錯誤は，違法性に関するそれと同一であり，それゆえ禁止の錯誤である．他

---

(209) BGHSt 8, 321 ff. は，今日の公務担当者概念に相応する，かつての公務員概念についてそのように言う．

(210) 詳細には微妙に異なるが，BGHSt 3, 400; 4, 80; 5, 301; 7, 17; 7, 261; 15, 332; 18, 192.

(211) それゆえ，行為者の属性を構成要件から排除する契機，あるいは故意の対象として一般的に排除する契機は存在しない．ただし，*Welzel*, StrafR[11], 77; *Arm. Kaufmann*, 1954, 149 ff.（*Kaufmann* は Klug-FS, 1983, 283 ff. において，私が Offene Tatbestände, [2]1980, 66ff. で彼の立場に加えた批判に賛成し，本書が支持する立場に同意した）．*Frisch*, Arm. Kaufmann-GS, 1989, 326 ff.

(212) 詳しくは *Roxin*, [2]1970, 136 f.

642

第12章　故意と構成要件的錯誤

方で，弁護士が，（事実的または法的理由から）自分が相反する利益のために働いていることに気付いていないために，義務違反性を基礎づける諸事情を誤認する場合には，構成要件的錯誤が存在する．

114　上で展開した区別は，全体的には通説[213]と一致するが，並行的評価の要求は常に明確ではなく，また，その結論は時として必ずしも納得のいかない形で構成要件の言い回しという偶然性に左右されるため，個々の区別は難しく[214]，異論の余地がある．それゆえ，*Zipf*[215]は，「目下のところ，錯誤論全体で最もわずかにしか解決されていない問題」であるという．この所見は，区別をより具体的に叙述し，あるいは新たに基礎づける大きな努力につながった．

115　*Darnstädt*[216]は，記述的構成要件要素と規範的構成要件要素とを，第1の場合を「自然的」事実，第2の場合を「制度的」事実と呼んで区別する．「自然的」事実は，「物質的または精神的な状態，あるいは特性に言及して完全に説明され」うるが，「制度的」事実は，（文書における証拠としての重要性（Beweiserheblichkeit）のように）「少なくとも社会的に与えられた特性を有する」．*Darnstädt*にとって，故意を基礎づける並行的評価とは「まさに社会的重要性が事実として認識されなければならない」ということなのである．これは確かに正しいが，ある事情の社会的（法的？）重要性が行為者にどの程度認識されなければならないかという問題には，特には役立たない．

116　*Haft*[217]は，故意を阻却する「事物関係的」錯誤と，あてはめの錯誤であ

---

(213)　優れた入門となるのは *Nierwetberg*, Jura 1985, 238 ff.; 包括的に概観するのは *D. Geerds*, Jura 1990, 421 ff.; 当事者への背信罪の問題については *Puppe*, AT/1, § 15 Rn. 20 ff. も．「故意を阻却する認識の欠如」をわかりやすく論じるのは，*U. Schroth*, 1998, 43 ff. 彼によれば，行為者が故意に行為するには，「通常，そこから規範の不法を推論することができるような意味の認識を持た」なければならない（49）．これは本文で述べたことと多くの点で一致するが，*U. Schroth* が記述的要素，規範的要素および全行為評価的要素の区別と，白地法規の特別な取扱いを拒否する限りで異なる．少なくとも，この区別だけでは錯誤の問題は解決されえない，という点では正しい．

(214)　例えば，*Jakobs*, AT2, 8/52 ff. で「混乱した状況」（8/53）であると言われている，様々に異なる叙述を参照せよ．刑法142条の事例について示唆に富むのは，*Kuhlen*, StrV 1987, 437 による判旨反対の評釈と共に OLG Düsseldorf StrV 1986, 159.

(215)　*Maurach/Zipf*, AT/1⁸, 37/48.

(216)　*Darnstädt*, JuS 1978, 443.

(217)　*Haft*, JA 1981, 284; *ders.*, Jus 1980, 591.

643

第3編 構成要件

る「概念関係的」錯誤とを区別する．例えば，鶏泥棒が，鶏は物ではないと考えている場合，これは概念関係的錯誤である．これに対して *Haft* によれば，誤った法的考察に基づいて他人の物を自己の物であると思い，そのためにそれを壊した者は，事物関係的錯誤に陥っている．なぜなら，この錯誤は，「刑法303条に関連づけずとも間接的に理解可能」だからであるという．しかし，この区別には，法的な意味内容に関する錯誤の場合にはほとんど貫徹しえないという問題がある．鶏は物ではないという思い込みは，なぜ242条および303条に関連づけなければ「間接的に理解可能」でないのであろうか？[218]

117 *Schlüchter*[219]は，故意の成立に「目的論的に還元された事実の視点」を要求する．故意が認められるには，行為者が「自らの行為の侵害的意味を理解し」ていたことが必要であるというのである[220]．このことは，「保護を制限する諸要素と同様に，法益と完全に等しい諸要素にも」当てはまるという．他方で，行為者にとって「法益関係的な要素が明らかであった」場合には，その他の錯誤は常に禁止の錯誤しか根拠づけえない．これに対して，全体的行為評価要素の場合には個々の事実の認識で足りるという．この構想は，素人仲間における並行的評価が，とりわけ行為者が自らの行為の法益侵害的な意味（例えば，267条における証拠流通の侵害）を認識していたことを前提とする限りで有用である．しかしながら，法益保護を「制限する諸要素」もまた行為者に理解されなければならず，また基本的にすべての構成要件要素は，保護法益およびその保護の限界に関係するのであるから，*Schlüchter* は，実質的にはなお並行的評価の理論にとどまっている．この見解もまた，「侵害的意味」および「制限する諸要因」を理解しているというためには，認識がどの程度厳密でなければならないのかを明らかにはしていない[221]．

118 「故意を阻却する錯誤と故意を阻却しない錯誤との区別」[222]を新たに定め

---

(218) さらに *Kuhlen*, 1987, 356 ff.; *Jakobs*, AT², 8/57 Fn. 134（「この概念はすでにその対象の中に入り込んでいる」）; *Sch/Sch/Eser*²⁶, § 22 Rn. 88 の批判を参照．

(219) *Schlüchter*, 1983; 著者は，JuS 1985, 373 ff., 527 ff., 617 ff. で教育のための要約を行っている．

(220) *Schlüchter*, 1983, 116.

(221) 詳細な批判は，*Kuhlen*, 1987, 435 ff.; *Herzberg*, JZ 1993, 1019 f.

(222) 1987 年の *Kuhlen* による浩瀚な教授資格請求論文の表題である．*Kuhlen* について詳しくは *Puppe*, ZStW 102（1990），892; 批判的なものとして *Herzberg*, JZ 1993, 1020

644

第 12 章　故意と構成要件的錯誤

るという最も大胆な試みを行うのが *Kuhlen* である．彼は，戦後の議論を支配
してきた構成要件的錯誤と違法性の錯誤との体系志向的な区別を完全に捨て去
り，ライヒ裁判所の古い理論へと回帰する[223]．それによれば，「事実の錯誤」
と「非刑法的な法律の錯誤」は，故意を阻却するが，「刑法的な法律の錯誤」
は，通常は重要でないあてはめの錯誤である．非刑法的な法律の錯誤と刑法的
な法律の錯誤との区別を復活させることは，「時間構造（Zeitstruktur）の基
準」[224]によって正当化される．刑法が非刑法的な規定の参照を指示する場合
は「動的な規範化」であり，それらは，例えば物の「他人性」（242条，246条，
303条）に関して，所有権についてその都度標準となる民法上の規範を顧慮する．
それらは「非刑法的な」前領域に属し，その評価の誤りは故意を阻却する．こ
れに対して，例えば240条2項の「非難性」という概念は刑法内部での「静的
な」規範化であり，その誤認は，せいぜい禁止の錯誤を基礎づけうるにすぎな
い．

119　実際のところ，この区別は，本書が「並行的評価」によって目指したとこ
ろのそれと非常によく似た結論に至る[225]．なぜなら，立法者の判断を素人的
な方法で行おうとする場合，通常は刑罰法規によって関連づけられた非刑法的
評価をこそ知らなければならないのであって，正確な刑法的あてはめや，その
際に生ずる「刑法的」錯誤は問題にならないからである．

120　しかし，刑法的錯誤を生み出す静的な指示と非刑法的錯誤を生み出す動的
な指示とを区別することもまた，新たな問題を提起する．*Kuhlen* は，ある者
が犬を「物」ではないと判断するという講学事例において，物概念を刑法的概
念とし，したがってその誤認を刑法的な法律の錯誤とすることによってのみ，
重要でない禁止の錯誤を認めるという結論に至ることが可能となる[226]．しか
し，ここでは（他人性概念の場合と同様に）民法（民法90条a）への動的な指示を

---

ff.; *U. Schroth*, 1998, 24 ff.

[223]　「刑法的な法律の錯誤と非刑法的な法律の錯誤というライヒ裁判所の区別の回顧」
は，近時の文献において多数の前触れが見られる．とりわけ *Tischler*, 1984（引用は S.
353）．

[224]　*Kuhlen*, 1987, 370 ff.

[225]　白地刑罰法規は別である．すでにライヒ裁判所が認めているように，この理論に
よれば，その不知はすべて非刑法的錯誤とみなされなければならない．

[226]　*Kuhlen*, 1987, 528 ff.

第3編　構成要件

主張することが可能であろう．また，そのいずれを認めるのかということに，錯誤の判断は依存するのであろうか[(227)]．議論のさらなる展開が待たれるところである[(228)]．

121　*Puppe*[(229)] もまたライヒ裁判所の区別を原則的に適切であるとするが，その「不幸な用語法」を非難する．故意に行為する行為者が表象していなければならないのは，「構成要件の意味であって，必ずしもその文言ではない」[(230)]．いわゆる規範的構成要件要素の場合には，純然たる「法的事実の認識」[(231)] が要求されるという．並行的評価の理論は，「ここでは認識ではなく評価という行為が問題である」との印象を与えることによって，この事情を隠蔽しているという．これによれば，あてはめの錯誤は，いわば「刑法的な法律の錯誤」であって，構成要件の意味の認識を何ら変更せず，したがって故意を阻却しない．*Puppe* は全行為評価的要素に関する錯誤[(232)] を本書が主張する区別の意味で論ずるため，これはなおのこと，上述した見解とほぼ一致するであろう．彼女は正当にも，（冒涜的な乱暴行為，誹謗する，残酷に，陰湿に，のような）「可罰性を基礎づける価値評価」[(233)] をも全行為評価的であると見なすため，行為者は，この概念の評価的要素を認識する必要がないのである[(234)]．

2　行為事情の「認識」における意識の明確性

122　以上のことから，我々が構成要件要素の認識をその記述的要素の知覚およ

---

(227)　*U. Schroth*, 1998, 29 の類似の批判．これによれば，「我々が静的な指示または動的な指示によって行わなければならないことの基準が何であるのか」は不明のままである．

(228)　近時におけるその他の区別の提案について詳しく（また批判的に）は，*Kuhlen*, 1987, 452 ff.

(229)　*Puppe*, GA 1990, 154 ff., 180; 事実の錯誤と法律の錯誤との区別によって反対の見解を展開するのは *Kindhäuser*, GA 1990, 407. *Puppe* および *Kindhäuser* を批判するのは *U. Schroth*, 1998, 30 ff., 37 ff.

(230)　*Puppe*, GA 1990, 153; *dies.*, JK, § 16 Rn. 51 ff.; *dies.*, AT/1, § 32 Rn. 13 ff.

(231)　*Puppe*, GA 1990, 157.

(232)　*Puppe*, GA 1990, 170 ff.

(233)　*Puppe*, GA 1990, 181; *dies.* (NK, vor § 13 Rn. 32, 36) は，この評価のみを真正な規範的要素と呼ぶ．しかし，両者は錯誤構成要件への分類について等しく扱われる．

(234)　NK-*Puppe*, vor § 13 Rn. 33.

びその規範的要素の理解と解するならば，「認識」，したがって故意行為と言い
うるには，行為者が実行行為の際に，どの程度明確に当該要素を身体的または
精神的に目にしていたのでなければならないかというさらなる問題が生ずる．
その際，極端な立場は，初めから排除されなければならない．一方では，行為
者があらゆる個々の行為事情（例えば，242条にいう「物」「動産としての」「他人の」）
について，明確に「それを考える」という意識的な熟慮を行うことを要求する
ことはできない．そのような合主義理的な見解は，法律が1941年まで謀殺罪
に要求していた「熟慮」と故意とを混するものであるが（4章 Rn. 13，6章 Rn. 11
参照）[235]，これは，人の行為は慎重になされた事前の考慮によってではなく，
圧倒的に衝動や情動によって操られているとする心理学のすべての知見[236]と
相容れないであろう．そして，このことは，他の領域に比べて犯罪行為の領域
により一層当てはまるのである．他方で，今日，単なる潜在的な意識では故意
を認めるのに不十分であることには争いがない．猟師が，狩猟の前に，ある特
定の場所に勢子がいると知らされたが，狩猟に熱中してそのことを忘れ，実際
にその場所に配置されていた人をそれと知らずに射殺する場合，これは過失致
死であって故意による殺人ではない[237]．また，「感覚による警告
（Gefühlswarnung）」という意味での「周縁の意識（Bewusstsein am Rande）」で足
るとすることも，故意を認めるにはなお要求し足りない[238]．なぜなら，その
ような感覚は，認識ある過失により行為する者でも持つことができるからであ
る．つまり，彼がそのような感覚を無視して，幸運な結末を信じる場合には，
それはいまだ故意ではないのである．連邦裁判所[239]も次のように述べている．
「意識にのぼらない単なる知覚や，単なる潜在的な意識では足りない．行為者
が行為の時点にはもはや有していなかった以前の知覚もまた，故意の知的要素
を基礎づけるには不十分である」．

123 今日，広く認められているのは，両極端の間にある見解である．これによ

---

(235) *Bockelmann*, Radbruch-FS, 1968, 254.

(236) これについては特に *Schewe*, 1972, 85 ff. 参照.

(237) *Platzgummer*, 1964, 4 参照.

(238) かつて LK⁸-*Mezger*, 1957, 59, Anm. II. 9 がそのように言っていた.

(239) *Schneider* の判旨反対の評釈と共に，NStZ 2004, 201. 生後1ヶ月の赤ん坊を激し
く揺さぶる場合に，行為者には傷害の故意が欠けていたかも知れない，とする連邦裁
判所の考えは，それにもかかわらず説得的でない.

647

第3編 構成要件

れば，故意は，行為者が明確には，そのことを思い浮かべていないが，「同時意識し」ている事情をも包含する．とりわけ *Platzgummer*[240]が連合心理学の研究[241]を利用してその分析に貢献したのであるが，この「同時意識（Mitbewußtsein）」において問題となる意識とは，「確かに明確には考慮されないが，他の考慮された意識内容と同時に意識され，潜在的に必ず同時に考慮されるはずの意識である．したがって，同時意識は，同時に意欲されることもありうる」[242]．このことは第1に，感覚的に知覚可能な要素を意味づける構成要素に妥当し，それゆえ，規範的要素に関する故意にとって大きな意義を有する．百貨店で欲しい物を領得する者は，その都度意識的に熟慮せずとも，現にその物の他人性を意識しているのであり，また，祭壇からキリストの磔像を持ち去る者は，必然的に「教会から」盗む（243条1項4号）ことの意識を有している．なぜなら，「教会」という思考の複合体は，キリストの磔像および祭壇の知覚と分かち難く結びついているからである．この「知覚に誘発された同時意識」[243]と並ぶ同時意識の第2の形態は「不断の付随的知識（das ständige Begleitwissen）」であり，これは，法律に要求される正犯者たる資格にとって特に重要となる．医師ないし弁護士が，彼らに委ねられた秘密を漏示する場合（203条），彼らはしばしば自分が医師ないし弁護士であるとはっきりとは考えない．それにもかかわらず，委ねられた情報を自らの職業領域から開示することを知っているということは，医師ないし弁護士であるという意識を内包しているのであるから，彼らはこの要素に関する故意を有しているのである[244]．

124 *Schmidhäuser*[245]も，言語心理学的な研究に依拠して「事物思考的な」意識を「言語思考的な」意識から切り離し，故意を認めるにはそれで足りるとすることで，まったく同じ結論に至っている．これによれば，行為者は，言語的

---

(240) *Plarzgummer*, 1964, 4.

(241) とりわけウィーンの心理学者 *Rohracher* に依拠する．

(242) *Plarzgummer*, 1964, 83.

(243) *Roxin*, ZStW 78 (1966), 254.

(244) したがって，その点でも，構成要件から行為者の要素を切り離し，16条をこれに適用しないことには根拠がない．Fn. 211 参照．*Frisch*, Arm. Kaufmann-GS, 1989, 327 は，確かに，特別な行為者属性に関する同時意識が通常は存在することを認めるが，これを「故意を認めるための決定的な……理由づけ」とはみなさない．

(245) *Schmidhäuser*, H. Mayer-FS, 1966, 317 ff.

648

な定式で行為事情について考える（「これは他人の物である」，「私はそれを教会から盗む」，「今，私は医師として行為している」等）必要がなく，それを事物思考的に自覚することで足る．この場合，「事物思考」とは，「本来は言語を通じて知る事柄を非言語的な思考の領域へと引き取った，いわば具象的な記憶に基づく…事物それ自体の非言語的な思考上の扱い方」[246]を意味する．

125　その他の心理学的アプローチ[247]，あるいはおよそ心理学から離れた法律学固有の概念形成[248]を用いて認識の問題に取り組む可能性は，決してこれをもって尽きるものではない．しかし，すべての理論は，潜在的な意識というものが存在し，それは故意概念の枠内で「認識」に課される要求を満たす，との理解で一致する．この点に，熟慮の要請と，潜在的でしかない意思への限定との間の隘路を通り抜けることができる，認識の進歩が存在するのである．

126　確かに，*U. Schroth*[249]は同時意識の理論および事物思考的意識の理論を批判するが，同じく潜在的な認識を認める．これによれば，「ある情報を得るために何ら追加的な措置を講じる必要がなく，また記憶を喚起する必要もない

（246）　*Schmidhäuser*, H. Mayer-FS, 1966, 326. この定式はむろん，言葉の厳格な意味における言語なしに思考は存在しないという限りで，完全に正しいわけではない（*Arm. Kaufmann*, 1982, 30 f.）．しかし，短縮された言語における思考が問題なのであって，その思考においては言語的な信号が意味の複合体全体を喚起する．*Schmidhäuser* に類似するのは *Jakobs*, AT2, 8/12 である．すなわち，「少なくとも具象的な（概念的な，でない）現実の表象を，現行法上は放棄することができない」．

（247）　*Schewe*, 1967 は，ゲシュタルト理論の構想に依拠して彼がとりわけ *Platzgummer* にその非難を向けた．刑法における「原子論的な」思考に論争的に反対して，「構成要件の形態が『観相的に』正しく理解されるような方法で，行為事情が状況全体の中で経験されてさえいれば，個々の行為事情すべてを明確に考慮することは不」要であると考える（S. 55）．しかし，結局のところ，このような構成要件の全体性の理解は，「事実思考的な」同時意識に相当するであろう．あらゆる「心理学的な」解決の試みを批判する *Schild*, Stree/Wessels-FS, 1993, 260 も，*Platzgummer*, *Schewe* および *Schmidhäuser* の結論が一致することを認める．

（248）　例えば *Bockelmann*, Radbruch-GS, 1968, 252 ff. は，刑法はその諸概念をそれ自身の目的に従って形成する，との前提から出発して，行為者は「彼が知り，認識し，あるいは予見することが現実の認識である場合には，彼がそれを熟慮の対象とする限り，客観的な行為事情の十分な認識を」有している（S. 255），とする．したがって，意味するところは，おそらく *Bockelmann* が引用していない *Platzgummer* および *Schmidhäuser* の場合と何ら異ならないであろう．

（249）　*U. Schroth*, 1998, 88ff（91）．

649

第3編　構 成 要 件

場合には，個人は現にその情報を自由に利用することができる」．潜在的な認
識は，「個人が行為の場面において行為事情を気に掛けており，追加的に記憶
を喚起せずともそれを知っていたであろう場合」に存在するという．これは，
通説にとりそれを精密にするため極めて役立つ知見である．

127　これに対して，まったく独自の道を歩む *Frisch*[250] は，同時意識の理論を拒否し
て「事物問題の規範的解決」[251] に努める．すなわち，「故意を，個々の要素に同じよ
うに関連づけられた意識と考えるべきではない．決定的なのは，むしろ，行為者は
ある一定の意味連関を把握していたということである．なぜなら，この状況ではす
でに断念が期待されるのであり，一定の行為を遂行することは，利益に反する決意
を意味するからである．── たとえ，行為者が一定の（排他的）要素との関係でもお
よそ何の意識内容も示していない，あるいは別の一定の（明確化する）要素との関係
で常時利用可能な知識しか有していないとしても」である[252]．個別的には，彼は次
のように区別しようとする．すなわち，「いわば『相対化に堪えうる』構成要件要素
の領域」[253] およびそれについて「特別な意識内容をおよそ必要としない」[254] 要素群
と並んで，「実際に規範的な意味が……一定の構成要件の基礎にある禁じられた行為
を完全化するのに役立つ要素の領域において初めて，一定の内容の常時利用可能性
という，同時意識の理論によって意識として格づけられた実体に与えられる」とい
う[255]．

128　もっとも，熟考されていない同時意識を承認することもまた，過失を犠牲
にして故意を過度に拡大する危険を伴う[256]．例えば，*Platzgummer*[257] は，
「その対象についてかつての経験から知っていることは，すべて自動的に『感
じ取』られる」という．そこからは，子供への性的虐待について，以前に一度
その子供の年齢を知らされていた場合には，行為の際にそのことに考えをめぐ
らさずとも，法律上の保護年齢（「14歳未満」）に関する故意を有しているとの
結論が引き出されるが，これは広すぎる[258]．人や物に関して以前に一度得た

---

(250)　*Frisch*, Arm. Kaufmann-GS, 1989, 311 ff.

(251)　*Frisch*, Arm. Kaufmann-GS, 1989, 342.

(252)　*Frisch*, Arm. Kaufmann-GS, 1989, 346 f.

(253)　*Frisch*, Arm. Kaufmann-GS, 1989, 342.

(254)　*Frisch*, Arm. Kaufmann-GS, 1989, 344.

(255)　*Frisch*, Arm. Kaufmann-GS, 1989, 344 ff. *U. Schroth*, 1994, 59 は「この見解は明
　　　らかに刑法16条に反する」と批判する．

(256)　正当にもこのことを警告するのは，*Köhler*, GA 1981, 290.

(257)　*Platzgummer*, 1964, 84.

650

第 12 章　故意と構成要件的錯誤

情報のすべてが，それ以後は「自動的に」その光景と結びつくわけではない．むしろ，そのためには内面化が相当程度に達していなければならないのであって，裁判所は，まずこのことを確認しなければならない．例えば，食堂での喧嘩の際に個人的に仲の良い別の部隊の一等兵を殴打する下士官は(259)，「同時意識」の形で「部下」を虐待する（軍刑法30条）故意を有している，ということは自明ではない．確かに，このように考えることは自然である．しかし，親しい友人同士の争いが，あらゆる職務上の利害関係から離れた個人的な事柄として経験される場合には，必要な同時意識が否定されなければならないこともある．したがって，疑わしい事例では，同時意識は具体的状況の文脈から基礎づけられなければならない．一度その「意味」を経験し，それゆえ「潜在的に」知っていることのすべてが，同時意識という補助概念を介して機械的に認識していることにされ，したがって故意があるとされるならば，それは道を誤ることになりかねない(260)．

129　特別な問題が生ずるのは，行為の領域においてすでにいくつかの困難を惹き起こしている情動行為（詳しくは，8章 Rn. 69）の場合である．そのような事例では，具体的な行為の遂行の際に行為事情の「意識」が欠けるということが，精神医学の側からもしばしば言われる(261)．つまり，情動行為者は，時として，行為後にはもはや何も覚えていないことがあるのである．他方で，そのような態度は，不注意な目的の過ちである過失行為との類似性を有しておらず，完全に目的思考的であることがすぐに分かる(262)．高度の情動状態で人を射殺する

---

(258)　すでに *Roxin*, ZStW 78（1966），255 でそのように述べた．詳しくは *Köhler*, GA 1981, 290; *Jakobs*, AT², 8/12 も批判的である．*Frisch*, Arm. KaufmannßGS, 1989, 332 はすでに原則として，年齢へと「希薄化された」意識という虚構に陥りやすい考えは「決定的なもの」ではないとする．

(259)　BayObLG NJW 1977, 1974 では，事物思考的な同時意識の理論を用いて故意が簡単に肯定されている．

(260)　*Köhler*, GA 1981, 290 もそのように言う．具体例については a.a.O., 296 ff. *Frisch*, Arm. Kaufmann-GS, 1989, 329 ff. はここでもまた，同時意識に関する故意の根拠づけを最初から拒否する．

(261)　連邦裁判所（E 11, 18, 23）も，例外的な諸事例においては完全な「自意識の欠如が，行為者自身の存在およびその環境との関係についての知的な知識という意味で」生じる，と考えている（類似の見解として BGHSt 6, 329 [332]）．さらに BGH NStZ 2001, 86 参照．

651

第3編　構成要件

者は，これをまったくの偶然において行うのではなく，完全に制御された運動の流れの中で行う．*Schewe* はそこから，無意識の制御があれば故意を認めるに足るとの帰結を導き出した[263]が，そのような「構成要件の意識のない故意」[264]は，16条と調和させることが難しいであろう．しかし，この考えは狭すぎる意識概念に基づいている[265]．注意深い事前の熟慮という意味での故意（Vor-Satz），すなわち思考的に完成したものの現実化としての計画実現は，意識にとって，そしてそれゆえ，16条の理解がそうであるように，「認識」にとって必要ではない．決意と現実化とが広範に重なり合うことは，計画の実現を妨げない[266]．「一瞥による」行為事情の理解があれば足り（BGHSt 6, 121; 6, 331; 23, 121），その際に，その限りでは事物思考的な同時意識に関する認識も役立てられうる．これに含まれるのは，「意識はあるが必ずしも熟考されてはいない同時体験」[267]のみであり，これが行為の制御を支配する．しかし，情動行為者の場合にはこれが存在する．すなわち，彼は被害者を見，自分の凶器を見て，それによって自分が行おうとすることを意欲し，かつ見ているのである．さもなければ，殺人は成功しないであろう[268]．それゆえ，情動は，意識を排除しないが，しかし場合によってはその制御可能性を排除し，またしばしば事象についての事後的な記憶をも排除する．したがって，情動は故意ではなく責任能力[269]の問題であり，当該箇所でより詳しく論じられなければならない（20章 Rn. 13 以下参照）．

130　もっとも，行為者の高度の興奮が意識の狭窄化を招来することは稀ではな

---

(262)　これについては特に *Schewe*, 1972, 107 f. 参照.

(263)　*Schewe*, 1972, 101ff.

(264)　*Stratenwerth*, Welzel-FS, 1074, 304.

(265)　*Krümpelmann*, Welzel-FS, 1974, 337 f.

(266)　*Stratenwerth*, Welzel-FS, 1074, 305 および *Frisch*, Arm. Kaufmann-GS, 1989, 326 も参照．同旨，BGHSt 2, 61; 6, 121; 6, 331; 23, 121; 情動行為における直接故意と未必の故意との区別については，BGH NStZ-RR 2003, 8.

(267)　*Krümpelmann*, Welzel-FS, 1974, 338.

(268)　*Welzel* も，意識の排除を認めることを「高度の情動状態における意識狭窄という事実の誇張」と呼ぶ．「すなわち，『かっと』なっているだけで，見ているのだ」．（Grünhut-Erinnerungsgabe, 1965, 188 Fn. 45）．したがって，行為論の枠内で上述した「胸の痛み」の例（8章 Rn. 69）でも故意は肯定されうる.

(269)　この限りで *Schewe*, 1972, 107 と一致する.

第12章　故意と構成要件的錯誤

い．すなわち，「行為者はもはや目標と手段以外のものを何も見ていない．つまり，彼は目標に命中させるために手段にとりかかるのである」[270]．このような状況においては，他の行為事情に関して実際にあらゆる意識が欠けており，その限りでは，故意も排除されている[271]．このことは特に，謀殺のメルクマールに妥当する．例えば，「行為者が自身の精神状態によって自らの動機の低劣さについての認識を妨げられている場合には」，低劣な動機という謀殺メルクマールの主観的構成要素が欠けることがある．ところが，連邦裁判所は，このような主観的な負担軽減の可能性を再び制限する．例えば，被害者が眠っていることを行為者が認識している場合には，常に陰険さについての故意が存在することになる．この場合には，「このように激しい情緒」は故意を阻却しえないというのである（NStZ 2004, 139）．とりわけ隠蔽のための謀殺については，被害者の保護という理由から，隠蔽の意図が欠けるとの推定につき「高度の要求」がなされることになる．行為者が，被害者への殺人行為の際にはパニックが理由で「自らの犯行を隠蔽することは考えなかった」[272]と主張しうる場合には，この謀殺加重の保護目的に反するであろう．その他に，情動のために，ありうる法益侵害についての決意が認められず，それゆえ未必の故意が認められないこともある[273]．

131　自動化された（automatisch）行為（詳しくは，8章 Rn. 67 以下）の場合にも，熟考することなく行われた動作の進行（例えば，自動車運転の際のギア操作）に関して，意識および故意の有無がしばしば争われる[274]．ここでは，行為の目的が行為者の意識によって捕捉されていたか否かが考慮されなければならない．訓練された狙撃手が他人を射殺しようとする場合には，狙いをつけ，照準を定めてリ

---

(270)　LK[11]-*Schroeder*, § 16 Rn. 107 ff.; *Schild*, JA 1991, 48 ff. 参照．本文の意味では BGHSt 6, 322; 11, 144; BGH NJW 1999, 1041 も．すなわち，「高度に情動的に興奮した状態」は，「問題となる要素が主観的な理由から実現されなかった」という結論になりうるという．

(271)　*Trück*, NStZ 2004, 497 の評釈と共に BGH NStZ-RR 2004, 44; BGH NStZ 2004, 620.

(272)　*Momsen* の判旨賛成の評釈と共に BGH JR 2000, 26 (29).

(273)　さらに，*Prittwitz*, GA 1994, 545 によれば，「情動行為者の精神状態」は未必の故意そのものを阻却する．情動の様々な強度が考慮されなければならないから，これは行き過ぎである．

(274)　学説の状況については，LK[11]-*Schroeder*, § 16 Rn. 110 参照.

653

第3編　構成要件

ボルバーの引き金を引くことが，自動化された動きにより，あたかも一つの行為として（quasi uno actu）行われるということをもって，故意の成立が妨げられるわけではない．これに対して，自動車の運転手が衝撃を受けたために，自動化された行為を行って事故を起こす場合には（8章 Rn. 68 の例を参照），その結果は行為者の認識によって捕捉されていなかったのであるから，故意は認められない．したがって，故意は行為事情の意識を必要とする（が，しかし個々の動きの意識は必要でない）という単純な認識から出発するならば，概して適切な帰結に至ることになる．

第2節　構成要件的故意の対象 ── 16条の直接適用および類推適用

1　16条1項の法律上の構成要件の事情

132　構成要件的故意の対象は客観的構成要件に属する事情のみであって，主観的行為事情はその対象ではない．したがって，故意により器物損壊罪（303条）を行うためには，行為者は，自分が「他人の物を損壊しまたは破壊する」ことを認識および意欲すれば足り，故意がさらにそれ自体にも関係している必要はない．例えば不法領得の意思（242条）のような，その他の主観的行為事情もまた，故意の対象ではありえないとするのが合理的である[275]．つまり，立法者は領得の意思をもつという故意ではなく，単にその目的自体を要求しているのである．このことから，16条1項にいう「法律上の構成要件」は，刑法の体系における構成要件とは一致しないということが明らかになる．つまり，体系構成要件が多くの主観的要素を含むのに対して（詳しくは 10 章 Rn. 61 以下），16条は，錯誤構成要件，すなわち構成要件的錯誤の対象となりうる事情にのみ関係するのである（体系構成要件と錯誤構成要件との区別については，上述の 10 章 Rn. 1-6 参照）．

133　しかし，その他の点では，構成要件的故意は体系的なカテゴリーでもある構成要件を構成するあらゆる事情を包括しなければならない[276]．すなわち，実行行為およびその態様，結果，行為者の属性，ならびに帰属にとって重要な

---

(275)　この点で異なるのは，*Engisch*, Mezger-FS, 1954, 133. すなわち，「内心の事情および経過もまた意識されうるし，意思に取り入れられうる」という．これは正しいが，立法者がそれを要求していることからは導き出されない．

(276)　*Frisch*, 1983 の部分的に相違する見解については，上述 Rn. 58 以下参照．

第 12 章　故意と構成要件的錯誤

事実的諸前提である（最後の点について詳しくは Rn. 154）．これらの事情は，例え
ば詐欺罪（263 条）における被欺罔者の錯誤のように，行為者以外の他者の心理
の中にある場合には，主観的でもありうる．一般に，故意は，記述的または規
範的性質を持つ，存在する事情または惹起されるべき事情に向けられる．しか
し，消極的な事情が構成要件に属する場合には，故意は何らかのものの不存在
にも向けられうる．例えば，107 条 a の故意による投票歪曲罪は，行為者が「選
挙の権限なしに」選挙することを認識していることを前提としており，また，
故意による職権濫用罪（132 条）を犯すことができるのは，執行した公務を自分
が担っていないことを知っている者のみである（詳しくは，10 章 Rn. 30 以下参照）．

134　要約すると，構成要件的故意の対象は，犯罪類型を成り立たせる客観的構成要件
の全事情である．その際，これらの事情が構成要件の文言から直接的に明らかにな
るのか，それとも制限的な解釈や目的論的な還元から明らかになるのかは問題では
ない．例えば，一定の軽微な侵害が，文言上は構成要件に包摂されうるにもかかわ
らず，それに該当しないとされる場合には（これについては 10 章 Rn. 40），軽微性の誤
認は構成要件的錯誤である．これに対して，*Sax* は，彼によって展開された構成要件
論に基づいて（これについては 10 章 Rn. 29），法律上の行為を記述する要素に関する錯
誤のみを故意阻却的なものとして 16 条 1 項の下に置き，他方で，「規範の保護目的
の当罰的な侵害に関する錯誤」は，その場合にも構成要件的錯誤が問題となってい
るにもかかわらず，17 条によって禁止の錯誤として取り扱われるべきであるとす
る(277)．しかし，これは拒否されるべきである．不法類型を決定づける諸事情に関す
る錯誤は，いずれも同じように，行為者に対して彼の行為の社会的意味を隠してし
まうのであるから，常に同様に取り扱われなければならないのである(278)．

135　行為者が法律上の構成要件に属する事情に関して錯誤に陥る場合には，故
意が欠け（16 条 1 項 1 文），当該犯罪においてそれが可罰的である限りで，過失
行為を理由とする可罰性だけが問題になる（16 条 1 項 2 文）(279)．もっとも，加
重要素に関する錯誤の場合には，基本構成要件の故意による実現に基づく可罰
性がなお残存する．すなわち，例えば窃盗の共同正犯者が，他の共犯者が武器
を携帯していることを知らない場合には，244 条 1 項 1 号に関する彼の故意は

---

(277)　*Sax*, JZ 1976, 429 ff.

(278)　*Sch/Sch/Cramer/Sternberg-Lieben*²⁶, § 16 Rn. 8 f. も拒否する．

(279)　構成要件的錯誤を自ら招いたか否かは，故意の阻却にとって重要ではない（これ
　　　に対して，*Horn*, NJW 1969, 2156 による評釈がある OLG Celle NJW 1969, 1175 によ
　　　れば，アルコールが原因の構成要件的錯誤は故意を阻却すべきでない）．

第 3 編　構 成 要 件

阻却される．しかし，彼は 242 条による故意の窃盗罪の正犯者としては可罰的なままである．

136　特別な問題となるのは，行為者がある構成要件要素について錯誤に陥ったが，同時に別の構成要件要素が存在すると考えているという，いわゆる二重の構成要件的錯誤である．例えば，住居侵入罪（123 条 1 項）の行為者が，自分が侵入する住居を誤って事業所であると考える場合，あるいは 274 条の行為者が，破棄された文書を技術的記録であると誤信する場合である．この場合に，行為者に認識されなかった要素に関する故意が阻却されるならば，誤って認識された要素に関しては（場合によっては可罰的でない）未遂の余地しか残らない．これに対して，行為者は，いずれにせよ構成要件を充足しようと意欲し，かつ充足した，という点に着目するならば，この錯誤は常に重要ではないことになろう．正しくは，次のように区別しなければならない[280]．すなわち，構成要件の選択肢が単一の保護客体または侵害手段の説明に過ぎない場合には（例えば，「住居」や「事業所」は，立法者が考えるところの「他人の住居権の下にある閉ざされた場所」の例示に過ぎない），錯誤は重要ではない．これに対して，質的に異なる保護客体ないし侵害方法が問題である場合（行為客体について，文書と技術的記録との場合がそうである）には，（この例では 274 条の）故意は阻却されなければならず，対抗策として未遂が認められうるに過ぎない[281]．「択一的に結び付いた当該ヴァリエーションを法律上の構成要件の一つの（複合的）要素と」解するならば[282]，このような解決は 16 条 1 項 1 文と調和しうる．

137　一部分は構成要件に属し，また一部分は責任に属する要素については，構成要件に関係する要素のみが，構成要件的錯誤の対象となりうる．その例となるのは，すでに論じた「不真正心情要素」（詳しくは 10 章 Rn. 79）である．例えば，

---

(280)　*Schroeder*, GA 1979, 321 ff.; *Warda*, GA 1993, 267; SK⁷-*Rudolphi*, § 16 Rn. 28 d に依拠して．さらなる議論は，*Kuhlen*, 1987, 508 ff.; *U. Schroth*, 1998, 67 ff. 部分的に異なるのは *Schlehofer*, 1996, 171 f.

(281)　この点で異なるのは，*Schroeder*, GA 1979, 326 f.; *Schlüchter*, 1983, 111.

(282)　*Warda*, Stree/Wesseld-FS, 1993, 284 および随所では，「構成要件の選択肢に関する錯誤の重要性のための実質的な基準」が有益な方法で事例群ごとに展開されている（279-283）．さらに *Warda* は適切にも，構成要件の選択肢に関する錯誤は，それらが打撃の錯誤またはあてはめの錯誤に基づく限り，一般的な錯誤のルールによって扱われなければならないことを指摘する（271-273）．

第12章　故意と構成要件的錯誤

「残酷に」（211条）という要素について，行為者が被害者に特別な痛みまたは苦しみを与えることであると誤信する場合があるが，これは構成要件的錯誤である．これに対して，残酷性概念のその他の要素，すなわち「非情で冷酷な心情」は責任に属し，故意の対象にはなりえない．「陰険に」や「粗暴に」といった，その他の不真正心情要素もまた同様に取り扱われなければならない．

2　16条2項による刑の減軽事情に関する錯誤

138　刑を減軽する行為事情に関する錯誤について定める16条2項は，特別規定である．すなわち，「行為遂行時に，より軽い法律の構成要件を実現する事情を誤認した者は，より軽い法律によってのみ故意による遂行を理由として罰することができる」．今日の法律状況によれば，この規定は非常にわずかな領域にしか適用されない．例えば，公務担当者が自己の利益のために過大な報酬を徴収したが，これを手数料であると誤信していたために，263条ではなくより軽い352条によってのみ処罰されうるという事例が考えられる．あるいは，若者が自らの身体を切断することで兵役義務の履行を不能にするが，その若者はある一定の種類の任務についてのみ自らを不能にしようとしていたという例を採り上げてみよう．この場合，若者は16条2項に基づいて，109条1項ではなく109条2項によって責任を問われる．このような状況は，ほとんど実務上の意義をもたない．最も問題になりやすいのは，16条2項の類推適用である（Rn. 144参照）．

139　最もよく挙げられる16条2項の適用事例は，216条に関して，ある者が，被害者がそれを明示的かつ真摯に嘱託しているものと誤信して殺害する場合である．これを16条2項の事例であると考えれば，行為者は212条ではなく216条によって処罰されうる．むろん，212条との比較において，216条を別個の構成要件ではなく責任が減少する場合であると考えるならば，16条2項を引き合いに出さずとも，この結論に達することが可能である．

3　16条の類推適用

140　a）行為者が目的要素の客観的な関連対象について錯誤に陥るのは，珍しいことではない．例えば，窃盗罪の客観的構成要件を充足する者が自らの行為を領得ではないと考える，または意図した領得の違法性について錯誤する，ある

657

第3編　構成要件

いは，263条の事例で，行為者が得ようとした利得を違法でないと思っている，
ということが起こる．ほぼ通説といってよい見解は，不法領得ないし不法利得
を客観的構成要件要素として扱うことで，これらの場合に16条1項を直接適
用しようとする．これは，そのような目的の関連対象は客観的に存在する必要
がなく，行為者の目的ないし故意 (Rn. 9参照) に包含されていなければならな
いに過ぎないという点で，正しくない．行為者がそれについて重要な態様で錯
誤に陥る場合には，関連する目的それ自体がなくなるのであって，客観的構成
要件に関する故意がなくなるわけではないのである[283]．

141　しかし，主観的要素に含まれる客観的要素に関する錯誤の場合には，16条
1項が類推的に適用されうる．その際，規範的要素および全行為評価的な事情
に関する錯誤という困難な問題が，まさにここでも生ずる．例えば，ある者が
他人の本を持ち去ったが，彼は何年も後にそれを返すつもりであり，そのため
に242条の意味での「領得」を意図するのではないと思っている場合に，裁判
官はそれでも不法領得の意思を肯定するであろう．なぜなら，行為者は，経済
的な尺度によれば自分が所有者の物を長期間取り上げていることを十分に認識
していたからである．つまり，彼がこれを領得でないと解するならば，それは
単なるあてはめの錯誤である．これに対して，行為者が，自分の奪取した物を
翌日に返還するつもりでこれを忘れた場合には，16条1項の類推により領得
の意思が阻却され，したがって242条による可罰性が阻却される．

142　さらに困難であるのは，領得および利得の違法性に関する錯誤の場合であ
る．通説は，ある特定物の譲渡について弁済期が到来した抗弁のない請求権は
領得の違法性を阻却し，したがってそれに向けられた目的をも阻却する，とい
う点に依拠する．行為者が，自分が請求権を有する物を奪取しようとして，こ
れを自らに権利のない別の物と取り違える場合には，行為者の目的は適法な領
得にしか向けられていなかったのであるから，不法領得の意思は，16条1項
の類推により阻却される．242条において要求される目的は，行為者が誤った
法的考察に基づいて，奪取した物について弁済期の到来した請求権を有してい
ると思ったに過ぎない場合にも阻却される．なぜなら，「素人仲間における並
行的評価」をしても，このような場合には，彼は自分が物を違法に領得しよう

---

(283)　*Warda*, Jura 1979, 77 参照．

第 12 章　故意と構成要件的錯誤

としていることを理解していなかったからである[284]. これに対して，行為者が，自らの請求権に弁済期が到来していないこと，あるいは抗弁がなされていることを知っているにもかかわらず，その物を領得することが許されると思っている場合には，彼は行為全体の違法性を誤認しているに過ぎず，禁止の錯誤に陥っている. つまり，行為者は，立法者が領得の違法性について要求することをすべて認識していたのであるから，これに関して（重要でない）あてはめの錯誤が存在するに過ぎない. したがって，領得（263 条では利得がこれに相当する）の「違法性」は，主観的構成要件の枠内における全体的行為評価要素であり，客観的構成要件のこれに相当する要素に適用される諸規則にしたがって取り扱われなければならない.

143　b）16 条の類推適用はさらに，立法者が犯情の特に重い事案の原則的事例として（例えば 243 条で）挙げる諸事情に関する錯誤の場合にも行われる. このような原則的事例は，裁判官を強制的に一定の法定刑へと拘束しないので，構成要件要素ではない. すなわち，243 条 1 号から 7 号に挙げられた例のうちの一つが存在する場合にも，裁判官は，依然として犯情の特に重い事案を拒否することができ，また反対に，挙げられた例が一つも存在しない場合でもそのような事案を認めることができるのである. それにもかかわらず，243 条に挙げられた例の一つがそのすべての要素について行為者の認識および意欲によって包含されていた場合にのみ，それが存在することを犯情の特に重い事案の根拠とするのが適当である. したがって，例えば，合い鍵を用いた侵入の責任を 243 条 1 項 1 号による犯情の特に重い事案として行為者に負わせることができるのは，彼が，その鍵が合い鍵であることを認識している場合のみである. また，職務執行に対する抵抗者が 113 条 2 項 2 号により生命の危険の惹起を理由としてより重く処罰されうるのは，彼がこの危険を故意に惹起した（BGHSt 26, 180 [244]）等の場合に限られる. なぜなら，責任主義からは，刑の加重をもたらす諸事情が行為者の認識および意欲に包含されている場合にのみ，故意犯の刑罰が加重されるすべきであるということが導かれるからである.

144　この限りで，16 条 2 項もまた類推的に適用されうる. したがって，行為者が 243 条 1 項の前提条件の下で盗んだ物を誤って僅かな価値しかない物であると考える場

（284）　BGHSt 17, 87; BGH GA 1966, 211; 1968, 121 もそのように言う.

第 3 編　構 成 要 件

合には，彼は 242 条によってのみ処罰されうる．同様に，法律上は規定されていない逆の場合，すなわち，行為者が 243 条 1 項の前提条件の下で，客観的には価値の低い物を高価な物であると考える場合にも，上で（Rn. 138）展開した諸原則が妥当する．すなわち，この場合にもまた，結果不法の減少のゆえに 242 条しか考慮することができないのである[285]．

145　c）さらにまた，例を挙げて説明されていない犯情の特に重い事案（例えば212 条 2 項）を基礎づける諸事情にも，16 条 1 項が類推的に適用されうる．例えば，故殺罪における犯情の特に重い事案が，当該行為をその犯情の重さに応じて謀殺と同視させるような諸事情に由来する場合には，行為者がそれらの事情を認識していたのでなければならない[286]．このことは，b）で挙げた理由の他に，さもなくば立法者は曖昧な加重をより厳しく適用することで刑の加重事情に関して 16 条 1 項 1 文を無価値なものにしてしまうという法治国家的な考慮からも明らかになる[287]．

146　d）先の b）および c）で挙げた諸事例は，法律上の構成要件の事情ではなく（当然，不法の程度にとって重要な）量刑の要件に関係するので，そのために展開された諸規則の帰結として，故意犯において一般的に通常の法定刑の中でも量刑にとって重要な，不法を定量化する事実にまで 16 条を適用する．確かに，46 条 2 項は量刑にとって重要な諸事情について「有責な行為結果」としか述べておらず，これには過失によって惹起されたに過ぎない結果も含まれるであろう．しかし，16 条の類推適用はこの原則を具体化して，故意犯において諸事情が刑罰加重的に考慮されうるのは，行為者がそれを知っていた場合のみであるとするであろう．例えば，行為者が盗んだピカソの絵画を安物の素人の絵であると思っていた場合は，窃盗の客体が高額なものであることは刑罰加重的には利用されえない．盗まれた物の価値が加重構成要件の刑を加重する要素であるならば，故意は明白にそれに関係していなければならないでろう．した

---

[285]　両状況とも非常に争われている．例えば，*Jescheck/Weigend*, AT⁵, § 29 V 5 b, c. 詳しくは *Zipf*, Freher-FS, 1977, 396 ff. および同所が挙げる諸文献．彼は，行為者が物の価値が高いことを認識しえたであろう場合には，16 条 2 項の類推適用を否定して 243 条の成立を肯定する．

[286]　263 条について BGH MDR（H）1978, 623; *Warda*, Jura 1979, 288; *Baumann/Weber/Mitsch*, AT¹¹, § 20 Rn. 37 f.; § 21 Rn. 27. もそのように言う．

[287]　*Baumann/Weber/Mitsch*, AT¹¹, § 20 Rn. 38 f. もそのように言う．

660

第12章 故意と構成要件的錯誤

がって，加重が裁判官の量刑の枠内で行われる場合に，なぜそれが異なるべきであるのかは，理解することができない[288]．*Frisch*[289]に倣って，当該状況が結果的加重犯のそれに当たる場合について，しばしば例外が設けられることがある[290]．例えば，恐喝の被害者が自殺する場合には，行為者はその結果を考えておらず，考慮することができたに過ぎないであろう場合でも，18条の類推適用によりその結果を，行為者に刑罰加重的に帰属させることが許されることになる．しかし，このような例外を認めるのに十分な根拠は存在しない[291]．なぜなら，それは（113条2項2号のような）対応する原則的事例にも妥当しないからである．つまり，結果的加重犯がそもそも例外なのであるから，立法者がそれを明示的に指示する場合にのみ，18条が考慮されるべきであろう．

147 e）最後に，16条1項は，例えば正当防衛状況のような正当化事情の誤認の場合に類推適用される．しかし，この最も争われている状況については，不法論の枠内で詳しく論ずることにする（14章 Rn. 52以下参照）．

4　その他の規定によって取り扱われるべき錯誤

148 a）まず，違法性および責任に関係する錯誤は，すべて16条の対象外である．違法性の事実的前提に関する錯誤が依然として16条1項の類推適用下にあるのに対して（Rn. 149および後述の14章 Rn. 52以下参照），行為全体の違法性にのみ関係する錯誤は常に禁止の錯誤であり，もっぱら17条によって扱われるべきである（Rn. 98以下および後述の21章参照）．刑罰法規が「違法に」（例えば303条），「法に反して」（例えば旧239条）あるいは「権限なく」（例えば168条）といった —— それ自体不必要な —— 文言を含む場合（詳細および個別事例について限定的に 10章 Rn. 30以下および45以下参照），個々の行為事情に関するあてはめの錯誤の結果，行為者がその違法性を知らないままである場合（Rn. 101以下），および，全体的行為評価要素に関する錯誤が行為全体の評価にのみ関係する場合（Rn. 105以下）にも，このことは妥当する．責任の領域における錯誤について生じる諸問題もまた，16条を考慮することなく解決されうる．免責的緊急状況に関する錯誤については，35条2項が特別規定として禁

---

(288)　今日の支配的な見解も原則としてそのように言う．

(289)　*Frisch*, GA 1972, 321 ff.

(290)　LK[11]-*Gribbohm*, 46 Rn. 151および同所が挙げる諸文献参照．異説として*Jescheck/Weigend*, AT[5], § 29 II 3 c: SK[7]-*Horn*, § 46 Rn. 109.

(291)　*Sch/Sch/Cramer/Sternberg-Lieben*[26], § 15 Rn. 31; *Sch/Sch/Stree*[26], § 46 Rn. 26 f. もそのように言う．

661

第3編　構成要件

止の錯誤の取扱いに関わる．客観的事実についてのその他の責任に関連する錯誤は，大抵はそれが対応する責任要素それ自体（例えば211条の「低劣な動機」）を直接的に阻却する効果を持つ．詳細は責任に関する論述との関連で論ずることにする（後述の19章以下）．

149　b）故意にとって重要でないと考えられる客観的処罰条件や人的処罰阻却事由に関する錯誤の場合も，16条には適用可能性がない．したがって，102条から104条の犯罪において，ある者が104条 a による相互主義の保障がないと誤信する場合，その「保障」は104条 a のその他の条件とまったく同様に行為事情ではなく客観的処罰条件であるから，このことは彼の可罰性に影響を及ぼさない．同じく，国会議員が侮辱あるいは悪評の流布の非難に対して，自らの発言を議会の委員会で行っていると思っていたと主張することはできない．確かに，実際にその発言が議会で行われたのであれば，それは人的処罰阻却事由であろう（36条）．しかし，処罰を阻却するに過ぎない事情の誤認は，可罰性を否定しない．もっとも，この領域においても少なからず争いがある．その詳細については，客観的処罰条件および人的処罰阻却事由を論ずる際に，より詳しく述べることにする（後述23章）．

150　c）例えば，告訴の必要性のような訴訟条件に関する錯誤もまた，重要でない．「自分が行った行為は告訴があった場合にのみ訴追されうる」との行為者の誤信が「重要ではないのは，逆に，親告罪において告訴が必要ではないと考えるのと同様である」（BGHSt 18, 125）．

C.　因果の逸脱の場合における故意の帰属

　文 献：*Weber*, Über die verschiedenen Arten des Dolus, Neues Archiv des Criminal-rechts 7（1825），551；*Geyer*, Zur Lehre vom dolus generalls und vom Kausalzusammen-hang, GA 1865, 239；*ders.*, Dolus generalis und Kausalzusammenhang, 1889；*Klee*, Bericht über die Rechtsprechung des Strafsenats des Kammergerichts, GA 1919, 116；*Engisch*, Untersuchungen über Vorsatz und Fahrlässigkeit im Strafrecht, 1930；*H. Mayer*, Das Pro-blem des sogenannten dolus generalis, JZ 1956, 109, *Oehler*, Zum Eintritt eines hochgra-digen Affekts während der Ausführungshandlung, GA 1956, 1；*Bemmann*, Zum Fall Ro-se-Rosahl, MDR 1958, 817；*Noll*, Tatbestand und Rechtswidrigkeit: Die Wertabwägung als Prinzip der Rechtfertigung, ZStW 77（1965），1；*Maiwald*, Der „dolus generalis". Ein Bei-trag zur Lehre von der Zurechnung, ZStW 78（1966），30；*Noack*, Tatverlauf und Vorsatz, 1966；*Loewenheim*, Error in objecto und aberratio ictus, JuS 1966, 310；*Horn*, Actio libera

第12章 故意と構成要件的錯誤

in causa – eine notwendige, eine zulässige Rechtsfigur, GA 1969, 289; *Backmann*, Die
Rechtsfolgen der aberratio ictus, JuS 1971, 113; *Hillenkamp*, Die Bedeutung von Vorsatz-
konkretisierungen bei abweichendem Tatverlauf, 1971; *Geilen*, Zur Problematik des
schuldausschließenden Affekts, Maurach-FS, 1972, 173; *ders.*, Sukzessive Zurechnungsun-
fähigkeit, Unterbringung und Rücktritt, JuS 1972, 73; *Jakobs*, Studien zum fahrlässigen Er-
folgsdelikt, 1972; *v. Scheurl*, Rücktritt vom Versuch und Tatbeteiligung mehrerer, 1972;
Backmann, Grundfälle zum strafrechtlichen Irrtum, JuS 1972, 196, 326, 452, 649; 1973, 30,
299; 1974, 40; *Herzberg*, Aberratio ictus und abweichender Tatverlauf, ZStW 85 (1973),
867; *Rudolphi*, Bespr. v. Hillenkamp, Die Bedeutung von Vorsatzkonkretisierungen bei ab-
weichendem Tatverlauf (1971), ZStW 86 (1974), 89; *Schünemann*, Moderne Tendenzen in
der Dogmatik der Fahrlässigkeits- und Gefährdungsdelikte, JA 1975, 435, 511, 575, 647,
715, 787; *Roxin*, Gedanken zum „dolus generalis", Würtenberger-FS, 1977, 109; *Wolter*,
Irrtum über den Kausalverlauf und Relevanztheorie, GA 1977, 257; *ders.*, Der Irrtum über
den Kausalverlauf als Problem objektiver Erfolgszurechnung – zugleich ein Beitrag zur
versuchten Straftat sowie zur subjektiven Erkennbarkeit beim Fahrlässigkeitsdelikt,
ZStW 89 (1977), 649; *Krümpelmann*, Die strafrechtliche Behandlung des Irrtums,
ZStW-Beiheft 1978, 6; *Alwart*, Die Geschichte von dem Zimmermann Schliebe, dem Gym-
nasiasten Ernst Harnisch, dem Holzhändler Rosahl und von dem Arbeiter namens Rose,
JuS 1979, 351; *Schroeder*, Der Irrtum über Tatbestandsalternativen, GA 1979, 321; *Bottke*,
Anmerkungen zu Puppe, Zur Revision der Lehre vom „konkreten" Vorsatz und der Be-
achtlichkeit der aberratio ictus, GA 1981, 1, JA 1981, 346; *Herzberg*, Aberratio ictus und
error in objecto, JA 1981, 369, 470; *Puppe*, . Zur Revision der Lehre vom „konkreten" Vor-
satz und der Beachtlichkeit der aberratio ictus, GA 1981, 1; *Wolter*, Objektive und perso-
nale Zurechnung von Verhalten, Gefahr und Verletzung in einem funktionalen
Strafsystem, 1981; *Yamanaka*, Von dem Irrtum über den Kausalverlauf usw., Kansai Uni-
versity Review 1981, 36; *Hruschka*, Die Herbeiführung eines Erfolges durch einen von
zwei Akten bei eindeutigen und mehrdeutigen Tatsachenfeststellungen, JuS 1982, 317;
Yamanaka, Ein Beitrag zum Problem des sog. „dolus generalis", Kansai University Review
1982, 1; *Prittwitz*, Zur Diskrepanz zwischen Tatgeschehen und Tätervorstellung, GA 1983,
110; *Wolter*, Vorsätzliche Vollendung ohne Vollendungsvorsatz und Vollendungsschuld?
Zugleich ein Beitrag zum „Strafgrund der Vollendung", Leferenz-FS, 1983, 545; *Puppe*,
Der objektive Tatbestand der Anstiftung, GA 1984, 101; *Wolter*, Objektive und Personale
Zurechnung zum Unrecht. Zugleich ein Beitrag zur aberratio ictus, in: Schünemann
(Hrsg.), Grundfragen des modernen Strafrechtssystems, 1984, 103; *Janiszewski*, Zur Pro-
blematik der aberratio ictus, MDR. 1985, 533; *Arth. Kaufmann*, Das Unrechtsbewußtsein
in der Schuldlehre des Strafrechts, 1985; *Schreiber*, Grundfälle zu „error in objecto" und
„aberratio ictus" im Strafrecht, JuS 1985, 873; *Warda*, Zur Gleichwertigkeit der verwech-
selten Objekte beim error in objecto, Blau-FS, 1985, 159; *Driendl*, Irrtum oder Fehlpro-
gnose über abweichende Kausalverläufe, GA 1986, 253; *Moojer*, Die Diskrepanz zwischen
Risikovorstellung und Risikoverwirklichung. Ein Beitrag zur Diskussion über Kausalab-
weichung und aberratio ictus, Diss. Berlin, 1986; *Kuhlen*, Die Unterscheidung von vorsatz-

第3編　構成要件

ausschließendem und nichtvorsatzausschließendem Irrtum, 1987; *Frisch*, Tatbestandsmäßiges Verhalten und Zurechnung des Erfolgs, 1988; *Puppe*, Die strafrechtliche Verantwortlichkeit für Irrtümer bei der Ausübung der Notwehr und für deren Folgen, JZ 1989, 728; *Silva Sánchez*, Aberratio ictus und objektive Zurechnung, ZStW 101 (1989), 352; *Struensee*, Versuch und Vorsatz, Arm. Kaufmann-GS, 1989, 523; *Hettinger*, Die Bewertung der „aberratio ictus" beim Alleintäter, GA 1990, 531; *Struensee*, Verursachungsvorsatz und Wahnkausalität, ZStW 102 (1990), 21; *Müller*, Das Urteil des BGH zu Anstiftung und „error in persona", MDR 1991, 830; *Hruschka*, Der Standardfall der aberratio ictus und verwandte Fallkonstellationen JZ 1991, 488; *Streng*, Die Strafbarkeit des Anstifters bei error in persona des Täters, JuS 1991, 910; *Geppert*, Zum „error in persona vel obiecto" und zur „aberratio ictus" usw., Jura 1992, 163; *Hettinger*, Der sog. dolus generalis: Sonderfall eines „Irrtums über den Kausalverlauf"?, Spendel-FS, 1992, 237; *Mayr*, Error in persona vel obiecto und aberratio ictus bei der Notwehr, 1992; *Puppe*, Vorsatz und Zurechnung, 1992; *Roxin*, Rose-Rosahl redivivus, Spendel-FS, 1992, 289; *Schlehofer*, Der error in persona des Haupttäters – eine aberratio ictus für den Teilnehmer?, GA 1992, 307; *Stratenwerth*, Objektsirrtum und Tatbeteiligung, Baumann-FS, 1992, 57; *Weßlau*, Der Exzeß des Angestifteten, ZStW 104 (1992), 105; *Bemmann*, Die Objektsverwechslung des Täters in ihrer Bedeutung für den Anstifter, Stree/Wessels-FS, 1993, 397; *Lund*, Mehraktige Delikte, 1993; *Rath*, Zur strafrechtlichen Behandlung der aberratio ictus und des error in objecto des Täters, 1993; *Seiler*, Der „dolus generalis" in Lehre und Rspr., OJZ 1994, 85; *Toepel*, Error in persona vel objecto und aberratio ictus, JRE 1994, 415; *Gómez Benítez*, Die Gefahrverwirklichung im Erfolg und die Zurechnung zum Vorsatz bei Kausalabweichungen, in: Gimbernat/Schünemann/Wolter (Hrsg.), Internationale Dogmatik der objektiven Zurechnung und der Unterlassungsdelikte, 1995, 25; *Wolter*, Objektive Zurechnung und modernes Strafrechtssystem, ebenda, 1995, 3; *Rath*, Zur Unerheblichkeit des error in persona vel in objecto, 1996; *Schlehofer*, Vorsatz und Tatabweichung, 1996; *Toepel*, Aspekte der „Rose-Rosahl"-Problematik: I. Vorüberlegungen, Beachtlichkeit der aberratio ictus beim Einzeltäter, JA 1996, 886; II. Zurechnungsstrukturen und Irrtumsfolgen bei mehreren Beteiligten, JA 1997, 248; III. Die Perspektive des Hintermannes, das Blutbadargument und die versuchte Anstiftung, JA 1997, 344; *Koriath*, Einige Gedanken zur aberratio ictus, JuS 1997, 15; *Burkhardt*, Abweichende Kausalverläufe in der Analytischen Handlungstheorie, Nishihara-FS, 1998, 15; *Gropp*, Der Zufall als Merkmal der aberratio ictus, Lenckner-FS, 1998, 55; *Koriath*, Einige Überlegungen zum error in persona, JuS 1998, 215; *Schliebitz*, Error in persona (zu BGH NStZ 1998, 294), JA 1998, 833; *U. Schroth*, Vorsatz und Irrtum, 1998; *Herzberg*, Mordauftrag und Mordversuch durch Schaffung einer Sprengfalle am falschen Auto – BGH NStZ 1998, 299, JuS 1999, 224; *Grotendiek*, Strafbarkeit des Täters in Fällen der aberratio ictus und des error in persona, 2000; *Küper*, Der Rücktritt vom Versuch des unechten Unterlassungsdelikts, ZStW 112 (2001), 1; *Sancinetti*, „Dolus generalis" und „strafrechtliches Glück", Roxin-FS, 2001, 349; *Schliebitz*, Die Erfolgszurechnung beim „mißlungenen" Rücktritt, 2002; *Haft/Eisele*, Wie wirkt sich ein error in persona des Haupttäters auf den Gehilfen aus?, Keller-GS, 2003, 81; *Roxin*, Zur Erfolgszurechnung bei

第 12 章　故意と構成要件的錯誤

vorzeitig ausgelöstem Kausalverlauf, GA 2003, 257; *Sowada,* Der umgekehrte „dolus gene-ralis": Die vorzeitige Erfolgsherbeiführung als Problem der Erfolgsherbeiführung als Pro-blem der subjektiven Zurechnung, Jura 2004, 814; *Heuchemer*, Zur funktionalen Revision der Lehre vom konkreten Vorsatz: Methodische und dogmatische Überlegungen zur aberratio ictus, JA 2005, 275.

　　外国語文献：*Sancinetti*, „Reflexiones sobre el ‚dolus generalis' ", Buenos Aires 2002; Bo-gotá 2004.

第 1 節　通常の因果の逸脱

151　伝統的な見解によれば，具体的な因果経過は，行為事情であって，その効果は，故意がそれに及んでいなければならないということである．Aが殺人の故意でBを撃ったところ，Bは危険でない傷害を負うにとどまったが，病院で傷の治療を受けている際に火災事故で死亡したというすでにしばしば用いられている教室事例では，結果実現の具体的な方法が行為者の表象にまで及んでおらず，したがって，この限りで16条1項により故意が欠けることになる．これに対して，故意に含まれていた因果経過は途中までは存在しているため，行為者は殺人未遂によってのみ処罰されうる．もっとも，通説は，——何人も予見しえない——因果経過の詳細すべて[292]ではなく，その「本質的経過」のみを故意の対象とみなし，そのため本質的でない逸脱は故意を妨げないとした．今日でもなお判例を支配しているこの理論の正確な要約は，例えばBGHSt 7, 329 に見られる．すなわち，「故意は事象経過に関係していなければならない．事象の経過の詳細をすべて予見することはできない……ので，表象された経過との相違が，それがなお一般的な生活経験によって予見可能な範囲内にとどまっており，行為のこれ以外の評価が正当だとされない場合には，通常，故意を阻却しない」．

152　学界においては，この間，この見解は理由づけの点で正しくないとの多数の意見[293]が主張されていた．しかし，いずれにせよこの見解は正しい結論を

---

　(292)　最後にそのように言っていたのは，*Herzberg*, ZStW 85（1973），867 ff.; これに反対するのは *Wessels/Beulke*, AT34 Rn. 261; *Roxin*, Würtenberger-FS, 1977, 111 f., 116. *Herzberg* は，JA 1981, 369 ff., 470ff. で自身の見解を放棄した．

　(293)　この点については第 11 章 Rn. 45 および（同所が挙げる諸文献と共に）69ff. 参照．本書が主張する見解に似ているが，独自の新たな構想を展開するのは，*Jakobs*, AT2, 8/64 ff.（これに批判的なのは *Frisch*, 1987, 591 ff.）および *Frisch*, 1987, 571ff. *Driendl*,

665

第3編 構成要件

導きうるため，（とりわけ判例において）なお維持可能である．なぜなら，例えば病院事例（Rn. 151）では，実際に殺人未遂のみが認められうるからである．しかし，その理由は故意阻却にあるのではない．むしろ，因果経過が予見可能な範囲の外で進行する場合には，すでに客観的に結果の帰属が不可能なのである．すなわち，この場合にはすでに客観的構成要件において殺人行為が存在しないのであり，それゆえ最初から（障害）未遂しか残っていないのである（11章 Rn. 69以下参照）．それゆえ，錯誤論は予見不可能な因果経過には妥当しない．BGHSt 38, 34は，「実際の因果経過が表象された因果経過から逸脱する」という問題は，「故意の観点の下でのみ重要であるのか（判例および従来のほぼ通説といってよい見解はそのように言う），あるいはすでに客観的帰属が疑問視されなければならないのか」という問いを初めて立てたが，（結論にとって重要ではなかったため）答えは「未解決」のままにされている．

153 しかし，錯誤論は，一般には未だ認識されていないが，予見可能な重要でない因果の逸脱を取り扱うための手掛かりを提供しない[294]．Aが殺人の故意をもってBを高い橋の上から水中へ投げ落としたが，Bは，Aが表象していたように溺死するのではなく，橋脚台に激突して死亡する場合，このような態様の死はAによって創出された危険の相当な結果であり，それゆえ彼の仕業として彼に帰属させることができるのであるから，212条の客観的構成要件は充足されている（11章 Rn. 70以下および同所が挙げる諸文献参照）．今や我々が，主観的構成要件も充足されており，Aは故意による殺人既遂罪を犯したということを同時に認めるならば，それは，Aは確かに橋脚への衝突を計算に入れていなかったが，因果経過を「本質的に」予見しており，それゆえ故意に行為した，という（もちろん通常の）見かけ上の理由づけを述べている．なぜなら，決定的なのは，逸脱が「本質的」か「本質的でない」か，ということのみだからである．この場合に重要であるのは，客観的構成要件の領域において対応する問題の場合と同様に，専ら評価の問題，すなわち，法秩序の判断によって因

GA 1986, 252は，予測研究という手段を用いて逸脱の事例を解決しようとする．*Burkhardt*, Nishihara-FS, 1998, 15は，分析的行為論を逸脱した因果経過の問題にとって効果的なものにする．

(294) 指導的であるのは *Engisch*, 1930, 72 ff.; さらに，とりわけ *Wolter*, ZStW 89（1977），668 ff.; *Yamanaka*, 1981, 46 ff.; *Puppe*, 1992, 21 ff. および随所；*dies.*, NK, §16 Rn. 97 ff.

第 12 章　故意と構成要件的錯誤

果の逸脱がどの程度までなお故意に帰属させられるべきか，という問題である．つまり，因果の逸脱が故意の肯定または否定にとって重要とみなされるべきか重要でないとみなされるべきかについての判断は，行為者の頭の中の意識の経過とはまったく関係がないのである．

154　したがって，因果経過の認識は故意の前提ではなく，その不知（それがこの経過の本質的な進行と非本質的な進行のいずれに関係しているか）は 16 条によって取り扱われるべき構成要件的錯誤ではない．むしろ，故意の認識の前提には客観的帰属を基礎づける事情の知識のみが含まれる．すなわち，行為者は，自分が当該法益に対して許されざる危険を創出すること（その際，それが許されていないということが，全行為評価的要素の規則によって再び論じられなければならない．Rn. 105 以下参照）を認識していなければならない．彼が結果の発生をなお追求し，あるいは少なくとも甘受する場合には，故意の知的要素および意的要素が存在する．それにもかかわらず，因果経過が相当である場合にすら，一定の経過の逸脱のために故意が否定されなければならないことがある（これに対して，因果経過が相当でない場合には，すでに客観的構成要件が欠ける．Rn. 152 参照）．しかし，これはもはや行為者の心理に関する問題ではなく，故意への帰属の問題である．したがって，客観的構成要件への帰属のみならず，主観的構成要件，すなわち故意への帰属もまた存在すること，および主観的構成要件への帰属のための規範的な基準を見出すという点に課題があることが認識されなければならない．

155　主観的構成要件への帰属の評価基準として，すでに述べたように（Rn. 6），ここでは計画の実現という基準が用いられるが[295]，これは客観的構成要件についての帰属の基準である危険の実現という要素に相当するものである．橋脚事例（Rn. 153）への適用においては，死の具体的態様および方法がなお行為者の計画の実現であるとみなされうるか否かという問いが立てられる．これは肯定されなければならない．なぜなら，A が B を橋からの転落によって殺そ

---

[295]　これは私が採り入れ，拙稿 „Gedanken zum ‚Dolus generalis‘“（Würtenberger-FS, 1977, 189 ff.）で初めて因果の逸脱に適用した．これに従うのは *Gropp*, AT², 5 Rn. 67a. 類似の考察 —— 私の提案を分析して —— としては，*Herzberg*, JA 1981, 369 ff.; *Wolter*, 1984, 112 ff.; *ders.*, 1995, 14 ff. 批判的であるのは *Frisch*, 1987, 590 f. であるが，彼は計画実現というテーゼに「充分に納得のいく核心」があることを認める（S. 612 Fn. 197）．本書と同様であるのは *Schlüchter*, AT³, 24 ff., 28, 34.

第3編　構成要件

とする場合，評価的判断においては，その死が水に溺れることによって生ずる
のか，それとも衝突の際の首および頭蓋の骨折によって生ずるのかは重要でな
いからである．二種類の死は橋からの墜落の場合には最初から可能だったので
あり，また行為者によって追求された目的に鑑みれば同価値である．それゆえ，
因果の逸脱にもかかわらず，殺人計画は成功したものとみなされ，したがって，
その結果は客観的構成要件のみならず故意についても行為者に帰属させられう
る．事情が異なるのは，病院火災の事例の場合である (Rn. 151)．火災事故に
よる死は，行為者の行為の中に初めから計画されていたのではなく，その偶然
の結果でしかない．したがって，その死は行為者の計画の現実化ではない．客
観的構成要件の欠如によりすでに殺人既遂を認めることができないのであるか
ら，当然ながらその考慮は不要である (Rn. 152)．

156　したがって，客観的構成要件の帰属の基準は危険の実現であり，主観的構
成要件のそれは計画の実現である．大抵の事例において両基準は同じ結論を導
くため，客観的構成要件にとって重要でない因果の逸脱は主観的構成要件への
帰属も妨げない．「一般的な生活経験によれば予見可能な範囲内にとどまって
おり」(BGHSt 7, 329)，それゆえ故意行為者にとっても，通常の，予め考慮に入
れることのできる範囲内で進行する因果の逸脱は，いずれにせよそれを考慮に
入れなければならないのであるから，通常は行為者の計画を挫折させることは
なく，それゆえ故意への帰属も否定しない．しかし，これは必ずしもそうでは
ないので，判例が故意を認めるのに，因果経過の相当性と並んで，さらにその
逸脱が「行為のその他の評価を必要としない」(BGHSt 7, 329) ことを故意に要
求するのは，賛成に値する．ある者が誤った宗教的狂信から瀆聖を行おうと，
建物の外壁に取り付けられた聖母像を投石によって破壊しようとするが，その
建物の隣の窓に当てたに過ぎない場合，このような比較的僅かな逸脱は十分に
予見可能である．それゆえ，窓ガラスの破壊は行為者に彼の仕業として帰責さ
れうるし，303 条の客観的構成要件を充足する．しかし，客観的評価において
は（そして当然，それについていずれにせよ徴表的な意味を持つ行為者の主観的判断によれ
ば），行為者は自身が損壊しようとした物を損壊したにもかかわらず，行為計
画は失敗に終わっている．なぜなら，彼はまったく別の観点においてそれを損
壊しようとしていたからであり，その観点は客観的にも「行為の異なる評価」
を基礎づけるからである．それゆえ，結果（窓ガラスを割ること）を故意に帰属

第 12 章　故意と構成要件的錯誤

させず，窓ガラスについての（不可罰の）過失器物損壊と関連した，聖母像についての（可罰的な）器物損壊罪の未遂のみを，認めることが適当である[296].

157　客観的帰属と故意への帰属の乖離が最も起こりやすいのは，因果の逸脱において，行為客体の侵害が行為者の意図に沿うのとはまったく異なる方法で生じる場合である．ある者が毒物によって他人の生殖能力を失わせようとしたが，代わりに（予見可能な形で）その失明を招く場合，確かにいずれにせよ 226 条 1 項 1 号および 2 項の客観的構成要件は充足されているが，客観的に評価すれば行為計画は失敗に終わっている．それゆえ，被害者の失明は，行為者の故意（もしくは目的）に帰属されず，彼は（過失による失明の惹起を理由とする）226 条 1 項の既遂と併せて，（生殖能力に関する）226 条 2 項の未遂として処罰されることになる[297]．もちろん，行為者の表象は客観的評価の基礎をなすに過ぎないことに注意しなければならない．したがって，行為者が被害者の右目を殴り潰そうとしたが，殴り損なって左目を潰した場合には，確かに行為者の現実の目標の表象からは逸脱しているが，それは客観的評価においては重要ではなく，なお行為計画の中にとどまっている．すなわち，規範的基準にしたがって，行為計画を部分的失明の惹起に向けられているとみなすならば，因果の逸脱にもかかわらずそれは成功しているのであり，それゆえ 226 条 2 項の既遂犯が存在する．したがって，何が（なお）行為計画の実現であるかは，常に規範的基準によって決定されるのであり，行為者の主観的な表象は客観的評価の基礎を形成するに過ぎないのである．

158　因果の逸脱が結果ではなくその惹起方法に関係する場合には，それが故意への帰属を妨げることはさらに稀であろう．なぜなら，ありそうもない因果経過は，すでに客観的構成要件において処理されるからである．しかし，通常，行為者にとって重要なのは結果であってその惹起方法ではなく，また客観的評価は行為者の因果経過の表象に結果の表象よりも小さな意味しか認めないのであるから，相当な因果の逸脱が故意への帰属を妨げることはほとんどないであろう．なぜなら，結果犯においては法的評価にとって重要なのは（因果経過では

---

(296)　結論においては，*Herzberg*, JA 1981, 472, *Schlehofer*, 1996, 175（類似の理由づけによる）および LK[11]-*Schroeder*, § 16 Rn. 11（異なる理由づけによる）もそのように言う．

(297)　同旨，SK[7]-*Horn/Wolters*, § 226 Rn. 4; LK[11]-*Schroeder*, § 16 Rn. 12.

第3編　構 成 要 件

なく）結果だからである．例えば，Aが殺人の故意をもってBを撃ち，Bは勢
いよく飛んで致命的な銃弾を免れたが，その際に窓から落ちて首の骨を折る場
合，行為者は被害者が彼（A）自身の手によって死ぬことを望んでいた場合で
あっても，その死はなおAの故意に帰属されることになろう．なぜなら，追求
され，相当な方法で達成された結果の惹起に付随する行為者の様態表象は評価
にとって重要でないように見えるため，規範的な基準によれば，いずれにせよ
Aの殺人計画は成功しているからである．例外が特に問題となるのは，行為者
がまったく異なる二つの危険を創出し，そのうちの一つから結果を惹起しよう
と考えたが，実際にはそれがもう一方の危険から生じた場合である．例えば，
「Aは臨月の恋人Fを，自分の狩猟小屋で毒入りのコーヒーの粉を用いて殺す」
つもりであるが，彼女は毒が効き出す前に，客観的には完全に予見可能な態様
で，寝室から台所へ向かうための壊れた木の階段から転落して[298]死亡する場
合には，殺人未遂と過失致死のみが認められうるであろう．殺人計画の実現は，
行為者によって意識的に創出された危険の相当な現実化を前提とするので，こ
のような経過を殺人計画の実現とみなすことはできないのである．

159　したがって，欄外番号151で挙げた判例の定式が，因果の逸脱の場合に，
その逸脱がなお相当性の枠内にあること，さらにその他の法的評価を必要とし
ないこと，という二つの前提条件に重畳的に故意を依存させるのは，正鵠を射
ている．誤っているのは，両基準が16条1項の枠内で構成要件的錯誤の否定
または肯定にとって重要であるという，学問的伝統においても伝えられている
考えのみである．むしろ，第1の基準（因果経過の相当性または不相当性）は客観
的構成要件への帰属の問題であり，これに対して第2の基準（法的評価）は故
意への客観的帰属に関係する．これら二つの解釈論的理解のうち，前者はその
間に学界においても圧倒的に認められるようになった．後者は，学界が錯誤論
に依存しない故意への客観的帰属の必要性を未だまったく認識していないため，
その承認が待たれている．これは，重要でないとされる因果の逸脱は「行為の
その他の評価」をも正当だとすることを許さ「ない」，との連邦裁判所の要請
を，学界が一般に持て余し，大抵はそれを黙って無視していることに起因する．

　（298）　この例は *Wolter*, 1981, 121 によるもので，彼も同じ解決に至る．

第12章　故意と構成要件的錯誤

第2節　打撃の錯誤

160　打撃の錯誤（aberratio ictus：ラテン語で「矢が逸れること」）は，因果の逸脱により行為者が狙っていたのとは別の行為客体に結果が発生する場合に関係する．例えば，AがBを射殺しようとしたが，Bではなく隣に立っているCに命中させて死亡させる場合がそうである．この事例群の取扱いをめぐる従来の議論は，具体化説（Konkretisierungstheorie）と同価値説（Gleichwertigkeitsthorie）との両極の間を揺れ動いている[(299)]．文献[(300)]における完全な通説であり，判例[(301)]も原則としてそれにしたがっている具体化説によれば，故意はある特定の客体への具体化を前提とする．つまり，逸脱によって別の客体（例ではC）に命中する場合には，これに関する故意が欠ける．したがって，Bに対する殺人未遂罪と，場合によってはCに対する過失致死罪が認められうるに過ぎない．これに対して，同価値説[(302)]は，故意は類概念を決定する（gattungsbestimmend）

---

(299)　学説の状況および論拠については，*Hillenkamp*, Probleme, Nr. 9.

(300)　例えば，*Backmann*, JuS 1971, 120; *Baumann/Weber/Mitsch*, AT[11], § 21 Rn. 13; *Blei*, AT[18], 33 I 1 c; *Bockelmann/Volk*, AT[4], § 14 III 3 b aa; *Grotendiek*, 2000; *Hettinger*, GA 1990, 531; *Hruschka*, JZ 1991, 488; *Jäger*, AT, 3 Rn. 90; *Jakobs*, AT[2], 8/80f.; *Joecks*[5], § 15 Rn. 58 ff.; *Kindhäuser*, AT, § 27 Rn. 57; *Koriath*, JuS 1997, 101; *Maurach/Zipf*, AT/1[8], 23/30 ff.; *Otto*, AT[6], § 7 VI 3 b; SK[7]-*Rudolphi*, § 16 Rn. 33; *Schmidhäuser*, LB AT[2], 10/45; *Sch/Sch/Cramer/Sternberg-Lieben*[26], § 15 Rn. 57; *Schreiber*, JuS 1985, 875; LK[11]-*Schroeder*, § 16 Rn. 9（多くの根拠づけへの疑問と共に）; *Stratenwerth/Kuhlen*, AT[5], § 8 Rn. 95 f.; *Toepel*, JA 1996, 886; *Wessels/Beulke*, AT[34] Rn. 250ff. しかし，*Wessels/Beulke* は，客体の個別化が欠ける場合には既遂行為を認めており，これは本書が主張する見解に沿う．本質的には *Janizewski*, MDR 1985, 533 ff. および *Silva Sánchez*, ZStW 101（1989），352 ff. も同様であり，後者によれば，故意は「実際に結果の中に実現した危険を包含していなければならない」（S. 377）が，異なる経験的生活（または他の法益客体）は異なる危険の等級（Risikoklassen）に割り当てられる（S. 374f.）．*Gropp*, Lenckners-FS, 1998, 55 は通説と同じく未遂＋過失を認めるが，殺人の教唆において直接行為者が取り違えによって誤った人を射殺する場合には，打撃の錯誤が存在することを否定する．

(301)　RGSt 2, 335; 3, 384; 19, 179; 54, 349; 58, 27; RG GA 46（1989/99），132f.; BGHSt 34, 53（55），これについては *Roxin*, HRR AT NR. 9; OLG Neustadt NJW 1964, 311.

(302)　*Welzel*, StrafR[11], § 12 I 3 d; *Noll*, ZStW 77（1965），5; *Loewenheim*, JuS 1966, 310; *Puppe*, GA 1981, 1; *dies.*, JZ 1989, 730 ff.; *Kuhlen*, 1987, 479 ff. *Loewenheim* および *Puppe* に徹底的に批判的検討を加えるのは *Koriath*, JuS 1997, 901.

第3編　構成要件

要素によって構成要件該当結果を含んでいればよい，ということから始める．すなわち，Aはある人 (B) を殺そうとして，実際にもある人 (C) を殺したのである．客体が構成要件的に同価値であるから，因果の逸脱は故意に何ら影響を及ぼさず，したがって殺人既遂が認められうる．

161　この理論的対立を考察する前に，論争とは関係なく一致した解決が導かれうる，打撃の錯誤の三つの特殊事例を除いておかなければならない．

162　1．狙われた客体と命中した客体とが構成要件的に同価値でない場合には，いずれにせよ打撃の錯誤が重要であることに争いはない．Aは高価な花瓶を狙ったが，その隣に立っていたBに命中させて死亡させる場合には，当然ながら器物損壊罪の未遂（303条）と場合により過失致死罪（222条）とが認められうるに過ぎない．また，確かに客体は構成要件的に互いに同等であるが，狙われた客体に対しては正当化事由が存在し，命中した客体についてはそれが存在しない場合にも，同じことが妥当する．RGSt 58, 27[303]は次のように述べる．すなわち，Aは棒で殴ることで攻撃者から身を守ろうとして，誤って無関係な自分の妻Bに命中させる．この場合には同価値説も，攻撃者に対しては正当防衛によって正当化される傷害未遂罪が存在することを認めなければならないが，他方で，妻に関して過失傷害罪が構成されうるか否かがさらに検討されなければならない，と．

163　2．次に，打撃の錯誤は，それがもはや相当性の枠内にない因果経過に至る場合には，いずれの見解によっても既遂処罰を排除しなければならない．AがBを撃ったが，銃弾はBに当たらずに家の壁に当たって跳ね返り，再度別の物に当たって跳ね返った後に，まったく予見不可能に街角の向こう側で通行人を死亡させる場合には，同価値性説にしたがっても，Aは最初からBへの殺人未遂としてのみ処罰されうる[304]．なぜなら，最終的には狙われた行為客体に命中する場合であっても，予見不可能な因果の逸脱が客観的構成要件への帰属を妨げるのであれば，その逸脱がさらに他の客体の侵害に至る場合には，なおのことそうだからである．

164　3．さらに，因果の逸脱の可能性が行為者の未必の故意によって把握されている場合には，いずれの見解によっても打撃の錯誤は既遂処罰を妨げない[305]．

---

(303)　この事例について詳しくは *Eser/Burkhardt*, StrafR I⁴, Fall 9.

(304)　類似の事例を扱うのは LG München NJW 1988, 1860.

(305)　AK-*Zielinski*, §§ 15/16 Rn. 64 は，「行為経過が行為者によって認識された危険のばらつきの幅の中にとどまっている」場合には，故意への帰属を認めようとする．

例えば，AがBに狙いを定める際に，隣に立っているCを見て彼に当たる可能性を認識したにもかかわらず，発砲して，実際にCに命中させて死亡させる場合がそうである．この場合，行為者はその限りで未必の故意をもって行為したのであるから，具体化説もCへの殺人既遂を肯定しなければならない．具体化説は択一的故意を認めなければならず，その結果，本書で展開した見解（Rn. 92 以下）によれば，Cへの殺人既遂の他に，さらにBへの殺人未遂が肯定されなければならないであろう[306]．同価値性説については，このような事例では殺人既遂でのみ処罰するのが一貫している．通常はこの学説の争いの基礎にある，未遂と過失か，それとも既遂かという二者択一は，いずれにせよこの状況では生じない．

165　したがって，考察の対象として残るのは，構成要件に該当し，刑法上同じ方法で保護されている客体に関係する逸脱が，一般的な生活経験上，予見可能な枠内にあるが，それが行為者の未必の故意によって把握されていない場合のみである．本書において一般的に展開した因果の逸脱についての「行為計画」説（„Tatplan"-Theorie）によれば，このような状況については，具体化説と同価値説との中間を行くが，結論的には具体化説により近い解決がもたらされる[307]．すなわち，通常は，行為計画は客観的に評価しても行為者によって選択された行為客体に固く結びつけられているので，行為をし損なった場合は失敗したとみなされなければならない．Aが飲み屋での喧嘩の際に敵Bを射殺しようとしたが，Bではなく自分の息子Cに命中する場合には，その計画はもはやAの主観的判断のみならず，客観的基準にしたがっても失敗に終わっている．これは，銃弾が自分の息子にではなく，見知らぬ第三者に当たる場合にも妥当する．この場合，確かに殺害された被害者に関して危険の実現があり，したがって過失致死罪による有罪判決を基礎づけうる212条の客観的構成要件の充足がある．しかし，計画の実現が欠けるがゆえに結果の故意への帰属は不可能であり，それゆえ，その限りで，追求された結果は未遂処罰の契機となり

　　つまり，彼は逸脱の問題を広く未必の故意を用いて解決する（類似するのは *Toepel*, JRE 1994, 425 ff.）．

（306）　これとは反対に，区別するのは *Jäger*, AT § 3 Rn. 90 in Fn. 50.

（307）　この構想は，Würtenberger-FS, 1977 への私の寄稿論文（123 f.）において，初めて打撃の錯誤に適用された．

第3編　構成要件

うるに過ぎない.

166　しかし，例えば，ある者が暴動を起こすために任意のデモ参加者を射殺し
ようとしたが，狙ったのとは別の参加者に命中して死亡させる場合には，事情
が異なる．なぜなら，ここでは因果の逸脱にもかかわらず，客観的判断によれ
ば（そして，しばしば行為者自身の考えにしたがっても）なお行為計画の実現が存在
するからである．例えば，ある少年がいたずらで通行人に雪玉を投げつけたが，
その玉が狙った被害者ではなく，その後ろを散歩している人の顔に当たる場合
にも，同様のことが妥当する[(308)]．このような例から，行為計画から見て被害
者の同一性が重要でない場合には，打撃の錯誤は故意への帰属を阻却しない，
という一般的な規則が導き出されうる．つまり，その徴候となりうるのは，行
為者が失敗を計算に入れていた場合でも行為したであろうか否か，という問い
の答えなのである[(309)]．したがって，次のように言うことができる．すなわち，
具体化説は，行為計画が具体的な客体を前提とする限りでは賛成に値するが，
そうでない場合には同価値説が適用される，と．したがって，打撃の錯誤は独
立した法理論構成ではなく，因果の逸脱の特別な事例に過ぎないのであって，
その諸規則にしたがって取り扱われなければならない．もっとも，相当性の枠
内にある通常の因果の逸脱は大抵の事例において故意にとって重要でないのに
対して，打撃の錯誤は，逆に，結果の故意への帰属を大体は阻却するという異
なる結論を伴う.

167　*Hillenkamp*[(310)]もまた，具体化説と同価値説との中間を行く解決を提案している．
彼が言うところの「実質的同価値説」によれば，「攻撃客体の個別性がその都度の構
成要件実現および行為不法にとって意味がない」場合には，打撃の錯誤は故意帰属
にとって意味を持たない[(311)]．このような無意味さは，完全に，あるいは主として財

---

(308)　これに賛成する *Herzberg*, JA 1981, 473 は，「目標到達」という自らの基準に基
　　　づいて非常によく似た解決に至る．これに反対するのは *Kuhlen*, 1987, 486 ff. *Hoyer*,
　　　AT I 62 f.; *Wolter*, 1981, 123 ff. も本書と同旨.

(309)　*Rudolphi*, ZStW 86 (1974), 96f.; *Roxin*, Würtenberger-FS, 1977, 126 参照．*Wol-
　　　ter*, 1984, 123 ff.; *ders.*, 1995, 14; *Bottke*, JA 1981, 347 も本書に類似している．*Groten-
　　　diek*, 2000, 85 は，計画実現という基準は「事後の故意（dolus subsequens）に」至る
　　　と考えている．しかし，そこでは，行為前の計画の表象が問題なのであって，因果の
　　　逸脱が行為者にとって「後から見て同じように正しい」か否かが問題なのではない，
　　　ということが見誤られている.

(310)　*Hillenkamp*, 1971.

674

第 12 章　故意と構成要件的錯誤

産的法益を保護するすべての構成要件において生ずるのに対して，構成要件が完全
に，あるいは主として一身専属的法益の保護に寄与する場合には，打撃の錯誤は同
価値性を阻却すべきであり，したがって故意帰属を阻却すべきである．この解決は，
そのアプローチにおいては本書が唱えるそれに近いが，財産的法益と一身専属的法
益との厳密な区別を型どおりに扱い過ぎている．確かに，一身専属的法益の場合には，
行為計画が財産的法益の場合と比べてより個別化された行為客体を要求する，とい
う点は正しい．つまり，自らの怒りを他人の家具調度にぶつけようとする者の行為
計画にとって，彼がどの物体を壊すのかは，大抵は客観的に重要でない．しかし，
一身専属的法益の場合でも，欄外番号 166 で例を示したように，例外的にではあるが，
行為客体の個別性が意味をもたないことがある．他方で，物の場合にも，具体的な
行為客体が行為計画の実現にとって決定的であることがありうる．すなわち，A の
高価な花瓶を壊そうとしてまったく無関係な B の雨傘に当てる者は，器物損壊の未
遂によってのみ処罰されるべきである[312]．

168　*Puppe*[313] は，通説によれば重要でないとされる行為客体の取り違え事例（error
in obiecto：客体の錯誤）との比較から，同価値説の意味で，あらゆる予見可能な打撃
の錯誤の非重要性を導き出そうと試みた．彼女は，客体の個別性に関しては客体の
錯誤もまた因果経過に関する錯誤であることを示し，これが重要でないならば，打
撃の錯誤も別様に取扱ってはならないであろうと言う．しかしながら，錯誤の構造
的類似性から，その法的な評価が同じでなければならないと結論されるわけではな
い．むしろ，行為計画説は，逸脱が狙われた客体の誤りとして常に同一の存在的構
造を示すにもかかわらず，打撃の錯誤の古典的事例ですら異なる取扱いが受け入れ
られていることを認識させる．*Puppe* は，射撃が逸れた場合には故意危険が実現し
ており，それゆえ逸脱は原則として主観的帰属に影響を及ぼさない[314]，ということ
から出発して，再び次のように制限する[315]．すなわち，「狙いをつけられた客体の
近くにはまったく，あるいはほとんど他の客体が存在しないために，狙いを定める
ことが故意危険の必要的な構成要素である場合には，打撃の錯誤について通説が支

---

(311)　この箇所および以下は *Hillenkamp*, 1971, 125.

(312)　*Hillenkamp* に批判的であるのは，*Rudolphi*, ZStW 86（1974），94 ff.; *Prittwitz*,
GA 1983, 131; *Schreiber*, JuS 1985, 875; *Kuhlen*, 1987, 485 f.

(313)　*Puppe*, GA 1981, 1; *dies.*, 1984, 120f.; *dies.*, JZ 1989, 730; *dies.*, NK, 16 Rn. 115 ff. 批
判的であるのは *Hettinger*, GA 1990, 531; *Puppe*, 1992 は故意を適切な「構成要件実現
の戦略」と定めることで，自らの構想を裏付ける．*Heuchemer*, JA 2005, 275 は機能主
義的アプローチから *Puppe* に賛成するが，本書で行った故意帰属の構想を検討してい
ない．

(314)　NK-*Puppe*, § 16 Rn. 121 ff.

(315)　NK-*Puppe*, § 16 Rn. 123.

675

第 3 編　構 成 要 件

持する結論は……実際に正しい．もっとも，それは『行為者が A ではなく B を殺そうとした』からではなく，その場合には，狙いを定められた射撃の故意危険ではなく，許されない場所での発砲という過失危険が因果経過の中に再び見出されるからである」，と．ここでは，*Puppe* が行為計画を十分に考慮せずに，疑問のある方法で外部的事情から故意の存否を推論していることが明らかになる．客体の錯誤の取扱いについて，その他の点では欄外番号 193 以下を参照せよ．

169　*U. Schroth*[316] も，打撃の錯誤は重要でないと言うために，それが行為者の計画に添う場合には，故意はある特定の客体に具体化している，と異論を唱える．「具体的結果が行為事情であることを示す規範的論拠は，これまで誤っていた」．例えば，背後者 H が B の殺害を決意した A に，B の代わりに C を殺すよう説得する場合に，これによって A が C を殺害するならば，H はこの行為の教唆者として処罰されるであろう．具体的に殺された人の代わりに人という属性だけに着目すれば，A はすでに行為を決意しており，もはやそれを指示することは不可能であって，試みることすらできなかったのであるから，H は不可罰にとどまることになる．しかし，そうすると，背後者には行為決意者を修正教唆すること」によって自分の嫌いな人物を殺しても処罰されないことが可能になってしまうため，これは許容できない．したがって，他の人間の殺害は，具体化された殺人の意欲がある場合には，別の行為である．本書が故意帰属の基礎とする「行為計画」という規範的基準からも，まったく同じことが明らかになる．A が B を射殺しようとして，その横に立っていた自分の息子 C に命中させる場合，彼は自らの行為計画を実現してはおらず，これを試みただけであり[317]，自らの息子を過失で死亡させたのである．

170　打撃の錯誤の特殊事例を扱うのは，BGHSt 9, 240[318] である．すなわち，A は，警察が密告であると解するような手紙を用いた工作により，W に事実無根の窃盗の嫌疑をかけようとしたが，嫌疑は彼女の意図に反して同じく罪のない秘書 D にかけられたという事案である．連邦裁判所は，164 条（虚偽告発）は個人の保護と並んで司法の保護それ自体にも関係しており，この第 2 の法益に関しては別の客体に命中してはいない，との理由で，故意帰属に対する打撃の錯誤の原則的な重要性に関する問題を未解決のままにした．「その行為が司法への攻撃である限り，行為者の立場からしても，行為者の行為によって嫌疑を掛けようとした人物が最終的に嫌疑を掛けられるのか，それとも行為者がその人物への嫌疑を予見していなかった別人に嫌疑が掛けられるかのに，本質的な相違はない」（前掲 242）．実際に客観的評価におい

---

(316)　*U. Schroth*, 1998, 100 ff.

(317)　しかしそのように言うのは，*U. Schroth*, 1998, 105.

(318)　*Roxin*, HRR AT Nr. 10.

676

第12章　故意と構成要件的錯誤

ても行為計画について司法の保護のみが考慮されるべきであるならば，本書が唱える理論からもこれに賛成することができるであろう．しかし，164条の文言は，ある者が「他の者に対し」（任意の第三者にではない）官庁の手続を開始させるために，その者に嫌疑をかけることを要求することから，反対の結果になる．法律が官庁の手続を開始させる目的のみを要求するのであれば，連邦裁判所は正しいであろう．しかし，目的は明らかに特定の人物に具体化することを前提としているのであるから，別の人物に嫌疑が向けられる場合には，行為計画は失敗に終わっており，目的要素は充足されない．したがって，（不可罰の）虚偽告発の未遂が存在するに過ぎなかったのである[319]．

第3節　故意の転換（行為客体の転換）

171　「故意の転換（Vorsatzwechsel）」とは，より正確には行為客体の転換と呼ぶべきであろうが，行為者が行為を実行する間に[320]自らの攻撃の方向をある客体から別の客体へと意識的にずらす場合のことである．この事例は，243条がかつて独立した加重構成要件であったときに，これについて特別な役割を果たしていた．すなわち，ある者が高価な指輪を盗むために侵入したが，その後，別の物を持ち去った場合には，侵入窃盗の未遂と単純窃盗の既遂（あるいは，場合によっては旧370条1項5号の盗み食い（Mundraub））とが認められるのか，それとも一つの侵入窃盗の既遂のみが認められるのか，という問題が生じた．また，盗み食いの故意で忍び込んだが，その後，単純窃盗の客体を持ち去った場合には，不可罰の盗み食いの未遂と単純窃盗の既遂とが肯定されうるのか，それとも243条により侵入窃盗の既遂が肯定されうるのかということが争われる．判例はずっと，故意の方向の変化は顧慮されないとしている．すなわち，「ライヒ裁判所がRGSt 14, 313の判決以来常に述べてきたように，窃盗の故意にとって，特定の物に表象を限定することは本質的なことではない．つまり，窃盗の故意が窃盗の対象に関して単一の行為の枠内で狭まり，広がり，あるいは変わ

---

(319)　非常に争いがあるが，本書と同様の見解は *Herzberg*, ZSrW 85（1973），891 f.; *Krey*, BT/1[12] Rn. 591ff.; LK[11]-*Ruß*, § 164 Rn. 30; *Rath*, 1993, 319 ff.; *U. Schroth*, 1998, 106; 異説としては，例えば *Sch/Sch/Lenckner*[26], § 164 Rn. 31; SK[7]-*Rudolphi/Rogall*, § 164 Rn. 41.

(320)　*Hillenkamp*, 1971, 5 は，すでに構成要件的行為を成し遂げたことを要求するため，通常は複数の犯罪が前提とされる．しかし，なぜこのことが必要であるのかは明らかでない．この問題について詳しくは *Lund*, 1993, 135 ff.

677

第 3 編　構 成 要 件

る場合でも，それはそのままである」(BGHSt 9, 254)，と．

172　*Hillenkamp*[321]は，このような事例は窃盗に限られない一般的な故意の問題であり，意識的な打撃の錯誤の一種とみなされうることを明らかにした．この考えを採るならば，本書が唱える立場からは，少なくとも盗み食い罪の構成要件の廃止によってあらゆる領得客体が法的に同置されて以降は，通常，判例に賛成しなければならなくなる．すなわち，A が公園で女性 B からハンドバッグを奪うために彼女を殴り倒したが，その後に初めて高価なイヤリングに気付いて，これを意識のない被害者から領得する場合には[322]，客観的な評価においてはなお当初の，貴重品の強盗に向けられた行為計画の実現が存在する．このことから，*Hillenkamp* によって用いられた故意の転換という概念は正しくない．つまり，問題となっているのは，まさに同一の故意の枠内における客体の転換なのである．したがって，この事例では，例えば，強盗罪の未遂と窃盗罪ではなく，一つの強盗罪の既遂が認められなければならない．この解決は，行為計画説からはまったく疑問なく導かれるが，これに対して，打撃の錯誤の場合に常に未遂しか認めない通説にとっては，なぜ，ある特定の客体への具体化の後に，別の客体への意図的な逸脱は故意への帰属に影響を及ぼすべきでないのかということを説明するのは困難である．むろん，行為計画説からは，同一の構成要件の枠内における客体の転換が故意にとって意味をもつということが完全に排除されるわけではない．強盗犯人が，被害者を殴り倒した後に意識を失った少女を見てその美しさに圧倒され，彼女への愛に燃えて，以後彼女を心に留めておくために貴重品の代わりに彼女の旅券用写真のみを領得する，という空想の事例を考えるならば，規範的な基準に従えば，これはもはや行為計画の実現ではないであろう．つまり，この行為は因果の逸脱論の意味での「別の評価」を必要とするのであり，それゆえ強盗罪の未遂（そこから任意の中止未遂が問題となろう）と写真に関する単純な軽微な窃盗罪のみを認めるのが適当であるように思われる．しかし，このような事例状況は，現実によく生ずる事案では客体の転換は故意にとって意味をもたないということを何ら変更しない．

173　行為客体の転換と打撃の錯誤とが構造的に大きな類似性を示しているにも

---

(321)　*Hillenkamp*, 1971.
(322)　*Hillenkamp*, 1971, 6 の例．

第 12 章　故意と構成要件的錯誤

かかわらず，当初の目標からの逸脱が，通常，打撃の錯誤の場合には顧慮すべきであるのに対して，行為客体の転換の場合にはたいてい顧慮すべきでないため，それらの結論は相反する傾向にある．しかし，行為客体の転換の場合にも，因果の逸脱が若干異なって存在する事例が問題となっているに過ぎないのであって，その故意にとっての重要性は同一の行為計画という基準にしたがって判断されるべきであることを忘れてはならない．傾向的に結論が異なる理由は，もっぱら，意図的な行為客体の変化はすべて当初の計画のより良い実現に資するのに対して，意図されない行為客体の転換（打撃の錯誤）はたいてい計画を失敗に導くという点にある．

第 4 節　「概括的故意」と類似の事例

174　「概括的故意」という —— 不適切な —— 概念でずっと以前から[323]呼ばれてきたのは，行為者は第 1 行為で結果を成し遂げたと思っているが，実際には，行為者の表象によればすでに先に完了した行為の隠蔽にのみ役立つはずの第 2 行為によって初めて結果が生じるという二つの事象経過である．その古典的な事例は，A が殺人の故意をもって B を傷害して，意識を失った被害者を死んだものと誤認し，犯罪行為の隠蔽のために死体を水中に投げ込んだが，その死は水に溺れたことによって生じたというものである．この種の状況は，一見してそう思われるほど特にそのために作られたものではない．判例には，その多種多様なヴァリエーションが存在する．例えば，死体であると思われた者が埋められ（DRiZ 1932, Nr. 285），川に沈められ（RGSt 70, 257），便槽（BGH MDR 1952, 16）や肥溜め（BGHSt 14, 193）[324]に投げ入れられ，自殺に見せかけるために吊るされ（OGHSt 1, 75），あるいは放出されたガスの影響にさらされて（OGHSt 2, 285）[325]死亡したなどである．

175　これらの事例における問題は，既遂の故意行為が認められるべきか，それとも第 1 の行為は単なる殺人未遂と判断すべきであり，それにせいぜいのとこ

---

(323)　最初に論じたのは *v. Weber*, Neues Archiv des Criminalrechts 7 (1825), 575 ff.; この問題の処理については，*Maiwald*, ZStW 78 (1966), 32 参照．歴史的な事例と共に古い学説史について参考になるのは *Yamanaka*, 1982, 1 ff.

(324)　*Roxin*, HRR AT Nr. 14.

(325)　オーストリアの事例については *Seiler*, ÖJZ 1994, 85.

679

第3編　構 成 要 件

ろ第2行為による過失致死が付け加わりうるにすぎないのかという点にある．今日ではいずれにせよ，このような場合には「単一の行為事象（密かな殺人）が存在し，これは第2の部分においてもなお謀殺の故意に包含される」[326]とする「一般的故意（allgemeiner Vorsatz）」（概括的故意）によって，故意行為の既遂を認めることを根拠づけることはできないということが承認されている．連邦裁判所は正当にも（BGHSt 14, 193），「概括的故意（Generalvorsatz）」という法史的に時代遅れの概念を用いて「当初の殺人の故意を，その際にはそれが……もはや存在していない爾後の行為に引き延ばすこと」は許容されないと述べた．したがって，「概括的故意（dolus generalis）」という用語は，今日では伝統的な理由から，その事例群を特徴づけるためにのみ使用されるのであって，その法的判断を特徴づけるためではない．

176　近時の判例は，その代わりに本質的でない因果の逸脱を認めることで，殺人既遂を肯定するに至った．通説[327]もこれに従う．前述の事例群のように，概括的故意が因果の逸脱の特別な現象形態でしかないという限りでは，これは賛成に値する[328]．しかし，この逸脱が常に本質的でないと結論づけるのは性急である．まず，このような事例における具体的な因果経過は予見可能性外にあることがあるため，すでに客観的構成要件が充足されていないことがしばしば看過される．例えば，ある者が死亡したと思った被害者を人里離れた場所に埋めるために自分の自動車に乗せたところ，実際には失神していただけの謀殺計画の被害者が，その埋葬場所へ向かう途中で交通事故によって死亡する場合には，すでに因果経過の異常性のゆえに未遂が認められ得るに過ぎないであろう[329]．

---

(326)　すでに *Welzel*, StrafR[11], 74 が最初にそのように言っている．

(327)　*Baumann/Weber/Mitsch*, AT[11], § 20 Rn. 24 f.; *Blei*, AT[18], § 33 I 1 c; *Bockelmann/Volk*, AT[4], § 14 III 3 b cc（消極）; *Jescheck/Weigend*, AT[5], § 29 V 6 d; *Lackner/Kühl*[25], § 15 Rn. 11（消極）; *H. Meyer*, JZ 1956, 109 ff.; *ders.* StuB AT, 1967, 120; *Puppe*, AT/1, § 20 Rn. 13 ff.; *Sch/Sch/Cramer/Sternberg-Lieben*[26], § 15 Rn. 58; *Tröndle/Fischer*[52], § 16 Rn. 7 b; *Wessels/Beulke*, AT[34] Rn. 265; *Yamanaka*, 1982（さらに続けて，また修正も加えて）．

(328)　*Hruschka*, JuS 1982, 320 に反して，このことは変わらない．また，故意によらない第2行為が行為者の新たな行為であることによっても，何ら変わらない．

(329)　*Sch/Sch/Cramer/Sternberg-Lieben*[26], § 15 Rn. 58; *Roxin*, Würtenberger-FS, 1977, 120; これに対して，概括的故意の「通常の事例」では因果経過の相当性が肯定さ

第 12 章　故意と構成要件的錯誤

177　しかしながら，とりわけ殺人罪の客観的構成要件が充足されている場合でも，故意に帰属するためには，行為者が被害者の死を意図していたのか，あるいはそれを付随結果として良かれ悪しかれ甘受していたに過ぎないのかによって，さらに区別しなければならない[330]．ＡがＢを殺すことをもくろみ，意識を失ったＢを死亡したものと思って埋葬したところ，彼が第２行為により死亡する場合には，因果の逸脱があるにもかかわらず，客観的に評価すれば，この事象は行為者の計画の実現と見なされるはずである．すなわち，ＡはＢを殺そうとして，それに成功したのである．確かに，その殺人は詳細には考えていたのといくらか異なって進行したが，その他の因果の逸脱の場合（例えば Rn. 153 の橋脚事例）と同様に，このことは殺人計画の実現にとってまったく重要でない．判断が異なるのは，例えばＡがＢを強姦しようとして，その反抗を抑圧するために首を絞めるが，未必の故意をもって，彼としては避けたい女性の死を意に沿わず甘受しているにすぎない場合である．このような状況において，行為者が意識を失った女性を死んだものと誤信し，実に蘇生まで試みたが失敗したように見えたため，彼女を埋葬して死亡させる場合には，行為者の立場からだけでなく，規範的な基準にしたがっても，それはもはや行為計画の実現ではなく気の毒な不運な出来事である．すなわち，行為計画は，それが強姦の成功に必要であった限りでのみ，Ｂの殺害を包含する．つまり，その他の点では，行為計画は死の回避に向けられていたのである．

178　したがって，概括的故意の事例においては非本質的な因果の逸脱が存在するとの判例の考えは，因果経過が予見可能であっても，行為者の行為が殺人の意図に支えられている場合にのみ正しい．その限りでも，なお僅かな限定を行う必要がある．すなわち，修正されていない殺人の意図でなければならない[331]．ＡはＢを殺そうとしたが，被害者が意識を失って自分の前に倒れてい

　れうる（詳しくは *Roxin*, a.a.O., 117 f.）．

（330）　詳細な根拠づけについては，私の „Gedanken zum ‚Dolus Eventualis‘“, Würtenberger-FS, 1977, 109 ff. これに対する批判的考察としては，とりわけ *Jakobs*, AT², 8/79 Fn. 158; *Prittwitz*, GA 1983, 114 ff.; NK-*Puppe*, § 16 Rn. 103; *Sancinetti*, Roxin-FS, 2001, 349; SK⁷-*Rudolphi*, § 16 Rn. 35（にもかかわらず，彼は Rn. 35 a では本書が主張する見解に近い）; *Yamanaka*, 1982, 10 ff. *Hoyer*, AT I, 66 も本書に類似する．私の見解に賛成するのは，*Gropp*, AT², § 5 Rn. 73 a; *Jäger*, AT, § 3 Rn. 87; *Marxen*, AT, 60; *U. Schroth*, 1998, 100.

681

第3編　構成要件

るのを見て後悔の念にとらわれ，その意図を放棄して，被害者に意識を取り戻させようと試みたものの，その努力が失敗したものと誤信したために諦めて被害者を埋葬したところ，これによって初めて死亡させたという場合には，Aは謀殺計画を未遂の段階で放棄したのであるから，事後的な死の惹起を，もはやまったく存在していない当初の殺人計画の実現と見なすことはできず，したがって，もはや故意に帰属させることもできない．いずれにせよ，従来，判例が取り組んできたほとんどすべての事案が修正されていない殺人の意図の事例であったので，その限りでは判例の結論は本書が唱える見解と一致する．しかし，BGHSt 14, 193 は，概括的故意の状況について明確に，行為者が単なる未必の故意しか有していない場合にも殺人罪の既遂を認めた．すなわち，「なぜなら，二種類の故意の相違は……現実の原因経過が被告人の表象から逸脱する程度が小さく，法的に重要でない，ということを何ら……変更しないからである」，と．これには，次のように反対すべきである．すなわち，法的な評価は，まさにこの相違に左右されるのである，と．

179　これに対して，拒否されなければならないのは，概括的故意の状況においては例外なく未遂と，場合により過失行為とを認めようとする見解[332]である．この見解はとりわけ，故意は「行為時に存在し」[333]なければならず，したがって本来の殺人行為の際にはそれが欠ける，との考えに基づいている．すなわち，「したがって，この場合には，行為者にはすでに消滅した故意があったものとされる」[334]，と．これは正しくない．なぜなら，故意は事象全体にわたって存在している必要はなく，行為者が因果経過を手放すその瞬間にのみ存在していればよいからである（Rn. 90）．概括的故意の場合，被害者の死は，行為者の殺人の故意に包含された第1行為の相当な結果として，彼に帰属される．そして，その結果がなお行為者の計画の実現である限りで[335]，それは故意への帰

---

(331)　詳しくは *Roxin*, Würtenberger-FS, 1977, 124f.

(332)　以前は特に *Engisch*, 1930, 72; *Frank*, StGB, [18]1931, 59, Anm. IX 2. 今日では *Bockelmann*, JuS 1972, 199; *Frisch*, 1987, 620 ff.; *Hettinger*, Spendel-FS, 1992, 237; *Hruschka*, JuS 1982, 319 f.; *Kühl*, AT[4], § 13 Rn. 48; *Maiwald*, ZStW 78 (1966), 30 ff.; *Maurach/Zipf*, AT/1[8], 23/33 ff.; *Schlehofer*, 1996, 177; *Schmidhäuser*, LB AT[2], 10/46. 通常の例については *Jakobs*, AT2, 8/78 も.

(333)　*Engisch*, 1930, 72.

(334)　*Maurach/Zipf*, AT/1[8], 23/35.

第12章　故意と構成要件的錯誤

属にとっても十分なのである．*Sancinetti*[(336)]は，未遂という解決のためのさ
らなる理由づけを展開した．謀殺者が死亡しているように見えた被害者を埋め
て，水中に投げ入れて，燃やして，あるいは吊るして死亡させる場合，彼の理
論によれば，それは当初の危険の実現ではなく別の危険の実現であることから，
彼は危険実現が欠けるという理由で過失致死罪しか認めない．しかし，二つの
異なる危険という構造を承服することはできない．なぜなら，本書が唱える見
解によれば，既遂行為が存在すべき場合には，いずれにせよ第2行為による可
能な殺害が初めから予見可能でなければならないからである（Rn. 176 参照）．し
かし，第2行為の許されざる危険がすでに第1行為に含まれているのであれば，
最終的な結果が発生した場合に，なぜ当初の危険の実現ではなく，まったく別
の危険の現実化を問題とすべきであるのかがまったく明らかでない．私が未必
の故意の事例において未遂のみを認める場合，それはすでに第1行為によって
設定された許されざる危険の誤った実現にではなく，私が主観的構成要件への
結果の帰属にさらに追加的に要求するところの，計画実現の欠如に基づいてい
るのである[(337)]．

180　既遂か未遂かの決定は，第2行為が最初から決意されていたのか，そ
れとも第1行為に引き続いて初めて決意されたのかに依存するとの考えは，行
為計画説からもたらされる結論により近い．すなわち，この見解によれば，被
害者を始末しようとする意思が殺人と誤信された行為の後に初めて抱かれる場
合にのみ，殺人未遂と過失致死との実在的競合が存在するのである[(338)]．した
がって，第1行為の際に殺人の意図をもって行為する者は，死体を片付けなけ
ればならないので，大抵は最初から第2行為をも計画するであろうし，反対に，
第1行為の際に殺人に関しては未必の故意しかもっておらず，被害者の生存を

（335）　第2行為が同時に過失行為であること，したがって行為者が同一の結果であるこ
とに鑑みて（補充的なものに後退する）過失致死と同様に故意による殺人の責任を負
うことは，この構成に矛盾しない．異説として，*Hruschka*, JuS 1982, 320.

（336）　*Sancinetti*, Roxin-FS, 2001, 349.

（337）　*Sancinetti* によるより詳細な検討は，著書 „Reflexiones sobre el, dolus generalis‟,
Buenos Aires 2002; Bogotá 2004 のあとがきに見られる．これは，私の Würtenber-
ger-FS, 1977 の論文および *Sancinetti* の Roxin-FS, 2001 への寄稿論文と一致する．

（338）　*Welzel*, StrafR[11], 74; 非常に似ているのは *Preisendanz*[30], § 16, Anm. 5 b; SK[7]-*Ru-
dolphi*, § 16 Rn. 35 a; *Stratenwerth/Kuhlen*, AT[5], § 8 Rn. 93; *Seiler*, ÖJZ 1994, 85.

683

第3編　構 成 要 件

望む者は，通常は未だ被害者が死亡した場合に死体をどうすべきかということでは悩まないであろうから，この見解はしばしば本書が支持する結論へと至る[339]．しかし，この二つの経験則は，個々の場合には論駁可能であり，死体の処分を決断する時点に着目すれば，誤りを犯すことになる．なぜなら，第2行為の予見可能性は，一般にそれが第1行為の際にすでに計画されていたか否かには依存せず[340]，また，第2行為が最初から計画されていた場合にしか，それが第1行為によって創出された危険の実現を意味しないわけではないからである[341]．

181 　*Schroeder*[342]は，第1行為がすでにそれだけで死に至らせたであろう場合にのみ，既遂行為を認めようとする．すなわち，「被害者がすでに致命傷を負っていた場合には，埋葬や水没させることによる死の促進は故意を阻却しえない．これに対して，第1行為が具体的に結果の惹起に適するものでなかった場合には，その行為には故意が欠ける」，と．しかしながら，相当な因果経過を開始させるすべての行為が，具体的に結果の惹起に適している．つまり，決定的でありうるのは，予見可能な因果経過がなお行為計画の中に存在しているか否かということのみなのである．

182 　「裏返しの概括的故意」，すなわち，行為者が，彼自身の表象によれば第2行為によって初めて惹き起こされるはずの結果を，すでに先行する第1行為によって招来する場合[343]もまた，非常に議論の余地がある．古典的な教室事例は，AはBを射殺するつもりであったが，銃の手入れの際に，あるいは狙いを定める際にAによって予定より早く発砲される場合である．しかし，判例も良い教材を提供する．RG DStR 1939, 177 の判決では，行為者は，自分の妻を殴って気絶させてから，走行中の列車から突き落として殺害するつもりであった．しかし，被害者は早くも殴打によって死亡した．BGH GA 1955 では，被害者は首吊りによる自身の「処刑」に抵抗したが，早くもその抵抗から生じ

---

(339)　SK⁷-*Rudolphi*, § 16 Rn. 35 a も結論における類似性を指摘する．

(340)　*Stratenwerth/Kuhlen*, AT⁵, § 8 Rn. 93; この点につき詳しくは *Roxin*, Würtenberger-FS, 1977, 116 ff.

(341)　ただし，SK⁷-*Rudolphi*, § 16 Rn. 35 はそのように言う．

(342)　LK¹¹-*Schroeder*, § 16 Rn. 31.

(343)　この点につき詳しくは *Roxin*, GA 2003, 257; 教授法に関する手引きと共に *Sowada*, Jura 2004, 814.

第 12 章　故意と構成要件的錯誤

た殴り合いの際に死亡した．近時，さらに二つの事案によって議論が活発化されている．「拐取事件」(BGH NStZ 2002, 309) では，行為者は，自分の妻を夫婦の住居で暴行により抗拒不能にした後，二台の自動車を順次利用して彼女を100km 離れた場所へ連れ去り，そこで彼女に署名を強要してから殺害するつもりであった．しかし，彼女は早くも彼女を取り押さえるための暴力的措置により死亡した．「空気注射事件」(BGH NStZ 2002, 475) においては，行為者らは，まず抵抗する被害者を殴り倒し，続けて腕の静脈に空気を注射することで殺害しようとしていた．ところが，被害者は殴打されたことによりすでに死亡しており，被害者がまだ生きていると信じていた行為者らによって行われた空気注射は，死亡を惹起しえなかった．

183　すべての事例で，第 1 行為によって惹起された死は客観的に帰属可能であり，したがって行為者に予見可能であったという点から始めなければならない．この前提の下で，予定より早く結果が発生したにもかかわらず，より早い時点への死のずれを本質的でない因果の逸脱と評価することによって殺人既遂が認められうるか否かが問題となる．

184　広範囲に及ぶ一致[344]が存在するのは，予備行為がすでに結果を惹き起こす場合には既遂の故意行為は認められえないという点に関してである．銃の手入れの際に早くも起こった発砲の教室事例ではそうであり，また拐取事件でも，妻を取り押さえることは複数の中間行為の後に予定されていた別の場所で彼女を謀殺するための最初の準備だったのであるから，そのとおりである．予備段階ではまだ「法的に重要な」故意を認めない連邦裁判所も，これを同じように解するので，第 1 行為は，過失致死（もしくは拐取事件では傷害致死）としか判断されない．当然ながら，なぜ予備段階における条件付きでない行為決意が未だ故意を基礎づけるべきでないのかという問題が生ずる．その答えは，結果は故意による構成要件的行為に基づかなければならず，予備段階においてはそのような行為が存在しないというものでなければならない[345]．

185　しかし，その他のすべての事例で問題となっているような，未終了未遂段階における結果惹起が既遂の故意行為による有罪判決を基礎づけうるか否かは，

---

(344)　部分的に異なるのは *Schliebitz*, 2002, 128 ff.

(345)　さらなる論拠の詳論については *Roxin*, GA 2003, 259 ff.; *Jäger*, JR 2002, 383.

685

第3編　構成要件

激しく争われている．通説はこれを肯定し，判例も他の見解を考察することなく，常にこのことを認めている．空気注射事件でも，連邦裁判所は簡単に故殺既遂があったと判断した．「生じた事象経過と行為者が考えたそれとの相違が本質的でない場合には，双方の因果経過が同価値であるため，通常，その相違は重要でないと認め」られる（NStZ 2002, 476）．これは，有罪判決を下されるべき事案の場合に当てはまるという．本書が唱える立場からも，引用した未終了未遂がすでに結果発生を惹き起こす事例のすべてで既遂の故意行為が認められうる．なぜなら，被害者に対する自らの暴力的な行動が考えていたよりも幾分か早く成功した場合には，行為者は自らの殺人計画を実現することができたからである．例えば，空気注射事件で被害者が早くも殴打により死亡したことは，行為者らにとっては，まさに好都合であったかも知れないのである．なぜ，彼ら自身にとってどうでも良く，そのうえ特に残忍な行動を示す事情が，故意による殺人の非難を軽減することになるのであろうか．

186　これに対して，広まりつつある少数説[346]は，結果が未遂の終了後に生じた場合，つまり行為者が因果経過をすでに手放していた場合にのみ，既遂の故意行為が存在しうることを求める．*Wolter*[347]によれば，既遂の故意行為の処罰根拠は，「答責的かつ故意に開始された，結果を生じさせる危険のある未遂」である．「行為者は，既遂にとって必要なことがすべて行われたことを認識し，かつ，それについて答責性を有していなければならない．この客観的に帰属可能な既遂の基礎としての最大限の未遂だけが，既遂の故意行為の処罰を正当化する．」既遂処罰のリスクは，「自らの未遂の終了まで故意および責任を持ち続けた」[348]者にしか負わせることが許されないという．したがって，既遂処罰の否定が，「行為者は自身の表象によれば，そこから単独で構成要件的結果が発生しうるような危険な状況を未だ創り出していない」[349]ということから導き出されるのである．

---

(346)　例えば *Freund*, AT, § 7 Rn. 145; *Frisch*, 1988, 623; *Jakobs*, AT², 8/76; LK¹¹–*Schroeder*, § 16 Rn. 34; *U. Schroth*, 1998, 98 f.; *Struensee*, Arm. Kaufmann-GS, 1989, 538; *Wolter*, Leferenz-FS, 1983, 562ff. 同所が挙げる諸文献と共に *Roxin*, AT/2, § 29 Rn. 62 Fn. 74 も参照．

(347)　*Wolter*, Leferenz-FS, 1983, 563.

(348)　*Wolter*, Leferenz-FS, 1983, 565.

(349)　*Küper*, ZStW 112 (2000), 36.

第12章　故意と構成要件的錯誤

187　その他の著者は，行為者が表象したのとは異なる危険が実現したことから
始めることで，客観的帰属論に基づいて故意による既遂行為の否定を支持す
る[350]．さらに別の著者は，未終了未遂の場合に存在する単なる未遂故意を，
未遂の終了後に初めて生ずる既遂故意から区別する[351]．この区別は，規範論
的な考量に依拠している．行為者が事象を手放して初めて，殺人の禁止が犯さ
れるのだという[352]．

188　しかしながら，これらの論拠は，未終了未遂と終了未遂とを区別して取扱
うことを正当化しない[353]．これらには第1に，立法者は未終了未遂と終了未
遂とを同一の方法で処罰しており，それゆえ，逸脱した因果経過の異なる取扱
いを正当化しうるような不法の差をそこに見出してはいないという難点がある．
第2に，未終了未遂は帰属可能な態様で結果を惹き起こすのであるから，終了
未遂と同様に結果発生の危険を有しており，それゆえ，この観点の下でも異な
る取扱いは指示されていないということが認識されなければならない．つまり，
空気注射事件が示すように，第1行為は第2行為に比べてより危険ですらあり
うるのである．最後に第3に，終了未遂の場合には故意をより長く「持ち続け
ること」も，決定的な論拠を提供しない．なぜなら，一方では，これまでに判
決を下されたすべての事例において，未終了未遂の段階で結果を惹起する行為
者が，その決意を持ち続けていなかったであろうことを示す，どのような手掛
かりも存在しないからであり，他方では，大抵の事例において行為者は実際に
は決意を持ち続けていたからである（女性が列車から突き落とされる，被害者が吊る
される，空気注射が実行される）．

189　不法評価の同一性の他に，実行可能性が考量される．被害者を3回突き刺
して殺した行為者に，お前は5回突き刺すことが必要だと考えていたのだと反
駁する者がいるであろうか．また仮にそうであるとしても，どのようにして，
行為者が自らの計画を考えていたよりも上手く，また早く成功させたことを以
て，彼に単なる未遂処罰を科すことが正当と認められるのであろうか．行為者

（350）　*Jakobs*, AT², 8/76; *Frisch*, 1988, 623; *U. Schroth*, 1998, 98 f.

（351）　*Struensee*, Arm, Kaufmann-GS, 1989, 538.

（352）　*Struensee*, Arm, Kaufmann-GS, 1989, 523, 537; *Schliebitz*, 2002, 66.

（353）　賛成および反対の論拠と共により綿密な検討を展開するのは，*Roxin*, GA 2003,
261 ff.

687

第3編　構 成 要 件

が，第1行為がすでに結果を惹起しうる可能性を念頭に置く場合には，いずれにせよ未必の故意をもって実行された故意による —— 既遂 —— 犯が存在する．行為者が，彼が計画していたよりも長く，また残酷に暴行する場合には早く結果が発生する可能性を考えず，その契機も有していなかったとの理由で，彼に単なる未遂しか認めないことに意味があるのであろうか．

190　未遂という解決の解釈論的な論拠もまた，説得的でない．第1行為および第2行為の際に二つの異なる危険が問題であるというのは，根拠づけるべき結論をすでに先取りする規範的な判断である．挙げられた理由から因果の逸脱が非本質的であると看做される場合には，未遂の開始から既遂までの殺人行為全体が一つの許されざる危険な行為とみなされるのであり，その行為の因果経過の変形は，それが同一の殺人の危険の枠内において帰属可能な態様で変動するため，重要ではない(354)．結局のところ，殺人の未終了未遂はいまだ殺人の禁止を侵害していないという考えは，関連する一つの殺人行為である未遂と既遂とを作為的に引き裂いているのである．殺人の禁止は，殺人未遂の禁止を含んでいる．

191　概括的故意の状況に非常によく似た，しばしばそれに含められることもあるさらなる事例群は，行為者が行為の実行途中で責任無能力状態に陥り，その状態で結果を惹き起こすというものである．例えば，行為者が殺人の目的でハンマーを用いて，最初は致命的には作用しない態様で被害者を殴っているが，これが原因で責任能力を阻却する血に飢えた興奮状態（Blutrausch）に陥り，その状態でさらに殴打して死を惹起する（BGHSt 7, 325）(355)．あるいは，行為者が被害者に突き刺すためのナイフを抜く際にすでに責任を阻却する「情動性記憶障害」に陥り，その状態で被害者を38回突き刺して殺害する（BGHSt 23, 133）．このような事例は，行為者が第2行為の際に故意を欠いて行為するのではなく，20条により責任なく行為するという点でのみ，概括的故意の「古典的な」状況から区別される．

192　判例(356)および通説が，この点に非本質的な因果の逸脱のみを見て，既遂

---

(354)　賛成するのは *Sowada*, Jura 2004, 819.「未遂の始めから終わりまでの期間は，計画に沿って実現した場合には故意への結果の帰属をもたらすひとまとまりの危険と看做され」うるという．

(355)　*Roxin*, HRR AT Nr. 13.

第12章　故意と構成要件的錯誤

行為により処罰するのは適切である[357]．なぜなら，このような事例において責任無能力の発生はたいてい生活経験の外にあるのではなく（例外的にそうである場合には，未遂のみが問題となる），行為者が自らの計画を実現したことを何ら変更しないからである．その結果が行為者の当初の計画に沿う場合には，実行の最終段階における彼の意識状態は法的な評価にとって重要ではない．もっとも，行為者が未遂の開始時になお責任能力を有していたことは，ここでも要求されなければならない．ある者が殺人の決意を抱いたが，予備の時点ですでに責任を阻却する「てんかん状態」に陥り，続けて行為を遂行する場合には，彼は実行段階の間，一瞬たりとも有責な故意を持っておらず，処罰されえない（BGHSt 23, 356)[358]．なぜなら，答責的な計画実現が欠けるからである．

第5節　客体の錯誤（もしくは人の錯誤）

193　客体の錯誤（しばしば人の錯誤ともいう）は，従来から行為客体の取り違えであると解されている．歴史上最も有名な例は，プロイセン上級裁判所が判決を下したローゼ・ロザール事件[359]である．

事例1：

労働者ローゼは，彼の雇い主である材木商ロザールから，大工のシュリーベを射殺するよう教唆された．ローゼは（1858年9月11日の）夜21時過ぎに，待ち伏せ場所で待ちかまえていた．彼は暗闇の中で，そこを通りがかった17歳のギムナージウムの生徒ハルニッシュをシュリーベであると誤信し，彼を撃った．まもなく犯行現場に現れたシュリーベは，死体を発見してすぐに，銃弾は自分に向けられていたので

---

(356)　最近では BGH NStZ 2003, 535 (536)．「行為遂行の間に責任無能力に陥ることは，因果経過の非本質的な逸脱である」．このことは，行為の実行中に初めて責任能力が著しく減退する場合にも同様に妥当する（BGH a.a.O.）．

(357)　異論としてはとりわけ，LK[11]–*Schroeder*, § 16 Rn. 33, 彼によれば，「通常は未遂のみが」存在すべきである．*Jakobs*, AT², 8/76. *Geilen*, JuS 1972, 74, 76 ff. は少なくとも20条の意味における有責的でない情動の場合には未遂を認めようとする．*Schlehofer*, 1996, 176 も区別する．

(358)　疑念を示すのは *Geilen*, Maurach-FS, 1972, 194 f.

(359)　Preußisches Obertribunal, GA 7 (1859), 332 ff.; これについて詳しくは *Bemmann*, MDR 1958, 817ff.; *Alwart*, JuS 1979, 351 ff. 今日，まったく同じ状況を扱うのは BGHSt 37, 214; これについては後述 Fn. 378 参照．

第 3 編　構 成 要 件

あろうと推測した. このようにして謀殺が明らかになった.

　　よく似たセンセーショナルな事例を含むのは, BGHSt 11, 268 である[360].

事例 2：

　M は 2 名の共犯者と共に押し込み強盗をしようとした. 3 人は銃を携帯し, 共犯者のうちの誰かが逮捕されそうになったら, 人に対してであれ発砲することを話し合っていた. 退散する際に, M は自分の背後に人がいるのに気付いて, これを追っ手であると思い, 彼に向けて殺人の意図で発砲した. しかし, 追っ手であると思われたのは M の 2 名の共犯者のひとりであり, 彼は傷害を負った.

194　今日の一致した見解は, このような直接行為者の人の錯誤は重要でない, つまり, ローゼおよび (共犯者が殺害されたとして) M は故意による殺人既遂により処罰されなければならないとする. 裁判所もまた, このように判断してきた. しかし, この納得のいく結論の根拠づけは, ほとんど一致していない. 故意は行為事情をその類型に応じた性質によって包含していれば足りる (行為者は人を殺そうとして人を殺したのであるから, 彼は故意に行為した) との好まれるテーゼは, 本書がそのように言い, また通説からも主張されるように, 打撃の錯誤は原則として重要であるとするならば, 維持不可能である. なぜなら, この場合にも, 人の殺害は, 行為者の認識および意欲に包含されているが, 故意への帰属がなされないからである[361]. むしろ, 打撃の錯誤の場合とは異なって, 行為者は彼が狙っていた具体的な人に命中させたという点に着目しなければならない. つまり, この点に, 故意帰属を基礎づける, 特定の行為客体に向けた行為者の表象の個別化が見出されなければならないのである. 計画実現の基準を適用すれば, 行為者が狙いをつけた具体的な客体に命中させる場合には, 行為者の計画は, 規範的な基準からは —— 彼の同一性の表象が逸脱したにもかかわらず —— すでに実現されたとの解答に至る. したがって, 法的な評価にとっ

---

　(360)　*Roxin*, HRR AT Nr. 11.
　(361)　この論拠は, 少数説の支持者らによって打撃の錯誤が重要でないことを根拠づけるために繰り返し用いられている. 最近では, *Puppe*, GA 1981, 1 ff. において切れ味鋭い叙述で再現されている.

ては，行為時における客体の場所についての行為者の認識だけが決定的なのであって，被害者の同一性に関する行為者の誤表象は，客観的基準によれば重要でないということが明らかにされなければならないのである．

195 このことは，今日認められているほど自明のことではない．人の錯誤は構造的に「因果経過の錯誤の一種でもあり」[362]，その限りで，よく主張されるほど打撃の錯誤と異なるわけではないということを認めなければならない．すなわち，（私はシュリーべないし追跡者を射殺するという）行為者の同一性表象を基礎とするならば，「間違った人物」に命中する場合には，その点に関して完全に因果の逸脱が存在することになる．それが欠けるのは，行為時における客体の位置による個別化だけを，行為者は意欲したことを達成したという判断の基礎とする場合のみである．しかし，これは先行評価を前提としているため，人の錯誤の非重要性は，論理的に，あるいは範疇的に必然ではなく，異なる結果にもなりうる目的論的解釈の帰結である[363]．行為時における行為客体の位置に関する行為者の表象ではなく，被害者の人的同一性に関する表象が，計画実現にとって客観的に決定的であることが明らかにされるならば，人物の錯誤の場合には，計画は失敗しており，未遂処罰のみが認められなければならないことになろう．いずれにせよ，*Liszt* のような著名な著者が最後まで[364]，「事実的経過の予見が行為者の行為遂行を妨げたであろう場合には」，人の錯誤は打撃の錯誤と同様に重要であると言明していた．D は仇敵 E を殺すつもりであったが，暗闇の中で自分の息子 F を E であると思って彼を殺すという事例において，*Liszt* は既遂の故意犯を認めることを「誤っている」と述べた．

196 それにもかかわらず，事例 1 および 2 の基礎となっているような人の錯誤の古典的事例では，絶対的な通説と共に，直接行為者についてはその錯誤は重要でないということが認められなければならない．なぜなら，行為者が自分の前にいる具体的な人物を見て，その者をまさに計画した方法で射殺する場合に，計画された殺人は未遂にとどまっており，成し遂げられていないと認めることは，事象の社会的な意味内容と矛盾するであろうが，法的構造はその社会的な

（362）　*Puppe*, GA 1981, 17.

（363）　賛成するのは *Koriath*, JuS 1998, 220.

（364）　*v. Liszt*, StrafR, [21/22]1919, 170 f.

691

第3編　構成要件

意味内容から離れるべきでないからである[365]．故意への帰属の際には，感覚的に知覚され，目標とされた客体に固着することが目立って前面に出てくるため，（被害者の同一性やその他の属性といった）その他の基準は重要でないものとして後退する．また，行為時における行為客体の位置による個別化の他には，十分に説得的であろう具体化の基準は存在しない．なぜなら，客体の人的同一性への着目（いずれにせよ，物の場合には貫徹するのが困難である）は，問題をずらすにとどまるであろうからである．例えば，Aは恋敵を殺すつもりで，彼と誤認したXを撃つ場合，個別化は被害者の人的同一性にまで及ぶであろう．だが，行為者の本来の意図は恋敵を射殺することに向けられていたのであるから，彼の錯誤は依然として重要であると言うことができるであろう．しかし，これは，法的安定性および平等な取扱いを脅かす方法で，法的評価を主観化することになろう[366]．それゆえ，故意への帰属を行為時における行為客体の位置に結びづけることは，伝統的な通常の事例では規範的に合目的的であり，よって，一致した見解は賛成に値する．

197　行為者が客体をもはや視覚的に知覚していない場合には，法的評価を行為者の行為地の表象に結び付けることは，必ずしもそれほど納得のいくものではない[367]．

事例3：

---

(365)　社会的意味内容という基準を批判するのは *Rath*, 1996, 17 f. 彼は，客体の錯誤が重要でないことの根拠として自律性原理を役立てようとする（S. 33 ff., 35 f.）．これによれば，「例えば恋敵，金持ちの伯父等であるといった属性は，……当該被害者に構成要件に該当する激しい自律の損害を与える根拠を」もたらさず，したがって，このような属性に関する「行為者の誤った考えも」また，自由の限界を動かすことを正当化するのに適さない．なぜなら，さもなければ，「行為者は対象についての誤った表象を持っているだけで，自らの自由の領域を拡大する」ことができることになるからである．私はむしろこの点に，行為者の主観的表象から切り離された客観的な「社会的意味内容」と本文で表現したことの，機知に富んだ具体化を認める．傾向的に私に賛成するのは *Koriath*, JuS 1998, 219.

(366)　そのように見れば，「純粋な思考は……法の管轄領域を超えた結節点」であるという *Rath*, 1996, 36 の見解は，本書が主張する立場と完全に同じ結果になる．

(367)　*Puppe*, GA 1981, 4; *Herzberg*, JA 1981, 472f.; *Prittwitz*, GA 1983, 128 は，「生じた法益侵害が行為者によって感覚的に知覚された攻撃客体に発生しない場合に」のみ，既遂処罰を排除しようとする．*Prittwitz* に反対するのは *Kuhlen*, 1987, 489 ff.

第12章　故意と構成要件的錯誤

　Ａは，Ｂの自動車の下に，自動車が発車すると爆発する時限爆弾を取り付ける．Ａはこの方法でＢを殺すつもりである．しかし，Ａの期待に反してＢではなく彼の運転手Ｃが自動車を運転し，彼が爆発の際に命を落とす．

　行為地および行為時による個別化から出発するならば，ここでも重要でない人の錯誤が認められなければならない．すなわち，Ａは自動車に乗る者を爆破するつもりで，そうなったのである．他方で，未遂の開始（爆弾の取り付け）後に外部的な事象が「うまくいかなかった」のであるから，この事例は最初の例１および２よりも打撃の錯誤に近い．それゆえ，法的評価にとって容易に考えられるのは，「精神的な同一性の表象」のために，客体の知覚と視覚的な基礎を欠くために単なる表象でしかない行為地との結節点を放棄して，未遂と過失致死のみを肯定することである．これは，このような事例においては重要な人の錯誤を認めることによって，あるいはこのような事情を打撃の錯誤と解釈することによって行われうるであろう[368]．にもかかわらず，おそらくこの場合にも，結果の故意への帰属に固執し，したがって重要でない人の錯誤と既遂行為の承認になお固執する方がより適切であろう．なぜなら，自動車に乗ったＣが死亡したのが，ＡがＢであると思ってＣに爆弾を投げたからであるのか，それともＣではなくＢが自動車に乗り込むであろうと考えて爆弾を自動車に取り付けたからであるのかは，非常に微細な相違であって，それはいまだ異なった法的判断を基礎づけないからである[369]．連邦裁判所（NStZ 1998, 294）[370]も，「誤った」自動車に爆薬を仕掛けたという類似の事例において，重要でない人の錯誤を認めた．すなわち，行為者は「確かに被害者を知覚すらしていなかったが，爆破のために仕立てられた乗り物によって間接的に個別化

---

(368)　*Herzberg*, JA 1981, 473 はこの方法を採る．同旨，*Rath*, 1993, 285 は，行為者は「爆弾の作用半径および爆発時点を被害者という時空世界の存在に」合わせると指摘する．

(369)　結論において本書と同様であるのは *Prittwitz*, GA 1983, 130. 区別するのは *Rath*, 1993, 292 f. 彼は，「具象的に媒介された客体の誤った個別化」の事例，すなわち爆弾投擲事例においてのみ人の錯誤から出発する．しかし，爆弾設置事例においても当該自動車に関する誤った個別化の具象的な媒介が認められうるので，この区別にはほとんど説得力がない．

(370)　この点については *Schliebitz*, JA 1998, 834; *Herzberg*, JuS 1999, 224; *Krack*, JuS 1999, 832.

第3編　構成要件

していた．結局のところ，このような場合には，被害者そのものを視覚的に知
覚する場合と何ら異なることはない」[371]，と．

198　これに対して，法益侵害が行為客体の実体的な侵害にではなく，精神的領
域にのみ存在する場合には，通説に反して人の錯誤は顧慮に値する．

事例 4：

Ａ は Ｂ を侮辱するために Ｂ に電話を掛けた．誤接続により，あるいは別人が電話
に出たことにより，Ｃ が受話器を取り，Ａ が述べた侮辱を聞かなければならなかった．

様々に変化させて用いられるこの電話事例[372]では，従来の限界づけに基づ
いて人の錯誤が認められなければならない．なぜなら，Ａ は自らの言葉を電
話回線の向こう側にいる具体的な会話の相手に向けたのであり，その言葉はそ
の者に届いたからである．それゆえ，ベルリン州高等裁判所[373]がこのような
事例において侮辱罪の既遂を認め，文献が広くそれに従うのは，外部的な構造
から見れば一貫している[374]．しかし，この場合，名宛人の現在地は，故意の
具体化のための規範的な結節点としては，もはや適切ではない．すなわち，人
の取り違えによってなされた発砲は実際にその者に命中して法益侵害を惹起す
るのに対して，侮辱は一身専属的な尊重要請を侵害し，常にそれが向けられた
者にしか「命中する」ことができないのである．

199　威厳のある男性が電話口へと急いで，誤接続のために「恥知らずな女め」
という言葉を聞かされる場合[375]，彼は他の人物に向けられたその言葉によっ

---

(371)　むろん，具体的な事件では結局のところ，人の錯誤と打撃の錯誤のいずれが存在
するのかという問題は重要ではなかった．なぜなら，爆弾が爆発しなかったので，行
為はいずれにせよ未遂に止まっていたからである．この点については *Schliebitz*, JA
1998, 834; *Herzberg*, JuS 1999, 224 f. この事例が未遂論の領域に投げかけるさらなる問
題については，*Roxin*, AT/2, §29 Rn. 223-225 参照.

(372)　これらについては *Hillenkamp*, 1971, 42 ff.; *Puppe*, GA 1981, 4; *Backmann*, JuS
1971, 119; *Rath*, 1993, 322 ff. のみ参照.

(373)　KG GA 69 (1919), 117.

(374)　従来の区別によれば，打撃の錯誤は，電話回線の別の回線への混乱によって侮辱
が誤った名宛人に向けられるという稀な事例でしか存在しないことになろう．*Klee*,
GA 69 (1919), 117; *Hillenkamp*, 1971, 43 f. 参照.

(375)　*Herzberg*, JA 1981, 474 f.

第 12 章 故意と構成要件的錯誤

て侮辱されることはなく，また自分に「向けられた」とも感じないのであって，むしろ哄笑するか，いずれにせよ人が他人への侮辱を偶然一緒に聞いた場合にそうするように反応するであろう．それゆえ，侮辱においては，通常，名宛人と行為者の表象との同一性のみが計画実現の基準にふさわしい．つまり，それが欠ける場合には，不可罰の未遂しか存在しない[(376)]．したがって，このような事例では，錯誤は重要である[(377)]．それを重要な人の錯誤と呼ぶか，それとも打撃の錯誤と呼ぶのかは，単なる用語的な問題に過ぎない．これらの何らかの形で区別可能な概念が決定的なのではない．重要であるのはむしろ，規範的な基準によれば計画実現が欠けており，それゆえ結果の故意への帰属は問題にならない，という事情である．それ以外に非実体的な法益の場合に，どの程度まで侮辱に適用される帰属基準の妥当性が認められるかについては，さらなる詳細な分析を要する．

200 激しく争われているのは，直接行為者において重要でない人の錯誤は，背後者（間接正犯者，共同正犯者，教唆者，および幇助者）の法的評価にも影響を及ぼさないのか，という問題である．したがって，事例 1（Rn. 193）の教唆者ロザールは殺人既遂の教唆により処罰されてよいのか，事例 2 において M の 2 名の共同正犯者（負傷した者自身も含まれる）は殺人未遂の責任を負うのかが問題なのである．判例はこれを肯定し[(378)]，したがって人の錯誤を直接行為者だけでなくすべての関与者にとっても重要ではないとする．しかし，文献において有力

---

(376) ここでもその他の場合と同様に，行為者の計画によれば名宛人の人格が重要でない場合にのみ，別のことが妥当する．性的で下品な言葉により見知らぬ女性を侮辱しようとする者は，彼が偶然に選び出した番号を掛け間違えて，別の女性に繋がる場合でも，自らの計画を達成している．*Herzberg*, JA 1981, 475 参照.

(377) *Herzberg*, JA 1981, 474 f. もそのように言う．彼の解決は本書が提案する計画実現という基準に部分的に同調しており，それを構造的にさらに発展させている.

(378) BGHSt 37, 214（これについては *Roxin*, HRR AT Nr. 12）でも再び，とりわけ私が主張する反対説を考察したうえで肯定した．これについて詳しくは，LK[11]-*Roxin*, 26 Rn. 91 ff.; *ders.*, AT/2, 26 Rn. 116 ff. この判決も大きな議論を惹き起こした．*Bemman*, Stree/Wessels-FS, 1993, 397; *Geppert*, Jura 1992, 163; *Gropp*, Lenckner-FS, 1998, 432; *Küpper*, JR 1992, 294; *Mitsch*, Jura 1991, 373; *Müller*, MDR 1991, 830; *Puppe*, NStZ 1991, 124; *dies.*, NK, § 16 Rn. 124 ff.; *Roxin*, JZ 1991, 680; *ders.*, Spendel-FS, 1992, 289; *Schlehofer*, GA 1992, 307; *ders.*, 1996, 172 ff.; *Sonnen*, JA 1991, 103; *Stratenwerth*, Baumann-FS, 1992, 57; *Streng*, JuS 1991, 910; *Weßlau*, ZStW 104（1992），105.

第3編 構成要件

な見解と同じく，背後者の場合にも，間接正犯者や共同正犯者，教唆者もしくは幇助者の同一性表象は，これらの者の計画にとって決定的であると見なされなければならないであろう．なぜなら，複数の関与者間の取り決めが特定の人物に関するものである限り，しばしば行為地および行為時を知らない，あるいは不正確にしか知らない直接には実行しない者の計画は，自らの同一性表象によってしか具体化されえないからである．このことは，事例1および2の教唆者もしくは共同正犯者の計画が，同様に失敗に終わったことを意味する．したがって，事例1においてロザールは教唆未遂（30条1項）によってのみ，事例2において共同正犯者らは重罪の約束（30条2項）によってのみ，それぞれ処罰されうる．さらなる詳細は正犯性と共犯の理論との関連で論ずることにする．

201 最後に，取り違えられた二つの客体が互いに構成要件的に同等でない場合には，客体の錯誤は争いの余地なく重要である．Aが，案山子であると思って人を射殺する場合，これは器物損壊の未遂と過失致死との行為単一である．つまり，これは錯誤論（16条）から導かれるのであって，故意への帰属の問題ではない[379]．

---

(379) 「取り違えられた客体の同価値性」について，詳しくは *Warda*, Blau-FS, 1985, 159 ff. 彼は適切にも，錯誤が重要でない場合には，行為者は「誤って攻撃された客体の，同価値性を基礎づける性質」をも認識していなければならないと指摘する（S. 163）．行為者が「13歳のAに，実際には同年齢だが，彼が15歳であると思った少女Bであると思って」性的虐待を行う場合には，176条による有罪判決を下すための故意が欠ける（S. 162）．

696

第 13 章　同　意

文献：*Keßler*, Die Einwilligung des Verletzten in ihrer strafrechtlichen Bedeutung, 1884; *Pfersdorff*, Die Einwilligung des Verletzten als Strafausschließungsgrund, Diss. Straßburg, 1897; *Zitelmann*, Ausschluß der Widerrechtlichkeit, Archiv für die civilistische Praxis, 99 (1906), 1; *Gerland*, Selbstverletzung und die Verletzung des Einwilligenden, VDA Bd. II, 1908; *Honig*, Die Einwilligung des Verletzten, 1919; *Trager*, Die Einwilligung des Verletzten und andere Unrechtsausschließungsgründe im zukünftigen Strafrecht, GerS 94 (1927), 192; *Schrey*, Der Gegenstand der Einwilligung des Verletzten, Str.Abh. 248, 1928; *Engisch*, Ärztlicher Eingriff zu Heilzwecken und Einwilligung, ZStW 58 (1939), 1; *Schlosky*, Die Einwilligung des Verletzten in die Begehung einer Straftat, DStR 1943, 19; *Haefliger*, Über die Einwilligung des Verletzten im Strafrecht, SchwZStr 67 (1952), 92; *Geerds*, Einwilligung und Einverständnis des Verletzten, Diss. Kiel, 1953; *ders.*, Einwilligung und Einverständnis des Verletzten im Strafrecht, GA 1954, 262; *Eb. Schmidt*, Schlägermensur und Strafrecht, JZ 1954, 369; *Noll*, Übergesetzliche Rechtfertigungsgründe, im besonderen die Einwilligung des Verletzten, 1955; *Firnhaber*, Rechtsgeschäft und Einwilligung bei Vermögensdelikten, Diss. Bonn, 1956; *Stratenwerth*, Prinzipien der Rechtfertigung, ZStW 68 (1956), 41; *Baumann*, Körperverletzung oder Freiheitsdelikt, NJW 1958, 2092; *Boehmer*, Zum Problem der „Teilmündigkeit" Minderjähriger, MDR 1959, 705; *Geerds*, Einwilligung und Einverständnis des Verletzten im Strafgesetzentwurf; ZStW 72 (1960), 42; *Kohlhaas*, Strafrechtlich wirksame Einwilligung bei Fahrlässigkeitstaten?, DAR 1960, 348; *Lenckner*, Die Einwilligung Minderjähriger und deren gesetzlicher Vertreter, ZStW 72 (1960), 446; *Grünwald*, Die Aufklärungspflicht des Arztes, ZStW 73 (1961), 5; *Bockelmann*, Operativer Eingriff und Einwilligung des Verletzten, JZ 1962, 525; *Hirsch*, Soziale Adäquanz und Unrechtslehre, ZStW 74 (1962), 78; *Geilen*, Einwilligung und ärztliche Aufklärungspflicht, 1963; *Roxin*, Verwerflichkeit und Sittenwidrigkeit als unrechtsbegründende Merkmale im Strafrecht, JuS 1964, 371 (= Grundlagenprobleme, 184); *Noll*, Tatbestand und Rechtswidrigkeit: Die Wertabwägung als Prinzip der Rechtfertigung, ZStW 77 (1965), 1; *Roxin*, Die strafrechtliche Beurteilung der einverständlichen Sterilisation, Niedersächsisches Ärzteblatt 1965, 165; *Engisch*, Die Strafwürdigkeit der Unfruchtbarmachung mit Einwilligung, H. Mayer-FS, 1966, 399; *Schuknecht*, Einwilligung und Rechtswidrigkeit bei Verkehrsdelikten, DAR 1966, 17; *Bickelhaupt*, Einwilligung in die Trunkenheitsfahrt, NJW 1967, 713; *Bockelmann*, Das Strafrecht des Arztes, 1968; *Kohlhaas*, Die rechtfertigende Einwilligung bei Körperverletzungstatbeständen, NJW 1968, 2348; *Berz*, Die Bedeutung der Sittenwidrigkeit für die rechtfertigende Einwilligung, GA 1969, 145; *Arzt*, Willensmängel bei der Einwilligung, 1970; *Kientzy*, Der Mangel am Straftatbestand infolge Einwilligung des Rechtsgutsträgers, 1970; *Langrock*, Zur Einwilligung

第3編 構 成 要 件

in die Verkehrsgefährdung, MDR 1970, 982; *Roxin,* Offene Tatbestände und Rechtspflicht-
merkmale, ²1970; *Zipf,* Einwilligung und Risikoübernahme im Strafrecht, 1970; *Geppert,*
Rechtfertigende „Einwilligung" des verletzten Mitfahrers bei Fahrlässigkeitsstraftaten im
Straßenverkehr?, ZStW 83 (1971), 947; *Sax,* Bemerkungen zum Eigentum als strafrecht-
liches Schutzgut, Laufke-FS, 1971, 321; *Dreher,* Der Irrtum über Rechtfertigungsgründe,
Heinitz-FS, 1972, 207; *Roxin,* Bespr. v. Stratenwerth, Strafrecht, Allgemeiner Teil I
(¹1971), ZStW 84 (1972), 993; *R. Schmitt,* Strafrechtlicher Schutz des Opfers vor sich
selbst?, Maurach-FS, 1972, 113; *Trockel,* Die Einwilligung Minderjähriger in den ärztlichen
Heileingriff, NJW 1972, 1493; *Langer,* Die falsche Verdächtigung, 1973; *Roxin,* Kriminalpoli-
tik und Strafrechtssystem, ²1973; *ders.,* Bespr. der Festschrift für Reinhart Maurach zum
70. Geburtstag (1972), ZStW 85 (1973), 76; *Hirsch,* Einwilligung und Selbstbestimmung,
Welzel-FS, 1974, 775; *Arm. Kaufmann,* Zum Stand der Lehre vom personalen Unrecht,
Welzel-FS, 1974, 397; *Roxin,* Über die mutmaßliche Einwilligung, Welzel-FS, 1974, 447;
Rudolphi, Bespr. v. Arzt, Willensmängel bei der Einwilligung (1970), ZStW 86 (1974), 82;
Schaffstein, Handlungsunwert, Erfolgsunwert und Rechtfertigung bei den Fahrlässigkeits-
delikten, Welzel-FS, 1974, 557; *Kunst,* Ärztliche Heilbehandlung und Einwilligung des Ver-
letzten, ÖRiZ 1975, 33; *Sax,* „Tatbestand" und Rechtsgutsverletzung, JZ 1976, 9, 80, 429;
Zipf, Zur Einwilligung im neuen Strafrecht, insbesondere beim Zusammentreffen mehre-
rer Rechtsgüter in einem Straftatbestand, ÖRiZ 1976, 192; *Burgstaller,* Zur Einwilligung
im Strafrecht, ÖRiZ 1977, 1; *Zipf,* Die Bedeutung und Behandlung der Einwilligung im
Strafrecht, ÖJZ 1977, 379; *Hirsch,* Zur Rechtsnatur der falschen Verdächtigung, Schrö-
der-GS, 1978, 307; *R. Schmitt,* § 226a ist überflüssig, Schröder-GS, 1978, 263; *Dach,* Zur
Einwilligung bei Fahrlässigkeitsdelikten, Diss. Mannheim, 1979; *Horn,* Der medizinisch
nicht indizierte, aber vom Patienten verlangte ärztliche Eingriff – strafbar?, JuS 1979, 29;
Kühne, Die strafrechtliche Relevanz eines auf Fehlvorstellungen gegründeten Rechtsguts-
verzichts, JZ 1979, 241; *Rüping,* Körperverletzung, Einwilligung und Heileingriff, Jura
1979, 90; *Amelung/Pauli,* Einwilligung und Verfügungsbefugnis bei staatlichen Beeinträch-
tigungen des Fernmeldegeheimnisses, MDR 1980, 801; *Bichlmeier,* Die Wirksamkeit der
Einwilligung in einen medizinisch nicht indizierten ärztlichen Eingriff, JZ 1980, 53; *Lenck-
ner,* Einwilligung in Schwangerschaftsabbruch und Sterilisation, in: Eser/Hirsch, Sterilisa-
tion und Schwangerschaftsabbruch, 1980, 173; *Wimmer,* Die Bedeutung des zustim-
menden Willens und anderer positiver Stellungsnahmen des Berechtigten sowie die
Wirkung seiner Täuschung bei ausgewählten strafrechtlichen Deliktsdefinitionen, 1980;
Amelung, Die Einwilligung in die Beeinträchtigung eines Grundrechtsgutes, 1981; *Bockel-
mann,* Der ärztliche Heileingriff in Beiträgen zur Zeitschrift für die gesamten Strafrechts
wissenschaft im ersten Jahrhundert ihres Bestehens, ZStW 93 (1981), 105; *Klug,* Konflikt-
lösungsvorschläge bei heimlichen Tonbandaufnahmen zur Abwehr krimineller Telefonan-
rufe, Sarstedt-FS, 1981, 101; *H. Schünemann,* Einwilligung und Aufklärung von psychisch
Kranken, Versicherungsrecht, Juristische Rundschau für die Individualversicherung, 1981,
306; *Amelung,* Die Zulässigkeit der Einwilligung bei den Amtsdelikten, Dünnebier-FS,
1982, 487; *Arzt,* Der strafrechtliche Ehrenschutz – Theorie und praktische Bedeutung, JuS

1982, 717; *Rüping*, Therapie und Zwang bei untergebrachten Patienten, JZ 1982, 744; *Amelung*, Die Einwilligung des Unfreien, ZStW 95 (1983), 1; *Bohnert*, Die Willensbarriere als Tatbestandsmerkmal des Hausfriedensbruchs, GA 1983, 1; *Ensthaler*, Einwilligung und Rechtsgutspreisgabe beim fahrlässigen Delikt, Diss. Göttingen, 1983; *Günther*, Strafrechtswidrigkeit und Strafunrechtsausschluß, 1983; *Horn*, Strafbarkeit der Zwangssterilisation, ZRP 1983, 265; *Janiszewski*, Überblick über die im 1. Quartal 1983 bekannt gewordenen Entscheidungen in Verkehrsstraf- und Bußgeldsachen, NStZ 1983, 256; *Arm. Kaufmann*, Rechtspflichtbegründungen und Tatbestandseinschränkung, Klug-FS, Bd. II, 1983, 277; *Bloy*, Freiheitsberaubung ohne Verletzung fremder Autonomie? Überlegungen zur Reichweite des Tatbestandes des § 239 Abs. 1 StGB, ZStW 96 (1984), 703; *Dölling*, Fahrlässige Tötung bei Selbstgefährdung des Opfers, GA 1984, 71; *M.-K. Meyer*, Ausschluß der Autonomie durch Irrtum, 1984; *Roxin*, Die durch Täuschung herbeigeführte Einwilligung im Strafrecht, Noll-GS, 1984, 275; *Amelung*, Probleme der Einwilligung in strafprozessuale Grundrechtsbeeinträchtigungen, StrV 1985, 257; *Eser*, Medizin und Strafrecht: Eine schutzgutorientierte Problemübersicht, ZStW 97 (1985), 1; *Kamps*, Datenschutz und ärztliche Schweigepflicht in psychiatrischen Landeskrankenhäusern, MedR 1985, 200; *Schlehofer*, Einwilligung und Einverständnis. Dargestellt an der Abgrenzung zwischen Raub und räuberischer Erpressung, 1985; *Schmitt*, Körperverletzungen beim Fußballspielen, 1985; *ders.*, Ärztliche Entscheidungen zwischen Leben und Tod in strafrechtlicher Sicht, JZ 1985, 365; *Spendel*, Rechtsbeugung im Jugendstrafverfahren, JR 1985, 485; *Deutsch/Hartl/Carstens* (Hrsg.), Aufklärung und Einwilligung im Arztrecht (ESA), Entscheidungssammlung deutscher Urteile seit 1894, 1986; *Küper*, „Autonomie", Irrtum und Zwang bei mittelbarer Täterschaft und Einwilligung, JZ 1986, 219; *Laufs*, Arzt und Recht im Wandel der Zeit, MedR 1986, 163; *Schumann*, Strafrechtlicher Handlungsunwert und das Prinzip der Selbstverantwortung der Anderen, 1986; *H.-D. Weber*, Der zivilrechtliche Vertrag als Rechtfertigungsgrund im Strafrecht, 1986; *Weigend*, Über die Begründung der Straflosigkeit bei Einwilligung des Betroffenen, ZStW 98 (1986), 44; *Brandts/Schlehofer*, Die täuschungsbedingte Selbsttötung im Lichte der Einwilligungslehre, JZ 1987, 442; *Helle*, Die Heilbehandlung des untergebrachten psychisch Kranken, MedR 1987, 65; *G. Hirsch/Hiersche*, Sterilisation geistig Behinderter, MedR 1987, 135; *Janiszewski*, Überblick über neue Entscheidungen in Verkehrsstraf- und Bußgeldsachen, NStZ 1987, 112; *Janker*, Heimliche HIV-Antikörpertests – strafbare Körperverletzung, NJW 1987, 2897; *Lammich*, Die ärztliche Pflicht zur Bewahrung des Lebens im DDR-Recht und in der DDR-Diskussion, MedR 1987, 90; *Linck*, Doping und staatliches Recht, NJW 1987, 2545; *Otto*, Bespr. v. Schlehofer, Einwilligung und Einverständnis (1985), GA 1987, 275; *Seiler*, Umfang und Grenzen der Nothilfe im Strafrecht, NJW 1987, 2476; *Wagner*, Die Rechtsprechung zu den Straftaten im Amt seit 1975 – Teil 2, JZ 1987, 658; *Bade*, Der Arzt an den Grenzen von Leben und Recht. Über die Erlaubnis ärztlicher Sterbehilfe unter besonderer Berücksichtigung des § 216 StGB, 1988; *Janker*, Strafrechtliche Aspekte heimlicher AIDS-Tests, Diss. Gießen; 1988; *Kussmann*, Einwilligung und Einverständnis bei Täuschung, Irrtum und Zwang, Diss. Bonn, 1988; *Bay*, Zur Zulässigkeit von Kastrationen, in: Arth. Kauf-

699

第3編 構成要件

mann (Hrsg.), Moderne Medizin und Strafrecht, 1989, 269; *Bergmann*, Einwilligung und Einverständnis im Strafrecht, JuS-Lernbogen 1989, L 65; *Geppert*, Zu einigen immer wiederkehrenden Streitfragen im Rahmen des Hausfriedensbruchs (§ 123 StGB), Jura 1989, 378; *v. Gerlach*, Ärztliche Aufklärungspflicht und eigenmächtige Heilbehandlung, in: Arth. Kaufmann (Hrsg.), Moderne Medizin und Strafrecht, 1989, 15; *Lesch*, Die strafrechtliche Einwilligung beim HIV-Antikörpertest an Minderjährigen, NJW 1989, 2309; *Müller-Dietz*, Mutmaßliche Einwilligung und Operationserweiterung, JuS 1989, 280; *Otto*, Eigenverantwortliche Selbstschädigung und -gefährdung sowie einverständliche Fremdschädigung und -gefährdung, Tröndle-FS, 1989, 157; *Thiel*, Das abgenötigte Einverständnis beim Gewahrsamsbrauch, Jura 1989, 454; *Held*, Strafrechtliche Beurteilung von Humanexperimenten usw., 1990; *Roßner*, Verzicht des Patienten auf eine Aufklärung durch den Arzt, NJW 1990, 2291; *Joerden*, Einwilligung und ihre Wirksamkeit bei doppeltem Zweckbezug, Rechtstheorie 22 (1991), 165; *Neyen*, Die Einwilligungsfähigkeit im Strafrecht, 1991; *Schröder / Taupitz*, Menschliches Blut: verwendbar nach Belieben des Arztes?, 1991; *Sitzmann*, Zur Strafbarkeit sadomasochistischer Körperverletzungen, GA 1991, 71; *Amelung*, Über die Einwilligungsfähigkeit, ZStW 104 (1992), 525, 821; *Arzt*, Heileingriffe aufgrund einer Blanko-Einwilligung bezüglich der Person des Arztes, Baumann-FS, 1992, 201; *Göbel*, Die Einwilligung im Strafrecht als Ausprägung des Selbstbestimmungsrechts, 1992; *Kioupis*, Notwehr und Einwilligung. Eine individualistische Begründung, 1992; *Ukena*, Aufklärung und Einwilligung beim Heileingriff an Untergebrachten, MedR 1992, 202; *Hagn*, Die rechtliche Beurteilung des Dopings, ÖJZ 1993, 402; *A. Müller*, Doping im Sport als strafbare Gesundheitsbeschädigung (§§ 223 Abs. 1, 230 StGB)?, 1993; *Popp*, Die Sittenwidrigkeit der Tat im Sinne von § 226 a StGB, Diss. Erlangen-Nürnberg, 1993; *Ahlers*, Doping und strafrechtliche Verantwortlichkeit, 1994; *Belling/Eberl/Michlik*, Das Selbstbestimmungsrecht Minderjähriger bei medizinischen Eingriffen, 1994; *Gaby Meyer*, Die Unfähigkeit des erwachsenen Patienten zur Einwilligung in den ärztlichen Eingriff, 1994; *Amelung*, Probleme der Einwilligungsfähigkeit, R & P 1995, 20; *ders.*, Vetorechte beschränkt Einwilligungsfähiger in Grenzbereichen medizinischer Intervention, 1995; *Otto*, Einverständnis, Einwilligung und eigenverantwortliche Selbstgefährdung, Geerds-FS, 1995, 603; *Schmidhäuser*, Handeln mit Einwilligung des Betroffenen – strafrechtlich: eine scheinbare Rechtsgutverletzung, Geerds-FS, 1995, 593; *Erb*, Die Schutzfunktion von Art. 103 II GG bei Rechtfertigungsgründen, ZStW 108 (1996), 266; *Rouka*, Das Selbstbestimmungsrecht des Minderjährigen bei ärztlichen Eingriffen, 1996; *Voll*, Die Einwilligung im Arztrecht, 1996; *Amelung*, Willensmängel bei der Einwilligung als Tatzurechnungsproblem, ZStW 109 (1997), 491; *Mestwerdt*, Doping – Sittenwidrigkeit und staatliches Sanktionsbedürfnis?, 1997; *Sternberg-Lieben*, Die objektiven Schranken der Einwilligung im Strafrecht, 1997 (dazu *Kühl*, ZStW 115 [2003], 385); *Amelung*, Irrtum und Täuschung als Grundlage von Willensmängeln bei der Einwilligung des Verletzten, 1998; *Gropengießer*, Die Rechtswidrigkeit bei der Sachbeschädigung, JR 1998, 89; *Hammer*, „Auto-Surfen" – Selbstgefährdung oder Fremdgefährdung?, JuS 1998, 785; *Hinterhofer*, Die Einwilligung im Strafrecht, 1998; *Otto*, Kausalität und Zurechnung, E. A. Wolff-FS, 1998, 395; *Paul*, Zusammengesetztes De-

第13章　同　意

likt und Einwilligung, 1998; *Rain*, Die Einwilligung des Sportlers beim Doping, 1998; *Saal*, Zur strafrechtlichen Bewertung des „Auto-Surfens", NZV 1998, 49; *Sternberg-Lieben*, Selbstbestimmtes Sterben: Patientenverfügung und gewillkürte Stellvertretung, Lenckner-FS, 1998, 349; *Amelung*, Über Freiheit und Freiwilligkeit auf der Opferseite der Strafnorm, GA 1999, 182; *ders.*, Einwilligungsfähigkeit und Rationalität, JR 1999, 45; *Frisch*, Zum Unrecht der sittenwidrigen Körperverletzung (§ 228 StGB), Hirsch-FS, 1999, 485; *Niedermair*, Körperverletzung mit Einwilligung und die guten Sitten, 1999; *Hirsch*, Rechtfertigungsfragen und Judikatur des Bundesgerichtshofs, BGH-FS 2000, 199; *Amelung/Eymann*, Die Einwilligung des Verletzten im Strafrecht, JuS 2001, 937; *Chatzikostas*, Die Disponibilität des Rechtsgutes Leben in ihrer Bedeutung für die Probleme von Suizid und Euthanasie, 2001; *Kuhlen*, Ausschluß der objektiven Zurechnung bei Mängeln der wirklichen und der mutmaßlichen Einwilligung, Müller-Dietz-FS, 2001, 431; *ders.*, Objektive Zurechnung bei Rechtfertigungsgründen, Roxin-FS, 2001, 331; *Mosbacher*, Strafrecht und Selbstschädigung, 2001; *Rönnau*, Willensmängel bei der Einwilligung im Strafrecht, 2001 (dazu *Amelung*, ZStW 115 [2003], 710); *Vicente Remesal*, Die Einwilligung in ihrer strafrechtlichen Bedeutung, Roxin-FS, 2001, 379; *Dölling*, Einwilligung und überwiegende Interessen, Gössel-FS, 2002, 209; *Duttge*, Abschied des Strafrechts von den „guten Sitten"?, Schlüchter-GS, 2002, 775; *Kargl*, Probleme der Strafbegründung bei Einwilligung des Geschädigten am Beispiel des Dopings, JZ 2002, 389; *Rönnau*, Die Einwilligung als Instrument der Freiheitsbetätigung, Jura 2002, 595; *ders.*, Voraussetzungen und Grenzen der Einwilligung im Strafrecht, Jura 2002, 665; *Seelmann*, Drittnützige Forschung an Einwilligungsunfähigen, Trechsel-FS, 2002, 569; *Soyez*, Die Verhältnismäßigkeit des Doping-Kontroll-Systems, 2002; *Bottke*, Doping als Straftat?, Kohlmann-FS, 2003, 85; *Dreher*, Objektive Zurechnung bei Rechtfertigungsgründen, 2003; *Heger*, Zur Strafbarkeit von Doping im Sport, JA 2003, 76; *Klimpel*, Bevormundung oder Freiheitsschutz, Kritik und Rechtfertigung paternalistischer Vorschriften über das Leben, den Körper und die Sexualität im deutschen Strafrecht, 2003; *Kubink*, Strafrechtliche Probleme des Rechtsschutzverzichts im sportlichen Grenzbereich – soziale Adäquanz, erlaubtes Risiko, Einwilligung, JA 2003, 257; *Mitsch*, Rechtfertigung und Opferverhalten, 2003; *Puppe*, Die strafrechtliche Verantwortlichkeit des Arztes bei mangelnder Aufklärung über eine Behandlungsalternative, GA 2003, 763; *Sternberg-Lieben*, § 228 StGB: eine nicht nur überflüssige Regelung, Keller-GS, 2003, 289; *Kindhäuser*, Zur Unterscheidung von Einverständnis und Einwilligung, Rudolphi-FS, 2004, 135; *Kuhlen*, Ausschluß der objektiven Erfolgszurechnung bei hypothetischer Einwilligung des Betroffenen, JR 2004, 227; *Mitsch*, Rechtfertigung und Opferverhalten, 2004; *Otto*, Einwilligung, mutmaßliche, gemutmaßte und hypothetische Einwilligung, Jura 2004, 679; *Petri*, Die Dopingsanktion, 2004; *Sternberg-Lieben*, Strafbare Körperverletzung bei einverständlichem Verabreichen illegaler Betäubungsmittel, JuS 2004, 954; *Duttge*, Der BGH auf rechtsphilosophischen Abwegen – Einwilligung in Körperverletzung und gute Sitten, NJW 2005, 260; *Lee*, Einwilligung und Sittenwidrigkeit aus koreanischer Sicht, Eser-FS, 2005, 535; *Otto*, Grundkurs Strafrecht. Die einzelnen Delikte, [7]2005; *U. Schroth/König/Gutmann/Oduncu*, Kommentar zum Transplantationsgesetz,

701

第 3 編　構 成 要 件

2005.

　　外国語文献：*Costa Andrade*, Consentimento e acordo em direito penal, Coimbra, 1991; *Diaz Aranda*, Dogmatica del suicidio y homicidio consentido, Madrid, 1995; *Giunta*, Il consenso informato all' atto medico tra principi costituzionali e implicazioni penalistische, RIDPP 44（2001）, 377.

A．同意論の状況について

第 1 節　歴史について

1　同意は，その刑法上の意義において，長くかつ変化に富む歴史を有する[1]．ローマのかの偉大な法律家 *Ulpian*（西暦約 170 − 228 年）によれば，学説彙纂 47 巻（D.47. 10. 1. 5 ）の中で Nulla iniuria est, quae in volentem fiat という格言が伝えられている．すなわち，「被害者の意思に基づいて生じたことは，何ら不法ではない」のである．この場合，「不法（iniuria）」としてはたんに狭義の侮辱だけでなく，（名誉，健康，自由，さらには生命さえも含む）人格権のあらゆる侵害が考えられるべきである[2]．Ulpian のこの格言が，のちに「同意は不法を行わず（volenti non fit iniuria）」（それを欲する者には，決して不法はなされ得ない）という法格言に変えられ，今日もなお教養人達の引用句辞典には欠かせない[3]．しかし，この命題は常に限定的にのみ有効であった．自然法論に影響された論者は，後のヘーゲル主義者や今日の法と類似して，主観的権利が個人の処分権限の下にあり，したがって攻撃が客観的な一般意思に反しない限りで，その権利放棄にあたっての同意を有効と認めてきた[4]．これに反し，歴史法学派は，国家秩序の歴史的な現象形態としての刑法は個人の処分に服することができないという理由で，可罰性に対する同意の効果を原則的に否定する[5]．ところが，犯罪を利益侵害と解する社会学的法学派は，同意が（たとえば生命，身体の侵害の場合でさえ）行為者による権利侵害を完全に排除するという，正反対の結論に到達せざるを得なかった[6]．

---

　　(1)　詳しくは，*Honig*, Die Einwilligung des Verletzten, Teil I, 1919.

　　(2)　*Honig*, 1919, 2.

　　(3)　たとえば，*Frege*, Vademecum Latinum, ²1961, 94; Das Große Krüger-Zitatenbuch, Lexikographisches Institut, 1977/81, 80; Brockhaus-Enzyklopädie, Bd. 19, 1974, 682 参照．

　　(4)　*Honig*, 1919, 32 ff., 51 ff.

　　(5)　*Honig*, 1919, 46 ff.

　　(6)　*Honig*, 1919, 60 ff.; 啓発的なものとして，1884 年の *Keßler* のモノグラフィー．

第13章　同　意

第2節　合意と同意

2　伝統的な見解は，*Geerds*[7]に従い合意と同意を区別する[8]．この理論によると，合意は，構成要件阻却的に作用する．ここで問題になっているのは，構成要件該当行為が，すでに概念的に被害者の意思に反し，あるいはその意思に基づかない行為（ラテン語の形式によると，invito laesio 要求に反する故意による侵害）を前提とする構成要件の場合である．これに属するのは，とりわけ，強要罪である．つまり，ある者が他人の要求に合意した場合，その行為は正当化されるのではなく，そもそも強要（240条）自体が存在しないのである．たとえば，婦女がある男との同衾に同意する場合，男の行為はすでに強姦罪（177条2項1号）の構成要件に該当しない等々である．そのほかにも，法律はもっと多くの例を提供する．たとえば，住居権者から訪問者の立入りが歓迎された場合，住居侵入罪（123条）の構成要件が前提とする「侵入」がすでに欠けている．ある者が，その支配領域から自分の物を他者が取り去ることに同意する場合，242条にとって必要な他人の占有の「侵害」が存在しないために，同条の意味での「奪取」は存在しない．他人の自動車をその所有者の許可を得て使用する者は，248条bがその文言からして当該所有者の意思に反した行為を要求しているため，その構成要件を充足し得ない．これらのすべてのケースに共通するのは，合意が，保護された法益の侵害をはじめから阻却するということ，つまり，当該被害者が行為者の行為に合意する場合には，意思活動の自由，住居権，占有等が侵害されない，ということである．

3　これに反して，狭義の同意は，それがその時々の法益主体によって与えられた場合，正当化の効果を有するだけで，構成要件の実現を排除するものではな

---

(7)　*Geerds*, 1953; *ders.*, GA 1954, 262 ff.

(8)　たとえば，*Baumann/Weber/Mitsch*, AT[11], § 17 Rn. 93 ff.; *Blei*, AT[18], § 37 I 1; *Bockelmann/Volk*, AT[4], § 15C I 1b bb; *Costa Andrade*, 1991, 15; *Geppert*, ZStW 83 (1971), 968; *Haft*, AT[9], 73 f.; *Jescheck/Weigend*, AT[5], § 34 I 1; *Krey*, AT/1[2], § 15 RN. 611 ff.; *Kühl*, AT[4], § 9 Rn. 20 ff.; さらに Fn. 9 に挙げられた論者がそうである．判例も，一部で構成要件を阻却する合意（236条に関して，BGHSt 23, 3），一部で正当化する同意（223条に関して，BGHSt 17, 360, 185条に関して，BGHSt 23, 3 f.）を認める．*Jakobs*, AT[2], 7/112 は，それどころか構成要件阻却的合意，構成要件阻却的同意および正当化的同意を区別する．

703

第3編 構成要件

い．主要な例を提供するのは，器物損壊や傷害の構成要件である．所有者が，自身の物を他人に損壊もしくは毀損することを許容した場合も，通説によれば，同意は，物が損壊されて，所有権が構成要件に該当する形で侵害されるということに，何も変更を加えない．この見解では，同意は違法性を阻却するにすぎず，そのことは，同意には法的保護の放棄が見られ，それによって個人の自己決定権の効果として，慣習法的に，あるいは憲法上の行動の自由（基本法2条1項）に基づき，正当化力を与えられるものとして根拠づけられるのがほとんどである[9]．他の論者達は，法益侵害の無価値性が個人の処分自由と比較衡量される点に，正当化の根拠を求めている．衡量の結果，処分の自由がより高次の価値をもつ場合に，同意が有効であるという効果をもつのである[10]．

第3節 区別から導かれる差異

4 ここで現れる諸事例の実際上の取り扱いに関して，合意と同意の区別から，六つの本質的な差異が引き出されるが，それは，あるいは，同意の「法的な」性格に対して，合意のむしろ「事実的な」性質という対立から（後述1-4），またあるいは，二つの法理論構成の体系上異なる位置づけから，生じるものである（後述5，6）．

5 1．合意の場合は，たとえ合意者の内面の意思が外部に表されなくても，ただその内面の意思のみが重要である[11]．これに反し，同意の場合は，少なくともそれが言葉もしくは行為によって外部に認識されうることが要求される[12]．後日，窃盗犯人にその罪を認めさせ，逮捕することができるよう，所

---

(9) *Bichlmeier*, JZ 1980, 53 ff.; *Tröndle/Fischer*[52], vor § 32 Rn. 3b; *Geerds*, GA 1954, 263; *ders.*, ZStW 72 (1960), 43; LK[11]-*Hirsch*, vor § 32 Rn. 104 f.（修正を施して）; *Lackner/Kühl*[25], vor § 32 Rn. 10; *Sch/Sch/Lenckner*[26], vor § 3 Rn. 33; *Welzel*, StrafR[11], 95; *Wessels/Beulke*, AT[34]Rn. 370; *Otto*, Geerds-FS, 1995, 613; この意味において，また，BGHSt 17, 360.

(10) まず，*Noll*, 1955, 74 ff.; *ders.*, ZStW 77 (1965), 15; 彼に続くものとして，*Eser/Burkhardt*, StrafR I[4], Fall 13 Rn. 7a; *Geppert*, ZStW 83 (1971), 952 ff.; *Jescheck/Weigend*, AT[5], § 34 II 3; また，類似のものとして，LK[11]-*Hirsch*, vor § 32 Rn. 104 f.; *Jakobs*, AT[2], 14/4.

(11) *Geerds*, GA 1954, 266; *Wessels/Beulke*, AT[34] Rn. 368. 区分するものとして，LK[11]-*Hirsch*, vor § 32 Rn. 102.

(12) *Geerds*, GA 1954, 266; LK[11]-*Hirsch*, § vor 32 Rn. 109; *Wessels/Beulke*, AT[34] Rn.

第13章 同 意

有者が，自己の物の奪取に内心で合意した「窃盗犯事例」の場合，占有侵害に欠けるため，せいぜい窃盗の不能未遂が認められるにすぎない[13]．それに反して，所有者が，自己の物に対して保険をかけているため，より良い新品を獲得できると考えたことによって，外部からは認識し得ない仕方で他人によるその物の損壊を是認した場合には，器物損壊の既遂が認められるべきことになろう．私見に関しては，欄外番号76以下を参照されたい．

6 2. 合意は，その有効性に関して，たとえ未成年または精神障害のために被害者に弁識能力が欠ける場合でも，ただ，その「自然的な」意思だけを前提とする．これに対して，同意の場合は，被害者が「その表明の射程を認識し，理性的に損得を相互に衡量するために必要な判断力と心の平静さを備えている」[14]ことが，その効力の前提とされる．それゆえ行為者が，弁識能力のない子供に財布を「プレゼントする」ようにすすめて交付させた場合，（場合によって横領罪または詐欺罪になり得ても）占有侵害に欠けるため，窃盗罪にはならない．ある者が精神病者をその自然的な意思にしたがって誘拐した場合，237条（被拐取者の意思に反する誘拐）の構成要件は充たさないであろうが，他方で，事実上存在する侮辱は，その限度で被害者の同意が弁識能力の欠如ゆえに正当化されるものではないから，可罰的と判断される（BGHSt 23, 3）．同様に，（喧嘩闘争の場合）身体傷害に対する同意も，同意者が「酒に酔って」いた場合には，すでに無効と判断される．私見に関しては，欄外番号80以下を参照されたい．

7 3. 瑕疵ある意思（錯誤，欺罔および強制）は，合意の場合にはさして問題とならないのに反して，同意の場合は，それを無効にさせる[15]．たとえば住居所有者を巧みに騙して立入りの許可をさせた者は，何ら住居侵入罪（123条）を犯

378.

(13) BayObLG NJW 1979, 729; OLG Düsseldorf NStZ 1992, 237 (*Janssen* の消極的な注釈付き；賛成するものとして，*Hefendehl*, NStZ 1992, 544)；結論的には BGHSt 4, 199 f. も．しかし，そこでは，所持侵害の欠如は，合意からではなく，「盗まれた者」が把持の可能性と同時に所持を持続していることから導き出している．

(14) BGHSt 4, 90. これは RGSt 77, 20 に依拠する；BGHSt 5, 362; 8, 357 f.; 12, 383; 23, 4; BGH NJW 1978, 1206; *Geerds*, GA 1954, 263, 265；まったくの通説である．

(15) *Geerds*, GA 1954, 268 f.;*Bockelmann/Volk*, AT⁴, § 15 C 1b bb, 2b bb; *Welzel*, StrafR¹¹, 95; *Wessels/Beulke*, AT³⁴ Rn. 369, 376. しかし，彼は，合意の自由な成立を要求する．

第3編　構成要件

していない．また行為者による強要も（177条の事案において，まさに構成要件充足の前提である脅迫が問題とならない限りでは）合意を無効とさせない．これに反して，同意の場合，瑕疵ある意思は重要な意味を有するものとみなされる．とりわけ医的侵襲にあたっての医師の説明義務に関する広範な判例が，それに依拠している．判例では，医的侵襲は構成要件に該当するが，患者の同意によって正当化される身体への傷害と判断されている．しかし，同意は，不断の判例において，それが医師の説明によって錯誤なくなされた限りでは有効であり，もしそこに欠けるところがあれば，医師は傷害罪で処罰されることになる．相応のことが強制の場合に妥当する．たとえば告発すると脅して器物損壊への同意を得た者は，303条により処罰されることになる．私見に関しては，欄外番号97以下，111以下，113以下を参照されたい．

8　4.　通説によれば，同意がせいぜい正当化力しかもたない傷害に関して，228条は，行為が「善良の風俗に反する」場合には，同意にもかかわらず違法であると定めている．その点に——通説の一部が行うに過ぎないが[16]——一般的な法思想を認めようとした場合でも，それが妥当しうるのは，いずれにしろ，同意事例だけであって，合意に関してではない．ある者が，他人に対し犯罪目的で住居に立ち入ることを許容する場合，住居への立入りは善良の風俗に反するといえるが，いずれにしろ住居侵入罪（123条）には当たらない．また，性的行為に際しても，177条，178条によれば，被害者の内心の合意は，しばしば行為の反良俗性を阻却しないが，しかし，確実に構成要件の充足を阻却する．私見については，欄外番号38以下を参照．

9　5.　最後に，合意と同意の体系上異なる位置づけから，法益主体に事実上存在する同意が，行為者に認識されていない事案に関して，異なった解決が導き出されうる．合意の場合には，客観的構成要件は充足されないが行為者の犯意がまさに不能客体に向けられているがゆえに，問題となるのは未遂のみである．これに対して，行為者が，器物損壊または傷害の際に，被害者の同意をまったく認識していなかった場合は，この立場からは，構成要件に該当する結果およ

（16）　*Geerds,* GA 1954, 268; *H. Mayer,* LB AT, 1953, 167; MK-*Schlehofer,* vor §§ 32 ff. Rn. 116; *Welzel,* StrafR[11], 97. *Göbel,* 1992, 62 ff. は，228条の法思想を長期の自由剥奪（239条2項）と特に重大な名誉毀損へ転用しようとする．

びその惹起に向けられた行為者の犯意が存在するために，既遂犯が認められることになる[17]．たしかに同意を正当化事由と捉えるたいていの論者達は，未遂規定を直接的に適用し，または準用し[18]，合意の不認識の場合と同様の結論を得ようとする．しかし，この結論は，合意の場合には必要でなかった補足的な根拠を要求することになる．私見については，欄外番号118を参照されたい．

10　6．類似のことは，存在しない承諾を存在するものと誤認した場合にも生じる．その誤認が合意にかかわる場合，それは故意を直ちに阻却し，住居権者または占有保持者の許可があると信じた者は，「侵入」（123条）または「奪取」（242条）の故意を有しないことになる．これに反し，傷害または器物損壊（223条，303条）の場合，被害者の同意を誤って受け取った者は，通説によれば，正当化事由の実質的前提条件に関して錯誤していることになる．法律には明定されていないこの錯誤が，16条の直接適用もしくは類推適用において，故意もしくは故意犯処罰を排除するか，あるいは17条によってその錯誤が回避可能であるケースにおいて，故意犯処罰を認める禁止の錯誤を根拠づけるにすぎないのかは，ここでは論じることはできないが（詳しくは，14章 Rn. 52以下参照），極めて争いのある問題であり，いずれにせよその問題は，正当化事由と解される同意の場合に生じるにすぎず，合意の場合には生じない．私見については，欄外番号118を参照されたい．

第4節　区別の否定とその帰結

11　近時の議論において，上述の，合意と同意の体系的・実質的区別をする点で極めて明確で「截然と分ける」構想が，二つの陣営から集中砲火の批判を浴びている．広まってきている見解によれば，合意と同意の体系的な区別は否定され，法益主体の有効な承諾すべてに構成要件阻却の効果が与えられる[19]．そ

---

(17)　*Geerds*, GA 1954, 257; LK[11]-*Hirsch*,vor § 32 Rn. 59, 126; *Tröndle/Fischer*[52] , § 16 Rn. 21; *Welzel*, StrafR[11], 97 もそうだとする．

(18)　ここでは，他の参考文献を付けた *Jescheck/Weigend,* AT[5], § 34 V を参照．

(19)　この意味におけるものとして，特に，*Kientzy*, 1970 および *Zipf*, 1970 のモノグラフィーを参照．さらに，たとえば，*Freund*, AT, § 3 Rn. 6 ff., § 5 Rn. 78 ff.; *Göbel*, 1992, 66 ff.; *Gropengießer*, JR 1998, 91 f.（器物損壊を引いている）; SK[7]-*Horn/Wolters*, § 228 Rn. 2; *Arm.Kaufmann*, Welzel-FS, 1974, 397 Fn. 9; *ders.*, Klug-FS, 1983, 282;

707

第3編　構成要件

の見解が受け入れられるならば，体系的に異なる前提に基づく合意と同意の間に実際上の区別（上述5および6）が失われることになる．残りの差異（上述 Rd. 1-4）は，合意と同意の体系的に同一の取り扱いによって，たしかに排除されなくとも，なお相対化される．というのは，同様に構成要件阻却的な承諾が，その効力において，なぜそのように相反する要件と結びつけられるべきかは理解困難だからである．より最近の批判である第2の立場は，そもそも有効要件（上述 Rd. 1-4）の厳格な二分化を疑問視する．この立場はたしかに，構成要件を阻却する合意と正当化する同意との区別を堅持し，そこから直接的に生じる体系的な帰結を維持しているが，少なくとも合意については，その有効性要件に関して決して一般的に言うことはできず，むしろこれは，それぞれの構成要件の特別な構造に応じて様々に異なって判断されるべきであると考えている[20]．一部では，同意に関しても普遍的に妥当する基準の公式化が放棄される[21]．つまり「『構成要件阻却的な』同意にとっても，常にたんなる事実的な合意では十分とはいえず，はたまた『正当化的な』同意の場合も，判例や学説が展開してきた厳格な要件を常に充たさなければならないこともない」と．従来の学説が唱える厳格な二分化に向けられたこれらの論難は，すべて本質を衝くものである[22]．そのことは，以下で様々な問題領域につき，順に取り扱わ

Kindhäuser, AT, §12 Rn. 4 ff.; *ders.*, StGB², vor §13 Rn. 161; *Kioupis*, 1992, 89 ff.; *Kühne*, JZ 1979, 241 ff.; *Maurach/Zipf*, AT/18, 17/32 ff.; *Paul*, 1998, 109 ff.; *Roxin*,² 1973, 25 Fn. 57; *ders.*, ZStW 84 (1972), 1001 f.; *ders.*, ZStW 85 (1973), 100 f.; *ders.*, Welzel-FS, 1974, 449; *Rudolphi*, ZStW 86 (1974), 87 f.; *Sax*, JZ 1976, 9; *Schlehofer*, 1985, 4 ff.; *ders.*, MK, vor §§32 ff. Rn. 104 ff.; *Schmidhäuser*, LB AT², 8/123 ff.; StuB AT2, 5/106 ff.; *ders.*, Geerds-FS, 1995, 593; *Weigend*, ZStW 98 (1986), 61 以前にはまた，*Hirsch*, ZStW 74 (1962) 104.

(20)　とりわけ，*Jescheck/Weigend*, AT⁵, §34 I 2a; *Sch/Sch/Lenckner*²⁶, vor §32 Rn. 32; LK¹¹– *Hirsch*, vor §32 Rn. 100 ff.

(21)　*Stratenwerth/Kuhlen*, AT⁵, §9 Rn. 11 によると，「型どおりの解決は，すべて不適当であると証明されている」とのことである．*Arzt*, 1970 は，体系上の問題を未解決のままにし，瑕疵ある意思を取り扱うにあたって合意と同意の区別を放棄する．*Jakobs*, AT², 7/105 は，合意が「違法性もしくは反倫理性に対して抵抗力がある」ことだけを認める．

(22)　*Sternberg-Lieben*, 1997 も，同意を正当化事由と解するが，そこから同意の前提条件に関しては何も導き出されないことを明確に強調する．ここで唱えられる見解とともに同意を構成要件阻却的にとらえる *U. Schroth* (in: Schroth/König/Gutmann,

第13章　同　意

れるであろう.

B．構成要件阻却事由としての同意

第1節　構成要件阻却の根拠としての同意者の行動の自由

12　有効な同意は，すべて構成要件を阻却するという想定に賛成する決定的根拠
は，ここで展開される個人に関係するリベラルな法益論の中にある．法益が個
人の自由な発展に資する場合（詳しくは，2章 Rn. 7以下），何ら法益侵害は存在し
えない，つまり，行為が法益主体の処分に基づくならば，それはその法益主体
の自由な発展を侵害せず，反対にそれを表現しているのである[23]．たとえば
所有権は，その侵害（303条）が同意によって正当化されうるような，準物権的
な種類の観念上形成された形象ではない，むしろ，物の所有の事案において，
それは法益主体の権限にとっての一つの総称にすぎず，法益主体に帰属する物
を，その者が「意のままに…処分しうる」（民法903条）という自己の人格の自
由な発展の形において利用するものである．所有権者が自由な決断によって自
己の物の毀損もしくは損壊に同意し，あるいはそれをそれどころか懇請してい
る場合，そこには所有権者の地位の侵害はまったく存在せず，所有権者の自由
で答責的な権利行使に関する関与が存在するのである.

13　これに反対する見解は，行為客体と法益を混同している．つまり，〈同意の
ある場合〉たしかに具体的な物（行為客体）の毀損は存在するが，これは決し
て所有権への攻撃ではなく，所有権の行使にあたってある意味それを支援して
いるのである．同様のことは傷害罪（223条）にとっても妥当する．たしかにこ
こでは，個人の処分権限の限界（228条：Rn. 38以下）は存在するし，それが逸
脱された場合，同意は構成要件阻却力も正当化力ももたない．しかし，同意が

　　2005, § 19 Rn. 51）は，同様に「構成要件の保護目的は…自律性の確保のために立てら
　　れるべき要件を決定するのであって，『合意』ないし『同意』という範疇の位置づけを
　　決めるのではない」ことを強調する.

（23）　まったく同様なのは，*Weigend*, ZStW 98 (1986), 61: そこには「刑法上重要な法益
　　侵害は何も存在しない」，というのは，同意者は「まさしく法秩序が彼にゆだねた処
　　分」を行っているからである.

709

第3編　構成要件

無制限に有効であるところでは，同意が身体に許す処置においても，人格は十分に展開される．床屋，ペディキュア美容師，さらに美容整形医も，身体との関係で顧客の自由を侵害しているのではなく，顧客の身体的な自己表現を手助けしているのである．彼らはたしかに，223条で保護されている行為客体（現実の身体）の実体を侵害しているが，他人の身体領域の不可侵性を，したがって構成要件がその侵害を前提とする法益を，侵害しているのではない[24]．

14　かくして，同意の構成要件阻却的な効果は，同意によりどころを求められる行為が慣習法があることから，または社会的に相当であることからはじめて生じるのではなく（その二つとも肯定されることはよくあるが），基本法2条1項において憲法上保障された行動の自由から直接的に生じる．同意者によってその自由が行使されたということは，同時にその同意者に与えられるべき法益が侵害されたということを，したがってまた，構成要件の充足を，不可能とするのである[25]．これに対して正当化事由であるという見解の支持者からは，それでは「もはや身体，活動の自由等ではなく，これらの価値を維持するという意思」が法益となってしまうけれども，正しくは「個人の身体，活動の自由，名誉，所有権やその他の法益」がすでに「ただそれ自体として」法秩序の保護を適切に享受するのだ，と異議を唱えられる[26]．しかし，それによれば，本来分離しえないものが引き裂かれることになる．所有権はただ，所有者の意思によってのみ行使されるのであり，その意思と関係がないならば無意味な観念である．活動の自由は，活動しようという（少なくとも潜在的な）意思を前提とする．そして身体でさえ，肉と骨のかたまりとしての保護客体ではなくて，ただ，その中に宿りそれを支配する精神との結合における保護客体である．*Rudolphi*[27] は，適切にもそれを次のように表現する．つまり「法益とそれに対する処分権限が，ただたんに一体であるだけでなく，さらに処分対象と処分

---

(24)　また，*Schmidhäuser*, LB AT², 8/123 ff.; *ders.*, Geerds-FS, 1995, 601 f. 参照.

(25)　それに関しては *Maurach/Zipf*, AT/1⁸, 17/36 ff. も参照．また *Amelung*, 1981, 29 も，同意を「一般的な行為自由の構成要素である」とし，「連邦裁判所の判例に従い，基本法2条1項に保障されている」と判断する．しかし彼は，そのことから構成要件阻却を決して導いてはいない.

(26)　LK¹¹-*Hirsch*, vor § 32 Rn. 98; まったく同じものとして，*Jescheck/Weigend*, AT⁵, § 34 I 3; 同様のものとして，*Amelung*, 1981, 26 f.

(27)　*Rudolphi*, ZStW 86 (1974), 87.

第13章　同　意

権限ともその相互関係性それ自体において，構成要件の中で保護された法益である」と．したがって法益侵害は，法益主体の意思に反する行為に尽きるものではないが，その意思に反することが法益侵害の前提となっている．*Stratenwerth*[28]は，被害者の意思は「権利保護にとって重要であるだけでなく，さらに保護される客体にも」帰属すると述べているが，正当である．

15　この意思とその関係対象との自然的統一を，*Lenckner*[29]は次のように述べて引き裂いている．すなわち「303条〈器物損壊〉は，民法903条〈所有権者の権限〉による所有権者の権限行使において所有権者を守っているのではなく，この権限の必然的な前提として具体的な財物の完全な存在を保護するものである」と．しかし所有権は，まさに「民法903条から生じる権限」の中に存し，そして（所有権者の意思とは独立したものとまさに観念された）「具体的な財物の存在」ではなく，所有権こそが保護法益である．さらに *Lenckner* は，法益侵害に属するのは，ただたんに他人の財物の損壊だけでなく，法益主体の意思に反する行為でもあるという推論に対して，強要罪の独立した処罰を論拠としてもち出す．つまり，所有権者に「自己の財物を損壊するよう強いる者は，器物損壊罪でも…，強要罪でも処罰される．――　さもなくば，論理一貫すれば認めざるをえないのであるが――303条〈器物損壊〉によってではない」とする．しかしこの考えは，所有権者の同意のない器物損壊が，たしかに意思侵害ではあるが，通常，法律の意味においては強要（240条）ではないために，意思侵害が存在していることは独立して表現されなければならないという考えに依拠している．傷害の場合のように，強要が，構成要件の実現と類型的に結びついている場合には，それは，一致した見解によれば，吸収されてしまう．そのことは，ただ意思侵害が223条によって一緒に保護されているという前提の下でのみ可能である[30]．

16　*Amelung*[31]は，法益主体の処分自由は法益自体の構成部分であるというテーゼを，たとえば「幼児」のように，処分権限を欠いてはいるが，にもかかわらず，完全に答責的な者とまったく同様に，当該構成要件の保護を享受する人を引き合いに出して，論駁する．しかしそのようなケースでは，監護権者が意思を代行し（Rn. 92以下参照），法定の限度内で両親の同意が子供の意思として妥当するから，決して法益主体に帰しうる意思侵害に欠けることはない．そのような解釈的構成は，*Amelung* が考えるように「極度に技巧的なもの」ではなく，法的・実際的な必要性に沿っている．

---

(28)　*Stratenwerth*, ZStW 68 (1956), 43.

(29)　*Sch/Sch/Lenckner*²⁶, vor § 32 Rn. 33 a. そこでは，反対意見と対決している．

(30)　*Stratenwerth*, ZStW 68 (1956), 43. 参照．

(31)　*Amelung*, 1981, 26 f. mit Fn. 31.

711

第3編　構成要件

そして例外的に，一定の時点でおよそ監護権者が不在の（*Amelung* の例によると「行為者が両親を殺害しその後に彼らの4歳の子供を虐待した」）場合には，処分権限の行使だけが一時的に未決定の状態でありうるが，処分権限の実質的な侵害は何も否定されない．この侵害はただ，有効な同意の場合にだけ排除されるが，ここではそれは欠如しているのである．それと同様のことはまた，精神病者や意識喪失者等の場合にも妥当するであろう．所有権に関する処分権限が，一時的に他の者（遺言執行人，破産管財人）によって行使される場合にも，その権限が242条，303条の犯罪により侵害されたということに関しては何も変わらない．処分権限者が法的に有効に同意した場合にも，まったく同様に所有権の侵害が欠けることにはならない．

17　*Rönnau*[(32)]によって展開された「基礎モデル」は，ここで唱えられた見解の一つの変型にすぎない．それによると，個人的法益は，「それが具体的財保有者の人格的発展のための基礎としてその人に資する」がゆえに保護される[(33)]．したがって無意識の酩酊者，泥酔者や，また，一時的に意識を喪失し，不随になりまたは精神的に病気の人の法益の刑法的保護は，「無意識のまたは混濁した意識に伴いもたらされる局面の経過の後，その財を引き続き自らの意思によって投入しうる可能性があることによって」[(34)]正当化されるのである．*Rönnau* が，このモデルによって，筆者が仕上げたアプローチを「特に」批判しようと思っていたとしても[(35)]，それによって彼は，処分権限の行使が「暫時未決定で」ありうるという筆者の定式化（Rn. 16）により表現されるものと何ら異なる事柄を述べているわけではない．

18　保護すべき潜在的な処分自由というこの考え方は，しかし *Rönnau* も認めるように，不可逆的に意識を失った昏睡状態患者の場合のように，法益主体が自立した決定能力を再び手に入れることがないところでは，もはや役立たない．その場合，推定的同意（18章 Rn. 25 参照）のような同意に代わるものが出てこざるをえない．この場合，それは，依然として患者の処分権限に基づくものだからである．最後に，永続的で不治の精神病者の場合のように，もはや推定的な意思も求めて得られないところでは，法秩序は依然意思の代行を配慮するため，個人的権利の侵害は常に意思侵害であると判断される．さらに，次のよう

---

(32)　*Rönnau*, 2001, 85 ff., 453; *ders.*, Jura 2002, 598.

(33)　文字通りそのように述べているのは，*Rönnau*, 2001,453; *ders.*, Jura 2002, 59f.

(34)　文字通りそのように述べているのは，*Rönnau*, 2001,101; *ders.*, Jura 2002, 598.

(35)　*Rönnau*, 2001, 453.

第13章　同　意

な *Rönnau* の包括的研究の適切な結論に比べれば，むしろ周辺部分の構成方法の差異について問題とする必要はない．その結論とは，「同意は正当化事由としてでなく，構成要件阻却事由として位置づけられる」(36)というものである．

第2節　有効な同意がある場合には犯罪類型実現はない

19　憲法上の行動の自由，刑法の機能および法益論に関する上述の基本的な考えを解釈論的範疇に移し替えるならば，有効な同意がある場合には結果無価値(37)およびそれとともに行為無価値と犯罪類型が欠落するということになる．同意を得て遂行され，また，たいていは法益主体の嘱託に基づいて遂行された行為が，その法益主体にとって有益であり，それどころかすべての点でも社会的に通常のことであるのは争いようがない．所有者に依頼されて樹木を伐採し，または燃料としてストーブに投げ入れる者，感染予防のために患者に注射をし，または客の髭を剃る者は，同意によって正当化される構成要件該当の結果無価値を実現しているのではなくて，最初からすべて結果無価値に欠けている．しかも行為者の意思が結果無価値の惹起に向けられていないならば，志向無価値も欠けていることになる．そのように法的にまったく中立的で社会的に相当な行為（それに関しては，10章 Rn. 33 以下参照）は，犯罪類型を実現せず，それゆえ構成要件にも該当しないということは明らかである．それぞれの出来事が「同意があるにもかかわらず…刑法的に重要であり，はじめからどうでもよいものではない」と *Jescheck*(38)が述べるとき，いずれにせよそのことは，所有者に有益でむしろ所有者の方から望まれた行為には当てはまらないであろう．むしろその場合には，不法を徴表する意味を持たない日常生活の完全に通常の出来事が問題となっているのであって，そのようなケースが，同意の場合には大多数である．なぜなら法益主体は，同意を与えるに際して大部分は，自分の利益からそのようにしているからである．

---

(36)　*Rönnau*, Jura 2002, 598; *ders.*, Jura 2002, 665.

(37)　この観点は特に *Zipf* の場合にも強調される．*Maurach/Zipf*, AT/I/1⁸, 17/33 ff. 参照．

(38)　*Jeschck/Weigend*, AT⁵, § 34 I 3. それに関して多少矛盾しているが，彼はあとで（§ 34 V）結果無価値は同意によって「止揚」されると考えている．もっとも，その結果無価値は事後的に「止揚」されるのではなく，先行する同意のゆえにまったくはじめから発生しないのである．

713

第3編　構 成 要 件

20　もちろん，器物損壊または身体の侵襲が，同意があっても法益主体の真の幸福に逆行するものとみられる状況も存在する．このケースにおいては，少なくとも結果無価値とそれに伴う犯罪類型を肯定することが考えられるので，そこでは同意は，具体的状況に応じて構成要件阻却的に作用するか，あるいは正当化的に作用することになろう⁽³⁹⁾．たしかに，多くのケースにおいて，不利益な同意は，すでにその効力を意思の欠缺（Rn. 97 以下）あるいは 228 条の制限（Rn. 38 以下）によって否定されるので，そこでは構成要件阻却あるいは違法性の問題はもはや起きない．このような事情を度外視しても，これと同様な出来事は依然残っている．すなわち，ある者が戒律の厳しい宗教団体に入信し，その信徒達に自分の贅沢品を破壊することを許容し，それによってその入信者が世俗的な財に執心する誘惑に駆られなくしようとした場合がそうである．あるいは，著名な画家の高価な婦人画を所有する男性が，その絵に描かれた婦人に嫉妬するその男性の恋人から，その画を燃やしても良いなら結婚の申し込みを承諾するという申し出を受け，これに同意した場合である．あるいはある者が決闘の傷痕をつけ，または目立った刺青を入れることに同意した場合もそうである．

21　そのような出来事は，もはや一般的な慣行の領域にあるものとみられないにもかかわらず，結果無価値も，問題になっている構成要件の犯罪類型実現も，ここでもなお否定されざるを得ない．もしそれを肯定し，構成要件に該当する法益侵害を肯定するため，法益主体の現実の意思ではなく「真の幸福」を基礎にしようとするなら，法秩序は，理性の至高性をあえて不当に行使することになろう．法秩序にはそのような理性の至高性の権限など備わっておらず，かつ，そのようなものがあるとすれば，限界設定にあたり克服しがたい困難を招くことになろう．すべての例において，法益主体の態度は，前にも述べたように，第三者がそれを判断することになろうとも，他者との意思疎通の上での，ある

---

(39)　そのような区別を *Jakobs*, AT², 7/111 ff. も以下のように支持する．つまり，同意は，所有権や財産のように「その所持者に処分が帰属する」財に関して構成要件を阻却し，行動の自由，名誉や身体の完全性にとって「ただそれらが人格的発展の手段である度合いにおいてのみ」妥当するにすぎない（7/111）．したがって「付随的にすぎないものでない身体的侵襲」，「重大な名誉侵害」および「長期間継続する自由制限」における同意は正当化されるにすぎないのである（14/6）.

714

第13章 同 意

いは他者の力を借りた上での答責的な自己実現を意味する．その行為客体への
侵害は，犯罪類型の前提としているような他者の権利領域への侵害には決して
なり得ない．つまり，同意者だけが自己の真の幸福に資するものが何かを決定
しうるのである．そうして上述の器物損壊の諸事例において，所有者がその所
有に関して行った処分を，その後に彼の人生で最も幸福な決断であったとみな
すことが完全に可能となるのである[40]．

第3節　たんなる正当化に反対する論拠としての利益衡量は不要である

22　構成要件論のみでなく，同意が正当化事由の体系において異物をなすという
事情も，同意の構成要件阻却力を認める方向に味方する．あらゆる正当化事由
は，後に詳述することになるが（14章 Rn. 38 以下），利益衡量原則と必要性の原
則を基礎にする．つまり，その際，不可避な利益衝突状態にあっては，法秩序
によってより少ないと評価された利益を犠牲にする行為は，それがより高い利
益を維持するために必要であるならば，適法であるということである．しかし
同意にあっては，問題なのは行為者と同意者との間の利益衝突でもなければ行
為の必要性でもない．同意のこの構造的な異種性は，すでに *Mezger*[41] が正当
化事由の二元的体系を展開するきっかけとなった．つまり，正当化は多くの事
案において優越的利益の原則に従うが，同意の場合は利益欠缺の原則に従うと
いう．「利益欠缺の原則によって正当化が生じるのは，構成要件上侵害された
と見なされる意思が個別事案において取り消されることによってである」とい
うのである．しかし，まさにこのような根拠づけが，実際には，正当化の問題
ではなく，構成要件の問題が重要であることを示している．というのは，有効
な同意がある場合には，次の段階で同意により「取り消される」意思を侵害さ
れたものとみなすのは不可能であり，その意思は，はじめから侵害されていな

---

(40)　*De Vicente Remesal*, Roxin-FS, 2001, 379 は，興味ある妥協的解決を展開する．そ
　　れによると被害者の健康が害され被害を被る被害者の有効な同意のケースでは，「法益
　　侵害が否定されるのではない」(a.a.O., 392) が，法益が決して刑法的保護を必要とし
　　ない (392, 399) それゆえに構成要件該当性が排除されるというべきである．つまり，
　　法益侵害の欠如か構成要件に該当しない法益侵害かどうかは，実際上決して区別にな
　　らないというのである．しかし，Vicente の解決は，Rn. 21 で説明された付加的な問
　　題を必然的に伴う．

(41)　*Mezger*, StrafR,³ 1949, § 27.

第3編　構成要件

いのであって，したがって Mezger の前提にしたがっても，構成要件が充足されたとは想像させられえないからである．

23　もっとも，*Noll* によって根拠づけられ，広く普及した見解 (Rn. 3, Fn. 10 参照) は，同意の場合にも，利益衡量であることを証明しようとするもので，それは個人の自由と「法益の維持のもつ社会の利益」が衡量される[42]と考えるのである．しかし，その見解でもって決定的な観点が適切に表現されはしない．もちろん，立法者は，殺人 (216条) の場合には有効な同意を決して認めず，また傷害 (228条) の場合にも限定的にしか認めない．しかし，ここで〈同意において〉問題となるのは立法者によってなされた処分権限の一般的な制限であるのに対し，他方，正当化事由の場合には具体的な利益衝突状態における侵害の必要性である．有効な同意が可能であるところでは，個別の状況に応じた比較衡量はもはやまったく行われない．むしろ —— 欄外番号 20 で挙げられた例のことを考えてみればよい —— 利益対立の存否と無関係に，また同意の必要性あるいはその合理性だけが検討されることなく，さらに同意を具体的な行為客体の価値に反しても比較衡量する必要もなく，法益主体の自由な意思こそが前面に出るのである．Max Brod が Franz Kafka の同意と依頼に応じて，その原稿を焼却したと仮定するならば，そのことは刑法上疑問を投げかけられうることではなかったであろう．けれどもなお，その原典の保存にまつわる社会の利益が，具体的な個別事案を衡量する際に，その作家の意思よりも高く評価されるべきであったということは，まったく疑いを容れない．

第4節　二分説を貫徹する可能性はない

24　最後に，同意事例と合意事例の納得のいく限界付けが不可能であるということからも，同意は一般的に構成要件を阻却するものと見なさざるを得ないであろう．侮辱 (185条)，自由の剥奪 (239条)，録音盗聴 (201条)，信書開封 (202条)，秘密漏示 (203条) に対する承諾は，合意のケースであろうか，それとも同意のケースであろうか．それは，これら構成要件のすべての場合に異なって判断される[43]．もし二分することを認めるなら合意を認めざるを得ないであろう．

---

(42)　*Jescheck/Weigend*, AT⁵, § 34 Ⅱ 3.

(43)　たとえば，他の文献のある *Arzt*, 1970, 11 ff.; 大抵の事案をたんなる同意とする

716

第13章　同　意

たとえば侮辱（185条）が，すべての人がその同胞に対してもつ個人的な尊重要求の侵害であるならば，同意がある場合，尊重要求は，それが申し立てられない限り侵害され得ないのであるから，侮辱は存在しえない．性的な内容をもつ文書を頼まれもしないのに送付する点に侮辱が認められるとしても，注文したために送付されたのであれば，いずれにせよ侮辱的なものではありえない[44]．そして相手の意思に反してなされた性的行為が，侮辱と判断される場合でも，そこに合意があるならば，それはなお問題外である[45]．自由剥奪の場合，被害者の意思による「監禁」は，その承諾が監禁を排除しない限りでのみ正当化されるといわれている．しかし，239条は，監禁を被害者の「個人的な自由の行使が奪われた」ということの典型例として挙げるにすぎないならば，同意する場合，当事者は自由を「奪われ」ていないのであるから，ここでも合意によってもたらされる構成要件阻却が認められなければならない[46]．自分が述べることの録音に同意する場合，構成要件がその公式の見出しにしたがって保護しようとする「言葉の内密性」は侵害されないから，201条の構成要件を充足すると認めることは困難であろう[47]．名宛人の同意を得て信書を開封する場合，202条の構成要件は，その文言から信書の内容の認識につき許されていない行為者を前提とするのであるから，それだけですでに充足するものとは見なされえない[48]．しかも，ある者が守秘義務から解放され，他人の秘密を広めるならば，それは私的な秘密の「侵害」の正当化ではなくて，被害者がその放棄を認め望んでいる限り，この秘密はまったくもって「侵害」されていない

Geerds, ZStW 72（1960），48 ff.; ほとんどすべての事案を合意とする *Sch/Sch*[26]（*Sch/Sch/Lenckner*[26], vor § 32 Rn. 31 f. だけでも参照）のコンメンタール参照．

（44）　それに対して，BGHSt 11, 67（72）は同意によって正当化される侮辱を認める．

（45）　OLG Stuttgart NJW 1962, 62 は，そのような場合には「他人の名誉とかかわるすべての行為は，被害者が合意しているのであれば，その違法性，したがって侮辱の性格を」失うと考えている．しかしそもそも侮辱が存在しないのであれば，それは構成要件を阻却しなければならない．

（46）　それは通説である．しかしたんに違法性の阻却と考えるものとして，たとえば *Geerds,* 1953, 36 f.; *Jescheck/Weigend,* AT[5], § 34 I 1 c.

（47）　通説はたんなる正当化を認めようとする．LK[11]-*Schünemann,* § 201 Rn. 9, 27, 32, 34; しかし本書と同様なのは，それぞれにさらなる文献紹介が付された NK-*Jung,* § 201 Rn. 6.

（48）　通説：*Sch/Sch/Lenckner*[26], § 202 Rn. 12. 参照．

717

第3編　構 成 要 件

のである[49].

25　したがって二分説の立場に立とうとも，同意が正当化力しか有しないケース
はほとんど残っていない．303条，223条以下の典型的な事例の場合でも，そ
のような想定は維持できないであろう．たとえば*Jescheck*[50]は次のように記
述している．すなわち「たしかに被害者の合意が直接に構成要件に影響を与え
る場合も存在する．古い戸棚を薪にするために鋸で細かく挽かせた者は，その
戸棚の本来の目的を変更しているために，器物損壊（303条）は最初から問題に
ならない」．これに反して，叔父が甥に対して「甥が探検旅行にとって必要と
なるかも知れない修理作業に習熟しうるようにさせるため，自分の車から部品
を取り外す」[51]のを許容するときは，正当化が存在するにすぎない，としてい
る．二つの事案を異なって取り扱うことに関して，決して明白な根拠が存在し
ないことを別としても，第2の事例においては，第1の事例と同様に構成要件
阻却を導かざるを得ない目的設定の一時的な変更がなぜ存在してはならないの
かという疑問が生じる．さらには，第1の事例のみならず，物の毀棄における
同意のすべての事例において，所有者による目的設定の変更が肯定されなけれ
ばならないはずである．つまり，そこでは同意は，毀棄の場合には正当化され，
損壊の場合には構成要件を阻却することになろうが，それはまったく不合理な
結果となるものである．

26　身体の傷害に関して，通説は —— 判例[52]とは反対に —— 常に，身体の実質
のために有益な侵襲（つまり医学的適応があり，医術に則って遂行された医的侵襲）を，
そのような事案においては223条の意味での「健康の侵害」を否定することに
よって，患者の意思とは関係なく，すでに構成要件に該当しないものとみなし
ている．これが的確なものかどうかは，223条の解釈の問題である．これにつ

（49）　そのようなものとしてまた，たとえばOLG Köln NJW 1962, 686, さらに*Sch/Sch/
Lenckner*[26], § 203 Rn. 22.

（50）　*Jescheck/Weigend*, AT[5], § 34 I 3.

（51）　*Jescheck/Weigend*, AT[5], § 34 I 1 c.

（52）　判例によれば，医的侵襲はそれが医学的適応があり，医術に則って遂行された場
合でも常にただ同意によって正当化されうるにすぎず，したがってまずは構成要件に
該当する．
　　BGH NJW 1972, 335, 336; BGHSt 11, 111（112）; BGHR StGB § 223 I Heileingriff 4
（さらなる参照文献あり）; BGHSt 43 306（308）.

いては，ここでは詳しく論じることはできない．しかし，同意が構成要件を阻
却するものとみなすとき，問題は，相対化される．とくに，本質的に相対化さ
れるのは，同時に患者の同意を得て行われた医的侵襲が，同意に基づいてすで
に構成要件を欠如するものとされる限りにおいてである．かくして（判例によ
るのとは異なり）構成要件の観点から「刃傷沙汰を起こす無法者」と同じ次元に
医的侵襲を置かれたくないという医師の要望が考慮されることになろう．患者
の同意のない医的侵襲の場合，223条の構成要件が与えられるかどうかは，同
意論の外に存する一つの問題である．しかし，刑法が，62年草案が規定した
（162条）ような専断的治療行為の構成要件をもたない以上，223条によって自
己の身体の不可侵性に関する自己決定権もともに保護されていると見なし，し
たがって，同意が存在しない場合には傷害罪で処罰することも，避けられない
刑事政策的要請であるといえる．ここで唱えられた理論は，医的侵襲の場合に
患者の同意と無関係に，傷害罪の構成要件を（判例のように）常に充たすとする
か，あるいは（通説のように）決して充たさないと見なすかという見解の過度な
対立に陥ることなく，この合理的な結論を可能にするのである．

27　しかも，たとえば美容整形手術のような治療目的を追求することなく行われ
た侵襲に関しても，まったく同じことが妥当しなければならない．医的侵襲を
構成要件に該当しないものと考える論者も，ここでは，同意にはただ正当化力
のみを認め傷害の構成要件を例外なく充たすものとみなそうとする．なぜなら，
患者は「一時的に彼の身体の完全性に対する多かれ少なかれ広範な侵害」を甘
受するから[53]である．それは，医学的適応のある手術の場合とまったく同じ
事情である．最終的結論としては，美しくする美容的侵襲は狭義の治療侵襲と
まったく同様に，肉体的・精神的な健康に役立ちうる．マゾヒズム的な動機か
ら自らを殴打させ負傷させて，そこから身体的な快感を得る（228条に関しては
Rn. 38 以下参照）極端な事例においてさえ，なにゆえ223条で保護された法益が
侵害されたというべきかは明白ではない．

28　したがって，詳細な分析が示すのは，正当化的同意と思われるケースにおい
て，法益主体自身の自由な決定に対する法益の独立化は，二分説の前提にした
がってさえほとんど実行できないということである．これらの理由からも合意

---

(53)　*Jescheck/Weigend*, AT⁵, §34 I 1 c.

719

第3編　構成要件

と同意の体系的な区別は止揚されるべきである．

第5節　228条は反対の論拠ではない

29　同意が正当化力しか有しないとする考え方に有利な最後の論拠は，被害者の
同意を得て行われた身体傷害の場合，行為者は「行為が，同意があるにもかか
わらず，善良の風俗に反する場合」にのみ違法に行為するものだという228条
の文言から得られるとされる．しかし，有効な同意は，これによるならば，構
成要件ではなく違法性のみを阻却することになると帰結[54]するのは，適切で
はない．なぜなら「違法な」行為とは，11条1項5号によれば，「法律に定め
られた構成要件を実現するものだけ」だからである．したがって228条は，被
害者の同意に基づく傷害は，それが同意があるにもかかわらず，善良の風俗に
反するときにのみ構成要件に該当し違法である，と読まなければならなくなる．
この条文の中では，有効な同意を伴ってなされた傷害が，構成要件に該当する
か否かについては，何らの言明も潜まされてはいないのである[55]．

第6節　「侵襲を緩和する同意」の正当化力は反対の根拠ではない

30　たとえば，性犯罪者の同意を得て行われる去勢がただ正当化される傷害にす
ぎないと見なされうる場合，それは，同意の構成要件阻却力に対する例外であ
るかのように見えるにすぎない．というのは，去勢よりももっと重大な害悪
（施設への収監）を免れるためになされた「侵襲を緩和する」同意[56]は，一般原
則によれば，任意でかつ有効なものとは見なされえないからである[57]．むし
ろそこには，自律的な決断を排除する強制的圧力が存在する（Rn. 113以下参照）．
今日，この去勢法（KastrG）により有効とされるような処置の正当化は，その
病者の「同意」のみに基づくものでなければ，まずもって彼の同意に基づくも

---

(54)　*Jescheck/Weigend*, AT⁵, § 34 I 3; *Sch/Sch/Lenckner*²⁶, vor § 32 Rn. 33 a; *Dreher*,
　　　Heinitz-FS, 1972, 220.

(55)　結論的に同様なのは，*Maurach/Zipf*, AT/1⁸, 17/66.

(56)　この用語は *Amelung*, 1981, 105 ff. に由来する．

(57)　それと同様に BGHSt 4, 118 も，同意によってのみ強制収容所への収容を免れ得た
　　　ナチス時代における衝動的性犯罪者の去勢に賛成している．ただ BGHSt 19, 201 は，
　　　去勢法の公布前の戦後の時期にはそれと異なる立場を採った．去勢の精神的－肉体的
　　　な影響の問題性については *Bay*, 1989, 269.

第13章　同　意

のでもない．むしろ，医的侵襲の前提と緊急避難類似の前提の組み合わせに基づいている．ただ，それらには，単独では不十分な性的異常者の同意が付け加わらなければならないのである（去勢法2条，3条）．当事者の同意は，「その者が同意の時点で施設に収容されているがゆえに無効だというわけではない」と明らかにしておくことを，去勢法3条2項が，是非とも必要なことだと考えており，また，同法3条3項が，当事者の完全な弁識能力をも不要としているのであれば，そこからは，法規がその語を使っているにもかかわらず，固有の意味での同意ではなく，違法性阻却に関する衡量の中に編入されるべき同意に代わるものが問題となっていることが明らかになるのである[(58)]．

31　また準・合意ともいうべき類似の現象も存在する．たとえば，ある者が，玄関を暴力的に打ち破られるのを避けるため，家宅捜索で訪れた警官を住居に招き入れた場合，警官は同意があるにもかかわらず住居侵入（123条）の構成要件を充たしていることになる．というのは，立入りは強制によるもので，法益主体の自由な処分はないからである．立入りの正当化は「合意」に基づくものではなく，刑訴法105条による捜索命令に基づくものである．したがって，侵襲を緩和する「同意」が存在すること，および構成要件充足にとってそれが無意味なことが，合意と同意の区別に関して何ら論拠を提供しうるものではない．

第7節　諸構成要件の個別的構造の推論結果としての有効な同意の種々の条件

32　以上により，同意と合意が一様に構成要件の実現を排除するとしても，そのことは同意のすべての事例があらゆる点で同じルールで取り扱われるべきことを意味しない．しかし，そこで生じうる相違は，いずれにせよ，体系的な前提から導き出されるものではなく，またその基礎に存在し，予め与えられたのではないかと推定される同意と合意の異なる「性質」から導き出されるものでも

---

(58)　*Dölling*, Gössel-FS, 2002, 209 は，——去勢法の規定から出発して——同意がただ他のより高次の利益と結びついたときにのみ，正当化を導く独自の事例群を形成しようとする．彼が挙げるのは，8条1項の臓器移植規定，40条の薬物規定，さらに228条では過失殺やスポーツにおける傷害における同意である．しかし諸事例はなお非常に異なって存在するので，「グループ形成」を区別する解決策は，それに取って代わることはできないであろう．そこでは比較衡量が問題となっており，そのような事態も，単純な同意の構成要件阻却的な効力に反対する論拠を決して提供するものではない（なお *Dölling*, a.a.O., 216）．

721

第3編　構成要件

ない[59]．常に構成要件の問題であるため，有効要件の相違は，ただ，それぞれの構成要件の構造から生じうる．それに対して，合意と同意の区分は副次的にすぎず，広く言語上の前提にかかっている．すなわち，ドイツ語が，法益主体の意思に対する侵害を，すでに構成要件の行為の定式化（「侵入する」，「強要する」等）の中に，あるいは少なくとも犯罪類型の決まり文句的な記述（言葉の内密性や秘密等の「侵害」）の中に表すことを認める用語を使っているかどうかにかかっているのである[60]．したがって，合意と同意の分離した取扱いは以下の叙述では放棄される．

C．同意の可能性がなく，あるいは制限された構成要件

第1節　公共の法益の場合

33　その侵害が公共の法益に向けられている法益の場合，同意は最初から排除される．たとえ個人がその行為から直接に侵害を受ける場合でも，その法益はその個人の処分に任されていないため，その侵害には同意することはできない．したがって双方の訴訟当事者の間で密かに申し合わされた偽証（154条）は，供述犯の保護された法益としての国の司法がどのみち侵害されるのであるから，当事者間の同意にもかかわらず可罰的である．文書偽造罪（267条）においても，保護される法益は証拠の流通の純粋性であって，関係者の個人的利益ではないから「被害者」は同意しえない．同様に，身分詐称罪（169条）や重婚罪（172条）の場合，公共の利益（つまり公共における家族法上の地位もしくは国家的婚姻秩序）が保護されるため，身分詐称の「被害者」ないし前の婚姻当事者の同意は，意味をなさない．その原則は，憲法擁護庁が，その許可がないとすれば国家を危殆化することになるであろうような行為を，次に掲げた理由で許容することができるということによっても，なお相対化されるものではない[61]．その理由

---

(59)　この意味においてまた，*Schlehofer*, 1985, 83:「被害者の承諾を同意または合意として解釈論上位置づけることは…意思の欠缺の異なる取り扱いを先取りするものではない」．

(60)　*Roxin*,[2] 1970, 129f.; *Kienzy*, 1970, 40 ff.; *Kühne*, JZ 1979, 242. 参照.

(61)　*Jescheck/Weigend*, AT[5], § 34 III 5; LK[11]-*Hirsch*,vor § 32 Rn. 115. 参照.

第13章　同　意

とは，当局はその限りで，この決定によって保護される国家の代表者として行為するからだというものである．

34　個人は公共の法益の侵害の場合には有効に同意し得ないというそれ自体自明の原則は，保護される法益に争いがある場合，あるいは構成要件が公共の法益と同時に個人の法益をも保護する場合には，その適用に困難をもたらす．この問題は第一義的には同意論の問題ではなく，個々の構成要件の法益，したがって各論の問題であるので，ここではそれは包括的には示されず，例証的に披露されるにすぎない．この関係で最も議論の余地ある構成要件の一つは164条（虚偽告訴罪）である．ただ特定の個人に対する誤認捜査から保護されるべき国の内部の司法にのみ保護法益を認める場合（司法説）[62]，虚偽告訴された者の同意はまったく無意味であり，それは，官憲の誤謬を強めることによって，むしろ，ますます行為の不法内容を高めることになる．同様に判例[63]や通説[64]とともに，164条を通して司法と並んで，官憲による不当な訴追から個人を保護することも認めるとしても，両法益を択一関係にあるとし，両法益のうち一方が侵害された場合，すでに構成要件が充たされることになるとするなら（択一説），同意は重要でない．そこでは，この見解によれば，同意は，司法の侵害，したがってその可罰性に関係ないものとされ，その同意の唯一の効力は，ただ被害者の利益に資する被害者の告発権限（165条）が欠落する（BGHSt 5, 69）ことだというのである．それに反して，両法益が累積的に保護されるとみるなら（累積説），同意は構成要件の充足を排除するので[65]，両者が同時に侵害される場合だけが犯罪類型に当てはまることになる．保護される法益として，ただ不当な訴追から免れることに関する個人の利益だけが考えられるならば（個人的法益説），当然のこととして，完全な範囲の同意が，有効である[66]．

35　実務上，非常に重要なのは，315条 c（道路交通危険罪）における法益をめぐる争いである．たとえばここで問題となるのは，同乗者が酒に酔った運転者の

---

(62)　それは，たとえば *Langer*, 1973, 64; SK[7]-*Rudolphi/Rogall*, § 164 Rn. 1; *Maurach/Schroeder/Maiwald*, BT/2[8], 99, 5; *Otto*,[7] 2005, § 95 Rn. 1.

(63)　BGHSt 5, 66, また―― 特に明瞭に ―― BGH JR 1965, 306. のみ参照.

(64)　広範な参照文献が付された *Sch/Sch/Lenckner*[26], § 164 Rn. 1.

(65)　*Frank*, StGB,[18] 1931, § 164, Anm. I.

(66)　結局，再び *Hirsch*, Schröder-GS, 1978, 307 ff. がそうである．*Schmidhäuser*, StuB BT[2], 6/6.

第3編　構成要件

車に乗り，その際に起きた事故で負傷した場合（315条ｃ第1項1a号），同乗者は有効に同意していたかどうかという問題である．連邦裁判所は，315条ｃはたんに個々の交通関与者の身体・生命を保護するのみならず，とりわけ道路交通の安全，したがって公共の安全を目指している（BGHSt 23, 261 [263]）からとして，同意は無効であるとしている．それにより危殆化された者は「交通の安全という法益を処分しえない．彼の同意は原則として，彼が保護された法益の唯一の主体であり，かつこれが彼の処分の下にある場合にのみ法的な意味を有する」（前掲264頁）．しかし315条ｃの事案では，交通の安全の一般的な危険では十分でないという累積的な法益の把握が優先される．というのは，同条は，危険な運転方法と並んで，具体的な個人的危険をもはっきりと要求しているからである．個人的な危険が同意によってカヴァーされるならば[67]，残余の抽象的危険は構成要件充足のためにもはや十分ではない．その抽象的危険は，運転に不適格な行為者の事例では，場合によって316条による処罰あるいは道路交通法24条ａによる秩序違反として罰せられることになる．

第2節　法益主体の保護に資する構成要件の場合

36　しかし，法益主体の同意も，すべての場合に構成要件の充足を排除するものでもない．それはまず，被害者の関与を前提とし，また被害者の保護に資するような構成要件にとって妥当する．そこで，性的濫用行為を把捉する犯罪（174－176条ｂ，179条，同様にまた180条，180条ｂ）の場合，立法者は，反証を許さず推定できる形で被害者の自由で答責的な決定能力を最初からないものとしているため，被害者の同意は重要でないのである．同様のことは暴利罪（291条）の構成要件に関しても妥当し，そこでは，受領者の被強制状態，未熟性，判断力の弱さないし意思の薄弱が，立法者にすでに構成要件を導入する際に，同意が無効であることを宣言させているのである．職務犯罪の場合にも，法益主体の同意はしばしば最初から不可能である．たとえば公務員は，被害者が（たとえば政治的理由から，あるいは他人を庇護するためもしくはより重大な犯罪行為をもみ消すため

---

(67)　死の結果が生じた場合に216条で暗礁に乗り上げ，さらにしばしば疑問あるものとされる．同意に依拠しないで，「合意に基づく他者危殆化」が一般的な帰責問題として取り扱われる方がより良い．上述11章Rn. 121以下参照．

第13章　同　意

に）処罰されることに同意した場合でも，無実の者の訴追（344条）あるいは不法な刑罰執行（345条）の罪で罰せられるであろう．というのは，これらの規定はたんに訴追された者を保護するだけでなく，たとえ被害者がそのような措置に同意した場合でも，被害を受ける刑事手続の法治国家性をも保護するからである．しかし，しばしば生じるように，職務犯罪の場合，同意がまったく重要でないという一般的な命題は立てられない[68]．だから，兵士が軍医である大尉に供血者として協力を申し出，それに基づいて軍医が採血という侵襲を行う場合，340条（職権による身体傷害）の構成要件は阻却されるということには何らの疑念もない．そのことは，軍医が，職務規程に反してそれを行った場合でさえも妥当する．したがって職務犯罪の場合，同意の可能性はそれぞれの個々の構成要件の分析にかかっているのである．

37　まったく無効なのは，人の生命という個人的法益の場合の同意である．ここでは，自己の殺害に対する同意は行為の可罰性を欠落させるのではなく，せいぜい軽減させるにすぎないということが216条から明らかになる．それに関しては十分な根拠がある（上述の2章Rn. 33参照）．軽率な，あるいは自覚のない精神障害に影響を受けた同意は，取り返しのつかない被害を引き起こすので，被害者は自己自身からも保護されなければならず，しかも正当防衛によって正当化されない他殺をすべてタブー視することは，人の生命に対する尊重を強化し，かくしてこの至高の法益の保護そのものに役立つのである[69]．

第3節　傷害罪の場合

1　自説の展開

38　傷害罪の構成要件は，最も困難な問題を提出する．刑法は，自己の身体に対する自由な処分に関する権利から出発しつつも，228条において，行為が同意にもかかわらず善良の風俗に反するという事案に関して例外を残す．そのように処分権限を制約することは憲法上可能である．というのは，同意の有効性が依拠する基本法2条1項による一般的な行動の自由は，他人の権利，憲法秩序

---

(68)　これに関して基本的には，*Amelung*, Dünnebier-FS, 1982, 487 ff.

(69)　*D. Sternberg-Lieben*, 1997, 146 ff. は，もっぱら，合意に基づく他殺を許容した場合の濫用も防止すべきであるとするタブー化効果で，216条の合法性を擁護する．個人的に同意する者は，この第三者による保護を処分し得ないのである．

725

第3編　構成要件

さらに倫理法則の限界を超えない限り，保障されるからである．しかしそのことから，処分権限の制約解除の免罪符がもっぱら道徳的理由だけから導き出されてはならない．むしろ基本法2条1項に関連してとられた「倫理法則」は，それでもってその侵害が社会的被害を引き起こす倫理原則が考えられているにすぎないというように理解されなければならない．というのは，第1に，道徳原理それ自体はおよそ刑法的保護の対象では決してあり得ないからである（詳しくは，2章 Rn. 17以下）．第2に，明確性原則（基本法103条2項）も法益を持たない道徳的判断へ直接的に立ち戻ることを禁じている[70]．というのは，我々の複合的で，かつ一部では多文化的な社会においては，道徳原理に関して法的安定性を保持するコンセンサスはもはや達成されないからである．さらに第3に，道徳による解釈は，223条以下の法益をも誤るであろう．というのは，そこで保護される法益は，身体の完全性であって道徳ではないからである[71]．

39　それゆえ，私は以前から[72]，倫理違反条項は，その法的な否認が法規から明白に認められる傷害だけを捉えているというようにその条項を解釈してきた．そのことは，たとえば，生命に危険ある傷害（216条に関する論証），兵役義務免脱の目的（109条），または保険金詐取（265条，263条）に役立つ傷害のための損傷に関して妥当する[73]．しかし，この解決は十分なものではない．というのは，それはたしかに明確性の要求を正当に評価し，倫理違反基準を正当にも法的基準に立ち戻らせてはいる．しかしそれは，いずれにしろ，保護された法益にふさわしくない．というのは，――二つの例だけを挙げるなら――兵役義務の免脱や詐欺は，すでにそのために規定された構成要件で処罰されるからである．それには，意図された犯罪の可罰性を，実質的には，予備段階へ移すことになるような身体の傷害は，もはや付け加えられる必要がないのである．

40　広く普及し，また特に重要な見解[74]は，危険性（224条），不可侵性あるいは

---

(70)　それに関しては *Roxin*, JuS 1964, 371 ff.（= Grundlagenprobleme, 184 ff.）参照．実に多くの論者は228条も併せて憲法違反と考えている．5章 Fn. 139. 参照．

(71)　また，各則13章参照．そこでは，立法者はもはや，「性的自己決定に対する犯罪行為」にも「倫理に反する」犯罪行為にも照準を合わせてはいない．

(72)　なお前版の13章 Rn. 37. において．

(73)　同じく，SK⁷-*Horn/Wolters*, § 228 Rn. 9 はただ「犯罪行為の予備，実行，隠蔽もしくは偽装の目的で」なされたような同意に基づく身体傷害だけが可罰的であると考えている．また同様に，*Popp*, 1993, 64 f.

第 13 章　同　意

226 条の基準が限界付けのために利用されうる侵害の重大性を基準としている（「重大性説」）．この説は，同様に（Rn. 41 以下）論証されるように，一つの正しいアプローチを含んでいる．しかし，許容される臓器移植，断種，性転換さらには重大で危険な手術に関しても，出発点を相対的なものにする例外が作られなければならないから，侵害の重大さだけでは決定的なものではあり得ないということが容易に見てとれる[75]．したがって侵害の重大さだけでは，処罰のために決定的な観点とはなりえない．

41　ここで唱えられた見解は，216 条の基本思想に依拠している．その思想は，228 条の解釈にとって二重の形で成果をもたらすことができる．それによれば，傷害は，第 1 に，具体的に生命に危険ある身体の傷害が問題となる場合には，被害者の同意があるにもかかわらず善良の風俗に反する．第 2 に，可罰的な傷害は，確かに生命の危険はないが，取り返しのつかない最も重大な身体傷害が，被害者の立場だけからも理解しうる理由もなしに，引き起こされた場合にも肯定される．そのことは説明を要する．

42　被殺者の明示的で真摯な要求にもかかわらず他人を殺害することを処罰する216 条からは，具体的な故意による生命の危殆化も，被害者の同意に関係なく倫理に反し，またそれが危険な手術の場合と同様，生命の維持に役立たない限りで，223 条以下によって処罰されなければならないという考えが演繹される．というのは，立法者が被害者の態度と関係なく，あらゆる事情の下で，殺人を処罰しようとする以上，立法者は具体的な生命の危険ある場合，意義のある形で，それと異なる決定を下すことはできないからである．ここで，身体の傷害の構成要件が間接的に生命の保護に組み入れられているという思考方法は，—— 欄外番号 39 で言及された構成要件の場合とは異なり —— 何ら反論とはならない．なぜなら，傷害の可罰性は，224 条，227 条が示すようにほかでもない，その生命の危険性によって影響を受けるからである．したがってここで

---

(74)　*Arzt*, 1970, 36 ff.; *Costa Andrade*, 1991, 546 ff.; LK[11]–*Hirsch*, § 228 Rn. 9; *Jescheck／Weigend*, AT[5], § 34 II 3, III 2; *Stratenwerth／Kuhlen*, AT[5], § 9 Rn. 21; *Otto*, Geerds-FS, 1995, 619 f.

(75)　*Jescheck／Weigend*, AT[5], § 34 III 3 b; LK[11]–*Hirsch*, § 28 Rn. 41 は，懇請された去勢の不処罰を擁護するのに反して，*Stratenwerth／Kuhlen*, AT[5], § 9 Rn. 22 は，なぜ出発点が同様に見捨てられるかについての支持しうる根拠を要求する．

第3編　構成要件

は，立法者自身がそれらを結合させているのである．

43　第2の，実際上はるかに重要性が少ない事例は，確かに生命を脅かすものではないけれども，身体機能の中核を取り返しのつかない形で損なう侵害にかかわるものである．たとえば，ある者が自らを盲目にさせた（したがって視力を喪失させた）あるいは脚を切断させたとしよう．それは，同意者の視点からも，そのような事案で，当罰性を根拠づけるための意味ある理由が何ら想起されないような事情と結合した極度に重大な侵害である．懇請された断種または性転換も重大な侵害である．しかし，それらを自らに施させる者は，その立場からして，客観的観点からも人格の自由な発展の表れとして受容されるための十分な根拠を有する．まさに先に挙げられた脚の切断の場合には，それに欠けている．というのは，同意者がそれをたんなる厭世感情あるいは自己破壊の衝動から行ったのではなく，たとえば物乞いであった経歴を打ち明け，それに関して同情の眼差しを要求しようとする場合でさえ，生命の質や生きるチャンスに関する喪失はなお，何か得られるかもしれない利益との間にまったく関係がないからである．同意は法益主体の生活の展開可能性を確実にするものであって，その破壊を確実にするものではない[76]．

44　自律性に関係する保護利益と超個人的なそれとの相互関連性から，すなわち死のうとする者を，取り返しのつかない性急な決断から保護し，最高の価値ある法益としての生命を，第三者の侵害に対してタブー視する必要性から216条が説明されるように，228条はそれと比較しうる形で次のように解釈されうる．すなわち，個人は，明白な理由もなく，その後の全生活の間，その活動可能性において永続的に制限されるような形で自己の身体を傷つけることを，自らの利益において阻止されるべきである．しかも公衆は，身体の不可侵性の中核領域への部外者の介入をタブー視することに関して利益を有する．なぜなら，一般予防という理由から，またそのようにして障害を負うに至った者は，しばしば国家による世話と支援を請求しなければならなくなるからである．

45　第2の事例群の事案は，そのような形で侵害される者にはその態度が無意味

---

(76) *Köhler*, AT, 255 は，「同意は，おしなべて自由な個人の自己揚棄（自己否定）と理解されなければならない侵害を正当化することはできない」とする．彼もここで重大な自己毀損の極端な場合を考慮に入れている．

第 13 章　同　意

で有害だという疑念が迫ってこざるを得ないため，極めて稀にしか生じないものである．それに反して，最近の判例 (Rn. 56 以下) が示すように，具体的に生命の危険ある傷害に対する同意は，同意する者が生命の危険が実現しないことを望んでいるか，そのことを当てにしうるがゆえにしばしば存在する．それにもかかわらず，すべては要するに，228 条には狭い適用範囲のみが残されているにすぎないということである．しかし，その規定はまったく機能を持たないわけではない．そのことは，*Niedermaier*[77] も述べている．228 条をただ空回りさせることだけでは，この規定に残された重大な事例の当罰性を別にしても，次の理由でもほとんど適切ではない．なぜなら，数十年来争われてきたこの規定を第 6 次刑法改正法の立法者が明確に維持したからである．228 条からすべての適用領域が奪われ，そうして同条が実際上失効させられるならば，この立法者の意図は無に帰せられるであろう．

46　ともかくも，これによって，以前に可罰的と考えられ，あるいは争われた多くの事案は，不処罰にとどまることになる．そのことは，まず，ライヒ裁判所の判例において，この規定の主要な適用領域であったサド・マゾ的な傷害について妥当する[78]．その際に加えられた侵害は，通常の場合[79]，228 条にとって必要な重大さの程度に達していない．そして性的な実践行為は，それ自体としては何ら傷害の不法を根拠づけ得るものではない．それは逆に，「性的自己決定に反する」犯罪に可罰性を制限したことが無に帰せしめられるならば，1973 年 11 月 23 日の第 4 次刑法改正法 (これに関しては，2 章 Rn. 17 以下参照) によって性刑法の改正が基礎においた目標設定にも矛盾するであろう．

47　決闘で傷つけることに対する同意は，すでに BGHSt 4, 24 によって有効と判断されていた．その理由は，当時もそれがなお決定的であるとは考えられていたが，学生による決闘の倫理的評価について，決して一致は存しないというものであった．これと事案が異なるような場合でも，加えられた侵害が軽微であ

---

(77)　*Niedermaier*, 1999. 彼は，228 条と無関係に，216 条からその無効性を引き出す偶発的な殺人における同意に関してだけ例外を認める．さらに *Niedermaier* の研究は，228 条ないし以前の 226 条 a がこれまで経験したあらゆる解釈の描出と批判を余すところなく提供する．

(78)　LK[11]-*Hirsch*, § 228 Rn. 8. における紹介を参照．

(79)　例外については Rn. 64 参照．

729

第3編　構成要件

ることがすでに可罰性を排除するであろう．BGHSt 20, 81 は結論において[80]，正当にも断種における同意も有効なものと認めた．というのは，ここで問題なのは，たしかに重大な侵害ではあるが，これ以上子供をもちたくないという希望は，断種意思の視点から理解することができ，自由な法秩序において尊重すべきであるからである．

48　同意に基づくスポーツ選手のドーピングは，何ら生命に危険な身体上の結果のおそれがない限り，傷害罪の観点では捉えられるべきでない[81]．さらに，美容整形手術や刺青は，同意が存在するならば，それが客観的に不合理とみられ，かつ再び綺麗になることはない場合でさえ不処罰である．ある者が，医師の忠告にもかかわらず，頭痛を除去しうるとしてすべての歯を引き抜いてもらった場合でも[82]，抜歯を行った歯科医は傷害罪で処罰されはしない．というのは，個人の自律は，不合理な行為が生命に危険であるかまたは他の最も重大な侵害を導かない限り，その行為の自由を包含するからである．

49　最後に，被害者の同意を伴う身体の傷害は，それが他の犯罪構成要件を充足し，または被害者の犯罪目的を促進するはずの場合も不処罰である．外科医が犯罪者の発見や逮捕を妨げるために彼の外貌を手術して変更する場合も，それは処罰妨害罪（258条）ではあるが，決して可罰的な傷害ではない．228条の観点では，被害者がそれとの関係で兵役義務免脱罪（109条），虚偽告訴罪（169条），詐欺罪（263条）または保険金濫用罪（265条）を行おうとするために，彼が自らに加えさせる傷害も重要ではない．ここでその限界は，取り返しのつかない類の最も重大な傷害の場合にはじめて存在する．

---

(80)　連邦裁判所は，ヒットラー時代まで断種を規定していた226条bの廃止後，処罰規定はもはや存在しないという理由で不処罰とするに至っている．この論証は，文献では，旧223条，225条がそのケースそれ自体を捉えているからとして，異口同音に否認されている（*Roxin*, Niedersächsisches Ärzteblatt 1965, Heft 6, 165 だけでも参照）．

(81)　注釈書や教科書は，より古い倫理違反規定に拘束されてしばしば他人によるドーピングの可罰性を肯定する．しかし近年では，可罰性を否定する意見も増えている．*Bottke*,Kohlmann-FS, 2003, 103; *Kargl*, JZ 2002, 389; *Niedermair*, 1999, 147; NK-*Paeffgen*, § 228 Rn. 105; *Schild*, 2002, 133 ff. さらに，*Ahlers*, 1994; *Mestwerdt*, 1997; *Mosbacher*, 2001; *A. Müller*, 1993; *Rain*, 1998; *Soyez*, 2002. 参照．社団法，契約法および労働法におけるドーピングの制裁については，包括的に *Petri*, 2004.

(82)　BGH NJW 1978, 1206. そこではただ患者の判断能力の観点からのみケースが取り扱われている．それに関して，より詳しくは，Rn. 86 ff.

2　学説の最近の立場

50　最近の学説は，根拠を示すためのアプローチが相互に広範囲に及んでいる場合にも，まったく類似の結論に達している．*Schroeder*[83]はなお「善良の風俗」をすべての是認され，正しく考える人々によって，したがって「社会倫理的な価値観念に」従って決定するという古い伝統から出発する．しかし，彼は，そのような道徳違反を「重大な身体傷害，とりわけ存在を毀損することが，理解できるような目的なしに行われる場合」にだけに認定しようとする．たしかに傷害の ―― 限定しがたい ――「重大性」がすでに十分あり，「犯罪目的」が通常何ら「理解できる」根拠ではないというべきであるから，それは，ここで提起された解決よりもほとんど限定的ではないであろうが，*Schroeder* によってともかくも試みられた制限は，ここで追求されたライン上になお傾向として位置している．そうして彼も，合意の上でのサド・マゾ的な傷害を原則として不処罰にしようとする．

51　*Hirsch*[84]は，ここで目指された結論と広範に一致する修正型によって「重大性説」を唱える．彼は，行為の反倫理性を「原則として，もっぱら構成要件上の法益侵害の重大性にしたがって」判断するが，重大な身体傷害もまた「積極的なもしくはとにかく理解できる目的によって」相殺しうるもの，したがって不処罰なものとみなそうとする．ただ，必要な行為の重大性の具体化だけでは，依然不明確さが残る．「結果の範囲，危険の程度，故意または過失」を示唆し，また立法者が「強度の身体的侵害」を不処罰から取り出そうとすることを示唆しても，個別的事案において重大な結果の範囲，危険の程度，切迫度がいかにあるべきかを認識させるものではない．しかし *Hirsch* は，関係者のサド・マゾ的あるいは犯罪的な目的で可罰性を支持することを断固として拒否する[85]．

52　まったく別の解決方法を提唱するのは *Frisch*[86]である．彼は，228条に超個人的な保護利益を決して認めず，同意の無効性を同意者の自律性の欠落で裏づける．彼は，そのような欠落を「同意の内容に欠損がある場合，同意は自律的な人間の決定の現れとは捉えられない ―― なぜなら，合理的な人間はそのような同意をしないであろうからだ ――」[87]と考える．そのような構想に対して

---

(83)　*Maurach/Schroeder/Maiwald*, BT/1⁹, 8/14.

(84)　LK¹¹-*Hirsch*, §228 Rn. 9.

(85)　この意味で強調するのは，さらに *Hirsch*, BGH-FS, 2000, 218 f.

(86)　*Frisch*, Hirsch-FS, 1999, 485. 彼に賛同するのは，*Lee*, Eser-FS, 2005, 535.

第3編　構 成 要 件

は，多くの異議が唱えられている[88]．すなわち，その文言から同意者の処分
権限を制限する規定は，自己決定権の保障と判断されるということ，自律性の
欠落は同意能力の問題であり，したがって基本的に，*Frisch* 自身が認めるよ
うに[89]，228条がなくても正しい解決を導くことができるということ，また，
人格の自律性には，*Frisch* が否定していないように[90]，まさに自ら不合理に
行動する権利も属するということである．

53　しかし *Frisch* は，実質的には，その論難しうる前提から，ここで唱えられ
た理解と一致するような帰結を引き出している．比較的軽微な傷害の場合，そ
の傷害が合理的な決定として理解されるべきでないという判断は，「いまだか
つて」なされたことはなかったとする[91]．性的な背景，犯罪者の容貌の変更
あるいは気まぐれな同意を伴った身体傷害も，彼は，「ほとんど説得性のない
根拠」から，常になお，合理的な人の自律的な意思決定の表れと理解しようと
する[92]．そこには，228条から演繹された身体傷害の可罰性にとって，以下
のような「狭い範囲の事案」[93]だけがなお残されている．それは，追体験しう
る根拠もなしに取り返しのつかない結果や，明らかに無意味であるが極めて危
険の高い行為における同意を伴う重大な身体傷害である[94]．

54　さらに異なる主張をするのは *Duttge*[95]であって，彼は，ここで認められた
228条の解釈への216条の放射的効果については，*Frisch* が依拠した自律性の
欠落という考え方に関してと同様，ほとんどかかわりたくないとする．彼に
とって228条は，「被害者の意思に反してさえ人間の尊厳を保持すること」を
「社会の至高の利益」として基準とするものである．したがってここでは，た
だ超個人的な利益だけが基準とされるのであるが，これに反して *Frisch* はた
だ自己決定権の保護だけを意図し，また本書で唱えられた解決策は，両観点を

---

(87)　*Frisch*, Hirsch-FS, 1999, 495.
(88)　批判として *Hirsch*, BGH-FS, 2000, 219 ff.; *Duttge*, Schlüchter-GS, 2002, 776 f. 参照.
(89)　*Frisch*, Hirsch-FS, 1999, 505.
(90)　*Frisch*, Hirsch-FS, 1999, 496.
(91)　*Frisch*, Hirsch-FS, 1999, 502, 500, 501.
(92)　*Frisch*, Hirsch-FS, 1999, 501.
(93)　*Frisch*, Hirsch-FS, 1999, 497 f.
(94)　*Frisch*, Hirsch-FS, 1999, 499, 500.
(95)　*Duttge*, Schlüchter-GS, 2002, 775.

第13章　同　意

結びつけようと試みるものである．*Duttge* はその構想において，次のように
いう *Schmidhäuser*[96] に従う．つまり彼によると，人間の尊厳違反があるにも
かかわらずそう決定した被害者の同意は「他人の行動に関する要求として個人
の尊厳を決して誰も処分し得ないから」，尊重されるべきでないとする．

55　この理由づけもまた疑念を呼び起こすものである．というのは，自己の人間の
尊厳に対する自発的で強制されない侵害は，ただそれに協力する者の処罰だけ
を根拠づけるには適切でない．つまり，反対意見は，刑法の夥しい濫用へと誘
うことになる（詳しくは2章 Rn. 20以下参照）．また自己毀損的な同意に適用するこ
の基準は，あまりに不明確である．そうして性的な根拠からむち打たれ，または
他人の品位を奪う虐待にさらされることの中に，自己の人間の尊厳の放棄を認め
ることは自然である[97]．しかし，そのことを *Duttge* はまさに望んではいない．
彼は明らかに，「（いわゆる）『性道徳的な倫理の要求』のための自己決定権の無権
限な制限」[98] には反対している．その代わりに彼[99] は，身体の不可侵性の「中
核領域」を保持しようとし，反倫理性の判断に際しては，「侵害の重大性に疑い
なく重要な比重が帰属する」ことを強調し，そして「善良の風俗に反する身体傷
害の適用領域を『最小限』に限定すること」を認める．そのことは，本書にお
いてあるいは *Hirsch* や *Frisch* の場合にも唱えられた結論と異なるものではない．

3　最近の判例

56　実際上のこのような広範な一致は，最近の判例の中に反映されている．つい
でにいうと，すでに BGHSt 38, 83（87）では，行為の反倫理性が認められええな
かったのは，同意した被害者に加えられた「明らかに微々たる侵害」のゆえに
であった．それはここで説明されたことと一致するが，それ以上のことは何も
根拠づけていない．そこで判例の展開は，その後に続く多くの裁判例によって
決められるのである．

---

(96)　*Schmidhäuser*, AT², 8/131. また，*Gropp*, AT², § 6 Rn. 51 は，たしかに人間の尊
　　厳という基準に言及するが，*Niedermair*（1999）に従い，反倫理性のメルクマールを
　　「無視することに至るまで限定的に解釈すること」を推奨する．

(97)　*Gropp*, AT², § 6 Rn. 51 は，実に「サディスティックなあるいはその他に人間の尊
　　厳を無視する取り扱い」のことについても述べている．

(98)　*Duttge*, Schlüchter-GS, 2002, 799.

(99)　*Duttge*, Schlüchter-GS, 2002, 784, 797 f., 801.

733

第3編 構 成 要 件

57 **事例1**（OLG Düsseldorf NStZ-RR 1997, 325）[100]

多数の若者が「オートサーフィン」に没頭し，そこでは，ある者が自動車を運転し，他の者は車の屋根に横になり互いに絡みついたり，ドアにしがみついたりすることによって走行中の車からの転落を避けようとしていた．申し合わせた時速70－80キロの速度の時に，Vは屋根から落ち重傷を負った．彼は事故以来面会謝絶となり，人工栄養を受けざるを得なくなった．恢復は期待できない．

58 運転者が過失傷害（229条）で処罰されるべきかどうかの問題は，228条の援用によってではなく，合意に基づく他者危殆化という原則にしたがって正しく回答されなければならない[101]．しかしデュッセルドルフ上級ラント裁判所とともに228条を援用するならば，ここで唱えられた見解に従えば，オートサーフィンに必然的に伴う高度の生命の危険のゆえに反倫理性が肯定されるべきである．このことを裁判所は正当にも行っており，そこでは，一方で極度に高い危険（もっとも生命の危険を明示的に主題としないで）に照準を合わせ，他方で行為の目的（娯楽とスリル）をそれに対して価値ないものと位置づけている．それには賛成すべきである．

59 **事例2**（BayObLG NJW 1999, 372）

Jは「若者グループ」に入れて欲しかったので，その入団儀式に進んで服した．その儀式の実体は，Jが1分半の間，グループの三人の仲間から身体や頭に対する手拳による段打や足蹴による暴行を受けなければならないという点にあった．このような振る舞いは，彼が地面に倒れた後にも続けられた．Jはとりわけ頭に重大な打撲傷を負い，全治2週間と診断された．

60 被害者が15歳の若者であったため，ここでは主に，そもそも自由かつ答責的な同意が存在したかどうかという問題が立てられる[102]．しかし，裁判所はそれとは無関係に，228条にしたがって善良の風俗に反する，したがって可罰

---

(100) それに関してまた，原審の判断 LG Mönchengladbach NStZ-RR 197, 169 参照．

(101) これに関して，後述 Rn. 68, 69 および詳しくは11章 Rn. 121 以下参照．これと同様に，*Geppert*, JK 98, StGB § 315 b/7; *Hammer*, JuS 1998, 785; *Saal*, NZV 1998, 49; *Niedermair*, 1999, 261 Fn. 1001.

(102) それに関して，詳しくは後述 Rn. 80 以下．

734

第 13 章　同　意

的な傷害が肯定されるからとして，この問題をそのままにしておいた．その際，裁判所はたしかに，古い判例に呪縛されて，まず「あらゆる公正で正当な思考をする者の礼儀作法の観念」になお依拠してはいるが，今日の基準では，若者が「たんなる客体に貶められ，健康上重大な損害を負う危険」(前掲373頁)，それどころか死の危険にさらされてしまったということに焦点を合わせることによって，この命題を内容的に，ただ特徴的な表現の空虚な決まり文句としてだけ充たしているにすぎない．正当にも *Otto*[103]は，裁判所が，それによって「侵害の重大さの中に反倫理性の決定的な基準を認める，学説で唱えられた見解」に近づいているということを強調する．被害者を客体に貶める取扱いに関連して，人間の尊厳という基準も援用され[104]，したがって裁判例は，まったく現在の議論のレベルで行動している．

61　**事例 3**（BGHSt 49, 34, 3. Senat）[105]

　被告人は，身体の状態がよくないヘロイン依存症のMに，その求めに応じて，ヘロイン1グラムを注射した．Mは注射後ただちにヘロイン中毒で死亡した．

　判決は，たしかに定式的な形で「一般的な倫理感情によれば…道徳的非難の限界を超えるもの」(前掲44頁)かどうかを基準としているが，しかし，事実上は，ほとんど革命的ともいえる判例の新しい姿勢を示している．それは二重の観点で重要である．

62　まず当該部は，懇請されたヘロイン注射の投与の反倫理性を，以下のように否定する．つまり「当部は，今日一般に承認され疑念を挟み得ない価値観によれば，不法な薬物の消費は，一般的になお善良の風俗と相容れないものとみなされると認定することはできない．同じことは，不法な麻酔剤の合意による投与により惹起された身体傷害に関しても妥当する」(前掲43頁)．かくして「倫理的感情」や「道徳的非難」へ外部的に関連づけるにもかかわらず，実際上は，

---

(103)　*Otto* は本質的な点でそれに賛成する．Anm. JR 1999, 124.

(104)　それゆえ *Duttge* は Schlüchter-GS, 2002, 797 ff. およびあちこちで，その決定を，彼の人間の尊厳基準の実際的な有用性にための主要例としても援用する．

(105)　それに関して，*Hirsch*, JR 2004, 475; *Trüg*, JA 2004, 597. 連邦裁判所の理由付けを鋭く批判するのは，*Duttge*, NJW 2005, 260.

735

第3編　構成要件

古い判例の道徳を説く立場は最終的に放棄されている．というのは，麻酔薬取引に関する法律29条1項1号6号bあるいは30条1項3号によって処罰しがたい行動が，善良の風俗にさえ反しないのであれば，228条から導き出される可罰性は，おしなべてもはや道徳的衡量から導き出され得ないであろうからである．

63　当該部の第2の決定的な認定は，228条の的確な限定にあり，それによると「被害者の同意にもかかわらず存する身体傷害の反倫理性，したがって違法性は，ここでは，ヘロイン注射によってMに生じた具体的な生命の危険から出てくる」（前掲44頁）．具体的な生命の危険がある場合だけに「一般的な倫理感情にしたがって…道徳的非難の限界は超えられるべきである」とする想定は，たしかに，納得のいかないテーゼであって，216条の法思考に基づかせられる方がよりましであろう．しかし，実際には，被害者の同意があってもなお認められるべき身体傷害の処罰の可能な主要な事案が，正確に表されているのである．当該部が，注射によって生じた生命の危険の誤認を，故意を阻却するものと判断するとすれば，それはまったく首尾一貫しているものであるというのは，被告人は，その場合同意が有効であるという事情を認識していたであろうからである．

64　**事例4**（BGHSt 49, 166, 2. Senat）

被告人の妻は —— 彼自身とは反対に —— 異常な性行為に大きな関心を示し，特に首を絞められることが刺激的な効果を及ぼした．実行の日，彼女は，被告人によって金属製の管で首を絞められることを要求した．被告人は，それによって惹起される死の危険を認識していたため，いったんはためらいをもった．しかし彼は，なおもその行為をするよう説得され，それに従った．妻は，脳への酸素供給を妨げられ，それに続く心臓の停止によって死亡した．

65　判決は，BGHSt 49, 34が提唱した方向へ断固として歩を進め，また —— なお第3刑事部とは異なり —— 善良の風俗という概念が「法の外にあるものであり，倫理的－道徳的範疇とほとんど関係しない」（前掲169頁）ものであることを強調した．つまり，その概念は「法的な核心」（前掲169頁）に限定されなければならない．したがって「法益主体の処分における国家の一般予防的・後見的干渉は，ただ重大な侵害の領域においてのみ正当化され」るべきである（前掲171頁）．しかもそれは，重大な法益侵害の場合でさえ，たとえば生命維持目的の医的侵襲の場合のように，「積極的な，それを補うような目的が付け加わ

736

第13章　同　意

るならば」（前掲171頁）許容されるべきである．そのような補充的な目的は別として，反倫理性の限界が踏み越えられたといえるのは，「いずれにせよ，行為のすべての決定的な事情を先見的・客観的に観察したときに，同意者が，その傷害行為によって具体的な死の危険に陥らされる場合である．この限定に味方するのは，刑法228条の規範目的ならびに刑法216条から演繹されうる立法者の評価である」（前掲173頁）とする．それゆえここでは，とりわけ *Hirsch* の学説に現れているように，「重大性説」がまったく適切に，216条の法思考から演繹されている（Rn. 41）当該部は，224条1項5号の意味での抽象的な生命の危険では十分でないことを強調するが，「一定の程度から」，本書でも支持された（Rn. 43）ように，生命に危険のない身体の侵害も，反倫理性判断の中に含めようとする．より詳細な具体化は，当該事実関係がそうするきっかけを与えないために，欠落している．というのは，ここでは意識的で具体的な生命の危険はいともたやすく肯定されうるからである．たしかに被害者の同意は，それによって刑を減軽する方向に作用するが，227条による可罰性を阻却するものではない．

66　その判決が指標としての役割を果たすのは，また「淫らな行為のため」（したがってサド・マゾ行為）の身体の傷害を原則として反倫理的であって処罰すべきであるとするライヒ裁判所判例と，連邦裁判所において初めて明示的に関係を絶ったという点においてでもある．ライヒ裁判所のこのような見解は「とりわけ，移り変わる道徳観のゆえに時代遅れ」だというのである．「明白な反倫理性判断」など「ほとんど」認定されず，第4次刑法改正法による性刑法の改正にも矛盾するであろう．この改正によれば，刑法上保護されるのは，もはや反倫理性それ自体ではなく，性的自己決定だけだとするのである[106]．

4　法律上および理論上の特別の解決方法

67　医師の行為に関しては，重要な部分領域において，228条に遡ることを排除する特別な規制が存在する．とりわけそれは，医薬品法，去勢法，性転換法および移植法について妥当する．これら特別規定について論じることはもはや総則には属さない[107]．

---

(106)　上述，Rn. 38 Fn. 71参照．当該部は，前版におけるそれに相当する章句への指示をしている．

第 3 編　構 成 要 件

68　合意による他者危殆化も，228 条の事案ではない．合意による他者危殆化は，自己危殆化と同視される限りで，すでに客観的構成要件への帰属を排除する（詳しくは 11 章 Rn. 121 以下）．現代の帰属論との関係で展開されたこの法理論構成は，今日では，たしかに圧倒的に支持されているが，被害者の同意に基づく身体の傷害とのその限界づけは，依然不明確で，争いのあるままになっている．

69　被害者の同意に基づく身体傷害は，もっぱら，228 条によって取り扱われるのが正しい．というのは，他のすべての仮説は，法律上の規定を無に帰せしめるであろうからである．そして合意による他者危殆化に関しては，ある者が，他者から生じる故意ではない身体あるいは生命の危険にさらされる事案が残されている．そのような事案とは，たとえば合意による他者危殆化との関連で，上に（11 章 Rn. 12）挙げられた三つの例であり，しかもそのような事案の一つは，上で（Rn. 57, 58）取り扱われたように，デュッセルドルフ上級ラント裁判所が，228 条の観点下で詳論したオートサーフィンの事案でもある．というのは，行為者，つまり車の運転者は，故意の身体傷害を行ってはおらず，その被害者を危殆化したにすぎないからである．たしかに裁判所は，228 条が過失の傷害にも妥当するという広く普及した見解に依拠している．しかし，そのことは，たんに（228 条の後に位置づけられている）229 条の体系的な位置に矛盾するだけでない．それはまた，合意による他者危殆化という法理論構成が，まだ認識されなかった時代に由来する時代遅れの見方でもある[108]．

5　228 条の法思考は他の構成要件に転用できない

70　228 条が他の構成要件へと転用される一般的な法思考の表現であるという想定は，誤っている[109]．そのことは，228 条の考え得るすべての解釈に関して妥当する．というのは，他の個人的保護に対する犯罪（たとえば，自由剥奪，名誉毀損または器物損壊）の場合，同意の可能性を制限するための根拠は法規からは

（107）　しかし読者には，*Niedermair*, 1999, 199 ff. による明瞭で包括的な描写の参照が指示されるべきである．移植の場合の同意の問題に関して，移植法の注釈書で包括的かつ最も実際的な論述を提供するのは，*U.Schroth/Künig/Gutmann/Oduncu*, 2005.

（108）　これにつき詳しくは，第 11 章 Rn. 121 以下．また特別にオートサーフィンの事案につき，第 11 章 Rn. 134.

（109）　この見解の数少ない主唱者は，上述 Rn. 8 Fn. 16 で紹介されている．

第 13 章　同　意

出てこないので，そのような可罰性の拡張は基本法 103 条 2 項に反するであろうからである．しかもそれは，いまや支配的でかつここでも支持された判例・学説によって 228 条が見いだす限定解釈にとってますます妥当する．というのは，228 条がただ一つなおも適用される，具体的な生命の危険あるもしくはその他の回復不可能な重大な身体傷害は，他の構成要件の場合には，それに匹敵するものを持たないからである．

D．同意の告知・対象・時期および取消し

第 1 節　有効な同意の条件としての告知

71　法的意味における同意は，それが何らかの形で外部へ向かって現れるということを前提とする（いわゆる**折衷説**）[110]．それに対し，*Zitelmann* によって基礎づけられたが，今日では一般に断念されている**意思表示説**（より正しくは**法律行為説**）[111]は，行為者に対して取り消しのできる介入権が与えられた私法上の法律行為として同意を理解する．しかし，同意の場合，問題となるのは，（自ら取り消しうるにせよ）権利主体の拘束ではなくて，逆に私法上の原則の下にない基本法 2 条 1 項（Rn. 14 参照）の意味での一般的な行為の自由の行使である．それは，一身専属的な法益がしばしば法律行為の対象になりえないということを，まったく度外視したとしても，そうである．

72　もちろん，そのことは，とりわけ財産権の対象物に関して，場合によっては他人の干渉の許容について拘束力のある契約を締結すること自体を排除するものではない．たとえば所有者が，樹木の伐採を隣人に許容する義務を自己に課することがそうである．そこにはたしかに，同意が秘められている．したがって，取り決められたその樹木の伐採は，器物損壊ではない．けれども，樹木の伐採に関する契約は，その条件や効果において，たんなる同意から生じるであろうものを超えて及ぶこと

---

(110)　それは，今日まったく通説である．LK[11]–*Hirsch*, vor § 32 Rn. 109; *Jescheck/Weigend*, AT[5], § 34 IV 2; *Sch/Sch/Lenckner*[26], vor § 32 Rn. 43; *Amelung/Eymann*, JuS 2001, 491. だけでも参照.

(111)　*Zitelmann*, Archiv für die civilistische Praxis, 99（1906），51 ff. とりわけ *Frank* は，彼の注釈書の 11 – 14 版においてこの学説に従っていた（*Frank*, StGB,[11-14] 1914, vor § 51, Anm. III, S. 109）．

第3編　構成要件

になる[112].

73　しかし，他方で，法律行為説と真っ向から対立する**意思方向説**[113]も拒否されるべきである．この説にとって，同意は「権利保護意思の放棄という純粋に内心の経過の中に存する．したがってそれは，同意が外部へ表明されることを要しない，内心的な承諾で十分である」[114]．たしかに，同意に法益主体の内的意思は表現されうる．しかし表出されない思考は意思の**表明**ではなく，また，認定可能性を欠くために，法律効果と結びつけるには不適切なものである．*Rönnau*[115]は，そのことによって，財所持者の自由な活動とみなす同意の基本な考え方が無視されることに対して異議を唱えている．しかし，内なる法廷（forum internum）にとどまる思考は，決して法的に重要な意思活動ではない．また，さらにほかにも，同意の存在は「たんなる証明問題」とかかわってなされてはならないという主張[116]もあるが，その主張は，法は，その決定を，少なくとも原則的に証明しうる基準にだけ合理的に合わせることができるものである，ということを否認するものである．外界に表明されなかった思考には，それが欠落している．

74　もちろん，いずれにせよ法律行為説よりも意思方向説に近い折衷説によれば，同意は明示的である必要はない．それは，推断しうる黙示的行為によってなされた同意で十分である．たとえば友達同士の取っ組み合いに参加する者は，それに伴う軽い傷害に暗黙の内に同意している．判例は特に，自動車に同乗する場合に「特別な状況からみて，極度に向こう見ずな行為を伴うものなのに同乗者がそれを認識しながら同乗することを決意した」[117]場合には，黙示的に同

---

(112)　詳しくは *H. -D. Weber*, 1986. 彼は，そのような取り消し得ない同意から「私法上の契約」という独自の正当化理由を展開し，その限界内で決定しようと試みている．それに関してはまた，*Sch/Sch/Lenckner*[26], vor § 32 Rn. 53.

(113)　近年において，その考えを主唱する者として，*Göbel*, 1992, 134 ff.; *Jakobs*, AT[2], 7/115; *Joecks*[5], vor § 32 Rn. 21; *Mezger*, StrafR,[3] 1949, 209; *Noll*, 1995, 134; *Rönnau*, Jura 2002, 266; MK-*Schlehofer*, vor §§ 32 Rn. 120; *Schmidhäuser*, LB AT[2], 8/145.

(114)　KG JR 1954, 429 はそのように述べて，明示的に意思方向説に与することを認める．

(115)　*Rönnau*, Jura 2002, 666.

(116)　*Rönnau*, Jura 2002, 666 は，*Göbel*, 1992, 136 に従っている．

(117)　OLG Oldenburg NJW 1966, 2132 f.; さらに BayObLG NJW 1968, 665; OLG Schleswig SchlHA 1959, 154; OLG Celle NJW 1964, 736; MDR 1969, 69. 独自の立場に

第 13 章　同　意

意しているという考え方を採用している.

75　さらに同意は, ── 決して推断され得ず ── 行為者に向かって表明されるに
及ばないし, あるいは行為者に認識可能であることだけのことも要しない[118].
所有者が, 従業員に対して, 器物損壊について干渉しないと指示した場合, 行
為者がそのことを何も知らなかったとしても, 有効な同意が存在する. もっと
もそのような事案においては, ただ客観的な構成要件だけが阻却されるので,
行為者は, 依然として不能未遂で罰せられる (Rn. 118 参照). さらに, 同意が法
益主体の自由な決断に基づくところでのみ, 干渉しないことが同意とみなされ
うる. ある者が, ただ対応を無意味なものと考え, または侵害者を恐れたがた
めにのみ, 自己の法益への侵害をなすがままにしておいた場合には, それは有
効な同意ではない (強制の問題に関して, より詳しくは Rn. 113 以下参照). したがっ
て同意は, 確かに「自己の内心の態度と他者のそれとの一致の表現」にすぎな
いが, なお「たんなる甘受やたんなる放任以上」のものである (RGSt 68, 307).
それゆえ, しゃべっている者が他人によってそれが録音されていることを承知
していても, 201 条による録取者の可罰性はなお阻却されない. むしろそこで
は, 事情全体から同意が表明されているかどうかにかかっているのである[119].

76　もっとも判例・学説では, 合意の事案に関しては圧倒的に意思方向説が主張
されている (Rn. 5 参照)[120]. したがって, 告知を必要とせずに「内的な承
諾」[121]で十分のはずである. しかし, このような合意と同意の間の異なった
取り扱いが, いかにして根拠づけられるべきかは明らかでない. というのは,
意思方向説に反対する論拠 (Rn. 73) は, 合意と同意に関して同じ程度に妥当
するからである. 繰り返し用いられる「窃盗犯事例」(Rn. 5) の実例は, 所有
者のたんなる考えが窃盗構成要件 (242 条) の充足を阻却しうることを証明する
ものではない. 警察官が囮捜査によって追跡中の窃盗犯人を捕らえるために,
予め用意された紙幣で罠を仕掛けた場合, もちろん, その囮に引っかかった行

　　ついては, Rn. 76 f. および上述 11 章 Rn. 121 以下参照.

(118)　反対, *Baumann/Weber/Mitsch*, AT[11], § 17 Rn. 104.

(119)　Thüringer OLG JR 1996, 297 (それに関して, *Joerden*, JR 1996, 265).

(120)　「窃盗事例」に関しては, Fn. 15 で挙げられた論者のほかになお, *Jescheck/Wei-
　　gend*, AT[5], § 34 I 2 (上述 Rn. 5 ならびにそれに続く原文参照); *Sch/Sch/Lenckner*[26],
　　vor § 32 Rn. 32 (一部の事例に関して)

(121)　BayObLG NJW 1979, 729.

第 3 編　構 成 要 件

為者は，窃盗未遂でのみ責任を負う（たとえば，BayObLG NJW 1979, 729 の事案）．しかし，囮を準備し罠を仕掛ける工作行動は，窃盗犯人がその紙幣を手に入れるかも知れないと思っている警察官の意思を，明々白々に外部から認識可能にさせるであろう．所有者が，警察のスパイの協力を得て自分の住居に侵入者を誘い入れ，そこで待ち構えていた警察官に逮捕させる場合には，たしかに，住居侵入の（不可罰の）未遂が認められるにすぎない．しかしここでも，折衷説が要求するような意思の告知は決してなくなっているわけではない．

77　これに反して，実際に，純粋に内心の承諾しか存在しない場合，合意の事案においても，行為者は既遂として処罰されざるを得ない（たとえば，きっちりと鍵をかけた車庫から古くなった自分の車が盗まれれば，保険で新車が調達できるため，まったく好都合だと所有者が考えていた場合）．強姦罪（177 条）の場合でさえ，ありうるかも知れない婦女子の「内心の承諾」が，何らかの形で外部から認識しうるときにのみ，構成要件が阻却されると見なされうる．それは言葉によって生じることは必要ではないが，被害者の反応から引き出されなければならない．すべての「告知」を放棄し，ただ，外部的な態度と場合によっては矛盾する婦女子の「内心的な考え」だけを基準にしようとするなら，あらゆる法的安定性は地に落ち，また，行為者の根拠のない構成要件の錯誤に，あまりにも広い考慮の余地を認めることになろう．

第 2 節　同意の対象としての行為と結果

78　同意の対象は，ただたんに行為者の行為だけでなく，その結果も含む．というのは，結果は構成要件の基本的な構成要素だからである（詳しくは，10 章 Rn. 88 以下参照）．同意が結果にも関係しなければならないということは，故意犯の場合，およそ自明のことである．それに反して，過失犯の場合，行為や危険における同意が，同時に結果に対して同意されるであろうことなしに存在し得ないのかどうかは争われる．この問題は，過失犯を論じる際に，あらためて詳細に論証されることになろう（24 章 Rn. 108 参照）．

第 3 節　同意の時期と取消し可能性

79　同意は，行為の前に与えられていなければならず（BGHSt 17, 359），かつ，個別の事案において契約上の拘束が存在しない限り，自由に取り消しうる（Rn.

742

第13章　同　意

72）．その場合，取消しに関しても純粋に内心的な意思の変更では十分とされず，外部へのその告知が要求されなければならない．（たとえば，窃盗の被害者が窃盗犯人に対して，行為の発覚の後，その物を与えたように）事後的な承諾は構成要件の充足に何ら影響を及ぼさない．というのは，事後承諾を認めると，被害者は，国家の刑罰権請求についてその判断を下すことができるようになり，職権主義（職権による介入の原則）に抵触することになるからである．もちろん親告罪の場合，被害者が告訴権の地位を放棄すれば，行為者に対して刑事訴追を免れさせることができる．非親告罪の場合も，取下げが可能である限り（StPO 153条以下），被害者の事後的な承諾は，刑事訴追当局の決定になにがしかの影響を及ぼすであろう．同意が，行為の開始後で既遂以前になされた（たとえば，強姦未遂の被害者が暴行を受けた後，自発的に性交に同意した場合）ならば，行為の既遂は不可能なために刑の免除となる中止は無理であるが，未遂は認められるであろう．しかし，そのようなケースでは刑事訴追が生じることは稀であろう．

E．弁　識　能　力

80　同意が有効であるためには，どの程度の弁識能力が必要かという問題は，一律には答えられない．伝統的な合意の場合は法益主体の自然的な意思にかかっているが，同意の場合には，その答責性に欠けるところのない意思次第であるという見解（Rn. 6）は，あまりにも単純化しすぎである．解釈の指針となるのは，同意がすでに一定の構成要件要素の充足を排除するところでは，ただ具体的な諸要素の解釈だけが，弁識能力の要件を決定しうるという考え方でなければならない．これに反し，同意が構成要件阻却事由として他の構成要件要素と併存するような場合には，同意は，ここでは個々の構成要件要素の特殊性を超えて，ただ一般的な行為の自由の表現となるにすぎないため，一般化しうる言明をなすことができる[122]．

81　まず，唯一の法益あるいは特定の関係で保護された法益としての自然的意思が重要なのは，あらゆる強要罪においてである．子供または酩酊者が，自己の権利領域に干渉する他人の行為に同意する場合，その行為者の行為は常になお

（122）　賛成するのは，*Rönnau*, Jura 2002, 669.

743

第3編　構成要件

処罰しうる（たとえば176条，179条に関して）が，強要罪（240条，177条，178条）は認められない．同様に旧237条と239条において，被害者の意思領域は，その純粋に実際的な視点で保護されることになる（237条に関して，BGHSt 23, 1 [3]）．被害者の自然的な意思だけが，窃盗罪（242条）の構成要件の場合も奪取の存否について決定するのである．奪取は他人の占有を侵害して新しい占有を創設することと解されるが，しかし占有は物に対する事実上の支配と解されるため，子供または精神病者が他人による自己の物の獲得に同意する場合にも，奪取に欠けることになる．したがってそのような事案では，窃盗ではなく横領（246条）が問題となる．住居侵入罪（123条）の場合にも，ただ住居権者の自然的な意思だけが，部外者による妨害に対して保護されるべきことが認められるべきである．精神病者が訪問者を迎え入れる場合も，したがって訪問者は，123条の意味で「侵入し」てはいない．小さな子供達による立入り拒否の場合は，通常，子供達は住居権を行使することにかかわっていないため，事情が異なる．

82　二分説を堅持した場合，合意を自然的意思と見なさなければならない他の事案（Rn. 24）では，これに反して，法益主体の承諾は，ただそれが，同意の意味および結果に関して十分な理解の下になされた場合にのみ，有効と見なされうる．例えば，ある者が，少年，精神病者または酩酊者に対して，失礼にも軽蔑的な言葉を投げかけた場合，それをされた者が賛意を表したことは，その者がその発言それ自体の侮辱的なことおよび人の名誉の社会的価値を理解している場合にのみ，侮辱罪（185条）の構成要件を阻却するのである[123]．それと同様のことは，201－203条の構成要件にとっても妥当しなければならない．

（123）　このことは，ライヒ裁判所や連邦裁判所の確定判例と一致し，それらは，特に未成年者に対する性的行為の場合に，未成年者は性的名誉の意味をなお完全には理解できないという理由で，被害者の承諾があっても侮辱を認めるのを常としている．この判例に対しては，性犯罪（174条以下）として処罰されない性的行為を侮辱という「受け皿的構成要件（Auffangtatbestand）」の援助で裏口から再び処罰するのであれば，性刑法の限界が許されない形で消し去られているとの異議が申し立てられるべきである．未成年者に対するほとんどの性的行為の場合，実際，問題となるのは侮辱の告知ではなくて，185条に該当しない羞恥心の侵害である（*Sch/Sch/Lenckner*[26], § 185 Rn. 4 参照）．しかし，しばしば生じるこのような侮辱構成要件への誤った包摂は，判例がこの点で同意に関して展開してきた諸原則が賞賛に値することを何ら変更するものではない（RGSt 29, 398; 41, 392; 60, 34; 71, 224; BGHSt 1, 288; 5, 362; 8, 357; BGH GA 1963, 50 のみ参照）．

第13章　同　意

83　他方で，合意は，しかも承諾の表示という法律行為的な性格を前提とすることができる．それは266条に存在し，そこでは，本来の委託を超えた業務に対して業務主が了承しているならば，すでに処分権限あるいは義務づける権限の「濫用」という構成要件要素を阻却することになる[124]．しかし，これは，合意が財産管理者の私法上の行為権限を拡張する場合にのみ，そうであるにすぎず，それには承諾の表示の法律行為上の有効性がさらに前提になるのである[125]．したがって，そのような事案において，未成年者の同意は，彼にとってその表明の意味および射程が明らかである場合にも，背任罪の構成要件を阻却することができないのである．

84　通説では正当化が，ここでは同様に構成要件阻却が，認められる同意の伝統的な事案（Rn. 12 以下）において，判例[126]および学説[127]は，相変わらず，同意の有効性要件として同意する者の具体的な弁識能力・判断能力を要求する[128]．したがって，一方では，法益主体の純粋に事実上の（自然的な）意思では不十分であるが，他方で，私法上の法律行為能力はまったく必要ではない．それには賛成すべきである．すなわち，同意はただ，それが干渉の意味および射程に関して十分な理解に基づいている場合にだけ，人格の自由な展開に役立つため，自然的な意思は十分ではあり得ない．そして同意が何ら法律行為ではないために，行為能力に依存しているということも，ありえないのである（Rn. 71 参照）．

85　「具体的な弁識能力・判断能力」がいつ存在するかは事実問題であり，一定の年齢制限には依存しない．もちろん，刑法もまさしく，答責的でない子供（14歳未満）の場合，弁識能力は原則的に否定され，また14歳の者の場合よりも17歳の者の場合の方が弁識能力は肯定されなければならない．実際，その

---

(124)　BGHSt 3, 24 (25); それに対して，BGHSt 3, 32 (39); 9, 203 (216) は，外見上，正当化事由だけを認めようとする．本書と同じく学説での通説も．他の文献付きの *Sch/Sch/Lenckner/Perron*[26], § 266 Rn. 21 参照．

(125)　*Lenckner*, ZStW 72 (1960), 451. 参照．

(126)　RGSt 41, 392 (395 ff.); BGHSt 4, 88 (90f.) 5, 362; 8, 357; 12, 379 (382); 23, 1 (4); BGHZ 29, 33 (36 ff.) のみ参照．判例の決まり文句がさまざまな事例型に際して導く統一的でない結論について有益な概要を，*Amelung*, ZStW 104 (1992), 535 ff. が与える．

(127)　*Jescheck/Weigend*, AT[5], § 34 IV 4; *Maurach/Zipf*, AT/1[8], 17/57; LK[11]-*Hirsch*, vor § 32 Rn. 118 のみ参照．

(128)　見解の状況と論証につき，*Hillenkamp*, Probleme, Nr. 6.

745

第 3 編　構 成 要 件

問題はとりわけ，医的侵襲 (たとえば手術) の場合に意味をもってくる．通常こ
こでは，医師からそれ相応に説明を受けた少年の場合，弁識能力は肯定されう
るので，少年の決断が決定的なものであって，その法定代理人の，これと異な
る決定は基準とはならない．もちろん，少年によってなされた決断が医師の判
断とことごとく衝突する場合，それは，弁識能力の欠如の強力な徴表であろう
から，そこでは法定代理人の決定が優先することになる (これに関して，詳しく
は Rn. 92 以下)．また，医学的な適応のない侵襲の場合には，弁識能力に関して
より厳格な要求が立てられなければならない[129]．

86　これに対して，成人の場合，その責任能力が具体的事案との関連で減少してい
ない限り，かつ，成人が同意の事実的基礎に関して十分に知りうる限り，弁識能
力・判断能力は一般に肯定されなければならないであろう[130] (同意の際の錯誤に
関しては，Rn. 111 以下参照)．判例は，それに対してさらに広く要件を設定している．

事例 1 (BGH NJW 1978, 1206)：[131]
　女性患者 P は，数年来激しい頭痛に悩まされており，医師のあらゆる努力によっ
てもその原因が解明されなかった．そこで彼女は，差し歯がその苦痛の原因になっ
ていると確信し，その歯を抜いて欲しいという意思を表明するに至った．診察した
医師は，彼女の推測が根拠のないものであると告げたが，彼女からその思い込みを
取り除くことができず，彼女を被告人となった歯科医 A に付託し，A にその事情を
説明した．A も歯の状態は頭痛の原因ではあり得ないと確信し，彼女にその所見を
伝えた．P は，抜歯が頭痛を除去するかどうかについて自分では確信していなかった
が，抜歯を唯一残された治療と考えていたために，抜歯して欲しいことに固執した．
A は，歯を「抜いてほしい」のかどうかは彼女自身が承知しなければならないこと
であると申し述べて，彼女の希望に基づき，少し猶予の後，抜歯を実行した．しか
し頭痛は改善しなかった．

　連邦裁判所は，同意を無効と見なし，A を傷害罪で有罪であるとした．P の

---

(129)　青少年の HIV 抗体検査の場合の同意に関して，*Lesch*, NJW 1989, 2309 ff.

(130)　*Amelung*, R & P 1995, 26 は，同意無能力の定義を行っている．結論において本
　　　書と同様である *G. Meyer*, 1994, 172 f., 200 f. は，§§ 104 Nr. 2, 2229 IV BGB において
　　　二段階に構築された規制の招致を支持している．

(131)　*Roxin*, HRR AT Nr. 29.

第13章　同　意

「素人的な無分別」は「呈示された医学上の論拠に対する合理的な衡量を妨げる無知と心的状態に基づいていた」．Ａは「証人Ｐの先入観を取り除き，現実の医学的判断と一致させる」ことに成功しなかったというべきであるから，彼は抜歯を思いとどまらせなければならなかったとしている．

87　この判決は，学説において受け入れられなかったが[132]，それは正当である．というのは，Ｐの精神的あるいは内心的混乱に関して何も明白なことは立証されていないので，本判決は，弁識能力を排除することによって「不合理な」同意を無効と宣言する結果になっているからである．しかし，それは間違っている．というのは，同意が依拠する一般的な行為の自由は，基本法２条１項の限界内で，合理的な行為と不合理な行為に対する自由をいずれも等しく保障しているのであるから．身体の傷害の場合，可罰性の限界は，228条によって確定される（Rn. 38 以下）．客観的に不合理であるが，なお法益主体が望んだ決定を尊重することは，善良の風俗に反するものではなく，連邦裁判所もこれを認めてはいない．それにもかかわらず，理解力の欠如を認定もしないで，処罰に至るならば，その場合は，228条は意味を失うであろう．また，純粋に美容目的（義歯に助けられて外貌を良くすること）のため，それ自体健康な歯さえもすべて抜くことが，患者の自由な決断のうちに属するということにも，争いがない．では，ここでも自分が醜いと考える印象を，義歯を入れることによって終結させるような処置に，患者が唯一の治療のチャンスを見いだす場合は，なぜそれと事情が異なるというべきであろうか．たとえ患者の治療拒否が不合理な場合でも，医的侵襲を行わずにいることが承認されている．それでは逆に，医的侵襲は，それが客観的には不合理な患者の決定に基づく場合であっても，同様に許容されなければならないはずである．

88　これに反して，*Amelung*[133]はまさに「合理性」という基準を目安とする．すなわち，「自分の利益を合理的に知覚することができない者は，同意能力がないと見なされるべきである」という．その場合，たしかに彼は，「同意者の価値体系」を基礎に

---

(132)　*Amelung*, ZStW 104（1992), 553; *ders.*, R & P 1995, 25; *Hirsch*, BGH-FS, 2000, 216 f.; *Horn*, JuS 1979, 29; *Hruschka*, JR 1978, 519; *Jäger*, AT, § 4 Rn. 142; *G.Meyer*, 1994, 232 f.; *Rogall*, NJW 1978, 2344; *Rönnau*, Jura 2002, 669; *Rüping*, Jura 1979, 90; *Sch/Sch/Lenckner*[26], vor § 32 Rn. 40; 結論的に連邦裁判所と同様なのは，*Bichlmeier*, JZ 1980, 53（以下の Rn. 112 と Fn. 187 とを参照）．

(133)　*Amelung*, ZStW 104（1992), 544, 548.

747

第3編　構成要件

しようとするが，明らかに不合理な決定を有効な同意とは認めない．つまり「美容
整形手術が異性に対して魅力を高めるとの幻想を抱く者は，そのような侵襲に同意
する場合には，不合理に行動している．── 先の連邦裁判所の抜歯判決におけるよ
うに ── 差し歯を抜いたとしても悩まされてきた頭痛を除去する見込みがまったく
ないのであれば，この歯を抜かせるという決定は不合理なものになるであろう」．し
たがって，客観的に合理的な基準から離れることは，協調主義をとらない人々の同
意能力を審査する契機となり得る．しかし，それから離れること自体から，同意無
能力が推論されることは許されない．そのような判断にとっては，むしろ責任無能
力の場合と同様に「生物学的な」認定が必要である(134)．さらに「有効な同意決定の
前提条件を形成する自律性の排除には，心理的欠陥だけが決定的なものである．こ
れに関しては，どのような病状，知力の欠如，未熟度が問題となるかは，法律家は，
その能力の限界のゆえに，詳細に述べることはできない」(135)とする．*Amelung* は，
人間としての尊厳を担う存在であることを阻むほどに重大な人格の欠陥がある場合
に，規範的に（社会国家原則に支えられて），成人の場合の同意能力の排除を認めよう
とする．もちろん，それによって「合理的であること」という基準は，さらに広範
に放棄されることになる．というのは，同意者に「重大な欠陥」がある場合，その
者の同意能力はまた，ここで唱えられた原則にしたがっても，通常は否定されなけ
ればならないからである．重大さを査定するためには，*Amelung* が，精神障害の意
味での臨床的な所見と並んで，処分者の脅かされる財の種類および重要さも決定的
なものと見なす(136)のは，再び基準を不確かなものにさせることになる．── 前述し
た（Rn. 87）ように ── 一般的には，不合理な決断に関する自由も保護される．つま
り，そもそも人間の決断のほとんどは，少なくとも不合理な動機から影響を受けて
いるのである．その他の点では完全に責任能力がある人間に対して，美容整形手術
とか抜歯とかが，その人間が望んだとおりの効果を有するという推測に対する根拠
は，科学的に何も存在しないと知らせることだけは大切である．患者がいかなる決
心をそこから導くかは，まったく彼自身の問題である．*Amelung* はその後の言明(137)
において，次のように述べている．つまり，「合理的な決断能力を侵害する心理的欠
陥は，心理的な疾病，精神的な障害，精神的な未熟さとして要約されうる」と．そ
れは，ここで唱えられた見解に事実上近いものである．

---

(134)　*Amelung*, ZStW 104 (1992), 553 Fn. 105.

(135)　*Amelung*, ZStW 104 (1992), 824 bei Fn. 127.

(136)　*Amelung*, ZStW 104 (1992), 829.

(137)　*Amelung/Eymann*, JuS 2001, 942. 類似のことはすでに，本文の論述との論争に
　　　おいて，*Amelung*, JR 1999, 45. また，BayObLG NJW 1999, 372 の判決に対する注釈付
　　　きの *Amelung*, NStZ 1999, 45 f. 参照.

第 13 章　同　意

89　事例 2（BGHSt 4, 88）：[138]

　被告人 A は，D から喧嘩を仕掛けられた．D はそれまですでに飲食店でビールを
4 本飲み，A に対して「この臆病者め」と罵倒し，殴り合いへと挑発した．D は，A
から殴打を受けた結果，脳内出血によって死亡するに至った．

　連邦裁判所は A を傷害致死罪（227 条）で有罪とし，合意の上での喧嘩闘争
の場合に認められることが多いのであるが，傷害に対する D の同意は，次の
理由から無効と見なした．すなわち，D が酔っ払っておりその行為の射程を見
通すために必要な「判断力と心の平静さ」[139]をもはや持ち合わせていなかっ
たからである．その判断は余りに行き過ぎているというべきであろう．たしか
に連邦裁判所は，D の場合「行為の判断に必要な理解力」が認められるとした
原審に対して，「民法の意味での行為無能力あるいは刑法的な意味での責任無
能力の状態」であることは何ら必要ではないという判断を行っているが，正当
である（前掲 90 頁）．しかし，少なくとも 21 条の意味での限定責任能力は要求
されなければならないであろうが，この限定責任能力については，ここでも同
じく，何も述べていない．刑法上の完全な答責性を超えて，なお同意者の「判
断力と平静心」に関してさらなる要件を定立すれば，可罰性の限界領域におい
ては，なくてはならない法的安定性が損なわれることになる．またそこでは，
飲食店を訪れた後に引き続いて行われた若者達の殴り合いは，すべて最初から
可罰的とならざるをえないが，それは，生活感のない仮定である[140]．これに

（138）　*Roxin*, HRR AT Nr. 28.

（139）　この視点を BGH NStZ 2000, 88 も再び考慮している．その判決のより的を射た
　　　　もう一つの表明は，同意は「事態を完全に理解して」かつ「予測しうる経過と予想す
　　　　べき攻撃から起こりうる結果の的確な表象」に基づいてなされなければならない，と
　　　　いうものである．その判断は，具体的事案において，被害者は「刺激性ガスの配備の
　　　　時点では，この手段を伴う攻撃とは決して予想していなかった」のだから，すでに
　　　　誤っている．

（140）　しかし，BGHSt 4, 88 の判決は結論的に是認すべきである．なぜなら，同意は 2
　　　　つの別の（同様に連邦裁判所によって援用された）理由から無効となるからである．
　　　　つまり，こめかみに対する拳による致命的な殴打は，その生命の危険性故に 228 条に
　　　　違反し（Rn. 41 ff. 参照），しかも D が防御の準備を整える前にその殴打は生じていた
　　　　ため，最初から同意によっては庇護されないものであった．それと同様のことは連邦
　　　　裁判所（NStZ 2000, 87 f.）によって下された「刺激性ガス事例」にも妥当する．連邦
　　　　裁判所がここで，被害者は「刺激性ガスの配備の時点までは，この手段による攻撃を

第3編　構成要件

対して，BGH NStZ-RR 1996, 100 が，致命傷を与えるような武器をもって「遊び半分の決闘」をすることに対する同意を，以下の理由から無効と見なしたのは適切であった．すなわち，同意者および後の被殺者が血中アルコール濃度3％以上を示しており，しかも最初から死の結果の危険と境を接していたからである．このような事情はすべて，すでにそれ自体で，同意の有効性を阻却したのである．

90　学説で唱えられる少数説[141]は，財産権の侵害の場合（たとえば303条による器物損壊あるいは246条による横領の場合），同意の効力に関して民法の意味での法律行為能力を要求する．それはたしかに，通説とともに，同意を法律行為と捉えるものではないが，民法105条以下をそれに対応して適用すべき法律行為と考えている．そのことは，たとえば未成年者が他人による物の横領に同意している場合，その他人は，未成年者が彼によってなされた処分に関して完全な弁識能力を有していた場合でも，横領で処罰されうるという結論へと導くことになる．そこでは，法定代理人の同意だけが可罰性を阻却しうるのである．それを根拠づけるために，とりわけ「法秩序の統一性，およびすべての法領域にとっての正当化事由の拘束性の要請」[142]が，したがって，民法上無効な行為を刑法上場合によっては有効と取り扱うことは理に反しているという考慮が導かれる．しかし，その論証は痛くも痒くもない．ここで唱えられた見解からすれば，有効な同意は，すでに構成要件を阻却するから，私法上違法な行為が，未成年者に十分な弁識能力がある場合には構成要件に該当しないという点において，法秩序の統一性という――もともと争われている――原理の違反は存在しない．つまり，たとえば禁止された自力救済（民法858条）は，私法上違法であっても犯罪構成要件を充たすものではない．目的論的観点の下でも，私法上の法効果と刑法上のそれとが事情によって異なる規制を受けるのは，まったく適切なことである．未成年者が自己の所有に属する物の破壊に同意するなら，行為者に

決して予期しておらず」しかも「防御の準備および闘争の準備をしていなかった」ということを確認するならば，この事情はすでに，傷害における同意を排除することになる．228条によってその事例を解決する当部の試みは事態と並行して存在し，また新しい判例の展開（Rn. 56 ff.）とも一致しない．

(141)　*Lenckner*, ZStW 72 (1960), 455 f.; *Schlüter*, AT[3], 58; *Sch/Sch/Lenckner*[26], vor § 32 Rn. 39.

(142)　*Lenckner*, ZStW 72 (1960), 455.

第 13 章　同　意

損害賠償義務を負わせることは，法律行為能力に関する私法上の規制で追求される目的と一致している．しかし，未成年者に具体的に弁識能力の存在が認められる場合，さらに行為者を 303 条によって器物損壊で処罰する必要はない．

91　特定の領域では，同意能力について，特別法上の規制もある[143]．それによれば，次のように年齢制限が規定されることがある．つまり，去勢法 2 条 1 項 3 号によれば，生殖腺の除去に対する同意は，それが異常な性的衝動を克服するのに役立つ場合には，満 25 歳で初めて有効となる．断種の場合には，成人に限り同意が認められる（民法 1631 条 c 第 2 文）[144]．さらに，精神障害者の同意の取り扱いに関しては，特別規定が存在することが多い．保護の下にある者の断種に関しては，民法 1905 条が後見裁判所の許可義務を伴った保護者の同意のために適応規定を設けている．時には，同意能力は法律上定められている場合もある．たとえば，刑訴法 81 条 c 第 3 項第 2 号によれば，「知的発育の未熟性あるいは愚鈍のために（審問に対する）拒否権の意味について十分な考えをもたない」者には同意能力がない．また，自ら未だ同意することのできない多くの未成年者や精神病者も，世話人の同意に対して拒否権をもつため，彼らには一定の決定権が留保されている（たとえば，去勢法 3 条 3 項 1 号や各州の若干の収容法においてそうである）[145]．

F．同意における代理

92　法益主体に必要な弁識能力が欠けている場合，現行法では同時に法定代理人でもある監護権者が，その者のために同意を行うことができる．未成年者の場合，通常は両親が監護権を有する（民法 1626 条）が，場合によっては未婚の母（民法 1705 条）もしくは後見人（民法 1793 条）もそれを有する．成人の場合には，後見裁判所が，民法 1896 条以下，1901 条に従い，介護のために世話人を選任できる．両親がともに未成年である場合のように，人的監護権と法定代理権が乖離するような事案に関しては，民法 1673 条を参照されたい．そのような家

---

(143)　*Amelung,* ZStW 104（1992），529 ff. は，十分な概観をしている．

(144)　*Voll,* 1996, 189 ff. 参照．その研究は，同意無能力者もしくは限定能力者の場合の医的侵襲の包括的な問題を取り扱っている．

(145)　これに関しては，*Amelung,* 1995 参照．

751

第3編　構 成 要 件

族法の規定から生じる代理は，ただ財産権の侵害に対する同意がなされる場合
だけでなく，さらに身体の完全性のような一身専属的な権利に対する侵害の場
合にも可能である．したがって，未成年の場合，手術は行われなければならな
いが，その者に同意の付与に必要な理解に欠けるのであれば，両親が監護権を
もつ法定代理人として，その者に代わって同意をすることができる．もし両親
がその親権を濫用して同意を拒むならば，後見裁判所は，必要な措置を講じな
ければならない（民法1666条）．その措置を待つ時間がない場合には，医師は正
当化的緊急避難（34条）を援用して，自らの責任において侵襲を行うことがで
きる．他方で，未成年者自身が必要な弁識能力を有している場合には，彼の決
定が法定代理人のそれに優先する．そのことはまた，元来，弁識能力のある未
成年者が，たとえば意識がないというために，自己の決定権限を目下のところ
行使し得ない場合にもなお妥当するのである．そこでは医師は，法定代理人が
望むようにではなくて，未成年者が推定的に決定するであろうように行為しな
ければならない（正当化事由としての推定的同意に関しては，18章 Rn. 1-30 参照）[146].

93　代理の原則的な排除が是認されうるのは，臓器提供の場合のように，ただ生
死に関わるような代理のできない決定が問題となる場合である[147]．そのよう
な事案では，未成年者（あるいは成年被後見人）に必要な弁識能力が欠如してい
る場合，法定代理人がその同意を代替することはできない．むしろそこでは，
侵襲は中止されなければならない．これに反して，輸血は，そのような生死に
関わるたぐいのものとは見なされえない．したがって不慮の事故の場合，弁識
能力のない未成年者だけが，輸血に必要な血液型をもっているならば，法定代
理人の同意を引き合いに出すことができるであろう[148]．それに反して人質犯
罪（239条b）の場合，人質として捉えられた弁識無能力の幼児の同意を，その
両親によって代替することはできない．なぜなら，239条bの文言から，この
規定は自己の両親による人質犯罪に対しても保護するものであることが読み取

---

(146)　全体的には，*Sch/Sch/Lenkner*[26], vor § 32 Rn. 41 f.; *Lenckner*, ZStW 72 (1960),
　　446 ff.; *Jescheck/Weigend*, AT[5], § 34 IV 4 Fn. 51 参照.

(147)　あるいは断種の場合．多数の遺伝的障害の子供を産むことになる精神薄弱の婦女
　　の場合に，そこから種々の問題が生じるが，*Horn*, ZRP 1983, 265; *G. Hirsch/Hier-
　　sche*, MedR 1987, 135 参照．看護法による規制に関しては，上述 Rn. 91. を見よ.

(148)　*Lenckner*, ZStW 72 (1960), 460 f.; MK-*Schlehofer*, vor §§ 32 ff. Rn. 118 f. 異なる
　　見解といえるのは，LK[11]-*Hirsch*, vor § 32 Rn. 117.

第13章　同　意

れるからである（BGHSt 26, 10）．

94　任意代理も，同意においては，原則的に可能であるが[149]，もちろん，主と
して財産的価値あるものとの関係でそうである．たとえば，外国で生活してい
る所有者は，ドイツにおけるその財産の管理人に所有権に対する侵害（たとえ
ば隣人による果実の採取）に関して，自己に代わって同意することを認めること
ができる．人格権に対する侵害の場合も，同意における代理は多くの事案にお
いて可能である．たとえば「使用人は，住居権者に代わって第三者を住居へ立
ち入らせることを承諾でき」，それによって住居侵入罪（123条）が排除され，
あるいは「事業主の文通を処理している秘書」は，第三者にそれにつき対応さ
せるよう授権されている結果，その場合，信書の秘密の侵害（202条）は何ら存
在しないのである[150]．

95　もっとも，その承諾が代理することができない決定と考えられるほど，人格
の核心部分に密接にかかわるような侵害の場合が存在する．ある者が侮辱的な
表現をしあるいは傷害を加える許可を，第三者に委ねうるということは，ほと
んど考えられないというのがそれである．たとえば，ある者が，専門家（たと
えば親しい医師）に手術に関する同意を委ねた場合，患者が医師の決定を受け入
れそれを我がものとしたときもなお，自身で同意したことになる．したがって
傷害における同意の場合，代理はせいぜい法益主体が行為能力を失っていると
ころで考えられるにすぎない．たとえば，ある者が他人に対して，その人の手
術に立ち会い，そこで合併症が現れたときに，さらに侵襲の続行を許可するか
拒否するかを委ねた場合がそうである[151]．しかし，そのような事案において
「代理人」には，現実の決定権は認められていない．むしろ代理人は，患者の
推定的意思を探究する際に助言者として現れるにすぎないと考えられるべきで，
その者の決定が患者の利益や推定的意思に反して行われている場合には，医師
はその決定に従う必要がないのである．したがってその事案は，推定的同意と

---

(149)　たとえば，LK¹¹-*Hirsch*, vor § 32 Rn. 117; *Baumann/Weber/Mitsch*, AT¹¹, § 17
Rn. 102;

Schmidhäuser, LB AT², 8/143; *Noll*, 1955, 124 ff.; *Kienzy*, 1970, 111 ff. 参照．

(150)　*Noll*, 1955, 125 f. の例による．

(151)　この事案に関して，*Noll*, 1955, 125 f.; *Kienzy*, 1970, 112 f. 参照．健康に関連する
問題の代理に関して，包括的に，*Sternberg-Lieben*, Lenckner-FS, 1998, 349.

753

第3編　構成要件

いう正当化事由の援用によって解決されるべきで，同意の代理によって解決されるべきではない．

96　争いがなく，かつ代理の可能性と無関係に許容されるのは，同意を使者によって意思表示させるか伝達させる場合である．したがって，患者が意識を失う前に，身内の者に医師に対してその意思表示を託したような手術における同意を有効と考えることには，何ら疑いは存しない．

G．同意における意思の欠缺(152)

第1節　欺　罔

97　意思の欠缺の意義に関する私法上の諸規定（民法119，120，123条）が適用され得ないということは，認められている．というのは，瑕疵ある意思に基づく意思表示は，私法上はとりあえず有効であり，事後的にのみ意思表示者の自由な選択によって取り消すことができるが，刑法では，侵害の時点で行為が可罰的かどうか，したがって同意は有効か否かを確認しなければならないからである(153)．近年再び支配的となった伝統的見解によれば，錯誤は同意を直ちに無効にさせるが，たんなる動機の錯誤は，時として排除される．ただ，その際，重大な錯誤との限界づけは曖昧にとどまることが多かったのであるが(154)．そこではしばしば，合意と同意の間がなおも区別される．瑕疵ある意思が原則的に重要な意味をもつべきことは，同意に関してのみ妥当するが，他方で合意の有効性は，いかなる類の瑕疵ある意思によっても害されるべきでないとする

---

(152)　以下で述べた主要な見解のあらゆる主唱者の完全な参照文献およびその論拠の論述を提供しているのは，*Hillenkamp*, Probleme, Nr. 7 である．移植法における臓器の生体間提供に対する同意における問題点を包括的に論述しているのは，*U. Schroth/ König/Gutmann/ Odenchu*, 2005, 19 Rn. 43-154 である．

(153)　*Kühne*, JZ 1979, 243. 深く掘り下げた理由づけに関して，*Amelung*, 1998, 14 ff.

(154)　たとえば，*Amelung*, 1998, 36 ff.; *Baumann/Weber/Mitsch*, AT[11], § 17 Rn. 109 ff.; *Blei*, AT[18], § 37 II 1; LK[11]-*Hirsch*, vor § 32 Rn. 119; *Kindhäuser*, AT, § 12 Rn. 22ff.; *ders.*, StGB[2], vor § 13 Rn. 183; *Köhler*, AT, 254 Fn. 57; *Krey*, AT/1[2] Rn. 620 Fn. 25; *Maurach/Zipf*, AT/1[8], 17/59; *Mitsch*, 2003, §§ 34-36; *Rönnau*, 2001, 292 ff.; *ders.*, Jura 2002, 671; *Stratenwerth/Kuhlen*, AT[5], § 9 Rn. 27. 参照．

第13章　同　意

（詳しくは Rn. 7）．判例は具体的な基準をまったく展開しておらず，本質的な点における判断を事実審裁判官に過度に負担させている．事実審裁判官は「私法において決定的な観点とは別個に，すべての個別事案において，瑕疵ある意思が実際上重要な意味をもつとされるべきかどうか，またどの程度までそうなのかを，特別な事情をそれ相応に評価して決定」しなければならない[155]．

98　これに対して，*Arzt*[156]は，制限説を展開しており，それによると，欺罔は，それが法益関係的錯誤を招く場合，すなわち同意者が法益放棄の種類，程度あるいは危険性について錯誤している限りで同意を無効とし，それに反して，その錯誤がただ期待された反対給付に関係するにすぎないときは無効ではない．

事例3：

　Aは，Bが自分に鎮痛剤を注射することに同意した．その際，Bはその注射が健康に有害な作用をもつことを秘密にしていた．

事例4：

　Aは医療機関に対して25ユーロの謝礼と引き換えに採血に応じる用意があると表明した．しかし，医療機関の代表者はその支払い能力についてAを騙したため，Aは結局，一文のお金も手にすることができなかった．

　事例3においては，上述した学説によると，同意を無効とする法益関係的錯誤が存在する．というのは，Aは，自分に加えられた身体の侵害の程度についてはっきりと認識していないからである．これに反して，事例4では，錯誤は，身体的侵害の強度や危険性にではなく，反対給付にだけ関係しているにすぎない．したがってここでは，同意は有効で，傷害罪の処罰はもちろん阻却されるであろう．それに反して伝統的な学説では，両事案とも傷害罪が肯定されるであろう．

99　適切な解決は，その中間に存在するといってよかろう[157]．同意の基本的な

---

(155)　OLG Stuttgart NJW 1962, 63.

(156)　*Arzt*, 1970, 17 ff. 彼に従うものとして，*Bockelmann/Volk*, AT⁴, § 15 C I 2b bb; *Eser/Burkhardt*, StrafR I⁴, Fall 13 Rn. 15 f.; *Jescheck/Weigend*, AT⁵, § 34 IV 5; *Joecks*⁵, vor § 32 Rn. 24; *Rudolphi*, ZStW 86 (1974), 82 ff.; *Sch/Sch/Lenckner*²⁶, vor § 32 Rn. 47（法益と関係のない錯誤であるが，法益に関係ある不自由の事態が引き起こされる場合も）; *Wessels/Beulke*, AT³⁴ Rn. 376. 法益関係的錯誤による制限に強力に反対するものとして，*Baumann/Weber/Mitsch*, AT¹¹, § 17 Rn. 110 f.

第3編　構 成 要 件

考え方からは，規範的な基準からして事象がなお法益主体の自律性の表現と考えられる場合，つまり，自己の行為の自由の実現と見られる場合の限りでのみ，同意は有効であり得ることが明らかになる（規範的自律説）(158)．法益関係的錯誤の場合，同意者はどの程度まで行為客体を事実上放棄しているかを認識していないために，自律性の表現に欠けることになる．注射の健康を害する作用のことを同意者が何も知らない場合（事例3）では，その者は当然それに同意していなかったといえる．これに反して，事例4におけるように同意者が反対給付についてだけ錯誤していた場合，その者は，その身体の不可侵性について，それがどの程度侵害されるかを知った上で，それを任意に処分したといえよう．反対給付への期待を失望させられたことは，それが263条に応じて保護されるために，法的基準によればこの自由を排除しないのである(159)．供血が通常金銭と引き替えで承諾されているなら，それは財産的処分として表現され，そして同意者を反対給付に関して騙した行為者は，詐欺罪で処罰される．その上になお傷害罪を承認する必要は存しない．多くの事案においてはたしかに，反対給付に対する期待は263条によって保護されてはいない．たとえば，ある者が報酬を貰うことで頬を平手打ちさせることに同意したが，行為者がその支払意思を騙していた場合，詐欺罪は否定されなければならないであろう．というのは，平手打ちのために頬を差し出すことは，取引慣行によれば決して財産の処分ではないからである．そこで身体の傷害を肯定するならば，反対給付に対する期待を，263条による限界を超えて，異なる個別的構成要件を経由して保護

---

(157)　詳しくは，*Roxin*, Noll-GS, 1984, 275 ff.. 賛成するのは，*Jescheck/Weigend*, AT⁵, § 34 IV 5.

(158)　「規範的自律説」という名称を付与したのは，*Hillenkamp*, Probleme, 49.. ここで唱えられた見解には，本質的な点で従われている．*Gropp*, AT², § 6 Rn. 43 f.; *Jescheck/Weigend*, AT⁵, § 34 IV 5; *Lackner/Kühl*²⁵, § 228 Rn. 8; *Otto*, AT⁷, § 8 Rn. 110 ff.; *ders.*, Geerds-FS 1995, 615 ff. *Rönnau*, 2001, 318 は，私が展開した解決はたしかに「広く法感情」に添うものであるが，あまりにも不明瞭で，また同意の基本的な考え方からは演繹されない，と考えている．そこでは，彼自身は自律性の思考を基準とすることになる．この考え方が規範的に形成されなければならないということは，この種の法概念の場合は自明のことと私には思える．私の構想に対する類似の批判を行うものとして，さらに *Amelung*, 1998, 28 ff.

(159)　私はその限りで，*Arzt*, 1970, 17 ff. の基本的な衡量に従う．この点においても一致するのは，*Kühne*, JZ 1979, 244.

756

することになり，こうして，刑法に援助される形で，立法者が意図しなかった
し，また刑事政策的に望ましくない一身専属的な法益の「商業化」を果たすこ
とになろう[160]．

100　*Rönnau*[161]は，「事柄に即した自律性の保護」は，幾つかの構成要件によ
る（たとえば，263条や223条による）処罰を説いているという．ある者がその長
い髪をかつら師に売り，かつら師に髪を技術上適正に切って貰ったが，買い手
は売価について騙すつもりであったという事案を考えてみよう．売り手が訴え
てやるとその者を脅したため，彼は支払う決心を固めたとする．金額だけが問
題で，万事うまくいっているような場合において，「自律性の保護」は現実に
かつら師を傷害罪で処罰することを要するであろうか．それを肯定する者は，
まず，売り手自身が髪を切り，その後初めて売りに出した場合に異議を唱えな
ければならないであろう．彼が売値について騙されている場合でも傷害は存在
しない．これら二つの場合について異なる取扱いをすることは正当化が困難で
ある．

101　反対給付ではなく，その他の行為に随伴する諸事情にかかわる錯誤を重要
でないとみることもまた，それが法益関係的でないならば正当である．

事例5（BGHSt 16, 309）[162]：
　二人の医学生が地方の病院で実習生として働いていたが，その折，彼らを医師と思
い違いしていた患者に軽い手術を行った．

　問題は，学生による手術を医師が行ったと思っていた患者の誤った受け取り
方が同意の有効性を排除するかどうか，そして傷害罪が認められるかどうかと
いうことである．連邦裁判所は，瑕疵ある意思は「通常」同意の無効を導くと

---

(160)　反対意見として，*Otto*, Geerds-FS, 1995, 617は，処罰することによって初めて
「自律性の刑法的保護が真剣になされることになる」と考えている．しかし，ここにお
けると同じく，*Amelunng*（*Amelung/Eymann*, JuS 2001, 944）は，反対給付に対する
欺罔の場合の法益関係性という基準に対するあらゆる批判にも拘わらず，263条を「特
殊構成要件」と判断し，不当利得の故意に欠けるときは欺罔者を不処罰とすることに
よって，*Arzt*や私と十分同じ結論に達している．

(161)　*Rönnau*, Jura 2002, 671.

(162)　*Roxin*, HRR AT Nr. 31.

第3編 構 成 要 件

いう前提から出発するが，ここで問題となったように「医学的にまったく簡単な事案」の場合には，「他に専門的知識を有する者，治療補助者または看護婦が必要な援助を十分うまくやり，医師と同じく確実になし」（前掲311頁）得るときには，例外を認めようとする．それには結論的に賛成すべきである．というのは，身体の完全性は，それが医師による手術の場合に存在するであろう以上に害されてはいないので，そのような事案では錯誤の法益関係性を欠くからである．医師という資格に関する錯誤は，法的基準によれば非本質的な点にかかわるために，法益主体の決定という自律性を侵害してはいない．これに反し，学生が盲腸の手術を行ったのであれば，それについての患者の錯誤は，同意の有効性を排除するであろう[163]．

102　もちろん，治療措置における同意の場合，法益関係的錯誤は，それが直接的な侵襲ではなくて治療結果全体にかかわる場合にも，認められるべきである．

事例6（事例1の変形）：
　行為者は，抜歯したならその女性が数年来悩まされている頭痛から解放されるであろうと巧みに騙すことによって，その女性から抜歯に関する同意を得た．

　ここでは，——事例1とは異なり——傷害罪が認められるべきであろう．つまり，その女性は，自己の身体の状態が良くならず一層悪くなるということを隠蔽されたのであるから，自律的な決定を行ってはいないのである．

103　たとえば，一定の血液の数値を測りたいと偽って内密にエイズ検査が行われたように，身体の自律性に関する類の侵襲について欺罔された事案も，なお法益関係的錯誤に当たると考えることができる．穿刺や採血に関する同意は，規範的に判断して，侵襲の性質を最終的に決定づけるエイズ検査にまでは及ばない．被害者はその身体の構成物質を使ってなされることを何も知らないので，錯誤は法益自体に関連している[164]．

---

(163)　また，*Arzt*, 1970, 22 Fn. 29 も．医師の人物に関しての白地の同意に基づく医的侵襲の問題について，より詳しくは，*Arzt*, Baumann-FS, 1992, 201.

(164)　そのような事案に関して，今日一般的な見解によると，同意は無効と考えられている．様々な理由づけに関する概観を与えるのは，*Amelung*, 1998, 83 ff.. 本文においてなされた理由づけに彼は異議を唱え，「引き抜かれた歯を被害者の同意なしに破壊す

第 13 章　同　意

104　もちろん，*Arzt* や有力な見解とは異なり，同意が無効なのは，法益関係的錯誤の場合に限定することはできないであろう．錯誤が法益に関係するのではなく，むしろ同意の付与の際に法益主体にとり決定的な動機を提供した利他的な目的にかかわる場合にも，同意は構成要件阻却的な効力を拒否されなければならないであろう[165]．

事例 7 :

　ある者が，あなたの子供が不慮の事故に遭ったと母親を騙して，その子の視力を維持するためには角膜移植が必要であると告げた．母親はそれによって自分の片方の眼を子供のために犠牲にしようという気持ちにさせられた．実際には，行為者は，その移植組織を他の目的に利用しようとし，あるいは，母親に傷害を負わせるために，ただそれを投棄しようとした．

　ここでは，母親は，何を放棄しようとするのかを十分に知っているため，法益関係的錯誤は存在しない．しかし，実際に生じた事態の中に母親の行動の自由が表現されているということはできない．むしろ，彼女は悲しむべき犠牲者であり，そのような類の狡い企みに対して，身体の完全性を刑法によって保護することは絶対に必要である．反対給付についての欺罔の場合に異なった決定をしなければならないのであれば，それは，263 条によって交換の自由が保護されるが，それ以上に保護すべきものとはみなされず，したがって，侵襲の構成要件に関して行為の自由は法的に重要な形で影響を受けていないということが，法的に立派な根拠となるであろう．しかし，事例 7 と同様なケースにおい

るような者も，身体傷害で処罰され」なければならないとする (85)．しかし，採血はすでに，是認されないエイズ検査の構成要素であって，したがって身体の実体における許されざる侵襲となる．それに対して抜歯は，あとで歯によって起こることとは関係なく，患者の意思と一致しているであろう．

(165)　詳しくは，*Roxin*, Noll-GS, 1984, 285 f.. 賛成するものとして，*Otto*, Geerds-FS, 1995, 616 f. それに批判的なのは，*Brandts/Schlehofer*, JZ 1987, 442 ff. であり，そこで彼らは，一方で，ただ法益関係的な錯誤だけで同意の無効性を導こうとし，他方で，法益関係性という概念を，ここで主張されている以上になお広範囲にわたって，同意を無効と見なすほど広く拡張している．ここで展開された事例群への構成的な考察が認められるのは，*Arzt*, Baumann-FS, 1992, 201. そのようなケースにおける同意を有効と考え，本文の見方を拒否するのは，*Sch/Sch/Lenckner*[26], vor § 32 Rn. 47.

759

第 3 編　構 成 要 件

ては，法的な基準からすれば，身体に対する侵襲は法益主体の意思によって援
護されているはずであるとするなら，それは皮肉な主張に思えるであろう．同
様にたとえば，ある者が，真実はただ彼の犬がそこにいるだけであるのに，通
りすがりの者にあなたの奥さんがそこに閉じ込められていると偽りの内容を告
げて，救助目的で燃えている家へ入る気にさせた場合，傷害罪が認められなけ
ればならない．通りすがりの者が爆発の危険や焼死の危険を完全に見通してお
り，したがって錯誤が存在しない場合にも，彼に 223 条以下の保護が拒否され
ることはありえない[166]．

105　さらに，行為者が被害者に緊急避難類似状態をあるように見せかけ，それ
に基づいて被害者が損害を回避するため，法益の放棄が必要だと誤って判断せ
ざるを得なかった場合にも，同意は無効と見なさなければならないであろう[167]．

事例 8 ：

　a）A は B に対して B の頭にはシラミがわいていると虚偽のことを伝えて，髪をそ
り落とすように仕向け丸坊主にさせた．b）A は，檻に入れられている猛獣が脱走し
一般住民に対して危害を加えていると飼い主をうまく騙し，その猛獣の射殺につ
き —— 電話によって —— 同意を取り付けた．c）B は，A から大火災が起きたと騙さ
れ，自己の森林を放棄することによって家に燃え移るのを遮断しなければならない
と思い込まされたために，A に自己の森林伐採を認めた．

　ここで A は，傷害罪（a）ないし器物損壊罪（b, c）で処罰されるべきである．
というのは，そのような事案では，欺罔行為は，脅迫によって惹起されるのと
同視しうる強制的作用を有するからである．脅迫が同意の有効性を排除するの
であれば（Rn. 113 以下），このことはまた，欺罔によって引き起こされた強要に
とっても妥当しなければならないのである[168]．

106　合意の諸事案においても，もちろん同意によって阻却される具体的構成要

---

(166)　結論的に同じなのは，また，*Zipf*, 1970, 40; *Kühne*, JZ 1979, 246. *Bloy*, ZStW 96
（1984），713 ff. は，自由剥奪において偽って得た同意の事案に関して，類似の考えをす
る．さらに，*Jäger*, AT, § 4 Rn. 139.

(167)　これらの事案群は，とりわけ *Jakobs*, AT², 7/121 によって作成されている．

(168)　詳しくは，*Roxin*, Noll-GS, 1984, 286 ff.. 賛成するのは，*Sch/Sch/Lenckner*²⁶,
vor § 32 Rn. 47.

第13章　同　意

件の解釈が修正を受けることがあるものの，原則的にまったく同じことが妥当する．177条，178条の場合，すでに「暴力」および「生命，身体に対する現在の危険」に限定された法規の文言内容から，結果として，性的行為における同意はそれが欺罔によって得られた場合にも構成要件阻却的に作用するということが明らかになる．この立法上の決定はまた侮辱を認め，その限りで同意が錯誤の結果であるからとして重要でないと考えることによって無視されてはならない．もしそうしなければ自分が痴呆になるとか失明するとかの危険があると騙すことによって，多くの女性に性的関係を受け入れさせた「Tübingen の赤髭」という異常な事案では，それゆえに可罰性が認められなかったのである[169]．同じことは，ある者が，真剣に考えていない結婚の約束を詐取したことによって性的交渉における同意を得たような，生活に密着した状況にとっても妥当する[170]．242条の場合，持ち去られることに同意するなら，明らかに，それがこっそりと不正な手段で手に入れられても「奪取」とはならない．というのは，この事案は263条に規定されているからである．同様に，欺罔によって立入り許可を得ることは123条の意味での「侵入」ではない．なぜなら，住居権者の立入りに関する決定だけが侵入という要素の援用によって保護されているからである．彼が来客の態度に関して抱く期待は，123条の内容からして構成要件の保護領域には属していない[171]．すなわち，来客が不作法に振る舞う場合，退去を命令する必要があり，それに従わないときに改めて123条に該当することになる．

107 *Kühne*[172] は，法益主体の誤った表象によって，同意の有効性に決して異議を挟むべきではないという説を展開している．もちろん意思表示の受け手は，その者が意思の欠缺について認識しあるいはまったく意識的にそれを招来した場合には，大抵の事案では権利濫用のゆえに，（とりわけ，*Kühne* が *Arzt* の考えにしたがっている交換価値に関する欺罔は度外視することによって）それを援用することはできない．その

---

(169)　結論的にそのような傾向にあるものとして，OLG Stuttgart NJW 1962, 62. それに関しては，*Arzt*, JuS 1982, 725 参照.

(170)　結論的に同じなのはすでに，RG GA 45 (1897). 全体に関しては，Rn. 7 参照.

(171)　それに関してはまた，文献の紹介を付した *Arzt*, 1970, 27; *Geppert*, Jura 1989, 380 ff. 参照.

(172)　*Kühne*, JZ 1979, 241 ff. それに批判的なのは，*Roxin*, Noll-GS, 1984, 291ff.; *Amelung*, 1998, 1998, 31 ff.; *Rönnau*, 2001, 319 ff.

761

第3編　構成要件

主張は，しばしば支持しうる解決を導くが，その理由づけにおいては何ら賛成を得るに値するものではない．錯誤が当事者の相手方によって意識的に惹起された場合も，錯誤が一般的に意思表示者の「危険負担の領域」に帰属させられるべきだということになるのは納得できず，とりわけこの整理の仕方が事後的に権利濫用という構成によって再び広く無効とさせられるならばなおさらそうである．

108　*Jakobs*[173]は，法益に関係しない欺罔によって得られたすべての同意を有効と取り扱うが，（*Arzt* とは異なり）大部分の事案において，欺罔者に間接正犯として責任を問おうとする[174]．結果的にそれは，やはり同意の無効につながるのである．*Jakobs* は，「行為の動機となった事態が巧みに偽られた場合」，欺罔者が「放棄することに合理性があるか，同意者に合理的と見えるような事態に関して」決定権限をもつ場合には，間接正犯を認める[175]．こうして —— *Arzt* やここで唱えられた見解によるのとは異なり —— 反対給付に関する欺罔も間接正犯へと導きうることになる．

109　*Amelung*[176]は，「無効判断」と「帰属問題」とを区別する二段階説を展開する．そこでは，たとえば身体の傷害の場合，すべての錯誤は同意を無効にさせる．しかし，そのこととは無関係に，惹起者に侵害を帰属させるべきかの問題があるはずだとする．こうして彼[177]は，上に（Rn. 101，事例5）述べた医学実習生の事例において患者の同意を無効とする．しかし，それにもかかわらずその事象を医学生に傷害罪としては帰属させようとしない．なぜなら，法益放棄に関する患者の意思から「結果無価値」が欠落し，かつ，許されない危険は創出されなかったからである[178]．その結論は，ここでも唱えられた見解と一致している．そこでは，*Amelung* が，私に対し「自律性概念との…奇妙な関係」と非難したのであった．しかし，患者が「自己の財の放棄を決心し」，しかも，結果無価値も発生せず，はたまた許されざる危険も創出しない事案において，法的な基準によって自律的な同意が存在するものと見なされる場合，それははたして現実的に奇妙なことであろうか．*Amelung* は，次のよ

---

(173)　*Jakobs*, AT², 7/118 ff., 14/7 ff. 結論的に同様である LK¹¹-*Hirsch*, vor § 32 Rn. 119 は，「自律的な決定権限は，被害者にとって同意の動機が生じた事態が偽られた場合には常に取り消される」という理由付けをしている．

(174)　批判に関して，*Roxin*, Noll-GS, 1984, 291 ff.; *Rönnau*, 2001, 360 ff.

(175)　*Jakobs*, AT², 7/121, 123.

(176)　*Amelung*, 1998, 36 ff. その著作の最初の 45 頁を含む論文として *Amelung*, ZStW 109（1997），490.

(177)　*Amelung*, 1998, 61 ff.

(178)　ここやそれに続く *Amelung*, 1998, 63 に対して，*Rönnau*, 2001, 333 ff., *ders.*, Jura 2002, 672 は，それだから Amelung の自律性概念は「生活の実態からあまりにも遠く」離れすぎているとして，Amelung の構想に対して詳細な批判を提出する（2001, 359; Jura 2002, 672）．

うな非常に回りくどい構成によって，同一の解決に到達している．その構成は，まず，同意の無効ゆえに身体を傷害する侵害を認めつつも，次に，傷害罪としては帰属されないとする限りで，それ自体，奇妙な印象を与えるのである[179]．

110　*Amelung*[180]はまた，女子学生が血液を売ろうとし，そこで市場価格の二倍を約束した詐欺師に同意した事案も取り扱っている．ここでも，*Amelung*は，同意の無効を肯定するが，この身体の傷害は「規範の保護範囲内にはなく」，したがって欺罔者には帰属され得ないという理由によって，傷害罪を否定している．このようにして，結局，法益関係性が基準とされ，上で（Rn. 99）得られた結論が，回りくどい根拠づけによって証明されることになるのである[181]．

第2節　錯　誤

111　圧倒的通説によると，錯誤に影響された同意は，その錯誤が欺罔によって惹起されたのではなく，その原因がただ同意者の個人的事情にある場合にも無効であるとされる[182]．しかし，これには従うことはできない[183]．というのは，すべての同意は告知を要し（Rn. 71以下），しかも「告知された」というのは，客観的な解釈で明らかになるものだけだからである．そのことは法益関係的な表示の錯誤にとってさえ妥当する[184]．

　　ある者が隣人に「私は，あなたが土地の境界上に立つ樹木を切り倒すことには同意することはありません」と書こうとしたが，「ことはありません」という言葉を書き忘れて送った場合，同意は存在することから出発される（私法にとってそれはそもそも自明である）．というのは，法益主体の意思として，法はただ，彼が内心に残していた考えではなく，客観的に表示されたものだけを認めることができるからである．そのことは，隣人が同意を信頼して樹木を伐採しても，

---

(179)　それに関して，*Rönnau*, Jura 2002, 672は「法益の侵害が誰に客観的にも主観的にも帰属させられるべきかの問題を，法益侵害がすでに違法と評価された**後**であらたに設定するAmelungの提案は受け入れられない」とする．

(180)　*Amelung*, 1998, 79.

(181)　それに関しては，*U. Weber*, GA 2000, 77 ff.（79）．による論評も参照．

(182)　Fn. 154に挙げられた論者参照．

(183)　とりわけ，*Arzt*, 1970, 48 ff.; *Kühne*, JZ 1979, 242 ff. 参照．区別するのは，*Jakobs*, AT2, 7/116 ff.

(184)　同様に，*Arzt*, 1970, 48 ff. しかし，反対するのは，*Sch/Sch/Lenckner*[26], vor § 32 Rn. 46.

第3編 構成要件

その隣人は32条の意味での違法な侵害を行ってはいないという（実際上も合理的な）結論になる。所有者は侵害が生じていない限り，同意を常に取り消しうるということによって，十分に保護されている。もちろん，表示の受け手が同意者の錯誤を見抜き，意識的に自らのために利用した場合は，それと異なって決定されなければならない。つまり，欺罔の場合に同意が無効と見なされる事案（Rn. 99, 104以下）において，ここで同意を援用することは権利の濫用と見なされなければならないであろう[185]。したがって，樹木の所有者が，計画されたその伐採に関する同意を拒もうとしているが，ただ書き間違いをしたにすぎないということを，隣人が熟知している場合には，その隣人は器物損壊罪で処罰されるべきである。

112 もっとも欺罔を原因としない錯誤は，同意の有効性に問題がないとする原則からは，表示の受け手が，専門的知識による説明によって，法益主体の誤った表象を除去すべき法的義務を負う場合には例外が妥当する。そうして，判例によって展開された医師の侵襲にあたっての説明義務がそういった事情にあるのである。医師は患者に対して，診断所見，侵襲の態様と範囲，ならびにそのありうる結果について説明しなければならない。医師がそれをしなかったならば，患者は，彼にではなく医師に責任を負わせる法益関係的錯誤の状態に陥っている。そのような事案において，説明がないことに基づく錯誤を原因とする同意は無効であるため，判例（それに関してはRn. 26参照）によれば，医師は，（説明をしなかったことが故意あるいは過失によるものかどうかに応じて）故意あるいは過失の傷害罪で処罰されることになる。個別的に説明がどの程度までなされなければならないか，患者に対する説明の放棄がどの段階で許されうるのか，また，正当化的緊急避難（34条）の枠内で利益衡量をする場合，いかなる条件の下で患者への完全な説明が中止されてもよいのかは，傷害罪との関係で取り扱う医師法の問題であり，したがって，ここではそれ以上立ち入るべきものではない[186]。しかし，しっかりと維持すべきなのは，医的侵襲の場合でも，医師

---

(185) 同様に，*Kindhäuser*, AT, § 12 Rn. 31; *Kühne*, JZ 1979, 244 ff.; *Otto*, Geerds-FS, 1995, 603（618）.

(186) 重要なモノグラフィーとして，*Geilen*, 1963. 優れた概観を提供するのは，*v. Gerlach*, 1989, 15 ff. 説明の放棄に関して，*Roßner*, NJW 1990, 2291 ff.. 最近の判例からは，BGH NStZ 1996, 34（*Rigizahn*, JR 1996, 72の解説付き），および *Ulsenheimer*,

第13章 同　意

が十分に説明義務を果たしたにもかかわらず，患者がなお錯誤に陥っていると
きには，その同意は有効であるということである．したがって，我々が呈示し
た事例1（Rn. 86）において，抜歯における患者の同意は錯誤の観点からも，そ
の有効性が否定されるべきではなかったのである[187]．

第3節　脅迫と強制

113　伝統的見解は，脅迫によって惹起された同意を無効とみなすが，合意の場
合には，法益主体に加えられた強制には何らの重要性も認めようとはしない
（Rn. 7参照）．しかし，この二つの受け止め方は，このような一般化の形では維
持することはできない．一般的には，すべての脅迫ではなく，ただ法益主体の
決定の自由を著しく侵害するような，その結果，その事象が，もはや法益主体
の行為の自由の表現とは見なされないような脅迫だけが，同意の効力を排除す
るのだということから出発されるべきであろう．この境界線に達するのは，脅
迫が，強要罪（240条）として処罰されるというところである[188]．なぜならば，
立法者が被害者を脅迫者から保護しているという事情から読み取れるのは，立
法者は，刑法的に重要な形での被害者の決定の自由を，侵害されるものとみな
しているということだからである．

114　したがって，ある女性がその男友達に対して，もしそうさせてくれないな
ら私はあなたと結婚しない，と脅迫することによって，その男性の物の破壊に
対する同意を得た場合（Rn. 20参照），同意はそれにもかかわらず有効であり，
それゆえその女性の行為は器物損壊罪（303条）として処罰されることはない．
というのは，その女性は彼女が義務づけられていない行為をしないと言って脅
しているにすぎず，したがって被脅迫者の自由領域を法的に重要な形で侵害し
てはいないため，240条2項の意味で非難される強要には欠けているからであ
る[189]．それとは異なり，サディストが相手を告訴するという脅迫によって鞭

NStZ 1996, 132 参照.

(187)　同様なのは，*Bichlmeier*, J Z 1980, 55.

(188)　*Arzt*, 1970, 31 ff.; LK¹¹-*Hirsch*, vor § 32 Rn. 120; *Kühl*, AT⁴, § 9 Rn. 36; *Otto*, E.
　　A.Wolff-FS, 1998, 402; *Sch/Sch/Lenckner*²⁶, vor § 32 Rn. 48. 類似のものとして，また，
　　Jescheck/Weigend, AT⁵, § 34 IV 5（「重大な害悪」）; *Schmidhäuser*, LB AT², 8/146..

(189)　強要の非難性に関して，*Roxin*, JuS 1964, 371 ff.（=Grundlagenprobleme, 184 ff.）
　　参照.

765

第3編　構成要件

打ちに対する同意を得た場合，その者は傷害罪（223条以下）で処罰される．というのは，ここでは強要（240条）が存在するからである．もし脅迫が明示的に告げられていないけれども，ある者がその法益に対する明らかに望まない侵害を，それを認めなかったなら不都合なことが起きることを恐れたために暗黙の内に受け容れた場合，240条の意味での「堪えがたい害悪」から逃れることだけが，それを受忍する動機になっているのならば，それは有効な同意とは言えないであろう．

115　*Rudolphi*[190]は，脅迫が，35条における免責的緊急避難の前提となる強度（「生命，身体もしくは自由に対する危険」）に達した場合にはじめて，同意を無効とする見解に好意的である．この限界に至るまで，被脅迫者は違法な行為に関してなお答責的とされるので，同意もなお自己答責的なものとみなされうるとする．しかし，35条の類推適用は法律上の利益衡量を正当に評価するものではない．なぜなら35条は，責任のない被害者を考慮して，被脅迫者に強要に対しても抵抗を要求しているからである．これに反して，第三者ではなく強要された者が，自己の権利領域に対する侵害を強制された被害者である場合には，やむなく放棄させられた法益を強要者に対して保護することを拒否するいわれは何も存在しないのである[191]．

116　同意が，第三者の強要によって強制されたが，侵害者がその強制について何も知らなかった場合，*Arzt*[192]は，同意を有効とみなそうとする．その結果，法益主体は，善意の侵害者に対しては正当防衛を行使することは許されないという．しかし，その考えには従うことはできない．というのは，そのような場合でも，そこで起こったことは，同意者の行為の自由を表現したものではないからである．侵害者に説明するという穏便な手段が成果なく終わってしまったときにはじめて正当防衛が「必要」（32条）になるということで，侵害者の保護は十分であろう．

117　これらはすべて，伝統的に「合意」と呼ばれていた同意の事案に関しても，原則的に妥当する．というのは，他人の住居への立入り許可，侮辱に対する「同意」，会話をテープに収録すること，他人の信書の開封あるいは秘密の放棄を，行為者が可罰的な強要によって獲得する場合，なぜ123条，185条，201

---

(190)　*Rudolphi*, ZStW 86（1974），85. 同じく，*Joecks*[5], vor § 32 Rn. 26. *M.-K.Meyer*, 1984, 160 ff. は，「34条を準用して」なお回避し得ない強制状態を加えるべきとする（反対として，*Küper*, JZ 1986, 324 f.）．

(191)　一致するものとして，LK[11]-*Hirsch*, vor § 32 Rn. 120 Fn. 237; *Sch/Sch/Lenckner*[26], vor § 32 Rn. 48; また，OLG Hamm NJW 1987, 1035. 参照．

(192)　*Arzt*, 1970, 32.

条，202条，203条によって処罰されるべきでないのかは理解できないからである．もちろんここでも，欺罔の事案（Rn. 106）におけると同様，同意によって阻却される構成要件の特殊性が，基本ルールの修正を招くということはありうる．そうして，スキャンダルを流すという脅迫によって性的行為に対する同意を強要した者が，177条，178条の文言（「身体もしくは生命に対する現在する危険を伴う脅迫」）からして，これらの規定によって処罰されないということが結果として生じる．つまり，そのような事案では，強要罪の処罰で済まされることになる．また，所有者が自己 —— 行為者にとっては他人 —— の物をある者から我が物とすることを強要によって認めさせられた場合にも，窃盗（242条）ではない．というのは，財産犯の体系からは，この場合は，恐喝罪の構成要件（253条）によって捉えられるということになるからである．奪取というのは，脅迫が被害者に何ら選択の余地を与えないほどに不可避である（「金かさもなくば生命か」）場合にはじめて存在するのである．

H. 同意の存否に関する錯誤

118　この場合の錯誤は二つの形で生じうる．すなわち，一方では，他人の権利領域を侵害する者が同意の存在を誤って信じた場合，他方では，同意が客観的に存在するにかかわらず侵害者がそのことを知らなかった場合である．これらの事案において，合意と同意を体系的に区別する位置づけから生じる問題（詳しくは，Rn. 9以下参照）は，ここで唱えられた立場からは生じてこない．つまり同意は，そもそもそれが許容される限り，すべての場合において構成要件の充足を阻却する（Rn. 12以下）から，その誤認は構成要件の錯誤であり，16条によって例外なく故意を阻却し，せいぜい過失犯処罰を認めるにすぎないのである．同意が存在するのに行為者がそれに気づかなかったならば，客観的構成要件は充足されない．しかし，行為者は完全に構成要件的故意でもって行為しているため，不能未遂が存在することになり，その可罰性は22条，23条によって決せられるのである．

第3編　構 成 要 件

I．仮定的同意

119　20世紀の90年代以来，医師の説明がなかった事案に関する民事判例の驥尾に付して，仮定的同意という法理論構成が案出された．それによると，説明がなかったという事実は，「患者が侵襲に対して，要求を十分に満たす説明を受けていたならば同意しなかったであろう場合」[193]，「規則通りの説明を受けていたなら同意はなされないままであったであろう場合」[194]にのみ「医師の傷害による処罰を根拠づけることができる」．その上，最近の判例では，「説明義務違反の保護範囲にない」[195]危険が現実化した場合にも傷害の可罰性がなくなるという．

120　ここで問題なのは，―― その他では判例では従来，部分領域でのみ受け容れられてきたにすぎない ―― 客観的帰属の理論を同意へと転用することであり，それは原則的に納得できるものである[196]．たとえば，ある者が，「白内障」（眼球の濁り）に罹り眼の手術を受ける場合，患者の視力が手術によって回復したならば，医師が患者に侵襲の危険について説明しないままであったからといって，医師を傷害罪で処罰することは適切とは言い難い．というのは，手術の危険は僅かであり，また，視力を維持したいと思う患者には，選択の余地は残っていないため，基本的な説明だけの場合も同意は確実に期待できたであろうからである．したがって，説明の欠如は何も影響せず，義務違反がないその他の事案におけると同様，帰属は排除されるであろう（11章 Rn. 73 以下参照）．

---

(193)　BGH NStZ 1996, 34 (35) 解説付きで *Ulsenheimer*, NStZ 1996, 132; *Rigizahn*, JR 1996, 72. 前述のものはすでに BGHR StGB § 223 I Heileingriff 2 の判決である．

(194)　BGH StrV 2004, 376; 賛成する解説として，*Rönnau*, JZ 2004, 801.　患者が「決して同意しなかったであろう」事例が問題となる，BGH NStZ 2004, 442.

(195)　BGH NStZ 1996, 35.

(196)　文献で基本的な論文を提供するのは，*Kuhlen*, Roxin-FS, 2001, 331; *ders.*, Müller-Dietz-FS, 2001, 431; *ders.*, JR 2004, 227.　また連邦裁判所に賛成するのは，*Rönnau*, JZ 2004, 799 の解説．最初のモノグラフィーは Kulen の弟子，*Dreher*, 2003 によって出された．客観的帰属論の正当化事由の範疇への転用可能性に対する注目すべき異議を，*Eisele* は Münchener Fakultät の講演（2004, 未公刊）において表明する．ここで主張された見解からは同意は構成要件阻却事由と解されるべきなので，この異議は本書の立場に直接にはあてはまらない．

第 13 章　同　意

121　それと同様のことは，説明義務違反の保護範囲にない危険が現実化した場合にも妥当しなければならない．患者が危険について説明を受けなかった場合，それでも，説明がなされた侵襲の別の結果を理由にして，処罰を導いてはならないことになろう．

122　ここで述べられた意味での仮定的同意は，適切な説明の後であったのであれば生じていたたであろう侵襲の違法性に関して，何ら変更するものではない．しかしそれは，傷害罪の構成要件への帰属を排除する[197]．したがって連邦裁判所[198]が，「患者は真実の説明を受けていたならば実際に実施された手術に同意したであろう場合には，違法性はなくなる」というのは正確ではない．そのような事案でも，医師は，説明義務を違法に侵害しているのである．ただ結果の帰属可能性がなくなるにすぎず，故意に説明をしない場合には，未遂処罰の可能性は留保されるのである．

123　もちろん，連邦裁判所が説明をしなかった場合の可罰性を要求する場合，規則通りに説明をしていたならば，患者は同意を拒否していたであろうということを医師に「証明する」のは，容易ならざることである．「疑念が残ったままであるならば，規則通り説明がなされていた場合でも，同意がなされたであろうということから出発されるべきである」[199]とされる．たしかにそのことは判例のその他の路線にも一致し，それによれば，「義務違反の因果性」は立証されるが，正しい行動がなされたとしても同じ結果を招いたであろうという可能性しかない場合には，疑わしきは被告人の利益に（in dubio pro reo）という原則に従い，無罪とされなければならないとのことである[200]．

124　しかし，この事案に危険増加の理論（11 章 Rn. 88 以下）を転用するという方法で，適切な説明をしていたならば，患者は侵襲に同意しなかったであろうという具体的な可能性が存在する場合には，説明しなかった医師の可罰性はすでに認められるべきである．その場合，侵襲の危険は高まっているのである．in-dubio〈疑わしきは被告人の有利に〉の原則がそれを妨げることはない．と

---

(197)　あるいは，同意を正当化事由と見なす場合は，身体傷害の不法への帰属を排除する．

(198)　BGH StV 2004, 377.

(199)　BGH NStZ 1996, 35. 同様なものとして，BGH StrV 2004, 377.

(200)　これに関して詳しくは，11 章 Rn. 88 以下．

769

第3編　構成要件

いうのは，説明がない，あるいはそれが不十分である場合，有効な同意は存在せず，存在するのは，判例によって傷害と判断されるはずの専断的治療行為であるということは確かだからである．患者が十分な説明を受けていたならば確実に同意を拒んでいた場合に初めて，そのような結果が惹起者に傷害として帰属させられるべきか，または，同意拒否の具体的な可能性があればすでにそのような帰属が生じうるのかは，純粋に規範的な問題であり，証拠原則とは何ら関係がないのである．

125　後者の解決が優先されるべきである．というのは，患者が医的侵襲の射程とその危険を規則通りに説明されている場合にのみその侵襲が行われるということを，説明義務は担保すべきだからである．適切な説明があったとしても侵襲を拒否する具体的可能性が存在したに過ぎない場合もすでに，もはやそういう事情にはない．事後的に観察してみて，完全な説明があった事案でも同意は確実に与えられたであろう場合に初めて，説明を欠いたことが重要でないがゆえに帰属はなされえないのである．

126　もちろん，理論的アプローチにおける相違は，実際の結論におけるそれより大きい．というのは，第1に，判例によっても，可罰性の阻却のためには「合義務的な説明があったなら同意がなされたであろうというたんなる抽象的な思考可能性では十分でない．むしろ患者の利益状況または意思表示から生じうる具体的な根拠が必要となる」[201]とされる．逆にここで唱えられている見解によっても，同意が拒否される理論的可能性があるがゆえにすでに可罰性が生じるのではなくて，処罰のための実質的な事情が主張されなければならないであろう．

127　第2に，この事案状況の場合には，仮定的な因果経過の場合にそうであるよりもっと容易に，確実な結論に到達するであろう．まず多くの事案において，患者への問い合わせは明白で信頼できる結論を導くであろう．しかし，状況的な脈絡も，しばしば不可避的に一定の認定を容易に起こさせるものである．医師の人柄に何ら異議がなく，侵襲に医学的な適応があり，議論の余地ある選択肢が何も存在しない場合には，それに反する証明可能な事情が立証されない限り，適切な説明がなされたとすれば，患者は同意したであろうということから

（201）　*Kuhlen*, Müller-Dietz-FS, 2001, 435. 本質的にはここと同様に，*Schüler*, 2004.

第13章　同　意

出発することができる．他方で，患者による侵襲の拒否を誘発しないために，意図的に説明がなされないままであった場合ならば，説明があったとした事案に対する同意の具体的可能性は，通常，排除されうる．

128　さらにもう一つの事情が結論の相違を相対化することになる．たとえば，要求される説明をしたならば，患者は手術を拒否するであろうと考えたために，医師がその説明をしないままでいたと仮定しよう．このようにして，患者が事実上同意を拒否したであろうことがなお常に十分可能な疑いとして残ったままである場合には，ここで唱えられる見解によれば，医師は（故意の）傷害既遂で処罰されることになる．判例によれば，傷害既遂の処罰は不可能である．なぜなら，説明がなされたと仮定した場合，同意が拒否されるということが立証されないからである．しかし，判例も，医師は，可罰的な傷害の可能性を計算に入れていたのであるから，未必の故意による傷害未遂の処罰を認めざるをえない[202]．

129　仮定的同意に関する連邦裁判所の二つの決定的な判決は，もっとも，むしろ疑念のある事例である．BGH NStV 1996, 34 の事実関係において，患者が移植組織として自分の骨も利用できることについて説明されないで，壊れた椎間板の代用のため用意された牛骨が挿入された．自分自身の骨の利用と牛骨の利用という二つの処置の方法が医学的に同価値と見なされている場合でさえ，患者への照会がこのことを確認する場合，正しい説明がなされたならば，患者は牛骨の移植に同意しなかったであろうということが，なお極めて十分に可能であると考えなければならないであろう．したがって，故意の傷害が存在したのであった[203]．

130　BGH StrV 2004, 376 は，女性医師が，椎間板ヘルニアを「手術部位の段階の取り違え」によって誤った場所の手術をした事案を取り扱う．誤りの発覚後，医長は女性医師に対して，女性患者にはそのことを告げずに「早期の再発」の可能性があるため，二回目の手術が是非とも必要であると信じ込ませるよう助

---

(202)　それに関して詳しくは，*Kuhlen*, JR 2004, 229 f.

(203)　実際にはその事情はもっと複雑であった．その分析に関して，*Kuhlen*, Roxin-FS, 2001, 341 ff. 参照．連邦裁判所は，身体の傷害の排除は「あり得ないものではない」ように思われるという結論に達している．判決に関してはまた，*Rigizahn*, JZ 1996, 72 参照．

771

第3編 構成要件

言し，そして患者はその手術に同意したのであった．ここで連邦裁判所は，「さらに仮定的同意を認定すること」を要求した．つまり，被害者へ問い合わせる際には，「その発言とそう判断した根拠が聴き出される」べきであり，そうして患者のその仮定的な態度が「追体験可能で，また可能な推論」であると認めさせねばならないとする．ここで唱えられた見解からは，患者が真実について説明を受けたなら他の医師による手術を要求したであろうことを彼女が承認した場合には，いずれにせよ傷害が認められるべきである．というのは，そのような要求は納得のいくものであり，またそれどころか，むしろ蓋然的なものであるからである．それにもかかわらず，なお疑念が残ったならば，それは，女性医師を傷害罪という非難から解放する根拠にはならない．

131 これに反して，裁判所の見地からも明白な一つの事案を取り扱うのが，BGH JR 2004, 469[204]である．この事案では，医師によって骨にドリルの先端が折れ込み刺さったままになっていた．この医療過誤を隠しておくためには，医師は，第2の手術の必然性を理由づける他の事情があるかのように見せかけなければならなかったのである．ここでは，連邦裁判所（前掲469頁以下）も次のように述べている．すなわち，「折れたドリルの先を抜くことにつき，患者は同意しなかったであろう明らかな確証に基づくなら，患者が生じた事実通りの説明を受けたならば，行われた説明に同意したであろうということを根拠に説明は省くことができたと認める余地はない」と．

132 仮定的同意が，上述の限界内で承認される場合，これが，推定的同意（これに関しては，後述18章A）とどのように関係するのかという問題が生じてくる．推定的同意は，侵害される者が問い合わせを受けることができないということを前提とする．ここで取り扱う説明の欠如の場合，そのような事態は存在していない．しかし，問い合わせる可能性がないこととはまったく独立に，それと別個に仮定的同意が可罰性を阻却するならば，推定的同意は正当化事由としては広く不必要なものとなりうる[205]．ただ，ここで唱えられた立場からは依然重要な相違が存在する．つまり，推定的同意は正当化事由であるのに対し，他方，仮定的同意は行為者の行為の義務違反性を残しつつ，ただ構成要件に対す

---

(204)　注釈付きで，*Puppe*, a.a.O., 470.

(205)　それに関して，*Kuhlen*, JR 2004, 229 f. 参照.

第13章　同　意

る帰属だけを排除するのである (1)．推定的同意は，法益主体が決して同意し
なかったであろうことが事後的に明らかにされた場合でも，事前の判断に基づ
き正当化するのに反し，仮定的同意の場合，事後的判断の仕方で「個々の患者
の具体的な決定結果」が基準とされるべきことになる (2)．仮定的同意は未遂
処罰の可能性を未解決にしておくのに対し，推定的同意はそうではない (3)．

133　仮定的同意という法理論構成を完全に拒否するのは *Puppe*[206]である．そ
の主要な論拠は，仮定的同意を承認したならば「不完全な説明に対して患者の
刑法上の保護が，ただたんに実務上だけでなく，理論的にも排除される」とい
うことである．完全な説明があったならば患者はいかに決断したであろうかと
いうことは，ただ「この決断が一般法則によって完全に確定された場合」にだ
け答えることができるとするのである．この場合はそういう事情にないのであ
るから，患者の決断は「原則的に不確か」であるはずで，それは疑念ある命題
を排除し，仮定的同意に関する問題を「無意味に」させるとする[207]．しかし，
それは何ら適切な異議ではない[208]．というのは，一定の事態においてある者
がいかに決断したであろうかは，たしかに自然法的な正確性をもっては決めら
れないが，多くの場合，なお法秩序の証拠要求を充たすに足る明確性をもって
決定されるはずであるからである．それどころかこの明確性は，ここでは，仮
定的な因果経過 (Rn. 127) が問題となる他の事案よりもしばしば大きいもので
ある．

134　*Puppe* はさらに述べて，これを骨移植の事案 (Rn. 129) に即して次のように
例証する[209]．「患者が他人の骨の移植で治癒が妨害される危険を，自分の骨
の移植の利用によって回避しうることを…知らなかった場合，この危険は依然
許されないままであり，その現実化は医師には不利であるが，結果の帰属につ
ながる」と．しかし，重要なのは，患者が完全な説明を受けていたなら，他人
の骨の移植につき同意しなかったであろうという危険である．そしてこの危険

---

(206)　*Puppe*, GA 2003, 764; また，*dies.*, AT/1, 2002, 22/1 ff. さらに，*dies.*, JR 2004,
　　470. 参照．*Otto*, Jura 2004, 682 ff. は広範に *Puppe* に賛成する．*Eisele* も，非常に様々
　　な論証（もちろんここで主張された解決も部分的にのみ当てはまるが）に関する Fn.
　　196 で挙げた講演の中で，仮定的同意という構想を基本的に否認する．

(207)　すべて要約からの引用で，a.a.O., 764.

(208)　この主張と，より詳しく対決するのは，*Kuhlen*, JR 2004, 228.

(209)　*Puppe*, GA 2003, 772.

第3編　構成要件

は，患者が，確実性をもって承諾していたであろうという場合には，現実化しなかったのである．もちろん，*Puppe* は疑念を医師に負担させるべきであるという点では正しい．彼女は，疑わしい事案以外の事案を取り扱ってはいないため，その限りで彼女はここで唱えられた見解とずれてはいないのである．また，認めざるをえないのは，仮定的同意のような新しい法理論構成につき，一層の研究を要すること，さらにここで提起されたその適用領域の限定の助けを借りてのみ，説明義務が広範囲に実務上否定されることを予防することができるということである．説明義務の否定を，その他の同意の欠缺へ転用する可能性についても，さらなる検討が必要である．

774

あとがき

第1巻（第4版）［翻訳第1分冊］
あ と が き

　この『刑法総論』第1巻第1分冊の刊行によって，ロクシン『刑法総論』（第1
巻・2巻）の翻訳は完結した。日本語版の第1巻第1分冊は，監修・平野龍一，監
訳・町野朔＝吉田宜之で，原書第3版からの翻訳であり，2003年8月に発行さ
れている。その後，山中敬一が監訳を引き継ぎ，原書4版からの第1巻第2分冊
を2009年5月に，同第2巻第1分冊を2011年1月に，同第2分冊を2012年5
月に公刊した。その後，懸案であったのは，原書第3版からの翻訳である第1巻
第1分冊を，原書第4版に基づいて改訂し，新版を上梓するという作業であった。
2006年に原書第4版公刊後，すでに12年を経たが，日本語訳は，第1巻をすべ
て原書第4版からのものとするのが，当初からの意図であった。もともと，すで
に第3版からの邦訳のあった第1分冊からの新訳は，監訳者の仕事の配分もあっ
て，少し間を空けてと考えていたが，一部の分担者の原稿の提出が遅れ，計画よ
り2年遅れることとなった。このたびこの懸案が，2012年以降，6年の年月を経
てようやく解消される運びとなった。

　本書の意義については，第1巻第2分冊の「あとがき」において触れたので，
翻訳の完結に当たって要旨のみを再論しておく。

　現在でもまだ，ドイツ語圏における本書の価値は，失われてはいない。本書公
刊後も，アクチュアルな教科書類は多数出版され，また改訂を重ねており，また，
分担執筆にかかる大規模なコンメンタールの出版もますます充実し，しかも何巻
にもわたる浩瀚で詳細な注釈書も少なくない。しかし，本書のように一人の著者
が，何十年にもわたり，刑法に関する多数の著書・論文を著し，刑法体系の全般
につき思考を重ねてきたその業績を踏まえて，一貫した方法論に基づいて多様な
問題に深く切り込んだ体系書は，世界の刑法体系書にも類を見ない。著者は，戦
後，新たな価値観を基礎に，刑法を，自由な法治国家における刑事政策的目的の
実現の観点から目的合理的に体系化しようとする。何等かの哲学や社会科学の知
見・体系に大きく依存する刑法理論ではなく，あくまで犯罪予防という目的を，
人権擁護などの法のその他の法的価値の実現と調和させながら，それをどのよう

775

あとがき

にして実現するかに焦点を合わせ，実務にも役立つ刑法理論を構築しようとする。本書は，まさにこのようなロクシン教授の刑法学を具体化した「体系書」である。

　原著者は，1931年生まれであり，2018年5月で87歳になられたが，未だに年間何本かの論文を公表され，研究に全力投球されている。例えば，監訳者の古稀論文集にも寄稿していただき，その後公刊された別の被祝賀者の古稀論集にも寄稿しておられ，また，雑誌論文への寄稿も少なくない（2011年〜16年のロクシン教授の著作については，vgl. GA 2016, S. 369-376.）。学究としては，これほど範とすべき生き方はない。

　本書（原書）の改訂版の出版計画については，シューネマン教授を指導教授とする（最近，ベルリン・フンボルト大学に移った）若いルイス・グレコ教授に依頼するかもしれないとか，3年前には言われていたが，この翻訳が完成するまでに出ることはないでしょうねと念を押すと，「そんなに早くではない」とのことだった。しかし，最近では，グレコ教授によると，すでに改訂はかなり進捗しているとのことだった。グレコ教授は，本文の見解等は自身の見解が確立されるまではロクシン説をそのままにし，主に新しい文献を補充する改訂にとどめたいと語っておられた。いずれにせよ，ロクシン教授の手になるのは，第1巻は4版，第2巻は初版が最後になりそうである。

　ロクシン教授は，言うまでもなく，ドイツ語圏刑法学の泰斗であり（2巻第2分冊「監訳者あとがき」参照），とくにヨーロッパのみならず，アジア，南米など世界中で名を知られた現代の最も著名な刑法学者である。世界中の大学から30を優に超える名誉博士号をもらっておられるのがその証左である。また，ペルーではフジモリ元大統領の裁判において，組織犯罪における正犯概念，また，一般的に，国際刑法においてもその間接正犯を根拠づけるための「組織的権力機構」による「組織支配」の概念が採り上げられるなど，その理論の影響力の点でも世界的規模にわたっている。

　わが国との関係では，わが師・故中義勝教授が，ハンブルク大学で博士論文を出版した直後の助手時代のロクシン教授を訪ねられ，「100年に一人の逸材である」と予言されたのは刑法研究者の間では有名な話である。ゲッティンゲンからミュンヘンに移られた後，1979年に初来日され，関西大学でご講演いただいたほか，監訳者が主催した1999年10月末からの関西大学での「ドイツ・ポーランド・日本刑法コロキウム」にもご参加頂いた。最も新しくは，2009年5月に東

あとがき

京での刑法学会（刑法施行100周年記念講演）で講演いただき，それに引き続き，関西大学でも2回講演して頂いている。そのとき，大阪城，天保山の海洋館訪問，大阪湾クルーズ，保津川下りを夫人とも共にしたのを懐かしく思い出す。最近では，2017年5月のウィーンでの刑法学者大会でお会いしたが，これまでもお宅には何回もご招待頂き，親しくお話する機会を持っている。近いところでは，2014年9月に，ウルリッヒ・シュロート教授と共同して担当されていたキムゼー湖畔のブロック・ゼミナールに参加していて当時ミュンヘン大学在籍中のわが娘とともにお宅にご招待されたことを思い出す。いまだ矍鑠とされ，ご招待の折もかなりのワインを嗜まれ，家族共に楽しく語り合うことができたが，最近，さすがに少し足が弱ってきておられるようにも見える。

次に，翻訳作業についてであるが，本第1巻第1分冊も，以前の巻（分冊）と同様，日ごろ，親しくしている同僚に分担して訳してもらって，それを監訳者が検討するという形で翻訳を進めた。それぞれの訳について論議するという形ではなく，監訳者が共訳者としてすべてをチェックし，独断で訳を変更して，より良い訳になるよう修正を加えたところも少なくない。それぞれの訳はなるべく尊重したが，かなり修正したものと，若干にとどまったものとがある。この第1分冊は，4版で改訂され，加筆されたところもあるが，3版とほぼ同様のところも多い。各訳者には，前の版とは独立に新訳をお願いしたので，前の訳には優れたものがあったが，異なった訳となった点が少なくない。監訳者としては，適切な訳語の選択を第1に，さらに正確なニュアンスを伝え，冗長にならない限りで分かりやすい訳であることを心がけたが，それが客観的に実現されていることを願うばかりである。

最後に，信山社には，学界にも大きく貢献できる本書の全巻発行を担って頂けたことを深く感謝し，また，上梓まで時間を要したにもかかわらず，辛抱強くお待ち頂いたのみならず，編集として担当頂いた今井守氏には，校正，装丁，その他の作業をお引き受け頂き，厚くお礼申し上げたい。

　2019年1月15日

山 中 敬 一

〈監訳者紹介〉

山 中 敬 一（やまなか　けいいち）　関西大学名誉教授

〈分担一覧〉

第1章-第2章　形式的意義における刑法定義と限界，実質的犯
　　　　　　　罪概念（前嶋 匠）
第3章-第4章　刑罰と処分の目的と正当化，1871年以降のドイ
　　　　　　　ツ刑法改正（山中友理）
第5章　　　　刑法の解釈および時間的効力と関連する罪刑法
　　　　　　　定主義　A-E（前嶋 匠）／F-H（松尾誠紀）
第6章-第7章　行為刑法と行為者刑法，刑法解釈学と刑法体系
　　　　　　　（川口浩一）
第8章-第9章　行為，軽罪と重罪（徳永佳子）
第10章　　　　構成要件論（松尾誠紀）
第11章　　　　客観的構成要件への帰属　A（山中純子）／B
　　　　　　　（佐伯和也）
第12章　　　　故意と構成要件的錯誤　A（葛原力三）／B-C
　　　　　　　（一原亜貴子）
第13章　　　　同 意（須之内克彦）

〈訳者一覧〉(掲載順)

前嶋　匠（愛知大学法学部・准教授）
山中友理（関西大学政策創造学部・教授）
松尾誠紀（関西学院大学法学部・教授）
川口浩一（明治大学法学部・教授）
徳永佳子（関西大学法学部・非常勤講師）
山中純子（弁護士, LL.M.ミュンヘン大学・フンボルト大学）
佐伯和也（関西大学法学部・教授）
葛原力三（関西大学法学部・教授）
一原亜貴子（岡山大学法学部・教授）
須之内克彦（愛媛大学名誉教授）

ロクシン刑法総論 第1巻［基礎・犯罪論の構造］
【第4版】［翻訳第1分冊］

2019年2月15日　第1分冊(原書第4版)　第1版第1刷発行
5543-0:P828　￥14800E-012-050-010

監 訳　山 中 敬 一
発行者　今井 貴・渡辺左近
発行所　株式会社 信山社

〒113-0033　東京都文京区本郷6-2-9-102
Tel 03-3818-1019　Fax 03-3818-0344
henshu@shinzansha.co.jp
エクレール後楽園編集部 〒113-0033 文京区本郷1-30-18
笠間才木支店 〒309-1600 茨城県笠間市笠間 515-3
笠間来栖支店 〒309-1625 茨城県笠間市来栖 2345-1
Tel 0296-71-0215　Fax 0296-72-5410
翻訳出版契約 5543-01011　Printed in Japan

©クラウス・ロクシン, 2006／訳者, 2019
印刷／松澤印刷, 製本／牧製本
ISBN978-4-7972-5543-0 C3332　分類326.100-a003 刑法総論
5543-0101:012-050-010《禁無断複写》

ロクシン刑法総論

クラウス・ロクシン 著

監修　平野龍一
監訳　町野朔・吉田宣之
第1巻　基礎・犯罪論の構造
〈第3版〉翻訳第1分冊

監訳　山中敬一
第1巻　基礎・犯罪論の構造
〈第4版〉翻訳第1分冊／翻訳第2分冊
第2巻　犯罪の特別現象形態
〈第4版〉翻訳第1分冊／翻訳第2分冊

近代刑法の史的展開

山中敬一 著

信山社